HISTOIRE POLITIQUE
DU MONDE HELLÉNISTIQUE

ANNALES DE L'EST

PUBLIÉES PAR L'UNIVERSITÉ DE NANCY II

MÉMOIRE N° 32

HISTOIRE POLITIQUE

DU

MONDE HELLÉNISTIQUE

(323-30 av. J.-C.)

par

ÉDOUARD WILL

PROFESSEUR A L'UNIVERSITÉ DE NANCY II

TOME II

DES AVÈNEMENTS D'ANTIOCHOS III ET DE PHILIPPE V
A LA FIN DES LAGIDES

DEUXIÈME ÉDITION REVUE ET AUGMENTÉE

NANCY

1982

WILL (Edouard). — Histoire politique du monde hellénistique (323-30 av. J.-C.). T. II : Des avènements d'Antiochos III et de Philippe V à la fin des Lagides / par Edouard Will... — 2ᵉ éd. rev. et augm. — Nancy : Presses Universitaires de Nancy, 1982. — 626 p. ; 24 cm. — (Annales de l'Est ; mémoire n° 32.)

ISBN 2-86480-028-4

AVANT-PROPOS
DE LA DEUXIÈME ÉDITION

Les principes qui ont présidé à la réédition de ce second volume sont les mêmes que pour le premier : j'ai corrigé là où cela était nécessaire, développé certains points qui, à l'usage, m'étaient apparus trop sommaires, et complété, dans la mesure de mes possibilités, la bibliographie jusqu'à l'année 1980 (encore que je sois conscient de certaines lacunes). Les modifications apportées avoisinent le millier. J'ai plus ou moins compensé l'accroissement du nombre de pages qu'elles représentent (accroissement financièrement funeste...) en supprimant les notices sur les auteurs anciens qui concluaient la première édition.

Il est évident que le travail que j'ai fait devrait être périodiquement refait. L'augmentation constante de la documentation et des études qu'elle suscite a pour conséquence que cet ouvrage, pour lequel je ne revendique qu'un mérite, celui de l'utilité et de la commodité, ne sera à nouveau plus à jour d'ici dix à quinze ans. Il n'y aura pas de 3ᵉ édition de ma main — mais libre à quiconque de poursuivre le travail : il n'y faut que de la patience.

Je voudrais, avant de prendre congé et de ce livre et de ses lecteurs, souligner que l'achèvement rapide de la présente réédition a été grandement facilité par les ressources bibliographiques que m'ont fournies les bibliothèques nancéiennes d'une part, celle de l'École Française d'Athènes de l'autre. Ma gratitude va donc à ceux qui m'ont toujours consenti sur place des crédits exceptionnellement abondants, et à P. Amandry, qui m'a amicalement offert, à plusieurs reprises, l'hospitalité de l'établissement qu'il dirigeait. Sans ce double secours, il m'eût fallu surmonter de longues difficultés pour venir à bout de ma tâche.

Nancy, octobre 1981.

Ed. W.

AVANT-PROPOS
DE LA DEUXIEME EDITION

LISTE COMPLÉMENTAIRE
D'ABRÉVIATIONS

(voir t. I², pp. 9 *sqq.*)

ANRW .... *Aufstieg und Niedergang der römischen Welt,* herausgegeben von H. Temporini (Berlin - New York, 1972-   ).

Cabanes, *L'Épire* .... P. Cabanes, *L'Épire de la mort de Pyrrhos à la conquête romaine (272-167)* (Besançon - Paris, 1976).

Dahlheim, *Struktur u. Entwicklung* .... W. Dahlheim, *Struktur und Entwicklung des römischen Völkerrechts im dritten und zweiten Jahrhundert v. Chr.* (Munich, 1968).

Dahlheim, *Gewalt u. Herrschaft* W. Dahlheim, *Gewalt und Herrschaft. Das provinziale Herrschaftssystem der römischen Republik* (Berlin - New York, 1977).

Deininger, *Polit. Widerstand* .. J. Deininger, *Der politische Widerstand gegen Rom in Griechenland, 217-86 v. Chr.* (Berlin - New York, 1971).

Liebmann-Frankfort, *Front. Or.* Th. Liebmann-Frankfort, *La frontière orientale dans la politique extérieure de la République romaine depuis le traité d'Apamée jusqu'à la fin des conquêtes asiatiques de Pompée (189/8- 63)* (Bruxelles, 1969).

Nicolet, *Rome... II* .... Cl.Nicolet (et autres), *Rome et la conquête du monde méditerranéen. II Genèse d'un empire* (Paris, 1978).

Schürer-Vermes-Millar ..... E. Schürer, *The history of the Jewish People in the age of Jesus Christ (175 B.C.-A.D. 135). A new english version revised and edited by* G. Vermes & F. Millar. Vol. I (Edimbourg, 1973).

Sherk .... R. Sherk, *Roman documents from the Greek East* (Baltimore, 1969).

N.B. Je renvoie à la seconde édition du tome premier sous « t. I² ».

TROISIÈME PARTIE

LA CRISE DU MONDE HELLÉNISTIQUE : DES AVÈNEMENTS D'ANTIOCHOS III ET DE PHILIPPE V A LA MORT D'ANTIOCHOS IV

(223-164)

A considérer les choses du point de vue de l'historien, il ne peut faire de doute que le moment où les destinées du monde hellénistique changent de cours se place le jour de l'été de 200 où le Peuple romain vota la guerre (celle que nous appelons la deuxième guerre de Macédoine), en réponse aux appels de Pergame et de Rhodes contre Philippe V. Encore que cette décision lourde de conséquences demeure très énigmatique dans ses mobiles, il n'est pas douteux non plus que seul le second triomphe de Rome sur Carthage, en 202, rendit possible cette déviation des énergies romaines vers un domaine autre que celui de la Méditerranée occidentale. Avant ce moment, l'histoire du monde hellénistique, telle que nous l'avons suivie jusqu'à 223 en Asie, jusqu'à 221 en Europe, s'était déroulée selon ses normes propres, développant, sans rapport apparent avec les affaires d'Occident, les conséquences de la dislocation de l'empire d'Alexandre et des conflits entre Diadoques. Au lendemain de la décision romaine de 200, et bien que les principes (?) de la politique orientale du Sénat soient loin d'être clairs, s'ouvre une période d'une certaine cohérence qui conduit jusqu'à Pydna et à la destruction de la monarchie antigonide, jusqu'à l'intervention brutale aussi, encore que strictement diplomatique, de la politique romaine dans le conflit entre Antiochos IV et l'Égypte, intervention marquant bien que, là même où les armées romaines n'avaient pas encore pris pied, l'histoire politique du monde hellénistique avait désormais perdu bonne part de son autonomie. La période critique par excellence va donc en fait de 200 à 168. Mais l'intervention romaine de 200 est elle-même une conséquence des politiques, plus ou moins coordonnées, à partir de 203/2, de Philippe V et d'Antiochos III : l'on est donc fondé à placer la césure au moment des avènements de ces deux souverains, ce qui, de surcroît, a lieu au moment de l'entrée en scène d'Hannibal en Espagne : aussi bien, Polybe, qui va désormais (directement ou indirectement) nous servir de principal guide, l'avait-il déjà entendu de la sorte, et à juste titre. Quant à la limite inférieure de cette partie, nous la porterons à la mort d'Antiochos IV, pour ne pas désarticuler son règne.

CHAPITRE I

Les États hellénistiques jusqu'à la fin de l' « Anabase » d'Antiochos III et à la paix de Phoinikè (223-205/4)

I — LES AFFAIRES D'ORIENT DES AVÈNEMENTS D'ANTIOCHOS III ET DE PTOLÉMÉE IV A LA FIN DE L'ANABASE

A) Les règnes d'ntiochos III et de Ptolémée IV jusqu'à la bataille de Raphia (223-217).

1° L'avènement d'Antiochos III

On a vu dans quelles circonstances difficiles Antiochos III (qui avait alors entre dix-neuf et vingt ans) fut appelé à succéder à son frère aîné Séleucos III, assassiné en Phrygie, à l'été de 223, alors qu'il tentait de reconquérir les territoires d'Asie Mineure qu'Attale Ier de Pergame avait pris à Antiochos Hiérax (t. I², p. 313). Les mobiles de ce meurtre sont des plus obscurs : toujours est-il que l'armée avait acclamé roi, à la place de Séleucos III, un sien parent, Achaios, que l'on a déjà vu opérer pour le compte de Séleucos II contre Hiérax (ibid.). Cet Achaios était un arrière-petit-fils de Séleucos Ier, représentant d'une branche cadette de la dynastie. Plus âgé que Séleucos III et qu'Antiochos III (il devait avoir une trentaine d'années), bon stratège de surcroît, peut-être apparaissait-il plus apte que les princes légitimes à prendre en mains les destinées de l'empire en crise. Mais Achaios refusa le diadème et fit reconnaître les droits au trône de son petit-cousin Antiochos III, alors gouverneur général des satrapies supérieures, qu'on envoya quérir en Babylonie. Il fut alors procédé à quelques remaniements de la haute administration : le gouvernement général des satrapies supérieures (ou de ce qu'il en restait) fut confié à Molon, déjà satrape de Médie, assisté de son frère Alexandre ; Achaios lui-même se fit confier le gouvernement général de l'Asie Mineure (et d'abord la tâche d'en achever la reconquête) ; quant à l'administration civile et financière, elle resta aux mains d'un Grec de Carie, Hermias, qui avait déjà été le premier ministre *(epi tôn pragmatôn)* de Séleucos III, et peut-être même de Séleucos II. Comme ce personnage ne tardera pas à apparaître en conflit avec les hauts dignitaires militaires et haï de la population, il est probable que, bien que mal vu des autres collaborateurs du jeune roi, il jouissait d'assez d'influence et d'entregent pour qu'on renonçât provisoirement à l'écarter.

Il y a tout lieu de penser que ces dispositions furent rapidement prises sous l'influence d'Achaios (dont Polybe écrit qu'après l'assassinat de Séleucos III il « prit toutes les affaires en main avec sagesse et magnanimité »), et sans doute à Antioche, où le nouveau roi dut venir faire acte de présence en toute hâte. Puis le nouveau vice-roi d'Asie Mineure repassa le Taurus (fin 223 ou début 222) et y mena contre Attale une campagne foudroyante qui rendit ses anciens domaines à la dynastie (à l'exception de Pergame même), au cours de l'été de 222 encore.

SOURCES : POL. IV, 48, 5-10 ; V, 40, 5-7 ; APP., *Syr.* 66 ; JUST. XXIX, 1, 3 ; St JÉRÔME, *in Dan.* XI, 10 = PORPH., *FGrH* 260 F 4.

BIBLIOGRAPHIE COMPLÉMENTAIRE ET NOTES : la **date de naissance d'Antiochos III** ne peut être déterminée exactement ; elle doit se placer en 243 ou 242 (cf. SCHMITT, *Untersuchungen...*, pp. 4-10). Séleucos ayant été assassiné à l'été de 223, la proclamation officielle d'Antiochos III dans la capitale ne peut se placer avant la fin de l'été de la même année (SCHMITT, *o. c.*, pp. 2-4).

    Achaios : sur ses origines, cf. WALBANK, *Comm. I*, p. 501 ; sur l'acclamation royale dont il fut l'objet, cf. BICKERMAN, *Inst. d. Sél.*, pp. 10 sq.

    L'histoire des **débuts du règne d'Antiochos III** a fait, simultanément, l'objet de deux interprétations divergentes de ma part (Éd. WILL, *Les premières années du règne d'Antiochos III, REG* LXXV (1962), pp. 72-129) et de la part de SCHMITT, *o. c.*, qui a encore pu tenir compte de mon mémoire dans ses notes et dans un appendice, où il dégage sommairement les raisons de son dissentiment. J'examine ces divergences dans le compte rendu que je donne du livre de Schmitt *RPh* XL (1966), pp. 284 *sqq.* L'exposé nécessairement beaucoup plus résumé que je donne ici tient compte des critiques de Schmitt dans la mesure où elles me paraissent pertinentes. En ce qui concerne les circonstances de l'avènement, je continue à penser, contre Schmitt, que les dispositions administratives prises au lendemain de la mort de Séleucos III durent l'être sous l'influence d'Achaios.

    Sur les **pouvoirs d'Achaios** en Asie Mineure, cf. BENGTSON, *Str.* II, pp. 107 *sqq.* ; 116 *sqq* ; SCHMITT, pp. 158-160.

    Sur les **pouvoirs de Molon** en tant que gouverneur général des satrapies supérieures, cf. BENGTSON, *Str.* II, pp. 85 *sq* ; SCHMITT, *o. c.*, pp. 116 *sqq.* : l'un et l'autre estiment que, contrairement à la pratique séleucide antérieure, le gouvernement de Molon n'incluait pas la Mésopotamie, mais était limité aux satrapies proprement iraniennes : rien toutefois ne le prouve de façon formelle ; c'est pour avoir admis implicitement et contrairement à Bengtson que le gouvernement de Molon s'étendait jusqu'à l'Euphrate que je me suis vu attribuer par SCHMITT, pp. 186 *sq.* une absurdité géographique dont on voudra bien croire qu'elle n'est pas de mon fait.

Le vizir **Hermias** a été fort noirci par la source inconnue que suit Polybe (sur laquelle cf. les conjectures de SCHMITT, pp. 175 *sqq.*) ; il a en revanche fait l'objet d'une réhabilitation certainement ⌐xagérée de la part de W. OTTO, s. v. *Hermeias 1, PW* VIII, 1 (1913), coll. 726 *sqq.* Sur les problèmes que posent son rôle et les rapports qu'il entretint avec Antiochos III et les autres protagonistes de ces années, cf. les sections suivantes.

La date à laquelle Achaios reprit l'**offensive contre Attale I**er est incertaine : SCHMITT, pp. 161 ; 186, qui estime qu'il n'y eut pas d'interruption dans la campagne entreprise par Séleucos III, pense que la guerre reprit dès l'automne de 223 ; supposant un bref séjour d'Achaios en Syrie (*REG*, 1962, p. 82), j'ai placé la reprise des opérations au début de 222 (*ibid.*, p. 83, n. 21), sans exclure une date plus précoce (*ibid.*, p. 91). De toute façon, le succès d'Achaios paraît avoir été rapide et aisé (*infra*, p. 23). W. HUSS, *Eine ptolem. Expedition nach Kleinasien, Anc. Soc.* VIII (1977), pp. 187 *sqq.* interprète les lignes 28 *sqq.* du *Pap. Haun.* 6 comme le témoignage d'une expédition ptolémaïque destinée à épauler Attale contre Achaios.

2° LA CRISE DE 222-220

a) *La révolte de Molon et la politique syrienne d'Hermias*

Le règne d'Antiochos paraissait donc débuter sous d'heureux auspices : le loyalisme d'Achaios lui avait assuré le trône et les postes les plus importants de l'administration de l'empire étaient aux mains de personnalités compétentes. Et cependant, à peine la situation était-elle réglée qu'éclatait une crise complexe qui, pendant plusieurs années, mit en question l'unité et donc l'existence même de l'empire. Polybe, notre seule source, n'établit aucun rapport explicite entre ces événements, n'offre aucune explication entièrement satisfaisante de chaque épisode, ni bien moins encore d'interprétation globale de cette crise qui, cependant, paraît en requérir une. Or de son récit des années 222-220 se dégage une constante, qui est l'hostilité foncière opposant à la personnalité d'Hermias certains membres du milieu où se recrutaient les titulaires des grands commandements et gouvernements. Opposition à un Hermias qui, Polybe y insiste, avait réussi à subjuguer un Antiochos III encore timide et inexpérimenté. Mais, de cette évidente hostilité, les mobiles ne sont pas clairs. On a supposé qu'Hermias, déjà en fonctions avant 223, était connu pour préparer une centralisation administrative de l'empire, consistant à diminuer les pouvoirs des gouverneurs pour les mieux tenir en mains (plan qu'Antiochos III lui-même devait ultérieurement mettre en œuvre : *infra*, p. 112) : s'il en allait de la sorte, ce qui se peut, cela devait aboutir à un renforcement de l'autorité centrale, mais d'une autorité qui devait être celle du ministre, par suite de la tutelle où se trouva en fait confiné pendant trois ans un roi soustrait à toute autre influence. La volonté de puissance d'Hermias est certaine : sans doute se heurtait-elle à des ambitions rivales. Tout bien considéré, il semble que les rébellions qui font la matière de ces années aient été dirigées plus contre un premier ministre détesté que contre un roi auquel le plus grand reproche que l'on pût adresser eût été de ne pas régner : les deux usurpations de la royauté auxquelles on va assister pourraient dès lors s'expliquer par le sentiment que, dans l'ombre d'Hermias, le trône était en fait vacant.

Polybe mentionne la révolte de Molon (et de son frère Alexandre : mais ce n'est qu'un comparse) aussitôt après avoir mentionné sa nomination. Des trois raisons qu'il invoque, seule la troisième est un motif d'action : la crainte et la haine inspirées par Hermias, dont la toute-puissance, ne s'accommodant d'aucun voisinage, cherchait à éliminer tout ce qui avait quelque audience à la cour, et particulièrement un certain Epigénès, stratège qui apparaîtra comme son principal adversaire. Les deux autres raisons qui, selon Polybe, expliqueraient l'attitude de Molon ne sont en réalité que des circonstances favorables à l'action : la jeunesse du roi, qui faisait qu'il n'y avait pas lieu de faire grand cas de lui, et l'espoir de la collaboration d'Achaios ; ce dernier point est important car, sans prouver qu'il y eût collusion entre les deux personnages (Achaios ne bougera pas pendant tout l'épisode de Molon), il suggère que Molon attribuait à Achaios les sentiments qui l'animaient lui-même — or Molon ne pouvait pas ignorer qu'Achaios venait d'être l'auteur de l'avènement d'Antiochos : c'est donc bien, comme le suggère Polybe, contre Hermias que se soulève Molon, et non contre le roi lui-même.

La cour apprit le soulèvement de Molon à l'été de 222. Elle se trouvait alors à Zeugma, sur l'Euphrate (c'est-à-dire aux portes des « satrapies supérieures ») où le roi était venu accueillir sa fiancée, la princesse Laodice du Pont. Épigénès conseilla de réagir aussitôt : si le roi apparaissait avec une petite armée dans les territoires de Molon, les révoltés n'oseraient pas passer à l'action. A quoi s'opposa violemment Hermias, qui accusa le stratège de connivence avec Molon et affirma que la tâche d'Antiochos III devait être de conquérir sans délai la Cœlé-Syrie sur Ptolémée III. Ces avis opposés contribuent à suggérer qu'Hermias se sentait effectivement visé par l'entreprise de Molon, que son souci principal était de garder le roi sous sa seule surveillance et de l'écarter du théâtre des opérations — d'en écarter également Épigénès. Car, même si l'accusation de complicité portée par Hermias contre Épigénès était fausse, l'antagonisme entre les deux personnages prouve qu'Épigénès, comme Molon, comme Achaios, se rangeait dans le camp des adversaires du vizir, et sans doute son désir était-il, en entraînant Antiochos vers l'Orient, de le soustraire à l'influence d'Hermias. Celui-ci réussit toutefois à circonvenir le roi, qui regagna la Syrie pour y préparer la conquête de la Cœlé-Syrie lagide, les opérations contre Molon étant confiées à deux stratèges, Xénon et Théodote.

Or à peine Antiochos III avait-il regagné la Syrie qu'on y apprenait que Molon, descendu de Médie, avait contraint les stratèges royaux à la retraite et qu'il occupait le pays à l'Est du Tigre. Le premier mouvement d'Antiochos III à cette nouvelle fut de surseoir à la campagne contre Ptolémée et de marcher personnellement contre Molon, comme Épigénès l'avait conseillé à Zeugma. Hermias triompha encore de cette juste réaction royale, fit maintenir le projet syrien et envoya contre Molon un stratège mercenaire, Xénoitas, qui ne devait pas tarder à montrer que son principal mérite était sans doute son dévouement au ministre.

Il faut ici se demander quel était le vrai sens du projet cœlé-syrien d'Hermias. Il est certain que la conquête de la Cœlé-Syrie (la reconquête, dans la perspective dynastique séleucide) devait être constamment à l'ordre du jour dans les bureaux d'Antioche. Certains modernes ont pensé que la décision d'Hermias d'attaquer juste à ce moment procédait d'une juste appréciation des choses, l'occasion étant particulièrement favorable. Cette opinion, qui se fonde sur le fait que Ptolémée III, en ces derniers mois de sa vie, ne manifestait plus guère d'activité à l'extérieur, ne serait justifiée que si l'entreprise d'Hermias s'était soldée par un brillant succès — ce qui ne fut pas le cas. En fait, il ne faut pas sous-estimer la politique des derniers jours de Ptolémée III : si, comme l'indique une source, un projet de guerre de Syrie avait déjà figuré au programme du règne de Séleucos III, le gouvernement d'Alexandrie avait pu en avoir vent, et on a indiqué précédemment (t. I², p. 400) que c'était peut-être en partie pour consacrer toute son attention et toutes ses ressources à la défense de la Cœlé-Syrie qu'Évergète négocia en sous-main avec Dôsôn et laissa tomber Cléomène III, en 222 précisément. Toutes choses dont Hermias ne paraît pas avoir eu conscience, car l'expédition à laquelle il entraîna Antiochos III au printemps de 221, insuffisamment préparée, se cassa les dents sur de solides défenses ptolémaïques entre Liban et Anti-Liban, et fut rapidement contrainte à une peu glorieuse retraite. Dans les circonstances du moment, la guerre syrienne apparaît donc surtout comme une improvisation de diversion, destinée à détourner le roi des affaires d'Orient.

Lesquelles n'allaient pas fort non plus. Le stratège Xénoitas, trompé par les ruses de Molon, se faisait écraser sur le Tigre : le rebelle franchissait le fleuve, s'emparait de Séleucie et étendait sa domination sur tout le bas pays jusqu'à Doura-Europos. Polybe ignore que Molon se fit roi : cette usurpation n'est attestée que par son monnayage et nous ne savons pas à quel moment elle se place. Si, comme il a été supposé ici, la rébellion de Molon n'était pas originellement dirigée contre le pouvoir royal, l'usurpation de la royauté ne peut être que chronologiquement secondaire et Molon dut y être amené par la conviction que le règne d'Antiochos III n'était que nominal et que la réalité du pouvoir était décidément accaparée par Hermias : l'occupation de Séleucie du Tigre put en être l'occasion.

L'année 221 commençait mal : il fallait concentrer tout l'effort d'un seul côté — de celui de Molon évidemment. L'obstination d'Hermias à en vouloir détourner le roi et à prétendre relancer l'affaire de Cœlé-Syrie fit scandale au conseil et le roi écouta enfin Épigénès : il partirait lui-même pour l'Orient. Hermias perdait du terrain : pour ne pas perdre la partie, il lui fallait se débarrasser d'Épigénès, qui eût évidemment commandé l'expédition aux côtés du roi. Hermias parvint encore, par une manœuvre de chantage financier, à obtenir la destitution du stratège (destitution qui fut peut-être à l'origine de l'insurrection qui éclate alors en Cyrrhestique) ; puis, après le départ de l'armée, le vizir fit assassiner le stratège, prétextant qu'il avait la preuve de sa collusion avec Molon. Hermias pensait avoir rétabli sa prépondérance auprès du roi par ce crime, mais Antiochos était désormais prévenu contre lui et son assurance grandissante encourageait celle de son entourage.

Les opérations contre Molon furent rondement menées, à la belle saison, sous le commandement du stratège Zeuxis. Mais il apparaît que l'essentiel fut la présence enfin manifeste de la personne royale : ce seul fait détermina des défections dans l'armée de Molon qui, vaincu, se suicida. L'ordre fut rapidement rétabli. Contre l'avis d'Hermias, Antiochos III usa de clémence et procéda sans tarder à la réorganisation des satrapies qui avaient relevé de Molon.

Il convient de bien marquer combien cet épisode apparaît différent de ce qui s'était passé en Parthyène et en Bactriane sous Séleucos II. L'on a tenté précédemment d'analyser les raisons

profondes des premières sécessions iraniennes (t. I², pp. 263 *sqq.*),
que rien ne devait plus réussir à résorber : ici, c'est à un mouvement
sans racines qu'on a affaire, à une fronde née dans les rivalités
auliques. Assimiler le comportement d'un Andragoras de Parthyène
ou d'un Diodote de Bactriane à la malencontreuse équipée d'un
Molon, c'est certainement commettre un contresens historique.
Quant à savoir si l'épisode de Molon eut des répercussions plus
à l'Est, c'est là une question que l'on envisagera plus loin (*infra,*
p. 51).

Molon avait eu un allié (fort théorique) en la personne du vieil
Artabazane, prince d'Atropatène (Azerbeidjan) : Antiochos III
résolut de pousser une pointe vers ce pays avant de gagner la Syrie.
Hermias s'y opposa vivement : pays dangereux, expédition risquée,
disait-il ; c'était vers la Cœlé-Syrie qu'il convenait à présent de
se hâter... Puis, soudain, il approuva le projet : c'est qu'entre
temps était arrivée la nouvelle de la naissance d'un prince héritier.
En effet, si Hermias avait eu toutes raisons de redouter la mort
d'Antiochos tant que celui-ci n'était point père (car c'était Achaios
sur le trône, et la fortune d'Hermias brisée), à présent il n'en
allait plus de même : un roi-nourrisson aurait besoin d'une tutelle...
La palinodie d'Hermias (dont les espoirs furent déçus, car
Artabazane fit la paix sans combattre) éveilla la suspicion du roi ;
d'autres se chargèrent de l'éclairer. Mais la puissance, ou l'influence du vizir restait immense : Antiochos III ne put, n'osa
le renvoyer — il le fit traîtreusement assassiner, crime qui, selon
Polybe, le rendit fort populaire.

Antiochos III regagna Antioche à l'automne de 220, enfin
maître de lui et, pouvait-il penser, de son royaume : c'est durant
ce retour qu'il apprit d'Achaios s'était fait roi en Asie Mineure...

SOURCES : POL. V, 41-57, 1. Monnaies de Molon (*Basileôs Molônos*) : NEWELL,
ESM. pp. 85 *sq.* ; 204 *sq.*

BIBLIOGRAPHIE COMPLÉMENTAIRE ET NOTES : On trouvera la bibliographie dans
WILL, *l. c.,* pp. 79-105 ; SCHMITT, *o. c.,* pp. 116-150 et 185-188, où l'auteur
présente des observations, malheureusement trop rapides, contestant mon interprétation de l'ensemble de la période ; sur quoi, à mon tour encore, RPh XL
(1966), pp. 283 *sqq.*

On se contentera ici, toute polémique mise à part, d'apporter quelques
précisions sur des points négligés dans le texte ci-dessus. POL. V, 43, 6 dit qu'en
plus de l'appui de son frère Alexandre, Molon s'était assuré de la bienveillance
des **gouverneurs des satrapies voisines** : j'ai supposé, mais sans certitude
(REG, 1962, pp. 107 *sq.*), qu'il pouvait s'agir des satrapies iraniennes qui
n'étaient pas encore tombées aux mains des Parthes et des Bactriens, qui étaient
donc sous l'autorité théorique de Molon. SCHMITT, *o. c.,* p. 123, pense que
ces « satrapies » sont en fait celles déjà perdues pour l'empire séleucide et
que les « préposés » dont Molon aurait acheté la bienveillance seraient

Arsace, Euthydème de Bactriane, plus Artabazane d'Atropatène. L'hypothèse n'est pas impossible, mais le parallèle invoqué (POL. XI, 34, 14 tel qu'il est interprété par BENGTSON, *Str.* II, pp. 60 *sq.* ; 158) m'apparaît douteux (cf. *REG,* 1962, pp. 109 *sq.*). J'ai indiqué t. I², p. 305, que SCHMITT, pp. 68 *sq.* m'a convaincu que, contrairement à ce que j'écrivais *REG,* 1962, pp. 105 *sq.,* STR. XI, 9, 2 devait se rapporter à la « guerre fratricide » entre Séleucos II et Antiochos Hiérax, et que ce texte doit donc être retiré du dossier de la révolte de Molon, malgré la mention, évidemment erronée, d'Euthydème, qui doit donc être expulsée du passage en question.

Molon fut-il encouragé par Ptolémée III ? Cela m'apparaît au plus haut point douteux, mais est admis par W. HUSS, *Untersuchungen zur Aussenpolitik Ptolemaios' IV* (Munich, 1976), pp. 30 *sq.,* qui met ce soutien en parallèle avec celui qu'Alexandrie aurait proposé à Achaios — mais, sur ce point, cf. *infra,* p. 25.

Sur la **campagne syrienne de 221,** cf. WALBANK, *Comm.* I, pp. 576-578 ; HUSS, *o. c.,* pp. 31 *sqq.* La Cœlé-Syrie était défendue par son gouverneur, l'Étolien Théodote, celui-là même qui devait ensuite livrer la province à Antiochos III : cf. BENGTSON, *Str.* III, pp. 168 *sq.* et *infra,* p. 29. Il n'est pas tenu compte de cette campagne dans la numérotation conventionnelle des « guerres de Syrie » : il s'agit en fait du cinquième conflit entre les deux dynasties (puisque la « première » guerre de Syrie est en fait la seconde : t. I², p. 144).

Il ressort de POL. V, 50, 2-4 qu'Épigénès était l'organisateur militaire de la campagne royale contre Molon, et donc qu'il était probablement destiné à en prendre le commandement ; j'ai suggéré *REG,* 1962, pp. 99 *sq.* qu'Hermias, qui avait la haute main sur les finances royales, s'arrangea pour provoquer la **crise de trésorerie** qui provoqua le mécontentement de la soldatesque, afin d'exploiter ce mécontentement contre Épigénès et obtenir sa destitution. Rien n'indique en effet de détresse financière dans l'empire séleucide avant l'époque de Raphia (cf. *infra,* p. 55 *sqq.*).

La mutinerie du corps des Cyrrhestes et l'**insurrection de la Cyrrhestique** qui s'ensuivit n'ont rien à voir avec la mutinerie générale antérieure de l'armée qui sont probablement en rapport avec la destitution d'Épigénès (*REG,* 1962, pp. 100 *sq.*). Malgré l'importance considérable de ce district de Syrie du Nord (cf. WALBANK, *Comm.* I, p. 581), Antiochos négligea provisoirement ce foyer de troubles : la révolte de Cyrrhestique durait encore à l'été de 220 ; on ignore à quelle date elle fut finalement réduite (POL. V, 50, 8).

Sur la **campagne de 220,** voir l'analyse très détaillée de SCHMITT, *o. c.,* pp. 133-147.

Zeuxis, qui commanda en fait aux côtés du roi, apparaît pour la première fois à l'époque de la première campagne contre Molon, en 222 ; on ignore quelles étaient alors ses fonctions et quelles elles avaient été auparavant, mais il devait être relativement jeune encore, car on peut suivre approximativement sa brillante carrière jusque vers la fin du règne d'Antiochos III (sources dans *OGIS* 235, n. 2 ; cf. LAUNEY, *Rech. s. les armées hellén.* I, pp. 312 *sq.*).

Mesures de **remise en ordre** : POL. V, 54, 12 ne mentionne que trois nominations (de *stratèges* et non de satrapes : c'est là sans doute la première manifestation de la grande réforme administrative de l'empire, cf. BENGTSON, *Str.* II, pp. 143-158), en Médie, en Susiane et dans les « territoires de la Mer Erythrée » (c'est-à-dire dans le Delta). On remarquera qu'il n'est question ni de la Perside, qu'avait gouvernée Alexandre, frère de Molon, ni d'un gouvernement général des satrapies supérieures : le second fait s'explique assez aisément (la fonction devait toutefois réapparaître ultérieurement : cf. notamment une inscription très fragmentaire du règne de Séleucos IV publiée par L. ROBERT, *Hellenica* VII (1949), pp. 23-24) ; le premier est plus énigmatique.

Pol. V, 54, 5 nous dit qu'après la fin de Molon, son frère « Néolaos, rescapé de la bataille et ayant rejoint en Perside Alexandre..., égorgea sa mère et les enfants de Molon, puis ... se suicida après avoir persuadé Alexandre d'en faire autant » — après quoi il n'est plus question de la Perside. On a signalé t. I², pp. 279 *sqq.*, les incertitudes insurmontables qui pèsent sur les dynastes indigènes de Perside : les présentes cironstances sont-elles de celles où l'on peut imaginer une émancipation du pays ? C'est assez douteux, car on verra, *infra*, p. 63, que les circonstances de la fin de l'Anabase semblent témoigner en faveur de la tranquillité et de la fidélité de la Perside.

Les conditions « satisfaisantes pour Antiochos » auxquelles traita **Artabazane** ne sont pas connues.

Sur la **fin d'Hermias,** REG, 1962, pp. 111 *sq*.

b) *L'usurpation d'Achaios (220)*

Dans l'épisode de Molon, il n'est question que deux fois d'Achaios : a propos de l'espoir de Molon de voir le vice-roi de Sarde se joindre à lui (*supra, p.* 18) ; et à propos d'une prétendue tentative de Ptolémée pour le pousser à l'usurpation, dont Hermias aurait fait état au conseil de Zeugma pour mieux convaincre le roi d'attaquer la Cœlé-Syrie (ou : d'une tentative de Ptolémée dont Hermias aurait prétendûment fait état... — pour la nuance, cf. les notes). En fait, on ignore tout d'Achaios entre l'été de 222, où il refoule Attale jusqu'à Pergame, et l'été de 220 où nous allons le retrouver : on peut penser qu'il se consacre alors à ses tâches de gouverneur général, à la restauration de l'autorité séleucide dans les satrapies d'Asie Mineure, à la préparation d'opérations militaires destinées d'une part à la réduction de l'imprenable **Pergame, d'autre part, peut-être, à une** offensive contre les territoires plus ou moins indépendants du Sud, où on le verra effectivement opérer plus tard, et contre les possessions littorales lagides — encore qu'il fût alors, de ce côté, paralysé par le fait que son père Andromachos était prisonnier à Alexandrie (cf. t. I², pp. 313 *sq.*). Mais, étant donné le rôle éminent qu'il avait joué dans le règlement de la succession de 223, ainsi que la communauté de sentiments et d'intérêts qui le liait à Molon (du fait de l'espoir que celui-ci avait mis en son appui), il est évident qu'il devait aussi suivre avec attention les événements de Syrie et d'Orient qu'on vient de voir.

Quoi qu'il en soit, Polybe fait rentrer Achaios en scène à l'été de 220. Alors qu'Antiochos III marche contre l'Atropatène à la suite de la chute de Molon, « convaincu qu'il arriverait quelque malheur à Antiochos et espérant que, même s'il ne lui arrivait rien, le grand éloignement du roi lui permettrait de le devancer en se jetant en Syrie et de s'emparer rapidement du gouvernement du royaume, avec l'aide des Cyrrhestes alors révoltés contre le roi,

Achaios quitta la Lydie avec toute son armée ». Il faut noter que, contrairement à ce que l'on écrit en général, Achaios n' « espère » pas la mort d'Antiochos (il la considère comme une éventualité possible), et que Polybe ne dit pas qu'il court en Syrie pour s'emparer de la royauté, mais des affaires *(pragmata)* du royaume, donc du gouvernement. Ce n'est que quelques jours plus tard que, parvenu avec son armée à Laodicée de Phrygie, Achaios se laissa convaincre de ceindre le diadème et d'agir en roi. Aucune objection de la part de son armée, qui poursuit sa marche jusqu'aux confins de la Lycaonie où, soudain, « ses troupes se mutinèrent en découvrant qu'elles marchaient contre celui qui était leur souverain naturel et légitime. Aussi Achaios, constatant leur trouble, abandonna-t-il son projet et, pour convaincre son armée qu'il n'avait jamais eu l'intention d'envahir la Syrie, il détourna sa route et ravagea la Pisidie... ». Moyennant quoi, son armée lui resta fidèle — et lui-même roi en Asie Mineure.

Cela exige interprétation. La majorité des modernes vont au plus près et, recourant à un autre passage de Polybe (IV, 48, 11-12, beaucoup plus sommaire et procédant d'une autre source), invoquent l'explication passe-partout de l'ambition personnelle. Si magnanime et désintéressé en 223, Achaios aurait été « exalté par ses succès au point de sortir du droit chemin ». D'autres font intervenir les intrigues d'une diplomatie lagide désireuse de semer la zizanie dans la maison rivale — mais cela est aisément infirmé par une lecture attentive de Polybe. L'interprétation suivie ici est qu'Achaios, dont l'attention avait sans doute été éveillée déjà par le meurtre d'Épigénès (un de ses anciens collaborateurs) et par la révolte de la Cyrrhestique, décida de passer à l'action lorsqu'il fut mis au courant du singulier comportement d'Hermias au sujet de la campagne d'Atropatène *(supra,* p. 21) et que, peu soucieux de voir l'État tomber entièrement aux mains de ce ministre, régent pour un nouveau-né, il résolut de se jeter à Antioche pour s'y emparer, à toutes fins utiles, des « affaires ». Si son armée le reconnaît roi à Laodicée (et ne peut ignorer alors qu'elle marche sur la Syrie), pour ensuite refuser de poursuivre en apprenant qu'elle menaçait son souverain légitime, il s'ensuit vraisemblablement que l'usurpation de Laodicée fut déterminée soit par la fausse nouvelle de la mort du roi, soit par un élément nouveau ayant convaincu Achaios et son armée qu'il fallait en finir avec le gouvernement d'Antioche — puis que ce qui fit tourner court l'entreprise fut qu'on sut qu'Antiochos III revenait vivant et libéré de la tutelle d'Hermias.

Achaios resta toutefois roi : son armée, même à présent qu'Antiochos III a repris sa place à Antioche, ne le renverse pas.

Le fait peut paraître surprenant — mais ce qui n'est pas moins intéressant, c'est l'attitude des deux rois à la suite de ces événements. Loin de se mettre en devoir de se débarrasser immédiatement de l'usurpateur, Antiochos III se contente de lui adresser des reproches, pour se consacrer ensuite à la préparation de la quatrième guerre de Syrie sans se préoccuper le moins du monde de ses arrières anatoliens — d'arrières qu'Achaios, aussi bien, ne menacera pas, même aux jours sombres de la débâcle de Raphia (*infra*, p. 38). Ce ne sera qu'ensuite, avant de repartir pour l'Orient, qu'Antiochos se mettra en devoir de faire repasser l'Asie Mineure sous son autorité en mettant fin à cette sorte de corégence de fait que des circonstances sans doute affectées de nombreux malentendus lui avaient imposée en 220.

Sources : Pol. V, 57-58, 1 ; IV, 48, 10-12.

Bibliographie complémentaire et notes : P. Meloni, *L'usurpazione di Acheo sotto Antioco III dl Siria. I. Le circostanze ed i primi atti dell'usurpazione*, RCLincei 1949, pp. 539 *sqq.* ; Will, *l. c.*, REG, LXXV (1962), pp. 74-76 ; Schmitt, *Unters.*, pp. 158-175 ; cf. Will, *RPh.* XL (1966), pp. 290 *sqq.*

Sur les **sources de Polybe**, cf. Schmitt, *o. c.*, pp. 181 *sqq.* ; Pédech, *La méthode historique de Polybe*, p. 144. Le passage du livre V, analysé et transcrit ci-dessus, procède sans doute de la même source que l'épisode de Molon, et son auteur pourrait être un témoin oculaire des événements de Syrie et de Mésopotamie (Zeuxis ?). L'allusion du livre IV vient d'ailleurs et pourrait n'être qu'une réflexion personnelle de Polybe. Cf. encore T.S. Brown, *Polybius' account of Ant. III*, Phoenix XVIII (1964), pp. 124 *sqq.*

Les prétendues relations entre **Achaios et Alexandrie** sont, pour les années 222-220, données comme suit par Polybe : 1° une lettre d'Achaios produite par Hermias au conseil royal de Zeugma (*supra*, p. 18), d'où il ressortirait qu'au moment où Achaios était déjà maître de l'Asie Mineure, Ptolémée III lui aurait suggéré de se faire roi et promis son aide financière et navale (V, 42, 7-8) ; Polybe affirme que ce document était un faux forgé par Hermias ; après d'autres, Schmitt, pp. 161-164, dégageant les raisons pour lesquelles Hermias n'avait aucun intérêt à convaincre Antiochos d'une collusion entre Achaios et Ptolémée, en conclut qu'il s'agit d'une lettre authentique d'Achaios par laquelle celui-ci aurait loyalement informé le roi des démarches alexandrines (cf. également Huss, *o. c.*, pp. 27 *sqq.*) ; mais les délais entre les succès d'Achaios sur Attale et le conseil royal de Zeugma me paraissent personnellement trop brefs pour que cette lettre, vraie ou fausse, soit vraisemblable ; 2° parmi les remontrances adressées par le roi à Achaios lors de son retour en Syrie, à l'automne de 220, figure (V, 57, 2) l'argument « qu'il n'échappait à personne qu'il intriguait avec Ptolémée » : si cet argument repose sur quelque réalité, ce ne peut guère être que sur le fait que, vers cette même époque, Ptolémée IV relâcha Andromachos, père d'Achaios ; or cet élargissement n'eut pas lieu à la demande d'Achaios lui-même, mais à celle des Rhodiens, désireux d'obtenir l'aide d'Achaios dans leur guerre contre Byzance ; et Polybe précise que Ptolémée ne céda qu'avec répugnance à cette requête rhodienne, ce qui se comprend, car il se privait de la sorte d'un moyen de pression sur Achaios (IV, 51, 1-5) ; Huss, *o. c.*, p. 36, admet néanmoins que la libération d'Andromachos implique une collusion entre Achaios et Alexandrie. Les autres allusions à la prétendue collusion entre Achaios et la cour d'Alexandrie appartiennent à l'époque de la 4ᵉ guerre de Syrie et il n'y a pas lieu de les envisager ici (cf. *infra*, p. 30) : qu'il suffise de signaler que leur analyse m'a conduit, *REG*, 1962, pp. 123-127, comme elle a conduit Schmitt, *o. c.*, pp. 166-171, à la conclusion qu'il n'y avait alors aucune entente entre Achaios et Ptolémée, ce qui est important en tant que confirmation de l'absence d'hostilité d'Achaios à l'égard d'Antiochos III

La **position respective des deux rois** est difficile à définir : du point de vue d'Antiochos, certes, il ne fait aucun doute qu'Achaios est un usurpateur et qu'en tant que tel il ne peut le tolérer ; mais tout le comportement d'Achaios à partir de l'épisode des confins lycaoniens prouve qu'il n'a désormais aucune prétention sur le reste de l'empire séleucide, cependant qu'Antiochos III prouve, par son propre comportement, qu'il le sait et que, pour se consacrer entièrement à la lutte contre l'empire lagide, il consent *provisoirement* à un partage de la royauté ; bien que les prémisses soient différentes, la situation n'est pas sans analogie avec celle qu'avait provisoirement dû tolérer Séleucos II en face de son frère Hiérax (encore que les ambitions de ce dernier aient certainement été supérieures à celles d'Achaios).

Monnaies royales d'Achaios : Newell, *WSM*, pp. 267 *sqq.* ; G. Kleiner, *Der münchener Goldstater des Achaios*, JfNG V-VI (1954-5), pp. 143 *sqq.* et pl. X.

2° La « QUATRIÈME GUERRE DE SYRIE » ET LES DÉBUTS DE LA CRISE DE L'ÉTAT LAGIDE

Apparemment rassuré sur l'attitude et les intentions d'Achaios, tranquille du côté de l'Iran, enfin maître de lui aussi, Antiochos III résolut de mettre à exécution le conseil que n'avait cessé de lui prodiguer Hermias dans les années précédentes : chasser les Ptolémées d'Asie. Cette décision ne saurait d'ailleurs passer pour une justification *a posteriori* de la politique d'Hermias, car le moment pouvait certes apparaître mieux choisi qu'à l'époque où Hermias avait pour la première fois préconisé l'entreprise et où celle-ci avait lamentablement échoué (*supra*, p. 18). D'une part, en effet, Antiochos III pouvait concentrer toutes ses forces sur un seul front et, d'autre part, le changement de règne récemment intervenu en Égypte ouvrait des perspectives favorables.

a) *Les débuts du règne de Ptolémée IV Philopatôr (221-219)*

Quelle que soit la date (inconnue) de la mort d'Évergète, le règne de son fils Ptolémée IV commence, *grosso modo,* au début de 221. Le règne de ce quatrième Lagide (221-204) présente une importance certaine pour l'histoire générale du monde hellénistique, car c'est alors que commence le déclin de l'État ptolémaïque. Quelque discutée qu'ait été la valeur réelle de Ptolémée III (t. I², pp. 253 ; 261) et de sa politique, il paraît difficile d'affecter son règne d'un signe négatif en ce qui concerne les affaires extérieures : on a vu que, dans l'ensemble, Évergète avait maintenu et même amélioré les positions extérieures de l'Égypte ; on n'oubliera pas, en particulier, que le propre port d'Antioche, Séleucie, était occupé par une garnison lagide depuis 246 ; et on a souligné que ce que l'on interprète en général comme un signe de négligence et d'abandon dans sa politique grecque, en 222, peut être compris comme l'indice d'une vigilance accrue sur le front syrien (t. I², p. 400), vigilance confirmée par l'échec de la campagne séleucide du printemps de 221 (*supra*, p. 19). Et si ce n'est pas encore sous le règne de Ptolémée IV que l'Égypte perdra la Cœlé-Syrie (encore s'en faudra-t-il de peu, comme on verra), il reste que le fils d'Évergète fut à coup sûr le premier souverain médiocre de la dynastie et que c'est sous son règne que l'Égypte commence à connaître les difficultés internes qui vont miner irrémédiablement sa puissance. Il est vrai que ces difficultés se manifestent assez tôt dans son règne pour qu'il les faille considérer comme un héritage du règne précédent : point sur lequel on reviendra ultérieurement (*infra*, p. 31).

A son avènement, Ptolémée IV a au moins dix-sept ans, mais son âge exact n'est pas connu. Son éducation avait été confiée à Ératosthène, qui paraît lui avoir donné le goût des choses intellectuelles plus que des affaires de l'État, dont le détournait de plus un tempérament résolument jouisseur. Polybe V, 34 nous présente Ptolémée IV comme un roi plus ou moins fainéant et le rend très précisément responsable du recul des positions ptolémaïques en Méditerranée (cf. t. I², p. 159), bien que ce recul ne dût prendre une allure catastrophique que sous son successeur.

La présence sur le trône d'Alexandrie d'un jouvenceau peu énergique devait fatalement ouvrir la porte aux intrigues de cour et de sérail. Soucieux de s'assurer la réalité du pouvoir, Sôsibios et Agathocle, deux conseillers que Ptolémée IV avait probablement hérités de son père, surent faire le vide autour du roi en lui faisant assassiner successivement toutes les personnalités de la famille royale qui eussent risqué de prendre quelque influence sur lui : son oncle Lysimaque, son frère cadet Magas, sa propre mère Bérénice. Cléomène III de Sparte, qui s'était réfugié à Alexandrie après Sellasie (t. I², p. 397), jugé indésirable à la fois parce qu'il avait été le témoin gênant de ces crimes, parce qu'il était populaire auprès des mercenaires et parce que ses ambitions grecques allaient à la traverse de la politique égyptienne, finit également victime de cette « épuration ». Ptolémée IV restait ainsi sous l'influence toute-puissante de Sôsibios et d'Agathocle, qui devaient (Sôsibios surtout) gouverner en fait le royaume durant tout le règne : les circonstances prouveront que Philopatôr aurait pu tomber plus mal encore...

On conçoit donc qu'Antiochos III, certes informé de ce qui se passait chez son petit-cousin d'Alexandrie, résolut d'en profiter pour tenter de régler enfin la question de la Cœlé-Syrie.

SOURCES : POL. V, 34-39 (35-39 concernent la fin de Cléomène) ; XV, 25, 1-2 ; JUST. XXX, 1, 1-3 ; PLUT., *Cléom.* 33 *sqq.*

BIBLIOGRAPHIE COMPLÉMENTAIRE ET NOTES : La **date de naissance**, et donc l'âge de Ptolémée IV à son avènement, ne sont pas connus avec certitude : cf. résumé des conjectures *ap.* VOLKMANN, *s. v. Ptolemaios*, PW XXIII, 2 (1959), col. 1678.

La date de l'**avènement** (en d'autres termes, la date de la mort de Ptolémée III) n'est pas davantage fixée : soit février 221 (cf. SKEAT, *The reigns of the Ptolemies*, pp. 31 *sq.*), soit octobre-décembre 222 (cf. SAMUEL, *Ptolemaic chronology*, pp. 106-108) : la divergence est liée à des problèmes d'interprétation des deux calendriers en usage en Égypte. Cf. aussi BENGTSON, *SB Munich* 1971/3, pp. 53 *sqq.*, qui (en rapport avec la chronologie du règne de Dôsôn : cf. t. I², p. 326), se prononce pour la date la plus haute.

Sôsibios : HOLLEAUX, *Décret du peuple de Délos..., Études* III, pp. 47 *sqq.*, a montré que le personnage était déjà au service de Ptolémée III ; la carrière de ce ministre, dans lequel on pourrait être tenté de voir l'Hermias de Philopatôr, fut exceptionnellement longue (cf. la notice dans OLSHAUSEN, *Prosopographie* I, n° 24 ; également HUSS, *o. c.*, pp. 242 *sqq.*) : l'inscription étudiée par Holleaux est des environs de 240 et Sôsibios ne disparaîtra qu'au tournant de 203-202 (*infra*, p. 109). Le fait que Sôsibios fût déjà un personnage connu et honoré avant l'avènement de Ptolémée IV prouve qu'il ne s'agit pas d'un vulgaire aventurier. Peut-être était-il *dioecète* (cf. GEYER, *s. v. Sosibios 3*, *PW* III A I (1927), coll. 1149 *sq.* ; *contra* : HUSS, p. 257) ? Polybe lui est défavorable (mais il faut noter que le passage où il le traite avec mépris de « vieux sac à malices » concerne l'avènement de Ptolémée V et qu'il n'émet pas de tel jugement dans les circonstances présentes (narrées au l. V) et la plupart des modernes l'ont suivi en ce sens (cf. BOUCHÉ-LECLERCQ, *Lag.* I, p. 288), non sans reconnaître parfois qu'il révéla des talents d'homme de gouvernement (cf. JOUGUET, *Imp. mac.*, p. 244, etc.).

Agathocle : HUSS, *o. c.*, pp. 251 *sqq.*, où bibliographie.

Sur la série d'**assassinats** qui marque le début du règne, cf. VOLKMANN, *l. c.*, coll. 1679 *sq.* et encore BOUCHÉ-LECLERCQ, *o. c.*, pp. 288-291. Nous ignorons la nature exacte des intrigues qui aboutirent à cette hécatombe. L'hypothèse selon laquelle la reine mère Bérénice (fille de Magas de Cyrène, petite-fille d'Antiochos Iᵉʳ) aurait cherché à se pousser au pouvoir en favorisant son cadet Magas avec l'appui de Lysimaque (fils de Ptolémée II et de la première Arsinoé), n'est guère fondée que sur le fait que POL. V, 36, 1 rattache l'assassinat de la reine à celui de son fils et souligne l'« audace » de Bérénice. Sôsibios, en s'attaquant à elle, ne faisait peut-être que défendre les droits de Philopatôr, comprenant qu'il serait entraîné dans la chute de celui-ci (cf. BELOCH IV, 1, pp. 691 *sq.*).

Cléomène III espérait que la mort d'Antigonos Dôsôn et le rapprochement entre Sparte et les Étoliens lui permettraient de se rétablir dans le Péloponnèse, et quémandait l'appui égyptien, qui lui fut constamment refusé par Sôsibios. Les motifs de celui-ci, selon POL. V, 37, 7 *sqq.*, étaient que, d'une part, la disparition de Dôsôn rendait toute intervention inutile dans le Péloponnèse ; que, d'autre part, l'absence de tout adversaire sérieux risquait de conduire Cléomène à des succès qui n'apparaissaient pas souhaitables. On peut se demander de surcroît si les raisons qui avaient déterminé Ptolémée III à s'entendre secrètement avec Dôsôn sur le dos de Cléomène (t. I², p. 400) n'étaient pas toujours valables aux yeux du gouvernement lagide... Non seulement Cléomène n'obtint aucun appui, mais il fut mis en résidence surveillée. Impatienté et aigri, le Spartiate et quelques compagnons profitèrent d'une absence du roi pour tenter un coup de force, qui rata : un suicide collectif mit un terme à l'aventure.

Sur les **mobiles d'Antiochos,** cf. en dernier lieu Huss, *o. c.,* pp. 21 *sqq.* (peu concluant, vu l'état des sources). Sur l'erreur de Porphyre, *FGrH* 260 F 44 = St Jérôme, *in Dan.* 11, 10, qui attribue déjà ce projet à Séleucos III, *ibid.,* p. 26 *sq.*

b) *Première phase de la guerre et premières négociations (219)*

Le premier point consistait évidemment, pour Antiochos, à recouvrer Séleucie de Piérie. Assiégé par terre et par mer, le port d'Antioche capitula au printemps de 219. Couvert de ce côté, le roi pouvait pousser vers le Sud. Son offensive fut favorisée par le fait que le gouverneur lagide de Cœlé-Syrie qui, en 221, avait arrêté l'armée séleucide dans les défilés de Marsyas, le mercenaire étolien Théodote, s'était entre temps brouillé avec Sôsibios et avait changé de camp : appelé par Théodote et ses amis, qui lui livrèrent de surcroît Ptolémaïs-Akè et Tyr, Antiochos put hardiment avancer vers le Sud. Sans doute s'attendait-on, à Alexandrie, que la guerre reprendrait un jour ou l'autre, mais y comptait-on sur les défenses qui avaient fait leurs preuves deux ans plus tôt. La trahison de Théodote et la rapidité de l'avance séleucide paraissent avoir causé une surprise complète. Craignant pour l'Égypte elle-même, Sôsibios et Agathocle mirent en hâte la région de Péluse en état de défense : le moyen utilisé (l'inondation et le comblement des puits) prouve qu'on manquait de troupes de campagne du côté lagide. Ce n'étaient là que palliatifs ; il fallait au gouvernement d'Alexandrie mettre rapidement sur pied une armée capable de soutenir l'assaut d'Antiochos et, pour cela, il fallait gagner du temps : Sôsibios et Agathocle résolurent de négocier.

Antiochos III, trouvant l'accès de l'Égypte barré, et auquel il restait des places à réduire en Syrie, accéda au désir de ses adversaires : il était d'ailleurs convaincu que ces négociations lui seraient favorables et que Ptolémée IV serait incapable de lui reprendre les territoires qu'il venait de conquérir avec une aisance inespérée. Les négociations furent principalement menées par des intermédiaires. Il n'était pas difficile à l'Égypte d'en susciter parmi les États grecs dont les intérêts coïncidaient avec ceux des Ptolémées et n'avaient rien à gagner à un redressement séleucide : Rhodes, Byzance, Cyzique et la confédération étolienne acceptèrent de s'entremettre. L'on agita aussi, du côté égyptien, la collaboration d'Achaios : tout concourt à prouver que cette menace n'avait aucune réalité, mais qu'Antiochos III se laissa pénétrer d'une certaine inquiétude à cet égard, dont Polybe dit qu'elle fut le principal motif de l'armistice de quatre mois qu'il accepta de conclure au début de l'hiver 219-218. L'on déposa donc les armes et l'on continua de négocier.

SOURCES : Reconquête de Séleucie : POL. V, 58-61, 2. — Trahison de Théodote : V, 40 ; 61, 3-5. — Offensive d'Antiochos III : V, 61-62. — Négociations : V, 63, 1-7. — Armistice : V, 66. — Suite des négociations : V, 67.

BIBLIOGRAPHIE COMPLÉMENTAIRE ET NOTES : Dans la ligne d'une doctrine exprimée dans un article cité supra, t. I², p. 250, A. JÄHNE, Klio LVI (1974), pp. 517 sqq. estime que si les Lagides restèrent en possession de Séleucie de la 3ᵉ à la 4ᵉ guerre de Syrie, ce fut parce que la ville, intégrée dans le système économique lagide, y trouva son profit. Ce serait d'ailleurs pour cela que la population ne se serait pas soulevée lors de l'attaque. En fait, le plus probable est que cette population, solidement occupée par une garnison ptolémaïque et incertaine de l'issue de l'offensive séleucide, resta passive et attentiste. Le traitement généreux accordé par Antiochos III aux Séleuciens (POL. V, 61, 1-2), malgré l'imposition (normale) d'une garnison, prouve d'ailleurs qu'il n'avait pas à leur tenir outre mesure rigueur du passé.

Sur l'Étolien **Théodote**, cf. LAUNEY, Recherches sur les armées hellénistiques I, pp. 184 sqq. Lors de son retour à Antioche, fin 219, Antiochos III lui confia l'administration de la province, qu'il avait déjà administrée pour les Lagides : cf. BENGTSON, Str. II, p. 160. POL. V, 61, 3 écrit que l'appel de Théodote embarrassa Antiochos, puis (61, 6) que le roi décida de marcher vers le Sud après avoir écarté son projet de s'attaquer à Achaios. HUSS, o. c., pp. 41 sq. en conclut que la conquête de la Cœlé-Syrie ne figurait pas dans le plan de 219, année où Antiochos n'avait voulu que reprendre Séleucie avant de se retourner contre l'Asie Mineure. L'appel de Théodote aurait donc conduit Antiochos à bouleverser ses plans. Mais HUSS ne s'est pas avisé que ce propos de Polybe est en contradiction avec V, 58, où la reconquête de Séleucie est formellement et amplement présentée comme le premier acte de la conquête de la Cœlé-Syrie, qu'Antiochos préparait alors. Il faut ou choisir entre les deux passages, ou expliquer la contradiction. Le choix fait par HUSS de V, 61 pèse naturellement sur son interprétation des relations entre Antiochos et Achaios, et entre Achaios et Alexandrie.

Sur la **situation militaire et financière de l'Égypte**, qui justifie les ministres lagides de négocier pour gagner du temps, cf. la section suivante.

Le gouvernement d'Alexandrie obtint également de Rhodes, de Byzance, de Cyzique et des Etoliens des missions de **médiation** (POL., V, 63, 5-6) qui permirent de gagner du temps. Sur les relations entre Alexandrie et ces Etats (et quelques autres), à ce moment, cf. HUSS, o. c., pp. 113 sqq.

Sur les **négociations**, cf. WILL, REG, 1962, pp. 124-127 et SCHMITT, o. c., pp. 167-169 : il n'y a alors aucun rapport, ni prouvable, ni même probable, entre Achaios et Alexandrie (sur les activités d'Achaios à cette époque, infra, p. 47) ; si Sôsibios prétend ne point conclure de traité auquel Achaios ne participerait pas, c'est uniquement pour tenter de persuader Antiochos de cette collusion en réalité inexistante. Il faut du reste bien souligner que Sôsibios n'a pas l'intention de traiter, mais uniquement de gagner du temps pour pousser ses préparatifs militaires. Il n'en est pas moins vrai que l'entente entre Sardes et Alexandrie est, contre toute vraisemblance, généralement admise (cf. p. ex. WALBANK, *Comm.* I, p. 502 et mes observations, *l. c.*, p. 127, n. 98).

POL. V, 67, 1-11 nous donne un aperçu des **arguments dynastiques** invoqués de part et d'autre à l'appui de la revendication de la Cœlé-Syrie, arguments remontant aux luttes des Diadoques et, il faut le reconnaître, aussi valables les uns que les autres puisque, s'il est vrai que la Cœlé-Syrie avait été contractuellement attribuée à Séleucos après Ipsos, il est vrai aussi que Ptolémée Ier avait occupé la province dès avant Ipsos — avant même qu'Antigonos le Borgne ne s'en emparât. Une discussion menée sur ces bases ne pouvait mener à rien ; c'était un dialogue de sourds. On notera toutefois la volonté clairement affirmée par Antiochos III de restaurer l'héritage de ses ancêtres : prétention que l'on retrouvera en d'autres circonstances.

Antiochos III eut-il le temps de frapper monnaie en Cœlé-Syrie lors de ces événements ? NEWELL, *WSM*, pp. 200 *sq.* le pensait, attribuant à Tyr 219-217 une émission de tétradrachmes d'Antiochos III qui a plus récemment été transférée, avec toutes les émissions séleucides du même atelier, de Tyr à Tarse : cf. O. MØRKHOLM, *Seleucid coins from Cilicia*, ANS-MN XI (1964), pp. 53 *sqq.*

c) *La situation en Égypte et les préparatifs militaires de 219-218*

Au moment où l'armée séleucide déferle vers le Sud et où le gouvernement de Philopatôr rompt les digues pour défendre le Delta à la hollandaise, la situation militaire de l'Égypte est certes mauvaise. Et l'enrôlement d'indigènes auquel va pour la première fois procéder un gouvernement ptolémaïque prouve certes aussi que l'Égypte ne dispose pas, à ce moment, des ressources humaines susceptibles de mettre *rapidement* sur pied une armée capable de « faire le poids » en face de celle d'Antiochos III. L'on attribue en général cette situation à, d'une part, une grave négligence dans la politique militaire lagide et, d'autre part, l'existence d'une crise financière profonde. Et comme le règne de Ptolémée IV n'en est alors qu'à ses débuts, l'on fait remonter ces deux phénomènes au règne de son père. Sans contester qu'il y a sans doute du vrai de part et d'autre, il convient d'examiner avec quelque attention ce problème complexe et donc, élargissant notre point de vue, de remonter à la fin du règne de Ptolémée III. Distinguons : est-il exact que la situation financière de l'Égypte, et donc plus généralement sa situation économique, soit dès lors aussi grave qu'on le pense ; et le reproche de négligence militaire est-il pleinement justifié ?

On a déjà rencontré la question des difficultés financières lagides à propos de l'abandon de Sparte par Évergète en 222 et noté à ce propos que cet abandon pourrait s'expliquer aussi par le souci de consacrer toutes les ressources du royaume à la défense de la Cœlé-Syrie (t. I², p. 400). Quoi qu'il en soit de cette interprétation, il n'en résulterait pas moins que Ptolémée III estimait alors n'avoir plus les moyens de financer simultanément sa politique grecque et sa politique asiatique. Or il y a en effet certaines preuves de difficultés financières dans les dernières années d'Evergète. Elles se manifestent en particulier dans certaines irrégularités de la teneur en fin des émissions d'argent de cette époque. Il est donc certain qu'à partir précisément de l'époque de la guerre cléoménique l'Égypte souffrait d'un relatif déficit en argent par rapport aux époques antérieures. Ce déficit n'était évidemment lui-même que l'expression d'autres difficultés, dont nous ne pouvons malheureusement pas saisir la nature complexe. Que ce déficit résultât d'un déclin du commerce extérieur de l'Égypte est probable — mais quelles seraient les causes de ce déclin ? Sans doute faut-il compter ici (mais comment en juger sainement ?) avec un déclin des surplus négociables, donc avec un déclin général de la production : il est en effet connu que l'organisation intérieure de l'Égypte commence à se détériorer sous Ptolémée III, sous le règne duquel on enregistre pour la première fois des signes d'agitation dans la population indigène et de durcissement du personnel et des procédés administratifs, le tout devant peut-être être mis en rapport avec les besoins financiers créés par la troisième guerre de Syrie, que ne compensèrent pas, loin de là, une restriction des dépenses de la cour. Il n'est pas interdit de se demander d'autre part si les troubles de Grèce à l'époque de la mort de Démètrios II de Macédoine, puis de la guerre cléoménique n'entraînèrent pas des perturbations commerciales et une restriction relative des débouchés du blé égyptien. D'un autre côté, l'alimentation du Trésor lagide en argent frais procédait également de l'imposition des possessions extérieures : y eut-il manque à gagner de ce côté, et pourquoi ? Rien n'indique que l'Égypte ait perdu des possessions extérieures après la guerre laodicéenne, mais il se pourrait qu'une éventuelle baisse des rendements des tributs ait eu des causes non politiques, mais économiques. Le peu qu'on sait de l'évolution des prix au IIIe siècle révèle que l'époque de Ptolémée III est une période de montée des prix, donc de diminution du pouvoir d'achat de l'argent. S'il y eut alors une baisse relative, mais généralisée, du niveau de vie, il se pourrait que l'administration lagide, qui cependant se durcit en Égypte même, ait été obligée de se montrer plus souple dans ses exigences fiscales à l'égard des possessions extérieures. On peut donc proposer toute une série d'explications (toutes partielles et toutes plus ou moins hypothétiques, certes) de l'incontestable déficit en argent que révèlent les premières manipulations monétaires ptolémaïques. Or il va de soi que ces difficultés, dont il serait toutefois imprudent d'exagérer l'ampleur et la portée, devaient avoir des conséquences néfastes pour le recrutement militaire.

La question se pose à présent de savoir si ce furent ces embarras financiers d'une part, la « négligence » d'autre part du gouvernement alexandrin (une négligence qu'il faudrait faire remonter, elle aussi, au règne de Ptolémée III) qui expliquent à eux seuls que, lors du débouché séleucide vers le Sud en 219, les ministres de Ptolémée IV n'eurent que l'eau du Nil à opposer (efficacement d'ailleurs) à Antiochos III, avant que ne fût rassemblée et entraînée la fameuse armée en partie indigène qui devait vaincre à Raphia. D'embarras financiers, Polybe ne souffle mot et la belle ardeur que devait manifester cette armée donne à penser qu'elle était bien payée. En revanche, Polybe insiste sur la négligence totale de tous préparatifs militaires (V, 62, 8) : il semble toutefois qu'il soit injuste et qu'il faille ici considérer les choses avec quelque attention.

On remarquera d'abord que l'Égypte n'était pas totalement dépourvue de troupes disponibles : lorsque Ptolémée IV apprit l'avance d'Antiochos, il accourut à Péluse pour y rassembler « toutes ses forces » (V, 62, 4). C'est l'insuffisance de celles-ci (bien que Polybe ne le souligne nullement) qui fit évidemment qu'on rompit les digues. Cette insuffisance était-elle le résultat de la négligence ? Il faut ici rappeler (avec Pol. V, 34 lui-même, d'ailleurs : cf. t. I², pp. 159 sqq.) que les défenses continentales de l'Égypte n'étaient pas concentrées en permanence aux limites du Delta, mais consacrées à défendre les accès de la vallée du Nil plus au nord, en Cœlé-Syrie : ce dispositif stratégique s'était montré parfaitement efficace en 221. Il ne l'était plus en 219 — pourquoi ?

La réponse est claire : la trahison de Théodote et de ses amis a ouvert une brèche dans le dispositif défensif de la Cœlé-Syrie. Il faut remarquer que la région ne tombe pas d'un jour à l'autre aux mains d'Antiochos : des places fortes de la province, les unes lui sont livrées par trahison, d'autres se rendent, d'autres enfin résistent. Mais, par la porte que lui ouvre Théodote, l'armée d'Antiochos peut pousser jusqu'aux confins de l'Égypte sans rencontrer de résistance sérieuse. Ajoutons que la livraison de Ptolémaïs et de Tyr, avec la capture de quarante vaisseaux, compromet gravement les communications maritimes, si importantes, entre l'Égypte et son glacis protecteur syrien. En quelques jours, sans que la « négligence » y fût pour rien (sinon celle qui avait consisté à ne pas récompenser suffisamment Théodote pour sa victoire de 221...), toutes les forces armées lagides de Cœlé-Syrie, c'est-à-dire la véritable protection militaire de l'Égypte, étaient rendues inutilisables — et sans doute furent-elles enrôlées dans l'armée séleucide (à l'exception des quelques noyaux de résistance).

Le troisième fait qui explique le caractère particulier et révolutionnaire des mesures prises par Sôsibios est évidemment l'urgence de la situation. On ne connaît pas l'effectif de l'armée séleucide en 219, mais si l'on en juge par l'ampleur des préparatifs de Sôsibios (qui déploya en cette occasion une activité qui fait de lui un organisateur de premier ordre), cet effectif ne devait pas être très inférieur à celui de l'armée qui devait revenir à la charge l'année suivante. Or Sôsibios jugea nécessaire d'aligner 75 000 hommes. Il en disposait d'autant moins que l'armée ptolémaïque était, on vient de le voir, amputée de ses troupes de Cœlé-Syrie, dont il n'est pas déraisonnable de penser qu'elles constituaient le plus gros de son corps de bataille. Le ministre rameuta toutes les unités stationnées dans les possessions extérieures (Pol. V, 63, 8) et fit appel à des mercenaires — qui devaient s'attendre à être bien payés, puisqu'il en vint. Il est toutefois clair qu'il était impossible à Sôsibios de rassembler et d'entraîner en Égypte 75 000 allogènes dans un délai aussi bref que celui qui lui était imparti : et c'est ce qui explique, plus que l'incapacité financière où l'on aurait été de recruter tant de monde, le recours aux indigènes, alors pour la première fois dans l'histoire des Ptolémées. 20 000 Égyptiens furent donc équipés en hoplites et, avec tous les autres, soumis à un entraînement intensif, dans le plus grand secret.

SOURCES : POL. V, 63, 8-65, 11.

BIBLIOGRAPHIE COMPLÉMENTAIRE ET NOTES : **Situation économique de l'Égypte :** Le manque relatif d'argent-métal à la fin du règne de Ptolémée III se manifeste dans le fait que l'administration monétaire lagide est alors obligée de recourir à un procédé qu'on serait tenté de qualifier de honteux, consistant à mêler, au sein d'une même émission, les bonnes pièces et les moins bonnes, sans que rien permette de les distinguer extérieurement : cf. F. HEICHELHEIM, *Wirtschaftliche Schwankungen...*, pp. 23 sqq. Dans le même ordre d'idées, on notera aussi, d'une part, le fait que les 300 t. d'argent promis par Ptolémée III aux Rhodiens après le séisme furent payés par tiers (POL. V, 89) ; d'autre part le fait que, des monnaies ptolémaïques trouvées dans le Péloponnèse, celles qui donnent le plus l'impression de procéder de subsides sont des monnaies de bronze, dont T. HACKENS, *A propos de la circulation monétaire dans le Péloponnèse au IIIe s. av. J.-C.*, Studia Hell. XVI (1968) = *Antidorum Peremans*, pp. 83 sqq. suggère qu'il pourrait s'agir des subsides payés à Cléomène III. Divers indices d'une certaine raréfaction de l'argent en Egypte, par conséquent. Si ces difficultés monétaires sont liées à la détérioration générale de l'économie égyptienne et aux premiers signes d'agitation indigène, ceux-ci (cf. PRÉAUX, *Esquisse d'une histoire des révolutions...*, Chr. Eg. XXI (1936), pp. 522-528) ont été mis en rapport avec la guerre laodicéenne par ROSTOVTZEFF I, p. 414 ; III, p. 1420, n. 212, où l'on trouvera détails et références aux documents papyrologiques. HEICHELHEIM, o. c., p. 44, de son côté, a nettement mis les manipulations monétaires de Ptolémée III (cette semi-dévaluation clandestine, la première que l'on connaisse dans le monde hellénistique) en relation avec la « Misswirtschaft » de ce roi. On a dit que le déclin des ressources fiscales ne peut être attribué avec certitude à un repli des possessions extérieures sous Évergète — à moins qu'on n'admette qu'un tel repli se produisit à l'époque de l'expédition carienne de Dôsôn : mais on a vu (t. I², pp. 368 sq.)

que, contrairement à ce qu'on a souvent pensé, rien ne prouve que cette expédition puisse être interprétée comme une guerre égypto-macédonienne. Le mouvement de hausse des prix, et donc de diminution du pouvoir d'achat de l'argent, est attesté à Délos et en Égypte même : il y a donc tout lieu de penser que c'est tout le bassin oriental de la Méditerranée (sans aller plus loin...) qui est affecté : cf. HEICHELHEIM, *o. c.*, pp. 48 *sqq.*

Situation militaire : si l'insuffisance, voire l'inexistence des préparatifs militaires en Égypte même ont été soulignées partout (il est inutile de dresser une liste des références à des propos modernes qui ne font au vrai que paraphraser POL. V, 62, 8, chez lequel HUSS, *o. c.* pp. 38 *sqq.* dénonce quelque exagération, montrant que des préparatifs, certes insuffisants, avaient été entrepris dès 220), les vraies raisons de cette situation n'ont, à notre connaissance, été dégagées nulle part. Elles sont cependant clairement formulées par POL. V, 34, qui (§ 10) reproche à Ptolémée IV d'avoir négligé non les défenses du Delta, mais les possessions extérieures qui protégeaient celui-ci, comme il s'attache à le montrer dans tout ce chapitre, que nous avons analysé t. I², pp. 159 *sqq.* Cela ne change du reste rien au fait que la brèche fut ouverte non par l'insuffisance des défenses de la Cœlé-Syrie, mais par la trahison de Théodote, qui rendit inutiles les efforts de son successeur Nikolaos (*infra*, p. 37). Polybe, qui est assez détaillé sur les préparatifs entrepris par Sôsibios, ne permet toutefois pas de distinguer entre les mercenaires qui étaient déjà au service d'Alexandrie (qu'ils fussent stationnés en Égypte ou rapatriés des possessions extérieures) et ceux que l'on embaucha alors (il arrive des Grecs : V, 63, 4-5 ; des Thraces et des Gaulois : V, 65, 10). L'embauche en Grèce était, à ce moment, favorisée par la pause qu'introduisent dans la politique macédonienne la fin de la guerre cléoménique et la mort de Dôsôn (cf. POL. V, 63, 11-13 : les principaux instructeurs de l'armée nouvelle avaient « servi sous Démétrios (II) et Antigonos (Dôsôn) »). Le recours aux indigènes égyptiens, armés et entraînés à la macédonienne (on ne les avait jusqu'alors utilisés que comme matelots ou dans le train), requiert naturellement une explication. LAUNEY, *o. c.* I, p. 101, écrivait que la division d'hoplites égyptienne était « l'indice de l'importance de plus en plus considérable que prennent les indigènes dans la vie militaire du royaume ptolémaïque » (ce qui n'est que constater l'évidence), « tout comme ils font dans le royaume séleucide » : la comparaison n'est pas heureuse, car, contrairement à ce qui se passait pour les Lagides, les Séleucides ne manquaient pas de populations à tradition guerrière dans leur empire (cf. LAUNEY I, p. 59). Le seul parallèle à l'enrôlement des fellahs dans l'armée lagide eût été l'enrôlement par les Séleucides de Babyloniens, par exemple, ce qui, précisément, ne fut jamais le cas (cf. LAUNEY I, p. 582). ROSTOVTZEFF II, p. 709, estimait que cette explication devait être de nature politique : « La révolte des indigènes égyptiens pendant la guerre syrienne d'Évergète Ier » (Rostovtzeff entendait par là la *seditio domestica* de Justin : cf. t. I², p. 252) « avait été une sévère leçon pour le gouvernement égyptien. Pour éviter le retour d'un tel incident, Philopatôr s'efforça, en mobilisant les *machimoi* pour en faire un corps de son armée, de faire de la guerre contre Antiochos une affaire nationale et de préserver de la sorte ses arrières d'une révolte indigène ». S'il en avait été de la sorte, il faudrait reconnaître, avec Rostovtzeff, que ce fut une lourde erreur. Mais cette hypothèse apparaît au plus haut point douteuse, d'une part parce que la sédition indigène sous Ptolémée III est elle-même douteuse ; d'autre part parce que les milieux gréco-macédoniens n'avaient aucun intérêt à susciter en Égypte un mouvement « nationaliste », qui ne pouvait être alimenté que par l'hostilité à la domination gréco-macédonienne en Égypte même, et non par la haine d'une puissance étrangère dont la population indigène se préoccupait certes fort peu. H. STIER, *Welteroberung und Weltfriede im Wirken Alexanders d. Gr.* (Opladen 1971), p. 41, a pensé qu'il y aurait eu, vers l'époque en question, un courant d'idées grec favorable à l'association des Égyptiens aux Gréco-Macédoniens, courant qu'aurait exprimé Ératosthène par son apologie de la politique d'Alexandre (STRABON I, 4, 9), avertissement que le gouvernement lagide n'aurait pas entendu, réprimant après Raphia les justes prétentions des indigènes à l'égalité. Mais, d'après Strabon du moins, Ératosthène ne mentionnait pas les Égyptiens parmi les peuples barbares dignes d'être comparés aux Hellènes : il convient d'ailleurs de remarquer que ces Barbares sont soit des peuples ayant toujours été extérieurs à la zone de domination gréco-macédonienne (les Indiens, les Romains, les Carthaginois), soit des peuples commençant à échapper à cette domination (les *Arianoi,* c'est-à-dire les Iraniens autres qu'occidentaux) : rien n'indique donc qu'Ératosthène se soit fait l'apôtre de l'émancipation des Égyptiens — aussi bien était-il bien placé pour discerner quelles conséquences eût entraînées une telle émancipation. En définitive, c'est certainement sur le plan strictement militaire que l'interprétation du recours aux troupes indigènes doit être cherchée. LESQUIER, *Inst. milit. de l'Eg. sous les Lag.,* p. 29, pensait que cette réforme « doit... s'expliquer... probablement par une sorte de crise de recrutement de l'infanterie de ligne mercenaire..., crise qui... a pu avoir pour causes l'énorme consommation d'hommes qu'avaient faite les armées du IVᵉ et du IIIᵉ siècle, et le nombre croissant des Thraces et des Gaulois à armement léger sur les marchés du IIᵉ siècle ». Cela doit en effet être pris en considération : malgré le manque absolu de toute donnée statistique, il est trop évident que la population du vieux monde grec décline alors (dénatalité, infanticides, guerres, etc. : cf. sommairement TARN, *HC,* pp. 100 *sqq.*). Mais il s'agirait de savoir si ce facteur négatif eut une influence directe sur le recrutement des mercenaires : il est en effet possible que d'autres facteurs jouassent en sens inverse, à savoir les troubles sociaux, le paupérisme croissant, le développement (qui n'est d'ailleurs pas encore à son point culminant) du travail servile, etc. Toutes choses que l'on ne saurait chiffrer, même grossièrement. Il faut en réalité tenir compte aussi de facteurs momentanés : d'un côté l'urgence de la situation en Égypte, qui ne permettait pas d'attendre l'arrivée d'hommes ne pouvant être informés du jour au lendemain de cette exceptionnelle demande d'Alexandrie ; en second lieu l'ampleur des besoins (due à la fois au fait qu'il s'agit là de la plus forte armée mise sur pied depuis longtemps et, de plus, au fait qu'il fallait combler le déficit en hommes créé par la perte de la Cœlé-Syrie et des troupes certainement nombreuses qui y étaient stationnées) ; en troisième lieu le fait que la « guerre sociale » grecque (*infra,* p. 71) devait, à cette époque même, restreindre l'offre ; enfin le fait qu'Antiochos III devait recruter de son côté sur les mêmes marchés : on objectera que toute guerre devait déterminer une telle concurrence mais, précisément, l'ampleur des effectifs engagés de part et d'autre rendait, en 219, cette concurrence particulièrement âpre — ce qui pourrait du reste ramener aux problèmes financiers, car la mise sur pied de l'armée de Ptolémée IV dut coûter excessivement cher et contribuer à l'aggravation de la crise financière et monétaire (cf. Cl. PRÉAUX, *Sur les causes de la décadence du monde hellénistique, Atti dell'XI Congr. intern. di Papirol. Milano 1965* (Milan, 1966), pp. 485 *sqq.*). Par conséquent, même si, contrairement à l'hypothèse de Lesquier, le marché des mercenaires n'était pas certainement affecté d'une tendance au tarissement à cette époque, il ne manquerait pas de raisons pour justifier le recours aux Égyptiens, qui est, de toute évidence, une mesure de fortune, ce que confirmerait encore le fait, souligné par J.W.B. BARNS, *Egyptians and Greeks, Papyrologica Bruxell.* XIV (1978), pp. 5 *sq.*, que les Égyptiens, bons soldats dans leur pays, répugnaient fort, pour des raisons religieuses, à en sortir, ce qui expliquerait le recours des Pharaons, déjà, à des mercenaires étrangers pour leurs campagnes extérieures. Si donc le recrutement de soldats égyptiens fut une mesure de fortune, qu'il fallût y recourir ne signifie toutefois point que l'armée organisée en Égypte en

219-218 fût une armée de fortune : tout au contraire, Sôsibios sut s'entourer des techniciens les plus distingués, qui donnèrent à ces troupes disparates une organisation technique et un entraînement de premier ordre. Tout ce que nous dit Polybe à ce sujet nous fait mieux comprendre la victoire que cette armée allait remporter en 217. L'effectif de 75 000 hommes, donné ci-dessus, est généralement considéré comme incertain : une négligence de rédaction de Polybe ne permettrait pas de savoir avec certitude si les 20 000 indigènes constituaient à eux seuls une phalange, ou s'ils étaient incorporés dans une phalange de 25 000 hommes. Dans le second cas, l'armée de Sôsibios n'aurait compté que 55 000 hommes (cf. CARY. *A hist. of the Gr. world*, p. 405 ; LAUNEY I, pp. 99 *sqq.*, où l'on trouvera le détail des divers corps de cette armée, de même que dans HUSS, *o. c.*, pp. 58 *sqq.*). P. CHANTRAINE, *RPh*, 1951, pp. 292-294 a toutefois montré qu'il faut sans hésitation compter 20 000 Égyptiens à côté d'une phalange « macédonienne » de 25 000 hommes. En tout état de cause, on peut penser que l'armée égyptienne, victorieuse à Raphia, y jouissait de la supériorité numérique : or Antiochos III disposera de 62 000 hommes (*infra*, p. 39). Pour dissimuler ces préparatifs qui se déroulèrent aux environs d'Alexandrie, Sôsibios alla installer le siège du gouvernement à Memphis, où se tinrent les négociations de l'hiver 219-218.

d) *Deuxième phase de la guerre ; Raphia (218-217).*

A l'expiration de l'armistice, les négociations n'ayant mené à rien (et pour cause !), Antiochos se mit en devoir d'achever l'occupation de la Cœlé-Syrie (printemps 218). L'Étolien Nikolaos, auquel incombait la défense de la province, avait été abondamment pourvu de renforts terrestres et maritimes, mais ne put arrêter le Séleucide, qui s'avançait par la côte, appuyé par sa flotte. Des redditions de places, des trahisons de chefs mercenaires aidèrent encore à ses succès : lorsqu'il prit ses quartiers d'hiver à Ptolémaïs, seules lui échappaient encore quelques places (Sidon) et la Palestine méridionale. Il semblait que c'en fût décidément fait de la domination asiatique des Ptolémées.

Mais le gros de l'armée rassemblée par Sôsibios n'avait pas été engagé. Ptolémée IV en prit personnellement le commandement à la belle saison de 217 et sortit de l'Égypte au-devant d'Antiochos qui, de son côté, avait repris la route du Sud. La rencontre eut lieu le 23 juin 217 à Raphia, dans l'extrême Sud de la Palestine, presque aux frontières de l'Égypte. Malgré la probable infériorité numérique de l'armée séleucide, il sembla d'abord que celle-ci dût l'emporter, mais une maladresse d'Antiochos, qui, poursuivant avec fougue la cavalerie lagide en déroute, ne put soutenir sa phalange au moment décisif, fit basculer le sort des armes : l'affaire se termina en débâcle séleucide. Par cette bataille (exactement contemporaine de celle du lac Trasimène), ce n'était pas seulement la domination ptolémaïque sur la Cœlé-Syrie qui était sauvée, mais l'Égypte elle-même qui échappait à l'invasion.

Antiochos III se retira vivement jusqu'à Antioche : Polybe indique qu'il craignait une attaque d'Achaios dans son dos. Si vraiment cette raison fut invoquée, peut-être n'était-ce qu'un pieux prétexte destiné à excuser une retraite aussi précipitée. En fait, Achaios ne bougea pas : on verra qu'il avait alors autre chose à faire.

Raphia ne terminait pas la guerre. Ptolémée IV réoccupa sa province sur les talons de son vaincu : il y fut partout accueilli avec joie par une population habituée à la tutelle lagide, presque séculaire et relativement douce. Pendant son avance Philopatôr fut joint par une ambassade séleucide porteuse d'une demande de paix. Un armistice fut conclu, et Sôsibios alla lui-même négocier avec Antiochos. Les choses n'ayant pas abouti au bout de trois mois, Ptolémée IV se remit en campagne, franchit la frontière Nord de la Cœlé-Syrie et envahit le territoire séleucide sans rencontrer de résistance. Antiochos III se résigna alors à conclure et Ptolémée, bien qu'il eût alors le vent en poupe, accéda à son désir : la paix qu'il conclut ne fut même pas de *status quo ante* puisque, s'il conservait la Cœlé-Syrie, il renonçait à Séleucie de Piérie, que lui avait léguée son père. Depuis Polybe, on attribue cette disproportion entre le succès militaire et la modération des termes de la paix à l'indolence et à l'incapacité politique de Ptolémée (« il eût dépouillé Antiochos de son royaume si son énergie eût appuyé sa chance », écrit Justin). Mais on peut se demander s'il avait une autre solution raisonnable à portée de main : s'étendre largement aux dépens des territoirse séleucides eût peut-être été possible sur le moment, mais n'eût pas manqué d'engendrer des complications plus redoutables que celle qu'engendrait la « question de Syrie » depuis Ipsos, et ce fut peut-être sagesse que de l'avoir compris. Toujours est-il que si Raphia offrit passagèrement à Alexandrie une « chance » d'abaisser gravement la monarchie séleucide, cette chance ne devait plus se présenter par la suite : Raphia ne devait accorder qu'un sursis à la présence ptolémaïque en Asie.

Sources : Pol. V, 68-71 ; 79-87 ; Justin XXX, 1, 6 *sqq.* — La stèle de Pithom (cf. les notes) a été publiée et commentée à maintes reprises : cf. la bibliographie donnée dans l'étude, la plus récente, de H.J. Thissen, *Studien zum Raphiadekret, Beitr. z. kl. Philol.* XXIII (1966), qui se fonde sur le texte anciennement établi par Spiegelberg. On trouvera commodément une tr. fr. dans Bevan, *Hist. des Lag.,* pp. 263 *sqq.*

Bibliographie complémentaires et notes : Notre connaissance de ces événements dépend de **deux sources :** Polybe et la « stèle de Pithom ». Polybe narre la guerre dans le plus grand détail jusqu'à la retraite d'Antiochos III après Raphia, après quoi il devient des plus sommaires et nous ne serions pas correctement informés de la suite sans l'inscription ptolémaïque qui, de façon très significative, prend le relais de Polybe au moment où commence la reconquête égyptienne — d'où il suit que Polybe utilise une relation de tendance favorable aux Séleucides. La « stèle de Pithom » est une grande inscription trilingue (grecque, hiéroglyphique et démotique) par laquelle Ptolémée IV, après la guerre, convoqua à Memphis un synode sacerdotal en vue de l'organisation des fêtes de la victoire. La fin de la campagne de 217 y est contée, de façon certes allusive, mais assez claire pour qu'on puisse, avec son aide, compléter le récit encore plus allusif de Polybe. Des trois textes de la stèle, c'est malheureusement la version démotique, la plus difficile à interpréter du point de vue linguistique, qui est la plus complète. Les données de la stèle relatives à la campagne ont été interprétées par W. OTTO, *Beiträge zur Seleukidengeschichte des 3. Jhts v. Chr. : IV, Zu dem dreisprachigen Priesterdekret von Memphis aus dem sechsten Jahre Ptol.' IV, Abh. Bayer. Akad.* XXXIV/1 (1928).

Dans son récit de la campagne, POL. V, 68, 7 indique qu'Antiochos accepta une demande d'alliance d'Arad : KAHRSTEDT, *Syr. Terr.*, pp. 14 *sqq.* en conclut que la cité était alors sous domination lagide, mais à tort, puisqu'on sait qu'elle était autonome depuis 259 (cf. t. I², pp. 235 ; 237 ; BAGNALL, *Administr.*, p. 12).

Sur la bataille de Raphia et les effectifs engagés, cf. *supra*, p. 37, pour l'armée lagide ; en outre, LAUNEY I, pp. 96 *sqq.* ; W. PEREMANS, *Notes sur la bataille de Raphia, Aeg.* XXXI (1951), pp. 214 *sqq.* En dernier lieu HUSS, *o. c.*, pp. 55 *sqq.* ; B. BAR-KOCHVA, *The Sel. army* (Cambridge, 1976), pp. 128 *sqq.*

Les **négociations** furent menées, du côté séleucide, par un cousin d'Antiochos, Antipatros, qui devait également être l'un des négociateurs de la paix d'Apamée (*infra*, p. 216) : cf. OLSHAUSEN, *Prosopogr.* I, n° 133.

La **reprise de la campagne** de Ptolémée IV, pendant l'armistice, n'est évoquée que par la stèle de Pithom, en des termes assez énigmatiques, mais non par Polybe (sur cette divergence et les interprétations modernes, cf. THISSEN, *o. c.*, pp. 60 *sqq.*) : Ptolémée semble avoir été appelé par des partisans, dont HUSS, *o. c.*, pp. 74 *sqq.*, se demande s'il ne s'agirait pas d'une faction pro-ptolémaïque de Séleucie de Piérie.

Le même HUSS, pp. 68 *sq.* défend Ptolémée IV contre l'accusation qui, depuis l'antiquité, lui est faite d'avoir, par indolence et incapacité, manqué l'occasion d'abaisser plus encore l'adversaire, et il montre que Philopatôr n'avait guère d'autres solutions à sa disposition que celles que, finalement, il adopta. Il n'était pas plus question pour lui que pour son père de s'emparer de l'empire séleucide, et anéantir Antiochos III eût fait entrer en scène Achaios. Huss se demande pourquoi Achaios ne profita pas de Raphia pour envahir la Syrie et, tout en reconnaissant que nous n'en savons rien, émet l'hypothèse que ce fut peut-être pour n'avoir point obtenu d'Alexandrie le concours nécessaire. Bien que nous ignorions si Achaios envisagea d'agir contre son cousin en 217, il est certain que cela n'eût aucunement été de l'intérêt d'Alexandrie, car un éventuel succès d'Achaios eût, en réunissant à nouveau l'Asie Mineure au reste du royaume, donné plus de puissance à celui-ci, qui venait d'être vaincu. Je pense que ces considérations durent être envisagées dès avant 217, et c'est bien ce qui me fait douter qu'Achaios, dont on connaissait le talent et l'énergie, reçût jamais d'Alexandrie le moindre encouragement à se poser en compétiteur d'Antiochos.

Le **traité de paix** n'est pas connu. L'hypothèse de HUSS, *o. c.*, p. 78, selon laquelle Ptolémée IV se serait fait restituer Séleucie de Piérie n'est pas sérieusement soutenue par les textes qu'il invoque.

Il est un point de la paix sur lequel le *status quo ante* fut peut-être amélioré pour l'Égypte : il se pourrait en effet que la victoire ait permis une extension temporaire de la domination ptolémaïque au Nord de la frontière traditionnelle de l'Éleuthéros (sur les incertitudes qui affectent cette frontière, cf. toutefois HUSS, *o. c.*, pp. 184 *sqq.*), si l'on en juge par le monnayage des villes de la Pérée continentale d'Arad (sinon d'Arad elle-même), qui s'interrompt en 218, pour ne reprendre qu'après Panion (*infra*, p. 118) : cf. H. SEYRIG, *Arados sous les rois séleucides*, Syr. XXVIII (1951), p. 218 (= *Ant. Syr.* IV, p. 197).

Sur les sentiments de la population de Cœlé-Syrie à l'époque de Raphia (dont Polybe dit que « les foules » y penchaient traditionnellement pour les Ptolémées), voir MOMIGLIANO, *Aeg.* X (1929), pp. 185 *sqq.* ; ROSTOVTZEFF I, p. 350 ; TARN, *HC*, p. 212 ; WALBANK, *Comm.* I, pp. 615 *sq.* ; MUSTI, *Lo stato dei Sel.*, *St. Cl. & Or.* XV (1966), pp. 186 *sqq.* C'est un des rares points où l'on perçoive un peu les dessous de l'opinion. — Gaza, qui avait résisté à Antiochos, aborde alors une période de déclin d'où elle n'émergera qu'un demi-siècle plus tard : elle perd les bénéfices du commerce arabe à destination d'Alexandrie, qui avaient fait sa prospérité : cf. U. RAPPAPORT, *Gaza and Ascalon in the Persian and Hellenistic periods in relation to their coins*, Isr. Explor. Journ. XX (1970), pp. 77 *sqq.*

Sur la **célébration de la victoire** en Égypte, cf. VOLKMANN, s. v. *Ptolemaios*, PW XXIII, 2 (1959), coll. 1683 *sq.*, et la section suivante. C'est évidemment par référence à la bataille de Raphia que Ptolémée IV prit le titre de « grand dieu Sauveur et Victorieux *(Nikèphoros)* » (*OGIS* 89), cependant qu'une inscription récemment découverte en Palestine lui donne simplement le titre de Grand Roi *(Basileus Megas)*, qu'avait déjà porté son père dans l'inscription d'Adoulis (t. I², p. 253) : cf. LIFSHITZ, *Beiträge zur palästin. Epigr.*, Ztschr. d. Palest.-Ver. LXXVIII (1962), pp. 82 *sqq.* ; HUSS, *o. c.*, pp. 72 *sqq.* — mais une étude récente du même auteur, *Der « König der Könige » und der « Herr der Könige »*, Ztschr. d. deutsch. Paläst.-Ver. XCIII (1977), pp. 131 *sqq.* suggère fortement que ce titre de *Basileus Megas* ne fait que rendre un usage régional, attesté depuis Ptolémée II, où le roi est, dans les inscriptions phéniciennes, désigné par l'expression *'dn mlkm* (« seigneur des rois »). « Grand Roi » serait donc sans rapport ave la victoire de Raphia.

e) *Les conséquences de Raphia en Égypte*

La bataille de Raphia devait avoir des conséquences désastreuses pour l'autorité des Ptolémées sur l'Égypte elle-même. Gagnée grâce à la présence de troupes indigènes, elle devait être le signal des troubles indigènes. C'est à partir de cette date de 217 que les Égyptiens affichent des prétentions à n'être plus purement et simplement soumis à la domination étrangère ; c'est alors que commence la longue histoire des soulèvements indigènes, la longue histoire aussi des concessions multipliées par le pouvoir à certains intérêts indigènes, notamment aux intérêts sacerdotaux.

Pour ce qui est des soulèvements indigènes, nous n'en connaissons exactement ni les causes, ni les circonstances, ni les détails, ni la chronologie, car il va de soi que les documents officiels ne les célébraient pas. En ce qui concerne leurs causes, parler, comme on le fait parfois, de « nationalisme » serait sans doute imprudent. Il faut certainement faire sa part à la vanité militaire des anciens combattants, la sienne aussi à un certain fanatisme religieux chez les prêtres. Pour la masse paysanne, il s'agit surtout d'une réaction contre le fisc : il est en effet probable que les ressources nécessaires à la mise sur pied de l'armée de Raphia furent surtout obtenues par une aggravation des impôts en Égypte, et on a des indices (incertains, il est vrai) qui donnent à penser que l'appareil fiscal fut renforcé sous Ptolémée IV. Tous ces facteurs convergeaient naturellement dans la haine de la domination étrangère. En ce qui concerne les caractères de ces soulèvements, les quelques données dont nous disposons font penser à des jacqueries, parfois encadrées par d'anciens soldats, la *chôra* étant le théâtre d'une guérilla confuse où se mêlent indistinctement la lutte paysanne contre les agents royaux, le brigandage pur et simple (dont souffrent surtout ces mêmes paysans) et, dans le Sud, les tendances centrifuges traditionnelles de Haute-Égypte. En ce qui concerne enfin la chronologie, il est probable que les violences commencèrent tôt après la campagne de Raphia. En tous cas leurs conséquences éclatent au grand jour dix ans plus tard, en 207, encore sous Ptolémée IV, date à laquelle toute la Haute-Égypte échappe au contrôle ptolémaïque. Pendant une vingtaine d'années, la Thébaïde va constituer une Égypte indépendante, sous des pharaons d'origine nubienne, dont les noms ont été longtemps lus comme étant Harmakhis et Ankhmakhis, mais qu'on sait depuis peu devoir être lus Haronnophris et Ankhonnophris.

Rien de plus difficile à réprimer, on le sait, qu'une guérilla endémique. Aussi le gouvernement d'Alexandrie chercha-t-il aussi à parer au mécontentement par des mesures d'ordre politique, s'engageant dans la longue voie des concessions à la population indigène. Celles-ci nous apparaissent surtout à travers l'évolution des relations entre la royauté et le clergé indigène, lequel semble avoir été ,dans une large mesure, le représentant des tendances xénophobes : aussi bien ne faut-il pas oublier qu'il était le seul corps organisé de la population égyptienne. On a, sur ce plan, des documents officiels éloquents, qui prouvent que cette évolution commence sous Ptolémée IV et, plus précisément, l'année même de Raphia. En effet, par l'édit que portait la stèle de Pithom, le roi convoquait un synode sacerdotal et ordonnait qu'un tel synode se réunît désormais chaque année pour l'anniversaire de la bataille. Des synodes sacerdotaux nous sont connus avant le règne de Ptolémée IV et il y en eut sans doute à travers toute l'époque ptolémaïque et même peut-être à l'époque romaine, bien que les documents y afférents n'appartiennent pour l'instant qu'aux règnes de Ptolémée III à Ptolémée V. Or, s'il est probable qu'à l'origine ces synodes étaient surtout destinés à affirmer l'autorité royale, à communiquer au clergé les volontés royales, les documents nous apprennent qu'à présent les souverains multiplient les concessions, surtout fiscales et territoriales, aux sanctuaires indigènes, cherchent donc à se concilier la bienveillance du clergé.

On trouve dans les actes de ces synodes des mesures d'amnistie pour les rebelles ; on apprend même qu'une de ces réunions osa intercéder auprès du roi en faveur du prince rebelle de Thébaïde — et cette démarche fut publiée... De plus, alors que le synode de 217 se tint encore à Alexandrie, la capitale royale grecque, qui n'était pas considérée comme étant en Égypte, on en connaît plusieurs, ensuite, qui se tinrent à Memphis, dans la vieille capitale indigène ; ce n'est donc plus le roi qui convoque les prêtres chez lui, mais les prêtres qui reçoivent le souverain chez eux, — il est vrai que cela était déjà arrivé sous Ptolémée III.

C'est enfin à partir de Raphia que la royauté ptolémaïque commence à s'égyptianiser. On ignore si les trois premiers Ptolémées se firent couronner comme pharaons, selon le rite indigène : la chose est possible, mais non prouvée. Mais Ptolémée IV porta la titulature pharaonique, et il est particulièrement remarquable que nous l'apprenions par une inscription *grecque,* de 217 précisément. Parmi les mesures prescrites par l'édit de la stèle de Pithom figurait en effet l'ordre d'ériger dans tous les temples une stèle commémorative de la victoire, surmontée d'un relief représentant le souverain victorieux. Or une de ces stèles (de Memphis) nous est parvenue, dont texte et image sont éloquents : le texte comporte toute la titulature pharaonique traduite en grec, les noms des dieux égyptiens étant remplacés par les noms des dieux grecs que l'on considérait comme correspondants (*e. g.* Rè rendu par Hélios, etc.). De plus Ptolémée IV, monté sur un cheval cabré et perçant de sa lance Antiochos III à genoux (vieille représentation du pharaon vainqueur), est vêtu en pharaon, avec la double couronne de Haute- et Basse-Égypte, et sa sœur-épouse Arsinoé se tient derrière lui, figurée en Isis. Toutes ces données, inconnues sous les règnes précédents, prouvent que Ptolémée IV est, dès le lendemain de Raphia, obligé de céder à l'opinion indigène, et il en ressort que l'agitation indigène avait dû éclater à la nouvelle même de la victoire, d'une victoire que les Égyptiens devaient considérer comme ayant été en partie leur.

Il faut insister sur la notion de *concessions.* On peut se montrer sceptique sur le propos de Rostovtzeff (t. II, p. 708) selon lequel « la principale et la plus importante réforme de Philopatôr... fut le passage d'une politique de domination sur les indigènes à une politique d'association avec eux », de quoi, selon Rostovtzeff, on aurait « des témoignages satisfaisants ». Or ce dont nous avons des témoignages satisfaisants, c'est précisément de concessions, qui sont toujours partielles et qui, si elles entament peu à peu la domination de fait des Gréco-Macédoniens, n'ont jamais effacé le principe fondamental de cette domination. Il y a moins changement délibéré de politique qu'infléchissement imposé par le mécontentement et l'agitation de la population à un pouvoir central qui, bien que tendant alors à s'affaiblir, n'en restait pas moins exigeant sur le plan de la fiscalité.

Le lien entre Raphia et l'agitation indigène est donc incontestable, et Polybe déjà l'avait noté, disant que l'enrôlement de troupes indigènes avait été une résolution excellente dans les circonstances données, mais imprudente pour l'avenir : on ajoutera que cet avenir fut immédiat.

SOURCES : POL. V, 107, 1-3. Stèle de Pithom : cf. *supra*, section précédente. Stèle de Memphis (Ptolémée IV en pharaon) : *SEG* VIII, 504 a. Il faudrait ici anticiper et mentionner par avance tous les décrets de concessions *(philanthrôpa)* qui vont se succéder sous les règnes suivants : on les trouvera en temps et lieux. Le caractère des soulèvements indigènes est donné par POL. XIV, 12 (« ... une guerre qui, mises à part la cruauté et l'immoralité manifestées de part et d'autre, ne comportait rien qui fût digne de mémoire, ni bataille rangée, ni combat naval, ni siège... »), confirmé par les documents locaux.

BIBLIOGRAPHIE COMPLÉMENTAIRE ET NOTES : On a vu *supra*, p. 35, que ROSTOVTZEFF II, p. 709, interprétait l'armement des indigènes comme une mesure politique : c'est un aspect de l'opinion qu'on vient de rapporter, concernant la « politique d'association » prêtée à Ptolémée IV : c'est une vue des choses qui ne rend pas bien compte de la contrainte qui arracha au gouvernement d'Alexandrie les concessions que l'on a dites plus haut. Les pages de Rostovtzeff (707 *sqq.*) méritent néanmoins une lecture attentive.

Sur les **révoltes indigènes**, dont W. PEREMANS, *Ptolémée IV et les Égyptiens, Mél. Préaux* (Bruxelles, 1975), pp. 393 *sqq.* estime que, contrairement à l'opinion reçue, elles n'ont pas éclaté avant l'occupation de Thèbes par le premier des pharaons indigènes (attestée en 206), et qui vont devenir plus ou moins chroniques à partir de cette époque, cf. PRÉAUX, *art. cit. supra, Chr. Eg.* XXI (1936), pp. 522 *sqq.* ; M. ALLIOT, *La Thébaïde en lutte contre les rois d'Alexandrie sous Philopator et Épiphane* (216-184), RBPhH XXIX (1951), pp. 424 *sqq.* ; toute la documentation relative aux Pharaons indigènes de Haute-Égypte a été rassemblée par P.W. PESTMAN, *Harmachis et Anchmachis, deux rois indigènes du temps des Ptolémées, Chr. Eg.* XL (1965), pp. 157 *sqq.* ; T.C. SKEAT, *Notes on Ptol. chronol. IV, JEA* LIX (1973), pp. 169 *sqq.* Sur la nouvelle lecture des noms des deux pharaons thébains, Haronnophris et Ankhonnophris (dont le premier est connu aussi par deux transcriptions grecques, sous les formes Hyrgonaphor et Chaonnôphris), cf. W. CLARYSSE, *Notes de prosopographie thébaine, Chr. Eg.* LIII (1978), pp. 243 *sqq.*, qui note que ces souverains furent soutenus par le clergé thébain d'Amon, rival du clergé memphite de Ptah, qui était étroitement lié aux Lagides (cf. ci-dessous). Cette « révolte... s'insérait dans une tradition centrifuge qui s'était manifestée à plusieurs reprises dans l'histoire de l'Égypte ». Cette sécession s'efforcera vigoureusement de pousser vers le Nord et il semble qu'elle n'ait été contenue que dans la région de Lycopolis. Parti de Nubie, ce mouvement dut compromettre les relations entre Alexandrie et le royaume « éthiopien » de Méroë, qui semblent avoir été bonnes au début du règne de Ptolémée IV, malgré la poussée méroïtique vers le Nord, qui priva probablement les Lagides de toute emprise effective sur la région du Dôdékaschoinous : cf. HUSS, *o. c.*, pp. 178 *sqq.* — Pour en revenir aux troubles en Égypte même, il faut avoir présent à l'esprit que ces révoltes ne sont en somme que la crise d'un problème plus vaste, qui est celui des relations entre Grecs et indigènes, problème qui ne se pose pas dans les mêmes termes au III° siècle qu'au II°, à la charnière desquels nous plaçons les événements présents. S'il y a eu évolution de la politique lagide à cet égard (ce que Rostovtzeff interprétait comme un passage de la domination à l'association), ce fut moins par suite d'un dessein délibéré que par suite de nécessités complexes ; il est probable que le déclin économique relatif du pays tend alors à freiner le recrutement de personnel grec nouveau, cependant que les Grecs établis de longue date dans le pays tendent progressivement à s'égyptianiser. Cette évolution a été étudiée par H. BENGTSON, *Bedeutung der Eingeborenenbevölkerung in den hellenistischen Ostsaaten*, WaG XI (1951), pp. 135-142, qui souligne que la question se pose de façon fort différente chez les Séleucides qui, dès le début — et contrairement à ce qu'on a parfois affirmé — n'ont pas hésité à faire appel aux ethnies asiatiques aussi bien dans l'armée que dans l'administration.

Le rôle joué par le **clergé égyptien** dans ce contexte a toujours été évident, mais la question a été profondément renouvelée grâce à des documents hiéroglyphiques connus de longue date mais qui n'ont été exploités que récemment : cf. E.A.A. REYMOND & J.W.B. BARNS, *Alexandria and Memphis. Some historical observations*, Orientalia XLVI (1977), pp. 1 *sqq.* Il s'agit des stèles funéraires de tous les membres de la famille princière des Grands-Prêtres de Memphis, dont la durée couvre exactement l'époque hellénistique, d'Alexandre à Cléopâtre VII. Dynastie d'éminents « collaborateurs », qui finira par être liée par mariage à la famille royale. Titres, fonctions et détails biographiques de ces personnages prouveraient qu'ils furent en réalité les premiers après le roi dans le royaume : l'on a assez cherché sous quelle titulature grecque pourrait se cacher un éventuel « premier ministre » des Lagides — ce serait donc du côté égyptien qu'il faudrait le chercher... Si ces conclusions sont justes, ce serait l'ensemble de la politique égyptienne des Lagides qui serait à reconsidérer. Deux points, en ce qui nous concerne ici. Le premier est que cette dynastie princière et sacerdotale, qui fut, pendant trois siècles, parfaitement « loyaliste » à l'égard de la domination macédonienne, joua, sans doute habilement, le rôle de relais entre le pouvoir royal et le clergé indigène : de ce point de vue, les deux savants anglais estiment qu'elle fut un important facteur de stabilité, en dépit des troubles provoqués par l'exploitation étrangère.

Les rapports de collaboration entre les Grands-Prêtres de Memphis et les Lagides n'autorisent pas à parler de « politique d'association » : on ne pourra s'y risquer que plus tard. La primauté hellénique reste indiscutable en cette fin du III° s.

On mentionnera dans ce contexte une inscription fragmentaire publiée par P.M. FRASER, *Inscr. fram Ptolemaic Egypt*, Berytus XIII (1950), n° 1, pp. 123 *sqq.*, malheureusement non datable (il s'agit d'une copie d'époque impériale romaine), où la cité de Ptolémaïs honore un Ptolémée (on ignore lequel) pour avoir envoyé des renforts de **colons grecs**. On comprend qu'en présence de l'agitation chronique de la Thébaïde, Alexandrie ait cherché à y étoffer l'élément hellénique. Les lieux d'origine de ces colons (Argos, Lacédémone, la Thessalie) ne nous éclairent pas sur les circonstances : l'époque considérée ici est, parmi d'autres, une de celles où ce document pourrait prendre place.

B) Les affaires d'Asie de 220 à 205

Le bilan de la quatrième guerre de Syrie était décevant pour Antiochos III, la reconquête de Séleucie de Piérie ne compensant certes pas la grave perte de prestige due à la défaite de Raphia, ni la brèche certainement considérable ouverte dans les finances séleucides du fait de cette campagne manquée et de la destruction d'une grande armée. La réalisation des prétentions séleucides sur la Cœlé-Syrie était une fois encore remise à plus tard. Si Antiochos III avait hautement proclamé, au cours des négociations de 219-218, ses droits dynastiques sur une région que ses prédécesseurs n'avaient jamais possédée, à plus forte raison devait-il les affirmer sur les provinces récemment perdues d'Iran oriental et d'Anatolie. Et c'était évidemment par l'Asie Mineure qu'il lui fallait commencer : car s'il songeait, dès l'époque de Raphia, à rétablir son autorité sur tout ce que ses aïeux avaient possédé d'Iran, il ne pouvait être question d'y procéder sans avoir apuré au préalable le contentieux anatolien. Il faut ici remonter à 220.

1° L'ASIE MINEURE DE 220 A 213

Pour Antiochos III, une question anatolienne prime évidemment toutes les autres : celle que pose Achaios, — mais ce n'est que l'aspect le plus immédiat de la situation, vue d'Antioche. Sans l'expansion, pergaménienne aux dépens d'Antiochos Hiérax (t. I², pp. 296 *sqq*.), il n'y aurait pas eu l'usurpation d'Achaios ; si l'existence de celui-ci pouvait favoriser un rapprochement entre Antioche et Pergame, la question pergaménienne n'en restait pas moins posée pour un Séleucide à vocation restauratrice. Cependant, plus on s'éloigne de la Syrie vers le Nord, plus les affaires tendent désormais à échapper à l'influence séleucide. Par delà Pergame, il semble alors que ce soit un monde nouveau qui commence, celui des royaumes semi-hellénisés des franges pontiques et des quelques cités grecques qui réussissent encore à maintenir leur indépendance, et ce monde du Nord cherche plus ou moins, à cette époque, à mener ses affaires indépendamment de celles des « grands » — lesquels ne tarderont toutefois pas à y reprendre un intérêt immédiat. Commençons par ces problèmes marginaux.

a) *Prusias Ier et Rhodes contre Byzance (220)*

Prusias Ier de Bithynie, qui avait succédé à son père Ziaélas entre 230 et 227, se révéla tôt désireux d'agrandir son petit royaume. Lorsque, en 220, les Rhodiens, pour obtenir l'abrogation des péages du Bosphore, déclarèrent la guerre aux Byzantins, Prusias fit cause commune avec eux et occupa les possessions de Byzance sur la rive asiatique des Détroits. Les Byzantins essayèrent de susciter contre lui un sien oncle, Zipoitès, mais celui-ci mourut avant d'arriver à pied d'œuvre. Inversement, Prusias actionna les tribus thraces contre Byzance, dont la situation se révéla assez inquiétante pour qu'intervînt en sa faveur le dynaste celte Cauaros (qu'enrichissait le tribut payé par la cité) et pour que les Rhodiens se montrassent disposés à traiter. Son isolement diplomatique n'explique pas à lui seul que Prusias évacuât d'un coup tout ce qu'il avait conquis : les causes de sa reculade restent obscures, et l'on peut se demander s'il ne fut pas menacé d'un débarquement gaulois dans ses États.

Il ne semble en tout cas pas qu'il ait cédé à la pression d'un des souverains voisins : les Byzantins avaient bien obtenu des promesses de soutien de la part d'Achaios, mais les Rhodiens avaient su capter la bienveillance de celui-ci en obtenant de Ptolémée IV la libération de son père Andromachos (cf. *supra,* p. 25). Attale, de son côté, penchait pour Byzance, mais ne bougea pas davantage. Il est intéressant de constater qu'un problème aussi important que celui de la liberté de navigation dans les Détroits est réglé sans la moindre intervention des grandes puissances du temps. Il est vrai aussi que la grande puissance maritime du temps, c'est Rhodes.

Source : Pol. IV, 37, 8 (où la guerre est annoncée au terme d'une série de synchronismes) ; 38-44 (long *excursus* de géographie des Détroits) ; 45-46 (sur les moifs qui déterminèrent les Byzantins à taxer le passage du Bosphore) ; 47-52 (la guerre).

Bibliographie complémentaire et notes : Rostovtzeff II, pp. 662, 673, 679 ; Magie, *RR*, p. 72 ; Vitucci, *Il regno di Bitinia*, pp. 39 *sqq.* ; Habicht, s. v. *Prusias I, PW* XXIII, 1 (1957), coll. 1088 *sqq.* (les deux articles de cet auteur sur les rois de Bithynie portant ce nom sont de premier ordre et leur substance dépasse de loin leur titre : c'est une des meilleures introductions actuelles à l'histoire de l'Anatolie sous ces règnes).

La date de l'**avènement de Prusias** Ier n'est pas connue avec certitude : elle est en tout cas antérieure au grand séisme de Rhodes (donc sans doute à 227 : cf. t. I², p. 368), car ce roi figure en bonne place parmi les bienfaiteurs des Rhodiens en cette occasion.

Les difficultés financières de **Byzance** se révèlent dans les expédients monétaires auxquels la cité est obligée de recourir à partir de *ca* 235 : cf. H. Seyrig, *Monnaies hellénistiques de Byzance et de Chalcédoine, Essays to St. Robinson* (1968), pp. 185 *sqq.*

Sur la portée de l'intervention rhodienne en faveur de l'**élargissement d'Andromachos** pour la compréhension des rapports entre Achaios, Antiochos III et Ptolémée IV, cf. Will, *REG* LXX (1962), pp. 114 *sq.* ; 123.

Le développement que **Polybe** consacre à ces affaires est sans doute emprunté à une source rhodienne, et c'est sans doute cette même source qui l'entraîne à parler ensuite, plus ou moins en hors-d'œuvre, d'affaires crétoises (IV, 53-5 ; sur la guerre de Lyttos, cf. aussi *infra*, p. 75), puis du soutien apporté par Rhodes à Sinope, attaquée par Mithridate IV du Pont (IV, 56).

b) *Achaios et l'Asie Mineure à l'époque de la quatrième guerre de Syrie*

On a vu que l'usurpation d'Achaios n'avait pas empêché Antiochos III de se consacrer aux préparatifs de la quatrième guerre de Syrie (même s'il envisageait de se consacrer à l'Asie Mineure après la reconquête de Séleucie de Piérie : *supra*, p. 29), ce qui implique qu'il ne se sentait point menacé sur ses arrières. Et, bien que les ministres de Ptolémée IV aient cherché à impressionner le Séleucide en agitant cette usurpation pendant les négociations de l'hiver 219-218, bien que, d'autre part, Polybe justifie la retraite précipitée du Séleucide vaincu à Raphia par la crainte d'une offensive de son cousin de Sardes, rien, dans les faits tels qu'ils nous sont connus, ne permet de penser qu'Achaios, au cours de ces années, levât le petit doigt pour gêner Antiochos et envisageât de trahir les intérêts séleucides en collaborant avec l'Egypte.

Aussi bien Achaios avait-il d'autres tâches sur les bras. On le voit d'abord occupé à consolider et arrondir ses domaines anatoliens, sans qu'il soit permis d'affirmer que ses campagnes fussent, dans l'immédiat, dirigées contre Antiochos III. Les opérations qu'il conduit d'abord en Anatolie méridionale (Milyade, Pisidie, Pamphylie) menaçaient en effet plus les possessions ptolémaïques que la puissance séleucide. Mais surtout, Achaios ne devait pas tarder à être rappelé vers le Nord, car Attale tenta de profiter de ces circonstances pour rétablir sa situation, gravement compromise depuis 222 : avec l'aide de mercenaires gaulois recrutés en Thrace, le Pergaménien réussit effectivement en 218 à remettre la main sur un certain nombre de cités grecques d'Éolide (Kymé, Myrina, Phocée, Aigai, Temnos) d'Ionie (Téos, Colophon) et de la région des Détroits (Lampsaque, Ilion, Alexandrie de Troade), ce qui eut pour conséquence qu'Achaios, quand bien même l'eût-il voulu (ce que rien, encore une fois, ne permet d'affirmer), eût été bien incapable de tomber dans le dos d'Antiochos III au moment du désastre de Raphia : il est au contraire obligé de consacrer ses forces à refouler Attale, sans qu'on sache d'ailleurs jusqu'à quel point il y réussit.

SOURCE : POL. V, 72-8.

BIBLIOGRAPHIE COMPLÉMENTAIRE ET NOTES : La **situation chronologique** des événements est assurée par l'insertion qu'en fait Polybe dans son récit de la 4ᵉ guerre de Syrie, entre la reprise des hostilités en Cœlé-Syrie en 218 et la campagne de Raphia en 217.

Le récit de Polybe pose de nombreux problèmes de détail sur le plan de la **géographie** et de la **stratégie** : on en trouvera l'analyse et l'abondante bibliographie dans WALBANK, *Comm.* I, pp. 598-607 ; de plus, à présent, SCHMITT, *Unters.*, pp. 262-4.

En ce qui concerne la **Pamphylie**, dont Polybe dit qu'Achaios en « soumit la plus grande partie », l'étude des monnayages des cités pamphyliennes (des émissions d'« alexandres » de poids attique) soulève des problèmes sur lesquels l'accord ne règne pas. Dans la 1ʳᵉ éd. de ce livre, p. 39, je rapportais l'opinion de H. SEYRIG, *Monnaies hellénistiques, RN* 6ᵉ sér. V (1963), pp. 40 *sqq.*, selon lequel ces émissions auraient prouvé que ces cités réussirent à s'émanciper de la domination lagide peu après la mort de Ptolémée III pour inaugurer une ère (en réalité des ères, car ces émissions ne commencent pas partout au même moment) d'autonomie civique, qui se serait poursuivie après la conquête du pays par Achaios. Cette interprétation a été reprise et précisée par Chr. BOEHRINGER, *Zur Chronologie mittelhellenistischer Münzserien 220-160 v. Chr.* (Berlin, 1972), pp. 52 *sqq.*, suivi par G. LE RIDER, *Les tétradrachmes pamphyliens du IIIᵉ s. et du début du IIᵉ s. av. n. ère, RN* 6ᵉ sér. XIV (1972), pp. 253 *sqq.* qui, tout en soulignant l'importance de ces monnaies dans la circulation entre la Syrie et l'Asie Mineure, mettait en doute l'hypothèse, avancée par B., d'une entente commerciale entre les cités pamphyliennes et Antiochos III (cf. aussi LE RIDER, *Ann. EPHE, 4ᵉ sect.* 1974, pp. 254 *sqq.*). H. SEYRIG, *Trésors du Levant, anciens et nouveaux* (Paris, 1973), pp. 34 *sqq.*, a accepté les conclusions de B. (avec d'intéressantes observations sur la production monétaire comme industrie exportatrice). Mais ces conclusions ont été contestées par Th. FISCHER, *Tetradrachmen und Kistophor, Actes du 8ᵉ Congr. intern. de Num. (1973)* (Paris - Bâle, 1976), pp. 45 *sqq.*, qui apporte des arguments en faveur de la datation anciennement attribuée au début de ces émissions, soit de *ca* 189, c'est-à-dire du lendemain de l'effondrement d'Antiochos III. Je me contente de signaler ici le problème, où je ne me reconnais pas la compétence d'intervenir.

Polybe néglige de nous dire dans quelles conditions Attale Iᵉʳ, le grand triomphateur des Galates, en arriva à embaucher des **Gaulois** venus d'Europe : sans doute n'avait-il, dans les circonstances données, d'autre ressource (on n'oubliera pas que le marché des mercenaires est alors sévèrement ponctionné par Ptolémée et Antiochos déjà !) : cf. LAUNEY I, pp. 508 *sqq.* L'arrivée de tribus Aigosages doit sans doute être mise en rapport avec la fin du royaume gaulois de Thrace (royaume de Tylis), qui se place à peu près à cette époque (POL. IV, 46, 4). L'insubordination de ces hordes détermina d'ailleurs rapidement Attale à les ramener au bord de l'Hellespont ; mais, ne pouvant les faire repasser en Europe, il les fixa sur la rive asiatique, laissant à Prusias Iᵉʳ le soin de les exterminer en 216 (POL. V, III, 1-7), victoire qui fit plus pour la réputation philhellénique de la maison royale de Bithynie que toutes les donations et évergésies antérieures : cf. VITUCCI, *o. c.*, pp. 42 *sqq.* ; HABICHT, *l. c.*, coll. 1091 *sq.*

La politique d'Attale Iᵉʳ à l'égard des **cités grecques** avec lesquelles il renoue au cours de sa campagne de 218 a fait l'objet d'une hypothèse de MC SHANE, *FPAP*, p. 65 *sqq.*, sur laquelle cf. déjà t. I², p. 300. La situation tributaire de Téos à l'égard d'Attale est à présent documentée par une inscription datant du moment où cette cité repasse sous la tutelle séleucide (*infra*, p. 114) : cf. P. HERRMANN, *Antiochos der Grosse und Teos, Anadolu (Anatolia)*, IX (1965), pp. 101 *sqq.*

c) *Antiochos III contre Achaios (216-213)*

Si Polybe ne nous donne aucune preuve formelle de l'hostilité d'Achaios à l'égard d'Antiochos III, il ne nous montre pas moins celui-ci convaincu de cette hostilité. Du reste, au point où en étaient arrivées les choses, Antiochos, vaincu par Ptolémée IV, ne pouvait plus prétendre à aucune autorité sur Achaios. Même si Achaios ne nourrissait aucune ambition à l'égard de l'empire séleucide, il n'en était pas moins indépendant de fait, et les territoires sur lesquels il avait établi son autorité échappaient à la souveraineté d'Antioche : situation qu'Antiochos III pouvait d'autant moins tolérer que son orgueil, exalté en 220 par sa victoire sur Molon, venait, en 217, de souffrir gravement du fait de sa défaite et de sa peu glorieuse fuite de Raphia à Antioche. Ce n'était pas seulement politiquement qu'Antiochos ne pouvait admettre que se perpétuât la situation qui s'était développée en Asie Mineure, mais aussi psychologiquement.

Mais il est probable aussi que, dès ce moment, le Séleucide pense à son expédition iranienne : cette expédition, il ne peut pas l'entreprendre avec Achaios dans son dos, d'une part parce qu'il craint évidemment qu'en son absence le roi de Sardes ne soit tenté de tomber sur la Syrie ; mais certes aussi, d'autre part, parce qu'il craint qu'au cas où il disparaîtrait en Iran, Achaios ne montrerait pas à l'égard du petit prince héritier l'abnégation et le dévouement dont il avait fait preuve à son propre égard en 223.

Tout cela explique qu'à peine remis de sa défaite de Raphia, Antiochos III conclut alliance avec Attale et franchit le Taurus pour mettre un terme au règne de son cousin en Asie Mineure : il y fallut près de quatre ans — mais nous n'avons sur ces années de lutte que deux fragments de Polybe qui, bien que longs, ne sont que d'un intérêt limité pour l'histoire générale. La lutte entre les deux cousins se concentra autour de Sardes : la ville tomba en 215, mais Achaios resta enfermé dans l'imprenable acropole de sa capitale. Sôsibios, le ministre de Ptolémée IV, essaya de l'en sauver par la ruse : tentative parfaitement justifiée du point de vue égyptien, mais qui ne prouve nullement une collusion antérieure entre Achaios et Alexandrie. La tentative de Sôsibios fut toutefois ruinée par une trahison : pensant s'échapper de son repaire, Achaios tomba aux mains d'Antiochos III. Polybe conte que, voyant son cousin ligoté à ses pieds, Antiochos resta longtemps frappé de mutisme, puis éclata en sanglots : ce serait d'avoir compris « combien il était difficile de se garder et combien la *tychè* amenait parfois des événements contraires à toute attente » — peut-être les larmes d'Antiochos eurent-elles

d'autres causes encore... Achaios n'en fut pas moins ignominieu-
sement supplicié.

Les fragments de Polybe ne nous renseignent pas sur la réorganisation de l'Asie Mineure séleucide, mais sans doute la stratégie
générale fut-elle dès lors confiée à l'ancien vainqueur de Molon,
Zeuxis, que nous retrouverons. Cette Anatolie séleucide reconstituée n'avait toutefois pas retrouvé son extension primitive (il
s'agit, semble-t-il, en gros de la Lydie et de la Phrygie), car la
collaboration d'Attale, dont nous ignorons tout, sinon qu'elle eut
lieu, dut naturellement être payée : seules quelques inscriptions
nous permettent de jalonner très approximativement les territoires
qu'Attale put rattacher à son royaume. Il s'agit vraisemblablement
des cités littorales que le Pergaménien avait enlevées à Achaios
en 218 (*supra*, p. 47) et dont on ignore si celui-ci avait ou non
réussi à les lui reprendre entre 218 et 216, plus, sans doute, un
appendice méridional en Ionie (région de Lébédos, Colophon,
Notion) ; à l'intérieur, Attale semble s'être rétabli entre le bassin
du Caïque et celui de l'Hermos (région de Thyatire) et plus
à l'Est encore, jusque vers les sources du Sangarios (Phrygie
ultérieurement dite « Épictète »). On ignore si un traité conclu
après la guerre confirma ces possessions à Attale.

Le rétablissement séleucide en Asie Mineure était donc partiel
seulement, d'autant plus partiel qu'il ne semble pas qu'Antiochos III ait nulle part réussi à atteindre la mer, dont le
séparaient aussi bien les bases ptolémaïques d'Ionie (Éphèse), de
Carie et de la côte méridionale (à l'exception, peut-être, de la
Pamphylie), que la zone d'influence macédonienne résultant de la
campagne de Dôson (t. I², pp. 370 *sq.*) et que les possessions
continentales rhodiennes. La suite devait montrer (*infra*, p. 113)
que ce n'était là, dans l'esprit d'Antiochos III, qu'une solution
provisoire. Mais l'essentiel devait être pour lui, dans l'immédiat,
de se voir débarrassé d'Achaios : il pouvait à présent se consacrer
à sa tâche de restauration iranienne.

SOURCES : POL. V, 107, 4 ; 15-18 ; VIII, 15-21. Sur les sources (littéraires et
épigraphiques) relatives à Zeuxis, et sur leur interprétation, cf. BENGTSON, *Str.* II,
pp. 109 *sqq.* (et déjà *supra*, p. 22).

BIBLIOGRAPHIE COMPLÉMENTAIRE ET NOTES : Sur toute la **fin de la carrière d'Achaios**
après 220, cf. MELONI, *L'usurpazione di Acheo...*, RCLincei, ser. VIII, vol. 5
(1950), pp. 161 *sqq.*

Ni les sources littéraires (Polybe étant, pour l'essentiel, perdu), ni les
documents ne permettent de dessiner exactement les contours de **ce qu'Antiochos III réussit à recouvrer d'Asie Mineure**. Il faut en fait procéder par
élimination : *peuvent* appartenir à Antiochos les régions qui ne relèvent pas
d'autres puissances ; mais cela même n'apporte pas de certitudes. Au Nord

et à l'Ouest, sur les acquisitions pergaméniennes probablement effectuées au cours de la guerre contre Achaios, cf. la discussion des quelques documents *ap.* Schmitt, *Unters.*, pp. 264-267. Il serait intéressant de savoir si un traité en bonne et due forme entre Antiochos et Attale sanctionna ces annexions. S'il y eut un tel traité, on verra ultérieurement (*infra*, p. 180) qu'Attale en outrepassa peut-être les termes en ce qui concerne ses annexions orientales, sur quoi Antiochos aurait provisoirement fermé les yeux. Au Sud, l'appartenance séleucide de la Pamphylie ne peut guère être conjecturée qu'à partir du fait que ce que nous apprenons des conquêtes littorales d'Antiochos III en 197 (*infra*, p. 182) ne fait pas état de la Pamphylie : s'il ne s'agit pas, alors, d'une simple omission de Tite-Live et de St Jérôme, cela peut signifier que la côte pamphylienne reconnaissait dès lors l'autorité séleucide (cf. toutefois déjà *supra*, p. 48, sur le problème pamphylien). Quant aux régions qui séparent la Pamphylie de l'intérieur (Pisidie, Lycaonie), on est dans l'ignorance à leur sujet. Il est toutefois évident que la Lydie et la Phrygie étaient de quelque manière raccordées à la plaine cilicienne et à la Syrie et que, par conséquent, Antiochos III devait tenir les passes du Taurus et une partie de la Lycaonie. Mais il est impossible de préciser (cf. encore Schmitt, p. 268).

2° L' « Anabase » d'Antiochos III (212-205)

a) *La situation iranienne à la veille de l' « Anabase ». Les plans d'Antiochos III.*

La révolte de Molon ne nous avait conduits à envisager que l'Iran occidental au début du règne d'Antiochos III. Quant à l'Iran oriental, nous l'avions abandonné à l'époque de l'expédition avortée de Séleucos II (t. I², pp. 308 *sqq.*). Quelle y est alors la situation ?

On ignore ce qui se passa exactement au-delà de la Médie vers l'époque de l'avènement d'Antiochos III. En Bactriane, Diodote II cède la place à un usurpateur, Euthydème : l'on ne connaît ni les origines du personnage, ni les raisons de son soulèvement contre Diodote, ni la date de sa prise du pouvoir. Celle-ci ne saurait toutefois se placer qu'après l'expédition de Séleucos II (entre *ca* 230 et *ca* 227), puisqu'il est encore question de Diodote à cette occasion. Comme, selon la tradition, Diodote II aurait fait cause commune avec les Parthes contre Séleucos II, certains en ont conclu qu'Euthydème se serait opposé à cette politique, par souci des intérêts de l'hellénisme iranien. Il se peut, — mais de là à faire d'Euthydème un agent des Séleucides, comme tentait de le démontrer Tarn, il y a un pas que rien n'autorise à franchir. Du côté parthe, l'obscurité est plus grande encore. Tout ce que l'on peut affirmer, c'est que le retour de Séleucos II en Syrie permit à Arsace Ier de se rétablir dans les régions d'où le Séleucide l'avait délogé. La date à laquelle disparut le fondateur de la dynastie parthe n'est pas connue : c'est toutefois à son fils que se heurtera Antiochos III en 209.

Il serait intéressant de savoir si le soulèvement de Molon eut des répercussions à l'Est de la Médie, mais aucune source ne permet d'y voir clair. On a indiqué, *supra*, p. 21, l'incertitude qui pèse sur les « assurances » prises par Molon auprès d' « autres satrapes » : s'agit-il d'Arsace II et d'Euthydème ? S'agit-il de satrapes séleucides non encore tombés sous la coupe des précédents ? Il est impossible d'apporter des arguments dirimants dans un sens ni dans l'autre. On ne tardera pas à voir Antiochos III rencontrer Euthydème sur le cours de l'Arios : le Bactrien est donc maître de l'Arie — mais depuis quand ? et Diodote II ne l'était-il point déjà ? Quant aux satrapies de l'Iran méridional (Drangiane, Carmanie, Gédrosie), on ignore tout à leur sujet : leur maintien dans l'allégeance séleucide était, du fait des Parthes et des Bactriens, subordonné à la fidélité de la Perside : mais on a vu (*supra*, p. 22) que celle-ci est incertaine au lendemain même de l'échec de Molon ; on verra toutefois ultérieurement (*infra*, p. 63) qu'on peut avoir des raisons de penser que la Perside est tranquille et fidèle à l'époque de l'expédition iranienne d'Antiochos III.

Il semble bien qu'au point où nous sommes parvenus, Antiochos III n'exerçât plus de souveraineté effective, dans les satrapies supérieures (entendues ici au sens étroit de satrapies iraniennes), que sur l'Élymaïde et la Médie. Quant à l'Atropatène, qui s'était soumise en 220 (*supra*, p. 21), c'est tout au plus un lien de vassalité qui la rattache à l'empire.

Ce sont donc toutes ces régions, qui avaient relevé de ses prédécesseurs, voire d'autres, plus lointaines, qui n'avaient temporairement appartenu qu'à Séleucos Ier (les satrapies « indiennes » cédées aux Mauryas), ou n'avaient même jamais fait réellement partie de l'empire (l'Arménie), auxquelles Antiochos III se mit en devoir, en 212, de faire à nouveau sentir l'autorité séleucide. Il est difficile de douter qu'il met alors en œuvre un plan cohérent de restauration de l'empire iranien qui s'était disloqué depuis la mort d'Antiochos II : peut-être était-ce simplement, à l'origine, une reprise du plan que son père Séleucos II avait été empêché de mener à bien une quinzaine d'années plus tôt.

Que ce projet iranien ne fût qu'une partie d'un plan plus ambitieux visant à rassembler tout ce que les Séleucides avaient tenu, ou même tout ce à quoi ils avaient prétendu depuis l'origine, c'est là une autre question, à laquelle on ne saurait répondre avec une complète certitude. On a vu que, contre les droits dynastiques lagides sur la Cœlé-Syrie, Antiochos III avait déjà invoqué les droits dynastiques séleucides (*supra*, p. 31) : de ce côté, il avait échoué, mais ce n'était évidemment, dans son esprit, que partie remise.

Dans le Nord-Ouest, en Asie Mineure et en Thrace, on le verra ultérieurement revendiquer des territoires et des cités qui avaient été séleucides d'Antiochos Ier à Antiochos Hiérax, ou même n'avaient été l'objet que des prétentions de Séleucos Ier à la veille de sa mort : mais ces entreprises ultérieures figuraient-elles à son programme dès 212 ? On ne saurait l'affirmer. Si vraiment Antiochos méditait un plan d'aussi vaste envergure, on ne peut que saluer cette haute ambition — non sans noter au passage de quelles illusions elle se nourrissait. Du reste, pour le seul Iran auquel il allait se consacrer tout d'abord, la question se poserait de savoir jusqu'où allaient les illusions du roi : en d'autres termes, de savoir jusqu'à quel point il était informé de la situation réelle, de ces problèmes que nous avons tenté d'analyser précédemment et qui, à notre sens, expliquent et justifient les sécessions orientales (t. I², pp. 263 *sqq.*) ; jusqu'à quel point aussi il était ou non d'avance résigné aux solutions assez décevantes (du point de vue séleucide) qui devaient finalement sanctionner ses exploits. Nous y reviendrons quand nous serons parvenus, avec lui, au terme de son « Anabase ».

SOURCES : Aucune source ne nous informe globalement de la situation de l'Iran vers 212 : il faut combiner le peu que nous apprennent les sources relatives aux époques de Séleucos II (t. I², pp. 301 *sqq.*) et de la révolte de Molon (*supra*, p. 17) avec ce que nous apprennent les sources relatives à l'Anabase elle-même, sur quoi cf. les sections suivantes.

BIBLIOGRAPHIE COMPLÉMENTAIRE ET NOTES : L'origine d'**Euthydème de Bactriane** n'est pas connue. Il est dit Euthydème de Magnésie, mais on ignore de quelle Magnésie il s'agit. Si c'est une des Magnésies d'Asie Mineure, cela pose la question de la continuation de l'arrivée de colons grecs en Extrême-Orient après le milieu du IIIe siècle. Le pouvoir d'Euthydème apparaissant solidement établi lors de l'expédition d'Antiochos III, il est probable que son règne n'en était pas alors à ses débuts. L'hypothèse avait été émise depuis longtemps qu'Euthydème pourrait avoir été satrape de Sogdiane avant son avènement : V.M. MASSON, *Denejnoe khoziaistvo drevneï Sredneï Azii po numizmatitcheskim dannym* (« L'économie monétaire de l'Asie centrale ancienne d'après les données numismatiques »), *VDI* 52 (1955/II), pp. 39 ; 42 *sq.*, qui a cherché à étayer cette hypothèse par l'analyse des types monétaires d'Euthydème rapprochés de ceux des monnaies séleucides trouvées en Sogdiane, pense même que la Sogdiane ne faisait pas partie du royaume de Diodote et que ce n'est qu'avec Euthydème que les deux anciennes satrapies furent groupées au sein d'un même État (cf. déjà ALTHEIM, *WGA* I, p. 290). Selon d'autres, le fait qu'Euthydème attendit Antiochos en Arie suggérerait qu'il avait été satrape d'Arie : la conclusion dépasse les prémisses. Les hypothèses de TARN, *GBI*, pp. 73 *sqq.*, selon lesquelles Euthydème aurait renversé Diodote II dans l'intérêt de la cause séleucide (cf. aussi, avec plus de nuances, ALTHEIM, p. 289) ont été généralement rejetées : cf. NARAIN, *Indo-Greeks*, pp. 19 *sq.* ; SIMONETTA, *l. c. supra*, p. 156. Mais les motifs de son usurpation ne sont pas clairs pour autant. L'extension du royaume d'Euthydème ne peut faire l'objet que de spéculations peu concluantes : cf. en dernier lieu SCHMITT, *Unters.*, pp. 68 *sq.* ; 81 *sqq.* J'ai indiqué, t. I², p. 305, avoir abandonné l'interprétation de STR. XI, 9, 2 défendue *REG* LXXV (1962), pp. 105 *sq.*, selon laquelle Euthydème aurait profité de la révolte de Molon pour s'agrandir aux dépens des territoires séleucides. Il reste que, si le passage de Strabon doit être écarté de ce contexte, de tels agrandissements sont néanmoins possibles, sinon prouvables. L'organisation de l'État bactrien nous est pour l'instant aussi peu connue sous Euthydème que sous ses prédécesseurs — ou que sous ses successeurs. Mais comme les premiers rois grecs de Bactriane étaient issus de l'administration séleucide (c'est certain pour Diodote Ier, possible aussi pour Euthydème), ils durent en conserver l'appareil et les divisions satrapiques : satrapies et stratèges étant d'autre part attestés ultérieurment dans les royaumes gréco-indiens issus du royaume de Bactriane (cf. TARN, *GBI*, pp. 240 *sqq.*), il va de soi que la Bactriane était elle-même organisée sur le modèle séleucide. L'économie monétaire grecque s'y est, de son côté, parfaitement implantée depuis l'époque de Séleucos Ier et d'Antiochos Ier (*supra*, t. I) et les monnaies d'Euthydème et de ses successeurs comptent parmi les plus admirables spécimens de l'art monétaire hellénistique qui nous soient connus (cf. p. ex. NARAIN, *o. c.*, pl. I). V.M. MASSON, *l. c.*, a souligné l'influence capitale que devait avoir ce monnayage pour l'initiation de l'Asie centrale à l'économie monétaire.

En ce qui concerne le **royaume parthe**, les hésitations qui régnaient sur le début de la dynastie arsacide entraînaient des hésitations quant à l'identité du roi régnant à l'époque de la venue d'Antiochos III. J. WOLSKI, après avoir montré (cf. t. I², p. 306) que le fondateur de la dynastie est bien Arsace Ier, dont le règne fut long, en a tiré ensuite la conclusion, qui s'impose d'après JUST. XLI, 5, 5-7, que l'adversaire d'Antiochos III fut Arsace II, fils d'Arsace Ier (cf. WOLSKI, *Arsace II et la généalogie des premiers Arsacides, Hist.* XI (1962), pp. 138 *sqq.*, où l'on trouvera analysées les opinions différentes).

Sur le **plan d'Antiochos III**, tel qu'il l'aurait conçu dès son départ, cf. SCHMITT, *o. c.*, pp. 86-90, qui conteste, sans doute avec raison, que l'expédition ait été à l'origine une simple réaction à quelque nouvelle expansion parthe ou bactrienne, qui se serait ensuite développée empiriquement pendant sept ans.

b) *L'expédition d'Arménie (212)*

Avant d'aborder l'Iran proprement dit, Antiochos III fit une brève et facile incursion en Arménie. La situation de ce pays n'est pas absolument claire, car nous ne sommes informés que partiellement par un fragment de Polybe qui concerne l'Arménie occidentale, et par un passage de Strabon qui doit concerner l'Arménie orientale. Selon Polybe, le jeune roi Xerxès régnait sur un État tributaire des Séleucides mais dont le tribut n'était plus payé — donc un État indépendant. Après une velléité de résistance, Xerxès traita, dut payer les arriérés du tribut et épouser une sœur d'Antiochos III, Antiochis. Selon Strabon, le rétablissement de l'autorité séleucide se serait fait aux dépens d'un dynaste appelé Orontès. Strabon précise que le pays fut placé sous l'autorité de deux stratèges, ce qui implique que Xerxès et Orontès furent ultérieurement éliminés.

SOURCES : POL. VIII, 23 ; STR. XI, 14, 15.

BIBLIOGRAPHIE COMPLÉMENTAIRE ET NOTES : SCHMITT, *Unters.*, pp. 37 *sq.* ; 88 (cf. *infra*, p. 352) ; 28, n. 7 (sur l'élimination de Xerxès ; cf. également HOLLEAUX, *CAH* VIII, p. 140, n. 1). Les deux stratèges ultérieurs d'Arménie (cf. BENGTSON, *Str.* II, pp. 157 *sq.*) étaient d'ailleurs des Iraniens (Artaxias et Zariadris), et ils devaient trahir Antiochos III au moment de sa guerre contre Rome, qui reconnut leur indépendance. Artaxias et ses descendants (dont Tigrane le Grand : *infra*, p. 452) devaient régner sur l'Arménie proprement dite ; Zariadris et ses descendants sur la Sophène.

c) *Antiochos III en Médie (211-210). Problèmes financiers*

L'Arménie n'avait toutefois été qu'un hors-d'œuvre : c'était en Iran que se présentait la tâche principale. A la fin de 211, le roi se rendit en Médie pour y préparer l'action de grande envergure qu'il envisageait de mener contre Parthes et Bactriens. Nous ne sommes pas bien informés des effectifs qu'Antiochos rassembla autour d'Ecbatane. Lorsque Justin parle de 100 000 fantassins et de 20 000 cavaliers, nous sommes en droit de nous montrer sceptiques, mais il est certain qu'Antiochos n'affronta pas les royaumes dissidents sans des forces considérables, — donc fort coûteuses. Des forces, plus précisément, qui excédaient sans doute les ressources normales du royaume séleucide à cette époque. Car le roi, qui avait extorqué, l'année précédente, les arriérés impayés du tribut arménien, recourut à Ecbatane — pour la première fois, à notre connaissance, depuis l'époque des Diadoques — à un expédient peu recommandable : la spoliation d'un sanctuaire indigène. Tout ce qu'Alexandre, Antigonos le Borgne et Séleucos Ier avaient laissé subsister de métal précieux dans le sanctuaire d'Anaïtis fut alors monnayé : ce n'était point peu — 4 000 talents. Ce procédé, qui fera école par la suite, était certes aisé mais, de la part d'un prince qui entendait rattacher solidement l'Iran à ses États, assez peu politique pour qu'on soupçonne alors une certaine détresse financière. Sans doute les guerres continuelles soutenues depuis de longues années par la dynastie avaient-elles coûté fort cher, et le désastre de Raphia en particulier avait-il dû ouvrir une brèche profonde dans le trésor. Mais ce qu'il faut surtout considérer, c'est que la perte des satrapies orientales, en paralysant le commerce et en tarissant, bien plus encore, les tributs, avait sans aucun doute provoqué une baisse considérable des revenus réguliers de la monarchie. Il n'est pas interdit de penser que la situation financière ne fut pas absolument étrangère à la décision prise par Antiochos III de rétablir sa souveraineté sur les satrapies supérieures. Mais, en attendant que ce fût chose faite, il fallait prendre le métal où il était, fût-ce au risque de se rendre impopulaire aux yeux des indigènes. Ce dangereux expédient permit de financer les préparatifs militaires et, par là, assura le succès de l'entreprise.

Ce fut encore au cours de son séjour en Médie qu'Antiochos III associa son jeune fils (né en 220 : *supra*, p. 21) à la royauté, préparant de la sorte sa succession pour le cas où il disparaîtrait au cours de sa campagne.

SOURCE : POL. X, 27.

BIBLIOGRAPHIE COMPLÉMENTAIRE ET NOTES : ROSTOVTZEFF I, p. 447 (cf. p. 546), qui a supposé qu'un des motifs de l'Anabase était de rétablir le contact avec les régions productrices d'or (c'est-à-dire principalement les régions sibériennes, par l'intermédiaire de la Bactriane et de la Sogdiane), considérait cependant que les vraies **difficultés financières des Séleucides** ne commencèrent qu'après la paix d'Apamée, qui imposa à Antiochos III et à ses successeurs le paiement d'une énorme indemnité de guerre, cependant qu'elle les privait des ressources des mines d'argent d'Asie Mineure. J'ai (*REG* LXXV (1962), p. 99, n. 48) exprimé mon scepticisme quant à l'importance de l'influence que pouvait avoir la possession de l'Asie Mineure sur les ressources métalliques des Séleucides, et constate que ce scepticisme est partagé par H. SEYRIG, *RN* 6e sér. V (1963), pp. 26 *sqq.* (cf. en part. p. 28, n. 3), qui insiste sur le fait que l'abondance du monnayage d'un État n'est pas nécessairement lié à la possession de mines et qu'il faut largement tenir compte des ressources rapportées par le commerce de transit et d'exportation (l'exemple de l'Égypte est, à cet égard, éloquent, pour ne pas sortir de l'époque considérée) : or il est incontestable que, de ce point de vue, la perte des satrapies iraniennes par delà la Médie dut représenter une grave cause de déficit pour la trésorerie séleucide. ROSTOVTZEFF II, p. 695, invoquait aussi, à l'appui de sa thèse, le fait que c'est après Apamée que les Séleucides se mettent à recourir aux expédients violents : il omettait toutefois le cas présent de la spoliation du temple d'Anaïtis à Ecbatane en 210 qui, précisément, prouve qu'Antiochos est alors à court de métal. On pourrait objecter que la situation iranienne à laquelle Antiochos III cherche à présent à remédier dure depuis l'époque de la « guerre fratricide » et que ni Séleucos II, ni Séleucos III, ni Antiochos III lui-même avant 210 ne recoururent à de telles spoliations (encore que la campagne d'Atropatène en 220 pût, entre autres, avoir pour but l'imposition d'un tribut, et que l'exigence des arrérages arméniens fût certainement le but principal de l'expédition de 212) : c'est pourquoi il faut, semble-t-il, insister sur la perte sèche qu'occasionna la campagne de Raphia, où l'armée engagée et en grande partie perdue avait, elle aussi, dû coûter très cher (la guerre contre Achaios, en revanche, ne dut pas requérir d'effectifs aussi considérables, et Antiochos III y bénéficia de l'alliance pergaménienne).

La **corégence** d'Antiochos le Jeune est attestée par des documents cunéiformes qui, datés du nom d'un seul Antiochos (III) jusqu'en 209, sont ensuite datés de deux rois Antiochos (réf. *ap.* W.R. MAYER, *Seleuk. Rituale aus Warka*, *Orientalia* XLVII (1978), p. 458, n. 66, qui en apporte un nouvel exemple certain — de 200 — et un possible) ; cf. aussi la liste royale SACHS et WISEMAN, *art. cit.*, *Iraq* XVI (1954), p. 207 : « ... de l'an 102 (= 210/09) à l'an 119 (= 193/2), Antiochos (III) et Antiochos les fils rois ». Antiochos le fils, n'ayant pas régné seul, n'a pas reçu de numérotation dans la série des Séleucides. Sur ce prince, qui devait être nommé gouverneur général des satrapies supérieures en 197 (*infra*, p. 204) et mourir en 193 (*infra*, p. 197), cf. SCHMITT, *o. c.*, pp. 13 *sqq.* ; L. ROBERT, *Nouvelles inscr. de Sardes* I (Paris, 1964), pp. 18 *sqq.*

d) *Campagne contre les Parthes (209)*

Au début de 209, Antiochos III entama sa campagne contre les Parthes. Polybe en avait un récit fort détaillé, dont il n'est malheureusement parvenu qu'une partie. Jusqu'à Hécatompylos, la marche de l'armée ne rencontra guère d'obstacle, malgré le climat désertique : Arsace II, surpris, semble-t-il, de cette avance, s'était retiré par delà les montagnes d'Hyrcanie, où la progression de l'armée séleucide fut infiniment plus pénible. Polybe nous conduit jusqu'au siège et à la prise d'une ville (une cité grecque ?) nommée Sirynx — après quoi nous ignorons dans quelles conditions et à quels termes le Parthe dut finalement traiter et « entrer dans l'alliance » d'Antiochos. Les six mots de Justin qui complètent le fragment de Polybe nous éclairent peu : Arsace dut-il restituer des territoires ? payer tribut (très probablement) ? fournir des troupes ? On l'ignore ; mais le seul fait qu'il y eut un traité prouve qu'Antiochos III n'avait remporté qu'un succès relatif et que les Parthes n'avaient été ni écrasés, ni refoulés. Dans la mesure cependant où le principal effet de la pénétration parthe au sud des chaînes caspiennes avait été de couper la grande route qui reliait l'Occident aux grandes satrapies d'Extrême-Orient (Margiane, Arie, Bactriane), cet obstacle était levé, et l'on peut penser qu'une des conditions du traité imposé à Arsace était la garantie de la liberté des communications le long de cet axe.

Sources : Pol. X, 28-31 ; Just. XLI, 5, 7.

Bibliographie complémentaire et notes : Le début de la campagne manque dans le texte reçu de **Polybe** et il faut admettre une lacune entre X, 27 et 28.

Il se pourrait qu'Antiochos ait trouvé à s'appuyer sur des colons grecs, car Polybe conte qu'avant d'évacuer Sirynx assiégée, les Barbares massacrèrent la population grecque et pillèrent ses biens. Les **rapports entre Grecs et Parthes** n'avaient certainement rien de commun avec les rapports entretenus à la même époque par les Grecs de Bactriane avec des Iraniens dès longtemps sédentarisés. Il est probable que les Parthes n'avaient pas encore complètement abandonné leurs mœurs ancestrales de nomades : comme devant Séleucos II (t. I², p. 308), ils se retirèrent devant Antiochos III et la guerre à la macédonienne paraît leur avoir été étrangère (il semble d'ailleurs que ce furent surtout les montagnards autochtones qui ralentirent l'avance d'Antiochos, et non les Parthes proprement dits) ; probable aussi que les quelques îlots de peuplement grec, devenus peu nombreux sans doute dans cette région (si tant est qu'ils l'eussent jamais été), n'avaient de contacts avec les nouveaux maîtres du pays que pour leur payer tribut (cf. t. I², p. 307 et Altheim, *WGA* II, pp. 32 *sq.*). Ce n'est que sensiblement plus tard (à l'époque de Mithridate Iᵉʳ : *infra*, p. 408) qu'on verra apparaître la notion de philhellénisme parthe. « Philhellénisme », en l'occurrence, signifiera surtout « amitié pour les sédentaires », et donc relative sédentarisation. Tout suggère qu'on n'en est pas encore là à l'époque de l'Anabase. Sur la titulature royale d'Arsace II d'après les monnaies (*Basileus Megas Arsakès*, cf. G.A. Kochelenko, *VDI* 103 (1968/I), pp. 54 *sqq.*

Dès lors, ce serait sans doute une erreur que de considérer le **traité** imposé par Antiochos III à Arsace comme un instrument diplomatique en bonne et due forme conclu entre deux États bien constitués, pourvus tous deux de traditions diplomatiques et de chancelleries : l'autorité même d'un Arsace sur ses tribus était peut-être limitée et il est douteux que la notion de frontières eût un sens quelconque pour les Parthes, comme pour d'autres tribus qu'on a déjà vues précédemment nomadiser à l'intérieur des limites de l'empire séleucide. Si la notion d'« alliance », transmise par Justin, a quelque réalité, elle ne peut guère être comprise que comme un engagement, de la part des Parthes, de ne pas exercer de violences contre les établissements sédentaires et de ne pas menacer les communications séleucides, avec, en plus, le paiement d'un tribut et la fourniture de quelques escadrons de cavalerie. Vue de haut, cette première étape de l'Anabase doit, semble-t-il, apparaître comme un épisode de cette lutte millénaire entre nomades et sédentaires, où ceux-ci parviennent de temps en temps à ralentir ou limiter la pénétration de ceux-là sans jamais réussir à l'arrêter totalement. L'étape suivante, l'étape bactrienne, devait présenter une physionomie fort différente.

e) *Antiochos III contre Euthydème de Bactriane (208-206)*

Son relatif succès sur les Parthes et l'arrangement conclu avec Arsace II ouvraient à Antiochos III la route de l'Est. Sa campagne contre Euthydème ne nous est connue que par les fragments de Polybe qui en relatent le début et la fin. L'armée bactrienne attendait le Séleucide sur l'Arios. Constituée principalement par une puissante cavalerie (10 000 hommes), elle était donc recrutée dans une large mesure dans la population iranienne du pays : c'est un des meilleurs témoignages que l'on ait de l'association des Grecs et des Iraniens sous l'autorité des souverains grecs. Antiochos réussit à franchir le fleuve par surprise et à mettre l'adversaire en fuite. Euthydème n'insista pas et fit retraite jusqu'à Bactres (Zariaspa) où il s'enferma et où Antiochos vint l'assiéger. Ce siège, dont Polybe indique incidemment (XXIX, 12, 8) qu'on le considérait comme un des plus fameux de l'histoire, dura deux ans, au bout desquels il fallut traiter : or ces négociations et leur résultat, tels que les donne Polybe, indiquent qu'on traita sur pied d'égalité, car si Euthydème n'avait pas réussi à contraindre Antiochos à lever le siège, celui-ci n'avait pas davantage réussi à enlever Bactres, ni surtout à établir sa domination sur le pays. Les deux rois avaient donc intérêt à s'entendre, et Antiochos III accéda d'autant plus volontiers aux propositions d'Euthydème que celui-ci fit valoir que la prolongation de leur conflit amènerait immanquablement une invasion des nomades de la steppe. Cette menace — même exagérée peut-être par le Bactrien pour faire pression sur l'assiégeant — était certainement vraie : l'immobilisation d'Euthydème dans sa capitale l'empêchait de se consacrer à cette tâche majeure de tout maître de ces pays qu'était la défense de la zone d'occupation sédentaire contre l'infiltration des nomades, tâche qu'Antiochos III, de son côté, était

d'autant moins en état d'assumer que le pays ne s'était pas rallié
à lui. Le Séleucide comprit que son projet de faire passer à
nouveau sous son autorité directe les anciennes satrapies qui
constituaient le royaume de Bactriane était vain : un État solide
s'était édifié là qui, en l'espace d'une génération, avait acquis
le sens de son indépendance et de son rôle historique ; mieux
valait l'utiliser dans le cadre d'une entente que s'épuiser à vouloir
le supprimer. Antiochos en passa donc par les volontés d'un
vaincu qu'il ne tenait qu'apparemment à sa merci. Il laissa à
Euthydème son royaume, lui reconnut la dignité royale, conclut
un traité d'alliance et résolut de consolider cette alliance par un
mariage : il promit la main d'une de ses filles à Démétrios, fils
d'Euthydème — mais on ignore si ce mariage, dont le projet
est plausible, eut lieu. Puis moyennant la cession des éléphants de
guerre d'Euthydème et le ravitaillement de son armée, il se retira
pour pousser plus avant.

La solution intervenue était, d'évidence, à l'avantage d'Euthydème qui, de rebelle et d'usurpateur (aux yeux d'Antiochos — car
pour lui, dit Polybe, il se défendait d'être rien de tel), devenait
souverain légitime et reconnu. Pour Antiochos III, dans la mesure
où il avait désiré ramener ces territoires au rang de satrapies
séleucides, c'était un pis-aller ; une solution de sagesse, en revanche, dans la mesure où ces deux ans de campagne en Bactriane
lui avaient fait prendre conscience des réalités de ces contrées
lointaines : si la politique est l'art du possible, il n'était d'autre
politique que celle-là. Nous avons précédemment insisté sur tout
ce qui légitimait le comportement d'un Andragoras ou d'un
Diodote : le souverain d'Antioche comprit-il alors, sur place,
que ces hommes, juridiquement rebelles, avaient été en réalité
les hommes de la situation ? Comprit-il que le délai de quelque
trente ans qui séparait la sécession de Diodote Ier du jour où enfin
un Séleucide *pouvait* mettre le pied en Bactriane était la condamnation des dimensions anciennes de l'empire et que mieux valait
s'entendre avec un Euthydème indépendant que de tenter de
renouer les liens ténus d'une administration directe, pour sauvegarder les intérêts des grécités orientales, pour sauvegarder aussi
les intérêts économiques et financiers du royaume syrien ? Ou
bien ne s'inclina-t-il que devant l'impossibilité matérielle de toute
autre solution ? On ne sait (et tout jugement sur Antiochos III
exigerait que l'on sût...). Toujours est-il que l'indépendance bactrienne ne devait plus être mise en question par les Séleucides.

SOURCES : POL. X, 49 ; XI, 34, 1-10.

BIBLIOGRAPHIE COMPLÉMENTAIRE ET NOTES : Sur la **cavalerie bactrienne** comme
témoignage de l'association gréco-iranienne, cf. TARN, *GBI*, pp. 124 *sq.* ; ALTHEIM,

WGA I, pp. 298 *sqq.* (qui pense toutefois qu'Euthydème fut le premier à pratiquer cette politique, sur quoi t. I², p. 278) ; l'un et l'autre soulignent qu'Euthydème et ses Gréco-Macédoniens sont les vrais héritiers de la pensée d'Alexandre. La rencontre des deux armées est intéressante : la cavalerie bactrienne, malgré ses effectifs certainement supérieurs à ceux de la cavalerie d'Antiochos III (qui ne sont pas réellement connus, malgré les 20 000 cavaliers donnés par Justin), ne peut arrêter l'armée séleucide ; le fragment de Polybe ne fait aucune allusion à une infanterie bactrienne, cependant qu'il va de soi que l'armée d'Antiochos est constituée surtout de fantassins ; ce sont deux armées qui ne sont pas faites pour se rencontrer ; le rude combat soutenu par Antiochos avec ses cavaliers et son infanterie légère n'est qu'un combat d'avant-garde, à l'abri duquel la phalange achève de passer le fleuve — mais, derrière la cavalerie bactrienne, il n'y a pas de phalange : c'est une cavalerie de harcèlement, bien adaptée à sa tâche normale, qui était d'affronter les tribus nomades, mais incapable d'arrêter une lourde armée hellénistique. Les forces d'infanterie dont devait nécessairement disposer Euthydème étaient évidemment très inférieures à celles d'Antiochos, et c'est ce qui explique son rapide repli sur sa capitale.

Il est très regrettable que le récit du **siège de Bactres** (Zariaspa) soit perdu, — que Bactres elle-même soit encore si mal connue... Ce siège pose en effet certaines questions. Pour qu'Euthydème ait pu tenir deux ans, il faut que le système obsidional d'Antiochos ait présenté des lacunes, au moins temporaires. D'ailleurs, s'agissait-il du siège d'une ville, ou seulement de sa citadelle ? On penchera pour la seconde hypothèse, encore que cette citadelle-acropole fût elle-même de dimensions considérables (une ellipse dont les axes ont respectivement un peu plus et un peu moins d'un kilomètre). L'analyse des reliques des fortifications de Bactres a permis d'identifier l'enceinte de cette ville haute, la plus ancienne des enceintes successives de Bactres, et de « considérer comme très plausible que l'enceinte de Bactres I ne soit autre que le rempart de l'époque grecque, celui qui permit à Euthydème de tenir en respect Antiochos III pendant plus de deux ans » (M. Le Berre et D. Schlumberger, *Observations sur les remparts de Bactres*, dans *Monuments préislamiques d'Afghanistan, Mémoires de la Délég. archéol. franç. en Afgh.* XIX (1964), pp. 72-75 ; 87 *sq.*). La cavalerie bactrienne, elle, devait tenir le pays, à la fois pour assurer sa défense contre les nomades, dont Euthydème souligne la menace à l'intention d'Antiochos, et pour gêner le ravitaillement de l'armée séleucide. Or le fait qu'Antiochos III ait pu tenir deux ans, *lui aussi*, en ce bout du monde, suggère que la cavalerie bactrienne ne suffisait que difficilement à cette double tâche.

Sur les **négociations** entre Antiochos III et Euthydème, cf. Olshausen, *Prosopogr.* I, n° 158-159..

La **menace des nomades** invoquée par Euthydème est formulée par Polybe en des termes assez équivoques : « ... il invitait Antiochos à ne pas lui refuser le titre et le statut de roi, étant donné que, s'il n'accédait pas à ses demandes il n'y aurait plus de sécurité ni pour l'un, ni pour l'autre : il y avait en effet de vastes hordes de nomades qui les menaçaient tous deux et qui feraient à coup sûr retomber le pays dans la barbarie si on les laissait pénétrer... » Tarn, *GBI*, p. 82 a vu là la menace de faire appel aux nomades contre Antiochos (cf. Rostovtzeff I, p. 543) : il s'agirait tout au plus d'une manœuvre de chantage — mais surtout comment raisonner sur un discours indirect de Polybe pour connaître la pensée secrète d'Euthydème, qui n'eût d'ailleurs rien gagné à appeler ses adversaires naturels. S. Mazzarino, *PSC* II, 1 (1966), p. 135, voit dans cet avertissement d'Euthydème à Antiochos une prophétie *post eventum* de Polybe, écrite sous l'impresison de l'invasion scythique qui submergea la Bactriane vers 135 (*infra*, p. 414 *sqq.*).

Les termes du **traité** que conclurent les deux adversaires ne sont pas connus.

POL. XI, 34, 9-10 écrit qu'Antiochos « autorisa Euthydème à porter le titre de roi et que, pour le reste, ils conclurent une convention écrite et jurèrent alliance ». On aimerait savoir ce que contenait la « convention écrite ». J'ai indiqué (*REG* LXXV (1962), pp. 109 *sq.*) les raisons qui me donnent à penser qu'Antiochos dut obtenir des abandons territoriaux d'Euthydème : le problème débordant le cas de la Bactriane, on y reviendra en conclusion, *infra*, p. 67. Je préciserai simplement ici que, contrairement à ce que j'écrivais alors, il me semble à présent douteux que ces restitutions pussent inclure la Margiane : en effet, si Antiochos comprit qu'il avait intérêt au maintien du royaume d'Euthydème, cet intérêt portait principalement sur la défense du front des steppes : dès lors, lui reprendre la Margiane eût consisté à disloquer ce front défensif et les probables abandons auxquels dut, ce me semble, consentir Euthydème, ne durent porter que sur des régions méridionales. Rappelons toutefois que, si ce n'est pour l'Arie, où on le trouve établi en 208, nous ignorons l'extension du royaume d'Euthydème vers le Sud à cette date. D'un éventuel tribut imposé au Bactrien, on ne saurait rien dire.

La princesse séleucide promise à Démétrios de Bactriane n'est pas identifiée et le **mariage** n'est pas prouvable ; cf. SCHMITT, *Unters.*, p. 23. Cela n'a pas empêché les hypothèses de fleurir...

f) *La campagne de l' « Inde »* (206/5)

Ayant réglé ses affaires avec Euthydème, Antiochos franchit l'Hindou-Kouch et, dit Polybe, descendit dans l'Inde, où il rencontra le roi Sophagasénos. On a précédemment étudié la question de l'expansion occidentale des Mauryas (*supra*, t. I) : l' « Inde » dont il est question ici ne représente évidemment que les régions iraniennes (Paropamisades, Arachosie) qui avaient été annexées par les souverains indiens. On ne sait malheureusement rien, indépendamment du passage de Polybe, du Sophagasénos (Subhagasena) que rencontra Antiochos III et ce prince ne figure dans aucune des listes des successeurs d'Açoka. L'empire maurya était sans doute dès lors en ruines et Sophagasénos, qu'il fût lui-même ou non un maurya, n'était, semble-t-il, qu'un dynaste local incapable de s'opposer au passage du Séleucide. Rien n'indique d'ailleurs qu'il y songeât, ni qu'Antiochos se présentât en ennemi, car Polybe, qui ne mentionne ici aucune opération militaire, écrit qu'il « renouvela l'amitié qui le liait à Sophagasénos » (sur les sens possibles de cette expression, cf. les notes). Amitié qui, il est vrai, ne l'empêcha pas de se poser en suzerain : l'Indien livra des éléphants, ravitailla l'armée séleucide et convint de payer une forte somme à Antiochos.

SOURCE : POL. XI, 34, 11-12.

BIBLIOGRAPHIE COMPLÉMENTAIRE ET NOTES : Sur la dislocation de l'**empire maurya** après Açoka et le royaume de Sophagasénos, cf. TARN, *GBI*, pp. 129 *sq.* ; ALTHEIM, *WGA* I, p. 333 ; NARAIN, *Indo-Greeks*, pp. 9 ; 21 ; 28 ; THAPAR,

Asoka and the decline of the Mauryas, pp. 182 *sqq.* Seule la forme grecque Sophagasénos est attestée : la forme indienne, qui a été reconstituée par l'indianiste Lassen, ne figure nulle part dans la tradition indienne, ce qui donne à penser que ce roi était d'assez mince importance.

Le **renouvellement de l'amitié** avec Sophagasénos implique qu'il existait déjà un accord liant les Séleucides à des princes indiens : le seul qui nous soit formellement connu est celui que conclurent Séleucos Ier et Tchandragoupta en 303 (t. I², pp. 265 *sq.*) ; les rapports attestés d'autre part entre Açoka et Antiochos II (*ibid.*) ne sauraient être considérés comme l'accord auquel il est ici fait référence, puisque Antiochos II figure côte à côte avec tous les souverains hellénistiques contemporains dans le « 13e grand édit rupestre », lequel n'a aucun caractère politique. Or on remarquera que la phrase de Polybe (dans la mesure où son libellé a une valeur documentaire) évoque « le renouvellement de l'amitié qui *le* (Antiochos III) liait à Sophagasénos », ce qui semble indiquer que des rapports existaient entre les deux princes dès avant le jour où le Séleucide franchit l'Hindou-Kouch. On n'en saurait nécessairement conclure que ces rapports fussent antérieurs au début de l'Anabase, et l'on pourrait avancer l'hypothèse que Sophagasénos, certainement informé de la campagne d'Antiochos en Bactriane (qui dura plus de deux ans !) et devinant, ou sachant que son faible royaume serait l'étape suivante du Séleucide, envoya à celui-ci une ambassade amicale qui expliquerait le caractère pacifique de son passage dans l' « Inde ».

Que ce **traité** d'amitié fût un traité inégal ressort du bref passage de Polybe : livraison d'éléphants, paiement d'une forte somme — il est clair qu'Antiochos considère l'Indien comme un vassal ; clair aussi que l'Indien était incapable de contester les prétentions de l'envahisseur : il ne disposait même pas dans ses caisses de la totalité de la somme exigée et Antiochos dut laisser derrière lui un représentant chargé de la lever. Il est d'ailleurs notable que Polybe ne parle pas d'un « tribut » *(phoros)*, mais d'un « trésor » *(gaza)*, par quoi il faut entendre une somme considérable, mais unique (indice peut-être, ici encore, du déficit métallique du trésor séleucide à cette époque) ; Antiochos dut comprendre que Sophagasénos était trop lointain pour qu'il en pût faire un prince tributaire : il se contente de prélever au passage tout ce qu'il lui est possible de prélever — pour l'avenir, il se contente de l' « amitié » indienne, qui ne pouvait guère être que théorique. Aussi bien, tout donne à penser que le royaume de Sophagasénos était un État pacifique et peu dangereux (ce que prouvera par la suite l'expansion bactrienne dans ces parages) qu'il était inutile de chercher à s'assujettir par des liens solides qu'en tout état de cause les distances n'auraient pas tardé à rompre.

ROSTOVTZEFF I, p. 459 a pensé que le traité indien d'Antiochos III, comme déjà celui de Séleucos Ier, avait en partie pour but d'assurer les **relations commerciales** entre la Syrie et l'Inde proprement dite : c'est fort possible, sinon prouvable. G. LE RIDER, *Suse sous les Séleucides et les Parthes. Les trouvailles monétaires et l'histoire de la ville*, Mémoires de la Mission archéologique en Iran XXXVIII (Paris, 1965), pp. 302 *sqq.*, a cherché à apporter une preuve du succès de la politique par l'étude des monnaies trouvées sur le site de Séleucie sur l'Eulaios (Suse) : il y constate après l'Anabase l'accroissement considérable du nombre des bronzes frappés à Séleucie du Tigre et en conclut que le trafic entre les deux cités s'intensifia considérablement à cette époque, ce qui doit être attribué à son tour à l'intensification du trafic entre l'Inde et le fond du golfe Persique, dont une partie des produits auraient ensuite atteint Séleucie du Tigre par Suse. Cette hypothèse, sur laquelle nous aurons à revenir, est plausible : on notera toutefois qu'elle demeure encore insuffisamment documentée, en dehors du phénomène de circulation monétaire d'ampleur géographique relativement modeste qui lui sert de point de départ.

g) *Le retour. Gerrha (fin 206-205/4)*

Antiochos III, qui s'était absenté de Syrie depuis quatre ans, ne s'attarda pas dans l' « Inde » : il reprit la route de l'Occident mais, cette fois, par l'Iran méridional. L'on n'a malheureusement qu'une phrase de Polybe à ce sujet : « il traversa l'Arachosie et, par la Drangiane, atteignit la Carmanie où, l'hiver approchant, il prit ses quartiers ». Polybe ayant été fort prolixe sur les étapes belliqueuses de l'Anabase, il est probable que la traversée de ces pays ne fut, comme celle du royaume de Sophagasénos, qu'une promenade militaire. En ce qui concerne l'Arachosie, on a vu (t. I², pp. 264 *sq.*) qu'elle était tombée, au moins en partie, sous la coupe des Mauryas ; comme Polybe la distingue ici de l'Inde, il doit s'agir de la partie occidentale du pays, qui était restée dans l'empire, comme l'étaient certainement encore la Drangiane (rien n'indique qu'Euthydème ait, avant 208, poussé jusque-là) et la Carmanie. Mais on a déjà noté que, depuis l'incursion des Parthes et l'émancipation bactrienne, les relations de ces satrapies avec la Syrie étaient subordonnées à la fidélité de la Perside, point sur lequel on n'a aucune donnée dans les années précédentes (*supra*, p. 23), cependant qu'on a signalé à plusieurs reprises déjà le difficile problème chronologique posé par l'émancipation des dynastes perses d'Istakhr. Or, si cursivement résumé que soit le récit polybien de la fin de l'Anabase, il nous permet de raisonner sur la situation de la Perside à cette époque. Le nom de cette satrapie ne figure pas dans Polybe, mais celui-ci dit formellement que l'hivernage en Carmanie fut la fin de l'expédition dans les satrapies supérieures. Après quoi, nous perdons Antiochos de vue dans les fragments de Polybe, pour le retrouver de l'autre côté du golfe Persique, en Arabie : ce n'est plus là l '« expédition dans les territoires de l'intérieur » (terminée en Carmanie) ; c'est un appendice à l'Anabase, mais qui a lieu, semble-t-il, avant le retour du roi en Babylonie. Il apparaît donc qu'Antiochos III s'embarqua pour l'Arabie quelque part sur la côte de Carmanie ou de Perside (cf. les notes), qu'il jugeait inutile de traverser la Perside à la tête de ses armées et donc que cette satrapie était alors fidèle. Car il n'est pas douteux que, s'il y avait alors eu des dynastes indépendants dans la région de Persépolis, le roi eût couronné ses exploits en les ramenant à la raison. Ce qu'il ne fit pas : l'Anabase royale, encore une fois, s'achève en Carmanie. Mais le gros de l'armée d'Antiochos dut regagner le bas pays par la Perside et l'Elymaïde, car nul ne pensera que le roi embarqua pour l'Arabie de vastes contingents et les 150 éléphants qu'il ramenait avec lui.

Que signifie cet appendice arabique qu'Antiochos III ajouta à son expédition ? Gerrha, port situé en arrière de l'île de Tylos

(Bahrein), était le centre d'un État arabe vivant à la fois du commerce maritime sur le golfe Persique (et peut-être aussi de quelque piraterie) et du commerce caravanier : important relais, par conséquent, entre l'Océan Indien (Arabie méridionale, Inde) d'une part et, de l'autre, les États hellénistiques. Antiochos III ayant jugé utile d'aller faire acte de présence à Gerrha, on en conclura volontiers que le négoce gerrhéen profitait plus à l'Égypte (par la route caravanière aboutissant à Pétra et dans la région sinaïtique) qu'à l'empire séleucide, et qu'il s'agissait de convaincre les Gerrhéens de mieux répartir les profits. On remarquera toutefois que Polybe ne dit rien de tel et qu'il n'y est pas question d'un quelconque traité entre le roi et les Arabes : en le voyant arriver, en 205, les Gerrhéens le supplièrent de respecter leur paix et leur liberté, ce que le roi leur accorda — moyennant 100 talents d'argent, 1 000 t d'encens, 200 t de myrrhe (des stocks énormes !) : ne s'agissait-il que de cela... ?

Après une escale à Tylos (qu'y préleva-t-il ?), Antiochos III se rembarqua pour Séleucie du Tigre.

SOURCES : POL. XI, 34, 13 *sqq.* ; XIII, 9.

BIBLIOGRAPHIE COMPLÉMENTAIRE ET NOTES : Sur les **satrapies d'Iran méridional**, traversées par Antiochos III après son départ de l'Inde (Arachosie, Drangiane, Carmanie), aucun raisonnement ne mène à des conclusions fermes, mais tout le monde est d'accord pour penser que, quelles que fussent leurs situations respectives, elles n'opposèrent aucune résistance (cf. p. ex. SCHMITT, *Unters.*, p. 82).

En ce qui concerne la **Perside**, on a parfois invoqué à l'appui d'hypothétiques opérations militaires un texte de PLIN., *HN* VI, 152, selon lequel un certain Nouménios, « préposé à la Mésène (= « satrapie de la Mer Erythrée » = zone littorale du fond du golfe Persique) par le roi Antiochos », aurait, en une même journée, remporté deux victoires sur « les Perses », l'une sur terre et l'autre sur mer. On a admis le plus souvent que le « roi Antiochos » serait Antiochos III, que l'exploit de Nouménios serait à encadrer dans l'Anabase et qu'il y aurait donc eu, à cette époque, des troubles en Perside (cf. TARN, *GBI*, pp. 213 *sq.* ; 483 ; BENGTSON, *Str.* II, p. 156) ; d'autres, mettant également les opérations de Nouménios en relations avec la sécession de la Perside, les rabaissent toutefois jusqu'au règne d'Antiochos IV (cf. notamment ALTHEIM, *WGA* II, p. 47, qui estime à présent son opinion confirmée par les arguments allégués en faveur d'un rabaissement des *Fratadara* jusqu'à l'époque d'Antiochos IV : cf. *Gesch. d. Hunmen* I, pp. 375 *sqq.*). Il paraît en réalité fort imprudent (pour ne pas dire absurde) de mettre la sécession de dynastes locaux de la région de Persépolis en rapport avec des opérations navales dans la région du détroit d'Ormuzd, où Pline localise les exploits de Nouménios : que la chose se soit passée sous Antiochos III ou sous Antiochos IV (ce que, personnellement, j'ignore), il ne paraît pouvoir s'agir que d'une opération de police contre des pirates (cf. à présent dans le même sens SCHMITT, *o. c.*, p. 49). Encore une fois, il est clair, d'après Polybe, qu'Antiochos III ne mena pas d'opérations militaires en Perside, et donc que la satrapie était alors rattachée à l'empire (et donc que K.S. EDDY, *The King is dead*, p. 77, a eu tort d'écrire qu'Antiochos III y établit son autorité vers 205). Reste la question posée par la lettre d'Antiochos III à Magnésie du Méandre, concernant les jeux en l'honneur d'Artémis Leukophryènè (*OGIS* 231 = WELLES 31), où le roi dit avoir reçu l'ambassade des Magnètes à Antioche de Perside. Il est établi que la série de lettres royales trouvées à Magnésie et concernant ce festival (en plus d'Antiochos III, les signataires de ces épîtres sont Antiochos son fils, Ptolémée IV, Attale Ier et Philippe V : cf. Welles 32-34 et *Inschr. v. Magn.* 24) appartient à l'année 205 : c'est donc à la fin de l'Anabase qu'Antiochos III se trouvait à Antioche de Perside et, pour qu'une ambassade venue d'Ionie allât l'y trouver, il fallait qu'on sût, en Syrie, qu'il s'y trouvait, et il s'ensuit donc qu'il y faisait un séjour de quelque durée. Or on n'a pas de certitude quant à la localisation de cette cité grecque (ancienne, car la lettre que les Antiochéniens de Perside adressent, toujours au même sujet, à Magnésie du Méandre, précise que leur cité avait été renforcée par Antiochos Ier : *OGIS* 233, lignes 14 *sq.*), mais les seules localisations qui en ont été proposées sont littorales. L'identification avec Antioche Charax est toutefois impossible. Car Charax est en Mésène et non en Perside (sur la localisation, cf. U. KAHRSTEDT, *Artabanos III und seine Erben* [Berne 1950], p. 53, n. 26) et PLIN., *HN* 138-9 semble dire qu'elle dut son nom à Antiochos III (*Antiochus quintus regum* — mais on remarquera qu'aucun Antiochos ne peut être compté comme le 5e Séleucide, qui est Séleucos III), alors que les Antiochéniens rappellent, dans la lettre ci-dessus, que leur éponyme est Antiochos Ier. Seule semble donc pouvoir entrer en ligne de compte la localisation, certes conjecturale, proposée par TARN, *Ptol. II and Arabia*, JEA XV (1929), p. 11 et n. 4, qui situe la ville sur l'emplacement de l'actuelle Bushirè, sur la côte de Perside, à peu près à la latitude de Persépolis. Dans la mesure où, faute de mieux, cette localisation peut être retenue, il en faudrait conclure qu'Antiochos III fit dans ce port du golfe Persique un séjour assez long pour que des ambassades allassent l'y joindre (en d'autres termes, Antioche de Perside est alors temporairement le siège des « affaires »), et ce séjour ne peut guère être expliqué que par les préparatifs de l'expédition de Gerrha, qui dut partir de là. Sur la flotte du golfe Persique, cf. SCHMITT, pp. 48 *sq.*

Sur **Gerrha** et l'expédition d'Antiochos III, cf. notamment ALTHEIM, *WGA* II, pp. 43 *sqq.* Les propos de TARN, *l. c.*, p. 22, selon lesquels les Gerrhéens auraient été les grands fournisseurs d'aromates de l'empire séleucide et en bons rapports avec la dynastie sont quelque peu en contradiction avec le comportement d'Antiochos III en l'occurrence. On notera que les Séleucides pourraient avoir pris pied en Arabie dès l'époque antérieure, si c'est bien au règne de Séleucos II qu'il faut attribuer une inscription grecque mentionnant une *chôra basilikè* trouvé à Ikaros (Koweit) : cf. J. & L. ROBERT, *Bull.* 1961, n° 819 ; 1967, n° 651 ; D. BEHREND, *Akten d. VI. intern. Kongr. f. gr. u. lat. Epigr.* (Munich, 1973), pp. 148 *sqq.*

h) *Conclusion sur l'Anabase d'Antiochos III*

« Telle fut donc », conclut Polybe, « l'issue de l'expédition d'Antiochos dans les pays de l'intérieur, expédition par laquelle il soumit à son autorité personnelle non seulement les satrapes de l'intérieur, mais encore les cités maritimes et les dynastes de ce côté-ci du Taurus ». Polybe considère donc que l'Anabase eut aussi des effets favorables à l'Ouest, sur les vieilles cités grecques

et les royaumes indépendants d'Asie Mineure. Il poursuit en effet :
« Bref, il consolida le royaume (ou « la royauté »), ayant stupéfié
tous ses sujets par son audace et son inlassable activité. C'est
en effet cette expédition qui le fit apparaître digne de la royauté
non seulement aux Asiatiques, mais encore aux Européens. » Il
y a certes quelque hyperbole en ces propos, qui sentent l'eau-bénite
de cour, et il est douteux, en particulier, que les « dynastes » d'Asie
Mineure se sentissent replacés sous l'autorité personnelle d'Antiochos par suite de ses exploits iraniens.

Ce fut aussi au retour de son Anabase qu'Antiochos III prit
le surnom de « Grand Roi » *(Basileus Megas)* — prit, ou se laissa
attribuer, car ce titre, qui n'apparaît dans aucun document royal
officiel (notamment point sur les monnaies), ne figure, jusqu'à
nouvel ordre, que dans des décrets honorifiques et des dédicaces
privées. Le choix de ce titre, qui n'est autre que celui des Achéménides, procède certainement du fait qu'au cours de son expédition Antiochos n'avait pu contester la dignité royale ni à Xerxès
d'Arménie, ni à Arsace, ni à Euthydème, ni à Sophagasénos :
peut-être n'y avait-il point songé dans les cas du premier et du
dernier, mais on doutera fort qu'il n'eût pas l'intention, au départ,
d'éliminer Arsace et Euthydème. Son empire comporte donc des
royaumes, qu'il considère comme vassaux (point de vue que ne
durent guère partager les intéressés, une fois qu'il eut tourné les
talons), et le titre de Grand Roi exprime sa supériorité par rapport
aux rois que, *nolens volens,* il fut bien obligé de laisser subsister.
De ce point de vue, l'adoption de ce titre équivaut paradoxalement
à un constat d'échec. Car si les éloges de Polybe et l'épithète de
Megas témoignent du prestige incomparable que valut son Anabase
à Antiochos III auprès de sujets qui pouvaient voir en lui le
restaurateur de l'empire de Séleucos Ier ou la réincarnation
d'Alexandre, la vraie question est de savoir si son œuvre orientale
avait autant de réalité que d'apparence.

Holleaux a porté sur Antiochos III, parvenu à ce point de
sa carrière, le jugement suivant : « (Les Grecs) l'admiraient, et
à bon droit, mais ne le comprenaient pas. Comme, après eux, les
Romains, ils voyaient en lui un nouvel Alexandre, un conquérant
d'ambitions démesurées ; et, l'estimant digne de l'empire du monde,
ils pensèrent qu'il y aspirait. Mais, en fait, le conquérant était
un homme d'État prudent auquel le succès ne fit pas tourner la
tête. Il n'avait pas tenté l'aventure dangereuse consistant à détruire
les royaumes arméniens, parthe ou bactrien, mais s'était contenté
de les inclure à nouveau dans son empire en tant qu'États vassaux.
Maître de lui, inaccessible à la séduction d'espoirs fantastiques,
calculant strictement ce que le moment et sa puissance lui permet-
taient, il ne tentait que le possible » (*CAH* VIII, p. 142). Ce juge-

ment n'est toutefois qu'une interprétation hypothétique et, jusqu'à un certain point, arbitraire. Aucune source ne nous disant formellement quelles avaient été les intentions d'Antiochos III au départ, on ne saurait juger de ces intentions par le résultat de l'aventure. Or il est probable que le but premier d'Antiochos avait été de recommencer, non Alexandre, mais Séleucos Ier, de restaurer son empire dans son extension des premières années du IIIe siècle. On a déjà vu qu'en 219/8, à propos de la Cœlé-Syrie, il avait revendiqué l'héritage (théorique) de Séleucos. On le verra bientôt revendiquer aussi cet héritage au Nord-Ouest, et, là encore, dans une région que Séleucos Ier n'avait jamais vraiment possédée. Sur ces deux points, les prétentions d'Antiochos III dépassaient donc son héritage de fait. Il est vrai qu'il n'en allait pas de même en Orient, où Séleucos Ier, Antiochos Ier et Antiochos II avaient réellement possédé les territoires à présent occupés par les Parthes et les Bactriens : de ce qu'Antiochos III ne réussit pas à reconquérir ces territoires, on n'y réussit que très partiellement, conclura-t-on qu'il n'avait pas l'intention de le faire, qu'il était dès l'abord résigné à traiter, comme il fit, avec un Arsace, un Euthydème, un Sophagasénos ? Si ces traités améliorèrent certes, sur le moment, les positions séleucides dans l'Iran du Nord-Est, en ce sens que les souverains indépendants se reconnurent (du bout des lèvres !) vassaux, qu'Arsace dut certainement garantir la sécurité des communications séleucides, qu'Euthydème dut peut-être consentir quelques abandons territoriaux, ce n'étaient là que des pis-aller, certes plus sages que n'eût été l'obstination dans la poursuite d'improbables succès : faut-il penser, avec Holleaux, qu'Antiochos III y était d'avance résigné ? Il semble plutôt qu'aux deux étapes essentielles (la parthe et la bactrienne) la puissance et le talent d'Antiochos durent céder devant les réalités et se contenter de demi-succès, alors que, très certainement, il attendait mieux : car le récit polybien du siège de Bactres prouve, contre l'avis d'Holleaux, qu'Antiochos entendait supprimer au moins le royaume bactrien, — et qu'il lui fallut deux ans pour entendre raison... Si prestigieuse qu'eût été l'Anabase, ses résultats se situaient donc en deçà des espérances sur lesquelles elle avait été entreprise.

Il faudrait ajouter enfin que ces demi-succès ne pouvaient être que très fragiles. Pour les consolider, il eût fallu à Antiochos III des soins attentifs et constants, tels que, semble-t-il, l'Iran séleucide n'en avait plus connu depuis l'époque lointaine de la corégence d'Antiochos Ier (t. I^2, pp. 267 *sqq.*). Or, comme tous ses prédécesseurs, Antiochos III va rapidement se trouver empêché, par les affaires d'Occident, de suivre de près celles de l'Orient. Encore convient-il de remarquer que, tandis qu'Antiochos Ier, Antiochos II ou Séleucos II avaient été fixés en Occident par des soucis qu'ils n'y avaient certes point cherchés (agressivité lagide, conflits dynastiques, expansion pergaménienne), il devait en aller tout autrement d'Antiochos III qui, en poursuivant sur sa lancée, se créa lui-même les complications occidentales auxquelles il devait finalement succomber.

Il n'est, en définitive, pas question de porter un jugement sur Antiochos III et sa pensée politique sur la base de la seule expédition iranienne. Mais il faut souligner que la relative modestie des résultats de celle-ci lui fut imposée non point par la sagesse de ses desseins, mais par l'impossibilité matérielle où il se trouva de faire mieux.

SOURCES : Conclusion de Polybe : XI, 34, 14-16. *Basileus Megas :* cf. *OGIS* 230 ; 237 ; 239 ; 240 ; 249 ; 250 (ces deux derniers documents sont des dédicaces à Antiochos IV, « fils du Grand Roi Antiochos »).

BIBLIOGRAPHIE COMPLÉMENTAIRE ET NOTES : Symboles victorieux sur les **monnaies** d'Antiochos III : cf. LE RIDER, *Suse...*, p. 301.

Sur l'usage propagandiste que fit certainement Antiochos III de son Anabase, cf. SCHMITT, *Unters.*, pp. 90 *sqq.* Sur le titre de **Grand Roi,** cf. HOLLEAUX, *Antiochos Megas, Études* III, pp. 159 *sqq.* ; SCHMITT, pp. 92-95, ainsi que 95 *sq.* sur la « structure fédérative » de l'empire (qui n'a toutefois rien de neuf : elle est congénitale à l'empire séleucide). Si Antiochos III ne paraît pas avoir fait usage du titre de *Basileus Megas* dans sa titulature officielle, qui demeure aussi sobre que celle de ses prédécesseurs, en revanche l'adjectif *megas* s'accola rapidement à son nom personnel : de son vivant, il fut « Antiochos le Grand », et il est probable qu'il préféra cette forme d'exaltation de sa personne à l'usage officiel d'un titre qui eût risqué de choquer ses sujets grecs par les souvenirs achéménides qu'il entraînait. Sur le point de savoir si *Antiochos Megas* fut un titre cultuel, cf. P. HERRMANN, *Anadolu (Anatolia)* IX (1965), pp. 147 *sqq.* Rappelons que le titre de *Basileus Megas* avait déjà été pris par Ptolémée III et, plus récemment, par Ptolémée IV (*supra*, p. 40), ce qui peut éventuellement conduire à se demander si Antiochos III attendit 205 pour se parer de ce titre (cf. HUSS, *Untersuchungen...*, pp. 72 *sqq.* ; 97).

En ce qui concerne les **résultats territoriaux** de l'Anabase, BENGTSON, *Str.* II, p. 158, estime que la phrase polybienne « il soumit à son autorité personnelle les satrapes de l'intérieur » désignerait les rois orientaux (Xerxès, Arsace, Euthydème et Sophagasénos) dont Antiochos fit ses vassaux. J'ai indiqué, *REG* LXXV (1962), pp. 109 *sq.*, les raisons qui me font rejeter cette exégèse et penser qu'il s'agit au contraire des satrapies effectivement remises sous l'autorité immédiate d'Antioche, qu'il s'agisse de territoires éventuellement repris à Arsace et à Euthydème (c'est conjectural), ou des satrapies que traversa Antiochos III après l'épisode indien, satrapies qui étaient encore théoriquement séleucides mais avaient sans doute plus ou moins perdu contact avec le gouvernement central. Avec la réserve apportée *supra*, p. 61, au sujet de la Margiane, dont je pense à présent qu'Antiochos III dut l'abandonner à Euthydème, je ne vois pas de raison de revenir sur mon interprétation, à laquelle je renvoie. WALBANK, *Comm.* II, pp. 315 *sq.* rejette également l'interprétation de Bengtson et la mienne, estimant que Polybe n'entend parler que des satrapies mésopotamiennes et de celles d'Iran occidental (Médie, Susiane, Perside).

Peut-être faut-il insister une fois encore sur l'**aspect financier** de l'Anabase (cf. *supra*, p. 55) : si Antiochos III pouvait justifier juridiquement ses exigences financières à l'égard de Xerxès d'Arménie (paiement des arriérés du tribut), il n'en allait pas de même en ce qui concerne Sophagasénos, les Mauryas n'ayant jamais été tributaires des Séleucides, ni les Gerrhéens, qui étaient pleinement indépendants. Dans les deux cas, les lourds prélèvements opérés par Antiochos apparaissent comme des exactions pures et simples, procédant d'une situation de force. Ces faits, rapprochés du pillage du temple d'Anaïtis à Ecbatane, suggèrent qu'un des buts (secondaires) de l'expédition consistait à reconstituer le stock de métal précieux du trésor séleucide. Il est regrettable que Polybe soit muet quant à d'éventuelles clauses financières des traités conclus avec Arsace et Euthydème.

II — LES AFFAIRES DE MACÉDOINE ET DE GRÈCE DE L'AVÈNEMENT DE PHILIPPE V A LA PAIX DE PHOINIKÈ (221-205)

Le hasard veut que l'on puisse isoler une tranche d'affaires européennes qui coïncide, à deux ans près, avec la tranche d'affaires orientales que nous venons de parcourir. La distinction est d'autant plus aisée et légitime que, s'il y a bien quelques connexions, elles sont secondaires et ne concernent d'ailleurs, en l'état de la documentation, que l'Égypte. Dans la pratique, on peut considérer que, pendant cette période, les affaires d'Orient que nous venons d'étudier et les affaires d'Europe que nous allons voir vont, les unes et les autres, leur train propre. Il n'en ira plus de même après 205.

A) L'avènement de Philippe V et la « guerre des Alliés » (ou « guerre sociale ») (221-217)

1° PHILIPPE V.

On a vu (t. I², p. 398) dans quelles conditions la Macédoine avait perdu, en Antigonos III Dôsôn, un souverain prudent et politique, dont l'œuvre grecque, complexe et subtile, eût exigé de longues années encore pour être consolidée : l'avènement d'un mineur (Philippe V a 17 ans), si doué fût-il, était donc grave en l'occurrence. Dôsôn l'avait d'ailleurs bien senti, car il avait laissé un testament dans lequel il rendait non seulement compte de tous les actes de son règne (en bon tuteur de l'héritier légitime auquel il avait toujours entendu réserver tous ses droits), mais encore avait consigné ses intentions pour l'avenir. De ces règles d'action léguées à Philippe, Polybe ne nous informe malheureusement pas. Tout ce que nous savons, c'est qu'il avait institué un conseil de régence choisi parmi ses proches collaborateurs, conseil au sein duquel figurait notamment un certain Apelle, qui ne devait pas tarder à exercer sur le jeune roi une influence exagérée et néfaste.

Bien que, des trois jeunes souverains qui montent vers cette époque sur le trône, Philippe V soit celui sur lequel les sources littéraires soient les plus abondantes, sa personnalité n'est pas facile à saisir et — comme dans le cas d'Antiochos III — les jugements auxquels il a été soumis divergent fort. Il n'est pas question de dresser ici un portrait anticipé du roi : homme d'action avant tout, sa personnalité se révèlera dans l'action. Ce que l'on peut toutefois noter par avance et que la suite illustrera, c'est que Philippe V apparaît tôt comme une remarquable intelligence politique, très apte à saisir le sens des événements et même leurs implications à longue portée, mais une intelligence desservie par un tempérament excessif, fait d'orgueil et de propension à la colère, qui, trop souvent, l'entraînera à des gestes inconsidérés et lui fera gâter des dispositions prises à tête reposée.

Or la conjoncture mondiale exigeait une tête froide. Cette conjoncture avait déjà frappé Polybe. Trois jeunes gens arrivent alors à la tête des trois grands États hellénistiques : deux d'entre eux sont ambitieux et doués ; le troisième, du fait de sa nonchalance, apparaît comme une victime désignée. Vue *a posteriori,* certes, que celle qui fait des environs de 221 une date grosse de rebondissements possibles dans le monde hellénistique — mais, pour les contemporains eux-mêmes, peu d'années furent sans doute nécessaires pour saisir les changements en cours. D'autre part, il ne faut pas perdre de vue que ce renouvellement du personnel n'affecte pas que le monde hellénistique, et c'est encore Polybe qui nous le rappelle : l'Occident est alors à la veille de la guerre hannibalique — dont la politique de Philippe V précisément fera dévier les conséquences sur l'Orient, en des circonstances où, quoi qu'en aient pensé des prophètes rétrospectifs, de telles conséquences n'apparaissaient nullement fatales.

Avant de rencontrer la conjoncture mondiale, Philippe V devait cependant avoir d'abord à faire face à la conjoncture grecque.

SOURCES : Mort de Dôsôn et avènement de Philippe : POL. II, 70, 7-8. Testament de Dôsôn et conseil de régence : POL. IV, 87, 6-8. Conjoncture des environs de 221 : II, 71ₗ ; IV, 1, 9 ; 2, 5-7 ; 1, 3 (Hannibal).

BIBLIOGRAPHIE COMPLÉMENTAIRE : Cf. WALBANK, *Comm.* I, *ad ll. S*ur la personnalité de Philippe vue par Polybe, cf. PÉDECH, *La méthode de Polybe,* pp. 223 *sqq.,* et plus particulièrement sur l'évolution de cette personnalité, pp. 238 *sq.*

2° La « GUERRE DES ALLIÉS » *(Symmachikos polemos)* (220-217).

a) *La question messénienne et les origines du conflit*

Polybe nous a donné de ce conflit un récit détaillé, — un récit dangereux aussi, car Polybe est Achaien et les relations achaio-étoliennes, au sein desquelles se développa cette crise, sont un domaine où, la passion l'emportant sur la raison, son esprit critique est parfois mis en défaut. A lire Polybe, les Étoliens auraient été seuls responsables de cette guerre : ce n'est toutefois pas entièrement exact.

Certes, les Étoliens avaient de sérieux motifs d'inquiétude. Si la formation de la ligue grecque de Dôsôn (t. I², pp. 389 *sqq.*) ne les menaçait pas ouvertement, elle ne les isolait et encerclait pas moins. De plus, Sellasie avait à la fois rehaussé le prestige macédonien et amélioré les positions achaiennes dans le Péloponnèse ; Sparte ne menaçait plus les Achaiens, et les États péloponnésiens qui avaient penché pour Sparte avaient été châtlés et intégrés à la Ligue achaienne. Après Sellasie, les Étoliens n'ont plus que deux alliances, d'ailleurs incertaines, dans le Péloponnèse, Élis et les Messéniens. Ces derniers, en particulier, manifestent leur propension à se rapprocher des Achaiens et de la Macédoine : il est évident que, s'ils franchissent le pas, les Éléens en feront autant et que, dès lors, les Étoliens perdront complètement pied au Sud du golfe de Corinthe.

Rien de surprenant, donc, à ce que les Étolliens, aussitôt connue la mort de Dôsôn, envoyassent une expédition dans le Péloponnèse. Polybe, non sans mauvaise foi, présente cette expédition comme une pure entreprise de pillage dirigée contre la Messénie : le propos est absurde, car soumettre les Messéniens aux exactions de la soldatesque n'eût pas été un bon moyen de les retenir du côté étolien. Il y eut certes des exactions, mais l'expédition avait surtout un autre propos, qui était d'agiter le Péloponnèse contre les Achaiens et, si possible, de grouper Éléens, Messéniens et Spartiates dans une coalition qui se joindrait aux Étoliens et ferait contrepoids à l'influence achaienne triomphante.

En 221/0, les entreprises étoliennes dans le Péloponnèse, dans le détail desquelles on n'entrera pas ici, déterminèrent la Ligue achaienne à prendre des mesures diplomatiques et militaires. Cependant que la Messénie était attirée dans l'alliance achaienne, la guerre était déclarée aux Étoliens, qui avaient déjà envahi le territoire fédéral achaien. Mais Aratos ne tardait pas à se faire battre par les Étoliens à Kaphyai, en plein cœur de l'Arcadie.

Dès lors, les Achaiens n'avaient d'autre ressource que de faire appel à Philippe V et à mettre en branle la grande alliance.

SOURCE : POL. IV, 3-13.

BIBLIOGRAPHIE COMPLÉMENTAIRE ET NOTES : WALBANK, *Philip V of Macedon*, pp. 24-26 et, pour les détails, *Comm.* I, pp. 451-461 ; J.V.A. FINE, *The background of the social war of 220-217 B. C. AJPh* LXI (1940), pp. 129-165 ; C. ROEBUCK, *A history of Messenia* (1941), pp. 71-76 ; LARSEN, *GFS*, pp. 326 *sqq.* — L'extrême complication de ces affaires s'explique surtout par le fait qu'aucun des États péloponnésiens qui y sont impliqués (à l'exception de la Ligue achaienne, naturellement) n'est unanime dans ses positions. Qu'il s'agisse d'Élis, de la Messénie, de Sparte, partout le corps civique se divise en partisans et adversaires des deux Confédérations et, comme il est de règle à cette époque, ces divisions politiques reflètent dans une large mesure des divisions sociales. Quant aux Étoliens, leur politique péloponnésienne en ces circonstances paraît également avoir été l'œuvre d'un groupe et n'avoir pas recueilli une approbation unanime ; un courant d'opinion pacifiste se manifeste notamment lors d'une assemblée extraordinaire de la Confédération, tenue pendant l'été de 220.

b) *La guerre des Alliés*

Dès avant Kaphyai, les Macédoniens s'étaient trouvés intéressés par les événements. Bien que les Étoliens n'eussent aucun intérêt à voir intervenir la Macédoine, des pirates étoliens avaient capturé un bateau macédonien à Cythère et vendu son équipage. Acte maladroit, mais, comme dit Walbank, les Étoliens étaient des gens qui agissaient d'abord et réfléchissaient ensuite. Le stratège macédonien de Corinthe, Tauriôn, suivait d'autre part les événements de près et avait déjà envoyé un contingent appuyer l'armée achaienne. Après Kaphyai, cependant que les Étoliens continuaient à opérer dans le Péloponnèse, Philippe V accourut personnellement à Corinthe pour y présider une assemblée générale de l'Alliance. Polybe estime que, vu son jeune âge, sa conduite lui est alors plus ou moins dictée par Aratos. Les représentants de tous les alliés ayant égrené le long chapelet de leurs griefs contre les Étoliens, l'assemblée vota la guerre : il fut résolu qu'on « libérerait » tous les pays ou cités annexés par les Étoliens, ou attirés dans leur alliance depuis l'avènement d'Antigonos Dôsôn ; une clause du décret précisa également qu'on arracherait à leur influence le sanctuaire de Delphes et l'Amphictyonie, où ils faisaient la loi depuis soixante ans : cette clause permettait de donner à la guerre sociale une allure de « guerre sacrée », posant les Alliés en défenseurs de vénérables traditions.

A l'exception de quelques neutres (Athènes), la guerre sociale déchirait à nouveau la Grèce en deux camps. Si l'enjeu du conflit était clair pour les protagonistes, l'équivoque n'en régnait pas moins en bien des lieux, où les prises de position résultèrent de conflits internes : ainsi à Sparte, dont les deux camps se disputent l'appui, et qui finit par verser dans le camp étolien ; ainsi en Crète, dont les nombreuses cités se partagent entre les deux alliances, pour des raisons qui n'avaient rien à voir avec celles qui avaient provoqué la guerre.

On n'entrera pas ici dans le détail fastidieux des opérations militaires, fort dispersées, mais violentes, cruelles et destructrices. Les Étoliens opérèrent, avec leurs alliés Lacédémoniens et Éléens, contre les territoires péloponnésiens relevant de la Ligue achaienne ; mais il leur fallut défendre leur propre pays, d'où ils poussèrent d'ailleurs des pointes en Macédoine et en Épire (sac du sanctuaire de Dodone).

Philippe — que les Étoliens avaient certainement sous-estimé lors de leurs premières provocations — révéla de son côté de remarquables qualités politiques et militaires. Il est évident que le jeune roi, d'ailleurs gêné par les intrigues qui déchirent son conseil de régence (cf. les notes), est entré dans ce conflit sans aucun enthousiasme. S'il n'eût pas répondu aux appels achaiens, il eût risqué de voir se disloquer l'alliance édifiée par Dôsôn, et c'était là un risque qu'il ne pouvait pas se permettre de courir. Mais, au début, bien des facteurs le retiennent de déployer une grande activité aux côtés des Achaiens. Visiblement, il eût souhaité ne pas rompre avec les Étoliens, et cela explique la prudence de ses premières opérations. D'autre part, il est bridé par l'attention qu'il lui faut porter aux affaires illyriennes. On a vu (t. I², pp. 392 sq.) combien vigoureusement Démétrios de Pharos, le dynaste illyrien qui avait collaboré avec Rome contre Teuta, s'était étendu dans le Nord de l'Adriatique vers les environs de 225, époque à laquelle il apparaît également dans l'alliance macédonienne. Or en 219, Rome — qui vient d'accepter de garantir Sagonte contre Hannibal et craint peut-être une guerre sur deux fronts — décide de ramener le Pharien à la raison : c'est la « deuxième guerre d'Illyrie », qui aboutit effectivement à la totale éviction de Démétrios et à la consolidation du protectorat romain d'Illyrie (infra, pp. 77 sqq.). On conçoit que ces circonstances aient été de nature à retenir Philippe de s'engager vigoureusement en Grèce et, de fait, ce n'est qu'après l'achèvement des opérations romaines qu'on le voit intervenir dans le Péloponnèse, y déployant des talents stratégiques qui laissèrent les Grecs fort surpris. Mais il était naturel que, même alors, Philippe fût plus préoccupé par les attaques que lancèrent les Étoliens contre la Macédoine ou l'Épire que par leurs opérations péloponnésiennes. On n'oubliera pas, enfin, que c'était au cours d'une campagne contre les Dardaniens que Dôsôn avait vécu ses derniers mois.

Il y avait peu de raisons pour que ce conflit aboutît à un résultat décisif, beaucoup de raisons, donc, pour qu'on négociât...

SOURCES : POL. IV, 14-37 ; 57-87 ; V, 1-30, 7 ; 91-100, 8.

BIBLIOGRAPHIE COMPLÉMENTAIRE ET NOTES . Les travaux fondamentaux sur la guerre sociale sont ceux de WALBANK, *Aratos*, pp. 114 *sqq.; Ph. V*, pp. 26-64 ; *Comm.* I, *ad ll. citt.* Cf. aussi FLACELIÈRE, *Ait.*, pp. 288-297. A propos de l'entrée en campagne de Philippe à la fin de 219, J.A.O. LARSEN, *Phocis and the social war, Phoenix* XIX (1965), pp 116 *sqq.*, pose sur un plan général, le problème des communications entre la Macédoine-Thessalie et la Grèce centrale dans les circonstances où les Étoliens tiennent les Thermopyles. Le même LARSEN, *GFS*, pp. 333 *sqq.* a donné l'analyse la plus poussée de ce conflit, « not an easy war to understand ». Le caractère ruineux de la guerre pour le Péloponnèse a été souligné par P. DUCREY, *Le traitement des prisonniers de guerre dans la Grèce antique* (Paris, 1968), pp. 89 *sqq.* Du moins pour une partie du Péloponnèse : une épigramme accompagnant la statue dédiée par les Épidauriens à un Philippe V encore populaire auprès des Achaiens le loue d'avoir « écarté la servitude » du Péloponnèse et d'avoir « infligé des maux nombreux aux Étoliens, aux Éléens » et à la Laconie (cf. MORETTI, *ISE* I, n° 47). Ce serait aussi à Philippe (par l'intermédiaire d'un certain Cléonymos) qu'il faudrait, d'après une inscription récemment découverte, attribuer la libération d'Alipheira en Arcadie, occupée par des pirates étoliens, selon G.J. TE RIELE, *Le grand apaisement d'Alipheira, R. Arch.* 1967, pp. 209 *sqq.* Mais la date de cette inscription fragmentaire a été discutée. Voyant dans Cléonymos le tyran de Phlionte qui déposa son pouvoir en 229/8, pour adhérer à la Confédération achéenne, A.K. ORLANDOS, *E Arkadikè Alipheira kai ta mnēmeia tès* (1967/8), pp. 133 *sqq.* (*non vid.*) lui attribue cette libération et pense à des pirates illyriens. J. ROY, *Talanta* IV (1972), pp. 39 *sqq.* préfère descendre jusqu'aux événements péloponnésiens de 198 (*infra*, pp. 155 *sq.*). Tout au contraire, Th. SCHWERTFEGER, *Bemerkungen zu einer Inschrift aus Alipheira, Chiron* III (1973), pp. 85 *sqq.* pense que le Cléonymos dont il est question doit être le condottière spartiate et prétendant au trône de Sparte du début du III° s., agissant en 273 de concert avec Pyrrhos contre Gonatas (ce dernier article m'avait échappé lors de la réédition du t. I, où il aurait dû y être fait référence p. 214).

On a fait allusion aux intrigues qui se tramaient au sein même du conseil de régence créé par Dôsôn : elles étaient ourdies, selon Polybe, par **Apelle**, hostile à l'ensemble de la politique royale et nourrissant de vastes ambitions personnelles. R.M. ERRINGTON, *Philipp V, Aratus and the « conspiracy of Apelles », Hist.* XVI (1967), pp. 19 *sqq.* a toutefois montré que la version polybienne de ces affaires, inspirée des *Mémoires* d'Aratos, est suspecte. Il n'y eut probablement pas de « conspiration d'Apelle », mais un conflit d'influence au sein du conseil de régence, opposant notamment ce personnage à Taurion sur la question de la politique navale et illyrienne. Apelle et ses amis furent éliminés à la fin de 218 : l'influence d'Aratos y aurait été pour moins que ne veut bien le dire Polybe. Parmi les « bons » conseillers de Philippe, que Polybe range aux côtés d'Aratos, figurait un certain Chrysogonos, dont un décret de Larissa récemment découvert est le premier témoignage épigraphique (cf. K.I. GALLIS, *Ancient Macedonia* II, pp. 33 *sqq.*).

L'extension de la guerre à la **Crète** procède du fait qu'une guerre locale, dite « guerre de Lyttos », vint, par suite de la recherche des alliances, se greffer sur le conflit général : une coalition s'étant groupée autour de la petite cité de Lyttos pour résister à l'hégémonie de Cnossos, les Cnossiens firent appel aux Étoliens, leurs adversaires à Philippe V. La Crète pacifiée tomba sous le protectorat macédonien et l'hégémonie de Gortyne : cf. Van Effenterre, *La Crète et le monde grec*, pp. 158 *sqq.*, 223 *sq.* ; 253 ; Huss, *Unters.*, pp. 142 *sqq.*, qui tire toutefois des conclusions quelque peu imprudentes de sa documentation pour montrer que Polybe aurait exagéré l'hégémonie de Philippe sur la Crète après la guerre de Lyttos : il est obligé de reconnaître qu'il ne reste de garnison lagide qu'à Itanos; la seule cité pour laquelle on puisse admettre sans réserve de bonnes relations avec Ptolémée IV est Gortyne ; l'influence lagide sur quelques autres cités est entièrement conjecturale. Cf. aussi Errington, *Philopoemen*, pp. 28 *sqq.* (Philopoimèn, qui n'a pas encore commencé sa carrière politique au sein de la Confédération achaienne, participe à cette guerre du côté de Gortyne et demeure en Crète après la fin des hostilités : E. pense que sa présence y est liée aux intérêts macédoniens). Une dédicace de soldats crétois à la petite cité d'Hermionè (dans l'Aktè argolique) appartient peut-être à ce contexte (cf. *SEG* XI, 380).

Sur la politique sans gloire des **Béotiens**, qui réussirent à s'abstenir, cf. Feyel, *Polybe et l'histoire de la Béotie...*, pp. 137 *sqq.*

Sur la guerre en **Épire**, cf Cabanes, *L'Épire*, pp. 242 *sqq.*

La seule allusion de Polybe à **Athènes** est pour dire (V, 27, 1-2) que la cité refusa le droit d'asile à l'un des complices d'Apelle ; mais des inscriptions illustrent la politique de vigilante neutralité qu'observèrent alors les Athéniens : cf. Ferguson, *HA*, pp. 248-50.

Neutralité quelque peu difficile, car les Athéniens sont alors au mieux avec l'**Égypte** (Pol. V, 106, 6 *sqq.*), et Alexandrie, depuis la rupture entre Ptolémée III et les Achaiens, est officiellement en bons termes avec les Étoliens (cf. t. I², p. 379). Mais, à l'époque de la guerre sociale, ces relations sont purement théoriques, car il va de soi que, de 219 à 217, les affaires de Syrie (*supra*, p. 29) interdisent toute action lagide en Europe, cependant que les finances égyptiennes sont entièrement consacrées à la lutte contre Antiochos III. L'Égypte observe donc une neutralité de fait : rien de surprenant à ce qu'on la trouve parmi les États qui vont pousser à la paix — une paix qui permettra de mieux alimenter le marché des mercenaires...

c) *La paix de Naupacte (217)*

Dès 218, des ambassadeurs Rhodiens et Chiotes avaient proposé leurs bons offices mais avaient échoué. A l'été de 217, nouvelle ambassades des insulaires, auxquels se joignent à présent les Byzantins et des représentants de Ptolémée IV : Philippe, qui venait de remporter un grand succès en prenant aux Étoliens une place essentielle pour ses communications, Thèbes de Phthiotide (rebaptisée Philippopolis), adressa les médiateurs à l'ennemi. Il était personnellement d'autant plus disposé à traiter que l'Illyrie lui causait à nouveau des soucis. Mais surtout, l'élément déterminant fut, selon Polybe, que le roi reçut alors la nouvelle de la victoire d'Hannibal au lac Trasimène. Songeait-il donc déjà, ou envisageat-il dans un éclair son alliance avec Hannibal ? Ou bien pensa-t-il que l'occasion était opportune d'éliminer l'influence romaine d'Illyrie ? La vérité est sans doute plus proche de la seconde hypothèse que de la première : Polybe écrit en effet que Philippe ne montra d'abord le message qu'à Démétrios de Pharos, devenu son conseiller, et que celui-ci lui suggéra de traiter aussitôt avec les Étoliens, puis de s'occuper des affaires d'Illyrie, après quoi il passerait en Italie, ce pourrait être le début de la conquête du monde... Laissons là ces hyperboles — reste que Démétrios de Pharos pousse Philippe vers l'Illyrie, dans l'intention évidente de se faire rétablir dans ce pays d'où les Romains l'avaient expulsé en 219 (*supra*, p. 73 ; *infra*, p. 78) : l'occasion pouvait paraître belle. Nous reviendrons sous peu aux problèmes illyriens, mais il est certain que si la nouvelle de Trasimène ne jeta pas Philippe V dans les bras d'Hannibal, elle lui fit penser, sur les conseils de Démétrios, que le moment était venu de consacrer tous ses soins aux affaires d'Illyrie.

Les Étoliens, de leur côté, étaient fort las, et sans doute démoralisés par la perte de Thèbes de Phthiotide : on traita donc à Naupacte. Philippe — mais les Achaiens aussi bien — se montra oublieux des grands buts de guerre solennellement proclamés deux ans plus tôt. Loin de reprendre aux Étoliens toutes les acquisitions faites par eux depuis la mort de Démétrios II, on traita sur la base de l'*uti possidetis*. Par rapport à l'avant-guerre, les Étoliens perdaient une demi-douzaine de places, mais leur puissance n'était pas brisée pour autant, ni leur influence à Delphes. Politiquement, territorialement, la paix de Naupacte ne pouvait satisfaire personne et Polybe donne clairement à entendre que ce qu'y virent surtout les belligérants, c'était qu'elle mettait un terme aux hostilités...

SOURCE : POL. V, 100, 9-105, 2.

BIBLIOGRAPHIE COMPLÉMENTAIRE ET NOTES : Sur les mobiles de la **diplomatie lagide** en Grèce centrale à partir de 217 (favoriser la neutralité du plus grand nombre d'États), cf. FEYEL, *o. c.*, pp. 165 *sqq.*

Sur les **négociations** et la **paix**, cf. WALBANK, *Ph. V*, pp. 64 *sqq.* et *Comm.* I, *ad loc.* De ces négociations, Polybe ne donne que le discours pacifiste de l'Étolien Agélaos, avec sa fameuse allusion à « la nuée qui s'élève du côté de l'Occident ». L'authenticité de ce discours a fait l'objet d'une polémique récente entre O. MØRKHOLM, *The speech of Agelaus at Naupactus 217 B. C.*, Class. & Med. XXVIII (1967), pp. 240 *sqq.* (qui la conteste) et J. DEININGER, *Bemerkungen z. Historizität d. Rede des Agelaos...*, Chiron III (1973) — cf. déjà ID., *Der politische Widerstand*, pp. 25 *sqq.*, où bibliogr. compl. — (qui la défend, avec raison ce me semble) ; MØRKHOLM, *The speech of Agelaus again*, Chiron IV (1974), pp. 127 *sqq.* maintient sa position.

La 1re éd. de ce livre mentionnait à la section précédente la **lettre de Philippe V aux Larisséens** (*Syll³*. 543), datée alors de la deuxième année du règne. Or il s'agissait là d'une faute de lecture, comme vient de le montrer

Chr. HABICHT, *Epigr. Zeugnisse v. Gesch. Thessaliens unter mak. Herrschaft*, dans *Anc. Macedonia I* (Thessalonique 1970), pp. 273 *sqq.* : le texte est de la 6ᵉ année régnale, soit de 217. H. souligne d'ailleurs que sa teneur s'explique bien mieux en 217 qu'en 220 : c'est pour réparer les dégâts causés par les guerres (que Larissa n'avait pas connues avant 220) que la cité est invitée à compléter son corps civique en y inscrivant des métèques. L'ambassade larisséenne dont il est d'autre part question doit être celle qui participa aux négociations de Naupacte. Ce document a toujours été particulièrement remarqué pour un détail important : le roi invite les Larisséens à calquer leur politique de repeuplement sur l'exemple des Romains. La bibliographie relative à cette inscription est abondante et cité par H. Voir notamment WALBANK, *Phil. V*, pp. 296 *sqq.* ; récemment (sur les rapports entre Philippe et Larissa), J.M. HANNICK, *Remarques sur les lettres de Phil. V à la cité de Larissa, Stud. Hellenist.* XVI (1968) = *Antidorum Peremans*, pp. 97 *sqq.*

Sur les **arrière-plans illyriens** de la guerre sociale, cf. la section suivante.

B) La question illyrienne et la première guerre de Macédoine

1° LES AFFAIRES ILLYRIENNES JUSQU'A LA VEILLE DU TRAITÉ ENTRE PHILIPPE V ET HANNIBAL (228-216)

On vient de voir, incidemment, que la deuxième guerre romaine d'Illyrie avait certainement retenu Philippe d'agir en Grèce. Il nous faut à présent revenir à la question illyrienne elle-même, dont les premiers épisodes ont été envisagés t. I², pp. 351 *sqq.*, et que nous avions abandonnée au moment où, vers 225, Démétrios de Pharos était soudain apparu dans l'alliance macédonienne. Nous avions indiqué brièvement en marge de l'étude de la politique grecque d'Antigonos Dôsôn, qu'après le départ d'Illyrie des Romains (228), Démétrios de Pharos n'avait pas tardé à outrepasser les limites de la principauté que Rome lui avait confiée pour contenir le royaume de Teuta. A la mort de celle-ci (date inconnue), Démétrios s'arrogea la tutelle de son successeur mineur, Pinnès — c'est-à-dire qu'il procéda en fait à la réunion au sien propre du royaume qu'il était chargé de surveiller. Rome ne paraît pas avoir réagi, sur le moment, à cette usurpation. C'est sans doute vers cette époque que Démétrios de Pharos se rapprocha de Dôsôn, sans qu'on puisse affirmer, contrairement à ce que faisait Holleaux, que le Macédonien fut à l'origine de cette alliance (t. I², pp. 393 *sq.*) en vertu de laquelle des contingents illyriens participèrent à la campagne de Sellasie.

Puis, en 221/0, de concert avec un autre dynaste illyrien, Skerdilaïdas, Démétrios de Pharos viola ouvertement le traité de Rome (t. I², p. 354) en franchissant la latitude de Lissos vers le Sud avec 90 vaisseaux et en s'attaquant aux territoires sous protectorat romain. De là, il contourne le Péloponnèse pour venir pirater dans les Cyclades. Il s'y heurte à la marine rhodienne (seul instrument efficace de police des mers à cette époque) qui le rejette dans le golfe Saronique. On voit alors jouer l'entente avec la Macédoine : le stratège macédonien de Corinthe, Tauriôn, fit franchir l'isthme de Corinthe aux légères embarcations illyriennes. Le sens de cette collaboration n'est pas difficile à saisir : outre que Tauriôn était sans doute aussi soucieux que les Rhodiens de débarrasser l'Égée de ce fléau, c'est alors l'époque où les premières opérations étoliennes dans le Péloponnèse préludent à la « guerre sociale » et la flotte illyrienne, inutile et dangereuse à l'Est, pouvait être nécessaire à l'Ouest. On ne saurait voir dans le comportement de Tauriôn une preuve de ce que la politique antiromaine de Démétrios de Pharos lui était dictée par la Macédoine.

La violation du traité de 228 ne laissa toutefois pas Rome indifférente. Le Pharien, sans doute, pensait avoir bien choisi son moment : Rome pouvait paraître fixée par l'agitation gauloise dans la plaine du Pô, par les indices inquiétants qui annonçaient la guerre hannibalique (Sagonte) — mais il n'avait pas compris que ces facteurs précisément imposaient au Sénat de ne point tolérer qu'un adversaire *naval* se levât dans l'Adriatique, franchît impunément le canal d'Otrante, un adversaire qui, écumant pour l'instant les côtes de Grèce, pourrait un jour insulter celles d'Italie de concert avec l'ennemi dont la menace se dessinait alors en Espagne. Nul ne pouvait prévoir qu'en cas de guerre Carthage commencerait par ne point soutenir Hannibal, et une collaboration entre forces navales puniques et illyriennes était de l'ordre du possible : il fallait la prévenir. En 219, une expédition romaine accourut donc rétablir l'ordre en Illyrie (deuxième guerre d'Illyrie) : l'affaire fut rondement menée, et, en quelques mois, Démétrios de Pharos fut contraint à la fuite : il vint chercher refuge auprès de Philippe V, aux côtés duquel nous l'avons rencontré pendant la « guerre sociale ». Comme dix ans plus tôt, les Romains n'insistèrent pas et, sans même s'occuper de Skerdilaïdas, semble-t-il, s'en retournèrent : c'était à l'Ouest que se développaient alors les questions brûlantes. Du point de vue romain, la deuxième guerre d'Illyrie avait été une simple opération de police destinée à montrer que le Sénat entendait qu'on respectât le traité de 228. Rien, en tout cela, ne suggère que Philippe V ait eu la moindre influence sur le comportement du Pharien, ni qu'il ait, à travers celui-ci, pratiqué une politique anti-romaine, ni que cette hypothétique politique lui ait été léguée par son prédécesseur. La « guerre sociale », cependant, se poursuit en Grèce sans la moindre référence à Rome. Mais on peut penser qu'à partir du moment où Démétrios de Pharos s'impatronise aux côtés de Philippe, le jeune roi commence à être mis sérieusement au courant des affaires illyriennes et même peut-être des affaires romaines. Rien n'indique toutefois chez lui une hâte particulière à s'en mêler.

Jusqu'au jour (*supra,* p. 75) où lui arrive la nouvelle de Trasimène : encore Polybe précise-t-il bien que c'est Démétrios de Pharos qui brosse au souverain de vingt-deux ans les mirifiques perspectives qu'ouvre cet événement. Certes, il va de soi que la seule chose qui compte, aux yeux du Pharien, c'est de mettre à profit un an de désastres romains pour se faire rétablir dans ses anciens domaines par l'armée macédonienne ; mais, quand bien même les intérêts de Démétrios ont-ils alors incontestablement joué un rôle déterminant, il reste que c'est à ce moment de 217 que se situe, pour Philippe V, le tournant. Sans doute le roi n'en est-il pas encore à rêver de faire cause commune avec Hannibal : l'indifférence réciproque que s'étaient jusqu'alors manifestée Rome et la Macédoine fait qu'il n'a pas encore lieu de marquer de préférence pour l'un des adversaires de la guerre italienne, mais, dûment endoctriné par son conseiller illyrien, il peut commencer à penser qu'il serait plus profitable pour lui (ne serait-ce que du point de vue de ses rapports avec les Étoliens) de s'arrondir en Illyrie aux dépens de protecteurs lointains et défaits que de s'user en Grèce pour les beaux yeux des Achaiens. On fait donc la paix à Naupacte (*supra,* p. 76).

Et, cependant que la Grèce respire, qu'Antiochos III digère son désastre de Raphia en se préparant à la guerre contre Achaios (*supra,* p. 45), que son vainqueur Ptolémée IV affronte les débuts de la crise indigène égyptienne (*supra,* p. 40), Philippe V part en guerre contre Skerdilaïdas, qui l'avait trahi pour les Étoliens, s'était arrondi dans l'arrière-pays de la côte illyrienne et avait même fait des incursions en territoire macédonien. Les succès qu'il remporte dans cette campagne le rapprochent singulièrement des territoires sous protectorat romain — et il décide de s'y attaquer. Polybe ne présente pas le passage de la guerre contre Skerdilaïdas à l'offensive contre le protectorat romain comme un fait extraordinaire et il n'insiste même pas sur la gravité de cette extension des opérations : s'il parle d'hostilité à l'égard de Rome, c'est au compte de Démétrios de Pharos qu'il l'inscrit. Pour Philippe, il est vrai, il écrit que, s' « il estimait nécessaire de régler les affaires d'Illyrie », c'était « en vue de ses autres projets et notamment de son passage en Italie », mais il est d'autant plus permis de douter de l'authenticité de ce dernier point (qui pourrait procéder d'une interprétation tendancieuse recueillie à Rome) que le roi ne disposait pas des moyens qui lui eussent permis une telle opération — laquelle ne figurera d'ailleurs pas explicitement, deux ans plus tard, dans le traité avec Hannibal. Retenons simplement des propos polybiens le dessein de régler au mieux des intérêts macédoniens la situation en Illyrie : aussi bien, ce qui se passait en Italie à la fin de la sombre année 217 pouvait-il donner à penser que le protectorat romain était caduc. Apollonie, première cible de Philippe, ne pouvait être attaquée que par mer et c'est à cet effet que le roi fit construire, pendant l'hiver 217-6, une flotte de 100 transports légers destinés à mettre ses troupes de débarquement à pied d'œuvre. L'expédition échoua piteusement : amiral inexpérimenté commandant à des équipages de fortune, Philippe fut pris de panique à l'annonce de l'approche d'une petite escadre romaine venant épauler Skerdilaïdas (qui avait appelé à l'aide), et se hâta de regagner l'Égée, « sans dommage, mais sans honneur », dit Polybe.

Nous voici malheureusement au point où les *Histoires* de Polybe deviennent fragmentaires : on perd toute trace du Macédonien pendant un an, pour ne le retrouver que dans le passage polybien qui nous donne le texte du traité fameux qui le lie à Hannibal...

SOURCES : POL. II, 65-6 (contingents illyriens dans le Péloponnèse en 223/2) ; III, 16-19 ; IV, 16, 6-11 ; 29 ; 66, 4-5 ; V, 101 ; 108-110. DION CASS. fr. 49, 7 (= ZON. VIII, 19, 6-7) ; fr. 53 (= ZON. VIII, 20, 11).

BIBLIOGRAPHIE COMPLÉMENTAIRE ET NOTES : Survol général à partir de l'**Illyrie** : S. ISLAMI, *L'État illyrien et ses guerres contre Rome*, Ilyria III (1975), pp. 21 *sqq*. Sur la participation de Démétrios de Pharos à la piraterie istrienne en tant que mobile de l'hostilité romaine à son égard, cf. H.J. DELL, *Dem. of Pharus and the Istrian war*, Hist. XIX (1970), pp. 30 *sqq*.

Le fait que la lutte contre la piraterie illyrienne dans l'Égée fût menée par les **Rhodiens** conduit à poser la question de l'absence de toute allusion à une participation des forces navales lagides à ce combat, puisqu'il est certain que la présence lagide dans l'Égée n'est pas encore éliminée à cette date (220). HUSS, *Unters.*, pp. 217 *sqq*. émet l'hypothèse que les escadres ptolémaïques avaient dû être déplacées vers le Sud pour protéger les côtes menacées par Antiochos III, ce qui se peut, et que c'est par suite d'une entente entre Alexandrie et Rhodes que celle-ci aurait assumé la défense de l'Égée. Ce rôle ne permettrait donc pas de conclure que l'hégémonie maritime dans les Cyclades serait alors passée d'Alexandrie à Rhodes. Huss tend d'ailleurs à penser que le *koinon* des Nésiotes existe toujours, bien qu'il reconnaisse qu'on en perd toute trace à partir de Ptolémée III (cf. t. I², p. 241). Toutes les réflexions de Huss relèvent du possible, mais demeurent conjecturales.

Sur les **opérations terrestres et maritimes de Philippe** en 217-216, cf. aussi HAMMOND, *Epirus*, pp. 606 *sqq*. Pour sa campagne navale de 216, Philippe ne disposait que de *lemboi*. MANNI, *Roma e l'Italia...*, p. 261, en conclut que la Macédoine traversait une période de difficultés économiques, car ces embarcations légères semblaient destinées « à une guerre de course », étant « incapables d'affronter la flotte que Rome aurait certainement employée dans cette guerre ». Ce n'est toutefois pas ce qui ressort de Polybe, qu'il faut citer ici, car il montre bien que, quelle que fût la situation économique, Philippe n'avait pas l'intention d'armer une flotte de haut bord : « Considérant que, pour ses entreprises, il aurait besoin de bateaux et d'équipages, non point tant en vue d'une bataille navale (car il n'espéra même jamais être capable de soutenir un engagement naval contre les Romains) que pour transporter des soldats, pour aborder plus rapidement où il voulait et surprendre l'adversaire. C'est pourquoi, estimant que les bâtiments illyriens étaient les meilleurs pour cet usage, il fit mettre en chantier 100 *lemboi*... » (V, 109, 1-3, qui ajoute qu'il « entraîna rapidement les Macédoniens à ramer »). Ce passage et les allusions ultérieures à l'anxiété de Philippe contribuent à remettre à sa vraie place le prétendu projet de débarquement en Italie.

On a indiqué, t. I², pp. 393 *sq.*, les raisons qui font apparaître inacceptable l'interprétation anti-romaine de la politique de Dôsôn selon HOLLEAUX, *Rome...,* pp. 119 *sqq.* ; 130 *sqq.* ; *CAH* VII, pp. 839 *sqq.* = *Études* IV, pp. 94 *sqq.* Or de cette interprétation découle entièrement et nécessairement celle qu'Holleaux donnait de la politique de Philippe V et de Démétrios de Pharos. Holleaux voyait ainsi dans le fait que les Macédoniens s'entendent avec les Illyriens même après que Démétrios se fût mis en état de révolte ouverte contre Rome une preuve de ce que cette révolte aurait été suggérée de Macédoine. Mais, dans le cas de l'épisode du transfert de la flotte illyrienne par-dessus l'isthme de Corinthe, ce qui ressort le plus clairement du texte de Polybe, c'est que les Macédoniens, qui n'ont pas de marine, sont trop heureux de pouvoir utiliser les redoutables pirates illyriens contre les Étoliens dans la « guerre sociale » qui s'ouvre à ce moment. De façon générale, il faut lire ces pages d'Holleaux (fort belles, comme tout ce qu'écrivait cet historien) avec un esprit critique aussi impitoyablement éveillé que celui qu'Holleaux lui-même consacrait aux travaux des autres. Un développement tel que *Rome...,* pp. 119 *sq.* est un tissu d'hypothèses psychologiques indémontrables, mais sur lesquelles leur auteur devait ensuite se fonder comme sur des vérités démontrées. Holleaux a véritablement reconstruit l'histoire de ces années comme s'il était lui-même et Philippe V, et Démétrios de Pharos, et, collectivement, un Sénat romain singulièrement homogène — dont toutefois la longue inaction à l'Est était l'objet de sa constante « surprise ». Si l'on prend la peine de confronter le texte de Polybe et les interprétations qu'en a données Holleaux, on y relève souvent de sensibles distorsions. Ainsi, par exemple, lorsque Polybe écrivait que Démétrios « mettait tous ses *espoirs* dans la maison de Macédoine », Holleaux interprétait que, « dans sa rébellion, il *était sûr* de l'appui du jeune roi et qu'il en avait reçu des encouragements *décisifs* » (p. 141). Il va de soi que le postulat d'Holleaux, qui prêtait à Philippe, comme déjà à Dôsôn, une haine farouche de Rome et de sa politique illyrienne, postulat qui avait déjà informé son interprétation de la fondation de la Ligue hellénique, devait agir dans le même sens sur son interprétation de la « guerre sociale ». Car Holleaux posait non seulement en principe que Philippe nourrissait à l'égard de Rome une hostilité irréductible, mais encore qu'à Rome on en était bien convaincu, si bien qu'il était pour lui dans la nature des choses que Rome intervînt pour soutenir les Étoliens, et que Philippe s'y attendît (cf. *Rome...,* pp. 146 *sqq.*). Bien que cette intervention romaine, dont il imaginait la logique et le projet, ne se soit pas produite, Holleaux considérait que la « guerre sociale » tombait à point, du point de vue romain, pour paralyser les intentions belliqueuses de Philippe : « Pour les Romains, cette guerre est un bienfait des dieux. Elle n'eût point existé, qu'il l'eût fallu faire naître ; puisque elle existe, il faut la faire durer : il est clair, en effet, que, tant qu'elle durera, il sera interdit à Philippe de « joindre ses espérances » à celles d'Hannibal... ». Mais quand donc Philippe envisagea-t-il de « joindre ses espérances à celles d'Hannibal » ? La lecture d'Holleaux montre vite que c'est dès la prise de Sagonte, dès 219. Or Holleaux annexait une note au passage cité ci-dessus (p. 146, n. 2) : « Cf. POL. III, 2, 3 : « Philippe — conçut le projet de joindre ses espoirs à ceux des Carthaginois » ; mais le tiret d'Holleaux

remplace un membre de phrase qui va à l'encontre de toute son interprétation, et il faut citer le passage en entier : « Nous indiquerons d'abord
les causes de la guerre entre les Romains et les Carthaginois, dite guerre
hannibalique ; nous dirons comment les Carthaginois, ayant envahi l'Italie et
brisé la puissance des Romains, jetèrent ceux-ci dans une grande terreur
pour eux-mêmes et pour le sol de leur patrie, cependant qu'eux-mêmes (les
Carthaginois) étaient saisis de l'espoir immense et inattendu de s'emparer de
Rome même. Nous essaierons ensuite de montrer comment, en ces mêmes
circonstances, Philippe le Macédonien, *ayant achevé sa guerre contre les
Étoliens et, après cela, réglé les affaires de Grèce,* conçut le projet de joindre
ses espoirs à ceux des Carthaginois ». Il est donc clair que, pour Polybe, le
projet d'une collaboration avec Hannibal n'occupa pas la pensée de Philippe
avant la paix de Naupacte, comme le voulait Holleaux, mais bien *après* : ce
qui donne toute leur valeur aux suggestions de Démétrios de Pharos à la
nouvelle de Trasimène. Le « tournant » de Philippe V se situe bien en 217
seulement : cf. en ce sens, WALBANK, *Aratos*, p. 152 ; *Ph. V*, pp. 64 *sq.* ;
FINE, *Macedon, Illyria and Rome 220-219 B. C., JRS* XXVI (1936), pp. 24 *sqq.* ;
KIRSTEN, *Die albanische Frage des Altertums, WaG* VIII (1942), pp. 75 *sqq.* ;
etc. (pour le détail, cf. encore WALBANK, *Comm.* I, *ad. ll.*). La thèse d'Holleaux
n'a toutefois pas perdu toute autorité encore : cf. (mais de façon beaucoup
plus nuancée), OOST, *Rom. pol. in Epirus...*, pp. 16 *sqq.* ; voir aussi MANNI,
o. c., p. 261 qui, avant même que d'avoir parlé du lac Trasimène et de
Démétrios de Pharos, montre Philippe « il... pensiero... attratto verso l'Occi-
dente ».

2° LA PREMIÈRE GUERRE DE MACÉDOINE

a) *L'alliance entre Philippe V et Hannibal (215)*

Le traité d'alliance conclu entre Philippe et Hannibal étant un
des points cruciaux de l'histoire hellénistique, il serait souhaitable
de voir clair dans les mobiles qui présidèrent à sa conclusion du
côté macédonien. Or, on l'a dit, Polybe fait défaut en ce point.
Selon Tite-Live, Philippe se serait, dès le début, réjoui du conflit
entre Rome et Hannibal, mais n'aurait pas décidé de quel côté
il se rangerait avant que le succès punique ne lui eût paru assuré.
Cela suppose une pensée italienne de Philippe V avant même le
déclenchement de la deuxième guerre punique et, si l'on se réfère
au texte du traité selon Tite-Live, une sorte de projet de partage
du monde méditerranéen entre la puissance dominante en Italie
et la Macédoine. Mais rien n'indique que Philippe se soit intéressé
avant 217 à ce qui se passait de l'autre côté de l'Adriatique et,
d'autre part, le texte du traité selon Polybe n'a rien de commun
avec sa version livienne. Or, dans sa forme comme dans son
contenu, c'est le texte de Polybe qui apparaît authentique et dont il
faut partir pour tenter de saisir pourquoi Philippe se lia à Hannibal,
car c'est évidemment de Philippe — comme le veut Tite-Live et
comme la logique le suggère — que partit l'initiative.

Que contient donc ce traité ? Après de longues clauses d'ordre général liant, d'une part, Philippe, les Macédoniens et leurs alliés grecs (c'est-à-dire la Ligue de 224) et, de l'autre, Hannibal, les Carthaginois et leurs alliés d'Italie, de Gaule (padane) et de Ligurie, clauses par lesquelles les signataires s'engagent, conformément à la tradition, à avoir mêmes amis et mêmes ennemis, on en arrive aux précisions : « Vous (sc. les Macédoniens) serez nos alliés dans la guerre que nous menons contre les Romains, jusqu'au jour où les dieux nous donneront la victoire, et vous nous apporterez le secours dont nous aurons besoin et sur lequel nous nous mettrons d'accord. Lorsque les dieux nous auront donné la victoire dans la guerre contre les Romains et leurs alliés, si les Romains décident de conclure amitié, nous traiterons de telle sorte que vous serez compris dans cette amitié et qu'il sera interdit aux Romains de jamais vous faire la guerre, et *que les Romains ne seront maîtres ni des Corcyréens, ni des Apolloniates, ni des Épidamniens ; ni de Pharos, ni de Dimalè ni des Parthiniens, ni de l'Atintanie ; et ils rendront à Démétrios le Pharien tous ceux de ses amis qui sont sur le territoire des Romains.* Et si les Romains vous font la guerre, ou à nous, nous nous porterons réciproquement secours dans cette guerre dans la mesure où nous en aurons besoin. De même si d'autres (vous font la guerre, ou à nous), sauf s'il s'agit de rois, de cités ou de peuples avec lesquels nous (sc. les Carthaginois) avons conclu traité ou amitié ». Suit une clause concernant les éventuelles modifications à apporter au traité, et qui semble donc indiquer que le texte reçu est complet.

Il est donc clair que Philippe V qui, en 217/6, a essayé de profiter des difficultés romaines pour occuper le « protectorat » d'Illyrie, mais n'y a pas réussi (*supra*, p. 79), spécule sur la victoire d'Hannibal (laquelle, en 215, après Cannes, apparaît certaine) pour obtenir de celui-ci des garanties en Illyrie. Il s'engage certes à collaborer à la victoire d'Hannibal, mais l'essentiel est qu'il attend d'Hannibal que celui-ci impose à Rome, au terme de la guerre, de renoncer à tout jamais à l'Illyrie. Il convient de bien distinguer entre les clauses de caractère général, qui pour l'avenir, imposent aux contractants de s'entraider dans des guerres éventuelles, et les clauses qui concernent la guerre présente, qui doivent particulièrement retenir l'attention ici : or de ce point de vue, le marché consiste à prêter à Hannibal une aide militaire en échange d'une garantie diplomatique en Illyrie. Philippe V ne manifeste aucune ambition italienne (contrairement à ce qu'on a parfois cru) ; Hannibal ne s'engage pas à intervenir militairement en Illyrie (et c'est ce qui explique sans doute que la tradition romaine ait interprété le traité comme un partage du monde, ce qu'il n'est pas...) : leur traité a une portée limitée, pour l'immédiat, à la question qui, dans l'immédiat, intéresse Philippe V et son conseiller Démétrios de Pharos. Les clauses par lesquelles les deux parties se promettent aide pour d'éventuelles guerres à venir sont d'un caractère trop vague pour qu'on y puisse voir l'indice de vastes projets concernant, par exemple, l'Orient — et, du reste, la dernière clause prévoyant des possibilités de révision de l'accord, offre par avance aux contractants la possibilité de se soustraire à ces perspectives lointaines, le jour où la question romaine sera réglée : or, en 215, c'est uniquement la guerre contre Rome qui intéresse Philippe et Hannibal, encore que sur des plans différents.

On a parfois prêté à Philippe V des ambitions occidentales rappelant celles de Pyrrhos (ou celles que l'on prête à Pyrrhos) ; on lui a souvent prêté aussi une haine de Rome analogue à celle qui animait Hannibal. Mais il ressort du traité, comme il ressort de la politique antérieure de Philippe, que si celui-ci en veut à Rome, c'est uniquement dans la mesure où Rome s'est acquis des droits sur la côte orientale de l'Adriatique — et encore cette pensée n'est-elle sienne que depuis la date récente où les premières victoires d'Hannibal lui ont fait entrevoir la possibilité non seulement de s'agrandir en Illyrie, mais surtout d'obtenir pour l'avenir la garantie de ces agrandissements. Du moins est-ce là la seule interprétation qu'autorisent formellement les sources.

SOURCES : POL. VII, 9. La version romaine du traité (TL XXIII, 33 ; APP., Mak. 1 ; ZON. IX, 4, 3) a été unanimement et avec raison rejetée par les modernes ; elle ne mérite pas de discussion particulière.

BIBLIOGRAPHIE COMPLÉMENTAIRE ET NOTES : Cf. HOLLEAUX, Rome..., pp. 179 sqq. ; CAH VIII, pp. 116 sqq. ; WALBANK, Ph. V, pp. 70 sqq. Sur les ambassadeurs de Philippe à Hannibal, cf. OLSHAUSEN, Prosopogr. I, n° 92, 96, 104. On a beaucoup écrit sur ce **traité**. L'article récent et substantiel de A.H. CHROUST, International treaties in Antiquity. The diplomatic negociations between Hannibal and Ph. V of Mac., Class. et Med. XV (1954), pp. 60-107, fournira la bibliographie antérieure (cf. aussi BENGTSON, GG², p. 412, n. 2). Le texte polybien pourrait être la version du serment qu'Hannibal envoyait à Philippe. Le texte grec révèle divers « punismes » qui en établissent l'authenticité et ont déterminé E.J. BICKERMAN, Hannibal's covenant, AJPh LXXIII (1952), pp. 1 sqq. à replacer ce traité dans la tradition sémitique du berit, combinée avec la pratique diplomatique hellénistique ; cf. aussi P. XELLA, A proposito del giuramento annibalico, Oriens Antiquus X (1971), pp. 189 sqq.

Ce qui prouverait au mieux que l'**initiative des négociations** partit de Philippe (outre l'intérêt plus immédiat qu'il avait à cette alliance), c'est l'inégalité du traité, Hannibal ne révélant même pas à son partenaire ses propres buts de guerre et se réservant de négocier seul avec Rome. Il reste que les difficultés nombreuses, encore que peu ouvertes, auquel Hannibal se heurte en Italie en 215 durent lui faire accueillir avec satisfaction les ouvertures de Philippe.

Le traité ne fait **aucune allusion à une aide militaire punique** à Philippe V dans la guerre présente, et les considérations d'HOLLEAUX, Rome..., pp. 186 sq. sur l'aide navale que Carthage devait apporter à Philippe sont hypothétiques, bien qu'il les ait qualifiées d'évidentes. Il est d'ailleurs inexact de dire que Philippe était « privé de forces navales » : on a vu qu'il s'était construit une flotte après la guerre sociale — bien qu'il se fût encore montré incapable d'en faire usage (*supra*, p. 80).

Rien ne prouvant **d'hypothétiques ambitions macédoniennes en Italie**, il apparaît fort douteux que, par le traité, Philippe y ait renoncé (cf. en ce sens, HOLLEAUX, p. 181 ; WALBANK, p. 70).

MANNI, *Roma e l'Italia...*, pp. 287-293 contient un commode résumé annalistique de la 2ᵉ guerre punique, qui comporte aussi des références aux événements de Grèce.

b) *Les premières opérations de Philippe V (214-212)*

Les modalités de l'aide macédonienne à Hannibal devaient, on l'a vu, faire l'objet d'accords particuliers. Hannibal attendait-il des renforts en Italie ? On ne sait — mais on ne voit Philippe opérer qu'en Illyrie : il est vrai qu'à elle seule cette ouverture d'un second front pouvait intéresser Hannibal. A Rome, dans les circonstances données, on se résigna à faire, en Illyrie, la part du feu. Mais comme on ignorait évidemment — de même que nous ignorons — quels étaient les projets stratégiques des nouveaux alliés, on confia au préteur Laevinus, pourvu de 50 vaisseaux, la surveillance du canal d'Otrante, dans l'hypothèse d'un projet de débarquement macédonien. Philippe fut d'abord retenu par des complications péloponnésiennes (cf. les notes), dont le trait le plus frappant est qu'on l'y voit abandonner tout ménagement à l'égard des Achaiens et d'Aratos : sans doute ceux-ci, de leur côté, lui avaient-il su peu gré de les avoir inclus dans son alliance avec Hannibal. Ce refroidissement, à tout le moins, de leurs rapports, joint aux effets désastreux que produisit la brutalité avec laquelle Philippe se conduisit alors en Messénie, firent que le Péloponnèse presque entier lui devint hostile, sinon ennemi. Ce n'est qu'après cet épisode confus (au cours duquel disparurent coup sur coup Démétrios de Pharos et Aratos) que Philippe put aborder ses opérations illyriennes (214) : elles furent d'abord peu brillantes.

Ayant attaqué par mer Apollonie et Orikos, le roi fut surpris et battu par Laevinus, contraint de brûler sa flotte et de s'en retourner en Macédoine par terre : ce furent d'ailleurs les habitants du pays qui, loin de se jeter dans les bras du Macédonien, appelèrent les Romains. Puis les sources font défaut, jusqu'au jour où, au terme de campagnes dont on ignore tout, on voit Philippe s'emparer de Lissos, ce qui lui permit de recueillir la soumission des populations illyriennes du voisinage. Mais, pour prendre Lissos du continent, Philippe avait nécessairement dû soumettre les pays qui, de Macédoine, lui assuraient les avenues de la côte illyrienne, c'est-à-dire l'Atintanie et le pays des Parthiniens. Ces opérations, qu'il faut sans doute placer en 213 et 212, menaçaient sérieusement le protectorat romain, et l'on conçoit que Rome, qui ne pouvait encore envoyer en Illyrie des armées capables de refouler les Macédoniens, cherchât alors des alliés grecs.

SOURCES : Affaires de Messénie : POL. VII, 10-14 ; VIII, 8 ; 12 ; PLUT., *Arat.* 49 *sqq.* ; PAUS. IV, 29, 1-5 ; 32, 2. Pour le reste (dans l'ordre des événements) : POL. VIII, 1, 6 ; TL XXIII, 38 ; XXIV, 40 ; POL. VIII, 13-14 (15-16).

BIBLIOGRAPHIE COMPLÉMENTAIRE ET NOTES : La première guerre de Macédoine est étudiée du point de vue des États grecs par LARSEN, *GFS*, pp. 363 *sqq.*

Des troubles sociaux ayant éclaté en Messénie en 215/4, Philippe se trouvait alors dans le **Péloponnèse** : le traité avec Hannibal engageait Philippe et ses alliés, et sans doute s'agissait-il alors de faire passer cet engagement dans les faits, à quoi, très probablement, lesdits alliés répugnaient (cf. HOLLEAUX, *CAH* VIII, pp. 120 *sq.*).C'est sans doute pourquoi Philippe courut à Messène et y prit le contrepied de la politique d'Aratos en favorisant le parti populaire qui lui offrait, semble-t-il, la citadelle de l'Ithôme. Aratos réussit à dissuader le roi de cette occupation militaire, mais, dès lors, la confiance était rompue entre eux. Il y eut du reste ensuite deux tentatives macédoniennes contre l'Ithôme, l'une menée par Démétrios de Pharos (qui y fut tué), l'autre par Philippe lui-même : toutes deux échouèrent. La Messénie devait alors (en 214/3), changer de camp et s'allier aux Étoliens (cf. ROEBUCK, *A history of Messenia,* pp. 81 *sqq.*). Ces complications, qui retardent les opérations illyriennes, ont surtout pour conséquence que la Ligue hellénique de Dôsôn, déjà compromise par le peu de succès de la guerre sociale, tend à devenir lettre morte. Sur les mobiles de Philippe et son changement d'attitude à l'égard des Grecs, cf. WALBANK, *Ph. V*, pp. 72-5. Ce serait en ces circonstances, selon Polybe, que se serait effectuée la regrettable transformation du caractère de Philippe (VII, 11) ; il ne faudrait cependant pas prendre les propos de Polybe au pied de la lettre : Philippe est vu à travers des lunettes achaiennes et cette « transformation » coïncide avec le moment où Philippe se soustrait à l'influence d'Aratos et subordonne décidément les intérêts achaiens à ceux de son propre royaume. D. MENDELS, *Polybius, Philip V and the socio-economic question in Greece, Anc. Soc.* VIII (1977), pp. 155 *sqq.*, a récemment contesté qu'on puisse fonder sur des données polybiennes la théorie fréquemment admise dans les ouvrages modernes (cf. D. MUSTI, *Lo stato dei Seleucidi, St. Class. & Or.* XV (1966), pp. 164-8) selon laquelle Philippe aurait alors rompu avec la politique traditionnelle des Antigonides, consistant à s'appuyer sur les oligarchies grecques, pour miser, lui, sur les éléments populaires.

Démétrios de Pharos et **Aratos**, dont Polybe fait, antithétiquement, le mauvais et le bon génie de Philippe, disparaissent alors. Avec Aratos (dont il est douteux que Philippe l'ait fait empoisonner, comme l'en accuse Polybe), la Grèce perd sa seule tête politique : ses successeurs à la tête de la confédération achaienne ne le vaudront de loin pas.

Opérations de **Philippe en Illyrie** : HOLLEAUX, *Rome...*, pp. 188 *sqq.* ; WALBANK, *Ph. V*, pp. 75 *sqq.* ; J.M.F. MAY, *Macedonia and Illyria (217-167 B. C.), JRS* XXXVI (1946), pp. 48-52, qui estime que la région de Lissos, dont il ne sera pas question à la paix de Phoinikè (*infra*, p. 94), dut être évacuée par Philippe dès 209/8 ; cf. HAMMOND, *Épire*, pp. 608 *sq.* ; les opérations de Philippe en Illyrie sont minimisées par S. ISLAMI, *Le monnayage de Skodra,*

Lissos et Genthios, Iliria II (1972), pp. 381 *sqq.* Si Philippe s'est engagé
à faire passer une armée en Italie, comme l'admettent la plupart des historiens
(pour donner quelque substance à sa collaboration avec Hannibal et quelque
réalité aux soupçons qui motivèrent les précautions navales romaines), il
faut reconnaître qu'il ne fit rien, à notre connaissance, pour honorer cet
engagement.

Sur la situation difficile de l'**Épire,** qui réussit à préserver sa neutralité sans
se brouiller avec Philippe, cf. CABANES, *L'Épire...,* pp. 24 *sqq.*

c) *L'alliance romano-étolienne (212)*

Ce n'était guère qu'auprès des Étoliens et de leurs amis que
Rome pouvait trouver une oreille complaisante en Grèce. Quelle
est alors la position des Étoliens par rapport à Philippe V ?

La politique brutale et maladroite de Philippe en Messénie avait
dressé contre lui — sans pour autant satisfaire les Achaiens —
tout ce qui s'efforçait de résister à l'expansion achaienne dans le
Péloponnèse : les Spartiates, les Éléens, et les Messéniens eux-
mêmes, qui se trouvent de la sorte rapprochés, une fois de plus des
Étoliens, seule puissance grecque capable de faire contrepoids à
Philippe et à ses alliés : involontairement, Philippe a reconstitué
dans le Péloponnèse un front antimacédonien lié à l'Étolie qui,
de la sorte, regagne rapidement du terrain.

Dans l'Égée, d'autre part, la Confédération étolienne, dont on
a vu quelle influence elle y avait gagnée depuis le milieu du
IIIᵉ siècle (t. I², pp. 325 *sqq.*), entretient alors des rapports amicaux
avec Pergame. Les circonstances dans lesquelles s'était développée
cette amitié sont passablement obscures, mais la situation diminuée
dans laquelle se trouve le royaume attalide depuis la reconquête
séleucide sous Achaios (*supra,* p. 16), puis sous Antiochos III
(*supra,* p. 50), malgré les agrandissements que ce dernier avait bien
dû consentir à Attale), du fait aussi de l'hostilité d'autres États
orientaux (la Bithynie, peut-être Rhodes), explique suffisamment
que l'amitié étolienne fut accueillie avec faveur à Pergame. Amitié
qui pouvait se traduire éventuellement par une collaboration navale,
car c'est en ces années que, pour la première fois, le royaume
attalide se donne une forte marine de guerre. Le rapprochement
étolo-pergaménien, qui n'est guère documenté que par de petits
détails fort dispersés, se révèlera au grand jour (pour nous) lorsque,
traitant avec Rome, les Étoliens compteront Attale parmi leurs
amis.

S'adressant aux Étoliens, les Romains s'adressaient donc non
seulement à la puissance grecque la plus capable de créer par elle-

même des ennuis à Philippe, mais à une puissance comptant des appuis étendus en Grèce et hors de Grèce.

M. Valerius Laevinus ouvrit donc des négociations avec les Étoliens et une alliance fut conclue. Sa date est incertaine et ses clauses ont été fort discutées. On n'a, en effet, longtemps connu ce traité que par Tite-Live, dont la chronologie générale donne à penser que le traité fut conclu à la fin de 212, Tite-Live ajoutant toutefois que la ratification par le Sénat traîna deux années entières. Mais la découverte en Acarnanie d'un ample fragment épigraphique du traité a modifié les données du problème : les clauses du texte original diffèrent en effet sensiblement de ce que dit Tite-Live, dont il est cependant douteux que la version ne représente, comme on l'a parfois cru, que les préliminaires d'un texte mis ensuite au point à Rome. Quant à la ratification, si elle n'eut lieu qu'en 210, ce fut probablement pour attendre l'élection de Laevinus au consulat.

Par ce traité, les Étoliens s'engageaient à attaquer Philippe sur terre, les Romains à leur apporter un appui naval. Selon Tite-Live, tout le pays s'étendant entre l'Étolie et Corcyre serait donné aux Étoliens, qui recevraient de surcroît l'Acarnanie ; tout « le reste du butin » serait aux Romains. La pierre apporte sur ces points d'importantes, encore qu'incertaines, précisions : les conquêtes territoriales devaient en effet être remises aux Étoliens (ce qui prouve que Rome n'entendait pas faire de conquêtes en Grèce), mais avec cette distinction que les cités prises de force seraient purement et simplement annexées et celles qui se seraient rendues admises sur pied d'égalité dans la Confédération étolienne. De plus, dans le cas de villes prises en commun, le butin meuble serait partagé entre Romains et Étoliens. Les clauses suivantes ne se trouvent que dans Tite-Live, et l'état fragmentaire de la pierre ne permet pas de les contrôler : 1° les Étoliens ne feraient la paix avec Philippe que si celui-ci s'engageait à arrêter les hostilités contre Rome ; 2° Rome ne traiterait avec Philippe que si celui-ci s'engageait à ne plus faire la guerre aux Étoliens et à leurs alliés ; 3° les Lacédémoniens, les Éléens, Attale de Pergame (amis des Étoliens), Skerdilaïdas et son fils Pleuratos (amis des Romains) seraient libres d'adhérer au traité. Telles sont les grandes lignes de ce traité, qui représente la première insertion active de Rome dans les affaires grecques.

Sources : TL XXV, 23, 9 (premiers contacts romano-étoliens, en 213/2) ; XXVI, 24 (le traité). *IG* IX², 1, 2, n° 241 ; cf. *SEG* XIII, 382 ; XVI, 370 ; XVII, 280 ; *Staatsvertr.* III, n° 536 ; Moretti, *ISE* II, n° 87. Le passage de Polybe qui devait contenir le traité est perdu, mais des allusions sont conservées dans divers fragments : IX, 39, 2-3 (partage des dépouilles) ; XI, 5, 4-5 (même chose) ; XVIII, 38, 7 (même chose, et cf. *infra*, p. 161) ; XXII, 8, 9-10 (cas d'Égine).

BIBLIOGRAPHIE COMPLÉMENTAIRE ET NOTES : Sur la **situation générale** en Grèce et en Asie au moment du traité, cf. HOLLEAUX, *Rome...*, pp. 202-208, où il y a trop d'hypothèses sur les intentions d'Attale ; plus sobrement à ce sujet, HANSEN, *Attalids*, p. 246 ; les détails qui, depuis le milieu du siècle, attestent l'amitié étolo-pergaménienne ont été rassemblés par Mc SHANE, *FPAP*, pp. 100-102.

Première édition et commentaire du **texte épigraphique** : G. KLAFFENBACH, *Der römisch-ätolische Bündnisvertrag vom Jahre 212 v. Chr.*, SBAW-Berlin 1954/1. Tout ce qui a été écrit antérieurement sur le traité (cf. p. ex. HOLLEAUX, pp. 208-212 ; TÄUBLER, *Imperium romanum*, pp. 210 *sqq.*) doit être corrigé en fonction du document qui a naturellement suscité nombre d'études ; on trouvera la bibliographie *ap.* J. et L. ROBERT, *Bull.* 1958, n° 276, et années suivantes, sous la rubrique : Acarnanie, Tyrrheion ; également *SEG* XVI, n° 370 ; mais voir surtout, à présent, l'analyse de l'abondante littérature et l'état (peu concluant !) de la question *ap.* R.G. HOPITAL, *Le traité romano-aetolien de 212 av. J.-C.*, *Rev. hist. du Droit franç. et étrang.*, 4ᵉ sér. XLII (1964), pp. 20-48 ; 204-246. Bibliographie (jusqu'à 1972) *ap.* MORETTI, *l. c.* (où commentaire concis), à laquelle on ajoutera W. DAHLHEIM, *Deditio und societas...* (Diss. Munich 1965), pp. 189 *sqq.* Le commentaire récent le plus étoffé : G.A. LEHMANN, *Untersuch. z. histor. Glaubwürdigkeit d. Pol.* (Munster, 1967), pp. 10-134. Le problème qui a fait couler le plus d'encre est relatif à la contradiction entre la clause du texte épigraphique qui autorise les Étoliens à accueillir dans leur *politeuma* toutes les cités qui se seraient ralliées (que ce fût aux Romains ou aux Étoliens) et la dénégation opposée à l'invocation de cette clause par Flamininus en 198 (POL. XVIII, 38). Sur ce point, *infra*, p. 163.

La *date* de la négociation de Laevinus, généralement fixée à 212, a été rabaissée à 211 par divers savants : cf. WALBANK, *Ph. V*, pp. 301 *sqq.* ; Mc DONALD, *JRS XLVI* (1956), pp. 153 *sqq.* (c.-r. de KLAFFENBACH, *o. c.*, où sont proposées diverses corrections (incertaines) aux restitutions de l'éditeur) ; BADIAN, *Aetolica*, *Latomus* XVII (1958), pp. 197 *sqq.* ; WALBANK, *Polybius and Rome's eastern Policy*, *JRS* LIII (1963), p. 4. L'interprétation proposée ici des délais entre la négociation et la ratification du traité « seems doubtful » à OOST, *ClPh* LXIV (1969), p. 205, n. 1.

Le traité original, rédigé en dialecte étolien, comporte des latinismes qui prouvent que **le texte fut établi à Rome** et en latin, puis traduit. Mais la substance même du traité est-elle de type grec, comme le soutenait TÄUBLER, *o. c.*, I. pp. 430 *sqq.* ? Cf. à ce sujet les observations d'AYMARD, *Le partage des profits de la guerre dans les traités d'alliance antiques*, RH CCXVII (1957), pp. 233 *sqq.* (= *Et. d'Hist. Anc.*, pp. 499 *sqq.*), qui montre que le partage des « profits » en meubles et immeubles n'a rien de spécifiquement grec, que les Romains l'ont connu bien avant 212, et que le traité, répondant sur ce point à une pratique courante, n'est donc pas aussi « honteux » que beaucoup d'historiens l'ont pensé.

d) *La guerre jusqu'à la défection des Étoliens (206)*

Si l'alliance était dirigée contre Philippe, les Romains n'opérèrent en fait qu'aux dépens des Grecs alliés de Philippe et, conformément aux termes du traité, au profit des Étoliens et de leurs alliés pour tout ce qui a trait aux conquêtes territoriales. Peu importe ici le détail de ces accroissements territoriaux consentis aux alliés de Rome. Notons simplement un fait qui devait avoir son importance par la suite : Égine, prise par les Romains et ayant été remise aux Étoliens, ceux-ci la mirent en vente et ce fut Attale qui l'acheta, s'assurant ainsi une bonne base navale dans une position stratégique essentielle.

Au cours de ces années, les Romains furent d'ailleurs loin d'assumer le rôle de philhellènes qu'ils affecteront de jouer lors de la deuxième guerre de Macédoine. Une politique habile eût pu détacher de Philippe des alliés qui ne manquaient pas de griefs à son égard : mais il n'en fut rien, et les Romains pratiquèrent en Grèce une guerre brutale, dont la clause de partage du butin contenue dans le traité étolien paraît avoir été un des ressorts principaux, et qui eut pour effet, tout en marquant pour bien des régions de Grèce la fin d'une longue période de tranquillité et de relative prospérité, de restaurer le prestige déclinant de Philippe : l'inlassable activité du Macédonien (dont quelque démagogie assure la popularité dans les basses classes) apparut tôt comme le seul recours contre la barbarie romano-étolienne. Rien ne montre mieux que Rome n'a alors aucune politique grecque à longue échéance, — ni, du reste, aucune politique macédonienne précise, car jamais l'effort des Romains ne se porta, militairement ni diplomatiquement, contre Philippe lui-même. La guerre romaine paraît n'avoir qu'un propos : épauler périphériquement l'adversaire que le Sénat a suscité à la Macédoine.

Le conflit s'étend d'ailleurs rapidement : les alliances envisagées dans le traité étolien comme des éventualités se concrétisent une à une. Éléens et Messéniens paraissent s'être rangés dès le début aux côtés des Étoliens. Les Spartiates, sous le tyran Machanidas, profitent du retour de la confusion pour repartir à l'assaut des positions achaiennes. Attale Ier est proclamé stratège des Étoliens pour 209. De l'autre côté, Philippe, qui pouvait moins compter sur ses alliés que ses alliés ne comptaient sur lui, jeta dans les jambes d'Attale son voisin Prusias de Bithynie, qui se souciait fort peu des Romains, mais cherchait à s'agrandir.

En cette guerre confuse, Philippe, attaqué de toutes parts et tenu de surcroît de prêter main-forte aux Achaiens et à ses autres alliés (Béotiens, Eubéens, Phocidiens, Thessaliens, Épirotes, etc.), confirme sa belle énergie, sa rapidité de conception et d'exécution : il est supérieur à tous ses adversaires et la façon dont il se tire, par exemple, des difficiles campagnes qui lui sont imposées en 208, le prouve bien.

Dès ce moment, du reste, des médiateurs bénévoles cherchent à s'entremettre. Toujours les mêmes d'ailleurs — qui n'ont peut-être pas tous les mêmes mobiles : les Rhodiens et les Chiotes, dont cette guerre trouble les opérations commerciales et qui, sans doute, ne voient pas d'un trop bon œil la puissance navale naissante d'Attale ; les Alexandrins aussi, animés sans doute par des préoccupations analogues, peut-être encore par un diplomatique désir de rendre service à Philippe... Mais ces tentatives n'aboutissent d'abord à rien.

Après 208, les Étoliens virent leurs alliés relâcher leur effort. Attale Iᵉʳ, qui avait manqué se faire prendre par Philippe, regagna l'Asie pour y lutter contre Prusias. Mais surtout Rome elle-même, à partir de 207, marqua moins d'intérêt pour ce théâtre d'opérations. Quelle que fût la raison (expédition d'Hasdrubal qui contraignit le Sénat à rappeler des troupes, puis, après le Métaure, sentiment que le danger d'une conjonction entre Hannibal et Philippe était écarté ?), Rome laissa les Étoliens, Philippe et leurs alliés respectifs s'arranger seuls. Comme l'a remarqué Holleaux, on en revenait à la situation de la guerre sociale. Situation d'autant plus grave pour les Étoliens que, pour la première fois depuis la mort d'Aratos, les Achaiens retrouvaient un chef en la personne de Philopoimèn. Chef fort différent d'Aratos, d'ailleurs, surtout de l'Aratos vieilli des dernières années, mais fort approprié aux conditions du moment : politique médiocre, mais grand stratège et patriote ardent, Philopoimèn redonna à la Confédération une armée nombreuse et entraînée qui, pour son coup d'essai, écrasa les Spartiates à Mantinée (207) et priva ainsi les Étoliens de leurs principaux alliés péloponnésiens.

Isolés, ceux-ci n'étaient pas de taille à résister à la coalition adverse. Lorsque Philippe eut poussé jusqu'à Thermos, leur capitale fédérale, les Étoliens, désespérant de voir réapparaître des Romains en Grèce, se résignèrent à traiter (206). Les conditions de Philippe furent dures : le roi les expulsait de tout ce qu'ils avaient tenu en Thessalie occidentale (Thessaliotide, Hestiaiotide), de Dolopie, les écartait de l'Égée en leur prenant la Locride Épicnémidienne sur le golfe Maliaque, et les avenues qui y menaient par la Phocide.

Défection des Étoliens : c'est là un point de vue romain. Du point de vue étolien, c'étaient les Romains qui, les premiers, avaient fait défection...

SOURCES : Les lignes ci-dessus condensent à l'extrême des sources relativement abondantes, sinon toujours fort claires. La trame générale des événements est donnée (d'après POL.) par TL XXVI, 25-6 ; XXVII, 29-33 ; XXVIII, 5-8 ; XXIX, 12 (cf. XXXII, 21 ; XXXVI, 31, 10-11). De l'original de POLYBE, il ne reste qu'une dizaine de fragments, portant sur des aspects divers du conflit : opérations militaires (IX, 41-2 ; X, 41-42 ; XI, 7 ; 11-18) ; négociations (IX, 28-39 ; XI, 4-6) ; personnalités (Philippe V : X, 26 ; Philopoimèn : X, 21-4 ; XI, 8-10, où Polybe reprend des éléments de l'ouvrage qu'il avait antérieurement consacré au stratège achaien). Des éléments du récit polybien sont passés dans PLUT., *Philop.*, 7, 2-11. On ajoutera, sur les médiations et négociations : APP., *Mak.* 3 et, sur l'ensemble de la guerre, le passage fort sommaire de JUST. XXIX, 4. *OGIS* 281 est une consécration par Attale à Athéna de Pergame des prémices du butin fait à Égine ; MORETTI, *ISE* II, n° 81, un décret de la cité de Lilaia en Phocide pour sa garnison pergaménienne.

BIBLIOGRAPHIE COMPLÉMENTAIRE ET NOTES : **Exposés détaillés** de cette période de la guerre : HOLLEAUX, *CAH* VIII, pp. 125-135 (= *Études* V, pp. 305-317, avec notes complémentaires de L. ROBERT) ; WALBANK, *Ph. V*, pp. 84-101 ; LARSEN, *GFS*, pp. 365 *sqq.* — Le rapprochement entre une inscription inédite d'Ambracie et APP., *Mak.* 3 a suggéré à HAMMOND, *Epirus*, pp. 611 *sq.* que Philippe V aurait réussi par deux fois à s'emparer d'Ambracie en 208 et en 207-6 ; interprétation contestée par ROBERT, *Bull.* 1968, n° 314, p. 476 : le *Philippos* de l'inscription ne serait pas le roi.

La question de savoir si, au lendemain de l'alliance étolienne, le Sénat conclut des **traités** formels avec les autres adversaires de Philippe (ainsi G.A. LEHMANN, *Unters. z. hist. Glaubw. d. Pol.*, pp. 366 *sqq.* ; mais cf. les doutes de W. DAHLHEIM, *Struktur und Entwicklung...*, pp. 221 *sqq.*) n'est pas soluble de façon rigoureuse : c'est surtout à la lumière de la paix de Phoinikè (*infra*, p. 94) qu'elle peut être étudiée. Au cours du débat (211/0) où les Étoliens persuadèrent les Spartiates de se ranger à leurs côtés et aux côtés de Rome, l'Acarnanien Lykiskos lança un vibrant appel à la solidarité panhellénique (Macédoine comprise) contre les « étrangers » (*allophyloi*) et les « barbares » qu'étaient les Romains (POL. IX, 32-39) : discours maintes fois commenté, cf. récemment DEININGER, *Der polit. Widerstand*, pp. 29 *sqq.*, où bibliographie.

Sur les opérations d'**Attale Ier**, cf. HANSEN, *Attalids*, pp. 46-48 ; MC SHANE, *FPAP*, pp. 105 *sqq.* (mais, au sujet de Lilaia, cf. le commentaire de MORETTI, *l. c.*) ; R.E. ALLEN, *Attalos I and Aigina*, BSA LXVI (1971), pp. 1 *sqq.* : Attale ne prit pas part à l'occupation d'Égine, n'étant pas encore en campagne à ce moment — et ce serait précisément pour le pousser à l'action en lui assurant une base que les Étoliens lui auraient proposé l'île. L'installation d'Attale à Égine serait l'origine de ses relations d'amitié avec Athènes, que l'on rabaisse en général à 200, à la suite d'Holleaux.

Sur la participation de **Prusias** à la guerre, contre Attale, cf. VITUCCI, *Il regno di Bitinia*, pp. 45 *sq.* (qui pense que c'est en ces circonstances que Prusias s'empara du morceau de Mysie pour lequel les hostilités reprendront une vingtaine d'années plus tard (*infra*, p. 181) ; HABICHT, s. v. *Prusias I, PW* XXIII, (1957), coll. 1092 *sqq.*

HOLLEAUX, *Rome...*, pp. 213-257, s'est attaché à dégager le **manque d'intérêt romain** pour les affaires orientales à cette époque : il est évident que toute la politique romaine consiste alors simplement à parer à l'éventualité d'une conjonction entre Philippe et Hannibal et que, du jour où cette éventualité devient improbable, le Sénat tend à laisser aller les choses.

En ce qui concerne les mobiles des **médiations lagides,** la théorie d'Holleaux, selon lequel on assisterait aux prodromes du rapprochement avec la Macédoine qui devait se dessiner après Phoinikè, est hypothétique et improuvable ; cf. MANNI, *L'Egitto tolemaico nei suoi rapporti con Roma*, RF LXXVII (1949), pp. 92 *sqq.* Il convient du reste de replacer la diplomatie lagide dans le cadre général de la diplomatie méditerranéenne : Ptolémée IV avait en effet été sollicité par tous les belligérants de la 2ᵉ guerre punique, par Syracuse (au moment du bref règne de Hiéronymos, successeur de Hiéron II) et Carthage, qui tentèrent d'obtenir son alliance (POL. VII, 2, 1), par Rome, qui désirait obtenir du blé (POL. IX, 11a, 1) et, en 210, demanda à « renouveler l'amitié » (TL XXVII, 4, 10). Or Ptolémée semble avoir observé la même neutralité qu'avait observée Ptolémée II lors de la première guerre punique (cf. t. I², p. 194) : cf. H. HEINEN, *Die politischen Beziehungen zw. Rom und d. Ptolemäerreich...* dans *ANRW* I, 1 (1972), pp. 639 *sqq.*, qui note justement que, pour Alexandrie, le théâtre politique reste toujours la Méditerranée orientale, où il s'agit de maintenir tant bien que mal l'équilibre et la paix. Cf. aussi W. HUSS, *o. c.*, pp. 165 *sqq.*, qui note que la politique grecque de neutralité et de paix de Ptolémée IV n'allait pas dans le sens des intérêts de Rome, — sans qu'on puisse savoir si cela affecta sérieusement les relations entre Alexandrie et Rome.

Sur les **médiations rhodiennes**, cf. SCHMITT, *Rom und Rhodos*, pp. 193 *sqq.* : les Rhodiens, pas plus que les autres neutres, n'ont cherché à détacher les Étoliens de Rome ; ils ont simplement cherché à contribuer au rétablissement de la paix générale. Mais l'authenticité du discours du Rhodien Thrasycratès (POL. XI, 4-6), contestée par SCHMITT, a été généralement défendue, notamment par LEHMANN, *o. c.*, pp. 135 *sqq.* DEININGER, *o. c.*, pp. 32 *sq.*, y voit le dernier document d'un esprit de résistance panhellénique contre Rome.

Sur **Philopoimèn** et la réorganisation de l'armée achaienne, cf. AYMARD, *Premiers rapports...*, pp. 41 *sqq.* ; W. HOFFMANN, s. v. *Philopoimen*, PW XX, 1 (1941), coll. 80 *sqq. ;* J.K. ANDERSON, *Philopoemen's reform...*, *ClPh* LXII (1967), pp. 104 *sq.* ; ERRINGTON, *Philop.*, pp. 49 *sqq. ;* celui-ci considère que les élections de Ph. comme hipparque, puis comme stratège, furent plus ou moins imposées par Philippe V. L'hypothèse paraît inutile : la nécessité où se trouvait Philippe de dégager ses troupes du Péloponnèse imposait aux Achaiens de sortir de leur médiocrité militaire. Le rappel de Philopoimèn, qui avait fait ses preuves en Crète s'explique simplement par-là. Sous son impulsion, les Achaiens recueillirent à leur tour tardivement les leçons de la guerre macédonienne, comme les Spartiates l'avaient fait avant eux sous Cléomène. Sur la guerre, vue du côté achaien, *ibid.*, pp. 55 *sqq.* — L'article de R. RENAUD, *Philopoimèn*, Les Et. Class. XXXIX (1971), pp. 437 *sqq.*, ne connaît pas encore le livre d'Errington.

Sur l'**Eubée** dans la guerre, cf. O. PICARD, *Chalcis et la Confédération eubéenne* (Paris, 1979), pp. 278 *sqq.*

Il est difficile de reconstituer les conditions de la paix que Philippe imposa aux **Étoliens**, et que Tite-Live ne précise pas. HOLLEAUX, *CAH* VIII, pp. 134-135 portait les exigences de Philippe au maximum et considérait notamment que le roi fit à ses adversaires des promesses de restitutions qu'il ne tint pas : jugement plus nuancé et plus favorable aux Étoliens *ap.* FLACELIÈRE, *Ait.*, pp. 306-309, qui suppose que Philippe fut rendu indulgent par suite de la situation intérieure de l'Étolie, fort grave sur le plan financier et social (pp. 310-311 ; cf. aussi D. ASHERI, *Leggi greche sul problema dei debiti* (Pise, 1969), pp. 57 *sq.*), sans pour autant aller aussi loin qu'Holleaux, qui les voyait « aplatis ». Il se pourrait que ce fût à ce moment que disparut le monnayage d'argent étolien : cf. F. SCHEU, *Coinage systems of Aetolia*, NC 6ᵉ sér. XX (1950), pp. 50 *sqq.*

Philippe V eut-il à faire face à une guerre contre les **Dardaniens** en 207/6 ? La question a été suggérée à F. PAPAZOGLOU, *Inscr. hellénist. de Lyncestide*, *Živa Antika* XX (1970), pp. 99 *sqq.* par un texte évoquant la participation

des Authariates à une campagne contre les Dardaniens dans la 16e année d'un
« roi Philippe » : il pourrait — s'il s'agit de Philippe V — s'agir de la
campagne mentionnée par DS XXVIII, 2, que l'on place en général après
la paix de Phoinikè et qu'il conviendrait de remonter à 207/6. Mais l'auteur
reconnaît que certains critères paléographiques pourraient faire pencher pour
le règne de Philippe II.

e) *Fin de la guerre ; paix de Phoinikè (205)*

En négligeant la guerre à partir de 207 (cependant qu'Attale en
faisait autant), les Romains n'avaient certes pas prévu la résurrection achaïenne sous Philopoimèn, ni l'effondrement consécutif
de Sparte, ni surtout que les Étoliens découragés violeraient le
traité de 212 pour faire une paix séparée avec Philippe. L'événement
surprit et inquiéta : sans doute l'éventualité d'un passage du
Macédonien en Italie, qui avait toujours été douteuse, était-elle
exclue en 206 — mais Philippe avait à présent les mains libres
pour reprendre l'offensive illyrienne qui avait déterminé Rome à
lui jeter les Étoliens dans les jambes. L'attitude romaine des
années 207-206, quelles qu'en eussent été les causes, se révélait
avoir été une erreur qu'il convenait de réparer.

Cependant qu'une ambassade s'efforçait en vain de rejeter les
Étoliens dans la guerre, une assez forte armée romaine débarquait
en Illyrie. Philippe accourut, — mais, au lieu de combattre, on
négocia. Bien que la situation générale de Rome fût infiniment
meilleure qu'en 212, la question punique n'était pas réglée encore
et il n'était pas question pour Rome d'assumer seule (ou à peu près)
le poids d'une guerre que le traité de 212 avait précisément eu
pour but de mettre sur les épaules des Étoliens. Des médiateurs
Épirotes furent accueillis avec faveur de part et d'autre et la paix
fut rapidement bâclée à Phoinikè.

Il y a, dans la paix de 205, la matière de deux problèmes fort
différents.

Le premier concerne les clauses mêmes aux termes desquels
Rome et Philippe déposeraient les armes. Ces clauses, qui ne font
pas de difficulté grave, représentent un compromis sur l'Illyrie.
L'ancien protectorat romain fut en fait partagé entre Rome et
Philippe, qui en avait conquis une grande partie. Rome recouvrait
le territoire des Parthiniens, plus quelques places, comme Dimalè.
Philippe conservait l'Antintanie. Quant à l'Illyrie du Nord, l'ancien
domaine de Démétrios de Pharos et de Skerdilaïdas, sa situation
est comprise dans le deuxième problème posé par le traité.

Ce second problème est infiniment plus délicat et a fait couler beaucoup d'encre, sans qu'on puisse le considérer comme définitivement résolu en tous ses aspects. Tite-Live écrit en effet qu'un certain nombre d'États furent « inclus dans le traité », *foederi adscripti*. Ces États auraient été, du côté de Philippe, Prusias de Bithynie, plus les membres de la symmachie grecque, savoir les Achaiens, les Béotiens, les Thessaliens, les Acarnaniens et les Épirotes ; du côté de Rome, Attale Ier de Pergame, l'Illyrien Pleuratos, fils de Skerdilaïdas, Sparte (en la personne du tyran Nabis, successeur de Machanidas), les Éléens, les Messéniens, les Athéniens et Ilion. Il n'y a pas de difficulté en ce qui concerne les *adscripti* de Philippe : leurs alliances avec la Macédoine sont bien attestées et il était normal que Philippe fît garantir la paix par eux et pour eux. C'est du côté des *adscripti* de Rome que les discussions sont ouvertes, d'autant plus que de l'interprétation de ce problème découlera ensuite l'interprétation *juridique* des origines de la deuxième guerre de Macédoine. En deux mots : cette liste d'États, associés par Rome à la paix de Phoinikè est-elle authentique et, si oui, quels rapports juridiques cela implique-t-il entre Rome et ces *adscripti* ? La majorité des modernes estime qu'il faut rayer de cette liste les noms des Iliens et des Athéniens : Troie aurait probablement été insérée dans la liste par suite du développement de la légende des origines de Rome ; quant à Athènes, la prudente neutralité qu'elle observe en cette fin du IIIe siècle fait apparaître sa présence comme passablement invraisemblable : car tous les autres *adscripti* sont des gens qui, d'un côté ou de l'autre, ont effectivement pris part au conflit. Les arguments invoqués pour ou contre l'*adscriptio* de ces deux cités (car leur présence dans le camp romain a toujours trouvé quelques défenseurs) font toutefois que la discussion semble plus ou moins sans issue. Restent Sparte, Elis, la Messénie, Attale et Pleuratos. Holleaux pensait pouvoir les rejeter tous comme inauthentiques, — sauf Attale. En ce qui concerne Pleuratos, il est vrai qu'il a omis de discuter son cas ; or Pleuratos a incontestablement été allié de Rome jusqu'à la fin et il est donc plausible que Rome l'ait fait participer au traité. En ce qui concerne Sparte, Holleaux constatait qu'après sa défaite de Mantinée en 207 (*supra*, p. 91), on ne la voit plus bouger, et il en concluait que Nabis aurait fait la paix avec Philippe en même temps que les Étoliens, — il en déduisait même, de plus, que les Éléens et les Messéniens n'auraient pu que lui emboîter le pas. En somme, selon Holleaux, la paix de 206 entre Philippe et les Étoliens aurait inclus également les alliés péloponnésiens des Étoliens. En d'autres termes, ces États auraient, comme les Étoliens eux-mêmes, violé le traité d'alliance de 212 et il n'y aurait donc eu aucune raison pour que Rome, qui ne demanda pas l'inclusion des Étoliens dans la paix de Phoinikè, l'ait demandée pour les Spartiates, les Éléens et les Messéniens. Mais aucun texte ne prouve que ces trois peuples aient conclu la paix avec Philippe en 206 et, quand bien même s'étaient-ils montrés parfaitement inactifs après la défaite de Machanidas (ni plus, ni moins inactifs que Rome elle-même, d'ailleurs, ou qu'Attale...), il est probable que les liens d'*amicitia* contractés par eux à partir de 211 étaient restés intacts. Il semble donc bien qu'il ne faille pas user ici, comme le faisait Holleaux, d'hypercriticisme à l'égard de Tite-Live, et qu'on puisse, sur sa foi, admettre que Rome étendit le bénéfice du traité à Pleuratos, son protégé illyrien du Nord, à Attale, à Nabis, aux Éléens et aux Messéniens.

Ce que cela signifiait pour Rome, d'un point de vue juridique, a également fait l'objet d'amples discussions. Rome s'astreignait-elle, par la paix de Phoinikè à voler au secours de ses *adscripti* en cas de violation du traité ? Cela paraît douteux : rien n'indique qu'en 205 plus qu'en 211 Rome contractât des alliances formelles en Grèce, et la seule alliance qu'elle avait effectivement conclue, le traité étolien, était désormais caduc. Rome n'avait aucune raison de se lier en Grèce par des obligations juridiques précises : ce qu'elle conservait, dans le monde grec, c'étaient des rapports d'*amicitia,* notion vague, imprécise, élastique qui, en cas d'incident, laissait au Sénat une très large marge d'appréciation. Mais il est également permis de se demander — ce que je n'avais pas fait dans la première édition de ce livre — si l'*adscriptio* (qui crée une solidarité) n'avait pas aussi et surtout une valeur inverse et si Rome, par cette disposition, n'attendait pas de ses *adscripti* qu'ils garantissent la paix dans son intérêt à elle, c'est-à-dire pour détourner Philippe de toute tentation illyrienne nouvelle. En 205, le principal souci romain est la liquidation de la guerre hanni-balique, et c'est ce souci qui a déterminé la conclusion de la paix de Phoinikè, somme toute peu satisfaisante pour Rome. A supposer que, contre toute attente, la guerre punique tournât mal (hypothèse recevable jusqu'au soir de Zama) et que Philippe fût tenté d'élargir la fenêtre adriatique que la paix lui avait concédée, Rome ne pourrait-elle, au nom du traité collectivement souscrit, attendre des *adscripti* qu'ils rouvrissent la guerre en Grèce ? L'hypothèse a autant de poids, sinon plus, que celle qui fait de l'*adscriptio* une garantie romaine d'intérêts grecs — mais elle ne l'exclut pas et, en tout état de cause, il n'est pas sûr que tout le monde entendît les choses de la même façon.

Pour l'instant, Rome se détourne à nouveau de la Grèce : d'autres tâches la retiennent en Occident. Est-ce sans idée de retour ? Ou bien la paix de Phoinikè n'est-elle qu'une trêve dans

un conflit de longue haleine et auquel le Sénat apercevait d'inévitables prolongements — une trêve conclue dans des conditions
équivoques pour qu'on pût à tout moment trouver un prétexte
à la rompre ? La division des historiens modernes sur ce problème
en montre bien la difficulté. On peut sans doute admettre que le
seul fait d'avoir agrégé des États grecs au traité macédonien (ce
qu'Holleaux et quelques autres ont révoqué en doute) prouve qu'en
205 le Sénat, ou tout au moins une partie du Sénat, ébauche une
politique orientale (ce qu'Holleaux, par conséquent, niait également) ; plus exactement peut-être qu'il y a des gens à Rome qui
entendent réserver la possibilité d'avoir, par la suite, une politique
orientale, gréco-macédonienne. Mais il paraît également difficile
d'aller aussi loin, à l'inverse d'Holleaux, que certains savants qui
voient dans les dispositions de la paix de Phoinikè l'amorce
consciemment prévue des futurs développements de l'impérialisme
romain dans les Balkans. En réalité, ce seront les conditions dans
lesquelles se déclenchera la deuxième guerre de Macédoine qui
permettront surtout d'apprécier la validité de ces diverses perspectives, — sinon de conclure...

En elle-même, la première guerre de Macédoine n'a été pour
Rome qu'un aspect marginal de la guerre hannibalique et le
seul profit positif immédiat qu'elle a entendu en tirer a été le
rétablissement (partiel !) de son influence en Illyrie où, pas plus
que par le passé, elle ne s'installe matériellement. Il est difficile
de voir dans cette guerre, et dans la paix qui la conclut, le premier
acte de l'impérialisme romain en Orient et, sur ce plan, la direction
indiquée par Holleaux demeure sans doute la bonne, même s'il
convient d'en nuancer l'expression par trop radicale.

SOURCE : TL XXIX, 12.

BIBLIOGRAPHIE COMPLÉMENTAIRE ET NOTES : Sur la **médiation épirote**, cf. HAMMOND,
Epirus, pp. 612 *sq.*, qui montre que cette médiation n'implique pas la neutralité de la ligue et étudie le rôle des Épirotes dans la guerre.

En ce qui concerne les **clauses territoriales** de la paix, le consul Sempronius
Tuditanus, qui négocia, ne paraît pas avoir eu le pouvoir de consentir à la
cession de l'Atintanie à Philippe, car Tite-Live subordonne cette cession au
consentement du Sénat. Or le Sénat y consentit, prouvant par-là qu'il n'attachait
pas à cette région l'importance qu'Holleaux lui avait antérieurement attribuée
dans la politique romaine de l'époque de la première guerre d'Illyrie. Sur la
localisation de Dimalè (dans la région d'Apollonie), cf. HAMMOND, *Illyris, Rome
and Macedon in 229-205 B. C.*, *JRS* LVIII (1968), pp. 12-15.

Question des **adscripti** : la thèse extrême concernant les *adscripti* de Rome
a été développée par HOLLEAUX, *Rome...*, pp. 258-271, suivi, entre autres, par
CARCOPINO, *Points de vue...*, pp. 40 *sqq.* ; antérieurement, TÄUBLER, *Imper.
roman.*, pp. 214 *sqq.* De ce que, selon lui, Spartiates, Éléens et Messéniens
auraient traité avec Philippe en même temps que les Étoliens, Holleaux tirait

98   HISTOIRE POLITIQUE DU MONDE HELLÉNISTIQUE

argument pour expliquer l'empressement de Rome à traiter à son tour avec
Philippe. Holleaux ajoutait d'ailleurs que ce serait la gêne ressentie à voir
Philippe flanqué, au traité, d'une belle liste d'*adscripti*, et Rome du seul
Attale, qui aurait déterminé quelque Annaliste (ces bêtes noires d'Holleaux !) à
rétablir l'équilibre en interpolant ces noms : explication un peu facile...
Tout en acceptant les conclusions d'Holleaux sur l'isolement romain, E.J.
BICKERMAN, *Les préliminaires de la deuxième guerre de Macédoine*, RPh 3ᵉ sér.
IX (1935), pp. 59 *sqq.* n'en a pas pour autant athétisé les noms des *adscripti* :
pour lui, ces États, devenus neutres, auraient été adjoints au traité en vertu
de la tradition grecque de la *koinè eirènè* — et ce serait en vertu de cette
« paix commune » que Rome interviendrait ensuite en Grèce en 201/0 —
point qui apparaît assez douteux (cf. DAHLHEIM, *Deditio und Societas...* pp. 220
sqq. ; J. BIBAUW, *La paix de Phoinikè...*, *Hommages à M. Renard II* (« Coll.
Latomus » CII [1969]), pp. 83 *sqq.* ; R. WERNER, *Das Problem des Imperialismus
und die röm. Ostpolitik im 2. Jht v. Chr.*, ANRW I, 1 (1972), pp. 548 *sq.*
La liste livienne, diminuée des Athéniens et d'Ilion, a été défendue par J.A.O.
LARSEN, *The peace of Phoenice and the outbreak of the second Macedonian
war*, ClPh XXXII (1937), pp. 15 *sqq.* (cf. antérieurement l'*Appendice 1* à un
article de la même revue XXX (1935), pp. 210 *sqq.*). La liste livienne
complète (avec Ilion et Athènes) est acceptée par J.P.V.D. BALSDON, *Rome
and Macedon 205-200 B. C.*, JRS XLIV (1954), pp. 30-42 ; E. BADIAN, *Foreign
Clientelae*, pp. 57 *sqq. Contra*, cf. WALBANK, *Ph. V*, p. 103, n. 6 (où bibliographie jusqu'à 1940) et, implicitement, BENGTSON, *GG²*, p. 413, qui, sans
discuter la question, ne mentionne qu'Attale et Pleuratos comme *adscripti* de
Rome. Pour les relations entre Rome et Attale, voir notamment WERNER, *l. c.*,
pp. 549 *sqq.* : Attale a collaboré aux opérations par suite de ses liens avec
les Étoliens, sans contracter aucun lien juridique avec Rome ; il n'est donc
qu'un *socius* de fait, mais cette *societas* a créé une *amicitia* au nom de laquelle
Rome, sans y être obligée, le fait inscrire au traité, ce qui ne crée pour elle
aucune obligations juridique pour l'avenir. Le cas de Pleuratos doit être
analogue. En ce qui concerne Ilion, même s'il est aujourd'hui patent que la
légende troyenne s'est implantée en Italie à une époque fort antérieure aux
événements évoqués ici, il reste qu'on comprend mal le pourquoi de cette
éventuelle *adscriptio*. Il est bon de remarquer que le caractère historique
de l'*adscriptio* des alliés de Rome est d'avance impliqué par les clauses du
traité romano-étolien de 212 d'après lesquelles ni les Étoliens, ni Rome ne
pourraient faire la paix avec Philippe sans stipuler que cette paix inclurait
également leurs alliés ; les Étoliens n'avaient pas respecté cette clause en 206 :
les Romains la respectaient en 205 — sauf, comme il va de soi, en ce qui
concerne les Étoliens eux-mêmes : cf. PETZOLD, *Gnomon* XXV (1953), pp. 403
sq., qui souligne que la paix de Phoinikè représente, du point de vue juridique,
une double liquidation, celle de l'alliance romano-étolienne et celle de l'alliance
macédono-punique.

Répétons une fois encore que ce n'est que de façon tout à fait conventionnelle que l'on peut, en ces affaires, parler de « Rome » ou du « Sénat ».
De l'avoir fait sans s'entourer de précautions suffisantes, c'est-à-dire d'avoir
traité le **Sénat romain** comme une entité homogène animée d'une pensée unique
et cohérente, a valu à Holleaux une critique immédiate de la part de
CARCOPINO, *o. c.*, pp. 21 *sqq.* (cf. aussi F.W. WALBANK, *Polybius and the
Eastern policy of Rome*, JRS LIII (1963), pp. 1 *sqq.*, dans le bilan, somme
toute positif, qu'il fait de ce qui subsiste de valide de la thèse d'Holleaux).
Le Sénat est en effet très loin d'être uni, et des groupes sociaux divers, animés
d'intérêts divergents, s'y disputent l'influence. Dernière analyse de cette question : F. CASSOLA, *I gruppi politici romani...* (1962) (voir particulièrement les
pages de conclusion sur l'époque qui nous intéresse particulièrement ici :
pp. 405 *sqq.*) ; également WALBANK, JRS LIII (1963), pp. 4 *sq.* P. VEYNE, *Y a-t-il*

eu un impérialisme romain ?, *MEFRA* LXXXVII (1975), pp. 793 *sqq.* a, de son côté, insisté sur le caractère personnel de la politique des magistrats romains : « le secret de la conquête romaine ne tient pas à l'organisation oligarchique de Rome, mais au fait que l'assemblée plénière des oligarques ne s'avisait pas... de gouverner elle-même, mais se contentait de contrôler les initiatives » de ses membres (p. 825) — ce qui est peut-être pousser les choses à l'extrême.

Nous avons de la sorte parcouru l'histoire des années 221-205 en Orient d'abord, puis en Europe. 205 est une date importante — et une date commode dans la mesure où elle permet de faire le point pour l'ensemble du monde hellénistique.

En Asie, Antiochos III, après ses débuts difficiles, a, depuis son désastre de Raphia, brillamment remonté la pente qui paraissait entraîner l'empire séleucide sur la voie de la dislocation et de la décadence. Les satrapies d'Asie Mineure sont en partie réunies à nouveau à la couronne et la puissance pergaménienne, sans être anéantie, loin de là, est du moins contenue en des limites plus étroites que celles qu'avaient ouvertes la débâcle d'Antiochos Hiérax ; l'Égypte conserve ses bases littorales anatoliennes, comme elle les conserve en Thrace et dans quelques îles de l'Égée, mais l'emprise lagide est de plus en plus illusoire. En Iran, un coup d'arrêt provisoire et relatif a été donné aux mouvements de sécession et, surtout, Antiochos en revient, en 205, auréolé du prestige du restaurateur et d'une gloire que les années précédentes ne laissaient pas présager, et qui l'apparente à son ancêtre Séleucos Ier, sinon à Alexandre lui-même. La question de Cœlé-Syrie, certes, reste pendante, mais le nouveau Grand-Roi ne la perd pas de vue : c'est la plus importante des tâches dynastiques qui lui restent à accomplir.

En Europe, la Macédoine de Philippe V a traversé deux crises difficiles : la guerre des Alliés et la première guerre de Macédoine. Les deux fois, l'issue a été positive, sinon glorieuse. Si la paix de Naupacte a été une paix blanche, la paix de 206 a consacré l'abaissement de l'Étolie et le maintien de l'influence macédonienne sur les principaux États de la symmachie fondée par Antigonos Dôsôn en 224 — bien que cette symmachie elle-même ne soit plus qu'un corps sans vie ; et si la paix de Phoinikè, paix de compromis, n'apporte pas à Philippe V la satisfaction totale d'ambitions illyriennes dont au vrai nous ne connaissons pas l'ampleur, ni l'élimination de l'influence romaine en ces régions, elle lui apporte du moins le bassin de l'Aoos et ce débouché atintanien sur l'Adriatique, auquel il ne pensait peut-être pas au début de son règne. De savoir si, en 205, Philippe se contente de ce résultat en Europe est parfaitement problématique.

Ce qui est certain, c'est que l'intérêt, qui s'était un temps déplacé vers les régions extrêmes du monde hellénistique, l'Iran d'une part et la zone ionienne-adriatique de l'autre, va se trouver concentré à nouveau pendant quelques années sur la Méditerranée orientale. C'est en ce foyer traditionnel des relations entre les trois grands royaumes hellénistiques que vont à présent surgir les complications qui ramèneront l'attention romaine, puis les armées romaines, en Grèce.

CHAPITRE II

Du retour de l' « Anabase »
et de la paix de Phoinikè
à Cynoscéphales et à la paix d'Apamée

(205-188)

Notant que l'année 217 avait été celle où les affaires du monde hellénistique avaient commencé à se mêler à celles du monde occidental, Polybe, en historien, jugeait *a posteriori :* il s'était aperçu, mais plus tard, que les victoires d'Hannibal, en attirant Philippe V en Illyrie, avait enclenché un mécanisme qui devait entraîner Rome en Orient et faire d'elle l'arbitre du monde hellénistique. Personne, toutefois, ne s'en était aperçu sur le moment, et nul, ni en Orient, ni à Rome, n'en est sans doute encore conscient en 205. Après Phoinikè, Rome, qui n'en a pas encore fini avec Carthage, se retire à nouveau du jeu oriental où elle s'est si peu engagée. Sans doute conserve-t-elle des relations en Grèce, mais dont on a vu qu'elles n'ont rien de contraignant. Et Philippe V, de son côté, se détourne de la question illyrienne pour reporter son attention sur l'Orient.

Pendant quelques années, on a l'impression — et sans doute les contemporains eurent-ils aussi cette impression — qu'on en revient à la situation antérieure, que la Méditerranée se scinde à nouveau en deux mondes sans connexions politiques réelles : même le rétablissement romain en Illyrie ne paraît pas gros de développements possibles — et, de fait, l'Illyrie ne sera, *semble-t-il,* pour rien dans l'engagement de la deuxième guerre de Macédoine. Pendant cinq ans, donc, Rome se consacre aux affaires d'Occident sans paraître prêter à celles d'Orient plus qu'une attention distraite ; et, dans le monde hellénistique, la vieille partie se renoue entre les trois grandes monarchies, sans que ses deux protagonistes,

Antiochos III et Philippe V, paraissent avoir pensé que Rome pourrait un jour s'intéresser à leur jeu. Ce qui arrivera toutefois en 201/0, et pose un des problèmes cruciaux de l'histoire de l'antiquité. L'étude de cette période de cinq ans permettra d'envisager comment on en arriva là.

I — DE LA PREMIÈRE
A LA DEUXIÈME GUERRE DE MACÉDOINE (205-200)

A) La situation générale en Méditerranée orientale et les ambitions de Philippe V

1° LES DONNÉES DU PROBLÈME VUES DE MACÉDOINE

Ce qui précède nous fournit les données de cette situation générale de l'Orient. Les efforts déployés par Philippe depuis son avènement apparaissent comme n'ayant porté que des fruits décevants. Malgré l'acquisition de l'Atintanie, la position balkanique de la Macédoine n'était pas véritablement améliorée par rapport à ce qu'elle était à la mort de Dôsôn. A l'Ouest, il n'était pas question de reprendre les entreprises illyriennes en violant la paix de Phoinikè. A l'Est, Philippe s'était fait un ennemi d'Attale Ier de Pergame, et, de plus, — et surtout peut-être — les échos de la récente gloire d'Antiochos III pouvaient apparaître inquiétants. Nul ne pouvait douter, en effet, que le Séleucide se posait désormais en restaurateur de l'empire de Séleucos Ier : sans doute cette prétention, déjà affichée à la veille de Raphia, menaçait-elle au premier chef le Lagide ; mais si, comme il pouvait sembler probable, Antiochos III réussissait à présent à s'emparer de la Cœlé-Syrie, n'y avait-il pas à craindre qu'il se retournât ensuite vers le Nord ? C'était, après tout, en essayant de conquérir la Thrace que Séleucos Ier avait été assassiné. Il pouvait donc être souhaitable pour Philippe V de prendre les devants et de s'y assurer des positions avant qu'Antiochos ne devînt menaçant.

Dans l'Égée, précisément, où régnait une relative anarchie, la partie pouvait apparaître assez facile à jouer. Sans doute les positions d'Alexandrie n'étaient-elles de loin pas perdues encore, tant dans les îles que sur les côtes d'Asie Mineure et de Thrace, mais la puissance lagide n'était plus capable de les défendre efficacement. L'Égée n'en était pas pour autant un vide politique complet. Les Rhodiens, toujours désireux de paix, y exerçaient une police aussi méritoire que difficile ; Attale, d'autre part, s'était donné une flotte dont Philippe avait pu constater la valeur. C'était aux dépens de ces puissances secondaires que Philippe devait être tenté d'exercer d'abord son activité.

Il est difficile de dire si le Macédonien a, au lendemain de Phoinikè, un plan arrêté car, pendant les quelques années qui séparent les deux guerres de Macédoine, ses entreprises sont à plusieurs reprises déterminées par des éléments extérieurs. Sa personnalité, d'autre part, semble s'altérer, même si ce que nous en apprenons sort d'écrits qui lui sont hostiles et insistent sans doute avec trop de complaisance sur sa brutalité, sa cruauté, sa duplicité, son impiété, son prodigieux orgueil aussi et son immoralité. Son entourage joue peut-être quelque rôle dans l'évolution de sa personnalité. Philippe s'était toujours montré influençable, comme Polybe s'était plu à le souligner dès les débuts de son règne. Or, au point de sa carrière où nous sommes parvenus, il est incontestablement mal entouré : ce sont des aventuriers, comme l'Étolien Dicéarque ou le Tarentin Héraclide, dont il fait ses favoris et qui exploitent ses côtés les moins recommandables. Tout cela fait qu'il est assez difficile de savoir si les ambitions orientales de Philippe ont fait dès le début l'objet d'un plan bien concerté.

On ajoutera enfin que Philippe ne paraît guère s'être préoccupé de s'assurer des arrières tranquilles en Grèce. Si c'est de Grèce que partirent les plus noires accusations de despotisme portées contre lui, c'est que la Grèce n'eut guère à se féliciter à cette époque de la politique macédonienne. Philippe enveloppait dans un commun mépris ses anciens adversaires et ses propres alliés. L'affectation démagogique qu'il mettait à soutenir les démocrates contre les possédants lui aliéna partout la sympathie des gens en place. Ses relations avec les Achaiens, qui s'étaient déjà gâtées pendant la première guerre de Macédoine, s'améliorèrent d'autant moins qu'il ne paraissait pas se préoccuper d'une évolution qui inquiétait fort la Confédération : un nouvel épisode de l'histoire de Sparte, où le tyran Nabis paraissait vouloir renouveler Cléomène III, associant une révolution sociale extrémiste à une reprise de l'expansion territoriale. C'est donc en laissant derrière lui une Grèce où montait le mécontentement antimacédonien que Philippe V aborda imprudemment le chapitre oriental de sa carrière.

SOURCES : POLYBE, qui fournit des appréciations défavorables sur le caractère de Philippe à diverses occasions (cf. déjà *supra*, p. 70), y revient, pour l'année 205, en XIII, 3. Sur Héraclide : XIII, 4, où Polybe fait de ce personnage « presque le principal responsable de l'effondrement de ce grand royaume » (cf. DIOD. XXVIII, 2). Sur l'Étolie et l'échec de tentatives de réformes sociales : XIII, 1. Sur Nabis : XIII, 6-8 ; PLUT, *Philop.*, 12, 4-5 et *infra*, p. 176.

BIBLIOGRAPHIE COMPLÉMENTAIRE ET NOTES : Sur la **personnalité de Philippe** : cf. WALBANK, *Ph. V*, pp. 260 *sqq.*

La **royauté macédonienne** s'est-elle, à cette époque, faite plus pesante en Macédoine même ? HOLLEAUX, *BCH* XXXI (1907), pp. 97 *sqq.* (non repris dans *Études*), cf. *CAH* VIII, pp. 144 *sqq.* (= *Études* V, p. 327), avait pensé pouvoir l'affirmer en se fondant sur l'apparition, en certaines inscriptions, de la formule « Philippe roi des Macédoniens », à la place de « le roi Philippe et les Macédoniens » : conclusion dont divers travaux ont montré qu'il faut la rejeter (cf. WALBANK, *Ph. V*, pp. 264 sq., à la bibliographie duquel on ajoutera A. AYMARD, *Basileus Makedonôn*, *RIDA* IV (1950), pp. 61 *sqq.*) : le titre « roi des Macédoniens » est le titre traditionnel de ceux que nous appelons couramment et improprement « rois de Macédoine » et ne signifie rien quant à un éventuel changement de caractère du pouvoir royal.

Sur **Nabis** et sa carrière, cf. V. EHRENBERG, s. v. *Nabis*, *PW* XVI, 2, coll. 1471 *sqq.* ; AYMARD, *Premiers rapports...*, pp. 33-41 ; CHRIMES, *Ancient Sparta*, pp. 27 *sqq.* ; Cl. MOSSÉ, *Un tyran grec à l'époque hellénistique : Nabis, « roi » de Sparte, Cahiers d'Hist.* IX (1964), pp. 313-323 ; EAD., *La tyrannie dans la Grèce antique* (Paris, 1969), pp. 179 *sqq.* ; H. BERVE, *Die Tyrannis bei den Griechen* (Munich, 1967), pp. 408 *sqq.* ; ERRINGTON, *Philopoemen*, index s.v. *Nabis* et, pour les premières activités anti-achaiennes du tyran à partir de 204, pp. 72 sq. ; D. ASHERI, *Distribuzioni di terre nell'antica Grecia, Mem. Acc. Sc. Torino* (classe di sc. mor., stor. e filol., ser. 4 a, n° 10, 1966), pp. 98 *sqq.* ; K.W. WELWEI, *Unfreie im ant. Kriegsdienst* I (Wiesbaden 1974), pp. 171 *sqq.* ; cf. aussi les réflexions de A. PASSERINI, *Studi di storia ellenistico-romana VI : I moti politico-sociali della Grecia e Roma*, Ath. NS XI (1933), pp. 315 *sqq.* (que les entreprises politiques de Nabis ont beaucoup plus effrayé ses contemporains péloponnésiens que ses réformes « sociales »).

Sur l'évolution des sentiments des **Achaiens** à l'égard de la Macédoine, cf. AYMARD, *o. c.*, pp. 57-69.

2° PHILIPPE V, LA CRÈTE ET RHODES (205-204)

Pour faire une politique maritime, il faut une flotte : Philippe n'en a pas, ni de finances suffisantes pour s'en procurer une ; il lui faut d'abord se procurer de l'argent. Loin d'être confiée à un financier, cette tâche le fut à un pirate, l'Étolien Dicéarque qui, avec une flottille de vingt embarcations, fut chargé d'écumer l'Égée de la Crète à l'Hellespont.

Une autre tâche attendait, il est vrai, Dicéarque en Crète. On a vu que, pendant la guerre des Alliés (*supra*, p. 75), amené à intervenir dans un conflit régional crétois, Philippe avait imposé une sorte de protectorat à l'île. Mais les Crétois s'étaient à nouveau en partie émancipés : or c'était un repaire de pirates que la Crète, dont les écumeurs étaient particulièrement poursuivis par la marine rhodienne. Au moment où Philippe lance Dicéarque dans l'Égée,

Rhodes est en pleine « guerre crétoise ». Sachant que sa politique maritime et asiatique se heurterait à l'hostilité des Rhodiens, Philippe chargea Dicéarque de soutenir les Crétois, ce qui présentait de plus l'avantage de rétablir l'influence macédonienne dans l'île. Héraclide, l'autre conseiller de Philippe, essaya même de détruire par ruse la flotte rhodienne au port. Il n'y réussit qu'en partie, — mais on conçoit l'ire des Rhodiens à l'égard d'un roi de Macédoine qui prenait, dans l'Égée, la succession des Étoliens et des Illyriens. Placée sous l'invocation des deux divinités que vénérait, dit-on, Dicéarque, Asebeia et Anomia (Impiété et Illégalité), cette politique semble avoir été fructueuse, car on verra un peu plus tard Philippe opérer avec une flotte de haut-bord dont il ne disposait pas en 205.

Mais les desseins de Philippe devaient bientôt recevoir de l'extérieur deux impulsions contradictoires, mais importantes : pour les comprendre, il faut nous transporter en Égypte.

SOURCES : POL. XIII, 4-5 ; XVIII, 54, 8-10 ; DIOD. XXVIII, 1. — *Syll*. 572 (Philippe et Nisyros) ; 567-70 (guerre crétoise).

BIBLIOGRAPHIE COMPLÉMENTAIRE ET NOTES : Sur la **date** de l'expédition de Dicéarque, cf. HOLLEAUX, *L'expédition de Dikairachos dans les Cyclades et sur l'Hellespont*, Études IV, pp. 124 *sqq.*

Sur la **guerre crétoise**, cf. VAN EFFENTERRE, *La Crète et le monde grec...*, pp. 221-223 ; 224 *sq.* ; ERRINGTON, *Philopoemen*, pp. 39 *sqq* ; P. BRULÉ, *La piraterie crétoise hellénistique* (Besançon 1978), pp. 34 *sqq.*

Dicéarque est l'un de ces nombreux Étoliens qui émigrent après 206-205 pour prendre du service à l'étranger (en Égypte : *infra*, p. 160). Sur le **déclin Étolien**, en particulier sur mer, cf. BENECKE, *Die Seepolitik der Aitoler*, pp. 33 *sqq.* — mais on se rappellera les restrictions apportées par G. KLAFFENBACH, *SBAW Berlin* 1937, p. 159 (t. I, p. 297), à l'interprétation donnée par B. de la puissance navale étolienne.

B) La crise égyptienne et l'entente entre Philippe V et Antiochos III

1° LA CRISE DE LA PUISSANCE LAGIDE

Nous avions quitté l'Égypte au lendemain de Raphia : cette victoire inattendue avait laissé Ptolémée IV en possession de la Cœlé-Syrie, mais inauguré la longue période des troubles indigènes — dont, en réalité, l'Égypte lagide ne sortira plus. On a noté (*supra*, p. 33), que, contrairement à ce qui est souvent affirmé, les difficultés financières d'Alexandrie n'étaient sans doute pas la cause principale du recours aux contingents indigènes : l'urgence de la situation suffisait à justifier ce palliatif et les largesses faites à l'armée après Raphia prouvent que l'argent ne manquait pas absolument. Mais il va de soi que les troubles qui éclatent après 217 ne favorisèrent pas cette politique de productivité qui avait été la base de la richesse et de la puissance lagides depuis Ptolémée II. On n'oubliera pas, en particulier, que, pendant de longues années, la Haute-Égypte entre en sécession et, sous des « pharaons » indigènes, échappe complètement à l'autorité lagide. Baisse des revenus royaux, par conséquent, et nécessité d'immobiliser des contingents grecs pour la répression des troubles : ce sont là des facteurs qui expliquent que la capacité d'intervention militaire ptolémaïque dans les affaires mondiales ait été sensiblement amoindrie dans les dernières années du siècle.

D'autres éléments interviennent encore, que Rostovtzeff a signalés, mais dont il est difficile d'apprécier l'importance réelle. Ainsi par exemple du fait que « les désordres et la guerre civile en Haute-Egypte durent avoir une influence néfaste sur l'approvisionnement du pays en or... et sur les relations commerciales entre l'Égypte et la Nubie, comme entre l'Égypte et le pays Somali ». Ou encore de l'influence que purent avoir les événements d'Occident sur l'économie égyptienne : s'il est incontestable que l'Égypte du IIIᵉ siècle a entretenu des relations commerciales avec l'Occident (t. I², pp. 193 sqq.), nous ne savons pas jusqu'à quel point le désordre créé par la guerre hannibalique fut dommageable à la balance commerciale égyptienne et, plus précisément, à l'indispensable approvisionnement de l'Égypte en argent. Que celui-ci fût compromis est attesté par la montée du prix de l'argent dans les dernières années du siècle et par l'inflation qui commence à affecter la monnaie de cuivre (réservée à l'usage interne) : quant à savoir dans quelle mesure y contribuèrent respectivement le déclin du commerce grec et celui du commerce occidental, il faut sans doute y renoncer.

Il y a donc, à la fin du IIIᵉ siècle, une conjonction très grave de faits politiques (de politique intérieure et de politique extérieure, étroitement liés) et de faits économiques (eux-mêmes liés aux faits politiques, procédant d'eux et se répercutant sur eux), qui explique l'inertie grandissante de la politique extérieure de l'Égypte et surtout de sa politique grecque et égéenne. Recul déjà amorcé sous Ptolémée III, mais qui s'accentue sous Ptolémée IV et Ptolémée V. On peut du reste se demander si les ministres de Ptolémée IV n'ont pas pratiqué là une politique délibérée, prolongeant ce qui avait déjà été la politique de la fin du règne de Ptolémée III, comprenant que, les moyens militaires étant désormais insuffisants pour faire front de tous côtés, il valait mieux désormais consacrer toutes les ressources disponibles à parer au plus urgent, c'est-à-dire à la défense des positions syriennes, en tentant de sauver par le moyen de la seule diplomatie ce qui pouvait encore l'être en Grèce et dans l'Égée.

Cette diplomatie, sans remonter à l'époque de Sellasie, on l'a vue s'exercer, au lendemain de Raphia, lors de la médiation qui contribua à mettre un terme à la guerre des Alliés (*supra*, p. 75), puis au cours de la première guerre de Macédoine (*supra*, p. 91) : ces médiations procédaient-elles dès lors, dans la pensée des Alexandrins, d'un désir de rapprochement avec Philippe V dans l'attente d'une reprise de l'offensive séleucide ? On l'a pensé, mais ce n'est pas sûr, tout au moins dès 217. Le fait que les démarches ptolémaïques furent alors parallèles aux démarches rhodiennes suggère qu'elles procèdent du même souci d'assurer la paix en Grèce et dans l'Égée ; et il pouvait en aller de même entre 209 et 206 : mais il est certain aussi qu'en contribuant au rétablissement de la paix entre Philippe et les Étoliens, Alexandrie rendait service au Macédonien, autant, sinon plus qu'aux Étoliens. Si ce n'était pas le but de la démarche, celle-ci n'en contribuait pas moins à améliorer les relations entre les deux royaumes, montrant que le souci principal d'Alexandrie n'était décidément plus de contrecarrer par tous les moyens la politique macédonienne en Grèce.

Ce n'est toutefois que quelques années plus tard que Philippe V devait être l'objet d'avances positives de la part du gouvernement ptolémaïque.

SOURCES : Du développement polybien consacré à l'histoire égyptienne de cette époque, il ne subsiste que quelques misérables fragments. Sur la crise égyptienne, cf. *supra*, p. 43 ; sur la diplomatie européenne de Ptolémée IV, *supra*, pp. 76 ; 92 ; sur l'entourage de Ptolémée IV et les mœurs du roi, cf. POL. XIV, 11-12 ; JUST. XXX, 1-2, 5.

BIBLIOGRAPHIE COMPLÉMENTAIRE ET NOTES : ROSTOVTZEFF II, pp. 707-712, en décrivant la crise égyptienne sous Ptolémée IV, a peut-être trop insisté sur certains éléments adventices (le commerce du Sud paralysé, le commerce de l'Ouest bouleversé), et négligé ce qui dut être fondamental, à savoir la crise de la productivité consécutive aux troubles. Sur la crise monétaire, qui commence à cette époque (sur ses tous premiers indices, cf. *supra*, p. 34), se poursuivra longtemps et n'est alors que la première manifestation d'une crise mondiale, mais qu'aucun pays ne devait connaître avec la même violence que l'Égypte, cf. notamment A. SEGRÈ, *The ptolemaic copper inflation ca. 230-140 B. C.*, *AJPh* LXIII (1942), pp. 174 *sqq.* ; T. REEKMANS, *Economic and social repercussions of the ptolemaic copper inflation*, *Chr. Eg.* XXIV (1949), pp. 324 *sqq.* Critique des travaux de REEKMANS (cf. en outre *Stud. Hellenist.* V (1948), pp. 15 *sqq.* ; VII (1951), pp. 61 *sqq.* ; *AJA* LIV (1950), pp. 126 *sqq.*) chez A. SEGRÈ, *RCLincei*, 8a ser. XX (1965), pp. 412 *sq.* Cl. PRÉAUX, *Polybe et Ptolémée Philopator*, *Chr. Eg.* XL (1965), pp. 364 *sqq.*, note aussi que la prudence de Ptolémée IV en matière de politique étrangère pourrait être due à une diminution des ressources financières du royaume. Notant également que ce « règne... apparaît... comme... une première mise en question... de la priorité du Grec en Égypte », l'auteur estime qu'il faut voir là l'origine de la tradition « vieille-grecque », hostile à Philopatôr, recueillie par Polybe — ce que FRASER, *Ptol. Alex.* II, p. 144, n. 180 n'accueille qu'avec réserve. Appréciation très (trop ?) positive de la politique égéenne de Ptolémée IV *ap.* HUSS, *o. c.,* pp. 129 *sqq.* : bien s'entendre avec tout le monde, notamment avec les neutres (Athènes, les Béotiens), éviter ou arrêter les conflits — faire en sorte que les forces macédoniennes, rendues disponibles, puissent le cas échéant être appelées à la rescousse contre Antiochos III. Cela est certes plausible, mais il faut reconnaître que les documents qui attesteraient le « starker Engagement » d'Alexandrie en Grèce sous Philopatôr restent bien peu nombreux et bien peu déterminants...

2° AVÈNEMENT ET PREMIÈRES ANNÉES DE PTOLÉMÉE V ÉPIPHANE

Faute d'avoir conservé les pages que Polybe avait consacrées aux affaires d'Égypte pendant les dernières années de Ptolémée IV, on est loin de voir clair dans les circonstances qui présidèrent au changement de règne. Philopatôr paraît avoir achevé sa vie dans une totale négligence des affaires publiques et un complet naufrage dans la luxure, abandonnant le pouvoir à ses ministres Sôsibios et Agathocle. La sœur-épouse du roi, la reine Arsinoé, avait été écartée de la cour à une date incertaine et remplacée auprès du roi par Agathocleia, sœur d'Agathocle, à travers laquelle celui-ci put exercer une influence encore accrue sur Ptolémée IV.

L'état de la documentation fait que la succession de ce dernier pose un problème chronologique qui a suscité une abondante littérature : il y a en effet un décalage d'un an entre les documents officiels égyptiens, desquels il ressort que le changement de règne eut lieu à l'été de 204, et les sources littéraires qui, vraisemblablement, dérivent toutes de Polybe : or celui-ci date l'avènement de Ptolémée V de l'été de 203 seulement. Comme les documents locaux contemporains ont une autorité devant laquelle il faut s'incliner, le problème consiste à expliquer la divergence polybienne. Or l'explication la plus simple (on en a proposé d'autres : cf. les notes) est que la date polybienne est fausse : il n'y a certes pas lieu d'en faire grief à Polybe, mais plutôt à la source qu'il suivait et que nous ne connaissons pas. Quoi qu'il en soit, à nous en tenir aux documents, il faut situer le changement de règne à l'été de 204.

La mort prématurée de Ptolémée IV (on a vu, *supra,* p. 28, que sa date de naissance n'est pas connue, mais il a au plus 35 ans à sa mort) risquait d'anéantir le pouvoir de ses ministres et de leur camarilla, aussi impopulaires sans doute que leur maître.

Ptolémée V Épiphane (né en 210) n'était en effet qu'un enfant ayant besoin d'une régence, qui revenait de droit à sa mère Arsinoé : or il allait de soi que si Arsinoé réussissait à s'installer au pouvoir, son premier soin serait de se débarrasser des ministres qui l'avaient probablement fait mettre à l'écart. Sôsibios et Agathocle résolurent de prévenir cette éventualité : ils réussirent à dissimuler la mort du roi pendant quelques jours (mais certainement pas pendant un an, comme on l'a parfois supposé pour sauvegarder la date polybienne) et firent assassiner Arsinoé. La nouvelle du double décès du couple royal ne tarda cependant pas à filtrer et, pour empêcher que des troubles n'éclatassent à Alexandrie, il leur fallut l'annoncer officiellement et proclamer roi Ptolémée V. Sôsibios (la tête politique de la clique ministérielle) mourut d'ailleurs sur ces entrefaites, laissant Agathocle assez isolé : il n'est pas douteux que le gouvernement des deux compères avait soulevé beaucoup de haines et de jalousies et que les candidats au pouvoir ne manquaient pas. Aussi fut-ce sans doute en partie pour se donner de l'air qu'Agathocle dépêcha une série d'ambassades à l'étranger : un fils de Sôsibios, Ptolémée, fut envoyé négocier une alliance contre Antiochos III et un mariage dynastique à la cour de Macédoine (il y devait rester longtemps et nous l'y retrouverons, *infra*, p. 115) ; un certain Pélops fut adressé à Antiochos III pour l'inviter à ne pas violer le traité conclu après Raphia (ce qui implique que c'était déjà chose faite : *infra*, p. 113) ; un autre Ptolémée fut envoyé à Rome. Polybe affirme que tous ces ambassadeurs étaient des gens dont Agathocle souhaitait se débarrasser. Le ministre envoya enfin l'Étolien Scopas recruter des mercenaires en Grèce : c'était, dit Polybe, à la fois pour renforcer l'armée en prévision d'une nouvelle guerre de Syrie et pour renouveler la garde royale, qui ne lui était pas dévouée.

Mais Agathocle ne pouvait envoyer tous ses adversaires en de lointaines ambassades. Le plus redoutable de ceux qui restèrent fut Tlépolémos, un stratège qui avait été écarté sous Ptolémée IV, mais avait réussi à se faire restituer son commandement au changement de règne et entendait utiliser son pouvoir militaire pour conquérir le pouvoir politique et la tutelle du petit roi. Le conflit entre les deux personnages ne tarda pas à devenir aigu et Tlépolémos, exploitant l'impopularité d'Agathocle et sa propre popularité auprès des troupes, fomenta des troubles au cours desquels Agathocle fut assassiné (deuxième semestre de 203, semble-t-il). Avec Tlépolémos, c'était une nouvelle clique qui s'installait au pouvoir et que de nouvelles rivalités ne tardèrent pas à déchirer.

Or, cependant que le gouvernement de l'Égypte était de la sorte disputé entre un quarteron d'aventuriers, les affaires mondiales, malgré les ambassades lagides envoyées de tous côtés, prenaient une tournure qui n'allait pas dans le sens des intérêts de l'Égypte.

SOURCES : La chronologie du changement de règne est fondée sur les documents égyptiens suivants : ostrakon *BGU*, 1555 (dernière date connue du règne de Ptolémée IV : 15 décembre 205) ; décret sacerdotal de 197/6 (dit « pierre de Rosette ») = *OGIS* 90, qui permet de fixer la première année de Ptolémée V à 205/4 ; papyrus *UPZ* I, 112, qui prouve que le règne de Ptolémée V avait déjà commencé entre la mi-mars et, sans doute, la mi-août 204. Sur ces dates, cf. WALBANK, *The accession of Ptol. Epiphanes, JEA* XXII (1936), pp. 20 *sqq.*, qui retient cette époque comme celle de la mort de Ptolémée IV : cf. ci-dessous les notes pour l'interprétation de la date de l'avènement de Ptolémée V selon Walbank ; E.J. BICKERMAN, *L'avènement de Ptolémée V Epiphane, Chr. Eg.* XXIX (1940), pp. 124 *sqq.* ; VOLKMANN, s. v. *Ptolemaios, PW* XXIII, 2 (1959), col. 1687 (pour la mort de Ptolémée IV) ; SCHMITT, *Unters.*, pp. 189-192 ; SAMUEL, *Ptol. Chron.*, pp. 111 *sqq.* Les fragments de POL. XV, 20, 12 et 24a *sqq.* indiquent en revanche que l'historien plaçait la succession dans la 2ᵉ année de la 144ᵉ Olympiade, soit en 203/2. Quant à JUST. XXX, 2, 6, il donne l'âge de cinq ans à Ptolémée V lors de la mort de son père : si le jeune roi est né le 9 oct. 210 (cf. W. OTTO, *ap.* SPIEGELBERG, *Demotische papyri Loeb* I, pp. 111 *sq.* pour l'année ; le jour est donné par *OGIS* 90, ligne 46), cela pourrait signifier que Justin (ou, plus exactement, la source de Trogue-Pompée) faisait mourir Ptolémée IV en 205/4, ce qui concorderait avec les données documentaires ci-dessus. Sur les données de Justin, cf. encore les notes. Sur les événements alexandrins qui se déroulèrent entre la mort de Ptolémée IV et l'accaparement du pouvoir par Tlépolémos : POL. XV, 25-33 ; JUST. XXX, 2, 7-8 ; APP., *Syr.* 2 (8) (où il faut corriger « Philopatôr » en « Épiphane »).

BIBLIOGRAPHIE COMPLÉMENTAIRE ET NOTES : **Chronologie** : l'autorité des documents, qu'on ne peut réfuter, et celle qu'on se plaît, non sans quelques raisons en général, à reconnaître à Polybe, expliquent qu'on ait cherché par tous les moyens à réconcilier les deux systèmes chronologiques. Le passage cité de Justin semble à première vue en fournir le moyen, qui dit que « la mort (de Ptolémée IV), cependant que les femmes mettent au pillage le trésor royal et tentent, avec les hommes perdus auxquels elles étaient acoquinées, de s'emparer du pouvoir, fut longtemps dissimulée (*diu occultata fuit*) ». Ce *diu* représenterait le délai entre la date documentaire de la mort de Ptolémée IV (205/4) et la date à laquelle Polybe situe les événements (203/2). Il faudrait donc admettre que le décès du roi et le meurtre de la reine purent être cachés pendant au moins un an (de l'été de 204 à celui de 203). WALBANK, *l. c.*, qui défendait cette interprétation (cf. VOLKMANN, *l. c.*, col. 1692), estimait qu'il s'agissait, pour les ministres, d'éviter que le monde (et particulièrement Antiochos III) apprît que le royaume était aux mains d'un enfant et de se donner un délai pour parer à toute éventualité, consolider leur pouvoir, nouer des alliances, etc. Il est toutefois invraisemblable que la disparition du couple royal ait pu être cachée aussi longtemps : que celle du roi l'ait été le temps de faire disparaître Arsinoé et, peut-être, de truquer le testament de Ptolémée IV (ce qui est suggéré par l'épithète de « pseudo-tuteur » (*pseudépitropos*) que Polybe, ou du moins le responsable des *Excerpta Constantiniana*, donne à Sôsibios : cf. P. MAAS, *Sosibios als Pseudepitropos des Ptol. Epiph., Mél. Grégoire* (Bruxelles, 1949), pp. 443 *sqq.* ; HUSS, *o. c.*, p. 249, estime cependant que Sôsibios et Agathocle furent officiellement désignés comme tuteurs du petit roi) est possible — mais il y suffisait de quelques jours : la difficulté de l'entreprise expliquerait amplement le *diu* de Justin. BICKERMAN, *l. c.*, de son côté, supposait que la date de 203/2 qui ressort de Polybe ne serait en réalité pas celle à laquelle Polybe aurait situé les événements, mais que, pour des raisons de composition, l'historien aurait rompu l'ordre chronologique et déplacé son exposé du livre XIV (en fait il aurait même dû se trouver au livre XIII, si Polybe était au courant de la chronologie exacte, telle qu'elle ressort des documents) au livre XV (sur ce problème, cf. aussi K. ABEL, *Der Tod des Ptol.' IV. bei Polybios. Eine historisch-textgeschichtliche Studie*, Hermes XCV (1967), pp. 72 *sqq.*). Polybe, selon Bickerman, aurait naturellement averti son lecteur de cette commodité de rédaction qu'il se permettait, — mais dans un passage que nous n'aurions plus, si bien que sa datation en 203/2 ne serait qu'une datation apparente. Mais l'interprétation de Bickerman, comme celle de Walbank (et il faudrait y ajouter encore celle de SAMUEL, *o. c.*, pp. 110 *sq.* et n. 8 — mais j'avoue ne la point saisir) se heurtent à des objections difficilement surmontables, qu'a dégagées SCHMITT, *o. c.*, pp. 195-221, auquel on renverra pour leur examen détaillé. Dès lors la divergence entre Polybe et les documents n'admet plus qu'une interprétation, qui est que la date polybienne est fausse. Encore conviendrait-il d'expliquer l'erreur. L'hypothèse offerte par SCHMITT, pp. 221-229 apparaît comme la plus raisonnable de celles qui aient été suggérées à ce jour : « J'admets que Polybe, ou déjà sa source, a cherché à adapter à l'histoire extérieure, bien datée, une relation chronologiquement non, ou à peine, ordonnée relative aux événements intérieurs de l'Égypte, et que le point d'attache choisi à cet effet fut le traité de partage » (cf. *infra*, p. 114) « dont la date était bien déterminée par l'histoire macédonienne et syrienne. L'idée erronée que ce traité a immédiatement suivi le changement de règne à Alexandrie a égaré l'historien, qui a placé l'avènement d'Épiphane en gros un an trop tard, c'est à dire à la fin de l'été ou à l'automne de 203, au lieu de l'été de 204 » (p. 228). Il s'ensuit naturellement que les événements qui, dans Polybe, suivent le changement de règne, ont dû prendre plus de temps qu'il n'apparaît dans Polybe : or Schmitt a précisément montré, d'une façon qui semble parfaitement convaincante, que ces événements s'ordonnent fort bien et, surtout, se greffent au mieux sur les événements extérieurs (cf. en particulier la question des négociations macédoniennes : *infra*, p. 115) si l'on en fait débuter la série dès la fin de l'été de 204. Selon ABEL, *l. c.*, la confusion procéderait non d'une erreur de Polybe, mais d'un désordre introduit après lui dans le classement de ses livres.

Sur l'**ambassade en Macédoine**, *infra*, p. 115. Le fait que Polybe parle *du* projet de mariage, et non *d'un* projet de mariage, prouve qu'il en avait déjà été question auparavant, du vivant de Philopatôr.

L'**ambassade à Antiochos III** doit peut-être être mise en rapport avec les premières opérations du Séleucide en Asie Mineure : leur début n'est, il est vrai, pas daté avec précision : *infra*, p. 113. Le Pélops qui fut chargé de cette mission est connu par ailleurs : cf. T.B. MITFORD, *The hellenistic inscriptions of Old-Paphos*, BSA LVI (1961), n° 39, p. 15 ; OLSHAUSEN, *Prosopogr.* I, n° 35, où bibliographie.

Polybe est assez énigmatique quant à l'**ambassade à Rome** : il laisse entendre qu'Agathocle la confia à un indésirable auquel il conseilla de prendre le chemin des écoliers, pour le tenir éloigné le plus longtemps possible. Nous n'apprenons de Polybe ni le propos de cette mission, ni si elle parvint à destination : mais elle y parvint certainement et son but était sans doute d'attirer l'attention de Rome sur le danger représenté par Antiochos III pour l'enfant-roi d'Égypte, car on verra un peu plus tard une ambassade romaine s'entremettre entre les deux souverains, sans qu'on puisse attribuer cette ambassade à un autre appel d'Alexandrie ; cf. HOLLEAUX, *Rome...*, pp. 70 *sqq.*, et en particulier p. 72, n. 2 ; HUSS, *o. c.*, pp. 170 *sq.* L'interprétation proposée par PASSERINI, *Studi di storia ellenistico-romana I, Ath.* NS IX (1931), pp. 260 *sqq.* des ambassades en Macédoine et à Rome paraît forcer le sens du texte de Polybe. Cf. encore OLSHAUSEN, *l. c.*

Tout ce qui concerne la rivalité entre **Tlépolémos** et **Agathocle**, et la chute de ce dernier, est très développé par Polybe (alors que ce qu'il nous importerait de mieux connaître est perdu !) : cf. encore le résumé qu'en donne Volkmann, *l. c.*, coll. 1692-3, mais surtout l'usage judicieux qu'en a fait Schmitt, pp. 229-237 pour l'établissement de la chronologie de ces années.

Sur le contexte sociologique des **troubles d'Alexandrie** où Agathocle et sa famille furent affreusement suppliciés par la foule, cf. Fraser, *Ptol. Alex.* I, pp. 81 *sq.* et, plus largement, 75 *sqq.*, où est analysée l'évolution de la composition de la population de la capitale, évolution qui provoque aussi une dégradation des relations entre la ville et le trône (cf. aussi *ibid.*, pp. 118 *sqq.*).

3° Antiochos III après l'Anabase. Premières agressions contre les possessions Lagides (204-203)

Il y a un contraste frappant entre la déliquescence de l'Égypte en ces dernières années du III⁰ siècle et le redressement de l'empire séleucide, que les lendemains immédiats de Raphia ne laissaient guère prévoir. Il ne s'agit point seulement ici du remembrement de ses territoires héréditaires par Antiochos III, mais encore d'une vaste entreprise de réorganisation administrative. A vrai dire, il n'est pas possible de dater cette réforme, qui dut couvrir de longues années, mais il est certain qu'elle se place sous Antiochos III. Elle consiste, en deux mots, dans l'extension à l'ensemble de l'empire du système administratif jusqu'alors appliqué uniquement à l'Asie Mineure, en supprimant les satrapes partout où ils existaient encore et en leur substituant, à la tête de provinces plus petites, des stratèges concentrant entre leurs mains les pouvoirs militaire et civil. La réforme visait sans doute à rendre plus homogène l'administration de l'empire (à la manière de l'administration lagide, infiniment plus centralisée), mais aussi, et peut-être plus encore, à donner une base solide à l'organisation militaire, préoccupation majeure d'un souverain qui se donnait pour tâche la reconquête totale des territoires ayant appartenu au fondateur de l'empire.

Un autre fait peut être signalé dans ce contexte, d'autant qu'il semble lui, se situer au lendemain de l'Anabase. Alors que les premiers Séleucides n'avaient reçu de culte que des communautés grecques qui voulaient bien leur en rendre un, Antiochos III, le premier, institua un culte officiel de la personne royale. La création de ce culte d'État n'est attestée qu'indirectement par un édit de 193, dont trois exemplaires nous sont parvenus, prescrivant l'organisation du culte de la reine dans les conditions qui étaient déjà celles du culte du roi lui-même. Bien que la date de la création du culte royal d'État ne soit pas connue, rien, en l'état présent de la documentation, ne prouve qu'elle soit antérieure à Antiochos III et cette mesure, visant à exalter la grandeur du souverain, se situe au mieux au lendemain de l'Anabase, s'inscrivant dans le cadre des mesures de centralisation et de réorganisation de l'Empire.

La longue absence du roi en Orient n'avait toutefois pas été sans créer quelques difficultés à l'Ouest de ses États. Quelques troubles avaient éclaté en Asie Mineure, auxquels le gouverneur général Zeuxis avait dû faire face. Antiochos jugea sans doute bon d'aller faire acte de présence dans ses provinces anatoliennes, et c'est à cette occasion qu'on assiste au premier frottement avec l'Égypte. Une inscription de mai 203 nous apprend qu'une petite ville de Carie, Amyzôn, rompit avec Alexandrie, dans l'alliance de laquelle elle vivait pour passer sous la tutelle du Séleucide. Elle ne fut pas la seule (comme on le sait à présent pour Mylasa) et sans doute y eut-il quelques violences et négociations çà et là en Carie : ce fut probablement à ce propos que l'ambassade envoyée d'Alexandrie à l'avènement de Ptolémée V invita Antiochos III à s'en tenir aux termes du traité de 217 (*supra*, p. 109). Mais Antiochos n'avait aucune raison de refuser sa protection à des cités d'Asie Mineure, alors qu'il méditait évidemment de porter aux possessions lagides des coups bien plus rudes encore. Et s'il poussa dès 204-3 jusqu'à Téos, en Ionie (cf. les notes), ce n'était pas seulement dans la zone des intérêts lagides qu'il s'avançait, mais aussi dans celle des intérêts pergaméniens.

SOURCES : Les documents et sources relatifs à la réorganisation administrative sont fort dispersés ; on les trouvera dans BENGTSON, cf. les notes. Sur le culte royal : WELLES 36 et 37 (inscription d'Eriza en Carie) ; L. ROBERT, *Hellenica* VII, pp. 5 *sqq.* (inscription de Laodicée-Néhavend de Médie). Troisième exemplaire de la lettre relative au culte de la reine (région de Kermanshah) : L. ROBERT, *Encore une inscription grecque d'Iran*, CRAI 1967, pp. 281 *sqq.* ; *Bull.* 1968, n° 563. Troubles en Asie Mineure pendant l'Anabase : Jos., *AJ* XII, 3, 4 (147 *sqq.*). Lettre d'Antiochos III à Amyzôn : WELLES 38 (cf. aussi 39) ; Mylasa : voir la lettre royale publiée par J. CRAMPA, *Labraunda* III, 1, p. 134 (avec les corrections et observations de L. ROBERT, *Bull.* 1970, n° 553) et III, 2, n° 46 ; Alabanda-Antioche des Chrysaoriens : OGIS 234.

BIBLIOGRAPHIE COMPLÉMENTAIRE ET NOTES : Sur la **réorganisation administrative,** cf. BENGTSON, *Str.* II, pp. 143 *sqq.*

Sur le **culte royal**, cf. BICKERMAN, *Inst. des Sél.*, pp. 247 *sq.* ; CERFAUX et TONDRIAU, *Culte des souverains*, pp. 235 *sqq.* (bibliographie) ; TAEGER, *Charisma* I, pp. 314 *sqq.* C'est le texte de Néhavend qui a fourni la date de 193 pour l'institution du culte de la reine : la date anciennement admise de 205/4 pour le texte à peu près identique d'Eriza (cf. encore WELLES) doit donc être corrigée en conséquence.

Pour la présence d'Antiochos en **Carie**, voir les commentaires aux inscriptions citées ci-dessus et J. & L. ROBERT, *La Carie* II, pp. 288-9, n. 7 ; L. ROBERT, *Le sanctuaire d'Artémis à Amyzon*, CRAI 1953, p. 6 = OMS III, p. 1524 (allusif...). C'est en ces circonstances qu'Antioche-Alabanda cherche à se faire

reconnaître comme *hiera* et *asylos*, comme nous l'apprennent un décret amphictyonique de Delphes (*OGIS* 234) et un décret athénien (R.L. POUNDER, *Hesp.*
XLVII (1978), pp. 49 *sqq.*, où discussion et bibliographie). Le livre d'A. MASTRO-
CINQUE, *La Caria e l'Ionia meridionale in epoca ellenistica...* (Rome 1979),
pp. 156-62, ne sera utilisé qu'avec précaution (cf. F. PIEJKO, *Gn.* LII (1980),
pp. 255 *sqq.*).

Sur les **troubles en Lydie et en Phrygie** pendant l'Anabase (séquelles de
l'époque d'Achaios ?) et l'installation de colonies militaires juives, l'essentiel et
la bibliographie se trouveront *ap.* BENGTSON, *Str.* II, pp. 110-112.

La très importante inscription de Téos publiée par P. HERRMANN, *Antiochos
d. Grosse und Teos, Anadolu (Anatolia)* IX (1965) [1967], pp. 29-157 (cf. ROBERT,
Bull. 1969, n° 495) révèlerait une poussée séleucide en **Ionie** dès 204-203, si
cette datation, pour laquelle l'éditeur apporte des arguments d'une très haute
probabilité (cf. pp. 94-100 ; 106-108), pouvait passer pour absolument assurée,
ce qui n'est pas le cas, les circonstances locales et régionales de relations établies
à ce moment entre le roi et la cité restant par trop énigmatiques (cf. l'éditeur
lui-même, p. 111 *sq.*) et l'absence de toute réaction pergaménienne surprenante
(à quoi H. n'apporte pas d'explication vraiment satisfaisante), si bien que cette
datation ne sera accueillie que sous bénéfice d'inventaire (cf. PIEJKO, *l. c.*,
p. 258 qui, sans commentaire pour l'instant, se prononce pour 197/6 :
infra, p. 184). Quoi qu'il en soit, ce texte (constitué de deux décrets en l'honneur
du roi et de la reine Laodice et d'une lettre royale de réponse) nous apprend
que la cité, proclamée *hiera, asylos* et *aphorologètos*, rend grâces au souverain
de l'avoir libérée des très lourdes charges fiscales qui pesaient sur elle du fait de
la domination attalide. — Sur la reine **Laodice** et son rôle politique aux côtés
d'Antiochos III, cf. L. ROBERT, *Bull.* 1971, n° 621. — Sur **Zeuxis**, personnage
bien documenté, cf. OLSHAUSEN, s. v. *Zeuxis 3, PW* XA (1972), coll. 381 *sqq.*

On notera par ailleurs que des inscriptions révèlent qu'à cette même époque
des cités séleucides d'Asie Mineure concluent des accords avec **Milet,** qui est
alors théoriquement sous la protection ptolémaïque : cf. REHM, *Ausgr. in Milet*
1, 3, *Das Delphinion,* n° 143 (traité entre Milet et Tralles, de 212/1) et 146 (entre
Milet et Mylasa, de 209/8).

4° LE TRAITÉ DE PARTAGE DE L'EMPIRE PTOLÉMAÏQUE (203/2)

L'on a noté (*supra*, p. 103) qu'il n'est pas assuré que Philippe V
eût, au lendemain de la paix de Phoinikè, un plan bien arrêté en
matière de politique orientale. Il se pourrait que le projet qu'on
va voir ici se concrétiser sous la forme d'un accord avec Antiochos III lui ait en fait été suggéré par les démarches du gouvernement d'Alexandrie. L'un des premiers soins d'Agathocle, après
la mort de Ptolémée IV, l'assassinat d'Arsinoé et la disparition de
son collègue Sôsibios, avait été, on l'a vu (*supra*, p. 109), d'envoyer
Ptolémée fils de Sôsibios à la cour de Macédoine (vers la fin
de 204). Il s'agissait de poursuivre la politique amicale qui avait
été ébauchée depuis une vingtaine d'années et de lui donner enfin
quelque consistance, car il allait de soi que le retour d'Iran
d'Antiochos III serait à brève échéance suivi d'une nouvelle
offensive en Cœlé-Syrie : plutôt que de spéculer sur un nouveau

miracle du côté de Raphia, il serait bon d'avoir une alliance dont la menace en son dos pût retenir Antiochos. C'était là ce qu'allait négocier Ptolémée. Il est probable que le négociateur avait pouvoir d'offrir un certain prix pour cette alliance, mais on ignore lequel : des places en Thrace ? en Asie Mineure ? dans les îles ? — peu importe. La négociation fut longue, puisque Ptolémée fils de Sôsibios ne regagna Alexandrie que bien après la disparition d'Agathocle (*supra*, p. 109) et au moment où déjà Antiochos III envahissait la Cœlé-Syrie (printemps 202, *infra*, p. 118) : il était, dit Polybe, ravi de son séjour en Macédoine, mais le silence de l'historien quant aux résultats de sa mission suggère qu'il rentrait les mains vides.

De fait, tout en lanternant l'ambassadeur alexandrin, Philippe conclut avec Antiochos III, au cours de l'hiver 203-2, un traité de partage de l'empire du petit Ptolémée V. Les pages de Polybe concernant cette négociation sont malheureusement perdues et il faut tenter de comprendre comment on en arriva là. Le plus probable est que Philippe V, en possession des appels et des propositions du gouvernement ptolémaïque, en fit l'instrument d'un chantage auprès d'Antiochos III : si le Séleucide attaquait les possessions lagides, lui, Philippe, participerait à leur défense — à moins qu'Antiochos n'achetât sa neutralité, ou même sa collaboration à un prix supérieur à celui que proposait Alexandrie : après tout les possessions extérieures lagides étaient assez vastes pour que leur partage pût profiter aux deux souveains intéressés. L'on peut penser qu'Antiochos III, dont on sait que le dessein était de restaurer dans sa plénitude l'héritage de Séleucos Iᵉʳ, ne dut guère être séduit par un plan qui comportait (l'événement le confirmera : *infra*, p. 122) des revendications macédoniennes en Asie Mineure. Mais s'y opposer eût entraîné le risque de voir Philippe céder aux sollicitations égyptiennes : l'accord fut donc conclu — à la barbe de l'ambassadeur lagide.

Le contenu de ce traité, vraisemblablement secret et dont l'immoralité faisait jeter les hauts cris à Polybe, n'est pas connu avec certitude. Dans le plan qu'il donnait de son œuvre au début du livre III, Polybe annonçait qu'il exposerait (cela devait se trouver au livre XV) « comment, après la mort du roi Ptolémée (IV), Antiochos et Philippe, ayant conspiré le partage de l'empire de l'enfant qu'il laissait, commencèrent à se conduire en malfaiteurs et à mettre la main, Philippe sur l'Égypte, la Carie et Samos, Antiochos sur la Cœlé-Syrie et la Phénicie ». Jamais, faut-il le préciser, Philippe ne « mit la main sur l'Égypte » et il serait surprenant qu'Antiochos eût consenti à conclure à cette condition. Appien, il est vrai, écrit de son côté que Philippe aurait promis à

Antiochos de l'aider à s'emparer de l'Égypte et de Chypre, en échange de quoi Antiochos l'aiderait à s'emparer de Cyrène, des Cyclades et de l'Ionie. Que l'on réussisse ou non à réconcilier les deux versions (l'Égypte n'aurait pas figuré dans le lot de Philippe, mais il aurait au moins un instant conçu l'idée de s'y jeter : *infra,* p. 127), ce plan de partage de la totalité de l'empire lagide apparaît assez extravagant pour avoir suscité des réserves ou même avoir été rejeté par certains dans le domaine de la légende. Les réserves sont permises, — mais pas davantage, car deux faits doivent être fermement soulignés : le premier est que Polybe croyait à l'ampleur du projet qu'il relatait — en quoi il se trompait peut-être ; quant au second, c'est que, dans le domaine limité des côtes de l'Anatolie du Sud-Ouest, les événements prouveront l'existence d'un accord, moins d'un accord de collaboration contre la domination ptolémaïque, d'ailleurs, que d'une délimitation de zones d'influence, par laquelle Antiochos III abandonnait à Philippe V cette région de Carie où on l'a vu un peu plus tôt rétablir son autorité. On n'en saurait dire plus : l'accord, quelle que soit son extension, existe ; il permettra à Antiochos de se consacrer sans crainte à la conquête de la Cœlé-Syrie, cependant de Philippe opérera dans la zone littorale d'Asie Mineure. Tout le reste peut n'être qu'amplification, mais nul ne saurait, pour l'instant, le démontrer.

SOURCES : POL. III, 2, 8 ; XV 20 (jugement moral sur le partage ; métaphysique aussi : la *Tyché* ne devait pas tarder à châtier les coupables, par la main de Rome) ; cf. encore XVI, 10, 1 (et *infra*, p. 126). APP., *Mak.* 4, 1 (avec la même erreur que *supra*, p. 110 : Ptolémée Philopatôr pour Épiphane) ; TL XXXI, 14, 5 ; JUST. XXX, 2, 8 ; St JÉRÔME, *in Dan.* XI, 13 (PORPH., *FGrH* 260 F 45). Retour d'ambassade de Ptolémée fils de Sôsibios : POL. XVI, 22, 3-35.

BIBLIOGRAPHIE COMPLÉMENTAIRE ET NOTES : L'étude fondamentale est à présent celle de SCHMITT, *Unters.*, pp. 237-261. Il faut tenir compte ici du **problème chronologique** de l'avènement de Ptolémée V : l'adoption de la date polybienne de 203/2 pour cet avènement (*supra*, p. 110) contraignait à faire durer la longue ambassade du fils de Sôsibios (cf. OLSHAUSEN, *Prosop.* I, n° 42) jusqu'à une date très postérieure à celle de la conclusion du traité entre Philippe et Antiochos : Philippe aurait donc cherché à tromper Alexandrie en faisant mine de continuer à négocier et l'ambassade serait rentrée en Égypte, ignorant tout de ce qui s'était passé et comptant toujours sur l'amitié macédonienne, vers la fin de 202 : ainsi, en pariculier, HOLLEAUX, *Rome...*, pp. 78-80 ; 290 ; cf. *CAH* VIII, pp. 150 *sqq.* ; *Études* IV, pp. 211 *sqq.*, qui développait l'hypothèse d'un long double jeu de Philippe entre Antiochos et Alexandrie ; cf. également WALBANK, *Ph. V*, pp. 112 *sq.* Mais, outre l'invraisemblable naïveté du gouvernement lagide, qui aurait encore cru à l'amitié antigonide après l'invasion séleucide de la Cœlé-Syrie (début 202) et l'absence de toute réaction macédonienne, on verra ultérieurement que l'interprétation par Holleaux du comportement de Philippe V sur les côtes d'Asie n'apparaît plus tenable aujourd'hui. En fait, l'avènement de Ptolémée V ayant eu lieu à l'été de 204, l'ambassade dut partir pour Pella à l'automne et les négociations durer jusqu'au moment de la conclusion de l'accord syro-macédonien ; le retour de l'ambassade doit être à peu près contemporain de l'invasion de la Cœlé-Syrie par Antiochos III. SCHMITT, *o. c.*, pp. 248 *sqq.* a justement insisté sur le fait que, contrairement à l'idée d'Holleaux, qui voyait l'alliance macédonienne disputée entre Alexandrie et Antioche, l'initiative des négociations avec Antiochos III dut partir de Philippe V qui, contrairement au Séleucide, avait tout à y gagner.

En ce qui concerne **la substance du traité** (cf. *Staatsvertr.* III, 547 ; WALBANK, *Comm.* II, pp. 471 *sqq.*), la mention polybienne de l'Égypte dans la liste de ce dont entendait s'emparer Philippe a soulevé des doutes — dont il faut reconnaître la raisonnable légitimité — et donc des tentatives d'émendation du texte : toutes les éditions de Polybe donnent, à la place de *kat' Aigypton* des mss., la leçon *kat' Aigaion* proposée dès 1820 par Niebuhr, d'après laquelle Philippe se serait réservé les possessions lagides de l'Égée (Holleaux, pensant au siège de Kios, *infra*, p. 124, proposait de son côté la leçon peu vraisemblable *kata Kion*). P. PÉDECH, *Polybiana*, REG LXVII (1954), pp. 391 *sqq.* a montré qu'il fallait respecter le texte reçu : il n'en résulte certes pas que Philippe V fit reconnaître par Antiochos III une invraisemblable revendication sur la vallée du Nil, mais que Polybe croyait au moins qu'il eut un moment (après la bataille de Ladè : *infra*, p. 124) l'idée d'y courir. La tentative de SCHMITT, *o. c.*, pp. 250 *sqq.*, de réconcilier Polybe et Appien est méthodiquement possible mais historiquement assez peu convaincante (cf. p. 301 une esquisse cartographique du projet de partage du monde entre les deux souverains), et l'on doutera que la mésaventure de Démétrios le Beau (t. I², p. 244) ait pu fournir une base sérieuse à une revendication antigonide de la royauté sur la Cyrénaïque. En réalité, toutes les interprétations (on en trouvera la liste *ap.* W. DAHLHEIM, *Struktur u. Entwicklung*, pp. 235 *sqq.* et n. 6, qui parle lui-même d'entente informelle plutôt que de vrai traité) sont subjectives et l'on ne peut considérer comme sûr que ce qui a été dégagé ci-dessus (cf. d'ailleurs également SCHMITT, pp. 255 *sq.*). HUSS, *o. c.*, p. 219 est récemment revenu à la leçon *kat' Aigaion* en s'appuyant sur APP., *Mak.* 4, 1, qui fait figurer les *Kykladas nèsous* dans la part de Philippe, et sur POL. XVIII, 54, 8 qui, évoquant à nouveau la personne de Dicéarque (*supra*, p. 104), rappelle qu'il s'attaqua aux Cyclades (il est vrai que cela se passe avant le traité).

La seule interprétation qu'il faille résolument rejeter est celle qui nie **l'authenticité du traité** et le renvoie au rayon des légendes : ainsi notamment D. MAGIE, *The « agreement » between Phil. V and Ant. III for the partition of the Egyptian empire*, JRS XXIX (1939), pp. 32 *sqq.*, suivi par L. DE REGIBUS, *Tolemeo Epifane e l'intervento romano nel Mediterraneo orientale*, Aeg. XXXII (1952), pp. 97-100 (qui n'apporte rien) et par ERRINGTON, *The alleged syro-macedonian pact and the origins of the second Maced. war*, Ath. XLIX (1971), pp. 336 *sqq.* (qui conteste l'existence du pacte surtout à cause de l'usage indû qu'en a fait Holleaux dans son interprétation des origines romaines de la 2ᵉ guerre de Macédoine : *infra*, pp. 135 *sqq.*). Magie voit dans la tradition relative au traité une invention des Rhodiens et d'Attale de Pergame destinée à déterminer Rome à entrer en guerre en 201, tradition que Polybe aurait recueillie dans un historien rhodien. Mais, outre que cette « ficelle » diplomatique aurait été un peu grosse, il faut distinguer mieux que ne l'a fait Magie entre l'existence d'un accord qui, on l'a vu, ne peut être mise en doute, et la possible amplification de son contenu, dont il est difficile de juger. Voir dans le traité « ein typischer Raubvertrag », comme l'a fait (suivant Polybe : les gros poissons mangent les petits) BENGTSON, *Str.* II, p. 109, n. 3 (p. 110) et *GG²*, p. 415, semble simpliste : Philippe ne tentera pas de s'étendre en Asie Mineure aux seuls dépens des possessions ptolémaïques, et il faut bien tenir compte du fait que l'adhésion d'Antiochos III à cet accord comporte incontestablement des concessions de sa part.

Une possible, mais énigmatique, **allusion numismatique** au traité : H. SEYRIG, *Monnaies hellénistiques*, RN 6ᵉ sér. V (1963), pp. 54-56.

La **Carie** risquait à court terme d'être une zone de frictions entre Antiochos, dont on a vu (*supra*, p. 113 ; *infra*, p. 182) qu'il avait entrepris d'y établir son autorité, et Philippe, puisque on sait à présent par les inscriptions de Labraunda (cf. *Labraunda* III, 1, 1, n° 4 *sqq.*) que l'autorité antigonide s'y était maintenue après l'expédition de Dôsôn en 227 (t. I², pp. 366 *sqq.*) ; cf. aussi *infra*, p. 184).

C) La « Cinquième guerre de Syrie » et l'annexion de la Cœlé-Syrie à l'empire séleucide

Comme il n'y eut en fait guère de collaboration entre Antiochos III et Philippe V, il est plus commode d'étudier leurs entreprises séparément.

1° ANTIOCHOS III CONQUIERT LA CŒLÉ-SYRIE (202 (?)-200)

On peut penser d'abord que les choses se passeraient comme en 219-217 : les armées séleucides occupèrent sans peine toute la province jusqu'à Gaza qui, comme toujours, résista longuement, permettant à l'Étolien Scopas de préparer une contre-offensive qui ramena Antiochos III jusqu'aux sources du Jourdain. Mais, cette fois, il n'y eut pas de Raphia : ce fut Antiochos III qui remporta la victoire décisive à Panion, en 200. Scopas alla s'enfermer dans Sidon, qu'il céda au prix d'une capitulation honorable ; puis il courut organiser la défense du Delta (199/8).

De la sorte, la Cœlé-Syrie, conquise un siècle plus tôt par Ptolémée Ier, échappait définitivement aux Lagides. Antiochos III paraît avoir adopté en bloc l'administration instaurée par les Lagides dans le pays, sous un nom de province légèrement modifié (« Cœlé-Syrie et Phénicie »), administration qui fut placée sous l'autorité d'un stratège : le fait que le premier gouverneur séleucide fut, comme vingt ans plus tôt, un transfuge de l'administration ptolémaïque assura la continuité. Notons au passage que ce fut alors que se nouèrent les premières relations entre les Séleucides et les Juifs, de façon on ne peut plus favorable pour ceux-ci : mais il y aura avantage à ne s'arrêter qu'ultérieurement à ces problèmes, lorsque se nouera la grave crise du judaïsme hellénistique (cf. *infra*, pp. 327 *sqq.*).

SOURCES : POL. XVI, 18-19 ; 22 a ; 39 ; cf. XXVIII, 3 et 5 ; Jos., *AJ* XII, 130 *sqq.* ; St JÉRÔME, *in Dan.* XI, 13 *sqq.* ; JUST XXXI, 1, 1-2.

BIBLIOGRAPHIE COMPLÉMENTAIRE ET NOTES : Lacunaires et dispersées, les sources laissent une large marge à l'appréciation subjective, notamment sur le plan

chronologique. L'interprétation généralement suivie aujourd'hui est celle d'Hol-LEAUX, *La chronologie de la 5ᵉ guerre de Syrie, Études* III, pp. 317 *sqq.*, qui plaçait le début des opérations en 202, bien qu'en réalité la date ne puisse être déterminée avec précision. Cf. encore WALBANK, *Comm.* II, p. 523.

Sur la bataille de **Panion,** cf. B. BAR-KOCHVA, *The Sel. army* (Cambridge 1976), pp. 146 *sqq.*

La trahison de Ptolémée, gouverneur de la Cœlé-Syrie lagide, qui devint « stratège et archiprêtre » de la nouvelle province séleucide, lui fut payée par la confirmation des domaines fonciers qu'il y possédait et des privilèges y afférents, comme l'a révélé une correspondance administrative, malheureusement très mutilée, récemment retrouvée : V.H. LANDAU, *A Greek inscription found near Hefzibah, Isr. Explor. Journ.* XVI (1966), pp. 54 *sqq.* ; J. & L. ROBERT, *Bull.* 1970, n° 627 ; Th. FISCHER, *Zur Seleukideninschr. von Hefzibah, ZfPE* XXXIII (1979), pp. 131 *sqq.* Le personnage était déjà connu (outre par Polybe) par une dédicace trouvée à Soloi de Cilicie : *OGIS* 230.

Sur l'**organisation de la province :** BENGTSON, *Str.* II, pp. 161 *sqq.* ; E.J. BICKER-MAN, *La Cœlé-Syrie. Notes de géographie historique, Revue Biblique* LIV (1947), pp. 262 *sq.*, a souligné que c'est Antiochos III qui donna à l'expression *Koilè Syrié* son acception administrative : il s'agissait évidemment, désormais que toute la Syrie était séleucide, de distinguer la nouvelle province méridionale.

En ce qui concerne la **Judée et Jérusalem,** la situation qu'y trouva Antiochos ne devait pas être très claire. Au cours de sa contre-offensive de 201/0, Scopas avait été obligé de prendre la ville de force et d'y mettre une garnison (POL. XVI, 39 = JOS., *AJ* XII, 131), ce qui prouve l'existence d'une faction favorable au Séleucide, et qui lui livra la ville après Panion. Mais le document royal qui règle (favorablement) le statut des Juifs (JOS., *AJ* XII, 138 *sqq.*, cf. *infra,* p. 328) contient également quelques détails qui suggèrent que les Juifs n'étaient pas unanimes en présence des événements : le document lui-même n'est pas adressé aux Juifs, mais au stratège gouverneur de Cœlé-Syrie ; il n'y est fait aucune allusion au chef officiel de la communauté juive, le Grand-Prêtre, ni parmi ceux qui accueillirent le roi, ni parmi les membres du personnel du Temple qui jouiraient de privilèges fiscaux ; il y est question de prisonniers que le roi promet de libérer et de Jérusalémites invités à regagner la ville qu'ils avaient quittée. Tout cela prouve l'existence d'une faction anti-séleucide et que le Grand-Prêtre, visiblement ignoré par le roi, en faisait partie. Il est vrai que cela semblerait contredit par la *Sagesse de Jésus* L, 4, qui loue le Grand-Prêtre Simon (dit « le Juste ») d'avoir « fortifié la ville contre un siège » — si ce siège est celui que mena Scopas avant Panion ; à moins que Simon n'ait tenté, mais en vain, de provoquer une résistance à Antiochos après Panion. Tout cela reste passablement obscur. Les *philanthrôpa* néanmoins concédés par Antiochos l'auraient donc été pour s'assurer la fidélité de l'autre faction, hostile aux Ptolémées. L'on apprend d'ailleurs incidemment, par une simple allusion de *2 Macc.,* que ces mesures furent *négociées :* or on ne négocie que quand on n'est pas spontanément d'accord. Et comme la négociation fut évidemment menée par la faction favorable à Antiochos, l'absence de toute allusion au Grand-Prêtre s'expliquerait ici encore par le fait qu'il était de la faction adverse.

2° L'AMBASSADE ROMAINE

A l'époque où s'achevait la conquête de la Cœlé-Syrie par Antiochos III, Rome s'acheminait — on verra plus loin en quelles circonstances — à la guerre contre Philippe V. Une ambassade romaine était partie en Grèce pour tenter de mettre un terme aux entreprises de Philippe et de rameuter les Grecs contre lui. Mais cette ambassade de 200 avait encore une autre mission : proposer sa médiation entre Ptolémée V et Antiochos III : de ce point de vue, cette ambassade ne pouvait que répondre (tardivement, certes...) à l'appel adressé en 203 à Rome par l'ambassade qu'y avait envoyée Agathocle (*supra*, p. 109). Les légats romains, qui venaient, comme on verra (*infra*, p. 133), de sommer Philippe V d'évacuer les possessions ptolémaïques qu'il avait occupées, se gardèrent bien d'adresser semblable sommation à Antiochos III : le sort de l'empire lagide importait fort peu au Sénat à ce moment — mais ce qui lui importait fort en revanche, c'était de ne pas voir Antiochos faire cause commune avec la Macédoine dans le conflit qui s'ouvrait. Il semble que le seul vœu qui fût présenté au souverain fut qu'il ne touchât pas à l'Égypte elle-même — pour le reste, le Sénat, paraît avoir été résolu à fermer les yeux, quitte à aviser par la suite. Cela ne pouvait qu'encourager Antiochos à violer son pacte avec Philippe et à se jeter à son tour sur les possessions lagides d'Asie Mineure. En tous cas, bien qu'il soit douteux qu'Antiochos ait donné quelque assurance que ce soit aux légats, ceux-ci le quittèrent sans doute avec le sentiment que, pour l'instant, Philippe V n'aurait pas l'appui séleucide.

Aucune source ne nous dit que l'ambassade romaine se rendît ensuite à Alexandrie, mais il est certain qu'elle dut s'y rendre : après tout, c'était à la demande du gouvernement lagide qu'elle était intervenue dans les affaires d'Asie, alors pour la première fois. On peut penser qu'Alexandrie dut juger cette démarche bien décevante.

SOURCES : POL. XVI, 27, 5 ; APP., *Mak.* 4, 2 ; JUST. XXX, 3, 3-4 ; XXXI, 1, 2.

BIBLIOGRAPHIE COMPLÉMENTAIRE ET NOTES : La **date** de la rencontre entre les Romains et Antiochos III ne peut être déterminée avec certitude. Avant Panion ? ou après ? — plus probablement après : on a l'impression que les légats ne purent que s'incliner devant le fait accompli. Sur le caractère et la portée de leur passage en Orient, cf. H. WINCKLER, *Rom und Ägypten im 2ten Jht. v. Chr.* (Diss. Leipzig 1933), pp. 14-19. R. WERNER, *l. c.*, ANRW I, 1, p. 543, note que l'indication de Tite-Live XXXI, 2, 3-4, selon laquelle les légats auraient eu pour seule mission d'aller remercier Ptolémée de son attitude amicale pendant la guerre hannibalique et l'inviter à poursuivre dans cette voie est évidemment fausse.

Ce qui fut convenu (?) entre les Romains et Antiochos ne peut guère qu'être inféré du comportement ultérieur d'Antiochos. L'interprétation d'HOLLEAUX, *CAH* VIII, pp. 165 sq. = *Études* V, pp. 350 sq., où sont rassemblées des observations faites en diverses pages de *Rome...*, est fort plausible. La **politique des légats** à l'égard du Séleucide ne pouvait procéder, à ce moment, que de considérations strictement circonstancielles et non d'un plan d'ensemble concernant tout l'Orient.

W. Otto, *Zur Geschichte der Zeit des 6. Ptolemäers, Abh. Bayer. Akad.,* Phil.-hist. Abt. NF XI (1934), pp. 27 *sqq.,* a fait justice de la tradition selon laquelle le légat M. Aemilius Lepidus se serait alors institué le **tuteur du petit Ptolémée** pour le compte de Rome : le Sénat n'avait alors aucun intérêt à assumer une semblable tutelle qui serait allée à l'encontre de ses intérêts du moment. Resterait cependant à savoir si cette tutelle fut, ou ne fut pas offerte à Rome, soit par Ptolémée IV avant sa mort (cf. Just. XXXI, 1, 2) soit par la foule d'Alexandrie lors de la chute d'Agathocle (cf. Just. XXX, 2, 3) : cela semble assez douteux ; cf. cependant les remarques d'E. Manni, *l. c.,* pp. 97 *sqq.* et à présent surtout de Heinen, *l. c., ANRW* I, 1, pp. 647 *sqq.,* qui apporte des arguments en faveur de l'acceptation par Rome, à travers la personne de Lepidus, de ce « patronage » du petit Ptolémée. Polybe ignorait tout de cette question — si ce n'est qu'il qualifiait Agathocle de « pseudo-tuteur », mais sans dire qui était le vrai. Cf. aussi, sur cette question, Huss, *o. c.,* pp. 169 *sqq.,* qui montre surtout qu'il serait invraisemblable que cette tutelle ait été demandée par le testament de Ptolémée IV.

D) La politique orientale de Philippe V et les origines de la deuxième guerre de Macédoine (202-200)

L'on a vu (*supra,* p. 104) que les ambitions égéennes de Philippe s'étaient manifestées dès le lendemain de la paix de Phoinikè et que ses premières entreprises maritimes avaient été dirigées principalement, encore qu'indirectement, contre les Rhodiens. L'accord avec Antiochos III — même si l'on s'en tient à l'interprétation minimale adoptée ci-dessus (p. 116) — fournissait au roi de Macédoine une base plus solide à ses ambitions. Cependant qu'Antiochos III, au lendemain de cet accord, envahissait la Cœlé-Syrie, quel fut donc le comportement de son partenaire dans le monde égéen ?

1° Philippe V en Thrace et dans les Détroits

Philippe V fit de la côte thrace et des Détroits son premier objectif. A vrai dire l'entreprise n'était pas nouvelle, car il y avait déjà opéré au lendemain de Phoinikè et, peut-être à l'été de 203, cependant que se déroulaient les deux séries de négociations, avec Alexandrie et avec Antioche. On sait que, depuis Ptolémée III, l'Égypte disposait de bases en Thrace (Ainos, Maronée) et, bien qu'aucune de nos sources concernant le traité de partage n'en fasse état, il est vraisemblable que Philippe entendait se les approprier. Or, pour autant qu'on sache, Philippe ne s'attaqua pas à ces possessions ptolémaïques en 202 (il ne les prendra qu'en 200 : *infra,* p. 133) : cette abstention a généralement été interprétée comme une preuve du « double jeu » de Philippe, et de ce que les pseudo-négociations avec Alexandrie se poursuivaient encore. En réalité, même si, comme il semble, ces négociations étaient dès lors interrompues, l'ambassade ptolémaïque avait sans doute été renvoyée avec de bonnes paroles et Philippe n'avait pas intérêt à ce que son entente avec Antiochos fût aussitôt révélée. D'autant qu'il ne devait pas ignorer la présence de l'ambassade lagide à Rome : au cas où le Sénat déciderait de faire quelque chose pour soutenir Ptolémée V contre Antiochos III, Philippe pouvait souhaiter n'être pas dans le mauvais camp trois ans après la paix de Phoinikè. Aussi bien avait-il de quoi faire dans les régions qui l'intéressaient, sans toucher, provisoirement, aux places lagides : celles-ci tomberaient sans peine le jour où il le voudrait et, pour l'instant, elles ne le gênaient nullement.

Ce fut donc à des cités libres, dont certaines étaient alliées des Étoliens (Lysimacheia, Chalcédoine, Kios), qu'il s'attaqua tout d'abord. Incapables d'intervenir par eux-mêmes, les Étoliens, auxquels leurs alliances n'étaient d'aucun secours en Thrace, se résolurent à députer à Rome en 202 : le Sénat les débouta, prétextant leur trahison de 206. En réalité, à Rome, personne ne souhaite alors, à cette époque de la campagne de Scipion en Afrique, reprendre la lutte avec Philippe, dont les entreprises ne violent pas la paix de Phoinikè. Cette attitude ne peut qu'encourager le roi à pousser plus loin. Mais si Rome reste indifférente, il n'en est pas de même de quelques États orientaux. L'attaque contre Kios indispose les Rhodiens et Attale. Les premiers, de façon générale, ne peuvent que s'inquiéter d'une mainmise macédonienne sur les Détroits, qui menace leur commerce pontique. De surcroît, alors que les Rhodiens étaient intervenus en faveur de Kios et que Philippe leur avait promis de l'épargner, il avait pris, mis à sac et détruit la cité sous les yeux des ambassadeurs rhodiens. Kios, d'ailleurs, avait été prise par Philippe pour le compte de son parent et allié Prusias de Bithynie, ennemi d'Attale de Pergame qui se sentait donc également menacé. La prise de Périnthe, alliée de Byzance, dressa d'autre part cette puissante cité libre contre Philippe. Enfin, au retour de son expédition et au prix d'une trahison particulièrement infâme, Philippe s'était emparé de Thasos.

A eux seuls, ces actes de brigandage (nulle trace de griefs, ni de déclaration de guerre) avaient de quoi inquiéter les États mineurs que menaçait cette poussée d'expansion macédonienne, et l'on conçoit que les Rhodiens se soient efforcés de regrouper autour d'eux tout ce qui pouvait faire obstacle à Philippe, même s'il faut aujourd'hui renoncer à dater de ce moment une attaque du dynaste Olympichos d'Alinda, représentant des intérêts macédoniens en Carie, contre le port d'Iasos.

SOURCES : POL. XV, 21-24 ; APP., *Mak* 4, 2 ; cf. TL XXXI, 29, 4.

BIBLIOGRAPHIE COMPLÉMENTAIRE ET NOTES : Sur l'ensemble, cf. WALBANK, *Ph. V*, pp. 112-117 ; récemment McSHANE, *FPAP*, pp. 116 *sqq.*

Possibilité d'une **campagne de Philippe en Thrace en 203** : SCHMITT, *Unters.*, p. 234.

L'on a indiqué *supra*, p. 116 que les bases chronologiques de la doctrine d'Holleaux sont inexactes, selon lesquelles les négociations entre Philippe et l'ambassade alexandrine se seraient poursuivies après la conclusion de l'accord avec Antiochos III : ce n'est donc pas pour donner le change que Philippe se serait abstenu, en 202, de toucher aux **bases lagides** en Thrace. Qu'il ait été retenu par la crainte d'une démarche romaine en faveur de Ptolémée pourrait être confirmé par un autre fait : selon TL XXX, 26, 2-3, des plaintes de cités grecques d'Europe contre Philippe auraient déterminé le Sénat à lui adresser en 203 une ambassade porteuse de représentations. Si cet épisode est authentique (cf. en dernier lieu B. FERRO, *Le origini della II guerra macedonica* (1960), pp. 12 (il s'agirait de cités thessaliennes) ; 47), il peut avoir fait comprendre à Philippe qu'il valait mieux éviter de susciter dans l'immédiat, les plaintes lagides à Rome.

Que **Thasos** ait été possession lagide lorsque Philippe s'en empara a été supposé par BELOCH IV, 2, p. 347. Mais il n'y a aucun document à ce sujet et l'île était probablement libre : cf. HUSS, *o. c.*, p. 235.

Philippe V à **Lysimacheia** : L. ROBERT, *Hellenica* X (1955), pp. 266 *sqq.* La cité devait être détruite un peu plus tard par des Thraces du voisinage, puis restaurée par Antiochos III en 196 (*infra*, p. 189).

Attitude des **Étoliens** : sur les difficultés étoliennes de cette époque, cf. FLACELIÈRE, *Ait*, pp. 340 *sqq.* ; sur l'ambassade étolienne à Rome, son authenticité, sa date, cf. HOLLEAUX, *Rome...*, pp. 291 *sqq.* et en part. 293, n. 1 ; WALBANK, *Ph. V*, pp. 310 *sqq.* A. PASSERINI, *art. cit. supra*, *Ath.* NS IX (1931), pp. 266, n. 1 (pp. 266-269), fait remonter les démarches étoliennes à Rome à l'année 205/4. Mais si le caractère historique de l'ambassade a parfois été contesté (cf. A. DOREY, *The alleged Aetolian embassy to Rome*, CIR NS X (1960), p. 9), c'est tout au moins la teneur de la réponse sénatoriale qui semble devoir être mise en doute, selon laquelle leur paix séparée de 206, équivalant à une rupture de l'alliance de 211, leur aurait interdit de faire appel à la bienveillance romaine. Personne ne semble avoir compris les choses de la sorte du côté étolien, ni du côté romain avant l'affirmation arbitraire de Flamininus au lendemain de la bataille de Cynoscéphales (*infra*, p. 163) : cf. E. BADIAN, *Aetolica, Latomus* XVII (1958), pp. 208 *sqq.*

Sur les intérêts économiques de Rhodes dans le Pont, cf. *supra*, p. 46. La conjoncture économique du moment a été étudiée par F. HEICHELHEIM, *Zu Pap. Michigan III, 173...*, *Aeg.* XVII (1937), pp. 61-64. Un décret athénien (MERITT, *Hesp.* V (1936), pp. 419 *sqq.* = MORETTI, *ISE* I, n° 33) en l'honneur de Céphisodore, qui dirige à ce moment la politique athénienne (cf. PAUS. I, 36, 5-6 et *infra*, p. 129), atteste une disette de blé en ces années, que peuvent contribuer à expliquer aussi bien la situation en Égypte que les opérations de Philippe dans le Nord.

Sur l'affaire de **Kios** (qui avait suggéré à Holleaux l'émendation à POL. III, 2, 8, cf. *supra*, p. 117), cf. également VITUCCI, *Il regno di Bitinia*, pp. 46 *sqq.*

et Habicht, s. v. *Prusias I*, *PW* XXIII, 1 (1957), coll. 1093 *sq.* Polybe note que Prusias eût préféré recevoir intacte que détruite cette ville qui constituait un excellent débouché maritime pour son royaume, et qu'il lui fallut reconstruire, sous le nom nouveau de Prusias-sur-mer (Pruse) (Str. XII, 4, 3 ; *OGIS* 340).

Que **Byzance** conclut alors une alliance avec Rome a été déduit par E. Grzybek, *Roms Bündnis mit Byzanz...*, *MH* XXXVII (1980), pp. 50 *sqq.* à partir d'une réinterprétation de Tac., *Ann.* XII, 62 (cf. *infra*, p. 389).

Question d'**Iasos** : Holleaux, *Trois décrets de Rhodes*, *Études* IV, p. 146 *sqq.* avait placé dans le présent contexte une attaque d'Olympichos d'Alinda contre Iasos (attaque qui aurait prélude aux opérations cariennes de Philippe : cf. ci-dessous), au sujet de laquelle les Rhodiens seraient intervenus auprès du roi. Mais les inscriptions de Labraunda ont fourni un parallèle (concernant Mylasa), daté de fin 220, qui suggère fortement de remonter à cette date l'affaire d'Iasos : cf. J. Crampa, *Labraunda* III, 1, 1, pp. 93-6. Encore dans le sens d'Holleaux, Mastrocinque, *La Caria...* (Rome 1979), p. 164.

2° La campagne de Philippe V en Asie Mineure en 201/0

Au début de 201, en possession d'une solide flotte de guerre comportant à la fois des vaisseaux de haut bord (cataphractes) et de ces légères embarcations dont les pirates avaient répandu l'usage *(lemboi)*, Philippe reprit le cours de ses entreprises orientales. Il cingla sur les Cyclades, s'empara d'un certain nombre d'îles où il laissa des garnisons, puis piqua sur Samos. Samos était une base navale lagide et une escadre y était stationnée, mais cette escadre était désarmée, ce qui donne à penser que ses chefs estimaient n'avoir rien à craindre : sans doute en étaient-ils encore à croire à des relations officiellement amicales entre Ptolémée et Philippe, et très certainement ignoraient-ils tout du pacte entre celui-ci et Antiochos. La cité de Samos résista cependant à Philippe, craignant sans doute de subir le sort de Kios et de Thasos, et le roi dut laisser un corps d'armée pour l'assiéger. Des vaisseaux égyptiens capturés, il arma quelques-uns et les joignit à sa flotte.

Les desseins de Philippe sur l'Ionie étaient dès lors clairs et les Rhodiens (dès lors alliés aux Byzantins et aux Chiotes ?) en tirèrent les conclusions nécessaires : la flotte rhodienne fit voile contre la flotte macédonienne, mais Philippe fut le plus fort et battit les insulaires à Ladè. Cette victoire ouvrit au roi l'accès du continent et il entra en triomphateur à Milet, dont tout le territoire tomba entre ses mains.

La situation devenait périlleuse pour les Rhodiens, qui firent alors un gros effort diplomatique afin d'opposer à Philippe des forces susceptibles de l'arrêter. Si des alliances avec Byzance, Chios, Cyzique étaient peut-être déjà conclues, elles se concrétisèrent alors dans l'apparition de forces de ces cités aux côtés des Rhodiens. Mais, surtout, Rhodes, obtint alors l'alliance du prudent Attale de

Pergame, que Philippe avait jusqu'alors évité de heurter de front. Philippe, sans doute pour dissuader rapidement Attale de joindre ses forces à celles de Rhodes, marcha aussitôt contre Pergame, qu'il ne put prendre mais dont il ravagea cruellement les environs, détruisant notamment, avec cette impiété qui tendait à devenir proverbiale, des sanctuaires hors-les-murs. Mais cette expédition ne le mena à rien et les difficultés extrêmes qu'il éprouva à ravitailler son armée le contraignirent à se retirer vers le Sud, avec l'intention d'obtenir, en vertu du pacte avec Antiochos, des subsides de Zeuxis, stratège séleucide de Sardes. Mais, de façon très significative, Zeuxis lui témoigna peu de bonne volonté : il est évident que, du côté séleucide, on commençait à voir d'un mauvais œil ces entreprises qui, loin de se développer aux dépens des seules possessions lagides, semblaient devoir menacer également tous les États d'Asie Mineure occidentale.

Déçu de ces insuccès, Philippe revint vers la mer et entreprit de soumettre Chios. Il s'y heurta à la flotte coalisée des Rhodiens et d'Attale. On cria victoire des deux côtés : en fait, Philippe comprit qu'il ne pouvait rien contre ses adversaires réunis, et la bataille de Chios mit un terme à l'essor de la thalassocratie que Philippe cherchait à imposer à l'Égée.

Philippe se retira à Samos d'où, tirant les conclusions de son infériorité navale, il passa dans cette Carie, dont on sait depuis peu (t. I², p. 370) qu'une partie au moins (impossible à délimiter exactement) en était sous suzeraineté antigonide (mais sous l'autorité de fait d'Olympichos d'Alinda) depuis Dôsôn. Il y entreprit de s'étendre aux dépens des possessions rhodiennes et de localités plus ou moins autonomes. Or on a vu (*supra*, p. 113) qu'à son retour d'Iran, Antiochos III avait consacré ses premières activités à consolider son emprise sur la Carie précisément. Le fait que Philippe ne se heurta à aucune opposition de la part du stratège Zeuxis (qui, il est vrai aussi, ne lui apporta point son concours) prouve qu'Antiochos III, en 203/2, s'était senti obligé de consentir d'avance à cet arrondissement de la « province » macédonienne de Carie pour avoir les mains libres en Cœlé-Syrie. Mais, cependant qu'il paraissait en passe de conquérir tout le pays, Philippe s'y trouva enfermé, car les flottes rhodienne et permaménienne vinrent bloquer la flotte macédonienne dans le port de Bargylia. Philippe fut forcé d'hiverner dans un pays sans ressources avec une armée affamée. Le stratège de Sardes, Zeuxis, ne fit pas grand-chose pour l'aider...

Brillamment commencée, la campagne de 201 tournait mal, mais elle devait surtout avoir des répercussions considérables sur le plan diplomatique.

SOURCES : POL. XVI, 1-12 ; 14, 5-15 ; 24 ; cf. XVIII, 2, 2-4 ; 44, 4. DIOD. XXVIII, 5 ; APP., *Mak.* 4, 1. Pour les inscriptions, cf. les notes.

BIBLIOGRAPHIE COMPLÉMENTAIRE ET NOTES ° Philippe V à **Samos** : HOLLEAUX, *L'expédition de Philippe V en Asie, Études* IV, pp. 211-335, considérait qu'ici, comme en Thrace, Philippe, afin de dissimuler l'existence du traité de partage et de continuer à faire croire à sa bienveillance pour la cause lagide, aurait provisoirement évité de toucher aux possessions lagides. Le cas de Samos faisait toutefois difficulté, et c'est pourquoi Holleaux supposa que Philippe s'y installa avec l'accord du gouvernement d'Alexandrie aveuglé par le « double jeu » macédonien. Mais il faut considérer 1° que les négociations entre la Macédoine et l'Égypte étaient certainement interrompues à l'époque de la conclusion du traité avec Antiochos III (hiver 203/2) ; 2° que l'ensemble de la politique de Philippe pouvait difficilement laisser des illusions à Alexandrie quant à l' « amitié » macédonienne ; 3° que l'ignorance où l'on est d'attaques de Philippe contre d'autres bases lagides d'Asie Mineure (Éphèse, Milet, Halicarnasse, Kaunos) peut être simplement due au caractère ruineux de notre documentation et qu'on n'en saurait tirer un *argumentum a silentio ;* 4° que le désarmement de l'escadre ptolémaïque de Samos peut être due à la négligence de l'administration lagide (dont la tête, à Alexandrie, est alors en pleine déliquescence), car si les autorités lagides avaient cru à l'amitié de Philippe, elles auraient pu tenir leurs unités prêtes à combattre à ses côtés contre Antiochos III ; 5° que l'on sait aujourd'hui que, quelque temps plus tard (date incertaine, mais avant 197), la garnison macédonienne de Samos sera expulsée *manu militari* par des forces ptolémaïques et que cela peut donner à penser qu'elle ne s'y était point installée aux termes d'un accord (cf. HABICHT, *Samische Volksbeschlüsse der hellen. Zeit, Ath. Mitt.* LXXII (1957), n° 64, pp. 233 *sqq.*), — et l'on concluera de tout cela que la thèse d'Holleaux doit être abandonnée (cf. aussi SCHMITT, *o. c.*, pp. 239 *sq. ;* 256 *sqq.*). Il est d'ailleurs possible que, si nous n'entendons parler d'attaque que contre Samos (en attendant la prise de Milet, après Ladè), cela s'explique par le fait que la campagne de Philippe débute comme une campagne navale et qu'il s'agit pour lui de mettre hors de combat l'escadre lagide de Samos, qui était peut-être la seule qui stationnât alors dans les eaux égéennes, du fait des événements de Syrie.

Après Samos, l'**ordre des événements,** tel qu'il a été donné ci-dessus, n'a rien de sûr et ne peut être établi avec certitude, faute d'avoir le texte complet de Polybe. Le problème crucial est celui de l'ordre des deux batailles navales. HOLLEAUX, *l. c.,* avait pensé pouvoir établir que la bataille de Chios précédait celle de Ladè (cf. aussi *CAH* VIII, pp. 153 *sqq.* = *Études* V, pp. 336 *sqq. ;* SCHMITT, *Rom und Rhodos,* p. 61 et n. 1). Mais les arguments en faveur de l'ordre inverse paraissent aussi convaincants : cf. DE SANCTIS, *St. d. R.* IV, 1, p. 10 et n. 27 ; A.H. MCDONALD et F.W. WALBANK, *The origins of the second Macedonian war, JRS* XXVII (1937), pp. 185 *sq. ;* WALBANK, *Ph. V,* pp. 117-127 (où l'on trouvera les références aux inscriptions qui illustrent cette confuse année) et, plus particulièrement, pp. 307 *sqq. ;* B. FERRO, *o. c.,* pp. 48 *sqq.* (qui place l'occupation de Samos après la bataille de Ladè) ; P. PÉDECH, *La méthode historique de Polybe,* p. 111. Justification de l'ordre des événements tel qu'il est présenté ici : R.M. BERTHOLD, *Lade, Pergamum and Chios. Operations of Ph. V in the Aegean, Hist.* XXIV (1975), pp. 150 *sqq. ;* sur un détail tactique de la bataille de Chios, cf. D. ROUSSEL, *REG* LXXXII (1969), pp. 339 *sqq.* La bataille de Chios est la dernière grande bataille navale de l'histoire grecque : on aimerait savoir ce que SCHNEIDER, *KGH* I, p. 635 entend par ses « kulturgeschichtliche Folgen »...

Polybe écrit qu'après la bataille de Ladè, les Rhodiens étant éliminés et Attale n'étant pas encore mêlé à ces affaires, il était évident qu'il eût été possible à Philippe de cingler sur Alexandrie » (XVI, 10, 1-4). Polybe, insistant sur le fait que seule l'instabilité caractérielle de Philippe le retint de faire passer dans les actes ce projet mégalomane, est donc convaincu de la réalité du projet, et c'est sans doute pourquoi il fait figurer l'**Égypte** dans ce qui devait revenir à Philippe de l'empire lagide, en III, 2, 8 — ce qui ne saurait toutefois permettre de conclure à la substance réelle du traité de partage (cf. *supra*, p. 117).

Sur l'**activité diplomatique rhodienne**, C.G. STARR, *Rhodos and Pergamum 201-0 B. C.*, *ClPh* XXIII (1938), pp. 63 *sqq.*, a montré que le rapprochement entre Rhodes et Pergame, que leurs intérêts immédiats opposaient profondément depuis l'avènement d'Attale Ier, est dû aux circonstances de l'heure. L'artisan de ce rapprochement fut le Rhodien Théophiliskos, qui fut tué à la bataille de Chios. L'alliance entre Rhodes et Pergame semble avoir entraîné des émissions contemporaines d' « alexandres » dans les deux Etats, émissions probablement destinées à financer l'effort naval commun (cf. F.S. KLEINER, *ANS-MN* XVII (1971), pp. 95 *sqq.* ; R. BAUSLAUGH, *Posthumous Chian Alexanders*, ibid. XXIV (1979), pp. 21 *sqq.* propose d'y ajouter une série d' « alexandres » chiotes) ; ces émissions dureront probablement autant que l'entente rhodo-pergaménienne — jusqu'à la fin de la guerre antiochique.

W.E. THOMPSON, *Phil. V and the Islanders*, *TAPA* CII (1971), pp. 615 *sqq.* a attiré l'attention sur un aspect de la politique de Philippe, probablement après sa victoire de Ladè, consistant à dissoudre les alliances existant entre certaines cités : Périnthe-Byzance, Rhodes-Nisyros, Cos-Calymna. Dans ce dernier cas, Philippe se serait emparé de Calymna après Ladè, aurait rompu l'union effectuée entre celle île et Cos vers 225 sous patronage lagide, mais en aurait été rapidement expulsé par la flotte d'Attale, qui aurait restitué Calymna à Cos (commentaire de l'inscription SEGRÈ, *Tit. Cal.*, pp. 9 *sqq.*).

Philippe V en Carie : cf., en plus de HOLLEAUX et de WALBANK, SCHMITT, *Unters.*, pp. 243 *sqq.* (avec rappel de l'emprise macédonienne en Carie depuis Dôsôn) ; cf. aussi K.J. RIGSBY, *A hellenistic inscr. from Bargylia*, *GRBS* XVI (1975), pp. 403 *sqq.* (au sujet du siège de Cnide et de la situation à Bargylia). Malgré la fin défavorable de la campagne de Carie, par suite du blocus de Bargylia, cette région fut la seule où les opérations de Philippe aboutirent à des résultats quelque peu durables. Le roi y organisa une véritable province macédonienne, qui se maintint jusqu'à la paix avec Rome, en 196 : cf. BENGTSON, *Str.* II, pp. 367-372. Olympichos, dont on a pu suivre les traces depuis 227, semble n'être plus de ce monde, car sa place de stratège est occupée par un autre personnage.

Des collaborateurs d'Antiochos III, **Zeuxis**, que l'on retrouvera encore, est le plus abondamment documenté par la littérature et les inscriptions ; cf. notamment BENGTSON, *Str.* II, pp. 109-15 ; L. ROBERT, *Nlles Inscr. de Sardes* I, pp. 9 *sqq. ;* OLSHAUSEN, s. v. *Zeuxis 3, PW* XA (1972), coll. 381 *sqq.*

La Carie mise à part, les **résultats de la campagne de Philippe** en 201 étaient maigres (cf. HOLLEAUX, *Rome...*, pp. 315 *sqq.*, qui tendait d'ailleurs, non sans quelque rhétorique, à les minimiser encore, pour mieux montrer qu'il n'y avait point là de quoi inquiéter Rome — sur quoi *infra*, p. 139). Commentant brièvement ce demi-fiasco, McSHANE, *FPAP*, p. 122, écrivait que « sa politique de force n'avait apparemment pas eu d'effet contre les relations de symmachie de Pergame et de Rhodes qui avaient donné aux cités et aux îles grecques une large mesure de liberté et de sécurité ». C'est là une vue intéressante et qu'il serait souhaitable de pouvoir mieux saisir. Nul ne doutera que la crise des grands empires (crise à laquelle Antiochos III cherche précisément à mettre un terme en ce qui le concerne) avait représenté une certaine détente pour les cités grecques de vieille tradition, dans les îles et sur les côtes d'Asie Mineure, et favorisé des ententes régionales entre communautés civiques et avec une Pergame alors peu redoutable. La documentation n'est toutefois pas assez abondante pour qu'on puisse savoir s'il y avait là un facteur favorable à une évolution fédéraliste (on a dit, t. I², p. 300, les incertitudes qui pèsent sur la construction juridique des symmachies attalides selon McShane) — mais il est certain que l'irruption brutale de Philippe V dans un petit monde qui avait pris l'habitude de ne plus sentir peser trop lourdement les tutelles monarchiques devait en favoriser la cohésion.

Le relatif échec de Philippe était donc, en revanche, un plein **succès pour Attale** : M. SEGRE, *L'institution des Nikèphoria de Pergame*, dans L. ROBERT, *Hellenica* V (1948), pp. 102 *sqq.*, a montré qu'Athéna fut proclamée *Nikèphoros* en 201, à la suite de la bataille de Chios, date à laquelle les vieilles Panathénées de Pergame furent transformées en *Nikèphoria* : cette réforme cultuelle ne peut certes refléter qu'un succès militaire ressenti comme de première grandeur. Mais d'autres interprétations ont été proposées : cf. *infra*, p. 287.

Une note encore sur le **contexte « mondial »** : DE SANCTIS, *St. d. R.* IV, 1, p. 8, a émis l'hypothèse que Philippe, en s'embarquant pour son expédition de 201, n'était pas encore au courant du résultat de la campagne de Scipion en Afrique : c'est possible, si Zama est bien de l'automne de 202. Mais la connaissance de la défaite d'Hannibal l'aurait-elle retenu ? De même, c'est par une hypothèse qui n'est certes pas impossible que E. MANNI, *Roma e l'Italia...*, p. 263, estime que c'est la nouvelle de « la paix romano-punique, survenue peut-être plus tôt que prévu, (qui) mit Philippe dans la nécessité de bien peser la nouvelle situation » et donc de mettre un terme à ses entreprises égéennes en 201 (entreprises il est vrai déjà bien compromises...). On verra toutefois que, sur le plan juridique, Philippe se sentait la conscience parfaitement tranquille à l'égard de Rome.

3° LES RHODIENS ET ATTALE FONT APPEL A ROME (AUTOMNE 201)

Cependant que Philippe était enfermé en Carie, des ambassadeurs rhodiens et pergaméniens partaient pour Rome, effectuant la démarche qui devait avoir une portée que nul alors ne soupçonnait sans doute, ni en Orient, ni en Occident. Il est aisé de comprendre les mobiles d'Attale et des Rhodiens dans ce tournant de leur politique — tournant tout au moins pour les Rhodiens qui, jusqu'alors, s'étaient toujours attachés à éviter les interventions plutôt qu'à les provoquer. D'un côté, et pour ne considérer d'abord que les entreprises de Philippe V, la situation des deux États était alors assez critique, malgré leur succès de Chios. Si le territoire pergaménien avait été évacué, en revanche Philippe tenait les Détroits et Rhodes venait de perdre ses territoires continentaux. Rien ne laissait augurer qu'un arrangement amiable serait possible avec le Macédonien, dont les récents témoignages de mauvaise foi et de violence pouvaient faire craindre les pires violences. Mais, par ailleurs, l'offensive contemporaine d'Antiochos III en Cœlé-Syrie menaçait gravement l'Égypte, aux intérêts de laquelle les intérêts rhodiens étaient intimement liés, et il est probable que l'absence de réaction séleucide aux empiétements de Philippe donna à comprendre que les deux souverains étaient de connivence, si même leur accord n'avait été révélé de quelque autre manière. Il était dès lors clair que c'était tout l'équilibre de la Méditerranée orientale, certes menacé depuis quelque temps déjà par la décadence lagide, qui se trouvait en question. Or les Rhodiens avaient un besoin vital de cet équilibre. Quant à Attale, son point de vue était sans doute sensiblement différent : refoulé dans une large mesure des conquêtes anatoliennes qu'il avait faites sur Antiochos Hiérax, il se voyait à présent menacé de plus par l'expansion égéenne de la Macédoine qui, de surcroît, épaulait la Bithynie en Asie Mineure même : les jours de son royaume risquaient d'être comptés.

Or quelle puissance au monde, sinon Rome, pouvait éventuellement mettre un terme à ces perspectives d'un bouleversement du système politique qui avait assuré un relatif équilibre au cours du IIIe siècle ? Quelle puissance au monde, sinon Rome, pouvait détourner Philippe en l'attaquant dans le dos ? Sans doute les Rhodiens et Attale ne se résignèrent-ils pas de gaieté de cœur à aller implorer le Sénat, mais le fait est qu'ils s'y résignèrent. Les termes dans lesquels ils présentèrent leurs griefs ne nous sont d'ailleurs pas connus de façon certaine, mais il est évident que les entreprises de Philippe furent dénoncées en même temps que celles d'Antiochos et que l'entente attestée ou suspectée entre les deux souverains. Quant à savoir ce que demandaient au juste les Rhodiens et Attale (une démarche diplomatique ? la guerre ?), nous l'ignorons également. Pour ce qui est de la réponse que les ambassadeurs reçurent sur le moment, elle fut que « le Sénat s'intéresserait à la question »...

SOURCES : Elles sont fort maigres : TL XXXI, 2, 1-2 ; APP., *Mak.* 4, 2 ; cf. POL. XVI, 24-3.

BIBLIOGRAPHIE COMPLÉMENTAIRE ET NOTES : WALBANK, *Ph. V*, p. 127 ; H.H. SCHMITT, *Rom und Rhodos*, pp. 60 *sqq.* (où bibliographie détaillée) ; PÉDECH, *o. c.*, p. 114. Appien fait également accourir alors à Rome des Étoliens et Athéniens. En ce qui concerne les **Étoliens**, il s'agit d'une erreur chronologique : cf. *supra*, p. 122. Quant aux **Athéniens**, dont parle également TL XXXI, 1, 10, puis, plus loin (plus tard), 5, 5 *sqq.*, et qui font l'objet d'un développement de PAUS. I, 36, 5-6, HOLLEAUX, *Le prétendu recours des Athéniens aux Romains*, *Études* V, pp. 9 *sqq.* (cf. *Rome...*, pp. 269 *sqq.*) a pensé pouvoir montrer qu'il fallait rejeter leurs ambassades dans le fatras des inventions annalistiques. En réalité, il y eut certainement une ambassade athénienne à Rome, mais elle se situe après celle de Rhodes et d'Attale, à la suite des événements dont il sera question au § suivant, et son importance n'a sans doute pas été déterminante dans la décision romaine. Holleaux se refusait à examiner le texte de Pausanias, « dont la valeur historique est nulle » : c'est pourtant celui qui a reçu une confirmation épigraphique (*supra*, p. 123) — cf. WALBANK, *Ph. V*, pp. 311 *sqq.*

4° PHILIPPE ET LA GRÈCE

Enfermé dans Bargylia, Philippe qui, selon Polybe, avait été informé des ambassades à Rome, s'inquiétait fort des affaires d'Europe. Si, comme le veut Polybe, il se méfiait des Étoliens, il se trompait : les Étoliens, que les Romains ont refusé de soutenir un peu plus tôt (*supra,* p. 122), sont alors les gens du monde les moins disposés à bouger. Dans le Péloponnèse, Philippe aurait eu plus de raisons de suivre avec attention les activités de ses alliés Achaiens qui, grâce à Philopoimèn, sont désormais en état de se passer de son appui : le Spartiate Nabis, ayant cherché à s'attaquer à ses propres alliés Messéniens, l'avait appris à ses dépens. Le redressement achaien paraît du reste avoir eu une teinte anti-macédonienne, rappelant la belle époque d'Aratos, celle d'avant la grande alliance de 224.

Mais, en tout état de cause, on comprend l'impatience de Philippe. Au début du printemps de 200, sans doute, il réussit enfin à s'échapper, seul, de Bargylia, laissant son armée occuper la Carie, et s'en retourna en toute hâte en Macédoine. Il y trouva une ambassade acarnanienne qui lui demandait son appui contre les Athéniens : une guerre venait en effet d'éclater entre Athènes et les Acarnaniens, dont quelques-uns avaient violé les mystères d'Éleusis. Philippe, qui devait avoir des raisons de réchauffer l'ardeur de ses alliés Acarnaniens en vue d'un conflit possible où les Étoliens se retrouveraient parmi ses adversaires, et qui n'avait pas de raisons de ménager ces éternels neutres et amis de l'Égypte qu'étaient les Athéniens — sans compter que l'occasion pouvait lui sembler bonne de reprendre pied au Pirée, qu'Antigonos Dôsôn avait perdu en 228 (cf. t. I², p. 361) — acquiesça : une escadre macédonienne fit un raid sur le Pirée et un corps macédonien vint épauler l'armée acarnanienne qui opérait en Attique.

Mais l'escadre macédonienne vit sortir d'Égine (pergaménienne) les flottes rhodienne et pergaménienne : celles-ci, qui s'étaient jetées à la poursuite du roi lors de sa fuite de Bargylia, sans pouvoir le rattraper, réussirent à présent à reprendre aux Macédoniens les bateaux qu'ils avaient capturés au Pirée. Attale Ier et les Rhodiens furent triomphalement reçus à Athènes et les Athéniens, qui avaient récemment supprimé les deux tribus Antigonis et Démètrias, qui existaient depuis plus d'un siècle (t. I², p. 73), créèrent une tribu Attalis et, d'enthousiasme, déclarèrent la guerre à Philippe.

Or, au cours de ces cérémonies, derrière Attale et les Rhodiens se tenait une mission diplomatique romaine : d'où venait-elle ? en quelles circonstances avait-elle été envoyée ? quelles étaient ses instructions ? — c'est là tout le problème du début de la deuxième guerre de Macédoine qui se trouve posé.

SOURCES : POL. XVI, 24, 2-3 ; 13 ; 16-17 ; 25-26 ; POLYEN IV, 18, 2 ; TL XXXI, 14-15.

BIBLIOGRAPHIE COMPLÉMENTAIRE ET NOTES : Cf. WALBANK, *Ph. V*, pp. 124 (Nabis) ; 129-130.

Sur **Nabis**, cf. la bibliographie *supra*, p. 104.

B. FERRO, *o. c.*, pp. 72 *sqq.*, a proposé une révision de la **chronologie** généralement reçue de ces événements, qui remonte l'incident d'Éleusis à l'automne de 201 et la sortie de Philippe de Bargylia à l'hiver encore, et non au printemps de 200 : *contra*, cf. les observations de P. PÉDECH, *REG* LXXV (1962), pp. 228 *sqq.*

L'attitude de Philippe à l'égard d'**Athènes** semble bien prouver qu'il n'y avait pas, alors, de relations formelles entre Athènes et Rome (et donc qu'on a très vraisemblablement raison de supprimer les Athéniens de la liste des *adscripti* romains à la paix de Phoinikè) : dans l'hypothèse inverse, le comportement de Philippe eût été une véritable provocation à l'égard de Rome (comme l'entendait plus ou moins, p. ex., FERGUSON, *HA*, pp. 267 *sqq.*), que l'on s'expliquerait certes mal. Reprendre le Pirée, d'autre part, pouvait lui apparaître d'autant plus opportun qu'Egine était désormais pergaménienne. L'ambassade athénienne pour Rome, qu'Appien faisait accompagner celles d'Attale et des Rhodiens à l'automne de 201 (*supra*, p. 129), dut partir au début de l'intervention macédonienne en Attique. Qu'elle ait été précédée d'une ambassade athénienne à Alexandrie est fort possible, de même qu'est plausible l'ambassade lagide à Rome dont parle TL XXXI, 9, 1 *sq.* — même si les discours que prête Tite-Live aux ambassadeurs et aux Romains n'ont, bien évidemment, rien d'historique.

La flotte rhodienne, repartant de l'Attique pour l'Orient, récolta au passage des alliances dans les **Cyclades** : c'est peut-être à ces circonstances que fait allusion un décret honorifique de Kéos publié par Chr. DUNANT et J. THOMOPOULOS, *BCH* LXXVIII (1954), pp. 338 *sqq.*

5° ROME ET LA DÉCLARATION DE LA DEUXIÈME GUERRE
DE MACÉDOINE

L'on touche ici à l'un des points les plus délicats et les plus controversés de cette époque cruciale de l'histoire hellénistique — et même, peut-on ajouter sans exagération, de toute l'histoire de l'antiquité. La difficulté se situe d'ailleurs sur deux plans, que nous envisagerons séparément : celui du strict établissement des faits ; et celui de la compréhension des mobiles romains.

a) *Les faits*

L'engrenage des événements qui devaient conduire Rome à déclarer la guerre à Philippe V s'enclenche avec l'arrivée à Rome des ambassades de Rhodes et d'Attale Ier. Ces ambassadeurs signalèrent au Sénat les bouleversements récemment intervenus en Orient du fait des entreprises parallèles et conjuguées de Philippe V et d'Antiochos III et mirent *sans doute* l'accent sur l'accord anti-égyptien des deux souverains, récemment révélé ou deviné. Le Sénat, on l'a vu (*supra,* p. 129), commença par donner aux Orientaux une réponse encourageante, encore que dilatoire : souci sans doute de liquider d'abord complètement la question punique. Puis un projet de guerre à Philippe fut soumis aux Comices par le consul Sulpicius (élu pour 200), et rejeté : les motifs de ce refus, indiqués par Tite-Live (lassitude du peuple, désir de paix), n'ont rien que de plausible. Mais Tite-Live affirme que le projet fut aussitôt présenté une seconde fois, — et approuvé : il est difficile de suivre l'historien latin sur ce point, car on ne voit pas ce qui aurait pu déterminer ce revirement de l'opinion romaine dans l'espace de quelques jours. L'acceptation de la guerre doit sans doute être rejetée un peu plus tard, comme on verra. En attendant, le Sénat dépêcha en Orient une mission diplomatique composée de C. Claudius Nero (le vainqueur du Métaure), de P. Sempronius Tuditanus (le négociateur de Phoinikè) et du jeune M. Aemilius Lepidus. Cette mission avait un double but : elle était chargée d'une part de parcourir la Grèce, à la fois, peut-on penser, pour s'y informer plus exactement et pour tenter de réchauffer l'ardeur des Grecs contre Philippe ; sur ce premier plan, les légats n'étaient sans doute pourvus que de pouvoirs assez limités, comme le montrera leur comportement. En second lieu, l'ambassade romaine était chargée d'intervenir dans le conflit entre Antiochos III et l'Égypte : sur ce second plan, nous avons déjà vu quelle fut son action en étudiant la cinquième guerre de Syrie (*supra,* p. 119).

Les légats abordèrent donc les Balkans par la côte adriatique, au printemps de 200. On les voit manifester la sollicitude romaine pour les choses grecques en Épire, chez le roi des Athamanes Amynan-dros, en Étolie, chez les Achaiens. Rien n'indique qu'ils aient remporté de brillants succès : les Étoliens étaient rancuneux, les Achaiens en guerre contre Nabis, — et tout le monde avait gardé un mauvais souvenir de la première guerre romaine de Macédoine... Puis, du Péloponnèse, les légats passèrent à Athènes où, comme on l'a vu (*supra,* p. 118) ils rencontrèrent Attale et les représentants de Rhodes : on se rappelle que ce fut en cette circonstance que les Athéniens votèrent la guerre à Philippe — mais le récit de Polybe ne nous montre pas les Romains intervenant activement, et il est difficile de savoir si leur seule présence à l'arrière-plan contribua à décider les Athéniens.

Attale et les Rhodiens repartis d'Athènes, les trois Romains s'y attardèrent et, cependant qu'ils y étaient encore, l'Attique fut l'objet d'une attaque macédonienne qui poussa jusqu'à l'Académie. Les légats allèrent trouver le stratège macédonien Nikanôr et le prièrent « d'informer Philippe que les Romains l'invitaient à ne faire la guerre à aucun peuple grec et à se soumettre à un jugement d'arbitrage au sujet des torts dont il s'était rendu coupable à l'égard d'Attale ; s'il agissait de la sorte, il serait en paix avec Rome ; s'il n'accédait pas à ces requêtes, les conséquences seraient inverses ». Il s'agit incontestablement d'un ultimatum — mais point d'une déclaration de guerre formelle, telle qu'on l'attendrait si, comme le veut Tite-Live, la guerre avait dès lors été votée par les Comices. Le comportement des légats en cette circonstance prouve que Rome ne se considère pas encore comme étant en état de guerre avec Philippe : point sur lequel il faudra revenir en tentant d'analyser les très obscurs mobiles de Rome en ces mois confus.

Nikanôr, du reste, évacua aussitôt l'Attique pour transmettre ce document à son souverain. Les légats, de leur côté, quittèrent alors l'Attique pour Rhodes. La seconde partie de leur mission les appelait plus à l'Est, mais il semble qu'ils ne se pressèrent point, se réservant évidemment d'observer les développements de la situation — et peut-être aussi d'attendre de nouvelles instructions.

Philippe V se conduisit alors de façon fort imprudente. Si l'on peut hésiter sur le point de savoir si l'ultimatum remis à Nikanôr était une manœuvre d'intimidation, il est patent que Philippe l'entendit de la sorte, car il agit alors comme s'il n'y avait pas eu d'ultimatum. D'une part, l'Attique fut soumise à une nouvelle invasion ; et, de l'autre, Philippe reprit le cours de ses entreprises égéennes, précédemment interrompues par sa mésaventure carienne. Cependant que les Rhodiens s'efforçaient, avec un succès mitigé, de libérer les Cyclades de l'emprise macédonienne, Philippe lança sur la Thrace et les Détroits une foudroyante offensive qui, cette fois, n'épargna pas les possessions ptolémaïques, et dont l'opération la plus importante fut le siège d'Abydos, sur la rive asiatique de l'Hellespont.

C'est pendant ce siège que Philippe vit venir à lui M. Aemilius Lepidus, arrivé de Rhodes (automne 200), porteur d'un nouvel ultimatum. Le Sénat informait à nouveau le roi qu'il était prié de ne faire la guerre à aucun État grec — mais aussi de ne point toucher aux possessions de Ptolémée ; qu'il était, une fois encore, invité à se soumettre à un arbitrage pour les torts infligés à Attale — mais aussi pour ceux dont avaient souffert les Rhodiens. Sans quoi, c'était la guerre.

Il est clair que les instructions de Lepidus étaient plus étendues que celles qui avaient déterminé l'ultimatum précédent. Clair aussi qu'à présent Rome est résolue à la guerre : car, Philippe ayant rejeté le premier ultimatum, il allait de soi qu'il en ferait autant du second, que le Sénat n'eût certes pas adressé s'il n'eût été résolu à accueillir son rejet autrement que par l'acceptation d'une défaite diplomatique ruineuse pour le prestige romain. D'où il semble bien ressortir que le vote positif des Comices se situe entre les deux ultimatums, soit vers le milieu de l'été de 200. On tentera d'analyser ci-dessous ce qui avait déterminé le peuple romain à revenir sur ses répugnances antérieures. Quoi qu'il en soit pour l'instant, il est établi que l'armée romaine débarquait en Illyrie au moment même où Lepidus rencontrait Philippe à Abydos (octobre 200). Dès lors, les arguments juridiques qu'échangèrent le roi et le légat romain au cours de leur orageuse entrevue n'avaient plus aucune importance — même pas l'argument cependant fort juste du Macédonien, qui fit remarquer que ses relations avec Rome étaient déterminées par le traité de Phoinikè et qu'il n'avait pas violé ce traité : ce n'était évidemment pas de ce point de droit que sortait la guerre.

Tels sont, semble-t-il, les faits dans leurs grandes lignes. Mais ces faits sont loin d'éclairer à eux seuls les causes du conflit — les *causes romaines,* qu'il faut envisager à présent.

SOURCES : POL. XVI, 25-34 (cf. PÉDECH, *o. c.,* pp. 113 *sqq.*) ; TL XXXI, 7-9 ; 14-18 ; APP., *Mak.* 4, 2-3.

BIBLIOGRAPHIE COMPLÉMENTAIRE ET NOTES : Bref état de la question dans les notes consacrées à l'ensemble de la 2e guerre de Macédoine par A. PIGANIOL, *Histoire de Rome* (= « Clio » III), p. 128 ; W. DAHLHEIM, *Struktur u. Entwicklung...,* pp. 234-48 (qui rejette le premier vote des comices comme inauthentique : cf. n. 23).

Le moment de l'**envoi des légats** (par rapport aux votes des comices) varie selon les auteurs modernes : HOLLEAUX, *CAH* VIII, pp. 162 *sqq.* = *Études* V, pp. 346 *sqq.,* le situait avant les deux votes des comices, le négatif aussi bien que le positif ; à l'inverse, J.P.V.D. BALSDON, *Rome and Macedon 205-200 B. C., JRS* XLIV (1954), pp. 30 *sqq.,* se rallie au schéma livien, admettant donc que les deux votes se sont succédés à très bref intervalle et que la guerre est déjà décidée lorsque les légats commencent leur mission ; A. PASSERINI, *l. c., Ath.* NS IX (1931), pensait que les légats, partis après le premier vote des comices, auraient été informés du second pendant leur séjour à Athènes, et que l'ultimatum à Nikanôr serait l'*indictio belli* ; selon son interprétation, la guerre serait résolue à Rome dès 201. E. MANNI, *Roma e l'Italia...,* p. 304, qui suit la chronologie de B. FERRO, *o. c.,* pp. 101 *sqq,*

pense que les comices auraient voté la guerre seulement après l'attaque macédonienne contre Athènes, soit en avril-mai 200, et que ce n'est qu'alors que
le premier ultimatum aurait été présenté à Nikanôr (on a négligé ici l'éternelle
discussion sur le point de savoir si les règles du droit fétial — *rerum
repetitio* et *indictio belli* — furent ou non respectées en l'occurrence : l'indic-
tion, si tant est qu'il y en eût une formelle, serait plutôt l'ultimatum d'Abydos).
Cf. encore, sur l'ordre des événements Mc Donald et Walbank, *l. c.*,
JRS XXVII (1937), pp. 187 *sqq.* R. Werner, *l. c.*, *ANRW* I, 1, pp. 544 *sqq.*
se sépare de la vue habituelle des choses sur les deux points suivants : 1° On ne
saurait parler d'« ultimatum » à Nikanôr parce que le mot « guerre » ne se
trouve pas dans les représentations romaines — à quoi on peut répondre que
l'idée y est bien, avec l'alternative « la paix... le contraire... ». Sans doute
ne s'agit-il encore que d'une hypothèse, et W. a sans doute raison de penser
que le Sénat a alors deux fers au feu, l'envoi des légats et leur comportement répondant à un désir d'arbitrage pacifique, cependant que l'élection de
Sulpicius Galba envisagerait l'échec de cet arbitrage. 2° L'ultimatum d'Abydos
ne procéderait pas de la décision légalement votée par les Comices de faire
la guerre, car le texte de Polybe ne le présente qu'en fonction d'un Sénatus-
consulte. La *rogatio* ne serait donc intervenue qu'après que Philippe eut
rejeté l'ultimatum *sénatorial*, dans la première moitié d'août.

Sur la **chronologie absolue**, cf. *supra*, p. 131, où l'on a signalé les hypothèses
récentes de B. Ferro et leur réfutation par P. Pédech.

Pour d'autres travaux concernant les origines de la guerre, voir encore
les notes à la section suivante.

Sur les **opérations militaires de Philippe V** en 200, cf. C. Walbank, *Ph. V*,
pp. 132 *sqq.* Sur la situation politique d'Abydos au moment où Philippe
l'attaqua (probablement libre), cf. Huss, *o. c.*, pp. 208 *sq.*

Sur **Amynandros** et la dynastie athamane, cf. la mise au point commode
de Moretti, *ISE* II, n° 94.

b) *Les mobiles de Rome*

Nous avions déjà été obligés de sortir du monde hellénistique
proprement dit pour chercher les motivations de certains épisodes
de l'histoire balkanique, lorsque nous avons étudié les affaires
illyriennes à l'époque de Dôsôn, puis la première guerre romaine
de Macédoine : c'étaient là encore, pour autant que nous en puis-
sions juger, des affaires relativement marginales par rapport à
l'histoire hellénistique proprement dite, — comme d'ailleurs par
rapport à l'histoire romaine. Il n'en va plus de même à présent :
le seul fait que, selon la tradition, Rome ait été déterminée à la
deuxième guerre de Macédoine par les appels de Rhodes et de
Pergame, le fait, d'autre part, que la diplomatie romaine intervienne
à cette époque dans le conflit entre Antiochos III et l'Égypte, le fait
enfin que c'est à Abydos, en Asie, que la déclaration de guerre
romaine fut remise à Philippe — tout cela prouve à suffisance que
la politique romaine interfère désormais de façon décisive avec
la politique des États hellénistiques. La deuxième guerre de Macédoine ne sera pas, comme l'avait été la première, un aspect

secondaire de la lutte contre Carthage : elle doit chercher son principe d'explication dans les préoccupations orientales de Rome. Mais quelles préoccupations ? — c'est là toute la question, et avouons par avance qu'il ne nous paraît pas possible d'en juger exactement.

L'initiative de la guerre est partie de Rome, les appels des États orientaux n'ayant fait, dans l'ordre de succession des événements, qu'engager le processus : le Sénat eût pu se contenter de renvoyer les ambassadeurs avec de bonnes paroles — ce qu'il fit d'abord —, mais la première proposition de guerre faite aux comices suit de peu les ambassades orientales. Qu'est-ce donc qui détermina cet engagement ? Il est naturel que nous allions chercher d'abord la nature de ces mobiles dans la tradition romaine — mais en prenant bien garde que cette tradition, qui n'est pas représentée pour nous avant Tite-Live, est une tradition rétrospective. Or divers passages de Tite-Live donnent à entendre que la période 205-200 ne fut en fait qu'une pause dans « la guerre de Macédoine », ou, en d'autres termes, que la paix de Phoinikè n'aurait été, dans la pensée de ceux qui la conclurent, qu'une trêve destinée à permettre d'achever la guerre hannibalique, puis à être rompue (cf. TL, XXIX 12, 16 : les Romains font la paix en 205 pour pouvoir se consacrer à la guerre d'Afrique ; XXXI, 1 : la deuxième guerre de Macédoine est la continuation de la première ; les démarches des Athéniens engagent Rome *ad renovandum bellum ;* XXXI, 31, 19 *sq.* : s'adressant aux Étoliens, les Romains reconnaissent qu'ils « avaient ... eux-mêmes négligé la guerre (contre Philippe)..., mais à présent... la guerre punique achevée, nous pesons de toutes nos forces sur la Macédoine » ; XXXII, 21, 18 : « aujourd'hui que les Romains sont débarrassés de la guerre punique » ; l'écho de ce point de vue se retrouve dans JUST. XXIX, 4, 11 : les Romains ont fait la paix avec Philippe, « satisfaits de pouvoir entre temps différer la guerre de Macédoine »). Certains de ces passages liviens nous donnent par la même occasion les griefs (ou, plus exactement, ce que Tite-Live considérait comme les griefs) de Rome à l'égard de Philippe : le roi de Macédoine a violé la paix conclue avec les Étoliens et d'autres alliés de Grèce ; il a envoyé des renforts et de l'argent à Hannibal en Afrique (XXXI, 1, 8 ; 11, 9). On remarquera aussitôt que, si vraiment la deuxième guerre de Macédoine n'était que le second acte d'un *bellum macedonicum* unique commencé dix ans plus tôt, on serait en droit de s'attendre à ce que les griefs exposés par Tite-Live se rapportent à l'époque de la première guerre de Macédoine, et portent, en d'autres termes, sur la question illyrienne : or ce n'est pas le cas et ce que la tradition romaine reproche à Philippe, c'est d'abord d'avoir aidé Hannibal pour la campagne de Zama (ce qui est difficilement croyable et

généralement rejeté), ensuite d'avoir violé la paix de Phoinikè —
mais point en ses clauses illyriennes. Mais cette contradiction
implicite dans les propos de Tite-Live n'a au fond guère d'importance, car il est trop évident que la tradition romaine chercha
ensuite des motifs juridiques à la guerre, qui *devait* être un *iustum
bellum,* et que seul le traité de Phoinikè pouvait fournir de tels
griefs, puisque aucun autre instrument diplomatique n'avait lié
Rome et la Macédoine ni avant, ni après Phoinikè.

Le premier problème à envisager consiste donc à savoir si la
deuxième guerre de Macédoine peut être considérée comme une
« guerre du droit », si Rome vola effectivement au secours de
ses alliés orientaux lésés par Philippe. On remarquera tout d'abord
que selon Polybe (qui, après tout, était plus proche des événements
que Tite-Live, et bien placé pour être correctement renseigné) aucun
des deux ultimatums romains présentés à Philippe, ni celui
d'Athènes (XVI, 27, 2), ni celui d'Abydos (XVI, 34, 3-4), ne
comporte d'allusion explicite à la paix de Phoinikè : l'exigence
de soumettre le conflit avec Attale à un arbitrage *peut* être une
référence au traité, mais l'ordre de ne toucher à aucun État grec
dépasse largement le cadre incertain des *adscripti* de 205. Dans
sa réponse à M. Aemilius Lepidus, tout au contraire, Philippe
déclare que tout ce qu'il demande aux Romains, c'est « de ne
pas violer le traité et de ne pas lui faire la guerre ». Il apparaît
donc que, selon Polybe (qui, bien que fort disposé à souligner la
mauvaise foi de Philippe, ne le fait pas ici), le Macédonien se
sentait dans son droit et avait conscience que si quelqu'un était
disposé à violer la paix de Phoinikè, ce n'était pas lui, Philippe,
mais bien Rome. Cependant, même si l'on ajoute, une fois
encore, qu'en s'embarquant dans ses entreprises orientales, Philippe
avait toutes raisons de ne pas s'attirer la vindicte romaine en
violant ses engagements, cela ne nous dispense pas d'examiner les
choses de plus près.

Parmi les « alliés de Rome » qui auraient souffert des agressions
de Philippe et dont la défense aurait été, selon Tite-Live, à l'origine
de la guerre, nous pouvons écarter les Étoliens : ceux-ci, qui
avaient trahi la cause romaine en 206 (*supra,* p. 91) et que le
Sénat avait mis à la porte lorsqu'ils étaient venus demander
secours en 202 (*supra,* p. 122), ne sauraient entrer ici en ligne de
compte. Ce n'est en revanche pas le cas d'Attale, authentique
adscriptus s'il en fut, et au sujet duquel la demande romaine
d'arbitrage peut se référer au traité, bien que, on l'a vu, Polybe
ne le dise pas explicitement. Du reste, si, au moment d'Abydos,
la menace macédonienne n'est certes pas écartée du royaume de
Pergame, il demeure que l'incursion de Philippe en 201 a été

sans lendemain et que la flotte pergaménienne a été du côté des vainqueurs à la bataille de Chios (*supra,* p. 125). La demande romaine d'arbitrage concernait sans doute des indemnités pour les déprédations commises par l'armée macédonienne, mais on doutera que Rome fût disposée à entrer en guerre pour cela seulement. Restent la question des Athéniens et celle d'éventuelles violations de la paix en Illyrie.

Bien qu'on ait déjà dit et répété combien est douteuse l'*adscriptio* des Athéniens au traité, il faut y revenir en fonction des événements de 200. Or ni l'attitude des Athéniens, ni celle de Rome à leur égard ne prouvent l'authenticité de l'*adscriptio,* malgré le parallèle entre Athènes et Sagonte qu'établit le discours prêté par TL XXXI, 7 au consul Sulpicius. Si l'on nous dit que l'appel d'Athènes à Rome ne pouvait avoir de valeur que si la cité se savait, ou se croyait garantie par Rome, on répondra que les Athéniens ne se sont pas joints aux Rhodiens et aux Pergaméniens dans la démarche que ceux-ci effectuèrent à Rome à l'automne de 201 ; qu'il fallut que les Rhodiens et Attale (et non les ambassadeurs romains) les poussent à la guerre au printemps de 200 ; que, lorsque l'ambassade athénienne arrive enfin à Rome (à une date incertaine), la guerre y est peut-être déjà votée et que, d'ailleurs, même si ce vote n'était pas encore intervenu, ce ne furent certainement pas les Athéniens qui enlevèrent la décision... Si l'on nous dit qu'il y a une cohérence parfaite entre l'*adscriptio* et l'appel à l'aide des Athéniens, on répondra qu'il y aurait, à ce compte, incohérence non moins parfaite entre le comportement de Philippe envers Athènes et sa bonne conscience à l'endroit du respect du traité. Enfin, il est évident que l'appel (tardif !) des Athéniens à Rome s'explique suffisamment par les soucis de l'heure : sauvés d'abord par l'intervention de la flotte de Rhodes et de Pergame (qui, elles, ont déjà fait appel à Rome), ensuite par la démarche des légats romains auprès de Nikanôr (démarche dont il est à peu près certain que ces légats en prirent l'initiative sans avoir d'instructions précises à ce sujet), les Athéniens n'avaient pas besoin d'être liés juridiquement à Rome pour envoyer à leur tour une ambassade au Sénat. L'historiographie latine, qui mettait toutes les cartes juridiques dans le jeu de Rome (jusqu'à invoquer rétrospectivement la protection des Étoliens !), n'avait aucune raison d'oublier les vénérables Athéniens... Il ne faut d'ailleurs pas perdre de vue qu'Athènes est dans l'alliance égyptienne, qu'elle est, comme l'Égypte, victime de Philippe, que la mission des légats, en 200, a pour but principal le soutien de Ptolémée V contre Antiochos III, allié de Philippe, et que l'ambassade athénienne à Rome peut être aussi avantageusement rapprochée des démarches contemporaines d'Alexandrie (TL XXXI, 9, 1) que des démarches antérieures de Rhodes et de Pergame. L'*adscriptio* d'Athènes, peu vrai-semblable en 205, n'est pas nécessaire à l'interprétation des rapports romano-athéniens en 200.

En ce qui concerne enfin l'Illyrie, elle ne figure nulle part dans les griefs romains justifiant la guerre et cela n'a pas lieu de surprendre car, l'Illyrie ayant été au centre de la première guerre de Macédoine et de la paix de Phoinikè, le surprenant eût été que Philippe se créât des complications de ce côté alors que toute son ardeur était tournée du côté de l'Égée et de l'Asie. Il est en revanche question d'empiétements macédoniens en Illyrie après 205 dans les relations qui nous sont parvenues des négociations qui suivirent Cynoscéphales : mais, des deux textes à considérer, celui de Polybe est fort équivoque, et celui de Tite-Live interprète Polybe dans le sens des torts macédoniens et du bon droit romain, si bien qu'on peut, semble-t-il, éliminer une reprise de l'expansion macédonienne en Illyrie entre 205 et 200, d'autant que, dans le cas contraire, cela n'eût pas manqué de figurer en bonne place dans la liste des griefs romains (cf. les notes).

Il apparaît donc, en définitive, que — à moins de considérer que les Romains « reprirent » la guerre de Macédoine pour défendre le bon droit du seul Attale, ce qui est passablement douteux — la deuxième guerre de Macédoine n'eut pas pour cause des violations de la paix de Phoinikè : Rome, en 200, n'entre pas en guerre pour défendre un point de droit, ni pour honorer des engagements diplomatiques. Et si l'interprétation juridique des origines de la guerre apparaît difficilement soutenable, à plus forte raison hésitera-t-on à suivre ceux des historiens modernes pour lesquels la rédaction du traité de 205 aurait été conçue du côté romain en fonction d'une éventuelle reprise des hostilités et en vue de fournir au Sénat, le jour choisi, un *casus belli* moralement honorable.

Quittons ces abstractions. En 201-200, Rome ne manquait pas de raisons de se détourner encore de l'Orient : ses finances sont épuisées, les citoyens sont excédés par vingt ans de guerre, la tâche de remise en ordre de l'Occident, à commencer par la seule Italie, est immense. Et cependant, l'année 200 marque le vrai début des aventures orientales, avec une guerre qui ne saurait plus passer, comme quinze ans plus tôt, pour une opération de diversion. Alors, pourquoi ?

Parmi les autres explications proposées, celle d'Holleaux a eu un retentissement particulier : la deuxième guerre de Macédoine aurait été une guerre préventive suscitée par la crainte de l'alliance entre Philippe V et Antiochos III, crainte savamment provoquée et exploitée par Attale Iᵉʳ et les Rhodiens. Ce pacte syro-macédonien dirigé contre l'Égypte lagide ne risquait-il pas, une fois l'empire ptolémaïque abattu, de menacer l'Occident ? N'y avait-il pas lieu pour Rome, tant qu'Antiochos était encore immobilisé par la guerre de Syrie et que Philippe V lui-même était totalement engagé dans les affaires d'Orient, de tomber sur le plus proche des deux coalisés, de briser sa puissance, de l'expulser de Grèce et, tout d'abord, de ce morceau d'Illyrie que les circonstances avaient contraint de lui abandonner en 205 ? Et, puisque les deux seules puissances navales d'Orient capables de balancer ensemble la puissance navale macédonienne seraient du côté de Rome (qui dispose d'ailleurs à ce moment d'une très forte marine), l'occasion ne serait-elle pas bonne d'en finir à peu de frais ? Enfin, étant données les violences commises depuis quatre ans par Philippe aux dépens des Grecs, la Grèce entière ne se soulèverait-elle pas à l'appel d'Attale, de Rhodes — et de Rome ? Dans ces conditions, Philippe serait écrasé sans peine, Antiochos ne bougerait pas, la coalition menaçante serait brisée, l'Italie pourrait vivre en paix. D'après cette hypothèse, les Rhodiens et Attale auraient brossé au Sénat un tableau effrayant de la menace qui pesait sur le monde méditerranéen tout entier — mais, en même temps, un tableau optimiste des moyens de parer à cette menace en faisant vite. Et le peuple romain, après un premier temps d'hésitation, aurait été convaincu.

Le fait que Rhodiens et Pergaméniens jouèrent de l'alliance syro-macédonienne dans leurs démarches à Rome est probable : mais on notera que nos sources n'en soufflent mot... Polybe est perdu, mais Tite-Live, qui connaissait l'existence du pacte, ne mentionne même pas Antiochos III dans son exposé des origines de la guerre : le Séleucide n'est nommé ni dans la brève allusion à l'ambassade rhodo-pergaménienne, ni dans le discours consulaire qui aurait déterminé les Comices à la guerre (XXXI, 7). Cette crainte ressentie à Rome en présence de la conjonction menaçante des deux monarchies hellénistiques reste donc purement hypothétique et, en tant que telle, exige d'être soumise à la critique.

Certes, les Rhodiens et les Pergaméniens avaient, on ne sait comment, été mis au courant de l'existence du pacte entre Philippe et Antiochos. Mais les événements avaient dû leur révéler aussi la portée véritable de ce pacte qui, on l'a vu (*supra*, p. 116), était de circonstance et de portée probablement assez limitée, qui n'avait pas entraîné de collaboration véritable et, surtout, du fait des entreprises de Philippe en Carie, c'est-à-dire dans une région où Antiochos lui-même avait récemment affirmé ses ambitions (*supra*, p. 113), ne devait pas, à vues humaines, être très durable. Si donc les représentants de Rhodes et d'Attale avaient argué de ce pacte (qui, après tout, ne concernait pas l'Occident) pour effrayer les Romains (ce qui n'est qu'une hypothèse), ils auraient dû en fausser le sens, les caractères, les perspectives. Ce qui signifierait, à s'en tenir à l'interprétation d'Holleaux, que le Sénat et le peuple romains se seraient jetés dans la deuxième guerre de Macédoine sur la base de mensonges orientaux. Imagine-t-on qu'ils l'aient fait sans se documenter, à supposer qu'ils n'eussent aucune information sur les événements d'Orient, ce qui semble douteux ? D'ailleurs, si l'ordre des événements précédemment établi est exact, la guerre n'était pas déclarée encore lorsque les trois légats parcoururent la Grèce au printemps de 200. A supposer qu'ils ne fussent point encore, à leur arrivée, éclairés sur la nature réelle de la situation, il serait surprenant qu'ils eussent partout recueilli le même son de cloche qu'auraient fait entendre au Sénat Rhodiens et Pergaméniens. Or la guerre fut déclarée malgré les indices que les légats ne purent pas ne pas recueillir sur la cordialité très relative des relations syro-macédoniennes.

Tout donne donc à penser que la deuxième guerre de Macédoine visa effectivement la seule Macédoine, et non quelque fantomatique coalition de l'Orient contre l'Occident. Du reste, le sort de l'Egypte ne paraît avoir soulevé qu'un intérêt des plus limités à Rome : or, s'il convenait d'écarter le péril prétendûment agité par les Rhodiens et les Pergaméniens, on aurait pu s'attendre à des démarches plus énergiques en faveur de Ptolémée V que ce ne fut le cas — il est vrai que, de ce côté, il pouvait importer d'abord de dissocier Antiochos III de Philippe V...

Bref, si cette guerre vise Philippe et lui seul, il convient d'en rechercher les motifs exclusivement du côté macédonien, ce qui nous ramène à notre point de départ : pourquoi, de façon inattendue, Rome décida-t-elle, en 200, de reprendre des hostilités auxquelles la paix de Phoinikè pouvait paraître avoir donné une conclusion satisfaisante en 205 ? Faut-il, avec Tite-Live, envisager la menace que Philippe, nouveau Pyrrhos et nouvel Hannibal à la fois, aurait fait peser sur l'Italie ? L'argument a pu contribuer à entraîner le vote des Comices : il est douteux que, vu la direction des activités de Philippe à ce moment, il ait pu impressionner le Sénat, et il ne peut s'agir au mieux que d'un prétexte orchestré à des fins de propagande. Auquel cas, il faut chercher la raison sous-jacente. Reprendre l'Atintanie à Philippe ? Ce motif put jouer, mais ne saurait être que secondaire, car il n'y avait nulle urgence de ce côté, rien qui justifiât la hâte avec laquelle, à peine terminée la guerre punique, on se jeta, à Rome, dans cette nouvelle aventure, Philippe V n'ayant pas violé la paix de Phoinikè, dont la question illyrienne était le cœur, et n'ayant alors nul intérêt à la violer.

On en arrive finalement à penser que les causes de la guerre ne sont pas à chercher dans la situation diplomatique ou militaire du monde de ce temps (situation qui a tout au plus fourni des prétextes et des justifications — pour ne pas parler des hypothèses modernes), mais que ces causes sont à chercher à Rome même, et que la vraie raison doit, en définitive, être appelée par son nom : l'impérialisme romain. Si Holleaux a incontestablement démontré qu'il n'y a pas eu d'impérialisme romain en Orient jusqu'au moment où nous sommes parvenus, il a probablement poussé sa démonstration un peu trop loin, chronologiquement parlant. A cette époque, la division du monde méditerranéen entre Occident et Orient devient de plus en plus arbitraire et il devient arbitraire aussi d'opposer un impérialisme romain en Occident à une absence totale d'impérialisme en Orient : l'impérialisme est un ; il ne procède point d'une doctrine fondée sur des considérations géographiques, mais bien plutôt d'une sorte de dynamique humaine que la géographie et les circonstances les plus diverses peuvent canaliser dans un sens ou dans un autre. Jusqu'alors, l'Orient avait été négligé par Rome moins parce qu'il n'intéressait pas que parce que l'Occident concentrait toutes les énergies romaines. Or, en 202-201, les problèmes occidentaux pouvaient sembler virtuellement réglés par la défaite de Carthage.

Mais y avait-il, dans la situation de l'Italie en 201-200, quelque impérieuse nécessité qui imposât au peuple romain de se retourner aussitôt vers l'Orient ? On la chercherait en vain, et le vote négatif des Comices lors de la première proposition de guerre atteste bien les répugnances populaires. Mais l'impérialisme n'a point alors de racines dans la conscience populaire, et tout donne à penser que la décision de l'été 200 fut plus ou moins arrachée aux Comices contre certaines concessions, dont témoigne notamment le fait que le consul P. Sulpicius Galba fut invité à constituer ses légions, dans la mesure du possible, à l'aide de volontaires de l'armée de Scipion, sans être autorisé à enrôler les vétérans contre leur gré (TL XXXI, 8). La deuxième guerre de Macédoine apparaît moins comme une guerre « nationale » que comme la guerre de certains milieux dirigeants qui durent accueillir avec faveur les appels orientaux. Mais quels mobiles animaient ces hommes ? On a invoqué tour à tour le philhellénisme (qui, certes, commence d'exister à Rome, mais ne caractérisait guère un Sulpicius, et ne saurait être considéré comme un facteur déterminant), des intérêts économiques (très douteux cependant en cette fin du IIIe siècle), certaines considérations de caractère sociologique (répugnance de certains vétérans de la guerre hannibalique à reprendre la vie civile sur des terres dévastées : en d'autres termes existence d'effectifs disponibles, qui vont fournir ces volontaires dont il était question à l'instant), l'ambition de certains personnages ou de certaines familles enfin, voyant dans la continuation de l'état de guerre un moyen de pousser leur carrière politique. Et c'est sans doute dans la conjonction de ces deux derniers facteurs, c'est-à-dire dans l'existence naissante d'un milieu militaire qui, hommes et chefs, tend au professionnalisme, qu'il faut chercher les vraies raisons de la deuxième guerre de Macédoine. C'est du reste par ce biais qu'on peut expliquer le point de vue livien, partagé par certains modernes, selon lequel la deuxième guerre de Macédoine n'aurait été que la continuation de la première : car si l'on ne voit pas — à moins d'adopter le point de vue de Sirius — qu'une nécessité logique liât, *à ce moment,* les deux conflits, il reste que ce sont les anciens chefs de la première guerre qui nous apparaissent comme les protagonistes du déclenchement de la seconde : un M. Valerius Laevinus, qui s'était fait envoyer dans l'Adriatique avec une escadre aussitôt après l'appel des États orientaux, avant même que la guerre ne fût résolue ; un P. Sulpicius Galba surtout, qui avait été l'homme de la première guerre de Macédoine de 210 à 206 — mais point l'homme de la paix de Phoinikè, et qui, en proposant par deux fois aux Comices la guerre à Philippe, entendait sans doute prendre sa revanche de son rappel et de son remplacement de 206 ; pour cet homme, la deuxième guerre de Macédoine est incontestablement la suite de la première, la continuation de « sa » guerre.

Que cette explication soit ou non la bonne, il reste que c'est une explication romaine qu'il faut proposer de l'engagement de 200. Les affaires d'Orient, les ambitions plus ou moins conjuguées de Philippe V et d'Antiochos III, ni d'ailleurs les seules ambitions de Philippe V, plus propres alors à le brouiller avec Antiochos III qu'à le rendre menaçant pour l'Occident, ne semblent pas susceptibles de nous fournir les causes objectivement déterminantes de l'intervention romaine. Mais les appels d'Attale et des Rhodiens, renforcés encore par ceux de Ptolémée V et des Athéniens, ont dû suggérer à une fraction de l'aristocratie sénatoriale qu'il y avait là un nouveau débouché (ou, pour un Sulpicius, un débouché renouvelé) à ses énergies en vacance. Du point de vue hellénistique, et les choses étant considérées *a posteriori,* la responsabilité d'Attale et des Rhodiens apparaît écrasante. Il est vrai que Rome avait jusqu'alors manifesté si peu d'intérêt pour les choses d'Orient, par delà l'Illyrie tout au moins, que nul ne pouvait alors deviner quel tournant historique représenterait la déclaration de guerre de 200.

En simplifiant à l'extrême (ce qu'il n'est point trop répréhensible de faire, vu notre ignorance du dessous des cartes), on pourrait dire que les causes de la deuxième guerre de Macédoine sont à chercher dans l'exploitation, par le désarroi des petits États hellénistiques, de la disponibilité où se trouvaient, après Zama, certaines énergies romaines. Cette explication est certes hypothétique dans une très large mesure, mais elle apparaît plus plausible que l'hypothèse du désarroi de Rome en présence d'une prétendue conjuration syro-macédonienne menaçant le repos de l'Occident.

Quoi qu'il en soit des mobiles romains, dont on voit que l'interprétation ne peut être que très subjective, les buts de guerre officiels de Rome sont en revanche bien connus par les ultimatums à Philippe : empêcher le roi de faire la guerre à aucun État grec ; soumettre les griefs de Rhodes et d'Attale à un arbitrage ; imposer le respect des possessions ptolémaïques. En deux mots : maintenir le relatif équilibre qui régnait dans l'Égée avant les entreprises de Philippe, et les libertés grecques. Rome, par conséquent — et cela ne justifiait-il pas les Rhodiens et Attale de lui avoir fait appel ? — affichait d'entrée de jeu son propre désintéressement. L'on verra toutefois dans la suite que le Sénat n'était pas unanime sur ce point.

BIBLIOGRAPHIE COMPLÉMENTAIRE ET NOTES : Le passage de **Polybe** où l'historien dut analyser les causes de la 2e guerre de Macédoine est malheureusement perdu, mais F.W. WALBANK, *Polybius* (Berkeley-Los Angeles 1972), pp. 163 *sq.* remarque qu'il y a fort à parier pour que la responsabilité romaine y ait été exclue, Polybe rejetant régulièrement la responsabilité de toutes les guerres romaines sur les adversaires de Rome... Polybe put d'ailleurs recueillir à Rome même l'idée de la guerre défensive, qui appartient dès la fin du IIIe s. à la doctrine officielle (cf. WERNER, *ANRW* I, 1, p. 534). La **position livienne**, selon laquelle la deuxième guerre de Macédoine ne serait que la poursuite de la première, et la paix de Phoinikè qu'une trêve, éventuellement ménagée de telle sorte qu'il en pût sortir quelque *casus belli*, a été suivie par de nombreux modernes : cf. NIESE II, pp. 590 *sqq.* ; DE SANCTIS, *St. d. R.* III, 2, p. 439 ; IV, 1, p. 27 ; B. FERRO, *o. c.*, voir en particulier les conclusions, pp. 177 *sqq.* Revue générale de l'historiographie moderne *ap.* L. RADITSA, *Bella Macedonica, ANRW* I, 1, pp. 564 *sqq.*, à laquelle on ajoutera P. VEYNE, *Y a-t-il eu un impérialisme romain ?, MEFRA* LXXXVII (1975), notamment pp. 837 *sq.*

Sur la question des *adscripti*, et donc sur le **problème juridique**, cf. déjà *supra*, p. 95. J.A.O. LARSEN, *The peace of Phoenice and the outbreak of the 2nd Maced. war, ClPh* XXXII (1937), pp. 15 *sqq.*, estimait que la clause des deux ultimatums concernant Attale visait la paix de Phoinikè. L'interprétation est évidemment tentante, mais elle n'est pas sûre, puisque Philippe, rejetant sur Rome l'accusation de violer la paix, n'eût pas utilisé cet argument si le bât l'avait lui-même blessé... R. WERNER, qui a montré (*supra*, p. 98) que la première guerre de Macédoine et la paix de Phoinikè n'avaient pas créé de rapport juridique d'alliance entre Rome et Attale, que ne rapprochaient qu'une *amicitia* informelle, souligne que l'obligation à laquelle se soumet le Sénat en accueillant les griefs d'Attale est d'ordre moral, relevant de la *fides* (il en rapproche les représentations faites à Philippe au sujet des possessions ptolémaïques, qui se fonderaient aussi sur la vieille *amicitia* entre Rome et

Alexandrie). Pour Athènes, son appel à Rome est rapporté à l'*adscriptio* par
B. FERRO, *o. c.*, p. 20, qui considère cependant que ce ne fut pas là un
casus belli pour Rome, du fait qu'en aidant contre Athènes ses alliés Acarnaniens, eux-mêmes en état de légitime défense, Philippe n'aurait pas violé
la paix de Phoinikè (idée empruntée à BICKERMAN, *RPh* IX (1935), p. 22).

Sur l'*Illyrie*, POL. XVIII, 1, 14, dit qu'après Cynoscéphales, Flamininus
exigea de Philippe « la restitution des territoires illyriens dont il était devenu
maître *après* les (? ou : *à la suite des?*) conventions conclues en Épire ».
Le problème porte sur le sens du gr. *meta*. S'il est « devenu maître » *(gegone
kyrios)* de ces territoires *après* la paix, cela semble à première vue signifier
qu'il s'en est emparé (mais le texte ne s'exprime pas de façon aussi précise) ;
s'il en est devenu maître *à la suite de* (c'est-à-dire « en vertu de ») la paix,
il s'agit de l'Atintanie, abandonnée à Philippe en 205 et à présent revendiquée
par Rome. Le problème est compliqué encore par la suite de la phrase, où
Flamininus réclame également l'évacuation « de toutes les cités dont il
s'était emparé » (c'est fort précis cette fois) « *après* (? ou : *à la suite de?*)
la mort de Ptolémée Philopatôr ». L'interprétation suivie ci-dessus (c'est-à-
dire la seconde : Philippe « était maître de » l'Atintanie « après » le traité ;
en d'autres termes, le traité l'avait rendu maître de cette région) a été notamment défendue par S.I. OOST, *Ph. V and Illyria 205-200 B. C.*, *ClPh* LIV
(1959), pp. 158 *sqq.*, dont les conlusions ont été discutées par T.A. DOREY
et E. BADIAN, *ibid.* LV (1960), pp. 180 *sqq.* Pour *meta* au sens de « après »,
cf. aussi HAMMOND, *Epirus*, p. 613 (sans discussion). Doutes quant à l'importance
du problème illyrien en ces circonstances *ap.* J.L. FERRARY, dans Cl. NICOLET,
Rome... II, p. 738.

Pour en finir avec les questions juridiques, on rappellera la théorie, signalée
supra, p. 98, de E. BICKERMAN, *l. c.*, selon lequel la paix de Phoinikè aurait
été une *koinè eirènè* telle que celles que nous connaissons par la pratique
grecque du IVᵉ siècle. L'interprétation apparaît difficilement convaincante ;
les conclusions qui en sont tirées pour la compréhension des origines de la
deuxième guerre de Macédoine ne le sont guère plus : cf. la discussion de
J.A.O. LARSEN, *l. c.* ; cf. aussi WERNER, *l. c.*, p. 548.

La **doctrine d'Holleaux** a été développée dans *Rome...*, pp. 306 *sqq.*
(conclusion du livre), cf. *CAH* VIII, pp. 155 *sqq.* = *Études* V, pp. 341 *sqq.*
Elle a été suivie notamment par MC DONALD et WALBANK, *l. c. supra*, pp. 206
sqq. ; WALBANK, *Ph. V*, pp. 127 *sq.* Partant de cette même thèse, G.T. GRIF-
FITH, *An early motive of Roman imperialism (201 B. C.), Cambridge Histor.
Journ.* V (1935), pp. 1 *sqq.*, a surtout insisté sur la crainte qu'aurait éprouvé
le Sénat de voir Philippe poursuivre son essor naval et disputer à Rome la
primauté navale en Méditerranée. Holleaux a certainement eu raison de
s'inscrire en faux contre les théories affirmant que la déclaration de guerre
de 200 n'était que l'aboutissement d'un pur impérialisme médité de longue
date, ou encore contre l'idée que Rome se serait effrayée d'une expansion
macédonienne menaçant à elle seule l'équilibre méditerranéen (idée reprise
par PASSERINI, cf. ci-dessous), crainte qui aurait de surcroît été renforcée
par une puissante vague de philhellénisme dans les milieux aristocratiques
romains : cf. p. ex. T. FRANK, *Roman imperialism* (1914), pp. 148 *sqq.*, et
surtout H.E. STIER, *Roms Aufstieg zur Weltmacht* (Cologne, 1957), pp. 101-104,
lequel revient aussi à la vieille idée de Mommsen selon laquelle la deuxième
guerre de Macédoine aurait été la « juste guerre » par excellence, procédant
d'une saine réaction morale contre le brigandage conquérant de Philippe. Bien
simpliste apparaît aussi l'opinion de H. BENGTSON, *Grundriss d. röm. Gesch.*
(Munich 1967), p. 111, selon lequel « l'heure apparut favorable de régler son
compte aussi à la Macédoine, qui avait été assez imprévoyante pour combattre
pendant une décennie aux côtés de Carthage », ce qui ferait de la deuxième
guerre de Macédoine « ein typischer Angriffskrieg ». En ce qui concerne plus

particulièrement le **philhellénisme,** on verra plus loin qu'il ne pourra être refusé à un Flamininus, mais le comportement d'un Sulpicius Galba en Grèce de 210 à 206 lui donnait peu de titres à jouer les Philhellènes — or c'est Sulpicius qui apparaît comme le chef de file des « va-t-en-guerre » romains de 200. Et comme on a supposé, non sans raisons, que Sulpicius aurait été un des principaux artisans de la désignation de Flamininus en 198 (*infra*, p. 154), il apparaît peu probable que le philhellénisme soit à l'origine du changement de comportement politique de Rome à l'égard des Grecs, qu'on entreprend de protéger après les avoir brutalisés quelques années plus tôt. Comme le note E. BADIAN, *T. Quinctius Flamininus. Philhellenism and Realpolitik,* « Lectures in memory of L. Taft Semple » II (Cincinnati 1970), pp. 36 *sqq.*, il s'agit plutôt d'un changement de méthodes, dont on attend plus d'efficacité, et cela, Sulpicius lui-même peut l'avoir compris, et poussé en avant l'homme le mieux fait pour appliquer cette nouvelle méthode. — Pour divers aspects des débuts de la confrontation culturelle entre Romains et Hellènes, cf. A.J. TOYNBEE, *Hannibal's legacy* II (1965), pp. 435 *sqq.*; A. MOMIGLIANO, *Alien wisdom. The limits of Hellenization* (Cambridge 1975), pp. 12 *sqq.* (tr. fr. *Sagesses barbares* (Paris 1979), pp. 24 *sqq.*). Mais on hésitera à suivre E. MANNI, *Roma e l'Italia...,* p. 302, lorsqu'il écrit que « la culture, sous toutes ses formes, ressent l'exigence de contacts profitables avec une civilisation dont la splendeur et le raffinement fascinent ; la politique doit garantir ces exigences et l'aristocratie hellénisante qui gouverne Rome se fait l'instrument de cette nécessité ».

Les thèses d'Holleaux ont été critiquées de divers côtés. Insistant sur la crainte qu'on aurait éprouvée au Sénat de la seule **expansion macédonienne,** A. PASSERINI, *Studi di storia ellenistico-romana II : i moventi di Roma nella seconda guerra macedonica, Ath.* NS IX (1931), pp. 545 *sqq.* attirait l'attention sur la politique africaine de Rome à ce moment, qu'il rapprochait des prétentions sur la Cyrénaïque qu'Appien prêtait à Philippe (cf. *supra*, p. 117) : il est vrai que celles-ci apparaissent des plus douteuses. Passerini doutait que les ambassadeurs orientaux aient cherché à effrayer le Sénat en agitant le pacte syro-macédonien et pensait tout au contraire qu'Attale et les Rhodiens durent montrer aux Romains que cet accord n'était que du vent et que l'occasion était donc bonne de tomber dans le dos d'une Macédoine isolée. La position de R.M. ERRINGTON, *art. cit.* (*supra*, p. 117), qui part en fait de la critique d'Holleaux pour nier l'existence de tout pacte syro-macédonien, apparaît peu recommandable.

Les **difficultés sociales** suscitées par la démobilisation de l'armée d'Afrique ont été brièvement mises au premier plan par A. PIGANIOL, *La conquête romaine* (5ᵉ éd.), p. 297. TL XXXI, 4, en parlant des assignations de terres aux vétérans d'Afrique, ne signale pas de difficultés à cet égard, mais on remarquera que, deux ans plus tard, Flamininus, qui figure en 200 parmi les décemvirs chargés de ces assignations, emmènera également avec lui des vétérans d'Espagne et d'Afrique : il est donc probable qu'il y avait des milliers d'hommes qui, ou bien n'avaient pas été candidats à ces assignations, ou bien, ayant été casés, n'en étaient pas satisfaits et, dans les deux cas, préféraient la continuation de la vie militaire.

J. HATZFELD, *Les trafiquants italiens dans l'Orient hellénique* (1919) a montré, notamment dans la première partie de ce livre et dans ses conclusions, que, les intérêts économiques ayant généralement suivi les progrès de l'impérialisme plutôt qu'ils ne lui ont frayé les voies, on ne saurait envisager de **mobiles économiques** aux premières guerres romaines d'Orient. Tout en partageant ce point de vue, H. HILL, *The Roman middle-class* (1962), p. 94, cherche à le nuancer quelque peu : il y aurait eu, au Sénat, des gens informés des possibilités du commerce oriental et qui « plus loin que le propos immédiat d'écraser le danger macédonien, voyaient le commerce de l'Égée et de l'Asie » ; ces gens, « s'il y en eut, donnèrent simplement leur appui à une décision prise pour de tout autres raisons ». Mais E. BADIAN, *Roman imperialism in the late republic*, p. 20, dénonce à son tour « the whole myth of economic motives in Rome's foreign policy at this time » (*sc.* au IIe s.), comme « a figment of modern anachronism » — que l'on retrouve cependant encore chez des auteurs modernes récents (cf. MANNI, *Roma e l'Italia...*, p. 302 ; D. MUSTI, *Polibio e l'imperialismo romano* (Naples 1978), qui, malheureusement, néglige les origines de la deuxième guerre de Macédoine). Il est peu de domaines où l'on perçoive mieux la contradiction entre telles interprétations idéologiques et le langage (ou le silence...) de la documentation : un historien convaincu de ce que les contacts entre Rome et l'Orient remontent haut dans le IIIe s., F. CASSOLA, *Romani e Italici in Oriente, Dial. di Arch.* IV-V (1970-1), pp. 305 *sqq.* note, comme Hatzfeld, que c'est l'issue de la troisième guerre de Macédoine qui donna le grand coup de fouet au négoce italien en Orient. Mais, indépendamment de toute idéologie modernisante (qu'elle soit « libérale » ou marxisante), on remarquera que l' « interprétation économique » apparaît chez certains comme une commodité dispensant d'exiger des explications précises et concrètes. C'est le cas de F. DE MARTINO, *Storia della costituzione romana* II², ch. VIII, dont, par exemple, les propos des pp. 268 *sqq.* relèvent de la pure affirmation. Tout cela n'exclut certes pas que les entreprises impérialistes romaines aient comporté leur aspect prédateur, comme toutes les guerres antiques : mais on se gardera de confondre l'aspect prédateur de la guerre (dont les motivations profondes sont à chercher ailleurs — et cette recherche n'est pas du ressort du présent livre) et une hypothétique « politique économique ». Voir à ce sujet les observations prudentes et nuancées de Cl. NICOLET, *Rome...* II, pp. 894-903. Il est bien évident, par ailleurs, que, du jour où les Romains auront solidement pris pied en Orient, ils sauront (l'État et les individus) tirer profit de leur situation. Mais, répétons-le, ce sera surtout vrai après Pydna (cf. encore M.H. CRAWFORD, *Rome and the Greek world : economic relationship, Econ. Hist. Rev.* XXX (1977), pp. 42 *sqq.*) — et, même alors, il convient de distinguer entre prédation et politique économique (ce qui n'est pas toujours aisé : cf. W.V. HARRIS, *On war and greed in the 2nd cent. B. C., AHR* LXXVI (1971), pp. 371 *sqq.*), à moins de baptiser « politique économique » le comportement prédateur d'un groupe au pouvoir.

Le facteur des **ambitions aristocratiques**, du goût acquis par d'aucuns pour les grands commandements lointains et prolongés qui permettent d'échapper aux contrôles sénatoriaux et populaires, a été dégagé avec vigueur, dans son examen du livre d'Holleaux, par J. CARCOPINO, *Points de vue...*, pp. 63 *sqq.* L'influence du monde hellénistique sur les conceptions politiques romaines est très probable et E. MANNI, *Roma e l'Italia...*, p. 300, l'a bien définie : « La conception hellénistique de la personnalité commençait inévitablement à se frayer une voie, à mesure que, précisément, ne cessaient de s'intensifier les contacts avec le monde oriental et que la culture hellénistique pénétrait à Rome par les canaux les plus divers. Puissance méditerranéenne, Rome ne pouvait plus rester enfermée dans les schémas de l'État praticien-plébéien tel qu'il s'était affirmé au IVe s. Les longues guerres et les longs commandements conduisaient inévitablement, de façon extérieure aussi, à des conditions analogues à celles du monde hellénistique : les rapports entre soldats et généraux se transformaient en véritables rapports de clientèle et ces rapports, de plus, se faisaient d'autant plus solides que des membres d'une même famille — comme dans le cas des Scipions — ou d'un même clan politique se succédaient au commandement ». On soulignera toutefois que s'il y eut un exemple de commandement personnel et durable qui put frapper les Romains, ce fut sans doute celui d'Hannibal que celui de Philippe ou d'Attale de Pergame. Il faudrait ajouter ici des mobiles irrationnels, mais, partant, indémontrables, tels que la rancune romaine à l'égard de Philippe pour son alliance avec Hannibal : cf. E. BADIAN, *Foreign clientelae*, p. 65 (qui insiste fortement sur le facteur illyrien — dont il faut cependant répéter qu'il n'en est pas question dans nos sources — mais dont on reconnaîtra que ce facteur a pu être envisagé tacitement, faute de pouvoir l'être juridiquement et donc officiellement) ; cf. encore BADIAN, *Roman imperialism...* (2e éd., Oxford 1968), pp. 6 *sq.* et, sur les racines de l'impérialisme dans la mentalité aristocratique, pp. 12 *sqq.* Mais peut-être vaudrait-il mieux parler de mentalité oligarchique que de mentalité aristocratique : P. VEYNE, *l. c.*, *MEFRA* LXXXVII (1975), pp. 793-855, tend à voir dans ce qu'on appelle l'impérialisme romain (et qui n'en serait en réalité point un) une sorte de routine belliqueuse (héritée des temps où Rome était obligée de guerroyer constamment pour se donner de l'air) pratiquée par une oligarchie sénatoriale guerrière dont l'esprit de caste a pour effet que chacun de ses membres peut, tour à tour, aller exercer à l'extérieur des commandements glorieux et fructueux (la prédation !), quitte à fermer les yeux sur les privilèges et les abus de ses collègues à l'intérieur, la hantise romaine de sécurité dans la solitude favorisant ce comportement, qu'autorisait par ailleurs la vigueur démographique du peuple romain (cf. notamment pp. 823 *sqq.*). Veyne voit toutefois une exception à cette politique de routine — et c'est précisément la deuxième guerre de Macédoine où, pour une fois et une seule, selon lui, Rome succombe à la tentation impérialiste, c'est-à-dire au désir, provoqué par les appels venus de l'Est, d'imposer son autorité hégémonique sur le théâtre de ce qui apparaît, à l'époque, comme le vrai monde des relations internationales, du monde hellénistique, attitude à laquelle le « philhellénisme apporte son coefficient de séduction ». Intermède impérialiste, hégémonique, qui culminera dans la proclamation de 196 — après quoi Rome en reviendra à la routine de la sécurité, qui deviendra rapidement négligente.

On voit que les **interprétations modernes demeurent fortement divergentes.** Il est en tout cas certain (et cela vaut pour toute la fin de la République) que les transformations sociales romaines et italiennes sont, dans une mesure qui restera toujours difficile à déterminer exactement, des facteurs de la politique extérieure (cf. p. ex. K. HOPKINS, *Structural differenciation in Rome 200-31 B. C.*, dans I.M. LEWIS (ed.), *History and social anthropology* (Londres 1968), pp. 63 *sqq.*) — dont il est à peine besoin d'ajouter que les Grecs n'avaient aucun moyen de (ni même aucune raison de chercher à) les comprendre.

L'on a naturellement cherché à identifier les **personnalités romaines** particulièrement responsables du déclenchement de la guerre, et le nom de Scipion l'Africain a été fréquemment avancé (cf. DE SANCTIS, *St. d. R.* IV, 1, pp. 21 *sqq.*, qui combinait, dans son interprétation, le facteur des ambitions personnelles à celui de la guerre préventive contre une Macédoine encore inoffensive, mais qui menaçait de ne plus l'être à brève échéance) ; mais Scipion n'apparaissant pas au premier plan, le problème consiste à savoir dans quel rapport était l' « eastern lobby » (Badian) avec la famille des Scipions. Cf. l'examen le plus récent de cette question *ap.* F. CASSOLA, *I gruppi politici romani nell III secolo* (1962), pp. 393 *sqq.* (où bibliographie). Un lien entre Scipion l'Africain et les protagonistes apparents de la guerre serait rendu plausible par le seul fait que Sulpicius puis Flamininus recrutèrent des volontaires parmi les vétérans de l'Africain, ce qui rend peu plausible l'appartenance de ces personnages à un milieu hostile à l'Africain, de même que l'hostilité de celui-ci à la guerre macédonienne. Toujours est-il que, quel que fût le groupe qui appuya la candidature de Sulpicius au consulat de 200, on ne saurait affirmer, dans les termes où l'a fait MÜNZER, s. v. *Sulpicius 65*, *PW* IV A 1 (1930), col. 805, que « sa réélection était en rapport avec la résolution des Romains de reprendre la guerre avec Philippe » : de certains Romains, sans doute, mais non de tous, puisque la première proposition de guerre de Sulpicius, aussitôt après son élection, fut rejetée par le peuple : il faut se méfier de ces expressions abstraites que sont « Rome », « les Romains » et que l'on emploie trop fréquemment. Les groupes politiques sénatoriaux étaient fluides et ils nous sont assez mal connus pour que les modernes aient pu tenter de les reconstituer dans des sens fort contradictoires : cf. p. ex. la discussion, à propos de Scipion, Sulpicius et Flamininus, de J. Briscoe, *Flamininus and Rom. polit. 200-189 B. C.*, Latomus XXXI (1972), pp. 36 sqq.

Les **buts de guerre romains** étant clairement définis par l'ultimatum d'Abydos, et déjà (moins complètement) par celui d'Athènes, leur sens profond peut cependant prêter à discussion. A l'opposé d'Holleaux, qui voyait dans l'ultimatum d'Athènes une provocation destinée à déclencher le conflit, Badian, *o. c.*, pp. 66 *sq.*, estimait que cette démarche n'allait pas sans quelque espoir de voir atteints sans coup férir les deux buts de Rome, qui consistaient, selon lui, à faire de Philippe un prince client, et de l'ensemble de la Grèce un protectorat de fait. Mais, outre qu'on peut douter que la notion de « prince client de Rome » soit dès lors bien nette, on ignore si, à cette date, ces buts de guerre étaient clairement définis (comme le pense p. ex. Dahlheim, *Gewalt u. Herrschaft...*, p. 110, qui estime qu'il s'agissait pour Rome d'éviter toute rupture dans l'équilibre en Méditerranée orientale) et il ne faut pas oublier que, s'ils l'étaient, ils ne pouvaient passer pour unanimement adoptés. D'accord sur le principe de la guerre en Orient, ceux qui contribuèrent à la faire déclarer ne l'étaient certainement pas sur les solutions à laquelle cette guerre devait aboutir, comme le prouveront aussi bien les tiraillements entre Flamininus et la commission sénatoriale de 196 (*infra*, p. 168) que le fait que Scipion appliquera à l'égard d'Antiochos III une politique différente de celle appliquée en 196 à Philippe V (cf. à ce sujet Mc Donald, *Scipio Africanus and Roman politics in the second cent B. C.*, JRS XXVIII (1938), pp. 153 *sqq.*, mais aussi, *contra*, Cassola, *o. c.*, pp. 397 *sqq.*). De surcroît, il est permis de se demander si, au printemps de 200, les termes de l'ultimatum remis à Nikanôr avaient une portée officielle, ce qui est douteux, car nul ne pouvait prévoir, lorsque les légats partirent de Rome, la situation qu'ils trouvèrent en Attique, et la guerre n'est pas encore déclarée à ce moment.

La conclusion la plus sûre qui se dégage de tout cela, c'est que les mobiles de Rome, en 201/0, furent d'une complexité qui, en l'état de notre documentation, défie l'analyse. Cf. encore, sur l'ensemble du problème, Dahlheim, *Struktur u. Entwicklung...*, pp. 239 *sqq.* (n. 20).

II — LA DEUXIÈME GUERRE DE MACÉDOINE ET SES SUITES JUSQU'A L'ÉVACUATION DE LA GRÈCE PAR LES ROMAINS (200-194)

A) La guerre jusqu'à l'arrivée de Flamininus (200-198)

1° Les forces en présence

Il est impossible de connaître la pensée de Philippe V lorsqu'il rejeta l'ultimatum d'Abydos. Espérait-il que cette démarche n'aurait pas plus de suites que celle d'Athènes — qu'en somme il s'agissait d'un *bluff* ? Estimait-il qu'en l'acceptant son prestige et ses possibilités d'action seraient ruinés, ce qui eût sans doute été le cas dans l'immédiat ? Quelle part jouèrent dans ce refus le calcul et la colère ? Questions sans réponse. Aemilius Lepidus reparti, Philippe s'empara d'Abydos, dont les habitants s'entretuèrent et se suicidèrent pour ne pas tomber aux mains du vainqueur, puis repartit pour la Macédoine — pour y apprendre que l'armée de Sulpicius avait pris ses quartiers d'hiver à Apollonie et à Corcyre.

Sur qui Philippe pouvait-il compter ? Certes point sur Antiochos III, dont les légats romains s'assuraient, à ce même moment, la neutralité (*supra*, p. 120) : le fameux pacte, passées les circonstances qui l'avaient fait naître, tombait déjà en poussière. En Grèce, les alliés traditionnels de la Macédoine (l'ancienne symmachie de Dôsôn) ne bougèrent pas. Les Achaiens, dont l'ardeur pour la cause macédonienne avait fort décliné dans les années précédentes, se souciaient plus de résister à Nabis que de se mesurer aux légions romaines. La Macédoine était en fait isolée.

Du côté romain, l'alliance (alliance de fait, sans traité formel, semble-t-il) de Rhodes et de Pergame, qui avaient l'une et l'autre des alliances en Crète, assurait à ses adversaires une supériorité maritime que Philippe évita soigneusement de leur disputer. Les Athéniens n'étaient que des alliés symboliques, qui pâtirent fort de la guerre sans vraiment y collaborer autrement que « par des écrits et des discours » (« c'est leur seul talent », écrit Tite-Live), car Philippe s'acharna contre eux presque avec sadisme. Les Étoliens, déboutés par Rome en 202 (*supra*, p. 122) et à présent sollicités, restèrent d'abord dans l'expectative : il faudra les premiers et très relatifs succès romains pour qu'ils se prononcent contre Philippe, sans pour autant conclure une nouvelle alliance avec Rome. Les Achaiens, eux aussi sollicités, mais qui avaient conservé le souvenir des violences romaines de la première guerre de Macédoine, se conduisirent comme les Étoliens, mais avec plus d'hésitations encore : malgré la pression grandissante de la faction antimacédonienne, Philippe, en leur cédant quelques places péloponnésiennes, réussit à les maintenir dans son camp (en réalité : dans la neutralité) jusqu'en 198 (cf. *infra*, p. 155). Rome, au début, ne dispose donc, en Europe, que de l'appui de barbares ou de demi-barbares, Illyriens de Pleuratos, Athamanes d'Amynandros, Dardaniens, tous ennemis traditionnels de la Macédoine.

Ce n'est donc qu'avec répugnance que la Grèce, où l'on a aussi peu de sympathie pour Rome que pour Philippe, aborde ce nouveau conflit.

SOURCES : Cf. la section suivante.

BIBLIOGRAPHIE COMPLÉMENTAIRE ET NOTES : Sur l'alliance **rhodienne**, SCHMITT, *Rom und Rhodos*, pp. 67 *sqq.*

Alliances entre **Rhodes** et des **cités crétoises** : cf. SCHMITT, *Staatsvertr.* III, n° 551 (= *Syll*³. 581)-552 ; ces deux traités, vraisemblablement contemporains, sont de date incertaine : on les a datés soit de la fin de la « guerre crétoise » (*supra*, p. 105), c'est-à-dire de *ca* 201/0 (ainsi SCHMITT, *l. c.*), soit des années dont il est question ici (cf. SPYRIDAKIS, *Ptolemaic Itanos and hellenistic Crete* (Berkeley-Los Angeles 1970), pp. 38 *sq.* Faisant passer Hiérapytna (qui avait combattu contre Rhodes un peu plus tôt : cf. *Syll*³. 567) et Olous dans le camp rhodien, ils assuraient aux Rhodiens de bases importantes en Crète orientale. L'influence macédonienne étant de la sorte éliminée de cette région, SPYRIDAKIS, pp. 82 *sqq.* en conclut que Ptolémée V put alors retirer d'Itanos la garnison qui y stationnait et dont les Itaniens demandèrent plus tard le rétablissement. Peut-être est-ce de cette époque aussi qu'il faut dater une alliance triangulaire entre Milet, Rhodes et « la Crète » (HAUSSOULIER, *Études s. l'Hist. de Milet...*, pp. 140 *sq.*). Cf. encore T. HACKENS, *L'influence rhodienne en Crète aux III*ᵉ *et II*ᵉ *s. av. J.-C. et le trésor de Gortyne 1965*, R. Belge de Num. CXVI (1970), pp. 37 *sqq.*

Alliances d'**Attale I** en **Crète**, probablement vers 200 : P. DUCREY & H. VAN EFFENTERRE, *Traités attalides avec des cités crétoises*, Krèt. Khron. 1969, pp. 277 *sqq.*

Athènes : FERGUSON, *HA*, pp. 273 *sqq.*

Comportement des **Étoliens** : FLACELIÈRE, *Ait*, pp. 342 *sqq.* ; G.A. LEHMANN, *Unters. z. histor. Glaubw. d. Polybios* (Münster 1967), pp. 78 *sqq.*

Attitude des **Achaiens** : AYMARD, *Premiers rapports...*, ch. I. ERRINGTON, *Philopoemen*, pp. 82 *sqq.* a montré que le passage des légats en Achaïe (*supra*, p. 150) avait sans doute eu pour effet de cristalliser les sentiments antimacédoniens dans un sens philoromain : les intérêts achaïens rejoignent alors ceux de Rome.

2° LES DEUX PREMIÈRES ANNÉES DE LA GUERRE

On négligera ici le détail des opérations confuses et décevantes qui précèdent l'arrivée de Flamininus. Jusqu'à la fin de 199, Philippe réussit à empêcher Sulpicius d'exploiter les succès partiels qu'il avait remportés en tentant d'envahir la Macédoine par l'Ouest. Il réussit de même à rejeter les Étoliens de Thessalie et les Dardaniens de Péonie. La flotte coalisée de ses adversaires ne remporta, de son côté, que des succès fort limités. L'année 199 s'acheva en réalité par un retour des belligérants à leurs positions initiales — ce qui peut être considéré comme un succès pour Philippe, isolé et obligé de faire front de tous côtés.

Le successeur de Sulpicius, P. Villius, n'occupa son commandement que le temps de réprimer une mutinerie de son armée et de méditer sur le dispositif que Philippe opposait à son avance dans les gorges de l'Aoos. Ce médiocre fut sans doute trop heureux de passer son commandement à son propre successeur, qui accourait avec une célérité inaccoutumée : T. Quinctius Flamininus.

SOURCES : Polybe fait défaut pour ces années, mais sa substance a passé dans TL XXXI, 22-26 (opérations autour de l'Attique et relations de Philippe et des Achaiens) ; 27-28 (premières opérations de Sulpicius) ; 29-32 (tentatives diplomatiques de Philippe et des Romains auprès des Étoliens) ; 33-46 (suite des opérations ; entrée en guerre des Étoliens contre Philippe) ; XXXII, 3-6 (P. Villius succède à Sulpicius ; Philippe achète la neutralité des Achaiens). ZON. IX, 15.

BIBLIOGRAPHIE COMPLÉMENTAIRE : Outre les ouvrages généraux, cf. MÜNZER, s. v. *Sulpicius 64, PW* IV A 1 (1931), coll. 805-7 ; WALBANK, *Ph. V*, pp. 138-151 et les titres cités à la section précédente. Étude topographique détaillée des campagnes dans HAMMOND, *Epirus*, pp. 615 *sqq.* Cf. encore H.J. DELL, *Macedon and Rome : the Illyrian question in the 2nd cent. B. C.*, dans *Ancient Macedon.* II, 1973 (Thessalonique 1977), pp. 308 *sqq.* Sur les opérations en **Eubée**, cf. O. PICARD, *Chalcis et la Confédération eubéenne* (Paris 1979), pp. 280 *sqq.*

B) La guerre de Flamininus (198-197)

1° FLAMININUS, L'HOMME ET SA POLITIQUE

Il n'est peut-être pas de bonne méthode de tenter de cerner la personnalité d'un homme d'action avant que de l'avoir vu agir. Mais l'entrée en scène de Flamininus représente une telle somme de nouveautés, et qui dépassent certainement sa seule personne, qu'il vaut la peine de s'y arrêter un instant. En dépit de l'illustration que s'acquit le tout jeune consul, en dépit de textes exceptionnellement abondants, la personnalité de T. Quinctius Flamininus reste énigmatique. On le voit bien exprimer des idées qui, dans la bouche d'un magistrat romain agissant en Orient, ont une résonance toute nouvelle (encore que, du point de vue grec, ces idées soient bien vieilles) ; on le voit bien appliquer ces idées avec un éclat parfois théâtral, — le personnage, ses idées et leur application n'en posent pas moins un certain nombre de questions. Ainsi, ces idées lui sont-elles vraiment personnelles, ou ne font-elles qu'exprimer l'opinion d'une fraction des milieux sénatoriaux ? En d'autres termes, Flamininus est-il personnellement l'initiateur d'une nouvelle politique romaine à l'égard de la Macédoine et de la Grèce, ou bien n'est-il que l'habile porte-parole d'un groupe dont on discerne mal les contours ? Ainsi, surtout, Flamininus est-il sincère dans l'expression et l'application de ces idées, ou bien celles-ci ne sont-elles que le fallacieux paravent d'une politique non dépourvue de cynisme ? On n'a pas fini d'en discuter.

Ce qui apparaît toutefois probable, c'est que les résultats maigres et décevants des campagnes tant militaires que diplomatiques de 199 durent convaincre le Sénat de la nécessité d'un changement radical de politique. Et il est très probable aussi que Flamininus fut l'un des promoteurs de ce changement, car son élection au consulat fut exceptionnellement précoce : il n'avait pas trente ans et n'avait encore été que questeur. Qu'on ressentît à Rome l'urgence de ce changement de politique ressort aussi de la hâte avec laquelle Flamininus accourut dans sa « province » : il arrive en Illyrie presque sur les talons de son prédécesseur Villius.

En quoi consiste cette nouvelle politique ? Alors que les deux ultimatums de 200 avaient exigé de Philippe qu'il ne fît la guerre à aucun État grec, ce qui ne signifiait pas, formellement, qu'il dût évacuer les cités et les pays grecs qu'il tenait sous sa domination, mais simplement qu'il se tînt en repos, à présent le Sénat exigeait le retrait des garnisons macédoniennes de tous les pays grecs où il y en avait, et tout d'abord de la Thessalie, traditionnellement macédonienne depuis Philippe II, sans préjudice d'indemnisation pour toutes les déprédations commises. Alors que le premier mot d'ordre romain avait été « paix en Grèce », à présent c'était « liberté de la Grèce » et la monarchie macédonienne refoulée dans la Macédoine proprement dite : expression nouvelle d'une vieille tradition antimacédonienne que nous avons rencontrée dans les premiers débuts de l'époque hellénistique. C'étaient là les nouvelles exigences romaines, que Flamininus présenta à Philippe au cours d'une entrevue, organisée dans le cadre d'une proposition de médiation épirote : c'était Philippe qui avait suggéré cette médiation, s'imaginant peut-être que les choses s'arrangeraient comme à Phionikè en 205.

Mais ce par quoi la nouvelle politique romaine devait surtout valoir, ce fut par un changement de style : l'heure est au philhellénisme militant. Or ce philhellénisme est-il sincère, ou bien n'est-il qu'un masque destiné à arracher, dans l'enthousiasme, la Grèce à l'emprise macédonienne ? Il est difficile d'en juger, car, entre un goût intellectuel et esthétique sincère des choses grecques et son exploitation à des fins politiques réalistes, il peut y avoir une marge non négligeable. Que l'hellénisme intellectuel se fût alors largement répandu dans l'aristocratie romaine est un fait patent, et Flamininus appartient aux milieux les plus touchés par ce mouvement : il parle grec, connaît la civilisation et les mœurs grecques qui, incontestablement, exercent leur charme sur lui. Et il est non moins incontestablement résolu à séduire les Grecs. Mais sa sincérité politique ? Flamininus veut-il la liberté de la Grèce par amour pour elle et pour son passé ? Ou parce qu'il voit dans une Grèce libre et unie sous la protection romaine le meilleur rempart contre les ambitions macédoniennes ? Le comportement de Flamininus révélera qu'il faut sans doute faire la part des deux points de vue, car il témoignera, d'un côté, du désir sincère et passablement vaniteux de s'assurer la gloire immortelle du restaurateur des libertés helléniques, — mais, de l'autre, on y observera en certaines circonstances la dure volonté d'assurer le succès de ses conceptions par des moyens que n'eussent pas désavoués ses prédécesseurs les plus méprisants des choses grecques. La personnalité, les idées et la politique de Flamininus apparaissent comme ayant été d'une complexité qui explique les divergences des modernes à son égard. La vanité philhellénique de Flamininus semble toutefois avoir largement déterminé sa conduite après sa victoire sur Philippe et la conclusion de la paix avec la Macédoine ; mais, par ailleurs, l'échec final de sa politique et l'opposition qu'elle soulèvera dans certains milieux romains prouvent qu'il y entra une certaine part de naïveté — qui parle à son tour en faveur de sa sincérité. Mais voyons plutôt le jeune consul aux actes...

SOURCES : Sur la « conférence de l'Aoos » entre Flamininus et Philippe, et la définition de la nouvelle politique romaine : TL XXXII, 10 ; DIOD. XXVIII, 11 ; APP., *Mak.* 5.

BIBLIOGRAPHIE COMPLÉMENTAIRE ET NOTES : La jeunesse de Flamininus et la relative irrégularité de son **élection au consulat** (il est vrai que le *cursus honorum* n'est pas encore soumis, à cette époque, aux règles strictes qui le régiront plus tard) impliquent, derrière lui, un fort « groupe de pression ». Il est difficile de savoir exactement qui le constituait, mais la participation de Scipion l'Africain (dont Flamininus enrôla de nombreux vétérans, qu'il avait lui-même contribué à établir en Italie méridionale) paraît difficile à mettre en doute : cf. SCULLARD, *Roman politics*, pp. 97 *sqq.* ; CASSOLA, *o. c.*, pp. 380 *sq.* ; 397 *sqq.* ; GUNDEL, s. v. *Quinctius* 45, PW XXIV, 1 (1963), coll. 1051 *sqq.* ; E. BADIAN, *T. Quinctius Flamininus...* (Cincinnati 1970), pp. 33 *sq.* (de l'édition préliminaire hors-commerce). Badian estime cependant que le principal artisan de la nomination de Flamininus fut Sulpicius Galba, dont on a vu qu'il fut un des principaux responsables de la guerre, tandis que J. BRISCOE, *art. cit.*, *Latomus* XXXI (1972), p. 43, estime que Scipion soutint Flamininus pour faire pièce à Galba, dont il désapprouvait l'absence de politique. Scipion ne devait d'ailleurs pas tarder à désapprouver aussi bien la politique de Flamininus.

Sur **l'homme et ses idées,** nous souffrons évidemment de ne guère disposer que d'une tradition d'origine polybienne : comme l'a justement noté J.P.V.D. BALSDON, *T. Quinctius Flamininus, Phoenix* XXI (1967), pp. 177 *sqq.* (article apologétique critiqué par BRISCOE, *l. c.*, pp. 22 *sqq.*), si, en plus d'un historien achaïen, nous disposions sur lui d'historiens étoliens, béotiens, macédoniens, nous le verrions dans une autre lumière. Cf. aussi en général l'article récent de GUNDEL, *l. c.*, coll. 1094 *qq.* Que le philhellénisme d'un Flamininus et de ses amis ait été un mobile profond et réel de la politique romaine a été notamment et formellement affirmé par T. FRANK, *Rom. Imper.*, pp. 150 *sq.* (déjà à propos de la déclaration de guerre de 200, cf. *supra*, p. 145 ; T. Frank a, de façon significative, intitulé ce chapitre de son livre « Sentimental politics », ce qui est au moins exagéré et certainement imprudent) ; plus récemment, H.E. STIER, *o. c.*, pp. 119 *sqq.*, estime que le philhellénisme romain ne doit pas être révoqué en doute et condamné sur le vu de son échec (cf. encore *infra*, p. 171). H. BENGT-SON, *GG²*, p. 467, paraît n'accorder que peu de portée au philhellénisme de Flamininus en tant que principe politique, lorsqu'il écrit que « Flamininus est le premier d'un grand nombre de Romains qui surent unir pour le mieux un profond respect de la civilisation grecque aux exigences d'une politique dure-ment réaliste aux dépens des Grecs » (cf. DE SANCTIS, *St. d. R.* IV, 1, pp. 76 *sqq.*). Peut-être en fut-il effectivement ainsi. Mais il semble difficile, sinon impossible, de faire leur part respective, dans ses idées et sa politique, au philhellénisme sentimental, à la vanité ambitieuse (seul ressort de la politique de Flamininus aux yeux d'Holleaux : cf. *infra*, p. 171) et au réalisme machiavélique. Cf. également AYMARD, *Premiers rapports...*, pp. 2 *sqq.* ; BADIAN, *T. Quinctius Flamininus...*, pp. 53 *sqq.*, qui ne fait pas grand cas du respect de Flamininus pour la culture grecque et doute même de l'ampleur de la connaissance qu'il en avait.

2° LES OPÉRATIONS DE 198

Si Philippe avait cru pouvoir recommencer Phoinikè, il s'était fait des illusions et il ne pouvait que rejeter les nouvelles exigences romaines. Mais il avait à présent affaire à un adversaire d'une autre force que les précédents. Flamininus tourna les positions macédoniennes de l'Aoos et contraignit Philippe à se retirer précipitamment sur la Thessalie, qui fut simultanément envahie par les Romains, les Étoliens et les Athamanes. Les places thessa-liennes étaient cependant solidement tenues et Flamininus insista d'autant moins que Philippe avait pratiqué dans ce pays la tactique de la terre brûlée. Vers la fin de l'été 198, l'armée romaine, ayant traversé la Grèce centrale, se trouvait sur le golfe de Corinthe, cependant que les flottes romaine, pergaménienne et rhodienne, qui avaient opéré en Eubée, sans réussir à prendre Chalcis, abordaient l'isthme par le golfe Saronique.

Cette démonstration de force avait pour but d'appuyer tous les motifs que pouvaient avoir les Achaiens de glisser dans le camp anti-macédonien. Philippe, que les Achaiens n'avaient pas aidé les années précédentes, ne pouvait, à son tour, leur être d'aucun secours. La guerre contre Nabis, qui avait retenu toutes leurs forces et toute leur attention, ne leur valait alors aucun succès. Philopoimèn, momentanément écarté des affaires, était parti mettre son épée au service des Crétois. Le parti antimacédonien, conduit par un certain Aristainos, poussait à la rupture avec Philippe. Les Romains et leurs alliés étaient les arbitres de la situation : au cours d'une conférence tenue à Sicyone, les Achaiens furent mis au pied du mur — amitié ou hostilité, point de neutralité... Malgré l'appât de la promesse de Corinthe s'ils rompaient avec Philippe, l'unanimité ne put se faire parmi eux. Tandis que la majorité des cités rompait avec Philippe, quelques-unes (Argos, Mégalopolis, Dymè) lui restaient fidèles. Si la ligue achaienne était ainsi menacée de scission, c'était en tout cas la fin de la symmachie fondée par Dôsôn en 224 (un fantôme, il est vrai, à cette date), d'autant que les Épirotes, de leur côté, avaient adhéré un peu plus tôt à la coalition antimacédonienne. Le traité formel d'alliance entre les Achaiens et Rome n'interviendra que plus tard, à une date qui a été fort discutée (entre 196 et 192), mais la Confédération conclut alors un traité avec Attale Iᵉʳ et les Rhodiens.

Il s'agissait à présent de payer la volte-face achaienne et les nouveaux alliés entreprirent en commun le siège de Corinthe — qui échoua, cependant qu'Argos ouvrait ses portes à une garnison macédonienne. Ces menus insuccès de ses adversaires ne pouvaient toutefois compenser pour Philippe les pertes qu'il avait lui-même subies en Thessalie, en Eubée, en Grèce centrale, ni la trahison des Épirotes et des Achaiens. L'année 198 s'achevait mal pour la Macédoine, dont Polybe souligne l'épuisement au terme de ces campagnes : Philippe résolut de traiter.

SOURCES : TL XXXII, 10-25 ; 32, 1-6 ; APP., *Mak.* 7 ; PLUT., *Flam.*, 3-5, 5 ; *Philop.* 13 ; ZON. IX, 16.

BIBLIOGRAPHIE COMPLÉMENTAIRE ET NOTES : **Politique et stratégie romaines :** E. BADIAN, *o. c.*, pp. 38 *sqq.* note qu'avec les moyens dont il disposait, le consul eût pu d'emblée marcher sur la Macédoine et que, s'il ne le fait pas, c'est que le programme politique grec a désormais plus d'urgence que la victoire militaire sur Philippe. Mais il remarque aussi que si les Achaiens avaient unanimement résisté à la pression exercée sur eux, Flamininus se serait trouvé dans un singulier embarras, dont leur capitulation le sauva : c'est en effet un point auquel on ne prête pas attention.

Sur les **opérations militaires,** cf. WALBANK, *Ph. V*, pp. 151-9 ; GUNDEL, *l. c.*, coll. 1054 *sqq.* ; LARSEN, *GFS*, pp. 378 *sqq.* qui prête une attention particulière aux opérations navales (pp. 388 *sqq.*) ; A.M. ECKSTEIN, *T. Quinctius Flamininus and the campaign against Philip in 198 B. C.*, Phoenix 1976, pp. 119 *sq.* Flamininus, ayant enlevé au passage Élatée de Phocide, y établit son quartier général (cf. aussi PAUS. X, 34, 4). J'écrivais dans ma première édition (p. 134) qu'« une inscription nous apprend que les Élatéens, chassés par les Romains, furent accueillis avec empressement et générosité par Stymphale, en Arcadie, qui était membre de la Confédération achaienne », renvoyant à M. MITSOS, *Inscr. de Stymphale*, REG LIX-LX (1946-47), pp. 150 *sqq.*, à S. ACCAME, *Elatea e la nuova epigrafe di Stinfalo*, RF NS XXVII (1949), pp. 217 *sqq.* et à SEG XI, 1107. Mais l'absurdité de cette interprétation (d'ACCAME, suivi par MORETTI, *ISE* I, n° 55) a été démontrée par G.A. LEHMANN, *Unters. z. hist. Glaubw. d. Pol.*, pp. 120 *sqq.*, qui a montré que cette expulsion des Élatéens fut le fait des Étoliens, et en 194 seulement, lors de l'évacuation de la Grèce par Flamininus (*infra*, p. 176) .Les Élatéens ne devaient regagner leur patrie qu'en 191/0, peut-être seulement en 189.

Sur les **affaires achaiennes,** cf. AYMARD, *Premiers rapports...*, pp. 6-12 ; 83-115. Sur **Aristainos,** cf. LEHMANN, *o. c.*, pp. 216 *sqq.* ; DEININGER, *Der polit. Widerstand...*, pp. 40 *sqq.* ; ERRINGTON, *Philop.*, pp. 72 *sq.* ; 276 *sqq.* (problème de l'identification du personnage, sur lequel cf. aussi, récemment, outre la bibliographie citée, Moretti, *ISE* I, pp. 85 *sq.* Les hésitations et l'attentisme des Achaiens procèdent de facteurs complexes : l'alliance macédonienne de 224, qui avait été utile contre les Étoliens, n'avait jamais recueilli une adhésion unanime et l'occupation de Corinthe rappelait le prix dont elle avait été payée ; honorer cette alliance, d'autre part, c'était s'exposer à de dangereuses représailles, du fait surtout de l'appartenance d'Égine à Pergame ; la guerre contre Nabis enfin, qui s'inscrit dans les vieilles préoccupations achaiennes d'unification péloponnésienne, intéresse plus les Achaiens que le conflit entre Philippe et Rome. Les deux termes du choix qui s'offre à eux (aider Philippe, comme leur alliance les y invite ; rompre avec lui, ce qui pourrait être profitable si l'on était assuré de sa défaite) comportent la même somme de risques — d'où l'immobilisme achaien, qui traduit sans doute l'équilibre entre les partisans des deux solutions. Brusquer les choses était nécessaire à Flamininus, afin d'aider les autres alliés de Philippe à se déterminer dans le même sens.

Bonne analyse des **affaires crétoises** qui motivèrent le retour de Philopoimèn dans Errington, *Philop.*, pp. 34 *sqq.*, qui montre aussi (pp. 42 *sq.*) que le changement de camp des Achaiens en 198 détermina également celui de Gortyne.

Sur la politique (prudente !) de l'**Épire**, cf. Cabanes, *L'Épire...*, pp. 273 *sq.*

3° Les négociations de Locride (novembre 198)

Les ouvertures pacifiques de Philippe tombaient à point nommé pour Flamininus : Rome est alors en « période électorale ». Or Flamininus — la tradition le souligne bien — tenait à s'attribuer la gloire de l'achèvement de la guerre de Macédoine. En finir avec Philippe par une victoire retentissante qui lui eût permis de dicter *sa* paix à *son* vaincu ne serait possible que s'il était prorogé dans son commandement par l'attribution du proconsulat : certes ses amis s'y employaient-ils activement à Rome, mais il ignorait alors quel serait le résultat de leurs efforts. S'il était relevé, la victoire militaire décisive lui échappait, mais les propositions de négociation de Philippe lui ouvraient une perspective séduisante : il négocierait jusqu'au jour où il serait fixé sur son sort et, ce jour-là, s'il était prorogé, il romprait la négociation ; s'il ne l'était point, il conclurait rapidement, et le nouveau consul n'arriverait que pour rapatrier l'armée romaine.

On prit donc rendez-vous non loin des Thermopyles, à Nicée de Locride, en novembre 198. Flamininus, autant par démagogie que par désir de compliquer les choses pour gagner du temps, entendit que des représentants de tous ses alliés participassent à la conférence. Le consul réitéra les exigences romaines exprimées au début de sa campagne, plus celle de la restitution des territoires illyriens (dont on a vu, *supra*, p. 139, qu'elle n'avait figuré ni dans les mobiles romains connus de la guerre, ni dans les exigences exprimées au début de la campagne de 198, *supra*, p. 153) — puis il ouvrit les vannes aux revendications des Grecs, qu'il est inutile d'énumérer toutes ici. Ces conditions, qui refoulaient Philippe dans la Macédoine proprement dite, apparurent inacceptables au roi. Bien que disposé à consentir d'immenses sacrifices, à renoncer à tout ce qui lui avait été pris pendant les mois précédents, à évacuer de surcroît d'autres conquêtes, comme les places ptolémaïques de Thrace et la Pérée rhodienne, Philippe ne pouvait accepter qu'on l'expulsât totalement de Grèce, et particulièrement qu'on lui enlevât son arsenal de Démétrias ainsi que les deux autres fameuses « entraves », Chalcis et l'Acrocorinthe. Il fut impossible de s'entendre. Flamininus, qui avait persuadé Philippe de sa propre bonne volonté et de ce que tout le mal venait des Grecs, suggéra au roi de s'adresser directement au Sénat. Les ambassadeurs macédoniens furent admis au Sénat alors qu'il était acquis que Flamininus conserverait son commandement. La faction qui soutenait le nouveau proconsul organisa la rupture des pourparlers en maintenant rigoureusement celles des conditions romaines que les ambassadeurs macédoniens n'avaient pas pouvoir d'accepter.

La guerre — la guerre de Flamininus et de ses amis — pouvait continuer.

SOURCES : POL. XVIII, 1-12 ; TL XXXII, 32, 7-37 ; PLUT., *Flam.*, 5, 6 ; 7, 1-2 ; APP., *Mak.* 8.

BIBLIOGRAPHIE COMPLÉMENTAIRE ET NOTES : La discussion fondamentale reste celle d'HOLLEAUX, *Les conférences de Lokride et la politique de T. Quinctius Flamininus, Études* V, pp. 29 *sqq.* (mais, sur les négociations au Sénat et la diplomatie secrète de Flamininus, cf. BADIAN, *T. Quinctius Flamininus*, pp. 40 *sqq.*). Cf. AYMARD, *Premiers rapports...*, pp. 114-132 ; WALBANK, *Ph. V*, pp. 159-162.

Attale Iᵉʳ envoya un ambassadeur au Sénat pour faire contrepoids à l'ambassade macédonienne : cf. OLSHAUSEN, *Prosopogr.* I, n° 160.

4° PHILIPPE V PERD SES DERNIERS ALLIÉS (DÉBUT 197)

La rupture entre Philippe et la majorité de la Confédération achaienne avait eu pour conséquence un rapprochement avec Nabis ; le Macédonien, à la fois pour s'attacher le tyran et pour s'épargner une tâche supplémentaire, avait confié au Spartiate la garde d'Argos : pour être restés fidèles à Philippe, les Argiens tombaient sous le despotisme sanglant de Nabis. Mais l'alliance entre Philippe et Sparte, qui eût pu contribuer à redresser les positions macédoniennes dans le Péloponnèse, ne dura pas : Nabis jugea plus avantageux de s'entendre avec celui qu'il considérait comme le futur vainqueur et, comme ses ennemis Achaiens (avec lesquels il conclut une trêve), il passa dans le camp romain.

Un peu plus tard, Philippe vit de même lui échapper la Béotie. Malgré l'existence d'une faction antimacédonienne, la Béotie n'avait pas encore trahi Philippe. Flamininus, Attale Ier et l'Achaien Aristainos opérèrent ici par ruse et intimidation. 2 000 casques romains, apparus inopinément dans Thèbes, valurent au philhellène Flamininus l'adhésion, certes peu enthousiaste, des Béotiens.

En isolant de la sorte Philippe, le proconsul se préparait à porter le coup décisif.

Sources : TL, XXXII, 38-40 ; XXXIII, 1-2 ; Plut., *Flam.* 6. Nabis à Mycènes : *Syll*³. 594.

Bibliographie complémentaire et notes : **Affaires péloponnésiennes :** cf. la bibliographie relative à Nabis, *supra*, p. 104 ; Aymard, *Premiers rapports...*, pp. 132-160 ; Walbank, *Ph. V*, pp. 163-167. Sur la crise sociale à Argos, cf. D. Asheri, *Leggi greche sul problema dei debiti* (Pise 1969), p. 59.

Sur la situation en **Béotie** lors de l'intervention romaine, cf. A. Passerini, *Studi di storia ellenistico-romana VI : I moti politico-sociali della Grecia e i Romani*, Ath. NS XI (1933), pp. 320 *sqq*. Deininger, *Der polit. Widerstand...*, pp. 49 *sqq*.

Tout en collaborant avec les Romains, **Attale Ier** de Pergame mène sa politique personnelle et renchérit de philhellénisme par rapport à Flamininus. Le Pergaménien essaya en particulier de s'opposer à l'admission de Nabis parmi les alliés de Rome, puis tenta (en vain) d'y mettre pour condition l'autonomie d'Argos (cf. récemment McShane, *FPAP*, p. 128). C'est pendant l'affaire de Thèbes qu'Attale fut frappé de l'attaque d'hémiplégie à laquelle il ne devait guère survivre. Il est probable que cet accident de santé le détermina à s'associer son successeur Eumène II, car, alors qu'on connaît pour celui-ci 38 ou 39 ans de règne effectif, une inscription récemment découverte (cf. G. Petzl, *Inschr. aus d. Umgebung von Saittai*, ZfPE XXX (1978), pp. 263 *sqq*. (n° 12)) est datée de sa 40ᵉ année.

5° Cynoscéphales (juin 197)

Au retour de l'ambassade qu'il avait envoyée à Rome, Philippe comprit que Flamininus n'avait voulu que gagner du temps pour connaître son avenir politique et que, maintenant que celui-ci était fixé, ce serait par les armes que les problèmes pendants seraient tranchés. Il mit en toute hâte sur pied une armée de fortune : l'âge inférieur de ses soldats était de seize ans... Il réussit à en rassembler encore 25 000. Flamininus, de son côté, disposait d'effectifs légèrement supérieurs, dont quelque 6 000 Étoliens et un millier d'Athamanes. Le proconsul passa en Thessalie et rencontra l'armée macédonienne dans la région de Phères. Après quelques jours de marches et de contre-marches, les deux adversaires se heurtèrent par hasard, dans le brouillard, au pied des collines dites les « Têtes de chiens » : bataille confuse et longtemps incertaine, où Philippe finit par être écrasé grâce à l'initiative imprévue d'un officier romain subalterne.

Or la catastrophe de Cynoscéphales n'était, de surcroît, pas isolée : à cette même époque, les Achaiens, qui guerroyaient sans grande ardeur ni grand succès contre la garnison macédonienne de Corinthe, réussissaient enfin à la battre en rase campagne. A l'Ouest, les Acarnaniens, derniers Grecs fidèles à la Macédoine, étaient battus par le frère de Flamininus, L. Quinctius. En Orient, les mercenaires de Rhodes, renforcés d'un contingent achaien, reconquéraient la Pérée rhodienne sur les troupes macédoniennes qui y étaient toujours. Au Nord, les Dardaniens se jetaient une fois de plus sur la Macédoine : alors que les négociations étaient déjà en cours avec Rome, Philippe se retourna contre eux et réussit à les expulser ; « ce fut la seule de ses expéditions de cette année », note Tite-Live, « qui fît exception à la situation générale de sa fortune ». Si l'on ajoute à tout cela les inquiétudes que lui causaient les entreprises d'Antiochos III en Asie Mineure (*infra*, p. 179), on comprendra qu'il ne pût faire autre chose que de traiter.

SOURCES : POL.. XVIII, 18-27 (campagne de Thessalie et bataille de Cynoscéphales) ; 28-32 (commentaire tactique). TL XXXIII, 3-10 (*id.*) ; 14-15 (les Achaiens et Corinthe) ; 16-17 (Acarnanie) ; 18 (Pérée rhodienne) ; 19, 1-5 (Dardaniens). PLUT., *Flam.* 7, 2-8 ; ZON. IX, 16.

BIBLIOGRAPHIE COMPLÉMENTAIRE ET NOTES : cf. WALBANK, *Ph. V*, pp. 167-172 ; 175 *sqq.* ; GUNDEL, *l. c.*, coll. 1067 *sqq.*

Au sujet des 6 000 **Étoliens** qui combattent à Cynoscéphales, on notera qu'en 199/8, après la bataille de Panion, alors que les Étoliens étaient déjà en guerre avec Philippe, le stratège Scopas en avait embauché autant pour le compte de Ptolémée V, ce qui prouve le peu d'enthousiasme qui régnait en Étolie pour la guerre de Macédoine (TL XXXI, 43, 5 *sq.*).

Il est d'usage de répéter en ce point une formule devenue classique : **Cynoscéphales** aurait été la bataille d'Iéna de l'antiquité, un Iéna où l'armée romaine aurait joué le rôle de l'armée napoléonienne et la phalange macédonienne celui de l'armée prussienne. Mais, malgré la longue dissertation polybienne destinée à démontrer la supériorité de la tactique manipulaire sur la tactique phalangite, il reste que la victoire de Flamininus fut due surtout à une série de circonstances imprévisibles, et qu'il s'en fallut de peu que l'issue du combat ne fût inverse. La localisation même de Cynoscéphales n'est pas sûre : WALBANK, p. 169, n. 2, examine les arguments de KROMAYER, *Antike Schlachtfelder* II, pp. 63 *sqq.* et de DE SANCTIS, *St. d. R.* IV, 1, p. 85, n. 166, et se prononce pour le premier Cf. encore, à présent, W.K. PRITCHETT, *Studies in Greek topography, part II (Battlefields)* (Berkeley-Los Angeles 1969), pp. 133 *sqq.*

Sur les opérations des **Achaiens**, qui avaient glissé du côté romain, mais que Philippe avait réussi à rattraper, cf. AYMARD, *o. c.*

Sur la réduction des **Acarnaniens** : S.I. OOST, *Roman policy in Epirus...*, pp. 50 *sq.* ; OLSHAUSEN, *Prosopogr.* I, n° 85.

C) La paix de Flamininus

Sa diplomatie avait permis à Flamininus d'avoir sa victoire, qui allait à présent lui permettre de faire sa paix et d'ajouter la gloire du philhellène à la gloire des armes romaines. La tâche était double : conclure avec Philippe et régler le sort de la Grèce.

1° LA PAIX AVEC PHILIPPE (197/6)

Philippe avait fait des ouvertures de paix aussitôt après Cynoscéphales. Flamininus consentit à négocier et conclut un armistice, — à la grande colère des Étoliens, qui se sentaient par avance lésés dans leurs ambitions territoriales. Il est possible, comme le note Tite-Live, que Flamininus, qui se méfiait des Étoliens, ait dès lors souhaité ne leur point faire la part trop belle ; ayant consulté, pour la forme, ses alliés avant de rencontrer Philippe, et le représentant Étolien s'étant vivement élevé contre la paix, le proconsul lui donna clairement à entendre que, désormais, rien ne relevait plus que de lui-même.

La négociation s'engagea dans la vallée de Tempé. D'entrée de jeu, Philippe déclara qu'il était prêt à accepter les conditions qui lui avaient été présentées l'hiver précédent à Nicée de Locride (c'est-à-dire, en particulier, l'évacuation de tout ce qu'il tenait en Grèce) et, pour le reste, à s'en remettre au Sénat. Flamininus ne pouvait souhaiter mieux, mais cela ne faisait pas l'affaire des Étoliens, auxquels la liberté de la Grèce importait peu, maintenant qu'ils étaient du côté des vainqueurs, et qui avaient des prétentions annexionnistes. Dès les conférences de Locride, les Étoliens avaient exigé la restitution des cités qui avaient antérieurement fait partie de la Confédération étolienne, et notamment d'une série de places de Thessalie, de Phthiotide, et de Malide, que Philippe aurait négligé de leur rendre, contrairement à ses engagements de 206. Philippe était prêt à accéder à ces revendications, naturellement renouvelées à présent, — mais Flamininus s'y opposa, à une exception près, celle de Thèbes de Phthiotide : ces places s'étaient rendues aux Romains, non aux Étoliens ; quant au traité de 212, auquel les Étoliens se référaient pour exiger la cession des prises immobilières, il leur fit remarquer qu'ayant été rompu par eux en 206, il était caduc. Cela ne changeait rien pour Philippe, qui perdait de toutes façons ces places, mais cela indiquait aux alliés grecs de Rome — et pas seulement aux Étoliens — qu'il leur fallait rengainer leurs prétentions territoriales, ou tout au moins que Rome se réservait le droit de régler ces questions à sa manière.

Quoi qu'il en fût de l'avenir propre des territoires grecs, qui restait donc réservé, Philippe consentit à l'évacuation de toutes ses possessions grecques d'Europe et d'Asie, à la restitution de tous les prisonniers, de tous les bateaux pris tant aux Romains qu'à Attale ou aux Rhodiens, et pour ces derniers depuis 201, à la restauration des monuments détruits par lui sur le territoire de Pergame (où règne à présent Eumène II). L'armistice fut étendu à quatre mois, pour la durée desquels Philippe dut verser une caution de 200 t. et livrer des otages, dont son fils Démètrios. Sur quoi les ambassades de Philippe et des alliés de Rome partirent pour l'Italie.

Le Sénat et le peuple romain ratifièrent la paix, non sans en avoir aggravé les conditions en exigeant encore le paiement d'une indemnité de guerre et la livraison de la flotte macédonienne. Mais il faut remarquer qu'aucune clause du traité ne limitait les effectifs de l'armée de terre macédonienne — malgré Tite-Live qui affirme le contraire.

Sur le plan macédonien, le succès de Flamininus était donc complet. La monarchie macédonienne n'était pas détruite (Flamininus fit observer aux Étoliens furieux qu'il n'était pas dans les mœurs romaines de détruire des adversaires vaincus : à preuve, Carthage), mais elle pouvait apparaître hors d'état de nuire pour longtemps. Il est généralement admis que la paix avec Philippe fut, un peu plus tard, consolidée par une alliance, mais celle-ci n'est pas assurée.

Restait à régler le sort de la Grèce : une commission sénatoriale de dix membres fut envoyée pour s'en occuper en liaison avec Flamininus et pour « asseoir la liberté des Grecs ».

SOURCES : POL. XVIII, 33-34 ; 36-39 ; 42 ; 44. TL XXXIII, 11-13 ; 24. APP., *Mak.* 9, 1-3 (particulièrement important ici) ; PLUT., *Flam.* 9 ; JUST. XXX, 4, 17 ; ZON. IX, 16 (fin). Alliance romano-macédonienne : POL. XVIII, 48, 4-5 ; TL XXXIII, 35.

BIBLIOGRAPHIE COMPLÉMENTAIRE ET NOTES : Au sujet des **ouvertures de paix** de Philippe, HOLLEAUX, *CAH* VIII, p. 176 = *Études* V, p. 362, montrait Flamininus fort soulagé de voir arriver les parlementaires : il aurait craint que Philippe, au courant de l'avance d'Antiochos III en Asie Mineure (*infra*, p. 179), n'attendît, en restant sur la défensive, que le Séleucide passât en Europe. Bien que cette opinion trouve sa source dans une phrase de POL. XVIII, 39, 3 *sq.* (cf. encore TOYNBEE, *Hannibal's legacy* I (1965), pp. 60 *sqq.*), elle n'en est pas moins douteuse, si l'on considère l'étonnante insouciance que devait ultérieurement manifester Flamininus à l'égard des entreprises d'Antiochos.

Il n'en reste pas moins que le proconsul dut être profondément satisfait de voir que Philippe tirait sur le champ les conclusions de sa défaite.

Sur les **prétentions étoliennes,** cf. FLACELIÈRE, *Ait.*, pp. 346 *sqq. ;* sur les implications du traité romano-étolien de 212 quant à ces revendications, cf. l'article cité, *supra,* p. 89, de R.G. HOPITAL ; MORETTI, *ISE* II, 87 (commentaire, pp. 47 *sq.* et bibliographie complémentaire) ; cf. également, pour la contradiction entre le document épigraphique et les sources littéraires, d'une part, et la base juridique des revendications étoliennes, de l'autre, *supra,* p. 89. Mais le problème ne consiste pas seulement à savoir si les termes du traité justifiaient les Étoliens dans leur demande, ou Flamininus dans son refus : il consiste aussi à savoir si le traité était encore en vigueur, comme les Étoliens semblent le penser, ou s'il était caduc, comme l'affirme Flamininus. Sur ce point, cf. BADIAN, *o. c.,* pp. 48 *sqq.,* qui montre que rien n'indique que, dans les années précédentes, la politique romaine impliquât une rupture du traité (cf. *supra,* p. 150) et que, probablement, Flamininus inventa le caducité du traité pour rompre la discussion. Le fait que, en 196, les commissaires sénatoriaux chargés des questions territoriales renvoyèrent devant le Sénat les Étoliens qui, à nouveau, réclamaient Pharsale au nom du traité de 212, et que le Sénat les renvoya à Flamininus (*infra,* p. 170) suggère à tout le moins qu'il y avait là un point délicat d'où la bonne foi romaine risquait de sortir compromise — un point dont personne ne voulait prendre la responsabilité. — La bonne foi de Flamininus et la caducité du traité sont longuement défendues par G.A. LEHMANN, *Unters.,* pp. 51 *sqq.* — Sur la montée du sentiment anti-romain parmi les Étoliens, cf. DEININGER, *o. c.,* pp. 58 *sqq.*

Sur le **traité de paix,** cf. TÄUBLER, *Imper. romanum,* pp. 228 *sqq.* et les observations de DE SANCTIS, *St. d. R.* IV, 1, p. 95, n. 185 ; WALBANK, *Ph. V,* pp. 172-178 ; J.A.O. LARSEN, *The treaty of peace at the conclusion of the 2nd Mac. war,* ClPh XXXI (1936), pp. 342-348 ; W. DAHLHEIM, *Struktur u. Entwicklung...,* pp. 83-9. La clause livienne relative à la réduction des effectifs de l'armée macédonienne ne se trouve pas dans Polybe : c'est le résultat, soit d'une erreur (contamination à partir de la situation consécutive à la défaite de Persée), soit d'une interpolation tendancieuse destinée à fournir une justification rétrospective de plus à la troisième guerre de Macédoine. On notera que le maintien d'une armée de terre macédonienne doit être rapproché du maintien du royaume de Macédoine lui-même et de la justification qu'en donna Flamininus : la défense du monde hellénique contre les barbares du Nord, tâche historique de la monarchie macédonienne (cf. à ce sujet TARN, *AG,* p. 202). Le traité de paix satisfait aux exigences des alliés de Rome (sauf des Étoliens), mais il n'en est pas moins un accord bilatéral entre Rome et Philippe : c'est-à-dire que ce que Philippe concède en fait aux Rhodiens, à Pergame, etc., leur est en droit octroyé gracieusement par Rome. — L'**alliance entre Rome et Philippe** a été contestée par E.S. GRUEN, *The supposed alliance between Rome and Ph. V of Mac.,* Calif. St. Cl. Ant. VI (1973), pp. 123 *sqq.* : POL. XVIII, 48, 3-5 = TL XXXIII, 35, 2-7 indiquent simplement que les commissaires conseillèrent à Philippe de demander l'alliance romaine, que le roi suivit ce conseil — mais non que l'alliance fut conclue ; les événements des années suivantes, où l'on verra Philippe collaborer avec Rome, n'impliquent pas de *foedus* formel, et bien des détails suggèrent qu'il n'y en avait pas. Avant l'alliance achaienne de l'époque de la guerre antiochique (*infra,* p. 205), Rome s'en tient aux rapports informels de l'*amicitia.*

La paix de Flamininus rencontra des **oppositions à Rome.** Certaines procédaient de questions de personnes : le consul Marcellus, élu pour 196, entrevoyait une facile moisson de lauriers si la guerre continuait et s'il en était chargé ; rejeter le traité, donc poursuivre la guerre, eût été désavouer Flamininus, qui n'eût certes pas été prorogé, comme il le fut. Ces considérations ont d'ailleurs certainement pesé dans l'esprit du vainqueur de Cynoscéphales, lorsqu'il conclut rapidement, au lendemain de sa victoire, plus que ne le fit la crainte de l'arrivée d'Antiochos, qu'invoquait Holleaux (cf. ci-dessus). Holleaux, qui avait admirablement délabyrinthé les mobiles électoraux de Flamininus au moment des conférences de Locride (*supra*, p. 157), eût pu souligner ici que, Flamininus ayant joué et gagné, il lui restait à conclure, avec une hâte qui avait les mêmes causes qu'avait eues sa temporisation diplomatique de l'hiver précédent. Cependant, mises à part les ambitions personnelles d'un Marcellus, il y a au Sénat un parti qui prêche la dureté à l'égard de Philippe, comme le prouve l'aggravation des conditions romaines : ces mêmes gens se montreront également moins soucieux de libéralisme à l'égard des Grecs, comme on verra ; cf. A. PASSERINI, *Studi di storia ellenistico-romana III : La pace con Filippo e le relazioni con Antioco, Ath.* NS X (1932), pp. 105 *sqq.*

Cependant que Flamininus hivernait en Grèce centrale, dans l'attente de la venue de la commission sénatoriale, il se trouva aux prises avec des difficultés suscitées par les **Béotiens,** dont on a vu, *supra,* p. 159, comment ils avaient été contraints de rompre avec Philippe, mais chez lesquels les sympathies macédoniennes désarmaient si peu qu'il fallut user de violence pour les réduire au silence : cf. POL. XVIII, 43 ; TL XXXIII, 27-29 ; AYMARD, *Premiers rapports...,* pp. 176 *sq.*

2° ROME ET LA LIBERTÉ DE LA GRÈCE (196)

La fameuse proclamation de la « liberté des Grecs » à laquelle on va assister à présent n'était pas une chose qui allât de soi. Il est certain que, dès le début de la guerre, on était résolu à Rome à accorder une certaine protection aux États grecs opprimés ou menacés d'oppression par Philippe. Mais, entre protéger certains et affirmer la liberté de tous, il y a une marge dont il convient d'envisager comment elle fut franchie. Rappelons donc rapidement, pour fixer les idées, les étapes du développement des exigences romaines dans la mesure où elles concernaient le sort des Grecs (on négligera la question des indemnités).

a) *L'évolution de la politique grecque de Rome pendant la guerre*

L'ultimatum d'Athènes exigeait de Philippe qu'il ne fît la guerre à aucun État grec ; l'ultimatum d'Abydos ajoutait qu'il ne touchât point aux possessions de Ptolémée V — qui sont des cités grecques sous domination lagide. Ces deux premières manifestations de la politique grecque de Rome à l'époque de la deuxième guerre de Macédoine représentent donc simplement une exigence de paix ; on demande à Philippe de s'en tenir au *statu quo* ; il n'est question ni de le prier d'évacuer ce qu'il tient en Grèce, ni de renoncer à ses alliances grecques. L'ultimatum remis par Flamininus à la conférence de l'Aoos, lors de sa prise de commandement, en 198, représente un pas de plus : que Philippe retire ses garnisons des cités et pays qu'il occupe en Grèce. Cela demeure le mot d'ordre romain aux conférences de Nicée de Locride ; les alliés de Rome, notamment les Étoliens et les Achaiens, présentent alors de leur côté des revendications territoriales, auxquelles Flamininus n'oppose pas d'objection ; le Sénat, quelques semaines plus tard, maintient ces exigences à l'intention des ambassadeurs macédoniens, insistant particulièrement sur l'évacuation des « entraves ». Après Cynoscéphales, au cours de la conférence préliminaire qu'il tient avec les représentants des alliés de Rome, Flamininus, sans préciser encore ses desseins, assure aux Étoliens qu'il fera avec Philippe une paix telle que la Macédoine sera mise dans l'impossibilité de nuire aux Grecs. A la conférence de Tempé enfin, alors que Philippe s'est soumis aux exigences romaines qui lui avaient été proposées à Nicée, Flamininus s'oppose aux revendications territoriales étoliennes en affirmant qu'il appartenait à Rome seule de trancher le sort des Grecs qui s'étaient rendus aux armes romaines : ce sort n'est pas encore précisé.

Arrêtons-nous un instant en ce point : on constate qu'avant Cynoscéphales, Flamininus n'exige que l'évacuation de la Grèce par Philippe, sans préjuger de l'avenir des Grecs ; après Cynoscéphales, un point vient s'ajouter à cette politique : l'opposition aux revendications territoriales des États grecs qui sont dans le camp victorieux. Si l'on peut considérer que la liberté de tous les Grecs est déjà plus ou moins implicitement contenue dans ce point, il reste qu'elle n'est pas encore explicitement affirmée — dans le texte de Polybe tout au moins.

Il faut ensuite se transporter à Rome, au moment de la ratification de la paix, pour voir le Sénat se préoccuper, pour la première fois, de la liberté des Grecs, qui est l'article essentiel des instructions données à la commission sénatoriale.

Il y a donc une évolution de la politique romaine, sinon dans sa conception même — car nous ignorons si le Sénat était dès 200 résolu à proclamer la liberté des Grecs en cas de victoire —, du moins dans ses manifestations. Or l'expression finale de la politique grecque de Rome (la liberté des Grecs) ne concerne plus Philippe : le roi a dès lors renoncé à toutes ses possessions grecques, d'Europe et d'Asie ; l'exigence romaine de la liberté de *tous* les Grecs concerne les Grecs eux-mêmes, et eux seuls. Et il s'agit bien d'une exigence, car elle est opposée aux vœux de ceux d'entre les Grecs qui entendaient tirer parti de Cynoscéphales pour réclamer une part des dépouilles grecques de la Macédoine. Philippe, il faut y insister, n'est plus immédiatement visé par ce nouvel aspect de la politique romaine, puisque la paix qu'il a jurée abandonnait la Grèce à la discrétion de Rome. Tout au plus peut-on supposer que Philippe était invité désormais à garantir la liberté grecque.

Cependant, lorsque les dix commissaires arrivent en Grèce, la politique romaine n'est pas encore définie avec une parfaite netteté. La tâche des commissaires consiste, d'après Polybe, à régler les affaires grecques, dans le cadre de la liberté, mais en accord avec Flamininus. Cela laisse deviner qu'il y avait peut-être une certaine marge entre les conceptions du proconsul et les conceptions sénatoriales : le sort de la Grèce allait donc faire l'objet d'un débat entre Flamininus et les commissaires et l'on verra qu'en effet l'accord ne régnait pas de façon parfaite entre les deux parties.

BIBLIOGRAPHIE COMPLÉMENTAIRE ET NOTES : Cf. E. BADIAN, *Foreign clientelae,* pp. 69 *sqq.* Badian a analysé de façon très exacte l'évolution des *manifestations* de la politique romaine, mais n'a pas posé la question de la *conception* de cette politique. Même si la politique de libération des Grecs s'inscrit dans une tradition pragmatique déjà éprouvée, il reste que, sans en faire un moteur exclusif, il faut tenir compte du philhellénisme de certains milieux romains, auxquels appartient Flamininus.

b) *Le sénatus-consulte de 196*

Les instructions données par le Sénat aux commissaires étaient, selon Polybe, les suivantes : « Seront libres et soumis à leurs propres lois tous les autres Grecs (sc. « autres » que ceux qui sont d'ores et déjà libres et autonomes) d'Europe et d'Asie ». Ici intervient une distinction d'ordre pratique : « Philippe remettra aux Romains, avant les Jeux isthmiques les cités grecques qui étaient sous sa domination et pourvues de garnisons (sc. macédoniennes) » : cette clause concerne toutes les régions de Grèce où les Romains sont capables d'accéder en l'état de la situation d'après Cynoscéphales, c'est-à-dire la Grèce d'Europe proprement dite, Grèce péninsulaire et Thessalie. Mais les forces romaines ne sont ni en Thrace, ni dans les Détroits, ni en Asie Mineure, et il n'est pas question d'y en envoyer. Une clause spéciale concerne donc cette seconde catégorie de cités, que voici : « Philippe laissera libres, en retirant ses garnisons, les cités d'Euromos, de Pédasa, de Bargylia et d'Iasos » (cités de Carie occupés par Philippe en 201) ; « de même Abydos, Thasos, Myrina et Périnthe » (Thrace et Détroits). « En ce qui concerne la libération de Kios, Flamininus écrirait à Prusias conformément aux termes du SC. » Pour ces cités lointaines, par conséquent, les Romains n'iraient pas les recueillir eux-mêmes des mains des Macédoniens : ils se borneraient à exiger leur libération, — à laquelle Philippe avait d'ailleurs consenti par avance.

La teneur de ce SC n'est pas d'une absolue clarté et, à y regarder de près, on constate d'une part que certaines choses sont laissées dans l'incertitude, d'autre part qu'il en est qui requièrent une interprétation.

La première clause concerne les « autres Grecs », c'est-à-dire, on l'a vu, ceux qui n'avaient jamais été sous la domination de Philippe, qui n'avaient pas été occupés par des garnisons macédoniennes, et que les Romains n'avaient pas eu besoin de libérer. Ces « autres Grecs », Rome proclame leur liberté, c'est-à-dire entérine et garantit un état de fait. Mais la clause dit : « les autres Grecs d'Europe et d'Asie ». Pour l'Europe, où vient d'avoir lieu la guerre, les choses sont claires. Mais l'Asie ? Pourquoi le Sénat s'intéresse-t-il aux Grecs d'Asie qui n'ont jamais été sous la domination macédonienne, alors que les armées romaines n'ont pas encore mis le pied en Asie ? Geste de propagande ? Certes — mais à l'égard de qui ? Évidemment d'Antiochos III, qui pousse alors ses avantages en Asie Mineure de façon inquiétante, de quoi il sera question plus loin. Mais cette clause, en ce qui concerne les Grecs d'Asie, ne satisfait peut-être que médiocrement les Rhodiens et le nouveau roi de Pergame, Eumène II, auxquels le Sénat, pour prix de leurs services fit d'ailleurs des concessions peu en accord avec la jeune doctrine de la liberté grecque, car Eumène fut laissé en possession d'Égine, et les Rhodiens gardèrent des cités de Carie dont le SC oubliait de proclamer la liberté. Concessions qui durent fort irriter les Étoliens, aux prétentions desquels Flamininus avait fait opposition. La liberté des « autres Grecs » n'est donc pas dépourvue d'équivoques.

D'autre part, quel sera le sort des cités d'Europe que les Macédoniens devront livrer aux Romains avant les *Isthmia ?* Seront-elles libres comme les « autres Grecs » ? Point sur lequel le SC est muet : il ne semble point, d'ailleurs, que le Sénat nourrît des arrière-pensées machiavéliques à ce sujet, mais plus simplement, comme la suite le révélera, qu'on n'avait pas réussi, à Rome, à se mettre d'accord sur le sort de ces cités. Or ces places, qui avaient été occupées par des garnisons macédoniennes et devaient être remises à l'armée romaine, n'étaient rien de moins que les fameuses « entraves » : Corinthe, Chalcis et Démétrias, auxquelles on ajoutera Oréos (l'ancienne Histiaia) qui, de la pointe de l'Eubée, commandait l'entrée du golfe Maliaque. Ce silence du SC signifiait-il que Rome entendait se substituer à la Mécadoine en occupant ces places ? Les Étoliens ne manquèrent pas de le clamer à tous les vents. Quoi qu'il en fût, lorsque les commissaires arrivèrent en Grèce, le sort de ces places était réservé.

Dernière remarque : alors que les ultimatums avaient formellement évoqué les droits de Ptolémée V sur les places que lui avait prises Philippe, il n'est plus question de Ptolémée à l'heure de la paix. Toutes les places de Thrace, des Détroits et d'Asie Mineure, qu'elles eussent ou non été conquises par Philippe, sont désormais proclamées libres. Expulsant Philippe de ces régions, le Sénat n'entend nullement y rétablir l'influence lagide. Nos sources ne nous donnent aucun motif de cette attitude. Indifférence à l'égard du sort de l'empire ptolémaïque, sans doute, mais aussi et surtout souci, de la part du Sénat, de ne pas prendre position à ce moment dans le conflit entre Ptolémée V et Antiochos III, lequel, de toute évidence, visait alors toutes les anciennes possessions lagides de ces régions. Proclamer implicitement la liberté de ces cités laissait au Sénat une plus grande liberté de manœuvre que d'en garantir la possession à Ptolémée.

Ce texte n'était donc pas dépourvu d'importantes équivoques : il fut aussitôt évident qu'il ne répondait pas à la pensée de Flamininus. L'idée de Flamininus, dont il faut bien reconnaître que la philhellénique générosité était, du point de vue romain, un peu à courte vue, consistait évidemment à proclamer solennellement la liberté de *tous* les Grecs comme conséquence principale de la défaite de Philippe. Les dix commissaires, eux — dont le groupe comportait au moins deux jaloux, Sulpicius et Villius —, étaient résolus à plus de cautèle. Polybe nous transmet l'écho d'une conférence entre les dix commissaires et le proconsul, où le problème des « entraves » dut être âprement débattu. Les commissaires insistaient pour que des garnisons romaines restassent provisoirement dans ces places, pour observer les progrès menaçants de l'expansionnisme d'Antiochos III, qui venait tout juste de passer en Europe (*infra,* p. 186). Tout ce qu'obtint Flamininus fut que la ville basse de Corinthe fût, conformément aux engagements de 198 (*supra,* p. 155), remise aux Achaiens. Il y avait donc compromis entre deux politiques romaines, sur lesquelles l'accord n'avait pu se faire à Rome même.

SOURCES : POL. XVIII, 44-45 ; TL XXXIII, 30-31 ; PLUT., *Flam.* 10, 1-2.

BIBLIOGRAPHIE COMPLÉMENTAIRE ET NOTES : LARSEN, *l. c. supra,* a souligné que le SC apporté par les commissaires n'a rien de commun avec le traité de paix conclu avec Philippe. Sur la divergence des points de vue de Flamininus et des dix (et, de façon générale, sur les divisions du Sénat et les hésitations de sa politique), cf. PASSERINI, *art. cit.,* *Ath.* NS X (1932), pp. 110 *sqq.,* qui avait, pensons-nous, raison en affirmant que Flamininus ne redoutait pas Antiochos III, alors qu'Holleaux faisait (cf. *supra*, p. 162) de la crainte d'Antiochos un des mobiles du comportement de Flamininus (et des Romains en général), depuis 197.

c) *Les Jeux isthmiques de 196 et l'aménagement de la Grèce*

Comme les Jeux isthmiques de l'été 196 allaient s'ouvrir, Flamininus s'y rendit et y fit la proclamation fameuse dont Polybe nous a transmis le texte : « Le Sénat *(synklètos)* des Romains et le consul Titus Quinctius, ayant vaincu le roi Philippe et les Macédoniens, laissent libres, exempts de garnisons et de tribut, et soumis à leurs lois ancestrales les peuples suivants : les Corinthiens, les Phocidiens, les Locriens (sc. Opontes et Épicnémidiens), les Eubéens, les Achaiens Phthiotes, les Magnètes, les Thessaliens et les Perrhèbes » — c'est-à-dire tous les peuples qui avaient été soumis à la domination macédonienne : pour les « autres Grecs », la chose allait de soi. La proclamation dut être répétée deux fois, tant les hurlements de joie couvraient la voix du héraut, et Flamininus faillit être étouffé et déchiré par la foule en délire. Si grand que fût cet enthousiasme, il était bien inférieur, affirme Polybe, à sa cause, le généreux désintéressement de Rome... Il faut toutefois reconnaître que, par suite du compromis survenu entre Flamininus et les commissaires, la proclamation de 196 n'était pas tout à fait honnête, car si les Corinthiens, les Eubéens et les Magnètes étaient proclamés libres, il n'en restait pas moins des garnisons romaines sur l'Acrocorinthe, à Chalcis et à Démétrias. Il est peu douteux que Flamininus eût préféré pouvoir annoncer dès lors l'évacuation totale de la Grèce par les forces romaines : il lui faudra deux ans pour en arriver là.

S'en tenir à la proclamation des *Isthmia,* c'eût été plus ou moins organiser l'anarchie en Grèce, à la façon dont Artaxerxès II l'avait organisée en 386 par la fameuse Paix du Roi. Mais, cependant qu'Artaxerxès avait eu intérêt à l'anarchie grecque, les commissaires sénatoriaux estimèrent qu'il ne serait pas inutile de mettre quelque ordre dans le pays et ils se mirent en devoir de tailler et de recoudre dans la carte de Grèce, de la façon la plus souveraine : les intéressés furent informés après coup. Sans entrer dans le détail de ce travail, signalons les points essentiels de cette réorganisation autoritaire de la Grèce libérée.

Pour calmer les criailleries des Étoliens, ceux-ci furent autorisés à accueillir dans leur Confédération la Phocide et la Locride orientale, ainsi que Thèbes de Phthiotide : concessions impor-

tantes en regard des refus précédemment imposés par Flamininus
aux revendications étoliennes, mais qui laissèrent les Étoliens
insatisfaits et ulcérés. Pour leurs réclamations supplémentaires, à
savoir Pharsale en Thessalie et l'île de Leucade, les commissaires
les adressèrent au Sénat, — qui les renvoya à Flamininus. La
Confédération achaienne recouvra, comme il était entendu,
Corinthe-ville, et reçut de plus la Triphylie. L'Achaïe Phthiotide
(moins Thèbes, donnée aux Étoliens) fut incorporée à la Thessalie. Hors de Grèce proprement dite, Amynandros, roi des
Athamanes, fut autorisé à garder ce qu'il avait conquis sur Philippe
et l'Illyrien Pleuratos reçut une bonne part des anciennes possessions illyriennes de la Macédoine.

On peut penser que Flamininus lutta pied à pied contre ces
entorses faites à sa proclamation. Le seul point sur lequel il
obtint un succès (encore fallut-il en référer au Sénat) fut d'empêcher
qu'on ne donnât à Eumène II de Pergame (qui, comme son père,
cherchait à acquérir des bases navales en Égée occidentale) les
deux places eubéennes qu'il convoitait : Érétrie ot Oréos. On
peut d'ailleurs penser que ces diverses retouches apportées à la
carte de la Grèce étaient conformes aux tendances des peuples
intéressés, qui n'élevèrent, à notre connaissance, aucune objection
à leur encontre — si ce n'est du côté des Étoliens, qui s'estimaient
bafoués et lésés.

« Ainsi s'acheva la guerre contre Philippe », conclut Tite-Live.
Ce n'était toutefois pas la fin des soucis romains en Grèce : nous
verrons sous peu comment Flamininus finit par faire triompher
son point de vue et par obtenir, en 194, l'évacuation totale du
pays (*infra,* p. 176). Mais tentons d'abord de mieux dégager la
signification et la portée de cette conclusion de la deuxième guerre
de Macédoine.

SOURCES : POL. XVIII, 46-47 ; TL XXXIII, 32-34 ; APP., *Mak.* 9, 4 ; PLUT.,
Flam. 10, 3-12.

BIBLIOGRAPHIE COMPLÉMENTAIRE ET NOTES : Conformément aux opinions divergentes sur la nature de la politique romaine de ces années, les **interprétations
modernes divergent** sur l'épisode des *Isthmia* et sur les remaniements territoriaux consécutifs. La proclamation de Flamininus omet la déclaration de
liberté des Grecs en général, qui figurait dans les instructions sénatoriales
relatives au traité avec Philippe : elle ne fait qu'énumérer les peuples ayant été
soumis à Philippe — encore en manque-t-il (les Acarnaniens, les Dolopes, les
Orestes, les Parthiniens), comme l'a noté DAHLHEIM, *Struktur u. Entwicklung...,*
pp. 90 *sqq.,* qu'on verra aussi pour les remaniements territoriaux (pp. 92 *sq.* et
n. 37-40). Sur le rapport entre la proclamation et les remaniements, cf. aussi
DAHLHEIM, *Deditio u. Societas,* pp. 65 *sqq.* Les historiens qui ne subodorent que
machiavélisme, ou simplement réalisme dans cette politique, ne voient que

mise en scène à grand spectacle dans la proclamation de 196 (cf. p. ex. WALBANK, *Ph. V*, p. 181, vivement critiqué par STIER, *Roms Aufstieg...*, pp. 147 *sqq.*, où l'on trouvera, de façon générale, une apologie convaincue de la politique grecque de Rome) : mais, en cette circonstance comme pour toute la période, il faut se garder de jugements trop tranchés ; la politique romaine est alors double, elle a son côté réaliste et son côté idéaliste, dont il est peu douteux qu'ils étaient parfois incarnés par les mêmes hommes. LARSEN, *GFS*, p. 399, minimise sans doute la portée de la proclamation en pensant qu'il s'agissait simplement de rassurer les Grecs des régions occupées par l'armée romaine, car il pense qu'il y a une correspondance précise entre les peuples proclamés libres et ceux dont on sait qu'ils étaient occupés, ou dont on peut établir par raisonnement qu'ils devaient l'être.

S'il en allait toutefois de la sorte, on comprendrait mal que le **retentissement de la proclamation** ait été aussi immense et que, pour beaucoup de Grecs, ce jour ait été considéré (sur le moment !) comme le début d'une ère nouvelle, — même s'il faut abandonner l'hypothèse, émise par Marg. THOMPSON, de sa célébration monétaire par l'inauguration des émissions attiques dites « stéphanèphores » ou « du nouveau style » (cf. ma 1ʳᵉ éd., II, pp. 146 *sq.* ; *infra*, p. 284 pour la nouvelle datation).

Marg. THOMPSON, *Ptolemy Philometor and Athens*, ANS-MN XI (1964), pp. 119 *sqq.* a toutefois montré que Cynoscéphales ouvre pour **Athènes** une remarquable période de prospérité et d'éclat. — Est-ce à ce moment que les Athéniens témoignèrent de leur reconnaissance à Rome en instituant un sacrifice « au Peuple Romain » ? Ce culte est à présent attesté par une inscription de 184/3 (J.S. TRAILL, *Hesp.* 1971, pp. 308 *sqq.*), mais sa date de fondation est inconnue. R. MELLOR, *Thea Rhômè...* (Göttingen 1975), p. 101 se demande si elle ne coïnciderait pas avec celle de la création de la tribu *Attalis* en 201/0 (*supra*, p. 131) : 196 serait peut-être une date plus plausible.

Est-ce par hasard que les relations entre Athènes et la **Thessalie**, non documentées depuis la guerre lamiaque, le sont à nouveau (cf. Chr. HABICHT, *Ehrung eines thess. Politikers in Athen*, *ZfPE* XX (1976), pp. 193 *sqq.*) ? — La générosité romaine est illustrée par une lettre de Flamininus à la petite cité thessalienne de Chyretiai, annonçant la restitution des terres et des maisons confisquées par les Romains pendant la guerre : cf. *Syll*³. 593 = SHERK 33. — Sur la brièveté de l'interrègne entre Philippe et le nouveau régime thessalien, cf. H. KRAMOLISCH, *Die Strategen des thess. Bundes v. J. 196 v. Chr. bis z. Ausgang d. röm. Repub.* (= *Demetrias* II) (Bonn 1978), pp. 7 *sqq.*

Que **Flamininus** bénéficiât personnellement de l'enthousiasme grec et que sa vanité y fût sensible ne fait pas de doute. Mais il ne faut pas oublier que Flamininus n'était pas seul et qu'il ne faut pas trop lui prêter. Or il est trop souvent des modernes qui attribuent les aménagements territoriaux d'après les *Isthmia* au seul Flamininus : d'après nos sources, il semblerait plutôt (sans que la chose puisse passer pour assurée) que ce fût là l'œuvre des dix commissaires (sur leur prudence au sujet de la revendication étolienne de Pharsale, cf. *supra*, p. 170) : il est remarquable que la seule fois que Flamininus soit nommément mentionné, c'est pour avoir manifesté son opposition.

Ces tensions et les divergences politiques qu'elles font soupçonner ont été négligées dans l'analyse de R. WERNER, ANRW I, 1, pp. 551 *sqq.* Sans doute a-t-il raison de souligner que, pour la première fois, une proclamation des libertés grecques est suivie d'effet et que cela répond donc à une ligne politique bien définie : il n'en reste pas moins qu'on devine une diversité d'appréciation dans les méthodes à suivre, moins quant à la façon de garantir les libertés grecques que quant à celle de développer les « amitiés » grecques de Rome. Il est peu probable qu'on parvienne jamais à mieux voir le dessous des cartes en ce domaine qu'en celui des mobiles de la déclaration de guerre — et sans doute s'agit-il dans une large mesure du même problème et des mêmes personnes.

L'opposition de Flamininus s'exerça particulièrement contre les revendications pergaméniennes en **Eubée**. Qu'Eumène II désirât s'installer dans la grande île (dont l'histoire reste fort obscure pendant toute l'époque hellénistique : cf. W.P. WALLACE, *The Euboian league and its coinage*, NNM 134 (New York 1956), *passim* et, en ce qui concerne les circonstances présentes, pp. 39 *sqq.*) s'explique surtout par des considérations stratégiques : ayant eu à souffrir des entreprises navales macédoniennes, Pergame pouvait en particulier souhaiter tenir Oréos-Histiaia, car « la grande ville de commerce et le port de guerre de Démétrias ne sont utilisables que pour qui possède aussi Histiée ou ne subit pas son hostilité » (L. ROBERT, *Circulation des monnaies d'Histiée, Et. de num. gr.* (1951), p. 211). Mais Oréos, qui avait à cette époque des relations commerciales extrêmement étendues, pouvait de plus assurer d'importants revenus à qui la tenait. Déclarée libre, Oréos devait entretenir des relations économiques aussi intenses que par le passé avec la Macédoine, comme l'a lumineusement montré l'étude citée de L. Robert (sur le monnayage d'Oréos-Histiaia et les aperçus qu'il ouvre sur la circulation commerciale à cette époque, cf. aussi W.P. WALLACE, *The meeting-point of the Histiaean and Macedonian tetrobols, NC*, 7ᵉ sér. II (1962), pp. 17 *sqq.* et, sur l'abondance des monnaies d'Histiaia dans les trésors déliens, R. BOGAERT, *Banques et banquiers dans les cités grecques* (Leyde 1968), pp. 168 *sq.*). Mais les revendications pergaméniennes devaient, encore une fois, être surtout d'ordre stratégique (cf. aussi H.W. PLEKET, *Akten d. VI. intern. Kongr. f. gr. u. lat. Epigr. 1972* (Munich 1973), p. 257, n. 65, qui formule des réserves quant au rôle économique d'Oréos) : on a tenté, t. I², pp. 338 *sqq.*, de dégager l'importance des « entraves » pour la puissance maritime macédonienne et l'exercice de l'influence antigonide sur la Grèce péninsulaire, et il est certain que, s'il eût réussi à s'installer à son tour le long de cette route maritime littorale (où il tient déjà Egine), Eumène II eût grandement accru son influence sur l'Égée et la Grèce d'Europe, comme avait déjà cherché à le faire son père Attale Iᵉʳ. Il est difficile de ne pas voir dans cette tendance de la politique pergaménienne un héritage et un développement de la politique égéenne lagide au IIIᵉ siècle, qui n'avait toutefois jamais réussi à déloger les Antigonides de ces places ; difficile aussi de ne pas voir le contraste entre l'opposition de Flamininus aux prétentions attalides et la part très large faite aux Rhodiens (cf. McSHANE, *FPAP*, pp. 129 *sq.*, par ailleurs assez superficiel), dont on peut se demander s'ils ne sont pas jusqu'à un certain point les conseillers occultes de Flamininus. — Sur la politique de Flamininus en Eubée (reconstitution du **koinon**), cf. O. PICARD, *Chalcis et la Confédération eubéenne*, pp. 287 *sqq ;* sur Chalcis et le **koinon** dans la période suivante, pp. 297 *sqq.*

d) *Signification de la liberté de la Grèce en 196*

La situation créée en Grèce en 196 résultait donc d'un compromis entre deux tendances de la politique romaine. L'une de ces tendances, qui paraît avoir été bien représentée au sein de la commission des dix, était faite de vigilance et disposée à assurer à Rome un certain nombre de points d'appui permanents, à la fois pour garantir la paix et l'influence romaine en Grèce, pour prévenir tout redressement macédonien et pour parer à l'éventuelle poussée séleucide, dussent en pâtir les principes solennellement affirmés par ailleurs ; l'autre, représentée par Flamininus, estimait vraisemblablement que les principes étaient les plus importants et que la reconnaissance enthousiaste des Grecs vaudrait toutes les places de sûreté. Il ne s'agit toutefois là que de deux interprétations divergentes et graduées d'un même principe, admis de tous, celui de la liberté de la Grèce.

La question est de savoir ce que cette liberté signifiait aux yeux des Romains. A première vue, la réponse à cette question apparaît toute simple — et l'est sans doute en effet, mais certains l'ont compliquée à plaisir. Holleaux a insisté sur la diversité des liens qui unissaient Rome aux nombreux États grecs. De ces Grecs, les uns ont de tout temps été libres et n'ont point eu d'alliance avec Rome ; d'autres, libres également, ont contracté de telles alliances (en fait, ce n'est point sûr du tout : Holleaux lui-même contestait l'alliance béotienne, et il est probable que l'alliance achaienne n'était pas conclue encore : *supra,* p. 156 ; *infra,* p. 205) ; d'autres encore, alliés de Philippe ou soumis à lui, sont tombés sous la coupe de Rome. Rome aurait donc eu en Grèce, selon Holleaux, des *amici,* des *socii,* des *foederati,* des *dediticii :* et tous ces gens-là sont à présent proclamés libres. Cette liberté a-t-elle même sens, même contenu pour les uns et pour les autres ? Holleaux le contestait et considérait que « les États grecs étaient, à des degrés inégaux, dans la dépendance de Rome ». Mais la conception d'Holleaux semble pécher par excès de juridisme, car rien n'indique que, parmi ces « libres » Grecs, les uns aient eu, aux yeux des Romains, des droits moins grands ou des obligations plus contraignantes que les autres. Dans la mesure où la Grèce libre de 196 voyait d'anciens *amici* côtoyer d'anciens *dediticii,* il n'apparaît pas que Rome attendît des uns autre chose que des autres. Le fait est qu'ils sont tous logés à même enseigne. A quelle enseigne, demandera-t-on... A celle de cette liberté que les anciens Diadoques avaient fait mine de promouvoir en Grèce pour saper l'influence macédonienne, et qui n'était qu'une machine de guerre cynique ? A supposer que le souvenir de ces lointains épisodes ait pu se maintenir en Grèce, il est douteux que les Romains en fussent exactement informés. Il semble bien plutôt que cette liberté que Rome octroie à présent à tous les Grecs sans distinction relève de la pratique qu'on a vue se développer depuis une trentaine d'années en Illyrie, après avoir été expérimentée de longue date en Italie même. Rome garantit leur liberté aux Grecs sans obligations strictes, sans liens juridiquement définis (il n'ya de liens juridiques qu'entre Rome et Philippe), mais une liberté qui, selon le mot de Tite-Live, était un *munus* du Peuple Romain, lequel, par ce *munus* et selon un autre mot du même Tite-Live, exerçait désormais le *patrocinium orbis graeci.* La Grèce est libre, — mais elle est *cliente* et Rome exerce sur elle un protectorat de fait, exactement comme elle en avait exercé un antérieurement déjà en Illyrie. Elle n'attend point des Grecs qu'ils s'acquittent d'obligations juridiquement définies par des traités ; elle attend leur fidélité reconnaissante, fidélité à laquelle répondra, en cas de besoin, la *fides* romaine, qui crée, selon le mot de R. Werner, une « hégémonie latente », substituée aux hégémonies monarchiques hellénistiques. Rome ne fait donc qu'étendre vers l'Est une politique inaugurée antérieurement en Illyrie, à cette nuance près que la menace antiochique fait à présent souhaiter à certains de ne point se retirer complètement, ni trop vite.

Les circonstances devaient d'ailleurs favoriser ce point de vue, qui n'était pas celui de Flamininus, et provoquer le maintien de l'armée romaine en Grèce pendant deux ans encore.

BIBLIOGRAPHIE COMPLÉMENTAIRE ET NOTES : L'opinion d'HOLLEAUX est exprimée dans *CAH* VIII, pp. 194 *sqq.* = *Études* V, pp. 381 *sqq.* Pour une appréciation différente, voir en particulier J.A.O. LARSEN, *Was Greece free between 196 and 146 B. C.?* *ClPh* XXX (1935), pp. 193-214 ; E. BADIAN, *Foreign clientelae*, pp. 73 *sqq.;* DAHLHEIM, *Deditio u. Societas*, pp. 82 *sqq.* LARSEN, *GFS*, p. 398, estime que, de l'arrivée de Flamininus en 198 au départ des troupes romaines en 194, la Grèce fut en fait réduite en province romaine, avec capitale proconsulaire à Élatée. C'est vouloir trop définir. En fait, ce que souligne Larsen dans la situation de la Grèce en ces années contribue bien à dégager l'évolution sémantique de la notion de *provincia* : il ne s'agit encore que du ressort de la compétence d'un magistrat consulaire, mais la longue prolongation du pouvoir de ce personnage tend à faire de ce ressort une circonscription territoriale stable, bien que provisoire. Rapports d'État-patron à État-clients, certes, mais aussi, très probablement, liens personnels, comme l'a signalé A. AYMARD, *Premiers rapports...*, p. 287 à propos de Flamininus et de sa « volonté de se constituer une clientèle... de dirigeants grecs recrutés dans cette bourgeoisie modérée dont il a consolidé l'influence ou qu'il a placée à la tête des États grecs... L'existence de cette clientèle personnelle et le patronage qu'il voudrait exercer grâce à elle sur certains États grecs n'auront pas seulement pour effet de renforcer sa situation à Rome. Il espère y trouver aussi le moyen d'agir sur ces États et de les maintenir dans l'allégeance romaine ». Des États fédéraux tels que la Confédération thessalienne ou la Confédération magnète sont des créations de Flamininus — encore que leurs institutions soient authentiquement grecques et, dans le cas de la Thessalie, fondées sur de vieilles traditions régionales (cf. LARSEN, *GFS*, pp. 281-95) — et les possédants qui y tiennent le haut du pavé sont des créatures du Romain.

D) Rome et la Grèce jusqu'au départ de Flamininus (196-194)

1° LA GUERRE CONTRE NABIS

Si les inquiétudes causées par Antiochos III justifiaient le maintien des garnisons romaines dans les « entraves », le problème posé par le Spartiate Nabis justifia le maintien temporaire d'une armée de campagne. Problème complexe et qui dut empoisonner l'existence de Flamininus.

Nabis, après avoir fait cause commune avec Philippe, qui lui avait donné Argos, avait, on l'a vu (*supra,* p. 158), glissé à son tour dans l'alliance romaine. Or Argos, durement opprimée par le Spartiate, restait entre ses mains, sujet de scandale, surtout pour les Achaiens qui revendiquaient la ville comme achaienne. Flamininus devait-il se brouiller avec les Achaiens en laissant Argos à Nabis, ou avec Nabis en la donnant aux Achaiens ? Nabis soulevait l'hostilité des Grecs pour d'autres raisons encore : le régime social qu'il avait instauré dans ses États effrayait les possédants partout au pouvoir ; la piraterie qu'il pratiquait de concert avec certains Crétois indisposait les États maritimes. De toutes parts, Flamininus était sollicité de débarrasser la Grèce de ce gêneur. Le Sénat, consulté, abandonna la question à l'appréciation du proconsul.

Au printemps de 195, Flamininus convoqua à Corinthe un congrès panhellénique et affecta habilement de laisser la décision aux Grecs (ils étaient libres, après tout...), ne posant du reste pas la question de savoir s'il convenait ou non de supprimer Nabis, mais s'il convenait ou non qu'Argos fût libre : « Les Romains, ajouta-t-il, ne s'y intéressaient que dans la mesure où la servitude d'une seule cité les empêchait de conserver pleine et entière la gloire d'avoir libéré la Grèce... » Malgré les Étoliens, qui ne voyaient là qu'un prétexte à conserver des légions en Grèce et à favoriser les Achaiens, la guerre à Nabis fut votée. Tous les Grecs, et Philippe lui-même, envoyèrent des contingents.

Rude guerre, sur terre et sur mer, où le tyran dut finalement traiter. Si Flamininus avait affecté de laisser les Grecs décider eux-mêmes la guerre, il conclut la paix tout seul : Argos libérée fut rattachée à la Confédération achaienne, mais Nabis ne fut pas détrôné et rien ne fut changé à Sparte même, si ce n'est que les places littorales de Laconie furent confiées à la surveillance des Achaiens, sans être toutefois rattachées à leur territoire fédéral. Flamininus proclama solennellement les termes de cette cote mal taillée aux Jeux néméens de l'automne de 195.

Cet épisode révèle bien la nature de la liberté grecque : celle-ci n'a en fait qu'une limite, qui est l'arbitraire romain. Cet arbitraire est certes bienveillant et, jusqu'à un certain point, dévoué aux intérêts grecs — il n'en est pas moins un arbitraire : *patrocinium orbis graeci.*

SOURCES : TL XXXIII, 43-45 ; XXXIV, 22-41 ; PLUT., *Flam.* 13, 1-3 (où réflexions significatives sur les mobiles personnels du comportement de Flamininus) ; *Philop.* 14 ; JUST. XXXI, 1, 10 ; 3, 1 ; ZON. IX, 18. *Inschr. v. Perg.* I, n° 60-61.

BIBLIOGRAPHIE COMPLÉMENTAIRE ET NOTES : En plus des titres relatifs à Nabis mentionnés *supra*, p. 104, cf. surtout AYMARD, *Premiers rapports...*, pp. 184 *sqq.* qui, p. 197, n. 2, critique la thèse de PASSERINI, *art. cit.*, *Ath. NS* X (1932), pp. 325 *sqq.*, selon lequel Flamininus, peu disposé personnellement à cette **guerre,** se la serait vue imposer par les dix commissaires, d'ailleurs plus soucieux de maintenir les légions en Grèce que de liquider le tyran. Il semble en fait assez difficile de savoir si Flamininus était ou non d'accord avec les légats à ce sujet, et la lecture de Tite-Live suggère que Polybe déjà n'était guère fixé (cf. encore GUNDEL, s. v. *Quinctius 45*, *PW* XXIV, 1 (1963), coll. 1076 *sqq.* ; LARSEN, *GFS*, pp. 400 *sqq.* ; B. SHIMRON, *Nabis - Aemulus Lycurgi*, *Scr. Cl. Israel.* I (1974), pp. 40 *sqq.*, à propos de TL XXXIV, 31-32). Que Nabis ait été hostile à Rome, du fait de la faveur que Flamininus témoignait aux Achaiens, est probable. Que les Romains aient vu en lui une réelle menace à l'égard de leurs intérêts (ainsi J.G. TEXIER, *REA* LXXVIII-LXXIX (1976-7), pp. 145 *sqq.*) l'est moins.

Sur Nabis et la **Crète :** VAN EFFENTERRE, *La Crète et le monde grec...*, pp. 257 *sqq.* La victoire de Flamininus sur Nabis détermina les alliés crétois de celui-ci (Cnossos) à faire également la paix avec leurs adversaires, alliés des Achaiens et de Rome, et cette paix crétoise détermina le retour en Grèce de Philopoimèn : cf. ERRINGTON, *Philop.*, p. 44

Sur le **traité** imposé à Nabis : TÄUBLER, *Imp. rom.*, pp. 440 *sq.* ; DAHLHEIM, *Struktur u. Entwicklung...*, pp. 267 *sq.* — J. BRISCOE, *Rome and the class struggle in Greek states*, dans M.I. FINLEY (éd.), *Studies in Anc. Soc.* (Londres 1974), pp. 60 *sq.* souligne avec raison le malentendu fondamental entre les Achaiens et Flamininus au sujet de Nabis : le problème social, qui eût fait souhaiter aux Achaiens l'élimination de Nabis et la suppression de ses réformes, est indifférent à Flamininus, auquel il importe surtout de ne pas voir les Achaiens prendre trop d'importance dans le Péloponnèse — ce qui exige le maintien de Nabis et donc nécessairement de son régime : la politique romaine de soutien des possédants, qui est réelle, a ses limites et seul l'intérêt politique romain est pris sérieusement en considération. De son côté, SHIMRON, *Late Sparta*, p. 93, note que la politique de Flamininus à l'égard de Sparte est au fond la même que celle de Dôsôn après Sellasie (mais cf. à ce propos t. I², p. 401) : affaiblir suffisamment Sparte pour n'avoir plus rien à en craindre, mais lui laisser assez de force pour qu'elle puisse éventuellement inquiéter les Achaiens

Argos libérée honora Flamininus en fondant des jeux à son nom, les *Titeïa :* Cf. G. DAUX, *Concours des TITEIA dans un décret d'Argos*, *BCH* LXXXVIII (1964), pp. 569 *sqq.*

2° L'ÉVACUATION DE LA GRÈCE (194)

Le maintien des légions en Grèce apparaissait désormais peu souhaitable à Flamininus : ne risquait-il pas, de plus, de paraître justifier les accusations des Étoliens, pour qui la Grèce n'avait fait que changer de maîtres ? Mais tout le monde, au Sénat, n'était pas de l'avis de Flamininus, et ses adversaires n'étaient pas sans avoir de sérieuses raisons : en effet, pour renforcer encore l'inquiétude déjà ancienne due aux progrès du Séleucide, il se trouve qu'au moment où Flamininus proclamait sa paix aux Jeux néméens, Hannibal, fuyant Carthage, débarquait en Asie. Événement qui explique que son vainqueur, Scipion l'Africain, fût réélu consul et réclamât aussitôt l'attribution à un consul (on devine lequel) de la « province » de Macédoine, qui lui fut d'ailleurs refusée : le Sénat se rangea à la politique de Flamininus : les légions d'Orient seraient rapatriées.

L'évacuation se fit à l'été de 194. Elle commença à Corinthe par un congrès hellénique où le proconsul exalta son œuvre et donna aux Grecs des « conseils quasi-paternels qui firent couler de tous les yeux des pleurs de joie » ; après quoi, la garnison romaine descendit de l'Acrocorinthe et sortit de la ville, suivie du proconsul qu'escortaient les députés des cités. Flamininus parcourut toutes les régions où il avait des troupes, profitant de son passage pour contrôler ou réformer le fonctionnement des libres institutions. A la fin de l'été, il ne restait pas un soldat romain sur le sol grec. Les Romains n'étaient d'ailleurs pas partis les mains vides : la description du triomphe de Flamininus montre que ce philhellène amoureux d'œuvres d'art ne dédaignait pas non plus la monnaie de bon aloi, ni même le métal en lingots... Mais on oublia ces pillages, que compensent sans doute les monuments élevés partout en Grèce à la gloire du libérateur et les honneurs cultuels qu'on lui rendit.

Ainsi se trouvait consommé un des grands malentendus de l'histoire, malentendu d'autant plus impossible à analyser qu'on ne peut lire le fond de la pensée d'aucun de ceux qui en furent les auteurs et les victimes, ni de Flamininus, chez lequel on ne peut doser sincérité, générosité, vanité, ambition, jalousie, cautèle, politique ; ni du Sénat, trop évidemment divisé dans sa politique grecque ; ni des Grecs enfin, dont on se demande s'ils furent, volontairement ou non, dupes de leurs espoirs au point de ne pas saisir ce que signifiait réellement leur liberté, ce *munus* de leurs protecteurs.

Ceux qui ont exalté Flamininus et l'exaltent encore sont sans doute aussi imprudents que ceux qui, par principe, se méfient de ses intentions : la pensée du vainqueur de Philippe, la politique sénatoriale, l'atmosphère grecque du temps, c'est là un ensemble trop complexe en soi, trop déformé aussi, sans doute, par l'historiographie antique, pour qu'on puisse espérer y jamais voir parfaitement clair.

SOURCES : TL XXXIV, 43 ; 48-52 ; DIOD. XXVIII, 12 ; PLUT., *Flam.* 13, 3 ; JUST. XXXI, 3, 2.

BIBLIOGRAPHIE COMPLÉMENTAIRE ET NOTES : Cf. GUNDEL, *l. c.*, coll. 1081 *sqq.* R. WERNER, *ANRW* I, 1, p. 554, à propos de l'évacuataion de la Grèce, parle de « kompromisslose Einlösung des römischen Friedens- und Freiheitsprogramm in Hellas » : curieusement, il n'évoque les entorses faites au principe de liberté dans le remaniement de la carte politique grecque que plus loin (p. 556 et n. 180), en comparant le règlement grec de 196-4 à la paix d'Apamée.

C'est dans le contexte de l'évacuation de 194 qu'A. AYMARD, *o. c.*, pp. 256 *sqq.* pose la question de l'**alliance romano-achaienne** qui, selon lui, aurait été définitivement conclue dans l'hiver 194/3. Mais pour une date plus tardive encore, cf. *infra*, p. 178.

Sur les **honneurs rendus par les Grecs à Flamininus**, ajouter aux références données par BENGTSON, GG², pp. 468, n. 4 : F. TAEGER, *Charisma* II, p. 40 ; CERFAUX et TONDRIAU, *Culte des souverains*, pp. 281 *sqq.* ; GUNDEL, *l. c.*, coll. 1075 *sq.* ; J. BOUSQUET, *BCH* LXXXVIII (1964), pp. 607-609 = MORETTI, *ISE* I, 37.

Que, malgré ces honneurs, Flamininus dût se défendre contre l'acrimonie des Étoliens ressort bien de la lettre du proconsul à la cité perrhèbe de Chyretiai (*Syll³.* 593), comme l'a souligné H.E. STIER, *Zum röm. Philhellenismus der Flamininuszeit, Studium Berolinense* (Berlin 1960), pp. 614 *sqq.* = *Kleine Schriften* (Meisenheim 1979), pp. 269 *sqq.* ; que ce document apporte, par le désintéressement dont il témoigne, une preuve de la sincérité du philhellénisme de Flamininus *et du Peuple Romain* est une autre question et Stier s'est peut-être montré un peu optimiste...

III — ROME CONTRE ANTIOCHOS III (198-188)

A) La poussée d'Antiochos III vers le Nord et les origines de la guerre antiochique

Nous avons quitté Antiochos III au lendemain de la conquête de la Cœlé-Syrie, que lui avait assurée la victoire de Panion (*supra*, p. 118). Le Séleucide n'avait pas tenté alors de forcer l'accès de l'Égypte, qui n'eût sans doute opposé qu'une faible résistance. En fut-il retenu par les tâches d'organisation de sa nouvelle province, ou par les représentations, certes prudentes et modérées, des ambassadeurs romains ? Il est probable surtout que la deuxième guerre de Macédoine, qui éclata précisément à ce moment, lui fit juger plus opportun de se retourner vers le nord. Sans le conflit entre Philippe V et Rome, une tentative séleucide sur l'Asie Mineure, et plus loin encore, eût provoqué la rupture avec la Macédoine ; mais, Philippe retenu en Europe par la menace qui pesait sur son royaume, Antiochos voyait s'ouvrir à lui la possibilité inespérée de reconquérir tout ce qui avait appartenu à ses ancêtres — car c'était là son programme officiel, même si ses prétentions dynastiques n'étaient qu'un prétexte couvrant des ambitions qui s'en fussent peut-être passé.

1° La première attaque contre le royaume de Pergame (198)

Tite-Live nous informe au passage qu'en 198, au moment de l'élection de Flamininus, une ambassade pergaménienne se trouvait à Rome pour signaler qu'Antiochos venait d'envahir le royaume de Pergame et qu'Attale demandait au Sénat de lui envoyer du secours ou de l'autoriser à retirer ses forces de Grèce pour les consacrer à la défense de ses États. Le Sénat promit une démarche diplomatique auprès du Séleucide et, un peu plus loin, Tite-Live mentionne une seconde ambassade pergaménienne venue remercier le Sénat de l'efficacité de sa démarche : « Antiochos avait retiré ses troupes des territoires d'Attale ». Il paraît difficile de rejeter ces données parmi les inventions de l'Annalistique romaine, comme cela a parfois été fait : on verrait mal la raison d'une semblable « invention ». Il se passa donc quelque chose en Asie Mineure en 198 — bien qu'on ne puisse attribuer cette invasion, suivie d'une évacuation, à Antiochos lui-même, qui était encore en Syrie cette année-là : il faut donc admettre que, pendant que le roi liquidait l'affaire de Cœlé-Syrie, il avait déjà confié à l'un de ses subordonnés (le stratège Zeuxis ?) les préludes à sa propre expédition anatolienne des années suivantes.

Tite-Live n'apporte malheureusement pas de précisions géographiques et nous n'apprenons ni ce qui fut envahi, ni ce qui fut évacué : or il se pourrait que les territoires envahis et les territoires évacués ne fussent pas exactement les mêmes. Deux points peuvent le donner à penser. Le premier est que, cependant qu'Attale avait substantiellement accru ses territoires pendant la lutte menée en commun avec Antiochos III contre Achaios (*supra*, p. 50), Polybe revient à plusieurs reprises sur le fait qu'à son avènement (en 197, avant qu'Antiochos n'opérât personnellement dans les parages du royaume de Pergame) Eumène II recueillit de son père un royaume des plus petits. Le second est qu'au cours des opérations de 197 (*infra*, p. 182), l'armée de terre séleucide réussit à atteindre les Détroits sans qu'il soit question nulle part d'un heurt avec les forces pergaméniennes, ni d'une protestation d'Eumène à ce sujet. Il semble donc qu'en 198 les forces séleucides réussirent à occuper une partie des territoires conquis par Attale Iᵉʳ sur Achaios — et qu'elles ne les évacuèrent pas : l'évacuation obtenue par la diplomatie romaine porta donc sur d'autres régions, sans doute littorales.

Mais il est douteux que ces opérations séleucides aient dès lors ouvert une voie jusqu'aux Détroits, douteux qu'elles expliquent à elles seules l'extrême étrécissement du royaume attalide dont parle Polybe. Il faut sans doute faire intervenir un autre facteur. A la paix d'Apamée, en effet (*infra*, p. 228), Rome exigera de Prusias Ier de Bithynie la restitution à Eumène II d'une région que Polybe et Tite-Live appellent « Mysie », mais qu'on a identifiée comme étant en réalité cette « Phrygie Épictète » qu'Attale avait prise à Achaios entre 216 et 213. L'annexion de ce pays à la Bithynie doit donc se situer entre la guerre d'Achaios et la guerre de Rome contre Antiochos et la solution la plus plausible (vu l'aisance avec laquelle l'armée syrienne atteindra les Détroits en 197/6) est qu'elle eut lieu en 198. En accord avec Antiochos III naturellement : le Séleucide s'entend avec Prusias contre Attale comme il s'était entendu, quelque 18 ans plus tôt, avec Attale contre Achaios. Tout cela tend à prouver qu'Antiochos III mit en train son plan d'achèvement de la reconquête de l'Anatolie avant qu'il n'y intervînt personnellement, sans doute dès le lendemain de la bataille de Panion, ou tout au moins des opérations qui la suivirent, en 199.

SOURCES : Ambassades pergaméniennes à Rome : TL XXXII, 8, 8 *sqq.* ; 27, 1. Petitesse du royaume de Pergame en 197 : POL. XXXIII, 11, 7 ; XXXII, 8, 3. Conquête de la « Mysie » par Prusias : POL. XXI, 45, 10 ; TL XXXVIII, 39, 15.

BIBLIOGRAPHIE COMPLÉMENTAIRE ET NOTES : Le caractère historique des événements anatoliens de 198, retenu, par exemple, par BOUCHÉ-LECLERCQ, *Sél.*, pp. 175 *sq.* (qui suivait toutefois Tite-Live à la lettre en pensant qu'Antiochos lui-même avait momentanément abandonné la campagne de Cœlé-Syrie pour se jeter sur le royaume de Pergame, ce qui est assez peu vraisemblable), a été formellement contesté par HOLLEAUX, *Recherches sur l'histoire des négociations d'Antiochos III avec les Romains, Études* V, p. 175, et par tous ceux qui l'ont suivi (cf. références *ap.* SCHMITT, *Unters.*, p. 269, n. 6, à quoi l'on ajoutera MC SHANE, *FPAP*, pp. 132 *sqq.*). SCHMITT, pp. 269 *sqq.* est, avec raison, revenu à Tite-Live et, malgré les inévitables incertitudes qui subsistent, a montré que les **opérations séleucides de 198** contribuent à faire comprendre celles de 197/6. Il est d'ailleurs curieux qu'Holleaux, qui a si fortement insisté sur l'influence qu'aurait eue la menace séleucide sur le comportement de Flamininus (cf. *supra*, p. 162) n'ait pas cru devoir porter plus d'attention à cet épisode : sa conviction de la nullité des renseignements d'origine annalistique l'a une fois de plus emporté ici. SCHMITT, p. 276, suppose que la diplomatie romaine ménagea un arrangement entre Antiochos et Attale (qui pourrait être celui dont il sera question lors de la paix d'Apamée : POL. XXI, 17, 6), et que le Séleucide n'évacua que celles des possessions d'Attale qui avaient été reconnues à celui-ci par leur traité contre Achaios (cf. *supra*, p. 49). On ajoutera un point qui a été négligé par Schmitt, et qui est que l'ambassade séleucide qui se rend à Rome en 198/7 et en revient lors des opérations d'Antiochos III sur la côte méridionale de l'Anatolie au printemps de 197 (TL XXXIII, 20 ; *infra,* p. 182) est très probablement à mettre en relations avec les événements anatoliens de 198 : il s'agissait sans doute pour Antiochos, qui avait été coup sur coup l'objet de deux démarches diplomatiques romaines, de rassurer le Sénat quant à ses intentions (cf. WILL, *RPh* XL (1966), p. 293 ; OLSHAUSEN, *Prosopogr.* I, n° 136).

Prusias et la Phrygie Epictète : HABICHT, *Über die Kriege zwischen Pergamon und Bithynien,* Hermes LXXXIV (1956), pp. 90 *sqq.,* hésitait entre deux dates pour l'annexion de cette région à la Bithynie : soit en 208, à l'époque de la première guerre de Macédoine, *supra,* p. 92 (cf. ID., s. v. *Prusias I, PW* XXIII, 1 (1957), coll. 1092 *sq.*), soit à l'époque de l'avènement d'Eumène II, donc à la fin de 197 au plus tôt. Mais les considérations de Polybe sur la petitesse du royaume à l'avènement d'Eumène et la convergence avec les opérations séleucides de 198 (si l'on en retient l'authenticité), invitent à remonter à la fin du règne d'Attale Ier : cf. la discussion *ap.* SCHMITT, pp. 276 *sqq.*

2° ANTIOCHOS III ET L'ASIE MINEURE EN 197

Lorsque, la question de Cœlé-Syrie étant réglée, Antiochos put se consacrer personnellement à ses projets anatoliens (et, évidemment, dès lors thraces aussi), les choses étaient donc déjà bien avancées. Ce n'est point à dire qu'il n'y eût aucune précaution à prendre, car la situation égéenne était alors passablement complexe, et c'était sur les côtes de l'Égée qu'allait se déployer son activité. On a indiqué précédemment que la reconquête de la Phrygie et de la Lydie sur Achaios n'avait pas donné à ces régions leurs débouchés maritimes naturels ; si les opérations de 198 contre le royaume de Pergame avaient visé certains de ces débouchés, la démarche diplomatique romaine y avait sans doute coupé court et tout restait à faire. Outre les possessions littorales attalides, auxquelles il valait donc mieux ne pas toucher pour l'instant à moins de se brouiller avec Rome, en présence de quelles possibilités se trouvait Antiochos ? Pour les places qui relevaient encore plus ou moins théoriquement d'Alexandrie, le Séleucide n'avait plus guère d'égards à observer. Mais il lui fallait compter avec Rhodes. Les possessions continentales rhodiennes de la Pérée étaient alors encore occupées en partie par des forces macédoniennes, que Philippe V avait laissées derrière lui lors de sa fuite de Bargylia (*supra,* p. 130). Bien qu'Antiochos ne fût certes plus disposé, en 197, à ménager les intérêts macédoniens dont il avait dû, bon gré, mal gré, accepter en 203/2 qu'ils se missent à la traverse des siens, bien que, d'autre part, les forces rhodiennes risquassent de ne pas peser lourd en face des forces séleucides considérables rassemblées à cette époque, il reste que Rhodes, comme Pergame, était alors au mieux avec Rome. Mais Ptolémée, Rhodes, Pergame et Philippe ne tenaient pas, à eux tous, l'ensemble des côtes d'Asie Mineure : nombre de cités avaient mis à profit la confusion du demi-siècle écoulé pour reconquérir leur indépendance de fait : à première vue, c'était de leur côté, comme du côté des dernières places ptolémaïques, qu'Antiochos III avait les coudées les plus franches.

Les forces séleucides de terre et de mer se mirent en marche au printemps de 197, au moment où la guerre de Macédoine entrait dans sa phase décisive. De l'armée de terre, qui était vaste, on ne sait rien passé Sardes, mais on la trouve installée sur l'Hellespont au début de 196, où elle ne put aboutir qu'au terme d'une marche transanatolienne : on a vu que c'est un des arguments en faveur de l'authenticité de la donnée livienne sur les opérations de 198 (*supra*, p. 180). En revanche, on peut suivre en partie les opérations de la flotte séleucide. La réduction des places ptolémaïques de la côte Sud fut aisée. Mais, cependant qu'il assiégeait Korakésion, aux confins de la Cilicie et de la Pamphylie, Antiochos fut rejoint par une ambassade rhodienne. Les Rhodiens qui, selon Tite-Live, craignaient qu'il ne cherchât à faire sa jonction avec Philippe V (ce qui est fort douteux, à cette date), lui firent savoir qu'ils ne toléreraient pas qu'il poussât plus avant. Cependant qu'Antiochos protestait de ses bonnes dispositions et pour Rhodes et pour Rome, survint la nouvelle de Cynoscéphales : convaincus du pouvoir intimidant de cette nouvelle, les Rhodiens renoncèrent ausitôt à leurs dispositions belliqueuses, mais ne s'empressèrent pas moins de prodiguer secours ou promesses de secours aux cités de Carie et même d'Ionie (Samos) que visait Antiochos. Il se peut qu'un accord garantît aux Rhodiens le respect de la zone de leurs intérêts immédiats. Mais Antiochos n'en poussa pas moins ses entreprises, portant son effort sur les possessions ptolémaïques et les cités libres qu'il remit, non sans souplesse diplomatique, sous la suzeraineté séleucide. Éphèse, en particulier, devint sa principale base égéenne. A la fin de l'année, il avait atteint les Détroits, où il prenait Abydos à Philippe V — qui venait d'en promettre l'évacuation à Flamininus.

Deux cités résistèrent cependant à sa pression : Smyrne et Lampsaque, qui firent appel à Rome. Pour Rome, c'est à nouveau là un tournant important : Flamininus venait d'obtenir de Philippe la liberté des cités de Thrace et des Détroits qu'il avait occupées : or Abydos, une de ces cités, tombe à présent aux mains d'Antiochos : exigerait-on aussi sa liberté du Séleucide ? De plus, Smyrne et Lampsaque, qui n'avaient pas appartenu à Philippe, priaient Rome de garantir leur liberté contre Antiochos : Romme allait-elle étendre à ces cités d'Asie qui n'avaient pas relevé de la Macédoine la politique de libération des Grecs récemment définie en fonction de la guerre contre le seul Philippe ? Problème lourd de conséquences...

Sources : TL XXXIII, 19, 8-20 (opérations d'Antiochos jusqu'à l'intervention rhodienne) ; 38, 1-3 (cf. les notes). Pol. XVIII, 40 a (Éphèse) ; St Jérôme, *in Dan.* XI, 15 ; 18 = Porph., *FGrH* 260 F 46. *Syll.*³ 591 (ambassade de Lampsaque à Marseille et à Rome). Voir de plus les notes.

Bibliographie complémentaire et notes : Sur ces événements dans le cadre des prodromes de la « guerre antiochique », cf. Badian, *Rome and Antiochus the Great : a study in cold war, ClPh* LIV (1959), pp. 81 *sqq.* (même article, en allemand, dans *WaG* XX (1960), pp. 203 *sqq.*).

Sur les négociations entre **Antiochos et les Rhodiens :** Schmitt, *Rom und Rhodos,* pp. 75 *sqq.* La limite imposée par l'ultimatum rhodien à Antiochos n'aurait pas été fixée aux îles Chélidoniennes, mais aux confins de la Lycie et de la Carie selon A. Mastrocinque, *Osservazioni sull'attività di Antioco III nel 197 e nel 196 a. C., PdP* XXXI (1976), pp. 307 *sqq.* : ce qui aurait importé aux Rhodiens était que le roi ne touchât pas à leur zone d'influence ; la mention des îles Chélidoniennes sortirait de l'historiographie rhodienne, soucieuse d'exalter encore l'impavidité des Rhodiens en ces circonstances (mais cf. J. & L. Robert, *Bull.* 1977, n° 465).

Chronologie : au terme du premier passage cité ci-dessus, Tite-Live s'excuse sur l'abondance des matières à traiter de ne pas continuer la relation des opérations d'Antiochos. Lorsqu'il renoue avec elles, dans le second passage, il en est déjà à l'exposé des événements de l'année consulaire 196 : « cette même année » (donc 196, selon le schéma livien), « le roi Antiochos, après avoir hiverné à Éphèse » (ce qui place la prise d'Éphèse en 197) « entreprit de réintégrer toutes les cités d'Asie dans le cadre de son empire... Smyrne et Lampsaque revendiquaient leur liberté... Il envoya donc d'Éphèse une armée pour assiéger Smyrne, etc. » Il apparaît donc que, dans l'esprit de Tite-Live, la prise d'Éphèse aurait marqué la fin des opérations de 197, et que l'occupation du reste de la côte, jusqu'aux Détroits, aurait eu lieu au début de 196. Interprétation suivie notamment par Ern. Meyer, *Die Grenzen...*, p. 141 ; Magie, *RR,* p. 17, etc., mais qui apparaît inacceptable pour les raisons suivantes : 1° TL XXXIII, 38, 8 lui-même place le passage d'Antiochos en Thrace au début du printemps de 196, ce qui implique que la rive asiatique des Détroits était déjà occupée à ce moment ; 2° l'appel de Lampsaque à Rome se place nécessairement en 197 déjà : le voyage qu'effectua l'ambassadeur lampsacénien Hégésias (voyage qui nous est connu par le décret *Syll*³. 951 en son honneur) le mena en effet d'abord en Grèce, puis à Marseille (cf. ci-dessous), puis à Rome, d'où le Sénat le renvoya à Flamininus et à la commission décemvirale, à Corinthe (où cette commission travaille dans le premier semestre de 196) : voyage assez long pour que son début doive tomber encore en 197 ; 3° l'expression de TL selon laquelle Antiochos réduisit les villes d'Asie « cette même année » peut être empruntée à Polybe (perdu) : mais, dès lors, il ne s'agit pas du même calendrier, une année olympique de Polybe chevauchant deux années consulaires liviennes, si bien que la « même année » de Polybe, que TL traduisit sans prendre garde à sa valeur, comportait encore la fin de 197. Cf. sur l'ensemble du problème, Schmitt, *Unters.*, pp. 289 *sqq.*

Quelles furent les **cités annexées par Antiochos III ?** Le fait que TL, après avoir énuméré une liste de cités ciliciennes, interrompe son exposé, et ne mentionne ensuite qu'Éphèse (cf. également Pol.) et Abydos, auxquelles il faut ajouter quelques places empruntées par St Jérôme à Porphyre (notamment les cités lyciennes de Korykos, Patara, Xanthos, etc. ; Colophon ; Phocée), condamne à procéder par raisonnement pour tout le reste. La base essentielle du raisonnement est la paix d'Apamée, où il fut stipulé que seraient libres toutes les cités qui l'étaient à la veille de la bataille de Magnésie du Sipyle (*infra*, p. 227) : mais cela même ne donne aucune certitude, car certaines de ces cités « libres » pouvaient avoir rejeté la domination d'Antiochos entre 197 et

189, tandis que certaines de celles qui ne l'étaient point pouvaient être tombées sous sa domination après 197/6. Des inscriptions apportent quelque secours çà et là. On renverra ici à la discussion détaillée et approfondie de SCHMITT, *o. c.*, pp. 278 *sqq.* (sa discussion particulière du cas d'Ilion qui, n'ayant pas envoyé à Rome en même temps que Lampsaque, devait déjà être séleucide à l'automne de 197, n'apporte qu'une forte probabilité, mais pas de certitude). Il est en tout cas certain que toutes les cités littorales ne tombèrent pas aux mains d'Antiochos.

McSHANE, *FPAP*, pp. 134 *sqq.*, souligne que les attaques menées par Antiochos III contre les cités d'Ionie, et surtout d'Éolide et des Détroits, étaient en fait des attaques contre le **royaume de Pergame**, nombre de ces cités ayant des relations d'alliance avec Pergame. Aussi bien serait-ce Eumène qui aurait suscité les ambassades de Smyrne et de Lampsaque à Rome — ce qui est en effet possible. Antiochos III devait, pour l'instant, s'abstenir de toucher au territoire royal pergaménien proprement dit : ce ne sera qu'au moment de l'arrivée des Romains, en 191, qu'il abandonnera tout ménagement à l'endroit de l'État attalide (*infra*, p. 221).

Dans certaines régions, notamment en **Carie** et en **Ionie**, la situation paraît avoir été des plus confuses : les séquelles des campagnes de Philippe se mêlent là aux complications dues à l'arrivée d'Antiochos. A Xanthos, faute d'avoir réussi à soumettre la cité, le roi la consacra à Lèto, Apollon et Artémis (*OGIS* 746). A Iasos, ayant pris la ville, il la traita généreusement, par l'entremise de sa sœur-épouse Laodice III (qu'il ne s'agit pas de Laodice II et de l'année 228, comme l'avait cru PUGLIESE-CARRATELLI, *Suppl. epigr. di Iaso, Annuario* XLV-XLVI (1969), pp. 445 *sqq.*, a été montré par J. & L. ROBERT, *Bull.* 1971, n° 621, qui montrent de plus que le décret de la cité en l'honneur du couple royal, faisant suite à la lettre de la reine, doit être raccordé à *OGIS* 237 ; cf. aussi *Bull.* 1973, n° 432). Cf. aussi MASTROCINQUE, *La Caria e l'Ionia meridionale...*, pp. 179 *sqq.* (et les observations de PIEJKO, *Gn* LII (1980), p. 261). Les Romains, après la conclusion de la paix avec Philippe, enverront, en 196, une mission pour régler les affaires de la Carie ex-macédonienne (cf. TL XXXIII, 35, 12 ; 39, 2), mission dont DAHLHEIM, *Struktur u. Entwicklung...*, pp. 97 *sq.* estime qu'elle était surtout destinée à indiquer à Antiochos jusqu'où s'étendait la zone des intérêts romains. Les commissaires ne paraissent pas avoir cherché à outrepasser les limites de cette zone, bien que la politique de Philippe ait répandu des germes de confusion par-delà les frontières du territoire occupé par lui. Le Macédonien avait en effet donné Myonte à Magnésie du Méandre et cette cession avait déchaîné une guerre entre Magnésie et Milet. Or, à l'automne de 196, un traité de paix, dont le texte original nous est parvenu, fut conclu sous l'égide d'une commission d'arbitrage dominée par les Rhodiens (*Syll³.* 588 = REHM, *Das Delphinion (Ausgr. in Milet I, 3)*, n° 148, pp. 341 *sqq.* ; cf. SCHMITT, p. 288) : il semble que Rome, en l'occurrence, ait abandonné à Rhodes le soin de veiller aux affaires de cette région. Mais, en ce qui nous concerne ici, l'important est que ni Milet, ni Magnésie, ni leurs alliées respectives, Héraclée du Latmos et Priène, ne sont, en 196, aux mains d'Antiochos III dont les opérations de 197 en Ionie ne paraissent avoir rencontré que des succès assez limités. En **Lycie**, le territoire des dynastes lagides de Telmessos tomba aux mains d'Antiochos : cf. M. WÖRRLE, *Epigr. Forsch. z. Gesch. Lykiens III. Ein hellenist. Königsbrief aus Telmessos, Chiron* IX (1979), pp. 83 *sqq.* Mais J. & L. ROBERT, *Bull.* 1980, n° 484 estiment que le document publié par W. pourrait appartenir au règne d'Eumène II, après la paix d'Apamée.

Le **comportement d'Antiochos à l'égard des cités grecques** (pour le détail, cf. Ern. MEYER, *Die Grenzen...*, pp. 140 *sqq.* ; MAGIE, *RR*, pp. 16 *sqq.* ; 104 *sqq.* et surtout les notes à ces pages ; D. MUSTI, *Lo stato dei Sel.*, St. Cl. e Or. XV (1966), pp. 160 *sqq.*) se devait d'être prudent et souple : le roi ne pouvait s'attacher ces communautés, qui avaient refait l'apprentissage d'une certaine liberté, qu'en accumulant sur elles les privilèges : exemption du tribut, autonomie interne, absence de garnison, etc., mais aussi en arbitrant les conflits sociaux (cf. MASTROCINQUE, *l. c.*, pp. 313 *sqq.* et *La Caria...*, pp. 189 *sq.*), toutes choses dont les témoignages ne manquent pas. Mais comme l'a bien souligné SCHMITT, pp. 96-99, ce n'étaient là que « des libertés », et octroyées, et non « la liberté » chère aux Grecs — celle que Rome, par la voix de Flamininus, vient proposer en 196. — Il semble que, dans certaines cités, les problèmes sociaux favorisèrent l'insertion de l'autorité séleucide : cf. à propos de la petite cité lycienne d'Arycanda, D. ASHERI, *Leggi greche sul problema dei debiti* (Pise 1969), pp. 59 *sqq.* — Sur l'incertitude qui règne au sujet de la petite cité de Temnos d'Éolide, cf. P. HERRMANN, *Die Stadt Temnos in hellenist. Zeit, Ist. Mitt.* XXIX (1979), pp. 245 *sqq.*

L'appel de **Lampsaque** à Rome est illustré de façon extrêmement intéressante par le décret *Syll*³. 591 = FRISCH, *Inschr. v. Lampsakos* (1978), n° 4, en l'honneur du chef de l'ambassade : il en ressort clairement que les Lampsacéniens ne rencontrèrent qu'indifférence polie et bonnes paroles, tant auprès des magistrats romains de Grèce qu'auprès du Sénat. On regrettera à peine de ne pas connaître la teneur des lettres que Flamininus et les dix commissaires (auxquels le Sénat avait — une fois de plus — renvoyé les ambassadeurs) envoyèrent « aux rois » (quels rois ?) : elles ne pouvaient pas contenir plus que ce qui nous est révélé par le décret des réponses que reçurent les ambassadeurs eux-mêmes, c'est-à-dire du vent. Le problème précis (mais que le texte n'énonce jamais avec précision) que les Lampsacéniens soumettent à Rome n'est qu'un aspect particulier d'un problème général (celui de la politique d'Antiochos III en Asie Mineure), que les Romains connaissaient évidemment fort bien et sur lequel le décret de Lampsaque montre à l'évidence que personne, ni au Sénat, ni dans l'entourage de Flamininus, n'entendait prendre clairement et activement position au tournant de 197/6 (sur la chronologie de l'ambassade, cf. SCHMITT, *Unters.*, p. 293) : tout au plus est-il permis de se demander si ces appels et, peut-être, la démarche marseillaise (cf. ci-dessous) ne contribuèrent pas à faire glisser dans le SC de 196 (*supra*, p. 166) l'allusion à la liberté des Grecs *d'Asie* (ainsi P. DESIDERI, *Studi di storiografia eracleota, St. Cl. & Or.* XIX-XX (1970-1), pp. 501 *sqq.*), allusion dont on verra qu'elle devait longuement rester du domaine de la théorie. L'ambassade lampsacénienne aurait toutefois obtenu du Sénat que la cité fût inscrite au traité qui venait d'être conclu avec Philippe, ce qui apparaît au plus haut point douteux (cf. sur ce point E. BICKERMANN, *Rom und Lampsakos, Philol.* LXXXVIII (1932), pp. 272 *sqq.*, critiqué par DESIDERI, *l. c.*). Dans leurs démarches auprès des Romains, les Lampsacéniens ne cessent d'invoquer la « parenté » qui unissait leur cité à Rome, « parenté » qui ne tenait qu'au fait que Lampsaque appartenait à la confédération des cités de Troade : cet exemple montre que, bien plus que ce ne sont les Romains qui exploitent politiquement leurs « origines troyennes », ce sont les Grecs de la région qui cultivent ce thème lorsqu'ils ont besoin de l'appui de Rome (cf. en dernier lieu E. WEBER, *Die trojanische Abstammung der Römer als politisches Argument, Wien. Stud.* NF VI (1972), pp. 213 *sqq.* ; également SCHMITT, *Unters.*, pp. 290 *sqq.*). Mentionnons enfin que, pour mieux trouver l'oreille du Sénat, les Lampsacéniens, se souvenant de ce qu'ils étaient, comme les Marseillais, d'origine phocéenne, eurent recours aux bons offices de ceux-ci, qui étaient « amis et alliés du PR ». Les Marseillais adressèrent aussi, en faveur de Lampsaque, une lettre aux Galates Tolistoages (cf. HOLLEAUX, *Lampsaque et les Galates, Études* V, où l'on trouvera, p. 141, nn. 2 et 3, la bibliographie relative au décret de Lampsaque). On ignore ce qu'il advint de Lampsaque entre 196 et 188.

En ce qui concerne **Smyrne**, on notera qu'elle fut, en 195, la première cité grecque dont nous sachions qu'elle adressa un culte à Rome : cf. R. MELLOR, *Thea Rhômè*, pp. 15 ; 51 *sq.*

3° LE PREMIER HEURT DIPLOMATIQUE
ENTRE ROME ET ANTIOCHOS III (196)

Les ambassadeurs smyrniotes et lampsacéniens durent brosser au
Sénat un sombre tableau des menaces qui pesaient sur les libertés
des Grecs d'Asie. S'il n'est pas certain, contrairement à ce qu'on a
souvent dit, que les milieux dirigeants romains se soient beaucoup
soucié d'Antiochos III jusqu'à Cynoscéphales, ils le firent désormais, encore que point unanimement. Le Sénatus-consulte que
les dix commissaires apportèrent en Grèce au printemps de 196
porte la trace de ces préoccupations puisque (cf. *supra*, p. 167) la
proclamation solennelle de la liberté de tous les « autres Grecs »
(c'est-à-dire de ceux qui n'avaient pas été sous la domination
de Philippe) d'Europe et d'*Asie* ne peut être interprétée que comme
un avertissement à Antiochos III ; et, d'ailleurs, l'insistance des
commissaires à maintenir des garnisons romaines dans les points
stratégiques importants fut formellement justifiée par la menace
antiochique.

Le Séleucide, qui franchit les Détroits au début du printemps
de 196 pour passer en Thrace, envoya une ambassade aux Jeux
isthmiques. A cette ambassade, qui était certes destinée à combattre
l'effet de celles de Smyrne et de Lampsaque, « il fut ordonné
de ne toucher ni de faire la guerre à aucune cité autonome
d'Asie, et d'évacuer celles qui venaient d'être arrachées à l'autorité
de Ptolémée et de Philippe. De surcroît, il fut ordonné (à Antiochos) de ne pas passer en Europe avec une armée : car aucun
Grec ne devait désormais être attaqué par qui que ce fût, ni
soumis à qui que ce fût. Du reste (les Romains) délégueraient
quelques-uns d'entre eux auprès d'Antiochos ». Nette mise en
demeure : le roi devait renoncer aux entreprises inaugurées l'année
précédente. Mais, le fait mérite d'être souligné, Antiochos n'était
pas menacé de guerre pour le cas où il n'obéirait pas à ces
« ordres ».

Le Sénat, entre-temps, pour répondre à une demande lagide, avait
envoyé L. Cornelius Lentulus en Orient, pour proposer une médiation entre Antiochos et Ptolémée V. Lentulus se présenta,
accompagné de trois commissaires, à Lysimacheia, où se trouvait
alors Antiochos, qui fut invité à évacuer les places qu'il avait
prises à Ptolémée, aussi bien que celles dont les Romains venaient
de priver Philippe. Pour les cités autonomes, on lui « conseillait »
de les laisser tranquilles. Quant à l'Europe enfin, les Romains
s'étonnèrent de l'ampleur des forces avec lesquelles Antiochos
avait franchi les Détroits : serait-ce qu'il avait l'intention d'engager la lutte avec les Romains ? Antiochos répondit que les

affaires d'Asie ne regardaient pas plus les Romains que les affaires d'Italie ne le regardaient lui-même ; qu'en ce qui concernait la Thrace il ne faisait que reprendre ce que son ancêtre Séleucos Ier avait acquis par sa victoire sur Lysimaque et dont les Ptolémées (avec le présent représentant desquels, ajoutait-il, il allait d'ailleurs s'entendre au mieux de leurs intérêts respectifs), puis Philippe avaient dépouillé ses prédécesseurs ; quant à leur liberté, les cités autonomes d'Asie la recevraient mieux de sa grâce que d'un ordre des Romains. Et quand les représentants de Smyrne et de Lampsaque essayèrent de prendre la parole le roi les interrompit en déclarant que leurs griefs seraient soumis à l'arbitrage des Rhodiens, mais certes pas des Romains.

La conférence n'aboutit à rien, et Antiochos la rompit d'autant plus volontiers que la nouvelle de la mort de Ptolémée V le fit partir en toute hâte vers le Sud, laissant son second fils Séleucos (le futur Séleucos IV) à la tête des forces séleucides de Thrace. La nouvelle de la fin du Lagide était fausse. Antiochos III n'en essaya pas moins de s'emparer de Chypre, mais une tempête ayant sérieusement éprouvé sa flotte, il regagna Antioche pour y passer l'hiver.

C'est le premier heurt entre Antiochos et Rome : il n'a rien de commun avec les ultimatums de 200 à Philippe. En 200, la question de la guerre de Macédoine était posée, à Rome, puis résolue. En 196, s'il y a des gens, de part et d'autre, pour penser à la guerre, il semble surtout que ce soit pour la redouter et chercher à l'éviter. En présentant leurs exigences à Antiochos, les Romains n'étaient pas résolus à les soutenir par les armes (l'occupation, toute passive, des « entraves », imposée à Flamininus qui n'en voulait pas, est la seule mesure militaire prise à ce moment) ; Antiochos, de son côté, en s'opposant aux exigences romaines, ne souhaitait pas le faire par la force. D'aucun côté on ne veut la guerre — seulement, de part et d'autre, on a proclamé des principes qu'on ne peut abandonner sans autre forme de procès : Rome ne peut perdre la face aux yeux des Grecs en laissant, sans mot dire, Antiochos agir à sa guise ; et Antiochos, de son côté, ne peut perdre la face ni aux yeux de son entourage, ni aux yeux des cités grecques d'Asie en renonçant, sur la simple sommation de nouveaux venus, à son programme de restauration dynastique. On proclame donc solennellement des principes, — mais, pour l'instant, on ne vas pas plus loin. A Lysimacheia, Antiochos et les Romains échangèrent leurs points de vue sans aménité, se mesurèrent du regard — et, les uns et les autres, constatèrent sans doute que, pour l'instant, il n'y avait rien à craindre et qu'en continuant à se montrer ferme, l'adversaire finirait bien par céder. « Guerre froide », a-t-on dit : mais en guerre froide aussi il y a des victoires et des défaites et, de ce premier engagement, Antiochos III sortait victorieux.

SOURCES : POL. XVIII, 47, 1-4 ; 49-52 ; TL XXXIII, 34 ; 38-41 ; APP., *Syr.* 2 (6) — 4 (14 ; 16-17) ; DIOD. XXVIII, 14.

BIBLIOGRAPHIE COMPLÉMENTAIRE ET NOTES : Cf. DE SANCTIS, *St. d. R.* IV, 1, pp. 122 *sqq.* ; MAGIE, *RR*, pp. 17 *sq.* et les notes ; BADIAN, *art. cit.* ; OLSHAUSEN, *Prosopogr.* I, n° 136, 138.

Nous avons vu que le décret de Lampsaque (*supra*, p. 185) faisait allusion à des lettres envoyées par Flamininus « aux rois » : « *praeter Eumenem potissimum Prusias I rex Bithyniae in censum venit* », écrivait HILLER VON GAERTRINGEN dans sa note 19 de *Syll*[3]. 591, mais on ne voit pas pourquoi le proconsul ne se serait pas adressé d'abord et surtout à Antiochos (qui justifierait d'ailleurs à lui seul le pluriel, puisqu'il a un corégent portant le titre royal en la personne de son fils aîné Antiochos), dont l'ambassade représenterait la réponse. Polybe omet malheureusement de nous dire quel était l'objet de cette ambassade, comme si elle n'était venue que pour recueillir des « réponses » (*apokriseis*) des Romains : or si les Romains « répondirent » aux ambassadeurs, cela implique que ceux-ci étaient porteurs d'un message de leur maître, dont nous ignorons la teneur.

A. PASSERINI, *art. cit., Ath.* NS X (1932), pp. 121 *sqq.*, a souligné le contraste entre le ton de raide ultimatum que donne TL aux propos des commissaires romains à **Corinthe** et l'allure plus diplomatique de l'original polybien, auquel il faut évidemment s'en tenir. Mais, même dans Polybe, la « réponse » des Romains a bien le ton d'un ultimatum. On observera toutefois que, pour qu'une déclaration de ce style ait valeur d'ultimatum, il faut que ceux qui l'émettent soient résolus à la soutenir éventuellement par les armes, faute de quoi il ne saurait s'agir que de *bluff* à valeur propagandiste. Or l'alternative belliqueuse ne figure pas dans le texte de Polybe, et il est évident que Flamininus et les commissaires n'avaient pas pouvoir d'engager une guerre contre Antiochos, puisqu'il ressortira de la suite qu'on n'est nullement résolu à Rome, à ce moment, à un tel conflit. Et, du coup, la question se pose de savoir s'ils étaient même habilités à tenter une manœuvre d'intimidation sur le Séleucide. Pour y voir clair, il faudrait savoir si, en renvoyant les Lampsacéniens à Flamininus et aux commissaires, le Sénat adressa aussi des instructions à ses représentants ; il faudrait connaître le contenu des lettres « aux rois » ; connaître aussi la teneur du message d'Antiochos — toutes choses qui nous échappent. L'initiative des Romains de Grèce est possible : il faut tenter de se représenter la position du proconsul qui, auréolé de son prestige de « libérateur », devait être soumis à de fortes pressions (de la part d'Eumène, notamment, qui pouvait craindre que les jours de son royaume ne fussent comptés ; de la part des Rhodiens, toujours soucieux de la liberté des Détroits) : s'il lui fallait « faire quelque chose », le rôle même qu'il avait théâtralement assumé lui indiquait la voie : revendiquer la liberté des cités (cf. encore ci-dessous) — aussi bien, la réponse aux ambassadeurs syriens ne faisait-elle que développer l'allusion aux « Grecs d'Asie » du SC. Et répétons que les « ordres » adressés à Antiochos n'étaient pas assortis d'une menace de guerre au cas (prévisible) où le roi n'obtempérerait pas. — En ce qui concerne l'**entrevue de Lysimacheia**, s'il faut prêter attention aux nuances du langage polybien, on observera que les Romains « conseillent » à Antiochos de s'abstenir de toucher aux cités autonomes, alors qu'à Corinthe, on le lui avait « ordonné ». Si cette nuance traduit une réalité (dont Polybe aurait été informé lors de ses recherches romaines), cela pourrait signifier que l'envoyé du Sénat avait désapprouvé le ton comminatoire de la réponse faite à Corinthe et que, sans vouloir ouvertement désavouer Flamininus, il adopta un ton qui entendait être en retrait sur celui du proconsul. Ceci (en admettant qu'on puisse faire fonds sur cette « nuance » verbale) contribuerait à son tour à prouver qu'on ne se souciait pas, au Sénat, de trop s'avancer sur le problème général de la liberté des cités grecques d'Asie. Pour les cités ptolémaïques, les Romains agissent en tant qu'avoués de Ptolémée. Pour celles qui avaient appartenu à Philippe, ils se fondent sur le traité récemment conclu avec lui : ces deux positions sont diplomatiquement solides. Mais, pour les autres, plutôt que d'user du ton de l'ultimatum, qui reste vain s'il ne s'appuie pas sur une volonté d'user de la force, on préfère adopter le ton du « conseil » — qui n'engage à rien. Il semble que le respect de la nuance polybienne s'accorde bien avec le contexte général, qui révèle, de la part des Romains, plus d'hésitation à se laisser entraîner dans une aventure antiochique que de volonté d'aller de l'avant : arbitrer, certes, mais point — à ce moment — risquer une guerre. En cette circonstance encore, de Lysimacheia, Passerini avait sans doute tort de qualifier l'attitude d'Antiochos d'injurieuse, d'infatuée et imprudente. Comme l'a souligné H.E. STIER, *Roms Aufstieg...,* pp. 166 *sq.,* on ne parle pas le même langage dans les deux camps et, dès lors, l'exigence des Romains de voir l'impérialisme dynastique séleucide s'incliner devant les principes juridiques proclamés aux *Isthmia* comme conséquence de la défaite de Philippe, devait apparaître aussi infatuée et injurieuse à Antiochos que la réponse de celui-ci pouvait l'apparaître aux Romains. De toute façon, comme la suite révèle que, de part et d'autre, on n'avait pas l'intention de tirer dans l'immédiat de conséquences belliqueuses des propos tenus, ceux-ci ne doivent être envisagés que sur un plan provisoirement théorique.

On observera enfin qu'à Corinthe aussi bien qu'à Lysimacheia Rome revendique la liberté des cités exactement comme les souverains hellénistiques le font depuis un siècle et demi : *contre* un adversaire. Cette liberté n'a en elle-même aucune valeur aux yeux des deux parties : elle n'est qu'un moyen d'enfermer l'adversaire dans un dilemme, car il ne peut dès lors que passer pour un faible, s'il cède, ou pour un oppresseur, s'il refuse de céder. Cf. DAHLHEIM, *Struktur und Entwicklung...,* pp. 104 *sqq.*

Antiochos III, qui rétablit à Lysimacheia ses habitants qu'en avaient chassés les Thraces (POL. XVIII, 51, 7), conclut avec la cité un traité dont des fragments des serments échangés ont été récemment retrouvés : cf. Z. TASLIKLIOGLU & P. FRISCH, *New inscr. from the Troad,* ZfPE XVII (1975), pp. 101 *sqq.,* n° 1 ; P. FRISCH, *Inschr. von Ilion,* n° 45 : la cité, « démocratique », devait être exempte de garnison et de tribut. Elle n'en était pas moins destinée, d'après Polybe, à servir de résidence au nouveau prince héritier Séleucos (le futur Séleucos IV), ce qui semble indiquer qu'Antiochos III entendait faire de celui-ci son représentant dans ses domaines occidentaux. Le point est d'intérêt, car les vice-rois séleucides antérieurs résidaient à Sardes.

Mentionnons, en marge de ces événements, l'existence du petit royaume thrace du roi Mostis, connu par des monnaies et par une inscription de Bisanthè récemment découverte (cf. J. & L. ROBERT, *Bull.* 1972, n° 284 ; MORETTI, *ISE* II, n° 116). Cette principauté, qui semble avoir été sous influence pergaménienne, fut sans doute supprimée par Antiochos ; si elle se reconstitua lors de l'évacuation de l'Europe par le Séleucide, elle fut peut-être incorporée au royaume attalide après la paix d'Apamée.

4° LA SITUATION EN ÉGYPTE ET LA PAIX SYRO-ÉGYPTIENNE DE 195

A Lysimacheia, L. Cornelius Lentulus s'était officiellement présenté en médiateur entre Antiochos et Ptolémée V. Mais sur ce point, on l'a vu, le Séleucide avait fermement écarté toute intervention romaine : « En ce qui concernait Ptolémée, il se disposait à régler lui-même la question d'une façon agréable à celui-ci : il avait en effet décidé de conclure avec lui non seulement amitié, mais encore alliance familiale. » On ne sait si des projets de paix et de mariage étaient dès lors en gestation entre Antioche et Alexandrie. Si la nouvelle de la mort de Ptolémée (qui avait à peine quinze ans, et point de successeur...) n'avait pas été fausse (*supra,* p. 187), Antiochos aurait sans doute appliqué une politique plus radicale, peut-être annexé l'empire lagide. Mais le démenti de ce décès, et l'échec de sa tentative navale contre Chypre le déterminèrent à réaliser le plan qu'il avait fait entrevoir aux légats romains : conclure la paix avec Alexandrie.

Peu brillante certes, la situation de l'Égypte était moins catastrophique que dans les années précédentes. La sécession de la Thébaïde, où règne le pharaon indigène Ankhmakhis, dure toujours (elle durera jusqu'en 186), mais l'ordre paraît avoir été à peu près rétabli en Basse-Égypte, où les troubles avaient régné à l'état endémique depuis Raphia. A la cour d'Alexandrie, quelques serviteurs dévoués de la dynastie avaient réussi à mettre un terme aux intrigues et à l'instabilité gouvernementale et, à la fin de 197, Ptolémée V, qui n'avait pas encore quatorze ans, avait été proclamé majeur et couronné à Memphis selon le rite pharaonique égyptien, ce qui n'est qu'une concession parmi d'autres, sans doute destinée plus particulièrement à contester la royauté dissidente de Thèbes. Si ces années sont donc capitales pour le processus d'égyptisation de la monarchie et le déclin des ressources royales, entamées par d'innombrables *philanthrôpa,* il reste qu'une certaine stabilisation intervient, du moins en Basse-Égypte et plus particulièrement à la cour. Il n'en reste pas moins que l'Égypte n'était pas en état d'envisager une poursuite des hostilités avec Antiochos, alors au faîte de sa puissance et de son prestige, et qu'Alexandrie jugea sans doute plus prudent de tirer un trait sous le chapitre belliqueux qu'avait ouvert l'avènement du Séleucide. L'inefficacité des témoignages d'amitié de Rome (dont on ne prévoyait certes pas qu'elle serait en guerre avec Antiochos trois ans plus tard) contribua certainement à cette résignation.

C'est dans ces conditions que la paix fut conclue entre les deux royaumes. Outre la Cyrénaïque, que sa position mettait à l'abri des ambitions, il ne reste, à peu de choses près, que Chypre de l'ancien empire lagide. De plus, Antiochos III fiança sa fille Cléopatre (I) à Ptolémée V, insérant ainsi les intérêts dynastiques séleucides dans la succession lagide.

La grande période de l'expansion ptolémaïque en Méditerranée orientale est bien achevée : les possessions extérieures lagides sont réduites à ce qu'elles resteront pendant tout le IIe siècle et une partie du Ier : encore des sécessions dynastiques réduiront-elles par moments l'Égypte à sa plus simple expression. Les règnes de Ptolémée IV et Ptolémée V constituent donc la période de repli et de liquidation de la thalassocratie lagide, qui avait couvert, en gros et non sans fluctuations, le IIIe siècle. Si considérable que soit ce recul, intervenu entre 200 et 195, il ne signifie toutefois pas que le rôle mondial de la politique lagide soit terminé. Seulement ce rôle, essentiel en certaines circonstances, sera de plus en plus un rôle passif. Sans doute arrivera-t-il encore, durant les 180 ans que subsistera encore la dynastie (qui n'a pas encore atteint la moitié de sa durée totale !) que celle-ci tente une action autonome, ébauche des tentatives de redressement extérieur. Mais les circonstances où l'attention se portera sur Alexandrie seront plus souvent de celles où la politique lagide sera agie par des forces externes que de celles où elle sera agissante. L'Égypte tend, en 195, à n'être plus qu'un pion sur l'échiquier méditerranéen, un pion important, précieux, diplomatiquement ou militairement fort disputé, mais un pion quand même.

SOURCES : Affaires d'Alexandrie : POL. XVIII, 53-55. La « pierre de Rosette » (OGIS 90) est le document capital pour la connaissance de la situation intérieure du royaume à cette époque (le décret est de 196) et des concessions politiques et fiscales de la monarchie. On en trouvera une traduction française dans BOUCHÉ-LECLERCQ, Lag. I, pp. 370 sqq., à laquelle on apportera les corrections suivantes : ligne 17 « faire la presse des équipages de la marine » (au lieu de « lever la contribution pour la marine ») ; l. 24 « la 8e année » (au lieu de « la 7e ») ; l. 27 « dévasté le pays » (au lieu de « vexé » ; sur la restitution, cf. A. WILHELM, Aigyptiaka, SBAWWien 224/1 (1944 [1946], p. 5) ; l. 39 « laquelle » sc. image (au lieu de « lequel » sc. lieu). La paix avec Antiochos n'est pas explicitement mentionnée dans nos sources, mais impliquée par celles qui concernent le mariage : TL XXXV, 13, 4 ; St JÉRÔME, in Dan, XI, 17.

BIBLIOGRAPHIE COMPLÉMENTAIRE ET NOTES : Sur l'ensemble, cf. H. HEINEN, ANRW I, 1, pp. 650 sqq.

Sur la situation intérieure de l'Égypte, cf. Cl. PRÉAUX, Esquisse d'une histoire des révolutions égyptiennes, Chr. Eg. XXI (1936), pp. 529 sqq. ; M. ALLIOT, La Thébaïde en lutte..., RBPhH XXIX (1951), pp. 424 sqq. ; ID., La fin de la résistance égyptienne dans le Sud, REA LIV (1952), pp. 18 sqq. En général VOLKMANN, s. v. Ptolemaios, PW XXIII 2, coll. 1699 sqq. Analyse succincte, mais commode, de la pierre de Rosette dans ROSTOVTZEFF II, pp. 713 sq. ;

cf. récemment Chr. ONASCH, *Zur Königsideologie der Ptolemäer in den Dekreten von Kanopus und Memphis (Rosettana)*, *ZfPE* XXIV-XXV (1976), pp. 137 *sqq.*, au sujet de l'évolution, d'un texte à l'autre (sur le premier, cf. t. I², pp. 253 *sq.*), des rapports entre la royauté et le clergé indigène. Le mariage de Ptolémée V et de Cléopatre ne devait être célébré qu'en 193/2 (12ᵉ année du règne) : or une inscription postérieure à ce mariage est datée de la 5ᵉ année de Ptolémée, ce qui a suggéré à R. KOERNER, *Eine Weihinschr. aus der Zeit Ptol. V.*, *ZfPE* XVIII (1966), pp. 47 *sqq.* que certains milieux indigènes auraient pris la date du couronnement pharaonique (fin novembre 197 = 9ᵉ année) pour point de départ d'une ère nouvelle.

Sur le **traité entre Antiochos et Ptolémée V** : La négociation fut menée, pour Antiochos, par le Rhodien Euclès : cf. OLSHAUSEN, *Prosopogr.* I, n° 134, où l'on trouvera la bibliographie relative au problème chronologique (hiver 196/5). L'hypothèse (présentée sur le mode le plus affirmatif) de T. FRANK, *Roman imper.*, pp. 168 *sq.* selon laquelle Antiochos avait déjà conclu la paix avec Ptolémée au moment de Lysimacheia, et présenté alors son traité aux Romains, leur coupant de la sorte l'herbe sous les pieds, n'est qu'une interprétation, séduisante peut-être, mais pour le moins audacieuse de nos sources. Un passage ultérieur de Polybe, concernant les règnes d'Antiochos IV et de Ptolémée VI (XXVIII, 20, 9 ; cf. APP., *Syr.* 5 (18)), fait allusion au fait que la Cœlé-Syrie aurait été donnée en dot par Antiochos III à sa fille : c'était là, selon Polybe, une prétention lagide qu'Antiochos IV contestait, certainement avec raison, car la chose apparaît peu vraisemblable (cf. E. CUQ, *La condition juridique de la Cœlé-Syrie au temps de Pt. V Épiphane*, *Syria* VIII (1927), pp. 143 *sqq.*). Plus tard encore, Jos., *AJ* XII, 154 *sq.* interprétait cette tradition en soutenant que la dot de Cléopatre I était constituée par les *revenus* de la Cœlé-Syrie : rien ne permet sérieusement de le prouver. POL. XXVIII, 1, 2-3, abordant l'exposé des débuts du conflit entre Antiochos IV et Ptolémée VI (170/69 ; *infra*, p. 316), écrit d'ailleurs formellement que la Cœlé-Syrie-Phénicie était alors sous domination séleucide depuis Panion (bibliographie de la question *ap.* BENGTSON, *Str.* II, p. 161 ; voir aussi la discussion de VATIN, *Recherches sur le mariage...* (Paris 1970), pp. 64 *sqq.*). Dans ces conditions, on ne saurait retenir l'interprétation de T. FRANK, *l. c.*, qui, brodant sur NIESE II, pp. 673 *sqq.*, estimait qu'Antiochos III aurait vendu la Cœlé-Syrie à son ancien souverain Ptolémée, pour le prix des possessions égéennes de l'Égypte, pensant qu' « il valait mieux tenir quelques cités en Asie Mineure sans influence romaine trop proche que de posséder la Cœlé-Syrie avec Rome pour principal arbitre de l'Égée ».

On notera au passage qu'au moment où Antiochos III marie sa fille Cléopatre à Ptolémée, il marie aussi à son propre fils et corégent une autre de ses filles, Laodice (APP., *Syr.* 4), qui, après la disparition prématurée de ce frère-époux, devait, semble-t-il, épouser successivement ses deux autres frères, Séleucos IV et Antiochos IV. Les motifs de cette endogamie ne sont pas clairs, si ce n'est qu'en 195 Antiochos III n'avait évidemment pas la possibilité de marier son fils dans une des grandes familles royales du moment (mais il ne s'agit pas forcément d'une « politique d'orgueilleux isolement », comme l'écrit VATIN, *o. c.*, p. 97). Mais pourquoi ne lui fit-il pas épouser quelque princesse pontique (comme il l'avait fait lui-même) ou cappadocienne ? VATIN, p. 87, verrait là — comme dans le mariage d'Antiochos I avec sa belle-mère Stratonice — « une affirmation de la toute-puissance du roi, qui sanctionne à elle seule une union légitime ».

Sur la **disolution de l'empire maritime des Ptolémées**, cf. la page éloquente d'HOLLEAUX, *Notes sur l'épigraphie et l'histoire de Rhodes*, *Études* I, p. 423. De l'empire égéen des Lagides, il ne subsiste plus que quelques places en Crète orientale, une garnison à Théra (encore documentée sous Ptolémée VI : *OGIS* 102 = *SEG* I 343 ; cf. VAN'T DACK, *Anc. Soc.* IV (1973), pp. 84 *sqq.*), et, sur la côte nord de la péninsule argolique, Méthana (Arsinoé), qui restera encore lagide lorsque, peu après (*infra*, p. 208), le Péloponnèse sera, pour le reste, unifié au sein de la Confédération achéenne). Il est d'ailleurs probable, sinon certain, que certaines cités qui avaient servi de bases ptolémaïques profitèrent des circonstances pour se rendre indépendantes : cf. les données concernant Samos, Cos, les cités de Lesbos *ap.* SCHMITT, *Unters.*, pp. 284 *sq.*

3° ANTIOCHOS III, HANNIBAL ET LES HÉSITATIONS
   DE LA POLITIQUE ROMAINE
   JUSQU'A L'ÉVACUATION DE LA GRÈCE

On a vu (*supra*, p. 168) qu'en 196 l'opinion des dirigeants romains était fort partagée sur la conduite à tenir à l'égard d'Antiochos III, Flamininus ne paraissant pas avoir personnellement conçu d'inquiétudes graves à son sujet, alors que la majorité des commissaires sénatoriaux avait exigé qu'on maintînt des garnisons dans les « entraves ». C'était peut-être aussi dans cette perspective, avec l'intention de retenir l'armée romaine en Grèce, que fut alors entreprise la guerre contre Nabis (*supra*, p. 175). Les incertitudes romaines étaient compréhensibles. La politique d'Antiochos III pouvait paraître révéler des ambitions plus ou moins universelles, et son passage en Europe (où il revient en 195 pour consolider sa mainmise sur la Thrace) ne pouvait qu'accroître les inquiétudes. Certains Romains craignaient-ils toujours une entente entre Antiochos et Philippe V, malgré l'alliance romano-macédonienne de 196 ? C'est possible. En revanche, il est douteux, et pouvait *dès lors* apparaître douteux qu'après Cynoscéphales Antiochos III eût des visées sur la Grèce : qu'il en eût sur les Détroits et la Thrace, justifiées par sa doctrine de restauration dynastique, était patent. Mais, sur le strict plan des intérêts immédiats de Rome et mis à part l'embarras juridique que cela créait, la restauration séleucide en Thrace pouvait apparaître secondaire à ceux qui, à Rome, redoutaient de nouvelles complications. Aussi bien, Antiochos III affirmait-il hautement qu'il n'entendait pas pousser plus loin. Au lendemain de la conférence de Lysimacheia (début 195), il avait dépêché une ambassade à Flamininus pour le confirmer, et même pour demander l'alliance romaine — par un traité qui, bien entendu, reconnaîtrait ses droits sur la Thrace, ambassade que Flamininus éconduisit en l'adressant au Sénat. L'ensemble de la conjoncture — il ne faut, après tout, pas oublier que Rome venait d'écraser la redoutable Macédoine et d'acquérir une popularité certaine dans le monde grec — ne permet pas de douter de la sincérité du Séleucide sur ce point. Mais, méfiance bien compréhensible d'une part, impossibilité, de l'autre, de violer si tôt les principes de 196, on ne pouvait, du côté romain, donner suite aux avances d'Antiochos. Tout cela explique sans doute la passivité de la politique romaine à son égard — passivité qui, certes, n'avait pas de quoi satisfaire des États grecs plus directement intéressés aux entreprises séleucides, comme Rhodes ou, surtout, Pergame.

En 195, un élément nouveau vint renforcer la méfiance romaine, sans pour autant rompre cette passivité : l'arrivée d'Hannibal à la cour d'Antiochos. Contraint de fuir Carthage, Hannibal ne pouvait guère se réfugier ailleurs que chez le Séleucide, que, par Tyr et Antioche, il rejoignit à Éphèse à la fin de l'été. Il est difficile d'apprécier le rôle que devait jouer le Carthaginois auprès d'Antiochos : Polybe nous manque pour les années 195-192 et Tite-Live est trop évidemment tendancieux en ce qui concerne Hannibal. Mais il est compréhensible que l'arrivée de ce vieil adversaire à la cour d'un souverain dont d'ores et déjà bien des gens se méfiaient à Rome n'y servit pas la cause d'Antiochos. La première réaction romaine fut sans doute la réélection au consulat de Scipion l'Africain qui, on l'a signalé précédemment (*supra*, p. 177), s'efforça d'obtenir la « province » de Macédoine. Mais en vain : la majorité, à Rome, n'était pas convaincue encore de la nécessité de brusquer les choses. Tout au contraire, ce fut alors le triomphe de la politique de Flamininus et, la guerre contre Nabis terminée dans les conditions qu'on a vues (*supra*, p. 175) l'évacuation de la Grèce, « entraves » comprises, en 194 (*supra*, p. 177).

C'est donc, en 195-194, le parti de la passivité, sinon de l'indifférence qui triomphe à Rome à l'égard d'Antiochos III. A l'égard de la Grèce, c'est l'application de la politique défendue depuis 196 par Flamininus — politique qui avait toutefois reçu une grave entorse dans la mesure où Rome ne s'était pas montrée résolue à défendre par les armes son extension un peu inconsidérée à l'Asie. Bien pis, les principes des *Isthmia* avaient été sacrifiés en Europe même du jour où Antiochos avait franchi les Détroits.

On reconnaîtra d'ailleurs que, dans l'hypothèse de la bonne foi d'Antiochos quant à la limitation de ses ambitions (hypothèse adoptée apparemment par la majorité du Sénat), la solution atteinte par Flamininus pouvait apparaître satisfaisante à l'opinion romaine, pour peu qu'on fermât les yeux sur la violation des principes et sur la capitulation diplomatique que cela représentait : la Macédoine battue, affaiblie, alliée ; la Grèce pacifiée, reconnaissante (du moins le pensait-on), cliente — on pouvait, du côté de l'Orient, espérer une période de tranquillité à laquelle on aspirait. Ce ne fut pas le cas.

SOURCES : Ambassade séleucide à Flamininus : TL XXXIII, 41, 5 ; XXXIV, 25, 2. Hannibal en Asie : TL XXXIII, 45-49 ; APP., *Syr.* 4 (15-16), qui place l'arrivée à Éphèse dès 196 ; JUST. XXXI, 1, 7-2, 3 *sqq.* Antiochos en Thrace en 195-194 ; APP., *Syr.* 6 (21-22). Pour les affaires de Grèce, cf. *supra*, pp. 176 ; 178.

BIBLIOGRAPHIE COMPLÉMENTAIRE ET NOTES : HOLLEAUX, *Recherches sur l'histoire des négociations d'Antiochos III avec les Romains, Études* V, pp. 163 *sqq.*, a douté que l'ambassade séleucide adressée à Flamininus, puis par celui-ci au Sénat, début 195, se soit jamais rendue à Rome. Il a montré avec vraisemblance que les **relations entre Rome et Antiochos** ont été complètement interrompues entre cette entrevue et les négociations menées au Sénat en 193 (cf. *infra*, p. 196) ; H.H. SCULLARD, *Scipio Africanus : soldier and politician* (Londres 1970), pp. 193 *sqq.* dégage brièvement les arrière-plans romains de l'opposition du Sénat au départ de Scipion pour l'Orient et analyse les motifs de jalousie de Scipion à l'égard de Flamininus. Le fait que le Sénat restât sourd aux propos de Scipion (qui, dans TL XXXIV, 43, sont d'ailleurs apocryphes dans la mesure où l'Africain y prophétise l'appel des Étoliens à Antiochos) et refusât d'envoyer un consul en « Macédoine » suggère que la grande majorité du Sénat (*senatus frequens in eam sententiam ibat ut...*), instruite par les comportements très personnels de Flamininus, souhaitait clore un théâtre qui le favorisait outre mesure. Ce mobile put jouer autant, sinon plus que la confiance accordée aux propos rassurants d'Antiochos.

Sur le rôle de **Scipion**, cf. A.H. MC DONALD, *Scipio Africanus and Roman politics...*, JRS XXVIII (1938), pp. 156 *sqq.*

Tite-Live déclare que l'arrivée d'Hannibal décida aussitôt Antiochos III, qui n'y était pas encore résolu (détail dont il convient de prendre acte), à faire la guerre aux Romains : c'est extrêmement douteux. L'**influence d'Hannibal sur Antiochos** paraît avoir été des plus limitées et il est fort possible qu'Hannibal, connaissant mieux Rome et les Romains que ne les pouvait connaître Antiochos, ait joué auprès de celui-ci le rôle d'élément modérateur, sinon pour ce qui est des fins, du moins pour ce qui est des démarches et des moyens (cf. MANNI, *Roma e l'Italia...*, p. 313). Le plan gigantesque que le Carthaginois aurait soumis au Séleucide en vue de l'anéantissement de Rome est parfaitement problématique. Si vraiment un tel plan exista, il ne pouvait déboucher que sur un malentendu fondamental avec Antiochos, dont la pensée ne dépassait probablement pas les limites du monde des trois grandes monarchies (cf. J. VOGT, *Römische Rep.* I (Freiburg 1962), p. 151). Il paraît inutile de discuter ici de ce problème : cf. A. PASSERINI, *Studi... V, Ath.* NS XI (1933), pp. 10 *sqq.*, où l'on trouvera la bibliographie antérieure et la discussion des sources ; en outre W. HOFFMANN, *Hannibal* (Göttingen 1962), pp. 118 *sqq.* ; A.J. TOYNBEE, *Hannibal's legacy* I (1965), pp. 61 *sqq.* ; G.Ch. PICARD, *Hannibal* (Paris 1967), pp. 220 *sqq.*

6° LA MARCHE A LA GUERRE

A Rome, donc, la majorité ne semble pas vouloir la guerre avec Antiochos, qui, vraisemblablement, ne la veut pas davantage ; mais, en l'espace de deux ans, il vont s'y trouver plongés.

La solution finale donnée en 194 à la deuxième guerre de Macédoine avait été celle de Flamininus, qui avait minimisé l'éventuel danger séleucide ou, plus exactement sans doute, avait dû estimer fausse l'hypothèse de ce danger. Cette solution avait été combattue par d'autres Romains, qui avaient au contraire admis, et même exagéré cette hypothèse. On pourrait être tenté ici de se demander qui avait raison et de répondre : personne. Car la « guerre antiochique » n'a, semble-t-il, pas eu pour cause profonde les ambitions conquérantes du Séleucide en Europe, ambitions qu'il aurait mises mises à exécution en profitant aussitôt du retrait romain (et sur ce point Flamininus avait partiellement raison) : les ambitions d'Antiochos ont elle-mêmes été provoquées, et non sans hésitations de sa part, par l'échec précoce de la politique grecque de Flamininus. Mais il eût fallu une singulière lucidité pour le prévoir en 195/4. S'il y eut dès lors des Romains pour prévoir la guerre, il est douteux qu'ils en aient prévu les causes véritables, qui sont à chercher dans les affaires grecques, d'Europe et d'Asie, mais surtout d'Europe.

Polybe affirmait qu'à l'origine de tout il y eut la dispute entre Flamininus et les Étoliens au lendemain de Cynoscéphales — c'est exact, mais il faut ajouter que les choses se compliquèrent fort au cours des années suivantes. Les Étoliens avaient pensé être les principaux bénéficiaires de la défaite de Philippe et les raides refus opposés par Flamininus à leurs prétentions les avaient dressés contre Rome. Ils se sentaient d'autant plus frustrés que Rome avait accordé des arrondissements territoriaux à d'autres alliés, voire à des alliés aussi tardifs et peu efficaces que les Achaiens. La haine de Rome couve donc chez les Étoliens, résolus à jouer les boute-feu. Les moyens d'agiter la Grèce ne manquaient pas : le soutien bienveillant accordé partout par Rome aux oligarchies de possédants permettait d'exploiter contre elle le mécontentement des prolétaires ; cette démagogie rapprochait de Nabis qui, lui aussi, avait des griefs ; un rapprochement avec Philippe V, l'ancien adversaire, pouvait être envisagé. Mais rien de tout cela n'offrait de chances de succès si l'on ne pouvait obtenir d'Antiochos qu'il se déclarât contre Rome. Les Étoliens devaient donc suivre attentivement les rapports romano-séleucides, et tenter de les envenimer. Disons par avance que, dans l'autre camp, certains s'y consacreront aussi : Eumène II de Pergame tout particulièrement.

Or où en sont les relations entre Rome et Antiochos III après l'évacuation de la Grèce ? Les contacts, rompus au début de 195, furent repris au début de 193. Sur l'initiative d'Antiochos : cela se conçoit aisément car, des deux parties, c'était lui qui retirait le plus de désagrément de l'incertitude où l'on en était resté, la proclamation des libertés grecques en Asie risquant d'être un permanent motif d'agitation dans cette région. Il est probable aussi qu'en souhaitant régler ses rapports avec Rome au mieux de leurs intérêts respectifs, Antiochos désirait couper l'herbe sous les pieds d'Eumène II qui, fort de l'amitié romaine, repoussait toutes les avances, mêmes matrimoniales.

Une ambassade séleucide débarqua donc à Rome pour solliciter l'amitié et l'alliance du Peuple Romain. La réponse fut confiée au grand spécialiste des questions orientales, Flamininus, flanqué des dix ex-commissaires de 196. Flamininus mit à l'acceptation romaine deux conditions alternatives qui, l'une et l'autre, représentaient un changement notable de la politique romaine par rapport à 196-195 : *ou bien* Antiochos consentait à évacuer la Thrace et, dans ce cas, Rome se désintéresserait de l'Asie, abandonnant donc tacitement pour ce continent le principe de la liberté des Grecs ; *ou bien* Antiochos refusait d'évacuer la Thrace, et, dans ce cas, il lui faudrait reconnaître à Rome le droit de maintenir, voire de multiplier les liens d'amitié contractés par elle en Asie ; en d'autres termes, pour prix de la reconnaissance de ses droits dynastiques sur la Thrace, Antiochos devrait reconnaître le *patrocinium* de Rome sur les cités grecques d'Asie.

Ce serait aller trop vite en besogne que d'affirmer que les Romains cherchaient à enfermer Antiochos dans un dilemme inacceptable, ou, si l'on préfère, qu'ils cherchaient la rupture. En fait, ces conditions représentaient une intéressante base de discussion, comportant un double jeu de concessions mutuelles et non plus, comme précédemment, la simple exigence d'une capitulation d'Antiochos, dont l'expérience avait prouvé qu'elle ne menait à rien. Aussi bien, les ambassadeurs syriens, après avoir, pour la forme, hautement protesté, ajoutèrent-ils que, si l'on donnait à leur maître le temps de la réflexion, il consentirait certainement à quelques concessions pour la cause de la paix. Sur quoi ils se retirèrent.

Prouvant son désir de négocier, le Sénat dépêcha à leur suite une ambassade comportant notamment Sulpicius et Villius, qui se rendirent d'abord auprès d'Eumène II : le Pergaménien, qui n'avait pas les mêmes motifs de prudence que le Sénat et redoutait une négociation dont il risquait fort de faire les frais, poussa les légats à l'intransigeance et à la guerre. La suite du récit livien de l'ambassade romaine est confus et suspect : les légats, revenus à Éphèse, s'y seraient entretenus avec Hannibal, puis enfin, à Apamée, avec le roi. Or la négociation aurait été rapidement interrompue par Antiochos III lui-même qui, en deuil de son fils aîné, le prince Antiochos, aurait désigné, pour poursuivre les entretiens, un de ses confidents, Minnion. Ce personnage, que Tite-Live présente comme un courtisan incompétent, aurait refusé de céder sur aucun point : les Romains ne purent donc qu'en faire autant et l'on se sépara sans avoir fait progresser la solution du problème — mais sans avoir rompu.

Quels étaient les motifs de l'intransigeance séleucide, que l'on ne saurait certes attribuer à un fonctionnaire irresponsable ? Antiochos qui, quelques mois plus tôt, n'avait certes pas engagé la négociation sans être prêt aux concessions, avait-il soudain des raisons de différer la solution diplomatique des problèmes qui l'opposaient à Rome ? Question obscure, mais dont la réponse se trouve sans doute en Grèce. Car la situation se détériorait rapidement en Grèce : si d'aventure les Romains se trouvaient tout à coup en présence d'une explosion grecque, valait-il la peine de leur faire trop tôt des concessions qu'ils ne seraient peut-être plus en état d'exiger dans quelques mois ?

Que se passait-il donc en Grèce ? Vers le moment où les ambassadeurs séleucides étaient à Rome, les Étoliens tentaient de mettre sur pied une coalition anti-romaine. Une ambassade étolienne fit miroiter à Nabis la récupération des places maritimes confiées aux Achaiens par Flamininus (supra, p. 175). Une autre tenta de susciter les espoirs de revanche de Philippe V. Une troisième enfin exhorta Antiochos à débarquer en Grèce. A chacun des trois princes on donnait pour acquise l'adhésion des deux autres à la coalition. En réalité, seul Nabis marcha aussitôt. A Rome, on ne s'y trompa pas : une ambassade achaienne était venue protester contre le tyran et les légats romains, revenus d'Orient sur ces entrefaites (fin 193), confirmèrent que Nabis représentait la seule cause de trouble à l'Est et que, pour le reste, il n'y avait point de risque de guerre. Le Sénat se contenta d'envoyer un préteur et une flottille pour épauler les Achaiens contre Nabis.

Il est donc évident qu'au tournant de 193 à 192 ni Antiochos, ni le Sénat ne cherchent la guerre. Mais, en Grèce, l'œuvre de Flamininus était compromise de façon inquiétante par les Étoliens et par le Spartiate. Cette explosion grecque, qu'Antiochos III attend sans doute pour se dispenser de donner suite à ses projets de négociation romaine, on commence à la redouter à Rome. Cependant que deux légions et une escadre étaient, à tout hasard, concentrées à Tarente et à Brindes et que des levées étaient ordonnées en Sicile, Flamininus passait en Grèce avec trois collègues.

A cette même époque, Attale, frère d'Eumène II, débarquait à son tour à Rome pour y annoncer qu'Antiochos venait de franchir l'Hellespont avec son armée, pour venir donner la main

aux Étoliens : c'était une fausse nouvelle, ou du moins une nouvelle faussée. Antiochos s'était bien rendu en Thrace, mais pour
y poursuivre l'organisation de cette province. Il ne s'agissait toutefois pour les Pergaméniens que d'attiser le feu, et cela y contribuait.

En Grèce, malgré les conseils de prudence de Flamininus et
de Philopoimèn (qui avait repris sa place à la tête des Achaiens
en 193), la Confédération achaienne déclara la guerre à Nabis :
la Laconie était à nouveau mise à feu et à sang au début de
192, cependant que Flamininus courait la Grèce pour combattre la
propagande étolienne. Il eut en particulier fort affaire à Démétrias,
où les Magnètes, craignant de voir la grande base navale restituée à Philippe V, étaient sur le point de se donner aux Étoliens
et à Antiochos. Rien ne prouve que Rome eût alors l'intention
de rendre Démétrias à Philippe, mais il est certain que, dans
son souci de s'assurer la fidélité du Macédonien, le Sénat multi-
pliait les témoignages de bienveillance à son égard...

Les Étoliens rompirent alors avec Rome. Une ambassade séleucide les y détermina, au prix sans doute d'un malentendu dont il
est probable qu'Antiochos le rechercha. Tite-Live nous conte avec
quelque détail une assemblée étolienne réunie pour entendre le
rapport d'une ambassade du *koinon*, récemment envoyée à Antiochos et qui ramenait avec elle des envoyés du roi. Selon l'historien,
ces gens se seraient livrés, mais *en dehors de l'assemblée,* à des
propos extravagants sur l'ampleur des forces et des ressources
financières avec lesquelles le roi était d'ores et déjà en marche.
Mais, lorsqu'il nous fait pénétrer *dans l'assemblée,* il se contente
de dire que l'ambassade étolienne « fit son rapport », sans nous
en donner la teneur ; et quant à l'ambassadeur séleucide, il ne lui
prête que des propos d'une prudence ambiguë... Car « au cas où
(*si modo*) les Étoliens menaient à bien avec constance les résolutions qu'ils avaient prises, alors Antiochos pourrait, avec l'aide
des dieux et de l'alliance des Étoliens, restituer les affaires de
Grèce, pour abaissées qu'elles fussent, dans leur antique dignité,
qui consistait en une liberté assez forte pour se défendre elle-
même plutôt que de dépendre de la volonté des autres... ». On ne
saurait lire là aucune promesse d'aide militaire immédiate. En
somme : montrez ce que vous êtes capables de faire et l'on viendra
éventuellement au secours de votre victoire. L'ambassadeur séleucide avait apparemment pour mission de pousser les Étoliens à la
guerre en leur faisant miroiter une expédition de secours (à laquelle
l'événement prouvera qu'Antiochos n'est pas prêt) qu'il leur fallait
d'abord mériter par leurs propres succès — ce qu'apparemment
les Étoliens ne comprirent pas. Flamininus, accouru à l'assemblée
étolienne, y tint des propos qui, selon Tite-Live lui-même, n'im-

putaient de responsabilités qu'aux Étoliens, et point à Antiochos, mais ne put la dissuader de voter un décret appelant le Séleucide en Europe — mais fallait-il donc ce décret si, comme on le répète depuis l'antiquité, Antiochos était dès lors résolu à agir et en avait informé les Étoliens ? En fait, il semble bien que le roi retourne maintenant contre les Romains, en même temps que la revendication des libertés grecques, les procédés d'intimidation que ceux-ci avaient en vain tenté d'utiliser contre lui en 196-195. Loin d'ailleurs de consacrer cette année 192 à rassembler une armée pour passer en Europe, il la consacre aux affaires de Thrace et d'Asie Mineure, où Smyrne et Lampsaque, auxquelles s'est jointe Alexandrie de Troade, ne sont toujours pas tombées en ses mains.

Les Étoliens, cependant, sans déclaration de guerre formelle, passent à l'action, contraignant les Romains à intervenir. Ils ne remportent d'ailleurs qu'un succès (important par la suite) en s'emparant de Démétrias. Une tentative analogue sur Chalcis d'Eubée échoue, et l'importante citadelle tombe aux mains d'Eumène II, compensant largement Érétrie qu'on lui avait refusée antérieurement (supra, p. 170). Sachant d'autre part l'impopularité de Nabis, et dans l'espoir de faire passer dans leur camp une Laconie libérée, ils font assassiner le tyran — mais la Laconie libre adhère à la Confédération achaienne...

Si Antiochos III cherchait à provoquer la confusion et la guerre en Grèce pour pouvoir différer une nécessaire négociation avec Rome, il a réussi. Bien qu'il soit alors le seul à n'être pas activement engagé dans ce nouveau conflit auquel il n'est pas préparé à participer, il devient alors clair qu'il y a poussé — aussi bien les adversaires de Rome en Grèce l'appellent-ils et l'attendent-ils avec impatience. Encore la vérité exige-t-elle qu'on précise que, s'il y a poussé, c'est entraîné par les instances des Étoliens et sans doute aussi par la méfiance que lui inspiraient les intrigues d'Eumène II à Rome. Dans ces conditions, on conçoit que le Sénat se soit peu à peu convaincu que les négociations ébauchées l'année précédente étaient désormais impossibles. En somme, Rome et Antiochos III qui, au début de 192 encore, étaient visiblement résolus à ne point se faire la guerre, sont pris dans un engrenage que l'imprudence du Séleucide, désireux d'éviter à la fois la guerre et la négociation, a enclenché.

Il restait à Antiochos à se laisser entraîner au dernier pas : les Étoliens s'y employèrent. Lorsqu'ils tinrent Démétrias, ils coururent lui annoncer que l'on disposait à présent de la base qui lui permettrait de débarquer en Grèce. Au pied du mur, Antiochos hésita encore : ce débarquement ne paraît pas avoir figuré dans ses plans et son souci principal est alors d'achever de réduire les résistances grecques en Asie Mineure. Il devait sentir aussi le paradoxe qu'il y avait à partir « libérer » la Grèce alors qu'il assiégeait des cités qui prétendaient rester libres. Tite-Live nous dit enfin qu'il répugnait à cette expédition parce qu'il en méditait une bien plus vaste, en Occident, conseillée par Hannibal, et que les Étoliens durent s'employer à combattre l'influence du Carthaginois. Comme tout ce qui concerne les grands projets occidentaux et, de façon générale, l'influence d'Hannibal sur Antiochos, ce point reste fort conjectural. Mais il se peut qu'Hannibal ait en effet déconseillé à Antiochos de répondre aux appels étoliens — essentiellement pour des raisons militaires : l'événement prouvera bientôt qu'Antiochos III ne disposait pas, à ce moment, des moyens nécessaires au succès. Seulement, d'un autre point de vue, débouter les Étoliens eût été dangereux. Les Étoliens — du moins le disaient-ils — avaient accumulé en Grèce un fort capital de popularité en faveur du Séleucide : se dérober à leur appel, c'était dilapider ce capital. D'autre part et surtout, alors que depuis 196 Antiochos n'avait pas fait un geste qui pût prouver que les Romains l'intimidassent, alors que, dans ses relations avec Rome, il avait toujours adopté une position de puissance (bien que jamais agressive), une dérobade, à présent qu'on invoquait son secours, risquait de suggérer au Sénat que son attitude antérieure dissimulait en réalité sa faiblesse — d'autant que trois petits cités grecques résistaient depuis plusieurs années aux assauts du Grand Roi, du conquérant de l'Iran, du vainqueur de l'empire lagide... Abandonnés à eux-mêmes face à la coalition de Rome, des Achaiens, de Philippe V, les Étoliens étaient perdus d'avance (et ils le savaient, d'où leur insistance) : dès lors, n'y avait-il pas tout à parier, pour Antiochos, que, victorieux dans cette guerre grecque que les Étoliens leur imposaient, les Romains remettraient sur le tapis, mais en d'autres termes que ceux que Flamininus avait proposés en 193, la question de la Thrace et des libertés grecques d'Asie ? Ce jour-là, il faudrait soit capituler, avec tous les risques que cela comporterait pour le prestige séleucide, soit combattre. Or, en ce milieu de 192, il n'y avait dans les Balkans que des forces romaines fort réduites : ne valait-il pas mieux se hâter ? Antiochos III se résigna donc à répondre affirmativement aux appels étoliens.

On peut donc, semble-t-il, résumer comme suit l'évolution de la politique d'Antiochos III à l'égard de Rome entre 196 et 192 : en 196 et en 195, mis en présence des exigences romaines, mais convaincu que Rome s'en tiendra à des représentations verbales, Antiochos leur oppose une fin de non recevoir pure et simple. En 193, désireux de régler ses rapports avec Rome, Antiochos propose une négociation, ce qui implique qu'il est disposé à certaines concessions. Malgré le ton plus ou moins arrogant employé de part et d'autre, Rome, la première, propose un jeu de concessions mutuelles et la négociation s'engage : jusqu'à ce point, les calculs d'Antiochos ont été justes. Mais, cette même année, voyant dans l'agitation étolienne la source probable de nouvelles difficultés romaines en Grèce, Antiochos choisit de différer la négociation, dans l'espoir de voir le rapport des forces se modifier à son avantage et donc de pouvoir conserver toutes ses positions. Dans cette perspective, il encourage les Étoliens à mettre le feu à la Grèce. En 192 enfin, la liquidation de Nabis, l'accroissement consécutif de la Confédération achaienne et la fidélité de Philippe à l'alliance romaine lui prouvent que, s'il n'intervient pas rapidement, le rapport des forces se modifiera au contraire à son désavantage et que, par conséquent, il risque de se trouver, face à Rome, dans une situation moins bonne que toutes celles qu'il a connues depuis 196. Et c'est la guerre.

Une guerre, répétons-le, que ni lui, ni le Sénat n'ont cherchée et dont la responsabilité fondamentale incombe aux Étoliens, certes (et aussi, si l'on veut remonter plus haut, aux maladresses de Flamininus à leur égard), mais aussi à Antiochos III lui-même qui, au lieu d'encourager les Étoliens, eût pu, plus habilement, les décourager, ou, tout au moins, utiliser la question étolienne comme un argument de poids dans les négociations dès lors entamées.

SOURCES : Notre source principale, pour ces années, est TL XXXIV, 57-61 ; XXXV, 12-20 ; 22, 1-2 ; 23 ; 25-39 ; 41-43, 2. APP., Syr. 6 (23-4), qui présente les conditions offertes aux ambassadeurs séleucides en 193 non pas comme alternatives mais comme cumulatives ; 7-10 (25-42) ; 12 (45-7). PLUT., Flam. 15, est d'une totale confusion chronologique. DIOD. XXVIII, 15. JUST. XXXI, 3, 2-4 ; 4,4-5,9. ZON. IX, 18 (chronologie confuse). Nabis, les Étoliens et les Achaiens : PLUT., Philop. 15, 2 sqq. ; Syll³. 600 (commémoration pergaménienne de la même guerre).

BIBLIOGRAPHIE COMPLÉMENTAIRE ET NOTES : Sur les affaires péloponnésiennes, en plus de la bibliographie déjà donnée relativement à Nabis (supra, p. 104), cf. particulièrement A. AYMARD, Premiers rapports..., pp. 294 sqq. ; ERRINGTON, Philop., pp. 92 sqq. ; DEININGER, Der polit. Widerstand..., pp. 108 sqq.

L'interprétation des causes de la guerre antiochique ne peut être (comme celle des causes de la deuxième guerre de Macédoine) que largement subjective. Si la succession des événements est établie de façon satisfaisante (plus satisfaisante que pour la deuxième guerre de Macédoine), restent les mobiles... Si R. WERNER, ANRW I, 1, pp. 555 sqq. a raison de montrer que la guerre antiochique fait sortir de sa latence l'hégémonie acquise sur le monde grec d'Europe, sa présentation des motivations de la guerre (« für Antiochos und die Hellenen hat abgewandelt das gleiche zu gelten, was Caesar dem Ariovist bezüglich Galliens darlegte, nämlich ein freies Hellas, oder allenfalls ein römisch beherrschtes Griechenland, auf keinen Fall ein seleukidisches. Ihrer eigenen Maxime entsprechend hatten der Senat und die Comitien gar keine andere Wahl als sich für den Krieg auszusprechen... ») est simplificatrice

— alors qu'on espère avoir montré que les choses n'étaient pas si simples. Qu'il y ait eu très tôt une psychose antiochique à Rome est certain, psychose entretenue par la propagande pergaménienne (sur la politique d'Eumène II, cf. McShane, *FPAP*, pp. 139 *sqq.*). TL XXXV, 23, 2, écrit que, malgré les services de renseignements officiels, mille rumeurs sans garantie circulaient dans le public, qui mêlaient la vérité au mensonge. Les événements prouvent toutefois que le Sénat garda sans sang-froid jusqu'au bout, et cela prouve à son tour (comme le comportement d'Antiochos III lui-même) que l'entrée en guerre du Séleucide fut assez inopinée. La constante contradiction que l'on observe dans Tite-Live entre, d'une part, l'affirmation sans cesse répétée qu'Antiochos se préparait à la guerre et que Rome redoutait cette guerre, et, d'autre part, son exposé des événements qui révèle qu'Antiochos, en fait, ne s'y préparait pas et que Rome le savait, reflète sans doute assez bien l'atmosphère romaine confuse de ces années, où il faut reconnaître au Sénat le mérite de ne pas s'être laissé entraîner par le déluge de fausses nouvelles et de bruits tendancieux. Estimer que la longanimité romaine, traduisant un désir certain de paix, était en partie motivée par les intérêts des négociants italiens dans l'Égée (ainsi Manni, *Roma e l'Italia...*, p. 313) est une hypothèse invérifiable et, à cette époque, peu plausible. Holleaux, *CAH* VIII, p. 215 = *Études* V, p. 404, estimait que ce fut en entreprenant l'expédition de Grèce qu'Antiochos III commit ses seules erreurs ; mais en fait, au moment de l'appel étolien consécutif à la prise de Démétrias, *il ne peut plus reculer*, comme on a cherché à le montrer ci-dessus : ses erreurs, ou plutôt son erreur remonte un an plus tôt, au moment de la rupture des pourparlers avec Rome, ou de leur interruption, puisqu'il n'y eut pas de rupture ouverte. De Sanctis, *St. d. R.* IV, 1, p. 141, pensait qu'Antiochos était résolu à la guerre dès cette suspension de la négociation, mais qu'il ne se pressa pas, estimant que Rome ne prendrait pas l'initiative de la guerre, que le temps travaillait pour lui, qu'il avait tout loisir de faire ses préparatifs militaires, mais qu'il fut bousculé par la hâte des Étoliens. Ce dernier point est évident, mais on peut penser que De Sanctis a placé trop haut dans le temps les résolutions belliqueuses d'Antiochos qui, plutôt qu'il ne rompit la négociation dans l'intention de faire la guerre, la suspendit dans l'espoir qu'une guerre générale balkanique à laquelle il n'aurait pas besoin de prendre part le dispenserait de la renouer. Les considérations juridiques ne paraissent guère susceptibles de rendre compte de cette partie d'échecs éminemment pragmatique : cf. toutefois l'étude menée de ce point de vue par E. Bickermann, *Bellum Antiochicum*, Hermes LXVII (1932), pp. 47-64.

Quant au comportement des **Étoliens**, qui rend leur responsabilité évidente, resterait à l'expliquer. Schneider, *KGH* I, p. 293, en a proposé une explication psychologique qui, sous un autre vocabulaire, est proche de celle que nous proposons ici (rage à se voir trompés et dédaignés par les Romains, jalousie à l'égard des Achaiens, etc.). Dire que « die politische Planlosigkeit und Torheit entsprach wieder einmal echt strukturiertem griechischem Verhalten, nämlich der Täuschung über die Lage, die durch die Idee der griechischen Freiheit hervorgerufen war, und der Herrschaft der Affekte und Emotionen, die nun fast bis zum Manisch-Depressiven ging » — voilà qui relève plutôt du jargon. On concédera toutefois à l'A. que le comportement des Étoliens est plus intéressant à observer que ne le sont les rebondissements des événements. De ce comportement, on trouvera une analyse dans Deininger, *Der pol. Widerst.*, pp. 66 *sqq.*, qui montre bien que là où nous disons, pour simplifier, « les Étoliens », il y a en réalité à l'œuvre des tendances et des personnalités manquant d'unanimité. Mais rien n'est plus difficile que de tenter de voir clair dans les divisions de l'opinion publique étolienne en ces années : un passage de TL XXXVI, 15, 4-5, où les chefs étoliens, début 191, s'excusent auprès d'Antiochos de venir avec peu de monde (seulement des *clientes* — de quoi s'agit-il ?) en disant que leur autorité n'avait pas suffi à mobiliser la population, suggère que l'accord ne régnait guère entre une minorité qui définissait la politique et la majorité qui était destinée à l'exécuter les armes à la main.

On a volontairement négligé ci-dessus l'élément « hannibalique » de ces années : la question des **plans d'Hannibal** reste insoluble et le comportement d'Antiochos semble attester ou bien qu'il y eut un « malentendu » entre lui et le Carthaginois (cf. VOGT, *Röm. Rep.*, p. 151), ou bien que, si plans d'anéantissement de Rome il y eut, le roi ne les prit pas en considération (sur la question, cf. l'article de PASSERINI cité *supra*, p. 195 ; W. HOFFMANN, *Hannibal*, pp. 118 *sqq.*, qui rappelle, p. 123, que l'entrevue qu'eut Hannibal avec la légation romaine envoyée en Asie au printemps de 193 éveilla la suspicion d'Antiochos et contribua à isoler le Carthaginois et à diminuer son crédit). MANNI, *Roma e l'Italia...*, p. 314, qui voit en Antiochos un mégalomane rêvant de reconstituer l'empire d'Alexandre, se montre cependant prêt à accueillir le projet d'une guerre italienne avec le concours de Carthage — mais on sort ici du domaine de l'histoire. Dans ces conditions, on ne peut envisager qu'à titre d'intéressante hypothèse l'opposition que dessine H.E. STIER, *Roms Aufstieg...*, p. 164, entre Antiochos III, homme du passé, pensant en termes de politique dynastique hellénistique du IIIᵉ siècle (ce qui est évident), et Hannibal, homme nouveau, pensant en termes méditerranéens « mondiaux ». Quoi qu'il en soit de la pensée et de l'influence d'Hannibal, l'une et l'autre inconnaissables, il reste certain que sa présence aux côtés d'Antiochos contribua à entretenir la psychose populaire romaine dont il a été question ci-dessus. Sur la légendaire entrevue de Scipion (qui aurait prétendûment accompagné les légats en 193) et d'Hannibal, cf. HOLLEAUX, *L'entretien de Scipion l'Africain et d'Hannibal*, *Études* V, pp. 184 *sqq.*

Sur l'ensemble de la période, cf. encore l'excellente étude de E. BADIAN citée *supra*, p. 183. On doutera cependant (cf. ID., *Foreign clientelae*, pp. 76 *sq.*) qu'en 193 Antiochos cherchât à obtenir de Rome une paix de *statu quo*, sans aucun esprit de concessions (sur les négociateurs séleucides, cf. OLSHAUSEN, *Prosop.* I, nᵒ 138-9 ; sur Minnion, nᵒ 140, où discussion des sources). On notera en revanche avec intérêt (*For. cl.*, pp. 82 *sq.*), à propos des propositions de Flamininus, la référence à la pratique romaine des « **lignes de démarcation** » (ici, l'Hellespont) entre zones d'influence.

Notons enfin accessoirement, car il est impossible de savoir si cela eut une influence sur la politique générale, l'obscur **drame familial séleucide** qui se déroula en 193 (répudiation temporaire de la reine Laodice ; mort du prince héritier Antiochos qui servit de prétexte à la suspension de la négociation romaine) : cf. A. AYMARD, *Du nouveau sur Antiochos III d'après une inscription grecque d'Iran, REA* LI (1949), pp. 327 *sqq.* (l'inscription en question est la lettre royale trouvée à Laodicée-Néhavend dont il a été question *supra*, p. 113), mais voir aussi les observations de J. et L. ROBERT, *Bull.* 1951, p. 201, nᵒ 234. Sur le prince Antiochos, qui venait d'être nommé gouverneur général des satrapies supérieures, cf. SCHMITT, *Unters.*, pp. 13-20. La tradition qui le fait mourir empoisonné par son père est invraisemblable.

B) La guerre antiochique en Europe (192-191)

1° ANTIOCHOS ET LES GRECS

Les Étoliens avaient donné à entendre aux Grecs que, si Antiochos III débarquait, ce serait l'Asie entière, avec ses éléphants, qui tomberait sur les Romains. A Antiochos, ils avaient promis que la Grèce entière « accourrait sur le rivage aussitôt qu'on apercevrait sa flotte ». Il ne se produisit rien de tel : les éléphants n'étaient que six et, pour les hommes, le roi n'en amena pas plus de 10 000 à Démétrias, en octobre 192. Quant aux Grecs, à part quelques soubresauts sporadiques que les Romains calmèrent vite, ils ne bougèrent pas. Refroidis, certains Étoliens parlèrent de négocier, mais les enragés l'emportèrent et firent proclamer Antiochos *stratègos autokratôr*. Holleaux a fort bien dit ce qu'Antiochos aurait dû faire alors pour faire basculer la Grèce dans son camp — mais il ne le fit pas... S'il réussit à s'emparer de Chalcis, sa diplomatie ne rencontra que peu de succès. Les Achaiens, sollicités, restèrent fidèles à Rome, à la déclaration de guerre de laquelle ils joignirent la leur : il se pourrait que ce fût à ce moment seulement que fut conclue enfin l'alliance romano-achaienne. On ne vit guère se prononcer pour la coalition étolo-séleucide que les Éléens (et peut-être les Messéniens qui, comme les Éléens, avaient une alliance avec les Étoliens), les Béotiens (non sans réluctance) et l'Athamane Amynandros, ancien allié de Rome, mais qui se laissa séduire par un sien beau-frère, aventurier auquel on avait fait miroiter rien moins que la succession de Philippe sur la Macédoine. Philippe lui-même assura Rome de son concours. Les Épirotes adoptèrent une attitude équivoque ; les Acarnaniens se partagèrent en deux camps ; en Thessalie, Antiochos dut user de violence : encore Larissa lui resta-t-elle fermée. Début 191, les résultats, tant militaires que diplomatiques, étaient décevants. Rome, les Achaiens et Philippe faisaient bloc contre un envahisseur dont les forces étaient faibles et les alliés douteux.

SOURCES : On renoue ici, de façon très fragmentaire, avec POL. XX, 1-8,5, mais la source principale continue d'être TL XXXV, 43-51 ; XXXVI, 1-12. APP., *Syr.* 12 (48) — 16 (70) ; DIOD. XXIX, 1-3 ; ZON. IX, 19.

BIBLIOGRAPHIE COMPLÉMENTAIRE ET NOTES : Sur les conditions complexes dans lesquelles **Chalcis** finit par tomber aux mains d'Antiochos, en dépit des efforts de la faction pro-romaine de la cité, cf. DEININGER, *Pol. Widerst.*, pp. 80 *sqq.* ; sommairement, O. PICARD, *Chalcis et la Confédération eubéenne*, pp. 283 *sq.* Sur la situation en **Béotie**, *ibid.*, pp. 88 *sq.* ; à **Athènes**, pp. 89 *sq.* ; en **Thessalie**, pp. 91 *sqq.* ; en **Acarnanie** (où Antiochos fit une brève expédition début 191), pp. 94 *sqq.* La date de 192 pour la conclusion du **traité d'alliance romano-achaien** a été défendue par E. BADIAN, *The treaty between Rome and the Achaean League, JRS* XLII (1952), pp. 76 *sqq.*, où l'on trouvera la discussion des autres dates proposées. Le monnayage achaien, dont une forte poussée serait contemporaine de ces événements, exprimerait la participation des **Achaiens** à la guerre selon Marg. THOMPSON, *The Agrinion hoard, NNM* n° 159 (New York 1968), p. 90. H. CHANTRAINE, *Der Beginn der jüngeren achäischen Bundesprägung, Chiron* II (1972), pp. 175 *sqq.*, tout en confirmant que c'est bien vers cette date qu'il faut placer la série monétaire achaienne la plus récente

et la mieux représentée (ce qui correspondrait à la communauté institutionnelle évoquée par POL. II, 37, 10, dont il pense qu'il ne saurait être
question avant 190), doute toutefois de la destination essentiellement militaire
qu'aurait eue ce monnayage selon M. Thompson. Ces émissions répondraient
à la politique de Philopoimèn.

Ce serait aussi à cette époque que se placerait l'ambassade envoyée par
Eumène II aux Achéens (POL. XXI, 36) en vue de la conclusion d'une alliance
contre Antiochos, dont il faudrait rapprocher l'inscription honorifique d'Épidaure *IG* IV² 60, selon OLSHAUSEN, *Prosop.* I, n° 162.

WALBANK, *Ph. V*, pp. 200 *sq.*, estime que l'incident qui détermina **Philippe**
à coopérer activement avec les Romains fut le fait qu'Alexandre de Mégalopolis, beau-frère d'Amynandros, qui aspirait au trône de Macédoine, procéda
alors à l'inhumation solennelle des morts de Cynoscéphales, que Philippe
avait laissés sans sépulture. Mais, comme le souligne d'ailleurs Walbank, collaborer
avec Rome était le seul moyen qu'eût Philippe de restaurer son royaume et
de récupérer une partie des territoires perdus : les Romains étaient dès lors
résolus à lui abandonner tout ce qu'il pourrait prendre aux Étoliens (dont
Philippe pouvait difficilement tolérer l'occupation de Démétrias) et à leurs
alliés Athamanes. HOLLEAUX, *CAH* VIII, p. 212 = *Études* V, p. 401, que
l'alliance romano-macédonienne « affligeait » n'en a pas moins fort bien
dégagé tout ce qui la justifiait de la part de Philippe et notamment tout ce
qui, dans la politique d'Antiochos III, devait susciter la colère du Macédonien.

Sur les **affaires épirotes** et **acarnaniennes**, cf. S.I. OOST, *Roman policy in
Acarnania...*, pp. 58 *sqq.* ; HAMMOND, *Épirus*, pp. 623 *sqq.* ; CABANES, *L'Épire...*,
pp. 279 *sqq.*

Que le **mariage d'Antiochos III**, quinquagénaire, avec une jouvencelle chalci-
dienne (cf. en dernier lieu VATIN, *Recherches sur le mariage...* (Paris 1970),
pp. 92 *sqq.* ; également J. SEIBERT, *Hist. beitr. z. d. dynast. Verbindungen in
hellenist. Zeit* (Wiebaden 1967), p. 61) ait fait perdre tout son hiver au roi
(et à son armée ! — c'est dans Diodore, une sorte de réplique aux « délices
de Capoue » ; cf. PLUT., *Philop.* 17, 1) est une « inepte légende » (Holleaux)
répandue par la propagande anti-séleucide : en fait, le roi est fort actif
durant l'hiver 192-191. Que ce remariage implique la répudiation de la reine
Laodice, dont il a été question *supra*, p. 204, a été marqué par AYMARD, *l. c.*

Notons enfin que rien ne suggère, quoi qu'en aient pensé certains (cf.
D. MUSTI, *Lo stato dei Sel., St. Cl. & Or.* 1966, pp. 163 *sqq.*), qu'Antiochos
ait usé de démagogie pour détacher les classes populaires des possédants
romanophiles : cela relève d'un schéma trop souvent utilisé pour expliquer les
politiques royales contre Rome. Les possédants ne sont d'ailleurs pas tous
romanophiles : les analyses de DEININGER, *ll. cc.* montrent que les classes
dirigeantes sont presque partout divisées sur la conduite à tenir : des facteurs
locaux divers qui nous échappent intervenaient évidemment.

2° LES THERMOPYLES (191)

Peu nombreux en Grèce à l'arrivée d'Antiochos, les Romains
avaient essuyé plusieurs échecs devant lui, mais, dès la fin de
192, le préteur M. Baebius amenait des renforts d'Illyrie et opérait
sa jonction avec Philippe V en Thessalie. Puis, au début de 191,
le consul M'. Acilius Glabrio suivait le même chemin avec quelque
20 000 hommes. Ce fut un rapide effondrement des positions d'An-

tiochos et de ses alliés : la Thessalie dégagée, l'Athamanie envahie et son roi mis en fuite, l'armée romaine atteignit la région du golfe Lamiaque. Insuffisamment soutenu par les Étoliens qui, déjà, se sentaient menacés chez eux, Antiochos était hors d'état d'affronter les Romains et Philippe en rase campagne et résolut de barrer l'accès de la Grèce centrale en occupant les Thermopyles. Il s'y passa à peu près la même chose qu'en 480 : tandis que le gros des Romains se heurtait aux retranchements séleucides, une colonne secondaire surprenait les Étoliens chargés de garder les passages de la montagne et prenait Antiochos à revers. Mais nul corps syrien ne songea à mourir sur place, à la spartiate : ce fut la débâcle. Le Grand Roi ramena 500 hommes à Chalcis, d'où il repartit aussitôt pour l'Asie (fin avril 191).

SOURCES : POL. XX, 8, 6 ; TL XXXVI, 13-21, 1 ; APP., *Mak.* 9, 5 ; *Syr.* 17-20 (71-92) ; JUST. XXXI, 6, 4-5 ; ZON. IX, 19 ; PLUT., *Cato Mai.* 13-4. — Delphes et les Romains : cf. *Syll*[3]. 609-610 = SHERK, n° 37, avec un fragment nouveau publié par J.P. MICHAUD, *Études Delphiques* = *BCH Suppl. IV* (1977), pp. 125 *sqq.* (cf. J. & L. ROBERT, *Bull.* 1977, n° 238) ; *Syll*[3], 611 = SHERK, n° 38. C'est également dans le contexte de la campagne de Glabrio qu'il faut placer l'inscription d'Élatée MORETTI, *ISE* I, n° 55 (*supra*, p. 156).

BIBLIOGRAPHIE COMPLÉMENTAIRE ET NOTES : WALBANK, *Ph. V*, pp. 201-204. **Philippe V** n'a pas participé à la bataille des Thermopyles : pour la tradition, il était malade. Walbank se demande s'il n'était pas vexé de s'être vu par deux fois souffler la victoire par les Romains au cours des opérations de Thessalie.

HOLLEAUX, *CAH* VIII, p. 215 = *Études V.*, p. 404, écrivait d'Antiochos III que « deux malchances singulières hâtèrent son désastre : l'inertie des Aitoliens et l'impuissance de ses ministres à lui procurer, en six mois, une bonne armée ». Mais il s'agirait de savoir si le roi avait confié une telle mission à ses ministres, s'il était résolu à faire cet immense effort militaire qu'Holleaux souhaitait lui voir faire. Sans doute Antiochos fit-il entrevoir de gigantesques renforts, en s'excusant auprès des Étoliens d'être venu en si petit arroi — mais était-ce vrai ? On en peut douter. Holleaux lui-même écrivait un peu plus haut (p. 209 = p. 398) que, « gardant le désir d'un accommodement avec Rome, il ne voulait que l'intimider, non la provoquer par une attitude ouvertement agressive » : c'est là sans doute la perspective exacte ; et, trompé par l'absence de réactions *militaires* romaines à ses entreprises antérieures, le roi, cette fois, fut surpris. Quant à l'« inertie étolienne », elle s'explique doublement, et par les hésitations que déterminèrent dans les rangs étoliens la faiblesse de l'intervention séleucide, et par le fait que la vigoureuse réaction romano-macédonienne les menaça trop immédiatement chez eux pour que les Étoliens pussent se sacrifier à soutenir un allié qui n'avait lui-même pas fait d'effort suffisant (sur la réluctance des populations étoliennes à se laisser mobiliser, cf. *supra*, p. 203). Cette situation militaire désastreuse des adversaires de Rome est la conséquence immédiate de tous les malentendus qui avaient conduit Antiochos à la guerre.

Antiochos fut rejoint par une ambassade étolienne à laquelle il promit d'envoyer une nouvelle armée...

3° LIQUIDATION DE LA GUERRE EN EUROPE

Après les Thermopyles, les Étoliens se retrouvèrent dans un isolement qu'ils affrontèrent avec une énergie d'autant plus remarquable qu'ils en avaient donné peu de preuves tant qu'Antiochos avait été en Europe. Mais la chute d'Héraclée, en Malide, les porta à traiter. Le commandement romain ayant exigé une *deditio* pure et simple, la question fut soumise à l'Assemblée fédérale, qui refusa : la guerre continua donc, et le consul Acilius Glabrio vint mettre le siège devant Naupacte.

Philippe V, cependant, poussait ses avantages. Les Romains qui sentaient qu'ils étaient en train de laisser compromettre une partie des résultats de la guerre de Macédoine, avaient bien essayé de le freiner, mais la guerre étolienne les contraignit à le laiser faire. Philippe en profita pour remettre la main sur diverses places de la région du golfe pagasétique, dont Démétrias, ainsi que sur plusieurs contrées des confins intérieurs de la Thessalie (Perrhèbie, Dolopie).

Des difficultés, de plus, surgissaient au Sud. Les Achaiens, qui n'avaient pas participé à la lutte contre Antiochos, avaient tenté de s'arrondir encore dans le Péloponnèse, où seules Élis et Messène échappaient encore à leur Confédération. Les Éléens s'étaient montrés disposés à négocier, mais l'armée achaienne était venue assiéger Messène. Flamininus fit lever le siège (après avoir tancé le stratège achaien qui l'avait entrepris « sans son autorisation »...) — puis invita les Messéniens à adhérer à la Ligue achaienne. Les Éléens suivirent de peu : leur adhésion spontanée, sinon enthousiaste, leur permit d'échapper (et à la Ligue achaienne du même coup) à l'intervention d'un Flamininus un peu envahissant. Il n'était pas sans importance que la réalisation, enfin, de l'unité péloponnésienne, se fût faite dans des conditions qui n'étaient pas exactement celles qu'eût souhaitées l'illustre mentor de l'Hellade... Flamininus dut également régler la question de Zacynthe : cette île avait été cédé en 218 par Philippe V à Amynandros l'Athamane : celui-ci étant temporairement éliminé (*supra,* p. 207), le gouverneur de l'île jugea expédient de la vendre aux Achaiens — qui furent instamment priés de l'évacuer : Zacynthe devint une base romaine.

Acilius, cependant, assiégeait en vain Naupacte. Comprenant qu'il n'était d'aucun intérêt de piétiner devant cette place, alors que Philippe menait des opérations plus fructueuses et que, d'autre part, il convenait de penser à Antiochos, Flamininus fit comprendre au consul qu'il fallait renoncer à ce siège. A la faveur d'une trêve, les Étoliens députèrent à Rome. La paix devait être longue à conclure, vu les exigences énormes du Sénat, mais, au début de l'automne de 191, un terme provisoire était mis aux hostilités en Grèce.

Quant aux Épirotes qui, sans s'engager activement, avaient quelque peu navigué dans les eaux syriennes, il députèrent, eux aussi, à Rome, pour y obtenir le maintien de l'amitié romaine : la réponse du Sénat paraît avoir été aussi équivoque que l'avait été la conduite des Épirotes.

Philippe enfin, pour prix de ses services (qu'il s'était déjà à lui-même bien payés...) obtint la restitution de son fils Démétrios et la perspective de la remise du reliquat de son indemnité.

Restait Antiochos III.

SOURCES : POL. XX, 9-10 ; TL XXXVI, 21-35 ; XXXVII, 1, 1-6 ; APP., *Mak.* 9, 5 ; *Syr.* 21 (93-96) ; PLUT., *Flam.* 15,3-17,3 (anecdotique) ; ZON. IX, 19 (fin).

BIBLIOGRAPHIE COMPLÉMENTAIRE : Sur le comportement des **Étoliens** après la retraite d'Antiochos, en 191, cf. DEININGER, *Pol. Widerst.*, pp. 96 *sqq.* qui s'efforce d'analyser les tendances à l'œuvre dans l'opinion. Il paraît évident que la majorité des Étoliens qui, contre l'avis des politiques au pouvoir, avaient marqué quelque répugnance à se battre aux côtés d'Antiochos, ressent à présent l'exigence romaine de *deditio* comme un insupportable défi. Sur le contresens commis par les négociateurs étoliens quant à la *deditio in fidem* romaine, cf. POL. XX, 9-10. L'on peut se demander si les promesses de secours d'Antiochos, reçues à ce moment, contribuèrent vraiment à faire rejeter les exigences romaines, comme le veut Tite-Live XXXVI, 29, 3 : ce serait prêter aux Étoliens, en ces circonstances, une certaine naïveté...

Sur les opérations de **Philippe** : WALBANK, *Ph. V*, pp. 204 *sqq.*

Sur les **affaires péloponnésiennes** : AYMARD, *Premiers rapports...*, pp. 338 *sqq.* ; ERRINGTON, *Philop.*, pp. 95 *sqq.* ; 117 *sqq.*, qui montre bien comment la politique de Flamininus, dictée par la recherche des clientèles personnelles et consistant à empêcher les Achaiens d'agir seuls, afin que leurs succès soient tous des *beneficia* imposés par sa protection, est à l'origine de l'hostilité qui va l'opposer à Philopoimèn : celui-ci a compris la politique de Flamininus, et Flamininus a compris que ses desseins étaient percés à jour. C'est le début du grand malentendu entre Rome et les Achaiens : ceux-ci entendent le *fœdus* de 192 à la lettre, se considèrent comme indépendants et prétendent agir librement contre les ennemis communs ; le Romain entend l'alliance comme un rapport de patron à clients, imposant à ceux-ci des devoirs moraux : des *officia* contre des *beneficia*. Les aspects personnels du comportement de Flamininus ne l'empêchent d'ailleurs pas de travailler en bonne entente avec ses collègues commissaires et avec Glabrio : les fins de la politique romaine sont à présent clairement définies — sinon toujours ses moyens. Bref survol des affaires achaiennes à partir de cette époque *ap.* FERRARY, dans NICOLET, *Rome...* II, pp. 751 *sq.*, où bibliographie complémentaire.

C) La guerre antiochique en Asie (191-189)

1° L'HEURE DES SCIPIONS

La première réaction romaine (et, du reste, la seule) à la nouvelle de l'arrivée d'Hannibal en Asie avait été, on l'a vu, la réélection de l'Africain, qui avait toutefois été obligé d'exercer un consulat sans gloire en Italie même. Mais Scipion était resté l'homme de la vigilance, celui qui prédisait des malheurs en Orient. Lorsqu'il apparut, après les Thermopyles, qu'il faudrait faire la guerre en Asie, l'Africain s'imposa : on ne pouvait confier cette tâche au premier venu. Mais le consulat de Scipion en 194 était trop proche encore pour qu'on pût décemment le lui renouveler. On y porta donc, pour 190, son frère L. Cornelius, et, au lieu de tirer les « provinces » régulièrement au sort, on autorisa les deux consuls à s'arranger entre eux : le frère de l'Africain reçut ainsi la Grèce. Mais comme L. Cornelius Scipio n'était, ni ne se sentait à la hauteur de la situation, il déclara d'emblée que son frère P. Cornelius l'accompagnerait : Tite-Live dit « comme légat », mais il semble que ce fût sans titre officiel. L'Africain n'en était pas moins le vrai chef de l'expédition. En plus des troupes d'Acilius qu'ils allaient trouver en Grèce, les Scipions reçurent plus de 8 000 hommes, auxquels s'ajoutèrent quelque 5 000 volontaires, vétérans d'Afrique. Le Sénat ordonna de surcroît d'importantes constructions navales et donna carte blanche au nouveau consul pour passer en Asie quand il le jugerait bon. Une ambassade ptolémaïque encouragea le Sénat à agir contre Antiochos et offrit sans succès le concours égyptien : le facteur lagide devait être totalement négligé par Rome dans tout le conflit — et dans ses suites.

Lorsque les Scipions arrivèrent en Grèce au printemps de 190, la guerre venait de s'y allumer, les Étoliens n'ayant pas cru pouvoir accepter les conditions du Sénat (*supra*, p. 209). Jugeant cette guerre dépassée et désireux de disposer des forces d'Acilius, les Scipions s'entremirent pour qu'un nouvel armistice fût conclu : les Étoliens reprirent le chemin de Rome pour renouer la négociation. Débarrassés des Étoliens, les Scipions sondèrent les intentions de Philippe V, qui se révélèrent bonnes et, par la Thessalie et la Macédoine, l'armée romaine marcha sur les Détroits.

SOURCES : POL. XXI, 2 ; 4 (affaires étoliennes). TL XXXVII, 1-7. JUST. XXXI, 7, 1-2. ZON. IX, 20.

BIBLIOGRAPHIE COMPLÉMENTAIRE ET NOTES : **Philippe V et les Scipions :** WALBANK, *Ph. V*, pp. 210 *sq.* Tite-Live insiste sur la sympathie réciproque qu'éprouvèrent Philippe et l'Africain.

Les efforts de la **diplomatie ptolémaïque** pour se glisser dans le camp romain sont aisément compréhensibles : l'entourage de Ptolémée V devait se mordre les doigts d'avoir, en 196, « misé sur le mauvais cheval », selon l'expression de HEINEN, *ANRW* I, 1, p. 652, — qui note aussi (p. 653) qu'Antiochos III, de son côté, s'était trompé en pensant s'attacher l'Égypte par le mariage de 195. En fait, et de façon paradoxale, Antiochos ne bénéficia de la « neutralité » lagide que parce que Rome repoussa dédaigneusement les propositions de collaboration du gouvernement d'Alexandrie — ce qui pose à son tour la question des arrière-pensées romaines, en 191, à l'égard de l'empire ptolémaïque. Il est en tout cas certains qu'Alexandrie retarde sur la politique romaine, qui n'en est plus à exiger la restitution à Ptolémée V de ses possessions thraces : cf. E. MANNI, *L'Egitto tolemaico nei suoi rapporti con Roma*, *RF* LXXVII (1949), pp. 103 *sqq.*

2° LA LUTTE POUR LA MAÎTRISE DE LA MER

Dès le lendemain des Thermopyles, il avait été évident que la deuxième manche se disputerait en Asie. Quelle que dût être la stratégie romaine (traverser l'Égée ou pousser vers les Détroits, ce qu'Antiochos ne pouvait deviner), il s'agissait, dans un camp comme dans l'autre, de tenir la mer, sur laquelle le Séleucide restait fort. Mais, dès l'été de 191, la flotte romaine opérait sur les côtes d'Asie Mineure avec les flottes rhodienne et pergaménienne. Un premier succès romano-pergaménien au promontoire de Korykos (début de l'automne 191) permit aux vainqueurs de faire rapidement voile vers l'Hellespont pour en occuper les deux rives ; mais un désastre rhodien à Samos (par suite d'une trahison) les contraignit à revenir vers le Sud. De longs mois d'opérations confuses et longtemps indécises s'ouvrent alors sur les côtes d'Asie Mineure, de la Lycie à l'Éolide.

Pendant ce temps, Séleucos, fils d'Antiochos III, bientôt épaulé par son père, s'attaquait au royaume de Pergame, mais piétinait devant son imprenable capitale (qu'un corps achaien devait venir débloquer un peu plus tard). C'est pendant le siège de Pergame qu'Antiochos apprit que les Romains traversaient la Macédoine : il fit alors des propositions de négociation au préteur qui commandait la flotte romaine, lequel, encouragé par Eumène II, les rejeta. L'événement devait lui donner raison, car deux batailles navales donnaient bientôt la maîtrise de la mer aux Romains et à leurs alliés. En août 190, à Sidè en Pamphylie, les Rhodiens battaient une flotte de renfort amenée de Phénicie par Hannibal, et en septembre les coalisés écrasaient la flotte séleucide à Myonnèsos. Antiochos III tira aussitôt la conclusion de ces défaites et fit évacuer la Thrace, où sa puissante base de Lysimacheia tomba intacte aux mains des Scipions. La partie décisive allait donc se jouer sur terre, et en Asie, où l'armée romaine passa sans coup férir et fit sa jonction avec Eumène.

SOURCES : POL. XXI, 6-8 ; 10-11. TL XXXVI, 42-45 ; XXXVII, 8-33. APP., *Syr.* 21-29 (97-142). DIOD. XXIX, 5. JUST. XXXI, 7, 3. ZON. IX, 20. *Inschr. v. Perg.* I, n° 64 (dédicace des Achaiens qui collaborèrent à la défense de Pergame).

BIBLIOGRAPHIE COMPLÉMENTAIRE ET NOTES : Depuis 197, Antiochos III n'avait pas cessé de témoigner sa bienveillance à **Rhodes,** pour essayer de s'assurer sa neutralité en cas de conflit. En vain : cf. SCHMITT, *Rom und Rhodos,* pp. 77 *sqq.*

Prusias Ier de Bithynie se vit également sollicité des deux côtés en 190 : il se rangea assez aisément dans le camp anti-séleucide : on verra *infra,* p. 228, les conséquences de cette politique.

Cinq unités carthaginoises combattaient dans la flotte romaine : **Carthage,** qui avait offert ses services un an plus tôt déjà, entendait de la sorte prouver son hostilité à Hannibal.

Sur le **détail des opérations,** cf. HOLLEAUX, *CAH,* pp. 217 *sqq.,* qui est toutefois souvent tendancieux dans son expression, sa passion pour Antiochos le conduisant par exemple à qualifier d' « adroit stratagème » la trahison assez écœurante par laquelle l'amiral séleucide Polyxénidas, transfuge rhodien, anéantit à Samos la flotte de sa propre patrie tout en réglant un compte personnel avec l'amiral rhodien Pausimachos. Cf. aussi sur cette année de luttes, HANSEN, *Attalids,* pp. 76 *sqq.*

Vaincu par les **Rhodiens,** Hannibal ne leur en aurait pas moins adressé un peu plus tard une lettre destinée à les convaincre que, face aux Romains, leur cause était la même : celle de la liberté ; cf. S. MAZZARINO, *PSC* II, 1 (1966), pp. 155 *sq.,* à propos du philosophe et historien Antisthène de Rhodes.

Sur l'envoi d'un contingent achaien à Pergame, cf. ERRINGTON, *Philop.,* p. 136.

3° TENTATIVE SÉLEUCIDE DE NÉGOCIATION (FIN 190)

Antiochos III essaya encore d'éviter la décision militaire et, peut-être aussi pour pouvoir achever ses préparatifs, dépêcha à l'État-Major consulaire une ambassade porteuse de propositions de paix. Il ne s'agissait de rien moins que d'accéder à présent aux exigences romaines de 196 : le roi renonçait à ses possessions de Thrace (dès lors perdues) et aux cités grecques d'Asie Mineure — non seulement à Smyrne, Lampsaque et Alexandrie de Troade, mais encore à toutes celles qui se rangeraient du côté romain (et il n'en manquait pas, dès lors) ; il offrait aussi de payer la moitié des dépenses de guerre romaines. Mais, alors qu'en 196 les exigences romaines étaient restées assez théoriques et, d'un certain point de vue, principalement propagandistes, à présent l'armée romaine campait aux portes de l'Asie : il était trop tard.

A ses offres, les Romains répondirent à Antiochos par des exigences plus grandes encore : qu'il payât la totalité des frais et que, pour que la liberté des cités fût garantie, il évacuât toute l'Asie Mineure et se retirât de l'autre côté du Taurus.

Jugeant que les exigences romaines ne pourraient être plus dures même s'il était totalement vaincu (c'était la réflexion qu'avait déjà faite Philippe V lors de son entrevue avec Flamininus sur les bords de l'Aoos, en 198), Antiochos III se résolut d'autant plus aisément à combattre qu'il avait, entre-temps, réuni une armée plus de deux fois supérieure en nombre à celle des Scipions.

SOURCES : POL. XXI, 13-15. TL XXXVII, 34-36. APP., *Syr.* 29-30 (143-150). JUST. XXXI, 7, 4-9. DIOD. XXIX, 7-8. — Ralliements de cités d'Asie à la cause romaine : *Syll³.* 618 = SHERK 35 (Héraclée du Latmos) ; *SEG* I, 440 = SHERK 36 (Colophon).

NOTES : Antiochos III mit à profit pour négocier le repos que les Scipions accordèrent alors à leur armée, repos qui coïncidait avec la période d'inactivité que ses obligations de salien imposaient alors à l'Africain. Les sources indiquent qu'en présence du rejet romain des offres d'Antiochos, l'ambassadeur royal (cf. OLSHAUSEN, *Propopogr.* I, n° 137), aurait secrètement tenté de corrompre l'Africain en lui proposant la restitution de son fils prisonnier, plus une gratification financière, trop démesurée pour être même vraisemblable, toutes choses que Scipion aurait dédaigneusement repoussées. Cela pourrait sortir d'une tradition apologétique consécutive aux accusations dont Scipion fut l'objet à son retour de Rome, accusations dont les bases pourraient se trouver dans certains comportements de Scipion dans les jours qui précédèrent la bataille de Magnésie : cf. les notes de la section suivante.

4° CAMPAGNE D'ASIE, MAGNÉSIE DU SIPYLE

Le moment où l'armée des Scipions passa en Asie n'est pas déterminable avec certitude : on le fixe en général à l'hiver 190-189, mais il se pourrait qu'il fût de quelques mois antérieur, si l'on veut laisser place à une dernière tentative de négociation suscitée par une ambassade d'Héraclée Pontique, porteuse d'une proposition de médiation à laquelle Scipion aurait accédé. La maladie qui aurait contraint l'Africain à se retirer temporairement à Élée pourrait n'avoir été qu'un prétexte à ménager le délai nécessaire à ces conversations — dont Scipion aurait peut-être saisi l'occasion moins pour tenter encore d'éviter la bataille que pour récupérer son fils, prisonnier d'Antiochos, qui lui fut effectivement restitué à ce moment. Pour le temps de son séjour à Élée, Scipion confia le commandement effectif de son armée à Cn. Domitius Ahenobarbus, le consul L. Cornelius n'étant guère qu'un figurant.

Rien n'était plus différent que les deux armées en présence. Les Romains disposaient de 30 000 hommes, mais, Tite-Live y insiste justement, les quatre légions qui en constituaient le noyau lui conféraient une remarquable homogénéité. Antiochos, lui, avait rassemblé 72 000 hommes venus de toutes les parties de son empire : armée fort hétérogène, dont la force principale était constituée par une puissante cavalerie, des chars à faux et 64 éléphants indiens (auxquels les Romains renoncèrent à opposer leurs quelques éléphants africains). Antiochos estima sainement que, dans ces conditions, le choix du terrain était essentiel, et il sut attirer les Romains sur un champ de bataille où il pensait pouvoir les accabler en les enveloppant, à Magnésie du Sipyle, sur l'Hermos. La bataille de Magnésie fut engagée dans des conditions qui semblent n'avoir pas été voulues par Scipion, toujours absent : Appien fait une claire allusion au désir de Domitius de profiter de la situation pour être personnellement le vainqueur de la guerre ; et Tite-Live rapporte que Scipion, en remerciant Antiochos pour la restitution de son fils, lui aurait recommandé de ne pas accepter le combat avant que lui-même, Scipion, n'eût repris le commandement... Il n'en fut rien : l'évidente volonté qu'avait l'Africain de se réserver la victoire fut trompée, comme furent déjoués les calculs tactiques du roi. Bien conseillé par Eumène, familier des méthodes de combat asiatiques, le commandement romain, d'abord effectivement débordé, réussi à mettre la confusion dans les chars et la cavalerie séleucides, qui étaient d'ailleurs gênés par la pluie et le brouillard. Ce fut, en définitive, un désastre pour Antiochos III qui, même s'il ne perdit pas 50 000 hommes, comme le veut Tite-Live, qui n'accorde pas 400 morts à l'armée romaine, fut contraint à la fuite (début 189).

Si, comme Darius III, Antiochos se fût retiré à l'intérieur de son empire pour s'y refaire, les Romains n'eussent sans doute pas imité Alexandre en l'y poursuivant. Mais le Séleucide leur facilita la besogne en se résolvant aussitôt à traiter, cependant que les cités grecques d'Asie Mineure achevaient de se rallier en foule aux vainqueurs.

SOURCES : TL XXXVII, 37-45, 3. — APP., *Syr.* 30-36 (151-189). MEMNON, 18, 6 *sqq.* JUST. XXXI, 8, 1-8. ZON. IX, 20. — *Syll³.* 606 : commémoration achaienne de la bataille (à Pergame).

BIBLIOGRAPHIE COMPLÉMENTAIRE ET NOTES : P. DESIDERI, *Studi di storiografia eracleota,* St. Cl. & Or. XIX-XX (1970-71), pp. 487 *sqq.* a attiré l'attention sur le fragment de Memnon relatif à la **tentative héracléote de médiation** (tentative certainement intéressée, Héraclée étant alors menacée par Prusias et par les Galates) et sur la révision chronologique qu'impose sa prise en considération.

Scipion aurait accédé (ou fait mine d'accéder) à cette démarche dans l'espoir (couronné de succès) d'obtenir la restitution de son fils par l'entremise des Héracléotes. Le propos de Tite-Live selon lequel rien ne contribua plus à la guérison de l'Africain que l'arrivée de son fils à Élée étaie bien l'hypothèse de Desideri selon laquelle sa maladie aurait été « diplomatique ». Le temps mort introduit dans la campagne par cet épisode put fournir des arguments aux adversaires de Scipion à Rome, et ce serait pour parer ces accusations qu'aurait été forgée la tradition selon laquelle l'Africain aurait été, antérieurement, l'objet d'une tentative secrète de corruption, qu'il aurait naturellement rejetée avec la dignité du magistrat intègre dont il s'agissait de préserver la figure.

On peut soupçonner un indice du manque de préparation de la campagne d'Asie Mineure, du côté d'Antiochos, dans le caractère hâtif et grossier de certaines émissions monétaires d'un atelier qui pourrait être Nisibe et qui semble avoir été « débordé par les événements » : cf. H. SEYRIG, *Trésors du Levant...* (Paris 1973), pp. 45 *sq.*, qui remarque aussi (p. 44) que plusieurs trésors retrouvés auprès de la grande route transanatolienne durent être enterrés à l'occasion de cette campagne.

Sur la **bataille de Magnésie,** cf. B. BAR-KOCHVA, *The Sel. army* (Cambridge 1976), pp. 163 *sqq.*

HOLLEAUX, *CAH* VIII, pp. 224 *sq.* = *Études* V, pp. 415 *sq.* a insisté avec raison sur les éléments extérieurs qui favorisèrent le succès romain dans la guerre antiochique : l'immobilité des Étoliens, neutralisés par l'armistice que leur suggéra l'Africain (la remarque n'est d'ailleurs que partiellement exacte, car les Étoliens reprennent les armes pendant la campagne d'Asie : *infra,* p. 216) ; la loyauté de Philippe V, « qu'on ne voit pas sans surprise » ; la collaboration militaire d'Eumène II et des Rhodiens. Tout cela est certain, mais n'éclipse pas le mérite strictement militaire des Romains sur le champ de bataille de Magnésie — où, il est vrai, ils eussent peut-être été battus sans Eumène. Antiochos, pour sa part, qui eût pu, depuis cinq ans, profiter de l'expérience d'Hannibal, n'en avait rien fait, ce qui est un des aspects les plus surprenants de l'histoire de ces années. Si Hannibal avait été consulté et écouté, on peut aisément imaginer les conséquences historiques d'une défaite romaine ce jour-là... Le sentiment de la contingence de cette victoire n'échappa du reste pas à la tradition romaine, qui fait dire à Scipion, au moment où vont s'engager les négociations : « De ce qui était au pouvoir des dieux immortels, nous, Romains, tenons ce que ces dieux nous ont donné » (TL XXXVII, 45, 11).

5° PRÉLIMINAIRES DE PAIX DE SARDES (DÉBUT 189)

Ce fut dans la capitale séleucide d'Asie Mineure qui, comme les autres villes, avait ouvert ses portes, que les Scipions reçurent les plénipotentiaires syriens : Zeuxis, le stratège général des satrapies anatoliennes, et Antipatros, un cousin du roi. Les conditions romaines furent, en gros, celles qui avaient été soumises à Antiochos avant la campagne (*supra,* p. 213) : renonciation à la Thrace ; évacuation totale de l'Asie Mineure jusqu'au Taurus ; paiement d'une indemnité de 15 000 t. Il s'y ajoutait à présent la livraison de vingt otages (parmi lesquels le futur Antiochos IV) et de quelques conseillers royaux particulièrement hostiles à Rome, dont, naturellement, Hannibal — qu'Antiochos III laissa s'enfuir.

Alors qu'après Cynoscéphales, Flamininus avait encore affecté de consulter les alliés de Rome, il n'en fut pas plus question ici qu'il n'en avait été question après la guerre de Nabis (supra, p. 175) : les Romains dictent leurs conditions en toute souveraineté, et c'est juridiquement à Rome que sont remis les pays abandonnés par le Séleucide. Il est vrai qu'il ne s'agit là que de préliminaires et que la partie définitive devait se jouer au Sénat : on vit alors s'embarquer pour Rome non seulement les parlementaires du souverain vaincu, mais encore des députés des alliés — Eumène II s'y rendit en personne — et même, dit Polybe, « de tous les peuples et cités habitant de ce côté-ci du Taurus » : toutes ces communautés étaient évidemment anxieuses de savoir quel serait leur sort à présent qu'elles échappaient à la tutelle, ou au risque de tutelle séleucide.

SOURCES : POL. XXI, 16-17. TL XXXVII, 45, 4-21. APP., Syr., 38-39 (193-200). DIOD. XXIX, 10. (Appien et Diodore ajoutent aux clauses données par Polybe la livraison des éléphants et de la flotte séleucide : ce sont là des points qui figureront dans le traité de paix définitif. S'il ne s'agit pas d'une simple bévue, il se peut que cette divergence remonte à une source non polybienne, peut-être à un Annaliste non utilisé par Tite-Live).

Sur les deux négociateurs, Antipatros et Zeuxis, cf. OLSHAUSEN, Prosopogr. I, n° 133 et 144. Les deux personnages devaient ensuite se rendre ensemble à Rome pour le règlement définitif de la paix. Antipatros, qui avait déjà négocié au lendemain de Raphia (supra, p. 39), était probablement un des principaux collaborateurs diplomatiques d'Antiochos.

D) De Magnésie du Sipyle à la paix d'Apamée (189-188)

Cependant que les négociations s'ouvraient à Rome, les armes romaines ne restaient inactives ni en Europe, ni en Asie.

1° LE RÈGLEMENT DE LA QUESTION ÉTOLIENNE

Lors de la reprise des négociations étoliennes à Rome, au printemps de 190 (supra, p. 210), le Sénat n'ayant rien voulu rabattre des conditions précédemment proposées, les Étoliens s'étaient à nouveau récusés, et l'état de guerre se prolongeait donc.

Dans l'hiver 190-189, les Étoliens firent cause commune avec l'Athamane Amynandros, qui entreprenait alors de reconquérir son royaume sur Philippe V — tout en négociant sa réconciliation avec Rome... Mais, tandis que les Étoliens progressaient aux dépens de la Macédoine, la nouvelle de Magnésie les décourageait à nouveau, et ils prièrent les Rhodiens et les Athéniens d'intercéder au Sénat en leur faveur, intercession d'autant plus urgente qu'une armée consulaire arrivait, sous M. Fulvius Nobilior, que les Épirotes se prononçaient contre eux et qu'Amynandros, leur allié, venait précisément d'obtenir son pardon de Rome.

La paix fut donc enfin conclue vers le milieu de 189. Les Étoliens durent reconnaître *imperium maiestatemque PR,* avoir mêmes amis et mêmes ennemis que Rome, céder certaines de leurs possessions périphériques (en Acarnanie, Malide, Phthiotide, Phocide), payer une indemnité, livrer des otages : *fœdus iniquum.*

Rome eût put les rabaisser davantage : pourquoi, en particulier, ne leur ôta-t-on pas l'Amphilochie et l'Apérantie qu'ils venaient de prendre à Philippe ? C'est là un aspect de la méfiance maladroite que manifeste alors le Sénat à Philippe, malgré la loyauté que celui-ci a manifestée depuis 197 — et, de cette méfiance, il est d'autres témoignages encore, lorsque, par exemple, on accepte la restauration d'Amynandros, malgré sa récente trahison, — et aux dépens de Philippe auquel on refuse par ailleurs de rendre Ainos et Maronée en Thrace. Pour en revenir aux Étoliens, Philippe essaya bien d'empêcher le Sénat de conclure avec eux à des termes qui faisaient litière de ses intérêts et de sa fidélité : on l'eût peut-être écouté si les Rhodiens n'eussent soutenu les Étoliens (désormais inoffensifs pour eux), et les Rhodiens, plus que Philippe, avaient alors l'oreille du Sénat.

Un terme était ainsi mis à l'histoire agitée des Étoliens. Rome, de plus, occupa Céphallénie, qui leur appartenait et qui, avec Zacynthe, récemment prise aux Achaiens (*supra,* p. 208) et Corcyre, depuis longtemps tenue, acheva d'installer solidement la marine romaine au flanc de la Grèce.

Sources : Pol. XXI, 25-32 b. TL XXXVII, 49-50 ; XXXVIII, 1-11 ; 28, 5-29. Diod. XXIX, 4 ; 9. Just. XXXII, 1, 1-2. Zon. IX, 21. Documents épigraphiques relatifs à la libération de Delphes : *Syll*[3]. 607-612 = Sherk 37-38 (cf. ci-dessous les notes).

Bibliographie complémentaire et notes : Walbank, *Ph. V,* pp. 212 *sqq. ;* Larsen, *GFS,* pp. 435 *sqq. ;* Deininger, *Pol. Widerst.,* pp. 103 *sqq.*

Sur les **problèmes territoriaux** opposant Philippe aux Étoliens : Holleaux, *CAH* VIII, p. 227 = *Études* V, p. 418 et n. 1.

Sur le traité et sa clause de *maiestas PR* (expresion théorique du *fœdus iniquum*), cf. LARSEN, *o. c.,* p. 440. Il apparaît probable que la présence (exceptionnelle) de la notion d'*imperium* en regard de celle de *maiestas* (qui se suffit à elle-même) procède de l'embarras où l'on se trouva de traduire en grec le latin original. Polybe donne en effet *arkhèn kai dynasteian : dynasteia* n'est qu'un pis-aller n'exprimant pas la « supériorité » de *maiestas,* et l'on ajouta sans doute *arkhè* pour mieux préciser à des esprits grecs que c'était un « pouvoir de commandement » que revendiquaient les Romains. *Imperium* ne fut probablement introduit dans le texte latin que pour répondre à *arkhè* et il ne faudrait pas y voir une solennelle affirmation de l' « impérialisme » romain. Le traité comportait, entre autres clauses politiques et militaires, une clause financière : les Étoliens devaient payer une indemnité de 200 talents d'argent, en espèces « d'une valeur non inférieure à celle de la monnaie attique » (POL. XXI, 32, 8). Or l'Étolie, dont la situation économique est alors fort délabrée, ne frappe plus de tétradrachmes d'argent à cette époque. D'où vint donc l'argent ? Le trésor d'Agrinion, récemment découvert, semble prouver que ce fut Athènes qui s'institua (on ne sait à quelles conditions, mais elles durent être avantageuses) la pourvoyeuse des Étoliens en espèces monnayées. L.A. LOSADA, *The aetolian indemnity of 189 and the Agrinion hoard, Phoenix* XIX (1965), pp. 129 *sqq.,* a sans doute raison de penser que la précision du traité quant à la valeur de l'argent exigé par le Sénat fut une gracieuseté faite aux Athéniens, qui étaient d'ailleurs intervenus à Rome, aux côtés des Rhodiens, en faveur de l'Étolie. Cf. dans le même sens, Marg. THOMPSON, *The Agrinion hoard, NNM* 159 (New York 1968), pp. 81 *sq.*

Sur la situation générale de la Grèce en 189-188, cf. J.A.O. LARSEN, *ap.* T. FRANK, *Econ. Surv.,* pp. 282 *sqq.* et en particulier sur la libération de **Delphes,** pp. 284 *sqq.* Mais on trouvera les documents relatifs à Delphes établis plus sûrement que dans *Syll³. ap.* P. ROUSSEL, *Delphes et l'Amphictionie après la guerre d'Aitolie, BCH* LVI (1932), pp. 1 *sqq.* et G. DAUX, *Delphes au IIe et au Ier siècle,* pp. 225-271. Sur l'institution d'un sacrifice des *Rhômaia* à Delphes, cf. MELLOR, *Thea Rhômè...,* pp. 100 *sq.* Ce qu'il advient alors de l'amphictyonie delphique, où les Étoliens avaient si longtemps fait la loi, est entièrement obscur (cf. DAUX, pp. 265 *sqq.*) : on assistera à sa résurrection un peu plus tard (*infra,* p. 246). Manifestations de « nationalisme » étolien dans les émissions monétaires des communautés prises aux Étoliens après 189 : F. SCHEU, *Coinage systems of Aetolia, NC* 6e sér. XX (1960), p. 49. — L'élimination de l'influence étolienne en Grèce centrale entraîna certaines conséquences quant aux modalités juridiques des relations entre les cités de la région : cf. Ph. GAUTHIER, *Symbola...* (Nancy 1972), pp. 94-100.

Sur l'occupation de **Céphallénie :** cf. HOLLEAUX, *Le consul Fulvius Nobilior et le siège de Samè, Études* V, pp. 249 *sqq.*

Ajoutons ici en appendice une note relative à l'hypothèse (la thèse en réalité) selon laquelle l'époque des guerres antiochique et étolienne aurait vu se vérifier la continuité d'intérêts économiques à l'œuvre dans la politique orientale de Rome, thèse soutenue par D. MUSTI, *Polibio e l'imperialismo romano* (Naples 1978), dont j'ai noté *supra,* p. 147, qu'il n'avait rien à offrir en ce sens au sujet des origines de la deuxième guerre de Macédoine. Pour les années que nous venons de parcourir, M. propose deux documents à l'appui de sa thèse. Le premier est le décret MORETTI, *ISE* II, 95 par lequel, vers 190, la cité perrhèbe de Chyretiai accorda la proxénie et les privilèges qui en découlent au Romain Sextus Orfidienus, sans doute un *negotiator* arrivé dans le pays avec l'armée qui combattit Antiochos III (on en connaît quelques autres en Thessalie pour cette époque) et qui rendit quelques services à cette cité où il avait séjourné. Parmi les privilèges figurent l'*enktèsis* et l'*epinomia.* Ce document, selon M., p. 105, permettrait « de vérifier, ne serait-ce qu'à travers un exemple pour nous isolé, l'intérêt manifesté par des Romains ou des

Italiens adonnés à des activités économiques... pour l'acquisition de terres ». Et M. de joindre ce document à d'autres données, sensiblement plus tardives, qui nous révèlent quelques Romains propriétaires fonciers en Grèce, pour parler d'investissements de capitaux en terres grecques. Que des Romains acquirent, plus tard, des terres en Grèce est certain (encore les exemples n'en sont-ils pas nombreux : cf. M. Crawford, *Rome and the Greek world : economic relationship, Econ. Hist. Rev.*, 2th ser. XXX (1977), pp. 48 *sq.*), mais l'interprétation de M. n'est pas valable pour le décret de Chyretiai, car l'important, ici, c'est la proxénie, dont chacun sait qu'elle s'accompagne quasi-automatiquement de privilèges (l'*enktèsis* figurant en bonne place, et parfois l'*epinomia*) dont l'énumération s'achève souvent (et ici même) par la formule « ... et tout le reste, *comme pour les autres proxènes* ». S. Orfidienus est un proxène parmi d'autres et il obtient, comme les autres, l'*enktèsis* — dont il convient de rappeler qu'elle est un droit potentiel, dont rien ne prouve que notre homme en ait fait usage pour acquérir des terres ou une maison (et faut-il rappeler aussi qu'à l'époque en question les terres vacantes ne manquent pas en Italie, où l'*occupatio* permettait d'en acquérir sans avoir à les acheter ?). Invoquer ce texte à l'appui de l'hypothèse d'investissements fonciers romains en Grèce est très probablement erroné. Quant à la simple présence de *negotiatores* romains en Grèce (à supposer que S. Orfidienus en fût un), elle n'a rien de particulier et l'on n'y saurait voir la preuve d'un impérialisme économique. — Le second fait invoqué par Musti concerne Ambracie. Alliée des Étoliens, la cité capitula après avoir longuement résisté à Fulvius Nobilior, ne subissant d'ailleurs d'autre violence que l'enlèvement de nombreuses œuvres d'art qui se trouvaient dans cette ancienne capitale de Pyrrhos (TL XXXVIII, 9). En 187, la cité bénéficia d'un SC qui, d'après TL XXXVIII, 44, 4, contenait la clause suivante : « ... qu'il soit permis aux Ambraciotes d'établir à leur gré des péages sur terre et sur mer, à la condition qu'en soient exemptés les Romains et leurs alliés de nom latin ». M. a vu là une preuve « de la présence des intérêts économiques de type mercantile dans la classe dirigeante romaine » (p. 97 *sq.*) et de ce que Rome adopte une politique dure dans les « zones de moindre résistance politico-économique et de pénétration relativement plus facile » (pp. 105 *sq.*). Mais M. a extrait de cette clause, et le SC tout entier, de son contexte de politique intérieure romaine. En effet, après nous avoir conté la chute d'Ambracie, Tite-Live nous transporte à Rome et nous narre le conflit entre les amis de Fulvius Nobilior (non encore rentré de Grèce) et le collègue de celui-ci, M. Aemilius, qui, ayant de vieux comptes électoraux à régler avec Nobilior, intrigue pour priver celui-ci de son triomphe. Comme une ambassade ambraciote se trouve alors à Rome, Aemilius en profite pour accuser Nobilior de s'être conduit de façon injuste et odieuse et, pour l'empêcher de faire figurer les dépouilles d'Ambracie dans son éventuel triomphe, il entreprend de faire réhabiliter la cité vaincue — et y réussit : le SC de 187, qui va jusqu'à nier la victoire de Nobilior, restitue *tout* aux Ambraciotes, leur liberté, leurs lois, leurs biens — avec cette seule petite exception du privilège fiscal concédé aux Romains et aux Latins. Plutôt que d'interpréter cette *ateleia* comme l'a fait M., ne vaut-il pas mieux penser que, dans cet acte inespérément favorable où la grande politique n'avait rien à voir, on glissa cette clause restrictive pour rappeler qu'il y avait quand même des vainqueurs et des vaincus, même si ceux-ci avaient échappé aux conséquences les plus graves de leur capitulation ? Y voir un aspect notable d'un impérialisme économique romain dans une « zone de moindre résistance » (!) paraît en tout cas aventuré. Et l'*ateleia*, après tout, est une banalité. — Replacées dans leur juste lumière, ces deux données ne révèlent donc rien de ce que M. a voulu leur faire dire.

2° L'EXPÉDITION DE MANLIUS VULSO CONTRE LES GALATES (189)

L'urgence avait déterminé le recours des Scipions à la fin de 191. Une fois le succès acquis, la jalousie qui les entourait fit qu'on ne les prorogea pas dans leur commun commandement : dès le printemps de 189, Cn. Manlius Vulso, nouveau consul, venait en hâte recueillir leur succession en Asie Mineure, où l'effondrement d'Antiochos III ne réglait pas tout. Il restait, pour ménager un avenir de calme à ces régions où les Romains étaient résolus à ne point rester, à y faire une démonstration de force qui décourageât toute tentative d'agitation contre les nouveaux protégés de Rome, Pergaméniens, Rhodiens et Grecs en général.

Accompagné de deux frères d'Eumène II, Attale et Athénée, Manlius Vulso fit d'abord campagne dans les régions difficiles et souvent agitées du Sud de l'Anatolie du Sud-Ouest, Carie, Pisidie, Pamphylie. Puis, de là, les Romains pénétrèrent à l'intérieur du continent, dans cette Grande-Phrygie qu'occupaient depuis un siècle les Galates, — les « Gallo-Grecs » de Tite-Live — et sur les pourtours de laquelle ils n'avaient depuis lors pas cessé de faire régner la terreur. La guerre de Vulso contre les Tolistoages, les Tectosages et les Trocmes, soutenus par Ariarathe de Cappadoce, fut d'un style que n'eût peut-être pas adopté Scipion : pillages, massacres et violences de toutes sortes marquèrent partout le passage de l'armée romaine, qui, laissant derrière elle un pays durement maté, revint à Éphèse surchargée d'un prodigieux butin. Cette cruelle expédition valut au consul une grande popularité auprès des Grecs qui, selon Polybe, s'en réjouirent plus que de la défaite d'Antiochos.

SOURCES : POL. XXI, 33-40, 2. TL XXXVIII, 12-27. APP., *Syr.* 42 (219-223). ZON. IX, 20.

BIBLIOGRAPHIE COMPLÉMENTAIRE ET NOTES : Expédition de **Vulso en Anatolie méridionale** : MAGIE, *RR*, p. 279. La Pisidie, comme le plus souvent, paraît n'avoir relevé alors d'aucune souveraineté précise (cf. les réflexions de H. VON AULOCK, *Münze u. Städte Pisidiens I, Ist. Mitt.*, Bhft 19 (1977), pp. 13 *sqq.*) : en 193 encore, Antiochos III avait dû, pour assurer ses arrières, y faire une expédition punitive (TL XXXV, 13, 5 ; 15, 7).

Guerre contre les Galates : sur ses mobiles, cf. T. FRANK, *Rom. Imp.*, pp. 177 *sqq.;* sur l'expédition elle-même, en plus de STÄHELIN, *Gesch. d. kleinasiat. Galater*, pp. 51 *sqq.*, cf. la bibliographie subséquente *ap.* BENGTSON, *GG²*, pp. 471, n. 2 (sur les noms des princes galates, cf. L. ROBERT, *Hell.* XIII (1965), p. 263). L'enthousiasme que souleva le succès de Vulso auprès des voisins des Galates révèle combien les intérêts locaux faussaient les perspectives générales : « Comme le consul Cnaeus hivernait à Éphèse... il y reçut des ambassades des cités grecques d'Asie et de bien d'autres encore, qui lui apportaient des couronnes pour ses victoires sur les Galates. Tous les habitants des régions cistauriques, en effet, ne se réjouissaient point tant de la défaite d'Antiochos et à la pensée qu'ils étaient délivrés les uns du tribut, les autres des garnisons et tous des ordonnances royales, que d'être délivrés de la crainte des barbares et de la conviction que c'en était fait de leurs violences et de leurs insultes » (POL. XXI, 40, 2). En réalité, ces espoirs ne devaient pas se confirmer pleinement et l'on retrouvera Eumène II aux prises avec les Galates (*infra*, p. 291).

Sur **Athénée** et **Attale**, collaborateurs de leur frère Eumène II, cf. les notices d'OLSHAUSEN, *Prosopogr.* I, n° 164-165.

A l'époque où Vulso lutte contre les Galates, le préteur Q. Fabius Labeo menait une **campagne navale contre les pirates crétois,** dans l'espoir de récupérer de nombreux prisonniers romains et italiens ; mais les Crétois ne paraissent guère avoir été intimidés par cette manifestation (TL XXXVII, 60). Sur les relations entre les Crétois et Rome après la deuxième guerre de Macédoine, cf. VAN EFFENTERRE, *o. c.,* pp. 260 *sqq. ;* SPYRIDAKIS, *Ptolemaic Itanos...,* pp. 59 *sqq.*

E) La paix d'Apamée

Après Magnésie, comme après Cynoscéphales, deux problèmes se posaient à Rome : d'une part, définir les clauses du traité qui serait imposé à Antiochos III ; de l'autre, organiser les territoires qui lui seraient enlevés. Et, comme après Cynoscéphales, le second problème était plus épineux que le premier. Pour simplifier l'exposé, on ne suivra pas ici la trame des récits de Polybe et de Tite-Live, mais on adoptera un plan systématique.

1° LE TRAITÉ AVEC ANTIOCHOS (189/8)

Dans son récit des négociations menées à Rome en 189, Polybe, que suit Tite-Live, est très bref sur la paix romano-séleucide : « Le Sénat approuva les conventions conclues par Scipion en Asie et, quelques jours plus tard, le peuple ayant ratifié, les serments furent échangés. » En réalité, les clauses assez sommaires des préliminaires de Sardes avaient été à la fois précisées et développées, comme le révèle le texte même du traité, que Polybe transcrit ultérieurement, à l'occasion de sa seconde ratification, en 188 à Apamée. Ce long traité est le plus détaillé et le plus complet dont nous ayons le texte pour toute l'histoire de l'Antiquité : donnons-en ici un résumé analytique, en regroupant ses clauses territoriales, militaires, politiques, économiques et contentieuses.

Du point de vue *territorial,* la frontière de l'empire séleucide était fixée au Taurus et au cours d'une rivière que les éditions de Tite-Live donnent comme l'Halys, mais que ses manuscrits appellent *Tanaïs,* nom inconnu en Asie Mineure : diverses considérations topographiques, ainsi que la clause navale du traité (cf. le paragraphe suivant) permettent de supposer qu'il s'agissait du Kalykadnos : clause imprécise et qui devait soulever des discussions.

Du point de vue *militaire,* Antiochos III devait, naturellement, retirer ses garnisons de toute la zone qui lui était enlevée ; il devait limiter ses armements en ce qui concerne les éléphants et la marine (à laquelle il était interdit de dépasser, vers l'Ouest, l'embouchure du Kalykadnos) ; toute guerre à l'Ouest lui était interdite, sinon défensive.

Du point de vue *politique,* en plus de la livraison d'otages et de l'extradition de personnalités anti-romaines, qu'avaient déjà exigées les préliminaires de Sardes, le traité interdisait au roi de conclure aucune alliance vers l'Ouest et même de recruter des mercenaires dans cette direction.

Du point de vue *économique,* en plus de la lourde indemnité de guerre déjà prévue (*supra,* p. 215) et de l'obligation de ravitailler l'armée romaine en Asie Mineure, qui devaient, la première surtout, obérer gravement l'économie séleucide, Antiochos s'engageait à détaxer toutes les marchandises qui sortiraient de ses États à destination de Rhodes.

Du point de vue *contentieux* enfin, le roi s'engageait à régler tous les litiges pendants avec les communautés des territoires occidentaux qui lui étaient enlevés, et plus particulièrement avec Rhodes.

S'il observait toutes ces conditions, « l'amitié des Romains serait acquise pour toujours à Antiochos ».

Comme Philippe après Cynoscéphales, et dans les limites territoriales fixées par le traité, Antiochos III reste souverain chez lui : il ne devient pas un prince vassal de Rome. S'il est un vaincu à l'égard duquel on prend de sérieuses garanties, il n'en jure pas moins sur pied d'égalité un traité débouchant sur l'« amitié » romaine.

Les alliés de Rome ne sont pas parties contractantes : c'est Rome seule qui impose à Antiochos les conditions auxquelles il doit se soumettre à l'égard d'Eumène, des Rhodiens et des autres — si bien que, juridiquement, ceux-ci apparaissent aussi liés aux volontés romaines que le vaincu lui-même. C'est Rome seule, et non ses alliés, qui expulse Antiochos de ses possessions d'Asie Mineure, et le traité ne comporte aucune clause regardant le sort de ces territoires, qui ne concerne plus le Séleucide et sera réglé ultérieurement, comme on verra.

Il paraît inutile de souligner l'importance historique de ce traité, qui liquide toutes les prétentions séleucides en direction de l'Occident. Coupé de ce monde égéen qui, depuis le début de l'époque hellénistique, avait été un des foyers principaux de la grande politique, l'empire séleucide devient un empire plus strictement asiatique qu'il n'avait été jusqu'alors. La conquête récente de la Cœlé-Syrie fait que son centre de gravité est, plus qu'auparavant, la Syrie, au sens large du terme, avec son arrière-pays mésopotamien et, pour quelque temps encore, iranien (encore que, de ce côté, il ne s'agisse déjà plus guère que de l'Iran occidental).

SOURCES : POL. XXI, 24, 1-2 ; 42-43. TL XXXVII, 55, 1-3 ; XXXVIII, 38. APP., *Syr.* 39 (200-204).

BIBLIOGRAPHIE COMPLÉMENTAIRE ET NOTES : Les conditions dans lesquelles se fit la **rédaction du traité** ne nous sont pas connues, mais il est évident que le texte n'en fut pas définitivement mis sur pied à Apamée en 188 (ainsi HOLLEAUX, *CAH* VIII, p. 231 = *Études* V., p. 423), mais bien à Rome, en 189, où le Sénat et le peuple le ratifièrent. Seul TL XXXVIII, 38, 1, donne à entendre que la rédaction définitive fut l'œuvre de Manlius Vulso et des commissaires sénatoriaux, mais cela ne ressort ni de Polybe, ni encore moins d'Appien, dont la version est la plus nette et la plus vraisemblable, selon laquelle le Sénat envoya la copie du traité à Vulso, à fin de ratification en Asie. Le seul point où le texte dut être modifé par Vulso est la clause relative à l'indemnité : les préliminaires de Sardes fixaient celle-ci à 15 000 t. Or, sur cette somme, 500 t. avaient été payés aussitôt et 2 500 au début de 188 (POL. XXI, 40, 8) : il ne restait donc plus à payer, au moment de la ratification d'Apamée, que 12 annuités de 1 000 t. chacune.

Considérations générales sur le traité *ap.* TÄUBLER, *Imp. rom.*, pp. 442 *sqq.* ; mais les réflexions de HEUSS, *Die Völkerrechtlichen Grundlagen der römischen Aussenpolitik in republ. Zeit, Klio*, Beiheft XXXI (1933), pp. 13 *sqq.* — et celles de ceux qui ont critiqué Heuss — feront qu'on ne s'avancera qu'avec prudence sur le terrain toujours controversé d'une appréciation juridique de la politique romaine qui, au reste, n'a ici qu'une importance secondaire. Cf. encore DAHLHEIM, *Struktur u. Entwicklung*, pp. 265 *sqq.*, qui insiste notamment sur le fait que la clause d'éternité (*eis hapanta ton chronon*), appliquée ici à la *philia-amicitia*, ne figure normalement que dans les traités d'alliance conclus par Rome, ce qui signifie que l' « amitié » en arrive alors à impliquer tacitement une alliance de fait, ce que confirme l'analyse d'autres clauses du traité. — Le fait que Rome traite seule avec Antiochos rejette évidemment ses alliés à l'arrière-plan. Qu'on puisse pour autant parler de « dépendance » d'Eumène et des Rhodiens, comme le fait Th. LIEBMANN-FRANKFORT, *Front. Or.*, pp. 44 *sq.* en analysant les clauses du traité, est discutable ; tout au moins conviendrait-il de définir cette « dépendance ».

La clause territoriale a fait l'objet d'abondantes discussions, du fait que l'essentiel en fait défaut chez Polybe et que le texte livien est, sur ce point, corrompu : cf. à ce sujet HOLLEAUX, *La clause territoriale du traité d'Apamée, Études* V., pp. 208 *sqq.* ; MAGIE, *RR*, pp. 757 *sq.* A.M. MC DONALD, *The treaty of Apamea, JRS* LVII (1967), pp. 1 *sqq.* a opportunément rappelé que la clause relative à la « frontière de l'Halys », qui fait tant de difficultés, ne procède pas du texte même de Tite-Live, mais d'une correction du XVIᵉ s., universellement acceptée : les mss de TL donnent *usque ad Tanaim amnem*. Aucun fleuve Tanaïs n'étant connu en Asie Mineure (d'où la correction proposée et admise), il doit s'agir d'un cours d'eau connu sous un autre nom, dont Mc Donald montre qu'il ne peut guère être que le cours supérieur du Kalykadnos : la vallée du Kalykadnos était en effet une voie de pénétration essentielle vers la Lycaonie et elle aboutissait, en aval, au cap Sarpédonien, dont la clause navale du traité indique qu'il était précisément la limite occidentale du littoral abandonné à l'empire séleucide, cap que la flotte séleucide ne devait pas dépasser. A.H. Mc DONALD et F.W. WALBANK, *The treaty of Apamea : the naval clauses*, *JRS* LIX (1969), pp. 30 *sqq.* soulignent que Rome, qui avait jusqu'alors introduit dans ses traités des clauses limitant soit le rayon d'action géographique des flottes des puissances vaincues, soit les effectifs de ces flottes, combine pour la première fois ces deux mesures dans le traité d'Apamée. Les mêmes auteurs, se fondant sur la tradition manuscrite de POL. XXI, 43, 13 et de TL XXXVIII, 38, 8, montrent qu'Antiochos III dut se contenter de dix vaisseaux *aphraktoi* (*actuarias naves* — et non point *kataphraktoi*) de trente rames au maximum. Ces deux articles semblent établir de façon définitive la tradition littéraire relative à la paix d'Apamée.

Deux remarques complémentaires : outres les éléphants et la flotte, aucune clause ne limite les **effectifs des armées** séleucides (cf. Philippe V en 196) : c'est l'utilisation de ces armées qui est interdite dans la direction où se situent encore exclusivement les intérêts romains.

D'autre part, la domination séleucide n'est pas exclue de tout le continent anatolien : elle subsiste en **Cilicie** transtaurique, à l'Est du Kalykadnos, et les Rhodiens, qui réclamèrent la libération de la cité de Soloi, ne l'obtinrent pas (POL. XXI, 24, 10-15 ; TL XXXVII, 56, 7-10).

2° LE RÈGLEMENT DES AFFAIRES D'ASIE MINEURE (189-188)

a) *Les discussions à Rome en 189*

Après la conclusion de la paix avec Philippe V, en 196, le problème qui s'était posé à Rome était, malgré la proclamation propagandiste de la liberté des Grecs d'Asie, un problème européen, et le Sénat l'avait résolu en des termes simples : liberté des États grecs. Et ces États, cités ou Confédérations, étant tous des États non monarchiques, n'avaient pu élever aucune objection contre ce principe juridique, en dépit des ambitions ouvertes ou secrètes de certains, en dépit aussi des remaniements territoriaux qui furent effectués après coup. Quant à l'Asie, les circonstances de 196 n'avaient pas permis qu'il en fût sérieusement question.

Situation totalement différente en 189. La guerre, cette fois, avait été gagnée en Asie et si, comme en 197, le vaincu en était un État territorial monarchique et conquérant, en revanche, l'allié principal de Rome avait été un autre État territorial monarchique et à prétentions conquérantes : Pergame. Mais il fallait compter aussi avec les Rhodiens, qui n'avaient pas consenti moins de sacrifices qu'Eumène II, mais dont les intérêts et, partant, les principes, étaient fort différents. Depuis 201, Attalides et Rhodiens avaient été aux côtés de Rome. Leurs intérêts les plus profonds, qui divergeaient fort à l'origine, n'avaient été rapprochés que par le danger commun représenté d'abord par l'expansionnisme de Philippe, puis par celui d'Antiochos (*supra*, p. 127). Ces deux souverains successivement éliminés d'Asie Mineure et des Détroits, tout ce qui avait favorisé le rapprochement disparaissait, tout ce qui opposait les deux alliés de Rome resurgissait. On conçoit la hâte avec laquelle les Rhodiens députèrent à Rome, avec laquelle Eumène y courut en personne : il s'agissait de savoir ce que le Sénat entendait faire des territoires pris à Antiochos, et de l'influencer dans la mesure du possible.

Car il ne fait de doute pour personne que la décision appartient au Sénat, que les anciens domaines séleucides sont la chose de Rome (*gentes quae sub ditione PR sunt,* selon la version livienne du traité), et que leur sort dépendra de sa bonne grâce. Mais quels principes inspireront cette bonne grâce ? Le principe de la liberté des Grecs, comme en 196 et comme le souhaiteraient les Rhodiens ? Ou le vieux principe du partage des dépouilles fondé sur le droit des armes, comme le souhaite Eumène ? A vrai dire, le Sénat a, depuis quelques années, mis beaucoup d'eau dans le vin du principe des libertés grecques : dès 193, il s'était montré prêt à sacrifier les libertés grecques d'Asie pour qu'Antiochos évacuât l'Europe ; et, tandis qu'après Cynoscéphales on avait exigé de Philippe qu'il laissât libres les cités de Thrace et d'Asie qu'il avait occupées, après Magnésie, on a simplement exigé d'Antiochos qu'il les évacue, sans préjudice de ce qu'elles deviendront ultérieurement : de quoi encourager Eumène ; de quoi inquiéter les Rhodiens et les autres cités grecques.

Eumène II, selon nos sources, fut entendu le premier par le Sénat. Après avoir hypocritement déclaré qu'il ne réclamait rien et qu'il s'en remettait à la munificence du Sénat (dans munificence, il y a *munus*...), le Pergaménien, sollicité d'être plus explicite, se serait lancé dans une longue diatribe contre les Rhodiens. Ceux-ci, aurait-il déclaré, allaient réclamer la liberté des Grecs d'Asie : s'ils l'obtenaient, cela aurait pour double conséquence qu'ils s'acquerraient la reconnaissance de ces cités dont les alliances feraient d'eux la première puissance d'Asie Mineure, et que lui, Eumène, serait privé de toute possibilité d'arrondissement territorial et risquerait même d'être aux prises avec des révoltes dans les cités qui, d'ores et déjà, faisaient partie de son royaume. Si, d'aventure, les Romains décidaient de garder pour eux tout ce qu'ils avaient pris

à Antiochos, Eumène n'y ferait aucune objection. Mais s'ils éva-
cuaient leurs conquêtes, il serait juste que les services rendus à
Rome par la dynastie pergaménienne soient payés par les dépouilles
d'Antiochos.

Introduits à leur tour, les Rhodiens auraient souligné l'incompatibilité qui régnait entre les principes de conquête et de
sujétion d'un État monarchique tel que Pergame et les principes
de liberté, d'autonomie et d'égalité des cités grecques. A leur
sens, il serait juste et beau que Rome (invitée à se faire l'arbitre
de ce vieux débat hellénistique entre souverain et cité) proclamât
la liberté des Grecs d'Asie. Mais les Rhodiens, qui n'étaient pas
naïfs au point de croire qu'ils auraient gain de cause, et qui savaient
que le Sénat serait obligé de récompenser Eumène en lui donnant
une part des dépouilles, auraient ajouté assez cyniquement que les
conquêtes romaines en Asie étaient comme les plats d' « un riche
banquet, où il y en a suffisamment et plus que suffisamment
pour tout le monde »... Et, sans préciser davantage leur pensée,
les Rhodiens auraient terminé leur discours par une vibrante apologie des libertés grecques et de la gloire que Rome s'était acquise
et s'acquerrait encore en les défendant.

Quoi qu'il en soit de l'authenticité de ce débat qui nous est
parvenu sous un aspect quelque peu schématique, il est probable
que les Rhodiens, qui, pour être une *polis* de type traditionnel
n'en étaient pas moins un État à possessions territoriales, invitèrent
le Sénat à un double compromis, à la fois sur les principes et sur
le partage des dépouilles : ce fut, en effet, la solution adoptée. Car
les territoires pris à Antiochos III furent partagés entre Eumène
et les Rhodiens, mais la liberté des cités fut partiellement sauve-
gardée.

Sur le plan territorial, des provinces prises au Séleucide, la
Lycie et la Carie, jusqu'au Méandre, seraient données à Rhodes,
Le reste à Eumène : c'est-à-dire en Europe la Chersonnèse de
Thrace et la rive européenne de la Propontide ; en Asie la Phrygie
hellespontique, la Mysie, la Lydie, la Phrygie, la Lycaonie, la
Pisidie et la Pamphylie. Même si la domination attalide devait
rester plutôt théorique sur certains de ces pays (dans le Sud et à
l'intérieur), il reste que le royaume de Pergame faisait un gigantesque bond en avant, retrouvant plus ou moins l'extension qu'il
avait temporairement connue entre la chute d'Antiochos Hiérax
(t. I², pp. 296 *sqq.*) et la reconquête séleucide sous Achaios (*supra*,
p. 16). De petit dynaste régional, Eumène devenait un souverain
de première grandeur : la fidélité attalide à Rome était bien payée.

Quant aux libertés grecques, le principes n'en fut pas entièrement sacrifié : il fut décidé que toutes les cités grecques qui

jouissaient de la liberté à la veille de la bataille de Magnésie (c'est-à-dire celles qui n'étaient pas tombées du tout aux mains d'Antiochos III et celles qui avaient réussi à lui échapper pour se donner à Rome avant la victoire) seraient proclamées *liberae et immunes*. Les autres, celles qui étaient restées tributaires du Séleucide jusqu'à sa défaite, seraient réparties entre les Rhodiens et Eumène : on verra ci-dessous ce que cela représentait.

Ce n'étaient là, à Rome et en 189, que des décisions de principe prises sur le papier. Pour régler tout cela sur le terrain, le Sénat, comme en 196, dépêcha en Asie dix sénateurs (porteurs, par ailleurs, du traité de paix avec Antiochos) qui devaient procéder à la mise au point en accord avec Manlius Vulso, nommé proconsul.

SOURCES : POL. XXI, 18-24, 9 ; cf. 45, 9-10. TL XXXVII, 52-56, 6. APP., *Syr.* 44 (229-231).

BIBLIOGRAPHIE COMPLÉMENTAIRE ET NOTES : Sur les mobiles divers qui continuent à détourner le Sénat de pratiquer des annexions dans cette zone de l'expansion romaine, cf. E. BADIAN, *Roman imper.*, pp. 7 *sqq.* — mais le respect d'une opinion publique grecque éprise de liberté est en notable déclin, surtout depuis que Magnésie a privé Rome du seul adversaire contre lequel il était plausible de défendre les libertés grecques. Restent tous les autres motifs : absence d'un appareil administratif, d'un personnel d'occupation, crainte des ambitions personnelles, etc. Il faut noter aussi, semble-t-il, l'absence de véritables intérêts économiques. De ce point de vue, D. MUSTI, *Per la storia dell'età ellenistica*, *RF* IIC (1970), pp. 239 *sqq.* me reproche de n'avoir pas suffisamment prêté attention aux intérêts économiques romains au IIe s. et notamment pour la deuxième guerre de Macédoine. Il ne me semble toutefois pas que l' « atteggiamento savamente realistico » qu'il attribue à Badian (par opposition au mien) ait porté celui-ci à mettre l'accent sur l' « economic motive »... S'il est fort probable qu'au début du IIe s. « la classe dirigeante romana aveva una certa sensibilità per i fatti economici » (p. 241), il n'en résulte pas que cette sensibilité, et les renseignements que les *Patres* purent recueillir, par les Rhodiens et les Pergaméniens, sur les richesses de l'Orient aient été des moteurs de l'expansion. Puisque M. renvoie au livre de Badian, rappelons que peu d'ouvrages récents ont plus fermement souligné le peu de rapport de l'expansion orientale romaine (avant la création de la province d'Asie), en dehors de ce rapport immédiat qu'était le pillage.

Sur le **point de vue d'Eumène** : HANSEN, *Attalids*, pp. 88 *sqq.* ; MC SHANE, *FPAP*, pp. 149 *sqq.*

Sur le **sort des cités grecques**, il y a deux traditions divergentes : celle qui a été suivie ici ne figure que dans TL XXXVII, 56, 1 *sqq.* ; mais le même TL, quelques lignes plus haut, emprunte, de façon contradictoire, une autre version à Polybe, selon laquelle Eumène aurait récupéré toutes les cités ayant appartenu antérieurement à son père Attale Ier. E. BICKERMANN, *Notes sur Polybe I : Le statut des villes d'Asie après la paix d'Apamée*, REG L (1937), pp. 217 *sqq.*, a montré que la pratique romaine aussi bien que les données de fait des années suivantes invitent à suivre, sur ce point, la tradition, probablement d'origine annalistique, donnée par le seul Tite-Live. Bickermann a par ailleurs formellement mis en doute le caractère historique des argumentations présentées au Sénat par Eumène et les Rhodiens. Mais, si la lettre de ces discours n'est certainement pas authentique, il reste que leur substance exprime au mieux les intérêts et les ambitions des deux alliés de Rome (cf. PÉDECH, *La méthode historique de Polybe*, p. 299 ; F.W. WALBANK, *Speeches in Greek historians, The 3rd J. L. Myres Memorial Lectures* (Oxford 1966), p. 16), et que les solutions adoptées par le Sénat (cf. encore *infra*, p. 234) représentent un compromis, d'ailleurs nécessaire et inévitable, entre leurs points de vue. L'opinion de BENECKE, *CAH* VIII, p. 242, selon laquelle Rome « pouvait se prévaloir d'avoir montré sa préférence » pour la solution consistant à libérer les Grecs d'Asie, ne se recommande pas : nul ne pouvait se méprendre sur les mobiles de la conduite du Sénat à l'égard des cités. Sur les aspects juridiques du comportement romain, cf. DAHLHEIM, *Struktur u. Entwicklung*, pp. 98 *sqq.* et n. 62.

b) *Le règlement en Asie (188)*

Au début de l'été de 188, Eumène II et les dix commissaires arrivés de Rome, se réunirent à Apamée avec Manlius Vulso. Après la ratification définitive de la paix avec Antiochos III, il s'agissait de faire passer dans les faits la répartition des territoires qu'on lui avait enlevés et de régler les innombrables conflits territoriaux et problèmes contentieux qui furent soulevés par les uns ou par les autres. Les commissaires, qui ne pouvaient suffire à tout, désignèrent un certain nombre de cités pour prononcer des arbitrages.

En ce qui concerne les territoires, tout ne put être réglé définitivement. Ainsi, par exemple, nos sources disent que Rome attribua la Mysie à Eumène, en précisant qu'il s'agissait d'un territoire antérieurement conquis par Prusias de Bithynie : il doit s'agir en fait de cette Phrygie septentrionale dite « Épictète » dont il a déjà été question et que Prusias avait sans doute occupée en 198 (*supra*, p. 180) ; or Rome, en restituant ce territoire à Eumène, se mettait dans une situation difficile car, pour s'assurer la neutralité de Prusias (*supra*, p. 212), elle lui avait promis l'intégrité de son royaume. Cette question ne devait être tranchée que quelques années plus tard par une guerre entre Eumène et Prusias (*infra*, p. 286). A l'autre bout des territoires concédés à Eumène se posa également la question de la Pamphylie : Eumène soutenait qu'elle était « de ce côté-ci du Taurus », les représentants séleucides qu'elle était de l'autre côté... Visiblement ignorants de la géographie de cette région, les commissaires déférèrent cette contestation au Sénat — qui, peu soucieux sans doute d'assister à un conflit entre Eumène et Antiochos, laissa les choses en suspens.

En ce qui concerne les cités grecques, furent principalement déclarées libres, en vertu du principe énoncé *supra*, p. 227, les grandes îles de Lesbos, Chios, Samos et Cos et, sur le continent (du Nord au Sud), Cyzique, Lampsaque, Ilion, Alexandrie de Troade, Kymè, Phocée, Smyrne, Clazomènes, Érythrées, Colophon-Notion, Magnésie du Méandre, Priène, Milet, Halicarnasse, Phasélis, Aspendos. Plus quelques autres de moindre importance, ce sont, dans l'ensemble, les plus importantes des vieilles cités grecques, parmi lesquelles Éphèse, donnée à Eumène, fait exception. En Lycie, Telmessos, qui avait longtemps appartenu à une petite dynastie locale issue de Lysimaque et de la maison lagide (*supra*, t. I², p. 260) mais était tombée aux mains d'Antiochos III en 197 (*supra*, p. 184), et qui constituait une enclave dans le domaine donné à Rhodes, fut également attribuée à Eumène. Nombre de vieilles cités proclamées libres reçurent d'ailleurs d'appréciables accroissements territoriaux.

A la fin de 188, les dix commissaires, le proconsul et l'armée romaine, évacuèrent l'Asie Mineure et, par la Thrace, la Macédoine, la Thessalie et l'Épire, regagnèrent l'Illyrie, puis l'Italie.

SOURCES : POL. XXI, 45. TL XXXVIII, 39-41. APP., *Syr.* 43 (224-228) ; *Mak.* 9, 5 (fin). Des inscriptions complètent le tableau : *Syll*³. 618 annonce sa libération à Héraclée du Latmos (la restitution du nom de Manlius Vulso a toutefois été contestée, cf. *SEG* II 566 : il s'agirait d'une lettre des Scipions, comme *SEG* I, 440, adressée à Colophon). Une inscription d'Apollonia de la Salbakè (cf. L. ROBERT, *La Carie II*, pp. 303 *sqq.*) évoque les discussions de cette petite cité avec Manlius Vulso d'abord, avec les Rhodiens ensuite, qui lui accordèrent un *modus vivendi* acceptable dans leur nouvel « empire ». Un décret d'Araxa en Lycie pourrait également, si la chronologie la plus plausible est adoptée, contenir une référence aux discussions avec les légats romains après la paix d'Apamée : G.E. BEAN, *Notes and inscript. from Lycia*, JHS LXVIII (1948), n° 11, pp. 46 *sqq.* ; J. et L. ROBERT, *Bull.* 1950, n° 183, en part. pp. 187 *sqq.* ; L. MORETTI, *Una nuova iscrizione di Araxa*, RF LXXVIII (1950), pp. 326 *sqq* ; J.A.O. LARSEN, *The Araxa inscript. and the Lycian confederacy*, ClPh LXI (1956), pp. 151 *sqq.* (cf. les notes).

BIBLIOGRAPHIE COMPLÉMENTAIRE ET NOTES : Sur la **ratification** définitive du traité, cf. OLSHAUSEN, *Prosopogr.* I, pp. 200 *sqq.* — Sur l'ensemble du **problème territorial**, cf. Ern. MEYER, *Die Grenzen...*, pp. 145 *sqq.*

Sur les **donations à Eumène II**, cf. MAGIE, pp. 758-764 ; sur le problème particulier posé par l'attribution de la « Mysie » (entendre : Phrygie Épictète) à Eumène, cf. Chr. HABICHT, *Über die Kriege zwischen Pergamon und Bithynien*, Hermes LXXXIV (1956), pp. 90 *sqq.* La revendication de la Pamphylie par Eumène semble s'être heurtée à la mauvaise volonté romaine. Th. LIEBMANN-FRANKFORT, *Front. or.*, pp. 71 *sqq.* estime que le Sénat aurait résolu (sans l'avoir prévu) de transformer la Pamphylie en zone démilitarisée et que, comme on voit encore des cités pamphyliennes négocier avec Rome en 169 (TL XLIV, 14, 3), les Attalides n'auraient pas pris pied dans le pays avant cette date.

Il faut mentionner ici un **problème monétaire** : il semble actuellement acquis (cf. H. SEYRIG, *Monnaies hellénistiques*, RN 6ᵉ sér. V (1963), pp. 22 *sqq.*) que ce n'est qu'au lendemain de la paix d'Apamée, et non point dès le dernier quart, ou même les dernières années du IIIᵉ siècle (cf. SELTMAN, *Gr. Coins*, 2ᵉ éd.,

p. 239 ; S.P. Noe, *ANS-MN* IV (1950), pp. 29 *sqq.*, etc.), que la dynastie attalide abandonna son monnayage dynastique d'étalon attique (cf. t. I², p. 152) pour donner au royaume, incluant désormais un nombre plus considérable de cités grecques, une monnaie nouvelle de poids plus léger que le tétradrachme attique, le *cistophore* (ainsi dit d'après la « ciste » mystique dionysiaque qui en orne l'avers). Cette monnaie ne porte aucune allusion à la dynastie, mais les initiales des cités du royaume qui l'émettent, ce qui fait qu'on peut la considérer comme un monnayage de type « quasi fédéral » (Hansen, *Attalids*, p. 206), comme n'a pas manqué de le relever Mc Shane, *FPAP*, p. 136 (qui s'en tient cependant à la date de 200 pour les premières émissions), à l'appui de sa thèse de la structure fédérale du royaume attalide (cf. t. I², p. 300). Seyrig, *l. c.*, pp. 25 *sqq.* a montré que l'apparition des cistophores a éliminé du royaume de Pergame la circulation des autres dénominations, cependant que ces pièces sont à peu près inconnues en dehors de cet État : on est donc là en présence d'un phénomène analogue à celui que représente l'introduction du système monétaire lagide sous Ptolémée Ier (t. I², pp. 175 *sqq.*), et des considérations économiques n'ont certes pas été absentes de la réforme, comme l'a noté H. Seyrig, *Monnaies hellénist, de Byzance et de Chalcédoine*, *Essays pres. to St Robinson* (1968), pp. 190 *sqq.* Le monnayage cistophorique attalide est à présent rassemblé dans F.S. Kleiner & S.P. Noe, *The early cistophoric coinage*, *ANS-NS* 14 (New York 1977) (cf. Ed. Will, *RH* CCLIV (1978, pp. 503-507). Si sa nature de monnayage royal est à présent généralement acceptée, les discussions restent ouvertes sur la date de son inauguration. Contre une datation immédiatement postérieure à la paix d'Apamée (ainsi Chr. Boehringer, *Zur Chronologie mittelhellenist. Münzserien* (Berlin 1972), pp. 40 *sq.*), Kleiner et Noe se sont prononcés pour les environs de 166, mais leurs raisons me sont apparues aussi peu convaincantes qu'à Mørkholm, *Some reflexions on the early cistoph. coinage ANS-MN* XXIV (1979), pp. 47-50, qui se prononce pour l'époque 179-172 : c'est là une époque de paix pour Pergame, propre à l'entreprise de réformes ; et c'est une époque où Eumène n'est pas encore brouillé avec Rome, qui pouvait donc ne pas lui faire grief d'adopter un système « séparatiste ». Il est vrai que le système cistophorique n'avait pas nécessairement de quoi offusquer les Romains, ni d'un point de vue strictement monétaire (car il offre des facilités de conversion aussi bien avec le denier romain qu'avec le monnayage attique), ni du point de vue politique (puisque, contrairement au monnayage attalide antérieur, il ne s'affiche pas comme un monnayage royal). A l'inverse de Mørkholm, encore que de façon hypothétique, c'est pour une datation plus basse que celle de Kleiner & Noe que se prononce Th. Fischer, *Tetradrachmen und Kistophor, Actes du 8e Congrès intern. de Num. 1973* (Paris-Bâle 1976), pp. 60 *sqq.* : ce serait entre 162 et 157, dans le cadre d'un dérèglement général de la circulation (multiplication des émissions civiques et des « alexandres », diffusion des mauvaises monnaies) que le nouveau monnayage du royaume de Pergame aurait été inauguré. — Les cités d'Asie Mineure que la paix d'Apamée laissa libres continuèrent de frapper sur l'étalon attique. Sur la théorie de Rostovtzeff critiquée par Seyrig, *l. c.*, pp. 26 *sqq.*, cf. *infra*, p. 310.

Sur l'extension de la Pérée rhodienne avant Apamée, cf. Ern. Meyer, *o. c.*, pp. 49 *sqq.* Les Rhodiens venaient encore tout récemment d'acheter Caunos, avec son territoire, aux autorités ptolémaïques (197). Sur le **lot de Rhodes**, on verra le livre, malheureusement confus dans sa composition et, partant, difficile à consulter, de P.M. Fraser et G.E. Bean, *The Rhodian Peraea and islands*, pp. 70 *sqq.* ; 107 *sqq.* ; sur les discussions autour des acquisitions rhodiennes, H.H. Schmitt, *Rom und Rhodos*, pp. 84 *sqq.* ; sur le grave malentendu entre Rhodes et les Lyciens quant à la situation de ceux-ci, cf. *infra*, p. 295 ; également Heuss, *Stadt und Herrscher des Hellenismus, Klio*, Beiheft 26 (1937), pp. 184 *sqq.* ; Larsen, *GFS*, pp. 245 *sq.* (voir aussi les pp. 243-5 sur la situation de la Lycie dans les années antérieures, les tyrans et les dynastes locaux etc.). — Monnaies rhodiennes pour la Carie et la Lycie : L. ROBERT, *Hell.* XI-XII (1960), p. 53, n. I.

Sur les **trois classes de cités grecques** (libres, pergaméniennes, rhodiennes), cf. E. BICKERMANN, *art. cit. supra*, notamment la liste avec *testimonia,* pp. 235 *sqq.* Sur les privilèges accordés à Chios, cf. Th. SARIKAKIS, *Chiaka Chron.* VII (1975), pp. 4 *sqq.*, que je ne connais que par J. & L. ROBERT, *Bull.* 1980, n° 353. Le sort d'un certain nombre de places reste incertain ; cf. aussi SCHMITT, *Unters.*, pp. 278 *sqq.* et, pour la Carie, A. MASTROCINQUE, *La Caria e l'Ionia meridionale...*, pp. 202 *sqq.* Si la ville de Telmessos est donnée à Eumène, le territoire voisin reste à Ptolémée, dernier représentant de la lignée issue de Lysimaque et d'Arsinoé (t. I², p. 260) ; on trouvera le matériel relatif à ces dynastes rassemblé et mis en ordre par M. SEGRÈ, *Iscrizioni di Licia I : Tolomeo di Telmesso, Clara Rhodos* IX (1938), pp. 179 *sqq.* ; et, sur le cas de Telmessos elle-même, M. WÖRRLE, *Epigr. Unters. z. Gesch. Lykiens II, Chiron* VIII (1978), p. 222. C'est, d'autre part, au règne d'Eumène II que J. & L. ROBERT, *Bull.* 1980, n° 484 sont portés à attribuer le fragment de lettre royale trouvé à Telmessos que WÖRRLE, *Chiron* IX (1979), pp. 83 *sqq.* attribuerait plutôt à Antiochos III (*supra*, p. 184).

C'est à cette même époque que Rome conclut la paix avec **Ariarathe de Cappadoce,** qui avait collaboré avec Antiochos III d'abord, avec les Galates ensuite : Vulso le taxa à 600 t. et le renvoya (POL. XXI, 40, 4-7) — mais Eumène, qui voyait plus loin, lui demanda la main de sa fille, obtint la réduction de moitié de son indemnité et le fit recevoir *in amicitiam* (POL. XXI, 44 ; TL XXXVIII, 39, 6). Cf. Th. LIEBMANN-FRANKFORT, *Front. Or.*, pp. 67 *sqq.*

Des conditions, dont nous ne connaissons pas la nature, furent **imposées** aux **Galates** par les Romains, sur la route du retour (TL XXXVIII, 40, 1 *sq.*).

La traversée de la Thrace fut rendue très difficile pour l'armée romaine par l'hostilité des indigènes.

3° CONCLUSIONS

Pour liquider dès l'abord un point secondaire, mais caractéristique des conditions du temps, on notera que, dans tout cet épisode de la guerre antiochique, dans ses origines, son déroulement, son issue, il est un grand État qui n'a joué aucun rôle et dont les intérêts n'ont pas été pris en considération : l'Égypte. Sans doute Ptolémée V, en dépit de sa réconciliation avec Antiochos III (*supra,* p. 190), avait-il cherché à s'insinuer dans le camp romain (*supra,* p. 210), évidemment dans l'espoir de recouvrer ses possessions de Thrace et d'Asie Mineure, voire, qui sait, de Syrie, — mais en vain. A l'heure de la paix, d'après nos sources tout au moins, son nom n'est même pas prononcé : Rome ne se soucie pas de réintégrer les intérêts lagides dans le jeu égéen, où la faiblesse égyptienne n'eût pu introduire qu'un facteur de troubles et de complications. Ce dédain de l'élément lagide éclate également dans le fait que, par-delà le Taurus, le Sénat n'exige pas d'Antiochos qu'il restitue à Ptolémée ses anciennes possessions de Cilicie, conquises cependant au cours de la même campagne qui avait conduit le Séleucide sur les côtes d'où on l'expulsait à présent. Mais le souci de ne pas pousser Antiochos III à bout put également jouer son rôle sur ce point, ainsi peut-être que la crainte de le priver d'une part trop large des revenus nécessaires au paiement des indemnités. L'Égypte, enfin, ne figure pas parmi les pays auxquels il était interdit aux Séleucides de faire la guerre, point qui aura son importance ultérieurement (*infra*, p. 313). Tout se passe donc, pendant et après la guerre, comme si l'Égypte n'existait pas — et, de fait, dans l'Égée, seul théâtre pour l'instant de la politique orientale de Rome, elle n'existe plus, à peu de choses près. Il faudra la politique imprudente d'Antiochos IV pour rappeler l'Égypte au bon souvenir du Sénat. C'est donc sans référence à l'Égypte, plus affaiblie depuis les environs de 200 que ne l'est Antiochos lui-même au terme de la même période, qu'on peut tenter de faire le point en 188.

Jusqu'en 194, la politique orientale de Rome avait été, ou affecté d'être une politique de principes. Certes ces principes étaient-ils moins des fins que des moyens : une Grèce libre, amie, cliente devait être le rempart de la tranquillité romaine face aux tentances expansionnistes macédoniennes et, déjà, séleucides. Certes, encore, pouvait-on dès lors constater certaines entorses à ces principes : Égine n'avait pas été libérée de l'occupation pergaménienne, ni la Laconie de la tyrannie de Nabis. Néanmoins, jusqu'alors, les principes incarnés avec plus ou moins de bonne foi par Flamininus avaient donné le ton officiel de la politique romaine, s'il n'est pas certain qu'ils en exprimassent la plus secrète pensée. Puis, à mesure que montait le danger antiochique, on avait vu les principes s'effriter, au moins pour ces territoires encore lointains où le Séleucide prétendait s'établir. Par la bouche de Flamininus lui-même, en 193, le Sénat s'était montré disposé à des concessions peu compatibles avec l'affirmation des libertés grecques. Et, après l'invasion manquée de la Grèce d'Europe par Antiochos, ce n'était évidemment pas pour défendre les libertés grecques que l'armée romaine, pour la première fois, était passée en Asie, mais pour liquider par une décision militaire cette menace que certains dénonçaient depuis 196, et même plus tôt, bien qu'elle eût sans doute été illusoire au début.

Où en est-on en 188 ? On notera d'abord que les fins de la politique romaine n'ont pas changé. Pas plus qu'après la deuxième guerre de Macédoine, Rome n'a de visées annexionnistes : le Sénat est résolu, après avoir expulsé d'un domaine géographique précis l'adversaire que les circonstances lui ont donné, à évacuer ce domaine pour le confier à la garde d'États amis. Mais, par rapport à la solution grecque de 196-194, moyens et méthodes ont changé, et ce changement est dicté tant par l'expérience que par les différences de milieu et de circonstances.

L'expérience grecque, il fallait le reconnaître, n'avait pas été très probante : la Grèce n'avait jamais été complètement pacifiée et les confédérations avaient continué d'y manifester une tendance à l'expansion territoriale, dont Rome avait dû prendre acte en consentant, sans doute de mauvais gré, à l'unification achaienne du Péloponnèse (*supra*, p. 208) et en ne réduisant pas les Étoliens à leur plus simple expression après leur défaite (*supra*, p. 217). Rome avait donc admis, et même encouragé au début un mouvement vers la simplification de la carte politique de la Grèce, ce qui, vu de Rome surtout, n'était pas déraisonnable. A l'égard de l'Asie, la proclamation initiale de la liberté des cités grecques, en 196-195, était entièrement théorique. Une Asie Mineure constituée par un chapelet de cités libres et par des provinces monarchiques continentales était une vue de l'esprit : près de quatre siècles d'histoire l'attestaient. Il était évident, en 192, que si l'on voulait donner une solution durable au problème égéen, il fallait non point refouler Antiochos III à une petite distance de la mer (en quoi eût consisté une solution fondée exclusivement sur le principe de la liberté des cités), mais l'expulser des régions cistauriques. Il va de soi qu'aussitôt défini ce but de guerre, on savait à Rome que sa réalisation poserait de nouveaux problèmes. Car les pays destinés à être évacués par Antiochos n'étaient pas seulement, comme les régions d'Europe d'où l'on avait chassé Philippe V, des territoires civiques ou fédéraux qu'il ne resterait qu'à restituer à leurs habitants au nom de droits historiques imprescriptibles, mais, pour leur plus grande part, des territoires satrapiques, de la « terre royale » qu'il faudrait soit occuper (et il n'en était point question), soit donner — mais à qui ? Certainement pas aux cités grecques de la côte, moins encore à celles de l'intérieur, récentes et sans tradition d'indépendance.

Ici intervenait le facteur pergaménien. Il ne fait pas de doute que, lorsque la décision fut prise de passer en Asie Mineure et d'en chasser Antiochos, il était par avance acquis qu'Eumène serait le principal bénéficiaire de l'opération. Car c'est là que réside la principale différence entre les circonstances de 198-196 et celles de 190-188 : pour remplacer un souverain dans les territoires royaux lui appartenant en propre (et pas seulement dans des territoires civiques ou fédéraux lui ayant été soumis), le Sénat a sous la main un autre souverain dont la dynastie lui est, depuis plus de dix ans, alliée avec une fidélité qui n'a d'égal que l'intérêt sur lequel cette fidélité se fonde et qui, de surcroît, peut exciper de certains droits sur ces territoires qu'elle a, antérieurement, déjà occupés en grande partie. La donation à Eumène II des satrapies séleucides d'Asie Mineure est pour Rome — à moins de les annexer — la seule solution possible à la situation créée par l'expulsion d'Antiochos. Ceci vaut tout au moins pour les territoires satrapiques. Mais les vieilles cités grecques littorales qui, comme celles d'Europe, prétendent à la liberté et à l'autonomie ? Eumène les eût aussi volontiers absorbées que l'avait voulu faire et partiellement fait Antiochos. Ici resurgissent les principes antérieurs, que le Sénat eût à la rigueur sacrifiés (il l'avait montré en 193), mais qui sont à présent défendus par cette autre alliée non moins fidèle qu'intéressée, Rhodes, qui voit dans la libération des cités le moyen d'asseoir son influence sur la côte anatolienne jusqu'aux Détroits.

D'où la nécesité d'une transaction. Libérer toutes les cités, c'eût été donner à Eumène un empire continental sans débouchés maritimes commodes, donc le pousser à agir comme avait fait Antiochos depuis 198. Inversement, donner à Eumène toutes les cités, c'eût été dresser contre Rome l'opinion grecque et, surtout, lui aliéner Rhodes. Dans les deux cas, c'eût été semer des germes de guerre en Asie Mineure. D'où cette solution astucieuse et arbitraire, qui cherche à concilier les intérêts pergaméniens d'une part et, de l'autre, les intérêts rhodiens en même temps que les principes dans lesquels ceux-ci étaient drapés, solution qui ne fut certes pas adoptée sans une mûre considération de la carte d'Asie Mineure : libérer les cités qui échappaient à Antiochos la veille de sa défaite (c'est-à-dire qui s'étaient toujours refusées à lui ou s'étaient elles-mêmes libérées à temps) et donner les autres à Eumène — et aux Rhodiens eux-mêmes, auxquels on offrait de plus, pour faire taire leurs juridiques scrupules, des territoires royaux qui quadruplaient leur ancienne Pérée.

On est donc loin des principes suivis en Europe quelque dix ans plus tôt : en 196, Rome avait proclamé libres *tous* les Grecs, même ceux qui étaient encore occupés par Philippe au lendemain de Cynoscéphales. En 189/8, on adopte un compromis fondé non plus sur le droit naturel des Hellènes à la liberté, mais sur le droit de la guerre et sur l'intérêt politique de Rome. Rome dispose de l'Asie Mineure et répartit les Grecs en deux catégories : les « bons », ceux qui se sont trouvés du bon côté au « jour J » — et les « mauvais », ceux qui, ce même jour, étaient, bon gré, mal gré, du mauvais côté. Quant aux territoires satrapiques qui, de toute façon, n'avaient aucun droit à la liberté, elle les répartit à son gré entre ses alliés.

Cette politique, où les principes juridiques et moraux n'ont rien à voir, représente une adhésion tacite du Sénat aux pratiques des monarchies hellénistiques — bien qu'en fait elle ait déjà été adoptée en Afrique au profit de Massinissa. Répétons que ce pragmatisme a été dicté à Rome par quatre circonstances, qui sont que sa victoire l'a mise en possession de « terres royales » ; que ces territoires ne pouvaient être érigés en communautés libres ; que Rome, qui eût pu les annexer et en faire des provinces, ne le voulait pas ; et surtout qu'elle avait eu pour allié un souverain hellénistique qui était prêt à recueillir la succession séleucide, seul en mesure de le faire, — et qu'il fallait bien récompenser. Il faut d'ailleurs bien considérer qu'ainsi renforcé, seul le royaume de Pergame pouvait, le cas échéant, constituer une barrière efficace contre un éventuel redressement séleucide — cependant que son extension en Thrace était une garantie contre le trop visible désir de Philippe V de reprendre pied dans cette région : en d'autres termes, seul le royaume de Pergame ainsi agrandi pouvait jouer efficacement le rôle d'État-tampon entre une monarchie antigonide et une monarchie séleucide dont on pouvait craindre que leurs traditions dynastiques ne les conduisent, un jour ou l'autre, à reprendre l'expansion convergente à laquelle deux guerres romaines avaient mis un terme. Si bien qu'en définitive (et c'est là l'aspect capital des arrangements de 189/8, du point de vue hellénistique), Eumène II est le principal bénéficiaire de la guerre antiochique, dont l'issue fait de lui le souverain le plus puissant de l'heure, même si, par un égard qui n'est plus qu'apparent aux susceptibilités des Grecs en général et des Rhodiens en particulier, on ne lui a pas donné tout ce à quoi il prétendait.

Ce compromis entre des principes contradictoires et des intérêts divergents pouvait provisoirement satisfaire à peu près tous les intéressés, sauf les cités grecques que leur fidélité ou leur malchance avait fait distribuer entre les deux grands alliés de Rome (cependant, sauf Éphèse, il ne s'agit guère que de cités de second ordre). Mais il comportait de plus un certain nombre de sous-entendus, qu'il faut encore envisager.

Eumène II et les Rhodiens, certes, avaient activement participé à la lutte : sans eux, Rome n'eût sans doute pas triomphé (il est vrai que, sans Eumène, la guerre n'eût peut-être pas eu lieu...). Mais, juridiquement, la victoire est exclusivement romaine : le Sénat seul a traité avec Antiochos et c'est dans le traité romain (il n'y en eut pas d'autre) que figurèrent les obligations du Séleucide à l'égard de Pergame et de Rhodes. Au lendemain de Magnésie, l'Asie Mineure séleucide est, par droit de conquête, romaine, et, lors des discussions au Sénat, Eumène et les Rhodiens l'ont, non sans platitude, reconnu. Les arrondissements territoriaux concédés par Rome à ses amis étaient donc des *dons,* quand bien même des droits furent-ils invoqués pour les justifier. Ces dons, à leur tour, faisaient des alliés des clients du Peuple Romain. Le *patrocinium* romain a franchi l'Égée et s'étend désormais jusqu'au Taurus. Certes, cette situation ne devait-elle pas être ressentie au même degré par tous : Eumène, considérablement renforcé, devait moins éprouver ce lien de dépendance morale que ne le devaient éprouver les Rhodiens, et les Rhodiens moins que Milet ou Samos. Mais il est un point auquel nul ne paraît avoir pensé sur le moment (y pensait-on même à Rome ?), et c'est celui qui consistait à savoir si ces donations faites par Rome à ses alliés étaient absolues ou précaires : le problème a été amplement débattu sans pouvoir être tranché. Mais ce qui est certain, c'est que, quelques années plus tard, Rome devait révoquer la donation de la Lycie aux Rhodiens... (*infra*, p. 298).

Apparemment, les fins de la politique romaine n'ont donc pas changé. Entraînée à intervenir de plus en plus loin à l'Est, Rome continue de se contenter d'assurer l'ordre et la sécurité sans s'installer matériellement nulle part, en contractant des liens d'amitié qui sont, en fait, des relations d'État patron à États clients. Mais, en changeant de milieu, Rome a changé de méthodes. Si l'on considère que la Macédoine antigonide avait, dans le concert des puissances hellénistiques, une physionomie très particulière, c'est à présent surtout que Rome entre en contact avec le vrai monde hellénistique héritier des traditions monarchiques orientales et qu'insérée dans ce monde, elle en adopte les pratiques en y adaptant les siennes propres. Après avoir fait sien, à l'usage des Grecs, le principe grec de l'autonomie contre l'expansionnisme monarchique macédonien (qui, en Grèce d'Europe, n'avait jamais été à proprement parler conquérant), elle fait sien à présent, au profit d'Eumène II et même, de façon quelque peu paradoxale, au profit de ces défenseurs des libertés grecques qu'étaient les Rhodiens, le principe du « droit de la lance » qui fondait les conquêtes monarchiques hellénistiques. Ce principe, elle l'utilise sans doute au premier chef contre l'empire séleucide vaincu, mais aussi, ce qui est plus grave, aux dépens de cités grecques qui n'avaient pu, ou voulu rallier à temps le camp romain. Bref, Rome fait alors l'apprentissage de la vraie politique hellénistique et de son mépris fondamental des libertés civiques, politique qu'elle n'applique pas encore pour son compte propre, mais pour le compte d'États amis dont elle fait, selon ses normes particulières, des États clients.

L'épisode de la guerre antiochique révèle soudain au grand jour l'affaissement du système des États hellénistiques. Que l'affaiblissement de chacun des trois grands États monarchiques soit dans une large mesure dû à des causes internes où Rome n'avait rien à voir, c'est là un fait patent, que ces causes fussent la résurgence de particularismes indigènes, l'incapacité ou l'imprudence de certains souverains. Mais en 188, même si elle n'est pas encore tout à fait consciente, en Orient, de ses possibilités, ni tout à fait au net sur ses méthodes et surtout sur ses buts (car le principal souci du Sénat paraît alors avoir été de se retirer du jeu oriental pour se consacrer aux affaires d'Occident, autrement urgentes), il reste que Rome est dès lors en fait l'arbitre du monde hellénistique tout entier : la Macédoine battue et fidèle (non sans arrière-pensées sans doute), l'empire séleucide refoulé dans la véritable Asie, l'Égypte tenue pour inexistante, l'Asie Mineure réorganisée par sénatus consulte — qui eût imaginé cette situation au lendemain de Cynoscéphales, bien moins encore au lendemain de Zama ? L'impérialisme romain en Orient n'est pas encore conquérant, mais il existe.

BIBLIOGRAPHIE COMPLÉMENTAIRE ET NOTES : Bon tableau général de la **situation après Apamée** (à part quelques nuances, sur lesquelles il sera toujours possible de discuter) *ap.* BENECKE, *CAH* VIII, pp. 241 *sqq.*

Divers auteurs ont adopté ce moment pour esquisser des jugements rétrospectifs sur la **politique romaine** depuis la deuxième guerre de Macédoine. E. BADIAN, *Foreign clientelae*, pp. 80 *sqq.* estime qu'il y a, pendant ces années, une parfaite continuité dans le réalisme, que la politique des Scipions est exactement la même que celle de Flamininus, l'hypocrisie en moins (cf. E. BADIAN, *T. Quinctius Flamininus*, pp. 53 *sqq.;* également CASSOLA, *I gruppi politici...*, pp. 393 *sqq.*). Cela paraît manquer de nuances. Que les fins de la politique romaine soient demeurées les mêmes, l'événement le prouve — mais il y a changement dans les méthodes, les principes qui les inspirent et, dira-t-on, le style, et ce changement est largement dû à un changement de personnel, lui-même imposé par l'expérience. On ajoutera que ce changement, qui se manifeste **dans** le passage à l'arrière-plan de Flamininus (cf. WERNER, *ANRW* I, 1, p. 558), se manifeste aussi dans le comportement de Flamininus lui-même, dont il est absolument arbitraire de soutenir qu'il dépose son masque d'hypocrisie alors qu'il est tellement plus plausible d'admettre que l'expérience, précisément, l'a instruit (sur l'apprentissage hellénistique de Rome, cf. DAHLHEIM, *Gewalt u. Herrschaft...*, pp. 190 *sqq.*). Faut-il souligner qu'en certaines circonstances les méthodes importent plus et ont plus de retentissement que les fins qu'elles cherchent à servir ? A l'opposé de telles interprétations, celles de T. FRANK, *Rom. imper*, pp. 185 *sqq.*, ou de H.E. STIER, *Roms Aufstieg...*, pp. 157 *sqq.*, partent de l'acceptation de l'idéalisme philhellénique romain à l'origine — un idéalisme déçu. Les réflexions de ces divers auteurs, représentant des tendances diamétralement opposées, méritent d'être lues et méditées, ne serait-ce que pour donner conscience de l'extrême difficulté d'une appréciation qui se veut objective et impartiale. Quoi qu'il en soit, réalisme ou idéalisme (et il est certain que l'on ne saurait poser l'alternative en des termes aussi tranchés...), il reste qu'il serait difficile de trouver des justifications aux deux grandes guerres soutenues par Rome en Orient depuis 200 dans une doctrine impérialiste romaine. En revanche, les succès romains remportés dans ces deux conflits, bien que non encore exploités à des fins proprement impérialistes, contribuèrent évidemment à faire naître la conviction que Rome pourrait s'ériger en empire méditerranéen. J.W. SWAIN, *The theory* *of the four monarchies, ClPh* XXXV (1940), pp. 1-12, a montré comment cette idée a dû venir se greffer, peu après la guerre antiochique, sur la théorie apocalyptique orientale de la succession des quatre empires universels.

Sur la question de la **portée des donations romaines,** cf. la discussion, par trop subtile, de H.H. SCHMITT, *Rom und Rhodos,* pp. 93 *sqq.,* qui conclut que l'interprétation moderne de donations précaires et donc révocables est intenable, mais que, la révocation étant néanmoins intervenue (*infra,* p. 298), ce serait la doctrine romaine qui aurait évolué.

En ce qui concerne les donations à **Eumène,** MC SHANE, *FPAP,* pp. 152 *sqq.,* souligne justement qu'il ne s'agissait pas d'un don purement gratuit, mais qu'on attendait à Rome de l'Attalide qu'il jouât un rôle positif dans le maintien de l'équilibre oriental. C'est évident. — Le jugement de SCHNEIDER, *KGH* I, 636, selon lequel Eumène n'aurait été gratifié de possessions en Thrace que « weil die Römer neue Spannungen zu Makedonien wünschten » m'apparaît sommaire et peu plausible.

Pour ce qui est des **cités libres,** bonne analyse de cette « qualité juridique » (avec de nombreuses références documentaires) *ap.* DAHLHEIM, *Gewalt u. Herrschaft,* pp. 198 *sqq.* Cette liberté ne se conçoit naturellement que dans l'amitié et alliance du Peuple Romain, ce qui pouvait impliquer des charges (en cas de guerre), mais présentait surtout des avantages, la tutelle romaine étant à la fois plus lointaine, plus efficace et plus désintéressée que celle des souverains. Pour ces cités, 188 ouvre un demi-siècle avantageux et satisfaisant. C'est à cette situation qu'il faut lier la diffusion du culte de la Déesse Rome : cf. R. MELLOR, *Thea Rhômè...* (Göttingen 1975). Le culte de Rome représente évidemment un avatar du culte royal.

Pour en finir, s'il est certain que leurs victoires successives sur Philippe et Antiochos durent inspirer aux Romains une vive confiance dans leurs capacités, comme le note H. BENGTSON, *Grundr. d. röm. Gesch.* I (Munich 1967), p. 120, on doutera que ce fût à cause du peu de coût de ces victoires (obtenues chaque fois avec une simple armée consulaire), qui aurait donné à Rome le sentiment que l'Orient n'avait rien à lui opposer : c'est oublier qu'il fallut du temps pour liquider Philippe et que la victoire de Magnésie ne fut pas *a priori* évidente — sans la présence d'Eumène, elle eût peut-être été une défaite.

4° ÉPILOGUE : LA FIN D'ANTIOCHOS III (187)

Ce coup asséné par Rome à un empire séleucide qui paraissait au faîte de sa puissance eut, pour cet empire, des conséquences dont il n'est pas aisé de juger exactement. Dans la mesure où la restauration iranienne restait fragile, la nouvelle de l'effondrement de Magnésie et d'Apamée devait favoriser la reprise du processus de désagrégation tant bien que mal enrayé entre 209 et 205. Ce n'est pas le lieu ici d'étudier ces phénomènes qui se situent sous les successeurs du Grand-Roi. Mais les premiers craquements durent se faire sentir aussitôt après Apamée car, au lendemain de sa catastrophe, le premier soin du vaincu fut de reprendre le chemin des satrapies supérieures, après s'être associé son second fils Séleucos (IV) comme corégent.

Il devait toutefois apparaître rapidement qu'une des clauses les plus dures de la paix était la clause financière. L'acquisition récente de la Cœlé-Syrie ne compensait sans doute pas la perte des revenus d'Asie Mineure et il fallait à présent qu'Antiochos III non seulement reconstituât son armée, mais encore payât annuellement 1 000 t. à Rome. Aussi les embarras financiers, dont on avait déjà pu relever des traces après Raphia (*supra,* pp. 55 ; 61), vont-ils caractériser les années suivantes et entraîner les Séleucides aux expédients les moins recommandables pour se procurer le métal. Et le premier de ces expédients coûta la vie à Antiochos III. De passage en Élymaïde, le roi voulut renouveler son exploit d'Ecbatane en 211/0 : le pillage sacrilège d'un sanctuaire local indigène, mais il se heurta à la résistance de la population et, surpris nuitamment, il fut tué comme un vulgaire bandit (3 ou 4 juillet 187).

Fin lamentable de la carrière du Grand-Roi qui avait eu l'ambition de reconstituer dans toute son extension, et même au-delà, l'empire de son ancêtre Séleucos et n'avait abouti qu'à en précipiter la décadence. Rien n'est en définitive plus délicat que d'interpréter ce règne. Les qualités du souverain n'ont sans doute pas manqué à Antiochos III et toute son œuvre, jusqu'à la veille du conflit final avec Rome, est là pour l'attester : claire vision d'un but à atteindre ; persévérance et même obstination dans l'action, qu'aucun insuccès passager ne réussit à briser ; capacités militaires moins évidentes peut-être, mais néanmoins réelles et que les défaites subies devant les armées romaines ne démentent pas tout à fait. Des défauts, certes, jettent leur ombre sur ces qualités : il est difficile de ne pas faire la part d'une certaine mégalomanie, nourrie par les succès d'Iran et de Cœlé-Syrie et qui, psychologiquement, représente peut-être une compensation des insuccès et des humiliations des débuts du règne ; la part aussi d'une certaine faiblesse sur le plan diplomatique, tout au moins à l'égard de Rome. Mais, sur ce point, on ne peut qu'être porté à l'indulgence, car il était difficile à un souverain hellénistique d'Orient, même conseillé (mais comment ?) par un Hannibal, de saisir toute la portée du changement introduit dans le monde par l'expansion de la politique romaine vers le monde égéen. Antiochos III a probablement raisonné en termes de politique hellénistique du IIIe siècle, alors qu'il lui eût fallu raisonner en termes de politique romaine et en fonction d'un siècle d'histoire occidentale. Or, de même que ses armées ont dû céder devant la tactique des légions romaines, qu'il ignorait, de même sa politique s'est brisée sur la pratique politique romaine, qu'il semble avoir méconnue tout autant. Plus encore que dans le cas de Philippe V, c'est ici le heurt de deux mondes différents et encore peu compatibles, et qui se solde à son

détriment. Mais ces considérations n'expliquent sans doute pas
tout : Antiochos III — comme Rome d'ailleurs, dont on a vu
qu'elle ne paraît pas plus que lui avoir cherché le conflit — a été
victime de circonstances qu'il a maladroitement tenté d'exploiter :
sans l'aveugle et inconsciente agitation des Étoliens en Grèce,
sans l'acharnement aussi d'Eumène II à pousser le Sénat à l'intransigeance, un compromis eût sans doute été possible en 193-192.
L'espoir passager d'éviter ce compromis entraîna malencontreuse-
ment Antiochos III à souffler sur le feu en Grèce et ensuite,
pour sauver son prestige, à soutenir ceux qu'il avait poussés aux
aventures : fatale erreur d'appréciation qui l'accula finalement à
un conflit dont il faut reconnaître qu'il n'était nullement assuré, à
vues humaines, qu'il dût nécessairement se solder pour lui par une
catastrophe militaire et, partant, politique. Il faut, semble-t-il
réserver prudemment son jugement sur ce souverain insuffisamment connu : on pourrait être tenté d'invoquer, avec Polybe, « la
tychè qui donna aux Romains l'empire et la maîtrise du monde
habité ».

SOURCES : Sur la fin d'Antiochos III : DIOD. XXVIII, 3 ; XXIX, 15 ; STR. XVI,
1, 18 ; JUST. XXXII, 2, 1-2 ; EUS., *Chron.* (Schoene) I, p. 253 ; St JÉRÔME,
in Dan. XI. La liste royale babylonienne SACHS et WISEMAN, *Iraq* XVI
(1954), p. 207, confirme qu'Antiochos III mourut en Élam et nous donne
la date avec une incertitude d'un jour, alors que l'incertitude était jusqu'alors
de plusieurs mois (cf. KUGLER, *Von Moses bis Paulus* (1922), p. 322).

BIBLIOGRAPHIE COMPLÉMENTAIRE ET NOTES : Sur les **difficultés financières** des
Séleucides après Apamée, cf. *infra*, p. 303.

Les **circonstances de la mort d'Antiochos III** ont fait l'objet de nombreuses
discussions, du fait qu'elles sont très semblables à celles que d'autres sources
nous donnent de la fin de son fils Antiochos IV : on est dès lors en droit
de de demander s'il y a doublet : cf. *infra*, p. 354.

Sur la **date de la mort**, cf. en dernier lieu SCHMITT, *Unters.*, pp. 1 *sq.*,
où bibliographie.

Quel fut le **retentissement en Asie** de l'effondrement d'Antiochos III et
du premier passage triomphal des armées romaines sur ce continent ? Certains
ont pensé voir dans l'épisode où le roi trouva sa fin l'indice de troubles
iraniens soutenus par une résistance religieuse anti-hellénique (cf. S.K. EDDY,
The King is dead, pp. 98 *sq.* ; 133 *sq.*), mais rien ne le prouve de façon décisive
et l'incident du sanctuaire élamite de Bêl est sans doute dû simplement aux
besoins financiers du roi (cf. SCHMITT, *o. c.*, pp. 101 *sqq.*). La question des
possibles répercussions de Magnésie et d'Apamée en Extrême-Orient sera
envisagée *infra*, p. 348. Certains ont été portés à attribuer au lendemain de
ces événements des prophéties annonçant la chute de Rome et de sa puissance,
mais l'état d'esprit que traduisent ces textes convient sans doute mieux
à l'époque de la guerre mithridatique : cf. HOLLEAUX, *Sur un passage de
Phlégon de Tralles, RPh* 3ᵉ sér. IV (1930), pp. 305 *sq. et* part. n. 2.

CHAPITRE III

De la paix d'Apamée
à la mort d'Antiochos IV
(188-163)

Si, en retirant ses forces d'Orient (à l'exception des bases insulaires acquises dans la mer Ionienne), Rome témoignait de son désintéressement territorial, s'il apparaissait que son seul souci était de faire régner l'ordre et la tranquillité (son ordre et sa tranquillité), des liens de plus en plus nombreux et de plus en plus complexes la liaient toutefois à la Grèce et, désormais, à l'Asie Mineure. Liens qui ne sont encore qu'exceptionnellement formels et définis, car, outre les traités conclus avec les vaincus (Philippe, Antiochos, les Étoliens), seuls les Achaiens ont, jusqu'à présent, cherché et obtenu une alliance en bonne et due forme. Mais on a vu que ce n'étaient pas des instruments diplomatiques formels qui avaient déterminé les interventions romaines de 200 et de 191, et les obligations qu'avait tacitement contractées le Sénat en étendant son *patrocinium* à tout le secteur égéen du monde hellénistique devaient avoir une valeur aussi contraignante en fait que des engagements juridiques précis : elles offraient même plus de possibilités (peut-être faudrait-il dire : de tentations) d'intervention.

Ces occasions, le Sénat n'allait pas avoir à les chercher : l'irrémédiable tendance grecque à l'anarchie et aux conflits locaux, de même que les ambitions nouvelles des amis pergaménien et rhodiens devaient les lui fournir à satiété, aussi bien que l'amertume des vaincus des conflits précédents. En Europe comme en Asie, l'arbitrage romain n'allait pas cesser d'être l'objet de sollicitations qui eurent pour effet de tenir en éveil, de la Macédoine à l'Égypte, une vigilance qui, sans ces sollicitations, eût peut-être été moins vive. La solution apportée en 189-188 aux problèmes hellénistiques devait rapidement se révéler aussi instable, fragile et génératrice de complications que celle des années 196-194.

I — LES AFFAIRES D'EUROPE
JUSQU'A LA CHUTE DE LA MONARCHIE MACÉDONIENNE (189-167)

Affaires d'Europe : c'est-à-dire affaires grecques et macédoniennes. Entre les unes et les autres, évidemment, des connexions. Et de même, non moins évidemment, entre affaires d'Europe et affaires d'Asie et d'Égypte — mais celles-ci seront étudiées en elles-mêmes ultérieurement.

A) Grèce et Macédoine jusqu'à la mort de Philippe V (189-179)

1° COMPLICATIONS PÉLOPONNÉSIENNES

La Confédération achaienne, relativement tard venue à l'amitié, puis à l'alliance romaines, avait utilisé cette amitié pour s'élargir aux dépens des adversaires péloponnésiens de Rome et cette politique avait abouti à l'inclusion de toute la péninsule dans le cadre fédéral (*supra*, p. 208). Résultat fragile, car obtenu par une contrainte plus ou moins déguisée. Le principal foyer de complications devait continuer d'être Sparte, où régnait un mécontentement complexe. Après l'assassinat de Nabis par les Étoliens, ce n'était qu'une minorité qui en 192, avait décidé l'adhésion à la Confédération achaienne. Or ceux qui, ayant fui la tyrannie de Nabis, espéraient regagner la Laconie pour y retrouver leur place, leurs droits, leurs terres, se heurtaient à l'hostilité de ceux qui, au contraire, avaient profité des réformes de Nabis et n'entendaient pas rétrocéder les biens confisqués et redistribués par lui. Les bannis se pressaient en particulier dans les cités maritimes que Flamininus en 195, avait confiées à la surveillance des Achaiens : appuyés par les Achaiens, ces gens rêvaient de reprendre pied à l'intérieur, alors qu'à Sparte, à l'inverse, on rêvait de récupérer les places maritimes sur les Achaiens. La situation se compliqua encore dès 191, car les anciens partisans de Nabis réussirent à se rétablir en renversant et chassant ceux qui s'étaient installés au pouvoir en 192. On n'entrera pas dans les détails de la partie confuse qui s'engagea alors, opposant factions spartiates, groupes d'exilés rivaux et, naturellement, Philopoimèn à Flamininus. Celui-ci, hostile à tout renforcement de la Confédération achaienne, mais comprenant qu'il ne lui était pas possible d'appuyer une sécession spartiate, se fût accommodé d'une Sparte incluse dans la Confédération, mais où des adversaires de Philopoimèn, appuyés par Rome, eussent été aux affaires. Il ne put toutefois empêcher que la guerre éclatât en 189. Malgré une tentative de réconciliation, proposée par Philopoimèn lui-même, les Achaiens agirent avec une extrême brutalité : en 188, Sparte fut prise, ses murailles rasées, ses institutions traditionnelles abolies, les bénéficiaires des réformes de Nabis expulsés, les bannis rétablis — tout cela sans compter de sanglantes proscriptions. Ce règlement brutal, œuvre du peu politique Philopoimèn, n'aboutit qu'à créer un irrédentisme spartiate et à tendre les relations entre les Achaiens et Rome.

Les affaires lacédémoniennes n'étaient d'ailleurs pas seules à faire monter la méfiance entre les Achaiens et les Romains. A vrai dire, ce fut cette tension même qui encouragea, quelques années plus tard (184), les Messéniens à se détacher à leur tour de la Confédération : d'où une guerre achaio-messénienne qui coûta la vie au vieux Philopoimèn et priva les Achaiens de leur chef le plus énergique, sinon le plus prudent (182). Mais les Messéniens furent rapidement contraints de réintégrer le giron fédéral et, comme Sparte, privés de leurs places littorales et de leurs institutions propres. On n'entrera pas ici dans le détail de ces complications, ponctuées d'ambassades grecques à Rome, de missions sénatoriales en Grèce. Mais on marquera que ces événements, devant lesquels le Sénat s'inclina — de mauvaise grâce d'ailleurs — consacrent la faillite de la politique de Flamininus. Le constant désir de celui-ci d'exercer son patronage sous le couvert de l'alliance s'était en effet définitivement heurté à une interprétation légaliste de cette alliance par les Achaiens qui, tout en entendant y rester fidèles (comme ils l'avaient montré dans la guerre antiochique), entendaient aussi agir avec une liberté souveraine qui leur paraissait être naturellement la leur et où il ne leur apparaissait pas que les intérêts immédiats de Rome fussent engagés. Mais, dans le Péloponnèse, cette liberté grecque que Flamininus avait naguère solennellement proclamée et qui n'avait été à l'origine que le droit imprescriptible de ne dépendre de personne, est devenue, aux yeux des Achaiens, la licence de régenter la péninsule à leur guise, d'y imposer leur autorité, d'y faire régner un ordre social conservateur. L'arbitrage romain lui-même, constamment invoqué, reste théorique : le Sénat manifeste au fond une indifférence qui paraît largement faite d'incertitude, mais compromet gravement l'influence romaine en Grèce.

HISTOIRE POLITIQUE DU MONDE HELLÉNISTIQUE

Sources : (jusqu'à 179/8) Pol. XXII, 3 ; 7-10 ; 11, 5-12 ; XXIII, 4-6 ; 12 ; 16-18 ;
XXIV, 2 ; 6-13. TL XXXVIII, 30-34 ; XXXIX, 33, 5-8 ; 35, 5-37 ; 48, 2-50 ;
XL, 2, 7 ; 20, 2. Plut., *Philop.* 18 *sqq.* Just XXXII, 1, 4-10. Paus. VII, 9.
Honneurs funèbres rendus à Philopoimèn : *Syll*[3]. 624-625.

Bibliographie complémentaire et notes : Pour un exposé détaillé de ces affaires,
on consultera encore Niese III, pp. 42-61 et à présent surtout Larsen, *GFS*,
pp. 447 *sqq.* ; Errington, *Philop.*, ch. VII-IX, qui traite avec une particulière
attention les affaires spartiates ; sur celles-ci, cf. encore Ehrenberg, s. v.
Sparta, PW III A 2, coll. 1440 *sqq.* ; K.M.T. Chrimes, *Ancient Sparta*,
pp. 41 *sqq.* ; Shimron, *Late Sparta*, pp. 102 *sqq.*

Sur la fin de la carrière de **Philopoimèn**, cf. W. Hoffmann, s. v. *Philopoimen*,
PW XX, 1 (1941), coll. 88 *sqq.* ; Deininger, *Pol. Widerst.*, pp. 119 *sqq.* ;
Errington, *Philop.*, ch. X, qui (pp. 241 *sqq.*) discute et corrige la chronologie
de la crise messénienne proposée par Hoffmann et revient, sur la base
d'un raisonnement différent, à la date de 182, naguère proposée par A. Aymard,
Les strat. de la Conf. Ach. de 202 à 172 av. J.-C., *REA* XXX (1928),
pp. 43 *sqq.*, pour la mort de Philopoimèn. La tradition antique unanime,
accueillie généralement par les modernes, faisait mourir Philopoimèn empoisonné
par les Messéniens : Errington dénonce là un aspect de sa légende et montre
que le stratège septuagénaire, malade au moment où il fut fait prisonnier,
peut-être blessé, put fort bien mourir dans son cachot sans qu'on l'y assas-
sinât. D. Musti, *Polibio e l'imper. rom.* (Naples 1978), pp. 87 *sq.* a noté
(à la suite de Fustel de Coulanges) qu'en dépit de son patriotisme achaien,
ce qui manquait à Philopoimèn — comme à d'autres politiques achaiens et
comme à Polybe lui-même — c'était « une idée du rôle positif qui incombait
aux États grecs, et encore plus de la fonction même de la civilisation grecque,
dans le nouvel état de choses » déterminé par la prépondérance romaine, et
que cette lacune de leur pensée résultait de l'« effet paralysant » que produisit
sur eux le sentiment de l'infériorité accablante des États grecs dans le nouveau
rapport de forces. D'autres temps et d'autres lieux devaient connaître des
paralysies semblables...

La politique achaienne de ces années est, comme la situation générale du
Péloponnèse, d'une extrême complexité et elle ne s'incarne pas dans le seul
Philopoimèn. D'autres personnalités interviennent, qui agissent ou tentent d'agir
dans des sens différents qu'il serait trop rapide d'interpréter en termes de
rivalités d'ambitions personnelles. Celles-ci on certes existé, mais ont constamment interféré avec des divergences d'appréciation quant à l'attitude à adopter
à l'égard de la politique romaine, sans qu'il soit toujours possible de saisir
si les rivalités personnelles servirent de prétexte au comportement à l'égard
de Rome, ou si celui-ci alimenta les rivalités personnelles. Un personnage tel
qu'**Aristainos** (il disparaît de la scène peu avant Philopoimèn), qui avait
commencé sa carrière aux côtés de Philopoimèn, semble au fond être resté du
même bord que lui dans toutes les circonstances importantes : mais qu'une
affaire sans conséquences graves, telle que les négociations nouées avec
Ptolémée V à l'initiative de Philopoimèn (cf. *infra*, p. 244), lui permît de
mettre celui-ci dans son tort, il n'en laissait pas passer l'occasion ; cela
n'empêchait pas les deux hommes de se retrouver côte à côte lorsqu'il convenait
d'opposer un front uni à l'étranger, comme lorsque Q. Caecilius Metellus, que
le Sénat avait envoyé enquêter en Macédoine (*infra*, p. 250), fit en 185 un
détour par le Péloponnèse et prétendit exiger des Achaiens qu'ils renoncent à
leur règlement de la question spartiate (cf. Errington, pp. 158 *sqq.*). En revanche,
les rivalités personnelles paraissent avoir été plus déterminantes après la disparition des deux personnages précédents, lorsque le devant de la scène fut
notamment occupé par **Lycortas** (père de Polybe), ami et continuateur de
Philopoimèn, et par **Callicratès** : mais c'est aussi qu'à cette époque les diver-

gences s'accentuent, se font plus ouvertes quant à l'attitude à adopter à l'endroit des Romains. Il semble injuste de voir en Callicratès (auquel sa position d'après Pydna — *infra*, p. 284 — valut une mémoire détestable) un homme qui misa exclusivement sur la bienveillance du Sénat pour assurer sa prépondérance (cf. STIER, *Roms Aufstieg...*, pp. 170 *sqq.* ; 179 *sqq.*, dont les jugements sont trop souvent passionnés) : ce qui semble surtout l'avoir opposé aux « patriotes » du type de Lycortas, c'est d'avoir eu la lucidité de comprendre que ce « patriotisme » n'était plus réalisable, d'avoir, pour son compte et aux yeux des Romains, dissipé le malentendu fondamental qui régnait sur l'interprétation du *foedus* de 192 (sur le malentendu alliance/clientèle, cf. aussi I.E.M. EDLUND, *Deinokrates : a disappointed Greek client*, Talanta VIII-IX (1977), pp. 52 *sqq.*) et d'avoir accepté de jouer la seule partie désormais possible, celle de la clientèle, ce qui devait permettre une détente dans les rapports avec Rome (cf. BADIAN, *Foreign Clientelae*, pp. 90 *sqq.* ; ERRINGTON, *Philop.*, pp. 195 *sqq.*) : le malheur de Callicratès fut de n'avoir pas eu assez d'influence pour empêcher les « patriotes » de conduire leur patrie à la catastrophe finale (*infra*, p. 000 *sqq.*). LEHMANN, *Unters. z. hist. Glaubw. d. Pol.*, ch. IV a, contre nombre de modernes, défendu Polybe d'avoir fait preuve d'esprit de parti dans sa présentation de tous ces hommes politiques achaiens.

La **politique romaine en Grèce** n'est elle-même pas absolument cohérente dans la mesure où, ici également, des facteurs personnels se font jour. On a déjà à maintes reprises insisté sur la volonté de Flamininus d'établir *son* patronage à travers des factions protégées par lui, ou même à travers des États entiers (Flamininus est au centre de la crise messénienne de 184 : on sait qu'il avait personnellement ménagé l'entrée des Messéniens dans la Confédération achaienne (*supra*, p. 208), à des conditions qui ne nous sont malheureusement pas connues ; ces conditions ayant été modifiées sous l'influence de Philopoimèn, Flamininus encouragea en sous-main les sécessionnistes messéniens) ; un Q. Caecilius Metellus, de son côté, agit de son propre chef dans l'incident de 185 évoqué ci-dessus. Ces comportements n'ont pas l'aveu du Sénat, qui s'efforce de les limiter (Metellus devait être désavoué). Le maître-mot de la politique sénatoriale à l'égard de la Grèce paraît avoir été d'éviter à tout prix des complications qui eussent risqué d'entraîner des interventions actives — ou, en cas d'absence d'intervention, une perte de prestige. Ce fut sans doute le mérite, mal reconnu des contemporains et de la postérité, de gens tels que Callicratès que de l'avoir compris, que d'avoir saisi que le respect tacite du rapport de clientèle était encore le meilleur moyen d'éviter les interventions romaines et donc de préserver les derniers restes de la liberté, et d'avoir agi en conséquence, alors que la susceptibilité « nationaliste » de Philopoimèn et de ses continuateurs ne pouvait que lasser la patience romaine. La multiplication des appels grecs à Rome, à partir de cette époque, pour le règlement d'affaires locales dont le Sénat n'était guère à même de juger sainement (on en trouvera la liste *ap.* WERNER, *ANRW* I, 1, p. 558, n. 187, avec sources et bibliographie, pour les années 187 à 171 : ces affaires seront ici évoquées dans leur contexte) n'était, de son côté, pas de nature à simplifier les relations entre Rome et la Grèce.

J'ai déjà relevé certaines interprétations économiques de la politique romaine en Grèce sous la plume de D. MUSTI, *Pol. e l'imper. rom.*, interprétations que j'ai jugées aventurées. Les affaires messéniennes de 182 en fournissent un nouvel exemple, où M., p. 93, commente dans le sens de sa thèse, mais hors de tout contexte, une phrase de POL. XXIII, 17, 3 où il est question du commerce entre le Péloponnèse et l'Italie. Sans entrer dans le détail, je noterai simplement que M. ne s'est pas avisé de ce que cette phrase répondait de façon très précise à un passage antérieur (POL. XXIII, 9, 12) et que le rapprochement de ces deux passages ruine simplement sa construction, d'ailleurs peu plausible en elle-même.

2° LA GRÈCE CENTRALE ET SEPTENTRIONALE

La Confédération étolienne, elle, vaincue et assujettie par Rome en 189, n'avait pas été anéantie, ni même réduite à sa plus simple expression géographique : précaution évidente contre la Macédoine. Mais les Étoliens étaient encadrés par des amis de Rome : les Acarnaniens à l'Ouest, reconstitués en Confédération ; au Nord les Épirotes et les Athamanes rentrés en grâce (supra, p. 217), mais où la royauté semble disparaître alors ; les Phocidiens à l'Est ; les Thessaliens enfin.

Les Béotiens, d'autre part, étaient le peuple qui avait donné à Rome le plus de difficultés mineures, — mais perpétuelles. D'avoir pris parti pour Antiochos III ne leur avait pas coûté cher. Mais, pour faire contrepoids aux adversaires de Rome qui gouvernaient toujours le pays, le Sénat exigea en 188/7 qu'ils rappellent un certain Zeuxippos, client personnel de Flamininus, exilé depuis dix ans. Les Béotiens s'y étant refusés, Rome demanda aux Achaiens d'intervenir également, qui s'y employèrent si activement qu'une guerre achaio-béotienne éclata en 186. Mais le Sénat ayant laissé tomber l'affaire, les Achaiens durent en faire autant : Zeuxippos resta banni et les adversaires béotiens de Rome au pouvoir. Épisode des difficultés et des risques que créait à Rome sa position d'arbitre de la Grèce : les légions disparues, l'influence s'efface singulièrement...

Des peuples qui jouissaient de la bienveillance romaine, les plus inquiets étaient certes les Thessaliens, déjà dépouillés en partie au profit de Philippe. C'est sans doute sous leur influence et en fonction de leur désir de s'assurer des appuis, que fut alors reconstituée l'amphictyonie delphique. On ne connaît pas la liste des États membres, mais elle ne coïncidait certainement pas avec la liste traditionnelle, qui eût compris des peuples dont les uns étaient alors sous la domination de Philippe (Magnètes, Dolopes), les autres sous la domination des Étoliens (Ainianes, Doriens, Locriens) : or l'inscription qui évoque cette restauration parle de « peuples autonomes » et de « cités démocratiques » (i. e. « libres »). Cette mesure apparaît fort théorique — mais les Thessaliens devaient se livrer à d'autres démarches encore pour saper l'influence macédonienne renaissante.

Sources : Affaires béotiennes : Pol. XXII, 4. Restauration de l'Amphictyonie : Syll³. 613.

Biblipgraphie complémentaire et notes : La perspective des **affaires béotiennes** semble un tant soit peu faussée par Rostovtzeff, II, p. 612. Il est probable que la diplomatie de Pergame chercha à profiter de la situation et, peut-être, à substituer son influence à celle de Rome : cf. P.M. Fraser, *Dédicaces attalides en Béotie, REA* LIV (1952), pp. 233 *sqq.*, ignoré d'Errington, *Philop.*, pp. 153 *sq.*

Sur la restauration de l'**Amphictyonie** : Daux, *Delphes au II* et au I* *siècle*, pp. 280-292. Mais, contre ceux qui pensent que *Syll³.* 613 avait une pointe tournée contre Philippe, A. Giovannini, *Philipp V, Perseus und die delphische Amphiktyonie*, dans *Anc. Maced.* I (Thessalonique 1970), pp. 147 *sqq.* estime que l'allusion aux « peuples autonomes » et aux « cités démocratiques » exprime la libération de l'amphictyonie de la tutelle étolienne. Ce texte fait allusion aux démarches effectuées par les Amphictyons à Rome pour recouvrer l'administration du sanctuaire, que le Sénat avait confiée à la cité de Delphes, démarches qui furent couronnées de succès. Philippe n'aurait pas été exclu de l'Amphictyonie — où les représentants macédoniens n'avaient d'ailleurs pas siégé pendant toute la période étolienne. — Sur l'ensemble, cf. encore Niese III, *l. c.*

3° La fin du règne de Philippe V

a) *La tradition et les origines de la troisième guerre de Macédoine*

En posant dès à présent la question des origines du conflit qui, vingt ans plus tard, devait sceller le sort du royaume de Macédoine, on ne fait que se plier à la tradition antique : Polybe, en effet, posait cette question dans son récit de l'année 185/4 et Tite-Live, qui le suit dans son raisonnement (que nous ne connaissons d'ailleurs dans son intégralité que par lui), remonte même un peu plus haut. La thèse de Polybe était que la responsabilité de la guerre n'incombait pas à Persée, qui n'aurait fait que recueillir la querelle paternelle, mais à Philippe lui-même. Le projet de rouvrir le conflit avec Rome aurait été inspiré à Philippe par son ressentiment à ne point voir dignement récompensées sa loyauté et sa collaboration contre Antiochos III. Sans doute sa situation était-elle bien meilleure en 189 qu'en 197, mais elle eût pu être meilleure encore si Rome ne s'y fût opposé et n'eût en particulier favorisé les Étoliens à ses dépens. C'est là pourquoi, selon Polybe, Philippe aurait, dès le lendemain du départ des Romains, entrepris des préparatifs en vue d'un conflit qu'il eût ouvert s'il eût vécu, et qu'il légua à son fils.

Dans les fragments d'Appien, au contraire, l'accusation portée contre Philippe de préparer secrètement la guerre contre Rome n'est que brièvement indiquée, cependant qu'est développée l'idée de l'inquiétude de Rome devant le renforcement de la puissance macédonienne, et que la troisième guerre de Macédoine apparaît surtout comme une guerre défensive et préventive voulue par Rome, ou tout au moins par certains milieux romains.

Il résulte de cette différence d'appréciation que nous ne devons pas envisager la fin du règne de Philippe, ni même le règne de Persée, dans la perspective proposée par Polybe et Tite-Live, mais nous en tenir, tout d'abord, au strict établissement des faits.

SOURCES : POL. XXII, 18. TL XXXIX, 23, 5 *sqq.* APP., *Mak.* 9, 7 ; 11, 1-3.

BIBLIOGRAPHIE COMPLÉMENTAIRE ET NOTES : La question est posée et discutée par E. BICKERMAN, *Notes sur Polybe III : Initia belli macedonici*, REG LXVI (1953), pp. 479 *sqq.* Voir aussi, pour une analyse brève mais serrée des hauts et des bas des relations entre Philippe et Rome après Cynoscéphales, A.J. TOYNBEE, *Hannibal's legacy* II (1965), pp. 453-7, qui fait partir de 185/4 le processus de détérioration des relations entre Rome et le monde grec, processus qui devait aboutir, quarante ans plus tard, à la guerre d'Achaïe (*infra*, p. 390).

Analyse de la pensée de **Polybe** ap. P. PÉDECH, *La méthode historique de Polybe*, pp. 125 *sqq.*

Les **opinions des modernes** sont naturellement aussi partagées, entre ceux qui rejettent la responsabilité de la guerre sur le revanchisme macédonien et ceux qui la rejettent sur l'impérialisme romain. Cf. MELONI, *Perseo e la fine della monarchia macedone*, pp. 441 *sqq.*

b) *L'œuvre de restauration intérieure*

Ayant indiqué les griefs de Philippe contre Rome et sa volonté de revanche, Tite-Live (d'après Polybe, dont le passage correspondant fait défaut) expose les mesures que prit le roi pour restaurer son royaume. Œuvre qui ne saurait être interprétée comme dirigée contre Rome que dans la mesure où la volonté de revanche de Philippe pourrait être vérifiée : en fait, il n'est pas interdit de penser que Philippe, qui était intelligent et énergique, n'attendit pas dix ans pour tirer les conséquences de Cynoscéphales, et les mesures que rapporte Tite-Live seraient relativement plus vraisemblables après la défaite de Philippe lui-même qu'après celle d'Antiochos.

Il s'agit essentiellement de mesures économiques et sociales. Il convenait en premier lieu d'accroître les revenus du trésor royal (ce qui, notons-le, se justifierait tout particulièrement après Cynoscéphales, alors que les indemnités à Rome n'étaient pas encore payées) : l'augmentation des revenus fiscaux fut obtenue à la fois par la taxation des revenus fonciers et par celle du commerce, surtout maritime — mais on ignore les méthodes utilisées. L'exploitation des mines (ouverture d'exploitations nouvelles, remise en exploitation de gisements anciens et abandonnés) servit à accroître le monnayage macédonien. Sur ce point, Tite-Live a été confirmé et même précisé par la numismatique, car il apparaît qu'à la fin de son règne, Philippe V eut une politique monétaire plus libérale qu'au début, en concédant la frappe du cuivre à des collectivités locales, peuples périphériques soumis à la Macédoine, comme les Bottiéens ou les Péoniens, et villes comme Pella, Amphipolis ou Thessalonique. Cela, à son tour, laisse entrevoir une attitude plus libérale sur le plan politique, un certain souci de se concilier des communautés mal assimilées en leur concédant un certain degré d'autonomie.

Philippe s'efforça d'autre part de reconstituer la population de son royaume, que ses guerres incessantes avaient, depuis le début de son règne, gravement décimée. Tite-Live parle ici de mariages obligatoires, de l'interdiction d'exposer les enfants, mais aussi d'une véritable colonisation consistant à transporter des Thraces en Macédoine — on ne sait exactement où. Peut-être cela se rattache-t-il à une politique d'échanges de populations car Polybe mentionne la déportation en Péonie de certains éléments de la population de cités littorales où s'était manifestée de l'opposition (183/2).

Il faut constater que Tite-Live (et donc Polybe) ne dit rien de mesures d'ordre militaire. Certes la politique de natalité était-elle destinée à long terme à restituer au royaume sa capacité guerrière ; de même, l'installation de tribus thraces en Macédoine devait certainement servir à fournir des soldats. Mais d'une éventuelle réforme de l'armée, nos historiens ne soufflent mot. On a toutefois retrouvé à Amphipolis des fragments d'un règlement militaire qui appartient au règne de Philippe V, sans qu'il soit possible d'en préciser la date. Mais cela concerne la discipline et non l'organisation de l'armée macédonienne, dont la guerre de Persée devait d'ailleurs prouver qu'elle n'avait pas été modifiée dans sa structure.

Il est probable que nos sources ne nous révèlent pas tous les aspects de la politique intérieure de Philippe V à la fin de son règne : elles nous en révèlent toutefois suffisamment pour qu'on puisse être assuré qu'un vaste effort de restauration fut alors entrepris.

SOURCES : TL XXXIX, 24, 1-4. POL. XXIII, 10. — Règlement militaire : MORETTI, *ISE* II, 114.

BIBLIOGRAPHIE COMPLÉMENTAIRE ET NOTES : En général, cf. WALBANK, *Ph. V*, pp. 224 ; 243 *sq.* ; 265 *sq.* ; ROSTOVTZEFF II, pp. 632 *sqq.*

Sur la **réforme monétaire** (intervenue en 186/5, si on la place effectivement à la date où en parle Tite-Live), cf. GAEBLER, *Zur Münzkunde Makedoniens I, ZfN* XX (1897), pp. 169 *sqq.* ; ID., *Antike Münzen Nordgriechenlands I : Makedonia und Paeonia* (Berlin 1906), p. 1 ; A. MAMROTH, *Die Silbermünzen des Königs Phil. V, ZfN* XL (1930), pp. 283 *sqq.* ; ID., *Die Bronzemünzen des Königs Phil. V, ZfN* XLII (1935), pp. 219 *sqq.* ; plus récemment Chr. BOEHRINGER, *Z. Chron. mittelhellenist. Münzserien* (Berlin 1972), pp. 102-4.

Sur l'**inscription d'Amphipolis**, cf. P. ROUSSEL, *Un règlement militaire...*, *Rev. Archéol.* 6ᵉ sér. III (1934), pp. 39 *sqq.* ; DE SANCTIS, *Epigraphica XII : Il regolamento militare...*, *RF* LXII (1934), pp. 515 *sqq.* ; M. FEYEL, *Un nouveau fragment du règlement militaire, Rev. Archéol.* 6ᵉ sér. VI (1935), pp. 29 *sqq.* C'est peut-être un fragment du même texte qui a été retrouvé à Chalcis : C.B. WELLES, *New texts from the chancery of Ph. V, Amer. J. of Archeol.* XLII (1930), pp. 245 *sqq.* Cf. égalt. WALBANK, *o. c.*, pp. 289 *sqq.*

c) *Les intrigues antimacédoniennes et le Sénat jusqu'en 183*

La politique grecque et macédonienne du Sénat avait été assez hésitante depuis 197/6, et ses contradictions portaient à présent leurs fruits : en 197/6, Rome avait refoulé la Macédoine dans ses frontières historiques et proclamé la liberté des Grecs, mais, à l'occasion de la guerre antiochique, elle avait dû payer la collaboration de Philippe en l'autorisant à reprendre pied en Grèce septentrionale, particulièrement aux dépens des Thessaliens et des Magnètes (Démétrias). Les protestations des Thessaliens à Rome et leurs revendications contre Philippe étaient prévisibles. D'autre part, en 189, Philippe s'était chargé d'occuper les dernières places séleucides de Thrace, Maronée et Ainos et il s'y était maintenu, en dépit de l'interdiction de Rome : d'où les prévisibles protestations d'Eumène II, que la paix d'Apamée installait dans les régions occupées par Antiochos III en Thrace.

Eumène et les Thessaliens allaient en effet s'employer à empoisonner les relations entre Philippe et Rome. Dès l'hiver 186/5, des ambassades thessalienne, perrhèbe, athamane et pergaménienne vinrent au Sénat dénoncer les usurpations territoriales de Philippe, et une commission sénatoriale partit pour examiner leurs griefs et en discuter avec le roi. A Tempé, au printemps de 185, Thessaliens, Perrhèbes et Athamanes justifièrent leurs revendications au nom de droits plus ou moins historiques. Philippe n'eut pas de peine de démontrer que les Thessaliens, de leur côté, s'étaient laissés aller à diverses annexions illégitimes et que, pour lui, il n'avait fait qu'acquérir ce que le commandement romain lui avait concédé pendant la campagne de 191. Mais il eut le tort de s'abandonner à son tempérament colérique (« le soleil ne s'était pas couché encore sur son dernier jour... ») : la méfiance romaine l'emporta et les commissaires exigèrent qu'il évacuât toutes les places contestées et se confinât dans les anciennes frontières de Macédoine. Cette exigence ne fut pas intégralement exécutée : Philippe resta à Démétrias et dans quelques autres places magnètes, garda de même une partie de la Dolopie et de l'Achaïe Phthiotide — et le Sénat, pour ne pas le pousser à bout, ferma les yeux.

A Thessalonique, un peu plus tard, ce fut au tour des ambassadeurs d'Eumène de présenter leurs griefs. Selon Eumène, Ainos et Maronée devaient être soit libres, soit pergaméniennes, et Philippe, dans tous les cas, devait les évacuer. Philippe rétorqua qu'Eumène n'avait aucun droit sur ces places (ce qui était exact) qui faisaient partie de son butin sur Antiochos III. L'en expulser, c'était le traiter en ennemi : si on entendait continuer à le traiter en ami et allié, qu'on les lui laissât. Peu soucieux de prendre la responsabilité d'une rupture, les commissaires affectèrent d'ignorer où était le droit et en référèrent au Sénat, ajoutant toutefois que, pour que le Sénat pût décider librement, il fallait que les deux places fussent au préalable évacuées. Le Sénat décida de proclamer Ainos et Maronée libres. Philippe s'y maintint néanmoins, au prix d'un stratagème qui coûta la vie à une partie de la population de Maronée. Le Sénat exigeant des explications, Philippe, pour défendre sa cause, envoya à Rome son fils Démétrios, qui y avait été otage et y avait noué beaucoup d'amitiés (hiver 184/3). Le prince fut fort caressé par le Sénat (on verra pourquoi), mais ne put rien contre les accusations de l'ambassadeur pergaménien qui soulignait que, non content de garder Ainos et Maronée, Philippe s'était lié à Prusias de Bithynie, contre lequel Eumène était en guerre depuis plusieurs années (*infra*, p. 286) : au printemps de 183, Philippe dut céder aux représentations d'une nouvelle commission sénatoriale, conduite par Flamininus (*infra*, p. 286), et évacua Ainos et Maronée.

Ces problèmes, d'une ampleur relativement restreinte, mais obstinément envenimés par les adversaires de Philippe, assombrissent de jour en jour les rapports entre Rome et la Macédoine. Il apparaît à Philippe que le Sénat se range systématiquement à l'avis de ses ennemis. En conclut-il, comme le veulent Polybe et Tite-Live, qu'il lui faut préparer une guerre de revanche ? Ce qui suit ne semble pas prouver qu'il envisage une telle guerre dans l'immédiat, car, en ces mêmes années, c'est vers le Nord que se tournent ses dernières activités.

SOURCES : POL. XXII, 6 ; 11, 1-4 ; 13-14 ; XXIII, 1-3 ; 8, 1. TL XXXIX, 24, 6-29, 3 ; 33, 1-4 ; 34-35, 3 ; 46, 6-48, 1 ; 53, 10. APP., *Mak.* 9, 6 *sq.* JUST. XXXII, 2, 3-5.

BIBLIOGRAPHIE COMPLÉMENTAIRE ET NOTES : Sur l'ensemble, WALBANK, *Ph. V*, pp. 226-241. ; E.S. GRUEN, *The last years of Ph. V, GRBS* 1974, pp. 221 *sqq.* a sans doute exagéré la passivité de la politique romaine à l'égard de Philippe (cf. FERRARY, *ap.* NICOLET, *Rome...* II, pp. 753 *sq.*).

La **convergence des intérêts d'Eumène II et des Thessaliens** est soulignée par un document épigraphique d'un an postérieur au terme de ce paragraphe, le décret amphictyonique relatif au *Nikèphoria* de Pergame (sur ce festival et sa transformation à cette date, *infra*, p. 287) : *Syll².* 630, où les Amphictyons distinguent soigneusement entre « les rois qui, fidèles à l'amitié des Romains, nos bienfaiteurs à tous, ne cessent d'être pour les Grecs une source de bienfaits » et (sous-entendu) les autres (Philippe). En 182, l'Amphictyonie, où dominent les Thessaliens (*supra*, p. 246), est antimacédonienne, philoromaine et philopergaménienne. Cf. G. DAUX, *Delphes...*, pp. 293 *sqq.*, qui oppose à ce texte la réponse adressée au même moment par les Étoliens à la même requête d'Eumène, réponse beaucoup plus réticente et où il n'est pas question des Romains et de leurs bienfaits (*IG* IX², 1, 179).

Sur l'ambassade de Démétrios à Rome, cf. les données *ap.* OLSHAUSEN, *Prosopogr.* I, n° 87, 89, 101. CABANES, *L'Épire...*, p. 288 pense que c'est par gracieuseté à l'égard du prince que le Sénat n'écouta pas certaines plaintes épirotes contre Philippe. Mais Polybe est trop allusif pour qu'on puisse y voir plus clair que — selon lui — le Sénat...

d) *Politique septentrionale de Philippe V*

Philippe devait aisément comprendre qu'il n'était désormais pas question de consolider sa puissance en s'étendant du côté de la Grèce, à moins de risquer une nouvelle guerre avec Rome. Mais les tâches ne manquaient pas dans le Nord — toute l'histoire de la Macédoine était là pour le prouver — et Philippe paraît avoir cherché à cette époque non seulement à fortifier son royaume sur ses frontières balkaniques, mais encore à l'étendre de ce côté et à y inclure des populations capables de le renforcer.

Cela commence en 194 par une expédition en Thrace, « sous prétexte de secourir Byzance, mais en réalité pour inspirer la terreur aux roitelets thraces », écrivent Polybe et Tite-Live. Au vrai, les intérêts des Byzantins, menacés par les Thraces et les barbares du voisinage et toujours disposés à accueillir du secours, d'où qu'il vînt, coïncidaient avec ceux de Philippe, qui songeait alors à utiliser à son profit l'énergie de certaines peuplades barbares des régions danubiennes. Il s'agissait des Bastarnes, Celtes ou Germains, on ne sait trop (probablement les deux mêlés), dont l'alliance pouvait être utile pour tenir les Thraces en respect, mais que Philippe entendait utiliser à d'autres fins encore. Polybe et Tite-Live soutiennent qu'il s'agissait de rien moins que de les lancer sur l'Italie : c'est là une théorie qu'on peut, semble-t-il, classer avec les grands projets prêtés à Hannibal. En fait, l'intention de Philippe paraît plutôt avoir consisté à utiliser les Bastarnes contre ces vieux ennemis de la Macédoine qu'étaient les Dardaniens et à les installer sur les confins septentrionaux de son royaume, notamment en Péonie, afin de disposer là d'une marche sûre et d'un réservoir de guerriers. C'est à cette fin, pour ouvrir la route aux Bastarnes, que furent menées diverses expéditions contre des peuplades thraces, en 184, 183, 181. Mais les Bastarnes arrivèrent trop tard : ils ne débouchèrent dans les régions où Philippe entendait les installer qu'en 179, au moment où le vieux roi venait de mourir et où son fils Persée se préoccupait surtout de s'assurer la succession. Le projet de colonisation bastarne dégénéra donc en une expédition de pillage et l'absence de réaction macédonienne favorisa celle des populations locales. Les Bastarnes furent rejetés de l'autre côté du Danube. Persée ne devait pas reprendre cette politique de grand style.

SOURCES : POL. XXIII, 8, 2-7. TL XXXIX, 35, 4 ; 53, 12-16 ; XL, 21, 1-4 ; 22 ; 57-58 ; XLI, 19, 3 *sqq.* (cf. OROSE IV, 20). JUST. XXXII, 3, 5.

BIBLIOGRAPHIE COMPLÉMENTAIRE ET NOTES : WALBANK, *Ph. V*, pp. 242 *sqq.* Sur les **Bastarnes,** considérés comme Germains, leur migration et leurs rapports avec la poussée contemporaine des Cimbres vers l'Occident, cf. F. ALTHEIM et A. SZABO, *Eine Vorläuferin der grossen Völkerwanderung, WaG* II (1936), pp. 322 *sqq.*, où l'on trouvera une tentative d'interprétation d'ensemble de toutes les grandes migrations qui affectent alors la zone située au Nord du monde « classique ».

e) *Troubles intérieurs et dynastiques. Mort de Philippe V*

Les querelles avec les Grecs et Pergame, les conflits diplomatiques avec Rome, les expéditions de Thrace — tout cela se déroule sur une toile de fond de difficultés à l'intérieur de la Macédoine. Il est probable que, dès 197, il y avait en Macédoine des partisans de la bonne entente avec Rome, se recrutant sans doute surtout dans les régions littorales, plus ouvertes, plus intéressées au maintien de la paix. Sans que Philippe eût sans doute conçu le projet d'une guerre de revanche (tout en se préparant cependant à une rupture dont Rome, sous l'influence de ses alliés, eût pu prendre l'initiative), la tension qui, à partir de 185, monte entre lui et le Sénat put faire naître, sinon un parti, du moins une tendance à l'opposition. Cette opposition de pacifiques conciliants semble s'être cristallisée autour de Démétrios après son ambassade de 183 à Rome. Philippe, on l'a vu (*supra,* p. 251), avait envoyé son fils au Sénat après la malheureuse affaire du massacre de Maronée, pour tenter de se concilier les Romains grâce aux amitiés que le prince avait nouées à l'époque où il était otage sur les bords du Tibre. Démétrios avait témoigné d'une grande maladresse lors de son audience au Sénat, mais n'en avait pas moins été renvoyé avec des paroles d'apaisement : le Sénat faisait dire à Philippe qu'il acceptait toutes ses explications, toutes ses justifications, mais, souligne Polybe, ce n'était que par faveur pour Démétrios. Et une commission sénatoriale se rendit en Macédoine pour bien faire savoir à Philippe qu'il ne devait l'indulgence du Sénat qu'à l'amitié qu'on portait à son fils. Cela signifiait trop évidemment que le Sénat faisait de Démétrios son candidat à la succession macédonienne : ni Philippe, ni son fils aîné Persée ne l'entendirent autrement ; ni sans doute Démétrios lui-même, ni les Macédoniens. Tout ce qui, en Macédoine, était partisan de la paix à tout prix et de l'amitié romaine paraît s'être groupé autour de Démétrios. C'est là sans doute le contexte dans lequel se situent les déportations auxquelles Philippe crut devoir procéder, en 183, des villes maritimes vers l'intérieur et la Péonie, déportations qui, par le mécontentement qu'elles provoquèrent, contraignirent le roi à sévir davantage encore.

Mais surtout, la faveur dont Démétrios jouissait à Rome ouvrit une faille dans la famille royale. L'héritier présomptif, Persée, craignant de se voir déchoir de ses droits au profit d'un frère dont la seule qualité était de plaire à quelques sénateurs romains, n'eut guère de peine à circonvenir à son père, déjà fort aigri contre Rome. La rivalité entre Persée et Démétrios porte, dans la tradition, des traits trop évidemment romanesques, mais elle fut violente et Philippe, en 180, se laissa convaincre de faire assassiner son second fils, pour ruiner toute possibilité d'influence romaine sur son royaume après sa mort. Romanesque jusqu'au bout, la tradition veut que Philippe découvrît, mais trop tard, qu'on avait calomnié Démétrios, qu'il se retournât alors contre Persée et désignât, pour lui succéder, un sien cousin du nom d'Antigonos. Mais il n'aurait pas eu le temps d'imposer cette dernière volonté et serait mort dans les plus affreux remords. Ce décès se place dans l'été de 179. Philippe n'avait que 59 ans, mais était prématurément vieilli par la prodigieuse activité de tout son règne.

Activité dont le bilan n'est pas aisé à établir : la carrière de Philippe V n'a pas la relative simplicité de celle de son contemporain Antiochos III, tout entière et obstinément consacrée à l'accomplissement d'un seul dessein. C'est là au contraire ce qui a manqué à Philippe : l'unicité du dessein, la cohérence de la politique. La situation que lui avait léguée Dôson en 221 eût convenu à un souverain à tempérament rassis et d'esprit conservateur et diplomatique : ce n'était pas le tempérament de Philippe V adolescent.

Il lui eût fallu, d'autre part, beaucoup de pondération et de lucidité pour affronter les problèmes mondiaux que posèrent, sous son règne, des événements tels que la guerre hannibalique, la victoire de Rome, la décadence lagide, la restauration séleucide. Au lieu de cette souhaitable pondération, ce furent souvent, semble-t-il, des impulsions subites, parfois dues à des influences plus ou moins contradictoires, qui déterminèrent la politique de Philippe V. Ce n'est au fond qu'après Cynoscéphales, et surtout après la chute d'Antiochos III que sa conduite devient raisonnable et véritablement politique. Comme si les limites de plus en plus étroites que Rome imposait à son action l'avaient contraint à concentrer aussi sa pensée : d'où ces années de restauration qui, incontestablement, dénotent une réflexion d'une continuité que les années d'avant Cynoscéphales n'avaient pas révélée.

SOURCES : POL. XXIII, 1-3 ; 7 ; 10 ; 11. TL XXXIX, 35 ; 46-48, 1 ; 53, 1-9 ; XL, 3-16, 3 ; 20, 3-21 ; 23-24 ; 54-56. JUST. XXXII, 2, 5-3, 4. ZON. IX, 22.

BIBLIOGRAPHIE COMPLÉMENTAIRE ET NOTES : Sur les dernières années de Philippe : WALBANK, *Ph. V*, pp. 243 *sqq.*

Le problème des rapports entre **Philippe et ses deux fils,** et entre ceux-ci a certainement été faussé par la tradition romaine, dont Polybe s'est fait l'écho. C'est très probablement dans les milieux antimacédoniens qu'est née la légende qui fait de l'aîné, Persée, un bâtard, et de Démétrios le seul héritier légitime. Certains groupes romains (et l'on retrouve ici Flamininus au premier plan (cf. J. BRISCOE, *Flamininus and Roman politics 200-189 B. C.*, *Latomus* XXI (1972), pp. 25 *sq.*), voyant en Démétrios un jeune prince vaniteux et malléable, essayèrent de le jouer contre Persée, qui avait la confiance de son père. Tout indique que Persée, fils légitime de Démétrios, mais d'une autre mère, fut toujours considéré par Philippe comme devant lui succéder (l'inscription MORETTI, *ISE* II, n° 102, malheureusement non datable avec certitude, prouve à tout le moins qu'il était qualifié de *basileios* du vivant de son père). Le malheur de Démétrios fut d'avoir été utilisé par son père comme un instrument devant servir à endormir les méfiances romaines, et par les Romains comme un instrument devant servir à consolider l'influence romaine en Macédoine. Seule une personnalité très habile eût pu se tirer sans dommage de ce double jeu dangereux : ce n'était pas le cas de Démétrios. Sur les problèmes relatifs à l'ascendance des deux frères, et, en général, sur ces années, cf. P. MELONI, *Perseo...*, pp. 1-60.

B) Le règne de Persée jusqu'à la troisième guerre de Macédoine (179-172)

1° L'AVÈNEMENT

Si Rome avait espéré pousser sur le trône de Macédoine, en la personne de Démétrios, un inoffensif client, cet espoir était déçu ; si Philippe V, en ses derniers jours, avait essayé de réserver sa succesion à son cousin Antigonos (?), cette manœuvre était déjouée : l'avènement de Persée paraît s'être fait sans autre difficulté que l'éventuelle élimination de ce prétendant de dernière heure. Un des premiers actes du nouveau règne fut d'envoyer demander à Rome le renouvellement de l'alliance de 196 et la reconnaissance du successeur de Philippe — cette seconde démarche, si elle est authentique, étant évidemment dictée par la connaissance qu'avait Persée du soutien qu'avait accordé le Sénat à son frère. Le Sénat ne pouvait qu'accéder à ces deux demandes. La tradition accuse Persée de mauvaise foi en cette démarche, comme elle en accuse le Sénat dans sa réponse : c'est là une interprétation qui dérive de la thèse développée ultérieurement à Rome selon laquelle Persée était résolu à la guerre dès 179, comme l'aurait été son père. Mais, en tout état de cause, Persée avait intérêt à dissiper les préventions du Sénat — préventions dues non au fait qu'on le soupçonnât dès lors d'intentions hostiles, mais au fait qu'on n'avait pas souhaité le voir sur le trône : Persée tenait donc à être assuré que Rome ne contestait par sa légitimité : il le fut.

Né en 212 ou en 211, Persée venait de passer la trentaine. Son nom, inattendu dans la liste des rois de Macédoine, procède sans doute de son ascendance maternelle argienne. Il ressemblait physiquement à son père (cf. les monnaies), mais différait de lui par sa personnalité : la tradition, notamment chez Appien, en fait un personnage amène, pondéré, ardent au labeur, sobre, hostile aux excès auxquels s'était souvent abandonné Philippe : traits d'autant plus difficiles à contester que Persée devait être une des plus illustres victimes de Rome et qu'on eût pu s'attendre à le voir noirci. Imbu de la conviction que sa tâche consistait à refaire de son royaume la grande puissance qu'il avait été, il lui manquait toutefois — comme à Philippe V, comme à Antiochos III — une claire compréhension de la conjoncture mondiale nouvelle.

A son avènement, sa situation comporte des éléments positifs, principalement macédoniens : il hérite d'un État dont la force et la cohésion ont été dans une large mesure restaurées pendant les dix dernières années du règne paternel. Mais elle comporte aussi des risques, dus surtout au fait qu'il est, malgré sa reconnaissance de droit, mal vu du Sénat. Sans qu'il soit possible d'établir avec certitude quelle fut sa responsabilité dans l'élimination de cette graine de client du peuple romain qu'était son frère, il pâtit d'avoir été le préféré d'un père qui avait donné tant de soucis au Sénat et de difficultés aux armes romaines. Pour éteindre cette méfiance tout en rendant à la Macédoine son lustre d'antan, il lui eût fallu un talent qui lui fit défaut.

Sources : L'avènement : TL XL, 56, 11-57, 1 ; 58, 8. Renouvellement du traité avec Rome : Pol. XXV, 3 ; TL XL, 58, 9 (cf. XLI, 24, 6 ; XL, 9, 3) ; Diod. XXIX, 30 ; App., *Mak.* 11, 5 ; Zon. IX, 22. Personnalité : Pol. XXV, 3, 5-7 ; App., *Mak.* 11, 3.

Bibliographie complémentaire et notes : Tous les travaux anciens sur Persée sont à présent dépassés par la bonne et massive monographie, déjà citée, de P. Meloni, *Perseo e la fine della monarchia macedone* (Rome 1953), où l'on trouvera des références exhaustives aux sources et à la bibliographie ancienne, ainsi que des discussions approfondies sur tous les points (nombreux !) qui en requièrent.

Le **mariage argien** d'où naquit Persée fut exploité par Philippe V qui, dans les dernières années de son règne, frappa des monnaies à l'effigie du héros argien dont il avait donné le nom à son fils : cf. p. ex. Mamroth, *l. c.* (1930), pp. 284 *sqq.*

Sur **l'ambassade à Rome,** cf. Meloni, *o. c.,* pp. 68 *sqq.*

2° Les premières années du règne en Europe (179-174)

Persée n'eut pas le loisir, au moment de la mort de son père, de canaliser et d'utiliser l'invasion bastarne comme Philippe entendait le faire (*supra*, p. 253). Selon Tite-Live, les Dardaniens, vieux adversaires de la Macédoine et destinés, dans la pensée de Philippe, à être remplacés par les Bastarnes, auraient député à Rome pour dénoncer la part prise par la Macédoine dans cette invasion, tandis que Persée, de son côté, aurait fait savoir au Sénat qu'il n'était pour rien dans cette affaire — ce dont le Sénat aurait pris acte, non sans ajouter quelques sévères avertissements...

Une des raisons qui avaient empêché Persée de s'occuper des Bastarnes était que, Philippe à peine mort, la Macédoine avait été envahie par une peuplade thrace, les Sapéens qui, sous leur roi Abroupolis, avaient poussé jusqu'à Amphipolis, menaçant une région essentielle à l'économie et à la sécurité de la Macédoine. On peut soupçonner l'action de Pergame à l'arrière-plan de cette invasion : Eumène aurait essayé de profiter du changement de règne pour créer des troubles du côté de cette Thrace où il redoutait l'extension de l'influence macédonienne. S'il en alla de la sorte, Eumène en fut pour ses frais, car les Sapéens furent repoussés et Abroupolis chassé de son propre royaume. Cet épisode devait ultérieurement jouer son rôle dans l'arsenal des griefs romains contre Persée. Malgré ce succès, la Thrace et, de façon générale, les régions sises au Nord de son royaume devaient être un constant sujet de préoccupations pour Persée. Il est toutefois impossible de se faire une idée claire de sa politique dans ces régions.

Mais il fallait aussi à Persée consolider sa position à l'intérieur de son royaume. Sans doute Philippe lui avait-il légué un État dont les forces étaient amplement restaurées, mais aussi un État où régnaient de multiples mécontentements : il y avait eu toute une faction derrière Démétrios ; il y avait eu des troubles, en rapport avec la politique des déportations (*supra*, p. 254) ; et la politique fiscale de Philippe avait engendré quelque lassitude. Persée avait d'autant plus le devoir de calmer les mécontents que ceux-ci risquaient de se tourner vers ses adversaires extérieurs, et surtout vers Rome. C'est pourquoi il promulgua, dès son avènement, une ordonnance d'amnistie, rappelant les exilés (qu'il s'agît de bannis ou de gens ayant fui leurs créanciers), ouvrit les prisons, abrogea les dettes dues au trésor royal. Cet édit n'était pas sans fins propagandistes : il fut affiché dans tous les grands sanctuaires panhelléniques (Delphes, Délos, etc.), afin que nul n'ignorât qu'il y avait quelque chose de changé au royaume de Macédoine et qu'on y respirait un air plus léger.

Non content de surprendre favorablement l'opinion en se posant en souverain libéral, Persée souhaitait aussi reconquérir en Grèce une influence que son père avait perdue depuis près de vingt ans. Sur ce plan, il réussit, dès le début de son règne, un coup de maître dont on ignore malheureusement comment il le joua. On a vu (*supra*, p. 246) qu'après l'effondrement étolien, les Thessaliens avaient restauré l'amphictyonie delphique de manière à grouper autour d'eux tout ce qui était hostile à la fois aux Étoliens et à la Macédoine : c'est cette prééminence thessalienne à Delphes que Persée réussit à saper : la liste, heureusement conservée, des hiéromnémons de 178 comporte en effet deux représentants personnels de Persée et quatre représentants de peuples sous influence macédonienne ; de surcroît — et cela laisse entrevoir un rapprochement étolo-macédonien — on relève six représentants issus de la zone d'influence étolienne : sur un total qui n'est, cette année-là, que de 23 voix, les Macédoniens et les Étoliens, qu'il s'était agi d'éliminer du milieu delphique, disposaient donc d'une majorité qui échappait aux Thessaliens.

On n'a malheureusement aucune donnée précise sur la politique grecque de Persée jusqu'en 174, mais des allusions de Tite-Live en révèlent le sens. On connaît la grave crise économique et sociale où était depuis longtemps plongée la Grèce, crise sur laquelle nous avons quelques données relatives à cette époque (en Étolie, en Thessalie) : c'est cette situation que, non sans habileté, utilisa Persée. Alors que partout le mécontentement d'un prolétariat endetté s'élevait contre les oligarchies de possédants, alors que des troubles éclatent en maints lieux, intervenir pour rétablir

l'ordre, si possible à la demande des intéressés, comme ce fut
le cas en Étolie, manifester sa sollicitude aux petits contre les
gros (dont bon nombre, sinon tous, étaient romanophiles), c'était
là une politique qui permettait à la fois de rehausser le prestige
de la monarchie macédonienne et de saper la popularité des
Romains. Philippe V déjà avait suivi cette ligne, mais avec plus
de brutalité : plus prudent, Persée prit soin de prévenir courtoisement le Sénat de ses interventions. Il vaut la peine de noter qu'on
ne fit rien, à Rome, pour s'opposer à cette politique et qu'on n'y
donna point suite aux protestations que ne manquèrent pas d'émettre
les thessaliens. Point de réaction romaine non plus lorsque Persée,
en 174 (c'est le seul épisode daté), fit campagne contre les
Dolopes qui avaient eu le front d'aller se plaindre de leur sort à
Rome ; ni lorsque, la même année, « à cause de quelques scrupules
religieux qui se présentaient à son esprit », il vint consulter l'oracle
de Delphes avec toute son armée, — mais sans commettre la
moindre violence et en priant les populations d'oublier tous les
griefs qu'elles auraient pu avoir à l'égard de son père, et de
nouer avec lui, sur de nouvelles bases, une fidèle amitié. Il ne fait
pas de doute que l'amène habileté de Persée portait des fruits : il
n'était pas jusqu'à la Confédération achaienne, qui avait cependant interdit son territoire à tout Macédonien, où sa popularité
ne montât. Certes, renouer avec les Achaiens les relations rompues depuis 198 (supra, p. 157) eût été le couronnement de cette
politique : Persée s'y employa activement et trouva, parmi les chefs
achaiens auxquels la tutelle conjointe de Rome et d'Eumène II
commençait à peser, des partisans convaincus ; un débat s'institua même en 174 à l'Assemblée fédérale achaienne sur cette
question. Callicratès, le chef de file des partisans de Rome, réussit
à dissuader ses compatriotes d'abroger le décret interdisant le
Péloponnèse aux Macédoniens ; mais on relève dans le discours
que Tite-Live met dans la bouche de l'avocat de Persée cette
phrase insignifiante : « Que la base juridique qui régit les rapports
des Étoliens, des Thessaliens, des Épirotes, bref, de tous les Grecs
avec les Macédoniens, soit aussi la nôtre » : rien ne souligne
mieux les brillants progrès accomplis en cinq ans par l'influence
macédonienne en Grèce.

SOURCES : Invasion sapéenne : POL. XXII, 18, 2 ; TL XLII, 13, 6 ; 40, 5 ; 41, 11 ;
DIOD. XXIX, 33 ; APP., Mak. 11, 6. Amnistie : POL. XXV, 3, 1-4. Liste
amphictyonique de 178 : Syll³. 636. Crise sociale grecque : TL XLI, 25, 1 ;
XLII, 5, 7 ; DIOD. XXIX, 33. Interventions macédoniennes en Étolie :
TL XLII, 40, 7 ; 42, 4 ; APP., Mak. 11, 7 ; en Thessalie : TL XLII, 13, 9.
Pèlerinage à Delphes : TL XLI, 22, 4 sqq. Débat achaien : TL XLI, 23-24.

BIBLIOGRAPHIE COMPLÉMENTAIRE ET NOTES : Aucun des textes mentionnés concernant l'invasion d'Abroupolis ne se trouve dans un récit cohérent de ces

événements : il ne s'agit que d'allusions dispersées, si bien qu'on peut se demander si le récit de l'invasion sapéenne figurait à sa place dans l'œuvre de Polybe. Si oui, Tite-Live l'a omis, à moins qu'il ne figurât dans une lacune du livre XLI. Cf. MELONI, *Perseo,* pp. 60-67 ; 78-86. Interprétation tendancieuse de POL. XXII, 18, 2 dans MUSTI, *Pol. e l'imper. rom.,* p. 94, qui veut tirer de l' « incursion » *(katadramontos)* d'Abroupolis dans la région minière un témoignage de l' « attention » de Polybe aux facteurs économiques, bien que, dit-il, Polybe ait « rabaissé » cet épisode « au rang de cause occasionnelle de la guerre entre Rome et Persée ». Il est cependant clair que l'important, ici, ce n'est pas que Persée ait expulsé Abroupolis de la région minière (ce qu'il eût fait sans doute même s'il n'y avait pas eu de mines sur le territoire envahi), mais qu'il l'ait expulsé de son propre royaume. Hypothèses sur la politique thrace de Persée *ap.* MELONI, pp. 86 *sqq.,* qui discute aussi, pp. 92 *sqq.* la part possible de l'influence macédonienne dans la reprise des difficultés romaines en Illyrie à la mort du fidèle Pleuratos et à l'avènement de Genthios (cf. TL XL, 18, 4 ; 42, 1-5 ; XLI, 1, 3 *sqq.).* Sur ce point, cf. aussi CABANES, *L'Épire...,* pp. 286 *sq.*

Sur les **mesures sociales** prises par Persée à son avènement, cf. D. ASHERI, *Leggi greche sul problema dei debiti* (Pise 1969), pp. 62 *sqq.*

Rétablissement macédonien à l'**Amphictyonie** : cf. DAUX, *Delphes...,* pp. 304 *sqq. ;* MELONI, pp. 94 *sqq.* (bibliographie relative à la liste de 178, p. 96, n. 1). L'idée même d'un « rétablissement » macédonien à l'Amphictyonie a été fortement nuancée par A. GIOVANNINI, *l. c.* (*supra,* p. 247) qui estime que, Philippe n'ayant pas été exclu de cet organisme, Persée n'eut pas à reconquérir ses places perdues. Le même auteur, *Les origines de la troisième guerre de Macéd., BCH* XCIII (1969), pp. 853 *sqq.,* pense d'ailleurs que ce ne fut pas avant 174 que Persée chercha à se faire bien voir en Grèce — et que ce ne fut qu'alors que Rome commença à s'inquiéter. Mais F.W. WALBANK, *The causes of the third Mac. war,* Anc. Maced. II (Thessalonique 1977), pp. 86 *sqq.* a dénoncé le caractère erroné de ces deux opinions.

Sur la **crise sociale grecque** (qui remonte haut : cf. POL. XIII, 1 ; XX, 6 ; XXII, 4) et ses implications politiques, cf. A. PASSERINI, *Studi di storia ellenistico-romana VI, Ath.* NS XI (1933), pp. 309 *sqq. ;* tableau général de la situation au début du IIe siècle *ap.* ROSTOVTZEFF II, pp. 603 *sqq. ;* sur l'utilisation politique de cette situation par Persée : MELONI, pp. 104 *sqq.* D. ASHERI, *o. c.,* pp. 64 *sqq.* souligne toutefois que ce fut la propagande romaine qui tendit à attribuer les troubles à l'influence de Persée, cependant que D. MENDELS, *Perseus and the socio-economic question in Greece (179-172/1 B. C.),* Anc. Soc. IX (1978), pp. 55 *sqq.* estime que les accusations de démagogie sociale portées contre Persée ont été forgées de toutes pièces à Rome pour justifier la guerre par la défense de l'ordre social. Mais il est difficile de faire le départ entre la réalité et les mensonges de la propagande... (cf. encore *infra,* p. 265).

Sur l'épisode du **pèlerinage armé à Delphes** : DAUX, *o. c.,* pp. 315 *sqq. ;* MELONI, pp. 131 *sqq.*

La **Confédération achaienne** et la Macédoine : MELONI, pp. 135 *sqq.*

3° PERSÉE ET L'ASIE (179-174)

Persée n'avait certes pas les visées sur l'Asie qu'avait eues son père à l'époque de son accord avec Antiochos III (*supra,* p. 114), mais sa politique thrace devait le faire surveiller de près par Eumène II. Celui-ci, il est vrai, avait été retenu surtout par les affaires d'Asie depuis la paix d'Apamée : mais ses guerres successives contre Prusias de Bithynie et les Galates d'abord (186-183), puis contre Pharnace du Pont (183-179), s'étaient achevées par des succès qui avaient encore accru sa puissance (cf. *infra*, pp. 285 sqq.). Dans la mesure où Rome avait voulu faire du royaume de Pergame un État-tampon entre la Macédoine et le royaume séleucide, il était naturel que son essor immodéré provoquât un rapprochement entre les deux souverains qu'il était destiné à contenir : en 177 sans doute, Persée épousa Laodice, fille de Séleucos IV, cependant que, vers la même époque, il donnait sa sœur Apama à Prusias II de Bithynie. Ces alliances matrimoniales devaient nécessairement soulever à leur tour l'inquiétude d'Eumène, qui pouvait penser que l'ombre d'une coalition se dessinait sur ses frontières. Inquiétude accrue encore par les rapports cordiaux qui se nouaient alors entre Persée et les Rhodiens. Pourquoi cet infléchissement de la politique rhodienne ? En attendant de revenir sur le détail de la politique rhodienne de ces années (*infra*, p. 295), notons les deux principaux motifs dc sa nouvelle orientation : d'une part le malaise créé à Rhodes par le développement de la puissance pergaménienne dans la région des Détroits ; d'autre part le fait que les Lyciens, que la paix d'Apamée avait donnés à Rhodes, s'étaient soulevés en 177 contre leurs nouveaux maîtres et avaient aussitôt député à Rome. En train de se brouiller avec leurs anciens alliés, les Rhodiens étaient donc amenés à se rapprocher de leurs anciens adversaires.

La situation avait de quoi inquiéter Eumène, mais il réussit à la redresser par un coup de maître, avec la complicité romaine d'ailleurs : au tournant de 176 à 175, Séleucos IV ayant été assassiné, son frère Antiochos IV s'emparait du trône séleucide avec l'aide pergaménienne et en se proclamant l'ami de Rome. Cet événement important sera étudié ultérieurement pour lui-même (*infra*, p. 303), mais il faut dès à présent souligner que, de la sorte, l'ébauche d'un rapprochement entre Persée et la monarchie séleucide était brisée dans l'œuf.

Mais il faut souligner aussi qu'en cette affaire, Persée s'était conduit comme un souverain du IIIe siècle, comme s'il avait pu ne pas compter avec les réactions romaines. Si sa politique n'était pas formellement dirigée contre Rome, elle n'en avait pas moins remis en question l'ordre romain en Orient : c'était une imprudence d'une grande portée.

Sources : Pol. XXV, 4, 8 et 10. TL XLII, 12, 3-4. App., *Mak.* 11, 2 ; *Mithr.* 2 (3). Les sources relatives aux affaires d'Asie évoquées ici, mais où Persée n'est pas immédiatement impliqué, seront données en temps et lieux.

Bibliographie complémentaire et notes : Sur l'ensemble, cf. Meloni, *Perseo,* pp. 115-127.

Sur la **Laodice** qu'épousa Persée, et que l'on retrouvera ultérieurement : *infra,* p. 304. Un trésor constitué exclusivement de tétradrachmes de Persée, à l'état neuf, a été retrouvé à Mersine, en Cilicie. Les monnaies macédoniennes étant normalement inconnues dans cette région, H. Seyrig, *Trésors du Levant, anciens et nouveaux* (Paris 1973), pp. 47 *sq.* a suggéré d'y voir un reflet des gratifications que durent recevoir à Pella les dignitaires séleucides qui accompagnèrent Laodice.

Sur la **politique rhodienne** : *infra,* p. 295. Laodice fut conduite de Syrie en Macédoine par une escadre rhodienne ; Rhodes, à cette même époque, achète du bois en Macédoine pour reconstituer sa flotte.

Les Lyciens révoltés contre Rhodes semblent s'être tournés vers Alexandrie : cf. Moretti, *RF* CV (1977), pp. 363 *sqq.,* qui montre que l'influence lagide en Lycie survécut à la conquête antiochique de 197 et à la paix d'Apamée.

4° Les affaires grecques en 174-173

Jusqu'en 174, la politique romaine à l'égard de Persée était en fait restée passive. Comme avant la guerre antiochique, les sources ne cessent de prédire le conflit, mais le comportement romain ne prouve pas qu'à Rome on s'y préparât, ni, par conséquent, qu'on y estimât que Persée s'y préparât. En 174, toutefois, le « pèlerinage » du roi à Delphes et sa tentative d'acquérir l'amitié achaienne durent faire impression à Rome, et il se trouve que c'est vers cette même époque que le Sénat fut à nouveau sollicité de s'occuper d'affaires grecques.

On a vu que les Étoliens avaient eux-mêmes sollicité l'intervention macédonienne pour tenter de mettre un terme à leurs dissensions intestines. Cela n'avait, semble-t-il, abouti qu'à aggraver encore les troubles, si bien qu'en 174, « leur fureur de meurtres réciproques paraissant devoir conduire leur peuple à s'exterminer lui-même » (Tite-Live), les factions étoliennes se mirent d'accord pour en appeler à Rome. Ne pouvant négliger cette occasion de restaurer l'influence romaine en Grèce, le Sénat envoya cinq sénateurs et dix vaisseaux, mais les Étoliens, dont l'acharnement était plus fort que la sagesse sénatoriale, continuèrent de s'entredéchirer. Les commissaires passèrent alors en Macédoine, mais n'y purent rencontrer Persée : on l'accusa de se dérober pour dissimuler ses préparatifs de guerre, mais il se pourrait simplement que, jugeant déplaisantes ces tournées d'inspection, le roi préférât les ignorer. En 173, ce fut au tour des Thessaliens de députer à Rome pour y dénoncer les menées de la politique macédonienne. Une nouvelle commission prit la route de Grèce, mais, parvenue en Thessalie et constatant qu'on s'y entretuait comme en Étolie, elle se consacra exclusivement aux affaires du pays et procéda d'autorité à un règlement équitable de la question des dettes, qui était, comme partout, à l'origine des troubles. Si l'on ajoute que cette même commission réussit à arrêter la guerre civile en Étolie, c'étaient là deux beaux succès à l'actif de la diplomatie romaine et qui coupaient l'herbe sous les pieds de Persée.

Le roi, cependant, ne renonçait pas à étendre son influence en Grèce. A une date imprécise (entre 174 et 172) et dans des circonstances inconnues, il conclut alliance avec les Béotiens et, pour que nul n'en ignorât, il fit dresser des copies du traité à Delphes et à Délos. Mais des Béotiens mécontents prirent le chemin de Rome pour s'y plaindre : ils n'y arrivèrent jamais...

C'est donc une âpre lutte d'influence qui, en 174 et en 173, a la Grèce pour théâtre, et les deux parties y marquent des points.

SOURCES : Première commission romaine en Étolie : TL XLI, 25, 1-7 ; 27, 4 ; XLII, 2, 2. En Macédoine : TL XLII, 2, 1. Deuxième commission en Thessalie et en Étolie : TL XLII, 4, 5-5. Traité béotien : TL XLII, 12, 5 ; 13, 7 ; 40, 7 ; 41, 5 ; POL. XXII, 18, 5.

BIBLIOGRAPHIE COMPLÉMENTAIRE ET NOTES : MELONI, *Perseo*, pp. 141-148. A. GIOVANNINI, *l. c.*, *BCH* XCIII (1969), pp. 853 *sqq.* entend montrer que le Sénat se désintéressa de la politique de Persée tant que celui-ci ne toucha pas à la Grèce : mais il ne pouvait tolérer que l'offensive diplomatique du roi dans cette direction risquât de compromettre l'ordre défini par Flamininus, ni surtout l'ordre social. La question reste toutefois posée de savoir dans quelle mesure les troubles sociaux qui éclatent partout à cette époque ont été encouragés ou exploités par la politique macédonienne. Comme l'a noté FERRARY, *ap.* NICOLET, *Rome...* II, p. 756, « trop de choses nous échappent pour qu'on puisse affirmer avec certitude que Persée reprit systématiquement les tendances « populaires » de la politique hellénique de son père »... « Persée constituait d'ailleurs pour Rome un danger plus grand encore s'il cherchait à séduire les classes aisées autant que les masses et se posait en successeur d'Antigone Doson autant que de Philippe II » (on rappellera d'ailleurs que les tendances « populaires » de Philippe V ont été contestées : *supra*, p. 86).

Un bon exemple de l'empressement que mettaient certains États grecs à recourir à l'autorité de Rome pour le règlement d'affaires strictement grecques est fourni par les documents conjoints MORETTI, *ISE* II, n° 91 et *IG* IX, 1, 960 : Ambracie et les Athamanes ayant demandé au Sénat un arbitrage territorial, le Sénat confia celui-ci aux Corcyréens. La date est incertaine, mais pourrait se situer dans le présent contexte (cf. également SHERK, pp. 34 *sqq.*).

5° MONTÉE DE LA TENSION EN 172

Si le Sénat avait pu n'accorder qu'une attention distraite aux affaires d'Orient jusqu'en 174, celles-ci revenaient donc à nouveau au premier plan de ses soucis. Il était évident qu'en Europe comme en Asie l'ordre romain établi par les traités et les arrangements de 196 et de 189/8 était menacé. De là à partir dès lors en guerre il y avait un pas que la majorité du Sénat n'entendait pas franchir. Ce n'est pas qu'il n'y eût à Rome des coureurs d'aventures prêts à en découdre : fin 173, les consuls désignés pour 172 avaient réclamé que la Macédoine fût déclarée « province », mais le Sénat s'y était refusé et les avait envoyés tous deux en Ligurie. Les affaires d'Orient requéraient néanmoins de la vigilance et une grande ambassade itinérante partit visiter tout l'Orient européen et asiatique pour y enquêter et y resserrer les liens contractés au cours des années précédentes. Ces légats passèrent tour à tour, au cours de l'année 172, en Macédoine, à Pergame, en Cappadoce, à Rhodes, à Antioche et à Alexandrie. Nous ne savons rien de leur passage en Macédoine, mais ils rapportèrent des autres pays qu'on y était en tous lieux en butte aux intrigues de Persée, que d'ailleurs la fidélité à Rome régnait partout, sauf chez les Rhodiens, qui étaient *fluctuantes et imbuti Persei consiliis*. Si les rapports des légats, à tort ou à raison, confirmaient le Sénat dans ses suspicions à l'égard de Persée, l'attitude des autres souverains pouvait calmer les inquiétudes : Persée ne se lancerait pas dans une aventure (laquelle, du reste ?) avec l'appui des seuls Rhodiens, qui ne lui étaient même pas sûrement acquis. Les résultats de cette enquête, à eux seuls, avaient d'autant moins de quoi pousser le Sénat à brusquer les choses qu'il dut apparaître aux légats que toute l'agitation diplomatique orientale ne visait pas Rome elle-même de façon immédiate, mais que la nouvelle partie politique qui s'engageait entre les grandes monarchies était du plus pur style hellénistique du siècle passé...

C'était toutefois compter sans Eumène II qui, des souverains intéressés, était le seul à avoir bien compris l'ordre nouveau dont il était le principal bénéficiaire. Les mobiles de la politique violemment antimacédonienne du Pergaménien ne sont pas absolument clairs. Craignait-il vraiment Persée dont, sans doute, une récente expédition destinée à appuyer Byzance contre les Thraces avait montré que son intérêt pour la région des Détroits était toujours éveillé ? Rêvait-il lui-même de s'agrandir encore en Thrace et de reconstituer à son profit l'empire de Lysimaque ? Était-il aigri de constater que les énormes dépenses qu'il avait consenties, comme ses prédécesseurs, pour assurer sa popularité et son influence en Grèce étaient rendues vaines par la popularité acquise par le Macédonien ? Toujours est-il que, comme avant la guerre antiochique, Eumène cherche à provoquer la guerre et surtout à y pousser Rome. Au moment où les légats commencent leur tour d'Orient, il vient lui-même à Rome, et dans un long réquisitoire, soulignant l'œuvre de redressement national accomplie par Persée, il y dénonce l'influence acquise par celui-ci en Grèce (où, insinua-t-il, on l'aimait à proportion de la haine que l'on vouait à Rome et à lui-même, Eumène), rappelle ses alliances matrimoniales récentes, ses efforts pour attirer de son côté Étoliens, Achaiens, Béotiens, décrit surtout l'armée macédonienne, ses approvisionnements, ses arsenaux, ses ressources en hommes et en finances — cette armée qui, souligna-t-il, avait déjà servi à détrôner Abroupolis, à guerroyer en Dolopie, à faire campagne du côté de Byzance, etc. Il ne lui restait plus qu'à conclure : le Sénat ne s'étant opposé à aucun de ces actes de Persée, le roi de Macédoine était à présent convaincu qu'il pouvait tout se permettre et que, s'il passait en Italie, il ne trouverait pas un homme en armes sur son chemin. Pour lui, Eumène, il avait fait son devoir : le Sénat était averti.

Le dernier point de la diatribe d'Eumène, celui qui concernait un éventuel passage de Persée en Italie, était pure mythologie. Quant au reste, il prouvait certes que Persée cherchait par tous les moyens à restaurer sa puissance et son influence en Grèce en mettant à profit le déclin de celle de Rome et de Pergame, — mais tout cela était, après tout, fort bien connu du Sénat, dont la majorité n'avait, jusqu'alors, pas cru devoir y donner des suites belliqueuses. A y regarder de près, rien, dans les propos d'Eumène tels qu'ils nous sont transmis, ne témoignait d'intentions agressives de Persée à l'égard de Rome, si ce n'est sa gratuite affirmation finale. Les quelques arguments de couleur juridique avancés par Eumène étaient d'ailleurs suspects : il était fort douteux qu'en détrônant Abroupolis en 179 Persée eût détrôné un « ami et allié » de Rome, et qu'en portant secours à Byzance il eût agi contrairement aux termes du traité de 196, renouvelé en 178 : aussi bien, dans l'un ni dans l'autre cas, le Sénat n'avait-il éprouvé le besoin de réagir. En somme, si Eumène avait fait la gerbe de tous les griefs que l'on pouvait concevoir contre Persée, cela ne comportait rien qui pût faire penser aux Romains qu'ils étaient directement menacés — et, encore une fois, Eumène n'apprenait rien au Sénat. Il est trop évident qu'Eumène, personnellement inquiet du développement de la politique macédonienne en Grèce et en Orient, cherche à faire assumer son inquiétude par Rome.

Le discours d'Eumène, dit Tite-Live, émut fort les Patres, si bien que lorsque l'ambassadeur de Persée protesta des intentions pacifiques de son maître (tout en ajoutant qu'il saurait se défendre si on l'attaquait) et que les ambassadeurs de Rhodes, également présents, dénoncèrent les ambitions de ce nouvel Antiochos qu'était, selon eux, le Pergaménien, ils trouvèrent le Sénat prévenu en faveur de celui-ci. Ce qui, d'ailleurs, s'explique fort bien : même si les sénateurs ne se faisaient aucune illusion sur les mobiles intéressés de la politique pergaménienne, il restait qu'Eumène, leur créature, dont ils avaient de toutes pièces fondé la puissance, était alors en Orient leur seul allié sûr, d'une sûreté dont l'intérêt était la garantie. Pouvaient-ils se l'aliéner pour se concilier une Macédoine dont le nouvel essor, même sans hostilité immédiate, affectait des régions qui les touchaient plus directement ?

La guerre ne fut cependant pas résolue encore. Il y a bien, encore une fois, des bellicistes à Rome, des *homines novi* d'origine plébéienne qui rêvent de gloire militaire, des groupes financiers qui soupèsent les profits des campagnes orientales ; mais, précisément, cette poussée d'ambitions et d'intérêts, dont le succès eût modifié les données du jeu politique à Rome même, n'était pas sans influencer la résistance de la majorité aristocratique du Sénat. D'autre part, les nuages qui, au même moment, s'accumulaient à nouveau aux confins de la Syrie et de l'Égypte (*infra*, p. 313) pouvaient faire hésiter le Sénat. Le conflit entre Antiochos IV et le successeur mineur de Ptolémée V était certain — mais comment tournerait-il ? Rome y devrait-elle intervenir, et dans quel sens, pour tenter de sauvegarder l'équilibre oriental tant bien que mal réalisé en 188 ? On comprend que les têtes les plus froides de Rome aient alors reculé devant une aventure macédonienne dont les conséquences étaient rigoureusement imprévisibles.

Cette même année 172, Persée commit toutefois une imprudence qui contribua fort à décider de l'issue de la crise. Rentrant en Asie, Eumène II fut, à son passage à Delphes, l'objet d'un attentat auquel il échappa par miracle. Tite-Live écrit alors qu'à Rome « la guerre de Macédoine fut renvoyée à l'année suivante » : cette curieuse formule paraît indiquer que le principe de la guerre est alors acquis au Sénat — mais Rome n'a pas d'armée disponible : c'est à grand-peine, en effet, qu'on recrute à cette époque quelques milliers d'hommes pour l'Espagne...

Le Sénat se contente donc encore de démarches diplomatiques. A l'automne de 172, des légats partirent pour les Balkans : ils avaient pour mission de réchauffer le zèle antimacédonien des Grecs, si refroidi, et parcoururent l'Illyrie, l'Épire, l'Étolie, la Thessalie, la Grèce centrale, le Péloponnèse, les cités grecques d'Asie, et tout particulièrement se rendirent à Rhodes, où la perspective du conflit détermina un prudent revirement en faveur de Rome.

La diplomatie macédonienne s'agitait de son côté, tant en Orient qu'à Rome même. Le sommet de cette grande campagne diplomatique fut une entrevue, en Thessalie, entre Persée et Q. Marcius Philippus. Rome n'étant pas prête à la guerre, il s'agissait, pour l'envoyé du Sénat, de gagner du temps, et il joua la carte de l'apaisement. Si Persée, de son côté, souhaitait la guerre, comme le veut la tradition, son intérêt eût été, au contraire, de se refuser à tout accommodement — or il entra dans les vues de Marcius Philippus : l'eût-il fait s'il n'eût rêvé que de venger les défaites et les griefs de son père ? Il fut donc résolu qu'on resterait en paix (et non pas qu'on conclurait une trêve, comme le dit Tite-Live, car on n'est pas en guerre) et que, sur tous les griefs qui depuis des années, s'étaient accumulés, on poursuivrait la négociation à Rome. Cette proposition romaine de négociation n'était qu'un faux-semblant : les ambassadeurs macédoniens furent expulsés d'Italie sans avoir reçu de réponse. La campagne diplomatique romaine en Grèce avait d'ailleurs été couronnée de succès : la résolution et la persuasion déployées par les légats romains firent pâlir la séduction exercée depuis son avènement par Persée sur les Grecs.

SOURCES : Ambassade romaine en Orient en 172 : TL XLII, 6, 4-5 ; 26, 7-9 ; APP., *Mak.* 11, 4. Les bonnes relations entre Rome et la Cappadoce sont attestées par l'envoi du prince héritier à Rome : TL XLII, 19, 3-6 ; cf. 29, 4. L'expédition de Persée en faveur de Byzance n'est connue que par des allusions : TL XLII, 13, 7 ; 40, 6 ; 42, 4 ; APP., *Mak.* 11, 1. Eumène et les Rhodiens à Rome : TL XLII, 11-14 ; APP., *Mak.* 11, 1-2. Attentat contre Eumène : TL XLII, 15-16 ; 18. Campagne diplomatique de 172/1 : POL. XXVII, 1-7 ; TL XLII, 37-46 ; APP., *Mak.* 11, 5-9.

BIBLIOGRAPHIE COMPLÉMENTAIRE ET NOTES : Sur l'ensemble, cf. en dernier lieu MELONI, *Perseo*, pp. 148 *sqq.*

Sur les **difficultés chronologiques**, dues à l'utilisation simultanée par Tite-Live de Polybe et des Annalistes, cf. E. BICKERMAN, *Notes sur Polybe III : Initia belli macedonici*, REG LXVI (1953), p. 498, n. 6.

L'expédition de Persée en faveur de **Byzance** n'est pas datable avec précision : elle se place entre la fin de 174 et le début de 172 : cf. MELONI, p. 148. Sur la politique de diverses cités grecques avant la guerre de Persée, cf. P. FRISCH, *Inschr. v. Lampsakos*, nº 6, avec commentaire et renvoi à d'autres textes.

Le déclin de la popularité d'**Eumène en Grèce**, lié au courant anti-romain, remonte assez haut en certaines régions : voir les avanies que lui font les Achéens dès 188/7 (POL. XXII, 7-8).

La situation était-elle toutefois telle que le roi souhaitât entraîner Rome à la guerre ? Ce n'est pas l'avis d'A. MASTROCINQUE, *Eumene a Roma (172 A. C.) e le fonti del libro macedonico di Appiano*, Atti Istit. Veneto CXXXIV (1975-6), pp. 25 *sqq.*, pour qui la démarche d'**Eumène à Rome** fut sa plus grande erreur diplomatique, dans la mesure où, ne désirant obtenir du Sénat qu'une politique plus ferme, et non un conflit armé où une défaite de Persée eût créé pour lui une situation encore plus grave, il aurait fourni aux Romains, dès lors résolus à la guerre, le prétexte qui leur manquait : quoi qu'il arrivât, Rome pouvait en rejeter sur lui la responsabilité.

Le comportement trompeur de Marcius Philippus est un des exemples de ce que TOYNBEE, *Hannibal's legacy* II, pp. 467 *sq.* appelle « the demoralizing school of Romano-Greek relations », exemples qui se multiplient à cette époque (cf. encore, toujours à propos de Marcius Philippus, *infra*, p. 276).

Il est une région où la campagne diplomatique romaine ne rencontre pas de succès, et c'est l'**Illyrie** de Genthios ; sur les progrès de l'influence macédonienne en Illyrie, cf. J.M.F. MAY, *Macedonia and Illyria (217-167 B. C.)*, *JRS* XXXVI (1946), pp. 52-54. Sur les réactions romaines, H.J. DELL, *Macedon and Rome : the Illyrian question in the 2nd cent. B. C.*, dans *Anc. Maced.* II, 1973 (Thessalonique 1977), pp. 311 *sqq.* — Sur la prudence de la politique épirote, cf. CABANES, *L'Épire...*, pp. 289 *sq.*

6° LA DÉCLARATION DE GUERRE

Si la guerre avait été théoriquement résolue à Rome après l'attentat contre Eumène, la déclaration n'en fut votée qu'au début de 171. Deux plébéiens de la tendance « activiste » avaient été portés au consulat, qui poussèrent à la rupture définitive. Le souci d'en finir avec Persée avant qu'une éventuelle victoire séleucide sur l'Égypte ne risquât de ressusciter un pacte semblable à celui qui avait lié Antiochos III à Philippe V contribua sans doute à la soudaine hâte romaine (car, en Italie, on n'est toujours pas prêt, matériellement, à la guerre). Les termes de la *rogatio,* s'ils sont authentiques, semblent prouver une énorme mauvaise foi romaine : « Attendu que Persée, fils de Philippe, roi des Macédoniens, contrairement aux termes du traité conclu avec son père Philippe et renouvelé avec lui-même après la mort de celui-ci, a porté les armes contre les alliés du Peuple Romain, dévasté leurs territoires, occupé leurs villes ; attendu qu'il a pris la décision de préparer la guerre contre le Peuple Romain et accumulé à cet effet des armes, des troupes, des bateaux, — s'il ne donne pas satisfaction sur les points précédents, qu'on lui fasse la guerre. » Or les deux grands griefs contenus dans cette *rogatio* ne sont démontrables ni l'un, ni l'autre.

Persée aurait porté les armes contre des alliés du Peuple Romain : lesquels ? Il n'avait fait la guerre ni aux Achaiens, ni aux Étoliens, ni à Eumène. La seule précision que l'on trouve à ce sujet, dans la tradition romaine (dans le discours d'Eumène au Sénat ; dans l'entretien entre Persée et Q. Marcius — mais point dans le texte de la *rogatio* !) est fort suspecte, car elle concerne le Thrace Abroupolis, qualifié d'ami et allié. Or ce principicule, d'une part, avait attaqué la Macédoine en 179 et c'était donc en état de légitime défense que Persée l'avait pourchassé et renversé ;

d'autre part, sa qualité d' « ami et allié du **PR** » n'est nullement prouvée ; et enfin il aurait fallu sept ans (de 179 à 172) pour déterrer cette vieille affaire. Il ne s'agit donc là (à supposer même qu'il y eût réellement un traité entre Rome et Abroupolis) que d'un mauvais prétexte. Et les mauvais prétextes ne sont là que pour remplacer les bonnes raisons manquantes.

Persée aurait préparé la guerre contre Rome : or tout son comportement prouve que si, comme son père à la fin de son règne, il s'était donné une puissance militaire respectable, elle n'était pas dirigée contre Rome, si ce n'est en prévision d'une éventuelle guerre défensive. Tout récemment encore, l'empressement avec lequel il avait donné dans le panneau que lui avait tendu Q. Marcius Philippus en cherchant à éviter la guerre et à régler par négociation le contentieux romano-macédonien, le prouvait au mieux — d'autant qu'à ce moment la Macédoine est aussi prête à affronter une guerre que Rome l'est peu.

Persée, comme son père après 196, avait pris soin de ne pas outrepasser les termes de son traité avec Rome : le traité ne lui imposait aucune limitation des effectifs de son armée de terre et, malgré les termes de la *rogatio* de 171, rien n'indique qu'une flotte macédonienne ait été reconstituée sous son règne ; le traité ne lui interdisait pas de guerroyer dans le Nord, contre Thraces et Dardaniens ; le traité ne lui interdisait pas d'arbitrer, sur leur demande, les querelles des Étoliens ; le traité ne lui interdisait pas d'épouser une princesse séleucide, ni de donner sa sœur au roi de Bithynie ; le traité ne lui interdisait pas de se réconcilier avec les Rhodiens, ni de conclure alliance avec les Béotiens ; le traité ne lui interdisait pas de rétablir l'ordre dans ses propres États, et donc de mener une expédition punitive contre les Dolopes révoltés, etc. Mais tout cela, qui ne contrevenait pas à la lettre du traité, menaçait en fait l'ordre romain que les traités et arrangements territoriaux de 197-194 et de 189/8 avaient instauré en Orient, et l'erreur de Persée fut de n'avoir pas compris que, nonobstant son bon droit sur le plan juridique, Rome ne tolérerait pas, à la longue, le nouvel essor macédonien sur le plan des faits — d'autant que, de son côté, Antiochos IV en faisait autant à la même époque. Non sans tenir compte, bien entendu, des excitations venues de Pergame et d'ailleurs, de même que des ambitions aventureuses d'un certain clan romain d'hommes nouveaux, il paraît difficile d'échapper à la conclusion que la guerre résolue à Rome au tournant de 172-171 fut une guerre préventive, fondamentalement dictée par la crainte de voir se reconstituer en Orient une situation analogue à celle de 201, et ruiner l'œuvre orientale de toute une **génération romaine**.

SOURCES : texte de la *rogatio* : TL XLII, 30, 10-11.

BIBLIOGRAPHIE COMPLÉMENTAIRE ET NOTES : Parmi les interprétations générales des origines de la guerre, cf. notamment E. BICKERMANN, *l. c. supra* ; MELONI, *Perseo*, pp. 440 *sqq.* Revue des opinions modernes *ap.* L. RADITSA, *Bella Macedonica, ANRW* I, 1, pp. 576 *sqq.* — Il est évident que les affaires grecques, où la politique de Persée avait introduit un important facteur de trouble, contribuèrent à la décision du Sénat : supprimer la monarchie macédonienne, c'était supprimer ce facteur (cf. WERNER, *ANRW* I, 1, p. 561). Mais il est non moins évident que le Sénat voyait plus loin : TOYNBEE, *o. c.* II, p. 444, n. 4 souligne l'immensité de l'enjeu de la guerre pour Rome : une défaite, et toute l'influence romaine à l'Est de l'Adriatique s'effondrait. C'est à partir du « cercle de Popilius », devant Alexandrie (*infra*, p. 322), qu'on mesure l'importance de Pydna, et de la guerre en tant que guerre préventive. Or on ne fait de guerre préventive que lorsqu'on n'est pas sûr de maîtriser l'avenir, et A.N. SHERWIN-WHITE, *Rome the agressor ?, JRS* LXX (1980), p. 179, se demande si la raison profonde de la crainte de Rome ne serait pas à chercher, à cette époque, dans les difficultés croissantes du recrutement militaire romain, en présence de théâtres d'opérations de plus en plus dispersés. Ce facteur (qui vaudrait aussi pour la troisième guerre punique et pour la guerre d'Achaïe) expliquerait aussi la répugnance à annexer et à occuper, qui se vérifiera ici. On notera que Tite-Live, qui n'a cessé d'affirmer la volonté belliqueuse de Persée, rapporte ultérieurement (XLII, 50-51, 1) qu'un conseil débattit à Pella, après la rupture des négociations, de la nécessité de la guerre, et qu'un parti important s'y serait prononcé pour la paix et la composition. Cette vue des choses, où la Macédoine apparaît soudain dans une position défensive, est certainement la bonne (cf. également les contradictions qui émaillent le discours que Tite-Live prête à Persée en XLII, 52).

C) La troisième guerre de Macédoine et sa conclusion européenne (171-167)

1° LES FORCES EN PRÉSENCE

L'opinion romaine manquait d'enthousiasme pour cette guerre à laquelle, comme en 210/0, une minorité avait poussé. Tite-Live nous ouvre quelques aperçus sur les difficultés du recrutement et la médiocrité des troupes engagées au début, puis, dans le cours du conflit, sur l'indifférence qui régnait à Rome à l'égard des événements d'Orient. Il faudra, à partir de 169, toute l'autorité de Paul-Émile pour élever le moral et les moyens matériels au niveau de la tâche à accomplir, tâche à laquelle les trois premiers commandants en chef se montreront par ailleurs inégaux, non seulement du point de vue de leurs capacités militaires, mais encore par un comportement brutal et rapace à l'égard des Grecs. De l'autre côté, Persée jouit de la supériorité matérielle mais, là aussi, l'ardeur et l'esprit de décision font défaut, et à l'heure des décisions, la personnalité du roi révélera de graves failles.

Entre les deux adversaires, le monde grec hésite. Les efforts de la propagande romaine, attestés en particulier par une inscription de Delphes qui reprend tous les griefs antimacédoniens, ne porteront que peu de fruits et la conduite des troupes romaines en Grèce, du moins au début, ne rapportera qu'antipathie à la cause de Rome. Tous les anciens alliés de Rome ont une conduite équivoque : les Achaiens sont divisés ; les Rhodiens, plus que de Persée, se méfient d'Eumène ; et le Pergaménien lui-même, après avoir joué les boute-feu, manifeste une singulière tendance à assister aux événements en y participant le moins possible.

Des trois guerres de Macédoine, c'est certainement celle-ci, destinée à s'achever par la suppression de la monarchie macédonienne, que ses débuts paraissaient le plus promettre à quelque accommodement négocié.

SOURCES : Difficultés du recrutement romain : TL XLII, 32, 7 - 35, 2 ; XLIII, 14. Médiocre qualité de l'armée romaine : XLII, 55, 3. Armée de Persée, qui, en plus des Macédoniens, dispose de Thraces et de Gaulois : XLII, 51 ; il n'y a pas beaucoup plus de Grecs du côté macédonien que du côté romain (55, 8), où TL les dit si peu nombreux qu'on n'en a pas gardé le souvenir... Indifférence de l'opinion romaine : TL XLIII, 14. Cf. encore JUST. XXXIII, 1, 2-3. Manifeste romain de Delphes : *Syll*³. 643.

BIBLIOGRAPHIE COMPLÉMENTAIRE ET NOTES : Sur le **manifeste de Delphes**, cf. DAUX, *o. c.*, pp. 319 *sqq.* Cette lettre du Sénat dut être adressée aux Amphictyons au début de la guerre, alors que les relations étaient déjà rompues. Le texte est fort lacuneux (mais cf. à présent J. BOUSQUET, *Le roi Persée et les Romains, BCH* CV (1981), pp. 407 *sqq.* à voir aussi pour la question de la date) et les restitutions forcément hypothétiques, mais ce qui subsiste suffit à montrer que tous les griefs romains contre Persée y figuraient, tels qu'ils sont donnés par les sources littéraires ; on notera en particulier l'allusion aux tendances révolutionnaires des interventions de Persée dans les conflits sociaux grecs.
    Sur l'attitude (peu unanime) de la **Confédération béotienne**, cf. P. ROESCH, *Thespies et la Confédération béotienne* (Paris 1965), pp. 69 *sqq.*
    Sur le comportement des **Achaiens** : ERRINGTON, *Philop.*, pp. 207 *sqq.* ; P. PÉDECH, *Polybe hipparque de la Conf. ach...*, Les Ét. Class. XXXVII (1969), pp. 252 *sqq.* Comme à l'époque de la guerre antiochique, la participation achaienne se traduit par une poussée du monnayage fédéral : cf. Marg. THOMPSON, *The Agrinion hoard* (New York 1968), pp. 90 *sqq.*

2° LA GUERRE AVANT PAUL-ÉMILE (171-169)

a) *Les opérations de Grèce et de Macédoine*

Ce fut en Thessalie septentrionale, sur le Pénée, que se produisirent, au printemps de 171, les premières rencontres entre le consul P. Licinius Crassus, que rejoignit Eumène, et l'armée macédonienne, cependant que la flotte romaine pénétrait dans l'Égée (où, de toute la guerre, il ne devait pas y avoir de grands engagements navals). En mai, une hésitation tactique de Persée l'empêcha d'écraser l'armée romaine à Kallinikos, près de Larissa. Son succès était néanmoins assez net pour qu'il pût se permettre d'offrir au consul de négocier sur la base du traité de 197/6 ; mais Licinius Crassus opposa des exigences qui équivalaient à une fin de non-recevoir. Les opérations se poursuivirent sans événements saillants jusqu'au début de l'hiver. Persée se retira en Macédoine et Licinius en Béotie, où des forces romaines s'étaient, au cours de l'été, efforcé de réduire à l'obéissance les cités béotiennes fidèles à l'alliance macédonienne.

En 170 se produisit un événement grave pour les communications romaines : une partie de l'Épire (sans doute principalement les Molosses) se prononça pour Persée. Le consul A. Hostilius Mancinus, qui arrivait sur ces entrefaites, faillit apprendre cette défection à ses dépens. Son commandement ne se signala par aucune victoire, mais par un rétablissement de la discipline, dont le relâchement avait fait souffrir les Grecs au point que le Sénat avait dû intervenir par sénatus-consulte pour protéger les populations des exactions. Des commissaires sénatoriaux s'efforcèrent d'ailleurs de réchauffer les sympathies helléniques : il y réussirent plus ou moins en Achaïe, guère en Étolie ; quant aux Acarnaniens, une partie en semblait prête à suivre l'exemple des Épirotes, mais l'autre demanda et obtint des garnisons romaines.

A cette guerre qui traînait, Q. Marcius Philippus, consul en 169, tenta de donner quelque vigueur : une offensive audacieuse à travers le massif de l'Olympe le conduisit en Macédoine méridionale. Bien que Persée perdît alors la tête, Marcius ne put se maintenir : ses lignes de communication s'étirant dangereusement, il aborda l'hiver aux confins de la Piérie, dans des conditions difficiles.

SOURCES : De POLYBE, il ne reste que les fragments concernant la tentative de négociation de Persée après Kallinikos (XXVII, 8) et les affaires d'Épire (15) et de Grèce (XXVIII, 3-7). Sur l'ensemble, cf. TL XLII, 48-67 ; XLIII, 11-12 ; 14 ; 17 ; 21-22 (les premiers chapitres de ce livre sont perdus) ; XLIV, 1-13 ; 20. APP., *Mak.* 12, 1-2 ; 16. JUST. XXXIII, 1, 4-5. PLUT., *Aem.* 9. ZON. IX, 22.

BIBLIOGRAPHIE COMPLÉMENTAIRE ET NOTES : Analyse la plus approfondie des événements, avec détail des sources et de la bibliographie *ap.* MELONI, *Perseo*, pp. 211-267 ; 279-310.

TL XLII, 59, évoque la vaillance d'un corps de cavalerie thessalien qui contribua à empêcher que la défaite de Licinius à **Kallinikos** ne tournât à la débâcle : il semble que ce fût en mémoire de ce haut-fait que furent institués à Larissa des jeux guerriers attestés par plusieurs inscriptions (cf. J. et L. ROBERT, *Bull.* 1964, n° 227, pp. 176-182).

Sur la conduite des Romains en **Béotie** en 171, cf. M. FEYEL, *Inscription inédite d'Akraiphia*, BCH LXXIX (1955), pp. 418 *sqq.*; P. ROESCH, *l. c.*; LARSEN, *GFS*, pp. 463 *sqq.*; SHERK n° 2 (entrée de Thisbè, qui avait pris parti pour Persée, dans la clientèle romaine); n° 3 (Coronée); ERRINGTON, « *SC de Coronaeis* » *and the early course of the third Mac. war*, RF CII (1974), pp. 79 *sqq.* a montré que les SC relatifs aux cités béotiennes (émis en 171/0) représentent une prise de conscience par le Sénat du tort que causait à Rome le comportement de ses généraux; cf. encore DAHLHEIM, *Gewalt u. Herrschaft*, pp. 205 *sq.* Dissoute par les Romains en 171, la Confédération béotienne devait être reconstituée par eux lors de la conclusion de la paix, en 168, sous forme d'un organisme de tendance naturellement philoromaine; mais R. ÉTIENNE & D. KNOEPFLER, *Hyettos de Béotie...* (Paris 1976), pp. 342 *sqq.* ont montré qu'il n'y a en tout cas plus d'archontes fédéraux après 171 et que si la Confédération a ressuscité, « elle est insaisissable »...

Le passage en **Achaïe** des deux commissaires romains envoyés par le consul A. Hostilius, C. Popilius Laenas (celui même qui devait remettre l'ultimatum à Antiochos IV : *infra*, p. 322) et Cn. Octavius (qui devait être assassiné à Laodicée sur Mer en 163/2 : *infra*, p. 366) est illustré par un décret d'Argos en l'honneur du second : cf. P. CHARNEUX, *Rome et la Confédération achaienne (automne 170)*, BCH LXXXI (1957), pp. 181 *sqq.*, qui précise la chronologie (cf. *SEG* XVI, 255; MORETTI, *ISE* I, n° 42)

Sur l'**Eubée** dans la guerre, cf. O. PICARD, *Chalcis et la Confédération eubéenne*, pp. 290 *sqq.*

Sur les affaires d'**Épire** et d'**Acarnanie**, S.I. OOST, *Roman policy*, pp. 68-80 : l'Épire ne passa pas entièrement dans le camp macédonien; ce glissement, qui paraît avoir affecté principalement les Molosses, fut le résultat d'une situation complexe où jouèrent à la fois des rivalités de personnes (que l'on retrouvera, *infra*, p. 284, à l'heure du règlement de comptes) et des conflits régionaux. Cf. également HAMMOND, *Epirus*, pp. 627 *sqq.*; CABANES, *L'Épire*, pp. 291 *sqq.*, qui insiste sur les maladresses romaines qui jetèrent une partie des Épirotes dans le camp macédonien.

b) *Les affaires illyriennes*

Pendant ces années indécises, des opérations militaires et des tractations diplomatiques se déroulent également en Illyrie. Dès avant la déclaration de guerre à la Macédoine, en 172, Rome, qui avait essuyé un échec diplomatique auprès du dynaste Genthios, avait débarqué des troupes en Illyrie et disposé quelques garnisons en divers points stratégiques. Puis, au cours de l'hiver 170-169, afin de prévenir une éventuelle offensive romaine par l'Ouest et d'attirer Genthios à une participation plus active à la guerre, Persée se rendit en Illyrie. Mais Genthios montra peu d'entrain à lier son sort à celui de la Macédoine : la tradition attribue à l'avarice de Persée son refus de payer la somme considérable que l'Illyrien exigeait pour prix de son alliance. Ce ne fut que lorsque son offensive eut conduit Q. Marcius Philippus jusqu'en Macédoine (*supra*,

p. 272) que Genthios se décida à rompre avec Rome. Cette décision fut sa perte : l'Illyrien fut écrasé par les forces romaines au printemps de 168, avant même que la décision ne fut enlevée en Macédoine.

SOURCES : POL. XXVIII, 8-9 ; XXIX, 3-4. TL XLIII, 1 ; 18-21 ; XLIV, 23 ; 26-27 ; 30-32 ; DIOD. XXX, 9. APP., *Mak.* 18. PLUT., *Aem.* 13, 1-2. ZON. IX, 24.

BIBLIOGRAPHIE COMPLÉMENTAIRE ET NOTES : MELONI, *Perseo*, pp. 273-278 ; 326-329 ; 354-358. Sur **Genthios**, cf. S. ISLAMI, *Le monnayage de Skodra, Lissos et Genthios*, Iliria II (1972), pp. 388 *sqq.* ; ID., *L'État illyrien et ses guerres contre Rome*, Iliria III (1975), pp. 34 *sqq.*

Il faut mentionner ici les tentatives faites par Persée pour enrôler des **Bastarnes** dans son armée, tentative dont, encore une fois, la tradition attribue l'échec à l'avarice de Persée, ce sur quoi MELONI, pp. 329-335, a soulevé des doutes.

Cette « avarice » que la tradition prête à Persée pourrait n'être que sa répugnance à dilapider un trésor de guerre laborieusement accumulé (les Romains firent main-basse sur plus de 6 000 talents après Pydna...), mais elle pourrait être aussi une légende née de certaines **pratiques monétaires** sur lesquelles on a apporté d'intéressantes lumières. A. MAMROTH, *Die Silbermünzen des Königs Perseus*, ZfN, XXXVIII (1928), pp. 10 *sqq.* avait noté l'existence d'émissions dont les pièces avaient un poids inférieur de 1/12 à la normale et où il voyait un monnayage de guerre destiné à être retiré de la circulation après la victoire escomptée (ces pièces sont reconnaissables à un signe très discret). Plus récemment, P.R. FRANCKE, *Zur Finanzpolitik des mak. Königs Perseus während des Krieges mit Rom*, Jhb. f. Num. VIII (1957), pp. 31 *sqq.*, a montré que la réduction de poids allait jusqu'à 1/11 et a émis l'hypothèse que les monnayages d'étalon euboïco-attique (auquel se rattache le monnayage macédonien) étaient alors menacés par des monnayages plus légers et alors envahissants, notamment les drachmes rhodiennes et les *victoriati* romains. La légère réduction des monnaies macédoniennes, quand bien même aurait-elle été conçue que comme une mesure transitoire de guerre, aurait été destinée à défendre leurs positions sur le marché et à faciliter les changes. On replacera dans ce contexte des imitations de monnaies rhodiennes qui circulent alors avec une certaine abondance en Macédoine et en Grèce centrale : Persée lui-même en serait-il responsable ? Cf. T. HACKENS, *La circulation monétaire dans la Béotie hellénistique*, BCH XCIII (1969), pp. 720 *sq.*

c) *La situation diplomatique*

Les premières années d'opérations militaires se déroulent sur une toile de fond de négociations complexes qui ne devaient pas être sans influence sur l'avenir. La conjoncture générale est alors déterminée par le déroulement parallèle des deux conflits contemporains qui opposent d'une part Rome à Persée et, de l'autre, Antiochos IV à l'Égypte (*infra*, p. 316). Il va de soi que l'issue de chacun de ces conflits intéresse ceux qui sont engagés dans l'autre, — et, plus encore, ceux qui, sans être protagonistes, souhaiteraient pouvoir lire l'avenir. Si, comme il apparaît probable, Antiochos IV triomphe de l'Égypte, c'est la victoire de Rome sur Antiochos III qui est remise en question : issue qui intéresse autant Persée que le Sénat, qui intéresse surtout Eumène II. Quant à la guerre de Macédoine, le résultat en apparaît, avant l'arrivée de Paul-Émile, tout à fait incertain — mais il va de soi qu'une éventuelle victoire romaine entraînera cette fois la disparition de la Macédoine en tant que grande puissance mondiale : nul, dans le concert des États hellénistiques, n'a intérêt à cette disparition, même pas Eumène, qui a cependant si ardemment poussé à la guerre. Tout le monde, au fond — sauf Rome — a intérêt à voir cette guerre s'achever sur un compromis. Ce compromis, Persée n'a pu l'obtenir à lui seul après Kallinikos (supra, p. 272) : d'autres vont s'y employer.

La première démarche fut envisagée, mais non accomplie, par le gouvernement d'Alexandrie, à la fin de 170. Deux ambassades, l'une d'Antiochos IV, l'autre des ministres de Ptolémée VI, se trouvaient alors à Rome, ayant chacune pour mission de rejeter sur l'autre la responsabilité de la sixième guerre de Syrie (infra, p. 316) ; mais les Alexandrins étaient de plus chargés, probablement à la demande de Persée, de proposer leur médiation entre Rome et la Macédoine : on leur fit officiellement comprendre que cette démarche était déplacée et ils y renoncèrent.

A Rhodes, d'autre part, les esprits étaient très partagés, depuis la veille de la guerre, sur la conduite à tenir : si le conflit devait avoir une issue décisive, quelle qu'elle fût, Rhodes risquait d'en pâtir — d'où la difficulté d'adopter une attitude nette. Au début de 171, les Rhodiens avaient envoyé quelques bateaux à l'escadre romaine, mais se les étaient vu renvoyer avec quelque dédain, ce qui n'avait pas réchauffé les relations. Le commerce de Rhodes, par ailleurs, souffrait de la situation générale et l'intérêt économique, qui pesait toujours fortement sur le comportement politique rhodien, poussait une fois de plus à la recherche de quelque accommodement. En 169, l'annonce du sénatus-consulte rendu en 170 pour la protection des Grecs contre les actes d'arbitraire des officiers romains (supra, p. 272) permit au parti romanophile de Rhodes de reprendre l'avantage : il fut résolu d'envoyer une ambassade à Rome pour y demander le « renouvellement de l'amitié » et négocier l'achat de blé sicilien (cf. t. I², p. 190, n. 2), ambassade qui fut bien accueillie ; et une autre ambassade partit assurer Q. Marcius Philippus des bonnes dispositions des Rhodiens. Aucune de ces missions n'était chargée de proposer une médiation, mais Philippus suggéra à ses visiteurs de le faire. Polybe hésite sur les vrais mobiles du consul : désirait-il vraiment un arrangement diplomatique par crainte de voir Antiochos IV, vainqueur de l'Égypte, apporter son secours à Persée ? Ou bien était-ce un piège tendu aux Rhodiens par un général sûr de sa victoire ? Quoi qu'il en fût, cette invite remplit d'aise les Rhodiens : les partisans de Rome se virent rentrés en grâce, et leurs adversaires se convainquirent de ce que la situation romaine en Macédoine était mauvaise. Par la même occasion, le consul demanda aux Rhodiens d'offrir leur médiation au Séleucide et au Lagide, ce qu'ils firent aussitôt. Mais la démarche que les Rhodiens, à la suggestion de Marcius, firent auprès de Persée fut catastrophique pour eux, car ils n'y procédèrent que trop tard et après avoir par ailleurs noué des relations qui les compromirent irrémédiablement aux yeux des Romains. En effet, Persée venait alors de conclure son alliance avec l'Illyrien Genthios (*supra*, p. 274) et une ambassade macédono-illyrienne débarqua sur ces entrefaites à Rhodes, à laquelle les Rhodiens promirent leurs bons offices — mais avant de les avoir proposés au Sénat. Et, d'autre part, les Rhodiens conclurent alors une alliance avec des cités crétoises dont les relations étaient rien moins que bonnes avec Rome. Incertains de l'issue du conflit et se pensant en position de reprendre leur rôle d'éternels médiateurs, les Rhodiens cherchaient visiblement à s'entendre avec les deux parparties : mais cette attitude d'officieuse neutralité ne pouvait être considérée à Rome que comme un reniement. Du reste, dans le cadre même de la guerre, il était trop tard : des deux ambassades rhodiennes qui partirent alors pour la Macédoine et pour Rome, la première y trouva déjà l'homme de la décision, Paul-Émile ; et la seconde n'arriva sur les bord du Tibre qu'alors qu'on y connaissait déjà la nouvelle de Pydna...

Reste à envisager l'attitude d'Eumène II. Le Pergaménien n'avait pris part aux débuts de la guerre qu'avec des forces modestes et il est difficile de voir clair dans l'évolution de ses sentiments. Son ardeur à provoquer la guerre fait qu'on ne saurait douter de son loyalisme à l'égard de Rome, au moins au début. Mais il n'est pas impossible que le spectacle des insuccès romains le conduisît rapidement à nuancer ce loyalisme de quelque prudence. Or, dans l'hiver 169-168, au moment où Persée s'efforce de susciter des médiateurs (en plus des Rhodiens il s'abouche aussi avec Antiochos IV), Eumène fut également l'objet d'ouvertures diplomatiques macédoniennes. Si l'on connut l'existence de ces secrètes tractations, on n'en connut pas la substance : Persée chercha-t-il à obtenir la collaboration, la médiation, ou simplement la neutralité de l'Attalide ? Quoi qu'il en soit de ces négociations qui ne menèrent à rien, elles jetèrent quelque suspicion sur Eumène qu'à Rome on alla jusqu'à accuser d'avoir fait le premier pas. L'origine de ces accusations romaines contre Eumène est obscure : le Pergaménien avait des ennemis à Rome et il se pourrait que les premiers commandants romains aient rejeté sur l'insuffisance de sa collaboration la responsabilité de leurs échecs. S'il est probable que l'ardeur d'Eumène (que devait d'ailleurs inquiéter le déroulement de la guerre de Syrie, et qui, en 168, fut paralysé par un soulèvement galate : *infra*, p. 291) connut un certain refroidissement avec le temps, il reste que le Pergaménien ne changea pas de camp et que sa conduite, même un peu équivoque, fut moins maladroite que celle des Rhodiens.

SOURCES : Tentative de médiation lagide : POL. XXVIII, 1. Politique rhodienne : POL. XXVIII, 2 ; 16-17 ; XXIX, 3, 7-9 ; 4, 7 (la dernière phrase de ce passage ne peut être de Polybe) ; 10-11 ; TL XLIV, 14, 5-15 (sur ce passage, cf. les notes) ; 23, 10 ; 29, 6 *sqq.* ; APP., *Mak.* 17. Tractations entre Persée et Eumène : POL. XXIX, 6-9 ; TL XLIV, 24-25 ; APP., *Mak.* 18, 1 ; DS XXXI, 7, 2 (qui parle même d'une alliance macédono-pergaménienne).

BIBLIOGRAPHIE COMPLÉMENTAIRE ET NOTES : Sur la **médiation lagide**, *cf.* MELONI, *Perseo*, pp. 267-270.

Sur la **politique rhodienne**, *ibid.*, pp. 316 *sqq.* ; 341 *sqq.* ; SCHMITT, *Rom und Rhodos*, pp. 139 *sqq.* Que la « guerre présente » pour laquelle Q. Marcius suggère aux Rhodiens de proposer leur médiation soit, contrairement à une interprétation fréquente, la guerre de Macédoine et non celle d'Égypte, ressort d'une lecture attentive de POL. XXVIII, 17, 4 *sqq.*, et surtout d'APP. 17. C'est par une erreur tendancieuse provenant de l'utilisation d'une source non polybienne (erreur suivie par certains modernes : cf. PIGANIOL, *La conquête romaine*, p. 230) que TL XLIV, 14, 5-15 entend déjà l'ambassade rhodienne à Rome en 169 comme une tentative de médiation, présentée du reste avec une extrême arrogance, et qui aurait provoqué la révocation par le Sénat des donations de 189/8 : cette révocation prend en réalité place après Pydna seulement (*infra*, p. 298). Sur l'épisode en tant qu'illustration des modes de raisonnement de Polybe, cf. PÉDECH, *La méthode historique de Polybe*, pp. 402 *sq.*

Sur les tentatives de Persée auprès d'Eumène et d'Antiochos IV, cf. OLSHAUSEN, *Prosopogr.* I, n° 114 ; 125.

Sur la **politique d'Eumène**, MELONI, pp. 335 *sqq.*, qui n'a peut-être pas suffisamment tenu compte des motifs d'hésitation que pouvait avoir l'Attalide ; cf. aussi HANSEN, *Attalids*, pp. 106 *sqq.* ; BADIAN, *Foreign clientelae*, pp. 102 *sqq.* ; MC SHANE, *FPAP*, pp. 177 *sqq.* Le fragment de Diodore qui parle d'une alliance entre les deux rois ne peut sortir de Polybe et est évidemment très problématique : cf. B. SCHLEUSSNER, *Z. Frage d. geheimen perg.-maked. Kontakte im 3 mak. Krieg.*, Hist. XXII (1973), pp. 119 *sqq.*

3° PYDNA (JUIN 168)

A la fin de 169, il apparaissait à Rome que la guerre ne pouvait continuer à traîner comme elle faisait depuis trois ans : il fallait soit négocier (et on a vu que Q. Marcius en envisageait peut-être l'éventualité), soit consentir un effort extraordinaire, solution qui prévalut. La « province » de Macédoine fut confiée pour 168 à L. Aemilius Paullus (notre Paul-Émile), homme d'âge, d'expérience et d'énergie qui, pour avoir fait ses preuves en Occident surtout, n'en connaissait pas moins l'Orient et ses problèmes : il avait été l'un des commissaires d'Apamée. Cependant qu'une mission gagnait en hâte la Macédoine pour y dresser un rapport précis de la situation et des besoins, Paul-Émile procédait à des levées extraordinaires, que l'autre consul fut chargé de poursuivre. L'arrivée de Paul-Émile dans sa province et l'effort auquel il présidait étaient d'autant plus nécessaires qu'au cours de l'hiver Persée avait amélioré sa situation par son alliance avec Genthios, ce qui avait déterminé une reprise de la piraterie aussi bien dans l'Adriatique que dans l'Égée. On a vu, toutefois, que la question illyrienne devait être rapidement tranchée par les victoires romaines. Mais, d'un autre côté, les tractations entre Persée et Eumène représentaient un péril sérieux pour la cause romaine : il fallait, de toute urgence, en finir — ce fut fait avec une rapidité foudroyante.

Ayant touché la Grèce à Delphes au début de juin 168, Paul-Émile rejoignait aussitôt son armée au Sud de la Macédoine et la prenait solidement en mains. Puis, sans attendre, il allait prendre position face à Persée sur le petit fleuve Elpéos, au Sud de Dion. Cependant que les deux adversaires s'observaient, survint au Quartier-Général romain l'ambassade rhodienne porteuse de propositions de médiation. Paul-Émile qui venait d'apprendre la défaite de Genthios en Illyrie, répondit aux Rhodiens qu'ils auraient sa réponse sous quinzaine. Les choses devaient aller plus vite encore. Un détachement romain ayant tourné les positions macédoniennes par le massif de l'Olympe, Persée se retira dans le Nord, en direction de Pydna. C'est là que se livra la bataille décisive, dans l'après-midi du 22 juin. Bataille qui demeure assez énigmatique : en un peu plus d'une heure, l'armée macédonienne était anéantie, laissant 20 000 à 25 000 morts sur le terrain, cependant que les vainqueurs faisaient plus de 10 000 prisonniers le jour même et les jours suivants... Une heure de combat avait liquidé près de vingt ans de restauration macédonienne. Persée en fuite gagna Amphipolis, puis Samothrace, mais, sans espoir de pouvoir échapper, il se livra, avec son fils aîné, dans les premiers jours de juillet. Entre-temps, la Macédoine, sans roi ni armée, s'était, ville après ville, rendue au vainqueur.

Sources : Polybe est perdu ; ce que contenaient les vastes lacunes du livre XXIX nous est toutefois parvenu à travers TL XLIV, 17-18 ; 20-21 ; 28 ; 32-46 ; XLV, 4-8 et Plut., *Aem.* 10-27. En outre App., *Mak.* 19-2 ; Dion Cass. XX, 66, 3-4 ; Zon. IX, 23 ; Just. XXXIII, 1,6 - 2,5.

BIBLIOGRAPHIE COMPLÉMENTAIRE ET NOTES : On a beaucoup écrit sur cette dernière phrase de la guerre et sur Pydna : on trouvera toutes les références utiles dans MELONI, *Perseo*, pp. 319-326 ; 349-354 ; 359-409. Cf. encore G.A. LEHMANN, *Die Endphase des Perseuskriegs...*, dans *Beitr. z. Alten Gesch. u. deren Nachleben = Festchr. Altheim* (Berlin 1969), pp. 387 *sqq.* ; W.K. PRIT-CHETT, *Studies in anc. Greek topography* II (Berkeley-Los Angeles 1969), pp. 145 *sqq.* La date de la bataille de Pydna a pu être fixée avec une précision absolue grâce à une éclipse de lune cf. DE SANCTIS, *St. d. R.* IV, 1, pp. 368 *sqq.*

4° LA LIQUIDATION

Une fois de plus, sa victoire confrontait Rome à une tâche de réorganisation politique, et une fois de plus le problème était double, concernant d'une part le sort des États vaincus (Macédoine et Illyrie), d'autre part le réajustement des relations avec les États grecs, alliés ou non.

a) *Macédoine et Illyrie*

Comme après Cynoscéphales et Magnésie, le Sénat envoya en 167 dix commissaires pour régler avec Paul-Émile le sort de la Macédoine, cependant que cinq commissaires partaient pour l'Illyrie.

La suppression de la monarchie macédonienne était résolue du côté romain : à Persée qui, avant sa capture, avait encore essayé de négocier, Paul-Émile avait déjà refusé le titre royal. La Macédoine fut donc proclamée « libre » — c'est-à-dire réduite à l'état « républicain ». Bien que Tite-Live (Polybe) attribue à cette mesure une valeur idéale et propagandiste à l'intention des peuples « esclaves », il s'agit en fait d'une politique durement réaliste et dictée par l'expérience : la Macédoine, naturellement dépouillée de toutes ses possessions extérieures, fut en effet démembrée en quatre États autonomes et indépendants les uns des autres (*merides*) : Amphipolis fut la capitale du premier, qui s'étendait en gros entre Nestos et Strymon ; Thessalonique celle du second, qui allait du Strymon à l'Axios ; Pella celle du troisième, constitué par le cœur de la vieille Macédoine ; Pélagonie enfin (Héraclée de Lyncestide) celle du quatrième qui, de limites mal connues, mais sans débouché sur la mer, englobait des régions montagneuses de l'intérieur (Pélagonie, Lyncestide, Éordée, Orestide, Élymée, Tymphée, Atintanie).

Le statut interne de ces quatre républiques demeure incertain, mais il est à peu près certain que, toutes relations juridiques et politiques mutuelles leur étant interdites, y compris l'intermariage, elles ne disposaient d'aucun organisme fédéral. Par-delà la discussion philologique qui est à la base du problème, l'intérêt de Rome est évident : on y souhaite écarter tout risque de résurrection macédonienne sans pour autant se condamner à occuper le pays. L'exploitation des mines d'or et d'argent fut interdite, de même que celle des bois de construction navale. Les deux premiers et le quatrième district, qui confinaient à des peuplades barbares, furent autorisés à entretenir des troupes, mais le troisième, c'est-à-dire la Macédoine proprement dite, fut désarmé. Les Macédoniens furent astreints à payer tribut à Rome, mais un tribut inférieur de moitié à ce qu'ils payaient antérieurement à la couronne. Ce n'en est pas moins le premier tribut imposé par Rome à l'Est de l'Adriatique.

Matériellement et juridiquement, le Sénat affectait donc de distinguer entre la royauté macédonienne, dont la disparition sanctionnait la défaite, et le peuple macédonien, qu'il entendait traiter avec clémence et même avec générosité, — peuple dont on peut estimer que sa situation matérielle (pour peu qu'on consente à oublier l'effroyable saignée représentée par la boucherie de Pydna) fut meilleure après la défaite qu'avant. Mais la nation macédonienne était brisée, morcelée. Si l'on considère que, de toutes les monarchies hellénistiques, l'antigonide était la seule qui eût une assise nationale solide, c'était une lourde hypothèque qui grevait la solution romaine : Rome, en effet, en 168/7, octroyait la liberté à un peuple qui n'en avait ni la tradition, ni le goût, et elle le privait de l'institution monarchique et de l'unité qui avaient fait sa grandeur. Rome assimilait les Macédoniens à un peuple grec : c'était une erreur d'appréciation, comme l'avenir devait le montrer (cf. *infra*, p. 387).

Quant à l'Illyrie, son statut est moins bien connu encore, bien que paraissant avoir été conçu sur des principes identiques : comme les Macédoniens, les Illyriens furent déclarés libres et répartis en trois États autonomes et tributaires. La suppression de la principauté cliente donnait au protectorat romain sur la côte orientale de l'Adriatique une extension sans précédent.

SOURCES : TL XLV, 17-18 ; 26 (Illyrie) ; 29-30 (sur le texte corrompu de XLV, 30, 6, cf. HAMMOND, *Epirus*, pp. 633 *sq.*) ; 32-33. DIOD. XXXI, 8. JUST. XXXIII, 2, 7.

BIBLIOGRAPHIE COMPLÉMENTAIRE ET NOTES : Le **statut de la Macédoine** (sur lequel bon survol des problèmes dans FERRARY, *ap.* NICOLET, *Rome...* II, pp. 759 *sq.*) a fait l'objet d'un débat provoqué par une hésitation sur le texte de TL XLV, 18, 6-7 et portant sur deux points : 1° La Macédoine quadripartie de 167 disposait-elle d'un *synédrion* commun (thèse soutenue par M. FEYEL, *Paul-Émile et le synédrion macédonien, BCH* LXX (1946), pp. 187 *sqq.*, dont l'opinion ne paraît pas devoir être retenue) ? 2° Chacune des républiques macédoniennes disposait-elle d'un régime purement représentatif, ou également d'une assemblée primaire ? FEYEL, *l. c.*, admettait l'assemblée primaire, dont l'existence est contestée par J.A.O. LARSEN, *Consilium in Livy XLV, 18, 6-7 and the Macedonian synedria, ClPh* XLIV (1949), pp. 73 *sqq.*, tandis qu'A. AYMARD, *L'organisation de la Macédoine en 167, ClPh* XLV (1950), pp. 96 *sqq.* estimait le problème insoluble. L'opinion de FEYEL sur le *synédrion* commun a été combattue par Larsen et par Aymard. Cf. encore LARSEN, *ap.* T. FRANK, *Econ. Sur.* IV, pp. 294-300 ; LARSEN, *GFS*, pp. 295 *sqq.* ; 475 *sq.* ; MELONI, *Perseo*, pp. 409 *sqq.* Sur le problème des *politarques* macédoniens, cf. C. SCHULER, *ClPh*, LV (1960), pp. 90 *sqq.* ; J.H. OLIVER, *ibid.* LVIII (1963), pp. 164 *sq.*

La question de la **fermeture des mines** de métaux précieux et de la reprise de leur activité quelques années plus tard a trouvé des réponses diverses chez les modernes. D'aucuns y ont vu un témoignage du souci de l'oligarchie sénatoriale de brider l'activité des publicains, dont la pression aurait rapidement obtenu la réouverture des exploitations (ainsi H. HILL, *The Roman middle-class*, p. 90 ; E. BADIAN, *Rom. imper.*, pp. 18 *sqq.* ; ID., *Publicans and sinners* (Oxford 1972), pp. 41 *sqq.*) ; qu'il se soit agi d'enrayer la baisse de la valeur des métaux monétaires en Occident tout en organisant leur pénurie en Orient a été supposé par L. PERELLI, *La chiusura delle miniere maced. dopo Pidna*, *RF* CIII (1975), p. 403 ; mais on a observé aussi que le Sénat met un terme provisoire à la frappe de l'argent peu de temps avant Pydna, au profit des seules émissions de bronze, cependant que les émissions d'argent reprennent, et abondamment, à peu près vers le moment où les mines de Macédoine sont rouvertes : cf. M. CRAWFORD, *Rome and the Greek world : econ. relationships, Ec. Hist. Rev.* XXX (1977), pp. 44 *sq.*, qui estime que cette parenthèse « smacks of nostalgia for a simpler past and of desapproval of the growth of luxury ». Toutes ces hypothèses sont peut-être à prendre en compte conjointement. Ce qui ressort en tout cas de l'affaire, c'est que Rome en use souverainement avec les mines des républiques macédoniennes.

En ce qui concerne les **bois**, Tite-Live précise qu'ils ne devaient être coupés ni par les Macédoniens, ni par d'autres — quels autres ? « Les puissances navales et commerciales hellénistiques telles que Rhodes », écrit MUSTI, *Polibio e l'imp. rom.*, p. 98, et l'allusion à Rhodes est sans doute justifiée par la mention, dans POL. XXV, 4, 10, de grandes quantités de bois fournies par Persée aux Rhodiens à l'époque où un rapprochement, dangereux pour Rome, s'était esquissé entre Rhodes et la Macédoine (*supra*, p. 261). Si cette hypothèse est juste, on observera toutefois qu'elle doit être située sur un plan politique et militaire plutôt qu' « économique ». Écrire que l'interdiction d'exporter les bois macédoniens faisait tort aux puissances « commerciales » telles que Rhodes, c'est oublier que les commerçants qui faisaient la prospérité de Rhodes étaient pour l'essentiel des étrangers et des métèques et que l'État rhodien ne se préoccupait sans doute pas plus du bois dont ils faisaient leurs bateaux que ne s'en préoccupait l'État athénien aux v⁰ et iv⁰ s. La mesure romaine a une visée militaire.

Du point de vue **territorial**, on remarquera que la quatrième *meris* fut arrondie aux dépens de l'Épire. Bien que l'Épire eût été infidèle et dût, l'année suivante, être durement châtiée (*infra*, p. 283), il se pourrait, comme l'a suggéré S.I. OOST, *Roman policy in Epirus...*, p. 84, que cette mesure fût due moins à la vindicte des Romains qu'à leur souci d'inclure dans un État inoffensif toute la vallée supérieure de l'Aoos, c'est-à-dire une voie de communication dont la sécurité leur était indispensable.

Rome devait rendre aux *merides* le droit de frapper **monnaie** en 158 :

cf. Gaebler, *Die antiken Münzen Nordgriechenl. III : Maked. und Paionia* (1906), p. 3.

La solution adoptée pour la Macédoine a été replacée dans le contexte général de la politique romaine du temps par Dahlheim, *Gewalt u. Herrschaft*, pp. 117 *sqq.*, qui parle de « l'antinomie entre la *Herrschaft* et l'absence d'une volonté de l'exercer ».

Peut-être est-ce au cours de la guerre de Genthios que la cité de **Pharos** fut entraînée du côté anti-romain, contre son gré, souffrit des opérations, mais rentra finalement dans l'amité romaine : cf. L. Robert, *Inscr. hellén. de Dalmatie, Hellenica* XI-XII (1961), pp. 505 *sqq.*, les observations de J. Bousquet, *BCH* LXXXV (1961), pp. 589 *sqq.* et la réplique de L. Robert, *Bull.* 1963, n° 129.

b) *La Grèce d'Europe*

Deux mots sur ce que perdait l'ex-royaume de Macédoine : en Thrace, Ainos, Maronée et Abdère étaient proclamées libres. Au Sud, la Magnésie recouvrait son indépendance, autour de Démétrias démantelée. La Thessalie récupérait quelques places que Persée occupait encore le jour de Pydna. Les Dolopes, dont la révolte avait été brisée en 174, obtenaient leur liberté. En 167, une ambassade athénienne vint demander au Sénat la restitution des vieilles clérouchies athéniennes de Lemnos, Imbros et Skyros, qui fut accordée (en même temps que Délos et que le territoire d'Haliarte en Béotie : *infra*).

Mais ce n'étaient là que des réajustements de détail concernant des entités politiques secondaires, réajustements qui réchauffèrent le zèle de ceux qui en bénéficièrent. Ce fut certainement aussi pour restaurer l'*auctoritas* romaine, que le prestige de Persée avait sérieusement ébranlée pendant les années passées, que Paul-Émile accomplit, à l'automne de 168, accompagné de ses fils et d'une petite escorte, une tournée qui le conduisit à Delphes, à Athènes, à Corinthe, à Argos, à Sparte, à Olympie, etc. Tite-Live, qui nous présente ce voyage sous un aspect strictement « touristique », précise que le consul s'abstint de « rechercher ce que chacun avait pensé, en particulier ou en public, pendant la guerre de Persée, afin de ne pas inspirer de crainte à l'esprit des alliés ». Mais de fermer ainsi les yeux sur les incertitudes d'un passé trop récent était une attitude qui ne pouvait pas ne pas comporter une intention politique de la part de celui qui, en anéantissant la Macédoine, venait d'anéantir tout espoir de manœuvres politiques hostiles à Rome. Aussi bien, Pydna avait-elle tragiquement bouché l'avenir de ceux qui avaient auparavant pu penser qu'il subsistait un seul espoir d'écarter Rome des affaires grecques. Dans ces conditions, la magnanimité n'était-elle pas plus habile que des enquêtes et des sanctions ?

C'était toutefois compter sans les Grecs eux-mêmes, et sans le fait que les commissaires sénatoriaux furent peut-être moins disposés à l'oubli que Paul-Émile. En effet, dans la mesure où tous les États grecs étaient déchirés entre l'influence macédonienne et l'influence romaine, l'effondrement macédonien fut le signal d'un délire de dénonciations de la part de ceux qui avaient misé sur Rome et entendaient à présent tirer profit de leur pari gagné. Les ambassades se bousculèrent à Amphipolis, où les commissaires tinrent leurs assises : les partisans de Rome obtinrent que leurs adversaires fussent expédiés à Rome, afin d'y être jugés : c'est dans ces conditions que Polybe (qui, avec son père Lycortas, avait été du parti neutraliste) prit le chemin de l'Italie avec un millier de ses compatriotes. Pour autant que nous sachions, ce ne fut qu'en Étolie que le sang coula au cours de ces règlements de comptes. Mais certains États grecs virent leurs territoires amputés : les Béotiens durent, on l'a vu, donner Haliarte à Athènes, et les Acarnaniens perdirent Leucade.

Un pays fut toutefois soumis à une véritable exécution romaine, dont la cruauté surprend : l'Épire, ou du moins les régions qui s'en étaient le plus ouvertement prononcées pour Persée, et notamment la Molossie (*supra*, p. 272). Cependant que Paul-Émile, sur la route du retour, traversait le pays (167), 70 localités épirotes furent, le même jour et à la même heure, surprises, pillées et démantelées et leurs habitants vendus : il est assez difficile de savoir d'où partit l'ordre — dont Paul-Émile, à tout le moins, fut le rigoureux exécutant — et quels en furent les mobiles (cf. les notes). La Confédération épirote subsista, mais elle ne devait plus être désormais qu'un corps sans vie.

SOURCES : Outre POL. XXX, 7, 5-8 ; 10-13 ; 15 (cité par STR. VII, 7, 3) ; 20 et TL XLV, 27, 5-28 ; 31 ; 34, 1-6, les sources sont très dispersées : cf. DIOD. XXXI, 8, 5 ; PAUS. VII, 10, 7-11, etc. (autres références dans les ouvrages cités ci-dessous).

BIBLIOGRAPHIE COMPLÉMENTAIRE ET NOTES : On trouvera la documentation relative aux **amputations opérées aux dépens du territoire macédonien** *ap.* MELONI, *Perseo*, pp. 419 *sq.* Une partie du territoire d'Abdère fut revendiquée par le prince thrace Cotys qui, bien qu'ayant collaboré avec Persée, avait réussi à se réconcilier avec Rome : *Syll*[3]. 656 nous informe des démarches effectuées par un groupe de citoyens de Téos (métropole d'Abdère) pour défendre les intérêts des Abdéritains (cf. L. ROBERT, *BCH* LIX (1935), pp. 507 *sqq.* = *OMS* I, pp. 320 *sqq.*) — démarches que E. CONDURACHI, *Kotys, Rome et Abdère, Latomus* XXIX (1970), pp. 581 *sqq.* estime avoir été vaines.

Sur les **donations aux Athéniens**, cf. FERGUSON, *HA*, pp. 312 *sqq.* ; POL. XXX, 20 ne mentionne pas Imbros et Skyros, mais des inscriptions y attestent la présence ultérieure des Athéniens. Sur le cas particulier et complexe de Délos, cf. *infra*, p. 300. Les Déliens, chassés de leur île, se réfugièrent en

Achaïe (POL. XXXII, 7). Sur le sort que les Athéniens firent probablement subir au monnayage délien, cf. L. ROBERT, *RN* 1962, pp. 18 *sqq.* = *OMS* II, pp. 1045 *sqq.* — Il semble aujourd'hui qu'il faille lier à ces circonstances l'inauguration du monnayage attique dit « stéphanèphore » ou du « nouveau style », que j'avais, dans la 1ʳᵉ éd., lié à la proclamation de Flamininus en 196 (*supra*, p. 171), à la suite de Marg. THOMPSON, *The new style silver coinage of Athens* (New York 1961), qui avait justement révoqué en doute la date jusqu'alors admise de 229/8, mais dont les raisonnements avaient déjà été contestés par D.M. LEWIS, *NC* 7th ser. II (1962), pp. 275 *sqq.*, qui se prononçait pour les environs de 164. Cette datation plus basse est à présent acceptée de divers côtés (cf. H.B. MATTINGLY, *NC* 7th ser. IX (1969), pp. 325 *sqq.* ; ID., *Hist.* XX (1971), pp. 26 *sqq.* ; BOEHRINGER, *Z. Chron. mittelhellenist. Münzserien*, pp. 22 *sqq.*). La couronne de feuillage entourant un type monétaire n'avait rien de neuf, mais son adoption par l'atelier athénien semble avoir créé une mode, attestée dans une vingtaine de cités. L'hypothèse, émise par BOEHRINGER, *l. c.* selon laquelle ce décor signifierait l'appartenance de ces cités à une « union monétaire » est formellement défectueuse et absurde du point de vue politique et économique (toute comparaison avec les cistophores — *supra*, p. 230 — est interdite, car ceux-ci sont, bien qu'anonymes, un monnayage royal), et a été réfutée par L. ROBERT, *Monnaies hellénist. II*, *RN* 6ᵉ sér., XIX (1977), pp. 34 *sqq.*, qui rappelle que si la couronne est un décor banal, le terme de *stéphanèphoros* n'est attesté que pour le « nouveau style » attique. Sur la diffusion du monnayage stéphanèphore, cf. encore L. ROBERT, *RN* 1962, pp. 13 *sqq.* = *OMS* II, pp. 1040 *sqq.*

On a volontairement négligé, dans l'exposé ci-dessus, l'attitude partagée des **Achaiens** et leurs frictions avec Rome, qui provoquèrent la sévérité des commissaires : H. CHANTRAINE, *l. c.* (*supra*, p. 205) se demande si les mesures d'unification politique et institutionnelle achaiennes dont parle POL. II, 37, 10-11, mesures que Ch. place à partir de 190 seulement, n'auraient pas inquiété les Romains au point de leur faire décapiter les milieux dirigeants achaiens ; cf. d'autre part *infra*, p. 302, la question des relations des Achaiens avec l'Égypte, qui suscitèrent également la méfiance de Rome.. La question des 1 000 otages achaiens envoyés en Italie est d'ailleurs d'autant moins claire qu'elle comporte évidemment, comme ailleurs, des règlements de comptes intérieurs non seulement à la Confédération, mais sans doute aussi aux cités. Il est invraisemblable que les autorités romaines fussent en état de dresser une liste de 1 000 noms — dès lors qui donc procéda aux désignations ?.. Il n'y avait probablement pas à proprement parler de « parti anti-romain » en Achaïe, mais, comme on l'a déjà souligné, des gens interprétant de façon plus ou moins conforme au point de vue romain l'alliance de 192 et le degré d'indépendance que cette alliance pouvait laisser à l'Achaïe. Il y a tout lieu de penser que les plus favorables au point de vue romain durent saisir l'occasion, un peu partout, de se débarrasser de rivaux, qui ne l'étaient sans doute pas que sur ce point. Mais Rome cherchait sans doute moins à mettre ses plus zélés partisans au pouvoir qu'à se débarrasser des irritantes complications achaiennes, et, au demeurant, ces exilés étaient des *otages :* on peut donc aisément concevoir qu'il en fut également pris dans les familles romanophiles, afin de mieux garantir la fidélité de ceux qu'on laisserait en place. Tout cela n'est, à tout le moins, pas clair.

Sur le **châtiment des Épirotes**, cf. H.H. SCULLARD, *Charops and Roman policy in Epirus*, *JRS* XXXV (1945), pp. 58-64, qui a cherché à montrer que le responsable de l'affaire fut Charops, que Polybe vitupère comme le plus criminel des politiciens grecs du temps et qui, pour éliminer l'influence prépondérante des Molosses au sein de la confédération, aurait obtenu d'un groupe d'*homines novi* cette décision sénatoriale que les milieux de la vieille aristocratie sénatoriale, et Paul-Émile lui-même, auraient fortement désapprouvée. Larsen, *GFS*, pp. 480 *sqq.*, doute en revanche que Charops ait pu envisager de faire ainsi saccager l'Épire, et que les Romains aient pu accepter de le faire simplement pour complaire à leurs partisans ; il estime que Paul-Émile ne fut nullement innocent de ce qui se passa, qu'il s'agit vraiment d'un jugement passé par le proconsul et les commissaires contre un peuple dont le ralliement à Persée avait gravement menacé les lignes de communication romaines. Cf. aussi S.I. Oost, *Roman policy...*, pp. 83 *sqq.* ; H. Volkmann, *Die Massenversklavungen der Einwohner eroberter Städte in in der hellenist. - röm. Zeit.* Akad. d. Wiss. u. Liter. (Mayence). Abhandl. d. Geistes- und Sozialwissensch. Klasse 1961, n° 3, pp. 141 *sq.* (27 *sq.*). Hammond, *Epirus*, qui a montré que l'Épire était infiniment plus urbanisée qu'on ne le pense généralement, permet de dégager mieux encore la gravité de l'exécution romaine (cf. aussi Cabanes, *L'Épire...*, pp. 302 *sqq.*). Hammond fait remarquer (p. 635, n. 1.) que le traitement réservé par Rome à l'Épire est « unfortunately more understandable to us than it was to a past generation ».

L'on a, dans ce qui précède, indiqué à plusieurs reprises que la troisième guerre de Macédoine ne saurait être comprise sans que soit prise en considération la crise contemporaine des relations entre Antiochos IV et l'Égypte : l'engagement même de Rome contre Persée, apparemment assez mal justifié par les événements de Macédoine et de Grèce, s'explique sans doute dans une large mesure par la perspective de la sixième guerre de Syrie et la crainte d'une probable victoire séleucide ; et si Rome, par force, laisse aller les choses, de ce côté, jusqu'à Pydna, on verra qu'au lendemain de la victoire de Paul-Émile, elle ne perdra pas une heure pour mettre un terme aux entreprises d'Antiochos IV. Avant d'examiner ce second aspect de la double crise du monde hellénistique qui se déroule entre 171 et 168, il nous faut toutefois revenir en arrière pour parcourir une fois encore, mais en Asie Mineure, les années que nous venons de parcourir en Europe : cela permettra d'ailleurs de mieux saisir l'attitude assez complexe des deux États orientaux qui participèrent de façon directe aux événements d'Europe, Pergame et Rhodes, ainsi que les modifications qui intervinrent après Pydna dans leurs rapports avec Rome.

II — LES SÉQUELLES DE LA GUERRE ANTIOCHIQUE EN ASIE MINEURE (188-166)

A) La politique pergaménienne de 188 à 166

Les services rendus par Eumène II à la cause romaine pendant la guerre antiochique, la volonté de Rome, d'autre part, de ne pas se maintenir dans les territoires enlevés au Séleucide avaient, dans les conditions qu'on a vues (*supra*, p. 226), abouti à un agrandissement considérable du royaume de Pergame. Mais cela portait en germe d'autres conflits, de caractère régional, mais dont Rome ne devait pas se désintéresser.

1° EUMÈNE II CONTRE PRUSIAS Ier (186-183)

L'origine de ce conflit a été signalée précédemment (*supra*, p. 228) : Rome, qui avait garanti l'intégrité du territoire bithynien pour obtenir la neutralité de Prusias dans la guerre contre Antiochos III, n'en avait pas moins octroyé à Eumène II un morceau de Phrygie que Prusias avait antérieurement conquis sur Attale Ier : mais c'était un cadeau qu'Eumène devait conquérir à la pointe de l'épée. L'affaire n'était pas sans risque pour lui, car Prusias, qui avait un précieux conseiller en la personne d'Hannibal, auquel il avait donné asile, bénéficia de l'appui des Galates, que leurs récentes défaites (*supra*, p. 220) n'avaient pas réconciliés avec Pergame. Philippe V, de son côté, alors en conflit avec Eumène et avec Rome pour la possession d'Ainos et de Maronée (*supra*, p. 250), témoignait sa sympathie à son ancien allié bithynien. Eumène bénéficia probablement de l'appui des cités grecques menacées par l'expansion bithynienne (Cyzique, Héraclée Pontique). Des succès partagés déterminèrent les deux adversaires à députer, l'un et l'autre, à Rome (phénomène symptomatique, que cet appel à l'arbitrage romain, et qu'on voit se multiplier à partir de cette époque) : le Sénat, qui ne pouvait voir que d'un mauvais œil Philippe V, Hannibal et les Galates groupés autour de Prusias, devait favoriser Eumène, sa créature. C'est pour agir en ce sens que Flamininus fut, une fois encore, dépêché en Orient (cf. *supra*, p. 251). Une paix fut ainsi conclue, dont les termes ne sont pas explicitement connus. Le territoire contesté devint pergaménien et il est même probable qu'Eumène annexa un morceau de Bithynie — et, peut-être, la Galatie : mais ce sont là des suppositions déduites de développements ultérieurs de la situation. Le seul point assuré est que Rome exigea de Prusias la livraison d'Hannibal, qui y échappa par le suicide. Eumène, de la sorte, avait encore étendu son territoire et son influence en Asie Mineure.

SOURCES : Outre JUST. XXXII, 4, 2-8, qui n'en connaît pas le motif véritable, les historiens anciens ne contiennent que des allusions à ce conflit, dont le récit polybien est, dans sa majeure partie, perdu : cf. POL. XXII, 8, 5 ; XXIII, 1, 4 ; TL XXXIX, 51 ; PLUT., *Flam.*, 20. La victoire d'Eumène sur Prusias et les Galates est évoquée dans une inscription de Telmessos : SEGRÈ, *Due nuovi testi storici*, RF LX (1932), pp. 446 *sqq.* ; cf. L. ROBERT, *Décret de Tralles*, RPh, 3e sér. VIII (1934), pp. 279 *sqq.* et part. p. 284, n. 1. Sur les *Nikèphoria*, cf. les notes.

BIBLIOGRAPHIE COMPLÉMENTAIRE ET NOTES : HANSEN, *Attalids*, pp. 92 *sqq.*;
MC SHANE, *FPAP*, pp. 159 *sqq.*; HABICHT, *Über die Kriege zwischen Pergamon und Bithynien*, *Hermes* LXXXIV (1956), pp. 90-100 ; ID., s. v. *Prusias I*,
PW XXIII, 1 (1957), coll. 1098 *sqq.* L'annexion de la Galatie au royaume
de Pergame est admise par STÄHELIN, *o. c.*, pp. 44 ; 63 : elle est possible.

Les débats houleux de l'**assemblée fédérale achaienne** au sujet de l'attitude
à adopter au sujet d'Eumène et de l'alliance pergaménienne (POL. XXII, 7, 3 ;
7,3 - 8,13) se situent peut-être dans le contexte de ce conflit (allusion à
Prusias en 8, 5).

La chronologie suggère que ce furent les besoins du recrutement de mercenaires, à l'occasion de la guerre bithynienne, qui déterminèrent **Eumène** à
conclure, en 183, des alliances avec une trentaine de **cités crétoises** (*Syll*³. 627 :
cf. G. DUNST, *Die Bestimmungen d. Vertr. zwischen Eum. II u. den kret.
Städten v. J. 183*, *Philol.* C (1956), pp. 305 *sqq.*). Comme ce traité (ou plutôt
cette série de traités) se situe peu après ses premières interventions diplomatiques
en Crète (en 189 : cf. *supra*, p. 121 ; une autre en 184 : cf. POL. XXII 15),
il se pourrait que Rome ait vu d'un mauvais œil l'essor de l'influence pergaménienne dans l'île. En 174, une nouvelle démarche romaine en vue d'apaiser
une guerre locale se soldera par un échec (TL XLI, 25 (30), 7). Mais la
politique crétoise d'Eumène ne semble guère avoir eu d'avenir : qu'il faille en
rendre responsable une reprise de l'influence lagide sous Ptolémée VI, comme
certains l'ont pensé (cf. SPYRIDAKIS, *Ptolemaic Itanos...*, p. 97 — où le
renvoi à Holleaux est absurde) est pour le moins problématique.

Il semble que ce soit en 183 qu'Eumène prit l'appellation cultuelle de **Sôtèr** :
cf. L. ROBERT, *l. c.*, p. 284, n. 1. et *Études Anatol.*, p. 73, n. 1.

On signalera au passage le problème complexe de l'évolution des **Nikèphoria
de Pergame** (fêtes d'Athéna Nikèphoros), qui connurent certainement une
transformation à la suite de cette guerre ; mais le schéma de cette évolution
(matériel épigraphique : cf. *Fouilles de Delphes*, III, 3, n° 240 et 261 ;
WELLES 49-50) n'est pas assuré : cf. les solutions différentes adoptées par SEGRÈ,
L'institution des Nikèphoria de Pergame, ap. L. ROBERT, *Hellenica* V (1948),
pp. 102 *sqq.* (cf. déjà *supra*, p. 128), par G. KLAFFENBACH, *Die Nikephorien
von Pergamon*, *Mitteil. des deutschen arch. Instit.* III (1950), pp. 99 *sqq.* et
surtout à présent C.P. JONES, *Diodoros Pasparos and the Nikephoria of Pergamon*,
Chiron IV (1974), p. 184, sur la périodicité triétérique de la fête et les
conséquences qui s'ensuivirent (bibliographie antérieure *ap.* HANSEN, p. 99 ;
ROSTOVTZEFF III, p. 1473, n. 45). La transformation des *Nikèphoria* fut peut-
être commémorée par une émission monétaire au seul nom d'Athéna Nikèphoros
(cf. G. LE RIDER, *RN* 6e sér. XV (1973), p. 70). Eumène utilisa cette fête
comme un instrument de propagande dans le monde grec — d'une propagande
qui ne manquait pas de moyens par ailleurs : la richesse d'Eumène, comme de
son prédécesseur Attale Ier et de son successeur Attale II, leur ont permis
de multiplier donations, fondations, constructions en tous lieux : documents
rassemblés *ap.* L. ROBERT, *Et. Anat.*, pp. 84 *sqq.* et notes ; HANSEN, pp. 262 *sqq.*;
l'on conçoit aisément que les grands sanctuaires panhelléniques (et tout particulièrement Delphes et son dieu : *Syll*³. 671-672 et cf. ROBERT, *o. c.*, pp. 72 *sqq.*)
fussent de leur part l'objet d'une particulière sollicitude, que l'on savait
d'ailleurs... solliciter : cf. les requêtes des Delphiens à Eumène II à l'extrême
fin de sa vie (160/59), *ap.* DAUX, *Delphes...*, pp. 502 *sqq.* Les références
fournies par les ouvrages ci-dessus mentionnés permettront de répartir sur la
dynastie ce qui est ici rassemblé par commodité.

C'est un peu après la guerre envisagée ici que fut commencée la construction
du fameux autel de Pergame, commémorant l'ensemble des triomphes de
la dynastie.

2° LA GUERRE CONTRE PHARNACE Iᵉʳ DU PONT (182-179)

La guerre bithynienne à peine achevée, Eumène II se trouva
aux prises avec un nouveau conflit, d'une portée plus considérable
que l'affaire somme toute régionale qu'on vient de voir. Le
royaume du Pont, qui semble (vu le manque de documentation)
s'être tenu à l'écart des événements anatoliens du début du IIᵉ siècle,
connaît alors une subite poussée de croissance sous l'impulsion de
Pharnace Iᵉʳ. Pour maigres qu'elles soient, nos sources nous révèlent
les deux directions de cette tentative d'expansion : vers le Nord,
le monde grec colonial du Pont-Euxin ; vers le Sud, le continent
anatolien — ce seront les directions mêmes de l'expansion pontique sous Mithridate VI Eupatôr.

Polybe, qui nous entretient surtout des opérations anatoliennes,
nous ouvre néanmoins un aperçu sur les entreprises pontiques de
Pharnace, dont le premier geste fut d'enlever la cité grecque
indépendante de Sinope (qui avait déjà été l'objet d'une vaine
attaque de la part de Mithridate II une quarantaine d'années plus
tôt) ; Sinope, enclavée dans le territoire du Pont, était en effet le
meilleur débouché maritime que pût trouver ce royaume. D'autre
part, dans l'exposé des conditions de la paix qui termina cette
guerre, Polybe indique qu'un certain nombre d'États riverains de
la mer Noire furent inclus dans ce traité, et il semble en ressortir
que Pharnace chercha à s'assujettir des cités grecques aussi lointaines que Chersonèse ou Mesembria, sans doute en utilisant l'aide
de peuplades barbares du voisinage, notamment des Sarmates du
dynaste Gatalos : on devine des intérêts économiques à l'arrière-
plan de ces entreprises.

Mais ce qui nous reste de Polybe concerne surtout l'Asie Mineure. Pharnace s'y attaqua à la Cappadoce, qui prolongeait ses
États au Sud, et sans doute à des tribus galates récemment tombées
sous la domination pergaménienne : Eumène était donc contrainť
d'intervenir, d'autant qu'il avait contracté alliance avec Ariarathe
de Cappadoce au lendemain de Magnésie (*supra*, p. 231). Une coalition se noua donc, groupant autour d'Eumène Ariarathe, le dynaste
paphlagonien Morzios, sans doute menacé lui aussi, Prusias II
de Bithynie, instruit par la récente défaite de son père, et quelques
clans galates. Les Rhodiens, inquiets de l'expansion maritime du
royaume du Pont, se rangèrent d'abord derrière Eumène (auquel ils
demandaient d'ailleurs son appui contre les Lyciens : *infra*, p. 295),
mais ils se retournèrent contre lui lorsque le Pergaménien prétendit bloquer les Détroits — à quoi il dut renoncer. Pharnace, de
son côté, obtint l'appui de certains Galates et réussit à lancer sur
la Cappadoce le dynaste Mithridate de Petite-Arménie. Séleucos IV

(dont la mère était une princesse pontique : *supra,* p. 18, cependant que Pharnace avait épousé une princesse séleucide) songea un instant à profiter de la conjoncture pour reprendre pied en Asie Mineure : il est probable que ce fut une démarche romaine qui l'en dissuada.

On voit qu'il s'agissait là d'une affaire assez considérable, qui risquait de remettre en question l'œuvre de Rome en Asie Mineure : rien de surprenant à ce que le Sénat fût l'objet de démarches pergaméniennes instantes et répétées. Mais il est remarquable que Rome ne répondit que de mauvais gré à ces appels, et seulement par des démarches diplomatiques qui gênèrent Eumène plus qu'elles ne l'aidèrent... Jugeait-on dès lors, au Sénat, que mieux valait ne point trop encourager la puissance attalide, que l'expansion du Pont pouvait représenter un utile élément d'équilibre face à un royaume de Pergame qui désormais dépassait les limites cependant très larges qu'on lui avait assignées à Apamée ? Quoi qu'il en soit, les adversaires de Pharnace durent ne compter que sur eux-mêmes. Pharnace fut néanmoins battu et contraint d'évacuer ses conquêtes, sauf Sinope, qui devint sa capitale. L'inclusion dans le traité de paix d'Héraclée Pontique, de Chersonèse, de Mesembria et du Sarmate Galatos ne nous éclaire pas sur leur position pendant la guerre ; mais un important fragment épigraphique du traité particulier conclu entre Pharnace et Chersonèse révèle que les cités grecques avaient été attaquées par le roi du Pont, vraisemblablement avec l'aide de ces Barbares que Pharnace s'engage à combattre dans l'avenir. De plus, fait particulièrement intéressant, ce traité invoque expressément l'amitié romaine : la paix fut donc conclue sous l'égide de Rome, ce que Polybe (en son état) nous laissait ignorer.

Le royaume de Pergame est alors à l'apogée de sa puissance — mais il ne faut pas oublier que ses derniers succès ont été acquis sans que Rome y fût pour rien, et même peut-être contre son vœu secret. N'ayant pas participé à la guerre, Rome s'érigea-t-elle en garante de la paix pour éviter, à l'avenir, tout nouvel accroissement de la puissance pergaménienne ?

SOURCES : POL. XXIII, 9, 1-3 (cf. TL XL, 2, 6) ; XXIV, 1, 1-3 ; 14-15 ; XXV, 2 ; XXVII, 7, 5. STR. XII, 3, 11. — DIOD. XXIX, 24. Traité de Chersonèse : LATYSHEV, *Inscr. ant. orae septentr. Pont. Eux. (IOSPE)* I², 402 = MINNS, *Scythians and Greeks,* p. 646, n° 17 a.

BIBLIOGRAPHIE COMPLÉMENTAIRE ET NOTES : L'histoire du **royaume du Pont** (en réalité de Cappadoce Pontique) est très mal connue avant le règne de Pharnace et l'on n'a fait que peu de progrès, pour les époques les plus anciennes, depuis Ed. MEYER, *Geschichte des Königreiches Pontos* (1879). Sur

ses origines, cf. t. I², p. 138. Sur sa géographie cf. MAGIE, *RR*, pp. 179 *sqq.*
Sur les débuts de son expansion, *ibid.*, pp. 190 *sqq.* et 1088 *sqq.* ; GEYER,
s. v. *Mithridates 7, 8, 9*, PW XV 2 (1932), coll. 2158 *sqq.* ; DIEHL, s. v. *Pharnakes*, PW XIX 2 (1938), coll. 1849 *sq.*

ROSTOVTZEFF II, pp. 663-665, souligne l'importance pour Pharnace de l'occupation de **Sinope** (cf. MAGIE, pp. 183 *sqq.*), qui lui donne le contrôle des relations très étendues de cette vieille cité. En réalité, la défaite de Pharnace n'est qu'un demi-échec, du côté continental ; du côté maritime, l'issue du conflit représente un gain très net pour son royaume.

Au sujet des **Sarmates**, Altheim a noté que c'est la première fois que l'on voit réapparaître ces peuplades depuis l'époque où le livre IV d'Hérodote les montrait (sous le nom de Sauromates) nomadisant au Nord du Caucase, donc sensiblement plus à l'Est. La poussée des Sarmates est l'avant-garde des grandes migrations qui bouleversent, à cette même époque, la situation ethnique et politique de l'Asie centrale et de l'Iran (cf. *infra*, p. 400). Dans les régions danubiennes, les Sarmates rencontrent les Germains ou semi-Germains Bastarnes (*supra*, p. 252), dans des conditions dont Altheim a montré qu'elles sont très analogues à celles qui, quelques siècles plus tard, devaient associer les Huns et les Goths (cf. F. ALTHEIM et A. SZABO, *art. cit.*, *WaG* II (1936), pp. 318 *sqq.*

Ce qu'on perçoit de la **politique de Rome** est intéressant : sollicité par les deux parties de jouer le rôle d'arbitre, le Sénat s'abstient en réalité de trancher ; mais l'inscription de Chersonèse prouve que Rome est là à l'heure de la paix. Th. LIEBMANN-FRANKFORT, *Front. or.*, pp. 82 *sq.* explique l'apparente hésitation de Rome par la crainte de voir tous les ennemis d'Eumène se liguer contre lui — et donc contre elle, ce qui ne me semble pas assuré. L'attitude romaine à l'égard d'Eumène est ici comme un premier indice du refroidissement que l'on constate peu après à l'occasion de la troisième guerre de Macédoine (*supra*, p. 276) : le Sénat, certes, a besoin d'Eumène pour garantir la stabilité de l'Asie Mineure, mais il ne lui convient pas que le Pergaménien rompe cet équilibre à son profit. Si Rome, comme il semble, garantit la paix, ne serait-ce point au fond en faveur des adversaires d'Eumène ? Sans doute Pharnace est-il invité, par le traité, à ne pas envahir la Galatie et à évacuer la Paphlagonie, mais la garantie romaine le met à l'abri de représailles. Th. LIEBMANN-FRANKFORT, *l. c.* pense que Rome entend faire respecter par Pharnace la « frontière de l'Halys », mais les événements ne permettent pas de faire référence à cette ligne douteuse. De même, le veto romain opposé à la velléité d'intervention de Séleucos IV ne visait que l'éventuel franchissement du Taurus par le Séleucide. Écrire, comme le fait Mme L.-F., p. 77, que cet épisode illustre la volonté romaine de ne pas tolérer que la frontière de l'Halys soit violée, même par des voies détournées, ne confirme certes pas son interprétation de la paix d'Apamée.

La subite tension entre **Rhodes** et Pergame au sujet du blocus des Détroits a pu contribuer au rapprochement entre les Rhodiens et la Macédoine, qui se dessine à ce moment (*supra*, p. 261). Bref, tout donne à penser que la guerre de Pharnace fut un épisode très important de l'évolution de la politique générale de ces années, et l'on regrette de n'en pas mieux connaître les tenants et les aboutissants.

Prusias II de Bithynie semble succéder à son père en 182. Son entente avec Eumène II, qui n'est que passagère, est confirmée par des inscriptions (*Syll*³. 628 et 632 ; *OGIS* 341 et le commentaire de HABICHT, s. v. *Prusias 2*, PW XXIII, 1 (1957), coll. 1108-1109). Le retour à une politique antipergaménienne de la Bithynie est marquée peu après (vers 178/7) par le mariage de Prusias II avec la sœur de Persée, Apama (*supra*, p. 261).

3° L'INSURRECTION GALATE ET LA DÉTÉRIORATION DES RELATIONS
ENTRE ROME ET PERGAME (168-166)

La velléité d'intervention de Séleucos IV en faveur de Pharnace avait révélé les sentiments anti-romains et anti-pergamé-
niens du fils d'Antiochos III. Un peu plus tard, son alliance
matrimoniale avec Persée (*supra*, p. 261) témoigne dans le même
sens. Eumène II devait redouter ce rapprochement entre les héritiers
des deux grands vaincus de Rome, et cela explique son active
participation à la substitution d'Antiochos IV à Séleucos IV en
175, épisode auquel il a déjà été fait allusion (*supra*, p. 261) et
auquel on reviendra (*infra*, p. 304). Ses succès anatoliens des
années précédentes et la présence d'un obligé sur le trône d'Antioche paraissent avoir valu à Eumène quelques années de tranquillité en Asie Mineure. Toujours est-il que, pour nos sources,
tout est désormais subordonné d'un part aux affaires macédoniennes, où l'on a vu la participation d'Eumène, et, d'autre part,
à la politique d'Antiochos IV (*infra*, pp. 306 *sqq.*). Mais, avant
même que la troisième guerre de Macédoine fût achevée, l'attention
d'Eumène fut retenue par une nouvelle insurrection galate, qui peut
contribuer à expliquer la faiblesse de la participation pergaménienne à la fin de la lutte contre Persée. La situation se révéla
rapidement assez grave pour qu'Eumène dépêchât son frère Attale
à Rome, sous couleur d'apporter au Sénat les félicitations pergaméniennes pour Pydna, en réalité surtout pour demander une
démarche romaine auprès des Galates. Le Sénat (dont il est
difficile de savoir s'il essaya effectivement, comme le dit Polybe,
de jouer Attale contre Eumène) envoya des légats, qui rencontrèrent
les Galates hors de toute présence pergaménienne — et dont la
démarche se solda par une redoublement de la rébellion. Eumène,
malgré sa santé chancelante, courut à Rome : à son débarquement à Brindes, il apprit que le Sénat estimait désormais impossible
de recevoir des rois. Comme c'était le moment même où Prusias II
était aimablement reçu, il était évident qu'Eumène avait perdu la
confiance du Sénat. Il ne lui restait dès lors plus qu'à faire un
suprême effort militaire pour réduire l'insurrection, effort couronné de succès : une fois de plus, un Attalide sauvait l'Asie
Mineure du péril gaulois ; la Galatie retombait sous la domination
de Pergame. Mais peu après arrivait un sénatus-consulte qui
octroyait l'autonomie aux Galates, à condition qu'ils ne sortissent
plus de leurs frontières : c'était priver Eumène du bénéfice de
trois guerres galates (166).

La fin du règne d'Eumène II devait être marquée par cette
croissante animosité de Rome : si, à lui seul, l'essor du royaume

de Pergame avait pu inquiéter Rome, il est surtout certain que Pydna avait supprimé son utilité du côté de l'Europe...

SOURCES : POL. XXIX, 22, 4 ; XXX, 1-3 ; 19, 1-14 (cf. XXIX, 6, 4-6) ; XXXI, 1 ; 6. TL XLV, 19-20, 5 ; 34, 10 ; *Per.* XLVI. DIOD. XXXI, 13-16. Les documents épigraphiques relatifs à cette guerre galate sont relativement nombreux : cf. p. ex. *OGIS* 305 (commémoration à Delphes d'une victoire d'Eumène qui sauva Sardes) ; *OGIS* 763 = WELLES 52 (réponse d'Eumène à un décret honorifique des Ioniens) ; *OGIS* 751 = WELLES 54 (lettre d'Attale aux habitants d'Amlada).

BIBLIOGRAPHIE COMPLÉMENTAIRE ET NOTES : STÄHELIN, *o. c.,* pp. 66 *sqq.* ; HANSEN, *Attalids,* pp. 114 *sqq.* ; MAGIE, *RR,* pp. 21-23 et 764-767 ; ROSTOV-TZEFF, II, p. 800 ; BADIAN, *For. client.,* pp. 103 *sqq.* On trouvera un survol commode et pénétrant de la politique romaine en Asie Mineure jusqu'à la guerre mithridatique dans A.N. SHERWIN-WHITE, *Roman involvment in Anatolia 167-88 B. C., JRS* LXVII (1977), pp. 62 *sqq.*

C'est au financement de cette guerre galate que O. MØRKHOLM, *Some reflections on the early cistophoric coinage,* ANS-MN XXIV (1979), pp. 50 *sqq.* rattache une brève émission portant le monogramme de Synnada de Phrygie. Il émet aussi l'hypothèse selon laquelle Eumène aurait, en ces circonstances difficiles, été soutenu par Ariarathe IV de Cappadoce. En effet, parmi ces monnaies de l'atelier temporaire de Synnada, il en est qui portent le sigle BA AP : l'on avait attribué ces monnaies à Aristonikos (*infra*, p. 423) — mais c'est leur datation qui conduit M. à cette nouvelle interprétation, bien qu'aucun texte ne la soutienne...

L'intérêt de cette guerre galate est double : d'une part le conflit en lui-même illustre l'**instabilité des conditions générales en Asie Mineure** et révèle à quel point les Galates, plus d'un siècle après leur installation, étaient encore le principal facteur de cette instabilité ; d'autre part, elle est la meilleure illustration du **refroidissement des relations entre Pergame et Rome** au moment de la chute de la monarchie macédonienne. S'il va de soi que le fait de refouler Eumène et d'accueillir Prusias relevait du plus parfait arbitraire, il n'en reste pas moins que l'attitude mentale romaine à l'égard des rois était fort ambiguë (cf. E. RAWSON, *JRS* LXV (1975), pp. 150 *sqq.*) — seulement, c'était une ambiguïté dont les Sénateurs savaient jouer. S'il n'est pas possible de voir parfaitement clair dans le jeu romain, il reste certain que Rome n'a rien fait pour aider Eumène, et probable qu'elle encouragea secrètement les Galates. L'octroi, ensuite, de l'autonomie aux Galates par Rome n'a aucune base juridique : c'est un acte purement arbitraire (cf. DAHLHEIM, *Struktur u. Entwicklung,* pp. 101 *sq.*). Cette politique eut une conséquence que le Sénat n'avait sans doute pas cherchée : elle fit d'Eumène seul, aux yeux des Grecs terrorisés par le péril barbare, le sauveur de l'hellénisme, et servit plus son prestige que ne l'avaient fait les donations romaines de 188 (cf. les deux premières inscriptions mentionnées ci-dessus). Mais un document tel que celui d'Amlada révèle que les Galates trouvèrent des sympathies auprès des sujets les moins hellénisés du royaume de Pergame.

Que le Sénat ait essayé de brouiller Eumène et son frère et principal collaborateur **Attale** est vraisemblable : mais nos sources sont sans doute tendancieuses lorsqu'elles nous montrent Attale tout prêt à entrer dans ces vues : cela résulte peut-être du malentendu qui fit prendre le pouvoir par Attale à la nouvelle (fausse) de la mort d'Eumène au cours de son voyage manqué à Rome. Il semble bien, d'autre part, qu'interpréter, comme on l'a fait, la présence d'Attale et de son frère Athénaios, mais non d'Eumène, aux côtés des

Romains pendant la campagne de Pydna (cf. TL XLII, 55, 7 ; XLIV, 36, 8 ; décret athénien Meritt, *Hesp.* V (1936), pp. 429 *sq.* = Moretti, *ISE* I, n° 35) comme une preuve du moindre dévouement d'Eumène à la cause romaine consiste à faire dire aux sources plus qu'elles ne disent, alors que la situation générale explique au mieux cette répartition des tâches : tout au plus pourrait-on penser (rien ne s'y oppose) qu'Eumène jugeait sa présence plus indispensable dans son royaume qu'en Macédoine, à l'époque de Pydna. Rien, dans les faits, ne révèle une mésentente entre les frères jusqu'à la mort d'Eumène II.

B) Les affaires rhodiennes d'Apamée à Pydna

De même qu'entre Rome et Pergame, la période qui va d'Apamée à Pydna voit se détériorer les relations entre Rome et Rhodes. Mais les causes n'en sont pas les mêmes, car si Eumène avait tout fait pour rester en bons termes avec le Sénat, il n'en fut pas tout à fait de même des Rhodiens.

1° La puissance rhodienne après Apamée

Sa présence dans le camp des vainqueurs d'Antiochos III avait valu à Rhodes un accroissement considérable de puissance et d'influence. Sans parler de son expansion territoriale sur le continent (*supra*, p. 226), Rhodes était libérée de la menace latente que faisait peser sur elle l'empire séleucide. Sans doute Pergame prenait-elle jusqu'à un certain point le relais de la puissance séleucide et obtenait-elle même de Rome ce que le Sénat n'avait voulu tolérer ni de Philippe V, ni d'Antiochos III : la mainmise sur les Détroits, et cela avait de quoi inquiéter fort les Rhodiens. Il n'en reste pas moins que Rhodes était désormais la principale puissance maritime hellénistique.

Son attitude en faveur des libertés grecques, au lendemain de Magnésie (*supra*, p. 226) avait d'autre part valu à Rhodes un grand prestige auprès des cités auxquelles Rome avait consenti à laisser la liberté, et des autres aussi, sans doute. Des alliances avaient ensuite été conclues entre Rhodes et certaines de ces cités libres.

Le commerce de Rhodes, source de la prospérité et donc de la puissance de la cité profite largement de cette situation consolidée : l'activité rhodienne continue de se développer dans le monde méditerranéen tout entier.

Cette puissance et cette prospérité avaient toutefois leur revers. La prestigieuse ascension politique de Rhodes au IIIe siècle s'était faite grâce au relatif équilibre des forces hellénistiques dans le bassin oriental de la Méditerranée, — mais les Rhodiens avaient eux-mêmes contribué à détruire cet équilibre en contribuant à l'abaissement de la Macédoine d'abord, de l'empire séleucide ensuite. S'étant faits les instruments de l'expansion de l'influence romaine dans la zone de leurs intérêts les plus immédiats, les Rhodiens avaient involontairement réduit les conditions de leur liberté d'action. C'était par la grâce de Rome qu'ils s'étaient vus portés au sommet de leur puissance et celle-ci était d'autant plus précaire que, Antiochos III abattu après Philippe V, les intérêts rhodiens divergeaient à nouveau de ceux de Pergame, que le Sénat avait plus encore favorisés en 188, et qu'il avait plus de raisons de soutenir avant que l'époque de la troisième guerre de Macédoine n'amenât la quasi-rupture étudiée ci-dessus. De façon apparemment paradoxale, son triomphe de 188 mettait donc Rhodes dans une des situations les plus délicates qu'elle eût connues, et les difficultés n'allaient pas tarder à surgir pour elle.

BIBLIOGRAPHIE COMPLÉMENTAIRE ET NOTES : **Tableau général** de la situation de Rhodes à l'époque considérée : ROSTOVTZEFF II, pp. 679 *sqq.* ; données générales de la politique rhodienne : SCHMITT, *Rom und Rhodos*, pp. 129 *sqq.* ; TOYNBEE, *Hannibal's legacy* II, pp. 460-3

Alliances rhodiennes : Rhodes conclut notamment alliance avec Milet, laquelle, de son côté, groupait autour d'elle diverses communautés secondaires par une politique de sympolities et d'isopolities qui, de sa part, était traditionnelle. C'est sans doute aux années 182-180 qu'appartiennent les traités de sympolitie entre Milet d'une part, Pidasa et Héraclée du Latmos de l'autre (cf. REHM, *Das Delphinion, Ausgr. in Milet I, 3,* n° 149-150, pp. 350 *sqq.*) : le second de ces actes (= *Syll*[3]. 633) contient une référence explicite à l'alliance rhodienne. Témoignages de bonne entente entre Rhodes et Samos : *Syll*[3]. 588 et 599. On serait tenté de situer à cette époque un traité (d'alliance ? — le terme est restitué : cf. P. ROUSSEL, *REG* 1914, pp. 459 *sq.*) entre Rhodiens et Lesbiens (*sic*) de même que la création, précisément, du *koinon* des *Lesbioi* attesté par *IG* XI, 4, 1064 (sur ces documents, cf. L. ROBERT, *Lesbiaca, REG* 1925, pp. 38 *sqq.* = *OMS* II, pp. 730 *sqq.*). On notera l'existence, probablement à cette époque, d'un « conseil des Nésiotes » siégeant à Ténos (*IG* XII, 5, 824 = *Syll*[3]. 620), mais dont les actes étaient datés d'abord par le prêtre éponyme rhodien. L. ROBERT, *Monnaies hellénist. I, RN* 6e sér. XIX (1978), pp. 7 *sqq.* a rapproché ce texte d'un certain nombre de faits monétaires illustrant l'influence rhodienne dans les îles. Les alliances conclues par Rhodes avec d'autres cités « libres » ne représentent d'ailleurs qu'un aspect d'une vie de relations diplomatiques très active entre les cités, à cette époque — ce qui est intéressant en soi, dans le contexte du moment.

Signalons au passage un problème monétaire : on connaît un accroissement du poids des **monnaies rhodiennes** qui doit se situer quelque part dans la première moitié du IIe siècle. L'on considérait généralement que cette modification avait suivi l'abaissement de Rhodes consécutif à Pydna (*infra,* p. 298 ; ainsi HEAD, *Hist. Num.,* 2e éd., pp. 640 *sq.*). Outre qu'il pouvait apparaître paradoxal que Rhodes renforçât son monnayage à un moment où sa situation économique devait connaître une relative détérioration, L. Robert, *Et. de Num. Grecque* (1951), pp. 143 *sqq.*, et part. 171 *sqq.*, a pu prouver, sur la base d'une inscription délienne, que cette mutation avait dû intervenir avant 175, et donc probablement « dans l'accroissement de la puissance rhodienne, tel qu'il apparaît après 188 ».

2° La politique rhodienne jusqu'a la veille de la troisième guerre de Macédoine

Il n'est pas possible d'établir exactement les facteurs qui firent monter l'hostilité des Rhodiens contre Rome : ces facteurs paraissent d'ailleurs avoir été fort complexes, mais il faut mettre au premier plan la question lycienne. On a vu qu'à Apamée, Rhodes avait reçu la Carie et la Lycie. Si les Cariens, familiarisés de longue date avec l'influence rhodienne, ne semblent pas avoir créé de difficulté particulière aux insulaires, il n'en fut pas de même des Lyciens qui, ayant d'abord cru comprendre que leur Confédération entrait dans une alliance sur pied d'égalité avec Rhodes, furent péniblement surpris de constater que leur territoire était purement et simplement annexé à celui de Rhodes. Jugeant insupportable l'état de sujétion où ils étaient réduits, les Lyciens furent rapidement en état d'insurrection armée. Guerre assez dure pour que les Rhodiens fissent appel à Eumène, qui leur prêta main-forte en 181/0. Mais c'est l'époque même où les Rhodiens se brouillent avec Eumène sur la question du blocus des Détroits (pendant la guerre de Pharnace : *supra*, p. 288). Les Lyciens furent néanmoins battus — mais une ambassade lycienne arrivait alors à Rome pour protester contre le sort que leur faisaient leurs nouveaux maîtres (178/7). Le Sénat prétendit que la donation de la Lycie était un malentendu et que les Lyciens devaient être non les sujets, mais les alliés des Rhodiens : mauvaise foi patente — mais qui exprime quelque chose de neuf : la méfiance romaine à l'égard de Rhodes. Or c'est l'époque où commence aussi à se manifester la méfiance romaine à l'égard de Pergame (cf. guerre de Pharnace : *supra*, p. 289) — mais les causes ne sont pas les mêmes. On venait d'apprendre à Rome le rôle joué par les Rhodiens dans le rapprochement entre Séleucos IV et Persée (*supra*, p. 261 ; *infra*, p. 303) et les grands honneurs rendus aux insulaires par le roi de Macédoine. La politique des Rhodiens à l'égard des deux royaumes vaincus par Rome (avec leur collaboration !) est alors compréhensible : leurs intérêts économiques faisaient aux Rhodiens un devoir d'étendre le plus possible leurs amitiés politiques, cependant que, d'autre part, l'attitude cauteleuse du Sénat en Asie Mineure et le refroidissement de leurs propres relations avec Pergame pouvaient leur suggérer de prêter la main à un rapprochement entre le Séleucide et l'Antigonide, tous deux hostiles à Eumène. Cette politique ne cherchait certes pas une rupture avec Rome, mais elle ne pouvait qu'être mal vue du Sénat qui, s'il tentait alors de freiner l'expansion pergaménienne, n'avait pas intérêt pour autant à voir se constituer en Orient une coalition anti-pergaménienne. La réponse bienveillante du Sénat aux Lyciens avait donc la valeur d'un avertissement aux Rhodiens, qui dépêchèrent à leur tour à Rome, mais sans succès.

A Rhodes, on refusa d'admettre la nouvelle interprétation séna-toriale de la donation de 188 et, comme les Lyciens se sentaient moralement appuyés par Rome (ils le furent sans doute effective-ment par Eumène), la guerre reprit de plus belle ; bon gré, mal gré, les Rhodiens tendaient à glisser dans le camp des adver-saires de Rome en Orient. La tension montant, d'autre part, entre Rome et la Macédoine, les Rhodiens, désormais en mauvais termes et avec Rome et avec Eumène, devaient écouter avec faveur les appels de Pella, comme devaient le constater les ambassadeurs romains qui firent le tour des États orientaux en 172 (*supra*, p. 264).

SOURCES : POL. XXII, 5 ; XXIV, 15, 13 ; XXVII, 7, 5 ; XXV, 4-6, 1. TL XLI, 6, 8 *sqq.* ; 25, 8. XLII, 26, 7-9. Cf. également POL. XXVII, 7, 6 et TL XLII, 14, 6-8.

BIBLIOGRAPHIE COMPLÉMENTAIRE ET NOTES : Cf. en général P.M. FRASER et G.E. BEAN, *The Rhodian Peraea and islands*, pp. 111 *sqq.* ; SCHMITT, *o. c.*, pp. 134 *sqq.* E.S. GRUEN, *Rome and Rhodes in the 2nd cent. B. C. : a historiographical inquiry*, CQ XXV (1975), pp. 58 *sqq.* a mis en garde contre l'interprétation la plus immédiate et la plus fréquente de nos sources : celles-ci sont postérieures à Pydna et à la détérioration des rapports romano-rhodiens, risquant donc de représenter une réinterprétation *a posteriori* des responsabilités.

Sur le problème de l'**interprétation juridique de la donation de 188** (absolue ou précaire) cf. *supra*, p. 230 ; et, sur le malentendu fondamental qui en résulta dans les relations entre Rhodiens et Lyciens, cf. aussi J. et L. ROBERT, *La Carie II*, pp. 308 *sqq.* E. MANNI, *Roma e l'Italia...*, p. 401, désireux de laver Rome de l'accusation de mauvaise foi en cette affaire, cherche à placer le malentendu sur un plan juridique, soit que Rome se fût effectivement réservé un droit de révocation, soit que « les Lyciens ayant déjà joui sous les Séleucides d'un type d'*eleutheria* faisant d'eux, au moins théoriquement, des alliés du roi », il s'en serait suivi que « les Rhodiens n'auraient pas reçu de Rome le *dominium* sur les Lyciens, mais auraient seulement recueilli l'héritage des rapports que ceux-ci avaient entretenu avec Antiochos ». On serait toutefois en peine de définir clairement le statut des Lyciens dans l'empire séleucide, et un malentendu entre *dominium* et « alliance » semble peu plausible. Il se pourrait que les Lyciens, s'imaginant avoir été proclamés libres par Rome, aient alors fondé le culte de Rome Déesse Épiphane, attesté par l'inscription d'Araxa mentionnée *supra*, p. 229, culte qui ne fut toutefois pas abrogé lorsque les Lyciens se trouvèrent détrompés. Monnaies rhodiennes contremarquées pendant une révolte de Lycie (plutôt que lors de la libération de 166), cf. L. ROBERT, *RN* VI⁰ sér., XIX (1977), pp. 29 *sqq.*

Hésitations de la politique rhodienne à l'égard de Rome : sur la contradiction (?) entre TL XLII, 26, 8, qui montre les Rhodiens *fluctuantes et inbutos Persei consiliis*, et XLII, 45 = POL. XXVII, 3, qui montre la flotte rhodienne prête à lutter aux côtés des Romains, cf. SCHMITT, *o. c.*, p. 140, n. 4 et pp. 212 *sq.* ; le problème est d'ailleurs double : 1° s'agit-il des mêmes circonstances ? — ce n'est pas certain ; 2° y a-t-il vraiment contradiction et faut-il, en conséquence, rejeter le premier passage comme sortant d'une source hostile à Rhodes ? — on peut en douter. Schmitt, disposé à ne retenir que le passage d'origine polybienne, a lui-même bien montré les divisions des Rhodiens quant à la politique à suivre — et donc la possibilité de « fluctuations ». Sur les ambassades macédoniennes à Rhodes, cf. OLSHAUSEN, *Prosopogr.* I, n° 106, 122 (en 171/0) et 120 (en 168).

Peut-être le **rapprochement entre Rhodes et la Macédoine** doit-il être interprété moins comme un retournement que comme une tentative de réconcilier l'attitude politique des Rhodiens, telle qu'elle s'était exprimée depuis 201, avec leurs intérêts économiques permanents, lesquels paraissent être revenus au premier plan aussitôt après la défaite de Philippe V : les Rhodiens, contrairement à Eumène II, ne figurent pas au nombre de ceux qui persécutèrent Philippe dans la dernière partie de son règne, et, dès cette époque, leurs monnaies sont abondantes en Macédoine (cf. *supra*, p. 274, sur les conséquences qu'en déduisit peut-être Persée pour son propre monnayage). L. ROBERT, *Ét. de num. grecque*, pp. 179 *sqq.*, a dégagé « l'axe commercial qui traverse l'Égée, de la Macédoine à Rhodes, par Histiée et Délos » (p. 214), axe qui remonterait d'ailleurs à l'époque antérieure à la deuxième guerre de Macédoine.

3° RHODES, LA TROISIÈME GUERRE DE MACÉDOINE
   ET SES SUITES

Malgré leurs « fluctuations », les Rhodiens se prononcèrent pour Rome en 171 — mais le dédaigneux renvoi de leur flotte (*supra*, p. 275) les rejeta dans une diplomatie attentiste, qui a été étudiée *supra*, pp. 275 *sqq.* Rappelons simplement que la mission de médiation suggérée aux Rhodiens par Q. Marcius Philippus en 169 ne parvint à Rome qu'alors que la nouvelle de Pydna y était déjà connue : les Rhodiens ne pouvaient s'être mis dans un plus mauvais cas. Avant même qu'ils ne connussent l'accueil réservé à cette malencontreuse ambassade, le passage à Rhodes de la mission romaine qui, sous C. Popilius Laenas, se rendait en Égypte pour y arrêter l'essor d'Antiochos IV (*infra*, p. 322) leur donna un avant-goût de ce qu'allaient être leurs rapports avec Rome : la dureté des propos des légats détermina les Rhodiens à décréter la peine de mort contre tous ceux qui s'étaient rendus coupables d'intrigues avec Persée : de ces « coupables », ceux qui n'étaient pas encore en fuite se suicidèrent. Quant à l'ambassade rhodienne à Rome, qui avait précipitamment substitué un discours d'actions de grâce pour Pydna à ses propositions de médiation, elle fut fort mal accueillie au Sénat, où certains allèrent jusqu'à proposer une « guerre rhodienne » : la proposition ne fut toutefois pas retenue, et l'un des ambassadeurs courut porter à Rhodes cette « bonne nouvelle »... Avec quelque légèreté, les Rhodiens dépêchèrent aussitôt à Rome (167) une seconde ambassade, porteuse d'une couronne d'or et d'une demande d'alliance — qui arrivait un peu tard et à laquelle il ne fut pas répondu. Au contraire, deux sénatus-consultes exigèrent alors des Rhodiens l'évacuation non seulement des régions de Carie et de Lycie qui leur avaient été données à Apamée, et qui étaient proclamées libres, mais encore de places que Rhodes tenaient sans que Rome les lui eût données. Les Rhodiens se soumirent à tout, — et continuèrent d'implorer l'alliance romaine, qu'ils finirent par obtenir en 165, à des conditions qui ne sont d'ailleurs pas connues.

L'insistance des Rhodiens à obtenir cette alliance ne procède pas que du vain désir de figurer juridiquement dans le camp des arbitres de l'Orient : en but à la vindicte de Rome, les Rhodiens devaient aspirer à voir leur situation juridiquement définie pour éviter la multiplication des actes d'arbitraire. Car il n'était plus question pour eux de résister aux volontés de Rome, ni de trouver des appuis à l'extérieur. La faillite de leur politique des dix dernières années avait ruiné leur enviable situation de puissance d'appoint et de médiateurs de vocation, et cette déchéance politique avait également compromis leur situation économique. A l'époque même où les Rhodiens demandaient pour la première fois l'alliance romaine (167), Athènes obtenait du Sénat la cession de Délos (supra, p. 282), mais, par la même occasion, Rome déclarait Délos port franc : le fait nous est même connu par un passage du discours prononcé au Sénat par l'ambassadeur rhodien qui, en 165, obtint l'alliance, et qui affirme que, dans l'espace de deux ans à peine, le nouveau statut de Délos avait, ou aurait (car il y a sans doute quelque exagération dans ce propos) ruiné les revenus portuaires de Rhodes : que ce résultat ait ou non été cherché par le Sénat, le résultat était le même pour les Rhodiens. Depuis la fin du IVe siècle, prospérité économique et influence politique rhodiennes s'étaient mutuellement conditionnées : l'une et l'autre pâtissaient désormais de concert.

L'alliance romaine sonne le glas de la grandeur rhodienne. Celle-ci avait été le fruit d'une indépendance longuement ménagée, avec une habileté politique qui n'excluait ni le courage militaire, ni les sacrifices. Mais la progression des armes, de la diplomatie et des intérêts romains avait peu à peu étréci la liberté d'action des Rhodiens, comme celle des monarchies hellénistiques, sans qu'ils parussent s'être rendu compte, aveuglés peut-être par les prévenances dont ils avaient longtemps été comblés, de leur rapide glissement de la situation d'État souverain à celle d'État client. Habitués à traiter avec le Sénat comme avec les souverains hellénistiques, c'est-à-dire sur pied d'égalité, certains d'entre eux avaient cru pouvoir continuer à ménager les intérêts de leur cité en louvoyant entre une Macédoine ressuscitée et une Rome encore hésitante : Rome victorieuse avait eu beau jeu de crier à l'ingratitude et à la trahison. Pas plus qu'Eumène, les Rhodiens ne semblent avoir compris qu'en recevant de Rome des dépouilles d'Antiochos III, ils avaient aussi hérité de la suspicion qui avait pesé sur les Macédoniens et sur le Séleucide. Une fois ceux-ci éliminés (réellement ou virtuellement), l'heure de vérité avait sonné. Il ne restait plus aux Rhodiens, après les journées cruciales de l'été de 168, qu'à obtenir la définition juridique de l'infériorité de fait où leur erreur de calcul les avait fait tomber.

SOURCES : Rhodes après Pydna : TL. XLV, 10 ; DION CASS. XX, 68, 1. Révocation des donations : POL. XXX, 4-5 ; 21 ; 23, 4 ; 31 ; TL XLV, 20-25 ; *per.* XLVI ; DIOD. XXXI, 5 ; DION CASS. XX, 68 ; ZON. IX, 24.

BIBLIOGRAPHIE COMPLÉMENTAIRE ET NOTES : On manque malheureusement de données sur l'attitude de **Rhodes** à l'égard de la **sixième guerre de Syrie,** dont il sera question *infra*, p. 311, et on ne sait donc pas s'il convient de chercher également de ce côté certaines raisons de l'hostilité romaine. On verra toutefois que le gouvernement de Ptolémée VI paraît avoir entretenu des relations avec Persée : or un des politiciens rhodiens hostiles à Rome, Polyaratos, alla se réfugier à Alexandrie, où Ptolémée refusa de le livrer à Rome. Les vieilles relations de Rhodes avec Alexandrie, les relations plus récentes ébauchées avec Persée, pourraient donc conduire à se demander si certains Rhodiens, portés à soutenir Persée contre Rome, n'auraient pas cherché à rapprocher l'Égypte de la Macédoine. Les indices restent toutefois bien minces...

    L'abrogation des donations est interprétée par Th. LIEBMANN-FRANKFORT, *Front. Or.*, pp. 95 *sqq.* dans la ligne de sa thèse : il s'agirait d'une mesure de renforcement de la zone frontière romaine en Asie : « En accordant la liberté aux cités de ces régions, les Romains étendaient leur hégémonie sur elles et accroissaient la valeur défensive de leur zone frontière en Orient, dont les habitants avaient désormais tout intérêt à protéger leur intégrité territoriale et, partant, celle de l'empire romain ». Si telle était l'intention des Romains, ils se faisaient quelques illusions... Répétons d'ailleurs qu'il faudrait mieux connaître que nous ne le pouvons les mobiles de la brouille entre Rome et Rhodes. — Quoi qu'il en soit, leur émancipation de la domination rhodienne fut célébrée par les Lyciens comme par les Cariens : cf. L. ROBERT, *l. c.*, pp. 29-33.

    Sur l'**abaissement de Rhodes**, les négociations, le traité, cf. SCHMITT, *o. c.*, pp. 151 *sqq.* Rome inclut dans les abandons imposés à Rhodes la ville de Stratonicée de Carie et son territoire, que les Rhodiens possédaient cependant depuis l'époque de Séleucos II : cf. Ern. MEYER, *Die Grenzen...*, p. 62. Sur le prestige que valut à Rome, en Carie, l'abrogation des donations de 188, cf. les documents rassemblés, à propos d'une inscription où les Romains sont dits « communs bienfaiteurs de tout le monde », par Chr. HABICHT, *Samische*

Volksbeschlüsse der hellenist. Zeit, Ath. Mitt. LXXII (1957), n° 65, pp. 242 *sqq.* et part. 248 *sqq.*

Sur l'apparition du culte de Rome à Rhodes, cf. R. MELLOR, *Thea Rhômè...,* p. 35 (au terme d'un chapitre qui donne une brève mais bonne analyse des relations romano-rhodiennes des années antérieures) ; sur la reconnaissance des Lyciens à l'égard de Rome, *ibid.* pp. 36 *sqq.*

S'il est difficile d'estimer justement le détriment subi par Rhodes, ce l'est bien plus encore pour d'autres cités sur lesquelles nous sommes moins bien documentés : une dépression commerciale a été supposée pour **Chios**, sur la base de données numismatiques, par R. BAUSLAUGH, *Posthumous Chian Alexanders, ANS-MN* XXIV (1979), pp. 36 *sq.*

Sur **le port franc de Délos**, cf. P. ROUSSEL, *Délos colonie athénienne* (1916), pp. 1 *sqq.* ; J. HATZFELD, *Les trafiquants italiens dans l'Orient grec* (1919), pp. 31 *sqq.* ; ROSTOVTZEFF II, pp. 771 *sqq.* Entendue comme une mesure de rétorsion économique contre Rhodes, la création du port franc de Délos prouverait, selon H. HILL, *The Roman middle-class*, pp. 97 *sqq.*, que, depuis la chute de Carthage en 201, le Sénat a appris à se servir d'armes économiques contre un État mercantile ; ce qui ne signifie pas — ajoute prudemment Hill — que cette mesure ait été prise dans l'intention de favoriser les négociants italiens. En fait, la question de la création du port franc de Délos est de celles auxquelles la documentation ne permet pas de répondre résolument. On peut toutefois essayer de la poser clairement, sous ses deux principaux aspects. 1° *La création du port franc fut-elle dirigée contre Rhodes ?* Le passage de Polybe où il put en être question nous manque — mais sans doute Polybe n'en parla-t-il pas, car il n'y a rien dans Tite-Live à ce sujet. Nous ne connaissons la création du port franc et les conséquences qu'elle eut pour les Rhodiens que par le discours prononcé au Sénat en 164 par le Rhodien Astymèdès, où celui-ci se plaint du tarissement des revenus rhodiens depuis la suppression des taxes à Délos. Nous n'avons pas le droit de récuser ce rapport (même si l'on peut douter de l'ampleur du déficit rhodien) et nous sommes en droit de supposer, à l'arrière-plan, une intention romaine hostile à Rhodes, surtout si nous encadrons cela dans toute la série de mesures prises à cette époque par Rome contre Rhodes, qui rendent clair que le Sénat a décidé de briser la puissance rhodienne en supprimant les principales sources de revenus rhodiens (en Lycie, en Carie) : la création du port franc de Délos *peut* (et non doit) figurer dans cet ensemble. On notera toutefois que les difficultés soulignées par Astymèdès ne furent que passagères. Comme l'a récemment souligné NICOLET, *Rome...* I, pp. 181 *sqq.* ; II, p. 901, la prospérité rhodienne ne tarde pas à être à nouveau bien attestée : aussi bien la géographie imposait-elle Rhodes comme relais commercial, et il n'était pas question de lui substituer Délos pour les routes venant du Levant. — 2° *La création du port franc de Délos fut-elle (aussi) destinée à favoriser les intérêts commerciaux romains et italiens ?* Si c'était démontrable, nous serions en présence d'une véritable politique économique. Mais ce ne serait démontrable que s'il était prouvé que, de façon générale, la prospérité de Délos fit un bond après 166 et que, plus particulièrement, les négociants romains et italiens y affluèrent aussitôt en foule. Or, sur le premier point, STRABON X, 5, 4 lie l'essor de Délos à la destruction de Corinthe en 146 (*infra*, p. 394) et, sur le second, il ajoute qu'avant cette date, les Romains fréquentèrent surtout Délos à l'occasion de la panégyrie. Ceci est confirmé par le matériel épigraphique, qui n'atteste pas l'installation à demeure des Romains et des Italiens, ni leur organisation en associations avant la fin du IIe s. La suppression des taxes à Délos semble avoir profité surtout aux Grecs d'Orient, Syriens, Phéniciens ou Égyptiens, qui étaient installés dans l'île depuis longtemps et y resteront toujours plus nombreux que les Romains et Italiens. Comme l'a écrit P. Roussel, « les *Rhômaioi* ne s'abattirent pas sur Délos en une bande compacte », et les efforts de A.J.N. WILSON,

Emigration from Italy... (Manchester 1966), ch. VIII pour démontrer le contraire et faire dire à Strabon autre chose que ce qu'il dit ne sont pas très convaincants. Le plus plausible est que le grand relais du commerce romano-italien en Grèce resta Corinthe, combien plus commode que Délos, jusqu'en 146. Ce qui donne à penser que si le Sénat créa le port franc de Délos en faveur des Italiens, ce fut d'abord sans grand succès... Dès lors, fut-ce en leur faveur que la mesure fut prise ? Il faut avouer honnêtement qu'aucune certitude n'est possible. Si la mesure fut dirigée contre Rhodes, ce qui est au moins vraisemblable, elle apparaît comme le moyen économique (fiscal) d'une finalité politique, et l'on hésitera à la faire figurer au catalogue des preuves de ce que le Sénat avait une « politique économique », de ce qu'il pratiquait un « impérialisme économique ». Sur l'ambiguïté du problème, cf. encore M.I. Finley, *The ancient economy* (Londres 1973), pp. 155 *sq.* = *L'économie antique* (Paris 1973), p. 207.

III — L'ORIENT (MOINS L'ASIE MINEURE) DE LA MORT D'ANTIOCHOS III A LA MORT D'ANTIOCHOS IV (187-164/3)

Une fois encore, revenons en arrière. Étudiant, dans les deux premières sections de ce chapitre, les affaires d'Europe, puis d'Asie Mineure entre la paix d'Apamée et Pydna, nous avons eu à plusieurs reprises l'occasion de signaler l'importance que revêtait de façon générale pour la compréhension de la politique de Rome d'une part, de celle d'Eumène II de l'autre (celle-ci contribuant d'ailleurs à inspirer celle-là) la politique séleucide contemporaine ; d'insister, plus particulièrement, sur le fait que le nouveau conflit entre Séleucides et Lagides, connu sous le nom fort impropre de « sixième guerre de Syrie », est un aspect majeur de la crise qui affecte le monde hellénistique tout entier à cette époque et dont la troisième guerre de Macédoine est l'épisode occidental. Si vraiment, comme il nous a semblé, Rome a brusqué l'anéantissement du royaume de Macédoine pour éviter que son redressement ne fût favorisé par un succès trop prévisible d'Antiochos IV sur l'Égypte, pour éviter, en d'autres termes, que ne fût totalement compromis l'ordre oriental échafaudé par Rome depuis 196 et dès lors dangereusement miné, — il nous faut à présent prêter attention aux épisodes les plus méridionaux de cette crise complexe, sans perdre de vue ce qui en a été analysé dans les pages précédentes.

A) Les affaires d'Orient jusqu'à l'avènement d'Antiochos IV (175)

1° LA FIN DU RÈGNE DE PTOLÉMÉE V

On a vu (*supra*, p. 190) quelle était la situation de l'Égypte quand, en 195, Antiochos III imposa à Ptolémée V la renonciation à la Cœlé-Syrie et la main de sa fille Cléopatre (I) ; on a vu aussi que les arrangements d'Apamée n'avaient pas pris en considération les intérêts lagides (*supra*, p. 231). La disparition d'Antiochos III débarrassait toutefois Ptolémée V d'une tutelle qui eût risqué d'être pesante, et pouvait lui suggérer des espoirs de revanche. La situation intérieure de l'Égypte s'améliorait du reste à cette époque : en 186, un terme était mis à la longue insurrection indigène de Haute-Égypte. Certes, cette amélioration n'était que relative, car le rétablissement théorique de l'autorité lagide sur la vallée du Nil s'accompagnait de concessions fiscales qui en diminuaient la portée pratique, et la poursuite de l'inflation galopante de la monnaie de cuivre diminuait sans cesse les ressources vraies de la monarchie. Ptolémée V n'en essaya pas moins de reprendre sa place dans le concert diplomatique, sans doute en vue de recouvrer un jour la Cœlé-Syrie. Dans l'immédiat, il s'agissait surtout de se faire bien venir des États grecs fournisseurs de mercenaires. On a conservé la relation polybienne des négociations nouées entre 187 et 185 avec la Confédération achaienne, négociations que l'opposition d'une faction neutraliste fit échouer. En 181/0, ce fut la mort de Ptolémée V qui coupa court à une nouvelle tentative de même sens.

Ce décès (par empoisonnement, selon la tradition) mit un terme aux velléités de revanche que paraît avoir eues ce médiocre souverain : Ptolémée VI Philomètôr, son fils aîné, était mineur et la reine-mère et régente Cléopatre I, fille d'Antiochos III et sœur de Séleucos IV, s'abstint naturellement de toute politique hostile à sa famille d'origine. La tension entre les deux royaumes ne devait renaître qu'après sa mort, en 175.

SOURCES : Sur la fin de la rébellion, cf. le « 2ᵉ décret de Philae » *ap.* SETHE, *Hierogl. Urkunden* II, pp. 241 *sqq.* Négociations achaiennes : POL. XXII, 3, 5-9 ; 7, 1-2 ; 9. Mort de Ptolémée V : DIOD. XXIX, 29.

BIBLIOGRAPHIE COMPLÉMENTAIRE ET NOTES : Sur l'ensemble, cf. VOLKMANN, *s. v. Ptolemaios, PW* XXIII, 2 (1959), coll. 1697-1700, où références.
        Sur les mesures d'**amnistie** de 186 : L. KOENEN, *Die « demotische Zivilprozessordnung » und die Philanthropa vom 9 okt. 186 v. Chr., AfP* XVII (1960), pp. 11 *sqq.*

Les négociations menées entre les **Achaiens et Ptolémée V** (cf. Larsen, *GFS*, pp. 460 *sq.*) furent l'occasion d'un conflit entre Aristainos (qui les fit échouer) et Philopoimèn : il est difficile de savoir si Aristainos agissait là par prudence, pour éviter de provoquer une réaction romaine (comme il s'en produira une en 168 : *infra*, p. 321) ; il est en revanche certain qu'il saisit avec empressement l'occasion de mettre Philopoimèn dans son tort en révélant que la négociation avait été menée avec quelque légèreté (cf. Errington, *Philop.*, pp. 163 sq.).

2° Le règne de Séleucos IV Philopatôr et l'avènement d'Antiochos IV (187-175)

Du côté séleucide, Séleucos IV fait un peu pâle figure entre son père Antiochos III et son frère cadet Antiochos IV. Ses capacités paraissent toutefois devoir moins être mises en cause que les circonstances dans lesquelles il régna. Bien qu'amputé de l'Asie Mineure, son empire restait le plus vaste de ce temps, mais ces dimensions ne doivent pas faire illusion : l'Iran tout entier était plus ou moins ouvertement travaillé par des tendances séparatistes et la dynastie lagide, comme on verra, conservait des sympathies en Cœlé-Syrie. Seules la Syrie septentrionale et la Mésopotamie-Babylonie semblent n'avoir pas posé de problèmes internes — à notre connaissance du moins. Mais ce qui, après Apamée, pèse le plus lourdement sur le successeur d'Antiochos III, c'est le problème financier : réparer les conséquences de la défaite paternelle tout en payant les indemnités exigées par Rome excédait les ressources de l'État, et Séleucos IV, qui devait léguer à son successeur des arrérages à régler (alors que la dernière annuité eût dû tomber en 178), garda dans la tradition la réputation de « roi-percepteur ». On verra, *infra*, p. 330, comment son besoin de métal précieux fut pour une part à l'origine des difficultés qui opposèrent les Juifs à la domination séleucide.

Paralysé par les conséquences de la défaite paternelle, Séleucos IV n'en était pas pour autant résigné, et les quelques indices qui nous sont parvenus de sa politique extérieure ne traduisent qu'hostilité à Rome et à ses amis. Il disputa (en même temps que Ptolémée V) la faveur des Achaiens à Eumène II, songea un moment à intervenir contre celui-ci aux côtés de Pharnace du Pont (*supra*, p. 288) et enfin, en 177, donna la main de sa fille Laodice à Persée (*supra*, p. 261). Tout cela ne pouvait aller bien loin, mais devait provoquer l'hostilité d'Eumène et du Sénat. A une date inconnue, le frère cadet du roi, Antiochos, céda à Démétrios, fils aîné de Séleucos IV, la place d'otage qu'il occupait à Rome depuis Magnésie : il est difficile de ne pas voir une exigence romaine à l'origine de cet échange, qui paralysait plus encore le Séleucide régnant.

Que Rome et Eumène aient d'autre part trempé dans l'assassinat de Séleucos IV par son vizir Héliodore, en 175, est incertain, sinon invraisemblable. Héliodore, dont on verra plus loin quelle avait été la conduite à Jérusalem (*infra*, p. 330), pouvait certes avoir des raisons personnelles de se débarrasser de son maître, éventuellement pour exercer la régence sous un roi mineur. Ce qui ne fut pas le cas car, aussitôt qu'il apprit la mort de son frère, Antiochos, qui vivait à Athènes depuis son départ de Rome, passa en Asie Mineure, d'où Eumène II, après lui avoir conféré le diadème, le fit conduire en Syrie par son frère Attale.

Antiochos IV devenait de la sorte roi au prix d'un coup d'État complexe dont les responsabilités restent énigmatiques : il le devenait en tout cas avec la bénédiction de la maison royale de Pergame et, dans ces conditions, il n'y a rien de surprenant à ce qu'il obtînt sans peine sa reconnaissance du Sénat — qui garda toutefois le jeune Démétrios, fils de Séleucos IV, comme otage.

SOURCES : APP., *Syr.* 66 (349) et St JÉRÔME, *in Dan.* XI, 20 signalent brièvement et superficiellement la faiblesse et l'inaction de Séleucos IV. Sur le retard des paiements à Rome : *II Macc.* 8, 10 et 36 ; TL XLII, 6, 6. Affaires achaiennes : POL. XXII, 7, 4 ; 9, 13. Guerre de Pharnace : DIOD. XXIX, 24. Mariage macédonien : POL. XXV, 4, 8 et 10 ; TL XLII, 12, 3 ; APP., *Mak.* 11, 2. Échange des otages : APP., *Syr.* 45 (232) ; cf. POL. XXXI, 2, 1-2 .Avènement d'Antiochos IV : APP., *Syr.* 45 (233) ; *OGIS* 248 : cette inscription de Pergame (un décret d'Athènes, félicitant Eumène pour l'aide apportée à Antiochos) est le document fondamental sur l'avènement d'Épiphane : elle confirme, développe et illustre la brève phrase d'Appien qui nous dit qu'Eumène et Attale ramenèrent Antiochos dans son royaume.

BIBLIOGRAPHIE COMPLÉMENTAIRE ET NOTES : Les **dates de naissance** de Séleucos IV et d'Antiochos IV ne sont pas connues : SCHMITT, *Unters.*, pp. 20 *sq.*

La **crise financière séleucide**, attestée par le retard des paiements à Rome, se manifeste aussi dans le monnayage : cf. H. SEYRIG, *Antiquités syriennes LXVII : Monnaies contremarquées de Syrie*, Syria XXXV (1958), pp. 194-196.

On avait pensé pouvoir restituer le nom de **Laodice**, que son frère Séleucos IV donna pour femme à Persée, sur une inscription grecque de Séleucie sur l'Eulaios (Suse), qui aurait associé en un même culte trois princesses Laodice (cf. *SEG* VII, 2) ; L. ROBERT, *Hellenica* VII (1949), pp. 26 *sqq.*, a toutefois montré qu'il n'était question que de deux princesses séleucides dans ce texte : la reine-mère, veuve d'Antiochos III, et la reine-régnante, sœur-épouse de Séleucos IV et sans doute déjà de son premier frère Antiochos, mort en 193. Quant à l'épouse de Persée, on la retrouvera ultérieurement (*infra*, p. 371).

Sur la possibilité de troubles en **Perside** sous Séleucos IV, *infra*, p. 350.

Les circonstances de la fin du règne de Séleucos IV et de l'**avènement d'Antiochos IV** sont difficiles à interpréter : les intentions d'Héliodore, l'éventualité d'intrigues pergaméniennes et romaines à la cour séleucide, tout est matière à conjectures. Mais il semble douteux que l'échange des otages, l'installation d'Antiochos IV à Athènes, la rapidité avec laquelle il intervint de concert avec les Pargaméniens à l'annonce de la mort de son frère, — et cette mort elle-même, aient été de pures coïncidences : tout donne à penser qu'il s'agit là d'une affaire longuement et soigneusement préparée entre Pergame et Rome (Mørkholm, *Antiochos IV of Syria* (Copenhague 1966), pp. 35 *sq.* ; 40, ne retient l'intervention romaine que pour l'échange des otages — mais celui-ci conditionne tout le reste), affaire dont Héliodore ne fut peut-être que l'instrument inconscient (il semble avoir été chassé avant l'arrivée d'Antiochos IV, et on perd sa trace). Appien indique qu'il y aurait eu dès lors des frictions (mais à quel sujet ?) entre Pergame et Rome : Eumène pouvait estimer faire coup double en mettant Antiochos sur le trône, puisqu'il se faisait un obligé d'un prince bien vu du Sénat. Antiochos IV, pour s'affirmer au pouvoir, dut sans doute surmonter diverses oppositions. St Jérôme fait allusion à des partisans de Ptolémée VI qui, on le sait, était petit-fils d'Antiochos III par Cléopatre I, et certains modernes ont pensé qu'il y aurait eu des intrigues alexandrines (« wiewohl sie sich schwer beweisen lassen ») à l'arrière-plan du meurtre de Séleucos IV (cf. en dernier lieu J.G. Bunge, « *Theos Epiphanes* », *Hist.* XXIII (1974), p. 58, n. 4, qui préfère cette hypothèse à celle que j'avance ici et dont je ne vois pas, malgré B., en quoi elle serait en contradiction avec le texte d'Appien). Mais il faut aussi tenir compte de la lignée de Séleucos IV : le fait que l'assassin de celui-ci, Héliodore, s'enfuit rapidement, indique que son crime ne rencontra pas un large assentiment, et l'on peut supposer que les fils de Séleucos IV eurent des partisans à la cour. De ces fils (mineurs), l'un, Démétrios (était-ce l'aîné ?) était otage à Rome, où, on l'a vu, il avait remplacé Antiochos IV lui-même : si Antiochos IV bénéficie de l'approbation tacite du Sénat, il ne reste pas moins que Rome tient son neveu en réserve et que cela grève l'avènement de l'oncle d'une menace constante, qu'il faut tenir constamment présente à l'esprit. L'autre fils de Séleucos IV pose un problème difficile et dont on peut se demander s'il a été définitivement résolu. Quelques fragments littéraires, dont le plus important est Diod. XXX, 7, 2 (dont il n'est pas sûr qu'il soit correctement placé...) font allusion au meurtre d'un « fils de Séleucos » ; comme l'auteur de ce crime est un certain Andronicos et que ce nom est celui d'un ministre d'Antiochos IV, on peut se demander si le « fils de Séleucos » n'est pas un fils, par ailleurs inconnu, de Séleucos IV. Comme de surcroît, des monnaies offrent l'effigie d'un enfant appelé « roi Antiochos », on s'est également demandé (cf. Bevan, *House...* II, p. 126) si Antiochos IV n'aurait pas associé au pouvoir, au début et pour consolider sa position contestée, un fils de Séleucos IV. Bouché-Leclercq, p. 579, a montré combien il était difficile de tirer quelque chose de solide de ces documents. Plus récemment, A. Aymard, *Autour de l'avènement d'Antiochos IV, Hist.* II (1953), pp. 49 *sqq.*, utilisant des documents épigraphiques grecs et cunéiformes, a montré qu'Antiochos IV avait bien eu un corégent du nom d'Antiochos, dès le début de son règne, mais qui disparut au bout de quelques années, mais que cet Antiochos (non numéroté) n'était pas son neveu, mais son fils. Sur ce, la chronique babylonienne Sachs et Wiseman, *Iraq* XVI (1954), p. 208 confirma ce point de vue, mais en y ajoutant cette révélation inattendue : que l'enfant corégent fut mis à mort en octobre 170 sur l'ordre de son propre père. Antiochos IV aurait donc eu deux fils, portant tous deux son nom : le premier, qui aurait régné avec lui de 175 à 170, assassiné alors pour des raisons inconnues ; et le futur Antiochos V, qui ne devait être associé au pouvoir qu'alors que son père était déjà à l'agonie (*infra*, p. 342) : cf. Aymard, *Du nouveau sur la chronologie des Séleucides*, REA LVII (1955), pp. 102 *sqq.* L'interprétation des documents épigraphiques aboutissant à cette conclusion a cependant été contestée par M. Zambelli, *L'ascesa al trono di Antioco IV Epifane*, RF LXXXVIII (1960), pp. 362 *sqq.*, qui revient à l'interprétation de Bevan : le scribe de la chronique cunéiforme aurait

commis une erreur en qualifiant le petit Antiochos assassiné de « fils d'Antiochos », et il s'agirait en fait de son neveu, associé au trône au début du
règne. La dernière tentative de solution apportée à cet épineux problème
est celle de O. MØRKHOLM, *The accession of Antiochus IV of Syria*, ANS-MN XI
(1964), pp. 63 *sqq.* : en premier lieu, la chronologie des événements implique
que plusieurs mois durent s'écouler entre le meurtre de Séleucos IV et l'arrivée
en Syrie d'Antiochos IV ; en second lieu, l'analyse des séries monétaires
révèle que les monnaies de l'Antiochos enfant ont été émises non point en
même temps que les premières monnaies d'Antiochos IV, mais avant celles-ci :
elles doivent donc occuper le délai qui sépare la mort de Séleucos IV de l'arrivée
de son frère. L'enfant ne peut donc pas être un fils de celui-ci, mais uniquement
de Séleucos IV, mis sur le trône par Héliodore. Faudrait-il dès lors admettre
qu'Antiochos IV assassina successivement deux petits princes Antiochos,
son neveu (Diodore), puis son propre fils (la chronique cunéiforme) ? Mørkholm
pense qu'il s'agit en fait du même enfant, mais que la chronique babylonienne
et Diodore peuvent être réconciliés par la simple hypothèse qu'Antiochos IV,
arrivant en Syrie et y trouvant son jeune neveu déjà roi, l'aurait adopté,
pour apaiser les oppositions, et fait de lui son corégent — pour le faire disparaître ensuite, après la naissance de son vrai fils, le futur Antiochos V. Voir
encore, sur l'ensemble, O. MØRKHOLM, *Ant. IV of Syria*, pp. 38 *sqq.*, ainsi que
BUNGE, *l. c.*, pp. 59 *sqq.*, qui ne pense pas qu'Antiochos IV eût, au début,
des intentions homicides à l'égard de son neveu, mais qu'il plaça des hommes
à lui à tous les postes importants.

B) L'époque d'Antiochos IV (175-164/3)

1° ANTIOCHOS IV : UNE PERSONNALITÉ ET UN RÈGNE PROBLÉMATIQUES

Peu de souverains et peu de règnes hellénistiques ont suscité
des interprétations plus divergentes : quelle était la pensée de ce
roi, quel son tempérament, quels les motifs de sa politique, quelles
les conditions où il agit, ou tenta d'agir ? Autant de questions
auxquelles on ne saurait apporter de réponses fermes. Pour ce qui
est de la personnalité d'Antiochos IV, sans doute ne serait-on d'ailleurs pas amené à s'interroger sur elle (de même qu'on ne le fait
guère, faute de pouvoir le faire, pour la majorité des autres
souverains hellénistiques) si, d'une part, la tradition judéo-chrétienne n'avait fait de lui une des figures de l'Antéchrist et si, d'autre
part, la tradition « classique » (qui semble dériver tout entière de
Polybe) ne fournissait quelques éléments d'un portrait caractériel
un peu singulier de ce souverain, dont la réputation de désé-
quilibré remonte aux contemporains. Fou, toutefois, Antiochos IV ne l'était certainement pas, et si telles anecdotes qui le
présentent les unes comme un aimable original, les autres comme
un mauvais plaisant, sont authentiques, cela pourrait n'avoir point

affecté sa pensée politique, ni ses capacités d'homme d'État. Fils d'Antiochos III, le nouveau roi héritait à la fois de la tradition la plus glorieuse de l'histoire de la dynastie, celle de l'Anabase, de l'acquisition de la Cœlé-Syrie et de la poussée vers la Thrace, — et du souvenir le plus désastreux, celui de Magnésie et d'Apamée. Certainement désireux de se montrer digne successeur de son père dans la mesure où celui-ci avait mérité de s'appeler « le Grand », il avait eu, plus que son frère aîné, le loisir de méditer sur les conditions d'une grandeur dont son séjour à Rome avait dû lui faire comprendre qu'elle n'était désormais possible que dans l'amitié des vainqueurs de ce père, — de vainqueurs qui détenaient en la personne de son neveu Démétrios un concurrent possible. Mais il avait dû prendre en considération également la situation intérieure de son royaume, s'effrayer de la fragilité de l'œuvre paternelle en Iran, juger peut-être que l'absence d'une civilisation commune menaçait de façon de plus en plus évidente la domination ancestrale sur l'Asie. Certains modernes ont suggéré que le coup de tonnerre de Magnésie aurait provoqué dans tout le monde hellénistique d'Orient, y compris l'Égypte, une profonde réaction anti-hellénistique : dans cette perspective, d'ailleurs incertaine et dont il ne faudrait pas exagérer la portée, ce serait pour lutter contre ce courant, et non par quelque manie intellectuelle ou esthétique qu'Antiochos IV se serait fait, comme on l'admet sur la base d'une information bien maigre il est vrai, le champion de l'hellénisme, multipliant les fondations urbaines grecques (encore qu'on puisse s'interroger sur leur réalité), cherchant à imposer l'adoption des cultes et des mœurs grecques (encore qu'il paraisse s'agir là d'une généralisation à partir d'une mauvaise interprétation de sa politique juive), s'efforçant surtout d'exalter la personne royale, seul lien possible entre les éléments disparates de son empire, et de l'exalter sur le plan religieux et cultuel en se faisant « dieu révélé », *theos Epiphanès* (ce que des contemporains malintentionnés déformèrent en *épimanès,* « fou à lier »). La documentation dont nous disposons et sur l'homme et sur l'œuvre n'autorise, au vrai, ni l'apologie, ni la condamnation. Il semble y avoir eu en Antiochos IV un homme d'État non absolument négligeable, mais, comme ses contemporains, dépassé par une conjoncture trop complexe. On reconnaîtra aussi que, s'il y avait dès l'origine, une faille dans sa personnalité, celle-ci put ensuite être gravement affectée par les circonstances : ce dieu Épiphane n'était après tout qu'un usurpateur, protégé par une dynastie rebelle à ses ancêtres et portée au pinacle par les vainqueurs de son père, sans doute complice, sinon responsable, du meurtre de celui dont il avait pris la place, menacé à tout moment de voir débarquer le fils de sa victime dans les bagages d'un magistrat romain, et enfin, et surtout, en 168, plus gravement humilié que ne le fut sans doute jamais un souverain victorieux...

SOURCES : Les anecdotes relatives au comportement d'Antiochos IV ont été recueillies dans Polybe par ATHÉNÉE V, 193 d et X, 439 a (passages reclassés comme fragments de POL. XXVI) et par TL XLI, 20. Les monnaies d'Antiochos IV sont les premières de la dynastie à porter une épiclèse cultuelle : *Epiphanès*, ou *theos epiphanès*.

NOTES : il ne saurait être question de dresser ici l'état des opinions très variables des modernes sur Antiochos IV : on en trouvera un survol dans l'introduction à la monographie de MØRKHOLM, *Antiochus IV of Syria* (Copenhague 1966) (dont on verra les conclusions personnelles, proches des nôtres, pp. 181 *sqq.*). Des indications à ce sujet seront données dans les notes des sections suivantes ; voir toutefois, sur la vision (très partiale) qu'avait Polybe de la personnalité du roi, PÉDECH, *La méthode historique de Polybe*, pp. 150 *sqq.*
    Sur les **titulatures cultuelles** d'Antiochos IV, cf. MØRKHOLM, *Studies in the coinage of Antiochus IV of Syria* (Copenhague 1963), pp. 68 *sqq.* : les premières émissions monétaires ne portent, comme sous les règnes précédents, que *Basileôs Antiochou* (formule traditionnelle que conserveront d'ailleurs pendant tout le règne les documents officiels émis par la chancellerie) ; à partir de 173/2, on trouve *Basileôs Antiochou Theou Epiphanous*, à quoi s'ajoute enfin, à partir de 169/8 (sans doute en relation avec la campagne d'Égypte : *infra*, p. 317), *Niképhorou*, placé en exergue. La formule *Basileus Antiochus Epiphanès*, sans *Theos*, n'apparaît que dans des dédicaces extérieures à l'empire (Délos : *OGIS* 249 ; 250. Milet : *Milet 1, 2*, pp. 95 *sqq.*), ce qui affaiblit la portée cultuelle du simple titre *Epiphanès* (recueilli par la tradition littéraire), dont Mørkholm montre qu'il est difficile d'en saisir exactement la portée. MØRKHOLM, *Studies...*, pp. 58 *sqq* ; 74, montre d'autre part que la prédilection certaine du roi pour Zeus Olympien (*infra*, p. 340) n'autorise aucune démonstration de ce qu'il ait cherché à s'assimiler à ce dieu ou à se faire passer pour son hypostase (cf. aussi MØRKHOLM, *Ant. IV*, pp. 130 *sq.*). Sur l'évolution des types monétaires d'Antiochos IV et l'exaltation croissante de sa personnalité divine, cf. aussi J.G. BUNGE, *Münzen als Mittel polit. Propaganda : Ant. IV. Epiphanes von Syrien, Studii Clasice* XVI (1974), pp. 43 *sqq.* ; ID., « *Theos Epiphanes* ». *Zu den fünf ersten Regierungsjahren A.' IV Epiphanes, Hist.* XXIII (1974), pp. 57 *sqq.* ; ID., « *Antiochos Helios* ». *Methoden und Ergebnisse der Reichspolitik A.' IV. von Syrien im Spiegel seiner Münzen, Hist.* XXIV (1975), pp. 164 *sqq.* ; ID., *La Bête à Dix Cornes, Bull. Cercle d'Et. Num. (Bruxelles)*, XI (1974), pp. 8 *sqq.*

2° LES PREMIÈRES ANNÉES DU RÈGNE

Si les velléités de rapprochement entre Séleucos IV, Rhodes, Persée, Prusias Iᵉʳ, Pharnace du Pont avaient esquissé les contours d'un front hostile à Rome et à Pergame, l'avènement d'Antiochos IV et son entente avec les Attalides avaient brisé dans l'œuf ce péril naissant. Pendant tout son règne, Épiphane devait se montrer attentif à ne pas léser les intérêts pergaméniens et romains : aussi bien ne faut-il pas oublier que, pendant tout son règne, le

Sénat tient en réserve son neveu Démétrios, dont la seule existence avait de quoi paralyser toute tentative d'indépendance à l'égard de Rome. Il est donc probable que les plans d'Antiochos IV consistèrent d'abord à consolider son empire dans des limites qui ne soulèveraient pas la suspicion de Rome. De ce point de vue, deux tâches s'offraient à lui : d'une part la consolidation intérieure de son royaume, à quoi tendirent conjointement l'exaltation de la dignité royale, la reconstitution des forces militaires terrestres et navales (point sur lequel Antiochos IV outrepassa les conditions imposées à Apamée sans que Rome paraisse s'en être formalisée) et, peut-être, la tentative d'introduction de certaines institutions de type romain dans l'administration urbaine ; d'autre part le rétablissement, une fois encore, de l'autorité séleucide en Iran, qui devait avorter à la fin du règne (*infra*, p. 352). Les circonstances, par ailleurs, devaient suggérer à Épiphane, à partir d'une date incertaine, la mise en tutelle de l'Égypte : point sur lequel Rome devait lui réserver une amère surprise, — qui n'est sans doute prévisible que pour les historiens modernes... Tout cela n'avait rien de fou dans le principe, quand bien même peut-on noter, dans certaines mesures intérieures, des aspects de mégalomanie ou de démagogie, dans la mesure notamment où le roi ne recula devant aucune dépense pour se faire bienvenir de l'opinion grecque, qu'une reprise de la colonisation contribua peut-être à satisfaire aussi.

Sur le plan de l'histoire générale méditerranéenne, les premières années du règne paraissent avoir été de totale abstention : les seuls faits qui nous soient parvenus sont l'assurance de neutralité et d'amitié donnée à l'ambassade romaine qui fit le tour des capitales orientales à la veille du conflit avec Persée (*supra*, p. 264) et l'engagement de régler le plus vite possible le reliquat de l'indemnité encore due à Rome. Avant que se posât la question égyptienne, Antiochos IV semble donc avoir été un souverain exclusivement consacré aux affaires intéreures de ses États et soucieux de ne pas se brouiller avec Rome.

SOURCES : Comme il n'est pas question de traiter ici à fond de la politique intérieure d'Antiochos IV, il n'est pas question non plus de rassembler toutes les sources et documents qui la concernent : cf. les ouvrages généraux sur l'histoire des séleucides. Question du paiement des indemnités : TL XLII, 6, 6 ; *II Macc.* 8, 10 et 36. Sur l'ambassade romaine de 173/2 : TL XLII, 26, 7-9 ; APP., *Mak.* 11, 4.

BIBLIOGRAPHIE COMPLÉMENTAIRE ET NOTES : L'absence presque totale de données sur la **politique extérieure** d'Antiochos IV **avant les affaires d'Égypte** ne peut être fortuite : ses tâches intérieures aussi bien que les conditions dans lequelles il était monté sur le trône le détournaient de se mêler des affaires mondiales et Persée n'avait évidemment aucune chance en sollicitant son appui contre Rome, où une ambassade séleucide se rendit en 173 pour renouveler l'amitié et régler la question des arriérés d'indemnités : il y aurait été question aussi de l'éventualité d'un conflit entre Rome et Persée (cf. OLSHAUSEN, *Prosop.* I, n° 145). ROSTOVTZEFF II, pp. 655 *sqq.*, reprenant *Some remarks on the monetary and commercial policy of the Seleucids and Attalids, Anat. Stud. W. Buckler* (1939), pp. 277 *sqq.*, a développé une vaste hypothèse tendant à montrer que les relations entre Eumène II et Antiochos IV auraient été déterminées dans une large mesure par des considérations économiques, et qu'une « entente cordiale » aurait associé le royaume de Pergame, à la recherche de débouchés pour son argent trop abondant, et le royaume séleucide privé de ses mines d'argent anatoliennes par la paix d'Apamée. Cette théorie, dans le détail de laquelle il n'est pas question d'entrer ici, repose sur des conceptions anachroniques et n'est d'ailleurs pas confirmée par les faits : on en trouvera une brève et décisive réfutation *ap.* H. SEYRIG, *Monnaies hellénistiques*, 6ᵉ sér. V (1963), pp. 26 *sqq.* Aussi, bien, les considérations politiques que nous avons dégagées *supra*, p. 304, suffisent-elles à expliquer le rapprochement entre les deux États. La théorie de Rostovtzeff, qui a eu un considérable succès, est encore suivie sans discussion par McSHANE, *FPAP*, p. 175 et par M. ZAMBELLI, *Crisi monetaria e separatismo municipale durante il regno di Ant. IV Epifane, 2da Miscellanea greca e rom. = Studi pubbl. dall'Istit. Ital. per la Storia ant.* XIX (1968), pp. 293 *sqq.*, qui en part pour brosser un tableau complexe de la politique monétaire d'Antiochos IV et de ses relations avec les cités de son royaume, tableau en grande partie hypothétique et dans les détails duquel il n'est pas question d'entrer ici.

La **politique intérieure** d'Antiochos IV a été diversement appréciée. Qu'il ait été animé de la volonté de renforcer son pouvoir et de consolider et centraliser son royaume n'est pas douteux — mais que valaient les moyens mis en œuvre ? La question se pose en particulier pour les **fondations de cités grecques :** pour certains, Antiochos IV n'a fait que donner des noms et des institutions grecques à des villes indigènes (cf. TSCHERIKOWER, *Hellenistische Städtegründungen* (1927), pp. 176 *sqq*, dont la liste est toutefois fortement réduite par MØRKHOLM, *Ant. IV*, pp. 115 *sqq.*) ; pour d'autres, au contraire, il a procédé à une reprise systématique de la colonisation grecque en Asie (cf. ED. MEYER, *Ursprung und Anfänge des Christentums* II, p. 140, et surtout TARN, *GBI*, pp. 183 *sqq.*, où l'on trouvera un des plaidoyers les plus convaincus en faveur du roi, et de sa politique). L'inscription grecque de Babylone *OGIS* 253, qui appelle Épiphane « Sauveur de l'Asie (cf. *infra*, p. 351) et *fondateur de la cité* », en 167/6, ne saurait rien attester de plus que la création d'un corps civique grec au sein de cette ville orientale dont il est difficilement concevable que tous les habitants aient été d'un seul coup changés en citoyens de type grec : ce cas pourrait être typique. Sur le cas de Jérusalem, *infra*, p. 336. Quoi qu'il en soit du nombre de fondations ou refondations de cités, l'étude des monnayages locaux a suggéré à MØRKHOLM, *o. c.*, pp. 125 *sqq.* qu'Antiochos IV aurait cherché à « faire des cités des partenaires actives de la régénération interne de son royaume ». Les incertitudes qui règnent sur la portée de ce qu'on a considéré comme la **politique intérieure d'hellénisation** de son royaume par Antiochos IV se manifestent dans le fait que, pour certains, le roi aurait consciemment et opiniâtrement lutté contre l'orientalisation des éléments grecs de la population, tandis que, pour d'autres (cf. ROSTOVTZEFF II, pp. 703 *sq.*), il aurait cherché à constituer une classe dirigeante « gréco-sémitique », donc à promouvoir une politique d'amalgame qui ne pouvait en fait que favoriser l'orientalisation aux dépens de l'hellénisation ; mais il semble que Rostovtzeff ait plus ou moins généralisé à partir de l'exemple exceptionnel de Jérusalem (il le reconnaissait explicitement III, p. 1492, n. 125), où de surcroît, comme on verra, il ne semble pas que l'initiative soit partie de lui. En sens inverse l'hypothèse selon laquelle Antiochos IV se serait donné pour tâche de lutter contre la vague de fond d'hostilité à l'hellénisme qui aurait déferlé sur tout l'Orient après Magnésie a été développée de façon intéressante par J.W. SWAIN,

Antiochus Epiphanes and Egypt, ClPh XXXIX (1944), pp. 73 *sqq.*, qui suppose même que l'avènement d'Antiochos IV aurait été le premier acte de cette résistance, car, selon Swain, Héliodore, l'assassin de Séleucos IV, aurait été le représentant en Syrie de l'hostilité à l'hellénisme. Cette thèse paraît très exagérée, qu'il s'agisse de ce prétendu courant anti-hellénique ou de la résistance que lui aurait opposée le roi. Il faut d'ailleurs prendre conscience de ce que le rôle de champion de l'hellénisme prêté à Antiochos IV, loin d'être nulle part affirmé dans les sources anciennes, dérive en fait d'interprétations modernes contestables de sa politique juive (*infra*, p. 334) — et il faut bien ajouter qu'Antiochos IV ayant été l'Antéchrist pour des siècles de tradition médiévale, il fallait bien que des écrivains modernes « éclairés » fissent au contraire de lui le représentant des « lumières » helléniques... Sur l'évolution du **culte royal,** cf. en partic. TAEGER, *Charisma* I, pp. 318-320. En ce qui concerne la politique d'unification religieuse des diverses ethnies de l'empire autour du culte de Zeus Olympien, l'étude des monnayages municipaux a montré qu'il ne fallait pas en exagérer la portée : cf. E. BICKERMANN, *Inst. des Sél.*, pp. 231 *sqq.* ; MØRKHOLM, *Ant. IV*, pp. 132 *sq.*

Si la politique intérieure d'hellénisation attribuée à Antiochos IV n'est pas aussi absolument évidente que l'ont voulue certains, il est en revanche manifeste qu'Antiochos IV a posé au **philhellène** à l'extérieur : cette attitude devait contribuer à attirer dans ses États des mercenaires et éventuellement des colons, venus du vieux monde grec plus que jamais plongé dans les difficultés, l'incertitude et le découragement : c'est sans doute dans cette perspective qu'il faut comprendre les innombrables et riches donations faites à nombre d'États grecs, attestées par les sources littéraires et les documents épigraphiques. Sur ce plan, la politique d'Antiochos IV est tout à fait semblable à celle des Attalides.

On verra encore un essai général d'appréciation de la politique d'Antiochos IV *ap.* F. REUTER, *Beiträge zur Beurteilung des Königs Antiochos Epiphanes* (Diss. Munster, 1938) en part. pp. 35 *sqq.* (conclusions fortement défavorables au souverain).

3° LES AFFAIRES D'ÉGYPTE. LA « SIXIÈME GUERRE DE SYRIE » (170-168)

Parmi les « guerres de Syrie », il en est peu dont les origines soient plus difficiles à saisir que celle-ci, — s'il est vrai que ses conséquences sont, en revanche, d'une clarté éclatante. Les causes de la « 6ᵉ guerre de Syrie » ne nous sont en effet guère connues qu'à travers les accusations propagandistes que se portèrent mutuellement les adversaires.

a) *La situation en Égypte au début du règne de Ptolémée VI Philomètôr*

A la mort de Ptolémée V, en 180, la régence avait été assumée au nom de Ptolémée VI par sa mère Cléopatre I, fille d'Antiochos III, qui devait disparaître à son tour en 176, semble-t-il. L'âge qu'avait alors le jeune roi est incertain, mais il n'était pas majeur encore. Sa tutelle fut donc assumée par deux obscurs personnages de la cour, Eulaios et Lènaios, sans doute incapables, avides et néfastes, mais, semble-t-il, plus encore dépassés par les facteurs de décadence qui minaient l'Égypte depuis plusieurs règnes et que la perte de la Cœlé-Syrie avait certainement accentués depuis un quart de siècle. Il est rigoureusement impossible de voir clair dans la politique de ces régents, si tant est qu'ils en eussent une autre que celle qui consistait à persévérer dans la durée. On ne sait comment ils s'installèrent au pouvoir, mais ils ne représentaient sans doute qu'une camarilla aulique, et le refus constant opposé à leurs demandes de fonds par le stratège de Chypre semble prouver l'existence d'une opposition, dont les vrais mobiles toutefois nous échappent. Cette régence est connue surtout par le début du conflit avec Antiochos IV.

SOURCES : DIOD. XXX, 15-17 ; St JÉRÔME, in Dan. XI, 21 sqq. ; POL. XXVII, 13.

BIBLIOGRAPHIE COMPLÉMENTAIRE ET NOTES : Les **données chronologiques** du début du règne de Ptolémée VI sont très problématiques : s'il est généralement admis à présent que Cléopatre I mourut dès 176 (entre mars et mai : cf. F. UEBEL, AfP XIX (1969), pp. 75 sq.), l'accord n'a pu se faire sur la date de la naissance de son fils aîné : 186 ou 184/3 : données du problème et bibliographie ap. VOLKMANN, s. v. Ptolemaios, PW XXIII, 2 (1959), coll. 1702 sq. (où l'on corrigera un lapsus : STRACK, Die Dyn. der Ptol. ne fixait pas cette naissance à 197 — c'est un chiffre de pagination ! — mais à 186).

Eulaios et Lènaios ont généralement provoqué des appréciations des plus défavorables de la part des historiens modernes, et sans doute à fort juste titre. Le ton a été surtout donné, en ce sens, mais avec une passion exagérée et presque ridicule, par W. OTTO, Zur Geschichte der Zeit des 6. Ptolemäers. Ein Beitrag zur Politik und Staatsrecht des Hellenismus, Abh. Bayer. Akad. Wiss., Phil.-hist. Abt. NF XI (1934) — mémoire fondamental pour l'histoire de l'époque de Ptolémée VI et d'Antiochos IV, autant par ce qu'il a apporté de neuf et de positif que par les critiques qu'il a provoquées. Certains historiens ont cherché à porter sur les deux régents de Ptolémée VI un jugement plus pondéré : cf. P. JOUGUET, Les débuts du règne de Philomètor et la 6ᵉ guerre syrienne, d'après un mémoire de M.W. Otto, RPh LXIII (1937), pp. 200 ; 211 sqq. (et, du même, Eulaeos et Lènaeos, Bull. de l'Inst. d'Égypte XIX (1936-1937), pp. 169 sqq. — non vid.). J.W. SWAIN, l. c., voit en Eulaios et Lènaios les représentants de la réaction orientale anti-hellénique qu'il soupçonne à cette époque dans tout le monde hellénistique d'Orient, mais il est aujourd'hui douteux, contrairement à la théorie accréditée par l'autorité de W. Otto, que ces deux personnages fussent des Orientaux : en effet, si Lènaios est qualifié de « Syrien » par Polybe (ce qui peut signifier Grec d'origine syrienne), il n'y a rien de tel pour Eulaios, dont L. ROBERT, Gnomon XXXV (1963), pp. 71-75, et Eulaios, histoire et onomastique, Epistè-monikè Epetèris tès Philosophikès Scholès tou Panepistèmiou Athènôn 1962-1963, pp. 521 sqq., a montré que le nom est un bon nom macédonien ; de son côté, O. MØRKHOLM, Eulaios and Lenaios, Class. et Mediaev. XXII (1961), pp. 32 sqq. a montré, sur la base d'une étude prosopographique, que tout ce qu'on connaît du haut personnel lagide en place, ou mieux encore, nommé pendant la régence des deux personnages était authentiquement grec. Tout cela n'empêche pas H. Bengtson, *Grundr. d. röm. Gesch.* I, p. 125 de rester fidèle au jugement de son maître Otto : « .... im J. 175... geriet die Regierung in die Hände eines nichtsnutzigen ehemaligen syrischen Sklaven Lenaios und seines würdigen Spiessgesellen, des Eunuchen Eulaios ». On ne voit pas ce que l'histoire gagne à ce ton.

Sur le **stratège de Chypre**, Ptolémée [fils de] Makron, qui devait ensuite passer au service d'Antiochos IV, cf. Isidore Lévy, *Notes d'histoire hellénistique sur le second livre des Maccabées, Mélanges Grégoire* II (1950), pp. 688 *sqq.*, et surtout T.B. Mitford, *Ptolemy Macron, Studi Calderini-Paribeni* II (1957), pp. 163 *sqq.* ; cf. Id., *BSA* LVI (1961), p. 20, n° 51 ; également Volkmann, s. v. *Ptolemaios 48, PW* XXIII, 2 (1959), coll. 1763 *sq.* ; Olshausen, *Prosopogr.* I, n° 41.

b) *Les origines de la guerre*

Les responsabilités de ce conflit sont probablement partagées ; mais il n'est pas douteux qu'il ait été voulu surtout par les régents égyptiens — pourquoi ? L'opposition à leur gouvernement était-elle assez forte pour qu'Eulaios et Lènaios en difficulté souhaitassent jeter le royaume dans une guerre de diversion dont l'éventuel succès eût renforcé leur position ? Faut-il envisager leur désir de remédier à une situation économique catastrophique par la reconquête de la Cœlé-Syrie et de ses revenus ? L'entreprise avait-elle une chance de succès ? Spéculait-on, à Alexandrie, sur la fragilité du pouvoir d'Antiochos IV ? Y misait-on sur un ralliement rapide des provinces perdues en 200, où subsistaient des sympathies égyptiennes ? Tout cela a fait la matière d'hypothèses tour à tour envisagées. On aimerait d'autre part savoir à quelle date remontent les projets belliqueux des deux régents. Une source indique que l'ambassade envoyée par Antiochos IV à Alexandrie à l'occasion d'un événement solennel du règne du jeune Ptolémée VI (événement sur la nature et la date incertaine duquel cf. les notes), en aurait rapporté de telles preuves de l'hostilité égyptienne que le Séleucide aurait aussitôt mis la Phénicie en état de défense. Si cette donnée est exacte, il reste que la tradition ne fait pas état de bruits de guerre pour les années suivantes et que ce n'est qu'en 170 que le gouvernement lagide fit acclamer la guerre par la foule d'Alexandrie.

Qu'en était-il cependant du côté séleucide ? La paix d'Apamée, certes, n'imposait aucune restriction aux Séleucides à l'égard de l'Égypte, des intérêts de laquelle Rome, malgré des relations officiellement amicales, ne s'était jusqu'alors jamais vraiment souciée. En droit comme en fait, Antiochos IV pouvait se sentir très libre dans sa politique égyptienne, d'autant qu'à l'époque considérée, les préoccupations orientales du Sénat allaient à brève échéance se fixer à nouveau sur la Macédoine (cf. *supra*, p. 264). Quant à savoir si, dès le début de son règne, Antiochos IV avait une politique égyptienne, c'est là un point obscur, même s'il est probable que le Séleucide avait des soucis égyptiens. En effet, la revendication de la Cœlé-Syrie, temporairement mise en sourdine sous la régence de la Séleucide Cléopatre I, pouvait passer pour une constante de la politique d'Alexandrie et, on l'a rappelé, des sympathies lagides subsistaient dans les territoires perdus. Si Antiochos IV fut précocement averti des dispositions hostiles des régents de Philomètôr, fit-il plus que de renforcer ses défenses méridionales ? Conçut-il le projet de profiter du jeune âge de son neveu Ptolémée VI pour le mettre en tutelle d'une manière ou d'une autre (et n'était-ce pas déjà à cela qu'avait pensé Antiochos III en imposant la main de sa fille à Ptolémée V ?) ? La montée de la tension entre Rome et Persée le confirma-t-elle dans de telles intentions en lui suggérant que l'occasion était bonne d'agir librement dans un secteur où Rome ne semblait pas encore avoir d'intérêts et où, surtout, elle ne pouvait pas, alors, intervenir ? Nul ne peut répondre à ces questions, car l'affirmation de Tite-Live qui montre le Séleucide fourbissant ses armes dès 172/1 est sujette à caution. Peut-être d'ailleurs les fourbissait-il à d'autres fins : on sait en effet que l'année 171 est celle de l'avènement du Parthe Mithridate Ier (*infra*, p. 349), qui rejeta, peut-être aussitôt, le traité imposé par Antiochos III (*supra*, p. 57), si bien qu'il n'est pas impossible qu'Antiochos IV envisageât dès lors l'expédition orientale qu'il ne put en fait entreprendre que dans la dernière année de son règne. Connaissait-on ces soucis à Alexandrie ? Entendit-on en profiter ? Quoi qu'il en soit, on peut considérer comme probable que toutes les chancelleries du temps savaient qu'un nouveau conflit couvait entre les deux royaumes quelques années déjà avant que ce conflit n'éclatât : les légats romains qui prirent la température de l'Orient à la veille de la troisième guerre de Macédoine (*supra*, p. 264) passèrent à Antioche et à Alexandrie en 172 : l'information qu'ils rapportèrent à Rome, que les dispositions des souverains étaient des meilleures, peut se rapporter non seulement aux sentiments que l'on portait, de part et d'autre, à Rome et à Persée, mais encore à la situation tendue qui régnait entre les deux capitales orientales : s'il y avait une « guerre de Syrie » en perspective, Persée ne trouverait d'appui ni en Égypte, ni en Syrie.

Quoi qu'il en soit, le seul point qui puisse passer pour assuré est que la déclaration de guerre partit d'Alexandrie en 170 et qu'elle mettait Antiochos IV dans une excellente position défensive.

SOURCES : Cf. ci-dessous, les notes.

BIBLIOGRAPHIE COMPLÉMENTAIRE ET NOTES : **L'incertitude sur les causes de la guerre** provient surtout de ce que, le récit de Polybe étant perdu, aucune source ne nous donne une vue d'ensemble de la question.

L'ambassade séleucide (OLSHAUSEN, *Prosopogr.* I, n° 145) qui aurait révélé l'hostilité lagide à Antiochos IV et l'aurait déterminé à prendre des mesures défensives, est mentionnée par *II Macc.* 4, 21. Elle aurait eu lieu à l'occasion des *prôtoklisia* de Ptolémée VI, en quoi W. OTTO, *o. c.*, pp. 15 *sqq.*, a proposé de voir les cérémonies du mariage du roi et de sa sœur, mariage qui doit se placer en 175/4, car un papyrus du début de 174 les appelle conjointement *theoi Philomètores*, ce qui n'est guère concevable qu'après leur mariage, qui est probablement d'au moins neuf mois postérieur à la mort de Cléopâtre I (cf. UEBEL, *AfP* XIX (1959), pp. 75 *sq.*). D'autres ont toutefois proposé de lire *prôtoklèsia* et d'y voir la première proclamation officielle de la titulature protocolaire de Ptolémée VI, à l'occasion de son couronnement pharaonique, qui semble s'être placé au printemps de 175 (cf. JOUGUET, *l. c.*, pp. 207 *sq.*), ou tout au moins la première commémoration anniversaire de cette proclamation, ce qui conduirait au printemps de 174 (ainsi BUNGE, *Hist.* XXIII (1974), p. 71) ; il est en tout cas impossible d'établir une équivalence entre *prôtoklèsia* et *anaklètèria* (ainsi NIESE III, p. 170, n. l.), car la proclamation de la majorité royale, que désigne ce dernier terme, n'eut lieu pour Ptolémée VI qu'en 170/69 (*infra*, p. 316), à un moment où la guerre était déjà déclarée et où il n'était plus question pour Antiochos IV d'envoyer à Alexandrie une ambassade de félicitations. Le surnom cultuel de *Philomètôr* donné à Ptolémée VI aurait une portée politique précise selon BUNGE, *l. c.*, p. 74 : la référence à Cléopâtre I, fille d'Antiochos III, aurait eu pour fin, en 175, de poser le jeune roi en cousin aîné du jeune fils de Séleucos IV assassiné. L'arrivée d'Antiochos IV renversait cruellement les rôles en rappelant à Ptolémée VI qu'il n'était que le neveu du nouveau séleucide. Ces relations politico-familiales expliqueraient la tension observée par l'ambassade aux *protoklèsia* de 174 — si c'est bien de *protoklèsia* et de 174 qu'il s'agit...

La **tradition romaine**, évidemment inspirée par l'issue de l'affaire (*infra*, p. 323), présente Antiochos IV comme le responsable du conflit : cf. TL XLII, 29, 5 *sqq.* ; APP., *Syr.* 66 (349) ; JUST. XXXIV, 2, 7 (très mauvais sommaire, qui place la 6ᵉ guerre de Syrie à la guerre d'Achaïe de 146 et confond Ptolémée VI et Ptolémée VIII) ; le fait qu'Antiochos eut constamment l'initiative des opérations put donner quelque apparence de justification à ce point de vue, — qui est naturellement aussi celui de la tradition juive : cf. *I Macc.* 1, 16 *sqq.* ; JOS., *AJ*, XII, 242.

Que la **déclaration de guerre** partît d'Alexandrie ressort toutefois de DIOD. XXX, 16, qui doit remonter à Polybe (cf. POL. XXVIII, 20, 5). Il est difficile de savoir en quoi consistait l'*ekklèsia* par laquelle les régents firent acclamer la guerre ; il ne peut guère, à cette date, s'agir de la vieille assemblée de l'armée macédonienne, et sans doute était-ce une cohue sans contours juridiques précis, groupant éléments militaires et civils alexandrins : discussion et bibliographie *ap.* JOUGUET, *l. c.*, pp. 215 *sqq.* A partir de cette époque, on voit constamment la « foule » (*plèthos*), la « tourbe » (*ochlos*) — c'est-à-dire la populace d'Alexandrie — se livrer à des mouvements séditieux de caractère aussi peu politique qu'économique, dont FRASER, *Ptolemaic Alexandria* (*supra*, p. 112) a tenté d'analyser la nature et les conséquences.

Les modernes, dans l'ensemble, admettent que **les responsabilités furent partagées,** mettent toutefois l'accent sur tel ou tel mobile, d'un côté ou de l'autre. OTTO, *o. c.*, pp. 30 *sqq.*, surtout porté à vitupérer la folie criminelle de la politique des régents, reconnaît néanmoins les raisons qu'avait Antiochos IV d'entrer dans ce jeu : renforcement de la puissance séleucide ; promotion de l'hellénisme contre les « indignes orientaux » au pouvoir à Alexandrie (cf. Swain, *l. c.*) ; voire désir d'affaiblir les positions de Rome en Orient à un moment où sa lutte contre Persée semble tourner mal. Jouguet, *l. c.*, pp. 211 *sqq.* a particulièrement insisté sur les préoccupations économiques des régents égyptiens ; Reuter, *o. c.*, pp. 41 *sqq.*, qui insiste sur le souci d'Antiochos IV de briser les sympathies que les Lagides conservaient en Syrie, pense que le Séleucide rêvait d'une sorte de partage du monde avec Rome, et avec son accord — ce qui aurait été son erreur fondamentale ; Tarn, *GBI*, p. 192, enfin, est l'un des seuls modernes à n'imputer aucune responsabilité à Antiochos IV, dont il estime que la déclaration de guerre alexandrine dérangea fort les plans de restauration intérieure. Ces points de vue, dont l'état lamentable de la documentation montre à suffisance qu'ils sont tous hypothétiques, peuvent exprimer les aspects divers d'une réalité complexe dont il n'est qu'honnête d'avouer qu'on échoue à la saisir avec certitude.

c) *Première phase du conflit (170-169)*

Le premier soin des belligérants fut de dépêcher à Rome, fin 170 : les représentants d'Antiochos IV avaient pour mission de dénoncer l'agression lagide, ceux de Ptolémée VI de « renouveler l'amitié ». De part ni d'autre on ne pouvait alors espérer de secours romains : il s'agissait de dégager les responsabilités et de ménager l'avenir. Le Sénat paraît d'ailleurs avoir été embarrassé par cette double démarche : d'Antioche comme d'Alexandrie, les années précédentes n'avaient apporté que protestations d'amitié pour Rome et d'hostilité à Persée. Fallait-il se brouiller avec Antiochos IV, qu'on avait certes vu avec satisfaction succéder à son frère, ou avec Ptolémée, qui jouissait de quelques solides cautions au Sénat ? Fallait-il risquer de rejeter l'un ou l'autre dans le camp macédonien ? Le Sénat trancha la question en ne la posant point : les ambassadeurs furent renvoyés avec de bonnes paroles et le consul Q. Marcius Philippus, qui allait prendre son commandement macédonien en 169 (*supra*, p. 272), fut chargé de faire les démarches nécessaires... Le Sénat gagnait du temps, et les deux belligérants pouvaient, l'un comme l'autre, se sentir couverts par la bienveillance romaine.

A Alexandrie, en 170 encore, Ptolémée VI, qui avait 14 ou 16 ans, fut proclamé majeur ; sa sœur-épouse Cléopatre II et son frère cadet Ptolémée Physcon (le « Bouffi » — le futur Ptolémée VIII Évergète II) lui furent associés comme corégents, se partageant l'appellation cultuelle de *theoi Philomètores*. Ces mesures étaient sans doute destinées à renforcer le fragile pouvoir royal et à affirmer l'unité de la dynastie au moment où l'on prétendait partir à la reconquête de la Cœlé-Syrie.

Les opérations militaires paraissent n'avoir vraiment commencé qu'en 169. Bien que la déclaration de guerre fût partie d'Alexandrie, Antiochos IV était le mieux préparé : la déroute immédiate de l'armée lagide lui donna, avec Péluse, la clé de l'Égypte. Eulaios persuada Ptolémée VI de s'enfuir à Samothrace, mais ce projet lui fut sans doute fatal : le roi fut en effet retenu en Égypte et les deux régents, qui disparaissent alors de la scène, y sont remplacés par deux personnages qui ne peuvent avoir été que de leurs adversaires, Comanos et Cinéas. Comme la déclaration de guerre se révélait avoir été une folie, il fallait négocier. Des parlementaires lagides, flanqués de représentants de divers États grecs qui se trouvaient alors à Alexandrie, allèrent trouver Antiochos IV qui, de son côté, avait député à Alexandrie. Tout le monde tomba d'accord pour rejeter la responsabilité du conflit sur Eulaios, et Antiochos IV fit un exposé de ses droits dynastiques sur la Cœlé-Syrie, — que nul ne songeait certes à contester à ce moment. Le Séleucide voulait surtout gagner du temps : il déclara ne pouvoir négocier avant le retour d'Alexandrie de ses propres parlementaires et, cependant, continua de pousser vers la capitale. On ignore dans quelles conditions eut alors lieu une entrevue entre Antiochos IV et Ptolémée VI, et quel contenu avait l'accord que le Séleucide y imposa à son neveu, mais il est probable qu'il s'agissait, sous une forme ou sous une autre, d'une mise en tutelle de la monarchie lagide. Mais il est douteux que la tradition isolée selon laquelle Antiochos IV se serait fait couronner roi de Haute et de Basse-Égypte à Memphis doive être datée de la campagne de 169 (cf. les notes), et il n'en fallait pas tant pour qu'une émeute éclatât à Alexandrie et proclamât seul roi le frère cadet de Philomètor, Ptolémée VIII. Antiochos IV vint alors mettre le siège devant Alexandrie, sous prétexte d'y rétablir Ptolémée VI, le seul Lagide qu'il reconnût (c'est ce qu'il expliqua à l'ambassade rhodienne, venue lui proposer ses bon offices, à la suggestion de Q. Marcius : *supra*, p. 276). Mais, ne réussissant pas à enlever la ville, qui gardait la liberté de ses communications par mer, soucieux aussi de faire acte de présence en Syrie où l'inquiétait l'agitation juive (*infra*, p. 337), il abandonna la partie à la fin de 169 : spéculant sans doute sur une guerre civile entre les deux Ptolémées, il quitta l'Égypte non sans garder Péluse. On ne sait si, dans son esprit, l'affaire égyptienne était terminée et s'il comptait se contenter des résultats (mais lesquels ?) acquis.

SOURCES : POL. XXVIII, 1 ; 12, 8-9 ; 18-21 ; 23 ; XXIX, 23, 4. St JÉRÔME, *in Dan.* XI, 21 *sqq.* (= PORPHYRE, *FGrH* 260 F49). DIOD. XXX, 14 ; 17 ; 18. JOS., *AJ*, XII, 243. TL XLV, 11, 1. — Ajoutons qu'on a souvent été tenté de voir une claire allusion aux événements ici exposés et à ceux de l'année suivante (cf. ci-dessous) dans un passage des *Oracles Sibyllins* III, 608-616 (source juive) qui annonce le triomphe des Justes « lorsqu'un jeune roi d'Égypte régnera sur son pays, le septième à compter de l'empire des Hellènes auquel présideront les formidables Macédoniens, et lorsque d'Asie sera venu un grand roi... (qui) abattra le royaume d'Égypte, s'emparera de toutes ses richesses et s'en repartira sur le large dos de la mer ». Il est évidemment tentant de voir Ptolémée VI dans le septième roi d'Égypte (en comptant Alexandre), Antiochos IV dans le roi d'Asie et une allusion aux premières victoires de Judas Maccabée en 166 (*infra*, p. 341) dans le triomphe des Justes. Mais de sérieuses objections ont été opposées à cette interprétation par V. NIKIPROVETZKY, *La troisième Sibylle* (Paris 1970), pp. 196 *sqq.*, dont on notera surtout celles-ci : que ces événements devaient être suivis de la conversion des païens et du repos et de la prospérité de l'Égypte (ce qui ne se produisit certes pas) ; et que *Or. Sib.* III, 192-3 contient une autre allusion au 7ᵉ roi grec d'Égypte, mais qui est mise en relation évidente avec la décadence de la république romaine. Même si le premier cité de ces passages relève probablement d'une tradition relative aux événements étudiés ici, l'intégration de ses données dans le poème sibyllin pourrait procéder d'une réinterprétation inspirée par d'autres événements : cf. *infra*, p. 533.

BIBLIOGRAPHIE COMPLÉMENTAIRE ET NOTES : **Chronologie** : La date de la proclamation de la majorité de Ptolémée VI *(anaklètèria)* peut être déduite de celle de l'ambassade achaienne de félicitations, évoquée par Polybe : les Achaiens s'étant rendus en Égypte au début de 169, la majorité doit être de la fin de 170. La triple corégence, que l'on avait eu longtemps des raisons de ne dater que de la réconciliation des deux Ptolémées (*infra*, p. 320), s'est révélée être de 170 déjà grâce à la publication du *Pap. Ryland 583* : cf. E. BICKERMAN, *Sur la chronologie de la 6ᵉ guerre de Syrie, Chron. Eg.* XXVII (1952), pp. 396 *sqq.* ; T.C. SKEAT, *Notes on Ptolemaic chronology II : the twelfth year which is also the first : the invasion of Egypt by Antiochus Epiphanes, JEA* XLVII (1961), pp. 107 *sqq.* La rapide séparation des deux frères mit naturellement un terme précoce au triple règne : on ne connaît jusqu'à présent qu'un seul document daté de la sorte, et la datation par la 12ᵉ année de Ptolémée VI reprend aussitôt. On admet généralement que ces mesures (majorité de Ptolémée VI, triple corégence) furent prises par Eulaios et Lènaios, mais l'hypothèse de SWAIN, *l. c.* est séduisante, selon laquelle elles furent imposées par leurs adversaires : le stratège de Chypre, qui refusait d'envoyer des fonds à Alexandrie (*supra*, p. 312), ouvrit en effet ses caisses à l'annonce de la majorité du roi. Placer la tentative de fuite de Ptolémée VI à Samothrace avant même la prise de Péluse par Antiochos IV, comme le faisait W. OTTO, *o. c.*, pp. 47 *sq.*, n'est justifié ni par les sources, ni par la vraisemblance. Dernier point concernant l'ordre des événements : on a longtemps discuté, et l'on discute encore (cf. HEICHELHEIM, s. v. *Komanos*, *PW*, Suppl. VII, coll. 333 *sq.*) du nombre des expéditions d'Antiochos IV en Égypte ; mais il y a longtemps aussi que s'est imposée la conclusion la plus raisonnable, à savoir qu'il n'y en eut point trois, mais seulement deux, la première en 169, la seconde en 168 : cf. déjà NIESE III, p. 170, n. 2. Malgré ces diverses mises au point, il subsiste beaucoup d'incertitudes dans le détail et toute reconstruction des événements reste plus ou moins conjecturale : celle que propose, d'après les travaux les plus récents, VOLKMANN, *l. c.*, coll. 1075 *sqq.*, paraît acceptable dans l'ensemble.

Comanos, qui, avec Cinéas, succède à Eulaios et Lènaios, n'est pas l'obscur inconnu que croyait W. OTTO, *o. c.*, p. 49, mais un dignitaire mentionné dans divers documents : cf. BENGTSON, *Str.* III, p. 209 ; OLSHAUSEN, *Prosopogr.* I, nᵒ 33. Qu'il fût l'artisan de la proclamation de Ptolémée VIII, en l'absence de Ptolémée VI, comme l'admet SWAIN, *l. c.*, p. 82, est possible, mais improuvable ; on le retrouve en tout cas ultérieurement au service de Ptolémée VIII

(NB : le frère cadet de Philomètor est numéroté VIII pour respecter l'existence de Ptolémée VII, fils de Ptolémée VI, qui devait avoir un bref règne théorique en 145, *infra*, p. 426. Divers ouvrages utilisent néanmoins encore la numérotation Ptolémée VII Évergète II, qui n'est pas recommandable).

Le contenu de l'**accord entre Antiochos IV et Ptolémée VI** reste un des points les plus mystérieux de toute l'affaire. Selon W. OTTO, *o. c.*, pp. 51 *sqq.* Antiochos aurait annulé la majorité de son neveu et se serait proclamé son tuteur ; mais POL. XXVIII, 23, 4 ne parle que de paix et d'amitié et HAMPL, *Gnomon* XII (1936), pp. 34 *sq.* a sagement révoqué en doute l'interprétation de TL XLV, 11, 10 sur laquelle se fondait Otto, cependant qu'AYMARD, *Tutelle et usurpation dans les monarchies hellénistiques, Aegyptus* XXXII (1952), pp. 85 *sqq.* a montré le caractère fallacieux des parallèles invoqués par Otto à l'appui de son interprétation. Il semble bien qu'il faille renoncer à savoir ce que contenait cet accord : cf. JOUGUET, *l. c.*, p. 232.

W. OTTO, *o. c.*, pp. 53 *sq.* était d'ailleurs obligé d'admettre qu'Antiochos IV, en se déclarant tuteur de son neveu, aurait trompé celui-ci, car il admettait aussi qu'**Antiochos IV** s'était fait proclamer **roi d'Égypte** dès cette campagne de 169. Ce dernier point (mais non sa date) est donné par St Jérôme, d'après Porphyre, et, malgré son caractère tardif et isolé, il est d'autant plus difficile de rejeter cette donnée au néant qu'elle paraît bien être confirmée par un document contemporain, le *Pap. Tebtynis* III, 1, 698 (= LENGER, *C. Ord. Ptol.* n° 32), édicté par « le roi Antiochos ». Mais il semble qu'il faille se ranger à l'opinion des savants qui considèrent que cette usurpation est incompatible avec le comportement d'Antiochos IV en 169, et qu'il faut donc la reporter à l'année suivante : cf. HAMPL, *l. c.*, p. 36 *sqq.* ; SWAIN, *l. c.*, pp. 83 *sq.* Quoi qu'il en soit du problème de la date, ce n'est pas un document iconographique (un chaton de bague) représentant un souverain hellénistique coiffé de la double couronne de Haute- et de Basse-Égypte qui permettra d'authentifier le couronnement d'Antiochos IV à Memphis, selon le rite égyptien, car, loin de représenter le Séleucide (comme le pensaient Otto, Jouguet, etc.), ce document offrirait plutôt le portrait de Ptolémée VI en costume de pharaon : cf. l'état de la question *ap.* D. KIANG, *An unpublished coin-portrait of Ptol. VI Philomotor, ANS-MN* X (1962), pp. 69 *sqq.* En tout état de cause, il faut souligner que l'usurpation de la royauté lagide par Antiochos (que semble attester le *Pap. Tebt.*) et son couronnement pharaonique à Memphis (Porphyre) ne se recouvrent pas nécessairement. La royauté égyptienne d'Antiochos IV a été récemment contestée par L. MOOREN, *Antiochos IV. Epiphanes und das ptol. Königtum, Actes du XV*e *Congr. intern. de Papyr.* (Bruxelles 1979), pp. 78 *sqq.*

Le rapide **retour de Ptolémée VI à Alexandrie** (*infra*, p. 320) paraît exclure l'interprétation de la proclamation de Ptolémée VIII par une rivalité entre les deux frères : quel que fût le contenu de son accord avec Antiochos, il dut apparaître à Alexandrie que Ptolémée VI avait aliéné sa liberté et qu'il n'y avait donc plus de souverain légitime lagide ; on a du reste vu qu'il est établi, grâce au *Pap. Ryland* que Ptolémée VIII portait le titre royal dès 170 : il ne lui restait donc plus qu'à en assumer le pouvoir : sa proclamation conteste la reconnaissance du seul Ptolémée VI par Antiochos IV.

A propos de la responsabilité de Q. Marcius Philippus dans l'**ambassade rhodienne**, on a signalé *supra*, p. 277, les difficultés d'interprétation de POL. XXVIII, 17 : même si la médiation dont il est question dans ce chapitre concerne, comme il semble, la guerre de Macédoine, il reste que le passage s'achève par le départ d'une ambassade rhodienne pour l'Égypte, et que Rome a tout intérêt à ce que la guerre de Syrie (sur l'état de laquelle Marcius n'est sans doute guère informé) s'achève par un accommodement plutôt que par un triomphe séleucide.

Il est **impossible de faire le point** de manière objective au terme de cette année. Il faudrait connaître : 1° le contenu du traité imposé à Ptolémée VI, qui seul permettrait de savoir si les relations syro-égyptiennes étaient réglées d'une façon qui pût passer pour durable et acceptable ; 2° les raisons du départ d'Antiochos IV pour la Syrie : s'il ne s'agissait que de mater l'agitation de Jérusalem (ce que semble suggérer *I Macc.* 1, 20 qui, il est vrai, paraît considérer que l'affaire égyptienne est alors terminée) et peut-être, de quelques cités phéniciennes (cf. Arad : PORPHYRE, fr. 56), dans ce cas « son départ... ne signifie absolument pas une quelconque liquidation de sa grande politique égyptienne » (OTTO, *o. c.,* pp. 66 *sqq.,* qui, toutefois, on l'a vu, admet qu'Antiochos IV est alors roi d'Égypte, ce qui est au moins douteux) ; mais on ne saurait écarter l'hypothèse selon laquelle le Séleucide se serait (au moins temporairement) contenté des résultats acquis, comptant sur son protégé Ptolémée VI pour réduire la résistance d'Alexandrie : c'est dans cette perspective que SWAIN, *l. c.,* p. 84, considère qu'Antiochos IV quitte alors l'Égypte pour aller préparer une expédition iranienne.

d) *Seconde phase du conflit. La « journée d'Éleusis » (168)*

Assiégés dans Alexandrie, Ptolémée VIII et Cléopatre II avaient imploré le Sénat contre Antichos IV et son protégé Ptolémée VI. Antiochos, de son côté, avait député à Rome, évidemment pour y expliquer et justifier sa conduite. Le Sénat qui, au point où en était alors la guerre de Macédoine, n'avait pas plus de raisons que précédemment de prendre activement parti entre les deux royaumes, s'était sans doute contenté d'envoyer en Orient un personnage de second rang, T. Numisius, dont les démarches, desquelles le détail n'est pas connu, échouèrent d'ailleurs. En Égypte, cependant, la situation avait rapidement pris une tournure inattendue : si Antiochos IV avait espéré voir les Ptolémées s'entredéchirer, le contraire se produisit. De Memphis, Ptolémée VI se réconcilia avec ses frère et sœur : quels que fussent les sentiments de ceux-ci à l'égard de leur aîné, la disette qui régnait dans la capitale, coupée du reste du pays, dut contribuer à cette réconciliation. La restauration de la triple corégence de 170 réduisait à néant les succès antérieurs d'Antiochos. On a beau ignorer par quels liens le Séleucide s'était assujetti Ptolémée VI : celui-ci ne pouvait rentrer à Alexandrie qu'en violant le contenu de ces accords — qui, il est vrai, lui avaient été imposés par force. Antiochos, sans doute, avait proclamé que son seul désir était le rétablissement à Alexandrie de son ami Ptolémée VI (et c'est pourquoi Polybe considère qu'Antiochos viole ses engagements en reprenant la lutte) ; mais que ce rétablissement eût lieu par réconciliation avec son ennemi Ptolémée VIII le libérait opportunément de tout prétexte : à ses yeux, c'était Ptolémée VI qui avait trahi.

La guerre allait donc reprendre, sans raisons pour qu'elle fût plus favorable à l'Égypte que l'année précédente. Une ambassade alexandrine alla demander de l'aide à la Confédération achaïenne : sa démarche se heurta au veto de Q. Marcius Philippus, qui commandait encore en Macédoine, et les Achaiens se contentèrent d'envoyer une vaine mission de conciliation. Mais il s'agissait surtout, pour les Ptolémées, d'obtenir l'appui de Rome elle-même. Tandis que du blé égyptien ravitaillait l'armée romaine de Macédoine, une nouvelle ambassade lagide obtenait du Sénat l'envoi d'une mission diplomatique dirigée par C. Popilius Laenas, qui avait été un familier d'Antiochos IV pendant le séjour de celui-ci à Rome. Les instructions données à Popilius sont fort incertaines : selon Tite-Live (dont les données sont vraisemblablement entachées de confusion : cf. les notes), il devait exiger la paix et signifier que celui des adversaires qui s'y refuserait ne serait plus considéré comme ami et allié ; selon Trogue-Pompée (Justin), il devait interdire l'accès de l'Égypte à Antiochos IV, ou exiger sa retraite s'il y avait déjà pénétré, — ce qui devait effectivement se passer. En fait, le Sénat en était toujours au même point et ne pouvait que subordonner sa politique orientale au déroulement de la guerre de Macédoine. La seule différence, par rapport aux années précédentes, est que la confiance renaissait à Rome avec l'envoi de Paul-Émile (supra, p. 278) : après les demi-échecs des années 171 à 169, on entrevoyait enfin une issue victorieuse, ou du moins sa possibilité — et le Sénat dut en tenir compte en donnant ses instructions à Popilius, dont la conduite est significative : parti de Rome au printemps de 168, il ne se rendit point à Alexandrie, ni auprès d'Antiochos IV, mais en Grèce, où il s'attarda à Délos — évidemment dans l'attente de ce qui allait se passer en Macédoine. Sans doute avait-il un double jeu d'instructions et devait-il agir en fonction des événements.

Antiochos IV, cependant, s'était remis en campagne au début de 168. Sa situation était différente de ce qu'elle avait été un an plus tôt. Il ne pouvait plus prétendre vouloir défendre la Cœlé-Syrie, que les Ptolémées ne cherchaient certes pas à reconquérir à ce moment ; son but ne pouvait pas davantage être d'imposer à Ptolémée VI le retour à la situation, quelle qu'elle fût, qu'il lui avait imposée en 169 : la « trahison » de Philomètôr supposait désormais des exigences plus lourdes. Songea-t-il, en apprenant la réconciliation des Ptolémées, à en finir avec leur dynastie et à annexer l'Égypte à son propre empire ? Certains le pensent, — mais Tite-Live affirme qu'au début de sa campagne de 168, il revendiquait seulement Chypre et la région de la bouche pélusiaque (qu'il occupait déjà) : vu l'hostilité de Tite-Live à l'égard d'Antiochos IV, il est sage de ne pas outrepasser son propos, tout au moins pour ce qui est de la position de départ du Séleucide : aussi bien, si les Ptolémées cédaient sur ces deux points, l'Égypte était-elle réduite à sa merci.

Mais les Ptolémées ne répondirent pas à ces exigences dans les délais exigés et, tandis que Chypre tombait sans peine au pouvoir des forces séleucides, Antiochos IV lui-même pénétrait à nouveau en Égypte, poussait jusqu'à Memphis (s'y fit-il couronner alors, si tant est qu'il se fît jamais couronner pharaon ?), puis marchait sur Alexandrie, non sans livrer le pays au pillage. Et c'est alors, dans un faubourg d'Alexandrie appelé Eleusis, qu'eut lieu sa rencontre fameuse avec Popilius Laenas.

Celui-ci avait quitté Délos à la nouvelle de Pydna, fin juin. Après une escale à Rhodes (supra, p. 297), il débarqua à Alexandrie et vint au devant d'Antiochos, qui l'accueillit en vieil ami, la main tendue et le sourire aux lèvres. Mais le légat l'invita froidement à subordonner les embrassades à la lecture du sénatus-consulte qu'il lui tendait. Le texte lu, le roi demanda à tenir conseil, mais Popilius de sa canne, traça un cercle sur le sol et exigea que la réponse y fût rendue sans délai : après un instant de réflexion, Antiochos IV répondit qu'il ferait ce que lui demandaient les Romains. Ce fut au tour de ceux-ci de se dérider : le document exigeait simplement d'Antiochos qu'il déposât les armes et évacuât, dans un délai fixé, l'Égypte et Chypre. Ce qui fut fait.

Épisode dramatique et certes surprenant, dont nous ne possédons sans doute pas toutes les clés. L'ultimatum du Sénat contenait évidemment des menaces : la guerre en cas de non-satisfaction, certainement — et le souvenir de Magnésie, comme la nouvelle toute fraîche de Pydna avaient de quoi faire reculer Épiphane. Mais la lettre du Sénat ne contenait-elle pas quelque allusion aux circonstances de l'avènement d'Antiochos, à son neveu Démétrios et à l'incontestable légitimité de ce dernier ? — on peut le penser. Toujours est-il qu'Antiochos IV, qui avait pensé pouvoir agir à sa guise dans une zone où il estimait que les intérêts romains ne s'étendaient pas, se trouvait rejeté, avec une violence d'autant plus vexatoire que la force des armes n'y était pour rien, dans sa situation première de souverain toléré par Rome pour autant qu'il n'excédât point certaines limites que Rome entendait lui fixer. La décision sénatoriale de 168 ajoutait en quelque sorte une clause à la paix d'Apamée : ce n'était pas seulement en deçà du Taurus et du promontoire sarpédonien que la puissance séleucide devait se confiner, mais encore en deçà de la « rivière d'Égypte ». Antiochos IV apprenait à ses dépens la nouvelle conception romaine de l'unité méditerranéenne, comme son père avait appris aux siens la conception romaine de l'unité égéenne. Cette leçon lui était donnée plus rapidement qu'à son père — et aussi à moindres frais, car (le fait mérite tout de même d'être souligné) sa puissance demeurait intacte, sinon son prestige.

Quant à l'Égypte, si l'acte de Popilius la sauvait de la domination séleucide, il reste que, par rapport à 170, la détérioration de sa situation était bien pire que celle de son adversaire : s'il fallait fixer une date à l'établissement d'un « protectorat » romain sur l'Égypte, cette journée de juillet 168 pourrait être prise en considération, et nombreux sont les historiens qui l'ont entendu de la sorte. L'on verra toutefois dans la suite les réserves qu'il convient d'apporter à cette opinion (*infra*, p. 523). Mais les Romains savaient à quoi s'en tenir sur la faiblesse réelle d'un État qui devait son indépendance à leur grâce. Ils savaient aussi que le règne des trois jeunes corégents (que Popilius exhorta parternellement à la concorde) serait générateur de querelles qui feraient du Sénat l'arbitre des choses égyptiennes.

L'on a parfois mis le cercle de Popilius sur le même plan que la victoire de Pydna : c'est au moins exagéré, car sans Pydna il n'y aurait pas eu de cercle de Popilius. D'autre part Pydna a supprimé le royaume de Macédoine, réglant une question qui s'était ouverte à l'époque de la guerre d'Hannibal, alors que les affaires séleucides et lagides continueront d'occuper Rome pendant plus d'un siècle — sans jamais l'inquiéter vraiment, d'ailleurs. Mais le geste de Popilius complète les effets de Pydna, établissant de façon éclatante l'autorité de Rome dans les affaires d'Orient : grâce au succès de l'ultimatum d'Éleusis, Rome faisait l'économie d'un Pydna syrien.

Sources : Ambassades lagide et séleucide à Rome fin 169 : TL XLIV, 19 *sq.* ; POL. XXVIII, 22. Mission de Numisius : POL. XXIX, 25, 3-4. Réconciliation lagide : TL XLV, 11. Démarche lagide en Achaïe : POL. XXIX, 23-5. Blé égyptien à l'armée romaine : OGIS 760. Mission de Popilius Laenas : TL XLIV, 19 fin. ; JUST. XXXIV, 2,8 - 3,1. Conquête séleucide de Chypre : TL XLV, 11, 9 ; POL. XXIX, 27, 10 ; *II Macc.* 10, 13. Antiochos en Égypte : TL XLV, 12, 1 *sq.* ; JOS., AJ XII, 243 (mélange les deux campagnes) ; PORPHYRE, *ap.* St JÉRÔME, *in Dan*, XI, 29 *sq.* Eleusis : POL. XXIX, 27 ; TL XLV, 12 ; APP., *Syr.* 66 (349-351) ; JOS., AJ XII, 244 ; St JÉRÔME, *in Dan.* XI, 29-30 ; JUST. XXXIV, 3, 1-4 ; ZON. IX, 25.

BIBLIOGRAPHIE COMPLÉMENTAIRE ET NOTES : Sur l'ensemble du problème, cf. MØRKHOLM, *Ant.* IV, pp. 88 *sqq.* Les **ambassades lagides à Rome** doivent être reconstituées par la combinaison de plusieurs sources : TL XLIV, 19 commet en effet une erreur en faisant envoyer Popilius à la suite de la démarche effectuée par Ptolémée VIII et Cléopatre II avant leur réconciliation avec Ptolémée VI : or il s'agit probablement là de la mission de Numisius, qui n'est qu'incidemment évoquée par Polybe, cependant que Justin dit formellement que Popilius ne fut envoyé qu'à la suite de la démarche des deux frères, donc après le retour de Ptolémée VI à Alexandrie : cf. W. Otto, *o. c.*, pp. 60 *sqq.* Sur les personnages qui furent successivement envoyés par les deux Ptolémées, cf. Olshausen, *Prosopogr.* I, n° 44, 45, 47, 51, 52, 53, 55, 59, 61 ; de plus, sur l'envoi de blé à l'armée de Macédoine n° 46 ; ambassade séleucide à Rome : n° 148, 149, 151.

Il est vain de poser la question des **responsabilités juridiques** dans la reprise du conflit, puisque nous ignorons le contenu des accords passés entre Antiochos IV et Ptolémée VI. Bien qu'on ait beaucoup disserté sur les arrière-plans juridiques de toute l'affaire, il est trop évident que tout cela est, historiquement parlant, secondaire et qu'il s'agit, en fait, d'un conflit entre une résurgence de l'impérialisme séleucide et les incertaines réactions d'indépendance lagides.

Les vraies **intentions d'Antiochos IV** au début de 168 ne peuvent être connues : on a dit qu'il semble plus sage de s'en tenir au propos de Tite-Live, qui ne lui prête que des revendications limitées (A. Passerini, *Roma e l'Egitto durante la terza guerra macedonica*, *Ath.* XIII (1935), pp. 317 *sqq.*, est un des rares modernes à penser qu'Antiochos IV n'eut jamais l'intention d'annexer l'Égypte à son empire) : il est certain qu'Antiochos, qui se croyait assuré du bon vouloir du Sénat, n'eût pu y compter s'il avait envisagé la conquête de l'Égypte entière ; il est vrai que tout est subordonné à la difficile question de la royauté égyptienne d'Antiochos (*supra*, p. 319) ; vrai aussi qu'entre un projet primitif et les développements éventuellement suggérés dans l'action, il peut y avoir une marge... Cf. encore Heinen, *ANRW* I, 1, p. 657, n. 82, qui estime que la revendication, en 168, de Chypre et de la région pélusiaque (selon TL) impliquait qu'Antiochos entendait surtout se prémunir contre tout risque d'invasion lagide en Asie et se réserver la possibilité d'intervenir lui-même à son gré en Égypte.

Si la **guerre de Macédoine** contribue à expliquer la longue répugnance du Sénat à prendre ouvertement parti, il reste qu'on peut se demander pourquoi Rome et Pergame, qui avaient certes des moyens de pression sur Antiochos n'en ont pas usé plus tôt : crainte de le rejeter vers Persée ? certains indices pourraient toutefois donner à penser que cette route lui était coupée par d'obscures intrigues entre Alexandrie et Pella : cf. tentative de médiation lagide entre Rome et la Macédoine fin 170 (Pol. XXVIII, 1 et *supra*, p. 275) ; choix de Samothrace comme lieu de refuge pour Ptolémée VI début 169 ; fait qu'après Pydna, le Rhodien Polyaratos, partisan de Persée, s'enfuit à Alexandrie, où Ptolémée VI refusa de le livrer à Popilius qui le réclamait (Pol. XXIX, 27, 9 ; XXX, 9, 2 et *supra*, p. 299) : cf. Passerini, *l. c.* C'est aussi dans cette perspective que s'expliquerait le mieux le refus opposé par Q. Marcius Philippus à l'envoi de contingents achaiens en Égypte (sur l'ambassade lagide à Corinthe, cf. Olshausen, *Prosopogr.* I, n° 49), envoi dont étaient précisément partisans les Achaiens les plus tièdes à l'égard de Rome, donc les plus favorables à Persée (il se pourrait d'ailleurs que la diplomatie d'Antiochos IV, de son côté, s'employât à retenir les Achaiens de prêter main-forte aux Ptolémées : cf. J. Bingen, *Inscr. d'Achaïe*, *BCH* LXXVIII (1954), pp. 395-398), ignoré de Errington, *Philop.*, p. 241. Si l'on peut faire fonds sur ces indices, il apparaîtrait donc que, dans le cadre de la guerre de Macédoine, Rome se méfie de la politique lagide — et sans doute particulièrement de celle de Ptolémée VI — et juge donc provisoirement expédient de laisser faire Antiochos IV, ce qui, évidemment, ne se justifiait plus après Pydna, où le Sénat en revient à une politique réaliste d'équilibre entre la Syrie et l'Égypte, politique qui ne se fonde sur aucune considération juridique, mais a le double avantage de faire sentir à la puissance romaine et au vainqueur de l'Égypte en le privant des fruits de sa victoire, et à ses vaincus en les sauvant et en les faisant de la sorte entrer dans la clientèle romaine. La politique romaine est donc, semble-t-il, sensiblement plus complexe (comme l'est sans doute, de son côté, celle d'Antiochos) que ne le donnerait à penser une formulation abrupte telle que celle de BENGTSON, *Grundr. d. röm Gesch.* I, p. 130, pour qui tout fut déterminé par l'union des deux empires hellénistiques sous le seul sceptre du Séleucide, ce qui équivalait à une rupture de l'équilibre méditerranéen, intolérable pour Rome.

Il est plus que probable que les **instructions données à Popilius** envisageaient toutes les éventualités que comportait la campagne de Paul-Émile (cf. W. OTTO, *o. c.*, p. 74). SWAIN, *l. c.*, adopte le schéma de TL XLIV, 19 : Popilius Laenas aurait été envoyé en Orient à la suite de l'ambassade dépêchée par Ptolémée VIII et Cléopâtre II pendant le premier siège d'Alexandrie ; il aurait quitté Rome avant qu'on n'y connût la première évacuation de l'Égypte par Antiochos, qu'il n'aurait apprise qu'en Grèce ; sa mission étant dès lors sans objet, il se serait attardé en Grèce pour en repartir, vers l'Égypte, après Pydna et, à Eleusis, il aurait agi de sa propre autorité, n'ayant pas d'instructions correspondant à la situation nouvelle. Cette théorie méconnaît les difficultés que comporte la tradition livienne relative aux ambassades ptolémaïques et romaines (cf. ci-dessus) ; elle comporte de plus deux invraisemblances : d'une part qu'un simple légat ait dangereusement engagé sans mandat le prestige de Rome (car, après tout, le geste de Popilius était, jusqu'à un certain point, comme tout ultimatum, un « coup de poker ») ; d'autre part et surtout, elle implique que le SC transmis par Popilius à Antiochos IV était un faux, ou tout au moins un document sérieusement remanié pour les besoins de la cause.

L'ultimatum d'Eleusis avait-il une base juridique dans les relations entretenues par Rome avec les deux États intéressés ? Considérer que seul le *fœdus* entre Rome et Alexandrie explique la démarche de Popilius (mais quand donc ce *fœdus* a-t-il été conclu ?) apparaît assez faible dès lors qu'on pense qu'il y avait aussi et surtout *fœdus* entre Rome et Antioche. Or, de ce côté, et contrairement à ce qu'a affirmé à plusieurs reprises PASSERINI, *art. cit.*, rien, dans la paix d'Apamée, base des relations entre les Séleucides et Rome, n'interdisait à un Séleucide de faire la guerre à l'Égypte : cette interdiction ne visait que les îles et l'Europe ; Chypre même ne saurait être comprise dans les « îles » interdites, se trouvant en deçà des limites que les navires séleucides ne devaient pas franchir. En fait, le seul point sur lequel Antiochos IV avait violé la paix d'Apamée était la reconstitution d'une flotte de guerre et l'acquisition d'éléphants : encore Rome paraît-elle avoir fermé les yeux sur cette entorse au traité, avant comme après les affaires d'Égypte. Mais il faut bien prendre conscience de ce que la pratique et les idées romaines en matière de droit international évoluent très vite à cette époque, en fonction de l'évolution des rapports de force. L'on a noté *supra*, p. 223 que la paix d'Apamée, qui était formellement un traité d'*amicitia* conditionnelle, représentait déjà implicitement un traité de *societas*, interdisant tacitement à l'« ami » séleucide de faire la guerre à d'autres « amis » de Rome : point de vue romain informulé et qu'Antiochos avait pu ne point saisir. DAHLHEIM, *Struktur u. Entwicklung*, note qu'avec Pydna et Eleusis, Rome ne se sent plus en devoir de respecter les règles de l'*amicitia* : les *amici* commencent à être traités en clients, dont Rome peut exiger n'importe quoi sous la menace. Selon l'expression de WERNER, *ANRW* I, 1, p. 561, l'hégémonie romaine sur le monde hellénistique atteint alors son point culminant : celui où elle peut encore s'exercer, sans établissement d'une autorité directe sur les vaincus et les « amis »-clients, par des mesures autoritaires et vexatoires — celui au-delà duquel le maintien de la tranquillité exigera le passage à l'exercice direct du pouvoir par l'extension permanente de l'*imperium* à des territoires orientaux.

Sur l'**attitude d'Antiochos IV** à Eleusis et l'éventuelle influence de l'événement sur sa personnalité, cf. *infra*, p. 344.

4° LES AFFAIRES JUIVES

Avant d'étudier la politique générale d'Antiochos IV après son expulsion d'Égypte, il faut s'arrêter un instant aux affaires juives, qui se nouent avant la crise égyptienne et se poursuivent par-delà celle-ci. A l'époque même d'Épiphane, et sur le plan de l'histoire générale, le problème juif n'a guère d'importance : il ne s'agit que de ces difficultés provinciales qui étaient monnaie courante dans l'empire séleucide. Si ce problème mérite néanmoins d'être envisagé ici avec une grande attention c'est, d'une part, parce que, peu après Antiochos IV, il débouchera sur l'émancipation politique de la Judée et représente par conséquent un aspect de la désintégration interne de l'État séleucide : aspect exemplaire, pourrait-on même dire, car pour aucune autre ethnie de l'empire séleucide on ne peut, comme ici, suivre pas à pas la marche à l'indépendance à travers les luttes armées et les intrigues politiques ; et c'est, d'autre part, à cause de son retentissement ultérieur dans la tradition judéo-chrétienne.

NOTE LIMINAIRE : LES SOURCES JUIVES. La tradition gréco-romaine n'a prêté qu'une attention distraite aux affaires juives du IIe siècle, et il n'en reste pas grand chose. En revanche, ces affaires ont suscité une abondante littérature juive, puis chrétienne. Le document le plus ancien remonte à l'époque même d'Antiochos IV : c'est le *Livre de Daniel*, compilation de récits romanesques pseudo-historiques (Daniel à la cour de Nabuchodonosor ou de Darius) et de données contemporaines dissimulées sous un déguisement prophétique et un langage sibyllin. Dès l'antiquité, l'on avait reconnu que les « prophéties » de Daniel sont véridiques jusqu'au début de 164 et qu'ignorant et la mort d'Antiochos IV et la restauration du Temple de Jérusalem, qui auraient logiquement dû y occuper l'une et l'autre une place éminente, leur rédaction était donc achevée avant l'hiver de 164-163. Le plus ancien commentaire historique de ce recueil est celui de PORPHYRE, *Adversus Christianos*, qui nous est particulièrement connu à travers St JÉRÔME, *in Danielem*, qui l'utilisa pour le réfuter. Porphyre est, à notre connaissance, le premier à avoir, par sa critique historique, établi la date tardive de *Daniel*. Ce furent peut-être des raisons analogues qui firent refuser à ce livre son classement parmi les prophètes de la Bible hébraïque, cependant que la *LXX* et la *Vulgate* l'ont accueilli. C'est principalement le livre XI du Commentaire de St Jérôme qui nous intéressera ici.

D'un caractère fort différent, les deux premiers *Livres des Maccabées* sont deux ouvrages indépendants et parallèles, et non point la suite l'un de l'autre, contrairement à ce que leur numérotation pourrait donner à penser. *I Macc.* est l'ouvrage d'un Juif anonyme, partisan enthousiaste de la dynastie hasmonéenne : livre d'inspiration nationaliste, donc, religieuse naturellement (mais non messianique) et, par conséquent, fort hostile à l'hellénisme et plus encore au judaïsme hellénisé. Une allusion au règne de Jean Hyrcan contraint à en abaisser la rédaction jusqu'à la mort de celui-ci, en 104 (*infra*, p. 448), mais on ne saurait descendre jusqu'à 63, car l'auteur est romanophile, ce qui ne serait guère concevable après le passage de Pompée à Jérusalem (*infra*, p. 512). Le récit ne couvre toutefois que les années 175 à 135. Fondé en grande partie sur des sources écrites de caractère annalistique, mentionnant des documents officiels, ce livre est, sauf pour quelques détails, un document historiographique de valeur. L'original hébreu, dont l'existence est attestée par de nombreux hébraïsmes du texte grec, est perdu. Des traductions, la grecque est la plus ancienne et celle que l'on utilise. Les versions latine et syriaque ont été faites sur le texte grec et non sur l'original. Il existe de plus des versions arabe et arménienne.

II Macc. (tout au moins les ch. III *sqq.*) se donne pour l'*épitomè* (sans doute « choix d'extraits » plutôt que résumé) de l'ouvrage en grec d'un Juif hellénisé de Cyrène, Jason, par ailleurs inconnu, l'*épitomè* présentant elle-même des traces de remaniements. Le récit, qui va de la fin du règne de Séleucos IV à 160, est généralement parallèle à celui de l'ouvrage précédent, mais sans rapport génétique avec lui. La chronologie relative des deux livres est incertaine, d'autant que, pour *II Macc.*, elle se complique du fait des dates respectives de l'œuvre de Jason et du travail de l'épitomateur. Différant de *I Macc.* sur certains points de fait, *II Macc.* est surtout d'un esprit différent, plus théologique qu'historique, en ce sens que l'histoire y apparaît surtout comme un moyen de démontrer que le peuple juif est bien le peuple élu. Si ce second livre est moins imprégné de patriotisme judéen que le premier, c'est peut-être parce que Jason travailla dans un milieu grec de la diaspora, mais peut-être aussi parce que l'*épitomè* en fut faite (d'aucuns pensent : à Jérusalem) par un membre des milieux piétistes qui désapprouvaient la tournure temporelle prise par le pouvoir des Hasmonéens (*infra*, pp. 448 *sqq.*).

D'autres écrits juifs, faisant allusion à l'époque qui nous intéresse ici, ou ayant peut-être été rédigés à cette époque, peuvent être négligés — notamment *III* et *IV Macc.*, qui n'ont rien à voir avec *I* et *II Macc.* Cf. cependant *infra*, p. 331, pour la *Sagesse de Jésus* (ou *Ecclésiastique*). Quant à JOSÈPHE, qui a utilisé *I Macc.* dans ses *Antiquités Juives* (l. XII) et sa *Guerre Juive* (l. I), il adopte la position apologétique de la tradition juive.

BIBLIOGRAPHIE SOMMAIRE : E. BICKERMANN, s. v. *Makkabäerbücher*, PW XIV, 1 (1928), coll. 779 *sqq.*; ID., *Der Gott der Makkabäer. Untersuchung über Sinn und Ursprung der Makkabäischen Erhebung* (Berlin, 1937), pp. 17 *sqq.*; 143 *sqq.*; V. TCHERIKOVER, *Hellenistic civilization and the Jews* (Philadelphie-Jérusalem, 1959), pp. 381 *sqq.*; F.M. ABEL, *Les livres des Maccabées* (Paris, 1949), texte grec, traduction, introduction et notes (3e éd. 1961, avec la collaboration de J. STARCKY) ; A. ARENHOEVEL, *Die Theokratie nach dem 1. und 2. Makkabäerbuch* (Mayence, 1967) ; Chr. HABICHT, *2. Makkabäerbuch*, dans *Jüd. Schr. aus hellenist-röm. Zeit* I, 3 (Gütersloh, 1976). Les commentaires de *Daniel* sont nombreux : citons N.W. PORTEOUS, *Daniel. A commentary* (Londres, 1965) ; M. DELCOR, *Le livre de Daniel* (Paris, 1971). Bibliographie antérieure dans ces ouvrages, de même que dans *CAH* VIII, pp. 778 *sq.* et *ap.* EISSFELDT, *Einleitung in das alte Testament* (2e éd. Tübingen 1956), pp. 633 *sq.* (Daniel) ; 714-720 (les Maccabées). La bibliographie relative à Josèphe est considérable : on en trouvera l'essentiel dans P. VIDAL-NAQUET, *ap.* NICOLET, *Rome...* II, pp. 530 *sq.*

a) *Situation du Judaïsme à l'avènement d'Antiochos IV*

La crise religieuse et politique qui sévit en Judée pendant les règnes d'Antiochos IV et de ses successeurs a des arrière-plans complexes. Après les soubresauts de l'époque des Diadoques, le judaïsme judéen paraît avoir vécu sans trouble pendant tout le

IIIe siècle (ce qui ne signifie pas que des tensions sociales internes n'y aient pas sévi, mais elles sont difficiles à préciser), et les conflits répétés entre Lagides et Séleucides ne semblent pas y avoir éveillé d'échos. Si la Judée est désormais entourée de toutes parts de cités grecques ou hellénisées, la colonisation gréco-macédonienne lui est à elle-même épargnée et notre documentation ne révèle la présence d'aucun fonctionnaire royal lagide à Jérusalem. Mais l'État sacerdotal juif payait le tribut au roi et la question (insoluble) serait de savoir de quel poids pesait ce tribut, et plus particulièrement sur quelles catégories de la population. Lorsque Antiochos III s'empara enfin de la Cœlé-Syrie (*supra*, p. 118), il se trouva cependant à Jérusalem un fort parti, constitué sans doute principalement par des éléments de la couche supérieure de la société juive (aristocratie sacerdotale, conseil des Anciens), pour l'accueillir avec faveur et collaborer à l'expulsion de la garnison ptolémaïque qui y avait été établie lors de la contre-offensive de Scopas en 202 (*supra*, p. 118). Ces gens n'agirent sans doute pas par goût d'un hellénisme dont les Séleucides auraient été les actifs promoteurs, mais par pur intérêt politique : l'empire lagide était, à cette date, visiblement sur son déclin, alors qu'au lendemain de l'Anabase Antiochos III était le plus puissant souverain du monde. Du reste, si Antiochos le Grand avait été accueilli à Jérusalem par une faction philhellène, on s'expliquerait mal les mesures solennelles qu'il prit en faveur du judaïsme traditionnel. En effet, outre quelques marques matérielles de bienveillance (exemptions fiscales, subsides pour l'entretien du Temple, etc.), Antiochos III ordonna que le peuple juif vécût « conformément aux lois de ses pères », ce qui revient à dire qu'il lui reconnaissait l'autonomie religieuse et judiciaire qu'impliquait le respect de la loi mosaïque et de toute la tradition théocratique et sacerdotale subséquente. Il convient du reste de préciser que cette « charte séleucide de Jérusalem » ne semble pas avoir procédé de la grâce spontanée du souverain, car une incidente de *II Macc.* 4, 11 nous apprend qu'elle fut négociée, probablement après le passage du roi, par une ambassade juive, et certains détails suggèrent qu'Antiochos entendit observer quelque distance à l'égard des milieux officiels de Jérusalem, qui n'étaient certes pas unanimes au sujet du changement de domination. Quoi qu'il en soit, et quand bien même subsistait-il des fidèles des Ptolémées, les rapports entre les Juifs et les Séleucides s'ouvraient donc dans des conditions favorables. A première vue, d'ailleurs, l'empire séleucide, avec sa structure très souple reconnaissant l'existence d'entités ethniques plus ou moins autonomes et d'États sacerdotaux, paraissait, mieux que l'empire ptolémaïque aux plus fortes tendances centralisatrices, se prêter à l'absorption d'un peuple aussi original.

Si l'hellénisme n'a donc pas servi de trait d'union entre les milieux dirigeants de Jérusalem et la monarchie séleucide, il n'en avait pas moins commencé dès lors à pénétrer dans certains milieux juifs. A considérer que tous les peuples de l'Orient hellénistique avaient acquis un vernis (souvent fort mince) d'hellénisme, il n'y aurait *a priori* rien de surprenant à ce qu'il en fût de même des Juifs : et, de fait, les Juifs de la diaspora s'étaient largement ouverts à la pensée, au genre de vie grecs, jusqu'à en perdre l'usage de la langue de leur pays d'origine (l'araméen), et aussi de leur langue sacrée (l'hébreu : cf. traduction en grec de la Bible dite « des Septante »). Mais, en Judée même, le problème se posait en des termes particuliers : dans les environs immédiats du Temple, la tradition monothéiste, l'exclusivisme de la Loi, la cohésion interne du peuple que favorisait encore une situation géographique à l'écart des grands courants de circulation, se maintenaient avec une rigueur que n'avaient pu observer les communautés juives de la dispersion, si ce n'est peut-être en Babylonie. Or, d'une telle situation, certains sans doute souffraient, que leurs rapports avec l'administration ptolémaïque ou leurs professions (les commerçants) avaient plus ouverts au monde extérieur que ne l'était l'immense majorité des prêtres et des artisans de Jérusalem, ou des paysans judéens. Une famille aristocratique en particulier, celle des Tobiades (d'origine transjordanienne, mais étroitement alliée aux milieux sacerdotaux de Jérusalem), semble avoir été fort séduite par l'hellénisme, par suite de l'extension de ses affaires, de sa participation à l'administration fiscale lagide et de ses relations avec la cour d'Alexandrie. Les Tobiades n'étaient certes pas les seuls à se montrer accessibles à cette sorte de « modernisme » juif, mais le fait qu'ils jouèrent un rôle de premier plan dans cette crise du judaïsme est attesté par le fait qu'à l'époque de la révolte, les renégats seront appelés « fils de Tobie». L'aristocratie sacerdotale, malgré la piété de nombre de ses représentants, était peu apte à résister à l'infiltration des idées helléniques : trop d'intérêts de caste, d'intérêts financiers aussi la paralysaient. C'est dans des milieux plus humbles, dans les couches populaires soumises à l'influence synagogale des « scribes » que se maintient, dans l'exégèse perpétuelle de la Tora, le respect minutieux de la tradition scripturaire. C'est dans ces milieux que se recrutent ceux qui apparaîtront, au moment de la révolte, sous le nom de *Hasidim,* ou « dévots ». Le milieu judéen du début du II° siècle était donc animé de tensions internes, de caractère religieux, culturel, social — mais il n'y avait rien là, semble-t-il, qui dût provoquer l'intervention du pouvoir central et déboucher un jour dans l'insurrection, la répression, la persécution religieuse — et, finalement, l'indépendance politique. Et sans doute ne se fût-il rien passé sans les ambitions et les intrigues de quelques-uns.

Au début, la domination séleucide en Judée fut garantie à la fois par le loyalisme du Grand-Prêtre Simon le Juste (qui fit peut-être contre mauvaise fortune bon cœur, car on le soupçonne de n'avoir pas été de ceux qui accueillirent Antiochos III avec enthousiasme) et par le ralliement de la majorité des influents Tobiades. Ce clan, toutefois, était déchiré de dissensions internes et l'un de ses membres, Hyrcan, resté fidèle aux Lagides, s'était retiré en Transjordanie, non sans conserver d'ailleurs des relations à Jérusalem. Car, lorsque Simon le Juste mourut et que son fils Onias III lui succéda, il apparut que ce nouveau Grand-Prêtre avait partie liée avec Hyrcan, qu'un conflit l'opposait donc aux autres Tobiades et surtout, par conséquent, que ce n'était pas un homme sûr, ses sympathies allant à un affidé d'Alexandrie. Un prêtre auquel il avait refusé une faveur dénonça Onias III à Séleucos IV, dont l'attention fut, par la même occasion, attirée sur les fortes sommes déposées au Temple, et sans doute particulièrement sur les dépôts d'Hyrcan, ce suppôt des Ptolémées, dépôts qui, dans l'état de détresse financière où sont les Séleucides après Apamée, pouvaient apparaître comme étant de bonne prise. Séleucos IV envoya à Jérusalem son vizir Héliodore. Celui-ci, malgré l'opposition d'Onias, pénétra de force dans le Temple — mais revint les mains vides : il avait été cruellement fustigé par les anges de Yahveh. Il est difficile de savoir ce qui se cache derrière cette légende. Accusé d'avoir comploté avec Héliodore (ce qui se peut), Onias III partit se justifier à Antioche, où il arriva alors qu'Héliodore venait d'assassiner Séleucos IV.

Antiochos IV arrivait donc au pouvoir (*supra,* p. 304) au moment où l'aristocratie sacerdotale jérusalémite était déchirée par une lutte de factions. Les raisons profondes de ce conflit entre Juifs nous échappent : ce qui devait toutefois attirer l'attention du pouvoir central, c'était qu'une de ces factions regardait vers Alexandrie. Mais le hasard voulait que l'autre, celle qui misait sur Antioche, s'identifiât au milieu conquis, ou séduit par l'hellénisme : c'est là ce qui allait donner son caractère particulier à la crise.

SOURCES : Il ne saurait être question de dresser ici un état complet des sources concernant tout ce dont il a été question dans ce paragraphe. Un auteur grec a donné un tableau du judaïsme au début du IIIᵉ siècle : HÉCATÉE D'ABDÈRE, *ap.* DIOD. XL, 3. Sur l'histoire du judaïsme au IIIᵉ siècle, cf. Jos., *AJ* XII, 1-118 ; St JÉRÔME, *in Dan.* XI, 5-13, résume à grands traits l'histoire hellénistique du IIIᵉ siècle sans rien trouver à dire du judaïsme palestinien :

ce silence est significatif. Antiochos III et les Juifs : Jos., *AJ* XII, 129-153 ; St Jérôme, *in Dan.* XI, 14-16. — La famille des Tobiades est documentée depuis le v⁰ siècle au plus tard (cf. Néhémie), voire le vii⁰ ; pour sa situation à l'époque considérée ici, cf. l'histoire romanesque de Joseph, fils de Tobie, et de son fils Hyrcan, dans Jos., *AJ* XII, 158 *sqq.* Le conflit entre la tradition orthodoxe et l'esprit nouveau pénètre le livre de la *Sagesse de Jésus ben Sirach*, écrit entre l'établissement de la domination séleucide et la crise d'Épiphane par un conservateur intelligent et bien informé des tendances modernistes qu'il condamne (le livre n'a pas été retenu dans le canon biblique juif et ne se trouve donc en général pas dans les traductions protestantes traditionnelles). Cf. Eissfeldt, *o. c.*, pp. 745-749 et 855 *sqq.* (sur la Bible de Septante) ; 737 *sqq.* (sur la *Sagesse de Jésus*). La seule source qui traite dans le détail des relations entre Jérusalem et Séleucos IV (épisode d'Héliodore) est *II Macc.* 3-4, 6.

Bibliographie complémentaire et notes : La **bibliographie** est immense et ne cesse de s'accroître. On la trouvera rassemblée dans les ouvrages les plus récents, ceux de Mørkholm, *Ant. IV*, ch. VIII ; M. Hengel, *Judentum u. Hellenismus. Studien z. ihrer Begegnung unter besonderer Berücksichtigung Palästinas bis z. Mitte des 2. Jhts v. Chr.* (2⁰ éd. Tübingen 1973) ; Id., *Juden, Griechen und Barbaren. Aspekte der Hellenisierung des Judentums in vorchr. Zeit* (Stuttgart 1976) ; plus brièvement, mais avec bibliographie, A. Momigliano, *Alien wisdom*, ch. IV-V (Cambridge 1976) et tr. fr. *Sagesses barbares* (Paris 1979). De la bibliographie ancienne on ne retiendra que quelques titres fondamentaux : Bevan, *House...* II, pp. 162 *sqq. ;* Ed. Meyer, *Ursprung und Anfänge des Christentums II : Die Entwicklung des Judentums und Jesus von Nazareth* (Berlin, 1925), qui, pp. 1-138, étudie toute l'évolution du judaïsme sous les dominations étrangères avant Antiochos IV. V. Tcherikover, *Hellen. Civil. and the Jews*, pp. 39 *sqq.* a donné une synthèse commode, documentée et saine de la situation du judaïsme à l'époque ptolémaïque ; pp. 73-89 sur la situation créée par la conquête séleucide ; pp. 117-151 sur les tendances et les tensions internes du judaïsme avant la crise ; pp. 152-160 sur les premiers événements de la crise, avant Antiochos IV. F.M. Abel, *Histoire de la Palestine depuis la conquête d'Alexandre jusqu'à l'invasion arabe. I : De la conquête d'Alexandre jusqu'à la guerre juive* (Paris 1952) est d'une très grande érudition, sinon toujours d'une grande clarté, et ne mène pas très avant dans l'interprétation des problèmes ; mais c'est un instrument de travail relativement commode. E. Schürer, *The history of the Jewish People in the age of Jesus-Christ (175 B.C.-A.D. 135),* a new English version revised and edited by G. Vermes & F. Millar (Edinburgh 1973), refonte totale de la *Geschichte des jüdischen Volkes im Zeitalter Jesu,* 4⁰ ed. 1901-9, constitue désormais un excellent instrument de travail (cité ci-dessous sous l'abréviation Schürer-Vermes-Millar).

Ed. Meyer admettait, comme nombre d'autres, que la division des Juifs entre partisans des Ptolémées et partisans des Séleucides avait pour base le conflit entre traditionnalistes et novateurs. Un tel conflit « culturel » existait sans doute (cf. ci-dessous), mais il faut tenir compte aussi de rivalités internes au sein du milieu aristocratique et sacerdotal de Jérusalem, rivalités dont certaines remontaient à l'époque achéménide, comme nous le révèle l'histoire de la famille des Tobiades (sur les Tobiades, cf. A. Momigliano, *I Tobiadi nella preistoria del moto maccabaico, Atti Acc. Sc. Torino* LXVII (1932), pp. 165 *sqq. ;* B. Mazar, *The Tobiads, Isr. Explor. Journ.* VII (1957), pp. 137 *sqq. ;* 229 *sqq.),* qui avait quitté Jérusalem (tout en y conservant des relations) pour la Transjordanie à l'époque des réformes de Néhémie et dont les fameuses « archives de Zénon » nous révèlent qu'un représentant, Toubias, commandait un corps ptolémaïque en Ammanitide sous Ptolémée II, avec lequel il était en relations épistolaires, ainsi qu'avec le dioecète Apollonios. Ce Toubias, sans doute déjà fort hellénisé, fut probablement le père de Joseph, héros de l'épisode novellistique longuement rapporté par Jos., *AJ* XII, 158 *sqq.* Ce Joseph, revenu à Jérusalem sans doute vers le début du règne de Ptolémée III, y entra en conflit avec son oncle, le Grand-Prêtre Onias II, au sujet du tribut royal, gagna Alexandrie où il sut s'insinuer dans la faveur du couple royal et où il obtint la ferme générale des impôts pour l'ensemble de la province lagide de Syrie-Phénicie. La question reste ouverte de savoir si cette fonction, qu'il exerça pendant 22 ans, entraîna une aggravation de la pression fiscale sur la Judée : tel est l'avis de H. KREISSIG, *Der Makkabäeraufstand. Zur Frage seiner sozialökonomischen Zusammenhänge und Wirkungen, Studii Clasice* IV (1962), pp. 143 *sqq.* Mais Josèphe nous montre son héros exerçant ses exactions sur les cités grecques et ethnies de la périphérie de la Judée et conclut son récit en le louant d'avoir « conduit le peuple juif d'une situation de faiblesse et de pauvreté à une vie plus brillante ». L'on ne saurait toutefois dire si cette phrase signifie que Joseph sut faire profiter l'ensemble du peuple judéen de sa situation de fermier général, ou s'il ne fit qu'entraîner dans le sillage de ses affaires, qui furent brillantes, un milieu jérusalémite restreint. Joseph fut supplanté, avant sa mort, par son fils cadet Hyrcan, qui se brouilla avec ses nombreux frères. Lors de la conquête séleucide, Hyrcan, resté fidèle à Alexandrie, se maintint dans ses domaines transjordaniens (d'où il ne fut éliminé qu'à une date incertaine du règne d'Antiochos IV), cependant que ses frères passaient du côté séleucide.

Trois documents concernant les rapports entre Antiochos III et les Juifs ont été recueillis par Jos., *AJ* XII, 138-153 : 1° Une lettre royale à Ptolémée, gouverneur de Cœlé-Syrie, garantissant les franchises juives ; 2° un édit royal interdisant l'accès du Temple aux non-Juifs et l'introduction à Jérusalem d'animaux impurs ; 3° enfin, mais hors de ce contexte chronologique (époque de l'« Anabase »), une lettre royale à Zeuxis, stratège d'Asie Mineure, justifiant par leur loyalisme l'envoi de colons militaires Juifs en Lydie et en Phrygie. L'authenticité de ces textes a été démontrée dans divers travaux par E. BIC-KERMANN : cf. *Rev. des Et. Juives* CXCVIII/VIII (1935), pp. 4*sqq.* ; *Der Gott der Makkabäer*, pp. 51 *sqq.* ; *Ann. Instit. Philol. Or.* XIII (1953) (= *Mélanges Isid. Lévy*), pp. 11 *sqq.* Or, si le premier de ces documents est authentique (il peut subsister des incertitudes quant au second, qui contient des invraisemblances), il contraint à certaines observations importantes : 1° l'on peut être surpris que les mesures prises à la suite d'une négociation avec les Juifs ne nous soient pas parvenues sous la forme d'une lettre royale aux autorités juives de Jérusalem, mais d'une lettre au gouverneur de Cœlé-Syrie (formellement, il ne s'agit pas d'une « copie pour information », comme la diplomatique hellénistique nous en a fourni) ; 2° l'on peut être surpris aussi que cette lettre ne contienne aucune allusion au chef officiel de la communauté judéenne, le Grand-Prêtre Simon : le roi dit avoir été « brillamment accueilli par le peuple et les Anciens », et des privilèges fiscaux sont accordés « aux prêtres » en général. Ces deux points suggèrent que le roi a quelque grief contre Simon et l'on se demande s'il ne daigne pas accorder leurs privilèges aux Juifs malgré ce grief. Parmi ces privilèges figurent des exemptions fiscales destinées à favoriser le financement des travaux du Temple : or de tels travaux sont évoqués aussi par la *Sagesse de Jésus* L, 1 *sqq.*, qui en fait un mérite au seul Simon, sans allusion à des largesses royales, et ce même texte loue Simon d'avoir pris des mesures militaires contre un ennemi non précisé. Il pourrait certes s'agir du siège de Jérusalem par le stratège lagide Scopas, l'année précédente — mais la lettre royale ordonne aussi de libérer des prisonniers juifs et de leur rendre leurs biens : comme il ne peut s'agir des prisonniers faits par l'armée lagide, il semble en résulter qu'on se battit à Jérusalem à l'arrivée de l'armée syrienne, malgré le « brillant accueil » réservé au roi par le peuple et les Anciens. Tout cela donne à penser que l'arrivée d'Antiochos III trouva une Jérusalem fort divisée et où le Grand-Prêtre ne figurait pas dans le camp victorieux (d'où le silence à son égard). L'entrée de la Judée dans l'empire séleucide ne fut donc peut-être pas aussi idyllique qu'on le pense souvent à la lecture d'une « charte » que le roi se laissa politiquement convaincre d'octroyer, mais en négligeant de l'adresser directement aux intéressés.

Il faut bien souligner que la **tentation hellénique** qui touche alors certains milieux juifs (tentation minimisée, contre Hengel, par F. MILLAR, *The background to the Maccabean revolt*, J. Jew. St. XXIX (1978), pp. 1 *sqq.*, mais qui n'en est pas moins réelle : cf. P. VIDAL-NAQUET, *ap.* NICOLET, *Rome...* II, pp. 854 *sqq.*) n'est qu'une forme nouvelle de la séduction qu'avaient de tout temps, depuis la sédentarisation d'Israël, exercée les civilisations ambiantes sur le peuple élu ; mais l'influence hellénique était d'autant plus puissante qu'il s'agissait, cette fois, d'une civilisation mondiale (à l'échelle du temps), et que les voisins immédiats de la Judée (et les Juifs de la diaspora eux-mêmes) n'avaient pas résisté aux syncrétismes qui font la substance même de la civilisation « hellénistique » : le rempart de la Loi n'isolait plus les Juifs du milieu régional seulement, mais du monde. Si certains Juifs souffraient de leur originalité, ce n'était sans doute pas uniquement parce qu'ils se sentaient différents du reste d'une humanité qui tendait superficiellement à l'homogénéité des mœurs, mais aussi parce que, dès lors, cette différence suscitait l'hostilité de leurs voisins (cf. *I Macc.* 1, 11, et la note *ad. loc.* de l'édition Abel), portés à interpréter la fidélité à la Loi comme le signe d'une irréductible « misanthropie » (au sens fort : « haine du reste de l'humanité »). Notre plus ancien texte grec relatif aux Juifs, le fragment d'HÉCATÉE d'ABDÈRE conservé par DIOD. XL, 3, qui n'est pas explicitement antijudaïque, sinon par les quelques échos de vieil antijudaïsme égyptien qu'il recueille, et qui tend à voir les Juifs comme une espèce de Spartiates dont Moïse serait le Lycurgue, souligne cependant que les Juifs ne font rien comme les autres et que leur genre de vie est *apanthrôpos* et *misoxenos,* thème qui devait être indéfiniment développé. Il est vrai qu'Hécatée ajoute aussitôt que, depuis que les Juifs sont tombés sous la domination des Perses, puis des Macédoniens, ils ont fort changé leurs usages : ceci est écrit au début du IIIᵉ s. (voir ce texte, avec un commentaire, dans M. STERN, *Greek and Latin authors on Jews and Judaism* (Jérusalem 1976), pp. 26 *sqq.*). Il convient toutefois de bien souligner que l'hellénisation, ou le désir d'hellénisation de certains milieux juifs ne signifiait pas nécessairement infidélité au yahvisme (en ce qui concerne la diaspora, le simple fait de la traduction de la Bible en grec le prouve surabondamment) : il s'agit surtout de quelque chose de formel, du besoin d'adaptation à un monde de plus en plus ouvert, d'un « libéralisme » qui n'est pas particulier à cette époque, puisqu'aussi bien le judaïsme l'a toujours plus ou moins connu (de ce point de vue, l'opposition entre le courant « libéral » et la tradition rigoureusement « orthodoxe » au sein du judaïsme contemporain peut aider à comprendre les problèmes juifs de l'époque hellénistique). Seulement, le caractère « totalitaire » (si l'on peut risquer ce mot) de l'orthodoxie scripturaire eut pour conséquence que les *Hasidim* considérèrent comme absolument infidèles ceux qui tentèrent de s'adapter aux formes de vie « moderne », quand bien même cette modification du genre de vie n'impliquait-elle point de leur part un reniement de la foi ancestrale. Des documents plus tardifs montrent bien, d'ailleurs, que la foi pouvait rester pure sous un revêtement formel emprunté à la civilisation hellénistique (cf. p. ex. E. BICKERMANN, *Symbolism in the Dura synagogue*, Harv. Theol. Rev. LVIII (1965), pp. 129 *sqq.*). Il convenait d'insister toutefois sur l'opposition irréductible entre orthodoxie et tendances à l'hellénisme, car c'est ce qui expliquera la violence de la crise et, en définitive, son aboutissement politique, qui nous intéresse plus particulièrement dans la perspective de ce livre. Cela posé, en ce qui concerne les Juifs, on ajoutera aussitôt que la politique séleucide fut d'une insigne maladresse, procédant sans doute d'une totale méconnaissance, de la part du roi et de ses collaborateurs (notamment Ptolémée, fils de Dorymène, stratège de Cœlé-Syrie, qui pourrait bien avoir été l'inspirateur de la politique royale), de ce qu'étaient le judaïsme en général et la situation créée à Jérusalem par l'existence d'un milieu hellénisant en particulier (souligné par MØRKHOLM, *o. c.* pp. 138 ; 144 ; 158).

L'idée selon laquelle l'originalité du judaïsme aurait été protégée par « l'opposition spirituelle, culturelle, artistique et religieuse entre Alexandrie et Antioche », de telle sorte que « l'hellénisme ne se dressait pas, face au judaïsme, comme une force culturelle cohérente, mais bien sous deux formes rivalisant entre elles » (SCHNEIDER, *KGH* I, p. 865) ne se recommande ni par sa vraisemblance, ni par son caractère démontrable.

Il n'y a pas lieu de parler ici des Juifs de la **diaspora** ; sur les Juifs d'Égypte, cf. toutefois *infra*, p. 375.

b) *Offensive et triomphe des hellénistes à Jérusalem (175-170)*

Les divisions internes du judaïsme affectaient jusqu'à la famille des Grands-Prêtres. Cependant qu'Onias III était à Antioche, il y fut rejoint par son propre frère Jeshuah (Jésus), qui avait poussé le goût du grec jusqu'à se faire appeler Jason : celui-ci estimait-il que les sympathies égyptiennes d'Onias étaient dangereuses pour l'avenir de la Judée ? pensait-il que le moment était venu de rompre l'isolement d'Israël au sein du monde ambiant ? ou, plus simplement, assouvissait-il quelque rancune personnelle ? Toujours est-il que, sur la promesse d'un accroissement du tribut juif, il obtint d'Antiochos IV que le Grand Pontificat lui fût transféré. Mais il obtint surtout l'hellénisation de Jérusalem, c'est-à-dire l'abrogation implicite des garanties qu'Antiochos III avait accordées, un quart de siècle plus tôt, à la tradition purement orthodoxe. Les limites exactes de cette « hellénisation » sont sujettes à discussion. Jason, est-il dit, créa un gymnase et une éphébie : il s'agit là d'institutions propres à une communauté grecque — mais quelle était cette communauté ? Cela dépend de l'interprétation d'une expression équivoque de *II Macc.* 4, 9 : ou bien Jason obtint la création à Jérusalem d'un *politeuma* d'Antiochéniens (c'est-à-dire d'un groupe de dénomination hellénique vivant selon ses normes propres à côté de l'État sacerdotal jérusalémite) ; ou bien il aurait obtenu du roi qu'il érigeât Jérusalem tout entière en cité grecque, en une « Antioche de Judée». Il est certain que Jason entendait, de façon plus ou moins brusque et radicale, « amener ses congénères au mode de vie hellénique », dont le gymnase, avec sa pratique de la nudité athlétique et ses cultes grecs (dont il est permis de douter qu'ils aient dès lors été introduits à Jérusalem) était le trait le plus frappant pour les Juifs : tout cela représentait une somme scandaleuse de violations de la Loi, mais ne fut pas sans remporter un vif succès chez d'aucuns, et jusqu'au sein du sacerdoce. Jason ne toucha pas au culte de Yahveh : il ne s'agissait pas d'une réforme, moins encore d'une révolution religieuse, mais d'une réforme des mœurs et du statut politique — distinction qui était, évidemment, incompréhensible pour les tenants de la tradition orthodoxe et ne pouvait que soulever leur opposition résolue. Antiochos IV vint en personne à Jérusalem au moment où, inquiet des dispositions hostiles des ministres de Ptolémée VI, il prit des dispositions défensives dans le Sud (*supra, p.* 314) : il y fut reçu dans l'allégresse, dit l'auteur de *II Macc.* — une allégresse qui n'était certes pas générale.

Mais Jason fut débordé par le mouvement qu'il avait lancé : supplanté, comme il avait lui-même fait d'Onias, par un certain Ménélas sans doute affidé au clan des Tobiades, Jason fut contraint à la fuite (172/1). L'extrémisme tyrannique du nouveau Grand-Prêtre, l'aggravation probable de la pression fiscale et le pillage auquel il soumit les trésors du Temple pour subvenir aux engagements financiers qu'il avait pris à l'égard d'Antiochos, sans toutefois y réussir, mirent rapidement Ménélas en difficulté. Parti se justifier à Antioche alors que le roi était en Cilicie, il s'y trouva en butte aux accusations d'Onias III, qui vivait dans la capitale depuis sa déposition : pour se débarrasser de ce témoin gênant, Ménélas le fit assassiner. Mais le mécontentement montait en Judée ; des troubles éclatèrent à Jérusalem : l'expérience hellénique, que la relative modération de Jason eût peut-être pu faire aboutir, n'était plus qu'un régime de terreur au bénéfice d'une clique.

SOURCES : *I Macc.* 1, 10-15 ; *II Macc.* 4, 7-50 ; JOS., *AJ* XII, 237-241.

BIBLIOGRAPHIE COMPLÉMENTAIRE ET NOTES : J'écrivais dans ma 1ʳᵉ éd. : « On peut se demander si **Jason** alla à **Antioche** avec l'intention arrêtée d'obtenir du roi les mesures d'hellénisation, ou si son premier projet n'était pas simplement d'obtenir de Séleucos IV la déposition d'Onias et sa propre nomination au Grand Pontificat. L'entreprise d'hellénisation pourrait n'être qu'un développement qui lui aurait été suggéré par ses entretiens avec Antiochos IV (arrivé au pouvoir entre-temps). En effet, selon *II Macc.* 4, 8-9, Jason aurait offert 440 talents pour la déposition d'Onias, et *en outre* 150 t. pour les mesures d'hellénisation : pourquoi pas 590 t. pour une hellénisation dont la déposition d'Onias aurait été la condition ? ». En fait, il est difficile d'interpréter la distinction entre ces deux sommes et le problème des motivations de Jason est d'une complexité qui résiste à une analyse sûre. Il faut sans doute y distinguer des facteurs culturels et des facteurs politiques. Le premier aspect de la question consisterait à savoir jusqu'à quel point le milieu sacerdotal jérusalémite était dès lors hellénisé. Qu'il le fût n'est pas douteux : les relations du Temple avec la diaspora, et notamment avec les Juifs hellénophones d'Alexandrie, de même qu'avec l'administration royale (dès l'époque lagide) supposent, de la part du milieu dirigeant de Jérusalem, une bonne connaissance du grec, que démontre d'autre part la traduction de la Bible en grec. Il y avait là des considérations pratiques qui imposaient au clergé de Jérusalem (et à lui *en tout premier lieu*) une hellénisation au moins linguistique. Que les choses soit dès lors allées plus loin, dans le sens d'un goût des choses grecques, est d'autre part attesté par les demandes mêmes de Jason et, peut-on ajouter, par l'apparition d'une anthroponymie grecque en milieu juif. Mais le problème des progrès de l'acculturation grecque du milieu judéen depuis le IIIᵉ siècle déborde le cadre du présent propos. L'aspect politique de la question est probable aussi : comme j'y ai déjà fait allusion, la famille sacerdotale des Oniades semble avoir conservé des sympathies pour les Lagides et cela devait entretenir des suspicions à Antioche à l'égard de Jérusalem, sinon des Juifs en général. La tentation hellénique d'une minorité et le désir d'une bonne entente avec les nouveaux maîtres (à une époque où les rapports entre Lagides et Séleucides sont tendus) purent converger dans le comportement de Jason, dont la personnalité et la pensée nous échappent. La tradition orthodoxe lui est évidemment hostile et *II Macc.* 4, 18-20 prouve que, même parmi les membres du groupe helléniste, sa politique soulevait des réserves de nature religieuse. Mais on remarquera qu'il n'y eut pas, à notre connaissance, d'agitation populaire à Jérusalem sous son pontificat, qu'il fut à son tour débordé et déposé et qu'il trouva ensuite, contre Ménélas, un soutien populaire. Tout cela reste ambigu et Jason était sans doute un politique cherchant à concilier des tendances difficilement conciliables. Il n'en reste pas moins que c'est à lui qu'incombe la responsabilité initiale de la politique d'hellénisation, plus qu'à Ménélas, que les difficultés soulevées par son ambition et sa maladresse devaient pousser aux extrêmes (cf. récemment K. BRINGMANN, *Die Verfolgung d. jüd. Relig. durch Ant. IV...*, *Ant. u. Abendl.* XXVI (1980), pp. 176 *sqq.*).

Les deux **thèses** sur le **statut de la communauté hellénique de Jérusalem** ont été développées, la première par E BICKERMANN, *Der Gott der Makkabäer*, pp. 59 *sqq.*, qui traduit la formule énigmatique de *II Macc.* 4, 9 par « enregistrer les Antiochéniens qui étaient à Jérusalem » (constitution d'un *politeuma* grec, avec gymnase et éphébie, vivant à côté de l'État sacerdotal traditionnel et en symbiose avec lui, comme cela se passait en bien des lieux de l'empire séleucide) ; la seconde par V. TCHERIKOVER, *o. c.*, pp. 161 *sqq.*, qui comprend « faire de ceux qui étaient à Jérusalem des Antiochéniens » (c'est-à-dire ériger Jérusalem en *polis* grecque d'Antioche). Les arguments avancés de part et d'autre s'équilibrent singulièrement... Cf. récemment la brève discussion de Chr. HABICHT, *2. Makkabäerb.*, p. 216, n. 9 a-b, qui penche pour la *polis*, alors que Th. FISCHER, *Seleukiden u. Makkabäer. Beiträge z. Seleukidengesch. und z. d. polit. Ereignissen in Judäa während d. 1. Hälfte d. 2. Jhts. v. Chr.* (Bochum 1980), p. 20 et n. 53 (où bibliogr.), penche pour le *politeuma*. Il ressort en tout cas des livres des Maccabées, dont aucun n'accuse ni Jason, ni même Ménélas de s'être attaqué au Temple (sinon pour en piller les finances), que la réforme, quelle que fût sa nature exacte, n'était pas de caractère religieux et cultuel (FISCHER, *o. c.*, pp. 20 *sq.* estime toutefois que le culte royal fit alors sa première apparition en Judée : il est permis d'en douter), mais qu'elle avait pour but de briser l'originalité des mœurs juives et de rapprocher Israël des autres nations. Réciproquement, Antiochos IV aurait vu là une occasion de promouvoir la politique d'hellénisation qu'on lui a prêtée : nommé par le roi, le Grand-Prêtre serait devenu une sorte d'épistate, incarnation de la « laïcisation » des Juifs, selon M. ZAMBELLI, *l. c.* (*supra*, p. 310), pp. 311 *sqq.*

L'assassinat d'Onias III à Antioche eut des conséquences qu'il n'est pas possible de tirer tout à fait au clair. *II Macc.* 4, 36-8 dit qu'Antiochos IV fut profondément affligé du meurtre de ce saint homme et qu'il fit exécuter le meurtrier, un nommé Andronicos, sur les lieux de son crime. En fait, si cet Andronicos est le même que celui qui fut, selon Diodore (*supra*, p. 305), chargé d'assassiner le petit roi Antiochos (fils de Séleucos IV ?), ce n'était peut-être là qu'un prétexte à supprimer un témoin gênant.

c) *La crise : révolte et persécution (169-167)*

Ces troubles risquaient de provoquer une intervention de l'auto-rité centrale — laquelle se produisit, mais d'une façon qu'il était difficile de prévoir, et aujourd'hui d'établir. Car si la succession des événements peut passer pour sûre jusqu'à l'élimination de Jason, tout devient ensuite problématique.

Les troubles avaient commencé à Jérusalem à l'époque du début de la première campagne d'Antiochos IV en Égypte (dé-but 169). A son retour de cette campagne, le roi passa à Jéru-salem et s'y saisit de tous les trésors qui subsistaient dans le Temple : de telles spoliations sont alors fréquentes et si ce pillage put avoir pour prétexte l'agitation juive, il n'implique nullement une hostilité à l'égard du judaïsme en soi : il s'agissait en fait de recouvrer quelque trois ans d'arriérés de tribut. L'agitation de Jérusalem, du reste, essentiellement due aux conflits internes de la communauté locale, ne pouvaient guère avoir une couleur antiséleucide à ce moment où Antiochos IV rentrait triomphant et, semblait-il, maître de l'Égypte. Il ne devait pas en aller de même l'année suivante. C'est alors seulement, sans doute, que l'imagination populaire, brodant sur la nouvelle de la débâcle diplomatique infligée à Antiochos par Popilius Laenas (*supra*, p. 322), crut à la mort du roi et se flatta de l'espoir d'un effon-drement de la domination séleucide. Jason, réfugié en Transjor-danie, essaya de reprendre pied à Jérusalem, n'y réussit point, dut s'enfuir à nouveau — mais Ménélas resta bloqué dans la citadelle par une insurrection populaire. Celle-ci, qui débordait visiblement les querelles des clans aristocratiques, ne peut être comprise que comme un soulèvement contre tous ceux, indistinctement, qui avaient poussé à l'hellénisation, comme un soulèvement tradition-naliste — et, du fait des gages donnés au pouvoir royal par les derniers Grands-Prêtres, ce soulèvement devait apparaître comme anti-séleucide. C'est en tout cas ainsi que l'entendit Antiochos IV qui, revenant d'Égypte de l'humeur que l'on peut imaginer, prit Jérusalem d'assaut, pilla, massacra, et rétablit Ménélas. Mais l'in-surrection dut reprendre aussitôt après son départ, car une seconde expédition punitive aboutit cette fois à l'établissement d'une colonie militaire appuyée sur la citadelle de l'Akra, où les Juifs hellé-nisés se groupèrent sous la protection des soldats étrangers. De nombreux orthodoxes quittèrent dès lors Jérusalem, et la guérilla commença dans les campagnes.

La crise ouverte par Jason n'avait point, jusqu'alors, affecté le culte de Yahveh, quand bien même celui-ci était-il desservi dans un temple pillé et par des prêtres indignes. Cela changea avec la fondation de la colonie de l'Akra. Que Jérusalem ait ou non été transformée dès 175/4 en une Antioche (*supra*, p. 336), il y avait désormais une *polis* (de nom inconnu, probablement Antioche) autour de la citadelle : le Temple, tombant dès lors sous l'autorité d'une communauté mixte de Grecs, d'Orientaux hellénisés, de Juifs « modernistes », fut accommodé aux besoins syncrétistes de cette colonie. *II Macc.* 6, 2 dit que le Temple fut placé sous l'invocation de Zeus Olympien : c'est là une *interpretatio graeca* du changement intervenu : le texte syriaque nomme le nouveau dieu du Temple Baal-Shamêm, et ce nom du dieu céleste syrophénicien était (comme Zeus Olympios du reste) le meilleur équivalent que l'on pût trouver à Yahveh. De fait, il a été démontré que le Temple de Jérusalem fut alors aménagé non point en sanctuaire hellénique, mais en sanctuaire syrien, c'est-à-dire adapté aux besoins du culte des colons militaires de l'Akra, dont la majorité devait être d'origine syro-phénicienne. Les Juifs hellénisants ne renoncèrent du reste pas au culte de Yahveh, dont l'autel subsista, surmonté d'un autel de Baal (l'« abomination de la désolation » de la tradition juive). Cette transformation du sanctuaire devait être une souillure inexpiable pour des traditionalistes. L'agitation complexe et confuse qui troublait la Judée depuis quelques années, agitation faite de luttes de factions, de tensions sociales exacerbées par le poids d'une fiscalité qui fut sans doute encore aggravée en ces circonstances, d'intrigues alexandrines et de résistance aux mœurs grecques, prit alors sa couleur décisive d'irrédentisme religieux et national — les deux choses étant toujours inséparables dans l'histoire du peuple juif.

Et c'est ce qui explique à son tour la persécution du judaïsme : un édit royal de décembre 167 prétendit astreindre les Juifs à l'abandon de la Loi (au sens le plus large : foi, traditions, mœurs) et à l'adoption des mœurs grecques. Persécution religieuse, certes, — mais dont le caractère religieux n'était pas la fin. Contrairement à des interprétations qui remontent à l'antiquité, Antiochos IV n'a pas agi par fanatisme (l'épicurisme dont il faisait profession devait exclure tout fanatisme), dans le désir de promouvoir des cultes helléniques, d'unifier son empire dans la foi à Zeus Olympien, support de son pouvoir : il a cherché à briser une résistance locale animée par un infrangible exclusivisme religieux. Ce qui le prouve du reste au mieux, c'est le caractère strictement local de la persécution, qui ne déborda pas la Judée : les Samaritains surent prendre leurs distances par rapport à leurs « cousins » de Judée pour éviter que la persécution ne s'abattît sur eux aussi. Quant aux communautés de la diaspora séleucide, elles ne furent inquiétées que dans les cités grecques contiguës à la Judée (et sur l'initiative personnelle du stratège de Cœlé-Syrie). Cette persécution religieuse ne fut qu'un moyen (maladroit et témoignant d'une ignorance profonde du judaïsme authentique) de mettre un terme à des troubles — dont Antiochos IV montra d'ailleurs, après son passage de 168, qu'il ne s'y intéressait que peu en en confiant l'exécution à des sous-ordres.

SOURCES : *I Macc.* 1, 16-64 ; *II Macc.* 5-6 ; JOS., *AJ* XII, 246-264 ; *BJ* I, 1, 2 (34-5) ; St JÉRÔME, *in Dan.* XI, 29-30.

BIBLIOGRAPHIE COMPLÉMENTAIRE ET NOTES : Les incertitudes qui règnent parfois dans les ouvrages modernes quant au nombre des campagnes égyptiennes d'Antiochos IV (*supra*, p. 318) procèdent en partie de **contradictions et de confusions dans la tradition juive.** *I Macc.* ne connaît qu'un passage d'Antiochos à Jérusalem après sa première campagne, lorsqu'il spolia le Temple ; l'auteur de *II Macc.*, de même, ne le fait venir qu'une fois à Jérusalem, mais après sa seconde campagne, et détermine son départ d'Égypte par l'insurrection juive qu'aurait provoquée la fausse nouvelle de sa mort (et non par l'intervention de Popilius, que les deux livres ignorent pareillement) ; de plus, le pillage du Temple aurait eu lieu après l'assaut de la ville et les massacres qui s'ensuivirent. Parmi les modernes, certains estiment que la fausse nouvelle de la mort du roi courut pendant la première campagne, en 169, et que c'est alors que se plaça la tentative de rétablissement de Jason et l'insurrection (cf. W. OTTO, *o. c.*, p. 65 ; ABEL, *Histoire...* I, pp. 118 *sqq.*) ; mais il est plus logique de penser que ce fut l'affaire d'Eleusis qui fit courir le bruit de la mort d'Antiochos et provoqua l'entreprise de Jason et l'insurrection (cf. BICKERMANN, *Der Gott...*, pp. 67 *sqq.* ; TCHERIKOVER, *o. c.*, pp. 186 *sq.*). Sur l'ensemble de la question, cf. SCHÜRER-VERMES-MILLAR, pp. 152-3 (n. 37). Th. FISCHER, *o. c.*, pp. 26 *sq.* rejette le passage d'Antiochos à Jérusalem en 169. L'ordre des événements suivi ici est aussi celui suivi par MØRKHOLM, *Ant. IV*, pp. 142 *sqq.*

Les modifications introduites dans le culte ont été admirablement analysées par BICKERMANN, *o. c.*, pp. 92 *sqq.*, qui a en particulier identifié la nature véritable de la divinité syrienne cachée sous le nom grec de Zeus Olympios. L'interprétation de BICKERMANN a été très généralement adoptée : cf. récemment HENGEL, *Judentum u. Hellenismus*[2], pp. 537 *sqq.* ; Th. FISCHER, *o. c.*, pp. 35 *sqq.* ; les réserves de F. MILLAR, *l. c. supra* (p. 333) ne sont malheureusement pas présentées sous forme de discussion. L'expression « abomination de la désolation » (qui ne veut rien dire !) traduit le grec *bdelygma érêmôséôs*, qui, à son tour, procède d'un contresens (voulu, et permis par les équivoques de la graphie consonantique sémitique) sur une expression du livre de Daniel désignant sans doute l'autel de Baal Shamêm : cf. ABEL, *Les livres des Maccabées*, pp. 28 *sqq.* et *Histoire...* I, pp. 124 *sqq.*

TCHERIKOVER, *o. c.*, pp. 190 *sqq.* paraît avoir établi de façon satisfaisante que les modifications cultuelles donnèrent son caractère propre à la **résistance juive**, et ce *avant* l'édit de **persécution** : la persécution fut donc une conséquence du soulèvement, et non sa cause, s'il est vrai qu'elle lui donna un regain de vigueur. BICKERMANN, *o. c.*, pp. 36 *sqq.* et TCHERIKOVER, *o. c.*, pp. 175 *sqq.* analysent les diverses interprétations proposées de la persécution et, plus généralement, de la politique d'Antiochos IV en matière de religion et de civilisation. ED. MEYER, *o. c.*, II, pp. 143 *sq.*, W. OTTO, *o. c.*, p. 85, ou encore ABEL, *o. c.* I, pp. 124 *sqq.* admettaient le caractère véridique de *I Macc.* 1, 41, selon lequel « le roi écrivit à tout son royaume que tous devaient former un seul peuple et abandonner leurs traditions particulières » : dans cette perspective, l'édit d'abolition du judaïsme aurait été l'aspect particulier à la Judée d'une politique générale, et la persécution sanglante la conséquence du refus des seuls Juifs (ou tout au moins d'une forte proportion d'entre eux) de se soumettre à l'édit. Qu'Antiochos IV ait marqué une prédilection pour le culte de Zeus Olympios, et certainement pour des raisons politiques, est bien attesté par ailleurs (*supra*, p. 308), mais qu'il ait obstinément cherché à unifier son empire dans un « hénothéisme impérial » (ABEL) n'est nullement prouvé par la documentation générale, et apparaît difficilement compatible avec les idées du temps et la structure lâche et bigarrée de l'État séleucide. On suivra plus volontiers LE RIDER, *Suse...*, pp. 289 *sqq.*, lorsqu'il estime que les « préoccupations religieuses d'Antiochos IV » le rendaient « enclin à favoriser... une tendance vers l'unité et à donner une apparence commune aux divinités locales » (cf. L. ROBERT, *La déesse de Hiérapolis-Castabala* (1964), pp. 97 *sqq.*). Mais si l'air du temps n'était sans doute pas à la contrainte religieuse, il n'était pas davantage à la résistance aux syncrétismes : le désir du roi de voir se répandre le culte de Zeus dut même être fréquemment prévenu par les intéressés : cf. le cas des Samaritains qui proposèrent d'eux-mêmes (selon la tradition juive de *II Macc.* 6, 2 et Jos., *AJ* XII, 261, il est vrai, qui comporte peut-être quelque malignité à cet égard) de placer leur sanctuaire du mont Garizim sous l'invocation de Zeus Xenios ou Hellènios. Seul le judaïsme orthodoxe était absolument rebelle à de telles compromissions. Mais on notera que, une fois prouvé que le Temple de Jérusalem ne fut pas consacré à Zeus Olympien, mais transformé en sanctuaire d'un Baal syrien, la tradition selon laquelle Antiochos IV aurait exigé son hellénisation perd toute créance. La prolifération des détails légendaires et édifiants ne permet pas d'apprécier le nombre, qui ne fut peut-être pas considérable (et qu'il faut distinguer du nombre, également inconnu, des victimes de la guérilla) des victimes de la persécution, à laquelle Antiochos IV ne participa pas personnellement, malgré les sources juives et même grecques : DIOD. XXXIV, 1, 3-5) qui le mettent en scène : c'est d'ailleurs pourquoi il faut se garder d'utiliser ces sources pour tenter de saisir la personnalité du roi.

La fondation de la **citadelle de l'Akra** pose de difficiles problèmes topographiques : cf. les notes d'ABEL, dans son édition, à *I Macc.* 1, 33-35 ; BICKERMANN, *Der Gott...*, pp. 71 *sqq.* Bibliographie récente dans l'édition MICHEL-BAUERNFEIND de JOS., *BJ*, t. I (Bad Homburg 1960), p. 404, *Exkurs* I ; SCHÜRER-VERMES-MILLAR, p. 154 et n. 39 ; Y. TSAFRIR, *The location of the Seleucid Akra of Jerus.*, Rev. Bibl. LXXXII (1965), pp. 501 *sqq.*

BICKERMANN, *o. c.*, pp. 126 *sqq.* a sans doute raison de rejeter toute la **responsabilité** du drame sur les Juifs hellénistes du type de Ménélas. Responsabilité sans doute involontaire, cependant : tout indique que ces gens ne cherchaient nullement la suppression du judaïsme, mais son ouverture à l'air du temps, son *aggiornamento*, dirait-on aujourd'hui, et qu'ils furent rapidement dépassés par le mouvement qu'ils avaient enclenché ; car si la persécution fut provoquée par la résistance des orthodoxes à l'ouverture du Temple aux non-Juifs et à leurs dieux, les hellénistes juifs étaient placés dans une situation sans issue, condamnés à disparaître soit en tant que Juifs du fait de la persécution, soit en tant qu'hellénistes du fait de la révolte orthodoxe...

La probable aggravation de la fiscalité n'est attestée qu'indirectement par la liste des franchises concédées aux Juifs par l'édit de Démétrios I en 153 (*I Macc.* 10, 30, à rapprocher de l'allusion de 1, 29 à l'arrivée en Judée d'un *archôn phorologias* en 167). Il semble (cf. MØRKHOLM, *Ant. IV*, pp. 145 *sq.*) que, prenant acte de l'incapacité où se trouvait le Pontificat de verser le tribut annuel, Antiochos IV ait institué une lourde taxe sur les produits du sol (pesant donc sur les paysans), perçue directement par les collecteurs royaux. Il est probable que cela contribua au soulèvement rural. A la suite des livres des *Macc.*, on a généralement insisté sur l'aspect « guerre de religion » du soulèvement maccabéen. Plus récemment, l'historiographie marxiste (cf.

KREISSIG, *l. c., supra*, p. 332) a insisté sur l'oppression fiscale. Il faut évidemment faire la part des deux mobiles — qui se rejoignaient d'ailleurs dans la mesure où les paysans de Judée pouvaient rendre un Pontificat indigne responsable de l'aggravation insupportable de leur situation matérielle. Est-il nécessaire de souligner que cette conjonction du motif religieux et du motif économique n'a rien que de très banal ?

Sur les répercussions de ces événements sur la **communauté juive d'Antioche**, cf. DOWNEY, *A history of Antioch...*, pp. 107 *sqq*.

Si nous sommes surtout renseignés sur les conséquences juives de la débâcle diplomatique d'Eleusis, il y en eut sans doute d'autres. Porphyre signale qu'Antiochos IV, revenant de Jérusalem à Antioche en 168, dut prendre d'assaut **Arad** révoltée. Cette donnée a été confirmée par l'étude du monnayage autonome de cette ville, qui s'interrompt alors pour une longue période : Arad paie son soulèvement de la perte de son autonomie : cf. H. SEYRIG, *Aradus sous les rois séleucides, Syria* XXVIII (1951), p. 199 = *Antiqu. Syr.* IV, p. 220.

d) *La lutte de Judas Maccabée, la restauration du Temple et la paix d'Antiochos V (167-163)*

Dès 168, des habitants de Jérusalem avaient quitté la ville pour les campagnes et le désert (*supra*, p. 337). Leur nombre s'accrut avec l'édit de persécution et la couleur décidément religieuse que prenait ce drame aux origines politiques. Les chefs de la résistance se recrutèrent dans le milieu populaire et orthodoxe des *hasidim*, mais la lutte ne prit de consistance qu'avec l'intervention d'un certain Mattathias (originaire d'Hasmona (?), d'où le nom d'(H)asmonéens donné à sa famille) qui, ayant été le premier à résister à l'obligation du sacrifice « païen », fut aussi le premier à affirmer que la nécessité de la lutte pour la loi levait l'obligation du sabbat, pendant lequel la majorité des orthodoxes résistants se laissaient passivement massacrer, — grâce à quoi les troupes séleucides remportaient de faciles succès. Guerre double que celle que mènent Mattathias et ses compagnons : de rébellion contre les troupes royales chargées d'appliquer les édits et de percevoir l'impôt; mais aussi guerre civile et religieuse contre les Juifs infidèles, dont les enfants non circoncis le furent de force par les rebelles. Disparu en 166/5, Mattathias fut remplacé par son fils Judas *Maqqabi*, ou *Maqqebaï* (vocalisation et signification obscures ; hellénisé en *Makkabaios*). Antiochos IV préparait alors l'expédition iranienne au cours de laquelle il ne devait pas tarder à disparaître (*infra*, p. 352), et il confia la répression du soulèvement à des stratèges, qui se firent successivement battre, si bien que le vizir Lysias, que le roi avait laissé à la tête des affaires à son départ, prit en personne la direction des opérations en 164 : il fut battu à son tour, à Bethsour. Les deux livres des Maccabées divergent sur les suites de cette bataille.

D'après *I Macc.* (que suit Josèphe), Judas exploita sa victoire en se jetant sur Jérusalem et en y purifiant aussitôt le Temple. Mais *II Macc.* donne des faits une version plus complexe et plus politique qui, bien qu'incertaine, a des chances d'être plus véridique : Bethsour aurait entraîné l'ouverture de négociations. Lysias, influencé sans doute par Ménélas, dont la situation était intenable, influencé aussi par des légats romains de passage à Antioche, fit entériner par Antiochos IV, dont ce dut être un des derniers actes de gouvernement, l'arrêt de la persécution et l'amnistie pour tous les Juifs qui regagneraient sans délai leurs foyers (mars 164). La lettre royale, toutefois, ne s'adressait pas à Judas et aux rebelles, mais aux Anciens de Jérusalem, par l'intermédiaire de Ménélas, qui fut probablement le négociateur juif de ces mesures : car le roi ni son ministre ne pouvaient négocier avec les rebelles, alors qu'ils avaient à leur disposition des autorités juives reconnues par eux et, elles aussi, désormais disposées aux accommodements. Qu'Antiochos IV ait reconnu son erreur en mettant un terme à la persécution prouve son esprit politique et l'absence en lui de ce fanatisme qu'on lui a trop souvent prêté ; mais qu'il ait négocié son repentir avec un Ménélas révèle aussi son incompréhension du phénomène juif. En fait, on en revenait à la situation d'avant la persécution et les rebelles n'avaient le choix qu'entre le ralliement à Ménélas ou la continuation de la lutte. Judas choisit le second terme de l'alternative : il s'empara de Jérusalem (mais non de l'Akra), procéda à la purification du Temple, à la destruction de l'« abomination de la désolation » et, en décembre 164, le sanctuaire et l'autel furent à nouveau solennellement consacrés au culte traditionnel.

Restait l'Akra : Judas s'y attaqua au printemps de 163. Lysias, à présent régent pour le petit Antiochos V, ne pouvait fermer les yeux sur une action de rebelles contre une garnison royale et mit sur pied une expédition qui ne tarda pas à mettre Judas et ses hommes en difficulté. Mais, au moment où la victoire était à sa portée, Lysias fit faire la paix à Antiochos V. Ses raisons n'avaient rien à voir avec les affaires juives : il s'agissait pour lui de défendre sa place, car Antiochos IV, en mourant, avait conféré à un certain Philippe tous les pouvoirs qu'il avait antérieurement conférés à Lysias — et Philippe regagnait la Syrie avec l'armée d'Iran. Le judaïsme fut sauvé par cette rivalité de vizirs : un édit d'Antiochos V reconnut l'incompatibilité entre la Loi et l'hellénisme, restitua officiellement le Temple à Yahveh, et garantit le respect de la tradition. Ménélas qui, de toute façon, avait perdu la partie, fut exécuté. La majorité du peuple n'en demandait pas plus, malgré le maintien d'une garnison sur l'Akra et la destruction des fortifications de Sion, malgré aussi la nomination d'un helléniste, Alkimos, au Grand-Pontificat. En ce qui concerne le culte et la Loi, l'édit d'Antiochos V en revenait à peu près à celui d'Antiochos III. Mais la paix était fragile : les milieux hellénisants regrettaient sans doute l'époque de leur triomphe, tandis que Judas et une minorité d'intransigeants estimaient insuffisants les résultats acquis. Les troubles devaient reprendre, et les interventions séleucides. Mais le mouvement était lancé et, la décadence séleucide aidant, l'indépendance juive, comme on verra, était au bout du chemin.

SOURCES : *I Macc.* 2-6 offre un récit ordonné, mais simplifié sur certains points pour mieux exalter la gloire de Judas. *II Macc.* 8-13 fournit les plus importants éléments d'appréciation (cf. textes des lettres royales), mais dans un désordre affligeant (ainsi la lettre d'Antiochos V, qui aurait sa place à la fin du ch. 13., se trouve en 11, 22 *sqq.*, avant les lettres d'Antiochos IV et des légats romains, qui sont de plus d'un an antérieures, etc.) : dernière discussion dans HABICHT, *2. Makkabäerb.*, pp. 179 *sqq.* Jos., AJ XII, 265-385 ; BJ I, 1, 3 *sqq.* (36 *sqq.*), désordonné. Daniel, ni St Jérôme par conséquent, n'interviennent plus ici, la rédaction des « prophéties » étant antérieure à la fin de la persécution (cf. *supra*, p. 326).

BIBLIOGRAPHIE COMPLÉMENTAIRE ET NOTES : Les principales difficultés sont ici des **difficultés chronologiques,** dues à la fois au désordre de *II Macc.* et à certains désaccords entre ce livre et *I Macc.* L'ordre des événements suivi ici est celui qui a été établi par BICKERMANN, *o. c.*, pp. 80 *sqq.* ; cf. aussi ABEL, *Histoire...* I, pp. 130-155. On a proposé d'autres interprétations, dont la dernière en date est celle de FISCHER, *o. c.*, pp. 61 *sqq.*, dont la principale originalité est de retirer à Judas Maccabée la purification du Temple et de faire de celle-ci le résultat d'une négociation entre Ménélas (effrayé par le développement du mouvement de résistance) et Antioche. La thèse est intéressante, mais il est hors de propos d'en discuter ici.

Sur le surnom de Judas **Maccabée** et sur le nom des « Hasmonéens », cf. ABEL, *Les livres des Maccabées*, pp. 11 *sqq.*

On a négligé ci-dessus le détail des **campagnes de Judas** contre les stratèges séleucides, ainsi que contre certaines communautés du voisinage (cf. MØRKHOLM, *Ant. IV*, pp. 149 *sqq.* ; FISCHER, *o. c.*, pp. 61 *sqq.*). Il faut cependant dire deux mots de ces dernières : les succès de Judas provoquèrent en effet l'hostilité de divers voisins de la Judée (cités philistines ; Iduméens ; Ammonites ; etc.), sans doute indisposés par le foyer d'agitation que créait la révolte, peut-être excités en sous-main par les hellénistes de Jérusalem : cf. ABEL, *Histoire...* I, pp. 143 *sqq.* (mais il faut éviter de parler d' « antisémitisme » au sens moderne du terme : c'est ici d' « antijudaïsme » qu'il s'agit). Des minorités juives qui vivaient dans ces régions périphériques furent repliées sur la Judée et Jérusalem. Il est clair que tout ce côté de la question revêt un aspect plus politique que religieux : les révoltés mènent déjà la politique d'un État juif qui n'existe pas encore.

L'arrêt de la persécution religieuse aurait été accompagné d'une suppression de la levée directe de l'impôt, introduite en 167 selon MØRKHOLM, p. 156, n. 63. Comme cet impôt direct est à nouveau attesté en 153, il faudrait admettre qu'il fut rétabli par Démétrios Ier (*infra*, p. 369).

L'**intervention romaine** du début de 164 est inattendue, mais impossible à révoquer en doute, malgré MØRKHOLM, p. 163 *sq.* (on s'est demandé si le T. Manius de *II Macc.* 11, 34 est le même que le Manius Sergius de

POL. XXXI, 1, 6, envoyé à cette époque en Orient, notamment pour enquêter sur le comportement d'Antiochos IV) : c'est la première intervention certaine de Rome en faveur des Juifs, mais il est dangereux d'en induire que, dès 169, l'agitation juive était encouragée de Rome (sic W. OTTO, o. c., p. 67). Th. LIEBMANN-FRANKFORT, Rome et le conflit judéo-syrien (164-161 av. n. ère), AC XXXVIII (1969), pp. 101 sqq. estime que l'initiative des contacts judéo-romains dut partir du côté juif. Pour un bref survol des relations judéo-romaines, qui trouvent ici leur point de départ, cf. VIDAL-NAQUET, dans NICOLET, Rome... II, pp. 859 sq.

Si l'authenticité des documents ci-dessus mentionnés (lettres d'Antiochos IV, des légats, d'Antiochos V) est généralement admise (cf. Chr. HABICHT, Royal doc. in Macc. II, Harv. St. Cl. Phil. LXXX (1976), pp. 1 sqq. ; ID., 2 Makkabäerb., pp. 178 sqq.) encore que leur ordre chronologique ait été fort discuté (bibliogr ap. FISCHER, o. c., p. 65, n. 171), une autre lettre d'Antiochos IV a soulevé des doutes : celle (II Macc. 9, 19 sqq.) où le roi mourant et « converti » aurait annoncé aux « excellents citoyens juifs » la désignation d'Antiochos V, recommandé à leur sollicitude : ce texte, rédigé en des termes assez conformes aux usages de la chancellerie royale, ne peut avoir été forgé par un faussaire juif, qui y eût introduit des allusions précises à la persécution et aux motifs religieux qui, d'après l'historiographie juive, auraient déterminé le roi à renoncer à sa « scélératesse » (cf. II Macc. 9, 1 sqq.) : il peut s'agir d'une lettre écrite généralement à tous les peuples et cités de l'empire pour leur annoncer l'association au trône (car le roi dit compter sur sa guérison), et insérée dans son ouvrage par l'auteur de II Macc. avec mention des seuls « excellents Juifs » comme destinataires. Dernière discussion dans FISCHER, o. c., pp. 74 sqq., dans le cadre de sa réinterprétation des événements, mentionnée ci-dessus (il s'agirait d'un faux concocté par les hellénistes de Jérusalem et destiné principalement à obtenir le ralliement de tous les Juifs au compromis atteint entre les hellénistes et Lysias).

On ignore sur quel pied la paix de 163 définit les relations entre la Jérusalem juive et l'Akra séleucide. Lysias nomma stratège de Palestine un certain Hagemonidas, Achaien passé au service d'Antiochos IV, que nous font connaître les deux inscriptions MORETTI, ISE I, n° 56-57.

Le calme dut régner en Judée pendant deux ans, nos sources passant sans transition à l'avènement de Démétrios Ier, à l'été de 161 (infra, p. 369).

5° LA FIN DU RÈGNE D'ANTIOCHOS IV. L'EXPÉDITION D'ORIENT (168-164/3)

Fermant cette longue parenthèse juive que nous avons menée par delà la mort d'Épiphane, mais qui ne paraît pas avoir eu d'influence profonde sur l'évolution d'un règne dont elle est pourtant l'épisode le plus fameux, revenons aux affaires mondiales, que nous avions abandonnées le jour où le roi, enfermé dans le cercle de Popilius, en sortit diplomatiquement battu.

a) Antiochos IV au lendemain d'Éleusis

L'évacuation de l'Égypte et de Chypre était pour Antiochos IV un échec politique et un avertissement d'avoir à s'en tenir à un champ d'activité plus étroit encore que ne paraissait l'indiquer la paix d'Apamée ; c'était aussi une humiliation pour ce roi qui s'était vu à la veille de restaurer le prestige dynastique perdu par son père ; une rude déception enfin pour un homme qui avait aveuglément compté sur la bienveillance romaine et s'apercevait qu'il avait confondu les amitiés personnelles et la communauté d'intérêts des États, laquelle n'existait pas. Nombre d'historiens ont estimé que la funeste journée d'Éleusis aurait achevé de rompre l'équilibre mental d'Épiphane, déjà fragile (?), qu'il regagna l'Asie « nerveux », « traumatisé » — et il n'est pas interdit sans doute de supposer que ce choc eut quelque influence sur sa personnalité. Nos sources ne permettent cependant pas de fonder sur une telle hypothèse une interprétation générale de son comportement et de sa politique dans les années qui lui restaient à vivre, et l'on vient de voir que ce n'est pas sa politique juive (ni surtout, bien entendu, le portrait abominable que donnent de lui les sources juives) qui autoriserait par ailleurs une telle interprétation, cette politique n'ayant été autre que celle qu'eût pratiquée sans doute n'importe quel souverain placé dans les mêmes circonstances.

Après la désillusion de l'été de 168, Antiochos IV fit contre mauvaise fortune bon cœur : que pouvait-il faire d'autre ? risquer une répétition de Magnésie ou l'envoi en Asie de son neveu Démétrios ? Une ambassade séleucide alla affirmer à Rome qu'Antiochos IV préférait la paix avec Rome à sa victoire sur l'Égypte et féliciter les Romains pour leur victoire sur Persée — « victoire à laquelle il eût coopéré avec ardeur si on l'eût exigé de lui ». Une autre ambassade apportait naturellement, au même moment, les actions de grâces des Ptolémées au Sénat. L'une et l'autre furent aimablement congédiées avec des témoignages de satisfaction. Mais la bienveillance romaine devait aller aux reconnaissants d'Alexandrie plus qu'à la victime humiliée d'Antioche.

Après l'affaire d'Égypte, les projets d'Épiphane nous échappent. Si son principal dessein avait été, à son avènement, le rétablissement de l'autorité séleucide en Iran — dessein dont les affaires d'Égypte l'auraient inopinément détourné — il se peut qu'il y revînt à partir de 167, bien que son départ pour l'Orient ne se place qu'en 165 : en 166, les extravagantes fêtes de Daphnè, près d'Antioche, furent sans doute un prélude à cette nouvelle Anabase. La tradition antique (et une partie de l'historiographie moderne) les situe toutefois dans une autre perspective : ce serait pour rivaliser avec les jeux offerts par Paul-Émile à Amphipolis au printemps de 167 que, l'année suivante, Antiochos IV aurait organisé cette gigantesque panégyrie d'un mois, au cours de laquelle il aurait donné d'amples témoignages de ses singularités caractérielles. Que le faste de ces fêtes (qui ne sont pas sans rappeler les *Ptolemaia* alexandrines de 271 — (cf. t. I², pp. 147 ; 150 ; 202 *sqq.*), avec leurs cortèges, leurs banquets, leurs jeux de gladiateurs (un des goûts rapportés de Rome par le roi), etc. — mais aussi leur déploiement de forces militaires, fût, jusqu'à un certain point, destiné à éblouir le monde, à montrer que l'empire séleucide, malgré l'échec (non militaire !) des campagnes d'Égypte, conservait une puissance et des ressources intactes et hors de pair dans le concert des États du temps ; qu'il s'agît, pour le roi, à ses propres yeux comme à ceux de ses sujets, de ses amis comme de ses ennemis, de prendre une revanche de sa récente humiliation ; qu'il y eût là une part de jactance et, peut-être, de mégalomanie pathologique — tout cela est possible, probable. Mais c'est sur l'élément militaire qu'il faut mettre l'accent : à Daphnè, Antiochos IV aligna 50 000 hommes, ce qui ne se conçoit guère que soit au retour d'une expédition victorieuse, soit à la veille d'une campagne de grand style : et seule la seconde hypothèse peut être retenue (cf. cependant *infra*, p. 351). C'est d'ailleurs ainsi que l'on paraît l'avoir entendu à Rome, d'où une commission sénatoriale accourut aussitôt. Que craignait-on à Rome ? Une revanche en Égypte ? Quelque entente avec Eumène (alors mal vu : *supra*, p. 291), comme le Sénat le soupçonna, semble-t-il, l'année suivante ? Or Antiochos IV ayant réussi à rassurer les légats, qui s'en allèrent satisfaits, on ne voit guère que l'Iran comme but de ces préparatifs militaires : Rome ne pouvait certes rien objecter à des projets qui écarteraient Épiphane de la scène méditerranéenne pendant quelques années.

Sources : Ambassades séleucide et lagide à Rome en 168 : TL XLV, 13, 2 *sqq.* ; Pol. XXX, 16. Fêtes de Daphné : Pol. XXX, 25-26, recueilli par Athénée V, 194 c et X, 439 b ; Diod. XXXI, 16. Commission sénatoriale en Syrie : Diod. XXXI, 17 ; Pol. XXX, 27 ; XXXI, 1, 6-8.

Bibliographie complémentaire et notes : Les modernes sont très partagés sur le **comportement d'Antiochos IV après Éleusis.** Les contempteurs d'Épiphane sont nombreux, et la tradition antique semble leur donner des raisons. Si les termes dans lesquels les ambassadeurs séleucides s'adressèrent au Sénat, dans Tite-Live, sont authentiques (?), on conçoit que Bouché-Leclercq, *Sél.*, p. 261, par exemple, écrivît qu'Antiochos « ajoutait la bassesse à la honte » (cf. aussi W. Otto, *o. c.,* pp. 82 *sqq.*) et qu'on interprétât ensuite les fêtes de Daphnè comme une manifestation de déséquilibre mental (il est toutefois regrettable que Bouché-Leclercq, pp. 279 *sqq.* soit parti de là pour esquisser un jugement d'ensemble sur Antiochos IV, et même sur la monarchie hellénistique en général...). De telles opinions sont toutefois trop hâtives, car nous ne connaissons pas le fond de la pensée du roi. A propos de la persécution du judaïsme, Tcherikover, *o. c.,* p. 117, se demandait avec raison jusqu'à quel point une étude du caractère d'Antiochos peut aider à comprendre sa politique juive et notait justement qu'une persécution religieuse n'est pas affaire de caractère, mais d'idées : on pourrait en dire autant de toute sa politique. Or nous ne connaissons les idées d'Antiochos IV ni avant, ni après Éleusis. Dès lors, sans rejeter absolument les explications caractérielles ou psychiatriques de son comportement, il faut laisser place à d'autres hypothèses. TARN, *GBI*, qui estimait peut-être non sans raison que la grande idée d'Antiochos IV était l'Iran et qu'il en fut sans doute détourné par les affaires égyptiennes, dans lesquelles il se serait engagé de façon parfaitement empirique, sur la base d'une sorte de pari sans illusion sur la passivité amicale de Rome, concluait qu'à Éleusis Épiphane « fut peut-être le seul à ne pas être surpris par la démarche de Popilius Laenas » : quelque déçu qu'il pût être, il aurait aussitôt reconnu son erreur de calcul et froidement tiré un trait sous ce chapitre manqué de sa carrière, seule attitude qui lui permît de revenir sans dommage à des projets iraniens (raisonnement suivi par SWAIN, *l. c.* ; Tarn a toutefois donné des fêtes de Daphnè une interprétation discutable : *infra*, p. 351). Dans cette perspective, séduisante dans la mesure où elle substitue un comportement raisonnable (cf. aussi HEINEN, *ANRW* I, 1, p. 658) à un comportement prétendûment pathologique, les singularités du roi prennent la place modeste de simples défauts caractériels, sans pour autant faire de sa politique celle d'un malade, comme le voulait par exemple Otto (cf. aussi BENGTSON, *GG²*, p. 481 : « ... nervös, überspannt und bizarr »). Quant à l'interprétation de SCHNEIDER, *KGH* I, p. 623, selon lequel la mésaventure d'Éleusis rejeta Antiochos IV vers une « gewiss aus innerster Überzeugung kommende, aber wohl vielfach zu unruhig und ungeduldig betriebene Kulturpolitik », elle n'est qu'un dernier avatar de la thèse qui fait du roi un champion de l'hellénisme contre l'Orient (« den religiösen Fanatismus der Orientalen nicht lediglich zu bandigen, sonder darüber hinaus für eine positive Haltung zu gewinnen... »).

Sur les fêtes de Daphnè, cf. J.G. BUNGE, *Die Feiern Ant.' IV Epiph. in Daphne...*, Chiron VI (1976), pp. 53 *sqq.*, qui les interprète à la fois comme une célébration du triomphe sur l'Égypte (B. souligne que les victoires sur les Lagides ont pu frapper les contemporains plus que le cercle de Popilius), comme une annonce de l'Anabase nouvelle et comme une grande manifestation d'unité hellénique à l'intérieur du royaume. Il estime qu'à la panégyrie de Daphnè répondirent des fêtes dans les cités, auxquelles se rapporterait (pour Babylone) la fondation *OGIS* 253 en l'honneur du « Dieu Épiphane Sauveur de l'Asie » (cf. encore ci-dessous, p. 351). La date de célébration serait celle de l'anniversaire de l'avènement, ce qui ferait aussi des fêtes de Daphnè un jubilé royal.

L'inquiétude romaine est compréhensible : les sénateurs, qui ne devaient pas se faire d'illusions sur les sentiments qu'Antiochos nourrissait à l'égard de Rome depuis juillet 168, virent évidemment l'œuvre romaine en Orient menacée par le déploiement des forces de Daphnè. Le fait que l'enquête de 166 n'eut aucune suite parle donc en faveur des projets iraniens. E.S. GRUEN, *Rome and the Seleucids in the aftermath of Pydna, Chiron* VI (1976), pp. 73 *sqq.* a toutefois contesté que Rome ait pu avoir, après Pydna, la moindre inquiétude en Orient : les modernes procèdent de Polybe, qui lui-même, selon G., réinterprétait les faits sous le coup des événements de 146 : « The editorializing of Polybius must not be confused with the narrative he transmits... » (p. 77). Sans nier qu'il ait pu y avoir une relative discrépance entre les données factuelles transmises par Polybe et son interprétation personnelle (le contraire serait étonnant), il reste que l'état de la documentation ne nous permet pas de trancher résolument entre les deux, et que les réflexions d'un Polybe ne sauraient être rejetées au profit d'une documentation terriblement fragmentaire. Mais on reconnaîtra, avec G., que Rome aborde alors une période de relative passivité (sinon de « colossale indifférence » !) dans sa politique orientale : que cette passivité fût due à la conviction de ce que la puissance militaire séleucide était en état d'assurer la « stabilité de l'Orient » est une interprétation de G. — auquel on pourrait retourner la mise en garde qu'il formule à l'égard de Polybe...

Qu'Antiochos IV intriguât avec **Eumène II** est peu probable : malgré le service que lui avait rendu le Pergaménien en le mettant sur le trône, il n'avait pas lieu de se plaindre de la détérioration des relations romano-pergaméniennes, qui freinait l'essor de l'État attalide. Les soupçons de Rome peuvent avoir été suggérés par une saine prudence — peut-être même n'étaient-ils que des prétextes à suivre de près les affaires d'Asie. Mais il se pourrait aussi qu'Eumène, qui, après sa victoire sur les Galates, avait été soumis par Rome à un traitement aussi vexatoire qu'Antiochos IV après sa victoire sur l'Égypte (*supra*, p. 291), ait fait à Antioche des ouvertures dont le souvenir s'est perdu.

Antiochos IV fit-il en 166 un effort de **propagande dans le monde grec,** également pour tenter d'atténuer le prestige d'Eumène ? La question a été posée, au terme d'une étude numismatique, par Marg. Thompson, *The grain-ear drachms of Athens, Centenn. public. of the Amer. Num. Soc.* (1958), pp. 668 *sqq.*

b) *Les satrapies supérieures après l'Anabase d'Antiochos III*

Les résultats concrets de l'Anabase d'Antiochos III n'avaient pas répondu à la gloire qu'il en avait tirée, et le Grand-Roi n'avait rapporté d'Orient qu'un prestige trompeur. La désagrégation des provinces iraniennes n'avait été que très temporairement enrayée par la venue du roi, dont on a vu que les succès n'avaient pas été décisifs (*supra*, p. 67) : après son départ, ce processus ne pouvait que reprendre. A Magnésie du Sipyle, les Iraniens étaient nombreux dans l'armée séleucide : l'énumération des troupes paradant à Daphnè en 166 n'en mentionne point : c'est un des indices possibles du retour de vastes contrées iraniennes à la sécession, mais on ignore à quel rythme et dans quelles conditions cela put se passer.

En Perside, si l'émancipation des princes iraniens d'Istakhr n'est pas sensiblement antérieure (cf. *supra*, p. 64), c'est au plus tard après la mort d'Antiochos III qu'elle doit se placer. En Bactriane, lorsque mourut Euthydème, le demi-vaincu d'Antiochos III, devenu son vassal théorique (mais quand ? vers 200 déjà ? vers 190 seulement ?), son fils Démétrios lui succéda (peut-être flanqué d'un ou de plusieurs frères), qui fut certainement l'artisan d'une reprise de l'expansion bactrienne (en Arie, en Arachosie, peut-être en Gédrosie et en Carmanie ?). Il n'est pas sûr que Démétrios attendît la nouvelle de Magnésie du Sipyle pour repartir à l'assaut des satrapies reprises par Antiochos III — mais l'effondrement de celui-ci donna à la régression séleucide un caractère irrémédiable : on a vu que, vaincu par Rome, le Grand-Roi repartit aussitôt pour l'Iran, mais y périt. Son fils Séleucos IV ne reprit pas cette entreprise, à notre connaissance du moins.

Si les choses sont obscures en Iran, elles le sont bien plus encore dans les pays de l'Indus. S'il subsistait quelques vestiges de la domination maurya en Iran à l'époque de l'Anabase, ils y disparurent sous les coups des Bactriens ; dans l'Inde proprement dite sous les coups de princes indigènes. Mais quand les Grecs de Bactriane débouchèrent-ils dans le monde indo-gangétique, et de quels Grecs s'agit-il ? — c'est là un problème d'une extrême difficulté. Tarn avait échafaudé une prestigieuse théorie de la conquête grecque de l'Inde à l'époque de Séleucos IV et des débuts d'Antiochos IV : Démétrios, fils d'Euthydème, aurait conçu le projet de reconstituer à son profit l'empire maurya et aurait poussé ses conquêtes jusqu'à Pataliputra (Palibothra) sur le Gange, et au sud jusqu'au Goudjerat. Mais les hypothèses de Tarn ont été mises en doute, et même en pièces : s'il paraît certain que des Grecs débouchèrent au Sud de l'Hindou-Kouch (dans le Gandhara et la plaine de l'Indus) à l'époque considérée, il se pourrait que Démétrios, fils d'Euthydème, n'y fût pour rien et que ce fût là l'œuvre d'un prince grec indépendant, voire rival des Euthydémides, Antimachos. Quant à la poussée vers le Gange et le Sud, elle semble n'être que plus tardive (*infra*, p. 351). Il paraît dangereux de s'arrêter à une solution considérée comme définitive. Quoi qu'il en soit, un terme brutal fut mis à l'activité des Euthydémides et de leurs éventuels rivaux par l'apparition d'un nouvel acteur de cette partie complexe et mal connue : Eucratidès, qui s'empara du pouvoir en Bactriane en 171 peut-être et, au prix de rudes luttes, unifia sous son pouvoir les régions tenues par les Grecs, avant de partir à son tour en direction de l'Indus.

Cependant que les princes grecs de Bactriane reprenaient leur expansion, les Parthes, après une période d'effacement, en faisaient autant sous un grand souverain, Mithridate Ier Arsace V, dont l'avènement se situe pendant le règne d'Antiochos IV (171 ?). Bien que les grandes entreprises de Mithridate Ier paraissent n'avoir débuté qu'après la mort d'Épiphane, le Parthe commença sans doute à s'agrandir du côté de l'empire séleucide encore du vivant de celui-ci.

Malgré les inextricables difficultés de l'histoire de l'Iran oriental et des confins de l'Inde à cette époque, une chose est certaine, et c'est celle qui nous importe particulièrement ici : les résultats de l'Anabase d'Antiochos III, sans doute gravement compromis dès avant sa mort, étaient réduits à néant peu de temps après celle-ci. L'Iran occidental, le seul sur lequel la domination séleucide paraisse n'avoir pas été sérieusement mise en question depuis Molon (*supra*, p. 17), sinon peut-être de manière locale, était à nouveau menacé par l'expansion des royaumes dissidents de l'Est. Dans ces conditions, il était normal qu'après le répit que représente le règne de Séleucos IV, son frère Antiochos IV (que paraît de surcroît avoir hanté le désir de répéter les exploits de son père) regardât à nouveau vers les satrapies supérieures avec la volonté d'y restaurer la domination de sa dynastie, ou tout au moins son influence, — d'autant que les limites imposées à son activité par la paix d'Apamée, puis par l'ultimatum d'Éleusis le détournaient du théâtre méditerranéen.

SOURCES ET DOCUMENTS : Les difficultés que présente l'histoire de l'Iran oriental et de l'Inde du Nord-Ouest à cette époque tiennent au délabrement extrême des sources. On ne dispose en effet que de fragments ou de passages d'écrivains généralement tardifs (APOLLODORE D'ARTÉMITA recueilli par STRABON ; JUSTIN résumant TROGUE-POMPÉE, dont la source, pour ces questions, est incertaine : cf. t. I², p. 305 ; fragments des *Parthika* d'ARRIEN recueillis par PHOTIOS ; menus indices historiques parsèment les *Stathmoi Parthikoi* d'ISIDORE DE CHARAX ; etc.). En plus de ces ruines, des monnaies qui, si nombreuses qu'elles soient, le sont encore insuffisamment et dont les légendes, les types, la répartition géographique posent souvent plus de problèmes qu'ils n'en résolvent. D'inscriptions, point, jusqu'à nouvel ordre : celles d'Iran occidental même sont très peu nombreuses : un fragment d'inscription de Laodicée-Néhavend paraît bien évoquer un gouverneur général séleucide des satrapies supérieures sous Séleucos IV, en 183/2, mais nous laisse ignorer l'étendue de son ressort (cf. L. ROBERT, *Inscr. sél. de Phrygie et d'Iran, Hellenica* VII (1949), pp. 23 *sqq.*). Il a paru impossible et vain de dresser ici un catalogue même sommaire de ces sources et documents dispersés et incertains : aussi bien, le lecteur désireux de s'initier plus avant à ces problèmes ne pourra-t-il se dispenser de recourir aux ouvrages mentionnés ci-dessous, où tout cela est cité et discuté — en des sens le plus souvent contradictoires.

BIBLIOGRAPHIE COMPLÉMENTAIRE ET NOTES : Peut-on rabaisser jusqu'au lendemain de la mort d'Antiochos III l'émancipation de la **Perside** sous les *fratadara* ? C'est l'avis de R. STIEHL, *Chronologie der fratadara*, dans F. ALTHEIM, *Gesch. der Hunnen* I (1959), pp. 375-379, selon laquelle les circonstances de la mort d'Antiochos III (*supra*, p. 238) auraient provoqué le soulèvement non seulement de l'Élymaïde, mais encore de la Perside. C'est alors, sous Séleucos IV (plutôt que sous Séleucos II ou que sous Séleucos Iᵉʳ) qu'il faudrait situer les anecdotes de POLYEN VII, 39-40 et le massacre de *katoikoi* macédoniens par Oborzos-Vahuberz. On a signalé, t. I², p. 280, que les objections que l'on peut formuler à l'égard de la datation de ces événements à l'époque de Séleucos II sont, à plus forte raison, valables ici. Reste que, mis à part le problème numismatique sur lequel sont fondées ces objections, le raisonnement de R. STIEHL, qu'elle prolonge jusqu'aux dernières entreprises d'Antiochos IV, est fort cohérent.

Pour le reste, les trois ouvrages fondamentaux (mais fort divergents) demeurent ceux, déjà fréquemment cités, de W.W. TARN, *GBI* ; de F. ALTHEIM, *WGA* ; et de A.K. NARAIN, *Indo-Greeks*.

En ce qui concerne les **Parthes** à l'époque de Mithridate Iᵉʳ (= Arsace V d'après le classement établi, de façon probante, par J. WOLSKI, *l. c. supra*, p. 54), cf. la bibliographie détaillée *infra*, p. 402.

Les problèmes les plus inextricables se posent du côté des **Grecs de Bactriane**, du fait que les textes, fragmentaires, dispersés et ne paraissant pas remonter à une tradition cohérente telle qu'il en exista certainement une pour les Parthes arsacides, mentionnent moins de noms de souverains que n'en atteste le matériel numismatique, qui est donc l'élément fondamental de la documentation. Mais on devine aisément à quelles difficultés se heurte tout essai de classement et d'interprétation : de ce qu'une monnaie (éventuellement isolée) d'un souverain *X* a été trouvée en un lieu *x*, conclura-t-on que *X* régna à *x?* — et quand ? — et en quelles relations avec les souverains *Y* ou *Z* documentés au même lieu, ou ailleurs ? — etc. Sans doute y a-t-il des critères de classement (types, style, monogrammes, langue de la légende, etc.), mais qui ne permettent que rarement d'aboutir à des certitudes historiques. En ce qui concerne plus particulièrement l'époque des **Euthydémides,** TARN, *GBI,* pp. 82 *sqq.* a proposé une théorie très élaborée, reconstituant une dynastie complexe, avec corégents et vice-rois, et son histoire, avec campagnes et conquêtes. NARAIN, pp. 21 *sqq.,* de son côté, a proposé une reconstitution tout à fait différente, détachant notamment Antimachos de la dynastie euthydémide et rejetant la grande poussée grecque en Inde à une époque plus tardive (cf. Ménandre : *infra,* p. 415). Se séparant pour sa part aussi bien de Tarn que de Narain, A. SIMONETTA, *A new essay on the Indo-Greeks, the Sakas and the Pahlavas, East et West* IX (1958), pp. 157 *sq.* (auquel on renverra pour les détails, dans lesquels il n'est pas question d'entrer ici) admet que, s'il est improbable que Démétrios, fils d'Euthydème, ait poussé jusqu'à la région gangétique, il dut toutefois s'établir au Sud de l'Hindou-Kouch, dans les Paropamisades, où son fils Euthydème II lui succéda. Simonetta rattache d'autre part le monnayage d'Antimachos (dans lequel il voit le frère de Démétrios Ier et le successeur d'Euthydème II en Arachosie-Paropamisades) au monnayage des Euthydèmides, dont se séparerait au contraire le monnayage d'un Démétrios II qui, à l'époque d'Antimachos, aurait régné sur la Bactriane proprement dite et les régions septentrionales. Mais l'existence de ce Démétrios II (conjecturée sur la base des seuls documents monétaires) a été formellement contestée (sur la base des mêmes documents monétaires : cf. récemment R. AUDOIN & P. BERNARD, *Trésor de monnaies indiennes et indo-grecques d'Aï-Khanoum,* RN 6ᵉ sér. XVI (1974), pp. 30 *sqq.*) par V.M. MASSON, *Demetrij Baktrijskij i zavoievanie Indii* (« Dém. de Bactr. et la conquête de l'Inde »), *VDI* 76 (1961/II), pp. 39-45, selon lequel l'unique Démétrios, fils d'Euthydème, serait la victime d'**Eucratidès.** Pour ce dernier, qui mit un terme à la domination euthydémide (à une date que la tradition fait contemporaine de l'avènement du Parthe Mithridate Ier, et qui est donc liée aux incertitudes chronologiques qui entourent celui-ci), TARN, pp. 94 *sqq.* a voulu démontrer que cet usurpateur était séleucide par sa mère et qu'il agit pour le compte d'Antiochos IV : son installation en Bactriane aurait donc, selon Tarn, restauré l'influence séleucide en Iran oriental. Ce prétendu succès dynastique, parachevé en 167, aurait — toujours selon Tarn — été célébré d'une part par les fêtes triomphales de Daphnè, d'autre part par des *charistèria* (fêtes d'actions de grâce) célébrées à Babylone la même année selon *OGIS* 253, où le roi est appelé « sauveur de l'Asie » (sur cette inscription cf. à présent BUNGE, *l. c.,* Chiron VI (1976), pp. 58 *sqq.,* qui estime que les *charistèria* en question doivent être les fêtes de Daphnè et que le titre de « Sauveur de l'Asie » doit se rapporter à la 6ᵉ guerre de Syrie, laquelle, malgré son humiliation finale, avait été victorieuse). On a toutefois vu, *supra,* p. 346, que les fêtes de Daphnè peuvent trouver une autre interprétation, cependant que les *charistèria* pouvaient fort bien célébrer la « fondation » de la cité grecque de Babylone (cf. *supra,* p. 310) et le titre de « sauveur de l'Asie » se référer par provision à la grande entreprise iranienne qu'Antiochos IV mettait alors sur pied. Mais, surtout, les spéculations de Tarn sur l'appartenance d'Eucratidès à la dynastie séleucide ont été réfutées de toutes parts (cf. ALTHEIM, *WGA* I, pp. 20 *sqq.* ; II, pp. 51 *sqq.* ; NARAIN, *Indo-Greeks,* pp. 53 *sqq.* ; SIMONETTA, *l. c.,* p. 158 ; MØRKHOLM, *Ant. IV,* pp. 172 *sq.*) : dès lors, tout le reste de la théorie s'effondre aussi (on relèvera cependant une certaine nostalgie de la thèse de Tarn chez R. CURIEL et G. FUSSMAN, *Le trésor monétaire de Qunduz,* Mémoires de la Délégation archéologique française en Afghanistan, t. XX (1965), pp. 71 *sq.*).

En réalité, on ne sait pas qui est Eucratidès, qui prit — on ne sait pour lequel de ses exploits — le titre de *Basileus Megas* (cf. C.Y. Petitot-Biehler, *Trésor de monnaies grecques et gréco-bactriennes trouvé à Aï-Khanoum*, RN 6ᵉ sér. XVII (1975), p. 52) ; on le considère en général comme le rival de Démétrios Iᵉʳ, fils d'Euthydème, mais Simonetta, *l. c.*, propose de voir en lui le rival de Démétrios II. Quoi qu'il en soit de l'historicité de ce dernier (cf. ci-dessus), l'installation d'Eucratidès en Bactriane, puis dans le haut bassin de l'Indus, ne change rien au fait que les Séleucides avaient perdu ces pays. — Y eut-il (sous Euthydème ?) une expédition gréco-bactrienne en direction de la Sibérie et de la Chine ? Ce serait au cours de cette expédition qu'aurait été enseveli le fameux « trésor de l'Oxus », selon R.D. Barnett, *The Art of Bactria and the treasure of the Oxus*, Iranica Antiqua VIII (1958), pp. 34 *sqq.*

L'ampleur des **projets iraniens d'Antiochos IV** est également matière à hypothèses. Qu'il s'agît de réaffirmer la présence séleucide (et point seulement de piller quelques sanctuaires pour renflouer des finances aux abois, comme le pensait Bouché-Leclercq, *Sél.*, p. 297) n'est pas douteux. Mais dans quelle mesure et, géographiquement, jusqu'où ? Épiphane envisageait-il de recommencer la tournée de son père ? Il pouvait toutefois sentir que, celle-ci ayant été vaine quarante ans plus tôt, il avait peu de chances d'aboutir à des résultats plus solides et plus durables : peut-être ne visait-il que l'Iran occidental, menacé à nouveau par les Parthes. Altheim II, pp. 39 *sqq.*, qui conteste la théorie de Tarn selon laquelle les projets iraniens remonteraient au début même du règne d'Antiochos IV, estime au contraire que ce ne serait que le rejet de la suzeraineté séleucide par Mithridate Iᵉʳ (Tac., *Hist.* V, 8, 4-5, cf. *infra*, p. 354) qui aurait inopinément attiré sur l'Iran l'attention du roi, fixée d'abord sur la Méditerranée et lui aurait suggéré de recommencer l'Anabase. Narain, pp. 56 *sq.*, pense que, désormais coupés des Bactriens par les Parthes, les Séleucides n'envisagèrent plus, après Antiochos III, de récupérer le domaine bactrien : il ne s'agirait plus, désormais, que de protéger l'Iran occidental contre les Parthes. Mørkholm, *Ant. IV*, p. 178, pense à une « modeste opération de police pour assurer le loyalisme des districts extérieurs tels que la Perside et l'Élymaïde, et recouvrer les revenus de cette zone » — mais il avoue, p. 180 : « Qui sait ce qu'(Antiochos) aurait pu faire en Orient si une mort prématurée ne l'en avait empêché ? ». En effet, que faire d'autre que de confesser qu'on ignore en quoi consistaient les projets d'Antiochos IV et qu'on perd sa peine à les vouloir deviner...

c) *L'expédition iranienne avortée et la mort d'Antiochos IV (165/4-164/3)*

Debut 165, donc, ayant confié le gouvernement des régions occidentales et la garde du petit Antiochos, son fils, à son vizir Lysias, Antiochos IV partit pour l'Orient. Son itinéraire paraît calquer celui de son père. La Grande-Arménie fut son premier but, où le satrape Artaxias (*supra*, p. 55) s'était rendu indépendant et sans doute agrandi au lendemain de Magnésie : Artaxias rentra (provisoirement) dans l'obédience séleucide. Épiphane passa évidemment d'Arménie en Médie (où Ecbatane fut peut-être hellénisée alors en Épiphaneia) : avait-il l'intention de faire acte de présence sur toute la bordure occidentale de l'Iran, jusqu'en Perside, avant de se retourner contre les Parthes ? Il n'en eut en tout cas pas le temps et disparut en 164/3 dans des circonstances que nous apercevons mal : il semble qu'après un échec subi en Élymaïde à la suite d'une tentative de pillage de temple (mais n'est-ce point là un doublet des circonstances de la mort de son père : *supra*, p. 239), il tomba gravement malade et mourut en Perside. Avant de s'éteindre, il avait eu le temps de mettre un terme à la persécution judéenne (*supra*, p. 342) et de retirer la tutelle du petit Antiochos V à Lysias pour la confier à Philippe.

Ainsi s'achève obscurément ce règne dont aucun acte ne peut passer pour établi, ni surtout interprété de façon satisfaisante. Il paraît interdit de risquer, pour finir, un jugement sur Antiochos IV, sa pensée, son œuvre : Épiphane fut-il le dernier grand Séleucide ou le fossoyeur de son empire ? Fut-il victime de son déséquilibre mental ou de circonstances extérieures imprévisibles ? On ne saurait honnêtement répondre à de telles questions, si nombreuses, résolues — et contradictoires que soient les réponses que l'on n'a pas cessé de leur donner depuis que l'on étudie le personnage. A s'en tenir à une vue concrète des choses, on peut considérer que, si Antiochos IV avait souhaité restaurer la puissance et le prestige de l'État dont il s'était emparé, son échec était patent — sans que, pour autant, la situation laissée à sa mort fût pire que celle trouvée à son avènement. Mais ce serait là une constatation bien superficielle : les faits n'acquièrent leur valeur qu'en regard des projets dont ils procèdent, et ce sont ces projets qui, en définitive nous restent inconnus. Ajoutons, pour être juste, qu'il est toujours plus difficile de peser la valeur d'une œuvre inachevée : or Antiochos IV disparut prématurément (une quarantaine d'années d'âge, peut-être, et pas douze ans de règne), laissant derrière lui un fils mineur — et un neveu dépossédé, mais otage à Rome. Voilà qui suffit à tout fausser : la portée de l'œuvre, l'estimation de l'artisan, et la tâche de l'historien.

SOURCES : St JÉRÔME, *in Dan.* XI, 36 ; 44-45 ; DIOD. XXXI, 17 a ; 18 a ; APP., *Syr.* 46 (236) et 66 (349) ; TAC., *Hist.* V, 8, 4-5. Sur la mort : POL. XXXI, 9 ; *I Macc.* 6, 1-16 ; *II Macc.* 1, 10-16 ; 9 ; Jos., *AJ* XII, 354 *sqq.* ; APP., *Syr.* 66 (352).

BIBLIOGRAPHIE COMPLÉMENTAIRE ET NOTES : Une discussion des dernières campagnes d'Antiochos IV n'apparaît pas nécessaire ici : cf. MØRKHOLM, *Ant. IV*, pp. 167 *sqq.* On notera simplement deux points : ALTHEIM, *WGA* II, p. 46 a attribué à Antiochos IV une politique analogue à celle de son père sur le **golfe Persique**, ce qui se peut ; mais l'hypothèse d'une expédition par voie de terre jusqu'à Tylos et Gerrha semble aventurée. D'autre part ALTHEIM, *ibid.*, soutenait contre TARN, *GBI*, pp. 214 et 483, n. 1 que l'expédition du gouverneur de Mésène, **Noumènios**, contre les Perses devait être placée sous Antiochos IV plutôt que sous Antiochos III. R. STIEHL, *l. c. supra*, voit là

un des éléments de la contre-offensive d'Antiochos III en Perside, à la suite
du soulèvement de ce pays, qu'elle place à l'époque de Séleucos IV
(*supra*, p. 303). Mais nous avons dit *supra*, p. 64, notre incertitude quant à
la datation de la campagne de Noumènios et quant à son rapport avec le problème des *fratadara*. On a indiqué, *supra*, p. 62, que LE RIDER, *Suse...* a pensé
voir dans l'intensification de la circulation monétaire entre Séleucie du
Tigre et Suse une preuve du succès commercial de l'Anabase d'Antiochos III.
Constatant à présent, pp. 309 *sqq.*, que cette circulation décline sous Antiochos IV, cependant que la proportion des monnaies de bronze d'Antioche
décline simultanément à Doura-Europos, il en conclut à une crise générale
du commerce entre l'Inde et la Syrie, crise à laquelle il attribue en partie
les projets orientaux d'Épiphane, dont les monnaies de Suse le représentant
coiffé du scalp d'éléphant témoigneraient de l'intérêt pour l'Inde. Si l'on
ajoute à cela le texte de Pline relatif à Noumènios, la transformation d'Alexandrie Charax en Antioche Charax (qu'Antiochos IV fût considéré comme le
ktistès d'Antioche Charax a été établi sur des bases numismatiques qui paraissent solides par O. MØRKHOLM, *The Seleucid mint at Antiochia on the
Persian Gulf*, ANS-MN XVI (1970), pp. 31 *sqq.*) et la phrase de PL., *HN* VI,
147 *nunc a Charace dicemus oram Epiphani primum exquisitam*, on reconnaîtra
que cet édifice est séduisant. Mais il faut être prudent : avant d'interpréter
le phénomène de circulation monétaire enregistré à Doura (où quelques
monnaies de Mithridate Ier ne sauraient prouver que celui-ci s'empara
jamais de la place : cf. BELLINGER, *Seleucid Dura. The evidence of the coins*,
Berytus IX (1948-9), p. 63) comme une conséquence de faits économiques qui
ne sont eux-mêmes que des hypothèses échafaudées sur un phénomène analogue
enregistré à Suse, il conviendrait peut-être de se demander s'il ne pourrait
trouver son principe d'explication dans la région même où on le constate,
c'est-à-dire entre Antioche et Doura. Simple précaution méthodique qu'on ne
saurait faire plus ici que de signaler. Toutes les réflexions relatives au commerce
avec l'Inde et à son rétablissement (dont le projet remonterait aux débuts
mêmes du règne d'Antiochos IV, ce qui est possible) ne sauraient en tous
cas faire oublier la phrase de Tacite, selon laquelle le roi fut empêché de
civiliser les Juifs « par la guerre des **Parthes**... car c'est à cette époque qu'Arsace
fit défection », phrase dont LE RIDER, pp. 311 *sqq.* a d'ailleurs donné l'explication la plus évidente et la plus raisonnable (les autres sont résumées par
lui p. 312, avec bibliogr.), en se fondant sur l'analyse des premières émissions
monétaires parthes (cf. aussi *infra*, p. 403) : Mithridate I Arsace V, dès son
avènement (171), avait rompu le lien de vassalité imposé par Antiochos III.
Selon cette interprétation, ce serait là le motif fondamental de l'entreprise
d'Épiphane, dont le projet pourrait donc remonter à 171 — c'est-à-dire à la
veille de la campagne d'Égypte, ce qui ne serait certes pas sans intérêt, puisqu'il
est certain, on l'a vu (*supra*, p. 314), que l'initiative de la guerre partit du
côté égyptien. Mais toute l'interprétation de LE RIDER a été contestée par
MØRKHOLM, *Ant. IV*, p. 177, qui estime qu'aussi bien le texte de Tacite que
les données monétaires parthes devraient être rabaissées au règne d'Antiochos VII (*infra*, p. 413) : l'expédition d'Épiphane n'aurait rien à voir avec une
révolte parthe.

L'analyse des **traditions relatives à la mort d'Antiochos IV** est un exercice
fastidieux et peu concluant. On pourra lire à ce sujet, dans un sens,
BOUCHÉ-LECLERCQ, *Sél.*, pp. 297-306, qui conclut qu'il s'agit d'un simple
doublet de la tradition relative à la mort d'Antiochos III ; et, dans l'autre
sens, la réfutation qu'en a donnée HOLLEAUX, *La mort d'Ant. IV Épiph.*,
Études III, pp. 255 *sqq.*, dont les conclusions ont été très généralement
accueillies. Signalons au passage une hypothèse originale sur le pillage du
temple d'Élymaïde qui clot la carrière d'Antiochos IV : S. WIKANDER, *Feuer-
priester in Kleinasien und Iran* (Lund, 1946), pp. 71-75, entend lier cet épi-

sode à la politique religieuse du roi : relevant que *II Macc.* 1, 14 attribue à Antiochos la volonté d' « épouser » Nanaia, la divinité du lieu, et que le tardif GRANIUS LICINIANUS, p. 5 ed. Flemisch = p. 8 ed. Camozzi, lui attribue le même propos à l'égard de la Dea Syria d'Hiérapolis (avec, ici aussi, confiscation des trésors du temple), Wikander estime que les hiérogamies du souverain, Zeus incarné, avec des divinités féminines indigènes auraient été destinées à donner quelque assise au culte monarchique dans l'esprit des populations orientales. Quant aux confiscations de trésors, il pense qu'il s'agissait officiellement de la réception (conforme au droit privé grec) de la dot de l'épousée par le mari. Il faudrait plus de documents, et plus explicites, pour confirmer une telle interprétation. On ne saurait même être assuré que la Hiérapolis du misérable manuscrit de Granius Licinianus soit, comme l'entend Wikander, Hiérapolis Bambykè, et l'on ne tiendra pas exclu que Licinianus, ou sa source, voulait parler d'une *hiera polis* d'Elam, auquel cas nous n'aurions pas deux exemples d'hiérogamie d'Antiochos IV, mais un seul — et combien douteux. Peu convaincante pour Antiochos IV, l'hypothèse de Wikander, qui relève d'un type imprudent de démarche fréquent chez les historiens des religions, l'est bien moins encore lorsqu'il l'étend aux circonstances de la mort d'Antiochos III.

R. STIEHL, *Das Buch Esther, Wiener Ztschr. f. die Kunde des Morgenlandes* LIII (1956), pp. 13 *sq.*, 18 *sq.* voit dans la naissance de la dynastie locale des **Kamnaskirès** (*infra*, p. 409) une réaction nationale élamite à la tentative de pillage du temple de Nanaia par Antiochos IV (intéressantes réflexions sur les rapports entre les traditions antiséleucides élamites, perses et juives à cette époque). LE RIDER, *Suse...*, p. 354, de son côté, se demandait si Antiochos IV, sinon déjà Antiochos III, n'avaient pas envisagé une opération de police contre des Élyméens menaçant dès lors la région de Suse où on les verra déboucher ultérieurement sous Kamniskirès (ou Kamnaskirès). Dans un sens ou dans l'autre, il y a probablement un rapport entre l'expédition d'Antiochos IV et l'expansion élyméenne vers la Susiane.

Le problème de la **date du décès** d'Antiochos IV, confus dans la tradition littéraire (cf. p. ex. BOUCHÉ-LECLERCQ, *Sél.*, p. 588) n'a pas été tranché par la liste cunéiforme SACHS et WISEMAN, *Iraq* XVI (1954), p. 208, qui donne le mois, mais non l'année : nov.-déc. 164 est cependant probable (cf. BENGTSON, *Neue Seleukidendaten, Hist.* IV (1955), pp. 112-113 ; AYMARD, *Du nouveau sur la chronologie des Séleucides, REA* LVII (1955), pp. 102 *sqq.* ; mais aussi MANNI, *A proposito di una nuova lista babilonese...*, *RF* LXXXIV (1956), pp. 273 *sqq.*

QUATRIÈME PARTIE

LA FIN
DU MONDE HELLÉNISTIQUE
(164-30 av. J.-C.)

CHAPITRE I

Des lendemains de Pydna
à la veille de la guerre mithridatique

Après la disparition du royaume de Macédoine et l'effondrement diplomatique d'Antiochos IV, l'histoire hellénistique sombre pour un temps dans l'incohérence. Tandis que la grande époque du III° siècle avait trouvé son unité dans un très approximatif équilibre des puissances, et l'époque suivante dans l'imprévisible poussée de la diplomatie et des armes de Rome jusqu'aux confins de l'Orient —, à présent, ces facteurs d'unité s'effacent. Ils s'effacent définitivement du côté des monarchies hellénistiques survivantes, car, si les vieux principes des Lagides (reconquête de la Cœlé-Syrie) et des Séleucides (maintien ou restauration de la souveraineté sur l'Iran) ne disparaissent point, les conditions qui leur permettraient de s'exercer efficacement n'existent plus. Ils s'effacent temporairement du côté de Rome, dont la politique orientale, pour plus d'une génération, se révélera plus hésitante encore que par le passé, et surtout plus passive : pour que se produise le nouveau bond en avant de l'impérialisme romain, il faudra le testament d'Attale III et surtout la provocation mithridatique ; plus encore, peut-être, l'atmosphère extraordinairement favorable aux aventures que créera, dans le milieu romain lui-même, l'agonie de la république sénatoriale. Tout cela n'est pas favorable à l'exposition de cette période qui précède la reprise de l'expansion romaine et où les événements sont rebelles à une organisation logique. Tout plan ne peut qu'être plus ou moins arbitraire : celui qui a été adopté ici cherche à éclairer, dans la mesure du possible, la réelle confusion de ces années, à l'ensemble desquelles on pourrait appliquer l'expression de *tarachè kai kinèsis* (« trouble et bouleversement ») qu'utilise Polybe pour en qualifier les années 152-146 (*infra*, p. 385).

I — L'ÉGYPTE ET L'ASIE DE 167 A 145

Les interférences ne font pas défaut entre les politiques des deux grandes dynasties. Les interventions ptolémaïques ont même été fécondes en rebondissements inattendus pour les Séleucides. A voir les choses de haut, il n'apparaît toutefois point que ces interférences aient été déterminantes, mais, bien au contraire, que ce qui pesa le plus lourdement sur les destinées des deux monarchies doit être cherché en elles-mêmes et, de plus, pour les Séleucides, dans l'immense arrière-pays du continent asiatique. Sans oublier Rome, naturellement — mais, pour cette époque, de façon secondaire seulement. On est donc fondé à envisager ici les choses par domaines géographiques, non sans marquer, bien entendu, les connexions.

A) Les conflits entre Ptolémée VI Philomètôr et Ptolémée VIII Physcon (Évergète II) (167-152)

1° DE LA JOURNÉE D'ÉLEUSIS AU PARTAGE DE L'EMPIRE (167-163)

Ayant obtenu l'évacuation de l'Égypte par Antiochos IV par le moyen qu'on a vu (*supra*, p. 323), Popilius Laenas s'était retiré en exhortant les deux Ptolémées et leur sœur Cléopâtre II à la concorde : vœu pieux (?) qui ne devait guère être suivi d'effet. L'Égypte, au lendemain des invasions d'Antiochos IV, est dans un état de confusion où sources littéraires, papyrologiques et épigraphiques nous permettent de jeter quelques coups d'œil : la haine qui opposait les deux frères royaux, les intrigues de palais, les troubles populaires à Alexandrie, les mutineries militaires, les séditions paysannes encouragées par le clergé indigène tissent la toile de fond de ces années. Malgré l'énergie et l'habileté certaines avec lesquelles Ptolémée VI fit face à ces innombrables difficultés, réprimant d'un côté, légiférant de l'autre, il finit par succomber aux intrigues de son frère et fut, en octobre 164, obligé d'abandonner la place. Accompagné d'un petit nombre de fidèles, il alla tout droit se plaindre à Rome. Le Sénat se montrant peu disposé à prendre une décision, Philomètôr, pour s'assurer une base d'opérations, se rendit à Chypre, où il trouva une députation des Alexandrins qui, excédés du gouvernement de Physcon, le suppliaient de revenir. C'est alors, en mai 163, que, constatant l'impossibilité de maintenir la corégence, les deux frères résolurent de se partager ce qui restait de l'Empire : Philomètôr garderait l'Égypte et Chypre ; Physcon irait régner en Cyrénaïque. Cette solution ne devait en rien atténuer l'hostilité entre eux. Mais l'Égypte bénéficia des mesures d'amnistie et de détente que Philomètôr promulgua pour mieux asseoir son pouvoir, pouvoir qu'il devait exercer jusqu'à sa mort, en 145.

Sources : Diod. XXXI, 15 a ; 17 b-c ; 18 ; Pol. XXXI, 2, 14 ; 18, 14 ; TL, *Per.* XLVI-XLVII ; Trog., *Prol.* XXXIV ; Zon. IX, 25. On trouvera la nomenclature des principaux documents papyrologiques *ap.* Volkmann, s. v. *Ptolemaios*, PW XXIII, 2 (1959), coll. 1711 *sq.* : elles sont importantes autant pour l'établissement de la chronologie que pour la connaissance de la situation intérieure.

Bibliographie complémentaire et notes : L'heureux **retour de l'étranger de Ptolémée VI**, à l'été de 163, est incidemment évoqué par une pétition qui lui est alors adressée par deux prêtresses de Memphis : Wilcken, *UPZ* I, n° 41, lignes 4-5.

La **situation intérieure de l'Égypte**, tant économique que politique (révolte de Dionysios Pétosarapis et ses conséquences) a été excellemment décrite, sur la base des papyrus, par Rostovtzeff II, pp. 719 *sqq.* L'édit d'amnistie par lequel Ptolémée VI tenta de rétablir l'ordre et la tranquillité dès son retour ne nous est connu avec certitude qu'indirectement par une lettre du roi (au stratège du nome Memphite) qui en recommande vivement l'application : Wilcken, *UPZ* I, n° 111 = Lenger, *C. Ord. Ptol.* n° 35 ; il est possible, mais non certain, que des fragments du *prostagma* original soient consignés dans le *Pap. Kroll* (L. Koenen, *Eine ptol. Königsurkunde (P. Kroll)* (1957) : cf. Lenger, *o. c., n° 34*, où bibliographie), mais certains attribuent de préférence ce document à Ptolémée V et à l'année 186.

La part de l'**influence romaine** en ces affaires est discutable. Lorsque Ptolémée VI vint se plaindre au Sénat, une mission destinée à observer et agir en Macédoine, en Asie Mineure et en Syrie venait de partir : on lui écrivit de s'employer aussi à réconcilier les Ptolémées. Il est chronologiquement impossible que ces légats aient pu participer au partage de 163. L'épitomateur de TL XLVI comme le *Prologue* de Trog. XXXIV et Zon. IX, 25 affirment toutefois que la réconciliation des deux frères et le partage de l'empire furent dus à l'intervention romaine, point de vue adopté par E. Manni, *Roma e l'Italia...*, p. 384. W. Otto, *Zur Geschichte der Zeit des 6. Ptol., Abh. Bayer. Akad., Phil.-hist. Abt.*, NF XI (1934), pp. 90 *sqq.* a pensé retrouver la trace de cette intervention de 163 dans un passage de Polybe relatif à un épisode ultérieur (XXXI, 10, *infra*, p. 363) — mais H. Winckler, *Rom. u. Aegypten im 2. Jht. v. Chr.*, pp. 42 *sqq.* a au contraire démontré que ce passage (qui sort de notre source la plus ancienne) implique que les deux frères agirent alors seuls et de leur propre chef : aussi bien l'hostilité des Alexandrins à Ptolémée Physcon ne laissait-elle guère place à une autre solution.

2° La rivalité des deux Ptolémées pour Chypre et la politique romaine (162-152)

Cependant que Ptolémée VI Philomètôr pouvait se consacrer à la remise en ordre de son royaume et à l'observation des affaires d'Asie, Ptolémée VIII ne se tenait pas pour battu. A peine installé à Cyrène, il en repartait pour se plaindre à Rome de ce que le partage l'avait réduit à la portion congrue et réclamer du Sénat qu'on lui donnât Chypre en supplément. Signe des temps, qu'un souverain en arrive à invoquer l'aide de Rome non seulement pour se protéger contre un danger extérieur, mais encore pour régler une rivalité dynastique. Or la majorité du Sénat accéda (théoriquement au moins) aux vœux de Physcon : une mission fut dépêchée en Orient pour tenter de le mettre en possession de Chypre par des moyens pacifiques : la diplomatie devait y suffire — et si elle n'y suffisait pas, il n'était pas question d'aller plus loin : les légats exigèrent même de Physcon qu'il licenciât les mercenaires qu'il avait enrôlés en Grèce et qu'il allât attendre à Cyrène les résultats de leur démarche auprès de Philomètôr. Cependant que Physcon trépignait d'impatience aux frontières de la Cyrénaïque dans l'attente d'un message des légats, puis se voyait contraint de réprimer une révolte de ses nouveaux sujets cyrénéens, Philomètôr lanternait courtoisement les envoyés du Sénat, qui repartirent les mains vides.

Cette politique romaine de demi-mesure peut apparaître singulière. Polybe (bien placé à l'époque pour être renseigné) la commente comme suit : « Nombre de décisions des Romains sont désormais de nature à accroître et à renforcer leur propre puissance de façon pragmatique en exploitant les erreurs des autres, en même temps qu'ils se font bien venir de ceux qui sont lésés en se posant en bienfaiteurs. C'est pourquoi, voyant la grandeur du royaume d'Égypte et craignant que, si d'aventure il trouvait un souverain de valeur, on n'y conçût des projets outrecuidants, ils envoyèrent une ambassade, etc. ». Les qualités révélées par Philomètôr pouvaient donner à penser qu'il deviendrait un souverain de valeur ; l'intérêt qu'il portait à l'Asie (il a notamment une politique juive : *infra*, p. 374) pouvait faire craindre des complications syriennes à un Sénat qui ne les souhaitait pas. Physcon se prétendait victime d'une injustice, réclamait Chypre ? Pourquoi ne pas essayer d'obtenir de Philomètôr la cession de l'île ? Si l'affaire aboutissait, Rome affaiblissait l'Égypte et dans ses ressources financières (à une époque où la situation financière y est difficile) et dans ses positions stratégiques — et, du même coup, elle se faisait un client de plus. Sinon, tant pis : pragmatisme.

Mais Physcon n'entendait pas se contenter de ce « tant pis ». En 161, une nouvelle ambassade partait de Cyrène pour Rome. Le Sénat fit alors un pas de plus : il décida de dénoncer l'alliance avec Philomètôr, dont le représentant à Rome fut expulsé. Encouragé par ce geste, Physcon se prépara à conquérir Chypre. Ce qui se passa entre 161 et 156/5 est obscur : peut-être essaya-t-il, mais en vain, de débarquer dans l'île. Toujours est-il qu'en 156/5 Philomètôr, se repentant d'avoir laissé survivre son encombrant cadet, tenta de le faire assassiner. Physcon imagina alors une parade habile, destinée à la fois à préserver ses jours et à capter la bienveillance romaine : il légua son royaume libyen à Rome, pour le cas où il mourrait sans enfants. Polybe (en l'état où il nous est parvenu) ignore le fait, et toute l'historiographie antique après lui — mais on a le texte épigraphique du testament, daté du printemps de 155, Physcon courut d'ailleurs exhiber ses cicatrices au Sénat qui, cette fois, lui accorda le soutien de cinq vaisseaux et autorisa les alliés de Grèce et d'Asie à lui prêter main-forte. Ce fut un fiasco complet : Physcon débarqua à Chypre pour s'y faire capturer. Mais, craignant les effets du testament, Philomètôr épargna son frère, le renvoya à Cyrène — et lui promit la main de sa fille, espérant évidemment que de cette union naîtrait un héritier qui rendrait le testament caduc. Puis, pour mieux lier Chypre à l'Égypte, il y envoya son fils Ptolémée Eupatôr comme gouverneur, avec le titre royal. L'échec de Physcon était complet — et, du même coup, celui de la politique romaine qui avait été, en l'occurrence, plutôt velléitaire.

Sources : Polybe a été assez largement conservé sur ces affaires : XXXI, 10 ; 17-20 ; XXXIII, 11 ; Diod. XXXI, 23 ; 33 ; Zon. IX, 25. Testament de Physcon : *SEG* IX, 7. Le conflit des deux Ptolémées pour Chypre, ainsi que le souci de complaire à Rome sont évoqués dans *OGIS* 116 (Délos), mais cf. ci-dessous les notes. Ptolémée Eupatôr à Chypre : *OGIS* 125 à 127.

Bibliographie complémentaire et notes : La révolte de la Cyrénaïque contre Ptolémée VIII témoignerait, selon A. Laronde, *Libykai Historiai* (inédit), ch. XVII, de l'irréductible aspiration des Grecs du pays à l'indépendance : aspiration plus ou moins assoupie sous les règnes de souverains absentéistes, mais qui se réveille avec l'arrivée d'un souverain résident. C'est en effet possible — mais on observera que la révolte eut à sa tête le gouverneur laissé par le roi à son départ (c'était un Égyptien ou un métis : Ptolémée Sympétisis). Les choses furent sans doute plus complexes que nos sources ne permettent de le saisir.

Peu d'inscriptions ont suscité une littérature aussi abondante (énumérée dans *SEG* IX, 7 : cf. Liebmann-Frankfort, *Valeur juridique et signification politique des testaments faits par les rois hellénist. en faveur des Romains, RIDA* 3ᵉ sér. XIII (1966), pp. 73 sqq.) que le **testament de Physcon**, découvert en 1929. Cette littérature est dans une large mesure de caractère juridique, concernant la forme et la nature précise du document : il s'agit toutefois d'un authentique testament, conforme aux règles en usage dans les études notariales égyptiennes de l'époque. Mais le texte monumental découvert n'est sans doute pas le texte original exact : il s'agit plutôt d'une rédaction abrégée destinée à la publication. Du point de vue politique, son interprétation ne souffre pas de difficultés, malgré W. Otto, *l. c.*, pp. 97 sqq. (suivi par Volkmann, *PW* XXIII, 2 (1959), col. 1714), qui admettait qu'il avait été rédigé dès 162/1, tenu secret d'abord, et publié seulement après l'attentat de 156/5 : ce serait, selon Otto, la communication secrète du document qui aurait déterminé le Sénat à rompre avec Philomètôr et à miser exclusivement sur Physcon. Il est toutefois beaucoup plus simple de penser que Physcon n'imagina ce legs conditionnel qu'après l'attentat dont il fut victime (et auquel il fait d'ailleurs allusion dans le texte), pour en prévenir la répétition. Aussi bien, on l'a dit, le Sénat pouvait-il avoir, en 161, d'autres raisons de rompre avec le Ptolémée d'Alexandrie. A. LARONDE, *l. c.* estime que la tentative d'assassinat n'incomberait pas à Ptolémée VI, qui aurait « de toute façon renoncé depuis 163 » à la Cyrénaïque, mais aux Cyrénéens, et que le testament les menaçait donc d'« une intervention autrement redoutable » que celle de Philomètôr, dont « les Cyrénéens savaient qu'ils n'avaient rien à attendre ». Cette interprétation repose sur l'hypothèse selon laquelle le partage de 163/2 aurait été considéré comme irrévocable par Ptolémée VI et par les Cyrénéens, ce qui m'apparaît au moins douteux. P. ROUSSEL, *Le testament du roi de Cyrène, REG* XLV (1932), pp. 286 *sqq.*, s'est demandé si le legs ne comportait pas, en plus de la Cyrénaïque (qui n'est pas nommée : le texte porte simplement « le royaume »), également Chypre, dont le Sénat avait théoriquement reconnu la possession à Physcon. Il se peut.

La **politique sénatoriale** favorable à Physcon n'est que celle d'un parti, majoritaire en l'occurrence. Il devait y avoir une opposition, qui empêcha que Rome n'agît plus vigoureusement et s'exprima, après l'issue malheureuse de l'aventure, dans un discours de M. Porcius Caton, franchement favorable à Philomètôr (cf. AUL. GELL. XVIII, 9, 1 ; XX, 11, 5). Il faut d'ailleurs se demander jusqu'à quel point le testament de Physcon put séduire les Romains : l'exercice d'une sorte de protectorat de fait sur les Lagides pouvait être bien plus avantageux pour Rome qu'une annexion (cf. MANNI, *L'Egitto tolemaico nei suoi rapporti politici con Roma, RF* NS (1950), pp. 243 *sqq.*).

Y eut-il une **expédition chypriote** de Physcon avant celle de 153 ? C'est fort incertain : cf. WINCKLER, *o. c.*, pp. 49 *sq.* L'inscription *OGIS* 116 sera consultée de préférence dans HOLLEAUX, *Décret des auxiliaires crétois de Ptol. Philom., trouvé à Délos, Études* III, pp. 77 *sqq.* où l'on trouvera un texte amélioré et surtout édité avec un texte jumeau : il s'agit de décrets honorifiques votés par des auxiliaires fournis à Ptolémée VI, pour la campagne de Chypre, par la Confédération Crétoise, laquelle entretenait donc des relations d'alliance avec Alexandrie (ce qui n'empêcha pas Physcon de lever des mercenaires en Crète). Le décret en l'honneur de Ptolémée VI semble avoir contenu des allusions à la « magnanimité » du roi à l'égard de son frère ; — il en contient en tout cas une fort claire au désir de complaire à Rome : ceci explique la « magnanimité » de Philomètôr — et le testament encore bien plus...

L'envoi d'**Eupatôr à Chypre** ne fut peut-être pas destiné seulement à mieux rattacher l'île à l'Égypte : des fragments de POL. XXXIII, 5 laissent entendre que le stratège Archias était prêt à livrer Chypre à Démétrios Ier (*infra*, p. 374). Le règne chypriote d'Eupatôr fut de courte durée : il mourut dès 150 (cf. VOLKMANN, s. v. *Ptolemaios 25*, PW XXIII, 2 (1959), coll. 1719 *sq.*, à la bibliographie duquel on ajoutera MITFORD, *BSA* LVI (1961), pp. 22 *sqq.*, nos 56-57) et, du même, *The inscript. of Kourion* (Philadelphie 1971), pp. 86 *sq.*

B) Les affaires séleucides sous Démétrios Ier et Alexandre Ier Balas (163-145)

1° L'AVÈNEMENT DE DÉMÉTRIOS Ier

Rien n'avait été de plus de conséquence pour les destinées de l'empire séleucide que l'assassinat de Séleucos IV en 175 et son remplacement par son frère Antiochos IV : ce crime avait introduit dans la dynastie le poison des rivalités fraternelles qui devaient faire rage jusqu'à la fin de l'histoire séleucide et stériliser les efforts de certains rois qui, sans elles, eussent pu donner de leurs capacités une mesure plus large qu'ils ne firent. Il ne faudrait certes pas rejeter sur ces dissensions l'entière responsabilité de la décadence séleucide : même dans l'hypothèse d'une continuité dynastique régulière, l'expansion parthe d'une part, l'émancipation de certaines ethnies (les Juifs et les Arabes, par exemple), de l'autre, la diplomatie romaine enfin sont des faits sur lesquels on ne saurait fermer les yeux. Mais la capacité de résistance des Séleucides, la continuité et l'indépendance de leur politique ont été irrémédiablement compromises par les conflits dynastiques dont leur histoire est désormais tissue.

Partant pour l'Iran, Antiochos IV avait confié le gouvernement à son « vizir » Lysias. A sa mort, en revanche, il avait confié la tutelle de son fils mineur Antiochos V à un certain Philippe. On a vu (*supra,* p. 342) que la nouvelle de l'arrivée de Philippe avait déterminé Lysias à mettre un terme à la guerre juive, pour assurer sa position. Il y avait réussi : Philippe éliminé, Lysias avait conservé le pouvoir au nom d'Antiochos V.

A Rome vivait toujours, en otage, Démétrios, fils de Séleucos IV, qu'avait évincé Antiochos IV (*supra,* p. 304). Lorsqu'il apprit la mort de son oncle Épiphane, ce prince de vingt-cinq ans se rendit au Sénat pour faire valoir ses droits à la succession. Il fut courtoisement débouté : le Sénat préférait voir, sur le trône d'Antioche, un mineur qu'un jeune homme intelligent, énergique et ayant le sens de sa dignité royale — fils, de plus, d'un roi qui avait manifesté son hostilité à Rome et dans le meurtre duquel des Sénateurs avaient sans doute trempé.

En 164, une commission romaine était partie pour l'Orient, chargée d'examiner les affaires de Macédoine, de Cappadoce, de Syrie et d'Égypte. En ce qui concerne le royaume séleucide, le Sénat, inquiet de la puissance militaire reconstituée par Antiochos IV, s'était enfin décidé à exiger le respect de la paix d'Apamée, et les légats étaient chargés d'exiger la destruction des vaisseaux lourds et l'exécution des éléphants d'Antiochos. Arrivés de Cappadoce en Syrie, les légats s'acquittèrent de leur mission : il en coûta la vie à l'un d'eux, Cn. Octavius, poignardé à Laodicée-sur-Mer (163/2). Lysias dépêcha aussitôt à Rome pour y présenter les excuses séleucides et tenter de dégager sa responsabilité et celle de son pupille. Démétrios sauta sur l'occasion et courut à nouveau au Sénat y réclamer son trône. Ayant reçu la même réponse que précédemment, il résolut de s'enfuir — et y réussit si facilement qu'on échappe difficilement à l'impression que les Sénateurs (ou : des Sénateurs) souhaitant ce changement de règne sans pour autant vouloir y participer officiellement, lui facilitèrent la besogne en fermant les yeux et même en organisant des complicités. Toujours est-il que Démétrios débarqua en 162 à Tripolis de Phénicie, et marcha sans peine sur Antioche, où il « laissa » mettre à mort Lysias et son cousin Antiochos V. Mais il lui fallut attendre jusqu'à l'automne de 160 une reconnaissance romaine que le Sénat ne lui accorda que du bout des lèvres, dans des conditions qu'on verra ci-dessous (p. 368).

SOURCES : Antiochos V, Lysias et Philippe : Jos., *AJ* XII, 9, 2 (360-1) ; 9, 7 (386) ; *I Macc.* 6, 63 ; *II Macc.* 9, 29. Mission romaine et meurtre d'Octavius : POL. XXXI, 2, 9-11 ; APP., *Syr.* 46 (239-240) ; ZON. IX, 25. Revendications, fuite et intronisation de Démétrios : POL. XXXI, 2, 1-8 ; 11-15 ; TL, *Per.* XLVI ; APP., *Syr.* 46 (238) ; 47 (241-2) ; JUST. XXXIV, 3, 6-9 ; ZON. IX, 25 ; *I Macc.* 7, 1-4 ; *II Macc.* 14, 1-2 ; Jos., *AJ* XII, 10, 1 (389-90) ; EUS., *Chron.* (Sch.) I, 253-4.

BIBLIOGRAPHIE COMPLÉMENTAIRE ET NOTES : En dépit de travaux plus récents, auxquels il sera renvoyé, un des meilleurs guides pour l'histoire confuse de la fin des Séleucides demeure ED. MEYER, *Ursprung und Anfänge des Christentums* II (1921), pp. 236 *sqq.*

Les mesures de **désarmement séleucide de 163/2**, assez surprenantes *à ce moment* (car rien ne suggère que Rome pût alors craindre une menace séleucide où que ce fût), ne s'expliquent sans doute que par l'absence momentanée d'un souverain adulte. Th. LIEBMANN-FRANKFORT, *Front. Or.*, p. 118, qui néglige en ce point l'épisode égyptien du règne d'Antiochos IV (épisode auquel, en tout état de cause, elle ne prête pas une allusion suffisante), considère que cette exécution militaire procède des préoccupations romaines en Asie Mineure : c'est prêter un rayon bien étriqué à la politique orientale de Rome en ces années. — Jusqu'à quel point les mesures de 163/2 rendirent-elles les Séleucides incapables de résister aux Parthes dans les années suivantes, comme le suggère TOYNBEE, *Hannibal's legacy* II, pp. 445 *sqq.?* Une de ces questions qu'il faut peut-être poser, mais auxquelles on ne saurait répondre.

H. VOLKMANN, *Demetrios I und Alexander Balas, Klio* XIX (1925), pp. 373 *sqq.* (qui, bien que dépassé sur quelques points de détail, reste fondamental pour ces deux règnes) a noté que le **séjour de Démétrios à Rome** eut sur lui un effet tout autre que sur Antiochos IV ou sur Polybe. A une époque où les rois orientaux rivalisent de platitude à l'égard du Sénat (cf. Prusias de Bithynie venant baiser le seuil de la Curie en costume d'affranchi : p. ex. POL. XXX, 18), Démétrios conserve un vif souci de sa dignité (souci qu'en 164 il avait cherché à faire partager à Ptolémée VI : DIOD. XXXI, 18). Que Démétrios ait bénéficié de complicités romaines est évident : s'il ne s'agit que d'un parti (dans ce cas : d'une minorité, puisque le Sénat lui refuse le trône), il semble qu'il faille chercher du côté des Scipions, puisque Polybe, familier d'Emilien, fut un des artisans de l'évasion, dont il a laissé un récit très circonstancié (VOLKMANN, *l. c.,* pp. 380 *sqq.*). Notons au passage que cet épisode est de ceux qui illustrent bien le manque d'unanimité de la politique sénatoriale en Orient après Pydna : J. BRISCOE, *Eastern Policy and Senatorial Politics 168-146 B. C., Hist.* XVIII (1969), pp. 49 *sqq.* a tenté de cerner les contours des deux tendances (« fulvienne » et « scipionique ») qui s'opposent en ce domaine.

Est-ce dans la familiarité de Polybe que Démétrios acquit sa prédilection pour la **Tychè** qui ornera ses monnaies (cf. NEWELL, *The Seleucid mint of Antioch* (New York 1918), pp. 37 *sqq.;* VOLKMANN, *Zur Munzprägung des Demetrios I. und Alexanders I. von Syrien, ZfN* XXXIV (1923), pp. 51 *sqq.;* C. KÜTHMANN, *Münzen als Denkmale seleukid. Gesch. des 2. Jhts v. Chr., Blätter f. Münzfreunde und Münzforsch.* LXXVIII (1954), pp. 2 *sqq.;* sur Polybe et la Tychè, cf. p. ex. PÉDECH, *La méthode hist. de Polybe,* ch. VII ; F.W. WALBANK, *Polybius* (Berkeley-Los Angeles 1972), index, *s. v.*) ?

Alors que Polybe fait embarquer Démétrios sur un vaisseau en partance pour Tyr, Zonaras lui fait faire un détour par la **Lycie :** s'agissait-il d'y enrôler des troupes ?

Le royaume (ou du moins les régions qui n'étaient pas alors en état d'insurrection) semble s'être **rallié** d'un coup et sans difficulté à **Démétrios :** l'impopularité de Lysias y fut sans doute pour quelque chose ; on aimerait savoir dans quelle mesure le souvenir de Séleucos IV d'une part, d'Antiochos IV de l'autre contribuèrent à déterminer les réactions. Le monnayage prouve que la Babylonie se rallia aussitôt : à Babylone même, les Orientaux étaient peut-être indisposés par les mesures d'hellénisation d'Antiochos IV (*supra,* p. 310) et à Séleucie les Gréco-Macédoniens par la sollicitude de ce roi à l'égard de Babylone : cf. R.H. MC DOWELL, *Coins from Seleucia on the Tigris* (Univ. of Michigan Stud., Humanist. Series XXXVII (1935)), pp. 54 *sq.*

Des **commissaires romains** avaient été envoyés à la poursuite de Démétrios : le jeune roi réussit à les convaincre de son bon droit, mais le Sénat se fit tirer l'oreille et refusa la livraison du meurtrier d'Octavius. VOLKMANN, *l. c.,* p. 391, a noté que c'est précisément l'époque où Ptolémée VI vient de refuser au Sénat de livrer Chypre à son frère (*supra,* p. 362) : il vient d'Orient des relents d'indépendance...

2° LA RÉVOLTE DE TIMARQUE ET LA POLITIQUE ROMAINE (162-160)

Si le retour de Démétrios Ier en Asie avait été aisé, les difficultés ne tardèrent pas à surgir de toutes parts, mais le jeune roi sut y faire face. Si Démétrios considérait les règnes d'Antiochos IV et V comme une période d'usurpation et son propre avènement comme le retour à la légitimité, il reste que certains collaborateurs d'Épiphane s'accommodaient mal de ce terme brutal mis à la minorité d'Antiochos V. Parmi ces gens figuraient deux Milésiens, deux frères, Timarque et Héraclide : le second avait la direction des finances royales ; le premier avait été chargé d'importantes missions diplomatiques, et certains sénateurs avaient

expérimenté avec agrément son art à manier les fonds secrets.
Un des premiers soins de Démétrios semble avoir été de se passer
des services d'Héraclide et ce fut peut-être ce qui provoqua l'hostilité ouverte que les deux personnages lui manifestèrent aussitôt :
or Timarque, qui semble avoir été à ce moment gouverneur
général des satrapies supérieures, était en état de faire passer
son hostilité dans les actes. S'étant adressé au Sénat, sans doute
par l'intermédiaire de son frère, que Démétrios avait eu la maladresse de laisser courir, il en reçut une réponse encourageante.
Ayant obtenu l'alliance de l'Arménien Artaxias, comptant sur les
Juifs pour retenir le roi en Syrie (*infra,* p. 369), il prit le titre de
« Grand-Roi », attesté par ses monnaies, et envahit la Mésopotamie. Démétrios comprit qu'il lui fallait se débarrasser sans tarder
de ce concurrent : Timarque, affronté en rase campagne, fut battu
et tué.

Ce ne fut sans doute qu'après ce succès que Démétrios obtint
sa reconnaissance de Rome : les légats envoyés à sa poursuite
avaient mis tous leurs soins à ne le point rencontrer, attendant
sans doute l'issue des événements : ce fut alors au tour d'ambassadeurs séleucides de poursuivre les poursuivants de leur maître,
en Cappadoce d'abord, à Rhodes ensuite, où Ti. Sempronius
Gracchus finit par promettre son appui auprès du Sénat. Démétrios
envoya alors à Rome, avec des cadeaux et des promesses de
docilité, l'auteur du crime de Laodicée et un obscur folliculaire
qui l'avait approuvé. Antiochos V et Timarque disparus, le Sénat
ne pouvait que reconnaître Démétrios, mais il y mit les formes les
plus déplaisantes possibles : c'est à peine si les ambassadeurs furent
reçus ; la livraison des coupables fut refusée (pour ne pas se
priver de la possibilité de rouvrir un jour le dossier, précise Polybe) ; quant à Démétrios, il serait bien vu s'il savait, à l'avenir,
se faire bien voir. Rome le tolérait faute de pouvoir ne le point
tolérer.

SOURCES : Révolte de Timarque : DIOD. XXXI, 27 a ; APP., *Syr.* 47 (242),
cf. 67 (353) ; TROG., *Prol.* XXXIV. Reconnaissance par Rome : POL. XXXI,
33 ; XXXII, 2-3 ,13 ; DIOD. XXXI, 28-29 ; APP., *Syr.* 47 (243).

BIBLIOGRAPHIE COMPLÉMENTAIRE ET NOTES : La **chronologie** est impossible à
établir avec certitude, nos sources n'étant que fragments dispersés.
    Sur **Timarque et Héraclide,** cf. les articles de K. ZIEGLER, s. v. *Timar-
chos 5, PW* VI A 1 (1936), coll. 1237 *sq.* et de W. OTTO, s. v. *Herakleides 32,
PW* VIII, 1 (1932), coll. 465 *sqq.* Sur la situation de Timarque à l'avènement
de Démétrios, cf. BENGTSON, *Str.* II, pp. 86 *sqq.* (le même auteur, dans sa
GG², a passé le règne de Démétrios Ier sous silence). Les deux frères avaient
réussi à accumuler une fortune assez colossale pour financer de leur poche,
sous Antiochos IV, la construction du *bouleutèrion* de Milet, leur ville natale,
ce que commémora une inscription : cf. WIEGAND, *Milet 1, 2, Das Rathaus*

(Berlin, 1908), pp. 95 *sqq.* Il est piquant de constater que l'échec de Timarque n'empêcha pas ses descendants d'époque romaine de se targuer de descendre d'un roi (cf. HOMMEL, *Chiron* VI (1976), pp. 319 *sqq.*).

La **révolte de Timarque** : sur l'ensemble de l'épisode, cf. VOLKMANN, *ll. cc. supra.* Cette révolte aurait-elle des arrière-plans orientaux ? C'est ce qu'a admis MC DOWELL, *Stamped and inscribed objects from Seleucia on the Tigris* (Univ. of Mich. Stud., Humanist. Ser XXXVI (1935)), pp. 214 *sqq.,* qui pense que les sources littéraires déforment les événements en les voyant sous un angle occidental, mais qu'en réalité Timarque cherchait, en accord avec les Bactriens, à constituer un front commun contre les Parthes (cf. P. JUNGE, s. v. *Parthia, PW* XVIII (1949), col. 1975). Mais, d'une part, il est bien difficile de voir clair dans les affaires de l'Iran oriental (*infra*, p. 400) et, d'autre part, il est incontestable que les deux frères prennent position dans la querelle entre les deux branches séleucides : l'usurpation de Timarque est sans doute une réponse au meurtre d'Antiochos V. Les exactions de Timarque en Babylonie contribuèrent peut-être au ralliement rapide de la région à Démétrios, auquel sa victoire sur l'usurpateur valut, de la part des Babyloniens précisément, le titre de *Sôtèr.* Démétrios se hâta de faire disparaître le monnayage de Timarque en le faisant surfrapper par l'atelier de Séleucie du Tigre : cf. LE RIDER, *Suse...,* pp. 142 *sq.*

Il faut sans doute rapprocher de la révolte de Timarque celle du satrape **Ptolémée de Commagène** (cf. encore *infra,* p. 373) dont le fragment de DIOD. XXXI, 19 a ne nous fait pas connaître l'issue.

La rencontre des ambassades romaine et séleucide en **Cappadoce** en 160 aurait été le résultat d'un hasard selon OLSHAUSEN, *Prosopogr.* I, n° 154, auquel la hâte de l'ambassade séleucide à regagner Antioche donne à penser qu'on y ignorait la présence des Romains à la cour d'Ariarathe V.

3° DÉMÉTRIOS Ier ET LES AFFAIRES JUIVES

On a quitté les Juifs (*supra,* p. 342) au moment où la mort d'Antiochos IV et l'arrivée de Philippe avaient déterminé Lysias à faire la paix avec les rebelles et à arrêter la persécution religieuse. Mais tout n'était pas définitivement réglé : une garnison restait installée sur l'Akra et le grand pontificat était aux mains de l'helléniste Alkimos. De plus, l'accord conclu paraît avoir provoqué une faille parmi les traditionalistes : les milieux piétistes des *Hasidim* semblaient satisfaits d'une situation qui assurait la liberté du culte et le respect de la Loi, et donc disposés à s'accommoder d'Alkimos ; mais l'intransigeant Judas Maccabée, lui, paraît avoir cherché à profiter du départ de l'armée séleucide pour créer des difficultés à Alkimos. Celui-ci fit appel à Antioche, où venait de s'installer Démétrios (162). Le nouveau roi confirma le Grand-Prêtre et envoya à Jérusalem son collaborateur Bacchidès pour faire appliquer le traité. Mis en possession de ses fonctions, Alkimos commit la maladresse de repousser les avances des *Hasidim,* dont certains furent exécutés : cette nouvelle offensive des hellénistes ressouda l'union des traditionalistes et la guerre civile reprit. Démétrios se devait d'envoyer une armée pour rétablir l'ordre. Le stratège Nikanor comprit, semble-t-il, que la seule issue était de négocier avec Judas, mais Alkimos eut assez d'influence à Antioche pour lui faire adresser des instructions en sens contraire : alors que l'accord était sur le point d'être conclu, la lutte reprit et Nikanor y périt (printemps 160). Alkimos s'enfuit en toute hâte de Jérusalem à Antioche. Des représailles étaient inévitables : en 160 encore, Judas succomba sous les coups d'une expédition punitive, cependant que les hellénistes, à leur tour, triomphaient à Jérusalem.

La lassitude avait d'ailleurs depuis longtemps gagné la population, dont la majorité n'aspirait qu'à la paix, fût-ce sous l'administration séleucide. Les derniers irréductibles, sous Jonathan, frère de Judas, en étaient réduits à se terrer ou à courir le désert. Bacchidès, le vainqueur de Judas, procéda alors à l'occupation systématique du pays, plaçant des postes fortifiés en tous lieux ; des otages, enfermés dans l'Akra, encouragèrent les extrémistes au calme ; Alkimos, mort sur ces entrefaites, ne fut pas remplacé, « et le pays de Juda goûta deux ans de tranquillité ». Mais les hellénistes, ayant rompu cette paix en essayant de se débarrasser d'un coup de Jonathan et de ses amis, cette tentative avortée provoqua une réaction séleucide inattendue : Bacchidès, prit fait et cause contre eux et conclut avec Jonathan un accord qui renversait totalement la situation (152). L'auteur de *I Macc.* conclut : « L'épée, au repos, s'éloigna d'Israël. Et Jonathan habita à Machmas. Et Jonathan se mit à juger le peuple et il fit disparaître les impies d'Israël. » Cet écho du livre des *Juges* exprime sans doute correctement la situation de Jonathan, qui exerce alors sur ses coreligionnaires un pouvoir « arbitral » de caractère *shophetique* — l'aval d'un fonctionnaire séleucide ayant toutefois remplacé le charisme divin.

SOURCES : *I Macc.* 7 et 9 (sur le ch. 8, cf. les notes) ; *II Macc.* 14-15 (l'ouvrage s'achève à la mort de Nikanor) ; Jos., *AJ* XII, 10 — XIII, 1.

BIBLIOGRAPHIE COMPLÉMENTAIRE ET NOTES : Sur cette période fort confuse, cf. ED. MEYER, *Urspr. und Anf...* II, pp. 242 *sqq.* ; F.M. ABEL, *Histoire de la Palestine...* I, pp. 156 *sqq.* ; V. TCHERIKOVER, *Hell. civ. and the Jews,* pp. 228 *sqq.* ; SCHÜRER-VERMES-MILLAR, pp. 164 *sqq.*

Sur l'**émigration en Égypte** de certaines personnalités sacerdotales à la nomination d'Alkimos, cf. *infra,* p. 374.

Sur les opérations militaires, cf. B. BAR-KOCHVA, *The Seleucid army,* pp. 175 *sqq.* La victoire séleucide de 160 aurait entraîné le rétablissement de la perception directe de l'impôt, abolie par Antiochos IV lors de l'arrêt de la persécution religieuse, selon MØRKHOLM, *Ant. IV,* p. 156, n. 63. — La vacance du Grand Pontificat après la disparition d'Alkimos et le fait que ce n'est pas à Jérusalem, mais dans une bourgade rurale, que Jonathan exerce ses fonctions de « Juge » semblent exprimer une fois de plus l'opposition entre les milieux urbains (aristocratiques et sacerdotaux) et les milieux ruraux qui sous-tend toute l'histoire de la révolte maccabéenne.

On a passé un point sous silence dans le développement ci-dessus (parce que sans effet immédiat) : c'est le problème des **relations entre les Maccabées et Rome.** *I Macc.* 8, 17 *sqq.* (le début du chapitre est un « éloge de Rome », sur lequel récemment M. SORDI, *L'elogio di Roma nel I libro dei Maccabei*, dans *Storiografia e Propaganda* = *Contributi dell'Istituto di Storia Antica* III (1975), pp. 95 *sqq.*) et Jos. affirment que Judas fit appel à Rome, et avec succès. L'appel est en soi fort plausible, à cette époque où des missions romaines ne cessent d'arpenter l'Orient, et surtout de la part de gens qui connaissaient fort bien l'histoire d'Antiochos IV... En revanche, l'authenticité du traité dont le texte nous est rapporté a été fort discutée et souvent niée (cf. bibliographie ancienne *ap.* ABEL, *Les livres des Macc., ad. loc.* ; SCHÜRER-VERMES-MILLAR, p. 171 et n. 33). Même si ce texte n'est pas authentique, il reste probable que le Sénat dut saisir avec satisfaction cette occasion d'adresser un avertissement indirect à Démétrios Ier. Les relations entre Judas et le Sénat se placent d'ailleurs sans doute avant la reconnaissance de Démétrios par Rome (si celle-ci est bien de 160 : cf. *supra*, p. 368), car Jos., *AJ* XIV, 10, 15 (233) cite un sauf-conduit remis à des ambassadeurs juifs porteurs d'un sénatus-consulte par le consul C. Fannius (161). Mais l'authenticité du texte ne semble pas douteuse (cf. Th. LIEBMANN-FRANKFORT, *Front. Or.*, pp. 120 *sqq.* et, de la même, l'article déjà cité *AC* XXXVIII (1969), pp. 101 *sqq.*), et A. GIOVANNINI & H. MÜLLER, *Die Beziehungen zwischen Rom und die Juden im 2. Jht. v. Chr.*, MH XXVIII (1971), pp. 156 *sqq.* ont montré de façon plausible qu'il s'agit là *du* traité qui devait régir les relations romano-judéennes dans les années suivantes, les allusions ultérieures à ce document étant des réaffirmations de sa validité, et non des « renouvellements ».

4° DÉMÉTRIOS Ier ET LES AFFAIRES DE CAPPADOCE

Cependant que les affaires juives allaient le train bousculé qu'on vient de voir, Démétrios s'était trouvé engagé également dans des complications cappadociennes. On a vu que les Séleucides entretenaient des relations matrimoniales avec ce royaume anatolien. Antiochos III encore avait donné la main de sa fille Antiochis à Ariarathe IV, lequel, il est vrai, après la défaite de son beau-père à Magnésie, avait été trop heureux de donner une de ses propres filles à Eumène de Pergame, qui avait détourné de lui la rancune de Rome (*supra*, p. 231). A la mort d'Antiochos IV, cette Antiochis se trouvait à Antioche où, pour des raisons obscures, Lysias l'avait fait assassiner. Lorsque Démétrios Ier s'installa à Antioche, Ariarathe V, fils d'Ariarathe IV et d'Antiochis, venait de monter sur le trône de Cappadoce (163), dans des conditions elles aussi obscures (ci-dessous, les notes). Démétrios, désirant rétablir des relations cordiales entre les deux royaumes, offrit à Ariathe V la main de sa sœur Laodice, veuve de Persée (*supra*, p. 261). Le Cappadocien ne tenait à se brouiller avec personne : ni avec Démétrios (il le prouva en refusant de se joindre à la révolte de Timarque), ni avec Pergame, — ni surtout avec Rome :

or épouser la veuve de Persée, fille et sœur de Séleucides mal vus du Sénat, eût risqué de le faire mal voir, et l'ambassade dirigée par Sempronius Gracchus, qui lui rendit visite avant de s'occuper des affaires syriennes (*supra*, p. 368), lui donna tous les éclaircissements souhaitables à ce sujet. Ariarathe V déclina donc la proposition matrimoniale séleucide et le Sénat l'en félicita officiellement — au moment même où il fermait les yeux sur l'avènement de Démétrios, plutôt qu'il ne le reconnaissait. Démétrios ne le lui pardonna pas.

La rivalité qui éclata entre Ariarathe V et son frère (réel ou supposé : cf. ci-dessous, les notes) Oropherne lui fournit l'occasion d'une revanche. Oropherne revendiquant le trône dont il avait été écarté, Démétrios vit là un moyen de regagner le terrain perdu et, moyennant finances, accorda son appui au prétendant qui, en 158, parvint à prendre la place d'Ariarathe. Conformément aux nouveaux usages, les ambassades accoururent à Rome. Quelque candidat que soutînt le Sénat, ce serait un client dévoué : comment préférer l'un à l'autre ? De plus, Attale II patronnait Ariarathe et Démétrios Oropherne : choisir entre les deux candidats, c'était donner raison à l'un des deux protecteurs, à quoi le Sénat ne tenait sans doute pas. Qu'Ariarathe et Oropherne règnent donc ensemble, décidèrent les Patres : cette solution avait permis à Rome de s'ériger en arbitre entre deux Ptolémées — pourquoi pas entre deux Cappadociens ? La guerre était inévitable : une armée pergaménienne ramena Ariarathe en Cappadoce, d'où Oropherne, qui s'était déjà fait haïr pour ses dilapidations, ses extravagances et ses sacrilèges, s'enfuit à Antioche. Le Sénat, avec une belle constance dans l'empirisme, reconnut le seul Ariarathe... (156).

Rude échec diplomatique pour Démétrios : loin de glisser à nouveau du côté séleucide, la Cappadoce restait, et avec l'approbation de Rome, dans la clientèle pergaménienne. La seule circonstance atténuante dont Démétrios pût à la rigueur se prévaloir auprès du Sénat était de n'avoir pas soutenu Oropherne par les armes et d'avoir, en somme, laissé faire Attale. Mais, au fait, pourquoi cette passivité ?

Sources : Diod. XXXI, 19 (résumé de l'histoire des rois de Cappadoce, des origines à l'avènement d'Ariarathe V) ; 21-22 ; 28 ; 32 (sur 32 a, cf. *infra*, p. 476) ; 32 b ; 34. Pol. XXXI, 3 ; 7-8 ; 32 ; XXXII 1, 1-4 ; 10-12 ; XXXIII, 6 ; cf. III, 5, 2 ; App., *Syr.* 47 (244) -48 (245). TL, *Per.* XLIV-XLV. Just. XXXV, 1, 2.

Bibliographie complémentaire et notes : cf. Volkmann, *ll. cc. supra*.

Le souci d'Ariarathe V de ne pas se ranger ouvertement dans le camp des adversaires de Démétrios, lors de la **révolte de Timarque**, se manifeste d'une part dans le refus qu'il opposa aux propositions d'alliance d'Artaxias d'Arménie, lui-même allié de Timarque, d'autre part dans le fait qu'il subit une attaque de la part de Ptolémée de Commagène, lui-même révolté contre Démétrios. Il est certes difficile de raccorder tous ces épisodes, qui ne nous sont connus que par des fragments dispersés, mais on imagine mal qu'il n'y ait point de rapports entre eux.

L'interprétation que donne Diodore (notre seule source !) de la rivalité entre **Ariarathe et Oropherne** tient du roman-feuilleton... Antiochis (sur laquelle cf. SCHMITT, *Unters.*, pp. 24 *sq.*) aurait été stérile au début de son mariage et son humiliation l'aurait conduite à se donner des fils supposés ; mais elle se serait mise un jour à procréer et, craignant que son vrai fils, Mithridate, ne fût écarté de la succession au profit d'un de ses prétendus aînés, elle aurait tout avoué à son époux. Celui-ci, craignant le scandale, aurait alors envoyé ses fils supposés faire leurs études au loin, Ariarathe à Rome et Oropherne en Ionie, gardant auprès de lui le petit Mithridate et lui réservant le trône, auquel celui-ci accéda en 163 sous le nom royal d'Ariarathe (V). On ne sait ce que devint l'Ariarathe de Rome, mais Oropherne, se considérant comme aussi légitime et étant plus âgé que Mithridate-Ariarathe V, etc. Cette sombre histoire pourrait cacher d'obscures intrigues de palais et la tradition des fils supposés n'avoir été destinée qu'à justifier l'éviction des aînés. Par leur père, tout au moins : car on se souviendra qu'Antiochis, après la mort d'Aria- rathe IV, se réfugia à Antioche, et que son frère Démétrios soutint les prétentions d'Oropherne : Antiochis aurait-elle échoué à assurer le trône à son fils préféré ? Cette affaire est-elle pour quelque chose dans son assassinat par Lysias ? Reconnaissons-le : une fois posée la rivalité entre Oropherne et Ariarathe V, qui devait avoir des conséquences graves, tout le reste n'a qu'un intérêt anecdotique et limité. Cf. p. ex. BOUCHÉ-LECLERCQ, *Sél.*, pp. 590 *sq.* ; LENSCHAU, s. v. *Orophernes 2*, *PW* XVIII, 1 (1939), coll. 1168 *sqq.*

Analysant les interventions successives de Rome dans les affaires de Cappa- doce, Th. LIEBMANN-FRANKFORT, *Front. Or.*, pp. 108 *sqq.* note à chaque fois qu'elles eurent lieu malgré la clause territoriale de la paix d'Apamée et « bien que le pays fût situé à l'est de la frontière de l'Halys » : ces remarques contribuent surtout, à mon sens, à ruiner l'hypothèse de la « frontière de l'Halys » — que, selon L.-F., la restauration d'Ariarathe V aurait rendue caduque en faisant définitivement basculer la Cappadoce dans la zone d'in- fluence romaine (ce qu'elle appelle « l'empire romain *lato sensu* »).

L'intérêt porté par **Pergame** est aisé à saisir : Eumène II s'était attaché la Cappadoce au lendemain de Magnésie et Antiochos IV avait été dans une large mesure sa créature. Le retour au pouvoir de la branche aînée des Séleucides, en la personne de Démétrios Iᵉʳ, hostile à la mémoire d'Antio- chos IV et mal vu de Rome, privait Pergame de toute audience à la cour d'Antioche ; si, de surcroît, Démétrios réussissait à mettre un homme à lui sur le trône de Cappadoce, la situation pouvait devenir grave pour Pergame.

On rappellera, pour mémoire, qu'**Attale II** succède à son frère Eumène II en 159 : sur les affaires pergaméniennes, cf. *infra*, p. 380.

Sur une mésaventure de la cité de **Priène**, en rapport avec les affaires cappadociennes, *infra*, p. 383.

5° COALITION CONTRE DÉMÉTRIOS Iᵉʳ ;
USURPATION D'ALEXANDRE Iᵉʳ BALAS

Si l'avènement de Démétrios Iᵉʳ avait indisposé Rome et Per- game, il devait en aller de même à Alexandrie, où l'on n'avait jamais renoncé à la Cœlé-Syrie. Les troubles de Judée, où les traditionalistes anti-séleucides avaient toujours regardé du côté de l'Égypte, devaient retenir l'attention de Ptolémée VI. Lorsque la paix avait été rétablie à la mort d'Antiochos IV, la nomination d'Alkimos au grand pontificat (*supra*, p. 343) avait déterminé Onias IV, le chef de la famille sacerdotale légitime, à gagner l'Égypte avec un certain nombre de ses partisans. Philomètôr les avait accueillis avec empressement : n'étant favorables ni aux Séleucides, ni à Judas Maccabée, ces gens ne pouvaient qu'être utiles aux intérêts lagides. Mais la reprise du conflit entre hellénistes et Maccabées et la politique énergique et habile du gouvernement de Démétrios ne laissait guère de place à l'insertion de l'influence des Juifs d'Égypte ni, par delà, de l'influence ptolémaïque. La question judéenne s'orientait vers une solution qui, pour n'être pas favorable aux intérêts séleucides, ne l'était pas davantage aux intérêts ptolémaïques. Démétrios, toutefois, s'attira surtout le ressentiment de Ptolémée VI en essayant d'acheter l'île de Chypre à son gouverneur ptolémaïque : l'affaire échoua, mais n'était pas faite pour réchauffer les relations entre Antioche et Alexandrie.

Si l'hostilité à Démétrios était générale à l'extérieur, la faveur qui l'avait accueilli à son retour dans son royaume ne tarda pas, de son côté, à tomber. Aux yeux de son entourage, de son armée, de ses sujets, les dons du souverain et sa volonté de restaurer ses États dans leur puissance d'antan pesèrent peu en regard des défauts de sa personnalité. Les habitants d'Antioche, surtout, ne surent aucun gré à ce misanthrope distant et alcoolique d'aller s'installer dans la solitude à l'écart de l'agitation de la capitale : sa démagogie familière valut un prestige posthume à Antiochos IV. Après l'échec de l'entreprise cappadocienne (*supra*, p. 372), Oropherne, ulcéré de ce que Démétrios ne l'avait pas suffisamment soutenu (peut-être parce que son attention était alors retenue par l'affaire de Chypre ?), réussit à soulever la capitale : sa qualité, réelle ou supposée, de petit-fils d'Antiochos III lui avait sans doute fait concevoir l'esprit de s'emparer du trône. La répression accrut encore l'impopularité de Démétrios.

Dans ces conditions, qu'un concurrent sérieux se présentât, il avait toutes chances de trouver force appuis à l'intérieur et à l'extérieur du royaume. Ce concurrent, ce fut Attale II qui l'inventa, probablement dès l'époque de l'affaire cappadocienne (autre raison peut-être pour laquelle Démétrios renonça à soutenir fermement Oropherne) : il s'agissait de Balas, un aventurier que l'on nomma Alexandre pour les besoins de la cause, qui se disait fils d'Antiochos IV et qu'Attale installa en Cilicie. Mais, avant de le lancer à l'assaut de la Syrie, il convenait de connaître les réactions de Rome. Héraclide, le frère de Timarque (*supra*, p. 367), en fit son affaire et courut à Rome avec le prétendant dans ses bagages. Pour parer le coup, Démétrios avait envoyé à Rome son propre fils (le futur Démétrios II), qui fut accueilli froidement, et peut-être aussi (la chronologie est incertaine) un prétendant au trône de Macédoine (*infra*, p. 387), Andriskos, qu'il livrait au Sénat pour témoigner de sa bonne volonté. Rien n'y fit : le Sénat, non sans hésitation sans doute, finit par donner carte blanche à Balas et à ses garants (153/2). C'était, de la part de Pergame, une répétition de l'avènement d'Antiochos IV.

Officiellement reconnu par Rome, par Attale, par Ariarathe V et par Ptolémée VI, Alexandre Balas passa de Cilicie à Ptolémaïs-Akè. Les premiers bénéficiaires de ce débarquement furent les Juifs, qui furent l'objet d'une surenchère de la part des concurrents : Démétrios fit évacuer par ses troupes toutes les places qu'elles occupaient en Judée (sauf l'Akra et Bethsour), confia le commandement militaire de la Judée à Jonathan, rendit les otages, libéra les prisonniers, restitua tous les privilèges conférés jadis par Antiochos III, y en ajouta d'autres, concéda des agrandissements territoriaux, etc. Jonathan accepta tout — et se prononça pour Balas qui, entre temps, l'avait nommé Grand-Prêtre...

Démétrios fit face avec courage à une situation désespérée. Après une brève guerre, il fut défait et tué, dans l'hiver 151-0, ayant eu le temps de mettre ses deux fils à l'abri.

SOURCES : Juifs réfugiés en Égypte : Jos., *AJ* XII, 9, 7 (387-8) ; XIII, 3, 1-3 (62-73) ; *BJ* I, 33. Affaire de Chypre : POL. XXXIII, 5. Oropherne et le soulèvement d'Antioche : JUST. XXXV, 1, 3-4. Usurpation de Balas : POL. XXXIII, 15, 1-2 ; 18, 5 *sqq*. (cf. III, 5, 3) ; DIOD. XXXI, 32 a ; TL, *Per.* LII ; APP., *Syr.* 67 (354-5) ; I *Macc.* 10, 1-50 ; Jos. *AJ*, XIII, 2, 1-4 (35-61) ; JUST. XXXV, 1, 5-11 ; STR. XIII, 4, 2.

BIBLIOGRAPHIE COMPLÉMENTAIRE ET NOTES : Sur l'ensemble, cf. ED. MEYER, *o. c.* II, pp. 252 *sqq*. ; VOLKMANN, *l. c.*, *Klio* XIX (1925), pp. 401 *sqq*.

    Les **Juifs en Égypte** : Onias IV fut autorisé à fonder un Temple à Léontopolis (sur ce fait et les contradictions internes des données de Jos., cf. TCHERIKOVER, *Hell. civ. and the Jews*, pp. 276 *sqq*. ; ID., *Corp. Papyr. Judaic.* I (1957), pp. 2 ; 44 *sqq*. (ou bibliogr. antérieure) : les mobiles juifs de cette fondation contraire à toute la tradition sont obscurs ; mais on conçoit que Ptolémée ait espéré tirer parti d'une éventuelle concurrence entre les deux sanctuaires. D'autre part, la place assez large faite aux Juifs dans l'armée et l'administration lagides (place sur laquelle les sources juives insistent avec complaisance) témoigne sans doute aussi du désir de Philomètôr de se rendre populaire auprès d'eux, et d'arrière-pensées de reconquête asiatique. Notons enfin qu'une version géorgienne de la *Lettre d'Aristée*, où il est question d'Antiochos Épiphane suggère fortement que le Ptolémée qui, selon la tradition, aurait été à l'origine de la traduction grecque de la Bible serait Philomètôr et non Philadelphe (conclusion à laquelle on était déjà parvenu par ailleurs) : cf. M. VAN EBROEK, *Une forme* *inédite de la lettre du roi Ptolémée pour la traduction des LXX, Biblica* LVII (1976), pp. 452 *sqq.*

La date de la **tentative d'annexion de Chypre** n'est pas déterminable avec précision et on l'a déplacée de 158 à 151/0 (cf. W. OTTO, *Zur Geschichte der Zeit des 6. Ptol., l. c.,* p. 112, n. 4, qui n'a pas tenu compte de VOLKMANN, *l. c.*).

Le fait qu'une ville (non localisable) de Phénicie méridionale ait reçu le nom de **Démétrias** en 154/3 donne à penser que Démétrios Ier cherchait à renforcer son autorité dans cette région où devait effectivement se déchaîner l'offensive concertée contre lui : cf. H. SEYRIG, *Démétrias de Phénicie (ou de Palestine), Syria* XXVII (1950), pp. 50 *sqq. = Ant. Syr.* IV, pp. 117 *sqq.*

On ne saurait dire si **Balas** était un aventurier sans rapport aucun avec la dynastie ou s'il était peut-être un bâtard d'Antiochos IV : les Juifs ayant largement profité de son usurpation, les sources juives sont les seules (avec Strabon) à admettre sa légitimité ; mais son iconographie prouve que le personnage cherchait tout bonnement à se rattacher à Alexandre le Grand : cf. J. CHARBONNEAUX et A. LAUMÔNIER, *Trois portraits d'Alexandre Ier Balas, BCH* LXXIX (1955), pp. 528 *sqq.* On remarquera que l'époque voit surgir de toutes parts bâtards, imposteurs, fils supposés ou prétendus tels : Oropherne, Balas, Andriskos... Ce dernier, que l'on retrouvera *infra,* p. 387, dans son rôle de Pseudo-Philippe, et dont Démétrios voulut faire une monnaie d'échange contre Balas, aurait, selon Diodore, cherché à contraindre Démétrios à le soutenir en provoquant des troubles à Antioche (mais n'y aurait-il pas confusion avec Oropherne ?).

Polybe affirme qu'**au Sénat** des « modérés » cherchèrent à s'opposer à la reconnaissance de Balas : on voit généralement dans ces gens les Scipions et leur faction. On n'oubliera pas que l'affaire se situe à l'époque où l'on commence, à Rome, à s'inquiéter du redressement de Carthage et où de graves difficultés surgissent en Espagne : des complications syriennes (dont l'avantage n'était pas évident) ne devaient pas apparaître souhaitables à des hommes dont toute l'attention était alors retenue par l'Occident.

Sur la compétition entre Démétrios et Balas pour conquérir les faveurs des **Juifs,** on consultera avec profit les notes d'ABEL, dans son édition des *Livres des Maccabées, ad loc.* ; cf. également SCHÜRER-VERMES-MILLAR, p. 178 et n. 14. Les circonstances dans lesquelles Démétrios Ier restaura tous les privilèges antérieurs ont pu être récemment précisées : cf. en dernier lieu J. MURPHY O'CONNOR, *Demetrius I and the Teacher of Righteousness..., Rev. Bibl.* LXXXIII (1976), pp. 400 *sqq.* (qui renvoie à des travaux qui m'ont été inaccessibles). Au moment où le roi négocie avec Jonathan, celui-ci n'est pas encore Grand-Prêtre, mais Alkimos ne l'est très probablement plus : il y aurait de fortes chances pour que le titulaire du Grand Pontificat soit alors l'homme que les Esséniens appelleront le « Maître de Justice ».

Malgré le caractère peu favorable à Démétrios Ier de la tradition antique, les modernes portent généralement sur lui un jugement plus élogieux. Son règne représente-t-il toutefois la crise décisive de l'empire séleucide ? C'est plus discutable, car, d'un côté, les guerres dynastiques commencent au fond avec l'assassinat de Séleucos IV, et, de l'autre, les deux fils de Démétrios Ier témoigneront encore d'une remarquable énergie dans leurs réactions à la dislocation de l'empire, réactions qui se briseront contre la puissance supérieure des Parthes. Ce qui reste certain, c'est que, mise à part l'intervention d'Eumène II en faveur d'Antiochos IV, le **règne de Démétrios Ier** marque le vrai début des interventions étrangères dans les affaires intérieures et dynastiques de l'État séleucide. Ces interventions, désormais, ne s'arrêteront plus.

6° PTOLÉMÉE VI, ALEXANDRE BALAS ET DÉMÉTRIOS II (150-145)

Balas avait été mis en selle par les souverains qui souhaitaient la disparition de Démétrios Ier. La futile Antioche l'accueillit avec enthousiasme, mais l'usurpateur ne chercha pas à utiliser sa popularité et celle de son prétendu père pour alléger la tutelle de ses patrons : instrument il avait été, instrument il entendait rester, et le montra en demandant à Ptolémée VI la main de sa fille Cléopatre Théa : Ptolémée accéda avec empressement à cette requête qu'il avait probablement suggérée. S'instituer le beau-père d'un usurpateur dont la nullité était patente faisait de lui le maître occulte de l'empire rival. Il n'apparaît pas dans nos sources que Balas ait eu une pensée politique : son seul dessein paraît avoir été de jouir, sous la protection lagide, de cette dignité royale qui lui était échue, et il le fit sans vergogne. Un tel règne devait favoriser les tendances du royaume à la dislocation interne. En Judée, sous la suzeraineté théorique du pseudo-Séleucide qui le comble d'honneurs, Jonathan, Grand-Prêtre, stratège et *méridarque,* consolide sa position et celle de sa famille. Les monnayages municipaux révèlent les progrès constants de l'autonomie des cités syro-phéniciennes. De l'Iran, où se poursuit l'expansion parthe (vers l'Est, il est vrai, à cette époque : *infra,* p. 401), Balas ne paraît pas s'être soucié. Un roi, en somme, qui faisait l'affaire de bien des gens. Sinon de l'État séleucide.

En 147, rebondissement du conflit dynastique : Démétrios II, le tout jeune fils de Démétrios Ier, débarqua en Cilicie (ce sera là désormais la base de toutes les tentatives de reconquête de la Syrie) et, de là, passa en Syrie avec ses mercenaires crétois. Antioche, oubliant Balas (qui s'était, il est vrai, fixé à Ptolémaïs), fit fête au prétendant, auquel se rallia également l'armée. Ptolémée VI, sous couleur de défendre son gendre, envahit la Cœlé-Syrie et l'occupa méthodiquement, cependant que Jonathan profitait de l'occasion pour rattacher à ses territoires les ports palestiniens (Ascalon, Joppé, Ašdod). Balas eut alors un geste d'indépendance : il tenta de faire assassiner Ptolémée VI, ce qui fournit un prétexte de rupture à ce dernier, qui voyait d'ailleurs Balas déjà abandonné de tous. Cyniquement, le Lagide transféra son alliance et sa fille à Démétrios II, à la condition que la Cœlé-Syrie redeviendrait égyptienne...

Philomètôr avait le vent en poupe : à son arrivée à Antioche se produisit un épisode qui dépassait ses vœux. Deux ministres de Balas, jouant évidemment leur jeu personnel, convainquirent la capitale, qui s'était détachée de Démétrios plus vite encore que

de Balas, d'acclamer roi Ptolémée VI lui-même : on se croyait
revenu à l'époque de Ptolémée III (supra, t. I², pp. 250 sqq.).
C'était trop, et Ptolémée le comprit : on était alors en 145, Carthage et Corinthe venaient de succomber sous les armes de Rome
(infra, p. 394) et Philomètôr n'avait pas oublié Popilius Laenas ;
sauvé par une démarche romaine en 167, il ne tenait sans doute
pas à jouer le rôle d'Épiphane quelque vingt ans plus tard.
Il refusa donc le diadème et convainquit les Syriens d'en rester
à Démétrios II, son nouveau gendre.

Restait Balas, qui battait la campagne avec une armée recrutée
en hâte en Cilicie : à la bataille de l'Oinoparas, l'usurpateur fut
battu (mis en fuite, il fut assassiné peu après) — mais Ptolémée VI,
blessé, succomba quelques jours plus tard. Démétrios II était, d'un
seul coup, débarrassé et de son concurrent et de son récent protecteur, dont l'armée regagna aussitôt l'Égypte : la Cœlé-Syrie
resterait séleucide.

SOURCES : *I Macc.* 10, 51-89 ; 11, 1-19 ; DIOD. XXXII, 9 c-d ; XXXIII, 3 ; TL.,
Per. LII ; JOS., *AJ*, XIII, 4, 1-8 (80-119) ; APP., *Syr.* 67 (355) ; JUST. XXXV, 2 ;
STR., XVI, 2, 8. — *SEG* VI, 809.

BIBLIOGRAPHIE COMPLÉMENTAIRE ET NOTES. Le **monnayage d'Alexandre Balas** exprime sa position par rapport à l'Égypte : les pièces frappées à Ptolémaïs
(cf. E.T. NEWELL, *Late Seleucid mints in Ptolemais-Ake and Damascus*, NNM 84
(New York 1939), à voir pour toute la fin de l'histoire séleucide ; ID., *The
first Sel. coinage of Tyre*, NNM 10 (New York 1921), p. 36 ; sur des émissions
de poids lagide, à partir de cette époque, cf. aussi H. SEYRIG, *Trésors du Levant,
anciens et nouveaux* (Paris 1973), pp. 115 sqq.) sont d'étalon lagide (t. I², p. 175)
et portent l'aigle ptolémaïque ; d'autre part, sur les pièces commémoratives de
son mariage avec Cléopatre Théa, la reine est au premier plan, contrairement
à tous les usages ; pour le reste, les monnaies de Balas, rompant avec les types
de Démétrios Iᵉʳ, se rattachent à ceux d'Antiochos IV (cf. SEYRIG, *A propos
du culte de Zeus à Séleucie*, Syria XX (1939), p. 298 = *Ant. syr.* III, p. 29).
Sur ces questions, comme sur les monnayages municipaux (d'argent en certains
lieux), cf. l'article de C. KÜTHMANN cité *supra*, p. 367. On notera l'apparition,
symptomatique du déclin de l'autorité royale, d'un monnayage groupant passagèrement (de 149 à 147) les « peuples frères » *(adelphoi dèmoi)* d'Antioche et
de Séleucie de Piérie, qui cherchèrent donc à se donner une sorte de gouvernement fédéral, auquel mit probablement fin l'arrivée de Démétrios II : cf.
G. DOWNEY, *A history of Antioch*, p. 121 (où bibliographie) et NEWELL, *The
Seleucid mint of Antioch*, pp. 46 sqq. Pour en finir avec le monnayage de Balas,
on signalera une curieuse émission datée de 146/5, mais à l'effigie d'Antiochos IV, dont Balas se prétendait fils : émission de propagande, évidemment,
lancée au moment où la partie était déjà perdue : cf. O. MØRKHOLM, *A posthumous issue of Antiochos IV of Syria*, NC, 6. ser. XX (1960), pp. 25 sqq.

Démétrios II était trop jeune en 147 pour agir de son propre chef (il avait
environ 14 ans). Aucune puissance n'avait intérêt à contribuer à la chute de
Balas, ni à patronner le jeune prince, qu'il faut donc imaginer dirigé par
quelques fidèles de son père. En fait, il est sous la coupe du chef de ses
mercenaires, le Crétois Lasthénès, et son entreprise est une aventure risquée, ne
comportant au début que très peu de chances de succès : ce furent la volte-face,

puis surtout la mort inattendue de Ptolémée VI qui modifièrent ces perspectives.

La **politique de Philomètôr** se dégage assez clairement des récits de Josèphe (le plus circonstancié qui nous soit parvenu) et de Diodore (Justin ignore l'intervention ptolémaïque) : le règne du fantoche qu'était Balas faisait de la Syrie une dépendance de fait d'Alexandrie ; l'attaque de Démétrios II fournissait à Ptolémée le prétexte d'une occupation militaire de la Cœlé-Syrie, sous couleur de soutenir Balas ; mais le ralliement de l'armée séleucide à Démétrios risquait d'ouvrir un conflit peu profitable aux deux parties : d'où le marché conclu entre le Lagide et le Séleucide (ou du moins les aventuriers qui conseillaient celui-ci), marché dont la restitution juridique de la Cœlé-Syrie à l'Égypte serait le prix, cependant que le mariage de l'adolescent à Cléopatre Théa, sensiblement plus âgée que lui, assurerait l'influence lagide en Syrie. Reste l'acclamation de Ptolémée comme roi à Antioche, qui pose un problème : l'auteur de I Macc. 11 laisse entendre que, dès son arrivée en Cœlé-Syrie, Ptolémée VI était résolu à annexer l'empire séleucide entier, qu'il le fit effectivement et que Démétrios II ne fut roi qu'après la mort du Lagide. Pol. XXXIX, 7 (18), 1, dont le récit de cet épisode est malheureusement perdu, évoque la mort de Ptolémée VI en l'appelant « roi de Syrie » (mais ne s'agirait-il pas d'une bévue de copiste — cf. HAMPL, Gnomon XII (1936), p. 43 —? il serait en effet bien surprenant que Polybe, au moment de présenter ses réflexions finales sur Philomètôr, l'ait appelé de la sorte.). W. OTTO, l. c., pp. 125 sqq. (suivi par BENGTSON, GG², p. 488), est parti de ces données pour critiquer Josèphe et développer l'hypothèse qu'effectivement Philomètôr aurait cherché à se substituer aux Séleucides, agissant en somme comme Antiochos IV aurait cherché à le faire en Égypte quelque vingt ans plus tôt (sur le problème de la royauté égyptienne d'Antiochos IV, cf. supra, p. 319). Mais précisément, la mésaventure d'Épiphane pouvait donner fort à penser à Ptolémée VI — au moment même où Rome avait à nouveau les mains libres en Orient (on notera au passage que nos sources ne soufflent mot d'une intervention de Rome en tout cela). Il semble plus prudent, en l'occurrence, de s'en tenir à Josèphe (ainsi NIESE III, p. 264 ; BOUCHÉ-LECLERCQ, Sél., p. 343 ; BEVAN, CAH VIII, p. 525). Mais il est évident que, si Ptolémée n'était pas mort sur ces entrefaites, la Cœlé-Syrie redevenait lagide et que ce qui restait de l'empire séleucide tombait sous la tutelle d'Alexandrie.

Les énormes bénéfices retirés par **Jonathan** de son ralliement à Balas (sur ses fonctions de « stratège et méridarque », cf. BENGTSON, Str. II, pp. 172 sq.) ne sont pas seuls à expliquer que le chef hasmonéen lui restât fidèle à l'heure du conflit : Jonathan ne pouvait prévoir le retournement de Ptolémée VI à l'égard de Démétrios II. En fait, au moment où se produit l'intervention militaire égyptienne, c'est avec le Lagide que doivent compter les Juifs — mais la mort inopinée de Philomètôr laisse Jonathan en tête-à-tête avec Démétrios II — sur l'issue, cf. infra, p. 404.

C) L'Asie Mineure de 166 à 149

L'on a fait précédemment allusion aux affaires d'Asie Mineure à propos de la politique cappadocienne de Démétrios Ier et de l'usurpation de Balas. Il les faut à présent considérer en elles-mêmes : or elles ne nous sont guère connues qu'à travers les conflits qui opposèrent Pergame à la Bithynie, et la part qu'y prit Rome.

1° LA FIN DU RÈGNE D'EUMÈNE II (166-159)

Le règne d'Eumène II s'acheva dans de longues difficultés diplomatiques. Le refroidissement de ses relations avec Rome, le fait surtout que le Sénat le priva du bénéfice de sa victoire sur les Galates en proclamant la liberté de ceux-ci en 166 (*supra*, p. 291) — tout cela stimula les adversaires de Pergame. Leur chef de file devait être Prusias II « le Chasseur ». Ce prince avait trahi Persée pour se trouver dans le camp romain à l'heure de Pydna. Au moment où Eumène avait été expulsé d'Italie (*supra*, p. 291) sous prétexte que le Sénat ne recevait plus les rois, Prusias II était admis devant les Patres qui, il est vrai, lui refusèrent les agrandissements qu'il implorait avec une basse obséquiosité. Le Bithynien ne se lassa pas, dès lors, de dénoncer la politique pergaménienne à Rome, patronnant ouvertement les plaintes des Galates et de diverses communautés d'Asie Mineure. Ces plaintes n'étaient sans doute pas dénuées de tout fondement : Eumène II était assez fort (par la grâce de Rome...) pour défendre ses intérêts sans trop se soucier de ces criailleries et, malgré la garantie romaine des libertés galates, l'on a des traces d'occultes interventions pergaméniennes dans les affaires de Galatie. Le Sénat, qui avait d'autres tracas, n'y prêta pas plus d'attention qu'il ne convenait (sans pour autant s'en désintéresser : mais c'étaient surtout les relations entre Antiochos IV et Eumène qui le préoccupaient : cf. *supra*, p. 346) et, en 160/59, l'année même de la mort d'Eumène, son frère Attale convainquait le Sénat en faveur de Pergame : il est vrai que les relations entre Pergame et l'empire séleucide s'étaient à nouveau tendues avec l'avènement de Démétrios Ier...

SOURCES : POL. XXX, 18 ; 30, 2 *sqq.* ; XXXI, 1 ; 2, 13 ; 6 ; 32 ; XXXII, 1 ; 22 (éloge d'Eumène) ; TL XLV, 4-19 ; DIOD. XXXI, 15 ; 7, 2 (fragment mal classé) ; APP., *Mithr.* 2 (3-5) ; DION CASS. XX, 69 ; ZON. IX, 24. *OGIS* 315 A-B = WELLES 56-60 ; *OGIS* 763 = WELLES 52 (plus les corrections de WILHELM, *Griechische Königsbriefe, Klio*, Bhft 48 (1943), pp. 43 *sqq.*).

BIBLIOGRAPHIE COMPLÉMENTAIRE ET NOTES : Sur l'ensemble, cf. HANSEN, *Att.*, pp. 117-122 ; MCSHANE, *FPAP*, pp. 182-6 ; MAGIE, *RR*, pp. 23-27 et 767-772 ; VITUCCI, *Il regno di Bitinia*, pp. 73 *sqq.* ; HABICHT, s. v. *Prusias 2, PW* XXIII, 1 (1957), coll. 1111-1115 (fondamental).
La version polybienne du comportement de Prusias au Sénat (où le roi, en costume d'affranchi, baise le seuil de la Curie) est peut-être un peu forcée. Tite-Live, qui la reproduit, en connaît une autre (d'origine annalistique), beaucoup plus sobre et vraisemblable : c'est celle où il est question de revendications territoriales. Il n'en reste pas moins que Prusias II a conservé, dans l'ensemble de la tradition, la réputation la plus détestable de souverain lâche, vicieux et impie (*infra*, p. 384).
La politique d'Eumène à l'égard des **Galates** est documentée par les inscriptions mentionnées ci-dessus, dont la série commence en 163 et s'achève dans les premières années du règne d'Attale II : cf. à ce sujet *infra*, p. 382.

2° ATTALE II. LA GUERRE CONTRE PRUSIAS II (159-154)

Eumène II, qui n'avait pas de fils en âge de lui succéder, avait, sur la fin, partagé la royauté avec son frère et collaborateur Attale II, déjà sexagénaire, et la rare confiance qui avait uni Eumène et ses frères donne à penser que la succession se fit sans secousse. Outre les affaires galates, qu'il n'est pas possible d'analyser avec précision, on a déjà vu que le conflit dynastique cappadocien retint l'attention d'Attale dès le début de son règne (*supra*, p. 372), dans des conditions qui, recréant une tension avec Antioche, durent contribuer à atténuer la méfiance de Rome — où Attale II paraît d'ailleurs avoir joui de sympathies qu'Eumène avait perdues à la fin de son règne. Nos sources redeviennent explicites lors de la reprise du conflit entre Pergame et la Bithynie, en 156.

Les causes exactes de ce conflit, où l'agresseur fut Prusias II, sont inconnues. Il faut les chercher sans doute dans le désir d'expansion du Bithynien, auquel Rome avait refusé un agrandissement en Galatie en 167 (*supra*, p. 380). Le facteur galate, qu'on ne saurait déterminer exactement, joua sans doute, et explique qu'Ariarathe V de Cappadoce et Mithridate IV du Pont prêtèrent mainforte à Attale, qui obtint aussi l'appui de Rhodes, qu'inquiétait l'expansion bithynienne dans les Détroits. Mais l'issue de cette guerre (où le territoire pergaménien souffrit rudement, Pergame elle-même prouvant une fois de plus sa valeur de place forte imprenable) fut déterminée surtout par l'intervention diplomatique romaine. Le Sénat, qui s'était d'abord montré assez réticent à l'égard des appels d'Attale, s'inquiéta en voyant la situation de celui-ci devenir plus que difficile : il était sans doute de l'intérêt de Rome de tenir le royaume attalide en lisière, mais non de le voir menacé de disparition (Prusias ne proclamait-il pas avec quelque jactance en vouloir faire un royaume pour son fils Nicomède ?). L'équilibre anatolien risquant d'être rompu par l'expansion bithynienne, Rome prit parti pour Attale. Menacé d'une dénonciation de l'amitié romaine, Prusias dut traiter, livrer une partie de sa flotte, payer à Attale et à diverses cités de lourdes indemnités — inférieures du reste aux déprédations commises par son armée (154).

SOURCES : Attale et les affaires de Galatie : *OGIS* 315 C-D = WELLES 61 (suite des textes mentionnés dans la section précédente, qui s'échelonnent sur les deux règnes). Affaires de Cappadoce : *supra*, p. 372. Guerre de Bithynie : POL. XXXII, 16 ; XXXIII, 1 ; XXXII, 15 ; XXXIII, 7 ; 12-3 (sur l'ordre des fragments, cf. les notes) ; APP., *Mithr.* 3 (6-8) ; DIOD. XXXI, 35 ; TROG., *Prol.* 34.

BIBLIOGRAPHIE COMPLÉMENTAIRE ET NOTES : Sur l'association d'**Attale II** à la royauté de son aîné, tout à la fin de la vie de celui-ci, cf. G. DAUX, *Craton, Eumène II et Attale II, BCH* LIX (1935), pp. 222 *sqq.*

Une série d'inscriptions nous renseigne sur la **politique galate d'Eumène II et d'Attale II** à partir de 163. Il s'agit de lettres de ces rois au Grand-Prêtre du sanctuaire phrygien de Pessinonte (ces documents secrets n'ont été gravés qu'à la fin du Iᵉʳ siècle, alors qu'ils n'avaient plus qu'un intérêt historique). Le Grand-Prêtre de ce vieux sanctuaire indigène est alors lui-même un Galate, mais qui a épousé les intérêts de cet « État sacerdotal » contre ses propres congénères et a partie liée avec les Attalides. Les lettres qui appartiennent au règne d'Eumène II (mais qui sont en partie envoyées par Attale, en tant que collaborateur de son frère) attestent des interventions militaires pergaméniennes contre les Galates, malgré la garantie romaine de 166. En revanche, dans la dernière (dont on trouvera la tr. fr. dans LIEBMANN-FRANKFORT, *Front. Or.,* pp. 105 *sq.*), Attale II s'excuse de ne pas accorder l'intervention demandée par Pessinonte : le conseil royal pergaménien en a longuement délibéré, mais a estimé ne rien devoir faire contre la volonté de Rome. Ne serait-ce qu'une pieuse excuse, son choix n'en serait pas moins significatif et de l'atmosphère du temps, et des attitudes différentes d'Eumène II et d'Attale II à l'égard du Sénat. Cf. les commentaires de STÄHELIN, *Gesch. der kleinas. Galater*, pp. 75 *sqq.* et de WELLES, pp. 246 *sqq.*

Guerre bithynienne : Ch. HABICHT, *Über die Kriege zwischen Pergamon und Bithynien, Hermes* LXXXIV (1956), pp. 101 *sqq.*, a montré que les contradictions entre les récits d'Appien et de Polybe ne sont qu'apparentes et dues à une erreur de classement des fragments polybiens, qu'il faut lire dans l'ordre indiqué ci-dessus. Du même, cf. encore *Prusias 2, PW* XXIII, 1 (1957), coll. 1115-1120 ; cf. aussi HANSEN, *o. c.*, pp. 123-128 ; McSHANE, *o. c.*, pp. 186-189 ; VITUCCI, *o. c.*, pp. 75 *sqq.* ; MAGIE, *RR*, pp. 27 *sq.* ; 116 *sq.* ; 772-775 ; 968 *sq.* ; LIEBMANN-FRANKFORT, *o.c.*, pp. 85 *sqq.* ; 101 *sqq.* Sur les opérations militaires de Prusias, L. ROBERT, *Et. Anat.*, pp. 111-118. — O. MØRKHOLM, *Some reflections on the early cistophoric coinage, ANS-MN* XXIV (1979), pp. 53 *sqq.* propose de situer soit à Parion, soit à Apollonia du Rhyndakos l'atelier monétaire que son monogramme avait fait attribuer à Apamée de Phrygie : les émissions de cet atelier connaissent en effet un très fort accroissement à l'époque des affaires bithyniennes (si, du moins, l'on suit la chronologie numismatique de M.), où il ne se passe rien de notable dans la région d'Apamée.

Sur les interventions diplomatiques menées auprès du Sénat par les cours de Pergame et de Bithynie, cf. les notices d'OLSHAUSEN, *Prosopogr.* I, nº 168, 169, 172, 173, 178.

L'empirisme de la **politique romaine en Anatolie** a été souligné déjà à propos des affaires de Cappadoce (*supra*, p. 372) : il en va de même ici. Bien que l'Occident soit alors en repos (la seule guerre menée par Rome à cette époque est une campagne dalmate que POL. XXXII, 9 et 13 dit avoir été entreprise en partie pour entraîner l'armée romaine, et les difficultés ibériques ne commencent qu'en 154), Rome s'y intéresse alors visiblement plus qu'à l'Orient.

3° LA POLITIQUE RHODIENNE APRÈS L'ALLIANCE ROMAINE

Il est difficile d'évaluer exactement le « manque à gagner » que représentaient pour les Rhodiens la révocation des donations de 188/7 et la création du port franc de Délos (*supra*, p. 298), mais il est certain que Rhodes, avec des ressources diminuées, fait désormais figure de puissance secondaire et cliente. Sans doute n'a-t-elle pas tout perdu (elle conserve ses possessions continentales d'avant Apamée, à partir desquelles elle peut encore exercer quelque influence sur l'arrière-pays), et son rôle de puissance navale n'est-il point achevé : mais ce rôle s'exerce à présent dans un rayon plus restreint et avec une énergie moindre. La liberté de navigation et, partant, la police des mers restent le souci majeur des Rhodiens : cela explique sans doute leur participation à la guerre bithynienne de 156-154. Mais, vers cette même époque (155-153), un autre épisode révèle la décadence rhodienne, et c'est une guerre crétoise. Il semble que la fin de la troisième guerre de Macédoine ait marqué une reprise, dans les eaux égéennes, de cette piraterie dont les Crétois étaient spécialistes : prélude au déchaînement de ce fléau qui allait marquer de façon formidable la fin du IIe et la première moitié du Ier siècle. Les Rhodiens entreprirent sans doute (car les origines du conflit ne sont pas données) de mettre un terme à la course crétoise. En vain : leurs défaites les déterminèrent à faire appel à la Confédération achaienne (sans succès), puis à Rome, qui envoya une commission d'enquête. Comme il n'est plus question ensuite de cette guerre, il est probable que la démarche sénatoriale eut plus d'effet que la flotte de Rhodes : un fragment de Polybe souligne, à cette occasion, le désarroi moral où sombrent alors les Rhodiens.

SOURCES : POL. XXXIII, 15, 3-17 ; DIOD. XXXI, 38 ; 43-45 ; TROG., *Prol.* 35.

BIBLIOGRAPHIE COMPLÉMENTAIRE ET NOTES : ROSTOVTZEFF II, pp. 771 *sq.* ; H.H. SCHMITT *Rom und Rhodos*, pp. 173 *sqq.* ; VAN EFFENTERRE, *La Crète et le monde grec...*, p. 267 *sqq.* ; SPYRIDAKIS, *Ptolemaic Itanos...*, p. 61.

Si les Rhodiens avaient pu, après Apamée, jouer le rôle prestigieux de défenseurs des cités grecques et combattre de la sorte l'expansion de l'influence pergaménienne sur les côtes d'Asie Mineure (*supra*, p. 293), il n'en était plus question après Pydna. Un épisode du conflit entre Ariarathe V de Cappadoce et son frère Oropherne (*supra*, p. 372) le révèle bien : Ariarathe et Attale ayant cherché à s'emparer du trésor d'Oropherne, déposé à Priène, les Priéniens appelèrent les Rhodiens au secours : ce fut en vain (POL. XXXI, 6 ; cf. OGIS 351 ; les relations entre Priène et Oropherne sont aussi documentées par WELLES 63 ; voir encore L. ROBERT, *Noms indigènes...*, p. 440, n. 5) ; Rhodes n'avait plus les moyens de se brouiller avec Pergame. POL. XXXI, 36 la blâme d'ailleurs de la complaisance avec laquelle elle accepte les gracieusetés d'Eumène II à la fin de son règne. Le Pergaménien n'était d'ailleurs pas le seul à faire des avances à Rhodes (DIOD. XXXI, 36, résumant sans doute le passage de Polybe dont ne subsiste que le fragment cité ci-dessus) : Démétrios Ier en faisait autant. On peut se demander jusqu'à quel point cette sollicitude des rois à l'égard de Rhodes abaissée n'est pas une manifestation gratuite et sans danger d'indépendance à l'endroit de Rome...

4° NICOMÈDE II SUBSTITUÉ A PRUSIAS II (150-149)

La grande affaire des années suivantes fut la lutte contre Démétrios Ier. L'on a vu la part que prit Attale à l'usurpation de Balas (*supra,* p. 374), dont l'offensive commence, avec l'assentiment d'ailleurs un peu hésitant du Sénat, en 153/2 : au début de 150, le protégé d'Attale était sur le trône de Syrie. Les souverains de Cappadoce et du Pont étant alors tout dévoués à Pergame, comme ils venaient de le prouver dans la guerre contre Prusias II, celui-ci restait, avec les Galates toujours hostiles, le seul obstacle à l'influence attalide en Anatolie. L'occasion de se débarrasser de Prusias survint sur ces entrefaites.

Affaire complexe, où d'obscures rivalités familiales furent exploitées à des fins de haute politique. Résolu à écarter son fils Nicomède de la succession, Prusias II entendait auparavant utiliser les amitiés dont le jeune prince jouissait à Rome pour obtenir l'annulation des indemnités dues à Attale : au cas où Nicomède échouerait dans sa mission, il devrait être assassiné. La diplomatie pergaménienne fit en effet échouer l'ambassade de Nicomède, mais, loin d'être assassiné, ce prince, à la tête d'une faction hostile à son père, fut accueilli par Attale comme prétendant au trône de Bithynie. Aux appels de Prusias, le Sénat répondit de façon équivoque en n'envoyant en Orient que trois incapables pour défendre son point de vue. Lorsque ces légats arrivèrent en Bithynie, Attale et Nicomède s'y trouvaient déjà. Abandonné de ses sujets et enfermé à Nicomédie, Prusias y fut assassiné (149). Le Sénat, qui n'avait pas de raison de refuser le trône à un ami de Rome, et qui avait alors de plus graves tracas en Occident (Espagne, Carthage), s'inclina. L'influence pergaménienne en Asie Mineure atteint alors son point culminant. Elle devait encore, quelques années plus tard, s'étendre en Europe aux dépens des Thraces (145).

SOURCES : Le caractère pathétique de ce conflit entre père et fils a dû séduire les historiens anciens, car la crise bithynienne est bien documentée : POL. XXXVI, 14-5 ; DIOD. XXXII, 20-1 ; XXXIII, 14-5 ; TL, *Per.* L ; STR. XIII, 4, 2 ; APP., *Mithr.* 4-7 (9-22) ; ZON. IX, 28 ; JUST. XXXIV, 4. Cf. *OGIS* 327 et 330.

BIBLIOGRAPHIE COMPLÉMENTAIRE ET NOTES : HANSEN, *o. c.,* pp. 128-132 ; HABICHT, s. v. *Prusias 2, PW* XXIII, 1, coll. 1120 *sqq.* ; GEYER, s. v. *Nikomedes 4, PW* XVII, 1 (1936), coll. 494 *sq.* ; VITUCCI, *o. c.,* pp. 82 *sqq.* ; Th. LIEBMANN-FRANKFORT, *Front. Or.,* pp. 89 *sqq.,* qui parle des « visées annexionnistes » d'Attale, ce qui paraît excessif. — Sa révision de la chronologie des *Nikèphoria* de Pergame a permis à C.P. JONES, *Chiron* IV (1974), pp. 188 *sq.* de montrer qu'*OGIS* 299 est de 149 et que les « grands succès » royaux auxquels il y est fait allusion concernent la chute de Prusias.

La dernière campagne d'Attale II fut menée en 145 (cf. *OGIS* 330, qui permet de dater Diod. XXXIII, 14-5 et Str. XIII, 4, 2) contre le **Thrace** Diègylis, qui avait soutenu Prusias II et Andriskos (*infra*, p. 388) et s'étendait aux dépens des possessions pergaméniennes d'Europe (destruction de Lysimacheia) : son territoire fut annexé au royaume de Pergame.

II — LES AFFAIRES D'EUROPE
(GRÈCE ET MACÉDOINE)
JUSQU'A LA GUERRE D'ACHAÏE (167-146)

Les affaires d'Orient de ces années, si complexes qu'elles soient, ont une allure de belle simplicité en regard des affaires contemporaines d'Europe, où règne la plus totale confusion : multiplicité des États grecs, déchirés par leurs dissensions intestines et dressés les uns contre les autres par des rivalités minuscules ; obscurité de la Macédoine démembrée ; absence — jusqu'à la dernière heure — d'une politique romaine active et cohérente ; insuffisance de la documentation : c'est un monde à la dernière étape de sa décomposition, qui n'attend plus que le coup de grâce et, comme on l'a dit, la paix des cimetières. L'on ne donnera ici, de l'histoire politique de ces années, qu'un aperçu sommaire.

NOTE : Comme l'a montré F.W. WALBANK, *Polybius' last ten books, Historiographia Antiqua* (Louvain 1977), pp. 139 *sqq.*, c'est aux années 152/1-146/5 que s'applique l'expression de *tarachè kai kinèsis* (« trouble et bouleversement ») de POL. III, 4, 12, « parce que (Polybe) voyait dans les guerres qui furent alors livrées » (la 3ᵉ punique, la guerre d'Andriskos, la guerre d'Achaïe) « des soulèvements dépourvus de tout sens, en fait, contre ce qui, depuis 168, avait été la puissance dominante de Rome. Ces guerres furent en réalité une perturbation introduite dans l'ordre établi cette année-là par le bienfaisant mécanisme de la *Tychè*, et leur caractère ressort du fait que la façon dont elles éclatèrent ne présente pas de signification ». Aux yeux de Polybe, s'entend.

A) La Grèce à la veille de la catastrophe finale

Le règlement qui suivit Pydna (*supra*, p. 282) avait mis partout les cliques romanophiles au pouvoir. Politiciens de la pire espèce, selon Polybe, et qui firent la pire des politiques : celle des intérêts de leurs factions. Ce que dit Polybe des agissements et des exactions d'un Charops (qui fut, il est vrai, désavoué par le Sénat — mais le mal était fait et rien n'indique qu'il fut réparé) en Épire est sans doute exemplaire. Ce qui se passe en Étolie, en Acarnanie, en Béotie (où se pose de surcroît le vieux problème des rivalités entre cités) dut être analogue. Polybe note toutefois que la disparition successive de ces agitateurs procura quelque repos à leur pays. Cette politique de règlements de comptes dura, suivant les lieux, jusque vers 159-157. La situation n'était pas foncièrement différente en Achaïe, mais l'envoi en Italie des mille otages, débarrassant le romanophile Callicratès de ses adversaires les plus influents, contribua à épargner au pays d'autres violences. Callicratès était d'ailleurs loin d'agir à sa guise et l'on a noté que les otages comportaient peut-être aussi de ses amis. La haine qui, selon Polybe, l'entourait, ne provenait peut-être pas que de ses anciens adversaires politiques : le fait que la Confédération ne cessa d'envoyer avec obstination des ambassades à Rome pour réclamer le retour des bannis pourrait révéler que les gens au pouvoir ne se contentaient pas de concéder ces réclamations à leurs opposants, mais qu'ils se sentaient aussi personnellement gênés par ces exils auxquels ils espéraient que leur fidélité ouverte pourrait mettre fin. Ce ne fut qu'en 151/0 que le Sénat se laissa fléchir : les Achaiens dispersés en Italie n'étaient du reste plus que trois cents et, observa Caton, trop vieux pour être dangereux.

De politique extérieure, si l'on peut dire, les États grecs n'en ont plus que pour se disputer des lambeaux de territoires, et ces minces querelles (entre Sparte et Mégalopolis ; entre Achaiens et Étoliens au sujet de Pleurôn ; entre Athènes et Orôpos) sont déférées au Sénat, qui n'en conçoit pas plus d'estime pour les solliciteurs, ceux-ci fussent-ils les plus éminents philosophes du temps... Mais que les Rhodiens viennent demander l'aide des Achaiens contre les Crétois (supra, p. 383), c'est la dérobade : qu'en penserait-on à Rome ?

La Grèce est « libre », mais elle ne sait plus, ne veut plus, ne peut plus faire usage de sa liberté. Et le jour où quelques-uns, une dernière fois, le voudront, ce sera dans une fatale crise de folie.

Sources : Pol. XXX, 29 ; 32 ; XXXI, 1, 6-8 ; XXXII, 3, 14-7 ; 11, 5 sqq. ; 14 ; XXXIII, 1, 2-8 ; 2-3 ; 14 ; 16 ; XXXV, 6. Diod. XXXI, 31. Paus. VII, 10, 11-12 ; 11. Plut. Cato Mai. 9, 2-3. Syll³. 675 (affaire d'Orôpos).

Bibliographie complémentaire et notes : Cf. en dernier lieu Larsen, GFS, pp. 483 sqq. ; mais Niese III, pp. 312 sqq. reste fondamental ; Benecke, CAH VIII, pp. 292 sqq. déborde de part et d'autre la période envisagée ici. Pour Athènes, cf. encore Ferguson, HA, pp. 312 sqq.

Il ne fallut pas moins de cinq ambassades achaiennes pour obtenir le retour des bannis : cf. Toynbee, Hannibal's legacy II, pp. 483 sqq., qui rappelle que l'origine de tous les malheurs de la Grèce est à chercher dans le comportement maladroit et soupçonneux des Romains à l'égard de Philippe V en 185/4 (supra, p. 251).

La **dérobade des Achaiens** à l'égard des prières rhodiennes répond exactement à celle d'Attale II à l'égard du Grand-Prêtre de Pessinonte (*supra*, p. 382) : la même raison est avouée sans vergogne de part et d'autre.

On notera bien qu'à l'arrière-plan de la crise politique grecque de ces années il ne faut jamais perdre de vue la **crise sociale et économique,** qui les déborde largement de part et d'autre : c'est toutefois pour ces années cruciales précisément que POL. XXXVI, 17, 5-11 revient sur la dénatalité, la dépopulation, l'avidité des riches, la concentration des fortunes, le paupérisme. Un tableau de ces problèmes (et de tous les autres problèmes économiques) n'est évidemment possible que sur une période plus longue : on le trouvera, pour l'ensemble des IIe et Ier siècles, dans LARSEN, *ap.* T. FRANK, *Econ. survey of anc. Rome* IV (1938), pp. 326 *sqq.* et ROSTOVTZEFF II, pp. 739 *sqq.*

B) L'insurrection du Pseudophilippe Andriskos et la rédaction de la Macédoine en province romaine (148)

On ne sait à peu près rien de l'histoire des quatre républiques macédoniennes. Leurs débuts furent sans doute difficiles, et dès 164 une de ces missions romaines qui circulent désormais sans cesse dans le monde oriental fut chargée d'aller examiner les affaires de Macédoine, car, dit Polybe, « les Macédoniens, dans leur manque d'habitude du régime démocratique et délibératif, se dressaient les uns contre les autres ». Qui contre qui ? — ici, comme en Grèce, on soupçonne des conflits sociaux. En 152, à nouveau, des Macédoniens font appel à l'arbitrage de Scipion Émilien (que la guerre d'Espagne empêcha de partir pour l'Orient), et il est probable qu'entre ces deux dates d'autres légations romaines passèrent en Macédoine. N'exagérons toutefois pas la gravité de ces difficultés : en 158, le Sénat autorisa à nouveau l'exploitation des mines et la reprise du monnayage macédonien, sans doute nécessaires à l'équilibre économique du pays, et rien n'indique que la Macédoine ait donné des inquiétudes graves à Rome jusqu'en 149.

C'est un aventurier, Andriskos, qui remit la Macédoine au premier plan des préoccupations romaines, à cette époque où l'Orient hellénistique voit surgir de toutes parts de douteux prétendants (Timarque, Oropherne, Balas). Ce personnage se faisait passer pour Philippe, fils de Persée et de Laodice (fille de Séleucos IV et sœur de Démétrios Ier). Se prétendant donc neveu de Démétrios Ier, il alla lui demander de le mettre en selle. Démétrios, déjà menacé de l'usurpation de Balas, livra Andriskos à Rome, pour se concilier le Sénat (153), en quoi on a vu qu'il échoua (*supra*, p. 375). Le Sénat, toutefois, ne prit pas Andriskos au sérieux et le surveilla mal, car ce prétendant échappa aisément à sa résidence forcée italienne pour regagner l'Orient. Par Milet, il se rendit en Thrace, où Byzance lui ouvrit ses portes et où un prince local, gendre de Philippe V, le reconnut. Avec une poignée d'hommes, il passa en Macédoine et y rencontra de la résistance, car il lui fallut deux combats pour se rendre maître du pays, d'où il menaça la Thessalie (149). Le Sénat, alerté, se trouva embarrassé, car le moment n'était pas aux complications balkaniques. Il ne suffisait pas d'opposer à Andriskos des forces grecques, et notamment achaïennes, comme tenta de le faire Scipion Nasica. Une légion, envoyée en hâte, se fit tailler en pièces et la Thessalie tomba aux mains de l'usurpateur, qui gagna de nouveaux appuis en Thrace. La situation s'aggravant, le Sénat envoya deux autres légions, sous Q. Caecilius Metellus, que vint appuyer la flotte d'Attale II. Par suite d'une imprudence stratégique, Andriskos se fit battre dans la région de Pydna (été 148), se réfugia en Thrace, revint à la charge, se fit battre à nouveau, s'enfuit encore, mais fut alors livré par trahison.

La Macédoine paya de la liberté l'appui, point unanime d'ailleurs, que le Pseudo-Philippe y avait trouvé. La province de Macédoine fut substituée aux quatre républiques, qui demeurèrent cependant circonscriptions administratives, avec leurs lois propres. L'Illyrie, depuis longtemps sous protectorat romain, fut également placée sous l'autorité du gouverneur de Macédoine, et la construction de la *via Egnatia* (joignant Épidamne à la résidence proconsulaire de Thessalonique) assura l'unité de cette zone de la péninsule balkanique où Rome, pour la première fois, prenait pied de façon permanente.

SOURCES : POL. XXXI, 2, 12 ; 17, 2 ; XXXV, 4 11 ; XXXVI, 10 ; 17, 13 *sqq.* DIOD. XXXI, 40 a ; XXXII, 9 a-b ; 15. ZON. IX, 28. STR. XIII, 2. TL, *Per.* 49-50 ; *Pap. Oxyr.* IV (1904), n° 668, lignes 126 *sq.* ; CASSIODORE, *ap.* MOMMSEN, *Chron. Min.* II, 130.

BIBLIOGRAPHIE COMPLÉMENTAIRE ET NOTES : Selon **Zonaras**, Andriskos aurait fait une première tentative manquée en Macédoine, avant de s'adresser à Démétrios Ier. Cette version (retenue par WILCKEN, s. v. *Andriskos IV, PW* I (1894), coll. 2141 *sq.* ; NIESE III, p. 332 ; BENECKE, *CAH* VIII, p. 276) a été contestée avec raison par G. CARDINALI, *Lo Pseudo-Filippo, RF* XXXIX (1911), pp. 1 *sqq.* : on ne comprendrait pas, en effet, le peu d'intérêt que porta au personnage le Sénat, lorsque Démétrios le lui livra. D'autre part Polybe le qualifie de « tombé du ciel » en 149, et toutes les relations que nous avons par ailleurs de son aventure impliquent qu'il en est alors à sa première tentative. Notons que, si Persée avait en effet un « fils » du nom de Philippe, celui-ci était en réalité son frère puîné, qu'il avait adopté (TL XLII, 52, 1).

TAC., *Ann.* XII, 62 parle d'une alliance conclue par les Byzantins avec Rome « à l'époque où nous combattions contre le roi des Macédoniens, *cui ut degeneri Pseudophilippi vocabulum impositum...* ». Cela est formellement contredit par Diodore, qui précise que Byzance fut alors châtiée par Rome pour avoir accueilli Andriskos, et implicitement par Tacite lui-même qui, énumérant les actes de collaboration entre Byzance et Rome, place celui-ci avant la guerre antiochique, la 3ᵉ guerre de Macédoine et la guerre d'Aristonikos (*infra*, p. 419). Qu'il y ait là une bévue de Tacite ou une interpolation erronée a été montré par E. Grzybek, *Roms Bündnis mit Byzanz*, MH XXXVII (1980), pp. 50 *sqq.*, selon lequel l'alliance aurait été conclue contre Philippe V (*supra*, p. 124).

Toutes les **opérations romaines** ont lieu au cours de **la même année 148** : cela a été prouvé par l'abrégé de Tite-Live trouvé à Oxyrrhynchos (cf. E. Kornemann, *Die neue Livius-Epitome*, *Klio*, Bhft. II (1904), pp. 49 *sqq.* ; 91 *sq.*, où l'on trouvera toutes les références aux autres sources latines mineures). Avant la découverte de ce texte, on attribuait les premières défaites romaines (Juventius) à 149 et les seuls succès (Metellus) à 148.

La résistance qu'Andriskos trouva en Macédoine fut sans doute celle des possédants, soucieux avant tout de tranquillité : Diodore note qu'il procéda à des proscriptions de riches ; ses partisans se recrutaient donc dans les classes populaires. Une dédicace à Metellus d'un Macédonien reconnaisant (Olympie : *Syll³*. 680) révèle qu'il y eut des Macédoniens pour se bien trouver de la rédaction de leur pays en province romaine. Tout cela rejoint l'incompréhension de Polybe à l'égard des partisans d'Andriskos, qui ne surent pas jouir en repos des bienfaits de l'ordre instauré par Rome en 167 (réflexions qui font suite à celles relatives à la crise sociale grecque (*supra*, p. 387) : XXXVI, 17) : sur l'impossibilité qu'il y avait pour Polybe à concevoir une cause rationnelle à la conduite d'Andriskos et de ses partisans, cf. Pédech, *La méthode historique de Polybe*, pp. 336 *sq.* Wilcken, *l. c.* avait raison de noter que l'entreprise d'Andriskos n'avait rien d'un soulèvement national anti-romain : il s'agit bien plutôt de l'insertion des ambitions d'un aventurier dans une situation sociale instable, que nous ne pouvons malheureusement analyser. L'épisode a été revu de façon intéressante, à travers une analyse des dernières émissions « républicaines » de Macédoine, par P.A. Mackam, *Macedonian tetradrachms of 148-147 B. C.*, ANS-MN XIV (1968), pp. 15 *sqq.*, en part. 36 *sqq.*

La note que je consacrais à la p. 328 de la 1ʳᵉ éd. au monnayage macédonien à l'époque d'Andriskos était caduque à la date même de publication du livre : les monnaies qui avaient été attribuées à l'usurpateur sur la base d'une observation erronée de Gaebler doivent l'être à Philippe V : cf. N. Olcam & H. Seyrig, *Le trésor de Mektepini en Phrygie* (Paris 1965), pp. 28 *sq.* ; C.M. Kraay, *Greek coins and history* (Londres 1969), pp. 9 *sqq.*

Sur l'organisation de la **province romaine,** cf. les brèves indications de Larsen, *ap.* T. Frank, *Econ. Surv.* IV, p. 303 et à présent F. Papazoglou, ANRW VIII, 1 (1979), pp. 302 *sqq.* Mais la question qui en fut l'auteur a été ouverte par M. Gwyn Morgan, *Metellus Macedonicus and the Prov. Maced.*, *Hist.* XVIII (1969), pp. 422 *sqq.* : alors qu'on estime généralement que l'organisateur de la province fut Metellus, M. apporte des arguments tendant à démontrer qu'elle serait à attribuer à L. Mummius et à la commission décemvirale chargée de régler les affaires grecques en 146. — Si la décision de créer une province de Macédoine (décision dont on ignore dans quelles conditions elle fut prise) *concrétise* enfin l'impérialisme romain en Orient, on a pu remarquer que les concepts fondamentaux de ce phénomène (*imperium* et *provincia*), ou du moins leurs équivalents grecs, font défaut dans notre source essentielle : cf. J.S. Richardson, *Polybius' view of the Roman empire*, *Papers Brit. Sch. Rome* XLVIII (1979), pp. 1 *sqq.*

C) La guerre d'Achaïe et la fin de l'histoire grecque

1° LES ORIGINES DE LA RUPTURE ENTRE LES ACHAIENS ET ROME

On est loin de voir clair dans les origines complexes de la guerre d'Achaïe, qu'il faut chercher à la fois dans l'évolution de l'opinion grecque à l'égard de Rome et dans les relations entre États péloponnésiens. La rude façon dont les Romains avaient traité la Grèce après Pydna (*supra*, p. 282) y avait soulevé une vague de méfiance et d'antipathie, qu'avait renforcée encore la politique éhontée des politiciens romanophiles exploitant la victoire de leurs patrons (*supra*, p. 385). De plus, à partir de 153, les difficultés romaines en Occident (en Espagne d'abord, puis à Carthage) suggérèrent à certains, qui se sentaient libérés de toute prudence par le retour des derniers otages en 150, que l'heure se prêtait au rejet de la tutelle romaine, que les premiers succès d'Andriskos en Macédoine semblaient en effet faire vaciller. Les politiciens anti-romains de Grèce ne sauraient-ils, comme Andriskos sans doute, trouver une masse de manœuvre au sein des classes sociales déshéritées dont le sort était aggravé encore par la protection que Rome accordait aux régimes les plus conservateurs ? Dans ces conditions, il suffisait de quelques incidents pour faire éclater la haine de Rome et faire glisser la Grèce sur la pente des aventures irrémédiables. Ces incidents surgirent du côté de Sparte.

L'on a vu comment la Laconie était, de façon inattendue et peu unanime, entrée dans la Ligue achaienne en 192 (*supra*, p. 200) et comment son premier mouvement d'irrédentisme avait été brisé par Philopoimen en 188 (*supra*, p. 243). En 165 encore, un conflit frontalier s'était élevé entre Sparte et Mégalopolis et Rome en avait confié l'arbitrage aux Achaiens (les deux parties appartenant à la Ligue), qui avaient tranché en faveur de Mégalopolis : aussi les Lacédémoniens n'aspiraient-ils qu'à sortir de la Ligue et à recouvrer leur indépendance.

A Sparte, l'homme du jour était un certain Ménalkidas, qui avait des amis romains. Les Spartiates ayant, sur son avis, déféré leurs griefs directement au Sénat, les Achaiens contestèrent la légalité de cette procédure et exigèrent la condamnation de quelques meneurs, qui se hâtèrent de gagner l'Italie, Ménalkidas parmi eux. Les Achaiens dépêchèrent à leur suite une ambassade dirigée par Callicratès, le chef de file des partisans de Rome, et Diaios, un politicien véreux qui se poussait en agitant l'opinion à la fois contre Sparte et contre Rome. Or Callicratès mourut en route et Diaios, qui ne cherchait pas à arrondir les angles, comme l'eût certes fait son collègue, fut seul à comparaître devant le Sénat, où il s'empoigna violemment avec Ménalkidas. Le Sénat, en fait, résolut alors d'abaisser la Ligue achaienne, dernière « puissance » grecque et source d'éternelles complications, mais cette décision ne fut pas publiée : on était en 149/8, et les difficultés étaient loin d'être aplanies en Macédoine (sans parler de l'Occident), si bien qu'il eût été inopportun de provoquer une explosion de fureur qui eût risqué de faire glisser les Achaiens du côté d'Andriskos. Les Patres se contentèrent donc d'annoncer la venue en Grèce d'une commission de conciliation qui, du reste, ne se hâta pas de quitter l'Italie. Quant à Diaios, il rentra en Grèce pour annoncer à ses compatriotes que Rome s'opposait à la sécession lacédémodienne, cependant que Ménalkidas annonçait le contraire à Sparte... De ce malentendu, et malgré les avertissements envoyés de Macédoine par Metellus, sortit une guerre achaio-lacédémonienne. Les succès de Metellus sur Andriskos incitèrent toutefois les Achaiens victorieux à la prudence : un armistice fut conclu. Ménalkidas, sûr de l'appui romain, rompit l'armistice mais, désavoué par la majorité de ses concitoyens, il se suicida.

En 147, l'affaire macédonienne réglée, la mission romaine dirigée par L. Aurelius Orestes débarqua enfin en Grèce. Les Achaiens surpris apprirent que le Sénat autorisait la sécession lacédémonienne, bien plus, qu'il exigeait d'eux l'abandon de Corinthe, d'Argos, d'Orchomène d'Arcadie et de la lointaine Héraclée Trachinia, qui était membre de la Ligue depuis peu. Ce fut un beau tumulte : les autorités achaiennes ordonnèrent l'arrestation des Lacédémoniens présents dont certains, qui y avaient cherché refuge, furent arrachés à la maison des légats romains. Ceux-ci regagnèrent Rome aussitôt.

Carthage n'était point tombée encore. Le Sénat chargea donc une nouvelle mission d'arranger les choses en évitant toute rupture. En chemin, cette mission rencontra une ambassade que les Achaiens, un peu effrayés tout de même, dépêchaient au Sénat, porteuse de plates excuses. Sex. Julius Caesar, qui présidait la commission, ramena les ambassadeurs achaiens en Grèce avec lui. Mais son ton conciliant fut interprété tout de travers par les Achaiens : on crut comprendre qu'impressionné par la violence de la réaction opposée aux ordres d'Orestes, le Sénat cédait. Ce qui n'était que temporisation fut pris pour un signe de faiblesse. Les Achaiens, excités par le démagogue Critolaos et par Diaios, crurent pouvoir exploiter ce qu'ils pensaient être une situation de force : on fit savoir à Sextus Caesar que l'ambassade qu'il avait interceptée repartirait pour Rome, mais que, toutefois, pour ce qui était du contentieux avec Sparte, on tiendrait volontiers une conférence à Tégée à ce propos. Une fois à Tégée — où Spartiates et Romains l'avaient longuement attendu — Critolaos annonça qu'il ne pouvait négocier qu'avec l'aval de l'Assemblée fédérale achaienne, laquelle se réunirait dans six mois. Convaincu de la mauvaise foi achaienne, Sextus Caesar regagna Rome. C'était la rupture.

Sources : Pol. XXXVIII, 1 ; 3, 8-13 ; 9-11, 6. Paus. VII, 12-14, 5. Dion. Cass. XXI, 72 ; Zon. IX, 31. Just. XXXIV, 1 (qui place ces événements entre la 3ᵉ guerre de Macédoine et les campagnes d'Égypte d'Antiochos IV...). TL, Per. LI.

Bibliographie complémentaire et notes : S'il est un point d'histoire grecque dont on souhaiterait avoir le récit complet par l'Achaien Polybe, c'est bien celui-ci : on ne l'a malheureusement conservé qu'à partir du départ de Grèce de L. Aurelius Orestes (ch. 9 ; le livre XXXVII est intégralement perdu). Pour tout le reste, on ne dispose que du médiocre Pausanias. Zonaras et Justin, cités pour mémoire, n'ont aucune valeur. Les chapitres d'introduction de Polybe sont des réflexions générales sur la crise, plus utiles pour la connaissance de Polybe que pour celle des événements (que Polybe n'a d'ailleurs pas vécus, étant alors attaché à l'État-Major de Scipion Émilien en Afrique : cf. XXXVI, 11). En tant qu'Achaien et qu'admirateur de Rome, Polybe est certes dans une position douloureuse, mais il proclame que la recherche de la vérité est le devoir le plus absolu de l'historien et, en tant qu'historien, il souligne l'accablante responsabilité de ses compatriotes. Dans son récit, on ne saurait toutefois se dissimuler qu'il est la victime (inconsciente sans doute) d'une certaine partialité ou d'une certaine illusion, lorsqu'il nie toute hypocrisie, tout machiavélisme dans la mission de Sextus Caesar et affirme que le sort en suspens de Carthage n'eut aucune influence sur la diplomatie romaine.

Pour toutes les affaires grecques de ces années, le meilleur exposé d'ensemble reste celui de Niese III, pp. 337 sqq., auquel on ajoutera celui de Larsen, GFS, pp. 490 sqq. ; Deininger, Polit. Widerst., pp. 223 sqq.

Les personnalités des politiciens achaiens de ces années ne peuvent être équitablement restituées : s'il ne peut être question de les réhabiliter (leur aveuglement, leur absolue incompréhension de la politique romaine sont étonnants), il reste que Polybe (dont le point de vue est défendu par Lehmann, Unters. z. hist. Glaubw., pp. 322 sqq.) n'a pas vu en eux que les auteurs de la catastrophe et qu'il ne faudrait peut-être pas le suivre dans cette vision trop unilatérale des choses : en dépit de leurs tares, de leurs piètres talents, peut-on leur refuser certain patriotisme grec, ou tout au moins achaien ? Patriotisme local, fait de xénophobie (laconophobie, romanophobie), de passion partisane, de vanité, d' « activisme », — mais peut-être d'autre chose encore qui, en définitive, leur a fait risquer et sacrifier leur vie (et, comme de coutume, celle des autres). Polybe rejette ces hommes en tant que « Katastrophenpolitiker » (Bengtson, GG², p. 491) — c'est précisément en tant que tels qu'il faudrait pouvoir les analyser, eux et leurs semblables de tous les temps (sur certains opposants à la politique de Critolaos, cf. Chr. Habicht, Beitr. z. Prosopogr. der altgr. Welt, Chiron II (1972), pp. 117 sq.). Sur les problèmes sociaux, cf. la section suivante — mais J. Briscoe, Rome and the class-struggle in Greek states, in M.I. Finley (ed.), Studies in Anc. Soc. (Londres 1974), pp. 53 sqq. estime que le Sénat ne s'en préoccupait pas outre mesure.

Qu'il y ait eu beaucoup de malentendus dans la double démarche des

Achaiens et des Romains est plus que probable : cf. E.S. GRUEN, *The origins of the Achaean war, JHS* XCVI (1976), pp. 46 *sqq.* ; FERRARY, *in* NICOLET, *Rome...* II, pp. 768 *sqq.*

2° LA GUERRE (146)

Rupture de fait : officiellement, il n'est encore question de guerre que contre Sparte ; mais l'ardeur des chefs achaiens à rameuter les forces grecques jusque dans des régions que les affaires de Laconie ne concernaient guère montre bien que c'est à Rome que l'on pense. Critolaos se répand d'abord dans le Péloponnèse. Les cités sont invitées à proclamer un moratoire des dettes et à surseoir à l'incarcération des débiteurs jusqu'à la fin du conflit. Polybe semble suggérer qu'il s'agissait là de mesures démagogiques destinées à rameuter les pauvres contre une Rome vers laquelle penchaient les riches, mais il pourrait s'agir, plus sainement, de mesures destinées à favoriser l'unanimité en détendant le climat social. En Grèce centrale, Critolaos attire dans l'alliance achaienne les Béotiens, qui venaient d'avoir des frottements avec Metellus, les Eubéens, qui avaient gardé un mauvais souvenir du passage des légions pendant la guerre de Persée, les Phocidiens, les Locriens. Trois envoyés de Metellus (resté en Macédoine comme gouverneur de la nouvelle province), chargés de calmer ces ardeurs belliqueuses, arrivent à Corinthe au moment où l'Assemblée achaienne s'y réunit : hués et bousculés, ils en sont incontinent expulsés. La foule se déchaîne contre les quelques modérés qui prêchent la prudence et le respect de l'amitié romaine — ces « collaborateurs », ces « bien-pensants ». Quand l'atmosphère est chauffée à point, Critolaos fait voter d'enthousiasme la guerre « contre Sparte » — tout le monde sait que c'est contre Rome.

La guerre « contre Sparte » devait commencer... en Malide : l'on venait d'apprendre qu'Héraclée Trachinia (l'une des cités dont le Sénat avait exigé le détachement de la Confédération achaienne : *supra,* p. 391) faisait en effet sécession, intolérable provocation, à cette heure où la Grèce retrouvait enfin la voie de ses glorieuses destinées... Critolaos prit la route du Nord à la tête d'un contingent achaien afin de reprendre Héraclée, mais se fit écraser par Metellus, accouru de Macédoine, à la bataille de Skarphaia, près des Thermopyles, où il périt sans doute. Ce fut la panique en Grèce centrale : tous ceux qui avaient pris fait et cause contre Rome s'enfuirent, se rendirent, se suicidèrent. Dans le Péloponnèse, Diaios prit en hâte des mesures de salut public (armement d'esclaves, impôts extraordinaires) qui révèlent une totale impréparation à ce conflit si allègrement affronté. Quelques modérés réussirent à faire envoyer une ambassade à Metellus : la teneur (inconnue) de la réponse du proconsul ne dut pas être du goût de la majorité, car les ambassadeurs furent jetés en prison à leur retour.

Metellus cependant, qui n'eût pas dédaigné d'ajouter le titre d'*Achaicus* à celui de *Macedonicus,* se hâtait vers Corinthe, sachant l'approche du consul de 146, L. Mummius, mais celui-ci arriva à temps pour accaparer la victoire. Ayant battu Diaios en rase campagne, il se disposa à assiéger Corinthe avec le concours d'un corps pergaménien, mais, suivant l'exemple de Diaios, les derniers contingents achaiens évacuèrent nuitamment la cité, qui tomba sans coup férir aux mains du consul. Corinthe fut livrée à un pillage mémorable, et au feu ; ceux de ses habitants qui ne s'étaient pas enfuis avant l'entrée des Romains furent massacrés ou vendus ; la ville disparaissait de la carte du monde pour plus d'un siècle. Son châtiment — à peine moins sévère que celui que venait de connaître Carthage après une résistance héroïque — apparaît disproportionné par rapport au crime qu'on lui reprocha officiellement : d'avoir par deux fois maltraité (sans effusion de sang !) des légats romains. L'hypothèse émise depuis le siècle dernier, selon laquelle il s'agirait d'une mesure exigée par les négociants italiens désireux de favoriser le port franc de Délos, n'est pas tenable : la destruction de Corinthe est une mesure politique, un « exemple » destiné à terroriser la Grèce et à en finir une fois pour toutes avec l'agitation et les intrigues des politiciens du Péloponnèse et de Grèce centrale. D'autres cités (Thèbes, Thespies, Chalcis) connurent encore le poids de la colère romaine et les responsables du mouvement anti-romain furent pourchassés en tous lieux ; mais le principal responsable, Diaios, s'était suicidé après avoir abandonné son poste de commandement. Rome pouvait désormais espérer se voir débarrassée des agaçantes complications helléniques.

SOURCES : POL. XXXVIII, 12-18 ; XXXIX, 2 (sur le passage XXXVIII, 16, 11-12, qui devrait être transféré entre 14,2 et 14,3, cf. J. DEININGER, *Kritolaos u. die Eröffnung des achäischen Krieges, Philol.* CXIII (1969), pp. 287 *sqq.*). PAUS. VII, 14,5 - 16,8. DIOD. XXXII, 26-27, 1. TL, *Per.* LII et les autres sources latines *ap.* KORNEMANN, *o. c. supra,* pp. 49 *sqq.* ZON. IX, 31. STR. VIII, 6, 23.

BIBLIOGRAPHIE COMPLÉMENTAIRE ET NOTES : Les mesures prises successivement par Critolaos, puis par Diaios pour mettre les Achaiens sur pied de guerre ont été analysées par A. FUKS, *The Bellum Achaicum and its social aspect, JHS* XC (1970), pp. 78 *sqq.*, qui montre que, derrière l'aspect démagogique que leur prête tendancieusement Polybe, on peut discerner les indices d'un authentique mouvement de résistance nationale qui — quelle que fût la folie réelle de l'entreprise — ne rencontra que peu d'opposition : ces mesures mobilisèrent l'énergie des pauvres, mais semblent avoir recueilli l'adhésion de la majorité des citoyens. Sur les mesures sociales, cf. aussi D. ASHERI, *Leggi greche sul problema dei debiti* (Pise 1969), pp. 68 *sqq.*

L'exécution de Corinthe ne fut pas résolue par Mummius, mais par le Sénat ; ce ne fut certes pas à l'unanimité, et l'événement resta discuté à Rome (point seulement pour des raisons de morale) pendant plusieurs générations : cf. R. FEGER, *Cicero und die Zerstörung Korinths, Hermes* LXXX (1952), pp. 436 *sqq.*, qui a bien montré la valeur symbolique prise par Corinthe et sa destruction aux yeux des Romains et dans le développement de la pensée impérialiste. Mais Feger a été plus ou moins victime de cette constatation dans sa conception de la guerre d'Achaïe, traitée comme une « guerre de Corinthe », alors qu'il est évident que Corinthe n'a été que la victime expiatoire, ou le bouc émissaire, et non le motif et le but de la guerre. Cf. encore H. VOLKMANN, *Die Massenversklavungen der Einwohner eroberter Städte in der hellenist. - römischen Zeit* (1961), pp. 30 *sq.* et 88. On peut penser que Metellus figurait parmi les personnalités hostiles à toute mesure extrême : sa patience et sa bienveillance lui valurent en Grèce une popularité qui s'exprime dans une série d'inscriptions honorifiques (cf. MORETTI, *ISE* II, n° 92, où références). Quant à Mummius, sa brutalité ne l'empêcha pas de jouer le rôle d'initiateur de l'Italie aux choses grecques et l'hypothèse selon laquelle Horace aurait fait allusion à lui dans le fameux *ferus victor* a été développée par G. NENCI, *Ann. Sc. Norm. Sup. Pisa*, ser. III, vol. VIII, 3 (1978), pp. 1007 *sqq.*

La théorie d'origine mommsénienne qui fait du sac de Corinthe une **mesure économique** (cf. G. COLIN, *Rome et la Grèce* (1905), pp. 643 *sqq.* ; plus récemment H. BERVE, *GG* II, p. 340 ; FEGER, *l. c.*) a été **réfutée** notamment par J. HATZFELD, *Les trafiquants italiens dans l'Orient hellénique* (1919), pp. 373 *sq.*, qui a montré que les milieux d'affaires n'acquirent quelque influence sur la politique orientale de Rome qu'après ces événements précisément, et qu'on ne saurait donc attribuer la ruine de Corinthe à cette influence. Hatzfeld a aussi montré que l'intérêt porté par les trafiquants italiens au port franc de Délos a certainement été surestimé : la documentation révèle que c'est surtout à d'autres qu'aux Italiens qu'a profité la franchise de Délos. Plus récemment, H. HILL, *The Roman middle-class* (1962), pp. 99 *sq.*, tout en reconnaissant que le but de la destruction de Corinthe n'a certainement pas été de nature économique, note cependant que la ruine de la cité favorisa en fait les affaires de Délos (cf. *supra*, p. 300), et se demande si, parmi ceux qui contribuèrent à prendre la décision, il n'y en eut pas quelques-uns qui en surent prévoir cette conséquence. La destruction de Corinthe, comme celle de Carthage (cf. E. BADIAN, *Rom. Imp.*, p. 20) est une mesure politique, comme l'avait été l'abaissement de Rhodes après la guerre de Persée (*supra*, p. 298). Une mesure de politique sociale aussi, en ce sens qu'il s'agissait, par la terreur, de mettre un terme à l'agitation sociale grecque, qui inquiétait le Sénat (cf. ROSTOVTZEFF II, pp. 739 *sqq* — qui n'avait pas toujours pensé de la sorte, comme l'a noté au passage L. POLVERINI, *A proposito dell'imp. rom. nella tarda repubblica, Aevum* XLII (1968), p. 301, n. 12), mais surtout en tant que facteur d'instabilité politique. L'interprétation économique a été reprise récemment (contre Badian) par MUSTI, *Pol. e l'imp. rom.*, p. 103 : la destruction de Carthage et de Corinthe auraient « mis fin à la spirale d'un développement commercial qui nourrissait des velléités d'indépendance et des antagonismes politiques (et qui à son tour en était nourri) pour y substituer un centre commercial (Délos...) absolument inoffensif du point de vue politique et cependant non moins important » du point de vue économique. Mais, outre que la « spirale » en question est bien difficile à concrétiser (surtout à Corinthe, dont la destruction nous a privé de toute documentation locale), on observera que M. est lui-même conduit à mettre l'accent sur l'aspect politique de l'opération. — On mentionnera enfin l'idée jetée au passage par P. VEYNE,

Y a-t-il eu un impér. rom.?, *MEFRA* LXXXVII (1975), p. 819, qui replace la destruction de Corinthe dans la « routine » belliciste romaine : « Peut-être... a-t-elle eu pour vrai but de donner quelque chose aux légions qui ne pouvaient retourner en Italie les mains vides ». Sans doute — mais, entre pillage et destruction, il y a une nuance...

Divers indices révèlent que le **site de Corinthe** continua d'être habité pendant le siècle qui sépare la destruction de la ville de sa restauration par César en 44 (cf. Cic., *Tusc.* III, 22, 53. S. Accame, *Il dominio romano in Grecia* (Rome 1946), pp. 28 *sqq.*) et les archéologues tendent aujourd'hui à estimer que les dégâts provoqués par la soldatesque romaine furent moins importants que ne le donnent à penser les sources littéraires, qui donnent la cité pour proprement rasée (cf. J. Wiseman, *ANRW* II, 7, 1 (1979), pp. 491 *sqq.*).

3° L'organisation de la Grèce après la guerre d'Achaïe

Selon la méthode que le monde grec et oriental connaissait depuis Cynoscéphales, l'organisation de la Grèce fut confiée à une commission de 10 sénateurs. Faute d'une source contemporaine cohérente, leur œuvre reste mal connue dans le détail. Les États grecs furent traités en fonction de leur attitude dans le conflit. Ceux qui s'étaient trouvés du côté de Rome, ou avaient observé une prudente neutralité, conservèrent leur indépendance : ce fut le cas de Sparte, d'Athènes, des confédérations thessalienne, magnète, ainiane, étolienne et acarnanienne. Quant aux États qui avaient pris part à la lutte aux côtés des Achaiens (c'est-à-dire tous les États péloponnésiens moins la Laconie, Mégare, les Locriens, les Béotiens, les Phocidiens, Chalcis d'Eubée), ils furent placés sous l'autorité du proconsul de Macédoine, car la fondation de la « province d'Achaïe » n'est pas antérieure à Auguste. Le Sénat ne rattacha à l'*ager publicus PR* qu'une partie du territoire de Corinthe et les biens des chefs du parti anti-romain, encore ceux-ci furent-ils aussitôt mis en vente. Le statut des cités et peuples rattachés à la province de Macédoine est très imprécis. Il n'est pas rigoureusement démontrable qu'ils soient devenus tributaires de Rome *(stipendiarii)* : toujours est-il qu'on ne voit pas les publicains envahir la Grèce après 146. Les fédérations, d'abord dissoutes, furent reconstituées un peu plus tard, avec des modifications (la ligue achaienne fut réduite à l'Achaïe proprement dite ; les Locriens orientaux divisés en deux fédérations). Les communautés vaincues conservèrent leur autonomie interne et leurs lois propres, sans doute modifiées dans un sens oligarchique le cas échéant. Les commissaires sénatoriaux se déchargèrent d'ailleurs de cette besogne d'organisation intérieure sur Polybe, qui s'en acquitta à la satisfaction générale. Le droit de frapper monnaie fut également laissé aux vaincus (ou restitué un peu plus tard ?).

Certains vaincus connurent du reste un traitement de faveur : ainsi les Messéniens et les Éléens, qui avaient tiré leur épingle du jeu à temps, ou encore les Sicyoniens, qui, en plus d'une partie du territoire de Corinthe, reçurent la gestion des Jeux Isthmiques. Les classes possédantes, que la démagogie de Critolaos et de Diaios avait menacées dans leur suprématie sociale et qui se voyaient à présent protégées directement par Rome, paraissent avoir accueilli l'issue de l'aventure avec soulagement : malgré la destruction de Corinthe, L. Mummius, qui manifesta sa sollicitude à Olympie et à Delphes, fut considéré comme un bienfaiteur par ceux dont les intérêts matériels rejoignaient le désir de Rome d'être désormais débarrassée de toute complication grecque.

Quant à ce qui restait de « Grèce libre », sa « liberté » ne dépassait guère l'autonomie des États rattachés à la province de Macédoine. Des inscriptions antérieures à l'époque impériale donnent à entendre que le domaine spartiate s'organisa en Confédération des Lacédémoniens : on ne sait si ce fut à la suggestion de Rome. Un peu partout, on constate une évolution oligarchique des institutions, analogue à celle qui se manifeste dans les cités sujettes de Rome. Ainsi par exemple à Athènes dont le renoncement à toute politique est alors compensé par une nouvelle prospérité (due en particulier à la possession de Délos) et un vif prestige culturel. Si la Grèce entière n'est pas réduite à l'état de province romaine, elle n'en est pas moins provincialisée en fait. Le paix qui va y régner jusqu'à l'époque de Mithridate n'est du reste pas exempte de problèmes. Le respect des armes romaines peut faire taire les revendications sociales, mais non régler la question sociale. Si lacunaire que soit la documentation, elle révèle des révoltes serviles (par deux fois en Attique, en 134/3 et à l'extrême fin du siècle) et des traces de tentatives démocratiques (à Dymè, en Achaïe, en 115). Il y a donc un feu qui couve sous les cendres laissées par la catastrophe de 146, mais seule l'éviction temporaire de la domination romaine, à l'époque de la guerre mithridatique, permettra à l'incendie d'éclater (*infra*, p. 478).

Il est à peine besoin de souligner que les années 148-146, avec la provincialisation de la Macédoine et la semi-provincialisation de la Grèce, représentent un tournant capital dans la politique orientale de Rome : à l'exercice indirect de l'autorité romaine commence à se substituer son exercice direct par l'extension permanente de l'*imperium* à des territoires désormais privés de leur liberté. L'impérialisme proprement dit, dont il est loisible à l'historien de deviner des prodromes depuis un demi-siècle, s'affirme à présent. Mais la suite montrera qu'il ne se développera pas sans hésitations, ni dans l'unanimité.

Sources : La seule source cohérente est Paus. VII, 16, 9 *sqq.*, que l'analyse révèle criblé d'erreurs. De Pol., qui participa aux événements, il ne reste que quelques fragments, insuffisants à la compréhension de l'ensemble : XXXIX, 3-6 (Polybe nous quitte en ce point). Pour le reste, c'est-à-dire pour l'essentiel, on ne dispose que l'allusions dispersées çà et là (cf. Cic. *II in Verr.* 1, 55 ; *de lege agrar.* I 2, 5 ; TL, *Per.* LII ; Str. VIII, 6, 23 ; Paus. II, 2, 2, etc.) et surtout de quelques inscriptions (cf. les notes).

Bibliographie complémentaire et notes : L'étude la plus fouillée de cet ensemble de problèmes est celle de S. Accame, *o. c.* ; cf. aussi Larsen, *GFS*, pp. 498 *sqq.* ; W. Dahlheim, *Gewalt u. Herrschaft*, pp. 123-35, qui souligne qu'il s'agit d'une solution de transition, rapprochant l'autorité romaine du théâtre où elle devait s'exercer, mais ménageant encore le concept de la liberté grecque — et la fascination qu'il exerce sur l'aristocratie romaine.

Il avait été vu de longue date (cf. Niese III, p. 358) que les États vaincus avaient été confiés à l'autorité du **proconsul de Macédoine** : cela ressort d'inscriptions qui attestent les interventions de ce magistrat dans les affaires grecques (cf. p. ex. l'inscription de Dymè, ci-dessous) — mais il est regrettable que dans l'inscription *IG* VII, 2413/4 (à voir dans l'édition de G. Klaffenbach reproduite par Accame, pp. 2-3 ; à présent Sherk 44) les mots-clés *Makedonia* et *Hellas* soient intégralement restitués, si plausible que soit par ailleurs cette restitution.

Pour le **statut juridique des vaincus** et leurs obligations, les documents ne permettent guère que d'amorcer des hypothèses : Accame a **cherché à** replacer tout cela dans la perspective des récentes expériences provinciales romaines (notamment en Sicile), mais, si intéressantes que soient ses considérations, ses conclusions sont souvent fragiles (cf. les réserves de Walbank, *JRS* XXXVII (1957), pp. 205 *sqq.*). Le cas particulier de l'**Achaïe** a été analysé par Th. Schwertfeger, *Der Achaiische Bund von 146 bis 27 v. Chr.* (Munich 1974) : Rome laisse subsister le *koinon* achaien, mais diminué de toutes les cités importantes qui y avaient, à un moment ou à un autre, adhéré : entre 146 et la réorganisation augustéenne, le *koinon* est constitué par le groupe primitif des cités achaiennes proprement dites, dont seule Patrai (qui sert désormais de « capitale ») a quelque importance, plus quelques communautés arcadiennes de second ordre. La substance géographique de cet ensemble est donnée par le décret honorifique de soldats achaiens pour Damon de Patrai (*SEG* XV, 254 = Moretti, *ISE* I, 60), dont Sch. montre qu'il doit être daté de 122 et non de 192. Cet organisme fédéral, dont les institutions nous échappent, doit son semblant de liberté, ou tout au moins d'autonomie, au souci romain de faire l'économie d'une administration provinciale directe : les instances fédérales ont pour fonction d'assurer les relations avec Rome dans les domaines financier et militaire, et les autorités romaines de Macédoine s'abstiennent d'intervenir tant que l'ordre imposé par le Sénat est respecté et la tranquillité assurée (cf. ci-dessous le cas de Dymè). C'est dire qu'il n'y a pas de limite nette entre le statut provincial et le statut des Achaiens et autres vaincus, simplement un degré plus large d'autonomie, sous une autorité romaine laissée à l'état de virtualité : cf. encore R. Bernhardt, *Der Status des 146 v. Chr. untergeworfenen Teils Griechenl.*, Hist. XXVI (1977), pp. 62 *sqq.* qui, contre Schwertfeger, estime que, nominalement « libres », les cités étaient néanmoins *stipendiariae*.

Rien n'est très clair non plus dans le domaine des **institutions des cités**. L'inscription de Dymè (*Syll*[3] 684 ; Sherk 43) qui nous informe d'une tentative de révolution démocratique dans cette cité achaienne en 115 (et, par la même occasion, de l'appel adressé par les gens en place au proconsul de Macédoine), précise que les révoltés avaient voulu substituer des « lois opposées » à celles qui avaient été « restituées » par les Romains : cela implique que Dymè jouissait, en 115, des mêmes lois qu'avant 146. POL. XXXIX, 5, lui, dit que la mission qui lui fut confiée consista à faire accepter par les Achaiens la constitution et les lois qui leur avaient été « données », ce qui implique des innovations (sur les événements de Dymè, cf. en dernier lieu A. FUKS, *Social revolution in Dyme in 116-114 B. C. E.*, *Scripta Hierosolymitana* XXIII (1972), pp. 21 *sqq.*). Sans doute les choses ne se passèrent-elles pas de même dans toutes les cités ; peut-être aussi faut-il distinguer entre institutions politiques et législation civile.

La **mission de Polybe** (qui n'avait pas participé à la guerre, et accourut en toute hâte après la chute de Carthage) fut d'une extrême importance pour les Achaiens : sans doute Polybe, quelle que fût son influence personnelle, ne représentait-il pas que lui-même, mais encore une partie de l'opinion sénatoriale (les Scipions) hostile à une trop grande brutalité à l'égard des Grecs, dont le désarroi quant à la politique romaine fut évidemment profond (cf. POL. XXXVI, 9).

C'est peut-être aussi l'existence d'un parti hostile aux excès qui explique l'attitude ambiguë de **Mummius** qui, après la destruction de Corinthe, se posa en bienfaiteur des Grecs et ne commémora son peu glorieux haut-fait que dans des inscriptions d'Italie (DESSAU, *ILS* I, 20 *sqq.*). On a mentionné précédemment les actions de grâce d'un Macédonien à Metellus : celles des Éléens à Mummius (également à Olympie : *Syll³.* 676) leur font un digne pendant ; cf. aussi H. PHILIPP & W. KŒNIG, *Ath. Mitt.* XCIV (1979), pp. 193 *sqq.* et à propos d'une inscription agonistique d'Érétie, J. & L. ROBERT, *Bull.* 1979, n° 350 (avec renvoi à BROUGHTON, *The magistrates of the Rom. Rep.* I, pp. 465 *sq.* et II, p. 643, pour les inscriptions relatives à Mummius).

Les relations entre Rome et les **Grecs demeurés libres** restèrent fixées sur leurs bases antérieures (*amicitia* ou *fœdus*). Les **Thessaliens**, dont il n'est pas question dans le récit des événements, mais dont les opérations romaines suggèrent qu'ils furent au moins des neutres sympathisants (conformément à leur attitude romanophile antérieure), semblent avoir été récompensés par l'incorporation des Perrhèbes, qui subirent ainsi un châtiment différé pour leurs sympathies à l'égard de Persée, vingt ans plus tôt : cf. H. KRAMOLISCH, *Das Ende des Perrhäbischen Bundes*, dans *La Thessalie* (« Collect. de la Maison de l'Orient Méditerranéen » 6, Lyon 1979), pp. 201 *sqq.* L'organisation de la **Laconie** pose un problème : PAUS. III, 21, 6 dit que les communautés sujettes de Sparte furent organisées par Auguste en une « Confédération des libres Laconiens » (*Eleutherolakônes*), tandis que STR. VIII, 5, 5 fait remonter cette formation à une époque antérieure : les inscriptions n'attestent toutefois l'existence des *Eleutherolakônes* que sous le principat, cependant qu'elles prouvent l'existence d'une « Confédération des Lacédémoniens » dès l'époque pré-augustéenne. On ignore malheureusement la date et les circonstances de sa fondation : cf. ACCAME, *o. c.*, pp. 124 *sqq.* ; K.M.T. CHRIMES, *Ancient Sparta*, pp. 435 *sqq.* Sur **Athènes,** pour laquelle la date précise de 146 ne représente pas un tournant (celui-ci se situerait plutôt en 166), cf. FERGUSON, *HA*, ch. VIII-IX ; ROSTOVTZEFF II, pp. 741 *sqq.* (mais l'opinion exprimée p. 742 selon laquelle, après 146, Athènes aurait été la seule cité grecque autorisée par Rome à frapper des monnaies d'argent doit être sensiblement atténuée : cf. ACCAME, pp. 111 *sqq.*). C'est alors que commence à se dessiner la physionomie de l'Athènes d'époque romaine — conservatrice à tous égards et résolument oligarchique derrière sa façade institutionnelle démocratique — telle que l'exaltera quelques siècles plus tard un Aelius Aristide dans son *Panathénaïque*. Cf. à ce sujet J.H. OLIVER, *The civilizing power, Trans. of the Am. Philos. Soc.*, NS LVIII, 1 (Philadelphie 1968), notamment pp. 17 *sqq.* Le prestige culturel d'Athènes se manifeste en Grèce même par une reprise d'influence à Delphes : cf. DAUX, *o. c.*, pp. 368 *sqq.* Sur la situation privilégiée faite par un décret amphictyonique de la fin du siècle au monnayage attique, cf. R. BOGAERT, *Banques et banquiers dans les cités grecques* (Leyde 1968), pp. 115 *sq.*

Sur le passage de la politique hégémonique à la politique impérialiste de Rome, cf. WERNER, *ANRW* I, 1, p. 561. Il s'agit, bien entendu, d'une conception d'historien, dont il est douteux que ceux qui, au Sénat, imposèrent ce changement de conduite, eussent été en état de la formuler aussi clairement — ni ceux qui subirent ce changement. Mais que ce changement ait été rudement ressenti ressort de la décision de Polybe de prolonger son œuvre de 168 à 146 (cf. WALBANK, *Polybius* (Berkeley-Los Angeles 1972), pp. 157 *sqq.*).

III — LES AFFAIRES D'ORIENT DE 145 A L'ANNEXION DE LA SYRIE PAR TIGRANE D'ARMÉNIE

Nous avons quitté les Lagides et les Séleucides (*supra,* p. 378) au moment où la disparition simultanée de Ptolémée VI Philomètôr et d'Alexandre Ier Balas laissait le champ libre en Asie à Démétrios II et à Ptolémée VIII Évergète II (Physcon) en Égypte : c'est en ce point qu'il nous faut renouer. Mais comme cette période ne va pas tarder à être dominée par un phénomène *nouveau* et d'importance majeure, à savoir l'irruption des Parthes dans les bas-pays, il convient de jeter d'abord un coup d'œil sur la situation de l'Iran.

A) Les problèmes iraniens à l'époque de Mithridate Ier Arsace V (jusqu'à l'avènement de Démétrios II en Syrie)

Les difficiles problèmes iraniens du second quart du IIe siècle ont été abordés à propos des derniers projets d'Antiochos IV (*supra,* p. 348). Pour qui les observe d'Occident, comme un aspect des destinées du monde hellénistique méditerranéen, les affaires iraniennes sont dominées par l'expansion parthe et par la personnalité de Mithridate Ier Arsace V le Grand (arrivé au pouvoir sans doute vers 171). Mais il faut souligner deux ordres de considérations. En premier lieu, si nos sources semblent mentionner à peu près toutes les campagnes de Mithridate Ier, en revanche elles ne permettent pas d'établir avec certitude leur ordre de succession. En second lieu, les activités de Mithridate Ier ont été en partie déterminées par des phénomènes mal connus : par l'évolution, d'une part des États grecs d'Extrême-Orient, de l'autre par les obscurs mouvements de populations qui ont alors pour théâtre les steppes d'Asie centrale et exercent leur pression aussi bien sur les Parthes que sur les Bactriens. Tout essai de reconstitution de l'histoire iranienne de cette période est donc largement conjectural.

Seules des sources chinoises nous renseignent sur les arrière-plans asiatiques de l'époque, nous révélant l'édification dans, le premier quart du IIe siècle, d'un empire dit à tort « hunnique » qui, contenu du côté de l'Est par la Grande Muraille, s'épandit vers l'Ouest et, sous Mao-Toung, dut couvrir l'actuel Turkestan chinois. L'expansion de ces tribus que les sources chinoises nomment Hioung-Nou provoqua une série de déplacements dans les tribus scythiques (iraniennes) des steppes. Ceux que les textes chinois appellent Yuë-Tchi, et qui correspondent à des peuplades connues sous divers noms dans les sources occidentales (Asioi, Asiani, Pasianoi, Tokhari), envahirent l'actuel Ferghana, en expulsèrent des Saka qui l'occupaient, et poussèrent eux-mêmes jusqu'en Sogdiane : leur pression contribua naturellement à l'affaiblissement de la Bactriane grecque et favorisa sans doute l'usurpation d'Eucratidès dans ce pays (*supra*, p. 351). Mais les Saka, chassés par les Yuë-Tchi, se déplacèrent vers l'Ouest, et allèrent buter contre les Parthes (auxquels ils étaient d'ailleurs apparentés). Où en est alors l'expansion parthe ?

Antérieurement à l'expédition bien datée qui devait conduire Mithridate Ier sur les bords du Tigre (*infra*, p. 407), on ne dispose que d'un repère chronologique, imprécis d'ailleurs, qui est l'annexion de la Médie à l'empire parthe, annexion qui ne peut se placer qu'après l'épisode de Timarque (*supra*, p. 367), soit après 160, sans doute vers 148 seulement. Or on sait que, de Médie, Mithridate dut se rendre en Hyrcanie : ce pourrait être l'indice de difficultés créées aux Parthes par les Saka. Il se pourrait aussi que Mithridate Ier ait mordu sur les territoires bactriens dès avant cette date, mais ce qu'on sait de la carrière d'Eucratidès rend peu vraisemblable, avant la disparition de celui-ci, une forte poussée parthe de ce côté. La puissance d'Eucratidès, qui avait conquis sur Démétrios II toute les régions sises au Nord de l'Hindou-Kouch (Bactriane, Sogdiane, Ferghana, Margiane, Arie), fut en effet assez considérable pour que, les Nomades étant tenus en respect dans le Nord et les Parthes à l'Ouest, le Bactrien partît à son tour conquérir les territoires méridionaux des successeurs d'Antimachos, qui avaient débordé jusqu'au Gandhara. Ce ne fut du reste pas sous les coups de ses adversaires extérieurs que succomba Eucratidès, mais sous ceux d'un de ses propres fils (ce qui permit d'ailleurs à son vaincu Apollodote de se rétablir au Sud de l'Hindou-Kouch). La mort d'Eucratidès, dernier grand souverain grec d'Iran (150 ?), sonne le glas de l'empire bactrien. Dans les années suivantes, en effet, l'empire d'Eucratidès tombe aux mains de Mithridate Ier, à l'exception toutefois de la Bactriane elle-même, où l'on trouve encore un souverain grec en la personne d'Hélioclès, fils d'Eucratidès. L'Iran presque entier est désormais parthe : Mithridate Ier, qui reprend alors le titre achéménide de Grand-Roi des Rois, est en état de se tourner (comme les Achéménides) vers l'Occident.

Revenons en Syrie pour y analyser les conditions qui, du côté séleucide, favorisèrent l'expansion parthe vers l'Ouest.

SOURCES : Comme pour toute l'histoire ancienne des Arsacides, notre source principale, dont la confuse pauvreté n'a d'égal que le prix, reste JUST. XLI, 6 (cf. TROG., *Prol.* 41). De plus DIOD. XXXIII, 20 ; OROSE, V 4, 16 *sqq.* Sur les sources chinoises, cf. les notes.

BIBLIOGRAPHIE COMPLÉMENTAIRE ET NOTES : Sur les problèmes passablement inextricables posés par l'histoire des Grecs de Bactriane et de l' « Inde » au IIe siècle, cf. *supra*, p. 350 *sq.* et particulièrement l'essai de mise au point de SIMONETTA, *l. c.*, pp. 158-160. Il a été récemment démontré que la ville grecque d'Aï-Khanoum fut détruite sous Eucratidès, car on n'y a pas trouvé de monnaies grecques postérieures à celles de ce souverain : cf. C.Y. PETITOT-BIEHLER, *Trésor de monnaies grecques et gréco-bactriennes trouvé à Aï-Khanoum*, RN 6e sér. XVII (1975), pp. 23 *sqq.* ; P. BERNARD, *Note sur la signification historique de la trouvaille, ibid.*, pp. 58 *sqq.* Cela signifierait (si Aï-Khanoum était bien en Bactriane) que les Yuë-Tchi mordirent sur la Bactriane orientale dès les environs du second quart du IIe s., où régna Eucratidès — à moins que cette région n'appartînt en fait à la Sogdiane, comme certains documents le suggèrent à B. Quoi qu'il en soit, la question de savoir pourquoi les nomades attendirent une génération pour pousser plus loin (*infra*, p. 415) reste pour l'instant sans réponse. Le classement des souverains grecs et indo-grecs reste entièrement conjectural : cf. l'article cité de C.Y. PETITOT-BIEHLER, où bibliographie ; également H.P. FRANCFORT, *Deux nouveaux tétradrachmes commémoratifs d'Agathocle, ibid.*, pp. 19 *sqq.* Il est impossible d'entrer ici dans le détail de ces problèmes numismatiques.

Les **sources chinoises** qui sont à la base de notre connaissance de l'arrière-plan asiatique de l'histoire de l'Iran sont étudiées par E. HERZFELD, *Sakastan, Archaeol. Mitteil. aus Iran* IV (1932), pp. 14 *sqq.* ; TARN, *GBI*, pp. 513 *sq.* ; F. ALTHEIM et A. SZABO, *Eine Vorläuferin der grossen Völkerwanderung, WaG* II (1936), pp. 314 *sqq.* ; F. ALTHEIM, *WGA* II, pp. 88 *sqq.* En fait, la question est inaccessible au commun des mortels, comme on s'en convaincra aisément à la lecture, p. ex., de G. HALOUN, *Zur Üe-Tsi Frage, Ztscht. d. deutsch. Morgenl. Gesellsch.* XCI (1937), pp. 243 *sqq.*

On qualifie généralement de « Huns » les **Hioung-Nou** dont il est question ici : mais il ne faut pas les assimiler aux peuplades d'origine turque qui devaient envahir l'Europe quelque six siècles plus tard : cf. H.W. HAUSSIG, *ap.* F. ALTHEIM, *Gesch. der Hunnen* I (1959), pp. 16 *sqq.* ; O. MAENCHEN-HELFEN, *Huns and Hiung-Nu, Byzantion* XVII (1945), pp. 222 *sqq.* ; E. MOOR, *Zur Herkunft der Hunnen, Beiträge zur Namenforsch.* XIV (1963), pp. 63 *sqq.*

Sur les **campagnes de Mithridate Ier Arsace V** avant son offensive contre la Mésopotamie, cf. A. VON GUTSCHMID, *Gesch. Irans*, pp. 49 *sqq.* ; E. HERZFELD, *l. c.*, p. 39 *sqq.* ; E. BRECCIA, *Mitridate il Grande di Partia, Klio* V (1905), pp. 39 *sqq.* ; F. GEYER, s. v. *Mithridates* 21, *PW* XV, 2 (1932), coll. 2208 ; DEBEVOISE, *o. c.*, p. 19 *sqq.* ; P.J. JUNGE, s. v. *Parthia* II A, *PW* XVIII (1949), coll. 1974 *sqq.* La discussion sur l'ordre des entreprises de Mithridate est plus ou moins sans issue et serait hors de propos ici. Trois points méritent toutefois d'être considérés.

1° Une expédition contre l'**Élymaïde** qui a été déplacée, selon les modernes, d'un bout à l'autre du règne : si elle doit être placée au début (?), elle pourrait être un des mobiles immédiats de l'expédition d'Antiochos IV (ainsi JUNGE). Quoi qu'il en soit, cette expédition ne paraît pas avoir abouti à une conquête durable du pays (malgré JUST. XLI, 6, 8), puisque on y retrouve par la suite des dynastes indépendants.

2° La date de l'occupation de la **Médie** : TARN, *GBI*, pp. 219 *sqq.*, estimait que cette région avait été occupée par Mithridate à l'occasion de la révolte de Timarque. Cette interprétation a été contestée par G.K. JENKINS, *Notes on Seleucid coins*, NC 6e sér. XI (1951), pp. 1 *sqq.* : les émissions séleucides de l'atelier d'Ecbatane au nom de Démétrios Ier sont en effet assez abondantes pour qu'on en puisse conclure qu'Ecbatane, et donc la Médie, restèrent aux mains de ce souverain pendant la plus grande partie de son règne. Dès lors, si l'occupation parthe de la Médie doit être considérée comme postérieure à l'élimination de Timarque (160) — de combien ? On admet fréquemment que Mithridate Ier profita des difficultés créées à Démétrios Ier par l'usurpation d'Alexandre Balas (150) pour pousser ses avantages en Iran occidental : plausible en soi, cette hypothèse a été précisée par LE RIDER, *Suse...*, pp. 338 *sqq.* qui, pour la première fois, a proposé d'attribuer à l'atelier d'Ecbatane certaines émissions de Balas précisément, et en a conclu que Mithridate Ier n'aurait pris pied à Ecbatane qu'en 148 ou 147. Cette précision nouvelle peut à son tour trouver une confirmation dans une inscription de Béhistoun (cf. L. ROBERT, *Gnomon* (1963), p. 76 et *Bull.* 1964, p. 235, n° 528) : il s'agit d'une dédicace à Héraclès Kallinikos, faite en l'an sél. 164 = 148/7 en faveur d'un *epi tôn anô satrapeiôn* : on concevrait volontiers qu'un gouverneur général des satrapies supérieures (fonction qu'il est intéressant de retrouver à cette date) eût besoin du secours d'Héraclès Victorieux pour résister à la poussée parthe... (cf. aussi MØRKHOLM, *Ant. IV*, pp. 178 *sq.*). Ajoutons que cette date, proposée par Le Rider pour la chute d'Ecbatane, le détermine à placer vers 150 la mort d'Eucratidès de Bactriane, que Justin fait contemporaine d'une guerre « entre les Parthes et les Mèdes ».

3° La **pénétration des Saka en Iran** et leur installation en Arachosie (Sakastène, mod. Séistan) eut-elle lieu sous Mithridate Ier (ainsi TARN, *o. c.*, p. 223 ; ALTHEIM, *WGA* II, pp. 108 *sq.*), ou seulement sous Mithridate II (ainsi HERZFELD, *l. c.*, pp. 43 *sq.* ; DEBEVOISE, *o. c.*, pp. 37 *sq.* ; NARAIN, *o. c.*, p. 134 ; SIMONETTA, *l. c.*, p. 165) : cette seconde solution est plus vraisemblable (cf. *infra*, p. 415).

LE RIDER, *o. c.*, pp. 312-323, discute minutieusement les **origines du monnayage parthe** et montre qu'il ne débute qu'avec Mithridate Ier. L'hypothèse d'un monnayage parthe remontant à Arsace Ier a toutefois été récemment reprise par M.T. ABGARIANS & D.G. SELLWOOD, *A hoard of early Parthian drachms*, NC 1971, pp. 103 *sqq.* (article qui m'avait échappé lors de la réédition du t. I). N'ayant pas compétence pour trancher cette question, je noterai que, si l'on se range à l'opinion de Le Rider, on formulera toutefois quelques réserves au sujet de la réponse qu'il apporte à la question de savoir pourquoi les Arsacides ne frappèrent pas monnaie plus tôt : « Nous pensons », écrit-il, « qu'on peut la trouver (sc. la raison) dans le fait qu'ils étaient soumis aux Séleucides par un lien de vassalité qui leur interdisait de frapper monnaie à leur nom ». Le parallèle invoqué par Le Rider, des villes de l'empire séleucide m'apparaît aberrant. En ce qui concerne les Parthes eux-mêmes, on observera que le seul traité connu est celui qu'Antiochos III imposa à Arsace II, traité dont nous ignorons malheureusement les termes (*supra*, p. 57). Supposer qu'il y avait déjà eu un tel traité à l'époque de Séleucos II est arbitraire et imprudent, car nous ne savons ni comment se déroula, ni comment se termina la campagne de ce roi (cf. t. I², pp. 308 *sqq.*). En fait, plutôt que de supposer que les Séleucides interdirent aux Parthes de frapper monnaie (ou, plus justement, d'accéder à un monnayage qu'ils ne pratiquaient pas encore !), il m'apparaît plus plausible que les Parthes, dont on a vu encore à propos de la campagne d'Antiochos III combien ils étaient peu sédentarisés et prompts à refluer vers les steppes, n'accédèrent que lentement à l'usage de la monnaie et à la compréhension de sa valeur tant économique que politique. Ne serait-ce pas justement avec les conquêtes de Mithridate Ier que la nécessité d'un monnayage proprement parthe se fit enfin sentir ? Ne serait-ce point, en d'autres termes, que les Parthes, de lâche fédération tribale campant sur le pays conquis, se transforment alors seulement en État ? — ou commencent à le faire en absorbant ces régions occidentales de l'Iran où, depuis l'époque achéménide, la tradition de l'État, avec son expression monétaire, était le plus solidement enracinée ?

B) Les Séleucides de 145 à la mort d'Antiochos VII Sidètès

1° LE PREMIER RÈGNE DE DÉMÉTRIOS II NIKATÔR (145-140/39)

a) *Démétrios II, Diodote Tryphôn et les Juifs*

Débarrassé simultanément de Balas et de Philomètôr (*supra*, p. 378), Démétrios II ne jouit pas longtemps en repos de sa royauté reconquise. Les affaires juives figurèrent parmi ses premières préoccupations. L'on a vu (*supra*, p. 379) comment les rivalités séleucides avaient permis à Jonathan d'affermir son pouvoir sur la Judée. Il était normal que Jonathan profitât de la chute de Balas, auquel il s'était rallié, pour pousser ses avantages, et il entreprit alors de s'emparer de l'Akra de Jérusalem. Cela, comme le fait d'avoir abandonné la cause de Démétrios Ier, attira l'attention du nouveau roi qui, toutefois, préféra négocier : la négociation tourna à l'avantage des Juifs, car Jonathan sut acheter la bienveillance royale. Les concessions accordées par Démétrios Ier, confirmées et accrues par Balas, le furent encore par Démétrios II : à chaque changement de règne, Jonathan gagnait arrondissements territoriaux et franchises fiscales, consolidant ainsi sa position personnelle.

Le marchandage ne s'arrêta pas là. Antioche n'ayant pas tardé à se soulever contre Démétrios II comme elle avait fait contre ses prédécesseurs, ce fut une armée juive, appelée contre promesse de nouvelles concessions, qui rétablit la situation. Il semble que les Juifs assouvirent à cette occasion les vieilles rancunes anti-séleucides qui remontaient à Antiochos IV, et leurs excès ne contribuèrent pas à restaurer la popularité du roi : un certain Diodote, commandant de la place d'Apamée, alla s'assurer de la personne d'un jeune fils de Balas, que celui-ci avait confié

à un chef arabe, le proclama roi sous le nom d'Antiochos (VI)
et le conduisit triomphalement à Antioche, d'où Démétrios II
dut s'enfuir (été 144). La situation est alors fort confuse : si
Diodote — qui ne devait pas tarder à se débarrasser de son protégé pour régner lui-même sous le nom de Tryphôn, le « Magnifique » (142/1) — tient la majeure partie de la Syrie méditerranéenne, Démétrios II se maintient dans les régions périphériques
(Cilicie, Mésopotamie, Babylonie). De plus, Jonathan (aussitôt
reconnu par Tryphôn) cherche à mettre la situation à profit pour
étendre sa domination sur la plus grande partie possible de la
Cœlé-Syrie. Cette expansion juive (qui conduisait fatalement, à
plus ou moins brève échéance, à l'indépendance de droit) ne
faisait l'affaire ni de Démétrios II, qui s'efforça de lutter contre
elle par les armes, ni de Tryphôn qui, après avoir essayé de faire
la part du feu en nommant Simon, frère de Jonathan, stratège
des régions littorales au Sud de Ptolémaïs, tenta de résoudre la
question en s'emparant de Jonathan par trahison et en le faisant
périr. Cela lui permit de récupérer quelques territoires, mais eut
une autre conséquence, que le jeu de bascule antérieur pouvait
laisser prévoir : Simon, frère et successeur de Jonathan, rallia
le camp de Démétrios II qui, comme il s'entend, confirma tous
les privilèges successivement acquis et renonça officiellement au
tribut. Bien que la garnison séleucide de l'Akra ne dût être expulsée qu'en 141, l'année 143/2, première de l'ère hasmonéenne,
marque symboliquement la naissance de l'État juif indépendant,
malgré les dernières vicissitudes que nous verrons. Un peu plus
tard (en 140), une grande assemblée proclama Simon « Grand-
Prêtre, stratège et ethnarque... pour toujours » — c'est-à-dire héré-
ditairement (I Macc. 14, 25 sqq.) : c'est l'acte de naissance de
la dynastie hasmonéenne, dont le titre, encore modeste, d'« ethnarque » était évidemment dicté par des préoccupations de politique
extérieure — mais peut-être aussi par le souci de ne pas choquer
les milieux piétistes...

Restait à Démétrios II à se débarrasser de Tryphôn : il en fut
détourné par Mithridate Ier.

Sources : Les sources juives sont de loin les plus développées : I Macc. 11, 20-13 ;
15, 15-24. Jos., AJ XIII, 5,1 - 6,7 (131-217) ; BJ I, 2, 1-2 (48-50). De plus
Diod. XXXIII, 4 a ; 17 ; TL, Per. LII et LV ; Str. XVI, 2, 10 ; App., Syr. 68
(357).

Bibliographie complémentaire et notes : Ici encore, le meilleur exposé d'ensemble reste celui d'Ed. Meyer, Ursprung und Anfänge des Christentums II
(1925), pp. 257 sqq. Voir aussi Abel, Hist. de la Palestine I, pp. 177 sqq. ;
Tcherikover, Hellenist. civil. and the Jews, pp. 236 sqq. ; Schürer-Vermes-
Millar, pp. 182 sqq. ; sur l'intervention juive à Antioche, cf. Downey, A
history of Antioch, pp. 123 sq. ; pour une analyse détaillée des sources et des

événements, W. HOFFMANN, s. v. *Tryphon 1*, *PW* VII A 1, coll. *715 sqq.* Mise au point de la chronologie : Th. FISCHER, *Zu Tryphon, Chiron* II (1972), pp. 201 *sqq.*, discutant H.R. BALDUS, *Der Helm des Tryphons u. die sel. Chronol. d. J. 146-138 v. Chr., Jhb. f. Num.* XX (1970), pp. 217 *sqq.* — L'usage que fit Tryphon des pirates (d'après Strabon) sert de point de départ à E. MARÓTI, *Diodotos Tryphon et la piraterie, Acta Antiqua* X (1962), pp. 187 *sqq.* pour une étude générale, mais passablement hasardeuse, du règne et de son « programme social », qui aurait permis à l'usurpateur d'obtenir l'appui des couches populaires.

Seule l'étude des monnayages permet d'ajouter aux sources littéraires. Les monnaies du fils de Balas, le bébé Antiochos VI, sont singulièrement abondantes : elles soulignent sa prétendue descendance d'Antiochos IV (comme celui-ci, d'ailleurs, l'enfant fut dit Épiphane), mais il est notable que les initiales de Tryphôn figurent dès le début à côté du nom du roi. La date du meurtre d'Antiochos VI et donc de l'**usurpation de Tryphôn** ne peut être fixée avec précision : les sources littéraires divergent sur les circonstances, mais les dernières monnaies datées d'Antiochos VI le sont de 143/2. Les monnaies de Tryphôn, elles (qui rompent d'ailleurs totalement avec la typologie séleucide et se signalent par l'absence de tout symbole religieux), ne sont pas datées d'après l'ère séleucide, mais par les années de son règne : c'est une des preuves de ce que l'usurpateur, contrairement à Balas, n'entendait pas se faire passer pour un Séleucide (cf. sur tout cela, E.T. NEWELL, *The seleucid mint of Antioch* (1918), pp. 55 *sqq.*). D'autres indices vont dans le même sens, qu'a notamment dégagés H. SEYRIG, *Notes on Syrian coins*, NNM 119 (New York, 1950) : le nom royal qu'il prend (sur sa signification, *infra*, p. 431), comme son unique surnom (non cultuel !) d'*Autokratôr* représentent quelque chose d'inédit et, soulignons-le, d'intéressant en ce qui concerne la désaffection de cercles étendus des milieux dirigeants à l'égard de la dynastie. C'est la première manifestation sérieuse de l'état d'esprit qui conduira un peu plus tard des Gréco-Macédoniens de Syrie ou des Syriens hellénisés à accepter sans difficulté la domination d'un Tigrane d'Arménie, puis des Romains, — et aussi bien, au moment même où nous sommes parvenus, les sujets orientaux des Séleucides à s'arranger de la domination parthe. Le monnayage révèle aussi que Tyr et Sidon restèrent fermées à Tryphôn : elles continuent d'émettre au nom de Démétrios (cf. NEWELL, *o. c.*; KÜTHMANN, *l. c. supra*, p. 367). Ascalon, en revanche, émit semble-t-il des monnaies de Tryphôn à partir de sa troisième année : cf. H.R. BALDUS, *Zu d. phön Bronzemünzen des Tryphon aus Askalon, Schweiz. Münzblätter* XIII-XIV (1964), pp. 145 *sqq.*; G. LE RIDER & H. SEYRIG, *Objets de la collect. L. De Clercq...*, RN 6ᵉ sér. IX (1967), pp. 35 *sq.* On a noté précédemment que le monnayage de Balas à Ptolemaïs était de poids lagide : à partir de l'époque de Tryphôn, les ateliers phéniciens émettront simultanément des monnaies de poids attique et de poids ptolémaïque : cf. E. ROGERS, *The second and third seleucid coinage of Tyre*, NNM 34 (New York 1927), qui note (p. 5) que l'adoption du poids lagide était évidemment destiné à faciliter les transactions avec l'Égypte, mais que « it must have been a real inconvenience to the rest of the Sel. empire » — d'où la concurrence des deux étalons dans le même atelier. Certaines monnaies de cités ont été contremarquées par Tryphôn : mesure sans doute destinée à parer au plus pressé au lendemain même de son usurpation (cf. NEWELL, *Miscellanea numismatica*, NNM 82 (New York, 1938), pp. 21 *sqq.*; H. SEYRIG, *Trésors du Levant...* (Paris 1973), pp. 87-8 ; G. LE RIDER, *Contremarques et surfrappes dans l'antiquité gr.*, dans *Numismat. antique. Problèmes et méthodes*, « Etudes d'Archéol. Class » IV (Nancy 1975), pp. 44 *sq.*), car ensuite le monnayage de l'usurpateur est aussi abondant que beau.

Sur le monnayage de **Démétrios II** à Séleucie du Tigre, *infra*, p. 408.

Plusieurs ambassades à Rome nous sont rapportées en ce contexte : l'une

de **Tryphôn,** qui ne fut pas reconnu ; deux **des Juifs,** qui paraissent avoir
été accueillis avec bienveillance par le Sénat. Sur ces ambassades juives, dont
la première partit du vivant de Jonathan et revint après sa mort (entre 145
et 140) et l'autre suivit de peu, cf. Th. FISCHER, *Unters. z. Partherkrieg
Antiochos' VII.* (Tübingen 1970), pp. 96 *sqq.*, qui montre que le Sénat se
garda de s'engager à quoi ce fût, mais que sa réponse dut contribuer
à rendre Démétrios II accommodant ; A. GIOVANNINI & H. MÜLLER, *MH*
XXVIII (1971), pp. 156 *sqq.* Sur la stratégie de Simon, cf. BENGTSON, *Str.* II,
pp. 178 *sqq.* Pour le côté plaisant de la chose, signalons la naïveté du
rédacteur de I *Macc.* pour lequel la nouvelle de la mort de Jonathan causa
« une grande douleur à Rome et jusqu'à Sparte » : sur la singulière tradition
des relations entre Juifs et Spartiates (tradition qui n'apparaît pas qu'ici),
cf. ABEL, *Les livres des Maccabées*, pp. 231 *sqq.*

b) *Démétrios II et l'invasion parthe*

En dépit des incertitudes chronologiques et géographiques qui
pèsent sur la carrière de Mithridate Ier, l'occupation parthe de
l'Iran (avec les réserves formulées *supra,* p. 402) doit être achevée
à l'époque où se déroulent les événements résumés dans la section
précédente. Car une date précise nous éclaire soudain : début
juillet 141, les documents sont datés du nom d'Arsace en Babylonie : l'empire parthe a donc débordé du plateau iranien, mordu
sur le bas-pays. Malgré le désir de Mithridate de se rendre populaire auprès des nombreux éléments hellénisés de la population
de son empire, les appels au secours affluèrent de toute part à
Démétrios II. Il est impossible de déterminer quelle était alors
exactement la situation de ce dernier, mais il n'était point sans
ressources. Au moment où se produisit le déferlement parthe, il
disposait en effet d'une forte armée, dont on ne saurait dire si
elle était destinée à lutter contre Tryphôn ou, déjà, à reconquérir
les satrapies supérieures. Toujours est-il que l'événement de 141
le détermina à abandonner Tryphôn à son sort pour parer au
plus pressé : de toute façon, le retournement de la situation en
Judée paralysait l'usurpateur. La contre-offensive du Séleucide
commença brillamment. Si nos sources littéraires ne nous le montrent pas reconquérant la Babylonie, elles nous le montrent opérant
en Iran même, envahissant la Médie et recueillant l'appui des
satrapies récemment conquises par Mithridate, Perside et Élymaïde, voire des Bactriens. Allait-on assister à une nouvelle Anabase à la manière d'Antiochos III ? Non point : Démétrios II
fut fait prisonnier et l'entreprise tourna court (140/139). Le royal
captif fut promené à travers les pays qu'il avait cherché à reprendre : moyen de faire comprendre aux Gréco-Macédoniens qu'il
leur fallait renoncer à l'espoir d'échapper à la tutelle parthe. Mais
Mithridate entendait utiliser éventuellement son prisonnier : il le

traita avec honneur, lui donna une résidence en Hyrcanie et en fit son gendre, comptant évidemment le jeter dans les jambes de tout Séleucide, vrai ou faux, qui tenterait de relancer l'aventure.

Mithridate Ier ne survécut guère à ce succès (il disparaît sans doute en 139/8). L'empire parthe n'atteint pas encore sa plus grande expansion (il n'inclut pas la Bactriane et, à l'Ouest, dépasse à peine le Tigre), mais, après un siècle de vicissitudes obscures, il est devenu autre chose qu'un modeste État iranien parmi d'autres. Du point de vue hellénistique, le règne de Mithridate Ier est d'une importance cruciale : s'il y avait bel âge que la domination séleucide sur l'Iran était compromise sans espoir de retour, c'était à présent vers les satrapies d'Occident que poussaient les nouveaux maîtres du plateau. La seconde capitale de l'empire, Séleucie du Tigre, passait au rang de ville de province de l'empire parthe. La dernière tentative de reconquête séleucide n'y changera plus rien.

SOURCES : JUST. XXXVI, 1, 2-6 ; XXXVIII, 9, 2-3. JOS., *AJ* XIII, 5, 11 (184-186). *I Macc.* 14, 1-3. APP., *Syr.* 67 (356).

BIBLIOGRAPHIE COMPLÉMENTAIRE ET NOTES : Pour la bibliographie parthe, cf. *supra*, p. 402.

Les **Parthes à Séleucie du Tigre** en juillet 141 : cf. F.X. KUGLER, *Von Moses bis Paulus* (1922), pp. 338 *sqq.* ; A.T. OLMSTEAD, *Cuneiform texts and hellenistic chronology*, ClPh XXXII (1937), pp. 12 *sq.* A.R. BELLINGER, *Coins from the Yale Num. collect.*, Yale Class. St. XI (1950), pp. 311 *sqq.*, comme Mc DOWELL, *Coins from Seleucia on the Tigris* (Ann Arbor 1935), p. 57, estimaient que l'atelier de Séleucie du Tigre n'aurait pas fonctionné dans les premières années de Démétrios II, donnant l'impression que la ville, vivant alors en dehors de toute obédience, se serait donnée à Mithridate au terme d'un accord (cf. Mc DOWELL, pp. 218 *sqq.*), pour être ensuite prise par le Séleucide qui y aurait abondamment frappé monnaie (*ibid.*, pp. 26-42 ; 56) ; les émissions parthes n'auraient débuté qu'après la défaite de Démétrios II. A cette interprétation, LE RIDER, *Suse...*, pp. 664 *sq.* en oppose une autre : les émissions d'argent de Démétrios II seraient de 145-141, antérieures à la prise de la ville par Mithridate ; le Séleucide n'aurait pas repris la cité et le monnayage parthe y prend immédiatement et définitivement la suite de celui de Démétrios II, en 141. Mais l'hypothèse d'une passagère reconquête est à nouveau envisagée par P. STRAUSS, *Un trésor de monnaies hellénist. trouvé près de Suse*, RN 6e sér. XIII (1971), p. 130. — La série monétaire inaugurée par Antiochos IV que O. MØRKHOLM, *ANS-MN* XVI (1970), pp. 31 *sqq.* a attribuée à Antioche Charax montre que cet atelier interrompt son activité au même moment que celui de Séleucie du Tigre.

Justin justifie les appels adressés d'Iran à Démétrios par la cruauté des Parthes à l'égard des **populations soumises** ; mais DIOD. XXXIII, 20 exalte la douceur et la magnanimité du conquérant, qui « enseignait aux Parthes les usages les meilleurs des peuples qu'il avait soumis... ». On rapprochera de ce propos la titulature grecque de Mithridate : Évergète (Bienfaiteur), Dikaios (Juste), Philhellèn. Le philhellénisme parthe se développera, il est vrai, surtout par la suite, mais il a dès lors laissé des traces dans le monnayage de Séleucie du Tigre et de Suse (LE RIDER, pp. 372 ; 374-376), et les influences grecques commencent déjà à s'exercer sur la civilisation matérielle des Parthes : cf. M.E. MASSON, *Nekotorye novye dannye po istorii Parfii* (« Quelques nouvelles données sur l'histoire de la Parthie »), *VDI* 33 (1950/III), pp. 41 sqq. J. WOLSKI, *Les Achéménides et les Arsacides...*, Syria XLIII (1966), pp. 79 *sq.* tend à minimiser le « philhellénisme » des Arsacides (dans lesquels il voit surtout les continuateurs conscients des Achéménides) : ce philhellénisme n'aurait été qu'un instrument politique chez ces « Scythes iranisés couverts d'un mince vernis hellénistique ». Sans doute. Mais, comme je l'ai déjà noté au volume précédent, W. ignore et la documentation archéologique et les publications soviétiques qui l'ont mise au jour. Sur ce vernis hellénistique et sur ce qu'il recouvre, on pourra voir à présent le petit livre bien illustré de G.A. KOCHELENKO, *Rodina Parfiaï* (Moscou 1977).

Expédition de Démétrios II : ayant pénétré en Médie, Démétrios aurait peut-être eu le temps de frapper monnaie à Ecbatane, selon G.K. JENKINS, *Notes on Seleucid coins, NC* 6e sér. XI (1951), pp. 18 *sq.* : douteux selon LE RIDER, p. 372, qui souligne l'abondance du monnayage parthe d'Ecbatane à cette époque, et le caractère conjectural de l'attribution à cet atelier d'une seule pièce de Démétrios II. Le Séleucide n'affronta, d'après nos sources, que des généraux parthes, et l'on sait que Mithridate avait regagné la Parthie dès après sa conquête de la Babylonie : y était-il retenu par quelque menace sur le front des steppes ?

Il ne faudrait d'ailleurs pas se représenter la conquête parthe comme ayant occupé chaque recoin de pays : on est au contraire frappé par la multiplication des **dynastes indigènes** locaux à cette époque. Peut-être étaient-ce de tels dynastes, dépossédés ou menacés par les Parthes, qu'étaient parvenus à Démétrios II les appels venus de Perside et d'Élymaïde : on a peu de données sur ces personnages qui, s'étant rendus progressivement plus ou moins indépendants des Séleucides, appelaient à présent à l'aide le successeur de leurs anciens souverains. En ce qui concerne la **Perside,** F. ALTHEIM, *Gesch. der Hunnen* I (1959), pp. 375 *sqq.*, revenant sur une interprétation antérieure, estime que les *Fratadara* d'Istakhr, connus par leurs monnaies, ne se seraient pas rendus indépendants avant Séleucos IV, voire Antiochos IV (cf. *supra*, p. 350), et qu'ils disparaîtraient dans la catastrophe de Démétrios II. Les problèmes posés par les dynastes locaux d'**Élymaïde** (Susiane) — cf. déjà *supra*, p. 355 — se sont révélés infiniment plus compliqués qu'ils n'apparaissaient lors de la 1re éd. de ce livre. J'écrivais alors : « C'est aussi dans ce contexte que se situe l'irruption des Élyméens en Susiane. C'est sans doute à l'époque où Démétrios II commence sa lutte contre Balas et où Mithridate Ier conquiert la Médie, soit vers 147, que le prince élyméen Kamniskirès (ou Kamnaskirès) s'installe à Suse où, d'après son monnayage, il se maintient 7 ou 8 ans, jusqu'au jour où il en est expulsé par les Parthes : c'est pourquoi les Élyméens appuyèrent Démétrios II — ce qui leur valut ultérieurement une expédition punitive parthe (JUST. XLI, 6, 8) : cf. LE RIDER, *Suse...*, pp. 349 *sqq.*, qui rend inutile toute bibliographie antérieure... » (p. 344). L'opinion de Le Rider était fondée sur l'absence de monnaies de Démétrios II émises à Suse — or cela n'est plus vrai, ce qui contraint à rabaisser l'installation de Kamniskirès à Suse à l'extrême fin du règne de Démétrios II, peu de temps avant l'arrivée des Parthes. De Kamniskirès — ou du moins d'*un* Kamniskirès, car il apparaît aujourd'hui qu'il y en a eu deux, ainsi qu'un Okkonapsès récemment inconnu. Il est impossible d'entrer ici dans la discussion de problèmes qui, en tout état de cause, restent largement insolubles et on se contentera de donner l'essentiel de la bibliographie postérieure au livre de Le Rider : O. MØRKHOLM, *Acta Archaeol.* XXXVI (1965), pp. 150 *sqq.* (non vidi) ; A.A. HOUGHTON & G. LE RIDER, *Un trésor de monnaies hellénist. trouvé près de Suse, RN* 6e sér. VIII (1966), pp. 111 *sqq.* ; LE RIDER, *RN* 6e sér. XI (1969), pp. 18 *sqq.* ; Th. FISCHER, *Basileôs Kamnisk(e)irou, Chiron* I (1971), pp. 169 *sqq.* ; P. STRAUSS,

Un trésor de monnaies hellénist. trouvé près de Suse (2ᵉ partie), RN 6ᵉ sér.
XIII (1971), pp. 109 *sqq.* ; G. LE RIDER, *Deux nouveaux tétradr. frappés*
à Suse, RN 6ᵉ sér. XX (1978), pp. 33 *sqq.* — L'occupation de Suse par
les Parthes fut sans doute de brève durée, car, dès le début du règne de
Phraate II, tout jeune successeur de Mithridate Iᵉʳ, on voit à nouveau Suse
occupée par un dynaste local, **Tigraios,** probablement iranien, dont le monnayage couvre quelque 6 ans, mais dont l'histoire nous échappe complètement,
en dépit des hypothèses de LE RIDER, *Suse...,* pp. 378 *sqq.* ; 385 *sq.* sur sa
politique commerciale. De façon générale, bien des cantons de ces pays devaient
alors avoir tendance à s'émanciper de toute souveraineté, fût-ce en jouant
de l'une contre l'autre. Le fait, par exemple, qu'en dépit de l'extrême confusion
de l'histoire de l'Iran et de ses bordures en ces années, des pièces bactriennes,
d'Euthydème à Hélioclès, parviennent à Suse témoigne sans doute plus de
l'indifférence de la circulation aux événements politiques que de mesures économiques prises par qui que ce fût.

Sur le caractère marginal de la **Babylonie** pour l'empire parthe, cf. Mc
DOWELL, *o. c.,* pp. 205 *sq.* ; plus au Nord, d'après les trouvailles monétaires,
Doura-Europos ne paraît pas avoir été touchée encore par les Parthes : cf.
A.R. BELLINGER, *Seleucid Dura, The evidence of coins, Berytus* IX (1948-1949),
p. 63 (cf. *infra,* p. 454).

2° ANTIOCHOS VII SIDÈTÈS (138-129)

La captivité de Démétrios II ne laissa pas le champ libre à
Tryphôn : le second fils de Démétrios Iᵉʳ, Antiochos VII, accourut
pour revendiquer la succession de son frère et se faire l'artisan
d'une dernière tentative de restauration de l'autorité séleucide
contre Tryphôn, contre les Juifs, contre les Parthes. Ce fut l'échec
du dernier acte qui scella en réalité le sort de la dynastie.

a) *Antiochos VII, Tryphôn et les Juifs*

Antiochos VII arriva d'Asie Mineure, où il avait été élevé,
aussitôt connues la défaite et la captivité de son aîné. Il était
normal que les représentants que Démétrios II avait laissés derrière
lui en partant pour l'Iran se ralliassent à lui : mais ce fut surtout
l'appel que lui adressa Cléopatre Théa qui décida de son succès.
Devenu troisième mari de la fille de Ptolémée VI, sa belle-sœur,
Antiochos VII n'eut pas grand mal à se débarrasser de Tryphôn
qui, vaincu, pourchassé, capturé, se suicida (138).

Les années précédentes, faites d'usurpations et de restaurations,
d'interventions étrangères et de guerres malheureuses, avaient profondément ébranlé le pouvoir royal, qu'Antiochos VII paraît s'être
consacré à restaurer avec conscience et succès. Dans ce qui subsistait alors d'empire séleucide, la décomposition interne s'était parti-

culièrement accentuée du côté de la Judée, où les Hasmonéens avaient su arrondir leur territoire et conquérir leur indépendance de fait. Le meurtre de Jonathan par Tryphôn ayant provoqué le ralliement de Simon à Démétrios II (*supra*, p. 405), Antiochos VII à son arrivée trouva les Juifs de son côté, et la nécessité de lutter contre l'usurpateur le détermina dès l'abord à confirmer à Simon tous les privilèges antérieurs. Mais, avant même que Tryphôn fût éliminé, les relations se tendirent à nouveau, car le roi entendait rétablir son autorité sur la Judée en exigeant le tribut et, surtout, des restitutions territoriales auxquelles Simon se refusa. Du vivant de Simon, on en resta aux incidents de frontière et à la tension diplomatique. Antiochos VII tenta-t-il, pour parvenir à ses fins de façon pacifique, de mettre un homme à lui au Grand Pontificat en semant la zizanie dans la famille de Simon ? Celui-ci, en tout cas, fut assassiné au début de 135 par son propre gendre, lequel ne put toutefois empêcher que le fils de Simon, Jean Hyrcan, fût élevé au Grand Pontificat : les troubles provoqués par cette querelle de famille fournirent à Antiochos VII un prétexte à intervenir. Longuement assiégé dans Jérusalem, Hyrcan dut capituler en 131. L'affaire était d'ordre strictement politique et Antiochos manifesta sa révérence pour le culte juif : il s'agissait seulement de briser l'État juif naissant. Jérusalem fut démantelée, les Juifs astreints à payer tribut et à fournir des troupes à l'armée royale, à livrer des otages également (c'est à ce prix que le roi consentit à ne pas rétablir de garnison dans l'Akra) ; s'il y eut quelques exécutions, Hyrcan conserva le Pontificat et le peuple juif son autonomie interne sous le règne de la Loi, conditions très modérées, mais qui remettaient en question les immenses progrès réalisés sur le chemin de l'indépendance depuis Judas et Jonathan. Cet épisode n'était toutefois qu'un incident : c'était en réalité l'œuvre de restauration d'Antiochos VII qui allait sombrer dans une nouvelle catastrophe parthe.

SOURCES : *I Macc.* 15-16 (le récit s'achève à la mort de Simon) ; Jos., *AJ* XIII, 7-8, 3 (219-248) ; *BJ* I, 2, 2-5 (50-61) ; STR. XIV, 5, 2 ; DIOD. XXIV, 1 ; APP., *Syr.* 68 (358).

BIBLIOGRAPHIE COMPLÉMENTAIRE ET NOTES : **Antiochos VII** avait été élevé à Sidè, en Pamphylie, d'où son sobriquet de *Sidètès* (son épiclèse cultuelle est Évergète — la plus fréquemment portée par les souverains de cette époque). *I Macc.* 15, 1 le fait venir des « îles de la mer », Appien précise « de Rhodes » — il importe assez peu.

Ses **monnaies datées** les plus anciennes sont de 139/8. Le monnayage autonome d'Arad, qui avait été interrompu depuis trente ans (*supra*, p. 341), reprend en 138/7 : Antiochos VII a donc restitué son autonomie à cette cité pour se l'attacher dans sa lutte contre Tryphôn et contre l'expansion littorale des Juifs : cf. SEYRIG, *Notes on Syrian coins*, NNM 119 (1950), pp. 17 *sqq.*

et *Arados sous les rois séleucides*, Syria XXVIII (1951), pp. 220 *sq.* = *Ant. Syr.* IV, pp. 199 *sq.*

Le contexte « international » de l'avènement d'Antiochos VII est obscur : on ignore quelle était alors la position de la cour d'**Alexandrie** à l'égard de Cléopatre Théa, à laquelle Ptolémée VIII Évergète II n'avait pas de raisons de porter une particulière affection, d'autant que sa mère Cléopatre II paraît n'avoir occupé alors à la cour lagide qu'une position subordonnée (cf. *infra*, p. 426) ; quant à **Rome,** qui n'avait pas reconnu Tryphôn (mais avait affecté de reconnaître le petit Antiochos VI — alors qu'il n'était plus roi...), on ne peut formuler que des hypothèses sur son attitude à l'égard d'Antiochos VII. D'après *I Macc.* 15, 15 *sqq.*, ce serait au moment de la lutte d'Antiochos VII contre Tryphôn que les ambassadeurs juifs seraient revenus de Rome porteurs d'un SC et d'une lettre consulaire annonçant à tous les rois (y compris « Arsace » !) et à tous les peuples l'amitié et alliance entre le peuple romain et le peuple juif : sur les problèmes posés par ce texte et son contenu, cf. l'édition d'ABEL, pp. 275 *sqq.*, où bibliographie, à laquelle on ajoutera l'article déjà cité de A. GIOVANNINI & H. MÜLLER, *MH* XXVIII (1971), pp. 156 *sqq.* JUST. XXXVI, 3, 9 dit que les Juifs « ayant sollicité l'amitié des Romains, furent les premiers des Orientaux à recevoir d'eux la liberté : car les Romains faisaient alors aisément des largesses avec le bien d'autrui » : DAHLHEIM, *Struktur u. Entwicklung*, p. 101, n. 67 a rapproché cet épisode de l'octroi de l'autonomie aux Galates en 166 (*supra*, p. 291). D'autre part, c'est sans doute tout au début du règne d'Antiochos VII que débarque en Syrie, venant d'Égypte (*infra*, p. 427), la grande ambassade circulaire dirigée par Scipion Émilien (DIOD. XXXIII, 28, d ; STR. XIV, 5, 2 ; JUST. XXXVIII, 8, 8 : sur la date, cf. NIESE III, p. 270, n. 1) ; mais comme l'a noté A.E. ASTIN, *Scipio Aemilianus* (Oxford 1967), pp. 138 *sq.*, on n'a à peu près aucun renseignement sur l'œuvre accomplie par cette ambassade, dont les résultats ne semblent avoir provoqué aucun remous à Rome, où l'on ne manifestait alors apparemment que peu d'intérêt pour les affaires orientales, qu'éclipsait certes l'Espagne. Th. LIEBMANN-FRANKFORT, *Front. Or.*, pp. 128 *sqq.* pense, comme d'autres, que c'est de cette ambassade qu'Antiochos VII reçut sa reconnaissance officielle. Elle note à ce propos que si les Romains soutiennent à nouveau un Séleucide légitime, c'est que l'empire séleucide qu'ils avaient contribué à affaiblir pendant les années précédentes, ne représentait plus aucun danger pour leur influence en Asie Mineure, ce qui est possible. Mais on doutera que Rome ait voulu transformer la Syrie en « État-tampon » contre les Lagides et les Parthes, qui « risquaient de supplanter les Séleucides au Proche-Orient ». Le fait qu'en 134/3 Antiochos VII envoya des dons à Émilien à l'occasion de la guerre de Numance (TL, *Per.* LVII ; cf. APP., *Iber.* 84 (365)) donne à penser que des relations personnelles s'étaient nouées entre les deux hommes (cf. ASTIN, *o. c.*, pp. 127 ; 177) : peut-être faut-il attribuer à l'influence de Scipion la relative modération de la politique juive d'Antiochos VII (voir sur ce point Th. FISCHER, *Unters. z. Partherkrieg Antiochos' VII.*, pp. 70 *sq.*) ?

En ce qui concerne cette **politique juive,** certaines de nos sources affirment que des conseillers suggérèrent au roi de rouvrir la persécution d'Antiochos IV : fut-ce par « piété » que le roi s'y refusa, ou parce qu'il était convaincu de la vanité de cette politique, ou simplement parce qu'il ne voulait pas pousser les Juifs à bout — et peut-être s'attirer des remontrances sénatoriales ? Il n'est pas sans intérêt de noter que, de nos deux sources juives, *I Macc.* insiste lourdement et à plusieurs reprises sur l'amitié romaine, tandis que Josèphe, qui n'y fait qu'allusion au passage, ne tarit pas d'éloges sur la piété et la retenue d'Antiochos VII (qu'il appelle faussement *Eusebès* et *Sôtèr*). Il est bien regrettable que *I Macc.* s'arrête avant la prise de Jérusalem et le règlement de 131. On voit mal pourquoi le P. ABEL, *Les livres des Macc.*,

p. 263, n. 1, qualifie Antiochos VII d' « antisémite »... Il faut une fois encore relever la regrettable confusion (regrettable pour cette époque) entre « antisémitisme » et « antijudaïsme » : il va de soi que la politique d'Antiochos VII relevait de considérations fort différentes. Comme l'a écrit ED. MEYER, *o. c.*, p. 265, le temps du « Prinzipienkampf » est alors dépassé. TCHERIKOVER, *o. c.*, p. 240, souligne « l'acceptation théorique par Antiochos de l'indépendance juive, requérant seulement que Simon ne débordât pas les limites de son pays » : le propos sera tout à fait exact si l'on remplace « théorique » par « pratique ». Sur l'ensemble, cf. encore ABEL, *Hist. de la Palest.* I, pp. 200 *sqq.*; SCHÜRER-VERMES-MILLAR, pp. 194-206.

Le problème des **débuts du monnayage hasmonéen** est controversé. Des tétradrachmes d'Antiochos VII semblent déjà porter le monogramme d'Hyrcan, dont le surnom ne procéderait dès lors pas de sa participation à l'expédition parthe du Séleucide (cf. Th. FISCHER, *Johannes Hyrkan I. auf Tetradrachmen Antiochos' VII.?, Ztschr. d. Deutsch. Paläst. Ver.* XCI (1975), pp. 191 *sqq.*), mais la question reste ouverte de savoir si le monnayage proprement judéen remonte à la fin du règne de Jean Hyrcan (cf. B. KANAEL, *The beginning of Maccab. coinage, Isr. Explor. Journ.* I (1951), pp. 170 *sqq.*; ID., *Altjüdische Münzen, Jhb. f. Num.* XVII (1967), pp. 166 *sqq.*) ou s'il n'a commencé qu'avec Alexandre Jannée (cf. Y. MESHORER, *Jew. coins of the second Temple Period* (Tel-Aviv 1967), *non vidi*, et *The beginning of the Hasmonean coinage, Isr. Expl. Journ.* XXIV (1974), pp. 59 *sqq.*, qui attribue à Hyrcan II les monnaies attribuées par Kanael à Hyrcan I).

b) *L'expédition parthe d'Antiochos VII (130-129)*

Ayant rétabli l'ordre et l'autorité royale en Syrie, Antiochos VII qui, pas plus que son frère, ne paraît avoir compris le caractère irrémédiable des changements survenus en Iran, se mit à son tour en devoir de reconquérir les satrapies supérieures. Conscience de son devoir, sans doute, mais la tradition laisse entendre qu'il cherchait aussi à prévenir le retour de Démétrios II, qui avait déjà tenté par deux fois d'échapper à sa captivité, et que Phraate II Arsace VI, jeune successeur de Mithridate Ier, gardait toujours en réserve à toutes fins utiles. Une forte expédition fut mise sur pied aussitôt après le règlement des affaires judéennes (131/0) et trois victoires firent rapidement retomber la Babylonie sous l'autorité d'Antiochos, qui ressuscita le surnom de *Megas* qu'avait porté son aïeul Antiochos III à la suite de ses exploits orientaux. Comme lors de l'expédition de Démétrios II, des ralliements ne tardèrent pas à se produire, si bien qu'à la fin de 130 une grande partie de l'Iran occidental (en tout cas la Médie) était à nouveau rattachée à l'empire. Succès si brillants que Phraate chercha à négocier. Antiochos exigea de lui qu'il lui livrât son frère, évacuât les conquêtes de ses prédécesseurs, à l'exception toutefois de ses « territoires héréditaires » (par quoi il faut sans doute entendre la Parthyène et l'Hyrcanie), et payât tribut. Si ces revendications démesurées sont authentiques, elles prouveraient qu'Antiochos VII rêvait effectivement de recommencer Antiochos III. Phraate les rejeta et prit alors deux mesures lourdes de conséquences : il renvoya Démétrios II en Syrie, dans l'espoir d'y rallumer un conflit dynastique, et, pour se donner les moyens de lutter contre le Séleucide, il fit appel à des tribus scythiques, vraisemblablement les Yuë-Tchi des sources chinoises (Tokhariens des sources occidentales) qui venaient de mettre un terme à la domination grecque en Bactriane, et les Saka qui, vers la même époque, poussent vers le Sud. L'hivernage iranien avait d'ailleurs été mauvais pour l'armée séleucide : trop nombreuse, trop lourde, Antiochos avait dû la disperser exagérément, et les exactions de la soldatesque avaient indisposé les populations qui, déjà, regrettaient la bénignité de l'ordre parthe. La campagne de 129, entreprise par Antiochos dans un pays redevenu hostile, tourna rapidement à la débâcle : dès la première rencontre des deux rois, le Séleucide fut battu et tué. L'Iran retombait sous la coupe arsacide et la Babylonie ne tarda pas à subir le même sort.

La Syrie paraissait ouverte à la conquête parthe, mais, si tant est que Phraate ait effectivement pensé à pousser ses armes vers l'Occident, ce qui n'est pas certain, il en fut empêché par les Scythes. Les hordes qu'il avait appelées à son secours arrivèrent après la victoire mais n'en réclamèrent pas moins le prix convenu, qui leur fut refusé. Les Barbares entreprirent alors de se payer eux-mêmes en ravageant les territoires parthes. Vainqueur du Séleucide, Phraate se retrouvait avec une guerre scythique sur les bras, où il ne tarda pas à succomber. Il n'en avait pas moins, en vainquant Antiochos VII, brisé définitivement tout espoir de redressement oriental de la monarchie séleucide et, par là, porté un coup mortel à la dynastie.

Démétrios II, que l'Arsace n'avait pas tardé à regretter d'avoir lâché, et point réussi à rattraper, pouvait donc reprendre en Syrie son règne interrompu : nous l'y retrouverons ultérieurement.

SOURCES : JUST. XXXVIII, 9,4 - 10,11 ; XLII, 1. DIOD. XXIV, 15-19. JOS., *AJ* XIII, 8, 4 (249-253). APP., *Syr.* 68 (359).

BIBLIOGRAPHIE COMPLÉMENTAIRE ET NOTES : Les effectifs séleucides de l'**expédition parthique de 130,** tels que les donnent les sources, sont sans nul doute exagérés : 80 000 combattants et 300 000 hommes de train ; de même, les détails de Justin sur l'équipement sont extravagants. Quand bien même peut-on être porté à réduire sensiblement ces chiffres, la destruction de cette armée représente un redoutable affaiblissement pour un État déjà sur son déclin : cf. le paragraphe de Diodore sur le deuil d'Antioche à l'annonce du désastre. Le titre de *Mégas* pris par Antiochos VII après ses premiers succès est authentifié par deux inscriptions (un peu hâtives !) de Délos (*OGIS* 255 et 256) ; on y a plus récemment ajouté une dédicace de Ptolémaïs-Akè, où le roi porte aussi l'épithète de *Kallinikos* : cf. Y.H. LANDAU, *A Greek inscr. from Acre, Isr. Expl. Journ.* XI (1961), pp. 118 *sqq.* ; J. SCHWARTZ, *ibid.* XII (1962), pp. 135 *sqq.* ; cf. *SEG* XX, 413 et J. et L. ROBERT, *Bull.* 1963, p. 180, n° 281 ; mais l'attribution à Antiochos VII a été contestée par Th. FISCHER, *Unters...*, pp. 102 *sqq.* : la dédicace s'adresserait non à un époux de Cléopâtre Théa, mais à un de ses fils (il s'agirait d'Antiochos IX). La documentation relative au passage d'Antiochos VII en Babylonie et à Suse (où Phraate II s'était depuis peu rétabli aux dépens de Tigraios : cf. *supra*, p. 410), est rassemblée par LE RIDER, *Suse...*, pp. 377 *sq.*

Les **événements iraniens** qui suivent la disparition d'Antiochos VII sont très mal connus. Les Saka auxquels Phraate avait fait appel et qui se dressent contre lui en 128 étaient eux-mêmes poussés vers l'Ouest par d'autres hordes. La défaite de Phraate (en Hyrcanie, où les nomades s'étaient avancés après avoir envahi l'Arie) semble avoir été due en partie à la désertion d'unités de l'armée vaincue, que le Parthe avait incorporées à la sienne : on ignore ce que devinrent ces troupes séleucides ; peut-être réussirent-elles à rejoindre des éléments du peuplement grec d'Iran oriental (cf. SIMONETTA, *l. c. supra*, pp. 160 ; 164). En Bactriane, le dernier souverain grec, sans doute Hélioclès, fils d'Eucratidès, paraît avoir succombé sous les coups des Yuë-Tchi vers 135. Ceux-ci ne paraissent toutefois pas avoir fondé d'État cohérent : le voyageur chinois Tchang-Kien décrit le pays comme constitué d'une multitude de petites principautés urbaines tributaires des nomades. Au Sud de l'Hindou-Kouch, la situation est d'une extrême confusion du fait qu'il est fort difficile d'introduire quelque ordre dans les monnayages de nombreux rois grecs (dont la plupart sont inconnus des sources littéraires), qui ont donné naissance aux hypothèses les plus contradictoires. Plusieurs de ces rois « indo-grecs », qui émettaient dans leurs États des monnaies à légendes prakrites et de poids indien, paraissent d'ailleurs avoir réussi à maintenir des enclaves au Nord de l'Hindou-Kouch, si l'on en juge par leurs monnaies à légendes grecques et de poids attique (sur la distinction entre deux types de monnaies destinées à circuler au Nord et au Sud de la chaîne, cf. déjà t. I², p. 271) : cf. R. CURIEL et G. FUSSMAN, *Le trésor monétaire de Qunduz* (Paris, 1965). On trouvera dans les planches de cet ouvrage une abondante illustration de la production des ateliers monétaires gréco-bactriens et indo-grecs ; cf. également R. AUDOUIN & P. BERNARD, *Trésor de monnaies indiennes et indo-grecques d'Aï-Khanoum, RN* 6ᵉ sér. XV (1973), pp. 238 *sqq.* ; XVI (1974), pp. 7 *sqq.* ; C.Y. PETITOT-BIEHLER, *Trésor de monnaies grecques et gréco-bactriennes trouvé à Aï-Khanoum, ibid.* XVII (1975), pp. 23 *sqq.* Peut-être est-ce vers l'époque du conflit entre Antiochos VII et Phraate qu'accède au pouvoir le souverain « indo-grec » à la fois le plus célèbre et le plus discuté, **Ménandre**. Celui-ci s'établit solidement dans le Pendjab (où la domination grecque devait être durable) ; mais la tradition, tant grecque qu'indienne, lui prête des conquêtes plus lointaines, d'une part en direction de la plaine gangétique, de l'autre en direction du delta de l'Indus. L'extension de ces conquêtes a été fortement mise en doute par NARAIN, *o. c.*, ch. IV (qui, comme ALTHEIM, *WGA* II, p. 76, place l'avènement de Ménandre dès les environs de 155), critiquant, ici encore, les constructions parfois trop imaginatives de TARN, *GBI*, ch. VI. NARAIN estime en particulier (p. 90) que les Grecs n'avaient pas intérêt à trop s'éloigner de leurs bases iraniennes en poussant vers l'Est. SIMONETTA, *l. c.*, p. 162, note en revanche que, les Grecs de l'Iran oriental étant alors complètement coupés de leurs racines méditerranéennes par les Parthes et les nomades, ce devait être pour Ménandre une nécessité absolue que de rétablir des relations par mer (avec l'Égypte), et donc de pousser jusqu'au delta de l'Indus (cf. aussi V.M. MASSON, *VDI* 70 (1959/IV), p. 189) : ce serait par cette route surtout que l'Occident aurait été renseigné sur son empire indien.

Sur certains échanges d'influences entre les civilisations grecque et indienne dans le domaine de la pensée, qui seraient surtout plus tardifs, cf. S. Mazzarino, *Pens. Stor. Class.* II, 1 (1966), pp. 232 *sqq.*

Nous abandonnerons ici les destinées, cependant passionnantes, des Grecs d'Extrême-Orient, sur lesquelles on consultera les ouvrages mentionnés dans les lignes précédentes. Un rameau important de la civilisation hellénistique continue à se développer dans ces régions, mais les **Indo-Grecs** échappent désormais au cadre de l'histoire politique du monde hellénistique proprement dit, qui est celui de ce livre.

Revenons à l'Ouest : la situation en **Babylonie** est confuse après les disparitions successives d'Antiochos VII et de Phraate. Celui-ci laissa en Babylonie un vice-roi, Himéros, qui abusa de son pouvoir pour exercer des représailles cruelles sur les villes, mais contrairement à ce qu'on a longtemps pensé, sur la base de fausses attributions numismatiques (cf. W. Otto, s. v. *Himeros 5, PW* VIII (1912), coll. 1638 *sqq.* ; McDowell, *Coins from Seleucia* (1935), pp. 202 *sq.* ; Rostovtzeff III, p. 1538, n. 144), ne semble pas s'être rendu indépendant (cf. A.R. Bellinger, *Hyspaosines of Charax, Yale Class. Stud.* VIII (1942), pp. 59 *sqq.*). Le dynaste Hyspaosinès de Charax, ancien satrape séleucide de Mésène (sur lequel cf. A.R. Bellinger, *l. c.* ; S.A. Nodelman, *A preliminary history of Characene, Berytus* XIII (1960), pp. 83 *sqq.*, suivi pour l'histoire, par J. Hansman, *Charax and the Karkheh, Iran. Ant.* VII (1967), pp. 21 *sqq.* (important pour la géographie historique et la topographie) ; Le Rider, *Suse...*, pp. 258 *sqq.* ; 382 *sqq* ; Fischer, *Unters...*, pp. 37-9 ; 57-62 ; 91-95), devenu roi à Alexandrie/Antioche Charax rebaptisée Spasinou Charax, s'étendit en direction de la Babylonie : d'après un document cunéiforme, il est roi, à Babylone en 128/7 : cela ne dura certes point, mais son monnayage atteste qu'il s'étendit dans d'autres directions, où il dut également se heurter à Himéros.

C) La fin du royaume de Pergame et la création de la province romaine d'Asie (145-129)

Au moment où s'effondraient ainsi les espoirs d'une restauration de l'empire séleucide, de graves changements étaient survenus depuis plusieurs années déjà en Asie Mineure, où il nous faut revenir à présent.

1° Fin du règne d'Attale II (145-139/8). Attale III et le legs du royaume a Rome (133)

Les dernières années d'Attale II paraissent avoir été sans histoire. Fort âgé (Lucien le compte parmi les « macrobes » illustres), le roi avait plus ou moins abandonné les affaires à son entourage. Lorsqu'il s'éteignit, en 139/8, quelle était la situation de son royaume ? L'on a vu (*supra*, pp. 381 *sqq.*) les succès qu'avait remporté sa politique : que ce fût en Asie Mineure proprement dite, en Cappadoce, en Syrie ou en Thrace, de tous côtés l'influence pergaménienne apparaissait accrue. Mais, on l'a noté aussi, cette influence avait ses limites, qui étaient marquées par l'élargissement de celle de Rome. Or, si les velléités d'indépendance de la politique d'Eumène II avaient expliqué le refroidissement de ses rapports avec Rome à la fin de son règne, à l'inverse le raccommodement intervenu sous Attale II n'était pas allé sans certaines compromissions : jusqu'à un certain point, l'influence reconquise et étendue par Attale II n'était que celle que Rome consentait à un fidèle client. Si mystérieux que demeure le comportement d'Attale III, que nous allons envisager, il est en fait amorcé par la politique d'Attale II.

Attale II n'avait pas de fils. Lorsqu'il était resté seul roi, après sa corégence avec Eumène II, ce dernier n'avait qu'un fils en bas âge, Attale qui, parvenu à l'âge d'homme, avait été associé aux responsabilités du pouvoir, sinon au trône, par son oncle, auquel il succéda en 139/8 (Attale III Philomètôr). Personnalité difficile à saisir que celle du dernier Attalide : les documents officiels lui décernent, comme à ses prédécesseurs, des éloges et des honneurs banals, mais les sources littéraires créent autour de lui une atmosphère de roman noir, et les mobiles restent mystérieux qui inspirèrent le seul acte notable de son règne : le testament qui, lors de la mort prématurée du roi (début de 133), révéla que le royaume était légué au Peuple romain, à l'exception de Pergame elle-même et de son territoire civique.

Lorsque le testament parvint à Rome, il y tomba en pleine crise agraire : les projets révolutionnaires que le legs suggéra à Ti. Gracchus ne nous concernent pas ici, puisque le meurtre de Tiberius les empêcha de passer dans les faits. Ce fut, de façon très traditionnelle, une commission sénatoriale (dirigée par un des principaux adversaires de Ti. Gracchus, Scipion Nasica), qui, en 132, partit prendre les choses en mains en Asie : lorsqu'elle y parvint, le pays était à feu et à sang.

SOURCES : Sur la personnalité d'Attale III, cf. entre autres DIOD. XXXIV-XXXV, 3 ; JUST. XXXVI, 4, 1-5, etc. Le testament d'Attale III est mentionné par des sources nombreuses : cf. STR. XIII, 4, 2 ; TL, *Per.* LVIII ; FLORUS I, 35 ; PLUT., *Ti. Gr.* 14, etc. (cf. ci-dessous les notes).

BIBLIOGRAPHIE COMPLÉMENTAIRE ET NOTES : Qu'**Attale III** fût le fils (légitime ou légitimé) d'Eumène II paraît certain, bien que contesté par d'aucuns : discussion *ap.* S. KOPERBERG, *De origine Attali III, Mnem.* NS LIV (1926), pp. 195 *sqq.* ; HANSEN, *Attalids...,* pp. 427 *sqq.* Il est à tout le moins attesté qu'il était officiellement considéré comme le fils du roi Eumène et de la reine Stratonice : cf. notamment *OGIS* 332, ou *OGIS* 331 I = WELLES 65, où sont associés « le roi Attale (II)... et le fils de son frère, Attale (III) ». Il a paru inutile de mentionner les nombreuses sources qui concernent la manie

HISTOIRE POLITIQUE DU MONDE HELLÉNISTIQUE

pharmacologique d'Attale III : cf. WILCKEN, s. v., PW II (1895), col. 2176 ;
HANSEN, l. c. ; MAGIE, RR II, pp. 778 sq. (notes 86 et 89). SCHNEIDER, KGH I,
p. 639, a sans doute raison de penser que le portrait d'Attale III a été noirci
d'un côté par suite de la haine que lui vouèrent ses sujets grecs légués à Rome
et, de l'autre, par les Romains qui virent dans ce legs une des sources du
pourrissement des mœurs romaines. Mais, de là à proposer une réhabilitation
du personnage, il y a un pas que nos sources ne permettent pas de franchir.

De même, on trouvera le répertoire des sources relatives au **testament**
ap. T.R.S. BROUGHTON *in* T. FRANK, *Econ. Survey* IV (1938), p. 505, n. 1
et (citées *in extenso*) G. CARDINALI, *La morte di Attalo III e la rivolta di
Aristonico*, dans les *Saggi di Storia antica e di Archeologia offerti a G. Beloch*
(Rome, 1910). On fera cependant une place à SALLUSTE, *Hist.* IV, 61, 8,
selon lequel Mithridate Eupatôr aurait plus tard considéré le testament comme
un faux romain. La liberté accordée par Attale à Pergame et à sa *politikè
chôra* est attestée par *OGIS* 338 (qui authentifie du même coup le testament
entier) ; l'extension et le statut du territoire civique légué par Attale à Pergame devaient faire ultérieurement l'objet de difficultés d'interprétation du
côté romain : cf. M. SEGRÈ, *Giulio Cesare e la chôra pergamena, Ath.* NS XVI
(1938), pp. 119 *sqq.* ; également G. TIBILETTI, *Roma and the ager pergamenus*,
JRS XLVII (1957), pp. 136 *sqq.* Ce que le roi léguait à Rome (outre ses biens
meubles), c'était donc la « terre royale », la *gê basilikè* qui lui appartenait
en propre (reflet de cette distinction dans Florus : *bona mea*) et, peut-être,
les communautés urbaines qui avaient été privées de leur liberté par la paix
d'Apamée (*supra*, p. 227). Mais l'opinion a été souvent accueillie selon laquelle
Attale III aurait, par son testament, concédé la liberté à toutes les cités de
son royaume (cf. DAHLHEIM, *Gewalt u. Herrschaft*, pp. 208 *sq.*, où bibliographie) ; aucun texte ne le prouve, mais cela pourrait ressortir du cas d'Éphèse,
qui inaugure un monnayage cistophorique local en 134/3 : cf. K.J. RIGSBY,
The era of the prov. of Asia, Phoenix XXXIII (1979), pp. 39 *sqq.*

« Des **motifs** qui déterminèrent Attale à ce geste, rien n'est connu »,
constatait prudemment WILCKEN, *l. c.* Mais les hypothèses n'ont pas manqué.
Les interprétations « psychologiques » expliquant le legs par les singularités
caractérielles d'Attale (mépris de ses sujets, p. ex.) sont peu recommandables.
Trois hypothèses convergentes peuvent aider à la compréhension : 1° La
crainte de voir le royaume tomber dans les mains d'un successeur indigne,
Aristonikos (*infra*, p. 419). 2° La situation sociale très tendue, et que les
événements n'allaient pas tarder à révéler, qui exigeait une poigne de fer
(cf. ROSTOVTZEFF II, pp. 757 ; 806 *sqq.* ; VAVRINEK, *La révolte d'Aristonicos*
(Prague 1957 — *non vid.*) ; J.Chr. DUMONT, *A propos d'Aristonicos, Eirene* V
(1966), pp. 189 *sq.*, qui cependant nuance judicieusement ce point de vue :
cf. la section suivante ; Th. LIEBMANN-FRANKFORT, *Valeur juridique..., RIDA*
XIII (1966), pp. 85 *sqq.* ; EAD., *Front. Or.*, p. 142, qui estime qu'Attale III
jugeait Rome seule capable de sauvegarder la liberté des cités grecques de son
royaume). 3° La conscience qu'aurait eue Attale de la vassalité où il se trouvait
déjà par rapport à Rome et la conviction que le plus raisonnable était de
la faire passer dans le droit (cf. G. BLOCH et J. CARCOPINO, *Hist. Rom.* II, 1
(2e éd. 1940), pp. 217 *sq.* ; MAGIE, *RR* I, pp. 31 *sq.*). Il est toutefois un fait
qu'il faut souligner : Attale III meurt prématurément (il a à peine passé la
trentaine) et inopinément : ce descendant d'une famille de « macrobes »
prévoyait-il qu'il mourrait si tôt et sans enfants ? La brièveté de son règne
donne à penser que le legs avait été décidé dès son avènement — voire
avant (cf. récemment en ce sens DAHLHEIM, *Gewalt u. Herrschaft*, p. 139, qui
qualifie le testament d'« acte de désespoir », mais indubitablement convenu
avec le Sénat. Faut-il voir dans le legs l'effet d'une occulte influence romaine,
exercée par exemple par l'entremise de l'ambassade de Scipion Émilien (*supra*,
p. 412 ; *infra*, p. 427) qui passa à Pergame environ vers le changement de

règne ? C'est assez douteux si l'on considère que Ti. Gracchus fit accepter le legs par le peuple sans en référer au Sénat, que celui-ci, mis devant le fait accompli, envoya le propre meurtrier de Tiberius prendre possession de l'héritage (sur la place du testament dans la chute de Ti. Gracchus, cf. BADIAN, *ANRW* I, 1, pp. 712 *sqq.*), et que cette prise de possession fut finalement surtout imposée par les troubles que les Romains durent réprimer : le Sénat n'est sans doute pour rien dans le testament d'Attale III, qu'il hésita sans doute à accepter, aussi bien pour des raisons politiques que, peut-être, juridiques. Les juristes modernes sont en effet divisés sur le point de savoir si le Peuple Romain avait capacité d'hériter : cf. LIEBMANN-FRANKFORT, *art. cit.*, pp. 80 *sqq.*, qui pense que l'acceptation du testament d'Attale « a eu pour effet de consacrer officiellement et juridiquement cette capacité ». Il faudrait d'autre part savoir, pour comprendre la pensée d'Attale, si son testament ne précisait pas (comme celui de Ptolémée VIII à Cyrène, le seul dont le texte soit parvenu : *supra*, p. 363) que le royaume irait au peuple romain au cas où le roi mourrait sans héritiers légitimes : l'âge d'Attale porterait à accueillir avec faveur cette hypothèse. ROSTOVTZEFF, *CAH* IX, p. 226, n. 1, estimait que les testaments royaux en faveur de Rome, qui se multiplient en ces années, étaient une forme déguisée de l'impérialisme romain. Il est impossible de s'en assurer et, dans le cas présent, il faut reconnaître que l'opinion citée de WILCKEN est la seule irréfutable... Cf. encore, récemment, B. SCHLEUSSNER, *Die Gesandschaftsreise des P. Scipio Nasica im J. 133/2 v. Chr...*, *Chiron* VI (1976), pp. 97 *sqq.* ; A.N. SHERWIN-WHITE, *Roman involvment in Asia Minor 133-88 B. C.*, *JRS* LXVII (1977), pp. 66 *sq.*

J. CARCOPINO, *Autour des Gracques*, pp. 35 *sq.* place la mort d'Attale après celle de Ti. Gracchus : cette opinion fait litière d'une tradition difficilement contestable.

Il convient, en toute équité, de rappeler que les recherches les plus récentes reposent toutes sur deux mémoires auxquels nul n'est dispensé de revenir : P. FOUCART, *La formation de la province romaine d'Asie*, *Mém. Acad. Inscr.* XXXVII (1904) et G. CARDINALI, *l. c.* ci-dessus. Bibliographie très complète dans les notes de MAGIE, *o. c.*

2° LA GUERRE D'ARISTONIKOS-EUMÈNE III ET LA CRÉATION DE LA PROVINCE D'ASIE

A la mort d'Attale III, le sang des Attalides était en effet représenté encore par un bâtard d'Eumène II, Aristonikos, qui tenta aussitôt de s'emparer d'un pouvoir dont, peut-être, le testament cherchait précisément à l'écarter. Le fait qu'avant même que ne fût connue en Asie la réaction romaine Aristonikos (roi sous le nom d'Eumène) fut obligé de prendre les armes pour essayer de s'imposer prouve que ses prétentions ne furent admises ni de la population de Pergame (devenue cité libre), ni des autres communautés urbaines grecques, qui lui fermèrent leurs portes. Aristonikos entreprit d'autre part dès le début d'exploiter le mécontentement des populations rurales non grecques et de s'appuyer sur des bandes d'esclaves libérés. Mais le fait que la cité de Pergame, tout en renforçant son corps civique en enrôlant des soldats, des métèques, des affranchis et même des esclaves royaux, jugea bon de frapper d'atimie tous ceux qui avaient quitté la ville à la mort d'Attale III et de confisquer leurs biens prouve que le testament avait des adversaires, et donc Aristonikos des partisans au sein même de la classe civique possédante. La lutte entre Pergame et Rome d'une part, le prétendant de l'autre représentait donc quelque chose de plus complexe que l'affrontement entre possédants et non possédants à quoi on l'a généralement réduite : elle comportait incontestablement un caractère de résistance sinon « nationale », du moins dynastique à l'emprise romaine, et il est probable que l'appel d'Aristonikos aux esclaves et aux paysans indigènes ne fût, jusqu'à un certain point, qu'un moyen technique de renforcer l'effectif de ses partisans (ce que la cité de Pergame faisait au même moment et par les mêmes moyens, de son côté). Quoi qu'il en soit, quand arrivèrent les commissaires sénatoriaux, la guerre faisait rage. Aristonikos, qui paraît avoir réussi à s'emparer de la flotte royale attalide, tenait la mer et écumait la côte d'Asie Mineure des Détroits à la Carie. Nasica — qui meurt du reste peu après son arrivée — et ses collègues ne purent que rameuter les alliés de Rome : les rois du Pont, de Bithynie, de Cappadoce, de Paphlagonie mirent un empressement intéressé à envoyer des troupes contre le prétendant ; quelques cités grecques (Éphèse, Byzance, Cyzique) en firent autant. Des renforts romains, sous P. Licinius Crassus, n'arrivèrent qu'en 131 : médiocre général, le consul fut battu et tué et ce fut à la flotte d'Éphèse, que revint le mérite d'infliger sa première défaite à Aristonikos, qui fut rejeté à l'intérieur des terres.

C'est alors que, d'après nos sources, la guerre prit son caractère particulier de soulèvement rural et servile contre les villes, les possédants et le pouvoir central désormais romain. Il est difficile de savoir exactement quelles idées religieuses et philosophiques se cachent derrière le nom d'Héliopolis (« cité du Soleil ») qu'Aristonikos donna à l'État qu'il essaya de fonder en Mysie avec ses partisans, mais la réalité de la révolte est celle d'une impitoyable jacquerie, et les violences exercées par les bandes « héliopolitaines » inspirèrent aux citadins et aux propriétaires fonciers une terreur qui ne fit que les rallier plus solidement à Rome. Les rebelles étaient toutefois incapables de soutenir une guerre régulière. Battu en rase campagne par le consul de 130, M. Perperna, assiégé à Stratonicée du Caïque, Aristonikos fut pris et expédié à Rome. Le trésor royal attalide prit le même chemin. La pacification du pays (car le mouvement survivait à la capture d'Aristonikos) et son organisation revinrent au consul M'. Aquilius, flanqué d'une nouvelle commission sénatoriale : les années 129 et suivantes furent consacrées à cette tâche.

Recueillir la totalité de l'ancien royaume de Pergame excédait les capacités de Rome : les régions anatoliennes intérieures, pauvres, peu hellénisées, peu familières aux Romains, n'intéressaient d'ailleurs pas le Sénat, qui les distribua aux rois clients. Cette répartition est mal connue. Si le Pont s'agrandit en Phrygie, la Cappadoce en Lycaonie et peut-être en Cilicie, on ne sait exactement ce que reçurent les souverains de Bithynie et de Paphlagonie — peut-être des morceaux de Phrygie Épictète, au Nord-Ouest de la Phrygie proprement dite. Le sort de certaines régions qui avaient relevé de Pergame reste obscur : il est probable que des pays d'accès difficile et traditionnellement anarchiques, comme la Pisidie, virent se consolider et se multiplier de petits États « dynastiques », ou « tyranniques ».

Mais que gardait Rome ? Les possessions européennes des Attalides (Chersonnèse de Thrace et Égine) furent rattachées à la province de Macédoine. Le reste constitua la nouvelle province d'Asie. Encore faudrait-il préciser, ce qui n'est point aisé. Le corps de la province fut à coup sûr constitué par les parties les plus importantes du royaume : la Mysie et la Troade au Nord (l'Hellespont était donc désormais aux mains de Rome), la Lydie au centre (où Sardes paraît toutefois avoir reçu la liberté), la partie Sud-Ouest de la Phrygie (la plus riche, la plus hellénisée), probablement aussi la partie de la Carie qui avait été donnée, puis reprise à Rhodes (*supra*, pp. 226, 298). Aucune source ne nous informe explicitement du sort des vieilles cités grecques du littoral égéen. L'on sait (*supra*, p. 228) quelle répartition en avait été faite après la guerre antiochique, et Attale III n'avait évidemment pu léguer à Rome celles qui, en 188, avaient conservé leur indépendance, c'est-à-dire les plus importantes, y compris les grandes îles littorales, dont le statut resta ce qu'il était. Une exception toutefois : Phocée, qui avait pris parti pour Aristonikos. Faut-il souligner que l'« indépendance » de ces cités n'avait plus de grande signification politique ?

Ainsi fut constituée, sans doute sans enthousiasme excessif de la part du Sénat, la première province romaine sur le sol asiatique (la question de son organisation interne est ici hors de notre propos, d'autant que cette organisation devait rapidement être modifiée dans un sens lourd de conséquences : *infra*, p. 462). L'année 129 apparaît donc comme une année grave pour les destinées politiques de l'hellénisme asiatique : l'autorité directe de Rome se substitue en Anatolie à celle de Pergame au moment même où les derniers espoirs de redressement séleucide s'effondrent sous les coups des Parthes. Ce n'étaient certes point les agrandissements consentis par le Sénat à quelques princes semi-hellénisés qui pouvaient corriger cette rupture d'équilibre. Dans la mesure où un royaume de Pergame étendu et puissant avait représenté un facteur d'équilibre dans l'Orient grec, son démantèlement, intervenant à l'instant où la porte s'ouvrait grande à l'anarchie dynastique syrienne, n'était qu'un aspect de plus de la dislocation du monde hellénistique, d'une décomposition qui devait nécessairement conduire les annexions romaines à s'étendre de proche en proche, qu'on en fût ou non pleinement conscient en Italie. Les années 133-129 enclenchent le mécanisme qui, non sans grincements ni hésitations de la part de Rome, va mener en un siècle presque tout l'Orient hellénistique de la clientèle romaine à la provincialisation.

SOURCES : Allusions littéraires aussi nombreuses que peu explicites : cf. principalement STR. XIV, 1, 38 ; JUST. XXXVI, 4, 6 *sqq.* ; XXXVII, 1, 1-3 ; TL, *Per.* LIX; FLORUS I, 35, 4 *sqq.*, etc. DIOD. XXXIV-XXXV, 2, 26 rapproche incidemment, pour leur commun caractère d'insurrection servile, la guerre d'Aristonikos des événements contemporains de Sicile. Inscriptions : cf. les notes.

BIBLIOGRAPHIE COMPLÉMENTAIRE ET NOTES : **Aristonikos** prit le nom de son père **Eumène** et il faut lui attribuer des émissions monétaires longtemps rapportées à Eumène II : cf. E.S.G. ROBINSON, *Cistophori in the nane of King Eumenes*, NC 6ᵉ sér. XIV (1954), pp. 1 *sqq.*

Sur **la guerre**, cf. à présent tout particulièrement J. VOGT, *Pergamon und Aristonikos, Atti del terzo congresso internazionale di Epigrafia greca e latina 1957* (Rome, 1959), pp. 45 *sqq.*, qui a notamment montré qu'Aristonikos s'empara du pouvoir royal le jour même de la mort d'Attale III et qu'il prit aussitôt, pour attirer des partisans, des mesures sociales à l'intention des catégories inférieures de la population, à quoi la cité de Pergame, que le testament venait de rendre libre, répliqua immédiatement en en faisant autant (droit de cité accordé aux étrangers domiciliés, à certaines catégories de soldats, affranchissement des esclaves royaux et publics, statut d'étrangers domiciliés aux affranchis, etc.), sans exiger aucune obligation de la part des bénéficiaires (cf. *OGIS* 338) ; qu'à Rome, où l'on est de toute façon incapable d'envoyer des troupes, du fait de la guerre de Numance et de la première guerre servile de Sicile, on ignore tout de ces événements au moment du départ de la commission Nasica (fin 133, ce qui est aussi l'époque probable du sénatus-consulte *OGIS* 435 = SHERK 11, dont la date était discutée : cf. MAGIE, *RR* II, pp. 1033 *sq.* ; voir encore, sur ce texte, Th. DREW-BEAR, *Three Senatus-consulta concerning Asia*, *Hist.* XXI (1972), pp. 75 *sqq.* et *Nouvelles inscr. de Phrygie* (Zutphen 1978), pp. 1 *sqq.*). La présence de possédants pergaméniens parmi les partisans d'Aristonikos a été justement dégagée (d'après *OGIS* 338) par DUMONT, *l. c.*, pp. 192 *sqq* ; cf. encore Cl. MOSSÉ, *La tyrannie dans la Grèce antique* (Paris 1969), pp. 193 *sqq.*). La reconnaissance par E.S.G. ROBINSON, *l. c.* du monnayage d'Aristonikos-Eumène III a permis d'importants progrès dans la compréhension tant stratégique qu'humaine de la guerre. Le fait que ce monnayage a été émis dans les trois cités de Thyatire (cf. M. KAMPMANN, *Aristonicos à Thyatire*, RN 6ᵉ sér. XX (1978), pp. 38 *sqq.*), Apollonie et Stratonicée du Caïque prouve que le bassin du haut Caïque fut le centre du royaume « héliopolitain ». Voir à ce sujet les pages fondamentales de L. ROBERT, *Villes d'Asie Mineure* (2ᵉ éd.), pp. 262 *sqq.*, qui note, entre autres, qu'il s'agit d'une région de forte densité gréco-macédonienne : les partisans d'Aristonikos n'ont donc pas été que des indigènes, même si, comme l'a montré P. BRIANT, « *Brigandage* », *dissidence et conquête en Asie achéménide et hellénist.*, *Dial. Hist. Anc.* II (1976), p. 212, le prétendant se fonda aussi sur des régions qui avaient toujours constitué des poches de résistance aux autorités royales. Stratonicée du Caïque frappa au nom d'Eumène (III) jusqu'à la quatrième année de son règne : cela tranche un vieux débat quant à la Stratonicée où fut pris Aristonikos et confirme la thèse déjà soutenue par NIESE III, p. 369, puis solidement étayée par T.R.S. BROUGHTON, *Stratoniceia and Aristonicus*, *ClPh* XXIX (1934), pp. 252 *sqq.*, nécessairement adoptée à présent aussi par L. ROBERT, *o. c.*, p. 261, qui abandonne son ancienne prise de position en faveur de Stratonicée de Carie (*ibid.*, p. 48 ; *Et. Anat.*, pp. 463 *sqq.*). Il est désormais inutile de donner la bibliographie ancienne de la question. Des cistophores émis à Synnada portant le sigle BA AP ont été attribués à Aristonikos, mais, celui-ci ayant probablement pris le nom d'Eumène en même temps que la royauté, cette attribution a été mise en doute par D. KIENAST, *Eine Silbermünze aus d. Zeit d. Aristonikoskrieges*, *Hist.* XXVI (1977), pp. 250 *sqq.*, qui a proposé d'attribuer cette émission à Ariarathe V de Cappadoce. Des critères de datation ont toutefois conduit O. MØRKHOLM a une autre interprétation, signalée *supra*, p. 292 ; cf. encore J.P. ADAMS, *Aristonikos ant the cistophori*, *Hist.* XXIX (1980), pp. 302 *sqq.*

Le caractère de **guerre sociale et servile** du conflit, ainsi que sa mystérieuse **idéologie** (toutes choses que nous n'avons pas à développer ici) ont suscité une abondante littérature. En plus des travaux cités à la section précédente, cf. R. VON POEHLMANN, *Gesch. der soz. Frage...* (3ᵉ éd.) I, pp. 403 *sqq.* ; ROSTOVTZEFF II, pp. 807 *sqq.* ; J. VOGT, *Struktur der antiken Sklavenkriege*, *Abhandl. der geistes- und sozialwissentsch. Klasse der Akad. der Wissensch. u. Literatur* (Mayence) 1957/1 ; F. BÖMER, *Die Religion der Sklaven in Griechenland und Rom* III, *ibid.* 1961/4, pp. 396 *sqq.* ; J. FONTENROSE, *The crucified Daphidas*, *TAPA* XCI (1960), pp. 83 *sqq.* ; M.I. FINLEY, *Utopianism ancient and modern*, dans *The critical spirit. Essays in honor of H. Marcuse* (Boston 1967), pp. 10 *sq.* — M.A. LEVI, *La schiavitù nell' Asia Minore antica*, dans *Né liberi né schiavi* (Milan 1976), pp. 78 *sqq.* a raison d'insister sur l'aspect politique et dynastique du conflit, où le recrutement d'esclaves équivaut à un recrutement de mercenaires (mais cela n'équivaut pas à le suivre dans ses hypothèses sur la « servilisation » des *laoi* et l'on aimerait connaître concrètement « il tipo di azienda di molte migliaia di jugeri » où des centaines d'esclaves sont nécessaires à l'exploitation). Sur l'ensemble, voir aussi le jugement très nuancé de FERRARY, *ap.* NICOLET, *Rome...* II, pp. 775 *sqq.* Ces travaux donneront d'abondants compléments bibliographiques. Il est probable que les doctrines politico-sociales « héliopolitaines » étaient surtout un moyen pour Aristonikos d'attirer à lui le plus grand nombre possible de partisans. L'aspect égalitaire et millénariste du mouvement est toutefois accepté par Cl. MOSSÉ, *Les utopies égalitaires à l'époque hellénist.*, *RH* CCXLI (1969), pp. 297 *sqq.*, qui en explore les arrière-plans philosophiques *grecs*. La contemporanéité de ces événements avec la première insurrection servile de Sicile est un phénomène notable : les rapports entre les problèmes sociaux d'Occident et d'Orient sont soulignés par la présence aux côtés d'Aristonikos du philosophe Blossius de Cumes, ancien conseiller de Ti. Gracchus. On remarquera toutefois, avec DUMONT, *l. c.*, que si les partisans d'Aristonikos comprenaient aussi des possédants, la tradition relative à Héliopolis pourrait recouvrir le projet d'une fondation de cité destinée à absorber des combattants d'origine servile, et donc à les intégrer à l'ordre social monarchique et « bourgeois ». Dans ce cas, toutes les spéculations relatives à l'idéologie « héliopolitaine » seraient passablement vaines : « Aristonicos, ou le tyran solaire » (Mossé) est une formule imagée et frappante, mais risquée...

Sur les activités de **Perperna**, cf. *Inschr. von Priene* 108, lignes 223-230.

Malgré A.H.M. JONES, *The Greek city*, pp. 115 *sq.*, dont on ne voit pas pourquoi il affirme que la plupart des cités soutinrent Aristonikos (ce qui est formellement contredit par les sources) et furent punies pour cela, il n'y a pas de raison de penser que les **cités « libres »** virent leur situation modifiée après la disparition de la monarchie attalide. Th. LIEBMANN-FRANKFORT, *Front. Or.*, p. 145, qui estime que le souci de la liberté des cités fut le mobile du testament d'Attale, estime aussi que, « dans leur légalisme traditionnel, les Romains tinrent à respecter au moins dans la forme, les dernières volontés du souverain ». Aussi bien, les cités avaient-elles depuis longtemps l'habitude de déférer nombre de questions au Sénat (cf. MAGIE, *RR*, pp. 113 *sq.* et notes). Mais Rome, pour ces cités, c'est désormais moins un Sénat lointain qu'une administration provinciale à leurs portes, et cela devait modifier profondément leur situation réelle, qu'analyse DAHLHEIM, *Gewalt u. Herrschaft*, pp. 217 *sqq.* ; cf. aussi R. BERNHARDT, *Imperium u. Eleutheria* (Diss. Hambourg 1971), pp. 103 *sqq.* Reste d'ailleurs la question de savoir si les Grecs de la province furent exemptés par Rome du tribut qu'ils payaient à Attale, comme il ressortirait d'APP., *BC* V, 4 *sqq.* ; il faudrait y répondre par la négative si le *SC* SHERK n° 12 (où bibliographie) doit être daté de 129 : il y aurait dès lors eu des publicains en Asie avant la *lex Sempronia* de 123 (*infra*, p. 462), contre les abus desquels protestèrent les Pergaméniens. Mais, quant à la date de ce texte, cf. les hésitations (après d'autres) de FERRARY, *ap.* NICOLET, *Rome...* II, p. 779.

Alliances conclues entre des cités et Rome : *Syll*[3]. 693 (Méthymne), 694 (Pergame). L'existence de **Phocée**, dont la destruction avait été résolue par le Sénat, fut préservée grâce à une intervention diplomatique de Marseille, intervention qui est peut-être à l'origine du culte que les Phocéens rendirent à la déesse Massalia (cf. entre autres *OGIS* 489). Quant aux villes prises de force par Aristonikos (Samos, Myndos, Apollonie, Thyatire), les Romains n'avaient pas de raison de les châtier pour leur infortune. La liberté accordée à Sardes ressort du fait qu'en 94/3 la cité conclut alliance avec Éphèse, à laquelle Pergame est invitée à se joindre : *OGIS* 437.

Province d'Asie : on a noté, *supra*, p. 417, que l'envoi de Scipion Nasica révélait une certaine répugnance à prendre possession de l'héritage imposé par Ti. Gracchus. BADIAN, *Rom. Imp.*, pp. 22 *sq.* fait d'autre part remarquer que le nom d'*Asia*, dont le sens déborde fort l'étendue de la nouvelle province, est en fait le nom un peu vague du ressort des magistrats envoyés combattre Aristonikos et qui fut conservé ensuite pour le ressort administratif provincial définitif ; et il suggère que, si la province avait été organisée tout de suite, sans hésitations, elle se serait appelée *Pergamum*, et non *Asia*. Aussi pense-t-il que, sans Aristonikos, les choses se seraient passées à Pergame comme elles devaient se passer, une quarantaine d'années plus tard, à Cyrène, où le legs de Ptolémée Apion sera négligé plus de vingt ans et finalement recueilli, comme ici, par suite des nécessités du maintien de l'ordre. Quant aux donations, elles auraient eu deux fins, aux yeux de Th. LIEBMANN-FRANKFORT, *Front. Or.*, pp. 149 *sqq.* : d'une part éviter d'ouvrir un champ d'activité trop large aux financiers équestres (mais il convient de ne pas faire une application trop mécanique de l'argument des « intérêts équestres ») ; d'autre part et surtout, en renforçant la Cappadoce par la Lycaonie et le Pont par la Grande-Phrygie, pourvoir la nouvelle province d'une solide barrière d'États clients, barrière que L.-F. pense avoir été opposée à la menace parthe. On peut toutefois se demander si les Romains, qui savaient sans doute que les Parthes avaient débouché hors de l'Iran, craignaient sérieusement un franchissement de l'Euphrate et une poussée en Anatolie. Notons enfin que, selon SHERWIN-WHITE, *Rome, Pamphylia and Cilicia 133-70 B. C.*, *JRS* LXVI (1976), pp. 1-3, Rome aurait au moins nominalement recueilli la Pisidie et la Pamphylie.

Sur les conséquences du **don de la Phrygie au royaume du Pont** infra,

p. 463. **Le don de la Lycaonie au roi de Cappadoce** (don qui devait être révoqué par la suite, peut-être à l'occasion de la campagne anti-piratique de M. Antonius en 102 : *infra*, p. 405) prouve que Rome n'a pas, alors, de préoccupation stratégique du côté de l'empire séleucide, comme l'a noté A.N. SHERWIN-WHITE, *JRS* LXVII (1977), p. 68, qui note aussi que les gouverneurs d'Asie ne semblent pas avoir disposé de forces légionnaires jusqu'à la guerre mithridatique.

D) L'Égypte de la mort de Ptolémée VI Philomètôr à 129

Lorsque, en 145, la mort accidentelle de Ptolémée VI réduit à néant les brillants résultats de sa politique syrienne (*supra*, p. 378), le champ où s'exerçait traditionnellement la politique des États hellénistiques vient encore de singulièrement se restreindre : la Macédoine, hors jeu en fait depuis 168/7, a définitivement disparu en 148 (*supra*, p. 388). En 146 avaient été coup sur coup éliminés et Carthage et les derniers États notables de la Grèce libre (*supra*, p. 396). Le royaume attalide (qui nous a fait anticiper sur la date à laquelle nous revenons ici) ne va pas tarder à disparaître à son tour, et d'ailleurs, si son influence est encore notable dans le milieu anatolien et égéen vers 145, son rôle mondial est achevé. A cette date, le dernier domaine ouvert à la politique extérieure d'Alexandrie est cette Syrie séleucide tout juste reperdue aussitôt que reprise : alors que, lentement mais sûrement, Rome progresse en Méditerranée orientale, alors que l'Iran parthe commence à peser sur la Mésopotamie et les régions adjacentes, Alexandrie ne désespère pas de reprendre la Cœlé-Syrie — sorte d'obsession dynastique désormais sans portée historique. La vraie politique des Lagides toutefois, en cette fin du II᷎ siècle et ce début du I᷎ʳ, c'est — tandis que l'Égypte s'enfonce dans des difficultés internes de plus en plus insolubles — dans les déchirements de cette famille qu'on la trouve, où les frères s'opposent aux frères, les mères aux filles, les fils aux pères, conflits exacerbés par la passion qu'y apportent les femmes, mais qui cependant affectent gravement la politique générale dans la mesure où ils sont cause d'une dislocation permanente de l'empire, — dans la mesure aussi où ils attirent l'attention constante, encore que discrète et le plus souvent passive, de Rome.

1° PTOLÉMÉE VIII ÉVERGÈTE II, CLÉOPATRE II ET CLÉOPATRE III DE 145 A 132

A la nouvelle de la mort de Ptolémée VI, sa veuve Cléopatre II prit la régence pour leur fils Ptolémée VII Néos Philopatôr, mais la population d'Alexandrie se souleva pour obtenir le retour de Ptolémée VIII, toujours à Cyrène. Celui-ci commença par se jeter sur Chypre d'où, précédé d'un retentissant décret d'amnistie, il gagna l'Égypte — à point pour recueillir l'armée de son aîné qui arrivait d'Antioche. Cléopâtre II ne pouvait compter, semble-t-il, que sur les intellectuels du Musée et sur les Juifs d'Alexandrie : elle dut composer et accepta d'épouser son frère et beau-frère, qui régnerait conjointement avec son jeune neveu Ptolémée VII — mais celui-ci fut assassiné le jour des noces.

Ainsi commença, dans la haine, la suspicion et le sang, le règne aussi long que singulier d'un souverain que sa prodigieuse obésité (qui le faisait surnommer Physcôn : le Bouffi) n'empêchait pas d'avoir des qualités qui eussent pu faire un grand souverain si elles n'eussent été usées en des conflits absurdes et ruineux. Intelligent et cultivé, Ptolémée VIII devait être celui qui, pour se venger des intellectuels, les chassa de sa capitale, privant Alexandrie du seul rayonnement qui lui restât. Obstiné, lucide, patient, sans scrupule, il devait consacrer ses dons de politique à assouvir ses haines et à lutter contre sa sœur-épouse, si bien que ce ne devait être que dans la mesure où ces rancunes coïncidèrent momentanément avec les intérêts de l'État que les qualités du roi servirent le royaume.

Outre le meurtre de Ptolémée VII, un autre acte de Ptolémée VIII acheva de lui aliéner Cléopâtre II : ayant remarqué sa nièce Cléopâtre (III), il abusa d'elle, puis l'épousa, se donnant ainsi deux reines, la mère (sa sœur) et la fille (sa nièce), mais en conférant plus de dignité à la fille qu'à la mère, qui paraît avoir été totalement écartée pendant quelque temps à partir de 142. Le conflit éclata aussitôt, doublé d'une guerre civile. A vrai dire, la situation intérieure de l'Égypte est alors difficile à interpréter. Si l'on comprend que des dignitaires exilés aient essayé de mettre à profit les déchirements de ce ménage à trois pour se rétablir à Alexandrie (ainsi la tentative de coup d'État organisée en 140/39 par le stratège Galaistès), en revanche il est plus malaisé de saisir les tenants et aboutissants des troubles qui éclatent dans la population indigène. Les paysans de la chôra n'avaient pas de raison de se prononcer pour l'un plutôt que pour l'autre des souverains : mais il semble que le long conflit dynastique ait été mis à profit par la population pour manifester son mécontentement et tenter d'améliorer sa situation. La crise qui affecte les campagnes remonte alors à plusieurs générations. Dans la mesure où une sorte d'équilibre s'était établi vers le milieu du IIIe siècle entre l'exploitation des ressources de la vallée du Nil et la prépondérance lagide en Méditerranée orientale, cette situa-

tion optima ne s'était pas longtemps maintenue. L'on a vu précédemment (*supra*, p. 40) dans quelles conditions les troubles avaient
commencé sous le règne de Ptolémée IV, entraînant à la fois la
restriction du domaine exploitable par la monarchie et l'apesan-
tissement de l'administration sur ce qui reste. Cependant que se
détérioraient de la sorte les conditions d'une exploitation à la fois
rentable et tolérable du pays, les indigènes, orientés par un clergé
habile à tirer profit de la situation, prenaient plus ou moins
obscurément conscience du rôle que l'appareil administratif ptolémaïque leur faisait jouer et du rôle que le détraquement progressif
de cet appareil pourrait lui permettre de jouer, — leur permettait
en fait déjà de jouer au sein d'une société qui tendait à s'égyptiser
jusque dans ses couches supérieures. Or, à l'époque où commence
le règne d'Évergète II, ce processus paraît atteindre son point
culminant. L'on discerne (certes point dans les auteurs grecs ou
latins, mais dans les documents papyrologiques) que la société,
aussi bien dans ses éléments grecs ou hellénisés que dans sa masse
indigène, aussi bien sur le plan économique que dans les domaines
juridique et même moral, est alors affectée dans ses bases mêmes.
C'est comme une sorte de mue qui se dessine alors, dans le désordre
et la violence, phénomène que nous n'avons pas à analyser ici
mais qu'il faut néanmoins évoquer, car s'il va de soi que cette
crise a exploité les dissensions dynastiques, on verra qu'à l'inverse
les royaux adversaires furent amenés à en tenir compte dans leur
tactique, sans trop peut-être se bien apercevoir jusqu'à quel point
tout cela mettait en cause l'avenir de leur pouvoir et de l'hellénisme
en Égypte.

Ce fut dans ce contexte complexe et confus qu'Alexandrie vit
débarquer, en 140/39, la grande ambassade itinérante de Scipion
Émilien, ambassade dont il a déjà été question par deux fois
(*supra*, pp. 412, 418), bien que ce fût par l'Égypte qu'elle commençât son périple. Ptolémée VIII et ses épouses ennemies mirent un
terme à leurs querelles afin de recevoir les « amis » romains dans
une atmosphère de dignité. Diodore nous a laissé de cette réception
un récit assez circonstancié. La magnificence et l'ostentation de
l'affreux Physcôn, ce « luxe destructeur et du corps et de l'âme »
offusqua les ambassadeurs — du moins affectèrent-ils d'en être
offusqués. Mais ils s'intéressèrent de près aux ressources de la
Basse-Égypte, où le roi leur fit faire une croisière fluviale : ils
admirèrent « la bonté du pays, la commodité du Nil, le nombre
des villes d'Égypte, les innombrables myriades de sa population,
les facilités de défense et en somme toutes les supériorités de ce
pays si bien disposé pour assurer la sûreté et la grandeur d'un
empire. Et, ayant admiré les foules d'habitants du pays et les
avantages naturels des campagnes, ils conclurent qu'une très grande

puissance pourrait se constituer là, pour peu que le royaume trouvât des maîtres dignes de lui... ».

Des années suivantes, on ne sait à peu près rien. Il n'y a pas de raisons de penser que les troubles indigènes se soient soudain apaisés, mais le trio royal paraît avoir vécu dans une concorde officielle — dont on peut au moins se demander si l'ambassade de Scipion y fut pour quelque chose.

SOURCES : JUST. XXXVIII, 8, 2-10. DIOD. XXXIII, 6 ; 12 ; 18-18 a ; 23-24 ; 28. ATHÉN. IV, 184 c. JOS., c. Ap. II, 5, 50 sqq. Édit d'amnistie de Ptolémée VIII : SEG XII, 548 = M.T. LENGER, C. Ord. Ptol., p. 95, nᵒˢ 41-42.

BIBLIOGRAPHIE COMPLÉMENTAIRE ET NOTES : L'édit d'amnistie a été trouvé à Chypre, mais était valable pour tout l'empire. Cf. le commentaire de M.T. LENGER, Décret d'amnistie de Ptolémée Évergète II et lettre aux forces armées de Chypre, BCH LXXX (1956), pp. 437 sqq.

Pour l'ensemble du règne de Ptolémée VIII (et pour les règnes de ses successeurs), le travail fondamental reste W. OTTO et H. BENGTSON, Zur Geschichte des Niederganges des Ptolemäerreichs. Ein Beitrag zur Regierungszeit der 8. und 9. Ptolemäer, Abh. Bayer. Akad. Wissensch. NF XVII (1938), pp. 23-112, recherche d'une érudition et d'une habileté quasi-vertigineuses, dont les conclusions ne pouvaient pas ne pas susciter des objections de détail (cf. FRASER, Ptol. Alexandria II, p. 218, n. 250), mais sans pour autant avoir été sérieusement remises en question pour l'ensemble. Cf. également VOLKMANN, PW XXIII, 2 (1959), coll. 1725 sqq. La date du mariage de Ptolémée VIII avec sa nièce (142), établie par Otto-Bengtson, a été défendue par H. HEINEN, Les mariages de Pt. VIII Évergète et leur chronologie..., Akten d. XIII. intern. Papyrologenkongr. (Marburg 1971), pp. 147 sqq., contre P.W. PESTMAN, Chronol. égypt. d'après les textes démotiques... (Leyde 1967), qui pensait pouvoir descendre jusqu'à 137.

Pour les premières années, les détails scabreux de la tradition ont choqué la sensibilité de TARN, JHS LIX (1939), pp. 323 sq., mais ne sont guère douteux. Plus graves seraient les réserves que l'on peut formuler sur l'interprétation proposée par Otto et Bengtson de la politique romaine : les données que l'on possède à ce sujet sont maigres, allusives, dispersées et peut-être l'usage qui en a été fait par eux est-il légèrement trop poussé ou, pour reprendre la formule d'A. PASSERINI, Ath. NS XIX (1941), p. 100, un peu « mécanique » (cf. dans le même sens, qui paraît être le bon, ou à tout le moins le plus prudent, E. MANNI, L'Egitto tolemaico nei suoi rapporti con Roma, RF XXVIII (1950), pp. 248 sqq.). Cette politique était-elle d'ailleurs celle de « Rome », ou celle de certains milieux romains, et desquels ? Cette politique, d'autre part, était-elle cohérente, continue ? On remarquera que c'était sous le patronage de Rome que s'effectuait la division du royaume en 163 (supra, p. 361), et que c'est à présent avec l'assentiment de cette même Rome que ce même royaume est à présent rassemblé sous un seul souverain. La diplomatie romaine avait-elle changé de cap ? et pourquoi ? et sous l'influence de qui ou de quoi ? La dernière phrase du passage de Diodore cité ci-dessus est énigmatique : cache-t-elle des arrière-pensées d'annexion ? On hésitera d'autant plus à le croire qu'il semble s'agir d'un lieu-commun (cf. ARR., Anab. III, 5, 7 ; POL. XXXI, 10, 8-9, etc.) ; mais, à supposer qu'on le croie, faudrait-il y voir le reflet de la pensée de Scipion Émilien ? Autant de questions qu'on pourrait, qu'on devrait multiplier, et qu'il faut laisser sans réponses. Cf. encore à ce sujet H. WINCKLER, Rom und Aegypten im 2. Jht.

v. Chr. (1933), pp. 64 *sqq.* ; J. Vogt, *Aegypten als Reichsprovinz im Wandel der Jahrtausende*, *Klio* XXXI (1938), pp. 306 *sqq.* ; E. Manni, *l. c.*, pp. 247 *sqq.* — En sens inverse, les réactions hostiles aux interventions romaines ont été étudiées (pour l'ensemble de l'époque ptolémaïque) par P.M. Fraser, *The Alexandrian view of Rome*, *Bull. Soc. Arch. Alexandrie* XLII (1967), pp. 1-16, qui note au passage que Scipion Émilien, encore auréolé de la fumée des ruines de Carthage, n'était peut-être pas l'homme le mieux fait pour faire bien voir Rome des Orientaux.

Sur le rôle et la situation des **Juifs d'Alexandrie** à l'époque de Ptolémée VIII, cf. en dernier lieu V. Tcherikover et A. Fuks, *Corpus Papyr. Judaic. I* (1957), pp. 21 *sqq.* (où bibliographie antérieure) : la tradition relative à une persécution des Juifs par Ptolémée VIII revêt des caractères légendaires, mais il apparaît certain que les Juifs avaient soutenu Cléopatre II.

Les rapports entre **Évergète II et ses deux reines** sont illustrés par les fluctuations des intitulés des documents égyptiens : *testimonia ap.* Volkmann, *l. c.*, coll. 1727-1729. A propos d'une inscription démotique où un Ptolémée Évergète porte le surnom de « Tryphôn », inscription qui avait été attribuée à Ptolémée III, M. Malinine, *RPh* XVII (1943), pp. 157 *sqq.* a montré qu'il ne pouvait s'agir que d'Évergète II et qu'il n'y a, par conséquent, pas encore de document épigraphique corroborant les sources littéraires donnant l'épithète de « Tryphôn » à Ptolémée III.

Sur la **situation intérieure de l'Égypte**, outre les propos très généraux de Cl. Préaux, *Esquisse d'une histoire des révolutions égyptiennes sous les Lagides*, *Chr. Eg* XXI (1936), pp. 522 *sqq.* et de H. Bengtson, *Bedeutung der Eingeborenenbevölkerung in den hellenist. Oststaaten*, *WaG* XI (1951), pp. 135-142, qui débordent largement le cadre présent, voir surtout Cl. Préaux, *La signification du règne d'Évergète II*, *Actes du Congrès de Papyrol. d'Oxford 1937* (Bruxelles, 1938), pp. 345 *sqq.*, qui analyse de façon frappante un processus de décomposition destiné, sans l'intervention finale de Rome, à aboutir à une sorte de théocratie tempérée par la féodalité (dans le style des anciennes « périodes intermédiaires »), et Rostovtzeff II, pp. 870 *sqq.* ; pour Alexandrie, cf. Fraser, *Ptol. Alex.* I, pp. 86 *sqq.* ; 121 *sqq.* La nomination extraordinaire en Thébaïde d'un *épistratège* fortement pourvu de troupes (Bengtson, *Str.* III, pp. 110, 123 *sq.*) semble indiquer que les troubles indigènes se poursuivirent après le passage de l'ambassade romaine.

Notons que le changement de règne semble correspondre à la **liquidation de la présente lagide dans les îles de l'Égée** : à Théra, *OGIS* 102 est le dernier document connu de la présence lagide (mais voir à présent E. Van't Dack, *Anc. Soc.* IV (1973), pp. 84 *sqq.*), comme l'est à Paros le décret que Despinis, *Arch. Delt.* XX (1965), pp. 119 *sqq.* date de Ptolémée VI (plutôt que de Ptolémée VIII) ; en Crète aussi, où la garnison d'Itanos, sans doute retirée vers 200 (*supra*, p. 151), avait été rétablie, à la demande de la cité, à une date incertaine du règne de Ptolémée VI (*ICr.* III, 9A, lignes 39 *sqq.*), c'est le retrait : *ICr.* III, IV, 9 = *Inschr. Magn.* 105 = *Syll³.* 685, lignes 42-4.

2° LE CONFLIT ENTRE PTOLÉMÉE VIII ET CLÉOPATRE II DE 132/1 A 129

La façade de concorde édifiée en 140/39 s'effondre soudain en 132/1 : des émeutes contraignent le roi et sa seconde épouse Cléopatre III à gagner Chypre. Aucun document, aucun historien ne nous proposent d'explication cohérente de ce rebondissement, mais il est presque certain que le vrai ressort de la crise est à chercher dans la haine qui opposait les deux reines, la fille étant favorisée aux dépens de la mère, dont les émeutes d'Alexandrie sont très probablement l'ouvrage. Y eut-il de surcroît des problèmes de politique extérieure aux origines du conflit ? Il se peut, mais les vastes projets asiatiques prêtés à Ptolémée VIII (cf. les notes) sont trop nébuleux pour qu'on y puisse voir plus que des prétextes.

Il est clair que Cléopatre II entend se débarrasser définitivement de son frère-époux : pour mettre à sa place, il n'est qu'un roi possible, Ptolémée dit Memphite, né en 144/3 du mariage de 145, qu'elle fait acclamer par les Alexandrins. Mais Ptolémée VIII pare le coup : l'enfant était à Cyrène, il l'y fait enlever et amener à Chypre. Faute d'un corégent mâle, Cléopâtre II, contrairement à toute tradition, se proclame alors seule reine. Pour marquer sa rupture avec Ptolémée VIII, elle troque l'épithète d'Évergète (commune au couple : *theoi Euergetai*) contre celles de *Philomètôr* (qu'elle avait portée aux côtés de Ptolémée VI) et de *Sôteira* (qui la rattache au fondateur de la dynastie). Débouté de tous ses droits, Ptolémée VIII se vengea en assassinant son propre fils, le petit Ptolémée Memphite, et en envoyant son cadavre démembré à Cléopatre II, sa mère.

L'atroce conflit conjugal se répercuta à travers tout le pays. La population grecque et juive d'Alexandrie se prononça pour Cléopatre II. Dans le plat-pays, la situation apparaît plus confuse : Ptolémée VIII y reprit pied dès 131/0 et paraît avoir trouvé dans la population indigène des appuis qui lui permirent de neutraliser l'hostilité des Grecs. L'on n'a aucun récit de la guerre civile qui ensanglante alors l'Égypte et où, une fois de plus (*supra,* p. 427), la poussée indigène tire profit de la lutte dynastique ; mais les documents contemporains fourmillent d'allusions à la division du pays en deux factions, aux troubles, aux violences, aux pillages, à l'anarchie — à tout ce que le langage du temps a résumé d'un mot : *amixia*.

En 129, la situation de Cléopatre II, enfermée dans Alexandrie, apparaissait précaire, lorsque l'évolution des affaires asiatiques parut lui offrir une issue favorable.

SOURCES : JUST. XXXVIII, 8, 11-15. DIOD. XXXIV-XXXV, 14. TL, *Per.* LIX. Cf. les notes.

BIBLIOGRAPHIE COMPLÉMENTAIRE ET NOTES : Les **sources historiographiques** ci-dessus mentionnées ne fournissent qu'un cadre à peine sommaire que seuls les papyrus permettent de préciser un peu : on trouvera les principales références *ap.* VOLKMANN, *l. c.,* coll. 1729-1731. La rupture entre Ptolémée VIII et Cléopatre II est de la sorte illustrée par le fait que les documents sont datés, selon les lieux, du règne du premier ou de la seconde (39ᵉ année de Ptolémée VIII = 1ʳᵉ année de Cléopatre II = 132/1), certains notaires ou fonctionnaires prudents adoptant la double datation. Mais la fuite à Chypre, que l'on date en général de cette année, serait en fait un peu plus tardive, car il y a encore des monnaies de Ptolémée VIII frappées à Alexandrie portant mention de sa 40ᵉ année régnale (cf. O. MØRKHOLM, *Ptolemaic coins and chronology,* ANS-MN (1975), pp. 7 *sqq.*). La reprise en mains de la Haute-Égypte par Évergète II est notamment illustrée par les documents papyrologiques et épigraphiques (*OGIS* 132) relatifs au stratège de Thébaïde Paôs (un indigène !).

Revenons aux origines du conflit : la **politique extérieure de Ptolémée VIII** y joua-t-elle un rôle ? OTTO et BENGTSON, *l. c.,* pp. 47 *sqq.,* ont rassemblé tous les indices qui révèleraient que le roi méditait une grande politique asiatique. Ces indices résident principalement dans sa titulature : il est *Sôter* comme le premier conquérant de la Cœlé-Syrie ; il est *Évergète* (au moins à partir de 142) comme Ptolémée III, aux mains duquel l'empire séleucide tout entier faillit tomber ; comme celui-ci encore, il est *Tryphôn* — mais, tandis qu'un siècle plus tôt ce n'était là qu'un sobriquet peu flatteur (l' « efféminé », le « luxurieux »), le terme a désormais acquis une valeur emphatique (le « magnifique », l' « admirable »), comme le prouve le fait que l'usurpateur Diodote, à la même époque, en fait son nom royal (*supra,* p. 405). Ce double rattachement à Ptolémée Iᵉʳ et à Ptolémée III pourrait bien, en effet avoir une intention programmatique. On n'oubliera pas, enfin, les circonstances mêmes du rétablissement de Ptolémée VIII à Alexandrie en 145 : au moment où meurt son frère ennemi, les destinées séleucides paraissent être entre ses mains. Ce qu'on a vu de la situation contemporaine en Asie (capture de Démétrios II par les Parthes en 140/39 ; usurpation de Tryphôn, difficultés juives : *supra,* pp. 405 *sqq.*) pouvait en effet offrir des possibilités d'intervention à une politique lagide résolue. Mais d'une telle résolution nos sources n'offrent à vrai dire nulle trace en ces années : s'il est vrai que le conflit d'abord ouvert, ensuite latent avec Cléopatre II pouvait retenir Ptolémée VIII de s'engager dans la voie des aventures ; les Juifs, d'autre part, n'avaient plus intérêt, comme par le passé, à jouer les Ptolémées contre les Séleucides, l'indépendance pure et simple étant désormais à portée de leur main ; enfin — qui sait ? — des avertissements étaient peut-être venus de Rome où, pour avoir en 145 consenti à la réunification des domaines lagides, on n'avait pas intérêt à favoriser une reprise de l'expansion asiatique. Nous n'avons plus les clés de cet ensemble de problèmes. Il se pourrait toutefois qu'en 132 Ptolémée VIII ait résolu de passer à l'action : c'est alors qu'il paraît prendre ce surnom de Tryphôn qui avait (peut-être) été celui de Ptolémée III, cependant que certains indices pourraient révéler une assimilation de Cléopatre III à Bérénice, épouse de Ptolémée III. Mais ceci nous ramène à la rivalité entre les deux reines, qui fut certainement la cause réelle de la crise, sur laquelle l'influence de la politique extérieure (et, bien plus encore, d'intrigues romaines) reste entièrement conjecturale.

Avant de tuer son fils **Ptolémée Memphite,** Ptolémée VIII essaya de le gagner à sa cause : cf. une dédicace de Délos (*OGIS* 144) où le jeune prince reconnaît reine Cléopatre III, « femme de mon père et ma cousine ». Cette inscription est toutefois attribuée à Ptolémée Apion par R.S. BAGNALL, *Stolos the admiral, Phoenix* XXVI (1972), pp. 358 *sqq.*

Sur les **aspects religieux** et cultuels du conflit, ainsi que sur l'influence de ces années de crise sur l'évolution du culte royal, cf. OTTO et BENGTSON, *l. c.,* pp. 70 *sqq.*

Sur **Chypre** sous Ptolémée VIII, cf. particulièrement T.B. MITFORD, *Seleucus and Theodorus, Opuscula Atheniensia* I (1953), pp. 130 *sqq.* (notamment pp. 147 *sqq.*, où il est, entre autres, montré qu'un des atouts du roi contre sa sœur résidait dans le fait qu'il avait probablement concentré dès son avènement toutes les forces navales à Chypre) ; P. ROESCH, *Theodoros, gouverneur de Chypre*, RA 1967, pp. 225 *sqq.*

E) Les querelles dynastiques lagides et séleucides de 129 à 124

1° LE RETOUR DE DÉMÉTRIOS II ET L'APPEL DE CLÉOPATRE II (129-128)

L'incapacité où s'était trouvé Phraate II d'exploiter sa victoire sur Antiochos VII avait permis à Démétrios II de reprendre en Syrie son règne interrompu depuis dix ans (*supra*, p. 414). Mais la catastrophe de son frère laissait la Syrie sans grandes capacités d'action. Les Juifs en tirèrent la conclusion immédiate : Jean Hyrcan qui, aux termes du traité imposé par Antiochos VII, avait dû suivre le roi en Iran, en était revenu (avec la complicité des Parthes ?) pour rendre aux Juifs une indépendance qu'aucun Séleucide ne devait plus remettre en question, pour arrondir aussi en tous sens le domaine soumis à l'autorité de Jérusalem (en Samarie ; chez les Arabes de Transjordanie et d'Idumée). Une ambassade fut envoyée à Rome (en 126 ou 125 ?) pour « renouveler l'alliance » et obtenir l'appui du Sénat en vue de la restitution des places reconquises par Antiochos VII et de l'abrogation des mesures prises par lui. Dans ce qui lui restait de royaume, d'autre part, Démétrios II paraît avoir été mal accueilli. L'on a noté, sous les règnes précédents, le développement des autonomies urbaines : les circonstances ne pouvaient que favoriser ce processus. Sa capitale même, qui l'avait déjà rejeté à l'époque de Tryphôn (*supra*, p. 405), n'était pas mieux disposée à son égard. Restait Cléopatre Théa qui, veuve de son premier mari (Balas) comme du troisième (Antiochos VII), eût peut-être préféré régner au nom d'un de ses fils que de voir ressurgir son second époux.

Si le retour de Démétrios fut peu apprécié de sa femme, il le fut, en revanche, de sa belle-mère : enfermée dans Alexandrie, privée d'héritier, Cléopatre II appela son gendre à son secours et, pour le convaincre, lui offrit la couronne d'Égypte. Si Ptolémée VI ni Ptolémée VIII n'avaient pu recommencer Ptolémée III, Démétrios II réussirait-il l'entreprise manquée par Antiochos IV ? Bien qu'avec notre recul, les ambitions conquérantes des souverains de ces États moribonds apparaissent ridicules, Démétrios répondit à l'appel, mais échoua : Évergète II tenait les avenues du

Delta, les mutineries dans l'armée syrienne et les troubles à Antioche firent le reste. Il ne restait à Cléopatre qu'à s'enfuir en Asie, en emportant le trésor royal lagide pour viatique.

Alexandrie paraît toutefois avoir résisté un an encore à Ptolémée VIII : lorsqu'elle tomba enfin (à une date imprécise de 127/6 — l'année elle-même étant incertaine), la répression fut sanglante. Les associations éducatives et sportives, religieuses, professionnelles grecques furent dissoutes et leurs biens confisqués. Si l'on ajoute ces mesures à celles prises au début du règne contre les milieux intellectuels, on jugera combien le règne d'Évergète II fut désastreux pour les forces vives de l'hellénisme alexandrin.

SOURCES : JUST. XXXVIII, 9, 1 ; XXXIX, 1, 1-4. JOS., *AJ* XIII, 9, 1-3 (254-267) ; 10, 1 (273) ; *BJ* I, 2, 6-8 (62-69). EUS., *Chron.* (Schoene) I, 257-8. VAL. MAX. IX, 2, 5.

BIBLIOGRAPHIE COMPLÉMENTAIRE ET NOTES : La **documentation** est maigre. Tandis qu'en Égypte seuls les papyrus permettent de préciser le cadre sommaire fourni par les sources littéraires, en Asie ce rôle est joué, toutes proportions gardées, par les émissions monétaires, si bien que le meilleur travail relatif aux dernières vicissitudes de la dynastie séleucide est celui d'un numismate, A.R. BELLINGER, *The end of the Seleucids, Transactions of the Connecticut Academy of Arts and Sciences* XXXVIII (1949), pp. 51-102, qui remplace avantageusement tous les travaux antérieurs, qui y sont mentionnés ; cf. aussi G. DOWNEY, *A history of Antioch*, pp. 126 *sqq.* Un détail pittoresque montrera combien lentement se diffusaient certaines informations : Démétrios II revint d'Iran porteur d'une barbe à la mode parthe — mais cette modification de son visage ne fut connue qu'avec retard par l'atelier monétaire de Tarse (cf. A. HOUGHTON, *ANS-MN* XXIV (1979), pp. 111 *sqq.*)...

Sur l'**expansion judéenne** après la mort d'Antiochos VII, cf. ABEL, *Hist. de la Palest.* I, pp. 210 *sq.* ; V. TCHERIKOVER, *Hellen. civ. and the Jews*, pp. 245 *sqq.*, qui souligne par ailleurs (pp. 243 *sqq.*) l'hostilité, à l'égard de cette expansion, des cités grecques de la région, qui en pâtissaient depuis l'époque de Jonathan et de Simon ; SCHÜRER-VERMES-MILLAR, p. 207. — L'expansion juive rencontrant aussi l'hostilité des Iduméens, certains émigrèrent en Égypte (cf. U. RAPPAPORT, *Les Iduméens en Égypte*, RPh. XLIII (1969), pp. 73 *sqq.*), cependant que d'autres, pour pouvoir rester sur leur terre natale, acceptèrent d'être faits Juifs... — Sur la Pérée transjordanienne à l'époque hellénistique, cf. les brèves notes (avec bibliographie) de R. DE VAUX, *Notes d'histoire et de topographie transjordanienne, Rev. Bibl.* L (1941) = *Bible et Orient* (Paris 1967), pp. 138 *sqq.* — Sur l'ambassade juive à Rome (qui ne paraît avoir reçu qu'un accueil poli et dilatoire) et sur sa date, cf. Th. FISCHER, *Unters. z. Partherkrieg Ant. VII.*, pp. 64 *sqq.*

Sur les **affaires de 129/8 vues du côté lagide**, cf. OTTO et BENGTSON, *l. c.*, pp. 97 *sqq.* ; VOLKMANN, *l. c.*, coll. 1731-1732. Contre l'opinion ancienne, pour laquelle la fuite de Cléopatre II aurait coïncidé avec l'entrée de Ptolémée VIII à Alexandrie, Otto et Bengtson ont montré qu'Alexandrie résista encore longuement après le départ de la reine. Ils ont aussi supposé que Ptolémée VIII aurait bénéficié de l'appui de négociants romains et italiens agissant à titre privé : Alexandrie étant coupée de l'Égypte proprement dite, le commerce étant par conséquent paralysé, ces négociants, intéressés à voir cesser une situation dont souffraient leurs affaires, auraient prêté main-forte au roi (cf.

à ce sujet *OGIS* 135). Mais voir les réserves de Rostovtzeff II, p. 921 ; III, p. 1554, n. 201.

S'il reste certain que le règne d'Évergète II fut « désastreux pour les forces vives de l'hellénisme alexandrin », il faut noter ici que, depuis la 1re éd. de ce livre, des documents non encore utilisés permettent peut-être de mieux comprendre aujourd'hui son attitude, ainsi que de mieux interpréter certains événements ultérieurs. Il s'agit des textes hiéroglyphiques, auxquels il a déjà été fait allusion (*supra*, p. 44), relatifs à la dynastie des Grands-Prêtres et « princes » de Memphis, étudiés par E.A.E. Reymond & J.W.B. Barns, *Alexandria and Memphis. Some historical observations*, Orientalia XLVI (1977), pp. 1 *sqq.* Il apparaîtrait en effet que le Grand-Prêtre Petoubastis I, qui exerça ses fonctions de Ptolémée VI à Ptolémée IX, maria son fils et héritier présomptif Psheremptah II à une princesse Bérénice, sœur cadette de Ptolémée X Alexandre Ier, c'est-à-dire à une fille, inconnue des sources littéraires, de Ptolémée VIII. Ce mariage entre l'héritier de la dynastie sacerdotale et une descendante de la dynastie lagide (mariage qui devait par la suite faire accéder un demi-lagide au Pontificat memphite) était évidemment un acte politique de la plus haute importance. Barns, *l. c.*, pp. 24 *sqq.* l'a interprété au sein d'une hypothèse qui cherche à rendre compte de la rivalité entre Ptolémée VI et Ptolémée VIII, dont le premier (généralement bien traité par la tradition classique) aurait été le représentant de la politique intérieure et extérieure de style hellénique, traditionnelle dans la dynastie, alors que le second (généralement vilipendé par la tradition classique) aurait compris avec réalisme que la dynastie lagide n'avait de chances de se maintenir dans le monde nouveau qu'en faisant fonds sur le peuple égyptien, à travers ses représentants les plus éminents, les Grands-Prêtres et princes de Memphis — qui, de leur côté, ne pouvaient qu'avoir intérêt à se rapprocher encore d'un trône sur lequel les querelles dynastiques lagides pouvaient leur suggérer quelques visées. Cette politique aurait été inaugurée lors du retour de Ptolémée VIII, vers 129 (cf. encore *infra*, p. 442), et lui aurait valu une très grande impopularité auprès des Grecs d'Alexandrie, ou des prétendus Grecs (les métis étant probablement de loin les plus nombreux — et naturellement les plus susceptibles) — d'où la répression, qui fut longue : les mesures prises contre gymnases, *politeumata*, etc. s'étendent jusqu'à 125 (*Pap. Tebt.* III, 700) : cf. Otto et Bengtson, pp. 67 *sqq.*

On n'a en revanche aucune trace de mesures prises en cette circonstance contre les **Juifs d'Alexandrie** : peut-être ceux-ci s'étaient-ils tenus à l'écart des événements, se souvenant de 145/4 (*supra*, p. 429). Tcherikover et Fuks, *Corp. Pap. Jud.* I, p. 23 et n. 58, malgré l'absence de toute documentation, pensent qu'en 127 Ptolémée VIII favorisa les Juifs, comme les Égyptiens, pour mieux amoindrir l'influence des Grecs dans la capitale. Mais le sort des Juifs d'Égypte en ces circonstances dépendait aussi de l'attitude du groupe qui avait fondé un peu plus tôt le Temple de Léontopolis (*supra*, p. 375), lequel fut du côté de Cléopatre II (Jos., *c. Ap.* II, 40 *sqq.*). A. Momigliano, *The second Book of Macc.*, CPh. LXX (1975), pp. 81 *sqq.* a émis l'hypothèse que ce serait en ces circonstances (qui auraient aussi vu naître la *Lettre d'Aristée*) qu'aurait été rédigée, à Jérusalem, *II Macc.* : un effort de propagande jérusalémite pour mieux rattacher le judaïsme alexandrin à la métropole en combattant l'influence de Léontopolis.

2° FIN DE DÉMÉTRIOS II. USURPATION D'ALEXANDRE II ZABINAS. RÉCONCILIATION LAGIDE (128-123)

Quels qu'eussent été les projets syriens de Ptolémée VIII avant 132 — si tant est qu'il en eût — la fuite de sa sœur-épouse ennemie le détermina à intervenir. Contre Démétrios II, il reprit la politique de Ptolémée VI contre Démétrios Ier : il lui suscita un usurpateur, Alexandre II Zabinas, prétendu fils adoptif d'Antiochos VII, qu'acclama Antioche. Le cœur syrien de ce qui restait de royaume séleucide se rallia à l'usurpateur, capitale en tête, cependant que Démétrios II était rejeté sur les villes de Phénicie et sur Damas, auprès de laquelle il se fait battre en 127/6 ; s'étant replié sur Ptolémaïs-Akè où résidait son épouse Cléopatre Théa, il y trouva porte close ; Tyr lui réserva le même sort — mais il y fut capturé, et finit dans les tortures (126/5). Quelle fut, en tout cela, l'influence de Cléopatre II ? Quelle celle de Ptolémée VIII ? L'on ne peut ici que poser quelques faits et ouvrir la porte aux hypothèses : dans le premier semestre de 124, Cléopatre II, de façon tout à fait inattendue, a repris sa place de reine à Alexandrie, aux côtés de son frère et de sa fille Cléopatre III ; en 124/3, Ptolémée VIII abandonne Alexandre II Zabinas, trouvé sans doute indocile, et renoue avec Cléopatre Théa, au fils de laquelle (et de Démétrios II), Antiochos VIII Grypos, il donna la main de la seconde fille que lui avait donnée Cléopatre III, Cléopatre Tryphaina. Battu, Zabinas souleva contre lui Antioche par les exactions sacrilèges auxquelles il se livra pour battre monnaie : en 123 encore, il fut livré à Grypos et mis à mort.

SOURCES : JUST. XXXIX, 1,4 - 2,6. JOS., *AJ*, XIII, 9, 3 (267-269). DIOD. XXXIV-V, 22 ; 28. TL, *Per.*, 60. APP., *Syr.* 68 (360-2).

BIBLIOGRAPHIE COMPLÉMENTAIRE ET NOTES : il paraît inutile d'entrer ici dans la discussion de ces événements obscurs et dont les conséquences plus ou moins lointaines sont aisées à deviner : cette discussion a été menée, du point de vue lagide, par OTTO et BENGTSON, *l. c.*, pp. 103 *sqq.* ; du point de vue séleucide, par A.R. BELLINGER, *l. c.*, pp. 62 *sqq.* On notera toutefois que le schéma général fourni par les sources littéraires (et notamment par Justin) a été confirmé par les **documents papyrologiques et numismatiques.** Ainsi, p. ex., de la réconciliation des Ptolémées (Justin : *Ptolomeus, reconciliata sororis gratia...* : les intitulés de papyrus comportent à nouveau deux reines Cléopatre à partir de 124) ; ainsi du soutien apporté par Ptolémée VIII à Zabinas (des monnaies de l'usurpateur portent l'aigle lagide, comme l'avaient déjà porté des monnaies de Balas) ; ainsi encore de la saisie par Zabinas de statues d'or massif à Antioche (l'atelier d'Antioche émet des statères d'or à l'extrême fin du règne : cf. E.T. NEWELL, *The seleucid mint at Antioch*, p. 89) ; ainsi enfin de la volonté de Cléopatre Théa d'exercer le pouvoir sous le nom de son fils Antiochos VIII (les monnaies, aussi bien dans leurs légendes que dans leurs effigies, subordonnent le roi à sa mère : cf. E.T. NEWELL, *Late seleucid mints in Ptolemais-Ake and Damascus*, NNM 84 (New York, 1939), pp. 13 *sqq.*), etc. — Trois émissions de pièces fourrées, aux noms d'Antiochos VII et de Démétrios II (128/7), attribuées à l'atelier de Tyr par H. SEYRIG, *Trésors du Levant...* (Paris 1973), p. 116, suggèrent des difficultés financières — passagères sans doute, car le même atelier émet encore d'excellentes pièces en 126/5, année de la chute de Démétrios II (*ibid.*, pp. 117 *sq.*). — On notera au passage que l'époque qui nous retient ici est celle où, pour la première fois, on peut attribuer des émissions monétaires à Damas (cf. NEWELL, *l. c.*).

C'est peut-être à la lamentable **fin de Démétrios II** qu'il faut attribuer le martelage d'inscriptions au nom d'un roi Démétrios : cf. R. MOUTERDE, *Mél. Univ. St Joseph Beyrouth* XVII (1933), pp. 180 *sqq.* Le fils aîné de Démétrios II, Séleucos V, essaya de s'emparer du pouvoir, mais sa mère Cléopatre Théa s'empressa de le faire disparaître.

Zabinas n'est qu'un sobriquet (l' « acheté ») illustrant l'origine servile supposée de l'usurpateur ; à part l'émission d'or dont il a été question, ci-dessus, où Alexandre II est dit « dieu Épiphane Nicéphore », ses monnaies ne lui donnent pas d'épithète cultuelle (cf. déjà Tryphôn, *supra*, p. 406).

L'on a déjà noté à plusieurs reprises les conséquences tirées par les **cités** de l'affaiblissement de l'autorité royale. Pour certaines, cette évolution touche alors à son terme : lorsque Tyr se ferme à Démétrios II, en 126/5, c'est pour rompre du même coup toute attache avec la dynastie et inaugurer une ère nouvelle d'autonomie complète (cf. H. SEYRIG, *Notes on Syrian coins*, NNM 119 (1950), pp. 19 *sqq.*) ; Ptolémaïs, déjà *hiéra*, est de plus *asylos* en 126/5 au plus tard, donc l'année où Cléopatre Théa refuse l'accès à Démétrios II et y inaugure la frappe de l'argent à son effigie ; le rapport n'est toutefois pas assuré (cf. SEYRIG, *Le monnayage de Ptolémaïs en Phénicie*, RN 6ᵉ sér. IV (1962), pp. 28 *sqq.*).

Pour éclairer, s'il se peut, les successions séleucides à partir de Démétrios II, on se reportera au **tableau généalogique** *infra*, p. 446.

F) L'Égypte de la réconciliation de 124 à la perte de la Cyrénaïque (96)

1° LA FIN DU RÈGNE DE PTOLÉMÉE VIII ÉVERGÈTE II (124-116)

La réconciliation de Ptolémée VIII et de Cléopatre II, que séparaient tant de haines et de cadavres, la réinstallation à Alexandrie de la vieille reine aux côtés de sa fille Cléopatre III, co-épouse et corégente, tout cela révèle des abîmes de cynisme. L'échec de Démétrios II avait ôté à Cléopatre II l'espoir de se rétablir en Égypte contre Ptolémée VIII : il lui fallait donc se rétablir avec lui, et donc oublier bien des choses. Quant à Ptolémée, peut-être estima-t-il que mieux valait avoir sa sœur à ses côtés qu'en exil. Quoi qu'il en fût, et malgré les échos qu'apportent encore les papyrus des séquelles du conflit, la concorde fut officiellement rétablie et proclamée. Les deux petites victimes, Ptolémée VII Néos Philopatôr, assassiné à Alexandrie en 144/3 (*supra*, p. 426) et Ptolémée Memphite, assassiné à Chypre, en 131/0 (*supra*, p. 430), furent réhabilitées et intégrées dans le culte dynastique. Des monuments figurés manifestèrent l'amour et la fraternité qui unissaient la famille royale.

La grande affaire fut alors de rétablir l'ordre et la paix dans le pays. Au point où l'on en était arrivé, au point notamment où l'appui recherché par Ptolémée VIII auprès de la population égyptienne et les persécutions successives infligées aux Grecs avaient creusé le fossé entre les communautés, ce n'était pas aisé. Le roi ne put guère faire autre chose que de reprendre la politique alors déjà séculaire des concessions. Cette politique lénitive nous est connue par un grand décret d'amnistie de 118. Malgré l'état relativement défavorable de notre connaissance de ces *philanthrôpa*, ceux-ci nous offrent jusqu'à un certain point une vue synthétique de la situation désastreuse de l'Égypte en cette fin du IIᵉ siècle. Ce qui fait l'originalité de ce texte par rapport aux textes similaires antérieurs, c'est qu'il s'agissait de régler une situation particulièrement complexe, du fait que l'Égypte avait été divisée entre deux factions lagides rivales, et non plus seulement entre l'autorité royale et des mouvements insurrectionnels indigènes. Les mesures de 118 reflètent donc, plus ou moins, et à l'échelle du pays entier, la réconciliation du sinistre trio royal.

Les points suivants peuvent éclairer la situation du pays. Le pouvoir s'adresse d'une part à l'ensemble de la population : l'amnistie est proclamée à l'égard de tous ceux qui, d'un côté ou de l'autre, ont pris part aux troubles de l'époque d'*amixia*. Les paysans qui ont déguerpi (les *anachôrètes*) sont invités à reprendre leurs occupations. Puis des distinctions sont opérées entre les diverses catégories de la population. En ce qui concerne les Grecs, soldats, commerçants, propriétaires fonciers aussi (le développement de la propriété privée est un des indices de l'affaiblissement de l'emprise royale sur la terre), les mesures prises sont assez confuses : plus qu'elles ne rétablissent l'ordre et l'autorité, elles confirment les avantages, surtout fiscaux et fonciers, que nombre d'entre eux avaient usurpés pendant les troubles. Les Grecs ayant en grand nombre soutenu Cléopatre II contre son frère, il s'agit sans doute de concessions de celui-ci à celle-là. L'inverse doit être vrai des concessions consenties aux catégories de la population indigène, soldats (*machimoi*) et surtout prêtres. Ces derniers, dont dépendait tout particulièrement l'ordre dans les campagnes, sont l'objet d'une sollicitude particulière : extension du droit d'asile, concessions de terres, aide de l'État à la restauration des bâtiments sacrés, etc. Restait la masse des fellahs, avide surtout de vivre en paix et de manger à peu près à sa faim, dépourvue d'opinions politiques, prête à se rallier au plus fort, à s'enfuir quand, entre les exigences de l'administration royale et celle des bandes rebelles, la situation devient intenable — population qui profita du rétablissement de l'unité du pouvoir pour se plaindre, par le moyen d'innombrables pétitions, — pour se plaindre de tout : des excès de la soldatesque, de ceux du fisc, de la corruption et des abus de pouvoir des fonctionnaires, de l'oppression généralisée, de la faim, de la misère. A toutes ces plaintes, le pouvoir répond globalement en accordant la remise des arriérés et en invitant bonnement les gens à se remettre au travail.

Tout cela révèle une Égypte épuisée, désorganisée et — dans la perspective de ce livre — de plus en plus incapable de subvenir aux besoins d'un trésor qui, de son côté, n'a plus guère d'autre rôle que d'entretenir le faste de la monarchie. Le système minutieusement mis sur pied par un Philadelphe, par un Apollônios, où la politique intérieure — entendons l'exploitation rationnelle du pays, contribuait à fournir les moyens d'une grande politique extérieure, ce système est ruiné — non sans d'ailleurs que l'appareil en reste sur pied, avec une oppressivité qui ne cesse de croître à mesure que son rendement décroît. Faut-il préciser que des mesures telles que celles de 118 n'avaient aucune chance de restaurer l'autorité du pouvoir, ni (sinon sur le moment) l'ordre dans les campagnes, ni l'ancienne prospérité, ni la puissance qui en découlait... ?

SOURCES : Aucune source littéraire ne nous renseigne sur l'état de l'Égypte en ces années. Les *philanthrôpa* de 118 : *Pap. Tebtynis* I, 5 = HUNT et EDGAR, *Select Papyri* (coll. Loeb) II, n° 210 = M.T. LENGER, *C. Ord. Ptol.* n° 53 (on trouvera dans cet ouvrage d'autres fragments se rapportant à l'activité législatrice de Ptolémée VIII et de ses deux épouses, qui paraît avoir été intense.

BIBLIOGRAPHIE COMPLÉMENTAIRE ET NOTES : Sur la réconciliation de 124 et la **fin du règne**, cf. OTTO et BENGTSON, *l. c.*, pp. 103-112 ; VOLKMANN, *l. c.*, coll. 1732 *sqq.*

Le problème d'une éventuelle **intervention romaine** en 124 apparaît insoluble : que l'on suivît attentivement la situation à Rome (sur quoi insistent Otto et Bengtson) est une autre affaire. Le Sénat n'avait au fond nul intérêt à intervenir dans cet imbroglio : il pouvait lui suffire de constater que les royaumes hellénistiques s'usaient, et chacun de lui-même, et mutuellement. La pensée profonde des milieux sénatoriaux — si tant est qu'il y en eût une à ce sujet — nous est inconnue. Certes les tendances impérialistes de certains groupes (et des milieux d'affaires : nous sommes à l'époque où les publicains font leurs premières armes en Asie) pouvaient pousser à brusquer les choses — mais était-ce brusquer les choses que de réconcilier les Lagides ? Mieux vaut, semble-t-il, s'abstenir d'hypothèses.

Les **philanthrôpa de 118** ont suscité une très abondante littérature dont on trouvera l'état le plus récent dans *C. Ord. Ptol.*, p. 131. La date relativement tardive, par rapport à 123 s'explique par le fait qu'il s'agit d'un document synthétique qui tire les conclusions générales de mesures de détail prises antérieurement (cf. *OGIS* 137-139). D'autres mesures devaient d'ailleurs être prises encore un peu plus tard. L'ensemble de ces textes a été utilisé dans l'étude très fouillée qu'a donné de la situation qui régnait dans la *chôra* égyptienne ROSTOVTZEFF II, pp. 878 *sqq.* En vue d'une étude plus détaillée encore, on se référera avec profit à Cl. PRÉAUX, *Econ. royale,* en utilisant l'index des sources, sous *Pap. Tebt.* 5 ; *124* ; *707.* Voir aussi les commentaires de M.T. LENGER, *o. c.,* nᵒˢ 51-55.

Une des tares originelles du système administratif égyptien, qui remonte à l'époque pharaonique, mais semble porter ses fruits les plus amers à l'époque à laquelle nous sommes parvenus, est la **responsabilité des fonctionnaires à** l'égard du pouvoir central, qui conduit à faire d'eux de petits tyrans locaux : cf. PRÉAUX, *o. c.,* pp. 444 *sqq.* ; 514 *sqq.* ; C. KUNDEREWICZ, *Évolution historique de la responsabilité des fonctionnaires dans l'Égypte ptolémaïque, Eos* XLVIII/2 (1956) *(Symbolae Taubenschlag),* pp. 101 *sqq.* La responsabilité des fonctionnaires a à son tour pour conséquence la responsabilité collective de la population imposable. L'impuissance du pouvoir central à remonter la pente se traduit dans le fait qu'Alexandrie se borne de plus en plus à exhorter mollement les représentants locaux du pouvoir à se montrer modérés dans l'illégalité. En vain, naturellement. La législation par ordonnances ou rescrits, bien représentée par les documents ci-dessus, est naturellement une **législation de circonstances :** sur son inefficacité profonde, cf. Cl. PRÉAUX, *Un problème de la politique des Lagides : la faiblesse des édits, Atti del IV Congresso intern. di Papirol.* Florence, 1935 (Milan, 1936), pp. 183 *sqq.* (cf. aussi, dans le même ordre d'idées, qui dépasse quelque peu notre dessein : Cl. PRÉAUX, *Pourquoi n'y eut il pas de grandes codifications hellénistiques ?, Revue intern. des Droits de l'Antiqu.,* 3ᵉ sér. V (1958), pp. 365 *sqq.*). La brève conclusion de *L'Écon. royale...,* pp. 569 *sqq.* sur les rapports entre richesse et puissance des Lagides, est particulièrement bien illustrée par les conditions du règne de Ptolémée VIII, mais porte en réalité sur les deux siècles, ou presque, qu'a duré la décadence de l'Égypte hellénistique

OTTO et BENGTSON, *l. c.,* pp. 114 *sqq.,* ont pensé pouvoir démontrer que le commerce égyptien aurait, sous Ptolémée VIII, compensé son grave déficit méditerranéen grâce à la découverte de la mousson, entraînant une intensification du **commerce avec l'Inde.** Adoptée par ROSTOVTZEFF II, pp. 925 *sqq.,* cette thèse n'a cependant pas rencontré une adhésion unanime (cf. TARN, *JHS* LIX (1939), p. 324 ; FRASER, *Ptol. Alexandria* I, pp. 183 *sq.*). Rostovtzeff, qui a rassemblée avec soin toutes les données relatives au commerce extérieur de l'Égypte à cette époque, était toutefois un peu optimiste peut-être en qualifiant Ptolémée VIII de « chief restorer of Alexandria's foreign trade », et L. MOOREN, *The date of SB V 8036 and the development of the Ptolemaic maritime trade with India, Anc. Soc.* III (1972), pp. 127 *sqq.* a souligné que, même si la possibilité d'utiliser la mousson fut découverte sous Ptolémée VIII, l'exploitation de cette découverte ne suivit pas nécessairement aussitôt (cf. aussi FRASER, *l. c.*). Sans entrer dans les détails incertains de ces problèmes de navigation de l'océan Indien, mieux vaudrait, sur un plan très général, constater que le rétablissement de la paix à partir de 124 permit le rétablissement de transactions désormais séculaires, dont on peut cependant se demander si elles bénéficièrent d'une politique cohérente, telle que celle de Philadelphe : il est certain qu'à la fin du IIᵉ siècle, le commerce alexandrin, si actif qu'il redevînt, n'a plus, dans la politique générale lagide, le rôle positif fondamental qu'il avait eu au IIIᵉ siècle.

Sur le **détraquement du système monétaire** lagide et l'anarchie des rapports entre la valeur des métaux, cf. GIESECKE, *Ptolemärgeld,* pp. 56 *sq.*

2° DE LA MORT DE PTOLÉMÉE VIII ÉVERGÈTE II A LA PERTE DE LA CYRÉNAÏQUE (116-96)

Cléopatre III avait donné deux fils à son oncle-époux : Ptolémée IX Philomètôr Sôter II Lathyros (né en 143/2) et Ptotémée X Alexandre (date de naissance inconnue, mais il est le cadet). Lorsqu'il mourut, en juin 116, Ptolémée VIII laissa le pouvoir à Cléopatre III et à celui de ses fils qu'elle désignerait. C'était probablement pour assurer la paix de ses vieux jours qu'il n'avait pas pris de disposition plus précise. Il savait en effet que Cléopatre III avait une préférence passionnée pour le cadet, mais que sa désignation aurait provoqué des remous à Alexandrie. Peu de temps avant la mort de Ptolémée VIII, l'aîné avait été nommé gouverneur de Chypre : l'opinion pouvait penser qu'il s'agissait de lui enseigner les responsabilités du pouvoir dans une province importante ; en réalité on l'avait écarté pour aplanir la voie au cadet, qui, à la mort de son père, fut désigné comme successeur par sa mère. Mais le peuple d'Alexandrie refusa de le reconnaître et exigea que l'on rappelât l'aîné de Chypre, où le cadet alla prendre sa place. Peut-être le testament de Ptolémée VIII prévoyait-il que celui de ses fils qui ne régnerait pas à Alexandrie aurait Chypre.

Ptolémée VIII avait eu, de surcroît, un bâtard, Ptolémée Apion. Il est possible, sinon prouvé, qu'il fût gouverneur de Cyrénaïque à la mort de son père (qui lui légua cette possession extérieure avec la dignité royale), mais il est impossible de savoir dans quelles conditions Apion réussit à exercer sa royauté cyrénéenne : si celle-ci est attestée par une inscription de 101, en revanche une inscription de 109/8 semble prouver que la Cyrénaïque était alors gouvernée d'Alexandrie par Ptolémée IX Sôter II. Quoi qu'il en fût, le testament de Ptolémée VIII aboutissait à une tripartition du royaume.

Cléopatre III n'avait pas renoncé à rappeler Alexandre, et son règne commun avec Sôter II — qui est fort mal connu — paraît avoir été un long conflit, généralement latent, mais à plusieurs reprises ouvert : fin 110 et peut-être début 108, Cléopatre III réussit à se débarrasser brièvement de son aîné, mais ce ne fut qu'à l'automne de 107 qu'elle parvint à ses fins : Sôter II opéra un nouveau chassé-croisé avec son frère, mais c'est en fuyard qu'il gagna cette fois Chypre, et si bien poursuivi par la vindicte maternelle qu'il ne tarda pas à passer en Syrie, d'où il reconquit l'île, pour y régner en souverain indépendant. La rivalité des deux frères se greffe d'ailleurs, à ce moment, sur les conflits parallèles des Séleucides (*infra,* p. 445) : la double guerre civile se confond avec une nouvelle « guerre de Syrie » où l'on trouve un Ptolémée et un Antiochos dans chaque camp...

Pour être le préféré, Ptolémée X Alexandre n'en tomba pas moins sous la férule de l'abusive Cléopatre III : comme son aîné, il fut acculé à la fuite en 103/2, et ne regagna Alexandrie en 101, sous couleur de réconciliation, que pour assassiner sa mère. Il n'avait pas de raison, pour autant, de se réconcilier avec son frère et la séparation des royaumes chypriote et égyptien dura jusqu'en 88, date à laquelle Ptolémée IX, ayant réussi à reprendre pied dans la *chôra* égyptienne, son frère l'affronta, fut battu et contraint à la fuite. Il tenta un dernier rétablissement, après avoir emprunté, probablement à des financiers romains — et légué son royaume à Rome pour le cas où il disparaîtrait (comme l'avait fait son père dans des circonstances analogues). Or il périt dans l'entreprise (87), ce qui, sans doute, permit à Ptolémée IX de régner sur un royaume réunifié, mais aussi posa à Rome le problème du testament, problème épineux en les circonstances...

Réunifié, mais diminué car, en 88, la Cyrénaïque n'était plus lagide. Ptolémée Apion, qui avait régné à Cyrène au moins depuis 101, était mort en 96 en accordant par testament la liberté aux cités grecques du pays, et en léguant, lui aussi, la *chôra* au peuple romain. La réaction de Rome ne nous intéresse pas ici (la province de Cyrénaïque ne devait voir le jour qu'en 74 : *infra*, p. 520) : ce sont les arrière-plans du legs qu'il serait intéressant de connaître, mais, comme dans le cas du testament d'Attale, on en est réduit aux hypothèses.

L'histoire lagide de ces années, comme l'histoire séleucide du reste, se réduit donc pour nous dans une large mesure à de fastidieuses querelles dynastiques : nous en savons un peu plus que Justin, Diodore ou Pausanias, mais pas beaucoup plus. Cela suffit du moins à révéler l'usure progressive d'un État qui, protégé de toute menace extérieure (car l'Égypte n'a ni ses Parthes, ni son Mithridate, et l'on ne saurait dire que Rome la « menace »), est en train de pourrir de l'intérieur, à la fois sous l'effet de la dégénérescence morale de ses souverains et de la lente mais irrémédiable désaffection de sa population à l'égard d'une dynastie qui ne se survit plus que pour elle-même. Depuis ses lointaines origines, l'Égypte avait toujours bénéficié du relatif isolement que lui assure la géographie par rapport au monde méditerranéen et asiatique : elle en profite encore, mais recueille à présent les conséquences néfastes de ce péché originel de la domination macédonienne, qui avait été l'installation du pouvoir hors de l'Égypte proprement dite. Si la définition première du royaume ptolémaïque avait été, et restait toujours théoriquement, « Alexandrie et l'Égyp-

te », elle tend désormais, de manière de plus en plus fréquente à
être Alexandrie sans, voire contre l'Égypte. Aucun souverain ne
devait plus être capable de restaurer l'équilibre entre la capitale
et la *chôra,* ni de rendre sa place à l'ensemble dans un monde
dont l'anarchie n'était limitée que par la progression (elle-même
assez anarchique, semble-t-il) de Rome. L'Égypte de la fin du
II° siècle n'est pas menacée — mais elle est à prendre. Le dernier
siècle de l'histoire ptolémaïque est un sursis.

SOURCES : JUST. XXXIX, 3, 1-2 ; 4, 1-6 ; 5, 1-3. PAUSAN. I, 9, 1-3. EUS., *Chron.*
(Schoene) I, 163-6. DIOD. XXXIV-XXXV, 39 a. Sur le testament : CIC., *De
lege agrar.* I, 1, 1 ; II, 16,41 - 17,44 ; *de rege alexandrino,* fr. 9, dans les
Scholia Bobiensia (ed. Hildebrandt 1907), p. 32. Pour les inscriptions et les
papyrus, cf. les notes.

BIBLIOGRAPHIE COMPLÉMENTAIRE ET NOTES : L'état général des **sources** est donné
par VOLKMANN, *PW* XXIII, 2 (1959), coll. 1735 ; 1737 *sqq.* (consulter simultanément les articles *Ptolemaios 29* à *Ptolemaios 31.* Il faut toutefois y ajouter à
présent les documents hiéroglyphiques dont il a déjà été question et qui n'ont
été exploités que récemment. J'ai signalé ci-dessus (p. 434) l'hypothèse élaborée
par REYMOND & BARNS d'une politique résolument égyptienne inaugurée par
Ptolémée VIII, liant par mariage la dynastie royale à la dynastie sacerdotale
de Memphis. Cette politique aurait été poursuivie : l'on apprendrait ainsi
qu'après avoir investi de ses fonctions sacerdotales le Grand-Prêtre Pétoubastis II,
Ptolémée X (son oncle) lui aurait également conféré le diadème et les orne-
ments royaux (*l. c.,* p. 19), ce qui signifierait que, devenu à Memphis l'égal du
roi d'Alexandrie, le Grand-Prêtre (semi-lagide) aurait éventuellement pu devenir
un candidat au trône : nous retrouverons cette question le jour où le rideau
tombera définitivement sur l'histoire des Ptolémées (*infra,* p. 553). Les sources
classiques ignorent résolument cet aspect (qui reste pour l'instant soumis à discussion) de l'histoire de la fin des Lagides.

Pour la **chronologie,** cf. en dernier lieu A.E. SAMUEL, *Ptolemaic chronology,*
pp. 157-153, et *Year 27 = 30 and 88 B. C., Chr. Eg.* XL (1965), pp. 376 *sqq.*
Les formules de datation des papyrus suggèrent qu'il régnait une certaine confusion dans les esprits, procédant de la confusion des événements : cf., pour le
début du règne de Ptolémée IX, R.H. PIERCE, *Three demotic pap. in the
Brooklyn Mus., Symb. Osl.,* Suppl. XXIV (1972), pp. 24 *sqq.* Cf. encore ci-dessous.

OTTO et BENGTSON, *l. c.,* pp. 112 *sqq.* ont pensé que les troubles populaires
contre la désignation d'Alexandre auraient été suscités par **Cléopatre II** en
haine de sa fille et par dépit d'être totalement écartée du pouvoir, ce qui lui
aurait valu en retour d'être probablement assassinée peu après. Cette interprétation a été contestée par D. MUSTI, *I successori di Tolomeo Evergete II,
Parola del Passato* LXXV (1960), pp. 432 *sqq.,* qui souligne que toute la
théorie d'Otto et Bengtson est fondée sur l'unique mention de deux reines
Cléopatre dans un papyrus démotique de la fin de 116 (*Pap. Ryland* III, 20),
ce qui est une base à la fois bien étroite et périlleuse, du fait que les datations
posthumes sont fréquentes (cf. datations posthumes de Ptolémée VIII ap:
VOLKMANN, *l. c.,* coll. 1734), et que les sources, par ailleurs, n'évoquent
pas Cléopatre II à propos de la succession. Les quelques troubles qu'il y
eut, semble-t-il, à la mort de Ptolémée VIII ne sont pas forcément le signe
d'un conflit entre les deux Cléopatre, et le fait que la mémoire de la mère
ait été condamnée sur les monuments ne signifie pas forcément qu'elle ait
été assassinée sur l'ordre de sa fille. Il n'est en réalité nullement impossible
que Cléopatre II fût morte quand disparut son frère et, bien qu'on ne

connaisse pas sa date de naissance, elle était d'âge à mourir sans poison ni poignard.

La présence de **Ptolémée IX** à Chypre avant la mort de son père, affirmée par Pausanias, est confirmée par *OGIS* 143 (cf. OTTO et BENGTSON, p. 117, n. 2). Revenu en Égypte, la pacification du pays dans les dernières années de Ptolémée VIII permit au jeune roi et à sa mère de faire un voyage d'inspection qui les conduisit jusqu'à Éléphantine, en 116/5 (*OGIS,* 168).

Cléopatre III semble, comme sa mère Cléopatre II, avoir visé le pouvoir personnel et l'avoir préparé en usurpant en 105 le sacerdoce d'Alexandre et de la dynastie lagide, sacerdoce qui était, à cette époque, exercé par le souverain régnant. Sur cette question, comme sur la titulature égyptisante de cette reine, cf. L. KOENEN, *Kleopatra III. als Priesterin des Alexanderkultes,* ZfPE V (1970), pp. 61 *sqq.*

L'année même où paraissait la 1ᵣₑ éd. de ce livre, E. BADIAN, *The testament of Ptolemy Alexander, Rh. M.* CX (1967), pp. 178 *sqq.* montrait d'une façon convaincante que le Ptolémée Alexandre qui testa en faveur de Rome devait être Alexandre Iᵉʳ et non Alexandre II, comme on l'admettait généralement (cf. 1ᵣₑ éd., pp. 436 *sq.*). La date de 88 n'est pas celle de la mort de **Ptolémée X Alexandre Iᵉʳ**, mais celle de sa fuite ; sa tentative de rétablissement dut avoir lieu au printemps de 87. Le contexte romain est important : c'est celui de la première guerre mithridatique (*infra,* p. 477) et du coup d'État sullanien.

La naissance de **Ptolémée Apion** est obscure : les sources le donnent pour un bâtard — mais J.W.B. BARNS, dans l'étude citée (*supra,* p. 434), pp. 24 *sqq.* a souligné que cette qualification pourrait bien ne procéder que d'une interprétation malveillante et intéressée des Grecs — et des Romains : en fait Apion (nom égyptien) serait né d'un mariage contracté par Ptolémée VIII dans l'aristocratie sacerdotale, au moment où il aborda la politique indigène supposée par Barns. La polygamie royale n'avait rien pour choquer les Égyptiens, pour lesquels la notion de légitimité n'avait pas de sens. La « bâtardise » d'Apion ferait donc partie de l'arsenal de griefs des Grecs d'Alexandrie — et repris avec empressement par les Romains, qui trouvaient là un moyen de plus de refuser leur reconnaissance.

Apion et Cyrène : la date à laquelle Ptolémée Apion prit le pouvoir à Cyrène (d'après Justin, il semblerait que ce fût dès 116) a été rendue problématique par la découverte à Cyrène d'un édit (*SEG* IX, 5 et XVI, 865) dont la datation a été vivement discutée, du fait d'une irrégularité manifeste dans l'usage des calendriers. Comme cet édit est rendu la 9ᵉ année d'un roi Ptolémée et d'une « reine Cléopatre sa sœur » qui sont dits *theoi Sôteres,* ceux-ci ne pouvant guère être que Ptolémée IX Sôter II et sa seconde sœur-épouse Cléopatre Sélénè, l'année semble devoir être 109/8 (cf. notamment W. OTTO, *Ptolemaica,* SBAW Munich, phil.-hist. Abt. 1939/3, pp. 16 *sqq.*). Mais dès lors, si Ptolémée IX exerçait le pouvoir en Cyrénaïque, Apion ne l'y exerçait point, et, de fait, l'édit ne fait pas allusion à lui. L'on a pu penser que le couple royal, fuyant Alexandrie et Cléopatre III (qui n'est pas mentionnée dans le document), se serait alors réfugié à Cyrène — mais il y a une lettre d'envoi qui implique qu'ils n'y sont pas. Il semblerait donc plutôt qu'Apion n'exerça pas le pouvoir à Cyrène dès le lendemain de la mort de Ptolémée VIII et que Ptolémée IX eut, au début, un droit de regard sur les affaires cyrénéennes : Cyrène frappa d'ailleurs monnaie pour Ptolémée IX. (Cf. *Documenti antichi dell'Africa Italiana* I, p. 74) : en ce sens, V. ARANGIO-RUIZ, *Una nuova iscrizione sul protettorato dei Tolemei in Cirenaica,* RF NS XV (1937), pp. 266 *sqq.,* et part. p. 276. Plus récemment, P.M. FRASER, *Inscr. from Cyrene, Berytus* XII (1956-1958), n° 7, pp. 113 *sqq.,* s'est à nouveau prononcé en faveur d'un bref passage de Sôter II et de Sélénè à Cyrène en 108, à quoi semble aussi se rapporter une dédicace cyrénéenne à un roi Ptolémée et une reine Cléopatre, enfants d'Évergète II (cf. L. GASPERINI *in* S. STUCCHI, *L'Agora di Cirene* I, 1 (Rome 1965), p. 315, qui pense que la reine est Cléopatre IV et date le texte de 116 ou 115). Une dédicace de Ptolémaïs de Cyrénaïque, de la 10ᵉ année de Sôtèr II prouve qu'il y règne encore en 108/7 (cf. G. PUGLIESE-CARRATELLI, *Annuario* 1961-2, p. 337). OTTO et BENGTSON, pp. 122 *sqq.* concluaient de ces faits que Cléopatre III avait considéré le testament de Ptolémée VIII comme nul et non avenu : l'hypothèse n'est pas impossible, mais pas nécessaire non plus. Il est en effet probable, comme l'a souligné G.I. LUZZATTO, *Appunti sul testamento di Tolomeo Apione a favore di Roma, Stud. et Docum. Hist. et Iur.* VII (1941), pp. 259 *sqq.*, que la situation révélée par le texte de 109/8 doit être envisagée en fonction de l'issue de l'affaire — c'est-à-dire du testament d'Apion, soit qu'à Rome on ait invoqué l'illégitimité d'Apion pour faire jouer le testament rédigé par Ptolémée VIII en 155 et retrouvé à Cyrène (*supra*, p. 363), ce qui aurait déterminé Ptolémée IX à affirmer ses droits dynastiques sur la Cyrénaïque ; — soit qu'au contraire Ptolémée IX ait cherché à se débarrasser de son demi-frère contre les dernières volontés de son père, ce qui aurait déterminé Rome à soutenir Apion, lequel aurait payé ce service en léguant son royaume au Peuple Romain, c'est-à-dire en reprenant le premier testament de son père. On voit que la découverte de *SEG* IX, 5 a soudain révélé tout un pan d'histoire qui nous échappait — et dont la compréhension exacte continue d'ailleurs à nous échapper. Il se pourrait en définitive qu'Apion n'ait pris le titre royal qu'à la chute de Ptolémée IX, en 107 (ce qui n'aurait peut-être pas empêché celui-ci d'intervenir dans les affaires cyrénéennes depuis Chypre, comme une dédicace trouvée à Apollonie, port de Cyrène, le suggère à H. HAUBEN & E. VAN'T DACK, *ZfPE* VIII (1971), pp. 33 *sqq.* A supposer d'autre part que la dédicace délienne *OGIS* 144 ne soit pas de Ptolémée Memphite, comme on le pense généralement (*supra*, p. 431), mais d'Apion, comme le soutient R.G. BAGNALL, *l. c., Phoenix* XXVI (1972), pp. 358 *sqq.*, il n'en serait pas prouvé pour autant qu'elle commémorerait l'aide que Cléopatre III aurait apportée à Apion pour s'établir à Cyrène, en 102 selon B. Le texte qui prouve qu'Apion porte le titre royal en 101/0 est une *lex de piratis persequendis* dont il sera question ultérieurement (*infra*, p. 465), et peut-être faut-il voir Apion dans le « Ptolémée qui régna sur nous » (*basileusantos hamôn Ptolemaiô*) de deux inscriptions cyrénéennes (Cf. HAUBEN & VAN'T DICK, *l. c.*, pp. 35 *sqq.*). On remarquera que le schéma général du testament d'Apion (sur lequel cf. également E. MANNI, *art. cit., RF* NS XXVIII (1950), pp. 251 *sqq.* et, brièvement, P. ROMANELLI, *La Cirenaica romana* (1943), pp. 20 *sqq.*) est le même que celui du testament d'Attale, ce qui peut naturellement donner à penser qu'ils étaient l'un et l'autre inspirés par Rome (cf. LUZZATO, *l. c.*, pp. 291 *sqq.*, qui donne une analyse juridique des cinq testaments royaux en faveur de Rome qui nous sont connus). Mais ce point de vue a été contesté par Th. LIEBMANN-FRANKFORT, *Valeur juridique..., RIDA* XIII (1966), pp. 86 *sq.*, qui n'admet qu'une influence indirecte (la puissance d'attraction de l'expansion romaine) et, d'ailleurs, le fait qu'il s'écoula plus de vingt ans entre le testament d'Apion et la création de la province de Cyrénaïque semble indiquer que la politique romaine en la matière n'était pas très résolue. La question de savoir si, néanmoins, les cités furent tributaires et si des publicains exploitèrent les revenus de l'ancien domaine royal dès le lendemain de la mort d'Apion n'est pas claire et ne relève pas de notre propos (cf. S.I. OOST, *Cyrene 96-74 B. C., CPh.* LVIII (1963), pp. 11 *sqq.* ; G. PERL, *Die röm. Provinzbeamten in Cyrenae und Kreta z. Z. d. Republik, Klio* LII (1970), pp. 319 *sqq.*, où sources et bibliographie).

Notons au passage un détail anecdotique qui aura son intérêt par la suite : lors de sa fuite à Chypre, en 107, Ptolémée IX avait abandonné à Alexandrie ses deux fils. En 103, craignant que des troubles ne compromissent l'avenir de la dynastie, Cléopatre III envoya (en même temps que le trésor royal) les deux **jeunes princes** (dont l'un est le futur Ptolémée XII Aulète) à **Cos,** en compagnie de leur cousin, fils de Ptolémée X (c'est le futur Ptolémée XI) : or les études de ces jeunes gens devaient être brutalement interrompues en 88 par l'arrivée de Mithridate qui les fit prisonniers (cf. APP., *Mithr.* 23 et *infra,* p. 480).

G) L'agonie de la dynastie séleucide (123-83)

Bien que les derniers débris de ce qui avait été, par excellence, l'héritage d'Alexandre, n'aient connu leur 'sort romain qu'en 63 (*infra,* p. 510), l'histoire séleucide se clot en réalité dès 83 avec l'occupation par Tigrane d'Arménie de la Syrie et de ses dernières annexes. La quarantaine d'années que l'on va rapidement parcourir est caractérisée par deux séries parallèles de phénomènes : d'une part par une accélération prodigieuse du processus de décomposition dynastique dont on a déjà vu les origines et suivi les premières étapes ; d'autre part par la pression croissante exercée sur les territoires séleucides par des peuples qui, de longue date, les minaient de l'intérieur ou les assiégeaient de l'extérieur (Juifs, Arabes, Parthes). De ces forces étrangères à l'hellénisme, une nouvelle venue, d'ailleurs peu durable dans le concert des impérialismes, l'Arménie de Tigrane, sera la première à mettre un terme provisoire à l'existence de l'État séleucide, si bien que l'effondrement arménien sous les coups de Lucullus, puis de Pompée (*infra,* p. 494 ; 503), fera finalement tomber la Syrie et ses dépendances entre les mains de Rome, comme un fruit plus pourri déjà que mûr. Le détail des événements étant d'une redoutable complexité, on tentera ici de simplifier les choses en portant successivement l'éclairage sur les divers facteurs de cette agonie.

1° LES LUTTES FRATRICIDES AU SEIN DE LA DYNASTIE

Il n'est d'autre moyen de suivre ces querelles que d'avoir sous les yeux un tableau généalogique :

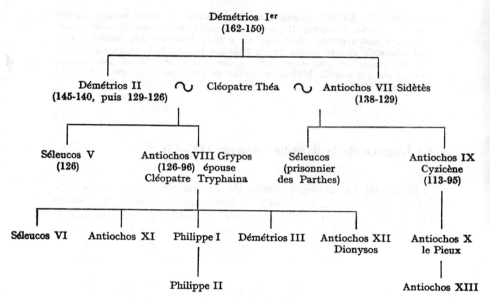

(Antiochos VIII eut de surcroît un Antiochos de Cléopatre Sélénè)

En 123, l'élimination d'Alexandre II Zabinas permit à Cléopatre Théa et à Antiochos VIII Grypos (fils de Démétrios II) de se rétablir à Antioche, où le fils, craignant d'être tué par la mère, prit les devants... Cela valut à la Syrie quelques années de calme. Mais 114/3 vit surgir Antiochos IX Cyzicène (sa mère Théa l'avait mis à l'abri à Cyzique), fils d'Antiochos VII, qui réussit (peut-être en partie grâce à une offensive parthe contemporaine : *infra,* p. 452) à refouler son demi-frère : mais un certain nombre de va-et-vient aboutissent en 108 au rétablissement presque complet d'Antiochos VIII Grypos, Antiochos IX Cyzicène étant confiné à quelques places littorales, d'où il repartit à l'assaut du royaume en 96, à la nouvelle de l'assassinat de Grypos. Ce ne devait pas être pour longtemps, car Grypos laissait cinq fils dont l'un, Démétrios III, fut poussé en avant par Ptolémée IX (les interventions ptolémaïques seront envisagées du point de vue matrimonial dans les notes ci-dessous ; du point de vue politique également dans le développement relatif aux affaires juives : *infra,* p. 448), cependant qu'un autre, Séleucos VI, venu de Cilicie, réussissait à éliminer son oncle en 95. Celui-ci laissait cependant un fils, Antiochos X, qui chassait aussitôt Séleucos VI de Syrie en Cilicie, où il périt assassiné. Il y a alors, pendant un moment, quatre rois séleucides : Antiochos X, fils d'Antiochos IX, et trois de ses cousins, fils d'Antiochos VIII : Démétrios III, qui règne à Damas, et les deux jumeaux Antiochos XI et Philippe Ier, qui ont pris ensemble le diadème en Cilicie à la mort de leur aîné Séleucos VI. Situation rapidement simplifiée : Antiochos XI succombe devant Antiochos X, et celui-ci devant les Parthes. Démétrios III en profita pour établir, de Damas, son autorité sur la plus grande partie du pays. Mais si les fils d'Antiochos VIII s'étaient entendus contre le fils d'Antiochos IX, cette entente ne devait pas survivre à l'élimination de celui-ci : la guerre éclata entre Philippe et Démétrios III en 88. Les Parthes réglèrent la question : Démétrios III, fait prisonnier, ne reparaîtra plus en Syrie. Maître d'Antioche, Philippe vit alors se dresser contre lui son dernier frère, Antiochos XII, qui s'installa à Damas en 87. Une fois encore, la question fut réglée de l'extérieur : Antiochos XII disparut en guerroyant contre les Nabatéens et son royaume damascène passa aux Arabes. La Syrie connaît alors un bref répit, qu'interrompt la mort de Philippe, en 84/3. Philippe avait bien un fils, Philippe II, mais on vit surgir alors un Antiochos (fils d'Antiochos X ?), et la perspective de nouveaux conflits excéda à tel point les Antiochéniens qu'ils offrirent le royaume à Tigrane d'Arménie (83).

Ce n'est là que l'écume de l'histoire : la réalité, on le devine, est ailleurs.

Sources : Elles sont infiniment dispersées et ce n'est souvent qu'à propos d'événements dont il n'a pas été question dans ce développement qu'elles éclairent (très relativement) ce dont il y a été question : on se référera donc aux sources mentionnées dans les paragraphes suivants. Mentionnons cependant ici App., *Syr.* 69 (362-366) ; 48 (245-249). Just. XXXIX, 2, 7-10 ; 3, 3-12 ; XL, 1. Eus., *Chron.* (Schoene) I, 259-61. Jos., *AJ* XIII, 13, 4 (365 *sqq.*) et *infra*. Les inscriptions n'étant point ici d'un grand secours, c'est surtout du matériel numismatique qu'ont été tirées les précisions permettant de saisir la succession des faits : cf. les notes.

Bibliographie complémentaire et notes : Le travail fondamental reste l'article mentionné *supra*, p. 433, d'A.R. Bellinger, pp. 65 *sqq.*, qui rend inutile la consultation des essais de synthèse antérieurs, et où l'on trouvera toutes les sources, tant littéraires que numismatiques. Des trouvailles fortuites pourront toutefois modifier ce tableau. C'est ainsi qu'alors qu'on n'était point assuré que Séleucos VI ait régné en Cilicie après la chute d'Antiochos IX, il apparaît à présent qu'il frappa monnaie à Tarse ; mais ses émissions y sont moins nombreuses qu'à Antioche, ce qui peut signifier qu'il ne s'y maintint guère (cf. Le Rider, *RN* 6e sér. XI (1969), pp. 15 *sq.*). Peut-être Philippe II fut-il corégent de son père en Cilicie : cf. G. Dagron & A.M. Verilhac, *Nlles inscr. de Diocésarée*, REA LXXVI (1974), pp. 237 *sqq.*

L'un des facteurs essentiels de ces déchirements réside dans la **politique matrimoniale lagide.** Quelques mots à ce sujet, qu'éclairera le tableau suivant de la descendance de Ptolémée VIII et de Cléopatre III :

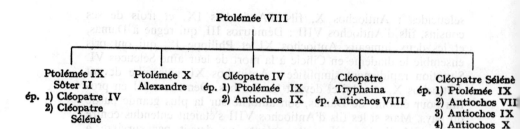

Ptolémée VIII

| Ptolémée IX Sôter II ép. 1) Cléopatre IV 2) Cléopatre Sélénè | Ptolémée X Alexandre | Cléopatre IV ép. 1) Ptolémée IX 2) Antiochos IX | Cléopatre Tryphaina ép. Antiochos VIII | Cléopatre Sélénè ép. 1) Ptolémée IX 2) Antiochos VII 3) Antiochos IX 4) Antiochos X |

Cléopatre III ayant contraint en 115 Ptolémée IX à répudier sa sœur-épouse Cléopatre IV, celle-ci s'était enfuie en Syrie, où elle avait épousé Antiochos IX ; elle fut capturée en 112 par Antiochos VIII qui, à la demande de Tryphaina (propre sœur de Cléopatre IV), la fit exécuter. Antiochos IX captura Tryphaina l'année suivante : elle fut exécutée à son tour. Il est possible que Cléopatre III, pour venger Tryphaina, soutînt ensuite Antiochos VIII contre son frère : toujours est-il que, quelques années plus tard, Antiochos VIII épousa la dernière fille de Ptolémée VIII, Sélénè : il s'agit toujours, pour la cour d'Alexandrie, de tenter d'insérer l'influence lagide dans les affaires syriennes. Sélénè s'y employa d'ailleurs avec une constance remarquable : après le meurtre d'Antiochos VIII (96), elle épousa son frère et rival Antiochos IX, qui succombait dès 95, puis le fils de celui-ci, Antiochos X. Le sort de cette épouseuse de rois nous échappe ensuite jusqu'au jour où elle rentre en scène pour revendiquer pour un de ses fils la succession de Philippe Ier. L'échec de cette tentative et l'établissement consécutif de la domination arménienne déterminèrent Sélénè à s'enfermer avec ses fils dans cette résidence des protégés d'Alexandrie qu'était Ptolémaïs : *infra*, p. 458. Sur Cléopatre Sélénè, cf. MACURDY, *Hellenistic Queens*, p. 167 ; 170 *sqq*. Sur les arrière-plans politiques de ces mariages égyptiens, cf. la suite.

2° JUIFS, LAGIDES, ARABES ET SÉLEUCIDES EN SYRIE

La victoire des Parthes sur Antiochos VII avait permis à Jean Hyrcan de s'arrondir aux dépens des Arabes et des Samaritains (*supra*, p. 432). Les querelles séleucides ultérieures ne pouvaient que favoriser ce mouvement : Antiochos IX, malgré des renforts lagides, ne put empêcher la ville de Samarie elle-même d'être prise en 107. Une ambassade juive obtint du Sénat la reconnaissance de ces conquêtes. En 104, à la mort d'Hyrcan, une brève crise successorale laissa le pouvoir à l'un de ses fils, Alexandre Jannée (103) : dignité sacerdotale, mais aussi, désormais, pouvoir royal. Dès le début de son règne, Jannée chercha à occuper les places littorales déjà visées par Jonathan et Simon (*supra*, p. 405). La poussée juive vers le Nord (Samarie et Galilée) rendait particulièrement souhaitable l'occupation de Ptolémaïs-Akè. N'ayant aucun secours à attendre des deux Séleucides rivaux, Antiochos VIII et IX, dont l'épuisement explique l'inaction, les Ptolémaïtes firent appel à Ptolémée IX, alors à Chypre (*supra*, p. 440).

Mais Ptolémée IX débarqua en Phénicie pour découvrir que Ptolémaïs s'était entre temps repentie et lui fermait ses portes. Jannée ne se souciait pas de se heurter à l'armée du Lagide : mais celui-ci étant probablement à court d'argent, Jannée acheta son alliance pour réduire les places littorales plus méridionales, du Carmel à Gaza, alliance où chacun comptait utiliser l'autre à son profit. Mais, ayant appris qu'au même moment Jannée négociait avec Cléopatre III à Alexandrie, Ptolémée IX rompit avec lui, envahit la Galilée et remporta sur les Juifs une victoire qui eut pour effet de faire capituler Ptolémaïs et Gaza. En possession de ces bases importantes de l'ancienne province lagide de Cœlé-Syrie, Ptolémée IX marcha sur l'Égypte pour en chasser son frère Ptolémée X, mais échoua devant Péluse et fit retraite, cependant qu'une flotte venait d'Égypte s'emparer de Ptolémaïs (102). Pour ôter toute possibilité d'action en Syrie-Phénicie à son fils détesté, Cléopatre III s'allia à Jannée et donna sa fille Sélènè à Antiochos VIII Grypos. Il ne restait à Ptolémée IX qu'à regagner Chypre. Jannée put ainsi reprendre son expansion, tant vers le Nord (il y rencontra des difficultés où les Séleucides n'étaient pour rien, car ici aussi on voit surgir en tous lieux des tyrannies locales, fruits de l'absence de pouvoir central : infra, p. 456), que vers le Sud (sac de Gaza) et en Transjordanie, où les Arabes nabatéens lui infligèrent toutefois de rudes revers.

Cette politique aventureuse et un peu désordonnée d'Alexandre Jannée lassa vite les Juifs. Outre que ses défaites balançaient ses succès, les tensions religieuses reprenaient à l'intérieur : le caractère de plus en plus temporel de ces Grands-Prêtres devenus souverains hellénistiques devait nécessairement indisposer les milieux traditionalistes. Déjà sous Jean Hyrcan avait commencé à se dessiner l'opposition entre Sadducéens et Pharisiens : les premiers, se recrutant dans l'aristocratie sacerdotale, étaient — tout en se réclamant du strict respect de la Loi — plus disposés, par conservatisme social, à des compromis politiques, et Hyrcan avait, pour des raisons politiques, fini par s'appuyer sur eux, bien que, de par ses origines, la famille hasmonéenne fût plus proche des pharisiens ; ceux-ci, héritiers des *Hasidim* (*supra*, p. 329), de recrutement plus populaire, représentaient un intense foyer de vie spirituelle et morale mais, pour être de ce fait plus ouverts aux innovations religieuses (dans un sens cependant profondément judaïque), ils n'en étaient pas moins foncièrement hostiles aux innovations politiques et sociales et donc à la dynastie hasmonéenne. A partir de 93, il y eut des mouvements insurrectionnels, contre lesquels Jannée utilisa des mercenaires recrutés parmi les pirates d'Anatolie méridionale. En 88, ses adversaires juifs firent appel contre lui au Séleucide de Damas, Démétrios III (créature de

Ptolémée IX, lequel n'avait pas renoncé à exercer son influence sur les affaires syriennes, mais regagne alors Alexandrie : *supra,* p. 441). Démétrios III remporta sur Jannée une telle victoire que les Juifs qui avaient combattu dans les rangs du vainqueur rallièrent aussitôt le vaincu, de crainte d'un rétablissement séleucide en Judée. Démétrios III, qui avait d'autres soucis (c'est l'époque où son frère Philippe lui dispute le pouvoir : *supra,* p. 447), abandonna la partie — il ne devait du reste pas tarder à être fait prisonnier par les Parthes. Jannée put donc rétablir son autorité : ce fut un bain de sang — suivi de mesures d'apaisement.

Le dernier heurt entre Juifs et Séleucides eut lieu du fait d'Antiochos XII. Celui-ci, qui s'était substitué à Démétrios III à Damas en 87, était soumis à la pression des Nabatéens. Que ce fût pour les surprendre par un mouvement tournant ou pour combiner son offensive contre eux avec une expédition de prestige dans les régions qui avaient relevé autrefois de l'autorité séleucide, il voulut rejoindre ses adversaires Arabes par le Sud, en longeant la côte méditerranéenne et en contournant la mer Morte. Jannée essaya en vain de lui barrer la route à Joppé (Jaffa) : Antiochos XII passa, mais se fit battre et tuer par le Nabatéen Arétas, auquel Damas se donna, pour échapper à un autre Arabe, un Ituréen du Liban, Ptolémée fils de Mennaios. Les dernières années d'Alexandre Jannée peuvent être négligées ici : lorsqu'il mourut, en 76, la Syrie était arménienne depuis sept ans, sans que ce nouveau voisinage eût, semble-t-il, provoqué d'hostilités.

SOURCES : JOS., *AJ* XIII, 10,1 - 15,2 (270-392) et ci-dessous les notes. *BJ* I, 3-4.

BIBLIOGRAPHIE COMPLÉMENTAIRE ET NOTES : ABEL, *Hist. de la Palest.* I, pp. 214 *sqq.* ; TCHERIKOVER, *Hell. civil. and the Jews,* pp. 246 *sqq.* SCHÜRER-VERMES-MILLAR, pp. 207 *sqq.* ; BELLINGER, *l. c.*

L'allusion à l'**ambassade juive à Rome** se trouve dans un passage ultérieur de Josèphe (*AJ* XIV, 10, 22 (247 *sqq.*)), où, à propos de la politique juive de César, l'historien rassemble un corpus de documents attestant la très ancienne bienveillance des Romains à l'égard des Juifs. Il s'agit ici d'un décret de Pergame rappelant la réponse favorable adressée par le Sénat à une ambassade envoyée par le Grand-Prêtre Hyrcan et interdisant à Antiochos fils d'Antiochos de s'attaquer aux Juifs. Or le seul roi Antiochos fils d'Antiochos avec lequel Hyrcan ait eu maille à partir est Antiochos IX. Certains savants, estimant qu'un appel d'Hyrcan à Rome serait plus plausible à l'époque d'Antiochos VII Sidètes (*supra,* p. 412)), ont proposé de lire « Antiochos fils de Démétrios » : rien ne paraît imposer cette émendation violente. Le texte sénatorial de Josèphe porte aussi qu'aucun roi ou peuple ne doit être exempté des taxes payables dans les ports du peuple juif, excepté « Ptolémée, roi des Alexandrins » : cette précision peut donner à penser que ce texte a été rédigé à une époque où il y avait plusieurs « rois Ptolémée » : or, à l'époque d'Antiochos IX, il y en a deux (Ptolémée IX à Chypre et Ptolémée X à Alexandrie), tandis qu'à l'époque du conflit entre Antiochos VII et les Juifs (135), il n'y en a qu'un (Ptolémée VIII). Dernière discussion et abondante bibliographie *ap.*

Th. FISCHER, *Unters. z. Partherkrieg Ant.' VII.*, pp. 73 *sqq.*, qui propose une fourchette 114-104 et montre que le Sénat répond alors seulement aux revendications juives qui lui avaient été présentées lors de la précédente ambassade, celle de 126 ou 125 (?), notamment en ce qui concerne la restitution par le Séleucide des places littorales.

Entre la mort de Jean Hyrcan et l'avènement d'Alexandre Jannée s'intercale le bref règne d'**Aristobule** (104/3).

Sur l'**expansion juive sous Alexandre Jannée**, en direction notamment de la zone littorale, sur ses mobiles (stratégiques, économiques, etc.), ses caractères (judaïsation du pays), ses conséquences (hostilité des non-Juifs), cf. L.I. LEVINE, *The Hasmonean conquest of Strato's Tower*, Isr. Explor. *Journ.* XXIV (1974), pp. 62 *sqq.* Sur son monnayage (le premier monnayage hasmonéen ? — cf. *supra*, p. 413), cf. A. KINDLER, *The Jaffa hoard of Alex. Jannaeus*, Isr. *Expl.* Journ. IV (1954), pp. 170 *sqq.* ; J. NAVEH, *Dated coins of Alex. Jannaeus*, *ibid.* XVIII (1968), pp. 20 *sqq.* ; A. ADLER, R. *Et. Juives* CXXXVIII (1980), pp. 337 *sqq.* (où l'on trouvera au moins une abondante bibliographie). Gaza, dont on a dit (*supra*, p. 40) que la conquête séleucide avait gravement compromis sa prospérité, avait entre-temps mis la décadence séleucide à profit pour renouer de fructueux contacts avec les Nabatéens. Sa destruction par Jannée en 96 mit un terme à cette brève résurrection, alors qu'Ascalon, en bonne entente avec Jérusalem et Alexandrie, était florissante : cf. U. RAPPAPORT, *Gaza and Ascalon in the Persian and hellenistic periods in relation to their coins*, Isr. *Expl. Journ.* XX (1970), pp. 79 *sq.*, où bibliographie.

En ce qui concerne les **rapports judéo-romains sous Jannée**, U. RAPPAPORT, *La Judée et Rome pendant le règne d'Alex. Jannée*, R. Et. *Juives* CXXVII (1968), pp. 329 *sqq.* a constaté qu'il n'y a pas d'allusion à une alliance judéoromaine entre Hyrcan Ier et Hyrcan II en recherche les causes. Or GIOVANNINI & MÜLLER, *MH* XXVIII (1971), pp. 156 *sqq.* ont noté 1° qu'on ignore si la *royauté* hasmonéenne fut reconnue par le Sénat et 2° que *le* traité romano-juif est constamment évoqué comme ayant été conclu avec le *peuple* juif : il se pourrait donc que la création de la royauté l'ait rendu caduc aux yeux du Sénat. Voyant dans Jannée un de ces princes expansionnistes anti-helléniques (comme Mithridate ou Tigrane, auxquels il fut peut-être favorable), à une époque où les Séleucides n'étaient plus redoutables, Rappaport estime que rien ne devait rapprocher le roi hasmonéen de Rome, dont il dut éveiller la méfiance. Il suppose aussi une collusion de Jannée avec les pirates (son fils Aristobule II devait en être accusé devant Pompée).

L'appel de **Ptolémaïs-Akè** à Ptolémée IX écarta à jamais les Séleucides de cette place, comme le prouve, à ce moment, l'interruption des émissions séleucides de l'atelier monétaire de cette ville : cf. E.T. NEWELL, *l. c. supra* (*NNM* 84), pp. 39 *sq.* V. KONTORINI, *L'autonomie de Ptolémaïs-Akko*, RN, 6e sér. XXI (1979), pp. 30 *sqq.* estime que c'est à partir de cette époque que la cité fut *hiera, asylos* et autonome.

L'**évolution interne du judaïsme** ne nous concerne ici que dans la mesure où elle représente un facteur de l'histoire politique. On trouvera un bref et commode résumé de ces problèmes, avec des éléments de bibliographie récente, *ap.* J. BRIGHT, *A history of Israel* (Philadelphie, 1959), pp. 446 *sqq.* ; SCHÜRER-VERMES-MILLAR, pp. 211 *sqq.* ; 221 *sqq.* ; voir aussi, pour les rapports entre la royauté hasmonéenne et les pharisiens, P. VIDAL-NAQUET, *Du bon usage de la trahison* (Paris 1977), pp. 51 *sqq.*

L'histoire des **Nabatéens** de Pétra nous échappe presque entièrement entre l'expédition que mena contre eux Antigonos le Borgne en 312 (*supra*, t. I², p. 61) et l'époque qui nous occupe ici. Leur premier dynaste identifiable apparaît en 169, lors de la fuite de Judée du Grand-Prêtre Jason (*supra*, p. 335) : c'est Arétas Ier. La succession des rois de Nabatène des IIe et Ier siècles n'a pas été établie sans peine : cf. A. GROHMANN, s. v. *Nabataioi*, *PW* XVI, 2 (1935), coll. 1457 *sqq.* ; DUSSAUD, *La pénétration des Arabes en Syrie avant l'Islam* (Paris 1955), pp. 51 *sqq.* (voir aussi p. 148 pour l'établissement d'Arétas III à Damas) ; J. STARCKY, *Pétra et les Nabatéens, Dict. Bibl.*, suppl. VII (1960), 886-1017 ; SCHÜRER-VERMES-MILLAR, pp. 574 *sqq.* ; Ph.C. HAMMOND, *The Nabataeans...*, *St. Medit. Arch.* XXXVII (1973) ; M. LINDNER, *Petra u. d. Königtum d. Nab.* (2ᵉ éd. Bad-Windsheim 1974), pp. 109 *sqq.* Monnaies d'Arétas III « le Philhellène » à Damas : NEWELL, *l. c.*, pp. 92 *sqq.* ; cf. aussi ABEL, *o. c.*, pp. 250 *sqq.*

Sur les **Ituréens** : SCHÜRER-VERMES-MILLAR, pp. 561 *sqq.* ; SEYRIG, *Sur les ères de quelques villes de Syrie*, *Syria* XXVII (1950), pp. 47-8 = *Ant. Syr.* IV, pp. 114 *sq.*

3° LES VICISSITUDES PARTHES ET LE RECUL SÉLEUCIDE

L'on a vu que la débâcle d'Antiochos VII avait été aussitôt suivie de grosses difficultés pour ses vainqueurs, aux prises avec les hordes « scythiques » que Phraate II avait appelées à la rescousse (*supra*, p. 414). Battu par les Saka en 128, Phraate céda la place à son oncle Artaban Iᵉʳ Arsace VII qui, après avoir réussi à se débarrasser des Saka (qui, semble-t-il, refluent vers l'Est), succomba à son tour vers 123 en luttant contre les Yuë-Tchi (Tokhariens). Les problèmes orientaux avaient imposé aux Parthes un certain désintérêt pour les questions occidentales, ce qui avait permis, on l'a vu (*supra*, p. 416) au dynaste Hyspaosinès de Charax de s'étendre en direction de Babylone, où il avait sans doute dû mettre en difficulté le gouverneur parthe Himéros. Tout cela avait valu quelque répit aux Séleucides. La situation des Parthes ne se redressa qu'avec Mithridate II Arsace VIII. Ce qui nous intéresse ici de l'histoire de ce grand souverain est la restauration de l'autorité parthe sur les régions occidentales de l'empire, à quoi il se consacra dès le début de son règne : Hyspaosinès, qui n'avait guère pu se maintenir à Babylone, fut chassé de sa propre capitale de Spasinou Charax en 122/1. Plus au Nord, on n'a que des indices disparates de la reprise de l'avance parthe le long de l'Euphrate. La numismatique semblerait prouver que les Parthes sont à Doura-Europos en 113. Un peu plus tard, en 97 (?), le roi d'Arménie Artavasde devient vassal de Mithridate et son héritier présomptif, Tigrane (sans doute son frère), part comme otage à la cour arsacide : c'est en tant que client de Mithridate II que Tigrane est mis sur le trône d'Arménie en 95. Vers cette époque, une reine anonyme d'un royaume incertain (la Commagène ?) fait appel à Antiochos X contre les Parthes et le Séleucide périt dans l'expédition entreprise à cette occasion (92 ?). Toute la Mésopotamie est alors parthe sans conteste. Tigrane manifesta toutefois un certain esprit d'indépendance, qui fut à l'origine des premiers rapports entre Parthes et Romains : l'Arménien ayant, pour le compte de son beau-père Mithridate VI du Pont, détrôné le roi de Cappadoce Ariobarzane, créature de Rome (cf. *infra*, p. 473), Sulla fut chargé par le Sénat de rétablir le prince client et, au cours de sa marche vers la Cappadoce, il eut une entrevue avec un ambassadeur de Mithridate II (92). Il est impossible de savoir ce qui se passa au cours de cette conférence, car les traditions sont contradictoires, mais les circonstances donnent à penser que, contre Tigrane, le Romain avait intérêt à se concilier le Parthe. La date de la mort de Mithridate II est incertaine, si bien qu'on ne sait si c'est sous son règne ou sous celui d'un de ses successeurs que le Séleucide Démétrios III partit en captivité en Iran (*supra*, p. 450). La fin du règne paraît d'ailleurs avoir été troublée, et la succession disputée pendant de longues années, au cours desquelles on connaît une série de rois Parthes plus ou moins contemporains. Il est certain que c'est cette situation quelque peu anarchique, qui dure jusque vers 77, qui ouvre la porte à l'expansion arménienne.

SOURCES : JUST. XLII, 2, 1-6. Fin d'Antiochos X : JOS., *AJ* XIII, 13, 4 (371) (sur la confusion apportée par d'autres sources à cette question, cf. BELLINGER, *l. c.*, p. 75, n. 73). Captivité parthe de Démétrios III : JOS., *AJ* XIII, 14, 3 (384-6). Sulla et les Parthes : TL, *Per.* LXX ; VELL. PAT. II, 24, 3 ; FLOR. I, 46, 4 ; PLUT., *Sull.* 5, 7-9.

BIBLIOGRAPHIE COMPLÉMENTAIRE ET NOTES : TARN, *CAH* IX, pp. 582 *sqq.* ; JUNGE, s. v. *Parthia*, PW XVIII (1949), coll. 1982 *sq.* ; DEBEVOISE, *o. c.*, pp. 37-53.

C'est sous **Mithridate II** (malgré le recul occidental temporaire qui suit sa disparition) que les limites de l'empire parthe paraissent décidément se fixer, en même temps que se dessine l'organisation intérieure (de type « féodal ») qui restera par la suite caractéristique de cet État : cf. J. WOLSKI, *Remarques critiques sur les instit. des Arsacides, Eos* XLVI (1952/3), pp. 59 *sqq.* ; ID., *Le rôle et l'importance des mercenaires dans l'État parthe, Iran. Ant.* V (1965), pp. 103 *sqq.* ; ID., *L'aristocratie parthe et les débuts du féodalisme en Iran, ibid.* VII (1967), pp. 133 *sqq.* ; ID., *Les Achéménides et les Arsacides. Contrib. à l'histoire de la formation des traditions iraniennes, Syria* XLIII (1966), pp. 65 *sqq.* ; également, mais dans un cadre débordant largement les Arsacides, G. WIDENGREN, *Der Feudalismus im alten Iran* (Cologne-Opladen 1969). Wolski insiste sur le fait que les souverains arsacides et l'État aux destinées duquel ils président s'inscrivent clairement dans la continuation de la tradition achéménide, recueillant notamment ses visées universalistes, dès Mithridate Ier, mais particulièrement sous Mithridate II : aussi est-il regrettable de ne connaître que très mal ce règne important, dont l'un des faits notables paraît avoir été la stabilisation des Saka dans le pays qui devait conserver leur nom, la Sakastène (mod. Seistan, mordant à la fois sur la Drangiane et l'Arachosie) : cf. HERZFELD, *Sakastan, Arch. Mitteil. aus Iran* IV (1932), pp. 43 *sq.*

Rétablissement de l'autorité parthe en **Basse Mésopotamie** : cf. la bibliographie sur Hyspaosinès, *supra*, p. 416. La date de l'occupation parthe de Spasinou Charax est fournie par des surfrappes parthes de pièces datées d'Hyspaosinès (cf. E.T. NEWELL, *Mithridates of Parthia and Hyspaosines* *of Characene : a numism. palimpsest, NNM* 26 (New York 1925). Celui-ci ne devait d'ailleurs pas tarder à se rétablir et, semble-t-il, à se réconcilier avec la monarchie arsacide : toujours est-il que les monnaies permettent ensuite de suivre les rois de Characène jusqu'au IIe siècle de notre ère. Le rétablissement de l'ordre dans cette région favorisa certainement la reprise de la vie économique. Le Rider, *Suse...*, pp. 405 *sqq.*, enregistre à nouveau l'afflux des monnaies de Séleucie du Tigre (des bronzes municipaux, dont il semble inutile de « croire qu'ils reçurent aussi un cours légal dans la cité (de Suse) », p. 448 : cette notion paraît bien anachronique), après *ca* 100 ; il y voit l'indice d'une reprise du commerce caravanier et en fait un mérite à la politique avisée de Mithridate II. Il faut, une fois de plus, mettre en garde contre des interprétations trop hâtivement ambitieuses. La circulation monétaire entre deux villes peu distantes est une chose, et qui peut tenir à bien des facteurs régionaux ; imaginer à l'échelle continentale (cf. le dernier paragraphe de la p. 406 et le premier de la p. 407) le mouvement commercial qui permit de l'intensifier en est une autre. Que certaines circonstances de fait (rétablissement de l'ordre et de la tranquillité, en premier lieu) aient pu favoriser le commerce à grande distance, c'est certain ; mais on restera sceptique (méthodiquement !) quant à l'hypothèse d'une grande politique économique de Mithridate II — comme de bien d'autres souverains du temps — de même que quant à la valeur économique de tels symboles monétaires trop facilement interprétés en ce sens. Dans *Sociétés et compagnies de commerce en Orient et dans l'Océan Indien = Actes du 8e Colloque intern. d'hist. marit., Beyrouth 1966* (Paris 1971), p. 127, Le Rider accepte les observations formulées ici, ainsi que *supra*, p. 403. Il est par ailleurs évident qu'ici comme ailleurs les problèmes économiques et sociaux dépassent de loin ce qu'on peut déduire des données monétaires : pour une approche très complexe des problèmes de Susiane, cf. R.J. Wenke, *Imperial investments and agricult. developments in Parthian and Sasanian Khuzestan 150 B. C. to A. D. 640, Mesopotamia* X-XI (1975-6), pp. 31-221.

Cette époque est-elle celle où ressuscita Ninive ? — cf. Le Rider, *Un trésor de petites monnaies de bronze trouvé à Ninive, Iran. Ant.* VII (1967), pp. 4 *sqq.*

L'établissement des Parthes à **Doura-Europos** a été établie grâce à des monnaies d'Antiochos VIII contremarquées : cf. A.R. Bellinger, *Seleucid Dura. The evidence of coins, Berytus* IX (1948-1949), pp. 64 *sqq.* ; Id., *Dura, final report* VI (1949), p. 112 (n° 97 b) ; 199 *sqq.* — mais cf. les réserves à ce propos de H. Seyrig, *RN* 6e sér. I (1958), p. 174.

L'entrevue entre **Sulla** et l'ambassadeur parthe (entrevue dont le contexte anatolien sera envisagé *infra*, p. 474) a donné lieu à diverses hypothèses. Il ne fait pas de doute que Mithridate II, inquiet de l'indépendance que prenait Tigrane, son client émancipé, cherchât à s'entendre avec les Romains, qui agissent alors contre l'Arménien ; mais il est en revanche fort douteux qu'il cherchât à obtenir l'assentiment romain à une conquête parthe de la Syrie (cf. Gutschmid, *Gesch. Irans*, p. 80, n. 1), et l'idée d'une occupation parthe de la Cilicie à cette époque (cf. Bouché-Leclercq, *Sél.*, p. 421 et n. 2), qu'aucune vraisemblance ne vient soutenir, procède d'une mauvaise compréhension de Str. XIV, 5, 2, comme l'a montré J. Dobias, *Les premiers rapports des Romains avec les Parthes, Archiv Orientalny* III (1931), pp. 221 *sq.* Florus, *l. c.*, semble indiquer qu'un accord fut conclu entre Sulla et l'ambassadeur parthe, par lequel les Romains s'engageaient à ne pas franchir l'Euphrate, mais d'autres sources impliquent que cet accord ne fut pas antérieur à Lucullus (*infra*, p. 498) : le problème ne paraît pas soluble : cf. en dernier lieu, K.H. Ziegler, *Die Beziehungen zwischen Rom und dem Partherreich* (1964), pp. 20-24. Liebmann-Frankfort, *Front. Or.*, pp. 172 *sqq.* n'en a pas saisi les données lorsqu'elle attribue pour objet à cette entrevue diplomatique une sorte de traité de partage des débris de l'ancien empire séleucide, alors qu'il s'agissait sans doute plus modestement de s'entendre sur le cas de Tigrane. Il est vrai que L.-F. place la mission de Sulla avant l'avènement de Tigrane.

DOBIAS, *l. c.* a justement souligné qu'une invasion parthe de la Syrie à cette époque n'eût pas rencontré d'obstacle et que, si elle n'eut pas lieu, c'est sans doute que Mithridate II ne la souhaitait pas. Il est probable en effet que les tâches proprement iraniennes de Mithridate le détournèrent d'acquérir à l'Ouest autre chose qu'un **glacis mésopotamien** de son empire iranien, que rien ne menaçait sérieusement de ce côté. McDOWELL, *o. c.*, p. 205 a de son côté noté que, d'après la numismatique, la Mésopotamie était alors un élément assez négligé de l'empire parthe.

Aux complications de la **succession de Mithridate II** semblent avoir préludé des troubles et des usurpations à l'intérieur, pendant ses dernières années, — sur quoi l'on a beaucoup écrit : cf. HERZFELD, *o. c.*, pp. 45 *sqq.* ; DEBEVOISE, *o. c.*, pp. 48 *sqq.* ; SIMONETTA, *Notes on Parthian and Indo-Parthian issues, Congrès intern. de Numism. Paris 1953. II Actes* (Paris, 1957), pp. 114 *sqq.* ; ID., *art. cit., East et West* IX (1958), p. 165 ; SELLWOOD, *The Parthian coins of Gotarzes I, Orodes I, and Sinatruces*, NC 7ᵉ sér. II (1962), pp. 73 *sqq.* ; LE RIDER, *Suse...*, pp. 391-395 ; E.J. BICKERMAN, *The Parthian ostrakon n° 1760 from Nisa, Biblioth. Orient.* XXIII (1966), pp. 15 *sqq.* Il semblerait que Mithridate II eut à faire face d'une part au soulèvement d'Orode Iᵉʳ, d'autre part à celui de Gotarzès. Orode paraît avoir réussi à éliminer et Mithridate II et Gotarzès, et s'être rendu maître de la totalité de l'empire vers 87. Mais il paraît avoir eu à son tour un rival, qui ne fut sans doute que son successeur Sinatrukès, qui est seul roi vers 77.

Sur la politique parthe à l'égard de la **crise pontique** : *infra*, p. 498.

4° L'ANARCHIE SYRIENNE SOUS LES DERNIERS SÉLEUCIDES

On n'a cessé de noter, depuis le début des crises dynastiques syriennes, l'autonomie croissante des cités au détriment de l'autorité royale : en cette dernière phase, où la violence des rivalités n'a d'égale que la faiblesse des rivaux, ce processus ne pouvait aller que s'accélérant, ce que confirme la numismatique. Diverses cités, dont les ateliers n'avaient antérieurement frappé que des monnaies royales, ne frappent plus que des monnaies municipales, en général de bronze, parfois d'argent. Le cas de Ptolémaïs-Akè est typique des concessions royales : cette cité qui, jusqu'au jour où les Séleucides la perdirent (*supra*, p. 451), fut une capitale rivale d'Antioche, émet conjointement des monnaies royales et des monnaies municipales. Une inscription révèle que, fin 109, Antiochos VIII accorde la liberté à Séleucie de Piérie, pour se l'attacher. Certaines irrégularités dans les émissions monétaires royales attestent d'autre part l'épuisement financier des souverains : à partir des environs de 108, les émissions d'Antiochos VIII et IX déclinent fortement et, dans certains lieux, s'interrompent complètement. Si l'atelier d'Antioche ne cesse d'émettre au cours de toute la période (mais aux noms de rois qui se succèdent avec une prodigieuse rapidité : rien que pour les règnes d'Antiochos VIII et IX, quatre séries du premier alternent avec quatre séries du second !), celui de Damas est en chômage depuis une dizaine d'années lorsque Démétrios III s'installe en cette ville.

L'affaiblissement du pouvoir royal ne favorise pas seulement les autonomies municipales : l'on voit surgir de toutes parts de petits potentats locaux qui, moins bien connus que les Hasmonéens ou les Nabatéens, profitent comme ceux-ci de la situation. Nombre de ces dynastes sont des Arabes, que rien n'empêche plus de passer de la frange du désert dans la zone de sédentarité, et que l'occupation parthe de la Mésopotamie refoule sans doute vers l'Ouest. Le brigandage sévit sur le continent et les nids de pirates se multiplient sur la côte phénicienne.

Il n'est pas difficile d'imaginer les conséquences de cette situation pour la vie économique. Si les cités les plus fortes, pourvues de leur récente autonomie, pouvaient continuer à disposer des ressources de leurs territoires, les campagnes souffraient et des guerres perpétuelles et de l'insécurité. Le grand commerce caravanier était perturbé par l'instabilité des conditions politiques. Si Damas fait appel au Nabatéen Arétas III, c'est probablement dans l'espoir qu'il assurera la sécurité des routes du désert de Syrie ; et si Antioche enfin se donne à Tigrane, c'est probablement aussi qu'elle le pense capable de rétablir l'ordre dans un pays où les derniers Séleucides n'étaient plus capables que d'entretenir l'anarchie.

SOURCES : Sur la documentation numismatique, cf. les notes. L'inscription concernant Séleucie est une lettre d'Antiochos VIII à Ptolémée X Alexandre, alors à Chypre (cf. *supra*, p. 440), suivie du début de la lettre aux Séleuciens : *OGIS* 257 = WELLES 71-2 = T.B. MITFORD, *BSA* LVI (1961), pp. 3-4. Dynastes locaux : cf. les notes. Piraterie syrienne : APP., *Mithr.* 92 ; 95. Brigandage : DIOD. XL, 2 ; STR. XVI, 2, 18 ; TROG., *Prol.* 39.

BIBLIOGRAPHIE COMPLÉMENTAIRE ET NOTES : **Autonomie des cités** : E.T. NEWELL, *The Seleucid mint of Antioch*, pp. 92 *sqq.* ; ID., *Late Seleucid mints in Ake-Ptolemais and Damascus*, NNM 84 (New York, 1939) ; références complémentaires *ap.* BELLINGER, *l. c.* Ajouter H. SEYRIG, *Sur les ères de quelques villes de Syrie*, Syria XXVII (1950), pp. 41-42 = *Ant. Syr.* IV, pp. 108-109 : Tripolis acquiert sa liberté au cours de la lutte entre Antiochos VIII et Antiochos IX ; ID., *Aradus et Baetocaecè*, Syria XXVIII (1951), pp. 199 *sq.* = *Ant. Syr.* IV, pp. 178 *sq.*, conteste que ce soit dans les mêmes circonstances, comme on le pense généralement (cf. WELLES 70), qu'un Antiochos ait concédé l'asylie au sanctuaire de Baitokaikè ; A.D. BRETT, *The mint of Ascalon under the Seleucids*, ANS-MN IV (1950), pp. 50 *sqq.* L'anarchie syrienne est encore illustrée par la multiplication, à cette époque, des monnayages anonymes : cf. H. SEYRIG, *Le trésor monétaire de Nisibe*, RN 5ᵉ sér. XVII (1955), pp. 105 *sqq.* : « symptôme de la désagrégation de la monarchie, de la montée progressive des autonomies locales, soit aux mains des tyranneaux..., soit aux mains de la bourgeoisie dans les villes moyennes ». Ces monnaies anonymes sont naturellement très difficiles, sinon même impossibles à localiser. Ce serait peut-être l'indice d'une brève réaction contre cette désagrégation, s'il était bien prouvé que Damas, qui n'avait jamais reçu de nom dynastique au cours de l'époque hellénistique, fut passagèrement rebaptisée Démétrias par Démétrios III : cf. R. DUSSAUD, *Numism. des rois de Nabatène*, Journ. Asiat. 10e sér. III (1904), p. 198.

Les **dynastes locaux** nous sont connus par des allusions littéraires très dispersées dont la plupart concernent l'époque de la première occupation romaine : réf. *ap.* BELLINGER, *The early coinage of Roman Syria*, Studies A. C. Johnson (Princeton, 1951), pp. 59 *sq.* et *infra*, les développements concernant cette époque.

Sur la **situation générale**, ROSTOVTZEFF II, pp. 841 *sqq.* (voir en particulier les pp. 844 *sqq.* sur les autonomies municipales), peut-être un peu trop optimiste quant aux conséquences économiques de l'anarchie syrienne.

5° L'EXPANSION ARMÉNIENNE ET L'APPEL SYRIEN A TIGRANE

Devenu roi d'Arménie en 95 par la grâce du Parthe Mithridate II, Tigrane ne tarda pas à secouer la tutelle de son patron. Sa hâte à étendre son royaume traduit peut-être son âge déjà avancé, et une longue impatience. Il commence par porter les limites de son domaine aux confins de la Cappadoce en annexant la Sophène, d'où, en 92, il pénètre dans le royaume voisin pour y rétablir le fils de son beau-père Mithridate du Pont (*supra,* p. 453 ; *infra,* p. 474) ; puis, mettant à profit la disparition de Mithridate II et les troubles successoraux parthes (*supra,* p. 453), il récupère des territoires que son ancien protecteur avait exigés de lui pour prix de son intronisation (les « 70 vallées »), puis occupe, sur la rive gauche du Tigre, la Gordyène et l'Adiabène (c'est le cœur du vieux royaume assyrien), pénètre enfin en Médie. Les rapports entre l'État parthe et l'État arménien sont donc très vite inversés, et c'est sans doute ce qu'entend exprimer Tigrane en prenant le titre de « Roi des Rois ».

C'est cette expansion arménienne — traduisant plus le passager effacement de la puissance parthe que le génie de Tigrane, qui reste douteux — qui, en 83, attire l'attention des Antiochéniens. Las de l'anarchie séleucide, les Syriens, nous dit-on, passèrent en revue les candidats possibles à la succession, songèrent à Mithridate du Pont (bien peu recommandable, il est vrai, après la paix de défaite que venait de lui infliger Sulla : *infra,* p. 485), à Ptolémée IX (protecteur d'une énergie incertaine), et s'arrêtèrent à Tigrane : en termes de « géopolitique », c'était à coup sûr le choix le plus raisonnable, à supposer toutefois que Rome s'en accommodât. Tigrane accepta et fit de la Syrie la province méridionale de son empire ; la plaine cilicienne également passa sous l'autorité arménienne. Il eut naturellement à compter avec tout ce qui profitait de l'anarchie syrienne, Arabes (son monnayage ne débute à Damas qu'en 72), Juifs (qui paraissent avoir acheté leur indépendance), sans oublier Cléopatre Sélénè qui, de Ptolémaïs-Akè où elle s'était enfermée, avait envoyé ses fils à Rome pour réclamer du Sénat la restitution de la Syrie : Tigrane dut en personne aller assiéger la princesse lagide dans sa citadelle et, l'ayant capturée, l'exila en Mésopotamie, où elle finit assassinée. Mais, à ce moment (69), les jours de l'empire arménien sont déjà comptés : son effondrement, avec pour conséquence un dernier rétablissement séleucide, ne sera qu'un épisode marginal de la lutte de Rome contre Mithridate du Pont (infra, p. 503).

SOURCES : Tigrane en Syrie : JUST. XL, 1 ; APP., Syr. 48 (247-8), qui ignore l'appel d'Antioche ; JOS., AJ XII, 16, 4 (419 sqq.) ; STR. XI, 14, 15 ; XIV, 5, 2 ; PLUT., Luc., 21, 3-5.

BIBLIOGRAPHIE COMPLÉMENTAIRE ET NOTES : GEYER, s. v. Tigranes 1, PW VI A 1 (1936), coll. 970 sqq. ; R. GROUSSET, Histoire de l'Arménie des origines à 1071 (Paris, 1947), pp. 85 sqq. ; G. DOWNEY, A history of Antioch, pp. 136 sqq. LIEBMANN-FRANKFORT, Front. Or., pp. 193 sqq. discute la chronologie du règne syrien de Tigrane : ce serait dès 87/6 que l'Arménien aurait pénétré en Syrie, mais en 84/3 seulement qu'il se serait emparé du trône, à la mort de Philippe Ier. Ainsi s'expliquerait l'apparente contradiction entre Justin, qui donne 17 ans de règne syrien à Tigrane, et Appien, qui ne lui en donne que 14.

Le règne de Tigrane en Syrie passe pour avoir été une période de paix et de prospérité : ce ne fut peut-être pas, cependant, une période de restauration de l'autorité royale sur les cités, car le mouvement des autonomies urbaines se poursuit et se consolide. Si Antioche appela Tigrane, Séleucie de Piérie lui ferma ses portes quatorze ans durant (STR. XVI, 2, 8) ; diverses cités acquièrent de nouveaux privilèges : cf. H. (SEYRIG), Sur les ères..., Syria XXVII (1950) = Ant. Syr. IV, à propos d'Apamée, qui acquiert le droit de frapper monnaie (p. 18 = 85) ; de Laodicée sur mer, qui prend la place de Séleucie, rebelle à l'autorité arménienne (pp. 26 sqq. = 92 sqq.) ; de Béryte (p. 38 =105). Et Antioche elle-même continue à frapper, à côté des monnaies d'argent de Tigrane, les bronzes municipaux qu'elle avait commencé à émettre une dizaine d'années plus tôt.

Sur le monnayage syrien de Tigrane, cf. H. SEYRIG, Le trésor monétaire de Nisibe, RN 5e sér. XVII (1955), pp. 113 sqq. (cf. aussi, p. 127, n. 60, les problèmes posés par les dates exactes du règne de Tigrane).

L'expansion de son royaume vers le Sud détermina Tigrane à substituer à sa vieille capitale nationale d'Artaxata une capitale plus méridionale, dont le site reste inconnu (quelque part en Haute-Mésopotamie), Tigranocerte : cf. discussion ap. C.F. LEHMANN-HAUPT, s. v. Tigranokerta, PW VI A 1 (1936), coll. 981 sqq. ; ID., Armenien einst und jetzt I (1910) donne une bonne carte de l'Arménie et des régions voisines. La localisation de Tigranocerte à Farkin (entre le Tigre supérieur et le lac de Van), généralement admise (encore que sans certitude), a été récemment combattue par L. DILLEMANN, Haute-Mésopotamie orientale et pays adjacents (Paris, 1962), pp. 247 sqq., qui la transfère au Sud du Tigre et à quelque 55 kilomètres à l'Ouest de Nisibe, et fait entre autres remarquer que ce site est infiniment plus plausible pour un empire qui venait de s'étendre considérablement vers le Sud et le Sud-Ouest. Le choix de ce site s'expliquerait notamment par le contrôle qu'il permettait d'assurer sur l'ensemble des voies de communication de la région. Il n'est de plus nullement rebelle à l'interprétation de la campagne de Lucullus (*infra*, p. 495). Comme d'autres souverains orientaux du temps, Tigrane avait des prétentions à l'hellénisme, et c'est pour faire de cette capitale nouvelle une ville grecque qu'il procéda à de vastes déportations de Grecs prélevés surtout, nous dit-on, sur la population de la Cilicie Plane et de la Cappadoce (où toutefois les Hellènes authentiques devaient être rares ; il doit s'agir surtout de Cappadociens hellénisés : cf. L. ROBERT, *Noms indigènes...* I, pp. 457-523, sur l'hellénisation de la Cappadoce).

Aucune source ne permet de reconstituer exactement les **possessions de Tigrane** à l'époque de leur plus grande extension, mais il est évident qu'au moment où il est maître de la Syrie, c'est tout le sommet du Croissant Fertile qui est entre ses mains, la Haute-Mésopotamie échappant alors aux Parthes : c'est une sorte de résurrection du vieil empire mitannien du IIᵉ millénaire. — Sur les rapports entre la politique de Tigrane, celle de Mithridate du Pont et celle de Rome, *infra*, pp. 494 *sqq.*

Ayant vu de la sorte comment les derniers débris de l'empire séleucide avaient été préparés à la liquidation définitive, il nous reste à voir comment Rome fut amenée à procéder à celle-ci.

CHAPITRE II

L'avance de Rome
et la fin des États hellénistiques

L'on a vu au chapitre précédent combien confuse et anarchique était devenue l'histoire des États hellénistiques d'Orient au cours de la seconde moitié du II⁰ siècle et dans les premières années du Iᵉʳ. La disparition du royaume de Pergame n'avait laissé en scène, des protagonistes, que les Lagides et les Séleucides : encore l'amenuisement de leurs territoires, le délabrement de leurs structures internes, la déchéance du pouvoir royal, les impitoyables querelles familiales enfin, tout cela ne laisse-t-il plus ces dynasties véritablement maîtresses de leurs destinées, et l'on vient de voir comment, avant même l'intervention romaine, les Séleucides avaient été une première fois balayés par l'expansion arménienne. Dans le petit monde anatolien, l'effacement des Attalides devait, pour un temps, donner une importance relative aux petits royaumes semi-hellénisés dont l'histoire, jusqu'alors était restée marginale, et le passage météorique de Mithridate Eupatôr allait, comme on verra, rendre une passagère dynamique aux affaires d'Orient — à quoi Rome devait mettre un terme définitif. Non sans mal ni hésitations d'ailleurs, car — ce qui n'est pas pour simplifier le dernier siècle de l'histoire hellénistique — Rome aborde de son côté la sombre et confuse période des guerres civiles et des difficultés internes. C'est néanmoins l'avance de Rome en Orient qui seule peut fournir le fil conducteur d'un exposé de cette dernière période, et c'est ce fil que nous suivrons, quittes à pratiquer un retour en arrière pour observer l'évolution propre des Ptolémées. Mais, soulignons-le, bien qu'elle tende désormais à perdre, qu'elle ait en fait déjà perdu son autonomie, c'est d'histoire hellénistique qu'il s'agit ici et non d'histoire romaine.

I — LA CRISE MITHRIDATIQUE

Abandonnons pour l'instant Lagides et Séleucides à leur sort : c'est en Asie Mineure que, pour la dernière fois, l'influence romaine sur l'Orient hellénistique et même sur les Balkans allait être remise en question, que, pour la dernière fois, la question de la survie d'un Proche-Orient hellénique politiquement indépendant de l'Occident allait être posée.

A) Le continent anatolien au lendemain de la création de la province d'Asie

1° LES PREMIÈRES ANNÉES DE LA PROVINCE ROMAINE D'ASIE

Imparfaitement connue, l'organisation de la province d'Asie au lendemain de la guerre d'Aristonikos paraît avoir été des plus sommaires. Il semble que Rome, dont les intérêts étaient principalement financiers en l'occurrence, et secondairement économiques (dans la mesure où les hommes d'affaires romains et italiens se répandent alors, à titre privé, dans la nouvelle province), se soit simplement substituée aux Attalides sans modifier vraiment la structure interne de l'ancien royaume. Deux modifications importantes et de grande conséquence ne devaient toutefois pas tarder à intervenir, la première d'ordre fiscal, la seconde d'ordre territorial.

Sur le plan fiscal, c'est la *lex Sempronia de Asia,* par laquelle C. Gracchus transforma le système de l'assiette et de la perception de l'impôt. L'impôt de base (outre des péages portuaires et des droits de pacage) était désormais une dîme uniforme sur les récoltes. En soi, la dîme avait du bon, étant proportionnée aux revenus. Mais deux points devaient se révéler néfastes : d'une part le fait que la dîme, contrairement aux pratiques attalides, fut étendue aux territoires des cités et non seulement à l'ancienne *gè basilikè* ; d'autre part le nouveau système de perception affermée, — non point tant du fait que la ferme fût réservée aux sociétés romaines de publicains, que du fait que les adjudications devaient avoir lieu à Rome même, devant les censeurs (c'est-à-dire hors de la présence d'intéressés incapables de faire valoir leurs éventuelles objections) et tous les cinq ans (c'est-à-dire sans considération des variations possibles du revenu annuel) : ce système aggravait donc l'arbitraire inhérent à toute ferme fiscale, ouvrait la porte à tous les abus des compagnies fermières et inaugurait pour la province une période d'oppression fiscale qui devait engendrer un profond mécontentement. Il n'était pas difficile aux publicains d'intéresser les gouverneurs à leurs affaires, et le brigandage fiscal introduit en Asie par la loi de C. Gracchus s'implanta si bien que, le jour où deux magistrats intègres et probablement formés à l'école morale du stoïcisme s'efforcèrent de prendre la défense de leurs administrés (le proconsul Q. Mucius Scaevola et son légat Rutilius Rufus en 94/3), ce furent eux qui succombèrent. La province d'Asie n'était qu'un champ ouvert aux rapines des financiers romains.

Sur le plan territorial, c'est la question de la Grande-Phrygie. Cette région de l'ancien royaume attalide avait été donnée à Mithridate V du Pont pour prix de son aide contre Aristonikos. Dans les dernières années de son règne, Mithridate V s'était toutefois montré assez entreprenant (*infra*, p. 468) pour s'aliéner les sympathies romaines, si bien que, lorsqu'en 120 il mourut assassiné, le Sénat révoqua la donation : la Grande-Phrygie fut proclamée libre puis, entre 120 et 116, rattachée à la province d'Asie, pour la plus grande satisfaction des compagnies de publicains, dont on peut penser que les intérêts n'avaient pas été étrangers aux intrigues qui conduisirent à cette spoliation — que Mithridate ne devait pas oublier.

SOURCES : Tout ce qui précède est surtout connu par des allusions extrêmement dispersées. Sur l'organisation fiscale, cf. surtout CIC., *II Verr III (de frumento) 12* (cf. les §§ 14 *sqq.*, où Cicéron analyse les avantages du système de la ferme de la dîme appliqué en Sicile, avantages qu'excluait précisément la *locatio censoria* appliquée à l'Asie) ; APP., *BC* V, 4. Sur la mésaventure de Scaevola et de Rutilius Rufus : DIOD. XXXVII, 5 ; CIC., *ad fam.* I, 9, 26 ; DION CASS. XXVIII, fr. 97. Sur l'affaire de Phrygie : JUST. XXXVIII, 5, 3 ; allusions répétées dans APP., *Mithr.* 11 (34) ; 12 (39) ; 15 (51) ; 56 (228) ; 57 (232). *OGIS* 436 = SHERK n° 13 (cf. les notes). Autres sources dans les ouvrages ci-dessous.

BIBLIOGRAPHIE COMPLÉMENTAIRE ET NOTES : CHAPOT, *La province romaine proconsulaire d'Asie* (1904), pp. 18-24 ; BROUGHTON, *ap.* T. FRANK, *Econ. Surv.* IV, pp. 511 *sqq.* ; MAGIE, *RR*, pp. 164 *sqq.* ; ROSTOVTZEFF II, pp. 812 *sqq.* ; G. BLOCH et J. CARCOPINO, *Hist. Rom.* II, 1, pp. 254 *sq.* ; LIEBMANN-FRANKFORT, *Front. Or*, pp. 154 *sqq.*

Sur la **lex Sempronia,** cf. récemment H. HILL, *The Roman middle-class* (1962), pp. 107 *sq.*, que l'on pourra aussi consulter pour la progression du fisc romain en Orient à partir de 133 (pp. 66-76) ; SHERK, n° 12. E. BADIAN, *Rom. Imper.*, pp. 47 *sqq.* a bien marqué combien la découverte de ce que l'Asie était riche et de ce que son exploitation était fructueuse (fait assez exceptionnel pour les provinces du temps) détermina un tournant dans la politique romaine en y introduisant un courant expansionniste et annexionniste, auquel le Sénat, toujours hostile aux conquêtes, devait toutefois résister jusqu'à la fin de la République, rendant ainsi l'expansion très lente.

Les honneurs rendus par les Grecs d'Asie à Mucius Scaevola (dont les fonctions ont été remontées à 99/8 ou 98/7 par G.V. SUMNER, *GRBS* XIX (1978), pp. 147 *sq.*) nous font percevoir pour la première fois leur organisation

en une communauté des *dèmoi* (les cités) et des *ethnè* (cf. le traité entre
Éphèse et Sardes *OGIS* 437 ; Magie, *RR* I, p. 174). La dénomination de
koinon donnée à cette organisation n'apparaîtra que plus tard (*infra*, p. 487).

L'on a trace, vers 123, d'un conflit d'influence auprès du Sénat entre
Mithridate V du Pont et un **Nicomède** qui doit être alors Nicomède III,
conflit au cours duquel les deux rois auraient usé de la corruption de façon
si éhontée qu'on aurait fini par les renvoyer dos à dos. Que, contrairement
à ce qu'on a longtemps pensé, ce conflit n'avait pas pour objet la possession
de la Phrygie, a été montré par Magie, *RR*, p. 1043, n. 27 ; cf. Vitucci,
Il regno di Bitinia, pp. 93 sq. ; 98 sq.

Un fragment du SC concernant l'incorporation de la **Phrygie** à la province
d'Asie, découvert au siècle dernier (*OGIS* 436 = Sherk 13) mais jamais
retrouvé, l'a été récemment, et daté de 119 : cf. Th. Drew-Bear, *Nlles inscr.
de Phrygie* (Zutphen 1978), pp. 2 sqq. Il s'agit d'une copie d'époque impériale,
figurant sur la même pierre qu'une copie du SC concernant le testament
d'Attale III (*supra*, p. 418). La date de 116 est cependant préférée par
B.C. Mc Ging, *Appian, M' Aquillius and Phrygia, GRBS* XXI (1980), pp. 35
sqq. (où analyse du problème chronologique).

2° Les pirates et la question de Cilicie

L'on a déjà eu l'occasion de noter les conditions très particulières qui règnent dans le Sud anatolien où, à l'exception de
quelques secteurs privilégiés, comme les plaines littorales de Pamphylie et de Cilicie orientale, le relief s'oppose de telle sorte à
la pénétration, tant de l'intérieur que de la mer, qu'aucune des
puissances du temps n'avait jamais réussi à étendre son autorité
de façon durable sur la totalité de ces régions. Nombre de cantons
d'accès difficile, où le brigandage paraît avoir sévi de façon endémique, tendaient à vivre dans une autonomie de fait, parfois
sous l'autorité de dynastes ou tyrans locaux. Au brigandage mon-
tagnard répondait, sur la côte, la piraterie, mal endémique aussi
tout au long de ce littoral dont les baies profondes et dissimulées
étaient autant de repaires d'écumeurs, à portée immédiate du grand
axe commercial du temps, qui conduisait de l'Égée à Chypre et à
la côte phénicienne. Le III⁰ siècle avait réussi à imposer certaines
limites à l'anarchie naturelle à ces pays. Sur le continent, la police
avait été plus ou moins efficacement et plus ou moins continûment
assurée par les Séleucides (légitimes ou non) et les Attalides. Sur
mer, ce rôle bienfaisant avait été joué par les marines des royaumes, de Rhodes et de quelques cités libres, puis, au début du
II⁰ siècle, par la marine rhodienne principalement, et par celle des
Attalides. L'abaissement de Rhodes, puis la disparition du royaume
de Pergame eurent, de ce point de vue, des effets catastrophiques :
il n'est plus une puissance maritime, désormais, à pouvoir s'opposer efficacement à la piraterie qui sévit de la Cilicie à la Lycie
— et, plus à l'Ouest, autour de la Crète, cependant que quelques
indices plus tardifs révèlent que l'affaiblissement et les querelles

séleucides favorisent, à la fin du IIe siècle et au début du Ier, son essor sur les côtes phéniciennes et palestiniennes. Et l'on ne considère ici que la Méditerranée orientale.

L'attention de Rome (indirectement responsable) fut rapidement attirée sur l'insécurité maritime : c'est en effet après la guerre de Persée que les négociants romains et italiens se répandent dans le monde oriental et les contacts économiques s'intensifient naturellement entre les deux bassins de la Méditerranée après la fondation de la province d'Asie. La grande ambassade itinérante de Scipion Émilien (140-139) s'intéressa déjà à cette question : mais plus d'un quart de siècle devait s'écouler avant que l'on n'envisageât, à Rome, d'entreprendre la lutte contre ce fléau. Il est vrai que les Romains paraissent n'avoir d'abord point souffert de la piraterie, qu'au contraire une sorte de collaboration tacite s'établit entre les négociants italiens et les pirates, dont l'offre abondante et continue répondait à la demande croissante de l'Occident en main-d'œuvre servile : c'est le commerce des esclaves, dont le centre était à Délos, qui fit des pirates « ciliciens » un rouage apprécié de l'économie esclavagiste italienne. Mais les pirates n'étaient pas gens à se tenir à leur place : leur activité s'étendit si bien vers l'Ouest qu'elle mit en péril les communications entre l'Italie et l'Asie. En 102, pour la première fois, Rome passa à l'action : une campagne fut organisée, sous le commandement de M. Antonius (grand-père du futur lieutenant de César) qui, avec l'aide des Rhodiens et des Byzantins, remporta sur les pirates une victoire, sans grande conséquence il est vrai. Car, contrairement à une opinion répandue, la suite semble prouver que ce ne fut pas en 102/1 que fut fondée la province de Cilicie, ni même à l'année suivante (101/0), année d'une loi romaine connue à présent par deux exemplaires grecs fragmentaires et où l'on a pensé pouvoir lire cette création provinciale (cf. les notes). Mais cette loi, qui traite le diverses questions, ne fait guère, en ce qui concerne la piraterie, qu'inviter les trois rois Ptolémée d'Alexandrie, de Chypre et de Cyrène (Ptolémée X, Ptolémée IX et Ptolémée Apion) ainsi que les deux Séleucides du moment (Antiochos VIII et IX) et les cités à prendre des mesures contre la piraterie : mais rien ne prouve qu'à Rome on entendît donner une suite vigoureuse à la campagne de M. Antonius, qui avait sans doute révélé que l'éradication de la piraterie coûterait un énorme effort militaire dont on n'était même pas assuré qu'il serait payant, à une époque où se posaient des problèmes plus urgents. En réalité, ce ne sera que la collusion des pirates et de Mithridate qui décidera le Sénat à se substituer aux États hellénistiques défaillants et conduira Rome à imposer sa domination à certaines régions du littoral Sud-anatolien (*infra,* p. 488).

SOURCES : Les deux textes fondamentaux sur l'extension de la piraterie à la fin du IIe siècle et l'attention que commence à y prêter Rome sont STR. XIV, 5, 2 et FLORUS I, 41, 1-3. Il en est d'autres qui, notamment, évoquent la collaboration entre les pirates et Mithridate (cf. *infra*, p. 488), mentionnent également les antécédents des pirates : cf. p. ex. APP., *Mithr.* 92 (416 *sqq.*) ; PLUT., *Pomp.* 24 ; DION CASS. XXXVI, 20. Toutes ces données semblent remonter à un développement des *Histoires* perdues de Poseidonios : cf. H. STRASBURGER, *Poseidonios on problems of the Roman empire*, *JRS* LV (1965), pp. 43 ; 49 *sqq.* Campagne de M. Antonius : TL, *Per.* LXVIII ; TROG., *Prol.* 39 ; *IGR* IV, n° 1116. Loi de Delphes : *SEG* III, 378. On trouvera d'ailleurs le texte *in extenso* de la plupart des sources *ap.* ZIEBARTH, *o. c. infra*, pp. 110 *sqq.*

BIBLIOGRAPHIE COMPLÉMENTAIRE ET NOTES : Sur les **petits États dynastiques** de ces régions (pas seulement à l'époque considérée ici), cf. AD. WILHELM, *Neue Beiträge zur griech. Inschriftenkunde I*, SBAWWien (phil.-hist. Kl.) 166/1 (1910 [1911]), pp. 48 *sqq.* ; ID., *ibid.*, 166/3 (1910 [1912]), pp. 3 *sqq.* ; L. ROBERT, *Coll. Froehner I. Inscr. grecques* (1936), n° 52 ; *Villes d'Asie Min.*, pp. 156 *sq.* ; *Et. Anat.*, pp. 326 *sq.* ; également Ern. MEYER, *Die Grenzen...*, pp. 130 *sqq.* ; 138 *sqq.*

Phénomène géographique autant que politico-social, la **piraterie** nous a valu plusieurs descriptions du littoral méridional de l'Anatolie et de son arrière-pays : cf. H.A. ORMEROD, *Piracy in the ancient world* (1924), pp. 190 *sqq.* ; MAGIE, *RR*, pp. 259 *sqq.* Sur la piraterie, dans ces régions, avant l'époque considérée ici, cf. ORMEROD, *o. c.*, pp. 199 *sqq.* ; à l'époque en question : pp. 205-209 ; E. ZIEBARTH, *Beiträge zur Geschichte des Seeraubs und Seehandels im alten Griechenland* (1929), pp. 31 *sqq.* ; BROUGHTON, *ap.* T. FRANK, *Econ. Surv.* IV, pp. 519 *sqq.* ; ROSTOVTZEFF II, pp. 782 *sqq.* (dans un cadre plus large, celui du marché de la main-d'œuvre servile, qui déborde largement la piraterie maritime : le brigandage continental y fournit sa part — et, dans la province d'Asie, les publicains y collaborent activement : cf. LIEBMANN-FRANKFORT, *Front. Or.*, pp. 188 *sqq.*) ; MAGIE, *RR*, pp. 281 *sqq.* Des cités dont la population ne pratiquait pas la piraterie était devenues tributaires des pirates et tiraient parfois de substantiels profits de cette collaboration forcée : cf. Sidè (STR. XIV, 3, 2) ou Phasélis (CIC., *II Verr. IV (de signis)* 21). La piraterie est fréquemment évoquée dans les inscriptions (notamment dans des décrets honorifiques pour rachats de personnes enlevées) : outre les ouvrages généraux ci-dessus, cf. L. ROBERT, *Et. Anat.*, pp. 94-96 (où bibliographie antérieure, mais une référence à *BCH* 1928, qui paraît attribuée à AD. WILHELM doit l'être à G. DAUX) ; *Hellenica* XI-XII (1960), pp. 132-139 ; 272-276 ; *Documents de l'Asie Mineure méridionale* (Paris 1966), pp. 91 *sqq.* (l'oracle de Claros contre les pirates).

Les données du **problème de la création de la « province de Cilicie »** (cf. MAGIE, pp. 1161 *sqq.*) ont été remarquablement renouvelés depuis la 1re éd. de ce livre. J'écrivais alors (p. 391) que l'idée qu'un gouvernement territorial de Cilicie aurait été créé en 102/1 « procédait sans doute d'une confusion sur le sens de *provincia* qui, puisque la tradition ne fournit aucune trace d'annexion à cette époque, ne peut signifier que le ressort du commandement proconsulaire de M. Antonius » (sur cette question de terminologie, cf., à ce propos précisément, A.N. SHERWIN-WHITE, *Rome, Pamphylia and Cilicia 133-70 B. C.*, *JRS* LXVI (1976), pp. 5 *sqq.*). Je poursuivais : « Que ce commandement « provincial » soit désormais devenu permanent, appuyé sur l'occupation de quelques places littorales, est une hypothèse (cf. ORMEROD, p. 209) que les sources ne paraissent pas confirmer dans leur ensemble, à moins de faire fonds sur divers passages d'Appien qui qualifie Sulla, dès 92, de « gouverneur de Cilicie », mais l'expression paraît erronée (cf. à ce sujet MAGIE, pp. 1163 *sq.*,

n. 14). On remarquera que, le jour où il y aura effectivement une province
romaine dans ces régions, les sources les plus anciennes (Poseidonios, Cicéron)
l'appelleront généralement Pamphylie : il semble en effet que ce ne fut pas
par la Cilicie proprement dite que commençât l'occupation romaine (*infra*,
p. 488) ; si bien que lorsque J. CARCOPINO, *HR* II, 2, p. 624, écrit que « Pompée
agrandit cette dernière (sc. la Cilicie, qu'il pense fondée dès 101) des districts
dont il avait exterminé la piraterie : Phrygie méridionale, Lycaonie, Pamphylie »,
il faut en réalité inverser l'ordre des termes extrêmes — et se montrer très
réservé quant aux termes médians... Du reste, de même qu'on a pu se méprendre,
dès l'antiquité, sur le sens de *provincia*, on a pu se méprendre aussi sur celui
de « Cilicie », car la dénomination de « Ciliciens » s'est appliquée très tôt à
tous les pirates, si bien que toute guerre piratique devenait une « guerre
cilicienne » [cf. BADIAN, *St. in Gr. & Rom. hist.*, p. 161 : «... Cilicia meant
pirates : it was not so much a province as a *provincia* »]. Le texte de la
loi de Delphes (ci-dessous) contient bien une allusion à la Cilicie, mais elle
est suivie d'une lacune ». Or c'est cette lacune que comble un second exemplaire
de cette même loi, dont il faut ici parler. L'exemplaire de Delphes (cf.
H. POMTOW, *Klio* XVII (1921), pp. 171 *sqq.* ; *SEG* I (1923), n° 161 ; M.A. LEVI,
RF LII (1924), pp. 80 *sqq.* ; G. COLIN, *BCH* XLVIII (1924), pp. 58 *sqq.* ;
G. TIBILETTI, in DE RUGGIERO, *Dizion. Epigr.* IV (1956), pp. 718 *sq.*) avait
été d'abord daté de 67 et pris pour le texte de la *lex Gabinia* (*infra*, p. 499) :
mais l'allusion à la sécurité « des citoyens romains et de leurs alliés latins
d'Italie » contraint de remonter avant la guerre sociale ; la mention du « roi de
Cyrène » interdit de descendre plus bas que la mort d'Apion (96) ; et la
mention des consuls de 100, enfin, empêche de remonter avant leur élection.
La découverte récente, à Cnide, d'un second exemplaire de cette loi, qui recouvre
en partie l'exemplaire de Delphes, mais surtout le déborde beaucoup (cf.
M. HASSALL, M. CRAWFORD & J. REYNOLDS, *Rome and the Eastern provinces
at the end of the second cent. B. C. The so-called « Piracy-Law » and a new
inscr. from Cnidos*, JRS LXIV (1974), pp. 195 *sqq.*) a permis de confirmer une
date de fin 101-début 100 ; cf. J.L. FERRARY, *Recherches sur la législation de
Saturninus et de Glaucia I. La lex de piratis de Delphes et de Cnide*, MEFRA
LXXXIX (1977), pp. 619 *sqq.*, qui se prononce pour février 100. Mais cette
datation a été contestée par G.V. SUMNER, *The « Piracy-Law » from Delphi
and the law of the Cnidos inscr.*, GRBS XIX (1978), pp. 211 *sqq.*, qui apporte
des arguments en faveur de fin 100-début 99. Quoi qu'il en soit de ce point
de chronologie, le nouveau texte a révélé que la loi, que l'exemplaire delphique
avait fait tenir pour une *lex piratica*, traitait de bien d'autres questions encore,
mais surtout qu'elle apportait, sur la situation en Asie Mineure, des éléments
nouveaux, que les éditeurs ont exploités avec quelque hâte, mais A.N. SHERWIN-
WHITE, *l. c.*, pp. 6-8, avec plus de prudence et de vraisemblance. L'on apprend
de la sorte que la Lycaonie, qui avait été donnée au roi de Cappadoce pour
prix de son aide dans la guerre d'Aristonikos (*supra*, p. 421), est à nouveau
romaine et rattachée à la province d'Asie. Mais on apprend en particulier
que la Cilicie est déclarée *eparcheia stratègikè* — ce que les éditeurs avaient
aussitôt rendu par « province prétorienne ». Or Sherwin-White a justement
montré que la distinction entre provinces proconsulaires et prétoriennes n'existe
pas encore à cette époque et que, compte tenu de l'ambiguïté qui continuait
d'affecter la notion de *provincia (eparcheia)*, il fallait très probablement entendre ici (comme précédemment) que la Cilicie était désignée comme un
« théâtre d'opérations », vraisemblablement confié au gouverneur d'Asie. Car
— et c'est un point important — il ressort de l'ensemble du texte tel qu'on
peut à présent le reconstituer en grande partie, qu'il n'y a, au tournant du
siècle, que deux provinces romaines (provinces territoriales) en Orient : la
Macédoine et l'Asie. — Pour en revenir à la piraterie, cette loi, votée vers
la fin de la mission de M. Antonius, peut apparaître comme une exploitation

diplomatique des succès de celui-ci (cf. ORMEROD, *Piracy,* pp. 242 *sqq.*), mais, invitant les Orientaux (et notamment les Rhodiens) à tout faire pour lutter contre le fléau, elle ne semble guère annoncer de nouvel effort militaire romain. Il est vrai qu'il faudrait ici tenir compte (pouvoir tenir compte...) de tout l'arrière-plan de politique intérieure romaine : c'est la politique intérieure (des *populares* en faveur de Marius, si l'on adopte la date de 101/0 ; de leurs adversaires, si l'on adopte 100/99 : cf. SUMNER, *l. c.,* pp. 224 *sq.*) qui la suscite ; c'est la politique intérieure qui la privera d'effets (cf. BADIAN, *Rom. Imp.,* pp. 52 *sqq.* ; F.T. HINRICHS, *Die lat. Tafel von Bantia und die « lex de piratis »,* Hermes IIC (1970), pp. 471 *sqq.*, tous deux antérieurs à la découverte du texte de Cnide). — Le fait, enfin, que la loi énumère tous les souverains à l'exception de Mithridate VI et de Nicomède III a donné à penser à certains qu'elle était également dirigée contre eux (cf. en dernier lieu LIEBMANN-FRANKFORT, *Front. Or.,* p. 164). En réalité, Mithridate ni Nicomède n'ayant de façade maritime dans la zone menacée par les pirates et intéressant Rome, il n'y avait aucune raison pour qu'on fit appel à eux.

Sur les **negotiatores romains et italiens en Asie** avant la guerre mithridatique, cf. HATZFELD, *Les trafiquants italiens dans l'Orient hellénique* (1919), pp. 44-50 et 2ᵉ partie, *passim.* Cf. encore, de façon générale, P.A. BRUNT, *The Equites in the late Republic, Deuxième conférence intern. d'histoire économique,* Aix-en-Provence 1962 [1965], I, pp. 125 *sqq.* : ce milieu d'affaires est, à tous égards, un milieu très mêlé, dont les intérêts économiques ne sont pas homogènes et qui (dans la mesure où il comprend, avant 90, des citoyens romains), ne représente à aucun degré une force politique cohérente susceptible d'exercer une pression sur les affaires de l'État. Il convient de distinguer soigneusement les *negotiatores* des chevaliers, et leurs intérêts (tous privés) de ceux des publicains qui, eux, sont une force politique du fait que leurs intérêts sont liés à ceux des finances publiques.

B) Mithridate VI Eupatôr avant la guerre romaine

1° LE ROYAUME DU PONT DE LA MORT DE PHARNACE A LA PRISE DU POUVOIR PAR MITHRIDATE VI

L'on a vu dans quelles conditions s'était faite, sous Pharnace, la première période d'expansion maritime et continentale du royaume du Pont, et comment il y avait été mis terme (*supra,* p. 289). Des deux premiers successeurs de Pharnace, son frère Mithridate IV Philopatôr Philadelphe (environ 170-150) paraît avoir eu un règne sans histoire, mais Mithridate V Évergète, sans rompre avec Rome, s'efforça de s'arrondir en Anatolie : il a été dit comment il obtint une partie de la Phrygie pour prix de l'aide apportée à Rome contre Aristonikos (*supra,* p. 421), mais il réussit aussi à imposer son influence à la Paphlagonie, en persuadant le dynaste Pylaiménès de l'instituer son héritier, et à la Cappadoce, en donnant la main de sa fille Laodice au roi Ariarathe VI — faute d'ailleurs d'avoir réussi à conquérir le royaume de celui-ci. On relève aussi des traces de sa politique dans le monde égéen. Lorsqu'il mourut assassiné, vers 120, son testament léguait conjointement le pouvoir à sa veuve et à ses deux fils encore enfants. Ce fut en ces circonstances que Rome reprit la Phrygie, pour l'annexer à la province d'Asie (*supra*, p. 463).

Les débuts de Mithridate VI (qui a une douzaine d'années à la mort de son père) sont embrumés de légende. Ne supportant pas le partage du pouvoir imposé par le testament paternel, il aurait fui la cour pour mener, pendant sept ans, une vie sauvage dans les montagnes, n'en revenant que pour assassiner sa mère et son frère Mithridate Chrèstos. Quoi qu'il en soit, son règne personnel commence aux environs de 112, vers sa vingtième année.

SOURCES : Aucune source littéraire sur Mithridate IV, qui n'est connu que par ses monnaies et de rares inscriptions : réf. *ap.* GEYER, s. v. *Mithridates* 11, *PW* XV, 2 (1932), coll. 2161 *sq.* Sur la question phrygienne, *supra*, p. 463. Mithridate V et la Paphlagonie : JUST. XXXVII, 4, 5 ; XXXVIII, 7, 10. Mithridate V et la Cappadoce : APP., *Mithr.* 10 ; MEMNON, *FGrH* 434 F 22, 1 ; JUST. XXXVIII 1, 1. Succession et avènement de Mithridate VI : MEMNON F. 22, 2 ; STR. X, 4, 10 ; APP., *Mithr.* 112 ; JUST. XXXVII, 2, 4-9.

BIBLIOGRAPHIE COMPLÉMENTAIRE ET NOTES : Rappelons le vieil ouvrage d'ED. MEYER, *Gesch. des Königreiches Pontos* (1879).
    Règne de **Mithridate V** : cf. GEYER, s. v. *Mithridates 11, PW* XV, 2 (1932), coll. 2162 *sqq.* ; MAGIE, *RR*, p. 194. Il apparaît clairement qu'à la suite de l'échec de la politique conquérante de Pharnace, son frère et successeur pratiqua une politique prudente d'abstention, mais que Mithridate V s'efforça, par diplomatie, de rétablir le rayonnement de l'influence pontique. Jugeant singulier qu'Ariarathe VI ait épousé la fille de Mithridate V après un acte d'hostilité manqué de celui-ci, P.J. GLEW, *Mithr. Eupator and Rome : a study of the background of the first mithr. war*, Ath. LV (1977), pp. 382 *sqq.* émet l'hypothèse que l'expédition cappadocienne de Mithridate V n'aurait pas été hostile, mais amicale, destinée à soutenir Ariarathe aux prises avec des difficultés intérieures — dont il ne peut malheureusement préciser la nature... Il en conclut (et c'est ce qui lui importe) que Mithridate V n'aurait pas, par sa politique cappadocienne, inquiété le Sénat, au contraire. Mais cela crée une difficulté pour l'interprétation de la récupération de la Phrygie. Doutant que celle-ci se soit faite sous l'influence des publicains (ainsi Th. DREW-BEAR, *Three SC concerning the Prov. of Asia*, Hist. XXI (1972), p. 81), il pense que le Sénat entendit simplement mettre à profit la faiblesse pontique pour recouvrer un avantage territorial abandonné sous la pression des circonstances. Édifice d'hypothèses — comme toute tentative d'interprétation de ces faits.
    — Les symboles monétaires de Mithridate V affirment le caractère iranien de sa royauté et son rattachement aux Achéménides : cf. H. PFEILER, *Die frühesten Porträts des Mithr. Eupator und die Bronzeprägungen seiner Vorgänger*, Gaz. Num. Suisse XVIII (1968), pp. 75 *sqq.* (sur le monnayage pontique en général, voir G. KLEINER, *Pontische Reichsmünze*, Ist. Mitt. VI (1955), pp. 1 *sqq.*). C'est sous Mithridate V que l'ère royale pontique apparaît pour la première fois dans le monnayage royal : cf. G. PERL, *Z. Chronol. d. Königreiche Bithynia, Pontos u. Bosporos*, dans J. HARMATTA (ed.), *Studien z. Gesch. u. Philos. d. Altertums* (Budapest 1968), pp. 300-2. Comme la royauté pontique ne fut fondée qu'en 281 (cf. t. I², p. 138), il y a là une évidente assimilation à l'ère royale bithynienne, que Perl attribue à des considérations de circulation monétaire. — L'intérêt qu'il porta au monde égéen (cf. *OGIS* 366) s'explique peut-être par les nécessités du recrutement des mercenaires.
    — Que le **Mithridate** dont le nom figure sur une émission de stéphanèphores

attiques soit Mithridate V, comme avait pensé pouvoir le montrer Marg. Thompson, *The new style silver coinage of Athens* (New York 1961), pp. 422 sqq. (dont j'avais suivi l'opinion dans ma 1ʳᵉ éd.) n'est toutefois plus admis aujourd'hui, avec toute la chronologie absolue des émissions attiques du « nouveau style » selon M. Thompson (*supra*, pp. 171 ; 284). Le Mithridate en question est Eupatôr. Notons que c'est la discussion sur cette émission, précisément, qui a conduit à la révision de la chronologie générale de la série stéphanèphore. Cf. encore C.M. Kraay, *Gr. coins and history* (Londres 1969), pp. 11 *sqq*. — Sur les manifestations de philhellénisme de Mithridate V à Délos, cf. L. Robert, *Monnaies et textes grecs...*, *J. Sav.* 1978, pp. 151 *sqq*.

En ce qui concerne le règne de **Mithridate VI Eupatôr,** tous les travaux modernes reposent sur l'ouvrage capital de Th. Reinach, *Mithridate Eupatôr, roi de Pont* (Paris, 1890), qui, bien qu'évidemment dépassé sur bien des points, reste indispensable. La tradition montre la naissance de Mithridate entourée de signes miraculeux : apparition d'une étoile nouvelle, foudre, etc. (Just. XXXVII, 2 ; Plut., *Quaest. conv.* I, 6, 2). G. Widengren, dans le recueil *The sacral kingship, Numen,* Suppl. IV (1959), p. 248, a montré qu'il s'agit d'une tradition proprement iranienne, exprimant l'espoir d'une réincarnation royale du dieu-sauveur Mithra. Pour les jeunes années et la prise du pouvoir, cf. Geyer, s. v. *Mithridates 12, PW* XV, 2 (1932), coll. 2163 *sq*. Le nom de Mithridate Eupatôr et de son frère Chrêstos figurent sur des dédicaces déliennes (*OGIS* 368 et 369), mais le cadet n'y porte pas le titre royal : ou bien la tradition selon laquelle Mithridate V aurait légué la royauté à ses deux fils est inexacte, ou bien Mithridate n'assassina pas son frère aussitôt après sa prise du pouvoir.

2° La guerre de Crimée (110-108 ?) et l'expansion vers l'Est

A peine Mithridate était-il au pouvoir qu'un appel à l'aide des Grecs de Crimée lui offrait l'occasion de reprendre la politique de Pharnace. La situation des Grecs installés sur les côtes septentrionales du Pont-Euxin (comme de ceux de la région des bouches du Danube) avait gravement empiré dans la seconde moitié du IIᵉ siècle par suite de la pression accrue des peuples de la steppe, particulièrement des Sarmates Roxolans. Un dynaste scythe de Crimée, Skilouros, puis son successeur Palakos, alliés aux Roxolans, avaient réussi à imposer leur tutelle à Olbia (à l'embouchure du Bug) et menaçaient l'indépendance de Chersonèsos (à l'extrémité méridionale de la Crimée) ainsi que du royaume du Bosphore Cimmérien (détroit de Kertch), où régnait toujours la vieille dynastie des Spartokides, déjà tributaire. Ce fut dans l'espoir de sauver cette indépendance que Chersonèsos et le Bosphore s'adressèrent à Mithridate, non sans doute sans accepter par avance quelque forme de sujétion. Le roi du Pont envoya aussitôt (en 110 ?) un corps expéditionnaire commandé par Diophantos de Sinope.

Les brillants succès de Diophantos furent cependant vite remis en cause par des soulèvements scythiques. Le stratège de Mithridate dut regagner la Crimée (en 109 ? ou en 108 ?) et y reprendre en plein hiver la conquête systématique et, semble-t-il, difficile du pays. Au terme de ces campagnes, Mithridate pouvait ajouter à ses États une province criméenne comportant non seulement les territoires de ses adversaires, mais encore ceux de ses alliés (le Spartokide Pairisadès avait disparu dans la tourmente). Cette province fut étendue à l'Ouest au moins jusqu'à Olbia et l'ancienne capitale du Bosphore, Panticapée, en devint le chef-lieu. Province lointaine, certes, mais précieuse par sa richesse, car le roi en tira annuellement, est-il rapporté, 180 000 médimnes de blé (+ 95 000 hl) et 200 talents d'argent, encore que, dans les années suivantes, son principal intérêt fût de constituer une inépuisable réserve de guerriers.

Ce fut aussi au cours des premières années de son règne que Mithridate étendit son royaume vers l'Est, le long des côtes de la mer Noire. Entreprises très mal connues, mais qui prouvent le désir d'établir une domination cohérente sur le littoral oriental du Pont-Euxin et d'en acquérir les richesses traditionnellement fabuleuses. Les allusions que l'on peut glaner à ce sujet font état de la Petite-Arménie (à l'Est du royaume du Pont proprement dit et au Nord du Haut-Euphrate, avec les établissements grecs de la région de Trapézonte) et de la Colchide (bassin du Phase, sur le versant méridional du Caucase) et semblent indiquer que Mithridate chercha à établir la liaison entre cette dernière région et son domaine du Bosphore Cimmérien et de Crimée : mais les derniers épisodes de sa carrière prouveront que sa domination ne fut jamais bien assise sur le littoral caucasien (*infra*, p. 501). La Petite-Arménie et la Colchide apportaient cependant au royaume Pontique un considérable accroissement de ressources de tout ordre : humaines, minières, agricoles, forestières — navales donc. La Petite-Arménie, en particulier, paraît avoir été organisée comme une sorte de réduit stratégique, hors de portée d'un adversaire occidental.

SOURCES : Bosphore et Crimée : STR. VII, 3, 17 ; 4, 3-6 ; II, 1, 15 ; JUST. XXXVII, 3, 1-2 ; XXXVIII, 7, 4-5, qui fait de la guerre de Crimée le premier acte du règne. Le récit le plus détaillé des exploits de Diophantos se trouve dans un long décret des Chersonésites en son honneur : *Syll*³. 709 (cf. aussi REINACH, *o. c.*, pp. 460 *sqq.*). Expansion orientale : STR. XII, 3, 1 ; 28 ; XI, 2, 1 ; 3 ; 18 ; 1, 2, 1. MEMNON, *FGrH* 434 F 22 ; APP., *Mithr.* 15 ; 69 ; JUST. XXXVIII, 7, 2 (la mention de la Grande-Arménie est évidemment fausse). Les inscriptions font totalement défaut ici.

BIBLIOGRAPHIE COMPLÉMENTAIRE ET NOTES : Cf. GEYER, *l. c.*, coll. 2164 *sq.* et surtout ROSTOVTZEFF, *CAH* IX (1932), pp. 225 *sqq.*, où l'on trouvera une analyse de la **situation du monde grec septentrional** à cette époque. On consultera encore E.H. MINNS, *Scythians and Greeks* (1913), pp. 518 *sqq.* ; 586 *sq.* et voir l'index s. v. *Mithridates Eupator*.

L'extension de la **domination pontique à Olbia** est attestée par *Inscr. ant. Orae sept. Pont. Eux. (IOSPE)* I² 35, interprétée par A. WILHELM, *Klio* XXIX (1936), pp. 50 *sqq.* Le fragment de décret publié par DANOFF, *Jahreshefte des Oesterr. Arch. Inst.* XXX (1937), Beibl. coll. 89 *sqq.*, prouve que le protectorat de Mithridate s'étendait également à **Apollonia,** sur la côte occidentale du Pont-Euxin, mais il n'est pas sûr que ce fût dès cette époque.

Tous les effets des conquêtes septentrionales de Mithridate ne sont pas encore connus. L'archéologie a révélé que l'annexion de ces régions criméennes, et tout particulièrement du Bosphore cimmérien au royaume du Pont eut des effets catastrophiques pour leur économie : cf. V.F. GAÏDOUKEVITCH, *Materialy i issledovaniya po arkheologii SSSR,* t. 85 (1958), p. 217 (à propos des fouilles de Myrmèkion). D'autre part L.I. BELOV, *ibid.,* pp. 330 *sqq.* montre qu'à côté d'une grande majorité de **monnaies** bosporanes, les fouilles de Tyritakè, Myrmékion et Ilouraton n'ont guère rendu, en fait de monnaies venues de l'extérieur, que des monnaies de cités du Pont ou de Paphlagonie (Sinope, Amisos) de l'époque de Mithridate VI. La circulation, dans le Nord de la mer Noire, de ces monnaies importées d'Anatolie a été également étudiée dans ses rapports avec la circulation des monnaies locales (du Bosphore, de Chersonnèsos, d'Olbia), par K.V. GOLENKO, *Podrajaniya mednym monetam gorodov Ponta i Paflagonii vremeni Mitridata VI Evpatora* («Imitations de monnaies de cuivre des villes du Pont et de Paphlagonie de l'époque de M. VI E.»), *VDI* 97/III (1966), pp. 142 *sqq.* (qui donne une bibliographie antérieure qui ne m'a pas été accessible).

Si ces nouvelles provinces septentrionales devaient fournir à Mithridate des troupes en abondance, à l'inverse le roi fut obligé de donner aux cités grecques menacées des garnisons qui vinrent d'Anatolie (ROSTOVTZEFF III, p. 1559, n. 13). Il y eut donc des va-et-vient de groupes humains de part et d'autre du Pont-Euxin. L. ROBERT, *Noms indigènes dans l'Asie Mineure gréco-romaine* I (1963), ayant dégagé «de nombreuses et étroites concordances onomastiques entre la côte sud de l'Asie Mineure (Cappadoce avec le Pont et Paphlagonie)» (pp. 523-540), observe toutefois que ces concordances ne sauraient s'expliquer uniquement par ces transferts, ni par des relations commerciales, car elles remontent au moins au IVᵉ siècle. «On est sans doute amené à admettre, dans ces deux régions apparemment si différentes, certaines couches des mêmes peuples.» Problèmes encore mal connus, mais qui font entrevoir que l'empire géographiquement hétérogène de Mithridate comportait peut-être un facteur de cohérence ethnique qui n'est pas à négliger.

En ce qui concerne l'**expansion orientale,** la meilleure analyse des maigres données dont on dispose à son sujet reste celle de REINACH, pp. 75 *sqq.* Cf. également, pour des sources complémentaires concernant les ressources économiques de ces régions, MAGIE, *RR,* p. 1092, n. 54.

3° LES PRÉLUDES A LA GUERRE EN ASIE MINEURE

Bien que les entreprises dont il vient d'être question ne soient pas exactement datées, elles sont clairement destinées à fournir à Mithridate les bases économiques et stratégiques d'une politique anatolienne semblable à celle qu'avait tentée son grand-oncle Pharnace. Car ses actes suivants révèlent que son but consiste à annexer — et d'abord à investir — sinon la province d'Asie entière, du moins d'abord cette Phrygie qu'un proconsul avait donnée à son père et que le Sénat lui avait reprise. Toutefois, si la tradition selon laquelle il effectua dans la province et en Bithynie un voyage *incognito* ne relève pas de la légende, le spectacle de la haine soulevée en tous lieux par l'exploitation romaine put lui faire comprendre que n'importe quel libérateur serait le bienvenu. Mais le royaume de Mithridate était encore isolé de la Phrygie par les territoires des dynastes indépendants de Paphlagonie et de Galatie, et il ne convenait pas que Rome trouvât l'appui éventuel des rois de Bithynie et de Cappadoce : un projet d'invasion de la province supposait une préparation où l'expansion territoriale devait s'allier à la diplomatie.

Portant Mithridate aux frontières de la Bithynie, l'annexion de la Paphlagonie entière eût inquiété Nicomède III : Mithridate intéressa ce dernier à l'opération en lui proposant le partage du pays, qui fut effectué sans doute vers 107, et suivi de l'occupation d'un morceau de la Galatie. Rome, qui avait alors sur les bras et les Germains et Jugurtha, se contenta d'ordonner aux deux souverains d'évacuer la Paphlagonie, ultimatum auquel il ne fut pas donné suite. Nicomède, toutefois, malgré le bénéfice tiré de sa complicité, se méfiait évidemment des ambitions de Mithridate et, vers 102, envahit la Cappadoce. Mithridate pensait pouvoir compter sur la fidélité cappadocienne : tandis que son père avait imposé au roi Ariarathe la main de sa fille Laodice, il était allé lui-même plus loin encore, et avait mis sur le trône de son beau-frère, assassiné par ses soins, le fils de celui-ci et de Laodice, le petit Ariarathe VII son neveu. Or Laodice, régente pour son fils, loin de se défendre contre Nicomède, plus loin encore d'appeler Mithridate à son secours, épousa l'envahisseur. Ne pouvant tolérer de se voir encadré par une Bithynie et une Cappadoce unies et hostiles, Mithridate chassa de Cappadoce Nicomède et Laodice, s'institua protecteur de son neveu Ariarathe VII, puis l'assassina et lui substitua l'un de ses propres fils. Les Cappadociens ayant alors fait appel à un frère d'Ariarathe VII, il fallut à Mithridate revenir encore une fois en Cappadoce pour y rétablir son fils. Le Sénat, saisi de l'affaire par les deux partis, les renvoya dos à dos et exigea de Nicomède et de Mithridate l'évacuation de la Paphlagonie et de la Cappadoce, cependant que les Cappadociens, d'abord proclamés « libres » (c'est-à-dire républicains) étaient, peu après, dotés d'un souverain étranger à la dynastie, Ariobarzane (95). L'affaire cappadocienne tournait mal pour Mithridate : destinée à assurer ses arrières en vue d'un conflit avec Rome, elle risquait en fait de provoquer ce conflit avant d'avoir été réglée.

Or l'expansion arménienne commençante pouvait fournir, à point nommé, une aide à Mithridate : l'annexion de la Sophène venait de donner à Tigrane une frontière commune, sur l'Euphrate, avec la Cappadoce (*supra*, p. 457) au moment même où Rome y installait Ariobarzane. Tigrane se fit sans hésiter le champion des intérêts pontiques, chassa Ariobarzane et rétablit le fils de Mithridate. Devant ce défi, le Sénat envoya Sulla (dont c'est la première apparition en Orient), qui réussit sans peine à remettre Ariobarzane sur son trône (92 ; *supra*, p. 453) — mais, dès l'année suivante, Ariobarzane prend la route de Rome : Mithridate l'a à nouveau chassé. La guerre sociale italienne empêcha le Sénat de réagir : la question cappadocienne paraissait enfin réglée dans le sens des intérêts pontiques.

Mithridate profita de la paralysie romaine pour continuer sur sa lancée. Nicomède III étant mort sur ces entrefaites en laissant son royaume à Nicomède IV, Mithridate en usa avec la Bithynie comme avec la Cappadoce en mettant un homme à lui sur le trône : ce fut Socrate, demi-frère de Nicomède IV, lequel rejoignit Ariobarzane sous le ciel d'Italie. Pas pour longtemps, car une commission sénatoriale partait aussitôt les remettre sur leurs trônes respectifs. Comme, à ce moment, Rome a les mains libres, Mithridate s'incline : tous ses progrès méridionaux et occidentaux sont réduits à néant.

Résumés de la sorte, ces va-et-vient paraissent risibles : en fait, ils ne sont pas sans intérêt. De part et d'autre on manifeste en effet une égale patience et une égale obstination, un égal désir aussi de n'en pas arriver à des actes irrémédiables. Pour Rome, fixée en Occident par des problèmes difficiles, cela se comprend. Pour Mithridate, les choses sont moins claires : ne se sent-il pas prêt encore à affronter le conflit ouvert ? est-il, lui aussi, retenu par des problèmes intérieurs qui nous échappent ? Quoi qu'il en soit, la maladresse de magistrats romains irresponsables allait, en 89, provoquer la rupture, dont on peut se demander si, à ce moment, elle était voulue par le Sénat, vu l'absence de moyens militaires propres à soutenir la lutte.

Non content d'avoir rétabli Ariobarzane et Nicomède, M' Aquilius (fils sans doute du créateur de la province d'Asie : *supra*, p. 420), chef de la mission sénatoriale, réclama des indemnités à Mithridate, qui rejeta cette exigence. Aquilius ordonna alors à Nicomède et à Ariobarzane d'envahir le Pont. Ariobarzane ne bougea pas, mais Nicomède, soumis semble-t-il à la pression de financiers romains auprès desquels il s'était endetté, effectua dans la partie occidentale du territoire pontique un raid de pillage qui, à son heureuse surprise, ne rencontra pas de résistance. La suite immédiate devait prouver que Mithridate était prêt à la guerre (et que Rome ne l'était pas) : mais il entendait mettre toutes les cartes dans son jeu, y compris — à des fins de propagande — celle du droit. À l'acte de brigandage bithynien, il répondit par une démarche diplomatique. Comme s'il ignorait que des magistrats romains fussent derrière Nicomède, il demanda à Rome de châtier celui-ci ou de l'autoriser à le faire : demande insidieuse, à laquelle on ne pouvait évidemment répondre, du côté romain, de façon satisfaisante. L'hostilité et la mauvaise foi romaines étant de la sorte établies, Mithridate expulsa une fois de plus Ariobarzane de Cappadoce et rejeta l'ultimatum qui lui interdisait de s'attaquer aux deux souverains protégés du Sénat : le conflit armé éclatait enfin (hiver 89-88).

SOURCES : Le seul exposé continu (mais médiocre) de ces prodromes de la guerre mithridatique se trouve dans JUST. XXXVII, 3-4 ; XXXVIII, 1-3, 4 : encore Justin saute-t-il d'un coup de l'envoi d'Aquilius au début des hostilités. Mais on trouve quelques détails supplémentaires dans le long discours que Justin prête ensuite à Mithridate : notamment XXXVIII, 5-7. Pour le reste, cf. APP., *Mithr.* 10-16 ; MEMNON, *FGrH* 434 F 22 (30, 5) ; STR. XII, 2, 11.

BIBLIOGRAPHIE COMPLÉMENTAIRE ET NOTES : Cf. ROSTOVTZEFF, *CAH* IX, pp. 234 *sqq.* ; GEYER, *l. c.*, coll. 2166-2168 ; MAGIE, *RR*, pp. 200-210 ; Th. LIEBMANN-FRANKFORT, *Front. Or.*, pp. 160 *sqq.* — P. DESIDERI, *Posidonio e la guerra mitridatica*, *Ath.* LI (1973), pp. 3 *sqq.* ; 237 *sqq.*, analyse, à partir d'APP., *Mithr.* 10-17 et 56-58, l'ensemble de la tradition relative aux origines immédiates de la guerre, pour conclure qu'Appien remonte probablement à Poseidonios, qui lui-même représente le point de vue de Sulla dans sa polémique contre ses adversaires ; contrairement à l'opinion généralement reçue, il doute que les actes des magistrats romains qui déclenchèrent le conflit aient été accomplis sans l'aveu du Sénat, qui porterait donc sa part de responsabilité. C'est là un problème difficile d'histoire romaine dans le détail duquel il est impossible d'entrer ici. Notons toutefois que, s'il y eut provocation de la part d'Aquilius et de ses collègues, certains ont pensé qu'elle aurait été destinée à procurer à Marius le grand commandement oriental dont il rêvait peut-être déjà lors de l'énigmatique voyage qu'il fit en 98 en Cappadoce, où il rencontra Mithridate (PLUT., *Mar.* 31-2) : cf., sur cette question, T.J. LUCE, *Marius and the mithridat. command*, *Hist.* XIX (1970), pp. 161 *sqq.*, où bibliographie. — D.G. GLEW, *l. c.*, propose une interprétation différente de celle que je présente ici (et dont je reconnais volontiers qu'elle n'est qu'une « vulgate »), mais aussi hypothétique : son propos est de libérer les modernes de l'influence de Justin, en montrant que Mithridate ne fut au début qu'un opportuniste sans plan d'action d'envergure et que sa politique n'avait pas de quoi inquiéter plus sérieusement Rome que ne l'avait inquiétée celle de son père.

La **chronologie** reste très incertaine : les principaux repères sont fournis par les dates des magistrats romains, mais il est des cas où l'on ne peut procéder que par raisonnement et sans certitude de succès : ainsi du voyage de Mithridate dans la province et en Bithynie, qui a été déplacé de 108 à 104 (cf. MAGIE, p. 1093, n. 55).

Sur les conclusions erronées tirées du voyage de **Sulla en Cappadoce**, en 92 (cf. aussi PLUT., *Sull.* 5, 3) pour la date de la fondation de la province de Cilicie, cf. *supra*, p. 466. E. BADIAN, *Sulla's Cilician command*, dans *St. in Gr. and Rom. hitory*, pp. 157 *sqq.* pensait que Sulla avait été pourvu d'un commandement spécial contre les pirates, lorsqu'on le chargea de sa mission cappadocienne ; A.N. SHERWIN-WHITE, *l. c.*, *JRS* LXVI (1976), pp. 8 *sq.* estime que l'explication la plus simple consiste à voir en Sulla le proconsul d'Asie du moment ; ce ne serait qu'un peu plus tard qu'on trouverait, en la personne de Q. Oppius (*infra*, p. 479), un magistrat détaché spécialement aux régions méridionales d'Asie Mineure (Lycie-Pamphylie). — Sur les affaires cappadociennes, cf. aussi, récemment, R.D. SULLIVAN, *The dynasty of Cappadocia*, *ANRW* II, 7, 2 (1980), pp. 1125 *sqq.* On rappellera que ce fut à l'occasion de cette expédition (pour laquelle Sulla leva des troupes asiatiques) qu'eut lieu le premier contact entre un représentant de Rome et les Parthes (*supra*, p. 454).

Les dessous des **affaires bithyniennes** sont des plus confus. Lors du partage de la Paphlagonie, Nicomède III aurait donné les régions annexées par lui à son fils, auquel il aurait donné le nom (traditionnel chez les Paphlagoniens) de Pylaiménès, pour faire croire au Sénat qu'il s'agissait du souverain légitime. Il semble d'ailleurs qu'à Rome on fermât provisoirement les yeux sur cette usurpation (cf. MAGIE, p. 1098, n. 14) : ce pouvait être un moyen de séparer Nicomède de Mithridate. Mais l'emprise de Rome sur la Bithynie et son souverain paraît avoir été surtout d'ordre financier : cf. DIOD. XXXVI, 3, 1 (où allusion aux activités des publicains en Bithynie est évidemment inadmissible — du moins en tant que publicains) et APP., *Mithr.* 11. Sur l'ensemble, cf. VITUCCI, *o. c.*, pp. 99-113 ; A.N. SHERWIN-WHITE, *Roman involvment in Asia Minor 167-88 B. C.*, JRS LXVII (1977), pp. 71 *sq.*

L'on a naturellement recherché la **cause des délais de Mithridate** : pourquoi mit-il si longtemps à partir à l'assaut de la province ? pourquoi ne mit-il pas à profit les difficultés de Rome en Occident, à l'époque de Jugurtha, des Cimbres et de la guerre sociale italienne (DIOD. XXXVII, 2, 11 fait toutefois allusion à des tractations entre les adversaires de Rome et Mithridate) ? REINACH, p. 112, pensait que, d'une part ses préparatifs n'étaient pas achevés au moment de la guerre sociale, et surtout qu'il était encore, à cette époque, occupé à guerroyer contre les Sarmates et les Bastarnes sur les limites de son domaine septentrional : mais la tradition ne paraît pas indiquer que Mithridate eût d'autres préoccupations qu'anatoliennes à cette époque (cf. GEYER, *l. c.*, col. 2168). Il faut admettre que les longs délais observés par le roi ont eu d'autres causes, qui nous échappent. On observera que les événements fort confus de ces années nous sont au fond mal connus : les aléas de la politique cappadocienne, en particulier, ont pu donner à Mithridate de plus graves soucis qu'il n'en paraît dans nos sources. L'obstination qu'il mit à imposer son influence à la Cappadoce, l'obstination égale que mit Rome à l'en écarter, prouvent qu'il s'agit là d'un problème fondamental dont sans doute le règlement devait être acquis avant qu'il pût risquer le heurt ouvert avec Rome dans les propres domaines de celle-ci : tout indique en effet que la domination pontique n'a jamais été acceptée en Cappadoce. Ce n'est que du jour où l'initiative des hostilités partit du côté romain (par le moyen d'abord de Nicomède) que la question cappadocienne, sans perdre de sa gravité, cessa, par force, d'être un préalable pour Mithridate. Pour qui, enfin, comme GLEW, *l. c.*, estime que Mithridate, en bon opportuniste, n'avait pas de plan, la question des délais ne se pose pas. Mais on observera que quand G. se demande (pp. 397-8) pourquoi Mithridate se décide enfin à passer aux actes en 89, sa réponse (montée de la haine de Rome en Asie, haine qui rejaillit sur Nicomède et Ariobarzane, difficultés politiques, militaires et financières de Rome en Occident) n'a aucune valeur chronologique précise.

Pour l'attitude de **Tigrane** à l'égard de Mithridate, cf. *infra*, p. 494.

C) La première guerre mithridatique (88-84)

1° L'EFFONDREMENT ROMAIN DE 88

Par rapport aux maigres forces romaines de la province (commandées d'ailleurs par des incapables), la supériorité de l'armée pontique était écrasante — à proprement parler : car c'est une question de masse, et cette masse ne résistera pas, ensuite, en présence de bons représentants de la tactique romaine. Mais, en 88, Mithridate n'a pas de véritable adversaire. La liste de ses alliances apparaît théorique : Tigrane n'interviendra pas encore ; les Parthes sont loin et affaiblis par l'expansion arménienne ; les Lagides et les Séleucides, peut-être pressentis, ne représentent plus rien. Mais il trouvera, outre celle des pirates, une alliance plus réelle que toutes celles des souverains étrangers : celle de la population de la province d'Asie et, par delà, des pays grecs sous domination romaine. Le début de la guerre mithridatique tira sa gravité de ce qu'il provoqua une des plus grandes et des plus sanglantes explosions de haine qu'ait jamais rencontrée la domination romaine. Ce moment ne dura pas (entendons l'explosion, sinon la haine), mais imposa sa marque à l'ensemble de la crise.

Si ses précédentes reculades avaient donné à penser aux représentants de Rome que Mithridate capitulerait une fois de plus, ces apprentis-sorciers s'étaient trompés. Au printemps de 88, Nicomède, invité à renouveler son exploit de l'année précédente, n'entra en Paphlagonie que pour s'y faire anéantir : sa fuite le conduisit rapidement auprès d'Aquilius, puis de L. Cassius Longinus, gouverneur d'Asie (qu'il contribua à démoraliser), puis, en compagnie d'Ariobarzane, sur les bords du Tibre. Seules les forces sous commandement romain étaient désormais opposées à l'avance pontique. M'. Aquilius, parti de Rome pour une simple mission diplomatique, avait, de son propre chef, assumé le commandement le plus exposé, aux limites de la Bithynie : le premier à se trouver sur la route de Mithridate, il fut presque seul, de son armée anéantie, à réussir à s'enfermer dans Pergame. L. Cassius, chargé de couvrir la Phrygie et la Galatie, se retira aussitôt sur le haut Méandre. Le troisième corps romain (Q. Oppius), destiné à fermer les avenues de la Cappadoce, alla s'enfermer dans Laodicée du Lykos, dont les habitants ne tardèrent pas à le livrer. L'avance de Mithridate se transformait en promenade militaire. Aquilius et Cassius jugèrent plus prudent d'abandonner le continent : Aquilius passa de Pergame à Mitylène, Cassius gagna Rhodes. La mer, cependant, n'était pas plus sûre que la terre, car les officiers romains chargés de fermer les Détroits avaient abandonné leur poste, et Aquilius fut pris dans la capitulation de Mitylène.

Toute l'Anatolie occidentale (Province et Bithynie) tombait sans coup férir aux mains des forces pontiques : ce n'est que dans l'extrême Sud, en Pamphylie et en Lycie, ces pays traditionnellement hostiles à toute domination étrangère, que leur avance paraît avoir été arrêtée. Partout, Mithridate se pose en souverain philhellène et libérateur : ses rigueurs sont réservées aux Romains et aux amis de Rome. Rares sont les villes qui lui résistent, presque partout les portes s'ouvrent dans un enthousiasme qui permet de mesurer l'impopularité de Rome, de ses financiers, de ses magistrats véreux. Le roi lui-même installa son quartier général à Éphèse, d'où il ordonna le massacre fameux, minutieusement organisé, des Romains résidant dans la province : selon la tradition, 80 000 personnes, hommes, femmes et enfants, furent égorgés en une seule nuit. Ce bain de sang rendait toute conciliation impossible, non point tant entre Mithridate et Rome qu'entre la population locale complice et ses anciens maîtres. Le butin, de surcroît, fut tel que Mithridate put démagogiquement proclamer cinq ans d'exemption d'impôts.

Seuls les Rhodiens restèrent sourds aux appels de Mithridate : ils avaient déjà fait l'expérience de la rancune et de la longanimité de Rome et, une fois de plus, donnèrent la preuve de la solidité de leurs fortifications et de la compétence de leurs marins : la tentative faite par Mithridate, à la fin de 88, pour s'emparer de la vieille cité, échoua complètement.

Mais déjà il visait l'Europe. Dès la fin de 88, une armée pontique, par la Thrace, envahissait la province de Macédoine et, de là, poussait en Thessalie et vers la Grèce centrale, cependant que la flotte cinglait vers la Grèce en s'emparant des îles au passage : les Italiens résidant à Délos étaient à leur tour massacrés. En Grèce, les ralliements ne se font pas attendre. A Athènes, où la situation apparaît confuse dans les années précédentes et où les écoles philosophiques semblent avoir débattu de la légitimité de l'impérialisme romain, ce sont des philosophes qui prennent la tête du mouvement : le péripatéticien Athéniôn, puis l'épicurien Aristiôn proscrivent les hommes au pouvoir, rétablissent la « démocratie » (en fait, c'est la tyrannie), et le second, de concert avec le stratège pontique Archélaos, s'efforce non sans succès d'obtenir des ralliements dans le Péloponnèse et en Grèce centrale. Tout le domaine romain d'Orient, pan après pan, tombait aux mains du conquérant « libérateur », qui paraissait vouloir reconstituer (pour commencer) l'ancien empire de Lysimaque.

Ce fut alors seulement que survint la réaction romaine.

Sources : App., *Mithr.* 17-29 ; Memnon, *FGrH* 434 F 22 (31-32, 10) ; Diod. XXXVII, 26-28. Des détails de ces événements (notamment le massacre des Romains) sont en outre relatés dans de nombreuses sources, fort dispersées, dont on trouvera les références dans les ouvrages ci-dessous. Quelques inscriptions : cf. également les notes.

Bibliographie complémentaire et notes : Après Reinach, on consultera, pour le détail, Geyer, *l. c.,* coll. 2169-2172 ; Ormerod, *CAH* IX, pp. 239 *sqq.* ; Broughton, *ap.* T. Frank, *Econ. Surv.* IV, pp. 512 *sqq.* et (surtout pour l'abondance de ses notes) Magie, *RR,* pp. 210-220. Brièvement, mais de façon pénétrante, A.N. Sherwin-White, *Roman involvment in Asia Minor 133-88 B. C., JRS* LXVII (1977), pp. 72 *sqq.,* qui note que le comportement d'Aquilius est le premier exemple d'une politique qui devait être abondamment illustrée par la suite, celle de magistrats outrepassant leurs instructions, voire agissant contre les vœux du Sénat. L'importance de la guerre mithridatique dans l'évolution de la politique romaine en Orient confère quelque importance à l'irresponsabilité de ce médiocre personnage.

Si l'ordre général des événements ne prête plus guère à discussion, le détail reste incertain sur bien des points : les **effectifs** engagés de part et d'autre (quelque 300 000 hommes du côté pontique, 56 000 dans l'armée bithynienne et 40 000 à la disposition de chaque commandant romain) sont certainement très exagérés par la tradition. Il est en particulier certain que les troupes proprement romaines étaient très peu nombreuses et que les milices indigènes qui les renforçaient et n'avaient pas de vraie valeur se montrèrent aussitôt sensibles au prestige du vainqueur ; de même, le commandement romain ne pouvait compter sur la flotte des Détroits, qui n'était pas romaine et que Mithridate put rapidement joindre à la sienne. Sur cette disparité des forces, cf. Sherwin-White, *l. c.,* pp. 73 *sq.,* qui, opposant la présence active des forces romaines de la province de Macédoine à leur faiblesse et au caractère « statique » de la politique romaine en Asie, note que Mithridate fit un faux calcul en sous-estimant la réaction éventuelle de Rome à son invasion de 88.

Incertitudes géographiques aussi : la position initiale des trois armées romaines, imprudemment échelonnées à des distances qui interdisaient toute collaboration, n'est pas exactement connue.

La plupart des modernes admettent qu'**Oppius** est gouverneur de Cilicie : mais les sources sont très confuses sur le titre d'Oppius, et on a vu qu'il est douteux qu'il y ait dès lors une province de Cilicie (cf. *supra,* p. 466 et Magie, pp. 1164 *sq.*).

Sur la **limite méridionale de l'avance** pontique, cf. Ormerod, *o. c.,* p. 211. Parmi les quelques résistances que rencontra Mithridate, celle de Stratonicée, App., *Mithr.* 21 a été confirmée par *OGIS* 441 ; celle de Tabai fut consacrée par un SC en faveur de cette cité (cf. *OGIS* 442 et J. et L. Robert, *La Carie II,* pp. 97 *sqq.*).

Les territoires conquis furent organisés en **satrapies** : App., *Mith.* 21 est confirmé par l'inscription ci-après.

Monnayage de Mithridate : G. Kleiner, *Pontische Reichsmünzen, Istanbuler Mitteilungen* VI (1955), pp. 1 *sqq.,* où bibliographie antérieure. M.J. Price, *Mithridates Eupator, Dionysus and the coinages of the Black Sea, NC* VIII (1968), pp. 1 *sqq.* a souligné l'abondance des monnayages mithridatiques pendant les deux premières guerres, notant également, à cette occasion, des changements de types qui doivent avoir des significations politiques, difficiles à interpréter.

Sur la mésaventure d'un ami de Rome, **Chairémon de Nysa,** et de sa famille, cf. *Syll³.* 741, très intéressante inscription honorifique gravée après la tourmente, où les compatriotes du personnage ont réuni une lettre de Cassius en sa faveur (SHERK, n° 48) et deux lettres de Mithridate à son satrape (= WELLES 73-4) prescrivant les mesures à prendre contre lui. On y saisit en particulier comment Mithridate stimulait l'enthousiasme des populations par l'intérêt : 40 t. à qui amènera vivant Chairémon ou un de ses fils, 20 t. pour chacune de leurs têtes.

Des mesures analogues furent prises lors de l'organisation du grand **massacre** (remises de dettes, libération d'esclaves, etc.). ROSTOVTZEFF II, p. 938, a opportunément attiré l'attention sur la complexité des problèmes posés par le massacre, qui compromit sans doute beaucoup de gens qui le désapprouvaient.

Selon APP., *Mithr.* 92 la collaboration des pirates aurait été acquise à Mithridate dès le début, mais c'est surtout à l'époque de la guerre de Sulla qu'on les voit solidement organisés et collaborant étroitement avec la **flotte pontique** : cf. ORMEROD, *Piracy...*, pp. 209 *sqq.* Si Mithridate ne réussit pas à s'emparer de Rhodes, en revanche il s'empara de Cos sans coup férir : il y trouva les jeunes princes lagides que Cléopâtre III y avait mis à l'abri en 103 (*supra*, p. 445) et les envoya poursuivre leur éducation à sa cour (*Mithr.* 23) : il les fiança même à trois princesses pontiques, ce qui permet de penser que cette circonstance lui suggère de faire des Lagides une dynastie cliente de l'empire qu'il édifie. Le fils de Ptolémée X (le futur Ptolémée XI) s'échappera en 84 et ira se mettre sous la protection de Sulla, qui l'enverra à Rome (*infra*, p. 518). Mithridate confisqua aussi, à l'Asclepieion de Cos, le trésor lagide. Cet épisode prouve que l'alliance lagide, dont Mithridate se targuait à la veille du conflit, n'existait certainement pas.

Sur les événements de **Délos** cf. P. ROUSSEL, *Délos colonie athénienne*, pp. 317 *sqq.*

Ce qui se passe à **Athènes** apparaît extraordinairement confus, du fait de l'état de la documentation. Récemment, E. BADIAN, *Rome, Athens and Mithridates*, dans *Assimilation et résistance à la culture gréco-romaine... = Travaux du VIᵉ Congrès intern. d'Et. Class., Madrid 1974* (Bucarest-Paris 1976), pp. 501 *sqq.*, s'est efforcé d'y introduire un minimum de clarté, montrant notamment qu'il faut rejeter la thèse imposée par l'autorité de FERGUSON, *HA*, pp. 427 *sqq.* (cf. aussi DEININGER, *Pol. Widerst.*, pp. 247 *sq.*) selon laquelle un régime oligarchique pro-romain se serait imposé à partir de 103 (établi avec le concours de M. Antonius, passant à Athènes à l'occasion de sa campagne anti-piratique), régime écrasant pour la masse « démocratique » endettée. En fait, il faut, ici comme ailleurs, renoncer aux équations simplistes « oligarques » = pro-romains et « démocrates » = anti-romains. Mais Athènes est néanmoins, en ces années, le théâtre d'irrégularités institutionnelles, qui tiennent peut-être plus à des questions de personnes que de « partis » ou d'idées (des archontes se perpétuent par deux fois dans leurs fonctions, et Badian, p. 504 *sq.*, suggère que c'est peut-être de leur côté qu'il faudrait chercher les endettés...). L'évolution de la situation à Délos, d'autre part, dont la prospérité ne profite qu'à une minorité d'Athéniens, n'est pas étrangère au fait qu'Athènes, apparemment en bons termes avec Rome, bascule dans le camp pontique : cf. E. CANDILORO, *Politica e cultura in Atene da Pidna alla guerra mitridatica*, *St. Cl. & Or.* XIV (1965), pp. 134 *sqq.* Athéniôn et Aristiôn ont été souvent confondus : cf. bibliogr. *ap.* MAGIE, *RR*, p. 1106, n. 42 ; BADIAN, *l. c.*, pp. 514 *sq.*, considère la discussion comme « pointless »... D'Athéniôn, un prétendu discours anti-romain était donné par POSEIDONIOS, *FGrH* 87 F 36 = ATHÉN. V, 47-53 : le philosophe y apparaît sous des couleurs peu recommandables, mais Poseidonios, en tant que Rhodien et que stoïcien, ne pouvait qu'être hostile à un personnage dont il est certain qu'il joua en l'occurrence le rôle d'apprenti-sorcier. — Rappelons au passage que c'est l'épisode mithridatique qui a conduit à rabaisser la chronologie absolue du monnayage attique stéphanèphore (*supra*,

p. 470). Mithridate archonte éponyme de 88/7 : cf. Habicht, *Z. Gesch. Athens in d. Z. Mithr. VI., Chiron* VI (1976), pp. 127 *sqq.* — La chute d'Athènes conduisit des philosophes de l'Académie à s'exiler : certains gagnèrent Alexandrie, où Fraser, *The Alexandr. view of Rome, Bull. Soc. Arch. Alex.* XLII (1967), pp. 13 *sqq.*, estime qu'ils furent, au sein d'une opinion publique hostile, à la source d'un courant favorable aux interventions romaines.

Le caractère tardif de la réaction militaire romaine s'explique par la politique intérieure : la guerre avait, évidemment, été résolue dès que parvinrent à Rome les premières nouvelles de la catastrophe déclenchée par Aquilius (App., *Mithr.* 22), mais la question était de savoir qui la commanderait, de Sulla ou de Marius et, par delà, de savoir qui ferait la loi à Rome, de l'oligarchie sénatoriale ou de la foule complexe de ses adversaires : cf. Bloch et Carcopino, *HR* II, 1, pp. 403 *sqq.* ; mais la formule selon laquelle Sulla part pour l'Orient « indifférent à tout ce qui se passerait maintenant en Italie » est trop abrupte et, pour l'historien comme pour Sulla, les **affaires de Rome** constituent un arrière-plan qu'il ne faut pas perdre de vue en suivant les vicissitudes de la première guerre mithridatique.

2° La guerre de Sulla (87-84)

a) *La guerre en Grèce et le sort de l'Asie en 87-6*

Sulla, mis en possession de son commandement au prix d'un coup d'État, débarqua en Épire au printemps de 87. Il n'a que cinq légions et pas de flotte, face à un adversaire beaucoup plus nombreux et maître de la mer. Mais il a son talent et son audace, qui, après une première victoire sur le stratège pontique Archéalaos, le conduisent droit sous les murs d'Athènes et du Pirée. Cependant que la Grèce glisse à nouveau du côté romain (que pouvait-elle faire d'autre ?), Athènes subit un siège long et pénible, pour être prise d'assaut le 1er mars 86. Durement traité, le musée vénérable des traditions helléniques n'en est pas moins restauré dans sa « liberté ». Pris peu après, le Pirée est détruit. Archélaos, qui s'en était échappé, était allé prendre le commandement des forces pontiques de Macédoine, qui recevaient des renforts de Thrace. Revenu à la charge avec des forces quatre fois supérieures à celles de Sulla (mais la tradition dérive des Mémoires de celui-ci), il fut écrasé à Chéronée, puis, à la tête d'une nouvelle armée de secours, à Orchomène de Béotie : fin 86, l'affaire était réglée en Europe. L'inépuisable réservoir d'hommes que représentait l'empire de Mithridate n'avait rien pu contre la tactique et la discipline romaines, et l'on ne peut qu'admirer combien, depuis un siècle, les milieux militaires hellénistiques s'étaient montrés incapables de comprendre les leçons de Cynoscéphales, de Magnésie et de Pydna. Mais ce qu'il convient de marquer aussi, c'est que, depuis la première apparition des armées romaines en Grèce, jamais le pays n'avait autant souffert : la guerre de Sulla fut atroce et les forces adverses s'y conduisirent avec un égal manque de ménagements à l'égard de la population. A la fin de cette campagne, réquisitions, pillages, massacres, destructions, représailles laissent le pays exsangue, surtout au Nord du Péloponnèse, et il a été établi que de petites cités disparaissent alors à tout jamais. Dans la mesure où, depuis 146, l'ordre et la paix avaient régné en Grèce — un ordre et une paix qui, sans doute, ne profitaient pas à tout le monde — ces relatifs bienfaits étaient, en bien des lieux, réduits à néant.

Mithridate, cependant, n'avait pas quitté l'Asie — et l'Asie commençait à se repentir de son engouement de 88. Du jour, en effet, où sa démagogie « philhellénique » eut porté tous ses fruits, le roi négligea ce rôle et révéla combien ses lointains États barbares l'avaient peu préparé à insérer son autorité dans les mécanismes relativement délicats du monde hellénistique, et particulièrement de ce monde susceptible des vieilles cités grecques égéennes. Celles-ci, qui avaient exigé tant de tact et, le cas échéant, créé tant de difficultés aux souverains de la belle époque, qui, d'autre part, avec la décadence des grands empires et malgré la domination romaine, avaient repris goût à une liberté plus large, n'étaient pas prêtes à supporter sans murmurer le despotisme d'un Oriental superficiellement hellénisé. La liberté qu'on leur avait promise pour qu'elles ouvrissent leurs portes avait une saveur plus amère encore que celle dont les Romains, naguère, s'étaient faits les champions. Mithridate avait besoin d'argent, d'hommes, de bateaux. Si les exigences romaines avaient été lourdes, il n'est pas prouvé que les siennes ne le furent pas davantage encore. Et les procédés étaient infiniment plus brutaux parfois : la façon dont fut, par exemple, traitée la population de Chios (cf. les notes) prouva aux Grecs d'Asie qu'aucune cité n'était à l'abri de l'arbitraire de Mithridate et de ses représentants. Si les stratèges orientaux n'avaient rien compris à la guerre romaine, Mithridate, lui, et son personnel administratif, se révélaient ignorants des traditions politiques grecques. De plus, les échos des succès de Sulla en Grèce parvenaient en Asie Mineure : l'inquiétude vint doubler le mécontentement. Si les armées pontiques n'étaient pas plus aptes à défendre le sol d'Asie que celui d'Europe, l'on ne tarderait pas à revoir les légions — et il faudrait rendre des comptes : le sang des 80 000 assassinés de 88 devait hanter bien des mémoires. Bref, mieux valait donner quelques preuves d'hostilité à Mithridate avant qu'il ne fût chassé par Sulla ou par un autre.

Les Éphésiens, les premiers, puisèrent de l'énergie dans leur crainte de l'avenir et se révoltèrent ; d'autres les imitèrent, mais ce mouvement de désaffection provoqua de sanglantes représailles. Pour conserver quelque appui dans la province, Mithridate

— comme l'avait fait Aristonikos avant lui — exploita la crise
économique et sociale où le pays, de longue date, était plongé :
il abrogea les dettes privées, émancipa les esclaves ; c'était, une
fois de plus, dresser les non-possédants contre les possédants.
Les conjurations qui se nouaient partout contre lui inspirèrent
enfin au roi plus de méfiance encore et de cruauté. Les cités
grecques n'étaient du reste pas seules à subir les rigueurs de l'administration pontique. Très tôt, Mithridate avait noyé dans le sang
l'inquiétude que lui causait la mauvaise volonté des Galates et
confisqué les domaines de ceux qu'il avait fait massacrer : cela
n'avait abouti qu'à jeter les Galates dans l'insurrection.

Si bien qu'à peine libérée de Rome, l'Asie aspirait à l'être de
son libérateur. Mithridate comprit si bien qu'un débarquement
romain en Asie Mineure provoquerait une situation exactement
inverse de celle de 88, qu'à la fin de 86, pour parer à cette
éventualité, il ordonna à Archélaos (lequel avait survécu à toutes
ses défaites) de négocier avec Sulla.

SOURCES : APP., *Mithr.* 30-50 ; 54. MEMNON, *FGrH* 434 F 22 (32, 10-13) ; 23 (33).
PLUT., *Sull.* 11-21 (d'après les Mémoires de Sulla). VELL. II, 23, 3-5. Rappelons
une fois pour toutes que, pour qui cherche un état exhaustif des sources
relatives aux personnalités romaines engagées, à la fin du IIe siècle et au Ier,
dans les affaires d'Orient, la consultation reste des plus utiles du répertoire
biographique de DRUMANN et GROEBE, *Geschichte Roms in seinem Übergange
von der republikan. zur monarch. Verfassung, oder Pompeius, Caesar, Cicero
und ihre Zeitgenossen nach Geschlechten und mit genealogischen Tabellen*
(Berlin, 1899-1907) : à voir surtout pour les articles plus récents que ceux
des premiers volumes du *PW*. Le texte est cependant vieilli en bien des
points.

BIBLIOGRAPHIE COMPLÉMENTAIRE ET NOTES : En plus de REINACH, cf. GEYER,
l. c., coll. 2172-2176 (où références aux sources secondaires) ; ORMEROD,
CAH IX, pp. 245 *sqq.* ; MAGIE, *RR*, pp. 220-225.

Sur le passage de Sulla en **Béotie** : HOLLEAUX, *Décret de Chéronée, Études* I,
pp. 143 *sqq.*

Sur les événements d'**Athènes,** cf. encore FERGUSON, *HA*, pp. 447 *sqq.* Malgré
pillages, massacres et confiscations, les Athéniens instituèrent des jeux en
l'honneur de Sulla : cf. RAUBITSCHEK, *Sylleia, Stud. A. C. Johnson* (Princeton,
1951). Il est vrai que, si violentes qu'elles aient été, les représailles ne
furent pas aveugles : certains personnages compromis survécurent et même
poursuivirent leur carrière : cf. BADIAN, *l. c.*, pp. 513 *sq.* — La chute du
tyran et le monnayage : cf. HABICHT, *l. c.*, pp. 135 *sqq.* — La constitution
athénienne post-sullanienne a été analysée par D.J. GEAGAN, *The Ath. constit.
after Sulla. Hesp.* Suppl. XII (1967) ; ID., *Rom. Athens, ANRW* II, 7, 1 (1979),
pp. 373 *sqq.* Mais, faute de documents, on ignore en quoi cette constitution
consista exactement dans l'immédiat (cf. BADIAN, *l. c.*, pp. 515 *sq.*).

Sur le caractère impitoyable de la guerre en Grèce et ses conséquences,
cf. LARSEN, *ap.* T. FRANK, *Econ. Surv.* IV, pp. 424 *sqq.* ; ROSTOVTZEFF II,
pp. 939 *sqq.*

L'Eubée joua son rôle habituel sur le plan de la **guerre navale** : c'est en Eubée qu'Archélaos se retire après chacune de ses défaites. Comme il est indispensable, pour Sulla, de surmonter son infériorité navale, il confie à son questeur **Lucullus**, dès l'époque du siège d'Athènes, la mission difficile de constituer une flotte. Lucullus, au péril de sa vie, se rendit en Crète, en Cyrénaïque, en Égypte, en Syrie et à Chypre. En Crète, Lucullus conclut alliance avec un certain nombre de cités : LE RIDER, *Un groupe de monnaies crétoises à types athéniens, Mélanges J. Cain* (Paris 1968), pp. 313 *sqq.*, met en rapport avec cet épisode l'émission par ces cités d'imitations de stéphanèphores attiques (Sulla émettant alors au même type à Athènes même) ; pour Cyrène, le propos de STR., *FGrH* 91 F 7 = Jos., *AJ* XIV, 114 *sq.*, selon lequel Sulla aurait envoyé Lucullus pour réprimer l'agitation juive est évidemment absurde (cf. DAHLHEIM, *Gewalt u. Herrchaft*, p. 212). A Alexandrie, Ptolémée IX, qui venait de se rétablir (*supra*, p. 441), était probablement dans une situation aussi délicate que Lucullus, si l'un et l'autre avaient connaissance et du testament de Ptolémée Alexandre Ier (*supra*, p. 441) et de ce qui se passait à Rome et en Asie Mineure (cf. la section suivante). Le roi ne pouvait guère s'engager dans un camp romain dont l'avenir était aussi douteux que la légitimité, cependant que Lucullus ne pouvait risquer d'encourager le roi à chercher des garanties dans l'autre camp. La durée du séjour de Lucullus à Alexandrie (qu'il mit à profit pour fréquenter les philosophes qui venaient de fuir Athènes) s'explique probablement par l'expectative. Sur les résultats de la mission de Lucullus, cf. *infra*, p. 485.

Ce fut sans doute l'affaire de **Chios** qui fit le plus réfléchir les Grecs d'Asie : accablés, sur un prétexte futile, de confiscations et d'amendes, les Chiotes furent finalement tous déportés, pour être remplacés par des Asiatiques. Mais le convoi qui les conduisait en Colchide fut intercepté par la flotte d'Héraclée du Pont (la seule cité du littoral Nord de l'Anatolie à conserver encore, pour un peu de temps, une indépendance réelle), qui les ramena à Chios après la guerre. Leurs malheurs valurent aux Chiotes l'oubli de leur collusion passée avec Mithridate : la magnanimité de Sulla est encore rappelée dans une inscription de l'époque d'Auguste : *Syll³*. 785.

La déportation des Chiotes fut la cause immédiate de la révolte des Éphésiens. Un remarquable décret d'**Éphèse** (*Syll³*. 742, avec corrections de J.H. OLIVER, *AJPh* LX (1939), pp. 458 *sqq.*) conserve pour nous cette décision : l'exposé des motifs affirme, de façon un peu imprudente, que seule la dureté des circonstances avait contraint la cité à rompre l'antique amitié qui la liait à Rome ; des mesures sont prises pour assurer la concorde civique : remise des dettes (cf. R. BOGAERT, *Banques et Banquiers...*, pp. 251 *sqq.* ; D. ASHERI, *Leggi greche sul problema dei debiti* (Pise 1969), pp. 71 *sqq.*, texte et trad. pp. 114 *sqq.*), élargissement de prisonniers, donation du droit de cité aux étrangers et affranchis qui prendront les armes, liberté aux esclaves publics qui auront combattu, etc. (cf. le décret de Pergame de 133 : *supra*, p. 420). Sur la situation en Asie en général, cf. ROSTOVTZEFF II, pp. 942 *sqq.*

b) *La guerre en Asie, les négociations et la paix de Dardanos* (85)

Les luttes civiles romaines viennent ici tout compliquer. Au moment où Sulla commençait sa campagne de Grèce, Marius opérait son dernier rétablissement à Rome. Pendant que Sulla assiégeait Athènes, Marius se faisait donner, dans le sang des proscriptions, le commandement de la guerre contre Mithridate — et contre Sulla — mais il mourait quelques jours plus tard. Au moment où Sulla triomphait à Chéronée, L. Valerius Flaccus, successeur de Marius, débarquait en Épire : la guerre civile doublait la guerre mithridatique. En fait, Flaccus, qui n'avait que deux légions dont les soldats manifestèrent vite leur tendance à rejoindre les rangs sullaniens, évita de rencontrer le vainqueur d'Archélaos et marcha vers les Détroits avec l'intention d'aller y terminer la guerre pour son compte et pour celui du parti populaire : il fut d'ailleurs assassiné par son lieutenant Fimbria, et ce fut ce dernier qui entraîna les troupes marianistes à la conquête de la Bithynie. Mais Sulla négocie déjà à cette époque (*supra*, p. 483). Ainsi commence, début 85, une singulière partie militaire et diplomatique, au cours de laquelle Fimbria, officiellement chargé de tuer Sulla, remporte sur Mithridate des succès militaires que Sulla, tout en poussant à son tour vers les Détroits, exploite dans ses conversations avec Archélaos (qu'il paraît d'ailleurs avoir acheté). Si bien qu'acculé à la capitulation par les opérations de Fimbria, c'est avec Sulla que Mithridate conclut en août 85 la paix de Dardanos, en Troade.

Paix coûteuse pour Mithridate, obligé d'accepter toutes les conditions de Sulla, à savoir, pour l'essentiel, l'évacuation de tout ce qu'il avait conquis en Asie Mineure depuis le début de 88, Bithynie et Cappadoce comprises. Mais une paix bâclée aussi, car Sulla est pressé et, d'ailleurs, n'a pas de Sénat à sa disposition pour ratifier l'accord qui, provisoirement, reste *oral*... Donc contestable.

Quand à Fimbria, il ne lui resta qu'à se suicider.

SOURCES : APP., *Mithr.* 51-60 ; MEMNON, *FGrH* 434 F 24 (34)-25 (35) ; PLUT., *Sul.* 22-25 ; *Luc.* 2-4 ; VELL. II, 23,6-24,1.

BIBLIOGRAPHIE COMPLÉMENTAIRE ET NOTES : Sur les conflits civils romains, cf. BLOCH et CARCOPINO, *HR* II, 1, pp. 408 *sqq.*

Sur la **fin de la guerre,** en plus de REINACH, cf. GEYER, *l. c.,* coll. 2176-2177 ; ORMEROD, *CAH* IX, pp. 254 *sqq.* ; MAGIE, *RR*, pp. 226 *sqq.*

Malgré son échec à Alexandrie, **Lucullus** avait réussi à rassembler une escadre à Chypre, en Phénicie et en Anatolie méridionale, avec laquelle il réussit à tromper la surveillance de l'ennemi et à pénétrer dans l'Égée, où diverses cités grecques, et notamment Rhodes, lui fournirent des bateaux : sur son périple et ses opérations, cf. GELZER, s v. *Licinius 104, PW* XIII, 1 (1926), coll. 377 *sqq.*

Fimbria ayant réussi à enfermer Mithridate dans le petit port de Pitanè fit appel à la flotte de Lucullus pour le bloquer complètement : le refus de Lucullus de collaborer avec l'adversaire politique de Sulla sauva Mithridate et engagea lourdement l'avenir. Les succès de Fimbria et l'attitude douteuse d'Archélaos mettent Mithridate dans l'impossibilité de **négocier** utilement avec Sulla : l'entrevue de Dardanos aboutit à une capitulation pure et simple.

Outre ses clauses territoriales (cf. Th. LIEBMANN-FRANKFORT, *Fr. Or.*, pp. 182 *sqq.*), la **paix de Dardanos** comportait des dispositions secondaires : livraison d'une partie de la flotte pontique ; paiement d'une indemnité de 3 000 talents ; et, de la part de Sulla, l'engagement (qu'il ne devait pas respecter) de ne pas exercer de représailles contre les cités grecques qui s'étaient données à Mithridate.

Les armées de Mithridate, comme toutes les armées, avaient pillé sur leur passage et des **trésors monétaires** enfouis dans le royaume du Pont au lendemain de la guerre donnent un échantillonnage de ce qu'elles rapportèrent, en même temps qu'une illustration de la géographie de la guerre : on y trouve en effet — outre des monnaies de Mithridate — des monnaies bithyniennes, cappadociennes, des cistophores, des stéphanèphores attiques et des monnaies de Chios : cf. F.S. KLEINER, *The Girasun hoard*, ANS-MN XIX (1974), pp. 3 *sqq.*

D) L'entre-deux-guerres (84-74)

L'on peut penser que si Sulla n'avait eu hâte de mettre un terme à sa situation paradoxale de vainqueur hors-la-loi, il eût cherché à exploiter ses succès. Mais, dans les dix ans qui suivirent, tout conspira à la reprise des hostilités : le caractère inofficiel de la paix de Dardanos, l'ambition tenace et la rancune de Mithridate, la dureté de la restauration de l'autorité romaine en Asie, la progression de Rome en Anatolie méridionale, les maladresses de magistrats incapables et irresponsables ; la disparition du royaume de Bithynie, l'expansion arménienne — toutes choses dont il faut analyser l'essentiel.

1° LA REMISE EN ORDRE DE L'ASIE

Nicomède et Ariobarzane restaurés, il restait à Sulla, avant de regagner l'Occident, à rétablir l'autorité romaine dans la province reconquise : ce chapitre d'histoire provinciale ne nous concerne pas ici, si ce n'est sur un point, qui intéresse les destinées du monde hellénistique : le sort des cités grecques, qui varia considérablement selon l'attitude qu'elles avaient observée pendant la crise. Malgré la promesse de Sulla, les cités qui avaient accueilli Mithridate et massacré des Romains furent définitivement privées de leur indépendance, et les efforts de certaines d'entre elles pour se retrouver du bon côté le jour de la paix (ainsi Éphèse : *supra*, p. 484) ne paraissent pas avoir rencontré grand succès. C'est tout juste si leurs malheurs valurent aux Chiotes le pardon romain (*supra*, p. 484). Mais les cités qui avaient résisté à Mithridate, celles qui, tombées entre ses mains, n'avaient pas participé au massacre des Romains, ou en avaient limité les effets, celles enfin qui avaient eu la chance de rester à l'écart des événements, toutes celles-là conservèrent leur autonomie et l'amitié romaine. Reste que, pour la grande majorité des cités grecques, la première guerre mithridatique marque la fin de leurs traditionnelles aspirations à l'indépendance. Rhodes, pour sa brillante résistance, l'asile assuré à Cassius et sa participation à l'effort naval, fut gratifiée d'agrandissements dans les îles voisines et en Carie. L'on a souligné déjà de quel poids affreux la guerre avait pesé sur l'Asie : les représailles romaines et la reprise de l'exploitation fiscale n'arrangèrent pas les affaires — mais, après les derniers soubresauts provoqués notamment par les esclaves qu'avait affranchis Mithridate, il ne devait plus y avoir désormais de soulèvement anti-romain dans la province.

Sources : App., *Mithr.* 61-63 ; Plut., *Sull.* 25.

Bibliographie complémentaire et notes : Le sort des diverses **cités** nous est connu par des sources (littéraires et épigraphiques) extrêmement dispersées, que l'on trouvera notamment *ap.* Magie, *RR*, pp. 233 *sq.* et les notes ; Dahlheim, *Gewalt u. Herrschaft*, pp. 226 *sqq.* — Ce n'est qu'après la remise en ordre sullanienne que l'on trouve pour la première fois la dénomination de *koinon* donnée à l'organisation des *poleis* et *ethnè* de la province d'Asie : cf. Th. Drew-Bear, *Deux décrets hellénist. d'Asie Mineure*, BCH XCVI (1972), pp. 443 *sqq.*, où abondante bibliographie ; le second de ces décrets est un décret du *koinon* honorant deux personnages envoyés en ambassade à Rome pour y protester contre les nouvelles exactions des publicains.

Parmi les donations faites à **Rhodes** figurait Caunos : les Cauniens furent à tel point exploités par les Rhodiens qu'ils demandèrent à repasser sous administration romaine : cf. Cic., *ad Q. fr.* I, 1, 33 ; cf. R. Bernhardt, *Zwei Ehrenstatuen in Kaunos für L. Licinius Murena und seinen Sohn Gaius*, Anatolia XVI (1972), pp. 117 *sqq.*

A l'inverse des Rhodiens qui, en résistant, avaient sauvé Cassius, les **Mityléniens,** en capitulant, avaient livré Aquilius aux forces pontiques : redoutant les représailles romaines, ils devaient résister jusqu'en 80. La cité devait cependant ultérieurement recouvrer sa liberté grâce à l'influence d'un de ses citoyens, Théophane, qui fut conseiller de Pompée pour les affaires d'Orient, et à la carrière duquel il consacra un livre (perdu) qui fut utilisé par Strabon et par Plutarque.

Sur le problème de la **politique fiscale de Sulla** dans la province et de ses relations avec les publicains — qui ont presque tous été massacrés en 88, cf. notamment P.A. Brunt, *Sulla and the Asian publicans, Latomus* XV (1956), pp. 17 *sqq.*

Notons au passage que c'est en ces années des lendemains de la première guerre mithridatique qu'il faut aujourd'hui situer les activités diplomatiques et évergétiques du Pergaménien **Diodoros Pasparos,** que l'on croyait devoir dater des lendemains de la création de la province d'Asie (cf. ma 1ʳᵉ éd. II, p. 356 et encore D. Kienast, s. v. *Diodoros Pasparos, PW* Suppl. XII (1970), coll. 223 *sqq.*). La reconnaissance par C.P. Jones, *l. c.* (*supra*, p. 287) du rythme des *Nikèphoria* de Pergame a contraint au rabaissement chronologique de ce personnage, titulaire d'une manière de record en inscriptions honorifiques (mais totalement ignoré des sources littéraires).

2° La lutte contre la piraterie et les progrès romains
dans le sud anatolien

L'appel de Mithridate à la collaboration des pirates avait encore
accru leur audace et leur rayon d'action : l'Égée entière, jusque
sur les côtes de Thrace, était exposée aux incursions des « Ciliciens ». Le rétablissement romain en Asie imposait un effort de
police des mers, que Sulla confia à L. Licinius Murena, nommé
par lui gouverneur d'Asie : mais, comme on verra, Murena avait
d'autres préoccupations que la dangereuse guerre piratique, et la
campagne qu'il fit mener par un légat après le départ de Sulla
ne paraît pas avoir eu de résultats notables. Le vrai problème
consistait à aller débusquer les écumeurs de leurs repaires. Comme
c'est en 80 seulement qu'il est pour la première fois possible
d'identifier un gouverneur de Cilicie et de savoir de quels territoires cette province était constituée, l'on peut penser que sa
création se place au lendemain de la guerre : rien n'indique d'ailleurs que la Cilicie proprement dite (ni la montagneuse Cilicie
Trachée, ni la plaine orientale, qui est alors aux mains de Tigrane :
supra, p. 457) en fît partie ; il s'agit bien plutôt de la Pamphylie,
de la Milyade et d'un morceau de Pisidie. De 78 à 75, les campagnes de P. Servilius Vatia en Lycie, puis en Isaurie (à l'Est de
la Pisidie) ajoute à cette nouvelle province le littoral de Lycie
orientale. L'effet de ces mesures paraît avoir été nul : dans les
années suivantes, la piraterie se renforce encore, et surtout se
transforme en s'organisant : aux embarcations légères traditionnelles s'ajoutent de lourds vaisseaux de ligne, à l'ordre dispersé
les escadres ; de grands commandements rassemblent des flottes
considérables sous des archipirates de valeur, avec des bases continentales aussi bien organisées que celles d'un État maritime — ce
sont d'ailleurs, semble-t-il, de véritables États piratiques (une inscription de Dodone nous apprend même qu'un de leurs chefs
se fit roi...) qui naissent alors et ne se contentent plus de soumettre le commerce naval à leurs rapines, mais s'attaquent au continent, allant jusqu'à insulter les côtes italiennes. En soi, le fléau
demandait à être combattu (et qui, à cette époque, pouvait le
combattre, sinon Rome ?) — mais il le demandait bien plus encore en fonction d'un renouveau de la menace mithridatique. Et
c'est pourquoi le Sénat prit en 74 (à un moment où la guerre
apparraissait à nouveau inévitable) une mesure qui devait avoir à
terme de graves conséquences politiques à Rome même : la création d'un commandement maritime général, pourvu d'un *imperium
infinitum* donnant autorité sur les régions littorales de toutes les
provinces. L'intrigue fit que le premier titulaire de cette magis-
trature extraordinaire fut un incapable, M. Antonius (fils de celui
qui, le premier, avait lutté contre les pirates : *supra*, p. 465),

lequel, ayant choisi de s'attaquer d'abord aux pirates Crétois, se fit battre par eux. Mais nous anticipons là sur les événements d'Asie Mineure, auxquels il faut revenir.

Sources : Province de « Cilicie » : grâce au fait que l'illustre Verrès fut questeur du gouverneur Dolabella, Cicéron, en définissant, dans divers passages des *Verrines*, le champ d'action du personnage, définit du même coup l'extension de la domination romaine hors de la province d'Asie. Mais, si la Pisidie, la Pamphylie et la Milyade voisine apparaissent incontestablement comme le centre de la nouvelle province (Cic., *I Verr.* 2 et 11 ; *II Verr. I (de praef. urb.)*, 60 et 93 ; *II Verr. III (de frum).*, 6), il faut prendre garde que les exactions de Verrès ont débordé le cadre de la province à laquelle il était attaché, et aussi que Cicéron, pour le charger, exagère peut-être en certains passages (cf. not. *II Verr. I*, 95, où il est question de la Lycie, qui est encore indépendante, et de « toute la Phrygie »). Campagne de A. Terentius Varro, légat de Muréna : Cic., *II Verr. I*, 34 *sq.* ; 87 *sqq.* Campagne de Servilius Isauricus : Cic., *II Verr. IV (de signis)*, 21 ; *II Verr. I*, 56 ; *de lege agrar.* II, 19, 50 ; Str. XIV, 3, 3 ; Florus I, 41, 4 *sqq.* ; OGIS 552 à 554, plus une intéressante inscription latine publiée par A. Hall, *VI. Intern. Kongr. f. gr. u. lat. Epigr.* (Munich 1973), pp. 568 *sqq.* Développement de la piraterie entre l'époque de Sulla et celle de Pompée : App., *Mithr.* 92-3 ; Dion Cass. XXXVI, 20-23 ; Cic., *de imp. Cn. Pomp.* 31 *sq.* ; 55. Commandement et activité de M. Antonius : Cic., *II Verr. II (de iur. sic.)*, 8 et III, 213 ; TL, *Per.* XCVII ; Vell. II, 31, 3. Cf. encore ci-dessous les notes.

Bibliographie complémentaire et notes : W.M. Ramsay, *Anatolica quaedam*, JHS XLVIII (1928), pp. 46 *sqq.* ; Ormerod, *Piracy*, pp. 212-227 ; Ziebarth, *Beiträge*, pp. 34 *sqq.* ; Magie, *RR*, pp. 285 *sqq.* (abondantes discussions des sources, pp. 1166 *sqq.*) ; Rostovtzeff II, pp. 948 *sqq.* Sur le *basileus Zènikètès* (inscr. de Dodone) qu'élimina Servilius, cf. O. Benndorf, *Festschr. Hirschfeld* (Berlin 1903), pp. 81 *sqq.* et 84, n. 1.

Dernière discussion de l'extension des territoires soumis à l'autorité de Dolabella *ap.* Sherwin-White, *JRS* LXVI (1976), p. 9 *sqq.* : ce serait pour Dolabella que la nouvelle **province dite « de Cilicie »** aurait été créée en 80/79, à la fois pour lutter contre les pirates et pour mieux surveiller Mithridate — ce qui ressort bien de la nomination ultérieure de Lucullus comme gouverneur de Cilicie (*infra*, p. 492).

Ormerod, *l. c.*, notait que le mérite de Servilius Isauricus fut d'avoir clairement compris qu'on ne se débarrasserait des pirates qu'en les attaquant à la fois par mer et par leur **arrière-pays continental**. Il pensait que c'était de cette même préoccupation que procédait l'annexion par Murena à la province d'Asie de la Kibyratide, dont le dynaste Moagétès était cependant ami et allié de Rome (Str. XIII, 1, 17) : interprétation **contestée par** Magie, pp. 241 *sqq.*, qui pense qu'il s'agissait plutôt d'établir une continuité territoriale entre l'Asie et les premiers éléments de la province dite de Cilicie (en l'occurrence la Milyade) ; cf. Liebmann-Frankfort, *Front. Or.*, pp. 197 *sqq.*, qui suggère (p. 209) que la province de Cilicie elle-même était destinée à relier l'Asie à la Cappadoce, en vue de la reprise de la lutte contre Mithridate.

La lutte contre les pirates, qui ne devait guère donner de résultats avant Pompée, paraît avoir autant pesé sur les populations que la piraterie elle-même, car ceux qui en sont chargés doivent trouver leurs moyens d'action dans le pays même : ce sont les **cités d'Asie** qui fournissent à Murena bateaux et fonds, des cités **du Péloponnèse** qui supportent les frais de la malheureuse campagne d'Antonius (cf. inscription de Gytheion : *Syll³.* 748 et le commentaire de R. Bogaert, *Banques et Banquiers...*, pp. 100 *sq.* ; d'Épidaure : *IG* IV², 66). Le **commandement extraordinaire** confié à Antonius (et que celui-ci exerça d'abord en Méditerranée occidentale) constitue un précédent pour celui qui sera conféré à Pompée. Antonius (surnommé *Creticus* par dérision) mourut avant d'avoir pu rendre des comptes (cf. Van Ooteghem, *Pompée le Grand, bâtisseur d'empire* (Bruxelles, 1954), pp. 162 *sqq.*) ; E. Maróti, *On the problem of M. Antonius Creticus' imperium infinitum*, *Acta Ant.* XIX (1971), pp. 259 *sqq.*

C'est sans doute en relation avec la lutte contre les pirates (problème illustré par une inscription de Bérénikè publiée par J.M. Reynolds, *A civic decree from Benghazi*, Soc. for Libyan Stud., Ann. Report V (1973-4), pp. 19 *sqq.*, mais aussi avec les difficultés d'approvisionnement en blé de Rome, que le Sénat se décida pour la première fois, en 75 ou 74, à nommer un gouverneur en **Cyrénaïque**. La date de 74 est fournie par la contemporanéité, selon App., *BC* I, 111 (517) (ed. Gabba 1958, p. 307, où bibliogr.) de la création des provinces de Cyrénaïque et de Bithynie (sur celle-ci, ci-dessous). Mais Salluste, *Hist.*, fr. 43, place cette création en 75, et cette date est préférée par G. Perl, *l. c.* (*supra*, p. 444), pp. 321 *sqq.*, qui considère que le synchronisme d'Appien est factice (une date moyenne à l'intérieur d'une olympiade) et qu'il est impossible de réconcilier Salluste et Appien par le recours à une année 75/4 (cf. p. ex. S.I. Oost, *l. c.*, *ClPh* LVIII (1963), p. 20), car Salluste parle explicitement du début de 75, alors que Nicomède IV ne mourut qu'en octobre 74. Les cités libres de Cyrénaïque paraissent avoir eu une existence difficile (disette : cf. J.M. Reynolds, *A civic decree from Tocra in Cyren.*, *Arch. Class.* XXV-XXVI (1973-4), pp. 623 *sqq.* ; L. Moretti, *Un decreto di Arsinoe in Ciren.*, *RF* CIV (1976), pp. 385 *sqq.*) et agitée depuis la mort d'Apion. Lors de son passage, en 86/5 (*supra*, p. 484), elles avaient demandé à Lucullus de bien vouloir réformer leurs institutions et Lucullus, consul en 74, pourrait être à l'origine des mesures prises alors (si la provincialisation est conforme à la date d'Appien). Mais la répugnance que le Sénat éprouve pour cette annexion se marque dans le fait que le premier gouverneur n'est que de rang questorien : sur les lenteurs et les hésitations de l'annexion romaine, cf. Badian, *Rom. Imp.*, pp. 29 *sq* ; 35 *sqq.*, qui rapproche ce cas de celui de Pergame. — Sur l'histoire de la Cyrénaïque entre 96 et 74, cf. encore Romanelli, *Cir. Rom.*, pp. 39 *sqq.*

3° Des provocations de Murena a l'héritage bithynien (83-74)

Archélaos, vaincu de Sulla et négociateur douteux de la paix de Dardanos, ayant jugé plus prudent de mettre quelque distance entre Mithridate et lui, était venu s'instituer le conseiller de Murena qui, sous prétexte de préparatifs militaires pontiques (sans doute destinés à la Crimée) et d'une évacuation incomplète de la Cappadoce, se laissa entraîner dès 83 à violer la paix par un raid en territoire pontique. Prudent, Mithridate se contenta d'une protestation diplomatique, qu'il renouvela après une seconde expédition de Murena en 82. Le Sénat ordonna à Murena de se tenir tranquille — mais en vain. Mithridate se sentit toutefois habilité à riposter lors d'une troisième invasion : Murena, cette fois, fut bouté hors des territoires pontiques, cependant que la

Cappadoce était à nouveau envahie. L'intervention personnelle de Sulla arrangea les choses : Murena fut rappelé et une paix ménagée entre Mithridate et Ariobarzane (81). Celui-ci se plaignit toutefois à Rome de ce qu'on eût exigé de lui la cession d'une partie de son royaume, et, comme Mithridate demandait au même moment que le Sénat voulût bien faire passer les arrangements antérieurs dans un document écrit, il lui fut répondu que l'évacuation totale de la Cappadoce en serait la condition. Le roi accepta de négocier sur ces bases, mais les tractations furent peu courtoisement rompues, du côté romain, au lendemain de la mort de Sulla (78). Nul n'est prêt à une reprise des hostilités : Mithridate a encore des questions à régler dans son empire pontique ; le Sénat divisé a sur les bras la guerre de Sertorius, lequel est sans doute dès lors saisi d'offres d'alliance pontiques. L'on se fait toutefois une guerre indirecte : l'on a vu que les considérations mithridatiques n'étaient pas étrangères à la lutte de Rome contre les pirates, et Tigrane d'Arménie, qui est à l'apogée de sa puissance depuis qu'en 83 il règne sur la Syrie (*supra*, p. 457), s'attaque à nouveau, en 78, à la Cappadoce que protège Rome. En 75, Sertorius accepte enfin les offres des émissaires de Mithridate : les cessions qu'il aurait consenties en Asie pour prix de l'alliance pontique sont discutables mais importent peu ici : l'alliance n'aura en effet pas le temps de jouer.

En 74 enfin, c'est la mort de Nicomède IV de Bithynie qui, n'ayant pas d'héritier mâle légitime, lègue son royaume à ses protecteurs romains : le Sénat accepta le legs et chargea le gouverneur d'Asie de le recueillir et d'organiser la nouvelle province, qui fut aussitôt la proie des publicains.

Sources : App., *Mithr.* 64-68 ; Memnon, *FGrH* 434 F 26 (36) (résumé très inexact des activités de Murena) ; TL, *Per.* LXXXVI. Legs de la Bithynie : App., *Mithr.* 71 ; TL., *Per.* XCIII ; Cic., *de leg. agr.* II, 40 ; Eutrope VI, 6, 1 (qui fournit la date, en accord avec le monnayage bithynien), etc.

Bibliographie complémentaire et notes : Le conflit provoqué par **Murena** et interrompu par l'intervention de Sulla est généralement appelé « seconde guerre mithridatique ». Pour la beauté de la formule, on notera au passage Cic., *pro Murena* XV (32) : *quem* (Mithr.) *L. Murena... vehementissime vigilantissime vexatum, repressum magna ex parte, non opressum reliquit...* Murena eut droit à un triomphe.

Sur l'ensemble, cf. Reinach, pp. 301 *sqq.* ; Ormerod, *CAH* IX, pp. 353 *sqq.* ; Geyer, *l. c.*, coll. 2178 *sqq.* ; Magie, *RR*, pp. 243 *sqq.* ; 319 *sq.* ; 321 *sqq.* Sur la date de la mort de Nicomède IV, cf. la discussion de G. Perl, *l. c.* (*supra*, p. 469), pp. 306 *sqq.*

Comme les autres **testaments royaux**, celui de **Nicomède IV** a parfois été considéré, dès l'antiquité, comme un faux : cf. Magie, p. 1201, n. 49 ; Vittucci, *o. c.*, pp. 118-119. Comme après la mort d'Attale III, on vit surgir un prétendant mais qui fut aussitôt débouté. Pour l'analyse juridique des

testaments royaux en faveur de Rome, cf. LUZZATTO, *art. cit. supra*, p. 444 ;
Th. LIEBMANN-FRANKFORT, *Valeur juridique...*, *RIDA* XIII (1966), pp. 88 *sq.*
qui, ne pensant pas que Ptolémée VIII ni Apion aient obéi à des suggestions
romaines en léguant leurs royaumes à Rome, pense cependant que ce fut le
cas ici ; cf. encore EAD., *Front. Or.*, pp. 210 *sqq.*

Sur Sertorius, cf. CARCOPINO, *HR* II, 2, pp. 539 *sqq.*

E) Lucullus contre Mithridate et Tigrane (73-67)

1° DE L'ARRIVÉE DE LUCULLUS EN ASIE
A L'OCCUPATION DU PONT (73-70)

Dès la mort de Sulla, il avait été évident que la guerre reprendrait un jour ou l'autre. Mais si Mithridate s'y prépare, il n'en est
pas de même du côté romain où, loin que l'on prît les mesures
nécessaires, l'exploitation éhontée des provinciaux risque de mener
à nouveau ceux-ci au bord de la révolte. Ce fut l'acceptation par
le Sénat du testament de Nicomède qui fournit l'occasion : Mithridate envahit aussitôt la nouvelle province, dont la population
l'accueillit avec faveur (début 73). Le premier proconsul de Bithynie, M. Aurelius Cotta s'était montré incapable de lui résister,
mais Lucullus était dès lors sur place. Consul en 74 avec Cotta,
Lucullus, bon connaisseur des affaires d'Asie, avait tiré au sort
le gouvernement de la Gaule cisalpine, qu'il avait troquée contre
la Cilicie, dont le gouverneur venait de mourir en fonctions. Lucullus piqua droit sur Éphèse, envoya chercher en Cilicie les
deux légions bien aguerries de Servilius Isauricus, rétablit la discipline parmi les débris plus ou moins exilés des légions de Fimbria,
qui tenaient garnison en Asie et, malgré les défaites d'un Cotta
enfermé dans Chalcédoine, il réussissait, à force de prudence et
de talent, à contenir Mithridate en Bithynie : deux corps d'armée
que le roi avait réussi à introduire dans la province d'Asie y
furent anéantis, dont l'un par les Galates (73).

Puis, ayant contraint Mithridate à lever le siège de Cyzique,
Lucullus écrase son armée en retraite et réoccupe la Bithynie.
En 72, avec une flotte improvisée, il bat la flotte pontique devant
Lemnos et force Mithridate à repasser les Détroits et à regagner
ses États par mer. Lucullus envahit aussitôt le Pont, passe l'hi-
vers 72-71 à assiéger Amisos, puis vient affronter Mithridate re-
tranché à Kabeira, sur le Lykos. Il s'y fait battre par la cavalerie
pontique, se maintient difficilement dans les montagnes, adossé
à la Cappadoce qui le ravitaille, jusqu'au jour où, dans des conditions assez mystérieuses, Mithridate lève le camp et fait une retraite catastrophique qui le conduit en Arménie, chez son gendre

Tigrane — qui était resté sourd à ses appels. Renonçant à le poursuivre, Lucullus occupe méthodiquement le Pont. Après avoir passé l'hiver 71-70 dans la province d'Asie, où ses réformes administratives et son humanité le font aimer des populations, sinon de ses troupes et des financiers romains, il repart, début 70, réduire les dernières résistances dans le Pont (prise des deux capitales, Sinope et Amaseia), puis n'a plus qu'à inviter le Sénat à envoyer la traditionnelle commission d'organisation de la nouvelle province.

Mithridate, à ce moment, a tout perdu, y compris son domaine criméen, dont le vice-roi, son fils Macharès, a traité avec Lucullus.

SOURCES : APP., *Mithr.* 68-83 ; PLUT., *Luc.* 5-20 ; 23-24, 1 ; MEMNON, *FGrH* 434 F 27 (37)-37 (54). On retrouvera les références aux sources secondaires (allusions cicéroniennes, fragments des *Histoires* de SALLUSTE, abréviateurs de TL, etc.) dans les ouvrages ci-dessous.

BIBLIOGRAPHIE COMPLÉMENTAIRE ET NOTES : REINACH, *o. c.*, pp. 318 *sqq.* ; ORMEROD, *CAH* IX, pp. 356 *sqq.* ; GEYER, *l. c.*, coll. 2181 *sqq.* ; BROUGHTON, *l. c.*, pp. 526 *sqq.* ; MAGIE, *RR*, pp. 323 *sqq.*, dans les notes duquel on trouvera la plus récente discussion de divers points de géographie et de chronologie sur lesquels il est inutile d'insister ici. Cf. aussi GELZER, s. v. *Licinius 104* (Lucullus), *PW* XIII, 1 (1926), coll. 384 *sqq.*

L'irrégularité de la **nomination de Lucullus** (et de son comportement : car il ne mettra jamais les pieds dans sa province de Cilicie) s'explique, comme la création de l'*imperium* en faveur de M. Antonius la même année (*supra*, p. 488), par des considérations de **politique romaine** : il s'agit moins de lutter efficacement contre Mithridate (ou contre les pirates) que de barrer la route aux ambitions grandissantes de Pompée : cf. BADIAN, *Foreign clientelae*, pp. 280 *sqq.* On notera l'attitude des **Galates**, dont il a été dit (*supra*, p. 483) comment Mithridate se les était aliénés. Le corps pontique qui fut battu par les Galates aurait, selon APP. 75, poussé de Phrygie jusqu'en Pisidie, en Isaurie et en Cilicie : on soupçonne ici, une fois de plus, quelque incertitude dans l'emploi de ces termes, et notamment de « Cilicie » (cf. *supra*, p. 489).

Après sa victoire sur Cotta (qui perdit en un jour et son armée et sa flotte), Mithridate, maître de la mer, avait envoyé une escadre à **Sertorius** en Espagne : cette escadre arriva trop tard et fit demi-tour ; de retour en Orient, elle fut détruite devant Ténédos par un légat de Lucullus (fin 72 ou début 71). Cette défaite navale s'ajoutant à celle de Lemnos, Mithridate perdait à nouveau tout **contrôle de l'Égée.**

On a négligé ci-dessus l'épisode d'**Héraclée Pontique** : cette cité libre, tombée aux mains de Mithridate pendant sa retraite de 72, fut ensuite assiégée et prise par Cotta qui la détruisit et en massacra la population, haut fait pour lequel il fut ensuite poursuivi et condamné. Lucullus lui-même ne put toujours empêcher les violences de ses troupes : cf. sac d'Amisos, qui fut ensuite restaurée et proclamée libre, comme fut proclamée libre **Sinope** après sa reddition. La capitulation de Sinope est liée à la **trahison de Macharès**, vice-roi de Crimée, qui ravitaillait la capitale pontique par mer.

Au terme de ces quatre ans de campagnes, Lucullus exerce son *imperium* sur **quatre provinces :** Cilicie, Asie, Bithynie et Pont — quatre provinces qui, pendant ce temps, échappaient à d'autres et où les financiers étaient sévèrement bridés : de quoi faire aller bon train les intrigues romaines : *infra*, p. 496. La popularité de Lucullus dans le monde grec (popularité qui remonte à l'époque où il était le collaborateur de Sulla) est attestée par nombre d'inscriptions, dont on trouvera les références *ap.* J. & L. Robert, *Bull.* 1970, n° 441.

Notons pour mémoire que, pendant ces mêmes années, le frère de Lucullus, M. Terentius Varro Lucullus, gouverneur de Macédoine, faisait campagne dans la Dobroudja et y concluait des traités d'alliance avec les cités grecques de la région, que Mithridate (*supra*, p. 470) avait cherché à inclure dans son empire (App., *Illyr.* 30).

2° Lucullus contre Tigrane. Restauration des Séleucides. Reconquête du Pont par Mithridate (70-67)

Convaincu que rien ne serait fait tant que Mithridate serait en vie, Lucullus, aussitôt qu'il avait connu la fuite du roi en Arménie, avait envoyé à Tigrane son beau-frère Appius Claudius Pulcher pour exiger l'extradition du vaincu. Claudius eut du mal à rencontrer l'Arménien qui, occupé en Phénicie (*supra*, p. 458), le fit attendre à Antioche. A vrai dire, la mission de Claudius n'avait-elle pas d'autre mobile que son objet officiel ? Il est certain que l'expansion arménienne devait retenir l'attention d'un Sénat harcelé par les plaintes venues d'Orient contre ce nouvel impérialisme : la demande d'extradition de Mithridate n'était-elle pas dès lors un simple prétexte, et son rejet (escompté) un *casus belli* inespéré ? On l'a pensé. Mais, s'il se peut que Lucullus ne se fît pas d'illusion sur la réponse qui serait donnée à Claudius, et probable que celui-ci fût chargé d'une mission d'information plus large sur ce qui se passait entre l'Euphrate et la Méditerranée, entre le Taurus et l'Égypte, il reste que Lucullus est loin de représenter, à ce moment, les milieux dirigeants romains qui, dès lors, organisent sa chute (*infra*, p. 496). Si le Sénat eût cherché une guerre avec Tigrane, en 71, il n'eût sans doute pas chargé un lieutenant et parent de Lucullus de la déclencher : mieux vaut considérer la mission de Claudius comme un simple aspect de la lutte contre Mithridate et comme une initiative personnelle de son adversaire, c'est-à-dire d'un homme de plus en plus isolé.

Quoi qu'il en soit, où en sont alors les rapports de Tigrane avec Mithridate ? Depuis que l'Arménien avait conclu alliance avec Eupatôr, dont il avait épousé une fille, cette alliance n'avait guère servi Mithridate. Sans doute Tigrane avait-il par deux fois envahi la Cappadoce (*supra*, pp. 474, 491) mais, à l'heure du danger, il était resté sourd aux appels de son beau-père et lorsque celui-ci lui avait demandé asile, il lui avait accordé une hospitalité princière, mais vingt mois devaient s'écouler entre l'arrivée de Mithridate en Arménie et la première entrevue des deux souverains — et l'on n'en est pas encore là lors de l'ambassade de Claudius. Cette attitude réluctante de Tigrane n'est pas aisée à interpréter : serait-ce que, conscient des intérêts romains en Orient, Tigrane se serait efforcé d'éviter tout ce qui pouvait indisposer Rome, et donc de se laisser entraîner dans les aventures de Mithridate ? S'il en était ainsi, on comprendrait mal pourquoi il persécuta cette créature de Rome qu'était Ariobarzane de Cappadoce (alors qu'il ne paraît pas avoir eu de visées territoriales sur ce pays), pourquoi aussi il substitua sa propre puissance à la faiblesse séleucide (que Rome, depuis un siècle, avait constamment tendu à entretenir) jusqu'à s'installer en Cilicie orientale au moment même où les Romains occupaient l'Ouest du pays. Ou bien serait-ce que, l'Arménie ayant jusqu'alors vécu à l'écart du monde méditerranéen et préoccupée surtout par la poussée parthe en Iran et en Mésopotamie, Tigrane aurait été au fond très ignorant des réalités méditerranéennes et assez indifférent aux intérêts romains ? Les intérêts de Tigrane étaient d'ailleurs loin de concorder avec ceux de Mithridate qui, en conquérant la Petite-Arménie et la Colchide (*supra,* p. 471), avait coupé la Grande-Arménie de l'Euxin : la tradition a conservé le souvenir d'un contentieux arméno-pontique (ci-dessous) qui, sans doute, se situait de ce côté. En réalité, la pensée de Tigrane nous échappe — si tant est qu'il eût une doctrine bien arrêtée — et peut-être toutes les raisons exposées ci-dessus à titre d'hypothèses concouraient-elles plus ou moins à la passivité méfiante qu'il observa à l'égard de Mithridate (raids en Cappadoce mis à part). Toujours est-il que Tigrane rejeta avec hauteur les exigences de Claudius et fit savoir que, si on l'attaquait, il se défendrait.

En possession de cette réponse, Lucullus résolut de poursuivre Mithridate en Arménie : au début de 69, il se mit en marche avec une petite armée vers la Haute-Mésopotamie. Il aurait d'ailleurs été informé d'un projet d'offensive arméno-pontique sur l'Asie Mineure. Mais on peut douter de la vérité d'une telle information (sans doute ne s'agissait-il que d'un prétexte) : car c'est, semble-t-il, vers le moment où Lucullus s'ébranle que les deux souverains se rencontrèrent enfin et renouvelèrent leur alliance, au terme d'une longue conférence où, nous dit-on, ils apaisèrent leurs mutuelles suspicions, et rien n'indique d'autre part que, lorsque les légions débouchèrent en Mésopotamie, Tigrane fût prêt à la guerre. Lucullus marcha droit sur Tigranocerte, battit Tigrane devant sa capitale, dont il s'empara. L'éphémère empire syrien et mésopotamien de Tigrane s'effondrait d'un coup, cependant que les princicules syriens, de la Commagène à la mer Rouge, accouraient de

toutes parts au quartier général du vainqueur. Parmi eux, l'Antiochos fils de Cléopatre Sélénè (Antiochos XIII l'Asiatique), que sa
mère avait envoyé revendiquer son héritage à Rome, surgit d'on
ne sait où pour se rétablir à Antioche sous la protection de Lucullus.

En 68, Lucullus entraîna son armée au cœur de l'Arménie. Pour
les légionnaires, qui détestent ce général dont le talent n'a d'égal
que la dureté à leur égard, campagne rendue affreusement pénible
par le climat, le relief, la guérilla imposée par Mithridate à Tigrane — qui, toutefois, se fait encore battre le jour où pour couvrir
Artaxata, il accepte la bataille rangée. Il se décide alors à renvoyer
Mithridate dans le Pont avec une petite troupe. Mais c'est l'armée
de Lucullus elle-même qui sauve l'Arménie, car, refusant de pousser plus avant, elle impose une retraite sans gloire à son chef
— qui lui fait encore prendre Nisibe avant de lui accorder du
repos.

Or, à ce moment (fin 68), la chute de Lucullus est résolue par
ses adversaires de Rome : la façon dont il accumule les victoires
et les gouvernements est aussi intolérable aux ambitieux que son
humanité à l'égard des provinciaux est haïe des financiers lésés
par ses réformes administratives. Coup sur coup, Lucullus apprend
que la Cilicie et l'Asie lui sont enlevées, et qu'une partie de ses
légions est démobilisée. Mais il apprend aussi, début 67, que
l'arrivée de Mithridate dans le Pont avait eu l'effet cherché par
Tigrane : la population l'avait accueilli en libérateur et les troupes
romaines d'occupation, partie bousculées, partie taillées en pièces,
appelaient à l'aide. Lucullus sut encore convaincre ses hommes de
courir au secours de leurs camarades. Mais il était trop tard :
cependant que Tigrane, sur ses talons, envahissait à nouveau la
Cappadoce, Lucullus n'arriva aux frontières du Pont que pour
recueillir les derniers débris des contingents romains, constater
que Mithridate était à nouveau maître de son royaume et découvrir
enfin que, même la Bithynie et le Pont lui ayant été retirés, il
n'était plus qu'un simple particulier, avec lequel ses remplaçants
refusèrent d'ailleurs de collaborer, faisant la partie belle à l'adversaire — à telle enseigne d'ailleurs qu'à Rome, en janvier 66, les
éloquences conjuguées, encore qu'animées d'arrière-pensées divergentes, de César et de Cicéron faisaient voter la *lex Manilia* qui
reconstituait et étendait encore au profit de Pompée les pouvoirs
qu'avait détenus Lucullus. Or Pompée était déjà en Asie : revenons
en arrière à ce propos.

SOURCES : APP., *Mithr.* 84-90 ; DION. CASS XXXVI, 1-16 ; PLUT., *Luc.* 21-36 ;
MEMNON, *FGrH* 434 F 38 (55-58) ; SALLUSTE, *Hist.* V, fr. 13-14 ; CIC., *de
imp. Cn. Pomp.*

BIBLIOGRAPHIE COMPLÉMENTAIRE ET NOTES : REINACH, pp. 352 *sqq.* ; ORMEROD, *CAH* IX, pp. 365 *sqq.* ; GEYER, *l. c.*, coll. 2188 *sqq.* ; ID., s. v. *Tigranes 1, PW* VI A 1 (1936), coll. 971-976 ; MAGIE, *RR*, pp. 342 *sqq.* ; GELZER, *l. c.*, coll. 396 *sqq.*

Tous les problèmes relatifs à la **politique de Tigrane** et à la **politique romaine** à son égard sont difficiles à résoudre. L'hypothèse selon laquelle la mission d'Appius Claudius Pulcher (qu'un certain nombre d'ouvrages confondent avec son frère Publius Claudius Pulcher, *alias* Clodius, qui se trouvait aussi dans l'armée de Lucullus, où il commençait sa carrière fameuse de trublion) aurait eu pour but réel la recherche sénatoriale d'un *casus belli*, est due à REINACH, *l. c.* Ce qui est certain, c'est qu'au cours de ses errances à la recherche de Tigrane, Claudius s'informa et noua des intelligences avec certains princes vassaux de Tigrane (cf. PLUT., *Luc.* 21). Que Tigrane ait mené une politique très prudente à l'égard de Rome a été soutenu par R. GROUSSET, *Hist. de l'Armén.*, pp. 85 *sqq.* qui, en des pages quelque peu apologétiques, a sans doute trop prêté à ce souverain en pensant qu'il s'allia à Mithridate pour s'assurer un État-tampon sur son flanc occidental : s'il en était ainsi, on s'expliquerait mal qu'il ait par deux fois assisté les bras croisés à l'effondrement du Pont ; ses interventions en Cappadoce ne furent au fond que des occasions de rapines. A l'inverse, REINACH, qui ne voyait en Tigrane qu'« un pauvre homme » (p. 346), notait que, « depuis vingt-cinq ans, Tigrane n'avait pas cessé d'être dans un état d'hostilité plus ou moins déguisé avec les Romains. Ses invasions répétées en Cappadoce, l'annexion récente de la Syrie et de la Cilicie plane étaient autant d'affronts directs à la suzeraineté romaine » (p. 347). Reinach ajoutait : « en fait » — précision importante, car il semble bien qu'« en fait » les Romains aient laissé Tigrane fort indifférent tant qu'il ne les vit pas sur son territoire. « Faut-il considérer l'invasion de l'Arménie par Lucullus comme la manifestation d'un plan mûrement réfléchi tendant à assurer la couverture frontalière de la partie asiatique de l'empire romain ? Ou bien faut-il y voir une simple improvisation de la part du commandant ?.. », se demande LIEBMANN-FRANKFORT, *Front. Or.*, pp. 235 *sq.*, qui, ne pouvant donner de réponse formelle, propose une « réponse nuancée » (« ... procédé inventé sur place et élevé à la hauteur d'une politique » — mais avec Pompée).

Sur la **campagne de Lucullus jusqu'à Tigranocerte**, cf. DILLEMANN, *Haute-Mésopotamie orientale...* (1962), pp. 263 *sqq.* Il y a une incertitude quant à la date de l'effondrement du royaume syrien de Tigrane, due aux durées diverses attribuées à sa domination sur la Syrie par APPIEN (14 ans) et par JUST. XL, 1, 14 (17 ou 19 ans selon les mss). A suivre Justin, il faudrait repousser l'élimination de la présence arménienne en Syrie à l'époque de Pompée — mais il n'y a pas d'explication satisfaisante des chiffres figurant dans Justin (cf. E. SALOMONE, *Fonti e valore storico di Pompeo Trogo...* (Gênes 1973), pp. 115 *sq.*). On a vu (*supra*, p. 458) que ce problème chronologique a été posé aussi bien à propos du début de la domination syrienne de Tigrane...

Après sa victoire de Tigranocerte, Lucullus reçut l'allégeance d'**Antiochos Ier de Commagène**. L'histoire de ce petit royaume (capitale : Samosate) qui s'étend sur le versant Sud du Taurus, entre la Cyrrhestique et la Sophène, est des plus mal connues. Annexe probable de l'Arménie, la Commagène fut un moment séleucide (DIOD. XXXI, 19 a), puis s'émancipa, sans doute après l'effondrement d'Antiochos III. Notre Antiochos Ier paraît avoir été le troisième représentant de sa dynastie à avoir porté le titre royal. Ce que ce roitelet, qui s'intitulait modestement *Basileus Megas Antiochos Theos Dikaios Épiphanès Philorhômaios Philhellèn* (on remarquera l'ordre des deux derniers termes) et entendait descendre des Achéménides aussi bien que des Séleucides (cf. F. DÖRNER, *Z. Rekonstruktion d. Ahnengalerie d. Königs Ant. I. v. Kommagene, Ist. Mitt.* XVII (1967), pp. 195 *sqq.* ; Th. FISCHER, *Z. Kult. d. Ant. I. v.*

Komm. für seine seleuk Ahnen, ibid., XXII (1972), pp. 141 *sqq.*, qui souligne
le caractère sélectif de cette ascendance séleucide, reflétant peut-être la rivalité
entre Antiochos VIII, beau-frère du Commagénien, et son demi-frère Antiochos IX), a laissé de plus fameux est son monument funéraire du Nimrud-
Dagh et la collection d'inscriptions grecques que l'on y a retrouvées (*OGIS*,
383 *sqq.*). Sur la Commagène, cf. notamment HONIGMANN, s. v. *Kommagene*,
PW Suppl. IV (1924), coll. 978 *sqq.*; MAGIE, *RR*, p. 1239, n. 50; SCHNEIDER,
KGH I, pp. 818 *sqq.*

Il faut ci revenir au **problème parthe** : dès le début du conflit avec Rome,
Mithridate avait tenté d'obtenir l'alliance parthe (*supra*, p. 477), mais en
vain : l'empire parthe traversait alors la crise qui suivit (et même précéda)
la disparition de Mithridate II Arsace VIII, crise à laquelle répond, on l'a
vu, la poussée contemporaine de l'Arménie. Mithridate du Pont fit de nouvelles avances aux Parthes au début de la campagne de Lucullus (cf. MEMNON,
F 29 (43, 6)), lequel para à toute éventualité en concluant avec Phraate III
(monté sur le trône vers 70) un traité que les sources qualifient d'amitié
et d'alliance, traité par lequel Lucullus reconnaissait sans doute que les
intérêts parthes s'étendaient jusqu'à l'Euphrate. Il faut toutefois reconnaître
que les sources (cf. DION CASS. XXXVI, 3; APP., *Mithr.* 87; PLUT., *Luc.* 30, 1)
sont assez incertaines de cette affaire. C'est sans doute ce « traité de Lucullus »
que devait renouveler Pompée au début de sa campagne de 66 contre Mithridate (*infra*, p. 501). Sur cette question, cf. notamment l'article déjà cité de
J. DOBIAS, *Arch. Orient.* III (1931), pp. 244 *sqq.* et K.H. ZIEGLER, *Die
Beziehungen zwischen Rom und dem Partherreich* (1964), pp. 24 *sqq.* — LIEB-
MANN-FRANKFORT, *Front. Or.*, pp. 237 *sqq.*, qui estime que la « frontière de
l'Euphrate » avait été fixée entre Sulla et Mithridate II le Grand, estime
aussi que c'est là le traité que devait renouveler Pompée, car, à son avis,
Lucullus n'aurait eu aucun désir « de voir renouveler un traité comportant une
clause frontalière relative à l'Euphrate ». En réalité, l'incertitude est trop
grande pour que toute spéculation n'apparaisse pas vaine.

Sur les **circonstances de la désignation de Pompée**, cf. CARCOPINO, *HR* II, 2,
pp. 606 *sqq.*; VAN OOTEGHEM, *o. c.*, pp. 182 *sqq.* Il va de soi que les succès
de Pompée sur les pirates (*infra*, p. 499) contribuèrent grandement à lui
faire confier le commandement contre Mithridate et Tigrane. Mais sa désignation a aussi des arrière-plans affairistes qui sont ceux mêmes de la chute de
Lucullus, et l'hypocrite première moitié de la harangue de Cicéron les illustre
éloquemment (cf. récemment E.J. JONKERS, *Social and economic commentary
on Cicero's De imp. Cn. Pompei* (Leiden 1959) : sans dissimuler le moins du
monde qu'il parle au nom d'intérêts financiers, Cicéron affecte de considérer
que ces intérêts sont menacés uniquement par Mithridate et couvre Lucullus
(déjà dépossédé de son commandement) de fleurs empoisonnées ; en fait,
avant de partir en guerre contre les deux souverains orientaux, le premier
soin de Pompée devait être d'abroger toutes les mesures prises par Lucullus
dans la province d'Asie. LIEBMANN-FRANKFORT, *o. c.*, pp. 242 *sqq.*, qui analyse
également ces faits, note toutefois que ce n'est pas la politique de Lucullus
qui est mise en cause à Rome : aussi bien sera-t-elle dans son ensemble
continuée par Pompée, et dans le même style — mais avec les pouvoirs quasi-
régaliens de l'*imperium infinitum*, qui libérera Pompée de tout souci de contrôle
sénatorial.

F) Pompée et la liquidation de la crise mithridatique

1° POMPÉE CONTRE LES PIRATES (67)

Un commandement extraordinaire pourvu de pouvoirs exorbitants et de forces adéquates était le seul moyen de nettoyer la Méditerranée des pirates : le Sénat avait paru le comprendre en 74 (*supra,* p. 488), mais la médiocrité du titulaire choisi et la nullité des résultats obtenus étaient causes que la situation n'avait fait qu'empirer depuis lors. Cependant que Lucullus guerroyait en Orient, aucune route maritime n'était plus sûre en Méditerranée. Les pirates hantaient les côtes italiennes sans craindre de se montrer jusque dans les bouches du Tibre — et le tout aboutissait à une grave crise des subsistances à Rome même. Il fallait en finir, d'autant que, l'expérience l'avait montré, la piraterie pouvait apporter un sérieux appoint à un adversaire extérieur, qu'il fût romain comme Sertorius, ou gréco-barbare comme Mithridate. Le précédent de 74 fournissait l'arme. Quant à l'homme, ce fut Pompée, dont la désignation, selon Cicéron, provoqua à elle seule une baisse des cours du blé... : au début de 67, la *lex Gabinia* (Gabinius venait d'être un des principaux artisans de la chute de Lucullus) lui conférait des pouvoirs plus étendus encore que ceux dont avait été orné (plus qu'il ne les avait exercés) M. Antonius, étendant à son profit, des colonnes d'Hercule à la Phénicie, une véritable monarchie maritime et littorale. Pompée comprit que la condition du succès était d'agir avant que les pirates n'eussent pu se préparer à la riposte et, avec une célérité prodigieuse, il mit au point et en action une offensive généralisée et soigneusement coordonnée qui, en trois mois, balaya d'Ouest en Est une mer préalablement « quadrillée » par une équipe de légats triés sur le volet. La bataille de Korakèsion, sur la côte de Cilicie Trachée, mit un terme à cette gigantesque et foudroyante opération : les redditions se multiplièrent, encouragées encore par l'humanité du vainqueur qui, ayant confisqué ce qui pouvait l'être des escadres piratiques, brûlé le reste et les chantiers, convia les écumeurs, contraints à une paisible retraite, à s'en aller restaurer certaines cités dépeuplées, et notamment celles de Cilicie plane dont Tigrane avait déporté la population.

Ce succès fit peut-être plus pour la popularité de Pompée à Rome que toutes ses autres entreprises. Mais il n'eût pu être décisif qu'au prix d'une paix et d'une stabilité qui eussent permis d'assurer une police efficace de la mer : la Méditerranée n'en était malheureusement pas là encore en 67.

La Cilicie Trachée fut rattachée à ce qui déjà constituait la

province dite de « Cilicie » — qui méritait enfin son nom — et
c'est pendant qu'il hivernait sur cette côte d'Anatolie méridionale
qu'on vint apporter au vainqueur la *lex Manilia* qui lui confiait
la succession de Lucullus ou, plus exactement, des ineptes successeurs de celui-ci.

SOURCES : APP., *Mithr.* 93-96 ; cf. 115 ; PLUT., *Pomp.* 24-29 ; DION. CASS. XXXVI,
23-37 ; TL, *Per.* IC ; CIC., *de imp. Cn. Pomp.* 31-35 ; 44 ; FLOR. I, 41, 7 *sq.* ;
VELL. II, 31-2. Restauration de cités, cf. également STR. VIII, 2, 5 ; XIV,
3, 3 ; 5, 8.

BIBLIOGRAPHIE COMPLÉMENTAIRE ET NOTES : ORMEROD, *Piracy...*, pp. 227-241 ;
CAH IX, pp. 372 *sqq.* ; ZIEBARTH, *Beiträge...*, pp. 41 *sqq.* ; MAGIE, *RR*,
pp. 298 *sqq.* ; F. MILTNER, s. v *Pompeius 31*, PW XXI, 2 (1952), coll. 2092 *sqq.* ;
GELZER, *Pompeius* (2ᵉ éd. 1959), pp. 68 *sqq.* ; VAN OOTEGHEM, *o. c.*, pp. 166 *sqq.*
M.I. FINLEY, *The anc. economy* (Londres 1973), p. 156, note que, techniquement,
une campagne du type de celle de Pompée eût été possible, plus tôt, mais
que l'effort ne fut pas accompli : il en voit la raison dans le fait que les
inconvénients pour Rome de l'activité des pirates en étaient alors seulement
venus à outrepasser leurs avantages, qui résidaient dans le fait que les pirates
étaient les principaux pourvoyeurs de l'économie italienne et sicilienne en
main-d'œuvre servile. — On a volontairement négligé tous les arrière-plans
romains de la désignation de Pompée, ainsi que la définition précise de ses pouvoirs, cf. p. ex. CARCOPINO, *o. c.*, pp. 594 *sqq.*

Il est presque surprenant de ne pas avoir d'**inscriptions** commémoratives
des campagnes piratiques : cf. cependant Délos (où fondation d'une confrérie
de Pompéiastes) et Samos : *Syll³.* 749 A-B (avec complément de WILHELM,
Anz. Ak. Wien 1924, pp. 113 *sqq.*). A Sidè, l'attribution à Pompée d'honneurs
divinisants conférés à un personnage dit *Magnon* et qualifié de *patrôn* reste
hypothétique : cf. G.E. BEAN, *The inscr. of Side* (1965), n° 101.

Lucullus ayant déjà renvoyé dans leurs foyers des Grecs de **Cilicie** déportés
à Tigranocerte (*supra*, p. 458), le fait que Pompée trouva encore à installer
des milliers de pirates dans leurs cités prouve que les populations ciliciennes
avaient été gravement décimées par l'Arménien. Soloi fut refondée sous le
nom de Pompeiopolis et frappa monnaie à l'effigie de Pompée jusqu'au
premier siècle de l'empire. En **Grèce** même, Dymè d'Achaïe fut restaurée
avec des pirates retraités et repentis...

C'est également dans le cadre de la lutte contre les pirates que fut réglé
le sort de la **Crète** : un des consuls de 69, Q. Caecilius Metellus, avait été
chargé de châtier les Crétois pour les victoires qu'ils avaient remportées sur
M. Antonius, à quoi il s'était consacré avec une rude énergie. L'œuvre n'était
pas achevée lorsque Pompée obtint son commandement, si bien que les
Crétois, ayant eu vent de sa magnanimité, lui dépêchèrent une ambassade
pour offrir leur soumission. Pompée envoya en Crète un de ses légats qui se
heurta violemment à Metellus. Ses tâches asiatiques nouvelles détournèrent
cependant Pompée de s'occuper de la Crète en 66, si bien que Metellus *Creticus* en acheva la soumission lui-même. J'avais, dans ma 1ʳᵉ éd., accueilli la
thèse, fondée sur des arguments numismatiques, selon laquelle la Crète aurait
dès lors, et point seulement à l'époque d'Auguste, été unie à la Cyrénaïque
au sein d'une seule et même province. Mais cette thèse a été ruinée, au
terme d'un examen attentif du problème, par G. PERL, *art. cit.*, *Klio* LII
(1970), pp. 326 *sqq.*, qui a montré que cette réunion n'a été vraie, mais
de façon illégale, qu'à l'époque du triumvirat, où les deux provinces ont été
placées ensemble sous l'autorité de représentants personnels d'Antoine.

Dans le cadre des difficultés maritimes de ce temps, cf. encore D. Van Berchem, *Les italiens d'Argos et le déclin de Délos, BCH* LXXXVI (1962), pp. 305 *sqq.* Sur les aspects archéologiques du déclin de Délos à la suite de la guerre mithridatique et de la piraterie, cf. Ph. Bruneau, *Contrib. à l'hist. urbaine de Délos, BCH* XCII (1968), notamment pp. 671-691.

2° Pompée contre Mithridate (66) ; fin de Mithridate (65-63). Règlement des questions d'Asie Mineure

La *Lex Manilia* conférait à Pompée, sur toutes les provinces d'Asie Mineure, des pouvoirs plus étendus que ceux de Lucullus, des pouvoirs diplomatiques également dont Lucullus n'avait pas disposé. Et cependant sa tâche était moins lourde que celle de son prédécesseur : le rétablissement d'un Mithridate presque septuagénaire n'était guère solide sur un empire diminué (ses provinces criméennes lui avaient échappé par suite de la trahison de son fils : *supra*, p. 493) et privé de toute alliance. Tigrane, autre vieillard, n'entendait pas en effet lier à nouveau son sort à celui de son beau-père, et Pompée le paralysa d'ailleurs en lançant contre lui le Parthe Phraate III, ce qui, d'autre part, détournait celui-ci de répondre aux appels de Mithridate. Disposant de forces supérieures aux Pontiques (dont le moral paraît d'ailleurs avoir été bas et le ravitaillement difficile), ayant aussi un prestige qui lui donnait une autorité que Lucullus avait perdue à la fin de sa carrière, Pompée avait les mains libres.

Il quitta la Cilicie début 66, franchit le Taurus et, ayant réoccupé la Cappadoce, se trouva à pied d'œuvre. Mithridate tenta de négocier mais se heurta à des conditions inacceptables. Il ne lui restait plus qu'à livrer un combat en retraite qui, au terme d'une campagne mal connue, laissa Pompée maître de son royaume dès avant la fin de l'été de 66. Tigrane lui ayant, cette fois, refusé l'asile, il gagna à grand peine la Colchide, où il passa l'hiver.

Pompée jugea impossible de le poursuivre. Mais, cependant que le vainqueur se consacrait à d'autres tâches (Arménie, Syrie, problème parthe, *infra*, p. 502 *sqq.*), suivons, pour notre compte les dernières étapes de la carrière de l'aventureux souverain. De Colchide, en 65, Mithridate gagna non sans mal son ancien domaine criméen pour le reconquérir sur Macharès, son fils infidèle, qui, enfermé dans Panticapée, fut acculé au suicide. Maître à nouveau de ses provinces septentrionales, Mithridate essaya encore de négocier avec Pompée. L'échec de ces négociations l'aurait conduit alors à échafauder un nouveau plan d'invasion de l'Italie par le Danube. Mais la lassitude des populations, excédées du

régime de terreur qu'avait inauguré l'arrivée du roi, les défections
dans son entourage le plus proche (son fils Pharnace se fit acclamer roi par l'armée) ne laissèrent d'autre issue à Mithridate que
la mort : sa « mithridatisation » l'ayant empêché de s'empoisonner,
il se fit égorger par un mercenaire (63).

Pompée était en Judée (*infra*, p. 512) lorsqu'il apprit la mort
de cet adversaire qui n'était en somme plus très redoutable au
moment où il l'affronta — ce qui justifie Plutarque d'écrire que
la *lex Manilia* légua à Pompée le triomphe de Lucullus plutôt que
sa guerre. Reste que, si sa victoire sur Mithridate n'est pas le
plus pur titre de gloire de Pompée, les problèmes anatoliens paraissent réglés pour Rome en 65. Les destinées politiques du monde
hellénistique d'Asie Mineure, qui, depuis la mort d'Attale III,
n'avaient plus reposé qu'entre les mains de souverains soit négli-
geables (les Bithyniens et les Cappadociens), soit foncièrement
étrangers à l'hellénisme véritable (les Pontiques), étaient désormais
scellées. A côté des provinces d'Asie, de Cilicie, de Bithynie et
du Pont ne subsistent plus que des dynastes clients de Rome,
auxquels leur qualité de victimes de Mithridate et leur fidélité
à Rome valent alors de substantiels agrandissements : Ariobarzane,
de sa Cappadoce si disputée et si ravagée, fut fait le gardien des
communications de l'Asie Mineure avec la plaine cilicienne d'une
part, grâce à des agrandissements en Lycaonie méridionale, avec
la Haute-Mésopotamie d'autre part, par cette tête de pont sur
la rive gauche du haut Euphrate qu'était la Sophène ; les princes
galates, réduits au nombre de trois, furent placés sous la surveillance de fait du plus notable et du plus sûr d'entre eux, le
Tolistoage Deiotaros, fait roi, dont les territoires furent considérablement accrus sur le flanc Nord de la Cappadoce, des bouches
de l'Halys à la Petite-Arménie ; deux minces principicules furent
enfin maintenus en Paphlagonie intérieure. Les destinées de ces
États seront encore remises en cause par les guerres civiles romaines, mais l'histoire propre de l'Asie Mineure hellénistique est
bien achevée.

Sources : Campagne de 66 : App., *Mithr.* 97-101 ; Plut., *Pomp.* 30-2 ; Dion
Cass. XXXVI, 45-50. Fin de la carrière de Mithridate : App., *Mithr.* 101-103 ;
107-111 ; Dion Cass. XXXVII, 11-14. Organisation de l'Asie Mineure :
App., *Mithr.* 105-114 ; Dion Cass. XXXVII, 7 a ; Str. XII, 1 (Cappadoce) ;
3, 1 ; 3, 13 ; 5, 1 (Galates).

Bibliographie complémentaire et notes : Reinach, pp. 377 *sqq.* ; Cary,
CAH IX, pp. 376 *sqq.* ; 390 *sqq.* ; Geyer, *l. c.*, coll. 2192 *sqq.* ; Magie, *RR*,
pp. 351-357 ; 363 *sq.* ; 368-375 ; Miltner, *l. c.*, coll. 2101 *sqq.* ; Gelzer, *o. c.*,
pp. 80 *sqq.* ; 95 *sqq.* ; Van Ooteghem, *o. c.*, pp. 204 *sqq.* ; Liebmann-Frankfort,
Front. Or., pp. 257 *sqq.* ; 277 *sqq.*

Sur les données romaines (Catilina) et occidentales qui auraient justifié le dernier plan d'invasion de l'Italie par Mithridate, cf. L. HAVAS, *Mithr. et son plan...*, *Acta class. Univ. Scient. Debrecen* IV (1968), pp. 13 *sqq.*

L'entente entre Pompée et Phraate III, qui ne devait pas tarder à se rompre, procède évidemment du traité de Lucullus, dont il a été question *supra*, p. 498, même si sa substance était différente : cf. ZIEGLER, *o. c.*, pp. 28 *sqq.* LIEBMANN-FRANKFORT, *o. c.*, pp. 263 *sqq.* estime que l'initiative dut venir de Phraate, qui avait intérêt à connaître les intentions de Pompée et à obtenir des assurances du côté de l'Arménie ; quant au contenu du traité, que nous ne connaissons pas, elle pense que Pompée dut rester dans le vague sur les points essentiels et qu'il « ne devait songer qu'à obtenir une « couverture frontalière » à l'Est et au Sud des territoires qu'il comptait attaquer ». On se demande toutefois contre qui il s'agissait de se couvrir — sinon contre Phraate lui-même...

De 67/6 à 63/2, Pompée fit trois séjours en Asie Mineure : le premier est consacré à sa campagne contre Mithridate ; le second, au cours de l'hiver 65/64 et du printemps de 64, qui se place entre l'expédition d'Arménie et ses suites septentrionales (*infra*, p. 504) et le passage en Syrie (*infra*, p. 508), fut consacré au nettoyage du Pont, à l'organisation de la nouvelle province et, sans doute, à une première ébauche de remaniement territorial de l'Anatolie ; le troisième enfin, au cours de l'hiver 63-62, fut consacré à l'achèvement de l'organisation de la région. Au cours de ce dernier séjour où, comme au cours du second, Pompée résida à Amisos, il y reçut la dépouille mortelle de Mithridate, envoyée par son fils Pharnace, qui fut reconnu ami et allié du PR (sur son monnayage, cf. K.V. GOLENKO & P.J. KARYSZKOWSKI, *NC* XII (1972), pp. 25 *sqq.*). Mithridate fut enseveli avec les honneurs royaux dans son ancienne capitale de Sinope. L'on retrouvera Pharnace ultérieurement, ainsi que Déiotaros (*infra*, pp. 531 *sqq.*). Si Pharnace devait (temporairement) se tenir en repos, la pensée politique anti-romaine de son père aurait été recueillie par le prince gète **Bourébistas**, selon E. CONDURACHI, *Burebista, successeur du programme politique de Mithr.* VI, *Acta Ant.* XXVI (1978), pp. 7 *sqq.*, hypothèse que l'on n'accueillera que sous bénéfice d'inventaire. Il ne semble pas, jusqu'à plus ample informé, que les attaques de ce dynaste contre les cités grecques littorales (DION CASS. LI, 26, 5 ; DION CHRYS. XXXVI, 4 ; *Syll³*. 708 ; 730 ; 731), ni surtout l'ambassade d'amitié qu'il envoya à Pompée à l'époque de la guerre contre César (*IGBulg.* I, 13) permettent de soutenir une hypothèse d'aussi haut vol.

3° POMPÉE ET L'ARMÉNIE (66-5)

Ni sa neutralité, ni l'hostilité témoignée à Mithridate en fuite ne sauvèrent Tigrane. Pompée, du reste, en laissant échapper Eupatôr en 66, s'était exposé à l'un des griefs que l'on avait formulés contre Lucullus et entendait se rattraper sur l'Arménien — comme la *lex Manilia* lui en faisait un devoir. Tigrane était alors aux prises avec une offensive parthe. L'on a vu qu'au début de sa campagne, Pompée avait lancé Phraate sur la Gordyène (haut Tigre) qui, depuis la campagne de Lucullus, était la province la plus méridionale de l'Arménie. Non content de saisir cette occasion, Phraate avait poussé plus loin. Il méditait en effet, comme son prédécesseur Mithridate II, d'établir son influence sur l'Arménie en y mettant sur le trône le prince héritier Tigrane le Jeune, brouillé avec son père et dont il avait fait son gendre. Lorsque Pompée, en 66 encore, aborda l'Arménie par le Nord-Ouest, Phraate était déjà devant Artaxata, d'où le roi s'était échappé. Mais les Parthes n'ayant pas tardé à faire retraite, le jeune Tigrane menacé par son père ne vit d'autre ressource que de se jeter dans les bras de Pompée. Le vieux Tigrane, soucieux d'éviter un nouveau conflit avec Rome, vint alors personnellement faire sa soumission à Pompée, qui le laissa en possession de ses États héréditaires, se contentant d'un renouvellement de la renonciation à celles de ses anciennes conquêtes dont l'avait déjà dépouillé Lucullus, à savoir principalement des domaines séleucides de Syrie, Phénicie et Cilicie (sur la Sophène, cf. les notes). Tigrane le Jeune, qui avait espéré prendre la place de son père par la grâce de Pompée, faute de pouvoir le faire par celle de Phraate, fut prié de se contenter de la Sophène (que Lucullus avait donnée à Ariobarzane de Cappadoce) et de la Gordyène. Mais il fit de telles difficultés que Pompée l'expédia sous bonne garde à Rome. L'Arménie, de la sorte, sinon ramenée à ses limites anciennes (car Pompée paraît avoir laissé momentanément en suspens le sort des régions que Tigrane avait occupées au début de son règne aux dépens des Parthes — ce qui ne devait pas tarder à soulever des difficultés de ce côté : *infra*, p. 506), du moins refoulée à nouveau vers le Nord-Est (ce qui était en réalité l'œuvre de Lucullus), devenait à son tour un royaume client de Rome.

L'année 65 fut consacrée à des campagnes septentrionales, entre Arménie et Caucase, qui permirent d'abord à Pompée de se convaincre de l'impossibilité de gagner la Crimée par la voie continentale, puis de rehausser sa gloire en guerroyant contre les populations indigènes (Ibères, Albaniens) — campagnes que nous pouvons négliger ici. L'hiver 65-64 le retrouve dans l'ancien royaume du Pont, aux prises avec les problèmes de l'organisation de l'Anatolie (*supra*, p. 502), et c'est enfin, à l'été de 64, le départ pour la Syrie, où déjà opéraient des légats.

SOURCES : APP., *Mithr.* 104-105 ; DION CASS., XXXVI, 51-4 ; XXXVII, 1-5 (6-7 sont un doublet de XXXVI, 51) ; PLUT., *Pomp.* 33-5 ; VELL. II, 37.

BIBLIOGRAPHIE COMPLÉMENTAIRE ET NOTES : MAGIE, *RR*, pp. 357 *sqq.* ; GEYER, s. v. *Tigranes 1, l. c.*, coll. 976 *sqq.* ; MILTNER, *l. c.*, coll. 2107 *sqq.* ; GELZER, *o. c*, pp. 86 *sqq.* ; CARCOPINO, *HR* II, 2, pp. 613 *sqq.* ; GROUSSET, *o. c.*, pp. 97 *sqq.*

Le rapprochement de la **Sophène** et de la **Gordyène**, qu'APP. 105 met dans un même lot, peut surprendre si l'on se réfère aux cartes historiques courantes (cf. *CAH* IX, p. 211), où ces deux pays paraissent généralement n'avoir pas de frontière commune. En fait, les limites de ces deux pays sont très mal connues (et l'étaient déjà fort mal des auteurs d'époque romaine), particulièrement celles de la Sophène, dont le nom paraît avoir recouvert des réalités très variables selon les époques : cf. à ce sujet U. Kahrstedt, *Artabanos III u. seine Erben* (Berne 1950), pp. 59 *sq.* ; L. Dillemann, *Haute Mésopotamie orientale...* (1962), pp. 110 *sqq.* Il est généralement admis que la Sophène et la Gordyène, après la liquidation de Tigrane le Jeune, revinrent à la Cappadoce : cette opinion a été combattue par Th. Frankfort, *La Sophène et Rome, Latomus* XXII (1963), pp. 186 *sq.*, qui pense pouvoir montrer que Pompée restitua la Sophène à l'Arménie (cf. encore Liebmann-Frankfort, *Front. Or.*, pp. 269 *sq.*) : il se serait agi, par cette faveur, de s'attacher fidèlement le vieil adversaire, de le mettre en état de payer son indemnité de guerre et de faire de son royaume un « bouclier protecteur » contre les Parthes.

II — DE LA SUPPRESSION DES SÉLEUCIDES A LA DISPARITION DES LAGIDES (69-30)

A) Le règlement pompéien des affaires syriennes

1° LE DERNIER RÉTABLISSEMENT SÉLEUCIDE, DE LUCULLUS A POMPÉE (69-64)

L'évacuation de la Phénicie, de la Syrie et de la Cilicie par Tigrane (*supra*, p. 495) avait rendu possible, avec l'assentiment romain, le rétablissement en Syrie d'Antiochos XIII, dit « l'Asiatique », fils de Cléopatre Sélénè et d'Antiochos X (?). Les troubles syriens, auxquels l'appel à Tigrane avait mis un terme relatif et provisoire, avaient aussitôt recommencé. L'un des bienfaits de la présence arménienne avait été, semble-t-il, de contenir la poussée arabe — qui reprit aussitôt que les Arméniens eurent quitté le pays. Antiochos XIII ayant vu s'élever contre lui son petit-cousin Philippe II (cf. le tableau généalogique, *supra*, p. 446), deux dynastes arabes, après avoir soutenu chacun un des deux concurrents, s'entendirent pour les supprimer et se partager la Syrie. Antiochos XIII fut ainsi capturé par Sampsikéramos d'Émèse, mais Philippe II réussit à échapper au sort qui l'attendait et à s'établir tant bien que mal à Antioche. On l'y voit invité à contribuer financièrement à la guerre contre les pirates en 67 — puis son règne s'achève obscurément dans une émeute. Sampsikéramos, peu soucieux sans doute de s'attirer la vindicte romaine en s'installant lui-même à Antioche, y dépêcha son captif Antiochos XIII (65/4), que devait y trouver Pompée à son arrivée en Syrie.

Rien certes ne s'opposait à ce que Pompée se débarrassât, et débarrassât la Syrie de ce fantoche, client d'un Arabe. Rien ne

s'opposait non plus à ce que Rome conservât les Séleucides
— comme elle faisait à la même époque des Lagides : *infra*,
p. 520 —, fût-ce en honorant son « alliance » par l'octroi de
ques contingents romains. Pourquoi, alors que Lucullus avait adopté cette seconde solution, Pompée se rangea-t-il à la première ?
Fut-ce dans la crainte de voir pousser jusqu'à la Méditerranée un
empire parthe que seules les légions auraient été désormais capables de contenir ? Fut-ce pour assurer la police de l'arrière-pays
de la côte phénicienne imparfaitement nettoyée deux ans plus
tôt ? Fut-ce par suite d'un inéluctable mécanisme de l'expansion
impérialiste romaine, renforcée à ce moment par l'ambition personnelle de Pompée ? Fut-ce, ici encore, simplement pour prendre
le contrepied de la politique de Lucullus ? Toutes ces hypothèses
ont été tour à tour soutenues...

SOURCES : APP., *Syr.* 49 (249) ; 70 (367) ; JUST. XL, 2, 2 (qui fait d'Antiochos XIII
un fils d'Antiochos IX) ; DIOD. XL, 1 a-b ; DION CASS. XXXVI, 17, 3.

BIBLIOGRAPHIE COMPLÉMENTAIRE ET NOTES : Dernière mise au point *ap.* BEL-
LINGER, *The end of the Seleucids, l. c.*, pp. 82-84 et DOWNEY, *A history of
Antioch*, pp. 140 *sqq.*, qui pense qu'entre l'évacuation de la Syrie par Tigrane
et l'arrivée de Pompée, la politique sénatoriale consista à faire des Séleucides
des dynastes clients à la façon d'Ariobarzane. Les troubles d'Antioche où
disparut Philippe II paraissent être ceux que suscita Clodius, dont les aventures seront évoquées *infra*, p. 522.

2° LA POLITIQUE PARTHE DE POMPÉE

De 66 à 64, l'attitude de Pompée à l'égard des Parthes fut
équivoque. L'on a souvent pensé que la crainte de l'expansion
parthe fut le mobile principal de sa politique syrienne et arménienne : mais alors, pourquoi semble-t-il avoir tout fait pour
allumer l'hostilité de Phraate III ? A l'origine, on l'a vu, la base
des relations entre Pompée et Phraate paraît avoir été l'entente
conclue antérieurement par Lucullus (sinon par Sulla), aux termes
de laquelle l'Euphrate devait être la limite de la zone d'influence
parthe, et l'invitation adressée à l'Arsacide de prendre la Gordyène
à Tigrane n'avait certes rien qui le contredît. Le fait que Phraate
déborda les limites de ce programme en essayant de faire de
Tigrane le Jeune son client inquiéta-t-il Pompée ? Toujours est-il
qu'aussitôt après la soumission de Tigrane le Père, Pompée abandonna toute bienveillance à l'égard du Parthe, qu'il s'aliéna d'une
part en éliminant Tigrane le Jeune (*supra*, p. 504), d'autre part en
faisant litière des intérêts parthes dans son règlement de la question arménienne, enfin en révélant le peu de cas qu'il faisait

de l'accord romano-parthe. L'on a vu en effet que l'expansion arménienne s'était faite aux dépens des Parthes avant de se faire aux dépens des Séleucides (*supra,* p. 000). Or les abandons imposés à Tigrane paraissent n'avoir concerné (à l'exception de la Sophène) que la rive droite de l'Euphrate, c'est-à-dire des territoires qui n'intéressaient pas les Parthes. Sans doute, en 66, pour paralyser Tigrane, Pompée avait-il lancé Phraate sur la Gordyène : mais il entendait à présent la restituer à l'Arménien. Alors qu'il hivernait en Petite-Arménie (66-5), où il recevait avec bienveillance les « rois d'Élymaïde et de Médie », dynastes locaux recherchant l'amitié romaine pour se dégager de la suzeraineté parthe, Pompée reçut une ambassade de Phraate qui demandait la libération de son gendre Tigrane le Jeune et le renouvellement de l'ancien traité, c'est-à-dire la confirmation de la frontière de l'Euphrate : cette demande était sans doute motivée par le raid qu'un des légats de Pompée, Gabinius, venait d'effectuer en territoire parthe. En réponse, Pompée, refusant à Phraate le titre de « Roi des Rois », exigea de celui-ci l'évacuation de la Gordyène, qu'un autre légat, Afranius, fut aussitôt chargé d'occuper pour la remettre à Tigrane. Afranius eut de surcroît pour mission de gagner la Syrie (*infra,* p. 509) en traversant, lui aussi, la Mésopotamie arsacide. La question de Gordyène était sans doute destinée à créer une rivalité arméno-parthe qui immobilisât durablement les deux États orientaux à l'Est de la zone qui intéressait Pompée — mais les violations du territoire parthe, contraires au traité dont Phraate demandait la confirmation, ne devaient avoir pour effet que de dresser l'Arsacide contre Rome. Pompée ne tarda pas, d'ailleurs, à comprendre les dangers de cette politique, car Phraate refusa de se laisser dépouiller de la Gordyène, qu'il envahit de nouveau tout en cherchant à négocier : Pompée était déjà en Syrie (64 : *infra,* p. 509) lorsqu'il fut saisi des revendications tant de Tigrane que de Phraate au sujet du territoire contesté. Continuer à soutenir Tigrane, c'était affronter une guerre parthe qui eût risqué de s'achever comme l'aventure arménienne de Lucullus (il ne faut pas oublier qu'à ce moment Mithridate est encore en vie, et en train de se refaire en Crimée) : Pompée, dont un des soucis était de ne pas recommencer les erreurs de Lucullus, envoya donc sur place une commission d'arbitrage, qui ne put que constater que les deux adversaires, ayant opportunément découvert que leurs intérêts communs avaient plus de poids que la possession de la Gordyène, venaient de se réconcilier, à des conditions d'ailleurs inconnues.

Admettrait-on donc que la crainte de l'expansion parthe commandait la politique de Pompée, il faudrait admettre aussi que cette suite de provocations était destinée à inspirer à Phraate un salutaire respect de Rome (et c'est l'interprétation que suggère Dion Cassius). Mais si l'on considère que jamais, jusqu'alors, les Parthes n'avaient fait mine de vouloir franchir l'Euphrate et qu'au contraire ils avaient recherché l'amitié romaine pour consolider leurs positions aux confins méridionaux de l'Arménie, c'est-à-dire dans une région qui n'intéressait pas immédiatement Rome, l'on peut se demander si cette crainte était, *à cette date*, justifiée. Le même Dion Cassius, qui nous montre Pompée redoutant la puissance parthe, nous montre aussi Phraate apeuré par les succès de Pompée... Quoi qu'il en soit, il reste que Pompée n'hésita pas (avant 64 tout au moins) à provoquer l'hostilité de Phraate, et la vraie question demeure de savoir pourquoi il préféra d'abord l'arrogance et la brutalité à une conciliation à laquelle l'Arsacide était resté longuement disposé.

SOURCES : L'on a suivi ci-dessus le seul exposé cohérent qui nous soit parvenu des relations entre Pompée et les Parthes après la défaite de Tigrane : DION CASS. XXXVII, 5-7 (avec un rappel erroné, en 6, 4, de la collusion entre Phraate et Tigrane le Jeune). En outre : PLUT., *Pomp.* 36, 1-2 ; 38, 2 ; 39, 3 ; APP., *Mithr.* 106.

BIBLIOGRAPHIE COMPLÉMENTAIRE ET NOTES : Cf. DEBEVOISE, *A polit. hist. of Parthia*, pp. 72 *sqq.* ; MILTNER, *l. c.*, coll. 2112 *sq.*, et tous les titres de la bibliographie pompéienne ci-dessus.

Sur la restitution de la **Gordyène** à Tigrane après la campagne d'Afranius, cf. H. SEYRIG, *Le trésor monétaire de Nisibe, RN* 5ᵉ sér. XVII (1955), p. 123, n. 6 : il faut entendre le terme en son sens le plus large et y inclure Nisibe.

Pour l'interprétation de la **politique parthe de Pompée**, cf. *infra*, la section suivante. Remarquons que lorsque SCULLARD, *From the Gracchi to Nero* (1959), p. 106 (cf. p. 128) écrit que la « folie » que commet Pompée en durcissant sa politique parthe « prépara des soucis à Rome pour l'avenir », c'est là une affirmation fort contestable. Si Rome, en effet, devait connaître des difficultés avec les Parthes du fait de Pompée, ce devait être tout au contraire par suite des tentatives de rapprochement faites ultérieurement par Pompée, puis par les Pompéiens, contre César.

3° LA CRÉATION DE LA PROVINCE DE SYRIE (64-63)

Or c'est en Syrie seulement que les Romains allaient être amenés à *voisiner* avec les Parthes, et nous sommes là au cœur des problèmes soulevés dans les deux sections précédentes : cette politique d'intimidation, à laquelle nous venons d'assister, était-elle destinée à garantir par avance une province de Syrie dont la création était d'ores et déjà résolue lorsque Pompée se mit en route pour Antioche ? Ou bien la création de la province de Syrie fut-elle résolue sur place dans la conviction, acquise alors, que seule la présence romaine pouvait imposer aux Parthes le respect de cette frontière de l'Euphrate que, précédemment, Pompée lui-même, après Lucullus et peut-être déjà Sulla, s'étaient engagés pour leur part à respecter ? — à moins que, bien entendu, les Parthes ne fussent pour rien dans les raisons qui commandèrent la substitution de Rome aux Séleucides défaillants...

A vrai dire, nos maigres sources donnent l'impression que, depuis la guerre des pirates, les agents romains vont et viennent à leur guise dans les débris de ce royaume en sursis. Un an avant l'arrivée de Pompée, ses légats opèrent en Syrie (65). Afranius, après avoir remis la Gordyène à Tigrane (*supra,* p. 507), avait gagné la Syrie du Nord et pacifié l'Amanus ; Aemilius Scaurus, envoyé du Nord pour occuper Damas, y avait trouvé installés Lollius et Metellus Nepos qui, chargés chacun d'un secteur de la guerre piratique, avaient dès lors poussé vers l'intérieur, et expulsé le Nabatéen Arétas III de sa récente conquête (*supra,* p. 456). C'est par des avenues bien aplanies que Pompée, à l'été de 64, pénètre à son tour en Syrie. Le pâle Antiochos XIII, qui pensait avoir été remis en selle par Rome en 69, demanda que ses droits fussent reconnus et confirmés : mais Rome, en 69, c'était Lucullus, dont Pompée affectait de considérer toutes les décisions comme nulles et non avenues. Débouté, Antiochos XIII s'enfuit auprès de l'Arabe Sampsikéramos qui, jugeant impossible de l'utiliser plus longtemps, le fit mettre à mort : il n'y avait plus de Séleucides.

Il ne restait plus à Pompée qu'à rédiger la Syrie en province (ce qui fut fait, dans une large mesure, en sanctionnant le long processus qui avait donné à la plupart des cités l'autonomie municipale) — et à la pacifier. C'est à l'occasion des opérations pompéiennes de 63 que nous saisissons particulièrement l'anarchie qui avait conduit les derniers restes de l'État séleucide à un total émiettement. Si un Sampsikéramos fut laissé en place pour prix du service qu'il avait rendu en portant le coup de grâce à la dynastie macédonienne, si la principauté libanaise de l'Ituréen Ptolémée de Chalcis fut maintenue, en revanche une foule de petits dynastes qui n'étaient qu'autant de chefs de brigands ou de pirates, arabes, juifs ou phéniciens, furent éliminés. Sans doute cela n'assura-t-il pas définitivement la paix du pays et les premiers gouverneurs auront-ils à guerroyer contre des cheikhs arabes non résignés à se voir clore la zone de vie sédentaire — mais cela dépasse notre propos.

Revenons à présent aux mobiles de la provincialisation de la Syrie. On a laissé entendre (*supra,* p. 508) que la crainte d'une poussée parthe vers la Méditerranée n'apparaît, à cette date, que comme un motif peu plausible. Le besoin d'assurer la sécurité maritime par l'occupation du littoral syrien a certainement joué son rôle, mais justifiait-il l'occupation du pays jusqu'à l'Euphrate et au désert de Syrie ? Il est certain que la tranquillité de l'intérieur était plus ou moins la condition de celle de la côte : de ce point de vue, l'on peut admettre que le problème syrien constituait un tout, d'autant que, dans le Nord, entre Cilicie et Euphrate, l'instabilité de la Syrie eût risqué d'affecter les solutions récemment apportées aux questions anatoliennes et arméniennes. En dépit de l'agitation qui y régnait, la Syrie était, depuis un demi-siècle, un vide politique qui, plus que par les Parthes, fixés dans d'autres directions, ou que par les Arméniens, récemment matés par deux fois, risquait d'être rempli par les Arabes, voire par les Juifs, risquait, bien plus, de n'être pas véritablement rempli, c'est-à-dire d'être abandonné à une anarchie dont le littoral ne serait pas exempté. Or la provincialisation était la solution la plus simplement efficace à ce problème inextricable et autrement insoluble. Solution que Pompée n'improvisa certes pas sur place en 64 : le fait que, d'Arménie, Pompée envoie un légat en Syrie dès 65, le fait, bien plus, que deux légats de la guerre pratique poussent jusqu'à Damas à un moment où ils sont sans contact avec leur chef occupé dans le Nord, prouvent que la décision est arrêtée dès le départ de Pompée pour la guerre mithridatique. Dès lors, la conduite de Pompée envers Phraate semble prouver non point tant qu'il redoute les Parthes, dont il provoque délibérément l'hostilité, mais qu'il entend par avance les avertir que, vers l'Ouest, c'est désormais à Rome, victorieuse et de Mithridate et de Tigrane, qu'ils auraient éventuellement affaire.

Or, si la suppression des Séleucides est résolue dès le début de 66, il reste que n'importe quel légat eût pu y procéder sans peine : mais Pompée, visiblement, se réserve le coup final. L'indifférence avec laquelle ses subordonnés tolèrent Antiochos XIII, puis Philippe II, puis encore Antiochos XIII, prouve qu'ils attendent le « patron », et ici intervient le facteur personnel : nos sources ne laissent aucun doute sur le fait que Pompée entend effacer la gloire, et donc l'œuvre de Lucullus. Ses succès sur un Mithridate et un Tigrane usés et plus qu'à moitié vacillants, le rattrapage de la province du Pont perdue par suite de l'impéritie des légats de son prédécesseur, l'organisation du continent anatolien ne suffisent pas à son ambition. La province de Syrie, l'héritage des descendants d'Antiochos III et d'Antiochos IV, sera *sa* province : mais il ne convient pas d'insister trop lourdement sur ce mobile, qui n'apparaît guère que comme l'ultime justification personnelle d'un acte qu'imposaient des raisons politiques plus profondes. En revanche, on aimerait connaître l'influence en ce point des milieux financiers dont on a noté la part dans le vote de la *lex Manilia*, d'où tout cela procède : ici comme ailleurs, les publicains suivent les légions : leurs commanditaires romains auraient-ils posé des conditions à la désignation de Pompée en 67 ?

La suppression des Séleucides et la création de la province de Syrie répondent donc, semble-t-il, à des mobiles fort complexes, dont celui que l'on invoque le plus volontiers, le danger parthe, fut sans doute le moins réel.

SOURCES : Légats en Syrie avant l'arrivée de Pompée : PLUT., *Pomp.* 39, 2 ; JOS., *AJ* XIV, 2, 3 (29). Pompée en Syrie : PLUT., *ibid.* ; DION CASS. XXXVII, 7 a ; APP., *Mithr.* 106 ; *Syr.* 49 (250) ; 70 (367) ; VELL. II, 37, 5 ; JUST XL, 2, 5 ; EUTR. VI, 14. Opérations de police : JOS., *AJ* XIV, 3, 2 (38-40) ; STR. XVI, 2, 7 ; 10 ; 18.

BIBLIOGRAPHIE COMPLÉMENTAIRE ET NOTES : « Il n'y avait **plus de Séleucides** », avons-nous écrit, après l'assassinat d'Antiochos XIII : le propos n'est exact que dans la mesure où l'on n'en verra plus émettre de prétentions sur la Syrie. En réalité, il en reste deux, que l'on rencontrera encore, de façon fugace, dans les affaires lagides : *infra*, p. 521.
   L'interprétation de la création de la province de Syrie par le **danger parthe** remonte à MOMMSEN, *Röm. Gesch.* III, p. 143 (cf. aussi CUMONT, *Fouilles de Doura-Europos* (1926), p. XXVIII, n. 2). DEBEVOISE, *o. c.*, p. 46, notait, à propos de l'arrogance avec laquelle il aurait, en 92, traité l'ambassadeur parthe, que « Sulla n'avait que peu de connaissance de la force militaire parthe, et moins encore des possibilités futures des Parthes » : la question serait de savoir quels progrès on fit sur ce point dans les milieux dirigeants romains, de Sulla à Pompée. ROSTOVTZEFF II, p. 870, croit à la prescience de Pompée et à sa conviction que la guerre entre Rome et les Parthes était inévitable à brève échéance. MILTNER, *l. c.*, coll. 2115, allait jusqu'à penser que la guerre juive de Pompée (*infra*, p. 513) était destinée à « renforcer le front contre les Parthes ». Critiquant ces opinions, J. DOBIAS, *Les premiers rapports des Romains avec les Parthes, Archiv Orientalny* III (1931), p. 244, a attiré l'attention sur le **problème des pirates**, mais il en a fait, avec quelque excès, l'unique ressort de la politique de Pompée. De son côté, M. GELZER, *o. c.*, p. 102, insistait uniquement sur la question du **brigandage** continental. KORNEMANN, *Weltgesch. des Mittelmeeraumes* I, p. 417, reprochait à Rostovtzeff sa négligence des **facteurs économiques** : on aurait pris souci, à Rome, de la sécurité du commerce caravanier. Les intérêts des compagnies financières ont été placés au tout premier plan par T. FRANK, *Roman Imperialism*, pp. 313 *sqq.* (« Pompey's army in the service of the capitalists ») ; ceux de Pompée lui-même et de son entourage par E. BADIAN, *Rom. Imp.*, pp. 76 *sqq.* (« the greatest of the owners of the captive world »... « sure that financial control meant political control as well as safe income »). La complexité réelle du problème a été notée, mais de façon toujours brève et incomplète, par divers historiens : cf. BOUCHÉ-LECLERCQ, *Sél.*, pp. 442 *sq.* ; CARY, *CAH* IX, pp. 392 *sq.* ; CARCOPINO, *HR* II, 2, p. 618, qui fait aussi allusion aux intérêts économiques pp. 621 *sq.* ; LIEBMANN-FRANKFORT, *o. c.*, pp. 287 *sqq.*, dont les conclusions sont assez proches des nôtres, etc. Mais il est frappant de constater qu'en bien des ouvrages la suppresion des Séleucides et la fondation de la province de Syrie sont enregistrées sans aucun commentaire.
   Sur les **détails du règlement territorial**, U. KAHRSTEDT, *Syr. Territ.*, pp. 97 *sqq.* et A.H.M. JONES, *The cities of the Eastern Roman Provinces*, pp. 258-262 (l'un et l'autre pour l'ensemble des problèmes syriens, Judée comprise).

L'émancipation des cités est attestée, outre par certains passages des sources littéraires, par les monnayages municipaux dont les datations adoptent des « ères pompéiennes » : cf. A.R. BELLINGER, *The early coinage of Roman Syria, Studies A. C. Johnson* (Princeton 1951), pp. 59 *sq.* — mais l'ère pompéienne attestée à Antioche ne part pas de l'année 64/63, où Pompée supprima effectivement les Séleucides : elle part rétrospectivement de 66/65, c'est-à-dire de l'année de la soumission de Tigrane, ce qui signifie, comme l'a montré H. SEYRIG, *Sur les ères de quelques villes de Syrie, Syria* XXVII (1950), pp. 10 *sq.* = *Ant. Syr.* IV, pp. 77 *sq.*, que Pompée, considérant les actes de Lucullus comme nuls et non avenus, entendait avoir recueilli la Syrie des mains de l'Arménien, et non d'Antiochos XIII, dont il récusait la restauration. Ailleurs qu'à Antioche, les « ères pompéiennes » partent de 64, de 63, ou même de plus tard, dans une anarchie qui révèle l'indifférence manifestée à l'égard des systèmes de comput du temps : cf. à ce propos les remarques de H. SEYRIG, *Ères pompéiennes des villes de Phénicie, Syria* XXXI (1954), pp. 73 *sqq.* = *Ant. Syr.* V, pp. 92 *sqq.* Sur la difficulté de savoir ce que représente exactement la *libertas* octroyée par Pompée aux cités, et notamment à Antioche, cf. DOWNEY, *o. c.,* pp. 145 *sqq.* Il est douteux que Pompée ait restitué Damas à Arétas : ainsi CARY, p. 394 ; *contra* KAHRSTEDT, p. 101. Le maintien, et même le développement des autonomies urbaines représentait sur le moment une commodité administrative — mais c'était compter sans les guerres civiles romaines et les futures incursions parthes : cet émiettement des régions syriennes jouera, entre adversaires romains, ou entre Romains et Parthes, le même rôle qu'entre Séleucides rivaux.

Sur l'ambassade de **Ptolémée XII**, que Pompée reçut à Damas cf. *infra,* p. 520.

4° POMPÉE ET LES JUIFS (63)

Depuis l'époque d'Antiochos IV — un siècle plus tôt — Rome avait épisodiquement témoigné aux Juifs la diplomatique sympathie qui convenait à des trublions aptes à brouiller les cartes dans un secteur du monde hellénistique où les intérêts romains n'étaient pas encore immédiatement engagés. La fondation de la province de Syrie modifiait totalement les données du problème, puisque les tendances expansionnistes hasmonéennes risquaient désormais de menacer une frontière romaine. Les Nabatéens, de leur côté, expulsés de Damas en 65 (*supra,* p. 509), devaient retenir l'attention de Pompée. Bref, la création de la province posait la question de la Syrie méridionale, et le désir allégué par Pompée d'aller reconnaître les rivages de la mer Rouge n'était sans doute — alors que Mithridate était toujours de ce monde — qu'un prétexte à se montrer dans le Sud : les affaires judéennes lui en fournirent l'occasion.

A sa mort (76), Alexandre Jannée (*supra,* p. 450) avait laissé le pouvoir à sa veuve Salomé Alexandra et à ses deux fils, dont l'aîné, le pacifique Hyrcan II, fut porté par sa mère au Grand Pontificat (ils étaient, mère et fils, dévoués aux intérêts pharisiens), tandis que le cadet, Aristobule II, rêvait de poursuivre les conquêtes paternelles : mais, à cette époque, l'expansion nabatéenne d'une part, l'occupation arménienne des territoires séleucides de l'autre condamnaient la Judée à marquer le pas. A la mort d'Alexandra (67), Hyrcan II devint roi, mais Aristobule, qui s'était constitué une armée dans le Nord du pays, le contraignit rapidement à lui céder royauté et pontificat. Cette solution ne faisait toutefois pas l'affaire d'un personnage qui avait compté utiliser au mieux de ses propres intérêts le règne d'Hyrcan II, l'Iduméen Antipater, gouverneur de l'Idumée. Antipater poussa Hyrcan à se révolter contre Aristobule et, comme la force militaire leur faisait défaut, ils achetèrent l'alliance du Nabatéen Arétas III : en 65, Aristobule était assiégé dans Jérusalem. A cette nouvelle, Aemilius Scaurus, qui venait d'occuper Damas pour le compte de Pompée, poussa une reconnaissance dans le Sud. Saisi des propositions des deux partis, Scaurus décida de patronner Aristobule et ordonna à Arétas et à Hyrcan de lever le siège. Ainsi dégagé, Aristobule poursuivit ses adversaires et les battit.

Arrivé en Syrie, Pompée fut à son tour sollicité par les frères ennemis. Il dut rapidement comprendre qu'il convenait de soutenir le moins dangereux, Hyrcan ; mais aussi que le problème n'était pas seulement juif, mais encore arabe : afin que la Judée fût sans danger pour la Syrie romaine, ce n'était point Aristobule seul qu'il fallait éliminer, mais encore son véritable concurrent pour la prépondérance en Syrie méridionale, Arétas. Pompée dissimula ses intentions : parti à petites journées vers le Sud à l'été de 63, il ne révéla son plan que lorsqu'il fut assez près de Jérusalem : Aristobule fut arrêté et Hyrcan remis en possession de la dignité royale. Mais les partisans du premier mirent Jérusalem en état de défense et contraignirent Pompée à assiéger sinon la ville, qui lui fut livrée par Hyrcan, du moins la colline de Sion, qui fut enlevée à la pointe de l'épée à l'automne de 63.

L'État judéen ne fut pas supprimé : devenu tributaire, il fut dépouillé des places fortes frontalières et littorales acquises depuis Jean Hyrcan (elles furent placées sous l'autorité du gouverneur de Syrie) et la royauté fut abolie, ce qui était d'ailleurs une satisfaction donnée aux milieux orthodoxes, toujours hostiles à cette innovation violant le théocratisme mosaïque. Hyrcan II dut se contenter du titre d'*ethnarque* des Juifs.

Restait Arétas. Or ce fut au moment où Pompée s'apprêtait à marcher contre Pétra qu'il apprit la mort de Mithridate : il lui fallait donc retourner rapidement en Asie Mineure pour y tirer les dernières conclusions des longs conflits qui avaient opposé le

roi du Pont à Rome. Le Nabatéen s'en tira donc à bon compte :
Aemilius Scaurus, premier gouverneur de Syrie, se contenta de
lui faire payer 300 talents pour prix de son indépendance.

SOURCES : JOS., *AJ* XIII, 16 (405) — XIV, 5, 1 (81); *BJ* I, 5-7 ; 8, 1 ; PLUT.
Pomp. 39, 2 ; 41 ; APP., *Mithr.* 106 ; DION CASS., XXXVII, 15-16.

BIBLIOGRAPHIE COMPLÉMENTAIRE ET NOTES : Cf. ABEL, *Hist. de la Palest.* I,
pp. 239-250 ; 255-264 ; SCHÜRER-VERMES-MILLAR, pp. 229 *sqq.* ; BEVAN, *CAH*
IX, pp. 401 *sqq.* ; GELZER, *Pomp.*, pp. 103 *sqq.* ; MILTNER, *l. c.*, coll. 2115 *sq.* ;
TCHERIKOVER, *Hell. civil. and the Jews*, pp. 253 *sqq.*, ne sera consulté que
pour son analyse des courants internes du judaïsme de ce temps.

Pour les **Nabatéens,** cf. *supra*, p. 451.

Pompée vainqueur pénétra dans le **Temple,** jusque dans le Saint des Saints :
tous les textes insistent sur le fait qu'il ne toucha rien, mais observa. L'objet
de cette curiosité, sans doute très répandue, mais que nul *gentil*, depuis
Antiochos IV, n'avait été en mesure de satisfaire, nous est donné par TAC.,
Hist. 5, 9, qui précise que ce fut depuis la visite de Pompée que l'on sut
que le Temple ne contenait aucune image cultuelle.

Sur le point de savoir si c'est ou non à la prise de Jérusalem en 63 qu'il est
fait allusion dans le *Commentaire d'Habakuk* des **manuscrits de la mer Morte,**
cf. le résumé du débat dans VAN OOTEGHEM, *o. c.*, p. 233, n. 1.

Il y a une incertitude dans nos sources sur le moment où Pompée reçut la
nouvelle de la mort de Mithridate : soit à Jéricho, au cours de la marche
sur Jérusalem (Jos.), soit après la chute de Jérusalem, au début de l'expédition contre Pétra (PLUT.). On a choisi ici la version de Plutarque, parce que
celui-ci ajoute ce détail que, aussitôt connue la nouvelle, Pompée abandonna
la campagne contre Arétas pour retourner en Asie Mineure, alors que, dans
Josèphe, il poursuit tranquillement sa route, sans savoir combien de temps les
affaires juives le retiendront. Or il est évident que, du point de vue de Pompée,
la liquidation de trente ans de guerre mithridatique importait plus que le
règlement de la question judéenne, qui eût pu être confiée à un légat, comme
le fut l'affaire de Nabatène. Un certain nombre de modernes suivent néanmoins
la version de Josèphe (cf. ABEL, GELZER, MILTNER, etc.).

Après le passage de Pompée, le **territoire juif** est réduit à la Judée proprement dite, à la Samarie, à la Galilée et à une bande de territoires transjordaniens (la Pérée) jouxtant les régions précédentes : cf. KAHRSTEDT, *Syr.
Terr.*, pp. 97 *sqq.* Sur des déplacements probables de populations et les problèmes sociaux consécutifs à l'amputation des territoires annexés depuis Jean
Hyrcan, cf. S. APPLEBAUM, *Judaea as a Rom. province*, ANRW II, 8 (1977),
pp. 360 *sqq.* Il est certain que la dureté avec laquelle Pompée traita la Judée
fait litière des arrangements diplomatiques antérieurement conclus entre Rome
et les Juifs. Le problème que pose le comportement du vainqueur reste
ouvert, que l'on admettre qu'il n'y ait fait là qu'intervenir dans les querelles
dynastiques comme il l'avait fait ailleurs, avec une souveraineté monarchique
(cf. E. BAMMEL, *Die Neuordnung des Pompeius u. das röm.-jüd. Bündnis,*
Ztschr. Deutsch. Pal. Ver. LXXV (1959), pp. 76 *sqq.*), où qu'il ait fait payer
aux Hasmonéens leur collusion, depuis Jannée, avec les grands adversaires de
Rome, Tigrane, Mithridate, les pirates, voire les Parthes (cf. U. RAPPAPORT,
l. c., REJ CXXVII (1968), pp. 329 *sqq.*).

L'œuvre pompéienne ne devait pas mettre un terme aux **difficultés juives**
(que nous ne faisons que signaler ici au passage) : Aristobule et sa famille
ornèrent le triomphe de Pompée, avec des milliers de captifs (qui contribuèrent à la formation de la communauté juive de Rome) ; mais **un fils**

d'Aristobule, Alexandre, qui avait réussi à se soustraire à la déportation, s'efforça, contre son oncle Hyrcan II, de redresser la situation de sa dynastie : il fallut plusieurs expéditions romaines (à partir de 57) pour couper court à ses ambitions (sur les dispositions territoriales prises par Gabinius à la suite de ces événements, cf. B. KANAEL, *The partition of Judaea by Gabinius, Isr. Expl. Journ.* VII (1957), pp. 98 *sqq.*). Aristobule II lui-même s'évada, essaya de se rétablir, mais fut pris et renvoyé en Italie. Si ces représentants de la branche cadette ne devaient pas cesser de créer des ennuis à Rome, Hyrcan II allia la passivité au loyalisme. En réalité, il vit dans l'ombre de son conseiller, l'Iduméen Antipater qui devait ultérieurement être nommé procurateur de Judée par César (*infra*, p. 534). Habileté politique qu'il devait léguer, portée à son plus haut degré, à son second fils Hérode, dont les louvoiements aboutiront à la restauration de la royauté judéenne à son profit : *infra*, p. 541.

5° CONCLUSION : L'ORIENT POMPÉIEN

Plus justement luculléo-pompéien : car la situation laissée derrière lui par Pompée à son départ des régions syro-anatoliennes doit autant à Lucullus qu'à son successeur et adversaire. A la veille de la crise mithridatique, Rome n'avait créé qu'une province orientale hors d'Europe : l'Asie. En 63 s'y sont successivement ajoutées la Cilicie, la Bithynie, le Pont et la Syrie. Ces provinces sont toutefois loin de couvrir tous les territoires parcourus par les armées romaines et assujettis par elles à l'influence de Rome. Ce qui fait l'originalité des solutions provisoirement apportées aux problèmes asiatiques, c'est la combinaison assez instable du système provincial et de celui des États clients. De cette combinaison nous avons déjà esquissé les contours compliqués en ce qui concerne le continent anatolien (*supra*, p. 502) et n'y revenons pas. Sur le versant syrien de ce nouveau monde romain d'Orient, le même procédé fut appliqué. L'Arménie, qui avait été à l'origine des interventions romaines par delà l'Anatolie, est réduite à ses territoires anciens et isolée par une série de principautés vassales. Les « tampons » constitués sur son flanc occidental par les agrandissements considérables consentis au Galate Déiotaros et par la Cappadoce sont prolongés au Sud par la Commagène, pourvue d'une tête de pont sur la rive gauche de l'Euphrate, à Séleucie-Zeugma, en face de Samosate. A un troisième dynaste client, Tarkondimotos de Kastabala-Hiérapolis dans l'Amanus, dont la principauté s'étendait jusqu'au golfe d'Alexandrette, furent confiées les communications entre la plaine cilicienne et la Syrie du Nord, l'une et l'autre provincialisées. Sur le flanc méridional de la province de Syrie enfin, on vient de le voir, les solutions adoptées étaient de même ordre puisque, à la conquête et à l'annexion, Pompée avait préféré le maintien de l'ethnarchie judéenne, elle-même encadrée au Nord par la principauté libanaise de l'Ituréen

Ptolémée et à l'Est par le royaume nabatéen, ensemble qui représente à peu près l'ancienne Cœlé-Syrie ptolémaïque, diminuée des cités littorales.

Solutions complexes, où l'on constate que les lignes de communications les plus importantes (entre les provinces du Nord et l'Arménie, entre le Sud-Est de la province d'Asie et la Cilicie plane, entre celle-ci et la province de Syrie, ainsi qu'enfin les passages de l'Euphrate) sont confiées à des clients. Procédé qui, sans doute, permettait d'économiser les forces militaires romaines, les légions pouvant être réservées à la police intérieure des provinces, ainsi qu'à la couverture de la seule frontière où le domaine romain jouxtât les territoires de voisins suspects, Parthes et Arabes : la frontière orientale de la province de Syrie. Mais on peut se demander aussi si ces solutions, vu les circonstances *romaines* dans lesquelles elles furent improvisées, ne dissimulaient pas certaines préoccupations politiques : car les liens de clientèle qui unissent tels de ces princes à « Rome » paraissent avoir eu une certaine couleur d'allégeance personnelle pompéienne. Dernier reflet des pratiques de la diplomatie dynastique hellénistique, que certaines familles romaines avaient appris à pratiquer pour leur compte depuis l'époque des Scipions, sinon plus tôt déjà ? Ou aube de la personnalisation monarchique de l'État romain, d'une personnalisation que la *lex Manilia* elle-même avait créée, car c'est la première fois qu'intervient un règlement territorial sans l'intervention d'une commission sénatoriale ?

Dans toute cette zone qui court de l'Égée aux montagnes d'Arménie et au désert de Syrie, le monde politique hellénistique est bien mort, malgré la curieuse restauration qu'en ébauchera encore Antoine (*infra*, p. 543). La poussée romaine vers l'Est et le reflux séleucide vers l'Ouest ont, aux limites fluentes et indistinctes entre un Occident romain et un Orient hellénistique, substitué désormais une ligne de clivage beaucoup plus nette entre un monde méditerranéen presque entièrement romain, qui a étendu l'« Occident » jusqu'à l'Euphrate, et un Orient iranien, qui inclut la Mésopotamie. Car le seul problème véritable, dont Pompée, quoi qu'on en ait dit, ne paraît pas avoir saisi la portée (mais le pouvait-il ?), est à présent le problème parthe dont un proche avenir allait révéler l'imprévisible gravité. En soi, ce problème, qui relève désormais de l'histoire de l'empire romain, ne nous concerne plus ici — mais l'étude, qui nous reste à faire, de la fin de l'empire ptolémaïque nous permettra d'en situer brièvement les premiers épisodes.

BIBLIOGRAPHIE COMPLÉMENTAIRE ET NOTES : Cf. les notes des pp. 502, 511 et 514.
    Le **tableau général de l'œuvre orientale de Pompée** a été brossé partout, avec des variations dans le détail, qu'expliquent certaines incertitudes :

cf. p. ex. CARY, *CAH* IX, pp. 392 *sqq.*; MAGIE, *RR*, pp. 368 *sqq.* (sur un point dont il n'a pas été question antérieurement, le cas de Tarkondimotos, cf. sources et bibliographie p. 1240, n. 53) ; CARCOPINO, *HR* II, 2, pp. 624 *sqq.* (avec les réserves exprimées *supra*, p. 457, au sujet de la Cilicie) ; VAN OOTEGHEM, *o. c.*, pp. 244 *sqq.* ; DAHLHEIM, *Gewalt. u. Herrschaft*, pp. 263 *sqq.*

Sur la **souveraineté personnelle** sur l'Orient de Pompée, nouvel Alexandre, cf. R. SYME, *The Roman revolution* (1939), p. 30 : « princeps beyond dispute — but not at Rome... ».

Lorsque nous disons que le monde politique hellénistique d'Asie est bien mort, il faut entendre, naturellement, qu'il n'est désormais plus question d'États véritablement indépendants et maîtres de leurs destinées propres. Mais, en ce qui concerne la **structure interne des territoires** tombés en la possession ou sous l'influence de Rome, il n'y a pas grand-chose de changé : conformément à la politique qui avait été inaugurée en Orient lors de la création de la province d'Asie, Rome, dans une large mesure, se contente de se substituer aux souverains antérieurs, maintenant et même développant les autonomies municipales, comme celles des territoires sacerdotaux, limitant toutefois les inconvénients de cette évolution vers la dislocation et l'émiettement par la présence d'une force militaire disciplinée appuyant un fisc dont l'âpreté fermière assurait l'efficacité. On pourrait même ajouter *cum grano salis* que les guerres civiles romaines n'allaient pas tarder à redonner aux populations le goût amer des querelles dynastiques.

B) Les affaires égyptiennes du rétablissement de Ptolémée IX à la mort de Ptolémée XII Aulète (88-51)

Du vieux monde hellénistique, l'organisation pompéienne de l'Orient ne laissait subsister que le royaume ptolémaïque. Les Lagides vivent alors un sursis, auquel le jeu conjugué des querelles dynastiques et des conflits civils romains finiront par mettre un terme en 30, au lendemain d'Actium. Que la fin des Lagides coïncidât avec le rétablissement de l'unité du monde romain est en soi un fait éloquent qui révèle de quel côté se trouvait le ressort véritable des dernières années de l'histoire de l'Égypte macédonienne : mais, conformément à la perspective générale de ce livre, c'est du point de vue d'Alexandrie que l'on envisagera ces années.

1° LA FIN DU RÈGNE DE PTOLÉMÉE IX SÔTER II (88-80)

On a vu dans quelles conditions Ptolémée IX s'était rétabli à Alexandrie en 88, aux dépens de son cadet Ptolémée X (*supra*, p. 441), pour régner sur un royaume déjà diminué depuis 96 de la Cyrénaïque, que Rome, légataire d'Apion, n'avait d'ailleurs pas occupée encore. Les huit ans que Ptolémée IX régna encore sur l'Égypte se déroulèrent dans une inaction qui a son intérêt, car elle paraît avoir résulté de la situation difficile où Ptolémée se trouvait, entre Rome et Mithridate. On sait qu'en 88 précisément, Mithridate avait capturé à Cos toute la descendance mâle des Lagides, à savoir les deux fils de Ptolémée IX et le fils de Ptolémée X (*supra*, p. 480) : cela explique sans doute pourquoi, lorsque Lucullus débarqua à Alexandrie en 87-86, chargé par Sulla de constituer une flotte destinée à lutter contre la flotte pontique, le roi lui opposa un courtois refus (*supra*, p. 484) : il ne veut pas se brouiller avec Mithridate, de crainte de le voir exercer des représailles sur ses propres fils et lui jeter dans les jambes le fils de son frère ennemi. De plus, la situation des Romains face à Mithridate est encore fort incertaine à ce moment et Ptolémée IX ne tenait sans doute pas à miser sur le mauvais cheval, d'autant que Sulla est alors hors-la-loi à Rome... La situation se compliqua encore en 84 : le fils de Ptolémée X ayant réussi à s'échapper, Sulla l'avait envoyé à Rome. Si bien que Ptolémée IX se trouvait menacé du meurtre de ses fils en cas de tension avec Mithridate, et de la candidature de son neveu en cas de tension avec Rome. Situation inconfortable qui le condamnait à une prudente et passive neutralité.

La situation intérieure de l'Égypte contribuait d'ailleurs à cette inertie : l'on a quelque information sur un grave soulèvement qui éclata en Haute-Égypte à l'époque de son retour, soulèvement où paraissent s'être mêlés les facteurs économiques, politiques et religieux — comme c'était le cas de façon chronique depuis la fin du III° siècle, les considérations politiques (anti-ptolémaïques) prenant toujours un relief particulier en Thébaïde. La répression paraît avoir été pénible : elle s'acheva au bout de trois ans, par le sac de Thèbes — haut fait qui ne contribua sans doute guère à restaurer la popularité de la dynastie. Le règne de Sôter II s'acheva obscurément en 81/0.

SOURCES : APP., *Mithr.* 33 ; *BC* I, 102 ; PLUT., *Luc.* 2, 5-3, 1 ; PAUS. I, 9, 2-3.

BIBLIOGRAPHIE COMPLÉMENTAIRE ET NOTES : OTTO et BENGTSON, *Zur Geschichte des Niederganges des Ptolemäerreiches*, *l. c.*, p. 188, n. 3 ; E. MANNI, *L'Egitto tolemaico nei suoi rapporti politici con Roma*, RF LXXVII (1950), pp. 255 *sq.* ; VOLKMANN, s. v. *Ptolemaios*, PW XXIII, 2 (1959), coll. 1742 *sq.*

, Sur le **soulèvement de Thébaïde**, sources papyrologiques *ap.* ROSTOVTZEFF III, p. 1542 ; sur sa place dans les soulèvements indigènes en général, cf. PRÉAUX, *Esquisse d'une histoire des révolutions égyptiennes sous les Lagides*, Chr. Eg. XXI (1936), pp. 542 *sqq.*

2° PTOLÉMÉE XI ALEXANDRE II (80)

Le bref règne du successeur de Ptolémée IX est exemplaire de la situation tant intérieure qu'extérieure où est alors tombée l'Égypte. A la mort de Ptolémée IX, aucun des héritiers mâles de la dynastie ne se trouvait à Alexandrie. Le roi ne laissait pas de veuve non plus et la dynastie n'était représentée que par une fille du défunt, Cléopatre Bérénice, veuve de son oncle Ptolémée X, laquelle s'installa au pouvoir. Mais, comme Cléopatre II en avait fait l'expérience (*supra*, p. 430), un règne féminin était contraire aux traditions du pays. Il fallait un roi, et ce fut Sulla qui l'expédia de Rome : son otage, le fils de Ptolémée X, devint roi sous le nom de Ptolémée (XI) Alexandre (II). Celui-ci épousa Cléopatre Bérénice, sa cousine et marâtre, qu'il assassina au bout de trois semaines. Le crime provoqua une émeute où le roi fut massacré sans que Rome réagît.

SOURCES : APP., *BC* I, 102 ; EUS., *Chron.* (Schoene) I, 165 *sq.*

BIBLIOGRAPHIE COMPLÉMENTAIRE ET NOTES : J'avais, dans ma 1re éd. de ce livre (pp. 436-7), attribué le « testament de Ptolémée Alexandre » à Ptolémée XI Alexandre II, comme la plupart des modernes (qui l'ont parfois considéré comme fabriqué par Sulla : cf. BLOEDOW, *Beiträge z. Gesch. d. Ptol.* XII. (Würzburg 1963), p. 28), mais l'argumentation de E. BADIAN, *The testament of Ptol. Alex.*, *Rh. M.* CX (1967), pp. 178 *sqq.* m'a convaincu de le reporter sur Ptolémée X Alexandre Ier (*supra*, p. 441) et il a paru inutile de redonner ici la bibliographie d'un point de vue dépassé. Badian note (pp. 189 *sq.*) qu'une fois solidement au pouvoir, Sulla ne fit rien pour exécuter ce testament, ni pour venger l'assassinat de son protégé Ptolémée XI : la politique sénatoriale restaurée redevenait hostile à la multiplication des interventions et des annexions, pour éviter la multiplication des *imperia*. — Les problèmes chronologiques posés par les successions égyptiennes de la mort de Ptolémée IX à l'avènement de Ptolémée XIII ont été étudiés par E. BLOEDOW, *o. c.*, pp. 11 *sqq.* : la mort de Ptolémée IX serait de fin décembre 81, l'assassinat de Ptolémée XI et l'avènement de Ptolémée XII de fin juin-début juillet 80.

Sur **Bérénice Cléopatre**, cf. MACURDY, *Hellenistic Queens*, pp. 172 *sqq.*

3° LA RECONNAISANCE DE PTOLÉMÉE XII AULÈTE PAR ROME

Le problème de la succession se posait donc à nouveau. Les seuls Lagides vivants étaient les fils de Ptolémée IX qui avaient aussi été capturés par Mithridate. En 80, ils sont « en Syrie » — mais quelle Syrie ? Celle qui est alors rattachée au royaume de Tigrane ? Ou dans ce qui reste de Phénicie à Cléopatre Sélénè (*supra*, p. 458) ? On l'ignore. Toujours est-il que les Alexandrins purent récupérer les deux princes et proclamèrent l'aîné roi à Alexandrie (Ptolémée XII Aulète — le « flûtiste » — que certains textes considèrent comme un bâtard), le cadet roi à Chypre (connu sous son seul nom de Ptolémée) : le royaume était à nouveau partagé entre deux frères.

Le principal soin de la politique extérieure d'Aulète fut de se faire reconnaître par le Sénat. Quelle que fût la validité, voire l'authenticité du testament de Ptolémée X, la meilleure preuve de son existence est fournie par les quelque vingt ans que Ptolémée XII mit à parvenir à ses fins. A Rome, en effet, il n'y a aucun accord sur l'opportunité de faire exécuter le testament. Certains (dont Crassus) en sont partisans, qui voient dans l'acceptation du legs une source de profits ou un tremplin pour leurs ambitions. D'autres (dont Cicéron) y sont hostiles, moins pour les raisons juridiques et morales dont ils se drapent que par peur et haine des premiers. Que l'Égypte soit ou non transformée en province ne changerait sans doute pas grand chose à l'équilibre politique de l'Orient — mais cela pourrait modifier profondément les données de la politique intérieure romaine : si le Sénat et le peuple acceptaient le legs, il resterait à en prendre possession — et qui le ferait, sinon un de ces chefs de parti dont l'action, peu à peu, mine la République ? Et l'accroissement de puissance dont jouirait ce personnage serait si redoutable pour ses rivaux qu'en définitive l'attentisme apparaît comme la solution la plus sage — un attentisme auquel les libéralités d'Aulète donnent quelque saveur : car bonne part des ressources encore considérables du royaume sont consacrées par le divin flûtiste à acheter sa légitimité (*infra,* p. 525).

Ces hésitations romaines ont d'ailleurs un précédent : l'acceptation du testament d'Apion en 96 n'avait pas non plus entraîné l'occupation de la Cyrénaïque et l'on a signalé (*supra,* p. 490) que c'était sans doute la nécessité de la lutte contre les pirates qui avait enfin déterminé, en 74, la création d'une province de second ordre (questorienne).

Le problème égyptien ne devint brûlant qu'en 64-63, lorsque Pompée, d'Asie Mineure, prit la route du Sud, réduisit la Syrie en province, régla la question judéenne et parla d'aller reconnaître la mer Rouge. Ptolémée XII, qui savait quelles menaces pesaient sur son trône, tenta d'acheter la bienveillance de Pompée, qu'une ambassade vint trouver à Damas : malgré les libéralités royales, Pompée — qui a d'ailleurs hâte de regagner l'Asie Mineure à la mort de Mithridate — déclina l'invitation qui lui était faite de venir séjourner à Alexandrie. A Rome, du reste, vers le même moment, Cicéron inaugurait son consulat de 63 en empêchant le vote d'une fantastique « loi agraire » (la *rogatio Servilia*) qui visait, entre autres, l'Égypte « léguée » par Ptolémée X. L'affaire resta donc en suspens jusqu'en 59 : à cette date, César, qui avait peut-être (?) figuré antérieurement parmi les partisans de l'annexion, mais auquel son rapprochement avec Crassus et Pompée venait de valoir le consulat, adopta une politique inverse, à laquelle les arguments sonnants du Lagide n'étaient sans doute pas étrangers : sur sa proposition, Aulète fut enfin reconnu ami et allié du Peuple Romain.

SOURCES : Succession : CIC., *de rege Alexandrino*, fr. 8. Crassus (censeur en 65) partisan de l'exécution du testament : PLUT., *Crass.* 13. Opposition de Cicéron exprimée dans le *de lege agr.*, cf. *supra*, p. 442. Ambassade d'Aulète à Pompée : APP., *Mithr.* 114 ; JOS., *AJ* XIV, 3, 1 (35). Libéralités d'Aulète : SUET., *Cés.* 54 ; DION CASS. XXXIX, 12, 1. Reconnaissance d'Aulète : CÉS., *BC* III, 107 ; CIC., *Pro Rab.* 3 ; *ad Att.* II, 16, 2.

BIBLIOGRAPHIE COMPLÉMENTAIRE ET NOTES : Sur l'ensemble, cf. VOLKMANN, S. v. *Ptolemaios*, PW XXIII, 2 (1959), coll. 1750 *sq.* (avec quelques erreurs dans les références) ; BLOEDOW, *o. c.*, qui note, pp. 18 *sqq.*, l'incertitude des conditions dans lesquelles Aulète fut appelé au trône. — Avec Aulète, nous retrouvons le problème de la « bâtardise », déjà soulevé par J.W.B. BARNS (*supra*, p. 443) à propos d'Apion : son « illégitimité » pourrait être l'*interpretatio graeca* d'une naissance semi-égyptienne. Barns a noté le contraste entre la « mauvaise presse » de Ptolémée XII chez les auteurs grecs et latins et les honneurs divins qui lui sont rendus dans les temples égyptiens. Et il a pensé que les Romains ont utilisé ce que nous appellerions le racisme de la population grecque d'Alexandrie pour dresser celle-ci contre les membres métissés de la dynastie et pour creuser le fossé entre la capitale et la *chôra*. Sans envisager une hypothèse de cet ordre, l'illégitimité de la naissance d'Aulète (dont la date reste inconnue) a été retenue par BLOEDOW, *o. c.*, ch. I, qui reconnaît toutefois qu'elle n'est pas démontrable.

On a négligé ci-dessus un épisode mineur qui n'est connu que par des allusions de CIC., *in Verr.* IV, 27, 28, 30 : en 75, **deux Séleucides**, fils de Cléopatre Sélènè, donc petits-fils de Ptolémée VIII, vinrent à Rome revendiquer l'Égypte : on les mit poliment à la porte...

Tout est loin d'être clair dans les **intrigues qui se déchaînèrent à Rome** autour du « legs » égyptien. Il n'y a pas lieu de révoquer en doute les ambitions de Crassus, et celles de Pompée seront illustrées par la suite : mais, en 63, Pompée a mieux à faire que de s'embarquer dans une aventure égyptienne. Plus obscur est le rôle de César avant 59, que des erreurs (voulues ou non) de SUÉT., *Cés.* 11 ont contribué à embrouiller encore. L'on admet parfois que César seconda en 65 la politique de Crassus tout en cherchant à se faire confier personnellement la « rédaction » de l'Égypte en province (cf. CARCOPINO, *HR* II, 2, pp. 653 *sq.* (cf. p. 725), qui reproduit l'erreur de Suétone, selon lequel Ptolémée est alors expulsé d'Égypte) : mais César n'est alors qu'édile et, s'il se peut qu'il ait appuyé Crassus dans l'ombre, il est invraisemblable qu'il ait prétendu se faire confier la direction de l'opération. C'est très probablement à cette occasion que Cicéron prononça son *de rege Alexandrino*, dont on n'a plus que quelques maigres mais précieux fragments. L'on admet aussi que César se trouvait, toujours avec Crassus, à l'arrière-plan de la *rogatio Servilia* qui proposait, entre autres, de lotir l'Égypte (tout en en écartant Pompée !), et que pourfendit Cicéron dans sa série de discours *de lege agraria* (cf. CARCOPINO, *o. c.*, pp. 661 *sqq.*). L'absurdité de cette hypothèse a toutefois été démontrée par H. STRASBURGER, *Caesars Eintritt in die Geschichte* (1938), pp. 113-117. Entre 65 et 63, César en est encore aux travaux d'approche du pouvoir et il ne peut être question pour lui de mettre ses ambitions en concurrence avec celles des hommes arrivés que sont Crassus et Pompée. En revanche, parvenu au consulat en 59, César pouvait jouer sa partie personnelle, qui consiste essentiellement à fermer les portes de l'Égypte à ses deux rivaux et associés (alors que lui-même pense déjà au commandement occidental qu'il va se faire attribuer quelques semaines plus tard) et à recueillir la reconnaissance d'Aulète, tout en réservant l'avenir. Cf. toutefois, sur les rapports entre la politique de Crassus et César, la *rogatio Servilia* et la conjuration de Catilina, l'étude de L. HAVAS, *Rome and Egypt in the 60s B. C.*, *Stud. Aeg.* III (1977), pp. 39 *sqq.*

4° LA PERTE DE CHYPRE, L'EXIL ET LA RESTAURATION D'AULÈTE (58-55)

Si Ptolémée XII était enfin reconnu par Rome, son frère ne tardait pas à être dépossédé de Chypre. L'affaire remonte à 67. P. Clodius (frère de l'Ap. Claudius Pulcher qu'on a vu tenter de se faire livrer Mithridate par Tigrane : *supra*, p. 494), qui venait d'abandonner Lucullus, avait été capturé par les pirates. Une collecte avait été organisé pour sa rançon, à l'occasion de laquelle le Ptolémée de Chypre se serait montré dédaigneusement chiche. Selon la tradition (mais il ne s'agit évidemment là que d'un prétexte), ce serait ce souvenir qui aurait déterminé Clodius, fin 59, à faire voter une *lex Clodia de Cypro* qui faisait de l'île une province, ne dépit des protestations des adversaires de César, dont Clodius est l'homme de main, de Crassus et de Pompée. Le plus résolu de ces adversaires, M. Porcius Cato (Caton d'Utique), qu'il s'agissait en fait d'éloigner de Rome, fut chargé, contre son gré mais légalement, de l'exécution de la loi — ce dont il s'acquitta d'ailleurs avec une rigueur toute romaine... Le frère d'Aulète eut la dignité de préférer le suicide aux honneurs qu'on lui offrait pour sa retraite, et Chypre fut rattachée à la province de Cilicie : l'empire lagide était réduit à sa plus simple expression égyptienne (58).

Suivant celle de la Cyrénaïque (*supra*, p. 490), l'annexion de Chypre laissait présager le sort de l'Égypte. La population d'Alexandrie, voyant Aulète accepter ce coup de force sans réagir, se souleva contre ce souverain d'ailleurs haï. Quelques sources donnent à entendre que des agents de Pompée (qui désirait se faire donner un nouveau commandement oriental au moment où César commençait à opérer en Gaule) auraient organisé ces troubles. Quoi qu'il en fût, Ptolémée XII gagna Rhodes, où Caton lui offrit de le ramener *manu militari* dans sa capitale. Mais Aulète préféra pousser jusqu'à Rome, où il fut hébergé par Pompée. Cependant que des négociations s'engageaient au Sénat, une forte députation alexandrine débarqua en Italie pour déposer contre le roi : nombre de ces ambassadeurs furent assassinés avant d'arriver à Rome, où l'atmosphère s'alourdit à tel point autour d'Aulète qu'il jugea prudent de se rembarquer au plus vite. A l'automne de 57, il s'installait à Éphèse (et, pour plus de sécurité, dans le sanctuaire d'Artémis..) pour attendre les événements. Passons sur les intrigues qui se déchaînent alors dans la Ville, où Pompée s'efforce de se faire confier la restauration du Lagide, à quoi ses adversaires font obstruction : en tout cela, le sort de la dynastie lagide n'intéresse personne et il ne s'agit que de savoir si l'Égypte sera la chose de Crassus ou celle de Pompée. Une illégalité trancha la question : le gouverneur de Syrie, A. Gabinius, dévoué à Pompée et stipendié par Aulète, ramena celui-ci à Alexandrie au printemps de 55. Gabinius n'avait aucune mission, et, de plus, il lui fallut user de la force, ce qui avait été interdit l'année précédente par une consultation tendancieusement anti-pompéienne des livres sibyllins... Ptolémée XII célébra son retour par des massacres et des proscriptions : sa première victime fut sa fille Bérénice, qui s'était installée au pouvoir pendant son absence. Gabinius regagna la Syrie en laissant à Aulète une garde de Gaulois et de Germains sous commandement romain : ce sont les premières troupes romaines stationnées en Égypte.

Il est souvent considéré, dans l'historiographie moderne, que, depuis la « journée d'Eleusis » (*supra*, p. 322), l'Égypte serait tombée sous « le protectorat » de Rome : opinion discutable dans la mesure où, malgré l'intérêt porté aux choses égyptiennes par certaines personnalités romaines, ce qui paraît avoir longtemps prévalu à Rome, c'est une certaine méfiance à s'engager de ce côté, ou, à tout le moins, une certaine indifférence, certes justifiée par le déclin de la puissance lagide et par l'éloignement de l'Égypte par rapport à la zone des premiers intérêts romains en Orient. Indifférence qui, jusqu'à Ptolémée IX, avait permis aux Lagides de jouer leur partie dans les affaires syriennes sans provoquer de réaction romaine sérieuse. Passé l'épisode d'Éleusis — où il s'était agi moins d'instaurer un « protectorat » romain sur l'Égypte que de briser les ambitions d'un Antiochos IV remettant en cause l'équilibre oriental défini à Apamée — et jusqu'à l'époque d'Aulète, Rome observe les affaires lagides plus qu'elle n'y intervient, et elle n'y intervient que lorsque l'occasion, d'elle-même, s'en présente, comme dans le cas de l'intronisation de Ptolémée XI par Sulla : encore conviendrait-il de pouvoir élucider ce qui se cache exactement derrière le fameux testament, ou pseudo-testament de Ptolémée X. En réalité, le testament n'étant mentionné pour la première fois que dans les discours *de lege agraria* de Cicéron, en 63, ce sont les conflits intérieurs romains de l'époque post-sullanienne qui mettent l'Égypte au premier plan des préoccupations romaines, c'est-à-dire des circonstances où il s'agit de permettre, ou surtout d'interdire à tel chef de faction de mettre la main sur un pays dont l'annexion et le gouvernement lui eussent singulièrement aplani les avenues du pouvoir à Rome. Si ses prédécesseurs avaient été des souverains tolérés, on refusera difficilement à Aulète la qualité de souverain protégé. Mais ce protectorat désormais exercé sur une Égypte dépouillée de ses possessions extérieures n'a pas la même signification que le protectorat exercé sur l'Arménie, la Cappadoce, la Commagène ou la Judée : il n'est pas une commodité administrative : il est un expédient de politique intérieure romaine, un Ptolémée fantoche étant, dans les conditions données, moins redoutable qu'un proconsul ambitieux. Expédient, il est vrai, aussitôt faussé que conçu, — car de qui Aulète est-il le protégé ? du Sénat et du Peuple Romain qui l'ont reconnu ? de César qui l'a fait reconnaître ? de Pompée qui l'a fait remettre en selle ?

SOURCES : Annexion de Chypre par Rome : APP., *BC* II, 23 ; DION CASS. XXXVIII, 30, 5 ; XXXIX, 22, 2-4 ; CIC., *pro domo* 20 ; *pro Sestio* 57 ; STR. XIV, 6, 6 ; PLUT., *Cato min.*, 35 *sq.* Exil d'Aulète et intrigues romaines : l'exposé le plus complet est celui de DION CASS. XXXIX, 12-16 et 55-60 ; subsidiairement : PLUT., *Pomp.* 49, 7 ; *Cato min.* 35, 4 *sqq.* ; *Ant.* 3 ; STR. XII, 3, 34 ; XVII, 1, 11. Nombreuses allusions dans CIC., *pro Caelio* 23-4 ; 51 (très sombre histoire de règlement de comptes dans la bonne société romaine : M. Caelius s'était vu intenter une quadruple action *de vi* : l'un des chefs d'accusation était sa participation à l'assassinat du chef de l'ambassade alexandrine à Rome) ; *ad fam.* I, 1, 2, 4, 7 ; *ad. Q. fr.* II, 2, 3, 4, etc.

BIBLIOGRAPHIE COMPLÉMENTAIRE ET NOTES : Sur l'annexion de **Chypre**, cf. VOLKMANN, *l. c.*, coll. 1755 *sq.* ; S.I. OOST, *Cato « Uticensis » and the annexation of Cyprus*, *ClPh* L (1955), pp. 98 *sqq.* ; sur les problèmes de droit public posés, du côté romain, par l'annexion de Chypre, et sur l'analogie de ce cas avec celui de la Cyrénaïque, cf. E. BADIAN, *M. Porcius Cato and the annexation and early administration of Cyprus*, *JRS* LV (1965), pp. 110 *sqq.*

Les **mésaventures** et la **restauration d'Aulète** vues d'un point de vue romain (le seul, ou presque, où l'on puisse se placer) : cf. CARCOPINO, *HR* II, 2, pp. 772 *sq.* ; 786 *sq.* (mais avec des réserves quant à l'action lointaine et occulte de César sur ces événements) ; VOLKMANN, *l. c.*, coll. 1752 *sqq.* (où toutes références aux allusions cicéroniennes) ; BLOEDOW, *o. c.*, pp. 47 *sqq.* P.A. BRUNT, *The Equites in the late Republic, Deuxième conférence internationale d'Histoire économique*, Aix-en-Provence 1962 [1965] I, p. 133, a souligné que s'il y a d'énormes intérêts financiers engagés, du côté romain, dans les affaires d'Égypte, ce ne sont pas des intérêts équestres, mais uniquement ceux de quelques hommes politiques de premier plan, qui s'intéressent à l'Égypte pour des raisons politiques.

Lors de sa fuite, Aulète paraît (d'après PORPH., *FGrH* 2, 14) avoir laissé à Alexandrie sa femme Cléopâtre VI Tryphaina, sans doute comme régente pour le futur Ptolémée XIII. Tryphaina disparaît rapidement et cède la place à sa fille **Bérénice** (IV), qui se préoccupa de se trouver un mari : deux Séleucides authentiques ayant successivement fait défaut (l'un, fils de Cléopâtre Sélènè et frère d'Antiochos XIII par suite de décès ; l'autre, fils de Philippe, par suite de l'opposition de Gabinius), Bérénice se rabattit sur un pseudo-séleucide, Séleucos Kybiosaktès (qui serait en fait un vrai Séleucide, frère d'Antiochos XIII, selon H. HEINEN, *Séleucos Cybiosactès et le problème de son identité*, Stud. Hellenist. XVI (Louvain 1968), pp. 105 *sqq.*), qu'elle ne tarda pas à assassiner, puis sur un certain Archélaos, qui se prétendait fils de Mithridate, mais ne l'était sans doute que du général pontique du même nom : cet Archélaos partagea le sort de son épouse à l'arrivée de son beau-père. Cf. MACURDY, *Hell. Queens*, pp. 180 *sqq.* ; BLOEDOW, *o. c.*, pp. 93 *sqq.*

L'Expédition de Gabinius était doublement illégale : 1° L'oracle sibyllin interdisait l'emploi de la force pour restaurer Ptolémée XII. 2° Gabinius avait déjà été rappelé de son gouvernement. Si on (lire : Pompée) le fait agir malgré tout, c'est surtout pour « souffler » le rétablissement d'Aulète à Crassus, qui en rêvait. Pour toucher les 10 000 talents promis par Aulète, Gabinius abandonna un projet d'expédition parthe : il s'agissait d'intervenir dans la querelle qui opposait les deux fils et meurtriers de Phraate III — et c'est l'affaire qui devait servir de prétexte à l'expédition de Crassus et être à l'origne de la catastrophe de Carrhes en 53 (*infra*, p. 540), simplifiant les données du problème romain en laissant Pompée en tête à tête avec César. Le coup de force de Gabinius et les 10 000 t. de Ptolémée valurent au proconsul, à son retour de Rome, un procès *de maiestate* que Cicéron (qui s'était d'abord prononcé contre lui) lui fit gagner, et un procès *de repetundis* qu'il perdit (les discours de Cicéron son malheureusement perdus).

Il n'y a pas lieu de dresser ici une bibliographie des diverses opinions relatives à l'**établissement du protectorat romain sur l'Égypte.** Soulignons simplement que les historiens qui ont tendance à faire remonter ce protectorat haut dans le IIᵉ siècle sont naturellement ceux qui ont tendance à concevoir l'expansion romaine comme un impérialisme cohérent et concerté. A l'affirmation sur laquelle s'achève le mémoire souvent cité ici de E. MANNI, *l. c.*, p. 262 : « il protettorato si era ormai trasformato, sia pure in misura ridotta, in una vera e propia occupazione militare » (comme si les quelques Barbares laissés par Gabinius pour servir de gardes du corps à Aulète — cf. aussi CÉS., *BC* III, 103 — pouvaient représenter une « occupation militaire » de l'Égypte, « fût-ce dans une mesure réduite »), on préférera la formule de CARCOPINO, *o. c.*, p. 787, pour qui cette garnison, « en théorie, ... inaugurait, sans l'exprimer, le protectorat effectif de Rome sur le royaume ptolémaïque ».

5° L'ÉGYPTE SOUS AULÈTE

Est-il besoin de souligner que le règne de Ptolémée XII, tant avant qu'après son exil, ne représente en rien un redressement du pouvoir royal à l'intérieur ? Les quelques données épigraphiques et papyrologiques qui nous sont parvenues révèlent que l'Égypte lagide atteint alors le point le plus bas de son histoire. Les facteurs qui, depuis longtemps, contribuaient au déclin du pouvoir royal jouent alors à plein. Les besoins financiers d'Aulète sont énormes : la tradition s'est fait l'écho des sommes immenses distribuées ou promises à des personnalités romaines : 6 000 t. à César pour l'achat de sa reconnaissance, 10 000 à Gabinius pour son coup de force de 55 — pour ne mentionner que ceux de ses cadeaux qui furent suivis de succès... ! Ces sommes ne pouvaient être obtenues qu'en pressurant la population rurale de façon impitoyable. Cette population réagit comme elle a, depuis plus d'un siècle, pris l'habitude de le faire : par la grève et la fuite ; des villages se dépeuplent ; des terres de plus en plus étendues restent en friche ; l'insécurité règne partout et la machinerie de l'économie lagide ne fonctionne plus — et de plus en plus mal — qu'au prix d'un déploiement permanent et coûteux de forces militaires, — le roi lui-même se faisant garder par les *auxilia* gabiniens. Suivant l'exemple de ses prédécesseurs, Aulète cherche à compenser ses exactions par des gestes d'apaisement à l'égard du clergé indigène, mais les *philanthrôpa* et l'extension du droit d'asile des temples aboutissent en fait à restreindre encore l'emprise royale sur la *chôra*.

L'un des aspects les plus extravagants de l'administration d'Aulète se place après sa restauration. Ayant, pendant son exil, offert plus qu'il ne possédait et promis plus qu'il ne pouvait tenir, le roi-flûtiste s'était couvert de dettes. Rentré à Alexandrie, il imagina de nommer *dioecète* un de ses créanciers romains, le financier C. Rabirius Postumus (qui avait partie liée avec Gabinius), à charge pour lui de régler les dettes royales sur le dos de la population égyptienne...

Ce monarque aux abois, qui se faisait garder par les sbires de ses protecteurs et abandonnait son royaume aux griffes des loups-cerviers romains, fut toutefois, de tous les Ptolémées, celui qui poussa le plus loin le souci de sa divinisation et du culte royal, au point (déjà atteint par les femmes de la dynastie) de faire disparaître son nom personnel de son protocole : il est *Theos Neos Dionysos Philopatôr Philadelphos*. Mais cette inflation d'épiclèses ne dissimule pas la nullité du pouvoir de celui auquel elles s'adressent et, pour l'histoire comme pour les contemporains déjà, Ptolémée XII est surtout Aulète, le « flûtiste », le baladin royal pour lequel l'État n'est plus qu'un patrimoine à dévorer avant qu'il soit trop tard.

SOURCES, BIBLIOGRAPHIE COMPLÉMENTAIRE ET NOTES : Les références aux **papyri** et **inscriptions** illustrant la situation en Égypte sous Aulète ont été rassemblés avec les références aux travaux de première main les concernant par ROSTOVTZEFF III, pp. 1542 *sq.* et VOLKMANN, *l. c.*, coll. 1750 *sq.*

Il convient de marquer que les seuls documents relatifs au règne d'Aulète ne permettraient pas de dresser un **état général de l'Égypte** à cette époque de son irrémédiable déclin : ils ne font qu'ajouter quelques touches sombres à un tableau déduit de données qu'on l'a déjà souligné à diverses reprises, remontent sensiblement plus haut. Aussi bien, les travaux modernes où l'on trouvera une analyse de cette situation couvrent-ils tous une période qui débute au moins au règne de Ptolémée VIII (cf. ROSTOVTZEFF II, pp. 870 *sqq.* ; PRÉAUX, *Econ. Roy.*, pp. 459 *sqq.* ; BLOEDOW, *o. c.*, pp. 47 *sqq.*). Outre la détérioration générale des conditions de l'administration royale, il faut toujours en revenir à ce phénomène fondamental pour la compréhension du déclin des ressources royales et donc de la contrainte exercée pour tenter de les maintenir au niveau de besoins qui, eux, ne déclinent pas, qu'est l'étrécissement continu de la zone sur laquelle le pouvoir royal peut s'exercer de façon immédiate et effective. Quelques documents du règne d'Aulète illustrent bien cette évolution : si la libre disposition testamentaire des terres clérouchiques commence à s'inscrire dans les faits dès le III⁰ siècle, une ordonnance de 60/59 prouve qu'elle est alors inscrite aussi dans le droit (M.T. LENGER, *C. Ord. Ptol.* n⁰ 71 ; cf. PRÉAUX, *Econ. Roy.*, pp. 471 *sq.*), et l'immunité fiscale des terres sacrées devient alors un phénomène général qui « est d'autant plus intéressant qu'il s'est déjà produit en Égypte en des périodes de déclin de la royauté. Les chartes d'immunité de la VI⁰ dynastie, ou de la XIX⁰, ressemblent beaucoup à celles des derniers Lagides » (PRÉAUX, *ibid.*, p. 488). Le tableau très sombre de la situation intérieure de l'Égypte (auquel il convient d'ajouter une déva-lorisation vertigineuse de la monnaie royale) rend surprenants les propos opti-mistes de W.L. WESTERMANN, *The Ptolemies and the welfare of their subjects*, *Amer. Hist. Rev.* XLIII (1937-1938), pp. 284 *sq.* : « on a l'impression que l'État ptolémaïque du I⁰ᵉʳ siècle avait atteint un équilibre entre les forces d'un abso-lutisme théorique, une proportion croissante de propriété foncière privée et des institutions populaires résistant à un excès d'oppression. Dans cette réalisation graduelle d'un équilibre entre des forces contraires, on sent que le peuple égyptien aurait pu, sous un régime ptolémaïque perpétué, poursuivre sur la voie d'une vie nationale satisfaisante ». Les « forces contraires » décrites par Westermann sont évidentes, mais ce que paraît produire surtout leur opposition, c'est, moins qu'un équilibre, une paralysie. Cette conception, qui procède de la conviction professée par Westermann que les Ptolémées ont toujours pratiqué un paternalisme, intéressé sans doute, mais somme toute bienfaisant, est sans doute influencée en ce point par une appréciation favo-rable à l'excès du règne de Cléopatre (sur le problème posé par le sens de ce règne, cf. *infra*, p. 537).

L'affaire de **Rabirius Postumus** nous est connue par Cicéron : le *dioecète* improvisé ayant été jeté en prison par son royal patron et débiteur, s'évada et regagna Rome, où on lui intenta un procès *de repetundis* ; Cicéron, qui avait déjà plaidé pour Gabinius (*supra*, p. 525), composa pour lui le *pro Rabirio Postumo* (à ne pas confondre avec le *pro Rabirio* composé antérieu-rement pour le père adopté de ce personnage), dont la médiocrité (la cause était indéfendable !) n'emporta pas la conviction des juges, mais reste une source importante concernant le règne de Ptolémée XII. Sur le personnage, cf. R. BOGAERT, *Banques et banquiers...*, p. 223, où bibliographie.

Sur la **titulature d'Aulète,** cf. p. ex. *OGIS* 191 (avec nom personnel) et 186 (sans nom personnel) ; sur *Neos Dionysos*, cf. A.D. NOCK, *Notes on ruler-cult*, *JHS* XLVIII (1928), pp. 33 *sqq.* ; J. TONDRIAU, *La dynastie ptolé-maïque et la religion dionysiaque*, *Chr. Eg.* XXV (1950), pp. 306 *sqq.* (état des documents) ; L. CERFAUX et J. TONDRIAU, *Le culte des souverains...*, pp. 192 *sq.* ; 206 *sq.* ; F. TAEGER, *Charisma* I, p. 304.

C) L'Égypte de la mort de Ptolémée XII Aulète aux lendemains d'Actium (51-30)

1⁰ LA SUCCESSION D'AULÈTE. CLÉOPATRE VII

A sa mort (mars 51), Ptolémée XII laissait un testament par lequel il transmettait conjointement le royaume à l'aîné de ses fils, Ptolémée XIII, et à sa fille Cléopatre VII, que le jeune roi devait épouser. Un exemplaire du testament avait été transmis à Rome, le Sénat étant prié de veiller à son exécution. En fait, le document avait été intercepté par Pompée, qui allait se poser en tuteur du jeune roi. Les Alexandrins entérinèrent les dernières volontés d'Aulète, mais la jeunesse du nouveau couple royal (Ptolémée XIII a 10 ans, Cléopatre 17) mit d'abord le pouvoir aux mains de leur entourage.

Cléopatre ne devait pas tarder à révéler sa personnalité : c'est avec elle, en effet, que culmine la série de ces reines lagides qui, à plusieurs reprises, s'étaient montrées égales ou supérieures aux représentants mâles de la dynastie. On a vu que, depuis Arsinoé Philadelphe, sœur-épouse de Ptolémée II, les femmes s'étaient taillé une place de plus en plus large à Alexandrie, ayant fréquemment assumé la régence de rois mineurs, voire exercé le pouvoir aux côtés de souverains médiocres. Mais à l'exception de Cléopatre II, qui n'avait trouvé d'appui qu'auprès d'une partie de la population d'Alexandrie (*supra*, p. 430), ces reines n'avaient toutefois régné que dans une position officiellement subordonnée, au nom ou aux côtés d'un roi ; le culte dynastique ne leur avait été rendu qu'en tant que parèdres de la divinité royale ; leur effigie n'avait figuré (de leur vivant) sur les monnaies qu'à l'arrière-plan de celles de leurs époux : elles n'avaient été, hiérarchiquement que co-régentes. Ce principe de la co-régence reste vrai pour Cléopatre VII : jusqu'à sa mort, elle aura un roi à ses côtés — successivement deux frères-époux, Ptolémée XIII et Ptolémée XIV, puis le fils que lui donnera César, Ptolémée XV. Seulement, en 21 ans de règne de Cléopatre, aucun de ces Ptolémées n'arrivera à l'âge adulte, si bien que ces mariages laisseront en fait la reine seule maîtresse du pouvoir. Là où, faute d'un roi, Cléopatre II avait échoué entre 132/1 et 129/8, Cléopatre VII réussit, grâce à la présence de ses petits co-régents, qui sauvegardait le principe fondamental de la royauté égyptienne. Non seulement elle assumera personnellement toutes les prérogatives royales, mais elle se fera rendre un culte isolé en tant que Nouvelle Isis, et son effigie apparaîtra seule sur certaines émissions monétaires. Certes, on peut objecter que ces manifestations de l'établissement d'un pouvoir féminin sont jusqu'à un certain point un faux-semblant et que les trois rois-enfants pèsent peu, dans la carrière de Cléopatre, en regard des personnalités de César et d'Antoine, et il est incontestable que la position juridique et cultuelle atteinte par Cléopatre sera en réalité faussée par ses relations avec les deux Romains. Mais cela nous fait passer du plan du droit dynastique à celui de la politique — et il faut souligner ici que, pour Cléopatre VII plus que pour aucune autre reine lagide, la politique (la grande politique mondiale) a été déterminée par les relations personnelles.

Pour la légende, qui aboutit aujourd'hui au cinéma à grand spectacle, la tête politique de Cléopatre-reine a été éclipsée par le nez de Cléopatre-femme : il serait toutefois absurde de ne pas tenir compte de la femme. La tradition relative à son extraordinaire beauté est contredite par son iconographie : les effigies monétaires séduisent peu et, à l'inverse, la plus belle représentation qu'on puisse penser être celle de la reine (le buste de Cherchell) est visiblement idéalisée. Mais Cléopatre avait mieux que la beauté banale qui défraie la chronique : son intelligence, son esprit, sa culture lui conféraient un charme dont l'histoire prouve que des têtes froides (moins froides toutefois que celle d'Octavien) lui résistèrent mal. De ce charme, certes, elle sut faire, et sans répugnance semble-t-il, le plus large et le plus pertinent usage, mais il paraît bien acquis, malgré les calomnies que déversa la propagande augustéenne, que, si le cœur et la chair jouèrent leur rôle dans les amours romaines de la reine, le ressort ultime en doit être cherché dans une pensée politique et non dans la dépravation. Que Cléopatre ait été aimée et ait aimé paraît difficilement contestable, mais, dans ce dont la postérité a fait un double roman de passions, la vraie question paraît avoir été, par deux fois, lequel des amants ferait de l'autre son instrument et au service de quelle cause.

SOURCES : Testament d'Aulète : Cés., *BC* III, 108, 2 ; Cés., *BAl.* 33 ; la tutelle de Ptolémée XIII aurait été confiée par le Sénat à Pompée selon le compilateur AMPELIUS 35, 4 et EUTROPE VI, 21. Portrait de Cléopatre : cf. PLUT., *Ant.* 27. On donnera dans la suite des références aux principales sources relatives au règne de Cléopatre ; références exhaustives *ap.* STÄHELIN, s. v. *Kleopatra 20*, *PW* XI (1921), coll. 750 *sqq.* Sur les problèmes posés par la tradition, cf. les notes.

BIBLIOGRAPHIE COMPLÉMENTAIRE ET NOTES : Sur le **testament de Ptolémée XII** et la tutelle exercée par Pompée sur Ptolémée XIII (patronage fondé sur l'*hospitium*), cf. H. HEINEN, *Rom. u. Ägypten von 51 bis 47 v. Chr. Unters. z. Regierungszeit der 7. Kleopatra u. d. 13. Ptolemäers* (Diss. Tübingen 1966), pp. 9 *sqq.*, que l'on verra notamment pour la chronologie.

J'écrivais dans la première éd. de ce livre, pp. 44 *sq.* : « Les questions posées par la **descendance de Ptolémée XII** ne peuvent être résolues de façon rigoureuse ; mais l'opinion, parfois émise, selon laquelle Cléopatre VII n'aurait pas été de naissance légitime du côté maternel (ce qui devrait expliquer qu'elle ait échappé à la dégénérescence de la famille royale — il est vrai qu'Aulète lui-même passait pour bâtard...) ne paraît pas tenable : cf. VOLKMANN, *PW* XXIII, 2, col. 1754... ». Mais il faut rappeler ici qu'à partir du moment où, selon J.W.B. BARNS, *l. c.* (*supra*, p. 434), Ptolémée VIII se serait engagé dans la pratique pharaonique de la polygamie avec un second mariage *égyptien*, la notion de légitimité perd de son sens — sinon aux yeux des Grecs, des auteurs « classiques » et des modernes qui les ont suivis. B. rappelle d'ailleurs opportunément que, selon STR. XVII, 796, le seul enfant « légitime » d'Aulète aurait été sa fille Bérénice (*supra,* p. 523), ce qui signifierait non point que Cléopatre VII et ses deux frères auraient été conçus hors mariage, mais seraient nés d'un mariage égyptien, probablement contracté au sein de la famille sacerdotale de Memphis. L'appellation (voulue injurieuse) d'« Égyptienne » donnée à Cléopatre par la propagande romaine ne serait donc pas injustifiée.

L'écho, non encore éteint, laissé par la vie et le règne de Cléopatre a fait que les **textes anciens** qui s'occupent d'elle sont aussi nombreux que dispersés. Mais, comme il y a été fait allusion ci-dessus, la propagande augustéenne a lourdement pesé sur cette tradition. Cette propagande hostile n'a toutefois pas réussi à étouffer entièrement le courant contraire ; il faut d'ailleurs reconnaître qu'elle se trouvait dans un certain porte à faux, du fait du souci double et contradictoire d'Octavien de ménager la mémoire de César (qui n'a lui-même fait aucune allusion à sa liaison avec la reine dans la *Guerre civile,* imité en cela par l'auteur de la *Guerre d'Alexandrie*) et d'accabler celle d'Antoine ; d'autre part, la propagande anti-octavienne, issue des milieux antoniens, n'a pu être détruite au point de ne pas laisser subsister, dans des œuvres d'auteurs plus tardifs, quelques traits favorables à Cléopatre. Ces questions ont été brièvement et commodément traitées dans l'appendice du livre de H. VOLKMANN, *Kleopatra* (Munich, 1953), qu'on citera ici d'après sa traduction française : *Cléopatre* (Paris, 1956), pp. 273 *sqq.*

La **contradiction** se retrouve bien entendu dans les **ouvrages modernes.** La tendance augustéenne a, par exemple, été franchement épousée par BOUCHÉ-LECLERCQ, *Lag.* (cf., pour donner le ton, II, p. 180 : « (on ne s'étonne pas) de retrouver tous les vices héréditaires de la dynastie accumulés dans le tempérament de la belle, ambitieuse et impudente courtisane qui, comme une fleur vénéneuse éclose sur une tige malsaine, allait être la dernière gloire et la dernière flétrissure de la maison des Lagides... ») ; mais les tentatives de réhabilitation n'ont pas manqué, dont la dernière en date est celle de VOLKMANN, *o. c.,* où l'on trouvera l'essentiel de la bibliographie (pp. 282 *sqq.* avec, malheureusement, beaucoup de négligences typographiques et des compléments par trop sommairement indiqués : l'on sent trop que cette traduction a été faite à des fins commerciales). Il s'agirait d'ailleurs moins d'établir si Cléopatre a ou non été une dévergondée, la *regina meretrix* de Properce et de Pline, que de savoir si elle a ou non aimé César, puis Antoine, point sur lequel les opinions les plus extrêmes ont été professées, depuis le victorien TARN, *CAH X,* p. 36, qui pensait qu'elle n'avait probablement jamais aimé personne, jusqu'à KORNEMANN, *Grosse Frauen des Altertums* (1942), p. 144, pour qui « elle ne peut plus se détacher de cet homme (César) ».

Sur l'**iconographie,** on ne mentionnera, en plus des illustrations de VOLKMANN, que A.B. BRETT, *A new Cleopatra tetradrachm of Ascalon, AJA* XLI (1937), pp. 452 *sqq.* (où l'on remarquera l'extraordinaire ressemblance entre la reine (fig. 5) et son père Aulète (fig. 3)) et J. CHARBONNEAUX, *Un portrait de Cléopatre VII au musée de Cherchell, Libyca* II (1954), pp. 49 *sqq.*

2° DE L'AVÈNEMENT A LA FIN DE LA GUERRE D'ALEXANDRIE (51-47)

Le règne conjoint de Cléopatre et de Ptolémée XIII eut des débuts difficiles. Entre 50 et 48, une extraordinaire sécheresse aggrava encore l'économie déjà si délabrée de l'Égypte : en 48, la crue fut de près de deux tiers inférieure à la normale, d'où famine, mécontentement, troubles. Les ministres — l'ennuque Potheinos, le stratège Achillas — s'accommodaient de plus fort mal de la forte personnalité de la jeune reine et dressaient contre elle son petit frère-époux. Exclue du pouvoir dès l'automne de 49, Cléopatre fut contrainte de s'enfuir en 48 et alla se réfugier dans les confins arabo-palestiniens pour y lever des troupes, cependant que Ptolémée XIII et ses conseillers couraient mettre Péluse en état de défense.

Ce fut sur ces entrefaites que Pompée, vaincu par César à Pharsale, accourut en Égypte : auteur occulte de la restauration d'Aulète en 55 (*supra*, p. 523), se considérant comme le tuteur de Ptolémée XIII (*supra*, p. 528), confiant dans l'alliance lagide qui, l'année précédente, lui avait procuré cinquante vaisseaux, Pompée voyait dans l'Égypte la base qui lui permettrait de poursuivre la lutte. Pour l'entourage de Ptolémée XIII, toutefois, le problème était délicat : accueillir Pompée, c'était risquer à la fois de tomber sous sa coupe et de s'attirer la colère de César ; chasser Pompée, en revanche, serait redoutable au cas d'un retour de sa fortune. L'avis prévalut que le plus sage serait de rendre service à César en le débarrassant de Pompée. Informé que l'Égypte lui donnait asile, Pompée fut assassiné au moment de mettre pied à terre (août 48).

Calcul subtil, mais à courte vue. Trois jours plus tard César débarquait à Alexandrie où ne se trouvaient ni Ptolémée, ni Cléopatre. La situation ne pouvait que le réjouir : il était débarrassé de son rival et la zizanie qui, une fois de plus, régnait dans la dynastie lui permettait de se poser en arbitre. Les ministres de Ptolémée XIII comprirent vite leur maladresse : à celui qui lui apportait la tête de Pompée, César manifesta douleur et ressentiment — ce n'était pas le vaincu de Pharsale qui avait été frappé dans le dos sur le rivage de Péluse, mais Rome elle-même... Et n'était-ce pas lui, César, qui, en 59, avait obtenu pour Aulète le titre d'ami et d'allié du peuple romain ? N'était-il pas aussi outrageusement trahi que Pompée lui-même ? L'occasion paraissait enfin venue de cette annexion de l'Égypte devant laquelle seules les rivalités de factions et de personnes avaient fait hésiter jusqu'alors. Mais il fallait encore temporiser : si Pompée n'était plus, il restait des pompéiens et César était informé des difficultés qu'il lui faudrait encore affronter, tant en Orient (où Pharnace, fils de Mithridate, confiné par Lucullus et Pompée en Crimée, tentait de se rétablir en Anatolie aux dépens du Galate Déiotaros et d'Ariobarzane III de Cappadoce, qui avaient été pompéiens), qu'en Occident et, bien entendu, à Rome même. César convoqua donc Ptolémée XIII à Alexandrie, tout en lui communiquant ses conditions :

licenciement de son armée, liquidation de l'arriéré des dettes d'Aulète, réconciliation avec sa sœur.

Lorsque le petit roi arriva au palais, il eut la surprise d'y trouver Cléopatre aux côtés de César. Cléopatre, qui ne voyait certes
en ces circonstances que le moyen d'éliminer son frère et de se
rétablir grâce au Romain du jour (elle eût sans doute aussi bien
tenté l'entreprise avec Pompée...), avait été introduite à Alexandrie en contrebande et portée, roulée dans un tapis, jusque dans
les appartements de César : moment précis où les choses s'obscur-
cissent pour l'historien, dont la critique ne pourra jamais établir
jusqu'à quel point les affaires de cœur ont alors, de part et d'autre,
infléchi le cours des préoccupations politiques les plus immédiates.

L'agitation qui, cependant, montait dans la populace d'Alexandrie, excitée en sous-main par Ptolémée et ses ministres, ne fut
point apaisée par l'annonce officielle de ce que le double règne
se poursuivait conformément aux dernières volontés de Ptolémée
Aulète, ni par celle de la restitution de Chypre, où iraient régner
Ptolémée le cadet et sa sœur Arsinoé. La détermination des causa-
lités est alors impossible à fixer : que César se soit attardé à
Alexandrie pour les beaux yeux de Cléopatre ou par suite des
vents étésiens (qu'il invoque dans sa relation des événements), il
reste qu'il se laissa enfermer dans l'affreux guêpier de cette guerre
mi-civile, mi-étrangère que fut la « guerre d'Alexandrie », qui
faillit lui être fatale, car il ne fut sauvé in extremis que par l'arrivée
de renforts appelés d'Asie dès le début de la crise. Ptolémée XIII,
que César avait renvoyé de son camp dans l'espoir d'arranger les
choses, périt dans le combat final. Alexandrie terrorisée était soumise à Cléopatre, hâtivement mariée à son second frère Ptolémée XIV (mars 47).

La guerre d'Alexandrie, que César y ait ou non été entraîné
par les charmes de Cléopatre, consacre en tout cas leur liaison.
Son dénouement est suivi de la fameuse mais brève croisière fluviale qui conduisit les amants jusqu'aux confins de la Nubie :
« intermède galant », « voluptueuse randonnée », mais qui est aussi
« une reconnaissance de capitaine, l'enquête d'un homme d'État »
— et « le tour du propriétaire » (Carcopino). Car, à son départ,
s'il laisse sur le trône Ptolémée XIV et Cléopatre (enceinte de ses
œuvres...), César laisse aussi trois, puis quatre légions — ce qui
est sans commune mesure avec la poignée de Barbares de Gabinius — et un homme à lui, Rufin (ou Rufio ?), chevalier, fils
d'affranchi, une créature, préfigurant en somme les futurs préfets
impériaux.

Quels espoirs, quel projets Cléopatre nourrissait-elle, quelles promesses avait-elle obtenues ou cru obtenir pour consentir à cet appareil militaire ?

Sources : Cés., *BC* III, 103-112 ; Cés., *BAl.* 1-33 ; Dion Cass. XLII, 2-9 ; 34-44 ; App., *BC* II, 84-86 ; 89-90 (très bref résumé seulement de la guerre d'Alexandrie, qu'Appien traitait par ailleurs dans le livre de son *Histoire romaine* spécialement consacré aux affaires d'Égypte, qui est perdu) ; Plut., *Pomp.* 77-fin ; *Cés.* 49 ; Str. XVII, 1, 11 ; etc. — J'ai mentionné, *supra*, p. 318, *Or. Sib.* III, 608-616 en tant qu'allusion possible à l'expédition d'Antiochos IV et les objections qu'a suscitées cette interprétation. V. Nikiprovetzki, *La Troisième Sibylle* (Paris 1970), pp. 215 *sqq.* a pensé que les contradictions internes pouvaient être éliminées si l'on admet que l'auteur juif d'*Or. Sib.* III a transposé cette donnée traditionnelle sur l'époque dont il est question ici : le 7e roi grec d'Égypte serait Cléopatre (que *nous* numérotons VII !), le roi venu du Nord César. Cette interprétation, de prime abord un peu déroutante, a l'avantage d'établir une cohérence chronologique entre l'autre allusion au 7e roi (v. 192-3) et la déliquescence morale de la république romaine qui l'introduit. En revanche, elle renvoie le triomphe des Justes d'Israël (après Pompée !) à une perspective eschatologique. D'autres interprétations ont été proposées, qu'on trouvera dans le livre de N. et qu'il est inutile de reprendre ici.

Bibliographie complémentaire et notes : Les travaux les plus récents sont ceux de Volkmann, s. v. *Ptolemaios, PW* XXIII, 2 (1959), coll. 1756-1759, que l'on consultera de préférence à *Cléopatre*, pp. 79 *sqq.*, où il n'y a pas de références aux sources, et surtout de Heinen, *o. c.* Quelques documents de 52/1 mentionnent Cléopatre seule, sans son frère — l'interprétation est difficile : cf. W. Pestman, *Chronol. ég. d'après les textes démotiques* (Leyde 1967), p. 82 ; G. Wagner, *Une dédicace à la grande Cléopatre...*, *BIFAO* LXXIII (1973), pp. 103 *sqq.*

Sur la **situation économique** catastrophique des années 50-49, cf. Rostovtzeff II, pp. 908 *sq.* — mais, dans la perspective de la pensée égyptienne, il n'est pas absolument exact de dire que « a low Nile did not depend on bad or good government ».

Notre connaissance de la **guerre d'Alexandrie** repose en première ligne sur les dernières pages de la *Guerre civile* de César, que prolonge le début de l'anonyme *Guerre d'Alexandrie*, ouvrage composite qui ne doit son titre qu'à sa première partie et dont l'auteur, souvent considéré comme ayant été Hirtius (auteur de *BG* VIII), ne peut être identifié avec certitude : mais ce texte, évidemment conçu comme devant terminer le récit inachevé de César, est rédigé dans le même esprit. Cf. J. Andrieu, *César. Guerre d'Alexandrie* (éd. Budé), introduction, où l'on trouvera la discussion des divergences entre le récit pseudo-césarien et celui de Dion Cassius (pp. XLV *sqq.*), de la chronologie de la guerre (pp. XLIX *sqq.*), etc. Un des épisodes les plus fameux de la guerre d'Alexandrie fut l'incendie de la Bibliothèque, qui reste très problématique. E.A. Parsons, *The Alexandrian library* (Princeton, 1952), pp. 288 *sqq.* a rassemblé toutes les sources anciennes et analysé tous les travaux modernes relatifs à cet incendie : la Bibliothèque paraît avoir moins souffert que ne le veut la légende de sa totale destruction. Exposé détaillé des événements dans Carcopino, *HR* II, 2, pp. 906 *sqq.* qui, dans le sens de la version césarienne est porté à minimiser la portée (pour César) de la liaison amoureuse : « il n'avait pas besoin de l'aimer pour se réjouir de sa présence : elle lui apportait le prétexte qu'il avait désiré pour affirmer son droit de magistrat romain à statuer sur le destin de la monarchie lagide » — cela au moins est incontestable.

En renvoyant Ptolémée XIII, César espérait sans doute à la fois calmer les insurgés et opposer le jeune roi à sa sœur **Arsinoé,** qui avait pris la tête de la résistance. Arsinoé devait figurer en captive dans le triomphe égyptien de César (juillet 46), avant d'être à nouveau libérée quelques semaines avant que sa sœur débarquât en reine en Italie (*infra*, p. 535).

Parmi les adversaires de César avaient figuré les **troupes laissées par Gabinius :** ces Barbares avaient pris goût à la vie alexandrine et entendaient ne plus retomber sous la discipline romaine ; en 50 déjà, ils avaient massacré les deux fils de Bibulus, proconsul de Syrie, que celui-ci avait dépêchés en Égypte pour les y récupérer (Val. Max. IV, 1, 16). Il semble toutefois difficile d'estimer leurs effectifs, par suite de la contradiction entre Dion Cass. XLII, 38, 1, qui *semble* voir en eux toute l'armée d'Achillas, et Cés., *BC* III, 110, qui les mentionne en première ligne des 20 000 hommes d'Achillas, mais non eux seuls, et souligne, à la fin du même chapitre, que cette armée s'était déjà signalée en Égypte avant le rétablissement de Ptolémée XII, c'est-à-dire avant l'arrivée des Gabiniens.

En revanche, tout ce qui, dans le monde syrien, haïssait la mémoire de Pompée et les exactions des gouverneurs pompéiens (des exactions de Crassus aussi, qui avant son expédition parthe, avait notamment pillé le temple de Jérusalem), tout ce qui, à l'inverse, avait à se faire pardonner d'avoir été pompéien, glissa sans peine du côté de César à la nouvelle de Pharsale : parmi les **renforts qui sauvèrent César** au début de 47 figuraient non seulement des légions, mais des auxiliaires nabatéens, ituréens et juifs, ceux-ci conduits par Antipater et Hyrcan II en personne. La présence du Grand-Prêtre de Jérusalem peut surprendre, mais peut s'expliquer : accompagnant Gabinius en 55, Antipater, le conseiller arabe d'Hyrcan (*supra*, p. 515), avait persuadé les garnisaires juifs ptolémaïques du Delta de ne pas s'opposer au passage du restaurateur pompéien de Ptolémée XII ; ces braves gens n'eussent peut-être pas compris que le même Antipater vînt à présent les prier d'ouvrir les portes de l'Égypte à des troupes césariennes destinées à renverser le fils d'Aulète, et n'y auraient été déterminées que par la présence d'Hyrcan : intéressant témoignage de l'influence du Grand-Prêtre de Jérusalem sur les Juifs de la diaspora. Pour récompenser **Antipater, César** le nomma procurateur de Judée. Mais surtout il devait, à son retour à Rome, révoquer toutes les mesures prises par Pompée à l'égard de la Judée — si ce n'est que la royauté ne fut pas rétablie (Jos., *AJ* XIV, 10, 1-7). Formellement, on en revenait à la situation de l'époque de Jean Hyrcan — en fait, le protectorat était patent.

Il est naturellement impossible de savoir (et méthodiquement interdit d'imaginer) ce qu'eût été la **solution adoptée par César pour l'Égypte** si le nez de Cléopatre... Suét., *Cés.* 35 indique qu'il craignait que la rédaction de l'Égypte en province n'offrît des possibilités à un gouverneur ambitieux : il se peut — mais on n'oubliera pas que ce motif est un lieu commun (d'ailleurs plein de sens !) que nous avons déjà rencontré à plusieurs reprises. En réalité, maintenir la dynastie tout en occupant militairement le pays était, dans l'immédiat, la solution la plus commode que César pût adopter, parce qu'il était possible de l'infléchir en divers sens, entre lesquels il n'est pas sûr que César aura choisi au jour de sa mort.

Lorsque César quitte l'Égypte, c'est pour aller rétablir l'ordre en **Asie Mineure** : il s'agissait là de briser au plus vite l'avance de Pharnace qui risquait de remettre en question toutes les positions romaines de l'Égée à l'Euphrate. César mena là une de ses campagnes les plus foudroyantes (c'est celle du *veni, vidi, vici*) : parti d'Égypte fin avril 47 au plus tard, il écrasait Pharnace à Zéla, dans le Pont, à la mi-juin (sur la chronologie, cf. L.E. Lord,

The date of Julius Caesar's departure from Alexandria, JRS XXVIII (1938), pp. 19 *sqq.*). Le Galate Déiotaros, pompéien repenti, fut maintenu en place, mais privé de ce que Pompée lui avait donné en Petite-Arménie (*supra,* p. 502) et qui fut rattaché à la Cappadoce. Quant à la Crimée, César en fit don à un bâtard d'Eupatôr, dit Mithridate de Pergame, qui avait été l'un des principaux artisans de son succès final en Égypte : c'était lui qui avait appelé les renforts, recruté les alliés et les avait conduits à pied d'œuvre (cf. P.J. SIJPESTEIJN, *Mithradates' march from Pergamum to Alexandria, Latomus* XXIV (1965), pp. 122-127). Mithridate de Pergame périt d'ailleurs en essayant de prendre possession de son royaume. La guerre de César en Asie Mineure est connue notamment par la seconde partie du *Bellum Alex.,* 34 *sqq.* et par DION CASS., 45 *sqq.*

3° DE LA GUERRE D'ALEXANDRIE AUX IDES DE MARS (47-44)

Quelques semaines après le départ de César, Cléopatre donna le jour à un fils, Ptolémée César, dit Césarion. Bien que contestée dès l'antiquité, la paternité de César est difficilement contestable. Cette naissance avait pour Cléopatre une importance énorme, dans la mesure où les destinées de sa dynastie pouvaient désormais être liées à la carrière et aux projets du dictateur par des liens plus forts que ceux de documents juridiques et du souvenir d'une bonne fortune. L'écho du triomphe de César sur l'Égypte était à peine retombé que la reine arrivait à Rome avec son frère-époux et installait sa cour dans une villa de César. D'où que fût partie l'initiative du voyage, l'objet officiel en était le renouvellement du traité d'amitié et d'alliance. L'on ne négocia rien du tout mais, outre la satisfaction ironique qu'il pouvait éprouver à voir tout Rome, et jusqu'à Cicéron, faire antichambre chez la reine, César ne trouvait qu'avantage à savoir l'Égypte confiée à ses seules légions.

L'on ne finira jamais de se demander quels projets mûrissaient alors dans la tête de César — et dans celle de Cléopatre. Il est certain que leur liaison couvrait de vastes intérêts, mais on ne saurait connaître comment l'un et l'autre envisageaient les choses. La façon dont la reine devait ultérieurement utiliser Antoine pour sauver l'existence de la dynastie et récupérer ses anciennes possessions extérieures ne peut donner que des indications incertaines sur la façon dont elle chercha sans doute à utiliser César entre 47 et 44, car la situation mondiale est alors fort différente de ce qu'elle devait être à partir de 41 : Rome, pendant les dernières années de César, est en réalité une cage dorée pour Cléopatre, et l'Égypte, privée de ses souverains, un pays occupé. Du côté de César, quelle place occupe l'Égypte dans les projets monarchiques qu'élabore sa pensée ? Le bruit qui aurait alors couru à

Rome — et que le dictateur aurait donc laissé courir — selon lequel
César aurait eu l'intention de se faire concéder une autorisation
de bigamie pour pouvoir épouser Cléopatre, pour devenir, par
conséquent, prince consort de la reine et, en fait, maître *personnel*
de l'Égypte, serait l'indice d'une solution bien peu conforme aux
traditions républicaines : d'une solution qui sera celle d'Antoine
et, au fond (mais Cléopatre en moins), celle d'Octavien. Le monde
romain allait-il devenir un empire bicéphale, pourvu d'une seconde
capitale à Alexandrie ?

Quoi qu'il en soit, le meurtre de César, puis la découverte de
ce que son testament ne faisait aucune place à Césarion, anéan-
tirent les espoirs de la reine. Dans la confusion qui suivit les
Ides de Mars, Cléopatre, après quelques jours d'hésitation, plia
bagage et regagna son royaume : il était trop évident que la guerre
civile allait recommencer, que l'Égypte en serait, une fois encore,
un des enjeux et que la place de sa reine était donc à Alexandrie.

SOURCES : PLUT., *Cés.* 49 ; *Ant.* 54 ; SUÉT., *Cés.* 52 et ci-dessous les notes.
Cléopatre à Rome : SUÉT., *Cés.* 52 ; DION CASS. XLIII, 27, 3 ; cf. CIC., *ad
Att.* XV, 15, 2. Projet de bigamie : SUÉT., *Cés.* 52 ; DION CASS XLIV, 7, 3.
Fuite de Cléopatre : CIC., *ad Att.* XIV, 8.

BIBLIOGRAPHIE COMPLÉMENTAIRE ET NOTES : Des discussions sur les origines
de **Césarion** étaient inévitables, et Suétone s'en fait déjà l'écho. Bien que
Plutarque fasse naître l'enfant peu de temps après le départ d'Égypte de
César (soit au début de l'été de 47) et que Suétone affirme que César le reconnut
par-devant le Sénat, le tout a été contesté par J. CARCOPINO, *César et Cléopatre,
Ann. Ec. Htes Etudes Gand* I (1937), pp. 35 *sqq.* ; cf. *Points de vue...,* pp. 140 *sqq.* ;
Secrets de la correspondance de Cicéron II, pp. 64 *sqq.* : Césarion serait quelque
bâtard né après la mort de César. L'on a généralement pensé découvrir la date
de naissance de l'enfant (23 juin 47) dans une inscription démotique du
Louvre, qui fournirait ainsi la légitimation (cf. 1ʳᵉ éd., p. 452, où je renvoyais
à VOLKMANN, *PW* XXIII, 2 (1959), col. 1760). Mais cette interprétation a été
judicieusement ruinée par E. GRZYBEK, *Pharao Caesar in einer demot. Grabinschr.
aus Memphis, MH* XXXV (1978), pp. 149 *sqq.* : le « pharaon Kaisar » de
l'inscription *ne peut pas* être Césarion (qui s'appelait Ptolémée, n'était pas
Pharaon à sa naissance — naissance dont le jour ne put être aussitôt connu
pour servir de formule de datation), et il ne peut s'agir que... d'Octavien
(effectivement né en 23). Il n'en reste pas moins que l'enfant porta officiellement le nom de César — mais pas avant mars 44 (cf. *OGIS* 194 : « Ptolémée,
dit aussi Kaisar, theos Philopatôr Philomètôr »). — Un document papyrologique
généralement attribué au règne de Ptolémée IV a été transféré à 46 par E. VAN'T
DACK, *La date de C. Ord. Ptol. 80-83 = BGU 1212 et le séjour de Cléop. VII
à Rome, Anc. Soc.* I (1970), pp. 53 *sqq.* : on y apprend (si l'interprétation de
V.D. et correcte) que la reine, partant pour Rome, avait désigné un *epi ta
pragmata* et un « préposé à la *polis* ». Cf. aussi, à propos de sous-entendus
de certaines épîtres cicéroniennes, MACURDY, *Hell. Queens,* pp. 191 *sq.*

L'influence que l'Égypte en général et Cléopatre en particulier purent exercer
sur les **derniers projets de César** a été maintes fois discutée (cf. KORNEMANN,
o. c., pp. 144 *sq.*), — non sans quelque vanité, faute de documents explicites.
Il ne s'agit pas ici de l'immense problème (qui déborde largement César et

son époque) de la part des conceptions monarchiques théocratiques hellénistiques dans la longue élaboration de la pensée monarchique romaine, mais de la question, beaucoup plus limitée, de la place que devait occuper l'Égypte, et éventuellement sa dynastie, dans l'empire césarien, que devait consolider une expédition contre les Parthes (cf. H. BENGTSON, Z. *Partherfeldzug d. Antonius, SBAW Munich* 1974/1, pp. 4-9). Si l'idée, rapportée par SUÉT., *Cés.* 79, de l'installation du pouvoir à Alexandrie (ou à Ilion) est sujette à caution (mais c'est sans doute aller trop loin que de la qualifier de « niaiserie » avec CARCOPINO, *HR* II, 2, p. 1049), il reste deux faits : la légitimation de Césarion (niée par Carcopino) ; le projet de mariage (admis par Carcopino (p. 1035), qui est cependant peu porté à accepter une influence de Cléopatre sur la pensée de César, et ne voit dans ce projet qu'un élément de manœuvre). Quant à l'installation par « César » d'une statue de Cléopatre dans le sanctuaire de Vénus Génitrix, selon APP., *BC* II, 102, qui ferait de la reine la *synnaos theos* de la divinité ancestrale des Jules et aurait donc une portée programmatique (« plus qu'un hommage personnel à la femme aimée : ... un acte politique et religieux bien réfléchi, habituel dans les royaumes hellénistiques et surtout en Égypte, etc. », VOLKMANN, *Cléo.*, p. 106), il se trouve que c'est là une bévue d'Appien : DION CASS. LI, 22, 3 nous apprend en effet que « César » (mais il s'agit ici d'Octavien !) rapporta, parmi son butin égyptien, une statue de Cléopatre qu'il déposa dans le temple de Vénus : c'est évidemment de cela qu'il s'agit (cf. CARCOPINO, *César et Cléopatre, l. c.,* p. 76).

4° LES ANNÉES D'INCERTITUDE (44-41).
CLÉOPATRE ET L'ÉGYPTE

Revenue en Égypte, Cléopatre se défit de Ptolémée XIV et prit Ptolémée XV César comme corégent — mais Césarion ne jouera jamais aucun rôle personnel.

Dans la reprise des guerres civiles, Cléopatre n'avait rien à espérer du parti républicain, avec lequel intriguait au contraire sa sœur Arsinoé, réfugiée à Éphèse. Pour collaborer au triomphe de la cause césarienne (celle de son fils, pensait-elle), elle reconstitua une flotte de guerre et envoya au césarien Dolabella, qui disputait la Syrie à Cassius, les quatre légions qui stationnaient en Égypte (geste qui avait de surcroît l'avantage de débarrasser l'Égypte de l'occupation romaine) : mais la flotte fit naufrage et les légions passèrent à Cassius... Philippes et ses suites (42) éclaircirent la situation : c'était avec Antoine qu'il faudrait compter.

Mais si Antoine devait effectivement (*infra,* p. 543) faire de l'Égypte une pièce maîtresse, et finalement la pièce centrale de l'édifice politique qu'il échafauda en Orient, ce n'en fut pas moins toujours Cléopatre qui régna personnellement sur le pays, et ce dernier règne lagide mérite d'être considéré en lui-même. La propagande augustéenne, pour accabler Antoine de la honte d'avoir

trahi le nom romain, fit de Cléopatre l' « Égyptienne » : bien qu'il
ne soit pas sûrement démontré que la reine eût du sang égyptien
dans les veines, l'appellation comporte sa part de vérité en ce sens
que, de toute la dynastie, ce fut elle, semble-t-il, qui renoua le
plus résolument avec le passé égyptien. Peu populaire sans doute
dans sa capitale, qui avait pris parti contre elle lors du tumultueux
passage de César, elle fut plus ou moins contrainte de s'appuyer
sur la population indigène de la *chôra*. Le problème (dont l'abord
lui fut facilité par le fait que, la première de sa famille, elle parla
l'égyptien) était certes d'ordre politique et administratif — mais
elle comprit qu'il était aussi, et peut-être plus encore, d'ordre
religieux : des documents prouvent que Cléopatre assuma des
rituels pharaoniques que ses prédécesseurs avaient négligés. Il n'est
pas inutile de noter que ces documents proviennent de Haute-
Égypte, de la partie du royaume qui, depuis longtemps, manifestait
des tendances parfois violentes à la sécession, et que, dans l'état
présent des sources, la *chôra* paraît avoir connu le calme sous
son règne ; le fait — dans la mesure où il est exact — est d'autant
plus remarquable que les rares indices dont on dispose quant à la
situation économique de l'Égypte sont loin de révéler un retour à
la prospérité : il y eut à nouveau famine en 42 ; le personnel
administratif ne témoigna pas de plus de vertus ni de capacités
que par le passé ; l'inflation ne s'interrompit pas — et cependant
Cléopatre peut mettre au service d'Antoine des revenus en espèces
et en nature considérables qui prouvent qu'une rude exploitation
du pays pouvait encore être rentable : ce ne pouvait être qu'au
prix de lourds sacrifices de la part de la population rurale, qui
toutefois (mais, encore une fois, en l'état présent de la documentation) paraît les avoir acceptés plus aisément que sous les règnes
précédents.

Le jugement positif que l'historiographie moderne porte généralement sur Cléopatre tient principalement au fait qu'elle a su
rendre à l'État lagide, sur l'échiquier mondial, un rôle actif qui
fait contraste avec la veulerie de la politique antérieure : mais on
voit qu'il faut aussi tenir compte des indices qui suggèrent que,
plus qu'aucun des autres Ptolémées, « rois d'Alexandrie », elle
sut être, elle, « reine d'Égypte ». Il pourrait y avoir eu là un
tournant décisif dans la politique dynastique : que ce tournant
débouchât sur une impasse tient à des facteurs qui dépassaient
la personne de la reine.

SOURCES : Liquidation de Ptolémée XIV : PORPHYRE, fr. 2, 16 ; JOS. *AJ* XV,
4, 1 (89). Politique de Cléopatre entre son retour et Philippes : DION CASS.
XLVII, 31, 5 ; APP., *BC* IV, 61 ; 63 ; 82. La famine de 42 (évoquée par *OGIS*
194, qui est un précieux document sur la situation intérieure de l'Égypte

en 42, et due à nouveau à une crue insuffisante : Sén., *Quaest. nat.* IV, 2)
servit d'excuse à Cléopatre pour ne pas répondre aux exigences de Cassius
(App., *BC* 61). Pour la situation intérieure de l'Égypte, cf. les notes.

Bibliographie complémentaire et notes : La **politique de Cléopatre avant
Philippes** est commodément résumée partout : cf. p. ex. Macurdy, *HQ*,
pp. 193 *sq.*

Les documents qui attestent l'adhésion de Cléopatre aux **traditions religieuses
égyptiennes** sont principalement ceux d'Hermonthis en Thébaïde : il s'agit
d'une part de l'intronisation solennelle du taureau sacré Bouchis (dès la
première année du règne !) ; d'autre part du rituel traditionnel adopté (la
seule fois, semble-t-il, de toute l'époque ptolémaïque) pour la naissance de
Ptolémée-Césarion-Horus, fils de César-Amon et de Cléopatre-Isis (cf. Volkmann, *PW* XXIII, 2 (1959), col. 1760) : il est intéressant de souligner que
c'est principalement auprès de l'opinion égyptienne que Cléopatre entend affirmer
les droits de Césarion à la royauté. Cette politique religieuse pour l' « usage
interne » doit être soigneusement distinguée de la propagande religieuse qui
s'édifiera ultérieurement autour de la famille royale, à l'époque de la liaison,
puis du mariage avec Antoine, et qui sera destinée au monde oriental tout
entier : *infra*, p. 547. Pour l' « égyptisation » de la dernière Lagide, cf. aussi,
infra, p. 552, le problème posé par sa mort.

L'apologiste le plus convaincu de la **politique égyptienne de Cléopatre** a
été Tarn, *CAH* X, pp. 35 *sqq.*, au point de vue duquel de sérieuses réserves
ont été apportées par Rostovtzeff III, p. 1151, n. 190 (où bibliographie
générale de la question), qui souligne notamment la maigreur des sources.
Mais l'affirmation de Rostovtzeff selon laquelle le calme de la *chôra* serait
dû à la présence des légions de César, puis d'Antoine, appelle à son tour des
réserves : l'Égypte n'a été occupée ni en permanence, ni en totalité sous le
règne de Cléopatre. Réserves aussi au plaidoyer de Tarn *ap.* Broughton,
Cleopatra and « the treasure of the Ptolemies », *AJPh* LXIII (1942), pp. 328 *sqq.*,
qui fait en particulier remarquer que le légendaire trésor dynastique lagide,
sur lequel Octavien aurait tant d'ardeur à faire main basse, avait été
proprement liquidé par les dépenses des règnes précédents, et notamment
d'Aulète : ce dont réussira à s'emparer Octavien sera un trésor hâtivement
reconstitué au lendemain d'Actium au prix de spoliations effectuées aux
dépens des temples par une Cléopatre aux abois et obligée de faire flèche de
tout bois.

Sur le **monnayage** misérable émis en Égypte sous Cléopatre (pas d'or,
peu d'argent, et de mauvais ; surtout du cuivre) et sur la dernière étape de
l'inflation monétaire, cf. Giesecke, *Ptolemäergeld*, pp. 69 *sqq.* : c'est sans
doute également à la dernière année du règne qu'il faut attribuer la réduction
de toutes les unités de cuivre au quart de leur poids antérieur.

Sur l'**anarchie administrative**, l'indiscipline et les exactions des fonctionnaires locaux, cf. G. Lefebvre, *Le dernier décret des Lagides*, *Mél. Holleaux*
(1913), pp. 103 *sqq.* ; M.T. Lenger, *C. Ord. Ptol.*, n° 75-76.

5° L'anarchie orientale et la question parthe
   jusqu'en 37

Lorsque Marc Antoine vint en Orient après Philippes, pour y
refaire les finances triumvirales, le désordre régnait de l'Hellespont

aux confins de l'Égypte. Ni en Anatolie, ni en Syrie, l'œuvre de Pompée n'avait résisté à l'épreuve des guerres civiles et, de toutes parts, des potentats locaux profitaient de la vacance de l'autorité pour reprendre le cours de leurs modestes mais opiniâtres tentatives d'expansion. Situation compliquée, d'autant plus dangereuse pour les intérêts de Rome que, pour la première fois, le problème parthe prenait une tournure aiguë (cf. ci-dessous). Antoine, bien que ce ne fût pas sa mission, entreprit sagement de trouver des débuts de solution, que nous négligerons ici car le problème devait être repris d'ensemble quelques années plus tard.

Ce fut aussi pour élucider la position d'Alexandrie qu'Antoine convoqua Cléopâtre à Tarse (été 41). La reine, qui n'avait rien à se reprocher quant à ses relations avec le parti césarien et tout à gagner à nouer de bons rapports avec le représentant actuel de Rome en Orient, accourut dans un appareil immortalisé par Plutarque, déployant un faste destiné à prouver qu'elle n'entendait pas jouer les suppliantes : le jour même la nouvelle Isis-Aphrodite mettait à ses pieds le triumvir qu'Éphèse, un peu plus tôt, venait de saluer comme Nouveau Dionysos. Quelques mois plus tard, ayant provisoirement réglé les affaires syriennes, Antoine venait, simple particulier, passer l'hiver 41-40 à Alexandrie, dans les délices de la « vie inimitable ». Les inquiétudes du printemps 44 paraissaient bien dissipées : tant qu'Antoine représenterait Rome en Orient, l'indépendance de l'Égypte serait assurée. En réalité, l'Égypte devait rester quelques années encore à l'écart des préoccupations d'Antoine : celles-ci allaient se situer d'une part en Italie, de l'autre sur l'Euphrate.

Après le passage de Pompée en Orient, en 63, les Parthes n'avaient pas joué de rôle déterminant — si ce n'est qu'ils avaient débarrassé Rome de Crassus en 53 : mais leur victoire de Carrhes (qui avait dû secrètement réjouir l'oligarchie sénatoriale — pour ne pas parler de César et de Pompée) n'avait pas été exploitée. Ce n'est qu'en 52, puis en 51-50 surtout, que les Parthes avaient envahi la Syrie ; mais, malgré la gravité de la seconde incursion, qui poussa jusqu'à Antioche, ils avaient été refoulés sans trop de mal par delà l'Euphrate. Dans la guerre entre Césariens et Pompéiens, les Parthes n'avaient ensuite joué qu'un modeste rôle d'appoint des forces anti-césariennes. Pompée avait négocié avec eux avant Pharsale, puis songé, après sa défaite, à se retirer à Ctésiphon, avant de se décider pour Alexandrie. En 47, après le passage de César en Syrie, le pompéien Caecilius Bassus avait fait appel aux Parthes, et ces liens entre l'empire iranien et ses adversaires romains avaient sans doute été un des mobiles des projets parthes de César. Après les ides de Mars, ces rapports s'étaient poursuivis : Cassius, de son gouvernement syrien, avait négocié avec

Orode II et des auxiliaires parthes avaient combattu à Philippes aux côtés des républicains. Mais l'un des derniers chefs républicains, Q. Labienus (fils de l'ancien légat de César), avait trouvé asile à la cour parthe, où il avait gagné assez d'influence, au printemps de 40, pour lancer ses nouveaux amis à l'assaut de la Syrie, cependant que lui-même, à la tête d'une armée principalement iranienne, envahissait l'Anatolie méridionale jusqu'à la Carie. Cette menace sur les positions romaines d'Orient arracha Antoine à ses plaisirs alexandrins. La Syrie et la Cilicie étaient submergées par les cavaliers iraniens ; les rois et dynastes clients se soumettaient presque unanimement ; Jérusalem enfin ouvrait ses portes au dernier prétendant hasmonéen, Antigonos, soutenu par le dynaste ituréen de Chalcis du Liban, Lysanias, lui-même allié aux Parthes : c'était pour les Juifs une occasion de se débarrasser de la tutelle des fils de l'Iduméen Antipater (*supra*, pp. 515, 534), dont Antoine avait confirmé les pouvoirs et dont l'un, Hérode, s'enfuit à Rome. Tout l'Orient romain semblait devoir passer sous la suzeraineté d'Orode.

Les meilleures légions d'Antoine étaient en Gaule et il n'en pouvait disposer qu'au prix d'un rétablissement de ses relations avec Octavien — car il apparaît au même moment que celles-ci étaient gravement compromises par les imprudences de son frère L. Antonius et de sa propre femme Fulvie (« guerre de Pérouse »). Nul ne sait si, au début de 40, Antoine quitta Alexandrie et Cléopatre avec l'idée d'un prompt retour, mais sa réconciliation avec Octavien et son mariage avec Octavie (paix de Brindes, automne 40) lui assurèrent une position qui, pendant quatre ans environ, devait lui faire oublier Cléopatre : c'est à Brindes, en effet, que l'empire de Rome est partagé et que l'Orient en échoit à Antoine, avec la charge de la guerre parthe. Ce rebondissement dut être une forte déception pour une reine qui fondait tous ses espoirs sur l'appui d'Antoine. En revanche, l'urgence du problème parthe permit à l'Égypte de vivre quelques années à l'écart des affaires mondiales.

Le rétablissement de la situation en Asie fut l'œuvre de Ventidius Bassus, qui avait fait ses classes sous César, et réussit sans trop de mal à éliminer successivement Labienus et le prince héritier parthe Pacoros : en 38, l'Euphrate était à nouveau la limite du monde romain. Antoine n'apparut sur le théâtre des opérations que pour recueillir la soumission du roi de Commagène à Samosate. En 37 enfin, Hérode, auquel le Sénat avait accordé la dignité royale, achevait le redressement en expulsant les Parthes de Judée et de Jérusalem.

SOURCES : On ne donnera naturellement, ici et dans la suite, que les sources concernant l'Orient et non celles concernant les arrière-plans romains des événements orientaux, que l'on trouvera dans tous les ouvrages traitant de l'histoire romaine de 42 à 31. Antoine en Orient jusqu'à l'invasion parthe : PLUT., *Ant.* 24-29 ; DION CASS. XL, 24, 1-2 ; APP., *BC* V, 1 ; 4-11. Incursions parthes de 52 à 50 : DION CASS. XL, 25 ; 28-30 ; JUST. XLII, 4, 4-5 ; diverses allusions dans la correspondance de Cicéron, alors gouverneur de Cilicie. Invasion de 40 et campagnes de Ventidius Bassus : PLUT., *Ant.* 30, 1 ; 33, 1 et 4 ; 34 ; DION CASS. XLVIII, 24,4-27,3 ; 39-41, 6 ; XLIX, 19-22, 2 ; APP., *BC* V, 65 (renvoie à son histoire des guerres parthes, qui est perdue) ; JUST. XLII, 4, 7-10. Affaires de Judée, du passage de César en Orient jusqu'à l'installation d'Hérode à Jérusalem : Jos., *AJ* XIV, 11 (268) — fin du livre ; DION CASS. XLIX, 22, 3-6.

BIBLIOGRAPHIE COMPLÉMENTAIRE ET NOTES : La **politique d'Antoine en Orient** a fait l'objet d'une étude attentive et documentée de H. BUCHHEIM, *Die Orientpolitik des Triumvirn M. Antonius. Ihre Voraussetzungen, Entwicklung und Zusammenhang mit den politischen Ereignissen in Italien, Abh. der Heidelberger Akad. d. Wiss.*, Phil.-hist. Kl., Jhrg. 1960, n° 3, où l'on trouvera en particulier, pp. 11 *sqq.*, une analyse des dispositions politiques et territoriales prises en 41, que nous n'avons pas envisagées ici, du fait de leur caractère transitoire (encore qu'Antoine ne les considérât pas comme telles) ; voir aussi MAGIE, *RR*, pp. 433 *sqq.* Que ces dispositions n'aient pas été dépourvues d'habileté et de sagesse (cf. *infra*, p. 543, pour celles qui seront arrêtées en 37/6) n'empêche pas que les exigences financières d'Antoine, suivant de près celles des Pompéiens et des républicains, laissèrent les pays traversés par lui, et particulièrement l'Asie Mineure, saignés à blanc : cf. ROSTOVTZEFF II, pp. 1005 *sqq.*

A Tarse, Cléopatre obtint d'Antoine l'exécution de sa sœur **Arsinoé**. STR. XIV, 6, 6 (685) nous apprend qu'Antoine donna (en 44 ?) Chypre à Cléopatre et à Arsinoé. Celle-ci fut installée dans l'île, mais Cléopatre l'en fit expulser. Arsinoé se réfugia à l'Artémision d'Éphèse, d'où Antoine la fit arracher. Mais Chypre ne fut pas pour autant donnée à Cléopatre dont le stratège gouverneur avait, en 43, collaboré avec Cassius. Cf. BICKNELL, *Caesar, Antony, Cleopatra and Cyprus, Latomus* XXXVI (1977), pp. 330 *sqq.* Les réflexions de BUCHHEIM, *o. c.*, p. 23, sur les possibilités qu'aurait eues Antoine de choisir entre les deux sœurs paraissent aventurées (BICKNELL, p. 337, note que la popularité de Cléopatre en Égypte donnait peu de chances à Antoine de jouer d'Arsinoé contre elle) — mais il reste certain que, débarrassée d'Arsinoé, Cléopatre avait les coudées plus franches ; en revanche l'idée que l'entente entre Antoine et Cléopatre ait contribué à jeter nombre de dynastes syriens dans les bras des Parthes (*ibid.*, pp. 25 *sq.*) est probablement juste.

La **salutation dionysiaque** adressée par les Éphésiens à Antoine, qui flatta sans doute sa vanité, lui suggéra aussi une idéologie politique qui, si elle n'était pas encore, en 41, destinée à le faire passer pour le maître de l'Asie et comme un nouvel Alexandre, lui permettait néanmoins d'asseoir son autorité sur des conceptions plus accessibles à l'Orient hellénistique que ne l'était son pouvoir triumviral (cf. BUCHHEIM, *o. c.*, p. 15). Il est probable que Cléopatre sut jouer de ces idées lors de l'entrevue de Tarse. Mais Antoine poursuit en ce sens après sa séparation d'avec Cléopatre et son monnayage, à partir de 39, affiche l'idéologie dionysiaque en y associant Octavie (cf. TARN, *Alexander Helios and the golden age, JRS* XXII (1932), pp. 148 *sqq.* ; TAEGER, *Charisma* II, pp. 90 *sqq.*).

Au sujet de la **vie inimitable** (au sujet de laquelle les anecdotes les moins contrôlables et les plus suspectes ont naturellement fleuri), on notera une dédicace égyptienne, plus tardive, il est vrai, « à Antoine grand et inimitable » : *OGIS* 195).

Sur les **problèmes parthes** de Carrhes à Auguste, voir le pénétrant article de D. Timpe, *Die Bedeutung der Schlacht von Carrhae, Museum Helvet.* XIX (1962), pp. 104 *sqq.*, où l'on trouvera toutes les sources et la bibliographie la plus récente, à quoi K.H. Ziegler, *o. c.*, pp. 32 *sqq.* n'ajoute rien. La poussée parthe en Judée et Palestine, en 40, est illustrée par une émission monétaire commémorant la prise de Gaza : B. Simonetta, *On some tetradrachms of Orodes II...*, NC 1978, pp. 7 *sqq.* — L'importance de la victoire de Ventidius Bassus est soulignée par l'écho qu'elle laissa dans l'historiographie romaine ultérieure (Salluste, Trogue Pompée, Tacite) : cf. S. Mazzarino, *PSC* II, 1, pp. 453 *sqq.*, 490. Il est vrai que des préoccupations partisanes ne sont peut-être pas tout à fait étrangères à cette exaltation posthume de Ventidius, exaltation que Mazzarino exagère sans doute quelque peu. — Notons au passage que l'empire parthe, fort troublé, comme on l'a vu (*supra*, p. 453), connaît sans doute à cette époque une évolution interne profonde : cf. J. Neusner, *Parthian political ideology, Iran. Ant.* III (1963), pp. 40 *sqq.*, qui estime que c'est alors que la royauté parthe commence à se détacher de son modèle hellénistique pour se rattacher artificiellement à l'antécédent achéménide, ce qui ne se fera pleinement qu'au Ier siècle de notre ère. Cette vue des choses diffère fort des conceptions de Wolski, mentionnées *supra*, p. 453.

Sur les **problèmes de Judée,** qui sont d'une effroyable complexité entre le départ de Pompée et l'arrivée d'Antoine, cf. Buchheim, *o. c.*, pp. 60 *sqq* ; Abel, *Hist. de la Palest.* I, pp. 324 *sqq.* ; A.H.M. Jones, *The Herods of Judaea*, pp. 35 *sqq.* L'histoire de la Judée, dont l'importance dans les quelques années qui nous restent à parcourir tient à la fois à la personnalité d'Hérode le Grand et au rôle de premier plan qu'il allait jouer dans les relations entre Antoine et Cléopâtre, nous est connue principalement par Josèphe, qui remonte lui-même dans une large mesure à Nicolas de Damas, historiographe officiel d'Hérode. Sur celui-ci, voir encore la monographie fondamentale de W. Otto, s. v. *Herodes 14, PW,* Suppl. II (1913), coll. 1 *sqq.*

6° Le dernier avatar du monde hellénistique : l'Orient antonien de 37/6 a 31

a) *L'Orient de 37/6*

Les événements de 40 à 37 étaient un avertissement pour les Romains qui, jusqu'alors, avaient pu n'accorder qu'une attention marginale au problème parthe : l'empire arsacide apparaissait soudain comme un adversaire de premier plan contre lequel il fallait assurer la sécurité du domaine romain et le prestige du nom romain. Les projets de guerre parthe qui, pour Crassus, comme sans doute encore jusqu'à un certain point pour César, avaient surtout été affaire personnelle, devenaient, à la suite de l'invasion de 40, affaire romaine — et ce d'autant plus que l'élimination des derniers pompéiens d'Orient retirait au facteur parthe cet aspect d'accessoire des guerres civiles romaines qu'il avait revêtu depuis la rupture entre César et Pompée.

La tâche orientale d'Antoine fut cependant retardée par les complications occidentales. Octavien, visiblement, cherche à retenir son collègue d'agir tant que sa propre position n'est pas bien assise en Italie : éliminée d'Orient, la menace pompéienne subsiste en Occident en la personne de Sextus Pompée. Quoi qu'il en soit de ce problème qui ne nous concerne pas ici, après un replâtrage du triumvirat à Tarente en 37, Antoine regagna l'Orient, probablement enfin convaincu qu'il jouait un jeu de dupe et qu'il ne lui fallait compter que sur lui-même. Or, dans la mesure où il apparaît désormais que la consolidation du monde romain d'Orient se fera sans le concours de l'Italie, voire malgré et contre Octavien, Antoine comprend qu'il lui faut concentrer entre ses mains toutes les ressources de cet Orient, tant provincialisé que protégé. Et c'est pourquoi sans doute (dans l'ordre des motivations, tout restant matière à conjectures), ayant renvoyé Octavie en Italie à l'automne de 37, Antoine convoqua Cléopatre à Antioche.

Il faut, ici plus que jamais, se méfier de la légende. L'on ne saurait ni affirmer, ni nier la part du sentiment dans les relations d'Antoine et de la reine, qui n'ont pas encore passé l'âge des grandes passions : mais, si passion il y eut, elle paraît avoir été surtout politique. Pour remporter sur les Parthes la victoire nécessaire à la consolidation de l'empire oriental dont il a la charge, Antoine a besoin des ressources de l'Égypte, — en quoi Cléopatre voit évidemment la dernière chance d'une restauration de l'empire lagide. Il est difficile de démêler l'écheveau confus des facteurs personnels et politiques. Si Antoine, économiquement et stratégiquement, avait besoin de l'Égypte, n'avait-il pas la ressource de déposer la dynastie et de provincialiser le royaume (solution qui eût pu redresser à Rome son prestige entamé) ? S'il ne l'a point fait, fut-ce par amour pour Cléopatre ? — mais si César, dix ans plus tôt, ne l'avait point fait, avait-ce été par amour pour Cléopatre ? La leçon de César a sans doute été entendue ici et, si tant est qu'Antoine ait envisagé la provincialisation, le seul souvenir de la « guerre d'Alexandrie » eût pu l'en retenir : dans la situation déjà incertaine qui était la sienne, le maintien de la dynastie lagide présentait moins d'aléas que sa suppression. Des considérations d'ordre personnel ne sont d'ailleurs pas à négliger. De son mariage avec Octavie, Antoine n'avait pas eu le fils dont la naissance eût pu profondément modifier les données de la partie qui l'opposait à Octavien. Mais Cléopatre lui avait donné en 40 un fils et une fille jumeaux, qu'il n'avait point vus encore et qu'elle lui amena à Antioche. Ces enfants reçurent alors les noms d'Alexandre Hélios et de Cléopatre Sélénè, noms sans doute programmatiques dans la perspective de la guerre parthe. Son propre sang était donc engagé dans les destinées lagides, et Antoine choisit de mettre la carte lagide dans son jeu. Au cours de l'hiver 37-36, il dessina les grandes lignes d'un Orient romano-hellénistique qui remaniait celui de Pompée et de César, — mais aussi (et ceci est important pour l'appréciation de la valeur de cette œuvre) préfigurait l'Orient augustéen.

Du jour où les Romains avaient pris pied en Orient, ils avaient compris qu'une provincialisation totale outrepassait les capacités de Rome et de l'Italie et que le système des États clients était le moyen le plus économique d'assurer la protection de ce qu'on avait résolu d'annexer. Sans condamner cette politique, l'expérience en avait révélé les défauts. D'un côté, l'on était allé trop loin dans la provincialisation : la province de Cilicie-Chypre était un monstre géographique incohérent et rebelle à une saine administration ; quant au Pont, l'urbanisation de type hellénique qu'y avait imposée Pompée, étrangère aux traditions du pays, s'était révélée un échec. Ces deux provinces furent donc supprimées. De l'autre côté, les guerres civiles et l'invasion parthe de 40 avaient prouvé que la clientèle avait lié les dynastes plus à la personne et aux partisans de Pompée qu'à Rome même : problème de personnes, mais aussi de découpage géographique, dans la mesure où telles donations, qui avaient récompensé ou encouragé des allégeances personnelles, n'avaient plus de raisons d'être. Ces principes furent compris et posés par Antoine dès l'abord, et les solutions arrêtées en 37/6 procèdent de tâtonnements qui remontent à 41. Enfin, dans la situation mondiale de 37, dans la nécessité où était Antoine d'arrimer l'Égypte à la zone de ses intérêts sans affronter les complications que lui aurait values la déposition de la dynastie, il fallait faire leur part aux intérêts de celle-ci, ce qui ne se pouvait qu'en lui restituant certaines de ses anciennes possessions extérieures et n'allait pas, on le verra, sans certains avantages politiques réels.

Résumons donc les remaniements (parfaitement légaux, car avalisés d'avance par le Sénat) qui furent arrêtés à Antioche en 37/6.

En Anatolie, où ne sont maintenues que les provinces d'Asie et de Bithynie, Antoine retint trois royaumes clients, constitués principalement à partir du démembrement du royaume pompéien de Déiotaros (*supra*, p. 502), de celui de la province de Cilicie et de la suppression de la province du Pont. Ces royaumes, donnés à des hommes sûrs, étrangers aux familles régnantes, furent : le Pont, qui devait ultérieurement être étendu jusqu'à la Colchide ; la Galatie (s'étendant, par la Pisidie et la Lycaonie, jusqu'à la côte pamphylienne) ; et enfin l'ancienne Cappadoce. Il faut y ajouter quelques principautés mineures et des cités autonomes, particulièrement celles de la Confédération lycienne, toujours bien vivante. La Cilicie plane fut rattachée à la province de Syrie. Au Sud de celle-ci ne se maintiennent (outre des cités autonomes, grecques ou phéniciennes) que deux États importants : la Nabatène, cependant amputée au profit de l'Égypte, et surtout la Judée d'Hérode, qu'Antoine défendit opiniâtrement contre les revendications de Cléopatre : car cette Judée est une enclave dans les territoires syriens qu'Antoine a restitués à l'Égypte, à savoir principalement la principauté ituréenne de Chalcis et la partie centrale de la côte phénicienne. Cléopatre eût naturellement souhaité la restauration intégrale de l'ancienne Cœlé-Syrie et Phénicie ptolémaïque : elle ne l'obtint jamais et ses relations restèrent tendues avec Hérode, protégé par Antoine. Outre ces territoires syriens et Chypre — que César déjà avait détachée de la Cilicie (*supra*, p. 532) — Cléopatre reçut une partie de la Cilicie Trachée, — plus la Cyrénaïque et une partie de la Crète. L'Égypte se taille donc la part du lion et ses possessions extérieures tendent à se rapprocher de ce qu'elles avaient été au IIIᵉ siècle dans cette zone.

Que signifient ces concessions à Alexandrie ? Qu'il s'agisse du prix d'un marché ne peut être nié. Pour sa guerre parthe, Antoine a besoin des ressources naturelles et financières de l'Égypte et, en cas de conflit avec Octavien, il lui faut par avance retenir l'Égypte de son côté. Ces choses-là se paient et, sans aller jusqu'au prix rêvé par Cléopatre, le prix qu'offre Antoine est, pour la reine, inespéré. Il y a, de plus, dans ce marché, un aspect de ce que nous appellerions aujourd'hui « coopération technique ». La guerre qui, vraisemblablement, éclatera entre Antoine et Octavien sera une guerre navale. Antoine, qui a cédé une partie de sa flotte à Octavien pour la lutte contre Sextus Pompée, doit reconstituer sa puissance navale. Dans l'ordre des urgences, cependant, les Parthes viennent d'abord et, plutôt que de disperser ses efforts, Antoine confie ses constructions navales à l'Égypte, qui avait été une grande puissance navale — à l'époque où elle possédait ces pays à bois que sont, précisément, la Phénicie, le Liban, Chypre, la Cilicie... Ces donations à Cléopatre n'étaient donc pas gratuites. De surcroît, Antoine n'était sans doute pas ignorant de certaines « leçons de l'histoire » : ces possessions extérieures qu'il restitue à l'Égypte avaient été un des facteurs de l'équilibre de cette région du monde méditerranéen au IIIᵉ siècle. Or, que cette époque fût, pour Antoine et Cléopatre, l'époque de référence par excellence n'est-il point attesté par le fait que le fils qui naquit de leurs retrouvailles fut appelé Ptolémée Philadelphe ?

L'on estime parfois — répétant la façon bien orchestrée de la propagande augustéenne — qu'en restaurant l'empire lagide, Antoine faisait litière des intérêts de Rome. Mais, outre que cela n'est pas certain (car Antoine se donnait une Égypte infiniment plus « utile » que n'avait été celle de Ptolémée Aulète, et militairement sans danger ; quant à la politique de donations, elle avait été inaugurée à Apamée...), l'on se demandera surtout où se cachaient, en 37/6, les « intérêts de Rome ». Qu'il le voulût ou non, Antoine, dans les circonstances données, ne pouvait agir qu'en fonction des intérêts d'Antoine. Contraint d'affronter le problème parthe, Antoine le faisait à partir d'une situation qui n'était ni celle d'un César parvenu au faîte de sa puissance, ni, bien moins encore, celle d'un Trajan. Si l'on reconnaît que sa situation était celle qu'elle était, l'on pourra, si l'on en a le loisir, tenter d'organiser l'Orient de 37/6 autrement qu'il ne le fit...

Sources : Sur les étapes préliminaires des remaniements de 37/6, on trouvera les sources dans les ouvrages mentionnés ci-dessous. Plut., *Ant.* 36 ; Dion Cass. XLIX, 32 ; Porphyre, *FGrH* 260 F 2 ; Jos., *AJ* XV, 79 ; 91 *qq.* (discussion *ap.* Buchheim, *o. c.*, pp. 69 *sqq.*) ; Str. XII, 3, 11 ; XIV, 5, 3 ; 6, 6 (confusion avec la donation de Chypre à Arsinoé par César).

Bibliographie complémentaire et notes : Il est certain qu'en considérant les choses rétrospectivement, l'automne de 37 apparaît comme « le point tournant de la carrière (d'Antoine), le début de sa rupture avec l'Ouest » (Tarn, *CAH* X, p. 66 ; cf. *JRS* XXII (1932)). Objectivement, mieux vaut dire qu'à son retour de Tarente, Antoine commence à agir dans la perspective d'une **rupture avec l'Occident,** rupture qu'il ne souhaitait certes pas, mais à laquelle allait rapidement l'acculer l'habileté cauteleuse d'Octavien (qui fait contraste avec la loyauté maladroite d'Antoine). La pleine appréciation de ce tournant ne serait possible que si l'on connaissait avec certitude la date du mariage d'Antoine et de Cléopâtre (dont la légitimité a d'ailleurs été mise en doute, surtout du point de vue du droit romain : cf. E. Volterra, *Festschr. f. W. Flume* (Cologne 1978), pp. 205 *sqq.* (*non vidi*)) ; mais ni TL, *Per.* CXXXI, ni Plut., *Dém.-Ant.* 4 ne permettent d'affirmer qu'il eut lieu en 37, comme le retient p. ex. Tarn, *l. c.* : la seule date certaine est celle de la répudiation d'Octavie, qui est de deux ans postérieure (*infra*, p. 549). Il n'est donc pas possible d'affirmer qu'Antoine est prince consort en Égypte dès 37, d'autant qu'il conserve la dignité triumvirale. Il est vrai que, marié ou non, son sort est lié à celui de Cléopâtre par leurs enfants. H. Seyrig, *Trésors du Levant...* (Paris 1973), p. 100 a attiré l'attention sur une émission de tétradrachmes (probablement à Antioche) d'Antoine et Cléopâtre, pièces qui « n'ont, proprement, ni droit ni revers qu'on puisse distinguer. Il y a là, semble-t-il, un procédé dont l'objet serait d'empêcher de reconnaître le vrai maître de la frappe. Ni Antoine, ni Cléopâtre ne peuvent être dits occuper le droit de la pièce, réservé au souverain, ou bien ils l'occupent tous les deux... ».

Sur l'**idéologie antonienne :** il n'est pas douteux que le nom d'Alexandre, donné *alors* (Plut., *Ant.* 36, 3) à son premier fils, fût destiné à symboliser les projets asiatiques en gestation. Quant aux épiclèses d'Hélios et de Sélènè, Tarn, *art. cit.*, pp. 144 *sqq.* et *CAH* X, pp. 68 *sqq.*, les a rapprochés du titre de « frère du soleil et de la lune » que portaient les rois parthes, et supposé qu'« Antoine, en annexant ces luminaires à sa propre famille, privait peut-être symboliquement » Orode II (ou son fils Phraate IV qui lui succède

vers ce moment : *infra*, p. 549) « des attributs surnaturels de sa royauté... ».
Il se peut. Tarn est allé plus loin : ayant cherché à démontrer (de façon
d'ailleurs fort séduisante) que l'enfant destiné à ramener l'âge d'or sur terre,
chanté par Virgile dans la 4ᵉ *Églogue*, était le fils attendu en vain du mariage
avec Octavie, il a supposé qu'Antoine, en 37, reporta toute cette idéologie
sur le fils que lui avait donné Cléopatre, fils destiné à devenir, dans le sens de
l'idéalisation d'Alexandre le Grand, le prince qui réconcilierait l'Occident
et l'Orient dans la loi et la justice. Cette interprétation suppose évidemment
que, pour Antoine, la rupture avec Octavien n'est pas seulement une possibilité, mais dès lors un fait acquis : on a vu toutefois que cela n'est pas
certain du tout.

Sur les **remaniements politiques et territoriaux de 37/6**, cf. notamment
R. SYME, *The Roman revolution*, pp. 259 *sqq.* (dans un esprit très favorable
aux capacités politiques d'Antoine — ce qui paraît plus juste que l'opinion
courante qui fait de lui un soudard sans intelligence — et qui, pp. 271 *sqq.*,
justifie les suppressions de provinces en soulignant l'absolue nécessité, pour
l'administration romaine, de restreindre les aires soumises à son contrôle
immédiat, surtout dans les régions économique les moins intéressantes) ;
BUCHHEIM, *o. c.*, pp. 49 *sqq.* (où sont étudiés, région par région, les antécédents des décisions de 37/6) ; plus particulièrement sur l'Anatolie : BROUGHTON,
ap. T. FRANK, *Surv.* IV, pp. 585 *sqq.* ; MAGIE, *RR*, pp. 433 *sqq.* ; une inscription publiée par J. POUILLOUX (que je ne connais que par J. & L. ROBERT,
Bull. 1973, n° 506) semble indiquer une réunification de Chypre et de la
Cilicie dès 38/7 (cf. encore T.B. MITFORD, *Rom. Cypr.*, ANRW II, 7, 2
(1980), pp. 1292 *sqq.*) ; sur la Cappadoce (donnée à un Archélaos sans doute
apparenté à celui dont il était question *supra*, p. 524), cf. R.D. SULLIVAN,
The dynasty of Capp., ANRW II, 7, 2 (1980), pp. 1151 *sqq.* ; sur la Syrie :
KAHRSTEDT, *Syr. Terr.*, pp. 104 *sqq.* ; BICKNELL, *Latomus* XXXVI (1977),
pp. 339 *sqq.* note que tous ces remaniements ne se firent pas d'un seul
coup : ils purent couvrir les années 36-34 ; sur la situation particulière, et
difficile à interpréter, de Ptolémaïs-Akè, cf. H. SEYRIG, *Le monnayage de
Ptolémaïs de Phénicie*, RN IV (1962), p. 35. Si Cléopatre n'obtint jamais
la Judée, Antoine contraignit Hérode à lui verser les revenus du territoire
de Jéricho. — Pour ce qui est de la Cyrénaïque et d'une partie de la
Crète, G. PERL, *Die röm. Provinzbeamten...*, *Klio* LII (1970), pp. 319 *sqq.*
a montré que ce n'est qu'alors que ces deux provinces furent temporairement
réunies sous un même gouverneur — mais il s'agit de représentants personnels
d'Antoine et Cléopatre, non de magistrats romains.

Sur les orageuses relations entre **Cléopatre et Hérode**, qui se mêlent étroitement aux querelles internes de la Judée et que nous n'analyserons pas ici,
cf. ABEL, *o. c.* I, pp. 347 *sqq.* ; JONES, *o. c.*, pp. 49 *sqq.*

En ce qui concerne la **position de l'Égypte** dans cet Orient réorganisé,
SYME, *o. c.*, p. 261, écrit qu' « il ne faudrait pas considérer l'Égypte comme
prédominante et à part, mais comme un anneau dans une chaîne de royaumes
qui courait jusqu'au Pont au Nord et jusqu'à la Thrace à l'Ouest, insérée
entre, ou protégeant sur leur front et leur flanc les provinces romaines de
Syrie, de Bithynie, d'Asie et de Macédoine ». Certes — et c'était là déjà
la politique de Pompée (*supra*, p. 515) — mais, en ce qui concerne précisément l'Égypte, c'est une vue un peu courte des choses. Comme ses prédécesseurs (et comme ses successeurs), Antoine pouvait en user très librement
à l'égard de tous les royaumes — sauf de l'Égypte, qu'il lui faut ménager,
qu'il ne peut ménager qu'en l'accroissant, et dont les souverains sont les
seuls de tout l'Orient à n'être pas ses créatures et à ne pouvoir être remplacés,
comme ailleurs, par de ses créatures — ou par un gouverneur romain (la
position d'Octavien en 30 sera totalement différente). Au risque d'un parallèle
hasardeux, on pourrait avancer que l'ensemble des problèmes orientaux

auxquels est affronté Antoine n'est pas sans quelque analogie avec les problèmes posés par l'Europe napoléonienne. Et de même des solutions — *mutatis multis mutandis...*

b) *Antoine, les Parthes et l'ébauche d'un Orient lagide (36-31)*

Restait en effet le problème parthe, qu'Antoine avait plus particulièrement pour mission de régler. Nos sources donnent à cette entreprise des mobiles de prestige : venger la défaite de Crassus en obtenant la restitution des enseignes du vaincu de 53 ; châtier les Parthes pour l'appui apporté aux anti-césariens. Mais, dans la situation où se trouve Antoine à partir de 37, il s'agit surtout d'autre chose. Alors que Crassus avait paru vouloir faire, sinon de l'empire parthe, du moins de ses provinces mésopotamiennes, ce que César faisait au même moment de la Gaule, c'est-à-dire la base de son pouvoir personnel, Antoine paraît plutôt avoir cherché à tenir les Parthes en respect et à obtenir éventuellement d'eux un acte d'allégeance, en prolongeant sur leur flanc Nord la chaîne des États clients. Les circonstances lui offraient des possibilités de manœuvre inespérées : la manière, en effet, dont Phraate IV s'empara du pouvoir après la disparition de son frère, le prince héritier Pacoros (*supra*, p. 541), souleva une vive opposition nobiliaire dont le chef, Monaèsès, vint demander l'appui romain. Antoine, dont la diplomatie était le point faible, agit avec assez de maladresse pour ressouder l'unité parthe autour de Phraate IV.

Peu importe le détail de ses campagnes, qui furent malheureuses et n'aboutirent qu'à des résultats limités. Celle de 36, par l'Arménie (où stationnaient les légions qui, l'année précédente, avaient poussé de Commagène jusque dans les régions subcaucasiennes où avait déjà opéré Pompée) et la Médie Atropatène, se termina en débâcle. En 35, Antoine est retenu sur les bords de la Méditerranée : il lui faut reconstituer ses forces (et l'Égypte y contribue) ; il lui faut aussi se défaire de Sextus Pompée qui, battu en Sicile, s'était replié sur l'Asie Mineure ; il lui faut enfin prendre une grave décision : Octavien, à Tarente, s'était engagé à lui fournir 20 000 hommes contre les Parthes, et ne lui en envoie à présent que 2 000 — mais conduits par Octavie. Antoine était ainsi invité à reprendre son épouse romaine, donc à rompre avec Cléopatre : ce fut avec Octavien qu'il rompit, en répudiant Octavie. La guerre civile passa dès lors du domaine des possibilités à celui des certitudes. Antoine n'en consacre pas moins l'année 34 à une nouvelle campagne d'Arménie : le pays, dont le roi Artavasde l'avait trahi en 36, fut rédigé en province ; puis une alliance fut conclue avec le roi de Médie Atropatène, dont la fille unique fut fiancée à Alexandre Hélios (33). Politiquement, l'échec de 36 était réparé jusqu'à un certain point, et les Parthes ne devaient d'ailleurs pas se montrer agressifs dans les années suivantes.

Mais il fallait désormais regarder vers l'Ouest. La rupture avec l'Occident rendait la position de Cléopatre singulièrement forte à l'égard d'Antoine. N'ayant désormais aucun espoir de rentrer à Rome en associé d'Octavien, et guère espoir d'y rentrer en vainqueur d'une Italie où la propagande adverse se déchaîne contre sa « trahison » au profit de la « royale courtisane », Antoine modifie le système politique qu'il avait édifié en 37/6 dans une perspective encore romaine, et en fait une sorte d'empire fédéral ptolémaïque, avec Alexandrie pour centre. A l'automne de 34, après la seconde campagne d'Arménie, un curieux triomphe dionysiaque, où le Sérapeion d'Alexandrie tient la place du Capitole romain, préluda à une cérémonie où fut annoncé l'ordre nouveau : Cléopatre était proclamée « Reine des Rois », Ptolémée Césarion, son corégent, « Roi des Rois », cependant que de vastes royaumes satellites étaient taillés pour les autres jeunes princes dans l'Orient romain — et même non romain : Alexandre Hélios était destiné à régner sur l'Arménie et sur tous les pays sis à l'Est de l'Euphrate (c'est-à-dire sur l'empire parthe !) ; Ptolémée Philadelphe sur tous les pays sis à l'Ouest de l'Euphrate, de l'Hellespont à la Phénicie (sorte de reconstitution de l'empire séleucide, mais sous une forme que celui-ci n'avait jamais connue) ; Cléopatre Sélènè enfin recevait la Libye et la Cyrénaïque. Antoine n'assumait aucune dignité particulière.

Si Antoine n'avait cherché d'abord, comme César, qu'à utiliser l'Égypte au profit de sa conception de l'Orient romain, si Cléopatre, de son côté, avait cherché à utiliser Antoine (comme elle avait fait de César) au profit de ses rêves de restauration de l'empire lagide, voire, à la fin, de monarchie universelle, ils étaient désormais embarqués sur la même galère et nous ne les suivrons pas, ici, sur le chemin de leur commun naufrage.

SOURCES : Affaires parthes : PLUT., *Ant.* 37-52 ; DION CASS. XLIX, 23-31 ; 33 ; 39-40, 2 ; 44 ; JUST. XLII, 4,11-5,3. Triomphe d'Alexandrie et donations dynastiques : PLUT., *Ant.* 54, 3-6 ; DION CASS. XLIX, 40,3-41,3.

BIBLIOGRAPHIE COMPLÉMENTAIRE ET NOTES : Sur la **politique parthe d'Antoine,** cf. BUCHHEIM, *o. c.*, pp. 72 *sqq.* ; 90 *sq.* ; TIMPE, *l. c.* ; BENGTSON, *SBAW Munich* 1974/1 ; A.S. SCHIEBER, *Antony and Parthia*, *Riv. St. dell' Ant.* IX (1979), pp. 105 *sqq.* Sur le monnayage de Phraate IV, l'article de SIMONETTA, *Riv. It. Num.* XXIV (1976), pp. 19 *sqq.* concerne la période postérieure à Actium.

Une appréciation objective des **événements d'Alexandrie en 34** est rendue très difficile du fait que nos sources sont inspirées par la propagande augustéenne qui, naturellement, chercha à concentrer la colère de toute l'Italie sur la seule personne de l'« Égyptienne ». Il y eut, bien entendu, une propagande de sens contraire, faisant usage de l'arsenal conceptuel que le culte monarchique, de même que certaines mystiques, avaient considérablement développé au cours de la dernière période des monarchie hellénistiques : cf. TAEGER, *Charisma* II, pp. 93 *sqq.* De cette propagande anti-octavienne à l'usage de l'Orient, W.W. TARN, *art. cit., JRS* XXII (1932), pp. 135 *sqq.* et H. JEANMAIRE, *Le règne de la Femme des derniers jours et le rajeunissement du monde..., Mél. Cumont* (Bruxelles 1935) II, pp. 297 *sqq.*, ont recherché les traces dans les *Oracles Sibyllins* : « Autour de 33, écrivait Tarn, deux types de prophéties avaient cours en Orient, fondés tous deux sur la conviction que Cléopatre vaincrait Rome ; dans les prophéties juives... sa victoire serait le signal de la fin d'une période cosmique, au sein d'une furieuse conflagration que suivrait le règne du Messie ; dans la prophétie grecque, sa victoire serait suivie par un âge d'or et de réconciliation et elle est associée de façon bien définie à la fois à Alexandre et au grand État solaire de Iamboulos ». Ces hypothèses ont été critiquées notamment par V. NIKIPROVETZKY, *La Troisième Sibylle* (Paris 1970), pp. 144 *sqq.* L'oracle grec auquel fait allusion Tarn est *OS* III, 350 *sqq.*, souvent attribué à l'époque de la guerre mithridatique (cf. encore, contre Tarn, H. FUCHS, *Der geistige Widerstand gegen Rom* (1938), pp. 8 ; 35 *sq.* ; dans le même sens que Tarn, S.K. EDDY, *The King is dead*, p. 323, au terme de deux pages beaucoup trop schématiques sur la politique de Cléopatre et d'Antoine).

La principale équivoque du système antonien réside évidemment dans la **position personnelle d'Antoine**, non définie, comme le souligne TARN, *CAH* X, pp. 80 *sqq.*, parce qu'indéfinissable : pour les Romains qui l'entourent, il ne peut prendre le diadème — mais pour les Orientaux, il ne peut plus jouer le rôle du magistrat représentant de la puissance protectrice. On lira avec attention, mais non sans esprit critique, les pages en question de Tarn, où le grand historien fait en réalité fonder l'empire romain (dans sa totalité) par Antoine. Des monnaies de cette dernière période laissent toutefois le premier plan à la reine (*Cleopatrae reginae regum filiorum regum*), Antoine n'y portant que son nom, plus une allusion à la campagne de 34 (*Armenia devicta*). Mais il semble douteux que la monnaie d'Antoine et Cléopatre, issue d'un atelier phénicien inconnu et étudiée par T.V. BUTTREY Jr., *Thea Neotera on coins of Ant. and Cleop., ANS-MN* VI (1954), pp. 95 *sqq.*, puisse dater de 34, du fait de la titulature romaine régulière d'Antoine ; d'autre part, s'il est vrai que *Kleopatra Thea Neotera* n'a pas d'autre sens que « Cléopatre Théa II » (pour la distinguer de la fille de Ptolémée VI, qui avait aussi régné en Phénicie), on observera que le partage de 34 donne la Phénicie au petit Ptolémée Philadelphe, et non à Cléopatre elle-même. Ce trétadrachme me paraît mieux convenir aux arrangements de 37/6.

7° ÉPILOGUE

Actium ne règle pas d'un coup tous les problèmes pendants. Sans doute la force militaire rassemblée de 33 à 31 par Antoine est-elle brisée ; sans doute l'Italie voit-elle avec soulagement — *nunc est bibendum...* — se dissiper le péril « égyptien » que la propagande octavienne avait habilement amplifié. Mais Cléopatre est toujours de ce monde (Antoine aussi, d'ailleurs, mais c'est moins grave) et sa dynastie avec elle. L'éternelle question continue donc de se poser : que faire de l'Égypte ? L'année qui s'écoule avant que le rideau ne tombe sur le dernier acte de l'histoire lagide est exposée partout : la fuite, l'abandon des derniers partisans, les derniers mois de vie alexandrine, où les « inimitables » deviennent les *synapothanoumènes* (le « club des morts en sursis »), les derniers combats, les dernières négociations — et enfin le fait capital, quelle qu'en ait été la nature exacte : la mort de Cléopatre, qui débarrasse Octavien de la dynastie — tous ses enfants n'étant, du point de vue de l'héritier de César, que bâtards. En ce printemps de 30, Octavien peut enfin résoudre simplement le vieux problème égyptien, non point en rattachant le pays *imperio Populi Romani*, comme il s'en vante dans les *Res Gestae, 27*, mais en le gardant par-devers lui. C'est-à-dire en se substituant aux Ptolémées.

La solution n'était pas neuve, ayant déjà été celle d'Alexandre. Si bien que l'histoire de l'Égypte lagide s'inscrit entre deux périodes, non point de provincialisation, mais de réduction à l'état de domaine privé d'un souverain étranger (ce qu'Octavien est dès lors en fait), au rang de « colonie d'exploitation » au profit de la cassette personnelle de ce souverain. La différence, irrémédiable pour l'Égypte de 30, gît dans le fait qu'en 332, l'annexion de l'Égypte par Alexandre s'était située au début d'une ère de conquêtes que la mort prématurée d'un conquérant sans héritier avait fait tourner court, alors qu'en 30 la réception de l'Égypte par Octavien se place au terme d'un siècle d'expansion romaine en Orient, d'une expansion que les guerres civiles n'ont pas réussi à ruiner, et à un moment où, contrairement à ce qui s'était passé trois siècles plus tôt, l'Empire nouveau sort de la période des improvisations pour entrer dans son ère de stabilisation et d'organisation, à laquelle il est juste de souligner (comme Octavien devait le reconnaître dans les faits) qu'Antoine avait apporté sa contribution lucide. Situation qui ne laisse à l'Égypte des Ptolémées, dernier État hellénistique à disparaître, aucune chance de résurrection.

BIBLIOGRAPHIE COMPLÉMENTAIRE ET NOTES : Sur les **mesures économiques d'urgence** prise par Cléopatre après Actium, cf. *supra*, p. 539.

Les problèmes posés par la **mort de Cléopatre** ont été débattus partout : cf. STÄHELIN, s. v. *Kleopatra 20*, *PW* XI (1921), coll. 777 *sq.* (sources) ; BOUCHÉ-LECLERCQ, *Lag.* II, pp. 339 *sqq.* (sources) ; BEVAN, *Hist. des Lag.*, pp. 425 *sq.*, ainsi que tous les ouvrages cités de MACURDY, KORNEMANN, VOLKMANN, etc. Le problème devait être abordé du point de vue égyptologique, et l'a été par W. SPIEGELBERG, *Weshalb wählte Kl. den Tod durch*

Schlangenbiss ? SB d. Bayer. Akad. 1925/II, pp. 3 *sqq.,* qui a montré que la morsure de l'uraeus, serpent d'Amon-Rè, passait pour conférer l'immortalité et la divinité à sa victime. La mort de Cléopatre aurait donc eu un aspect rituel que les auteurs gréco-latins ne comprirent pas. Si cette interprétation est exacte, elle aurait de surcroît l'intérêt de confirmer encore (et de quelle confirmation !) l'adhésion de Cléopatre aux conceptions nationales égyptiennes (cf. *supra,* p. 539).

Quel fut le **sort des enfants de Cléopatre ?** Césarion, qu'Antoine avait encore solennellement proclamé fils de César en 34 (contre Octavien, qui n'était que fils adoptif !), ne pouvait survivre et fut mis à mort (PLUT., *Ant.* 81, 2 ; DION CASS. LI, 15, 5 ; SUÉT., *Aug.* 17) ; Alexandre Hélios et Cléopatre Sélènè ornèrent le triomphe d'Octavien en 29 (DION CASS. LI, 21, 8) ; le sort ultérieur d'Alexandre nous échappe, mais Cléopatre fut mariée à Juba de Maurétanie, ce qui nous a valu le remarquable buste de sa mère trouvé à Cherchell (*supra,* p. 530). On ne sait trop ce que devint Ptolémée Philadelphe, qui vécut peut-être obscurément.

Revenons ici une dernière fois aux études de E.A.E. REYMOND & J.W.B. BARNS, *Orientalia* XLVI (1977) : avant analysé les destinées de la dynastie princière et sacerdotale de Memphis, dont on a vu les liens matrimoniaux (certains ou probables) noués avec la famille royale à partir de Ptolémée VIII, les auteurs notent que le dernier représentant de la famille memphite meurt, encore adolescent, quelques jours avant Cléopatre (p. 14) : comme l'élimination, accomplie ou résolue, de la dynastie lagide, pouvait faire de ce jeune Grand-Prêtre, dans les veines duquel coulait du sang ptolémaïque, un éventuel prétendant au trône, il serait assez plausible qu'il fut assassiné (p. 23 ; 30).

L'organisation augustéenne de l'Orient n'est plus notre affaire ici ; mais il est bon de rappeler que, sauf sur quelques points où c'était évidemment impossible (les possessions extérieures lagides, p. ex.), Auguste recepta assez largement l'œuvre de son rival (cf. SYME, *o. c.,* pp. 300 *sq.* ; MAGIE, *RR,* pp. 442 *sqq.* ; BROUGHTON, *o. c.,* pp. 593 *sq.*), de même qu'il poursuivit prudemment sa politique parthe (cf. TIMPE, *l. c.,* pp. 126 *sqq.*).

INDEX ALPHABÉTIQUE GÉNÉRAL

N. B. — Les références non précédées d'une indication de tome sont au tome premier (sauf dans le cas d'une série continue précédée du chiffre II). Les références en *italiques* sont aux notes.

A

ABDÈRE : libre en 167 : II, 282 *sq.*

ABYDOS : atelier monétaire séleuc. : 247 (Ant. II) ; 298 (Ant. Hiérax) ; Phil. V à *A.* : II, 133 *sqq.* ; 149 ; 166 ; à Ant. III : II, 182 *sq.*

ABROUPOLIS, roi des Sapéens, et Persée : II, 257 ; *259* ; 265 ; 268 *sq.*

ACARNANIE, ACARNANIENS, confédération acarnanienne : l'*A.*, les Étoliens et l'Épire : 217 ; *219* ; *227* ; la c.a. en 283 : *203* ; partagée entre les Étoliens et Alexandre II d'Épire : *323* ; envahie par les Étoliens : 344 *sqq.* ; prétendu appel des A. à Rome : *348* ; l'*A.* et les Illyriens : 352 ; 355 ; membre de la ligue hellénique de Dôsôn : 389 ; 391 ; l'*A.* et le traité romano-étolien : II, 88 *sq.* ; et la paix de Phoinikè : II, 95 *sqq.* ; et Philippe V : II, 130 ; et la guerre antiochique : II, 205 *sq* ; et la 3e gu. de Mac. : II, 272 *sq* ; après Pydna : II, 385 ; après la gu. d'Achaïe : II, 396.

ACHAÏE, ACHAIENS, confédération achaienne : débarquement de Pyrrhos en *A.* : 214 ; dans la gu. chrémonid. : 221 ; Sicyone adhère à la c.a. : 319 ; alliance de la c.a. avec Alexandre f. de Cratère : 320 *sq.* ; expansion de la c.a. dans le Péloponn. : 329 *sqq.* ; 364 *sqq.* ; l'*A.* envahie par les Étoliens : 335 ; les A. dans la gu. démétriaque : 344 *sqq.* ; alliés des Étoliens contre les Illyriens : 355 ; première ambass. rom. en *A.* : 357 ; les A. en Mégaride : 362 ; Athènes refuse d'adhérer à la c.a. : 362 *sq.* ; les A. et Cléomène : 372 *sq.* ; 378 *sq.* ; l'alliance a.-macédonienne : 380 *sqq.* ; la c.a. membre de la ligue de Dôsôn : 389 ; ses acquisitions territ. après Sellasie : *401* ; les A. et la gu. des Alliés : II, 71 *sqq.* ; et la 1re gu. de Mac. : II, 90 *sqq.* ; et la paix de Phoinikè : II, 95 *sqq.* ; leur hostilité envers Ph. V : II, 103 *sq.* ; et l'ambass. rom. de 200 : II, 132 ; et la 2e gu. de Mac. : II, 150 *sqq.* ; l'alliance rom.-achaienne : II, 155 *sq.* ; 205 ; les A. et Flamininus : II, 208 ; leur conflit avec Sparte : II, 242 *sq.* ; avec les Messéniens : II, 243 ; avec les Béotiens : II, 246 ; la c.a. et Persée : II, 259 *sq.* ; et la 3e gu. de Mac. : II, 271 ; la c.a. et Eumène II : II, *212* ; *287* ; et Pt. V : II, 302 ; et la 6e gu. de Syrie : II, 321 ; après Pydna : II, 284 ; retour des bannis a. : II, 386 ; la c.a. refuse d'intervenir contre des pirates crétois : II, 383 ; *387* ; renforts a. contre Andriskos : II, 388 ; origines de la gu. d'*A.* : II, 390 *sqq.* ; après la gu. d'*A.* : II, 396 ; *398*.

ACHAÏE PHTHIOTIDE : dans la conf. étol. (?) : *349* ; revendications étol. en 197/6 : II, 161 ; libre en 196 : II, 169 *sq.* ; en partie réoccupée par Ph. V : II, 251.

ANTIOCHOS IV ÉPIPHANE, f. cadet d'A. III : naissance : II, *304* ; otage à Rome : II, 215 ; 303 ; 307 ; *366* ; avènement : II, 261 ; 291 ; 304 *sqq.* ; 330 ; 365 ; descendance : II, *305* ; *376* ; *406* ; personnalité : II, 306 *sqq.* ; 345 *sq.* ; titres cultuels et culte royal : II, *308* ; *311* ; entente avec Pergame : II, 304 *sq.* ; 308 *sq.* ; 346 *sqq.* ; 380 ; politique hellénique : II, 310 *sq.* ; *339 sq.* ; *348* ; A. et l'Égypte : II, 232 ; *266* ; 269 ; 274 *sq.* ; 301 ; 309 ; 311-325 ; ambass. à Alexandrie en 175/4 : II, 313 ; *315* ; projets égypt. d'A. : II, 313 *sqq.* ; ambass. rom. auprès d'A. en 172 : II, 314 ; ambassades d'A. à Rome : II, 275 ; 316 ; 320 ; 345 *sq.* ; première campagne d'Égypte : II, 316 *sqq.* ; négoc. de 169 : II, 317 ; contacts macédoniens : II, 276 ; A. couronné Pharaon (?) : II, 317 ; *319* ; 322 ; siège d'Alexandrie : II, 317 ; retour en Syrie : II, 317 ; seconde campagne d'Égypte : II, 320 *sqq.* ; mission de Popilius Laenas : II, 297 ; 322 *sqq.* ; capitulation d'A. : II, 322 *sqq.* ; 360 ; A. et les Juifs : II, 317 *sq.* ; 326-344 ; confie le Gd Pontificat à Jason : II, 334 *sq.* ; premier passage à Jérusalem en 174 : II, 335 ; confiscation des trésors du Temple en 169 : II, 337 ; pillage de Jérusalem et install. d'une garnison en 168 : II, 283 ; *340* ; édit de persécution de 167 : II, 338 ; *412* ; A. et le culte de Zeus Olympien : II, *308* ; 311 ; 338 *sqq.* ; échec de la répression, paix : II, 342 *sqq.* ; 369 ; fêtes de Daphnè : II, 345 *sqq.* ; *351* ; mission rom. à Antioche : II, 346 *sq.* ; A. et l'Iran : II, 309 ; 314 ; 341 ; 345 *sq.* ; 349 ; *351 sq.* ; 352 *sqq.* ; *400* ; *403* ; *409* ; mort : II, *240* ; 353 ; *354* ; succession : II, 365 ; monnayage posthume : II, *378*.

ANTIOCHOS, f. ou neveu du précédent, passagèrement son corégent : II, *305*.

ANTIOCHOS V, f. d'A. IV : II, 342 *sq.* ; 353 ; 366 *sq.*

ANTIOCHOS VI, f. de Balas : II, 404 *sq.*

ANTIOCHOS VII SIDÈTÈS, f. de Démétrios Ier : élimine Diodote Tryphôn : II, 410 ; A. et les Juifs : II, 411 *sqq.* ; *450 sq.* ; et les Parthes : II, 413 *sqq.* ; père d'Antiochos IX : II, 446.

ANTIOCHOS VIII GRYPOS, f. de Démétrios II et de Cléopâtre Théa, marié à Cléop. Tryphaina : II, 435 ; 446 *sqq.* ; monnaies : II, *454* ; donne la liberté à Séleucie de Piérie : II, 455 ; et la lutte contre les pirates : II, 465.

ANTIOCHOS IX CYZICÈNE, demi-frère du préc. : II, 446 *sqq.* ; *450* ; *456* ; 465.

ANTIOCHOS X, f. du préc. : II, 446 *sq.* ; 452.

ANTIOCHOS XI, f. d'A. VIII : II, 446 *sq.*

ANTIOCHOS XII, frère du préc. : II, 446 *sq.* ; campagne contre les Juifs et les Nabatéens : II, 450.

ANTIOCHOS XIII, dit « l'Asiatique », f. d'un des préc. (?) : rétabli par Lucullus : II, 496 ; 505 ; 509 *sq.* ; disparaît, et la dynastie avec lui : II, 509.

ANTIOCHOS, gouv. lagide de Cilicie : *253* ; *259*.

ANTIOCHOS Ier de Commagène : II, *497 sq.*

ANTIPATER, Iduméen, conseiller d'Hyrcan II : II, 513 *sqq.* ; père d'Hérode le Grand : II, *515* ; césarien, devient procurateur de Judée : II, *534*.

ANTIPATROS, stratège de Macéd. : 22 *sqq.* ; dans la gu. lamiaque : 30 *sqq.* ; sa politique matrimoniale : 34 ; contre Perdiccas : 36 *sqq* ; *épimélète* des rois : 40 *sqq.* ; sa mort : 46.

ANTIPATROS, petit-f. du préc., f. de Cassandre, évincé du trône par Dém. Poliorc. : 90.

ANTIPATROS, neveu de Cassandre, success. éphémère de Ptol. Kéraunos : 106 ; éliminé par Gonatas : 209.

ANTIPATROS, cousin d'Ant. III, plénipotentiaire après Raphia : II, *39* ; après Magnésie : II, 215 *sq.*

ANTIPATROS, arch. ath. : *225.*

ANTONIUS (M.), campagne de 102 contre les pirates : II, 465 *sq.*

ANTONIUS (M.) dit *Creticus,* f. du préc. : titulaire de l'*imperium infinitum* contre les pirates, battu par les Crétois : II, 488 *sq.* ; *493* ; 499.

ANTONIUS (M.) (Antoine), f. du préc. : tradition relative à A. faussée par la propagande augustéenne : II, *530* ; 537 ; 547 ; 550 ; l'Égypte dans sa politique : II, 537 ; 544 *sqq.* ; réorganise l'Orient après Philippes : II, 540 ; *542* ; 543 *sqq.* ; 550 *sq.* ; 552 ; sa politique parthe : II, 541 ; 544 *sqq.* ; 549 *sqq.* ; date de son mariage avec Cléop. VII : *547* ; sa rupture avec Octavien : II, 549 *sq.*

AOOS, fl. d'Illyrie : expansion illyrienne dans le bassin de l'*A.* : 352 ; positions de Ph. V en 198 : II, 151 ; tournées par les Rom. : II, 155 ; le bassin de l'*A.* dans le règlement de 167 : II, *281.* cf. *ATINTANIE.*

APAMA ou APAMÈ, fille de Spitaménès, ép. de Séleucos Iᵉʳ : 273.

APAMÈ, fille d'Antiochos Iᵉʳ, épouse de Magas : *146* ; 244 ; 273.

APAMÈ, sœur de Persée, ép. de Prusias II : II, 261.

APAMÉE de Syrie : base militaire : 140 *sq* ; monnaies : *312* (Sél. II) ; *314* (Sél. III) ; II, *458* (municip., sous Tigrane).

Apamée (paix d'-) : II, 56 ; *183* ; 221 *sqq.* ; 301 *sq.* ; 303 ; 307 ; 309 ; 313 ; 322 ; *325* ; 350 365 ; 523 ; 547.

APAORTÉNON, APAUARKTIKÈNE, APAUORTÈNE (Khorassan) : *312.*

APARNOI : un des noms prêtés aux Parnes par la trad. : *307 sq.*

APASIAKAI, Scythes d'Asie Centrale : 309 ; *312.*

APELLE, conseiller de Ph. V : II, 70 ; *74.*

APÉRANTIE, laissée aux Étol. en 189 : II, 217.

APHRODISION de Pergame : victoire d'Attale sur Hiérax : *297.*

APHRODITE STRATONIKIS (sanctuaire d'- à Smyrne), *asylos* : 257 *sq.*

APION : cf. PTOLÉMÉE -.

APOLLODORE d'Artémita, historien : *306* ; II, *350.*

APOLLODORE, tyran de Cassandreia, chassé par Gonatas : 209 ; *328.*

APOLLODOTE, roi gréco-bactrien : II, 401.

APOLLONIE d'Illyrie : et les Rom. en 228 : 356 ; et Ph. V : II, 80 ; 85 ; et les Rom. en 200 : II, 150.

APOLLONIE du Pont, rattachée au royaume du Pont : II, *472.*

APOLLONIE de la Salbakè, et les Rhod. après Apamée : II, *229.*

APOLLONIOS, *dioecète* de Ptol. II : 153 ; *178* ; 180 ; *189* ; *242* ; 244 *sq.* ; II, *331.*

APULIE : Pyrrhos en *A.* : 125.

AQUILIUS (M'), vainqueur d'Aristonikos, créateur de la prov. rom. d'Asie : II, 420.

AQUILIUS (M'), f. du préc. (?) : ses respons. dans le déclenchement de la gu. mithrid. : II, 474 *sqq.* ; livré à Mithrid. : II, *487.*

ARABES : II, 365 ; 448 *sqq.* ; 455 *sq.* ; 458 ; 505 ; 509 *sq.* ; Cf. aussi IDU-MÉENS, ITURÉENS, LIHYANITES, MINÉENS, NABATÉENS, SABÉENS.

AULÈTE : cf. PTOLÉMÉE XII.

AURELIUS COTTA (M.), premier gouv. de Bithynie, battu par Mithridate : II, 492 *sq.*

AURELIUS ORESTES (L.), légat auprès des Achaiens : II, 391.

AUSCULUM (bataille d' -) : 125 *sq.*

AUTHARIATES : II, *94.*

AXIOS (Vardar) : 105 ; II, 279.

B

BABYLONE, capitale d'Alexandre : 19 *sq.* ; 41 ; abandonnée comme capitale : 267 ; Ptol. III à *B.* (?) : 252 ; Sél. II reconnu à *B.* : 252 ; *258* ; Ant. IV et *B.* : II, *351* ; Démétrios Ier et *B.* : II, *367* ; *B.* sous Hyspaosinès : II, *416* ; 452 ; monnayage : 48 ; 74 ; 76.

BABYLONIE : satrapie de Séleucos : 41 ; prise par Ant. le Borgne : 54 ; reconquise par Sél. : 66 ; attaquée par Ptol. II : 146 *sq.* ; et Antiochos Ier : 267 *sqq.* ; et Sél. II : 308 ; Timarque en *B.* : II, 368 *sq.* ; les Parthes en *B.* : II, 407 *sqq.* ; reconquise par Démétrios II : II, 407 ; par Ant. VII : II, 413 ; par les Parthes : II, 414 *sq.*

BACCHIDÈS, ministre du sél. Démétrios Ier : II, 369 *sq.*

BACCHÔN, *nésiarque :* 96.

BACTRES : site : 289 ; monnayage de Sél. Ier : *81* ; d'Ant. Ier : *271* ; de Diodote : 283 ; *288* ; siège de *B.* par Ant. III : II, 58 *sqq.* ; 67.

BACTRIANE, BACTRIENS : Grecs de *B.* en 323 : 28 *sq.* ; Ant. Ier et la *B.* : 147 ; 271 *sq.* ; *278* ; et Ptol. III : 251 *sq.* ; mouvements anti-sél. : 275 ; 295 ; civilis. gréco-bactr. : 284 *sq.* ; *289* ; émancipation de Diodote Ier : 301 *sqq.* ; Diodote II : 309 *sq.* ; Euthydème, II, 51 *sq.* ; campagne d'Ant. III : II, 58 *sqq.* ; après l'Anabase, Eucratidès : II, 349 *sqq.* ; *401* ; après Eucratidès : II, 401 *sq.* ; appuie Démétr. II contre les Parthes (?) : II, 407 ; conquise par les nomades : II, 414 *sq.*

BAEBIUS (M.), en renfort contre Ant. III : II, 206.

BAGADAT, prince d'Istakhr : 279.

BAITOKAIKÈ, asylos : II, *456.*

BAMBYKÈ : II, *355.*

BARGYLIA : Ph. V enfermé dans *B.* : II, 125 *sq.* ; 130 ; sa liberté exigée par le SC de 196 : II, 166.

BASTARNES : et les Dardaniens : 353 ; et Ph. V : II, 252 ; et Persée : II, *274* ; et Mithridate Eupatôr : II, *476.*

BENEVENT (MALEVENTUM) (bataille de -) : 130.

BÉOTIE, BÉOTIENS, confédération béotienne : contre Dém. Pol. : 90 *sqq.* ; et les Celtes : 106 ; mouvements antimacéd. : 108 ; expansion en Grèce Centrale après 272 : 217 *sqq.* ; alliés aux Achaiens, battus par les Étol. : 320 *sq.* ; envahie par les Étol. : 335 ; dans la gu. démétriaque : 346 ; 353 ; et Dôsôn : 362 *sqq.* ; *377* ; *388* ; dans la ligue hellénique : 389 ; neutralité dans la gu. des Alliés : II, *75* ; et la paix de Phoinikè : II, 95 *sq.* ; alliance rom. : II, 159 ; *164* ; dans la gu. antiochique : II, 205 ; alliés de Persée : II, 263 ;

et la 3ᵉ gu. de Macéd. : II, *271* ; 272 *sq.* ; après Pydna : II, 282 *sq.* ; 385 ; et la gu. d'Achaïe : II, 393 ; 396 ; dans la gu. mithridat. : II, 481 *sq.*

BÉRÉE (de Macédoine) : *211.*

BÉRÉNICE, maîtresse, puis épouse de Ptol Iᵉʳ : *88.*

BÉRÉNICE, f. de Ptol. II, ép. Ant. II : *238* ; 239 ; et la gu. laodicéenne : 249 *sqq.*

BÉRÉNICE, f. de Magas de Cyrène, ép. Ptol. III : *244* ; assassinée : II, 27 *sq.* ; cf. II, *431.*

BÉRÉNICE, f. de Ptol. XII : II, 523 *sq.*

BÉRÉNIKÈ de Cyrénaïque : II, *490.*

BÉRYTE : monnaies : *74* ; sous Tigrane : II, *458.*

BETHSOUR, vict. de Judas Maccabée : II, 341.

BITHYNIE : Antig. le Borgne en *B.* : *55* ; indépend. : *99* ; 137 *sq.* ; dans la « ligue du Nord », contre Ant. Iᵉʳ : 142 *sq.* ; intérêts maritimes : 184 ; — Cf. ensuite ZIPOITÈS, ZIAÉLAS, NICOMÈDE I à IV, PRUSIAS I et II. — Conquise par Mithr. Eupatôr : II, 477 ; opérations de Fimbria. : II, 485 ; léguée à Rome, rédigée en prov. : II, 491 ; envahie par Mithrid. : II, 492 ; résistance de Lucullus : II, 492 ; prov. retirée à Lucullus : II, 496 ; maintenue par Antoine : II, 545.

BLOSSIUS de Cumes : II, *423.*

BOSPHORE CIMMÉRIEN (roy. du -) : *65* ; et le comm. du blé : 187 *sq.* ; disparition : II, 470 *sq.*

BOURÉBISTAS, prince gète : II, *503.*

BRENNOS, chef gaulois à Delphes : 106 *sq.*

brigandage : en Syrie : II, 456 ; 510 *sqq.* ; en Anatolie : II, 464 ; *466.*

BRINDES : concentr. milit. rom. en 192 : II, 198 ; « paix de *B.* » : II, 541.

BYBLOS : trésor de *B.* : *74* ; atelier monét. : 176.

BYZANCE : monnaies « pseudo-lysimachéennes » : *137* ; dans la « ligue du Nord » : 138 *sq.* ; et Ptol. II : *149* ; *204* ; et Nicomède Iᵉʳ : 246 ; Ant. II contre *B.* : 246 *sqq.* ; médiations dans la 4ᵉ gu. de Syrie : II, 30 ; en guerre avec Rhodes et Prusias I : II, 45 *sq.* ; monnayage : II, *46* ; et Ph. V : II, 122 ; *124* ; alliance rhodienne : II, 124 ; expédition de Persée à *B.* : II, 264 ; *267* ; et la gu. d'Aristonikos : II, 420.

C

CAECILIUS BASSUS, pompéien, et les Parthes : II, 540.

CAECILIUS METELLUS (Q.), en Achaïe : II, *244* ; vainqueur d'Andriskos : II, 388 ; *389* ; 391 ; premier gouv. de Macéd. : II, *389* ; 393.

CAECILIUS METELLUS CRETICUS (Q.) : II, *500.*

CAECILIUS METELLUS NEPOS (Q.), légat de Pompée : II, 509.

CALLATIS : *65.*

CALLICRATÈS de Samos, navarque lagique : *149* ; 226 ; 237.

CALLICRATÈS, politicien achaien : II, 244 *sq.* ; 259 ; 386 ; 390

CAMARINA et les *Asklepieia* de Cos : *323.*

II, *484* ; léguée à Rome par Ptol. X : II, 441 ; rattachée à la prov. rom. de Cilicie : II, 522 ; *524* ; restituée à l'Égypte par César : II, 532 ; et par Antoine : II, 546.

CHYRÉTIAI, cité perrhèbe : II, *171* ; *218 sq.*

CICÉRON, Lucullus et Pompée : II, 496 *sqq.* ; et le testam. de Ptol. X : II, 520 *sqq.* ; et la « loi agraire » : II, 520 *sq.* ; défenseur de Gabinius : II, *525* ; de Rabirius Postumus : II, *527.*

CILICIE, CILICIENS : à Pleistarchos : 80 ; *82* ; à Dém. Poliorc. : 87 *sq.* ; à Séleucos : 90 ; bases lagides : 140 ; positions sél. : *237* ; 239 *sq.* ; dans la gu. laodicéenne : 250 ; 255 ; 258 *sq.* ; Hiérax en C. : 297 ; reste sél. après Apamée : II, *224* ; Balas en C. : II, 374 ; Démétrios II en C. : II, 377 ; agrandissements cappadociens après la gu. d'Aristonikos (?) : II, 421 ; pas conquise par le Parthe Mithridate II : II, *454* ; C. plane annexée par Tigrane : II, 457 ; 488 ; 495 ; reperdue par lui : II, 495 ; 504 *sq.* ; C. déportés à Tigranocerte : II, *459* ; piraterie c. : II, 464 *sqq.* ; 488 ; 499 *sq.* ; et Lucullus : II, 492 ; 496 ; envahie par les Pontiques (?) : II, *493* ; repeuplée après la gu. piratique : II, 499 *sq.* ; Chypre rattachée à la C. : II, 522 ; *524* ; Parthes en C. : II, 541 ; prov. rom. supprimée par Antoine : II, 546 ; C. plane rattachée à la prov. de Syrie et C. Trachée donnée à l'Égypte : II, 546.

CINÉAS, conseiller de Pyrrhos : 122 *sq.* ; 124 *sq.*

CINÉAS, ministre de Ptol. VI : II, 317 *sq.*

circulation monétaire : cf. monétaire (circulation).

cistophores : cf. monnayage de Pergame.

CLAUDIUS CAECUS (App.) : 125.

CLAUDIUS NERO (C.), en mission en Orient en 200 : II, 132.

CLAUDIUS PULCHER (App.), en ambass. auprès de Tigrane : II, 494 *sq.* ; 497.

CLAUDIUS PULCHER (P.), *alias* CLODIUS : II, *497* ; *506* ; et Chypre : II, 522.

CLAZOMÈNES, déclarée libre à Apamée : II, 229.

CLEINIAS, père d'Aratos : *218* ; 319.

CLÉOMÈNE de Naucratis : satr. d'Égypte sous Alexandre : 24 ; assassiné par Ptol. : 37 ; son trésor : 169 ; créateur d'Alexandrie : 173 ; initiateur de la polit. écon. lagide : 200.

CLÉOMÈNE III, roi de Sparte, épouse la veuve d'Agis IV : 336 ; 347 ; première phase de la gu. cléoménique : 371 *sqq.* ; œuvre révolutionn. : 374 *sq.* ; ses victoires dans le N. du Péloponn. et son alliance avec Ptol. III : 377 *sqq.* ; premiers insuccès devant Dôson : 388 ; vaincu à Sellasie : 397 *sq.* ; sa fin : II, 29.

CLÉONES, dans la conf. achaienne : 346 ; à Cléomène : 379.

CLÉONYMOS, Spartiate, et Tarente : 119 ; et Pyrrhos : 214 *sqq.* ; II, *74.*

CLÉOPATRE, sœur d'Alexandre : 35 ; *71.*

CLÉOPATRE I, fille d'Ant. III, ép. Ptol. V : II, 191 *sq.* ; régente : II, 311 ; sa mort : II, *312.*

CLÉOPATRE II, f. de la préc., ép. successivement ses frères Ptol. VI : II, 313 ; 316 ; 360 ; et Ptol. VIII : II, 426 ; écartée du pouvoir : II, 426 ; règne seule : II, 430 *sq.* ; 519 ; 528 ; son appel à Démétrios II : II, 432 ; s'enfuit en Asie : II, 433 ; réconciliée avec Ptol. VIII : II, 435 *sq.* ; sa fin : II, *442.*

CLÉOPATRE III, f. de la préc. et de Ptol. VI, 2ᵉ ép. de Ptol. VIII : II, 426 ; mère de Cléo. Tryphaina : II, 435 ; de Ptol. IX et X, aux côtés desquels elle règne successivement : II, 440 *sqq.* ; sa descendance : II, *448* ; donne sa f. Sélénè à Ant. VIII : II, 449.

CLÉOPATRE THÉA, sœur de la préc., ép. Alex. Balas : II, 377 ; puis Démétrios II : II, 377 *sq.* ; 432 ; 435 ; puis Ant. VII : II, 410 ; mère d'Ant. VIII : II, 446 ; d'Ant. IX : II, 446.

CLÉOPATRE IV, f. de Cléop. III et de Ptol. VIII, ses mariages : II, *448.*

CLÉOPATRE TRYPHAINA, sœur de la préc., ép. Ant. VIII : II, 435 ; fait exécuter sa sœur Cléop. IV : II, *448.*

CLÉOPATRE SÉLÈNÈ I, sœur des deux préc., sœur-ép. de Ptol. IX : II, *443* ; ses autres mariages : II, *448* ; 449 ; envoie son f. Ant. (XIII) à Rome : II, 496 ; expulsée de Ptol. Akè par Tigrane : II, 458.

CLÉOPATRE V BÉRÉNICE, f. de Ptol. IX : règne seule à la mort de son père : II, 519.

CLÉOPATRE VI TRYPHAINA II, ép. de Ptol. XII : II, *524.*

CLÉOPATRE VII, f. des préc. : ses corégents successifs : II, 528 ; et la tradition : II, 529 *sq.* ; 536 *sq.* ; 544 *sqq.* ; s'enfuit d'Alexandrie : II, 531 ; y rentre aux côtés de César : II, 532 ; gu. d'Alexandrie : II, 532 *sqq.* ; naiss. de Césarion : II, 535 *sq.* ; à Rome : II, 535 *sqq.* ; et Antoine : II, 536 ; 540 *sq.* ; 543 *sqq.* ; date de leur mariage : II, *547* ; « Reine des Rois » : II, 550 ; sa mort : II, 552 ; l'Égypte sous C. : II, *526* ; 537 *sqq.* ; 543 *sqq.* ; 550.

CLÉOPATRE SÉLÈNÈ II, f. de la préc. et d'Antoine : II, 544 *sq.* ; *547* ; 550 ; *553.*

CNOSSOS et la « gu. de Lyttos » : II, *74 sq.*

COELÉ-SYRIE : disputée à l'époque des Diadoques : 47 ; 53 ; 59 ; 161 *sq.* ; occupée par Ptol. en 301 : 80 *sqq.* ; la C.-S. et les Lagides : 139 ; 163 ; 166 *sq.* ; 170 ; *182* ; 187 ; 193 ; prétentions sél. sur la C.-S. : 80 *sqq.* ; 145 *sqq.* ; 167 ; 240 ; 254 ; *314* ; *400* ; II. 18 *sq.* ; 26 *sq.* ; 31 ; 45 ; 52 ; conquise par Ant. III : II, 118 *sq.* ; désormais revendiquée par les Lagides : II, *192* ; 313 ; 377 *sq.* ; envahie par Ptol. VI : 377 *sqq.* ; les territoires de l'ancienne C.-S. dans le système pompéien : II, 517 *sq.* ; dans le système antonien : II, 546 *sqq.* — Cf. aussi PHÉNICIE.

COLCHIDE, conquise par Mithr. Eupatôr : II, 471 ; 495 ; qui s'y retire en 66 : II, 501 ; rattachée au nouveau roy. du Pont : II, 545.

COLOPHON, sous Antig. le Borgne : *65* ; pergamén. : II, 50 ; à Ant. III : II, *183* ; libre après Apamée : II, 229.

COMANOS, ministre de Ptol. VI : II, 317 *sq.*

COMMAGÈNE : II, *369* ; 452 ; 495 *sqq.* ; 515.

commerçants italiens et rom. : cf. *negotiatores.*

confédération : cf. les ethniques correspondant à chaque c.

CORCYRE, à Pyrrhos, puis à Dém. Polior. : 92 ; à Agathocle : 119 *sq.* ; dans la 1ʳᵉ gu. d'Illyrie : 355 *sq.* ; base rom. : II, 150 ; 217.

CORINTHE : Ptol. Iᵉʳ à C. en 308 : 69 ; aux Antigonides : 77 *sq.* ; 85 ; 99 ; 108 ; 210 ; 317 *sq.* ; 324 ; libérée par Aratos : 330 *sqq.* ; ambass. rom. en 228 : 358 ; à Cléomène III : 379 *sqq.* ; à Dôsôn : 388 ; 401 ; prix du ralliement des Achaiens à Rome en 198 : II, 155 *sq.* ; 160 ; dans le SC de 196 : II, 167 *sqq.* ; congrès de 195 : II, 175 ; de 194 : II, 177 ; Paul-Émile à C. :

II, 282 ; sécession de la Conf. ach. exigée par Rome : II, 391 ; assemblée ach. de 146 : II, 393 ; siège et destruction : II, *300 sq.* ; 394 *sqq.*

Corinthe (ligue de -) de Ph. II : 22 ; dissoute lors de la gu. lamiaque : 31 *sq.* ; n'est pas restaurée par Polyperchon : 49 ; ni par Ptol. Ier : 69 ; restaurée par les Antigonides en 302 : 77 *sq.* ; 85 ; sans rapport avec la ligue fondée par Dôsôn : 390.

CORNELIUS LENTULUS (L.), à l'entrevue de Lysimacheia : II, 186.

CORNELIUS SCIPIO AEMILIANUS (P.) (Scipion Émilien) : son amitié avec Polybe : II, 367 ; les Macéd. font appel à son arbitrage : II, 387 ; son ambass. circulaire en Orient : II, *412* ; *418* ; 427 *sq.* ; 465.

CORNELIUS SCIPIO AFRICANUS (P.) (Scipion l'Africain), en Afrique : II, 122 ; *128* ; et les origines de la 2e gu. de Macéd. : II, *148* ; *154* ; Sc., Hannibal et Ant. III : II, 177 ; 194 *sq.* ; et la gu. antiochique : II, *149* ; 210 *sqq.*

CORNELIUS SCIPIO (L.), fr. du précéd. : II, 210.

CORNELIUS SCIPIO NASICA (P.), et Andriskos : II, 388 ; et la réception de l'héritage pergaménien : II, 417 ; 420.

COS : Ptol. Ier à *C.* : 68 ; décret de *C.* sur l'expulsion des Gaulois : *107* ; lettre de Ziaélas à *C.* : *184* ; 291 ; bataille de *C.* : 224 *sq.* ; *Asklepieia* : *323* ; indépendante d'Alexandrie : II, *193* ; libre après Apamée : II, 228 ; lieu de refuge des princes lagides en 103 : II, *445* ; prise par Mithridate : II, *480* ; 518.

COTYS, prince thrace : II, *283*.

COUROUPÉDION (bataille de -) : 101 *sqq.*

CRANNON (bataille de -) : 31.

CRATÈRE, lieutenant d'Alexandre, *prostatès* des rois : 23 ; et la gu. lamiaque : 30 *sq.* ; gendre d'Antipatros : 34 ; contre Perdiccas : 36 *sqq.*

CRATÈRE, fr. d'Antig. Gonatas, et son représentant à Corinthe : 210 ; 216 ; *219* ; 228 ; 316.

CRÈTE, CRÉTOIS : infl. ptolém. : *150* ; Areus Ier en *C.* : 215 *sq.* ; et la gu. chrémonid. : 226 ; gu. « de Lyttos » : II, *75* ; et Ph. V : II, 104 *sq.* ; et Nabis : II, *176* ; et les Lagides : II, 429 ; Lucullus en *C.* : II, 484 ; et la guerre piratique de Pompée : II, *500* ; donnée à Cléopâtre : II, 546. Cf. aussi « piraterie » et sous les noms des cités crétoises.

CRIMÉE : expansion pontique vers la *C.* sous Pharnace : II, 288 ; sous Mithridate : II, 470 *sqq.* ; détachée de Mithrid. par Macharès : II, 493 ; théâtre de la fin de Mithr. : II, 501 ; Pharnace II en *C.* : II, 531 ; *534*. Cf. aussi : PONT-EUXIN, BOSPHORE CIMMÉRIEN, SPARTOKIDES, ainsi que les noms de cités.

CRITOLAOS, politicien achaien : II, 391 *sqq.*

CTÉSIPHON : II, 540.

culte des souverains : Antigonides : *73* ; lagides : *149* ; 203 *sqq.* ; II, 526 *sq.* ; sél. : II, 112 *sq.* : *308* ; *311* ; de Rome : II, *171* ; *238* ; *296* ; *300*.

CURIUS DENTATUS (M'), vainqueur de Pyrrhos : 130.

CYCLADES : infl. antigonide dans les *C.* : 57 *sq.* ; 70 ; 85 ; 231 *sqq.* ; 235 *sqq.* ; 239 ; 243 ; 339 ; 367 ; dominat. ptolém. dans les *C.* : 94 ; 96 ; 162 *sqq.* ; 174 ; 220 ; 231 *sqq.* ; 239 *sq* ; Rhodiens dans les *C.* : II, *131* ; 133 ; campagnes de Ph. V : II, 124 *sqq.* — Cf. aussi NÉSIOTES.

CYNOSCÉPHALES (bataille de -) : II, 159 *sq.*

ÉLIS, ÉLÉENS : tyrannie philomacéd. : 217 ; *230* ; dans la gu. chrémonid. : 221 ; et les Étol. : 329 ; *332* ; et les Illyriens : 352 ; et l'alliance spart. : *366* ; dans la gu. cléoménique : 373 ; 378 ; dans la gu. des Alliés : II, 71 *sqq.* ; dans la 1ʳᵉ gu. de Macéd. : II, 88 *sqq.* ; et la paix de Phoinikè : II, 95 *sqq.* ; dans la gu. antiochique : II, 205 ; 208 ; après la gu. d'Achaïe : II, 397.

ELPÉOS, fl. : II, 278.

ÉLYMAÏDE : et Ant. III : II, 52 ; 63 ; 239 *sq.* ; soulèvement (?) : II, *350* ; Ant. IV en *É.* : II, 353 ; *355* ; *403* ; Mithridate Iᵉʳ en *É.* : II, *403* ; appelle Démétrios II contre les Parthes : II, 407 ; dynastes d'*É.* en Susiane : II, 409.

ÉLYMÉE (Macéd. intérieure) : II, 279.

ÉOLIDE : sous les Sél. : 136 *sq.* ; possess. pergamén. en *É.* : 151 ; II, 47 ; 226.

ÉORDÉE (Macéd. intérieure) : II, 279.

ÉPHÈSE, conservée par Dém. Poliorc. après Ipsos : 85 ; guerre contre Priène : 88 ; bataille d'*É.* : 235 *sqq.* ; Laodice à *É.* : *242* ; mort d'Ant. II : 247 ; 249 ; à Sél. II : 249 *sq.* ; *260* ; *296* ; à Ant. III : II, 182 *sq.* ; Hannibal à *É.* : II, 194 ; pergamén. après Apamée : II, 229 ; libérée par Attale III (?) : II, *418* ; dans la gu. d'Aristonikos : II, 420 ; alliée à Sardes et Pergame : II, *424* ; résidence de Mithrid. : II, 478 ; se révolte contre lui : II, 482 *sq.* ; 486 ; refuge de Ptol. XII : II, 522 ; de sa fille Arsinoé : II, *542* ; Antoine à *É.* : II, 540 ; *542.*

ÉPICNÉMIDIENS : cf. LOCRIENS.

ÉPIDAMNE, se donne à Rome : 356 ; point de départ de la *via Egnatia :* II, 388.

ÉPIDAURE : dans la conf. achaienne : 330 ; 379 ; et la lutte contre les pirates : II, *490.*

ÉPIGÉNÈS, strat. séleuc. : II, 18 *sqq.*

épimélète : Antipatros, *é.* des rois : 42 *sqq.* ; Polyperchon lui succède : 46 ; Démétr. de Phalère, *é.* d'Ath. : 50 *sq.* ; Cassandre, *é.* d'Alex. IV : 61 ; Agathocle, *é.* de Syracuse : 116.

ÉPIPHANE : cf. ANTIOCHOS IV ; PTOLÉMÉE V.

EPIPHANEIA (Ecbatane) : II, 352.

ÉPIRE, ÉPIROTES : liée à la Macéd. : 22 ; et Pyrrhos : 91 *sqq.* ; fin de la monarchie : 349 *sq.* ; et les Illyriens : 351 *sq.* ; dans la ligue de Dôsôn : 389 ; 392 ; et gu. des Alliés : II, *75* ; et Ph. V : II, *87* ; et la 1ʳᵉ gu. de Macéd. : II, 90 ; et la paix de Phoinikè : II, 95 *sqq.* ; et la 2ᵉ gu. de Macéd. : II, 156 ; et la gu. antiochique : II, 205 ; *206* ; légats rom. en 172 : II, 266 ; son châtiment après Pydna : II, 283 *sq.* ; 385.

ères : séleuc. : *67* ; bithynienne et pontique : *138* ; arsacide : 309 ; *311* ; hasmonéenne : II, 405 ; d'Arad : 235 ; *237* ; municipales pompéiennes : II, *512.*

ÉRÉTRIE : inscript. d'*É.*, concernant Alexandre f. de Cratère : *317 sq.*

ÉRYTHRÉES : séleuc. : *136* ; déclarée libre à Apamée : II, 229.

ESSÉNIENS : II, *376.*

ethnarchie, ethnarque (de Judée) : II, 513 ; 515.

ÉTOLIE, ÉTOLIENS, confédération étolienne : dans la gu. lamiaque : 29 *sqq.* ; entre Pyrrhos, Dém. Poliorc. et Lysimaque : 90 *sqq.* ; 98 ; *101* ; vainqueurs des Gaulois : 106 ; la c. é. et l'amphictyonie delph. après l'invasion gau-

EURYDICE, fille d'Antipatros : 34.

EURYDICE, épouse de Philippe Arrhidée : *38* ; 51.

EURYKLEIDÈS et MIKION, et la libér. d'Ath. en 229/8 : 361 *sqq.*

EUTHYDÈME, roi de Bactriane, dans Strabon, XI, 9 : *305 sq.* ; et Molon (?) : II, *22* ; avant la venue d'Ant. III : II, 51 *sq.* ; Ant. III contre E. : *290* ; II, 58 *sqq.* ; *67* ; *68* ; sa mort : II, 348 ; ses success. : II, *351.*

EVERGÈTE : cf. PTOLÉMÉE III et VIII.

F

FABIUS LABEO (Q.), contre les pirates crétois : II, *221.*

FERGHANA : II, 401.

FLAMININUS : cf. QUINCTIUS FLAMININUS (T.).

Fratadara (?) ou *Frataraka* (?), princes perses d'Istakhr : 279 *sqq.* ; II, *350* ; *409.* — Cf. aussi PERSIDE.

FULVIUS NOBILIOR (M.), contre les Étol. en 189 : II, 217 ; assiège Ambracie : II, *219 sq.*

G

GABINIUS (A.) ,lieutenant de Pompée : II, 499 ; 507 ; gouv. de Syrie, rétablit Ptol. XII : II, 523 ; *525* ; 526 ; *534.*

« Gabiniens », auxiliaires laissés par G. à Ptol. XII : II, 523 ; 526 ; 532 ; *534.*

GALATES, *GALATIE* : installation en Asie Min. : 106 ; 143 ; utilisés par Nicomède Ier, vaincus par Ant. Ier et refoulés en Phrygie : 143 *sq.* ; Philétairos contre les G. : *144* ; 151 ; au service de Gonatas dans la gu. chrémonid. : 227 ; à l'époque d'Attale Ier et de Hiérax : 295 ; 296 *sqq.* ; campagne de Manlius Vulso : II, 220 *sq.* ; Eumène II et les G. : II, 261 ; 286 ; 291 ; 380 ; Attale II et les G. : II, 381 *sq.* ; Rome leur accorde leur autonomie : II, 291 ; dans la gu. mithridat. : II, 473 ; 483 ; 492 *sq.* ; dans l'organisation pompéienne de l'Asie Min. : II, 502 ; 515 ; nouveau roy. de Galatie constitué par Antoine : II, 545.

GALILÉE : expansion judéenne en G. : II, 448 ; laissée à la Judée par Pompée : II, *514.*

GANDHARA, dans l'emp. maurya : 264 *sq.* ; Grecs dans le G. : II, 349 ; 401.

GANGE : Sél. Ier sur le G. (?) : *265* ; Grecs de Bactriane sur le G. : II, 349 ; *415.*

GATALOS, prince sarmate : II, *288.*

GAULOIS : invasion dans les Balkans : 105 *sqq.* ; 142 ; battus en Thrace par Gonatas : 108 *sq.* ; passent en Asie : 106. — Cf. aussi GALATES ; « mercenaires ».

GAZA : défaite de Dém. Poliorc. : 59 ; 162 ; résiste à Ant. III : II, 118 ; prise par Alexandre Jannée : II, 449 ; *451* ; parthe : II, *543* ; atelier monét. lagide : 176.

GÉDROSIE : dans l'emp. maurya : 264 *sq.* ; 304 ; II, 52 ; expansion bactrienne en G. (?) : II, 348.

en *I.* : 279 *sqq.* ; 301 *sqq.* ; l'expédition de Sél. II : 308 *sqq.* ; situation de l'*I.* après l'expéd. de Sél. II : II, 51 *sqq.* ; Anabase d'Ant. III : II, 54-69 ; l'*I.* après l'Anabase : II, 348 *sqq.* ; Ant. IV en *I.* : II, 352 *sqq.* ; expansion parthe en *I.* : II, 400 *sqq.* ; tentative de reconquête sél. : II, 407 *sq.* ; 413 *sq.* — Cf. aussi : « satrapies supérieures », et les noms des diverses régions iraniennes.

ISAURIE : campagnes de Servilius Vatia : II, 488 *sq.* ; envahie par les Pontiques (?) : II, *493.*

ISIDORE de Charax : 284 ; *289* ; 303 ; *312* ; II, *350.*

ISIS : Arsinoé, ép. de Ptol. IV, assimilée à I. : II, 42 ; Cléop. VII assimilée à I. : II, 528 ; *539* ; 540.

isopolitie : 241 ; *260.*

ISSA (Illyrie) : 355 *sq.*

ISTAKHR : dynastes perses d'*I.* : 279 *sqq.* ; II, 63 *sqq.* ; *409.*

Isthmia (Jeux isthmiques) : Romains admis aux *I.* : 358 ; *I.* de 196 : II, 167 ; 169 *sqq.* ; ambass. sél. aux *I.* de 196 : II, 186 ; gérés par Sicyone : II, 397.

ITANOS (Crète) : garnis. ptol. : *226* ; II, 75 ; *151* ; *429.*

ITHÔME (mont) : opérat. macédon. : II, *86.*

ITURÉENS (Arabes) II, 450 ; *452* ; 509 ; 515 ; *534* ; 541 ; 546.

J

JANNÉE : cf. ALEXANDRE.

JASON (JESHUAH), Grd Prêtre de Jérusalem : II, 334 *sqq.*

JASON de Cyrène, auteur de *II Macc.* : II, *327.*

JEAN HYRCAN : cf. HYRCAN (JEAN).

JÉRICHO, ses revenus versés à Cléop. VII : II, *548.*

JÉRUSALEM : Ant. III à *J.* : II, 118 *sq.* ; 328 *sqq.* ; Ant. IV à *J.* : II, 335 ; 337 ; *339* ; communauté hellénique de *J.* : 334 ; troubles sous Ant. IV : II, 335 *sqq.* ; prise et démantelée par Ant. VII : II, 411 ; Pompée à *J.* : II, 513 *sq.* ; *J.* et les Parthes : II, 541. — Cf. aussi *AKRA, JUDÉE.*

Jésus ben Sirach (Sagesse de -) : II, *327* ; *331 sq.*

JONATHAN, fr. de Judas Maccabée : II, 370 ; nommé Grd Prêtre par Balas : II, 375 *sqq.* ; occupe des ports palestiniens : II, 377 ; stratège et *méridarque* : II, 377 ; *379* ; et Démétrios II : II, 404 ; et Diodote Tryphon : II, 405.

JOPPÉ : atelier monét. : 176 ; occupé par les Juifs : II, 377 ; 450.

JOSEPH, f. de Tobias : II, *331 sq.* ;

JUBA de Maurétanie, ép. de Cléop. Sélénè II : II, *553.*

JUDAS MACCABÉE : II, 341 *sqq.* ; 369 *sqq.*

Judaïsme, *JUDÉE,* JUIFS : Ptol. Ier et la Judée : *83* ; les *J.* et les Séleucides : II, 118 *sq.* ; situation du *j.* à l'avènement d'Ant. IV : II, 327 *sqq.* ; crise du *j.* de *J.* sous Ant. IV : II, 334 *sqq.* ; relations des *J.* avec Démétrios Ier : II, 369 *sq.* ; Ptol. VI et les Juifs : II, 373 *sq.* ; relations avec Balas : II, 375 *sqq.* ; avec Démétrios II : II, 404 *sqq.* ; *432 sq.* ; avec Ant. VII : II, 410 *sqq.* ; la *J.* à l'époque de l'anarchie sél. : II, 448 *sqq.* ; de la domin. armén. en

LACONIE : Pyrrhos en *L.* : 215 ; envahie par les Étoliens : 336 *sq.* ; par Dôsôn : 397 *sq.* ; achaienne : II, 200 ; cherche à s'émanciper : II, 242 ; appel à Rome : II, 390 ; après la gu. d'Achaïe : II, 397 *sq.* ; *399.* — Cf. aussi SPARTE.

LADÈ (bataille de -) : II, 124.

LADOKEIA (bataille de -) : 373.

LAEVINUS : cf. VALERIUS.

LAGIDES, lagide : cf. ÉGYPTE, PTOLÉMÉE.

LAMPSAQUE : atel. monét. sél. : 247 *sq.* ; *298* ; pergamén. : II, 47 ; appel à Rome contre Ant. III : II, 182 ; *185* ; auquel elle résiste : II, 200 ; déclarée libre à Apamée : II, 229.

LANASSA, fille d'Agathocle de Syr., ses mariages : 92 *sq.*

LAODICE, ép. d'Ant. II, répudiée : 239 ; *242* ; *293* ; et la 3e gu. de Syrie : 249 *sqq.* ; et la « gu. fratricide » : 294 ; *296.*

LAODICE, sœur de Sél. II, ép. Mithrid. II du Pont. : 292.

LAODICE, f. de la préc., ép. Ant. III : II, 18 ; *184* ; *204* ; *304.*

LAODICE, ép. de Sél. IV : II, *304.*

LAODICE, f. de Sél. IV, ép. Persée : II, 261 ; veuve, offerte à Ariarathe V : II, 371.

LAODICE, f. de Mithrid. V du Pont, ép. d'Ariarathe VI de Cappad. : II, 468 ; puis de Nicom. III de Bithyn. : II, 473.

LAODICÉE-NEHAVEND (inscript. de -) : II, *113* ; *204* ; *350.*

LAODICÉE de Phrygie : Achaios à *L.* : II, 24 ; livre Q. Oppius à Mithrid. : II, 477.

LAODICÉE-SUR-MER : assassinat de Cn. Octavius : II, 366 ; sous Tigrane : II, *458.*

« laodicéenne » (guerre) : cf. SYRIE (guerres de -).

LARISSA (Thessalie) : lettre de Ph. V à *L.* : II, *76* ; jeux commémorant la bataille de Kallinikos : II, *272 sq.*

LARYMNA (Béotie) : incident survenu à Dôsôn : *364 ;* 366 ; *368.*

LASTHÉNÈS, conseiller de Démétrios II : II, *378.*

LÉBÉDOS : lettre d'Antig. le Borgne à *L.* : *65* ; 82 ; *182* ; lagide : *260* ; pergamén. : II, 50.

LÉCHAION, achaienne en 243 : 330.

LEMNOS, restituée à Ath. après Pydna : II, 282 ; vict. nav. de Lucullus : II, 492 *sq.*

LÈNAIOS, ministre de Ptol. VI : II, 312 *sq.* ; *317 sq.*

LÉONIDAS II, collègue d'Agis IV : 334.

LÉONNATOS, lieutenant d'Alexandre : 30 ; 34 *sq.*

LÉONTOPOLIS (temple juif de -) : II, *375.*

LÉOSTHÉNÈS, str. ath. : 29 *sq.*

LESBOS, lagide : *182* ; *260* ; indépend. : II, *193* ; déclarée libre à Apamée : II, 228 ; alliée de Rhodes et fondat. du *koinon* : II, 294. — Cf. aussi MITY-LÈNE, MÉTHYMNE.

LEUCADE, revendiquée par les Étol. : *170* ; retirée aux Acarn. en 168 : II, 283.

MOAGÉTÈS, dynaste de Kibyratide : II, *489.*

MOLON, révolté contre Ant. III : *305* ; II, 17-21.

MOLOSSES : 122 ; 350 ; et la 3ᵉ gu. de Macéd. : II, 272 *sq.* ; 283 *sq.* — Cf. aussi ALEXANDRE LE M.

MONAÉSÈS (Parthe) : II, 549.

monétaire (circulation) : en Méditerr. orientale à la fin du IVᵉ s. : *48* ; *74* ; en Mésopotamie : II, *62* ; *354* ; *454* ; à Oréos-Histiaia : II, *172.*

monétaire (politique), des Ptolémées : 175 *sqq.* ; II, *34* ; *107* ; *439* ; *539* ; *551* ; de Persée : II, *274.*

monétaires (symboles) : cf. Alexandre, Apollon, Athéna, Dioscures, Dionysos, Héraklès, Nikè, trophée, Zeus, etc.

monétaires (trésors) : d'Agrinion : II, *205* ; *218* ; *271* ; d'Andritsaena : *58* ; de Byblos : *74* ; d'Égypte (Demanhur, Phakous) : *48* ; *74* ; de Mégalopolis : *401* ; de Mersine : II, *252* ; de Nisibe : II, *456* ; de Persépolis : *280 sq.* ; de Qunduz : II, *415* ; de Thessalie : 227.

monnayages :
— achaien (fédéral) : II, *205* ; *271.*
— d'Agathocle : *117.*
— d'Alexandrie de Troade : *247* ; *300.*
— anonymes syriens : II, *456 sq.*
— d'Arad : 209 *sq.* ; II, *341.*
— d'Athènes : *87* ; *229* ; II, *171* ; *284* ; *399* ; *469 sq.*
— bactrien : Diodote Iᵉʳ : *304* ; Diodote II : 309 *sq.* ; Euthydème : II, *54* ; successeurs d'Euthyd. : II, *351 sq.* ; des rois indo-grecs : II, *415.*
— bosporan : II, *472.*
— carthaginois : *176.*
— crétois : II, *484.*
— cyrénéen : *146* ; 175 *sq.*
— étolien : II, *93.*
— lampsacénien : *300.*
— judéen : *83* ; II, *413* ; *451.*
— macédonien : Gonatas : *109 sq.* ; Ph. V : II, 249 *sq.* ; Persée : II, *274* ; *297* ; après Pydna : II, *281* ; *387* ; *389.*
— de Mithridate Eupatôr : II, *472* ; *479.*
— de Molon : II, 20.
— municipaux syro-phéniciens : II, 377 *sq.* ; *436* ; 455 *sq.* ; *458* ; *512.*
— nabatéen (à Damas) : II, *452.*
— d'Oréos-Histiaia : II, *172.*
— de cités pamphyliennes : *240* ; II, *48.*
— parthe : II, *354* ; *403 sq.*
— pergaménien : Philétairos : *137* ; *151 sq.* ; Eumène Iᵉʳ : *152* ; cistophores : *152* ; *179* ; II, *229 sq.* ; Aristonikos : II, *422.*
— pontique : *139* ; cf. ci-dessus Mithridate Eupatôr.
— ptolémaïque : Ptol. Iᵉʳ : *39* ; *58* ; *60* ; *76* ; *83 sq.* ; *96* ; 175 *sqq.* ; Ptol. II : *176* ; Ptol. VIII : II, *431* ; rareté des monn. lag. en dehors des possessions lag. : *178 sq.* ; tétrad. posthumes d'Arsinoé et monnaies romaines : *196 sq.* ; à Séleucie de Piérie : *259* ; en Pamphylie : *259 sq.* ; cf. monétaire (politique).
— de Pyrrhos : *123* ; *128.*
— de Rhodes : 175 *sqq.* ; II, *294 sq.* ; *297.*
— de Rome : 196 *sq.* ; II, *230 ; 281.*
— séleucides : Séleucos Iᵉʳ : *76* ; *81* ; *88* ; *271* ; *280 sq.* ; Antiochos Iᵉʳ : *88* ; *136 sq.* ; *142* ; *148 sq.* ; *152* ; *271* ; Antiochos II : *237* ; *247 sq.* ; Antiochos Hiérax : *261* ; *298* ; Séleucos II : *287 sq.* ; *308* ; *311* ; Séleu-

cos III : *314* ; Antiochos III : II, *31* ; *62* ; *68* ; Séleucos IV : II, *304* ;
Antiochos IV : II, *306* ; *308* ; Démétrios Iᵉʳ : II, *367* ; *403* ; Balas : II,
378 ; *403* ; Antiochos VI : II, *406* ; Démétrios II : II, *408* ; Antiochos
VII : II, *411* ; Zabinas : II, *435* ; Antiochos VIII : II, *435* ; Séleucos VI :
II, *447* ; dernières étapes du m. sél. : II, *451* ; *455 sq.*
— de Sparte : *223.*
— de Tigrane : II, *458.*
— de Tryphôn : II, *406.*

MOSTIS : II, *189.*

MORZIOS, dynaste de Paphlagonie : II, 288.

MOUNYCHIE, occupée par Cassandre : 50 ; expuls. de la garnis. macéd. :
211.

MUCIUS SCAEVOLA (Q.), proc. d'Asie : II, 463.

MUMMIUS (L.), et la destr. de Corinthe : II, 394 *sq.* ; *399.*

MYLASA : 300.

MYNDOS, lagide : 140 ; dans la gu. d'Aristonikos : II, *424.*

MYONNÈSOS, défaite navale d'Ant. III : II, 211.

MYONTE, donnée à Magnésie du Méandre par Ph. V : II, *184.*

MYOS HORMOS (mer Rouge) : 192.

MYRINA, pergamén. : II, 47 ; et Ph. V : II, 166.

MYRMÈKION (Crimée) : II, *472.*

MYSIE, et Prusias Iᵉʳ : II, *92* ; pergamén. après Apamée : II, 226 ; *228* ;
229 ; dans la gu. d'Aristonikos : II, 420 ; dans la prov. rom. d'Asie : II, 421.

N

NABATÉENS, *NABATÈNE,* et Antig. le Borgne : *61* ; et les Lagides : 192 ;
résistent à l'expansion juive : II, 450 *sqq.* ; à Damas : II, 447 ; 450 *sq.* ; 456 ;
509 ; 512 ; campagne d'Ant. XII contre les N. : II, 450 ; N. et Rome :
II, 512 *sqq.* ; 516 ; auxiliaires N. dans la gu. d'Alexandrie : II, *534* ; la *N.* dans
l'Orient d'Antoine : II, 546.

NABIS, tyran de Sparte, à la paix de Phoinikè : II, 95 ; politique révolutionn.
et expansion : II, 103 *sq.* ; battu par les Ach. : II, 130 *sq.* ; se rapproche
de Ph. V puis de Rome : II, 158 *sq.* ; guerre de Flaminin. contre N. : II,
175 *sq.* ; et la gu. antiochique : II, 198 *sqq.*

NANAIA, et la trad. relative à la mort d'Ant. IV : II, *355.*

NAPLES, et les *Asklepieia* de Cos : *323.*

NAQSH I RUSTAM, nécrop. achémén. : *281.*

NAUCRATIS : 173. Cf. CLÉOMÈNE DE N.

NAUPACTE : paix de *N.* : II, 75 *sq.* ; dans la gu. antiochique : II, 208.

negotiatores : 354 ; II, *146 sq.* ; *218 sq.* ; *300 sq.* ; *395* ; 462 *sqq.*

NÉON, Béotien : *364.*

NÉOPTOLÈME, roi des Molosses : 91.

NÉRÉIS, princesse épirote : 349 *sq.*

Nésiarque lagide dans l'Égée : 94 ; *96 ; 233.*

NÉSIOTES (Confédér. des —), sous les Antigonides : 57 *sq.* ; 68 ; 70 ; 85 ; sous les Lagides : 94 ; *96* ; 163 *sq.* ; *181* ; accorde honneurs cultuels à Ptol. Ier : 201 ; accepte invitation aux *Ptolemaieia* : *202* ; disparaît vers 250 : *239 sq.* ; II, *80*.

NESTOS (fl.) : II, 279.

NICÉE de Bithynie : *101*.

NICÉE de Locride : confér. entre Ph. V et Flamininus : II, 157 *sq.*

NICOCLÈS, tyran de Sicyone : *245* ; 319 ; *321*.

NICOCRÉON de Salamine de Chypre : *72*.

NICOMÈDE Ier, roi de Bithynie, et Héraclée Pontique : *139* ; allié à la « ligue du Nord », et les Galates : 142 *sq.* ; fonde Nicomédie, sa success. : 246 *sq.*

NICOMÈDE II, f. de Prusias II, avènement : II, 384 ; contre Aristonikos : II, 420 *sq.*

NICOMÈDE III, f. du préc. : II, *464* ; partage la Paphlag. avec Mithrid. : II, 473 ; *476* ; envahit la Cappad., en est chassé par Mithrid. : II, 473.

NICOMÈDE IV, f. du préc., détrôné par Mithrid., en exil à Rome, rétabli : II, 474 ; envahit le Pont : II, 474 ; écrasé par Mithrid. : II, 477 ; à Rome : II, 477 ; restauré : II, 486 ; lègue son roy. à Rome : II, 491.

NICOMÉDIE, capit. de la Bithynie : 246 *sq.* ; II, 384.

NIKAIA, fille d'Antipatros, fiancée, puis mariée à Perdiccas : 34 *sq.* ; ép. Lysimaque : *43*.

NIKAIA, ép. d'Alexandre f. de Cratère, puis de Démétrios II (?) : 324 *sq.*

NIKANÔR, strat. d'Antig. le Borgne dans les satr. supér. : 264.

NIKANÔR, strat. de Ph. V, reçoit le premier ultimatum rom. : II, 133 *sq.*

NIKANÔR, strat. de Démétr. Ier, et les Juifs : II, 370.

Nikè, sur monn. de Sél. Ier : *81* ; de Sél. II : *311*.

Nikèphoria de Pergame : *298* ; II, *128* ; *252* ; *287*.

Nikèphoros : Athéna de Pergame : *298* ; Ptol. IV : II, *40*.

NIKOLAOS, pirate étol. : 327 *sq.*

NIKOLAOS, mercen. étol. au serv. de Ptol. IV : II, *35* ; 37.

NIMRUD-DAGH : monum. d'Ant. Ier de Commagène : II, *497 sq.*

NINIVE : II, *454*.

NISAIA : cf. *PARTHAUNISA*.

NISÉE (Iran) : *307*.

NISIBE : monn. de Sél. II : *311* ; de Sél. III : *314* ; d'Ant. III : II, *215* ; trésor de *N.* : II, *456* ; situation relative de Tigranocerte : II, *458* ; prise par Lucullus : II, 496 ; restituée à Tigrane : II, *508*.

NORA (Cappadoce) : Eum. de Cardia assiégé à *N.* : 45.

NOTION, Pergamén. : II, 50.

NOUMÉNIOS, strat. d'Ant. III (ou IV ?) dans le golfe Persique : II, *64* ; *353*.

NUBIE : II, 43.

O

OBORZOS : cf. VAHUBERZ.

OCHOS (fl.) : 269 ; 302 *sqq.*

OCTAVIEN, à l'origine de la trad. hostile à Cléop. VII : II, *530* ; 537 *sq.* ; 547 ; 550 *sq.* ; et l'Occident : II, 543 *sq.* ; ses relations avec Antoine : II, 543 *sqq.* ; 549 ; et l'Égypte : II, 536 ; *549* ; 552 *sq.* ; et la statue de Cléop. : II, *537* ; et le trésor lagide : II, *539.*

OCTAVIUS (Cn.), légat rom. assassiné en Syrie : II, *273* ; 366.

OINOPARAS, victoire de Ptol. VI : II, 378.

OKKONAPSÈS : II, *409.*

OLBIA : décret d'*O.* évoquant le manque de blé : *191* ; rattachée au roy. du Pont : II, 470 *sq.*

OLYMPIAS, mère d'Alexandre, contre Antipatros : 35 ; condamnée et exécutée : 51 *sq.*

OLYMPIAS, reine d'Épire, alliée de Démétrios II : 344.

OLYMPICHOS, dynaste d'Alinda, et les Sél. : *300* ; et Dôsôn : 367 ; *369 sq.* ; et Ph. V : 400 ; II, 123 *sq.* ; 125 ; *127.*

OLYMPIE : fondations ptol. à *O.* : 206 ; dédicaces de Ptol. II à Areus Ier · 223 ; d'un Macéd. à Metellus : II, *389* ; des Éléens à Mummius : II, *399* ; Paul-Émile à *O.* : II, 282.

ONIAS III, Gd. Prêtre de Jérusalem : II, 330 *sq.* ; 334 *sqq.*

ONIAS IV, réfugié en Égypte : II, 374 *sq.*

OPHELLAS, à Cyrène : *38* ; *60* ; contre Carthage : 69 ; 115 *sqq.*

OPONTES : cf. LOCRIENS.

OPPIUS (Q.), livré à Mithrid. : II. 477 ; *479.*

Oracles Sibyllins : II, *318* ; 523 ; *525* ; 533 ; *551.*

ORCHOMÈNE, ORCHOMÉNIENS (d'Arcadie) : dans la gu. chrémonid. : 221 *sqq.* ; dans l'alliance étol. : 329 ; *337* ; à Cléomène : 365 *sq.* ; défaite spartiate : 376 ; à Dôsôn : 396 ; Rome exige leur sécession de la conf. achaienne : II, 391.

ORCHOMÈNE (de Béotie), victoire de Sulla : II, 481.

OREIOI (fédér. crétoise des —), et Magas de Cyrène : *146.*

ORÉOS (*HISTIAIA*), dans le SC de 196 : II, 167 ; revendiquée par Eumène II : II, 170 ; importance commerc. : II, *172.*

ORESTIDE (Macédoine intér.) : II, 279.

ORIKOS (Illyrie), attaquée par Ph. V. : II, 85.

ORODE Ier, roi parthe : II, *455.*

ORODE II, roi parthe, et les Pompéiens : II, 540 *sq.* ; et Antoine : II, *548.*

ORONTÈS, dynaste armén. : II, 54.

OROPHERNE, prétendant au trône de Cappadoce : II, 372 *sqq.* ; *383.*

ORÔPOS, perdue par Ath. : 31 ; 43 ; à nouveau athénienne : *78* ; conflits avec Ath. : II, 386.

ORFIDIENUS (S.) : II, *218 sq.*

Otrante (Canal d' —) : flotte rom. en 214 : II, 85.

OXOS (AMOU DARIA) : 269.

OZOLES : cf. LOCRIENS.

P

PACOROS, prince parthe : II, 541 ; 549.

PAIRISADÈS II du Bosphore : ambass. en Égypte : *189.*

PALAKOS, f. de Skilouros : II, 470.

PALESTINE : son importance pour la défense de l'Égypte : 47 ; envahie par
Ant. III : II, 29 ; 37 *sq.* ; 118 ; expansion juive en *P.* : II, 377 ; 405 ; 448 ;
Ptol. IX en *P.* : II, 449. — Cf. aussi les noms de villes de *P.* : Akè, Joppè,
Gaza, etc.

PALIBOTHRA (PATALIPOUTRA) : improbable que Sél. Ier ait poussé jusqu'à
P. : *265* ; Grecs de Bactr. à *P.* (?) : II, 349.

PAMPHYLIE, à Ant. le Borgne : 24 ; à Lysimaque : 80 ; bases ptol. : 80 ;
140 *sq.* ; cités de *P.* autonomes après la 2e gu. de Syrie : *237* ; 239 *sq.* ;
rétablissem. lagide lors de la gu. laodic. : 255 ; *259* ; Achaios et la *P.* :
II, 47 *sq.* ; après la chute d'Achaios : II, *51* ; les Rom. en *P.* : II, 220 ;
pergamén. après Apamée : II, 226 ; 228 ; premier élément de la prov. rom.
de Cilicie : II, 467 ; 488 *sq.* ; dans l'Asie Min. d'Antoine : II, 546.

Paneia, fondat. de Gonatas à Délos : 323.

PANION (bataille de —) : II, 1.18.

PANTICAPÉE, capit. du roy. du Bosphore : 188 ; de la prov. criméenne du roy.
du Pont : II, 471.

PAPHLAGONIE, à Eumène en 323 : 24 ; 34 ; principautés indép. : 99 ; 138 ;
Morzios de *P.* contre Prusias Ier : II, 288 ; infl. pontique sur la *P.* : II, 468 ;
partagée entre Mithr. Eupatôr et Nicom. III : II, 473 ; *476* ; monnaies de cités
de Paphl. : II, 472 ; dans l'Asie pompéienne : II, 502.

PARAUAIA (Macéd. occid.), reprise par Gonatas : 209.

PARION, atelier monét. : 137.

PARNES, noyau originel des Parthes : 268 ; conquièrent la Parthyène : 302 *sqq.*

PAROPAMISADES, dans l'empire maurya : *265* ; à l'époque d'Ant. III : II, 61 ;
Grecs de Bactr. dans les *P.* : II, *351.*

PAROS, lagide : II, *429.*

PARSETET (pays de —), de localis. incertaine : *148.*

PARTHAUNISA (NISAIA), étape sur la route roy. iran. : *289.*

PARTHES, empire parthe : Parnes à l'orig. des *P.* : 268 ; pas encore d'État p.
en 246 : 281 ; conquête de la Parthyène par les *P.* : 301 *sqq.* ; *P.* et Ant. III :
II, 57 *sqq.* ; reprise de l'expansion p. sous Mithrid. Ier :II, 349 *sqq.* ; 400 *sqq.* ;
empire p. sous Mithr. Ier : II, 408 ; philhellénisme p. : II, 408 ; combattus par
Démétr. II : II, 407 *sq.* ; par Ant. VII : II, 413 *sq.* ; éliminent Ant. X et Démétr.
III : II, 447 ; 450 ; reprise de l'expans. occid. sous Mith. II : II, 452 *sqq.* ;
crise dynast. à la fin du règne de Mithr. II : II, 453 *sqq.* ; 457 ; *498* ; *P.* et
crise mithridatique : II, 477 ; *498* ; traité avec Rome : II, *454* ; *476* ; *498* ;
501 ; *503* ; 506 ; 508 ; *P.* et Pompée : II, *503* ; 504 ; 506 *sqq.* ; 511 ; 516 ;
540 ; bat. de Carrhes : II, *525* ; 540 ; 549 ; les **P.** en Syrie : II, 540 *sqq.* ;
545 ; Antoine et les **P.** : II, 541 ; 543 *sqq.* ; 549 *sqq.*

389 ; 391 ; dans la 1re gu. de Macéd. : II, 90 ; proclamés libres en 196 :
II, 169 ; alliés des Achaiens en 146 : II, 393 ; 396.

PHOCION, Athén. : 31 ; *33.*

PHOINIKÈ, cap. de l'Épire : 350 ; et les Illyriens : 352 *sq.* ; marchands
italiens : 354 *sq.* ; paix de *Ph.* : II, 94 *sqq.* ; 134 ; 136 *sqq.* ; 141 ; 143 *sqq.*

PHRAATE II ARSACE VI : II, *409* ; contre Ant. VII : II, 413 ; appel aux
nomades : II, 414 *sq.* ; écrasés par eux : II, 414 ; 452 ; libère Démétr. II :
II, 414 ; 432.

PHRAATE III, son traité avec Rome : II, *498* ; 501 ; *503* ; 506 ; occupe la
Gordyène : II, 503 ; envahit l'Arménie : II, 504 ; et Pompée : II, 503 ;
506 *sqq.*

PHRAATE IV, et Antoine : II, *548* ; 549.

PHRYGIE (GRANDE), à Antig. le Borgne : 24 ; à Lysimaque : 80 ; à Séleucos :
101 ; les Galates en *Ph.* : 143 ; 292 ; Sél. II et la *Ph.* : *259* ; à Ant. Hiérax :
293 ; à Attale Ier : 297 ; mort de Sél. III : 313 ; troubles pendant l'Anabase :
II, *114* ; expéd. de Manlius Vulso : II, 220 ; pergamén. après Apamée : II,
226 ; colons juifs en *Ph.* : II, *332* ; dans la prov. rom. d'Asie : II, 421 ; *464* ;
Annexions pontiques après la gu. d'Aristonikos : II, 421 ; révoquées par
Rome : II, 463 ; 473.

PHRYGIE ÉPICTÈTE : expansion bithyn. sous Ziaélas : 291 ; Attale Ier
en Ph. É. : II, 50 ; et Prusias Ier : II, 180 *sq.* ; et la paix d'Apamée : II, 228 ;
286 ; agrandiss. bithyn. et paphlagon. après la gu. d'Aristonikos : II, 421.

PHRYGIE HELLESPONTIQUE, satrapie de Léonnatos : 30 ; 34 ; revendiquée
par Lysimaque : 54 ; prise par Attale à Ant. Hiérax : 297 ; pergamén. après
Apamée : II, 226.

PHTHIA, princ. épirote, ép. Démétr. II de Macéd. : *299* ; 344 *sq.* ; *348* ; 349 ;
351 ; *360.*

PHTHIOTIDE (ACHAÏE) : cf. *ACHAÏE PHTHIOTIDE.*

PHYLAKIA, défaite d'Aratos : 346 *sqq.*

PHYLARQUE, historien : *324 sq.* ; *334* ; *389* ; *399.*

PHYSCON : cf. PTOLÉMÉE VIII.

PIDASA : traité de *sympolitie* avec Milet : II, *294.*

PINNÈS, prince illyr. : II, 77.

piraterie, pirates : commerce et piraterie : 183 *sq.* ; p. dans le Pont-Euxin :
184 ; p. étolienne : 325 *sqq.* ; *347* ; p. illyrienne : 351 *sq.* ; II, 77 *sqq.* ;
crétoise : 326 *sq.* ; II, *221* ; 383 ; 386 ; 464 ; 489 ; *500* ; p. « cilicienne »
(= sud-anatolienne) : II, 464 *sqq.* ; 488 *sqq.* ; p. anatoliens utilisés par Alex.
Jannée : II, 449 ; p. sur les côtes syro-phénic. : II, 456 ; 465 ; 506 ; 509 ; *511* ;
p. au service de Mithridate : II, 465 ; 477 ; *480* ; 488 ; 499 ; Rome et les p. :
354 *sqq.* ; II, *221* ; 383 ; *444* ; 464 *sqq.* ; 488 *sqq.* ; 491 ; 499 *sqq.* (gu. de
Pompée) ; Clodius prisonnier des p. : II, 522.

PIRÉE (LE) : garnis. macéd. en 322 : 31 ; à Gonatas : 99 ; *101* ; 108 ; 210 ;
expuls. de la garn. macéd. : *211* ; enjeu économ. entre la Macéd. et l'Égypte (?) :
222 ; réoccupé par Gonatas après la gu. chrémonid. : 228 ; échappe à Alex.
f. de Cratère : *318* ; tentat. d'Aratos : 346 ; évacué par le strat. Diogène :
361 *sqq.* ; raid macédon. en 200 : II, 130 ; détruit par Sulla : II, 481.

PISIDIE : après Ipsos : 80 ; campagnes d'Achaios : II, 24 ; 47 ; campagne
de Manlius Vulso : II, 220 ; pergamén. après Apamée : II, 226 ; après la gu.
d'Aristonikos : II, 421 ; envahie par les Pontiques (?) : II, *493* ; rattachée au
roy. antonien de Galatie : II, 546.

PTOLÉMÉE VI PHILOMÈTÔR, f. du préc. : avènement : II, 302 ; régences :
II, 302 ; 311 sq. ; ép. Cléop. II : II, 313 ; ambass. rom. à Alexandr. en 172 :
II, 314 ; 6e gu. de Syrie : ambass. de P. à Rome : II, 316 ; triple corégence
de 170 : II, 316 sq. ; accord entre P. et Ant. IV : II, 317 sq. ; retour de
P. à Alexandrie : II, 320 sq. ; assiégé par Ant. IV, sauvé par Pop. Laenas :
II, 322 sqq. ; tentat. de médiation dans la 3e gu. de Macéd. : II, 275 ; 277 ;
P. chassé d'Alexandrie en 164 : II, 360 ; retour et partage de l'empire avec
son fr. : II, 361 sq. ; qui lui dispute la faveur de Rome : II, 362 sqq. ;
envoie son f. Pt. Eupatôr à Chypre : II, 363 sq. ; polit. syrienne, soutient
Balas contre Démétrios Ier : II, 375 sqq. ; donne Cléop. Théa à Balas, puis
à Démétr. II, 377 ; acclamé roi à Antioche, mortellement blessé à la bat.
de l'Oinoparas : II, 378 sqq. ; 404 ; 425.

PTOLÉMÉE EUPATÔR, f. du préc., corégent à Chypre : II, 363 sq.

PTOLÉMÉE VII NÉOS PHILOPATÔR, fr. du préc., assassiné par Ptol. VIII :
II, 319 ; 425 sq. ; 436.

PTOLÉMÉE VIII EVERGÈTE II, dit PHYSCON, fr. de Pt. VI, corégent en
170 : II, 316 ; seul roi en 169 : II, 317 sqq. ; rétablissement de la co-
régence : II, 320 sqq. ; roi en Cyrénaïque : II, 361 ; revendique Chypre :
II, 362 sqq. ; lègue la Cyrénaïque à Rome en cas de décès sans héritier :
II, 363 ; 419 ; capturé par Pt. VI, qui le renvoie à Cyrène : II, 363 ; rentre
à Alexandrie à la mort de Ptol. VI : II, 426 sq. ; épouse Cléop. II, puis
Cléop. III : II, 426 sq. ; reçoit Scipion Emilien : II, 427 ; fuit à Chypre :
II, 429 ; polit. asiatique (?) : II, 431 ; reprend Alexandrie : II, 433 ; suscite
Zabinas : II, 435 ; réconcilié avec Cléop. II : II, 436 sq. ; l'Égypte à la fin
de son règne : II, 437 sqq. ; mort : II, 440 ; descendance : II, 448.

PTOLÉMÉE dit MEMPHITE, f. du préc. et de Cléop. II : II, 430 sq. ; 436.

PTOLÉMÉE IX PHILOMÈTÔR SOTER II LATHYROS, f. de Ptol. VIII et
de Cléop. III : II, 440 ; à Chypre : II, 440 ; 443 ; roi en Égypte, puis à
Chypre : II, 440 ; 450 ; à nouveau en Égypte : II, 441 ; 517 ; soutient
Démétr. III : II, 446 ; répudie Cléop. IV : II, 448 ; camp. de Cœlé-Syrie
contre Alex. Jannée : II, 449 sq. ; pressenti comme roi par Antioche : II, 457 ;
et la lutte contre les pirates : II, 465 ; refuse des bateaux à Lucullus : II, 484 ;
518.

PTOLÉMÉE X ALEXANDRE Ier, fr. du préc. : II, 440 ; à Chypre : II, 440 ;
roi en Égypte : II, 440 sq. ; 449 ; 450 ; lègue son royaume à Rome : II,
441 ; 443 ; et la lutte contre les pirates : II, 465.

PTOLÉMÉE APION, bâtard de Ptol. VIII, destiné à régner sur la Cyrénaïque :
II, 440 ; lègue son royaume à Rome : II, 441 sq. ; 517 ; 520 ; et la lutte
contre les pirates : II, 465.

PTOLÉMÉE XI ALEXANDRE II, f. de Ptol. X, réfugié à Cos : II, 445 ;
capturé par Mithrid. : II, 480 ; 518 ; échappé à Mithrid., réfugié auprès de
Sulla : II, 480 ; 518 ; qui le met sur le trône : II, 519 ; 523.

PTOLÉMÉE XII dit AULÈTE, réfugié à Cos : II, 445 ; capturé par Mithrid. :
II, 480 ; roi, ses efforts pour se faire reconnaître par Rome : II, 519 sqq. ;
invite Pompée à Alexandrie : II, 512 ; 520 ; chassé d'Alexandrie : II, 522 ;
ramené par Gabinius : II, 523 ; 525 ; polit. intér. : II, 525 sqq ; mort : II,
527 ; descendance : II, 528 sq.

PTOLÉMÉE, fr. cadet du préc., roi à Chypre : II, 519 .

Q

R

RABIRIUS POSTUMUS (C.) : II, 526 *sq.*

RAPHIA (bataille de —) : *308* ; II, 37 *sqq.*

RHAKOTIS (*Sérapeion* de —) : 204.

RHAMNONTE : occupation milit. macéd. : *347.*

RHÉGION et la gu. de Pyrrhos : *128.*

RHODES, RHODIENS : en 323/2 : *33* ; alliance lagide : *59 sq.* ; 67 *sq.* ; 70 ; assiégée par Dém. Poliorc. : 70 ; 73 *sq.* ; Ptol. Ier divinisé pour son secours : 201 ; alliance passagère avec les Antigon. : 70 ; *74* ; 163 ; conflit passager avec Ptol. II : *181* ; 235 *sqq.* ; coopération maritime avec les Lagides : 184 *sqq.* ; II, *80* ; 91 ; commerce rh. dans le Pont-Euxin : 185 ; 166 *sqq.* ; II, *123* (cf. aussi « détroits ») ; infl. rh. dans l'Égée : 239 ; *241* ; séisme de Rh. : *186* ; *301* ; 368 ; Rh. et la libération d'Andromachos : II, *25* ; 46 ; médiation dans la 4e gu. de Syrie : II, 30 ; défend la liberté des Détroits contre Byzance : II, 45 *sq.* ; contre Démétr. de Pharos : II, 78 *sq.* ; médiation dans la 1re gu. de Macéd. : II, 91 *sq.* ; contre la piraterie macédon. dans l'Égée : II, 104 *sq.* ; intervient en fav. de Kios : II, 122 ; alliances contre les entreprises de Ph. V : II, 124 *sqq.* ; l'appel à Rome en 201 : II, 128 *sq.* ; 132 ; les Rh. et Attale à Athènes : II, 130 ; 138 ; alliances dans les Cyclades : II, *131* ; le 2e ultimatum rom. à Ph. V défend les intérêts rh. : II, *134* ; 144 ; Rh. dans la 2e gu. de Macéd. : II, 150 *sq.* ; 156 *sq.* ; 160 ; Rh. et le SC de 196 : II, 167 ; infl. rh. sur Flamininus (?) : II, *172* ; Rh. et Ant. III : II, 181 *sqq.* ; 211 ; médiation rh. pour les Étol. : II, 217 *sq.* ; Rh. et les dépouilles d'Ant. III : II, 225 *sqq.* ; alliances rh. avec des cités d'Asie Min. après Apamée : II, *294* ; rapprochement avec la Macéd. : II, 261 ; 296 *sq.* ; hésitations rh. avant la 3e gu. de Macéd. : II, 264 ; 266 ; pendant la guerre : II, 275 *sqq.* ; 297 *sq.* ; Rh., Eumène II et Pharnace : II, 288 *sqq.* ; Rh. et les Lyciens : II, 261 ; 295 *sqq.* ; abaissement de Rh. et entrée dans l'alliance rom. : II, 297 *sqq.* ; 382 *sq.* ; *395* ; Rh. et la 6e gu. de Syrie : II, 299 ; *319* ; Rh. contre Prusias II : II, 381 *sq.* ; décadence de la puissance rh. : II, 382 *sq.* ; Rh. résiste à Mithrid. : II, 478 ; fournit des bateaux à Rome : II, 485 ; en est récompensée : II, 487 *sq.*

Rhômaia de Delphes : II, *218.*

RHOSSOS (traité de —, entre Sél. Ier et Dém. Poliorc.) : 87.

RHOXANE, veuve d'Alexandre : 21 ; 55 ; 62.

rogatio Servilia : II, 520 *sq.*

ROME, ROMAINS, politique romaine :
1° *Questions Occidentales* : 3e traité avec Carth. : *117* ; traité avec Tarente : *120* ; gu. avec Tarente : 121 *sqq.* ; 4e traité avec Carth. : 124 *sqq.* ; gu. de Pyrrhos : 123 *sqq.* ; 2e gu. punique : II, 75 ; 79 ; 3e gu. punique : II, 378 ; 390 *sq.* ; 394 ; *399* ; affaires d'Espagne : II, 387 ; *412* ; gu. de Jugurtha : II, 473 ; *476* ; gu. des Cimbres : II, 473 ; *476* ; guerre sociale ital. : II, 476 ; Sertorius : II, 491 *sq.*

2° *Questions balkaniques* (*Illyrie, Grèce, Macédoine*) : polit. illyrienne : 354 *sqq.* ; 391 *sqq.* ; II, 77 *sqq.* ; 94 *sq.* ; 97 ; 139 ; *145* ; 266 ; 273 *sq.* ; 280 ; 388 ; 1re gu. de Macéd. : II, 82 *sq.* ; traité rom.-étol. : II, 87 *sq.* ; démarches auprès de Ph. V en 200 : II, 119 *sq.* ; ambass . étol. à Rome : II, 122 *sq.* ; origin. de la 2e gu. de Macéd. : II, 131-149 ; 2e gu. de Macéd. : II, 149-160 ; traité avec Ph. V : II, 161 *sqq.* ; la liberté des Grecs : II, 164 *sqq.* ; orig. grecques de la gu. antiochique : II, 196 *sqq.* ; la gu. antiochique en Grèce : II, 204 *sqq.* ; abaissement de l'Étolie : II, 216 *sqq.* ; R. et le Péloponn. après

SALAMINE : évacuée par les Macéd. : 361.

SAMARIE, SAMARITAINS, non persécutés par Ant. IV : II, 338 *sq.* ; expansion juive en Samarie : II, 432 ; 448 ; laissée à la Judée par Pompée : II, *514.*

SAMNITES, et l'appel à Pyrrhos : 122.

SAMOS : clérouchie athén. de *S.* : 29 ; *33* ; 49 ; occupée par Ptol. II : 140 *sq.* ; Ph. V à *S.* : II, 124 *sqq.* ; indépendante : II, *193* ; déclarée libre à Apamée : II, 228 ; dans la gu. d'Aristonikos : II, *424* ; commémor. des victoires de Pompée sur les pirates : II, *500.*

SAMOSATE : II, 497 ; 515 ; 541.

SAMOTHRACE : Arsinoé II à *S.* : *104* ; mais probablement pas lagide depuis lors : 149 ; *160* ; *261* ; sous Ptol. III : *261* ; sans doute pas menacée par Dôsôn en 227 : *368* ; décret sur l'importation de blé : *181 sq* ; Persée en fuite à *S.* : II, 278 ; départ manqué de Ptol. VI pour *S.* : II, 317 *sq.*

SAMPSIKÉRAMOS, dynaste d'Emèse : II, 505 ; met à mort le dernier Sél. : II, 509.

SANDRAKOTTOS : cf. TCHANDRAGOUPTA.

SAPÉENS (Thraces), et Persée : II, 257 ; 260.

SARDES : Ant. Ier à *S.* : 142 ; vict. d'Eumène sur Ant. Ier près de *S.* : 151 *sq.* ; Sél. II échoue à prendre *S.* : 295 *sq.* ; monnaies d'Ant. Hiérax : *298* ; prise par Ant. III : II, 49 ; lieu des négociations après Magnésie du *S.* : II, 215 *sq.* ; libre après la disparit. du roy. de Pergame : II, 421 ; alliance avec Éphèse et Pergame : II, *424.*

SARMATES, et Pharnace Ier : II, 289 *sq.* ; leur poussée vers l'Ouest : II, 470 ; *476.*

satrapies : répartition des s. en 323 : 24 *sqq.* ; redistribution à Triparadisos : 41 *sq.* ; s. dans le royaume de Mithridate Eupat. : II, *479.*

satrapies supérieures, à Antig. le Borgne : 53 ; conquises par Sél. Ier : 66 ; Ant. Ier corégent dans les s. s. : *88* ; 267 *sqq.* ; et Ptol. III : 251 *sqq.* ; Molon gouv. des s. s. : II, 16 *sq.* ; Ant. III dans les s. s. : II, 51 *sqq.* ; *68* ; désagrégation après l'Anabase : II, 348 *sqq.* ; derniers gouv. gén. connus : II, *350* ; *403.*

SCOPAS, Étol. au service de Ptol. V : II, 109 ; 118 ; *160.*

SCYTHES : 1° occidentaux : 105 ; II, 470 *sqq.* ; 2° d'Asie Centrale : cf. sous APARNOI, APASIAKAI, DAHAI, PARNES, SAKA, SPARNES, TOK-HARIENS, YUÉ-TCHI.

SÉILÈS, strat. sél. opérant en Perside : 280.

SÉISTAN : cf. SAKASTÈNE.

SÉLÉNÈ : cf. CLÉOPATRE.

SÉLEUCIE SUR L'EULAIOS : inscript. des Laodice : II, *304* ; monnaies, circulat. monét. : II, 62 ; *354* ; *454* ; Kamnaskirès à *S.* : II, *409* ; Tigraios à *S.* : II, *410* ; prise par Phraate II : II, *415.*

SÉLEUCIE DE PIÉRIE, 82 ; à Ptol. III et IV : 251 ; 255 ; II, 27 ; reprise par Ant. III : II, 29 *sq.* ; 38 ; fédérée avec Antioche : II, *378* ; reçoit la liberté d'Ant. VIII : II, 455 ; ferme ses portes à Tigrane : II, *458.*

SÉLEUCIE DU TIGRE : fondation : 60 ; 76 ; capitale des satrapies supérieures : 88 ; 267 ; *270* ; prise par Molon : II, 20 ; monn. sél. : II, 62 ; *354* ; *408* ; *454* ; monn. parthe : II, *408.*

SÉLEUCOS Iᵉʳ NIKATÔR, satr. de Babylonie : 41 ; réfugié en Égypte : 54 ; en Mésopotamie et en Iran : 59 *sq.* ; 62 ; 66 *sq.* ; 68 ; 263 *sqq.* ; roi : 75 *sq.* ; vainqueur à Ipsos : 80 ; sa revendication sur la Cœlé-Syrie : 80 *sqq.* ; S. et Tchandragoupta : 79 ; *81* ; 264 *sqq.* ; rapprochement provisoire avec Dém. Poliorc. : 87 ; *89* ; ép. Stratonice, puis la cède à Ant. Iᵉʳ : 87 *sq.* ; maître de l'Asie Min. après Couroupédion : 101 ; passe en Europe, assassiné par Pt. Kéraunos : 103.

SÉLEUCOS, petit-f. du préc., f. et corégent d'Ant. Iᵉʳ : 150 *sq.* ; 274.

SÉLEUCOS II KALLINIKOS, f. d'Ant. II, exilé avec sa mère Laodice en 253 : *242* ; néanmoins désigné pour la success. par Ant. II : 249 ; reconnu par une partie de l'Asie Min. seulement : 249 *sq.* ; gu. laodicéenne : 250-261 ; obligé de céder l'Asie Min. à Ant. Hiérax : 255 ; *293* ; II, *26* ; accorde l'autonomie à Smyrne : 257 *sq.* ; marie ses sœurs à Mithrid. II et Ariarathe III : *258 sq.* ; 292 ; échoue à reprendre l'Asie Min. (« gu. fratricide ») : 294 *sq.* ; II, *22* ; question de la Perside : 279 *sqq.* ; expéd. iranienne : 274 ; 308 *sqq.* ; II, 51 *sq.* ; *57* ; en est rappelé par les dern. activités d'Hiérax : 297 ; *299* ; 310 ; mort : 297 ; *301*.

SÉLEUCOS III SÔTER KÉRAUNOS, f. du préc. : entreprend la reconquête de l'Asie Min. : 313 *sq.* ; projet de gu. de Syrie (?) : *314*.

SÉLEUCOS IV PHILOPATÔR, second f. et success. d'Antiochos III, prince héritier à l'époque de la gu. antiochique : II, 187 ; 211 ; corégent : II, 238 ; règne personnel : II, 303 *sqq.* ; l'Iran sous S. : II, 348 *sqq.* ; assassinat et succession : II, 261 ; 304 *sqq.*.

SÉLEUCOS V, f. de Démétrios II : II, *436* ; 446.

SÉLEUCOS VI, f. d'Ant. VIII : II, 446.

SÉLEUCOS KYBIOSAKTÈS, pseudo-séleucide : II, *524*.

SÉLEUKIS (SYRIE) : *82* ; révoltée contre Ant. Iᵉʳ : 140 *sq.* ; sous Sél. II : 257 *sq.* ; 308.

SELLASIE (bataille de —) : 389 ; 397 *sqq.* ; *401*.

SEMPRONIUS GRACCHUS (Ti.), en mission en Orient : II, 368 ; 372.

SEMPRONIUS GRACCHUS (Ti.), f. du préc. : II, 417 ; *419* ; 423.

SEMPRONIUS GRACCHUS (C.), fr. du préc. : II, 462 *sq.*

SEMPRONIUS TUDITANUS (P.), négociateur de la paix de Phoinikè : II, *97* ; légat en Grèce : II, 132 *sq.*

Septante (Bible des —) : II, 329 ; *333*.

Serapeion d'Alexandrie : 204 ; II, 550.

SÉRAPIS : 149 ; 204 *sqq.*

SERTORIUS : II, 491 ; *493* ; 499.

SERVILIUS VATIA ISAURICUS (P.) . II, 488 *sq.*

SICILE, SICILIOTES, et Pyrrhos : 126 *sqq.* ; soulèvements serviles : II, 422 *sq.* ; — Cf. aussi AGATHOCLE, HIÉRON et les noms de cités.

SICYONE : occup. lagide en 307 : 69 ; tyrannies successives : *218* ; 319 ; libérée par Aratos : 319 ; *321* ; adhère à la conf. achaienne : 319 ; reste achaienne lors des conquêtes de Cléomène : 379 ; assiégée par Cléom. : 382 ; *386* ; conférence romano-achaienne de 198 : II, 155 ; après la gu. d'Achaïe : II, 397.

de Syrie » : 1ʳᵉ : 144 ; 146 *sqq.* ; 2ᵉ : 234-244 ; 3ᵉ, ou « laodicéenne » : 248-261 ; campagne d'Ant. III en 221 : II, 19 ; *22* ; 4ᵉ : II, 26 ; 29 *sqq.* ; 5ᵉ (la *S.* unifiée sous domin. séleuc.) : II, 118 *sqq.* ; 6ᵉ : II, 311, *sqq.* ; anarchie sous les derniers Sél. : II, 445 *sqq.* ; 509 ; *511* ; occupée par Tigrane : II, 457 *sq.* ; reperdue par lui : II, 495 ; *505* ; Pompée et la *S.* : II, 505 *sqq.* ; création de la prov. rom. : II, 5,08 *sqq.* ; envahie par les Parthes en 52-50 : II, 540 ; en 40 : II, 541 ; prov. rom. de *S.* augmentée de la Cilicie Plane : II, 546. — Cf. aussi CŒLÉ-SYRIE.

T

TABAI, résiste à Mithridate : II, *479*.

TARENTE : Archidamos, puis Alexandre le Molosse à *T.* : 113 ; alliance avec Pyrrhos : 121 *sqq.* ; et Pyrrhos après l'expéd. de Sicile : 129 ; forces rom. concentrées à *T.* en 192 : II, 198 ; entrevue d'Octavien et d'Antoine : II, 544 ; *547* ; 549.

TARKONDIMOTOS de Kastabala : II, 515 ; *517*.

TARSE : monn. sél. : *237* ; *298* ; II, *31* ; *447* ; rencontre d'Antoine et Cléopatre : II, 540 ; *542*.

TAURIÔN, strat. macéd. à Corinthe : *401* ; II, 72 ; *74* ; 78.

TAUROMÉNION : Pyrrhos à *T.* : *128*.

TAURUS, limite mérid. du roy. de Lysimaque : 80 ; Dém. Poliorc. capturé dans le *T.* : 95 ; limite mérid. du roy. attalide : 297 ; II, 221 ; Rome exige le repli d'Ant. III au Sud. du *T.* : II, 213.

TCHANDRAGOUPTA, fondat. de la dynastie maurya, et Sél. Iᵉʳ : 66 ; 79 ; *81* ; ses possessions en Iran oriental : 264 *sqq.*

TECTOSAGES (Galates) : arrivée en Asie Min. : *143* ; battus, avec Ant. Hiérax, par Attale Iᵉʳ : 296 ; et les Rom. : II, 220.

TÉGÉE, dans la gu. chrémonid. : 221 ; alliée aux Étol. : 329 ; *337* ; Léonidas II exilé à *T.* : 334 ; à Cléomène III : 365 *sq.* ; prise par Dôson : 396 ; conférence rom.-achaienne de 147 : II, 392.

TELMESSOS, principauté d'une dynastie de Ptolémées : *203* ; *260* ; à Ant. III : II, *184* ; donnée à Pergame après Apamée : II, 229 ; *231*.

TELPHOUSA, prise par Dôsôn : 396.

TEMNOS, prise par Attale Iᵉʳ à Achaios : II, 47 ; à Ant. III (?) : II, *185*.

TEMPÉ : négoc. rom.-macéd. en 197 : II, 161 ; entrevue rom.-macéd. en 185 : II, 250.

TÉNARE (cap), marché de mercenaires : 29.

TÉNÉDOS, défaite navale pontique : II, *493*.

TÉNOS : *asphaleia* étol. : 327 *sq.*

TÉOS : lettre d'Ant. le Borgne à *T.* : *65* ; *82* ; *182* ; à Attale Iᵉʳ : II, *48* ; Ant. III à *T.* : II, 1·13 *sq.* ; interv. de *T.* en faveur d'Abdère en 167 : II, *283*.

TERENTIUS VARRO (A.), contre les pirates : II, 488 *sq.*

TERENTIUS VARRO LUCULLUS (M.), détache de Mithrid. des cités grecques de la côte occid. du Pont Euxin : II, *494*.

209 *sq.;* Ant. II en *Th.* : 247 *sq.;* possessions ptolém. : 160 ; *181* ; 255 ; *261* ; II, 102 ; 115 ; 121 ; 133 ; 187 ; Byzance et les Th. : II, 46 ; Ph. V et la *Th.* : II, 121 *sqq.* ; 133 ; 250 *sq.* ; 252 ; Ant. III et la *Th.* : II, 186 *sq.* ; 193 ; 198 *sqq.* ; 212 ; Persée et les Th. : II, 257 ; *259 sq.* ; 264 ; *267* ; agrandissements pergamén. en *Th.* : II, 226 ; 235 ; 250 ; 384 ; *Th.* envahie par les Pontiques : II, 478.

THRASYCRATÈS, Rhodien : II, *93.*

THYATIRE en la gu. d'Aristonikos : II, *422.*

TIGRAIOS, dynaste de Suse : II, *410* ; *415.*

TIGRANE, roi d'Arménie : otage à la cour parthe : II, 452 ; avènement : II, 452 ; 457 ; interv. dans les affaires de Cappadoce : II, 453 ; 474 ; 491 ; 494 *sq.* ; expansion armén. sous T. : II, 457 *sq.* ; 473 ; 507 ; occupe la Syrie : II, 445 ; 447 ; 450 ; 457 *sqq.* ; 491 ; 494 ; 513 ; recueille Mithridate en fuite : II, 492 *sq.* ; rejette la demande d'extradition de Mithrid. : II, 494 *sq.* ; ses relations avec Mithrid. : II, 494 *sq.* ; perd la Syrie : II, 495 ; 504 ; battu par Pompée : II, 503 *sq.* ; T. et la question de Gordyène : II, 506 *sqq.*

TIGRANE le Jeune, f. du préc. : II, 504 ; 506.

TIGRANOCERTE : fondat. : II, *458* ; *500 ;* prise par Lucullus : II, 495 ; *497.*

TIGRE : limite des satrap. supér. sous Ant. le Borgne : 267 ; poussée des Parthes jusqu'au *T.* : II, 401 ; 407 *sq.*

TIMARQUE, tyran de Milet . 235 *sq.*

TIMARQUE, gouv. gén. des satrapies supér., révolté contre Démétr. Ier : II, 367 *sq* ; *372* ; 401 ; *403.*

TIMOXÉNOS, strat. achaien : *385* ; 388.

TIOS, dans la « Ligue du Nord » : 139.

TIRIDATE, roi parthe d'authenticité douteuse : *306 sq.* ; *312.*

Titeia, jeux argiens en l'honneur de Flamininus : II, *176.*

TLÉPOLÉMOS, strat. lag. : II, 109 *sqq.*

TOBIADES : II, 330 *sqq.*

TOKHARIENS : cf. YUÈ-TCHI.

TOLISTOAGES (TOLISTOBOGES) (Galates) : arrivés en Asie Min. : *143* ; battus par Attale Ier : 296 ; et les Rom. : II, 220 *sq.* ; 502.

TRANSJORDANIE : Juifs de *T.* : II, 330 ; expansion juive en *T.* : II, 432 ; 449 ; Pérée de *T.* laissée à la Judée par Pompée : II, *514.*

TRAPÉZONTE : région de *T.* annexée au Pont : II, 471.

trésors monétaires : cf. monétaires (trésors).

TRÉZÈNE, expulse les Macéd. : *219* ; dans la conf. achaienne : 330 ; 379.

triérarchie dans les possess. lagides : *170* ; 172.

TRIPARADISOS : 40 *sqq. ; 75.*

TRIPHYLIE, aux Éléens : 329 ; à la conf. achaienne : II, 170.

TRIPOLIS de Phénicie : débarquement de Démétr. Ier : II, 366 ; autonome : II, *456.*

TROADE, dans la prov. rom. d'Asie : II, 421. — Cf. aussi *ALEXANDRIE de —, ILION* et *SKEPSIS.*

TROCMES (Galates) : arrivés en Asie Min. : *143* ; et les Rom. : II, 220.

trophée : symb. monét. sél. après Ipsos : *81.*

TRYPHAINA : cf. CLÉOPATRE.

TRYPHÔN : cf. DIODOTE. — Épithète de Ptol. VIII : II, *429* ; sens du terme (cf. Tryphaina) : II, *431*.

TURKMÉNISTAN : prospect. archéol. : 269 ; 285.

TYLIS (roy. celte de —) : 106 ; *248* ; II, *48*.

TYLOS (Bahrein) : Ant. III à *T*. : II, 64 ; Ant. IV (?) : II, *353*.

TYMPHAIA (Macéd. occid.), récupérée par Gonatas : 209 ; en 167 : II, 279.

TYR : Ant. le Borgne à *T*. : 55 *sq.* ; reste à Démétr. Poliorc. après Ipsos : 85 ; prise par Ptol. Iᵉʳ : 94 ; *96* ; livrée à Ant. III : II, 29 ; Démétr. Iᵉʳ à *T*. : II, *367* ; ferme ses portes à Démétr. II : II, *436* ; monnaies : 176 ; II, *406*.

TYRITAKÈ (Crimée) : II, *472*.

TYRRHEION : texte épigr. du traité rom.-étol. : II, *89*.

U

usurpation : cf. ACHAIOS, ALEXANDRE, f. de Cratère, ALEXANDRE BALAS, ALEXANDRE ZABINAS, ANTIOCHOS IV, DIODOTE TRYPHON, MOLON, TIMARQUE:

UZBEKISTAN : prospect. archéol. : 269.

V

VAHUBERZ (OBORZOS), dynaste d'Istakhr : 279 ; II, *350*.

VALERIUS FLACCUS (L.) . success. marianiste de Sulla contre Mithrid. : II, 485.

VALERIUS LAEVINUS (M.) : vict. nav. sur Ph. V : II, 85 ; négociateur du traité rom.-étol. : II, 88 *sq.* ; et la 2ᵉ gu. de Mac. : II, 143.

VALERIUS LAEVINUS (P.) et Pyrrhos : 124.

VENTIDIUS BASSUS (P.), vainqueur des Parthes : II, 541.

VERGINA (palais de — en Macédoine) : *211*.

VILLIUS (P.), et la 2ᵉ gu. de Macéd. : II, 151 ; 168 ; 197.

VIRGILE, et la *4ᵉ Églogue* : II, *548*.

X

XANTHOS, occupée par Ant. III : II, *183 sq.*

XÉNOITAS, strat. sél. : II, 19.

XÉNON, strat. sél. : II, 19.

XERXÈS, dynaste d'Arménie, et Ant. III : II, 54 ; *68 sq.*

Y

YUÊ-TCHI (TOKHARIENS), dans le Ferghana, puis en Sogdiane : II, 401 ; appelées par Phraate II contre Ant. VII : II, 414 ; en Bactriane : II, 415 ; vainqueurs d'Artaban Ier : II, 452.

Z

TABLE DES MATIÈRES
DU TOME II

Troisième partie

LA CRISE DU MONDE HELLÉNISTIQUE
(223-164 av. J.-C.)

Quatrième partie

LA FIN DU MONDE HELLÉNISTIQUE

(164-30 av. J.-C.)

ACHEVÉ D'IMPRIMER
SUR LES PRESSES DE
L'IMPRIMERIE BIALEC
9, av. du Général-Leclerc
——— NANCY ———
D.L. 18853 - 3e trim. 1982